Öffentliches Recht in transnationaler Perspektive

Cristina Fraenkel-Haeberle • Birgit Peters
Hrsg.

Öffentliches Recht in transnationaler Perspektive

Festschrift für Karl-Peter Sommermann anlässlich seines 70. Geburtstags

Springer

Hrsg.
Cristina Fraenkel-Haeberle
Außerplanmäßige Professorin für öffentliches Recht, Deutsches Forschungsinstitut für Öffentliche Verwaltung
Speyer, Deutschland

Birgit Peters
Professorin für Öffentliches Recht, insbesondere Völker- und Europarecht
Universität Trier
Trier, Deutschland

ISBN 978-3-662-72330-2 ISBN 978-3-662-72331-9 (eBook)
https://doi.org/10.1007/978-3-662-72331-9

Die Deutsche Nationalbibliothek verzeichnet diese Publikation in der Deutschen Nationalbibliografie; detaillierte bibliografische Daten sind im Internet über https://portal.dnb.de abrufbar.

Springer ist ein Imprint der eingetragenen Gesellschaft Springer-Verlag GmbH, DE und ist ein Teil von Springer Nature.
Die Anschrift der Gesellschaft ist: Heidelberger Platz 3, 14197 Berlin, Germany

Vorwort

Die vorliegende Festschrift ist Karl-Peter Sommermann gewidmet, der am 05. Januar 2026 seinen 70. Geburtstag feiert. Mit seinem Wirken als Professor für Öffentliches Recht, Staatslehre und Rechtsvergleichung an der Deutschen Universität für Verwaltungswissenschaften Speyer hat er über mehr als zwei Jahrzehnte hinweg die Entwicklung des öffentlichen Rechts in Deutschland, aber auch in Europa und anderen Teilen der Welt maßgeblich geprägt und zahlreiche Impulse für Wissenschaft und Praxis gesetzt.

Mit dieser Festschrift sprechen Kolleginnen und Kollegen, Weggefährtinnen und -gefährten, Schülerinnen und Schüler dem Geehrten ihre herzlichsten Glückwünsche aus. Durch seine wissenschaftliche Exzellenz, sein Engagement für die Weiterentwicklung des öffentlichen Rechts, seine Integrität und wunderbare Herzlichkeit als akademischer Lehrer und Mensch ist er Vorbild und Impulsgeber für Generationen gewesen und wird es auch in Zukunft sein. Ein enger Kreis seiner weltumspannenden wissenschaftlichen Familie möchte ihm mit dieser Festschrift in Anerkennung seiner außergewöhnlichen Persönlichkeit und seines Wirkens einen besonderen Tribut zollen.

Karl-Peter Sommermann, geboren 1956 in Bonn, studierte nach dem Abitur Rechtswissenschaft und Geschichte in Bonn und Genf und promovierte 1984 bei Christian Tomuschat an der Universität Bonn mit einer Schrift über den Grundrechtsschutz in Spanien. Bereits die Promotion zeigt das grenzüberschreitende (Voraus-)Denken des Geehrten und sein Interesse an den transnationalen Zusammenhängen des öffentlichen Rechts, welches durch aktuelle europäische Entwicklungen geprägt wurde: Mitte der 1980er-Jahre war das Interesse am nationalen Grundrechtsschutz groß. Die europäische Union erweiterte sich, Spanien hatte 1978 eine neue Verfassung mit umfangreichem Grundrechtskatalog verabschiedet. Es sollte 1986 den europäischen Gemeinschaften beitreten. Die Erkundung der Verfassungen der Beitrittskandidaten lag insofern auf der Hand. Allerdings gelang sie wenigen so, wie dem Geehrten: Bereits seinen akademischen Lehrer beeindruckte Karl-Peter Sommermann damit, eine „perfekte" Promotionsschrift eingereicht zu haben.

Auch für seine Habilitation arbeitete Karl-Peter Sommermann an einem aktuellen Thema: Seit Ende der 1980er-Jahre wurde in Deutschland die Aufnahme weiterer Staatsziele in die Verfassung debattiert. Diese Diskussion aufnehmend habilitierte sich Karl-Peter Sommermann 1996 an der Humboldt-Universität zu Berlin mit einer Schrift zu den „Staatszielen und Staatszielbestimmungen". Er erhielt die venia legendi für Öffentliches Recht und Verfassungsgeschichte. Die Druckfassung der Habilitationsschrift, 1997 veröffentlicht bei Mohr Siebeck, ist in der deutschen Staatsrechtslehre vielfach rezipiert worden.

Nach Stationen als wissenschaftlicher Mitarbeiter und geschäftsleitender Institutsreferent des Deutschen Forschungsinstituts für öffentliche Verwaltung übernahm Karl-Peter Sommermann 1998 den Lehrstuhl in Speyer, wo er nicht nur als Forscher und akademischer Lehrer, sondern auch in leitenden Funktionen – unter anderem als Rektor und Prorektor – die Hochschule und das Deutsche Forschungsinstitut für öffentliche Verwaltung (als Direktor) prägte.

Unter seiner Leitung wurden zahlreiche Forschungsvorhaben zu europäischen Rechtsfragen durchgeführt. Im letzten Jahrzehnt konzentrierte er sich im Rahmen des Forschungsbereichs „Europäischer Verwaltungsraum" insbesondere auf Kernpunkte der Implementationsforschung im Zusammenhang mit der Umsetzung des Europarechts. Daraus sind unter anderem zwei in der Reihe „Schriften zum Europäischen Recht" bei Duncker & Humblot veröffentlichte Bände hervorgegangen: „Europäisierung und Internationalisierung der nationalen Verwaltungen im Vergleich – deutsch-italienische Analysen" (2017) sowie „Praxis der Richtlinienumsetzung im europäischen Verwaltungsverbund – Die Reichweite und Umgestaltung der nationalen Umwelt- und Energieverwaltung" (2020). Das jüngste von ihm geleitete Forschungsvorhaben zur Transformation des öffentlichen Dienstes in Europa mündete in der Veröffentlichung des englischsprachigen Handbuchs „The Civil Service in Europe – A Research Companion" (2025) im Routledge Verlag.

Trotz eines Rufes nach Halle ist er Speyer immer treu geblieben. Seine Gastprofessuren an renommierten Universitäten romanischer Länder – darunter Paris I Panthéon-Sorbonne, Sciences Po Paris, die Universidad Andina in La Paz und Sucre, die Bundesuniversität Fluminense in Rio de Janeiro, die Università Roma III sowie die Université Libre de Bruxelles – zeugen sowohl von seiner internationalen Anerkennung und Vernetzung als auch von seiner unermüdlichen Reiselust. Von Karl-Peter Sommermann begründete Institutionen, wie das deutsch-französische Doktorandenkolleg zur Rechtsvergleichung im öffentlichen Recht sind mittlerweile fester Bestandteil der Nachwuchsausbildung des öffentlichen Rechts. Zahlreiche Beitragende dieses Bandes zeichnen für das Gelingen dieses Kollegs verantwortlich oder haben erfolgreich daran teilgenommen. Im Rahmen der vom Kolleg veranstalteten Seminare und Kolloquien zeigte sich Karl-Peter Sommermann stets an der wissenschaftlichen Fortentwicklung der teilnehmenden Nachwuchswissenschaftlerinnen und Nachwuchswissenschaftler interessiert und konnte so den Werdegang nicht nur seiner unmittelbaren Schülerinnen und Schüler, sondern auch der Teilnehmerinnen und Teilnehmer dieser Veranstaltung entscheidend prägen. Auch davon zeugen einzelne Beiträge der in dieser Festschrift versammelten Mitwirkenden.

Die Verleihung der Ehrendoktorwürde durch die Staatliche Ivane Jakashvili Universität Tiflis (2010) sowie die Auszeichnung mit dem Ehrentitel eines „Commandeur dans l'Ordre des Palmes académiques" (Dekret des französischen Premierministers v. 8. Januar 2014) unterstreichen seine herausragende Stellung in der internationalen, öffentlich-rechtlichen Gemeinschaft! Es ist frappierend, wie gut der Geehrte diverse Fremdsprachen mühelos beherrscht. Sein wissenschaftliches Renommé wurde eindrucksvoll durch seine Wahl zum Vorsitzenden der Vereinigung der Deutschen Staatsrechtslehrer (2018–2020) untermauert.

Im Mittelpunkt von Sommermanns wissenschaftlichem Schaffen stehen seit Beginn seiner akademischen Laufbahn die Transnationalisierung und Europäisierung des Verfassungs- und Verwaltungsrechts, die Rechtsvergleichung sowie grundlegende Fragen des ausländischen öffentlichen Rechts, der Staatlichkeit und Globalisierung und des internationalen Menschenrechtsschutzes. Darüber hinaus verfügt er über eine ausgeprägte Expertise im Völkerrecht. Seine Arbeiten zeichnen sich durch eine außergewöhnliche Bandbreite und Tiefe aus und haben die Diskussion um das öffentliche Recht und seine historischen Dimensionen weit über Deutschland hinaus bereichert. Seine Festschrift soll seine vielfältigen Forschungsinteressen – mindestens ansatzweise – durch die breite thematische Ausrichtung der Beiträge widerspiegeln.

Karl-Peter Sommermanns Werk ist geprägt durch Außenperspektiven auf das nationale Recht sowie durch ein tiefes Verständnis für die Prozesse der Internationalisierung und Europäisierung und die Entwicklung des nationalen öffentlichen Rechts im transnationalen Kontext.

Der vorliegende Band nimmt diese Grundausrichtung, die transnationale Perspektive auf das öffentliche Recht, zum Anlass, sowohl Werk als auch Perspektive noch einmal zu durchleuchten und neue Aspekte hervorzuheben. Insbesondere in Zeiten von erneuter Nationalisierung, hegemonialen Ansprüchen, neuen Kriegen auf dem europäischen Kontinent und den multiplen Krisen fragt sich, ob und wie die transnationale Perspektive auf das öffentliche Recht erhalten werden und weiterleben kann. Welche grundlegenden Konzepte prägen sie, welche neuen oder ergänzenden Konzeptionen haben sich herausgebildet, welche Ideen kennzeichnen heute den öffentlich-rechtlichen, transnationalen Diskurs?

Diese und andere Fragen sollen in dem vorliegenden Band in 37 individuellen, kurzen Beiträgen aufgeworfen und bearbeitet werden. Dabei werden folgende vier Aspekte vertieft in den Blick genommen: Verfassungsvergleich und Menschenrechtsschutz; ausländisches öffentliches Recht und Transnationalisierung; Europäisierung und Internationalisierung des Verwaltungs- und Verfassungsprozessrechts sowie Grundwerte und Grundprinzipien des deutschen und europäischen Verfassungsrechts. Die Beiträge sind in deutscher, englischer französischer und spanischer Sprache verfasst und repräsentieren so das mehrsprachige Werk des Geehrten.

Wir sind überzeugt, dass die heute so benötigte transnationale Sicht auf das öffentliche Recht, welche nicht nur in Karl-Peter Sommermanns Werk zum Ausdruck kommt, sondern auch von den Autorinnen und Autoren dieses Sammelbandes reflektiert und interpretiert wird, und insbesondere die Diskussion aktueller Fragen aus der Rechtsvergleichung, der Transnationalisierung sowie den Grundprinzipien des öffentlichen Rechts eine breite Leserschaft anziehen wird. In diesem Band werden nicht nur Lösungen und Entgegnungen aktueller Trends wie der Nationalisierung oder des Populismus präsentiert, sondern auch bestehende Werte, wie die

Rechtsstaatlichkeit oder die europäische Demokratie, neu hinterfragt und diskutiert. Der Band wird daher ein unentbehrlicher Begleiter für alle sein, die sich für Grundfragen des öffentlichen Rechts, Europa- und Völkerrechts interessieren.

Diese Festschrift ist durch das Mitwirken vieler Menschen entstanden, denen unser besonderer Dank gebührt. An erster Stelle danken wir den Autorinnen und Autoren, die sich mit großem Engagement und Elan durch inspirierende Beiträge an der Festschrift beteiligt haben. Unser Dank gilt außerdem dem Springer-Verlag, insbesondere Frau Dr. Brigitte Reschke und Frau Julia Bieler, für die professionelle Betreuung des Buchprojekts und die Veröffentlichung der Festschrift. Darüber hinaus danken wir Esther Marx, Luca Blümling, Tim Coels, Eva Krug, Maximilian von Levetzow, Clara Morschhäuser, Jan Petry, Vincent Rudloff und Serra Tuana Yilmaz für die sorgfältige redaktionelle Bearbeitung und die Vorbereitung der Beiträge für den Druck.

Die Person von Karl-Peter Sommermann wird stets als Inbegriff wissenschaftlicher Neugier, unermüdlichen Wissensdursts, Großzügigkeit und herzlicher Wärme in Verbindung gebracht werden. Immer hilfsbereit als guter und loyaler Freund hat der Geehrte – nicht zuletzt in seiner Funktion als Schriftleiter der DÖV – für jede und jeden stets ein offenes Ohr. Seine besondere Gastfreundschaft (mit Übernachtungsmöglichkeit) in seinem schönen Haus, die legendäre Kochkunst seiner Frau Karin, die nette Familienatmosphäre mit den Kindern Philipp und Friederike und den vielen versammelten Freunden erinnern eher an die Lebensart der romanischen Länder, für die er stets ein besonderes Faible zeigte, als an typisch deutsche Gepflogenheiten. Gesellige Anlässe hatten für Sommermann stets einen besonderen Stellenwert. Als er in seiner Funktion als Rektor den Semesterabschlussball eröffnen sollte, kontaktierte er am selben Nachmittag eine Speyerer Tanzschule, wo er in einer spontanen Tanzstunde seine Walzerkenntnisse auffrischte!

Trotz allem bleibt er ein Wissenschaftler mit Leib und Seele. Mit seiner beeindruckenden Bescheidenheit und zugleich der außergewöhnlichen Treffsicherheit seiner Aussagen versteht er es immer wieder, uns für seine Thesen zu gewinnen!

Speyer, Deutschland
Trier, Deutschland
im Juli 2025

Cristina Fraenkel-Haeberle
Birgit Peters

Inhaltsverzeichnis

Grundwerte und Grundprinzipien des deutschen und europäischen Verfassungsrechts

Verfassungsvergleich und Menschenrechtsschutz

Das Bundesverfassungsgericht, Erfolgsgeschichte vor neuen Herausforderungen. Vergleichende Betrachtungen in Raum und Zeit

A. Gaillet

„Wenn das Verwaltungsrecht ein Tier wäre, welches wäre es“? „Wahrscheinlich ein Biber: Er passt die Ordnung der Gemeinschaft an ihre Umgebung und die Herausforderungen des Stroms der Ereignisse an, wenn nötig durch einen neuen Damm. Er schützt die Bevölkerung und versucht stets, ihre Lebensbedingungen zu verbessern. Fehlgeschlagene Versuche sind dabei nicht ausgeschlossen“.[1]

Dieser Auszug aus einem Interview, das in einer französischen Zeitschrift für Verwaltungsrecht veröffentlicht wurde, belegt, falls es für die französischen Leser noch nötig wäre, die für Karl-Peter Sommermann so typische Mischung aus wissenschaftlicher Exzellenz, Offenheit für Rechtsvergleichung, Vertrauen in das Recht und Wohlwollen. Angesichts der großen Bandbreite und Vielfalt seiner

Die Autorin veröffentlichte 2021 eine Monografie über das Bundesverfassungsgericht in französischer Sprache. Auf dieser, auf verschiedenen Beiträgen und auf einem Vortrag, den die Verfasserin im Rahmen der Ringvorlesung *75 Jahre Grundgesetz* am 03.06.2024 in Münster gehalten hat, basiert der vorliegende Beitrag. Für ihre Hilfe bei der Bearbeitung der Fußnoten dankt die Autorin ganz herzlich Frau Alexandra Gorecki.

Aurore Gaillet ist Professorin für Öffentliches Recht an der Université Toulouse Capitole (Institut Maurice Hauriou). Ihre Forschungsschwerpunkte liegen im deutschen und französischen Verfassungsrecht, in der Rechtsvergleichung im öffentlichen Recht und der Verfassungsgeschichte. Aus ihrem Forschungsprojekt ging ihr 2021 erschienenes Buch „La Cour constitutionnelle fédérale allemande. Reconstruire une démocratie par le droit (1945–1961) hervor „(Paris, La Mémoire du Droit)“.

[1] Questionnaire du Pr. Sommermann (11/50), Journal du Droit Administratif http://www.journal-du-droit-administratif.fr/questionnaire-du-pr-sommermann-1150/ (13.04.2017), zuletzt besucht am 23.12.2024.

A. Gaillet (✉)
Toulouse, Frankreich
E-Mail: aurore.gaillet@ut-capitole.fr

C. Fraenkel-Haeberle, B. Peters (Hrsg.), *Öffentliches Recht in transnationaler Perspektive*, https://doi.org/10.1007/978-3-662-72331-9_1

Schwerpunkte fiel es der Verfasserin nicht leicht, sich für ein Thema zu entscheiden. Für die Autorin dieses Beitrags gilt er zumindest als ein Pionier der Rechtsvergleichung, stets erhellt durch kritische Betrachtungen über die Entwicklung der Rechtswissenschaft.

Der 75. Geburtstag des Grundgesetzes und bald auch des Bundesverfassungsgerichts bieten einen Anlass für deutsch-französische Gedanken, zu denen Karl-Peter Sommermann wichtige Beiträge leistet.[2]

Das Bundesverfassungsgericht als zentraler Akteur des deutschen Rechts- und Verfassungssystems wird von der französischen Rechtswissenschaft oft als Vorbild angesehen – insbesondere im Vergleich zum französischen *Conseil Constitutionnel,* dem Verfassungsrat. Auf der deutschen Seite bezieht sich die oft als *Erfolgs*geschichte bewertete Entwicklung des Bundesverfassungsgerichts vor allem auf seine Rolle als Wegbereiter für den Aufbau eines neuen freiheitlich-demokratischen Deutschlands nach 1945. Nach dem Zweiten Weltkrieg wollte man in Deutschland „die Demokratie durch das Recht wieder aufbauen".[3] Das bedeutete, an die *demokratische* Legitimität des Volkswillens anzuknüpfen und gleichzeitig das alte *liberale* Konzept zu erneuern, das die Begrenzung der Macht durch das Recht und die Garantie der individuellen Freiheiten miteinander verbindet. Auf französischer Seite wird die geringere Legitimität des *Conseil constitutionnel* traditionell auf die lange Geschichte der französischen Rechtskultur, die keine ausgeprägte Tradition der Verfassungsgerichtsbarkeit aufweist, sowie auf die kurze Geschichte der Fünften Republik zurückgeführt.

Der historische Blick ist damit ein entscheidender Schlüssel, um die Eigenheiten der jeweiligen Institution zu erkennen und zu verstehen. Er macht den deutsch-französischen Vergleich besonders interessant, hindert aber nicht daran, sich zu fragen, ob das Bundesverfassungsgericht eine Erfolgsgeschichte darstellt (1). Anschließend werden Herausforderungen und Kritikpunkte der Entwicklung des Bundesverfassungsgerichts aufgezeigt (2).

Inzwischen sieht sich die Verfassungsgerichtsbarkeit neuen Herausforderungen und Kritik gegenüber. Das deutsche Bundesverfassungsgericht befindet sich selbst in einer Position, die als „fragil" eingestuft werden kann, was Fragen nach den Grenzen des „Erfolgsmodells Deutschland" aufwirft.[4] In diesem Zusammenhang gewinnt der Begriff „Resilienz", auch in den Rechtswissenschaften zunehmend an Bedeutung.[5]

Die Frage nach der Widerstandsfähigkeit, der Resilienz des Gerichts, ist daher „alles andere als trivial", wie Stefan Harbarth bei einem Presseempfang in Karlsruhe am 12. März 2024 betonte; es wäre ein starkes Signal, so Harbarth weiter, wenn zum Jubiläum im Jahr 2024 die Diskussion über die Resilienz mit Ruhe, Sorgfalt und in Abgewogenheit geführt werden könnte. Es ist diesbezüglich bemerkenswert, dass trotz des Scheiterns der Ampel-Koalition und der darauffolgenden

---

[2] Champeil-Desplats (2011), S. 11.

[3] Gaillet (2021).

[4] Masing (2021), S. 981–1051.

[5] Lindner, Unterreitmeier (2020), S. 134 f.; Schaefer (2021), S. 417.

Auflösung des Bundestages Ende 2024 die geplante Grundgesetzänderung „zur Stärkung der Resilienz des BVerfG“ noch beschlossen wurde.[6] Ob die deutsch-französischen Perspektive zu dem Thema beitragen kann, ist zumindest fraglich (3).

1 Die Erfolgsgeschichte des Bundesverfassungsgerichts

1.1 Das Bundesverfassungsgericht als Vorbild des Verfassungsoptimismus

Im Laufe des 20. Jahrhunderts hat sich die Verfassungsgerichtsbarkeit weltweit verbreitet. Sie war ein zentraler Bestandteil dessen, was Rechtswissenschaftler aus verschiedenen Ländern als „rechtsstaatliche[n] Konstitutionalismus“ bezeichnet haben.[7] Die Trias Rechtsstaatlichkeit – Grundrechte – Verfassungsgerichtsbarkeit bildete das Fundament dieses Konzepts: Der Berliner Verfassungs- und Völkerrechtler Christian Tomuschat hat diese „Trias“ mit einem *Verfassungsoptimismus* in Verbindung gebracht, der am Ende des 20. Jahrhunderts triumphierte.[8]

In diesem Rahmen ist die Darstellung des Grundgesetzes und des Bundesverfassungsgerichts als Vorbilder „für Europa“[9] und als „Erfolgsgeschichte“[10] in Deutschland wohlbekannt. Gleich in der Nachkriegszeit fungierte nämlich das 1951 eingerichtete Bundesverfassungsgericht als Wegbereiter für ein neues freiheitlich-demokratisches Deutschland. Das mit großer Autorität und weitreichenden Kompetenzen ausgestattete und selbsterkämpfte[11] Gericht wurde schnell mit der Rolle des Hüters der freiheitlich-demokratischen Grundordnung und der Grundrechte des Grundgesetzes verbunden. In der Folge diente es als Vorbild „in einem Kontinent auf der Suche nach Frieden“,[12] für Staaten nach deren Rückkehr zur Demokratie in den 1970er-Jahren (z. B. Spanien) sowie für die Staaten Ost- und Mitteleuropas nach dem Zerfall der Sowjetunion.[13] Für die Westdeutschen wurde das Gericht in der Nachkriegszeit zu einer Institution, die eine neue nationale Identität stiften konnte. Der Verfassungshistoriker Michael Stolleis sprach treffend von „Herzkammern der Republik“.[14]

---

[6] Gesetz zur Änderung des Grundgesetzes (Artikel 93 und 94) vom 27. Dezember 2024, BGBl. 2024 I Nr. 439 und Nr. 440.

[7] Lauvaux (1991), S. 49 ff.; Herrera (2012), S. 359–370; Lustig, Weiler (2018), S. 315.

[8] Tomuschat (1982), S. 129.

[9] Pieroth (2003), S. 57 ff.

[10] Vgl. u. a. Collings (2019), S. 1109 ff., insb. 1109; Fischer C, Pauly W (2015) S. VI (Vorwort); Meinel (2016), S. 277 ff.

[11] Gaillet (2021); Masing (2021), Rn. 33 ff.

[12] Favoreu et al. (2023), S. 296.

[13] Guter Überblick bei Fromont (2013).

[14] Stolleis (2011). Mit dem von Michael Stolleis gewählten Titel wollte er auch den ursprünglich angenommenen Gegensatz zwischen einer schwarzen (CDU) und einer roten (SPD) Kammer illustrieren – er bedauerte oft, dass seine Metapher missverstanden wurde.

1.2 Das Bundesverfassungsgericht als Vorbild für die Verfassungsgerichtsbarkeit in Frankreich?

Nach *Michel Fromont*, einem bedeutenden Vordenker der deutsch-französischen Verfassungsrechtsvergleichung, gilt das Bundesverfassungsgericht auch in Frankreich als „die auf der ganzen Welt wohl bekannteste deutsche Einrichtung".[15]

Umgekehrt betrachtet die französische Verfassungsrechtswissenschaft die Verfassungsgerichtsbarkeit in Frankreich im Vergleich zur deutschen deutlich kritischer.[16] Der systematische Vergleich der französischen und deutschen Verfassungsgerichte offenbart erhebliche strukturelle Unterschiede: Die Zusammensetzung, der Aufbau, der sprachliche Stil der Entscheidungen, die Zuständigkeiten, das Verhältnis zu anderen Akteuren – einschließlich der Rechtswissenschaft –, die Grundsätze und die Methodik der Verfassungsauslegung, die Bedeutung der Rechtsprechung usw.: In all diesen Facetten unterscheidet sich der Verfassungsrat vom Bundesverfassungsgericht – teilweise sogar grundlegend.

Es drängt sich also die Frage auf, woher diese Unterschiede kommen. Hier dient ein Blick auf die Geschichte als Erklärungsschlüssel. Im Gegensatz zu Deutschland bleibt das „französische Staatsdenken"[17] von einer Kultur der „nationalen Souveränität" und des „Legizentrismus" geprägt. Über verschiedene Generationen hinweg ist sogar ein Misstrauen gegenüber der Justiz und den Rechten der Einzelnen überliefert. Unter diesen Voraussetzungen gab es kaum Entwicklungspotenzial für den Verfassungsrat, als er 1958 gegründet wurde. *Michel Debré*, neben Charles de Gaulle einer der entscheidenden Väter der Verfassung der heutigen V. Republik, sagte dazu: „Es entspricht weder dem Geist des parlamentarischen Regierungssystems noch der *französischen Tradition*, jedem Bürger das Recht einzuräumen, das Gesetz prüfen zu lassen."[18] Zwar haben sich sowohl die Verfassungsordnung als auch die politischen Ansichten und Wahrnehmungen in Frankreich über die Jahre weiterentwickelt. Auch Frankreich hat sich in die Bewegung des Konstitutionalismus eingebunden. Seit 1971 überprüft der *Conseil Constitutionnel* Gesetze auch am Maßstab von Grundfreiheiten und Grundrechten. Dies erscheint aus deutscher Perspektive selbstverständlich. Vor 1971 tat der *Conseil Constitutionnel* dies aber nicht, da Grundrechte vor dem Verfassungsrat schlicht nicht als justiziabel angesehen wurden. Erst seit 1974 kann der Verfassungsrat auch von Mitgliedern des Parlaments angerufen werden. Zuvor konnten nur der Präsident, der Premierminister sowie die Präsidenten der beiden Parlamentskammern, des Senats und der Nationalversammlung, den *Conseil Constitutionnel* anrufen. Seit der Verfassungsreform von 2008, die im Jahr 2010 in Kraft trat, kann er auch im Rahmen einer konkreten

---

[15] Fromont (1999), S. 493 ff.

[16] Für eine aktuelle und scharfsinnige Analyse, vgl. Fontaine (2023) (mit einem Vorwort von Supiot).

[17] Grewe, Gusy (2002) (vgl. insb. die „Übersicht" v. Jouanjan).

[18] Debré (1991), S. 260 (Hervorhebung durch die Verfasserin).

Normenkontrolle entscheiden.[19] Zuvor konnte er nur eine abstrakte Normenkontrolle durchführen. Trotz dieser Veränderungen bleibt das Modell des Verfassungsrats weiterhin durch die alte französische rechtliche und politische Kultur geprägt.[20]

Vor diesem Hintergrund wirkt das Bundesverfassungsgericht oft als Inspirationsquelle für französische Betrachter und Akteure. Das gilt besonders für diejenigen, für die sich der *Conseil* erst „auf halbem Wege" befindet. Als Beispiel kann die Rechtsprechung des Conseil Constitutionnel zur jüngsten Rentenreform (2023) und zur Reform des Einwanderungsrechts (2024) genannt werden, die Erwartungen enttäuscht und viel Kritik vonseiten der Wissenschaft hervorgerufen hat.[21] Für viele Beobachter gilt der Conseil immer noch nicht als vollwertiges Verfassungsgericht in der französischen Staatsorganisation. In Frankreich spricht man daher immer noch von der anzustrebenden „Vergerichtlichung" des *Conseil*, ein Begriff, der mit Blick auf das Bundesverfassungsgericht, das von Anfang an ein Gericht war, keinen Sinn ergäbe.

In dieser Hinsicht sind drei Charakteristika des Bundesverfassungsgerichts aus der Sicht der französischen Rechtswissenschaft besonders positiv zu bewerten. Das erste betrifft seine Zusammensetzung: Anders als in Frankreich können nur Volljuristen Mitglieder des Gerichts sein, und in der Praxis sind diese zudem hoch qualifiziert. Darüber hinaus wird die in Frankreich sehr knapp gehaltene Begründung der Entscheidungen häufig von der Rechtswissenschaft kritisiert. Drittens ist die Rolle des Bundesverfassungsgerichts als Hüter der Grundrechte zu erwähnen. Trotz der „QPC" (Question prioritaire de constitutionnalité) bleibt der Grundrechtsschutz vor dem Verfassungsrat vergleichsweise schwach ausgeprägt: In Frankreich gibt es bis heute kein mit der Verfassungsbeschwerde vergleichbares Verfahren. Es sind vor allem, oder zumindest ebenso, die Fachgerichte, die – allerdings in nicht immer kohärenter Weise – die Grundrechte garantieren.

Dies schließt aber eine Kritik des Bundesverfassungsgerichts nicht aus.

2 Das Bundesverfassungsgericht – Eine fragile Erfolgsgeschichte?

Zwei Arten von Kritik am Bundesverfassungsgericht sind zu unterscheiden.

---

[19] Die sogenannte «Question prioritaire de constitutionnalité» (QPC).

Art. 61–1 der Verfassung: „Wird anlässlich eines anhängigen Gerichtsverfahrens behauptet, eine gesetzliche Bestimmung verstoße gegen die von der Verfassung garantierten Rechte und Freiheiten, kann der Verfassungsrat mit dieser Frage befasst werden, auf Verweisung des Staatsrates oder des Kassationshofes, die sich innerhalb einer bestimmten Frist äußern. Ein Verfassungsergänzungsgesetz regelt die Bedingungen für die Anwendung dieses Artikels". Vgl. diesbezüglich die Loi organique, Nr. 2009-1523 vom 10 Dezember 2009.

[20] Gaillet (2024), S. 132ff.

[21] Entscheidungen Nr. 2023-849 DC vom 14. April 2023 (*Loi de financement de la sécurité sociale pour 2023*), Nr. 2023-863 DC vom 25. Januar 2024 (*Loi pour contrôler l'immigration, améliorer l'intégration*). Siehe z. B. die Analyse von Benzina (2023).

2.1 Kritik speziell am deutschen Bundesverfassungsgericht

In Deutschland gibt es keine Erfolgsgeschichte des Bundesverfassungsgerichts ohne eine Geschichte der Vorbehalte, die das Gericht seit seinen ersten Schritten, seit seinen ersten Entscheidungen und seit seinen ersten Richterinnen und Richtern begleiten.

Zu erwähnen sind etwa die Vorwürfe des „richterlichen Aktivismus" oder die Kritik an einem „Richterstaat"[22] oder aber die Idee des „entgrenzten Gerichts".[23]

In Frankreich wird die Bedeutung der Grundrechte bei der Herausbildung und Fortentwicklung der deutschen Verfassungsrechtsprechung einhellig anerkannt. Kritischer bewertet die französische Rechtswissenschaft die Rolle des Bundesverfassungsgerichts in europarechtlichen Fragen. Einerseits steht die Schlüsselrolle des Bundesverfassungsgerichts im Rahmen des europäischen Integrationsprozesses außer Zweifel: Die deutschen Verfassungsrichter nehmen eine einflussreiche Rolle in der Gestaltung der europäischen Integrationsdynamik ein – eine Stellung, die ihren französischen Pendants nicht zukommt, was Karlsruhe große Verantwortung und Aufmerksamkeit verleiht. Andererseits werden die vom Bundesverfassungsgericht formulierten Vorbehalte gegen den Vorrang des Unionsrechts, wie „Grundrechtsschutz", „Verfassungsidentität", „Demokratie", und die Ablehnung von „Ultra-Vires-Rechtsakten", in Frankreich oft kritisch rezipiert. Ein Beispiel dafür ist das PSPP-Urteil vom 05. Mai 2020, das viele französische Verfassungsrechtlerinnen und -rechtler als zu dominant und auch „zu deutsch" in Bezug auf die EU-Organe und das EU-Recht wahrgenommen haben.[24]

Allerdings erscheinen einem diese Auseinandersetzungen heute schon fast, als gehörten sie längst vergangenen Zeiten an. Mittlerweile gibt es offenbar andere Gefahren, die die europäischen Gerichte enger zusammenschweißen.

2.2 Die generelle Infragestellung der Verfassungsgerichtsbarkeit

Diese gegenwärtige theoretische Infragestellung der Verfassungsgerichtsbarkeit überschneidet sich mit einer alten Kritik an der Verfassungsgerichtsbarkeit: Die Rechtswissenschaft spricht von der *„counter-majoritarian difficulty"*,[25] um das zu beschreiben, was in Frankreich schon sehr früh unter dem Stichwort des *„Gouvernement des juges"*[26] diskutiert wurde. Diese Ideen werden nun von denjenigen ver-

[22] Rüthers (2016); Böckenförde (1981).

[23] Vgl. insb. Schönberger (2011), S. 9 ff.; Möllers (2011), S. 281–408; Möllers (2000), S. 177 ff.

[24] Gaillet (2024), 171ff.

[25] Bickel (1986).

[26] Lambert (1921).

worfen, die den sogenannten richterlichen Konstitutionalismus[27] zugunsten eines populären oder populistischen Konstitutionalismus[28] ablehnen. In diesem Rahmen sind die Verfassungsgerichte direkte Opfer der jüngsten Tendenzen zur Radikalisierung der Kritik[29] am „Projekt Konstitutionalismus“[30] – sofern man unter Konstitutionalismus die Begrenzung der Staatsgewalt durch Gegenmächte zugunsten der Gewährleistung der Freiheiten versteht.

Dieser Kritik werden verschiedene Thesen entgegengesetzt, die den Wandel des Demokratiebegriffs betonen: Es geht um die Vorstellung, dass Demokratie nicht nur die Stimme des vom Volk gewählten Parlaments verkörpert, sondern ebenfalls den Schutz der Rechtsstaatlichkeit umfasst.

Erfahrungen der vergangenen Jahre in Europa und darüber hinaus haben gezeigt, dass die Verfassungsgerichte, neben unabhängigen Medien, zu den ersten und wichtigsten „Angriffszielen“ zählen,[31] wenn autoritär-illiberale Kräfte politische Mehrheiten erringen.

In einigen Staaten wie Polen und Ungarn wurden die Verfassungsgerichte faktisch und Schritt für Schritt entmachtet.[32]

Man muss sich also die Frage stellen, was „Resilienz des Bundesverfassungsgerichts“ angesichts dieser Herausforderungen bedeutet.

3 Resilienz: Das Bundesverfassungsgericht und der politische Wandel der Postmoderne

3.1 Die Resilienz von Verfassungsgerichtsbarkeiten im Allgemeinen

Der Begriff der Resilienz hat in den letzten Jahren und Jahrzehnten einen Aufschwung erfahren.[33] Ursprünglich vor allem in den Naturwissenschaften verwendet, wird der Begriff heute auch in den Sozialwissenschaften und der Rechtswissenschaft immer wichtiger.[34] Das lateinische Wort „*resilire*“ kann mit „zurückspringen“ oder „abprallen“ übersetzt werden. Resilienz bezeichnet also die Reaktion eines Materials, Systems oder einer Institution auf einen Angriff oder eine Krise.[35] Über

[27] Hirschl (2004).

[28] Blokker (2018).

[29] Grimm (2020), insb. S. 321 (Text ebenfalls veröffentlicht in Grimm (2021)).

[30] Nettesheim (2022), S. 23–39.

[31] Ladeur (2021).

[32] Voßkuhle (2024), S. 1–7; siehe auch Baer (2023).

[33] Lindner, Unterreitmeier (2020), S. 134.

[34] *Ibid.*, S. 134 f.; Schaefer (2021), S. 417.

[35] Vgl. Lindner, Unterreitmeier (2020), S. 134 f.; Schaefer (2021), S. 417; Endreß, Maurer (2015), S. 7.

den bloßen Widerstand im Sinne einer Rückkehr in den Ausgangszustand hinaus impliziert der Begriff eine Anpassung oder ein Weiterentwickeln des Systems nach dem Angriff.[36] Auch „das Recht erweist sich im Maße seiner Beharrungsfähigkeit gegen Erosionsfaktoren als ‚resilient'."[37]

„Politik der Resilienz ist *Politik im Futur II* – und besitzt damit eine andere zeitliche Orientierung als das vergangenheitsorientierte Recht."[38] Vor diesem Hintergrund wird die Anwendung des Begriffs der Resilienz in der Rechtswissenschaft häufig in zweierlei Hinsicht eingegrenzt. Auf der einen Seite wird von manchen der Bezugspunkt der Resilienz, also das, was im Rechtssystem durch Resilienz geschützt werden soll, auf die „Kernfunktionen" des Rechts reduziert.[39] Die Diskussion über die Resilienz konzentriert sich in den Rechtswissenschaften nämlich auf die Resilienz des Krisen- und Polizeirechts sowie die Resilienz der Rechtsstaatlichkeit, der Verfassungsordnung oder der Verfassungsgerichtsbarkeit. Auf der anderen Seite gibt es Stimmen, die meinen: „Von Resilienz des Rechts sollte nur die Rede sein, wenn es sich gegen widerstrebende außerrechtliche Macht zu behaupten hat."[40] Das Recht soll sich also nur gegenüber realen Angriffen als resilient behaupten. Dies steht in Verbindung mit Fragen der „Versteinerung" des Rechts und letztendlich auch der Demokratie. In der Tat ist der Umgang mit der hohen Zustimmung für populistische Parteien wie der AfD in Deutschland schwierig. Im Rahmen der Diskussion über die Resilienz des Rechtsstaats in einer Demokratie muss differenziert werden, ob und wann das Wahlverhalten von einem Drittel der Bevölkerung als eine „außerrechtliche Macht" zu betrachten ist.[41]

Die Debatte über die Resilienz des Bundesverfassungsgerichts ist also eine Debatte über geeignete präventive [...] Ans[ä]tze [...]"[42] gegen „reale Widerstände"[43] gegen die Verfassungsordnung.[44]

Außerdem kann in Deutschland eine Parallele zwischen Resilienz der Verfassungsordnung und dem Prinzip der „wehrhaften Demokratie", einer Lehre aus der Erfahrung des NS-Regimes, gezogen werden.[45] Viele verfassungsrechtliche Beispiele, wie die Ewigkeitsklausel (Art. 79 III GG), spiegeln dieses Konzept wider und sind letztendlich auch Mechanismen der Resilienz.[46] Aus der rechtsvergleichenden Perspektive können viele dieser Mechanismen als „deutsche Besonderheit" bezeichnet werden. Das BVerfG hat dieses Konzept selbst am besten zusammengefasst: „Verfassungsfeinde sollen nicht unter Berufung auf Freiheiten, die

---

[36] Vgl. Isensee (2016), S. 33.

[37] Schaefer (2021), S. 417.

[38] Thurn (2022), S. 244.

[39] Vgl. Lindner, Unterreitmeier (2020), S. 141 f.; Institut für Europäische Politik (2022).

[40] Isensee (2016), S. 35.

[41] Vgl. Lindner, Unterreitmeier (2020), S. 145–146.

[42] Albrecht et al.

[43] Isensee (2016), S. 33.

[44] Vgl. Grabenwarter (2018).

[45] Vgl. Lindner, Unterreitmeier (2020), S. 130.

[46] Schuppert, Repohl (2023), S. 92.

das Grundgesetz gewährt, die Verfassungsordnung oder den Bestand des Staates gefährden, beeinträchtigen oder zerstören dürfen."[47] Der wichtigste Schutzmechanismus des Grundgesetzes ist jedoch wahrscheinlich das Bundesverfassungsgericht selbst. Es kann also verwundern, dass die institutionelle Stellung des Bundesverfassungsgerichts, Hüter des Grundgesetzes und „Resilienz der Resilienz",[48] rechtlich vergleichsweise wenig abgesichert war.[49]

3.2 *Institutionelle Absicherung im Grundgesetz*

Spätestens seit Anfang 2024 diskutierte Deutschland über das Thema „Resilienz des Bundesverfassungsgerichts". Damit sind Maßnahmen gemeint, die eine mögliche Schwächung, bzw. Entmachtung des Bundesverfassungsgerichts durch mögliche künftige autoritäre Regierungsmehrheiten verhindern sollen. Einerseits erreicht die populistische Partei AfD immer neue Höchstwerte in Umfragen und Wahlen, was ein Risiko für den deutschen Rechtsstaat und seine Institutionen wie das BVerfG darstellt. Vor dem Hintergrund der starken Erfolge der AfD bei den Landtagswahlen im Herbst 2024 in Thüringen, Sachsen und Brandenburg wurde namentlich das Thema der Resilienz der Verfassungsgerichtsbarkeiten auch auf Landesebene immer relevanter. In Thüringen hat die AfD nun eine Sperrminorität und kann die nach der Thüringer Verfassung notwendige qualifizierte Mehrheit zur Wahl neuer Verfassungsrichter blockieren.[50] Auch deshalb kann die Resilienz und Stärke des Bundesverfassungsgerichts als Auffangmechanismus wichtiger werden.[51]

Andererseits waren die meisten Regelungen von der Organisation bis zur Rechtswirkung der Entscheidungen des Bundesverfassungsgerichts bisher nur in einem einfachen Gesetz verankert.[52] Gegen neue Angriffe war das Bundesverfassungsgericht also schlecht gewappnet.

Folglich ging es in den Diskussionen darum, den unabhängigen Status, also unter anderem die Zusammensetzung, die Amtszeit der Richterinnen und Richter und die Arbeitsfähigkeit des Bundesverfassungsgerichts zu schützen. Dafür sind Ende Dezember 2024 die Artikel 93 und 94 des Grundgesetzes um Regelungen aus dem Bundesverfassungsgerichtsgesetz ergänzt worden.[53] Die Gesetzentwürfe zur Stärkung des Bundesverfassungsgerichts, die von den Fraktionen von SPD, CDU/CSU,

---

[47] BVerfG, Beschl. v. 17.9.2013, BVerfGE 134, 141, Rn. 112; vgl. auch ThürVerfGH, Urt. v. 8. 6. 2016, VerfGH 25/15, NVwZ 2016, 1408, Rn. 79.

[48] Schuppert, Repohl (2023), S. 139.

[49] Lindner, Unterreitmeier (2020), S. 139.

[50] Art. 79 III 3 ThürVerf.

[51] Vgl. Machura, Meichert (2024).

[52] Die Ausschaltung des BVerfG durch eine einfache Mehrheit des Bundestags war daher mit einem erheblichen Risiko verbunden.

[53] Gesetz zur Änderung des Grundgesetzes (Artikel 93 und 94) vom 27. Dezember 2024, BGBl. 2024 I Nr. 439 und Nr. 440.

Bündnis 90/Die Grünen und FDP vor dem Deutschen Bundestag eingebracht wurden,[54] sind am 19. Dezember 2024 vom Deutschen Bundestag (mit der erforderlichen Zweidrittelmehrheit) angenommen worden, am 20. Dezember 2024 hat ihnen der deutsche Bundesrat (auch mit der erforderlichen Zweidrittelmehrheit) zugestimmt.

3.3 Rechtsvergleichende Bemerkungen

Für diese Themen ist die wissenschaftliche Begleitung der Diskussion nicht weniger wichtig und rechtsvergleichende Überlegungen sollten hierbei einbezogen werden.

In Frankreich ist die formelle Stellung des *Conseil Constitutionnel* rechtlich besser geschützt als in Deutschland. Die Anzahl der Mitglieder des Verfassungsrats, die Amtszeit, der Ausschluss der Wiederwahl und das Ernennungsverfahren sind in der französischen Verfassung verankert.[55] Weitere zentrale Aspekte, wie personale Neubesetzungsregeln und Haushaltsregelungen, sind durch ein Organgesetz (*loi organique*)[56] geregelt, also ein Gesetz, dessen Änderung nur unter strengeren Voraussetzungen möglich ist.[57] Der französische Verfassungsrat ist dennoch nicht als uneingeschränkt resilienter zu bezeichnen als das Bundesverfassungsgericht. Zum einen werden seine Mitglieder gemäß Artikel 56 f. der französischen Verfassung jeweils zu einem Drittel vom Präsidenten der Republik, vom Präsidenten der Nationalversammlung und vom Präsidenten des *Senats* ernannt, und nicht wie in Deutschland vom Bundestag gewählt. Sowohl die Unabhängigkeit als auch die demokratische Legitimierung des französischen Verfassungsrates sind also schwächer. Zum anderen sind das hohe Durchschnittsalter und das fehlende Erfordernis einer juristischen Ausbildung der Verfassungsratsmitglieder zu erwähnen, die in der französischen Rechtswissenschaft für Kritik sorgen. Dies schwächt letztlich auch die institutionelle Resilienz des französischen Verfassungsrats.

Der *Rassemblement National* kritisiert den Rechtsstaat und den Verfassungsrat immer wieder vehement. Nach der Entscheidung zum Einwanderungsrecht sprachen einige Politiker von einem „richterlichen Staatsstreich“, weil der *Conseil* einige Rechtsverschärfungen aus formellen Gründen für verfassungswidrig erklärt hatte. Aber dieser Diskurs verbleibt vor allem auf politischer Ebene. Im Vergleich mit der deutsch- und englischsprachigen Literatur ist der Begriff der Resilienz in der französischen rechtswissenschaftlichen Literatur zudem kaum zu finden. In dem

[54] Gesetzentwurf zur Änderung des Grundgesetzes (Artikel 93 und 94) (BT-Drs. 20/12977) und Gesetzentwurf zur Änderung des Bundesverfassungsgerichtsgesetzes und des Untersuchungsausschussgesetzes (BT-Drs. 20/12978) – vom 24. September 2024.

[55] Art. 56 der französischen Verfassung.

[56] Ordonnance n° 58–1067 du 7 novembre 1958 portant loi organique sur le Conseil constitutionnel.

[57] Die Verfassung fordert eine absolute Parlamentsmehrheit sowie eine Kontrolle durch den *Conseil constitutionnel* vor der Gesetzesverkündung. Vgl. Barczak (2025), S. 32; Gaillet (2025) Im Erscheinen.

Bericht über „die nationale Resilienz“ eines Ausschusses der Nationalversammlung, geht es beispielsweise vor allem um Wirtschaft, gesellschaftliches Engagement und Politik; die Justiz wird kaum erwähnt.[58] Dies lässt sich auch mit der allgemein weniger zentralen Rolle des Verfassungsrats in der französischen Öffentlichkeit erklären.

3.4 Die Stärkung verfassungsgerichtlicher Resilienz über die Absicherung einzelner Regelungen hinaus

3.4.1 Die kontextuelle Resilienz

Zwar ist der prozedurale Schutz wichtig. Die verfassungsrechtliche Absicherung, also die verfassungsrechtliche Kodifizierung der Stellung des Bundesverfassungsgerichts, um künftige Schwächungsversuche zu verhindern, ist aber nur ein erster entscheidender Schritt.[59]

Denn ein Problem bleibt bestehen, das mit dem Ausspruch „keine Demokratie ohne Demokraten“ zusammengefasst werden kann. Das war schon das Problem der Weimarer Republik, und sie ist daran gescheitert. Letztlich gilt auch hier das bekannte Diktum von E.-W. Böckenförde: *Der freiheitliche, säkularisierte Staat lebt von Voraussetzungen, die er selbst nicht garantieren kann.*[60] Daher ist es vor allem die Aufgabe der Politik, die richtigen Mittel zu finden, damit illiberale Mächte nicht an die Macht kommen. In einer Zeit, in der die Institutionen der repräsentativen Demokratie zunehmend an Integrationsfähigkeit einbüßen, ist dies besonders schwierig.

Die „kontextuelle Dimension“ ist in der verfassungsrechtlichen Forschung als essenzieller Teil der Resilienz eines Verfassungsrechtssystems anerkannt.[61] „[D]er öffentliche Diskurs, der soziale Zusammenhalt und die wirtschaftliche Entwicklung“, aber auch „konkrete soziale Subsysteme“ wie „das Wahl- und Parteiensystem, die Zivilgesellschaft und die Medien“ können systemstabilisierend wirken[62] – oder eben das Gegenteil.

In diesem Zusammenhang können die liberalen Verfassungsgerichte Wege finden, um die Akzeptanz und das Vertrauen des Volkes in die Demokratie zu stärken. Trotz der aufgezeigten „Zweifel“[63] am „Mythos“[64] der Integration durch das deut-

[58] Informationsmission über die nationale Resilienz, Informationsbericht N° 5119 (23. Februar 2022), https://www.assemblee-nationale.fr/dyn/opendata/RINFANR5L15B5119.html, zuletzt abgerufen am 27.12.2024.

[59] Vgl. Albrecht et al.

[60] Böckenförde (1976), S. 60. Zur (begrenzten) Auflösung des Dilemmas Harbarth (2023), S. 1 ff.

[61] Institut für Europäische Politik (2022).

[62] *Ibid.*, S. 14–17.

[63] Schulze-Fielitz (1997), S. 1–31; Scholz (1997), S. 1201–1223; Haltern (1998).

[64] Haltern (1997), S. 31–88; Haltern (2006).

sche Bundesverfassungsgericht, bleibt es weltweit ein Vorbild und kann und muss durch sein Ansehen und seine Legitimität alle Wege ausschöpfen, um sich als „Bürgergericht" zu behaupten.

3.4.2 Weitere Lösungsansätze

Die Mantras des 20. Jahrhunderts „Verfassungspatriotismus" und „Zivilreligion der Grundrechte"[65] reichen vielleicht nicht mehr aus und das Verfassungsgericht muss ihnen etwas hinzufügen.

a) Etwa durch Öffentlichkeitsarbeit und Kommunikationsarbeit des Gerichts und der Richter.

   Die Wechselbeziehung zwischen der Stärke des Kollegialitätsprinzips der *Institution* und der Individualisierung der *Richter* stellt sich gegenwärtig als ein besonders interessanter Untersuchungsgegenstand dar.

b) Auch die Zusammenarbeit der Gerichte untereinander – Andreas Voßkuhle sprach bereits vor einigen Jahren vom „Europäischen Verfassungsgerichtsverbund" – sollte vertieft werden.

   Dies böte dem Bundesverfassungsgericht, dem Conseil Constitutionnel und anderen Verfassungsgerichten die Möglichkeit, in koordinierter Weise gemeinsame Auffassungen von Demokratie, Verfassungsidentität und Rechtsstaat zu definieren.

4 Schlusswort

Als Schlusswort zu diesem Beitrag anlässlich des 75-jährigen Bestehens des Grundgesetzes kann auf ein Buch von *Uwe Wesel* hingewiesen werden. Er hat das Buch „Der Gang nach Karlsruhe" kurz nach dem 55. Jubiläum des Gerichts veröffentlicht. Darin fragt er abschließend: „Wohin führt uns dieser Gang nach Karlsruhe jetzt?".[66] Eine Analyse zwei Jahrzehnte später, die die Stichwörter „Erfolgsgeschichte" und „Resilienz" miteinander verbindet, lädt uns zumindest ein, das gemeinsame Nachdenken darüber fortzusetzen. Wie kann das Gericht als freiheitlich-demokratische Gegenkraft dem wachsenden Populismus entgegentreten?

> „Für diese und viele andere Fragen ist das vergleichende Nachdenken nach wie vor von zentraler Bedeutung, und es braucht dafür inspirierende Persönlichkeiten wie Karl-Peter Sommermann".

---

[65] Stolleis (2012), S. 242 und 245.

[66] Wesel (2004), S. 139.

Literatur

Baer, S. (2023, Mai 26). *Abschiedsrede.*

Barczak, T. (2025). *Zukunftsfestigkeit des politischen Systems* (VVDStRL 84, S. 1–41). (im Erscheinen). Nomos.

Benzina, S. (2023). Une illustration de la conception française du contrôle de constitutionnalité: les décisions sur la réforme des retraites. *Jus Politicum* Nr. 30. https://www.juspoliticum.com/articles/Une-illustration-de-la-conception-francaise-du-controle-de-constitutionnalite-les-decisions-sur-la-reforme-des-retraites. Zugegriffen am 27.11.2025.

Bickel, A. (1986). *The least dangerous branch: The supreme court at the bar of politics.* Yale University Press.

Blokker, P. (2018). Populist constitutionalism. In C. de la Torre (Hrsg.), *Routledge handbook of global populism.* Routledge.

Böckenförde, E.-W. (1976). Die Entstehung des Staates als Vorgang der Säkularisation. In E.-W. Böckenförde (Hrsg.), *Staat, Gesellschaft, Freiheit.* Suhrkamp.

Böckenförde, E.-W. (1981). *Gesetz und gesetzgebende Gewalt, Schriften zum Öffentlichen Recht* (Bd. 1). Duncker & Humblot.

Champeil-Desplats, V. (2011). Le Conseil constitutionnel, protecteur des droits et libertés? *Cahiers de la recherche sur les droits fondamentaux*, Nr. 9.

Collings, J. (2019). Verfassungspatriotismus und Verfassungsgedächtnis: Das Grundgesetz als deutscher Erinnerungsort. *JuristenZeitung, 74*(23), 1109 ff.

Debré, M. (1991). In: Comité national chargé de la publication des travaux préparatoires des institutions de la Ve République. In *Documents pour servir à l'histoire de l'élaboration de la Constitution du 4 octobre 1958* (Bd. 3, S. 260). La Documentation française.

Endreß, M., & Maurer, A. (Hrsg.). (2015). *Resilienz im Sozialen, Theoretische und empirische Analysen.* Springer.

Favoreu, L., Roux, A., Gaïa, P., Mestre, J., Pfersmann, O., & Scoffoni, G. (2023). *Droit constitutionnel.* Dalloz.

Fischer, C., & Pauly, W. (Hrsg.). (2015). *Höchstrichterliche Rechtsprechung in der frühen Bundesrepublik.* Mohr Siebeck.

Fontaine, L. (2023). *La Constitution maltraitée. Anatomie du Conseil constitutionnel.* Éditions Amsterdam.

Fromont, M. (1999). Das Bundesverfassungsgericht aus französischer Sicht. *Die Öffentliche Verwaltung, 52*(12), 493 ff.

Fromont, M. (2013). *Justice constitutionnelle comparée.* Dalloz.

Gaillet, A. (2021). *La Cour constitutionnelle fédérale allemande: Reconstruire une démocratie par le droit.* Éditions La Mémoire du Droit.

Gaillet, A. (2024). Französische Sichtweisen auf das Bundesverfassungsgericht. *AöR, 149*, 123–191.

Gaillet, A. (2025). Institutionelle Resilienz der Verfassungsgerichtsbarkeit. In T. Barczak (Hrsg.), *Der resiliente Staat.* Nomos. (im Erscheinen).

Grabenwarter, C. (2018, Dezember 06). Constitutional Resilience. *Verfassungsblog.* https://verfassungsblog.de/constitutional-resilience/. Zugegriffen am 27.11.2025.

Grewe, C., & Gusy, C. (Hrsg.). (2002). *Französisches Staatsdenken.* Nomos.

Grimm, D. (2020). Neue Radikalkritik an der Verfassungsgerichtsbarkeit. *Der Staat, 59*(3), 321–353.

Grimm, D. (2021). *Verfassungsgerichtsbarkeit.* Suhrkamp.

Haltern, U. (1997). Integration als Mythos – Zur Überforderung des Bundesverfassungsgerichts. *Jahrbuch des öffentlichen Rechts der Gegenwart, 45*, 31–88.

Haltern, U. (1998). *Verfassungsgerichtsbarkeit, Demokratie und Misstrauen.* Duncker & Humblot.

Haltern, U. (2006). Mythos als Integration. Zur symbolischen Bedeutung des Bundesverfassungsgerichts. In R. C. van Ooyen, & M. H. W. Möllers (Hrsg.), *Das Bundesverfassungsgericht im politischen System.* Springer.

Harbarth, S. (2023). Der Auftrag des Staates zur Verwirklichung seiner Voraussetzungen als produktives Dilemma. *Archiv des öffentlichen Rechts, 148*(1), 1 ff.

Herrera, C. M. (2012). Les significations du concept de constitutionnalisme. In B. Pouderon, & J. Casas (Hrsg.), *Variations, évolutions, métamorphoses* (S. 359–370). Presses Universitaires Saint-Étienne.

Hirschl, R. (2004). *Toward Juristocracy. The Origins and Consequences of the New Constitutionalism.* Harvard University Press.

Institut für Europäische Politik. (2022, November 16). Das RESILIO Modell auf den Punkt gebracht. https://iep-berlin.de/de/projekte/zukunft-der-europaischen-integration/resilio/nut-model. Zugegriffen am 27.11.2025.

Isensee, J. (2016). Resilienz von Recht im Ausnahmefall. In K. von Lewinski (Hrsg.), *Resilienz des Rechts*. Nomos.

Ladeur, K. H. (2021). *Verfassungsgerichtsbarkeit in der Krise?* Mohr Siebeck.

Lambert, É. (1921). *Le gouvernement des juges et la lutte contre la législation sociale aux États-Unis, L'expérience américaine du contrôle judiciaire de la constitutionnalité des lois*. Giard.

Lauvaux, P. (1991). Existe-t-il un modèle constitutionnel européen? *Revue française de théorie juridique, 14*, 49 ff.

Lindner, J. F., & Unterreitmeier, J. (2020). Zur Resilienz des Grundgesetzes. *Rechtstheorie, 51*(2), 129–169.

Lustig, D., & Weiler, J. H. H. (2018). Judicial review in the contemporary world – Retrospective and perspective. *International Journal of Constitutional Law, 16*(2), 315 ff.

Machura, Z., & Meichert, J. (2024, März 14). Ausfalloption Karlsruhe. *Verfassungsblog*. https://verfassungsblog.de/ausfalloption-karlsruhe/. Zugegriffen am 27.11.2025.

Masing, J. (2021). Das Bundesverfassungsgericht. In K. F. Gärditz, M. Herdegen, J. Masing, & R. Poscher (Hrsg.), *Handbuch des Verfassungsrechts, Darstellung in transnationaler Perspektive* (S. 981–1051). C.H. Beck.

Meinel, F. (2016). The constitutional miracle on the Rhine: Towards a history of West German constitutionalism and the Federal Constitutional Court. *International Journal of Constitutional Law, 14*(1), 277 ff.

Möllers, C. (2000). *Staat als Argument*. Mohr Siebeck.

Möllers, C. (2011). Legalität, Legitimität und Legitimation des Bundesverfassungsgerichts. In M. Jestaedt, O. Lepsius, C. Möllers, & C. Schönberger (Hrsg.), *Das entgrenzte Gericht, Eine kritische Bilanz nach sechzig Jahren Bundesverfassungsgericht* (S. 281–408). Suhrkamp.

Nettesheim, M. (2022). Liberal constitutionalism in times of crisis and emergency. *European Review of Public Law, 34*(1), 23–39.

Pieroth, B. (2003). La Cour constitutionnelle fédérale allemande comme modèle pour l'Europe. *Cités, 13*(1), 57 ff.

Rüthers, B. (2016). *Die heimliche Revolution – vom Rechtsstaat zum Richterstaat*. Mohr Siebeck.

Schaefer, J. P. (2021). Resilienz der Verfassung: Zur Konzeption des neuen Art. 21 GG. *Archiv des öffentlichen Rechts, 146*(3), 417 ff.

Scholz, R. (1997). Karlsruhe im Zwielicht – Anmerkungen zu den wachsenden Zweifeln am Bundesverfassungsgericht. In J. Burmeister (Hrsg.), *Verfassungsstaatlichkeit. Festschrift für Klaus Stern zum 65. Geburtstag* (S. 1201–1223). C.H. Beck.

Schönberger, C. (2011). Anmerkungen zu Karlsruhe. In M. Jestaedt, & C. Schönberger (Hrsg.), *Das entgrenzte Gericht, Eine kritische Bilanz nach sechzig Jahren Bundesverfassungsgericht*. Suhrkamp.

Schulze-Fielitz, H. (1997). Das Bundesverfassungsgericht in der Krise des Zeitgeists. *Archiv des öffentlichen Rechts, 122*(1), 1–31.

Schuppert, G. F., & Repohl, M. (Hrsg.). (2023). *Resilienz: Beiträge zu einem Schlüsselbegriff postmoderner Gesellschaften*. Nomos.

Stolleis, M. (Hrsg.). (2011). *Herzkammern der Republik. Die Deutschen und das Bundesverfassungsgericht*. Beck.

Stolleis, M. (2012). *Geschichte des öffentlichen Rechts in Deutschland* (Bd. 4, 1914–1945). C. H. Beck.

Thurn, R. (2022). Resilienz und Recht. Bayerische Integration und die Widerständigkeit des Vollstreckungsbeamtentums. In M. Endreß, & B. Rampp (Hrsg.), *Resilienz als Prozess: Beiträge zu einer Soziologie von Resilienz*. Springer.

Tomuschat, C. (1982). Diskussionsbemerkungen. In *Gesetzgebung im Rechtsstaat. Selbstbindungen der Verwaltung* (VVDStRL 40). De Gruyter.

Voßkuhle, A. (2024). Die weltweite Krise der Verfassungsgerichtsbarkeit. *JuristenZeitung, 79*(1), 1–7.

Wesel, U. (2004). *Der Gang nach Karlsruhe*. Karl Blessing.

Weder Turm zu Babel noch Esperanto: Anmerkungen zur Verfassungsvergleichung

C. Grewe

1 Einleitung

Steht der Turm zu Babel für Sprachenvielfalt und daraus entstehende Verwirrung, so deutet Esperanto auf eine einzige jedoch künstliche Sprache hin. Analog dazu sollte und möchte der Verfassungsvergleich weder einer Zersplitterung der Rechtserkenntnisse und deren Wissenschaft noch einer Schein-Einheitlichkeit dienen. Denn Vergleichen beinhaltet sowohl Gemeinsamkeiten wie auch Unterschiede. Im Namen bestimmter Weltanschauungen, Ideologien oder Vorurteile hat jedoch die Geschichte der Rechtsvergleichung dieser banal anmutenden Behauptung oft widersprochen. Gleichwohl droht die Gefahr der Voreingenommenheit noch immer.[1]

Denn unmittelbar greifbar ist die Wirklichkeit nicht. Sie ist nur durch Vorstellungen, Konstruktionen oder gedankliche Rekonstruktionen wahrnehmbar. Als Ergebnis von Interpretationen und Vergleichen ist sie von unserem Vorverständnis abhängig.[2] Wenn Rechtstheorie und Rechtswissenschaft das Ziel verfolgen, Rechtsordnungen und damit eine Wirklichkeit zu beschreiben, sollten sie dies nicht ignorieren. Das heißt freilich, den Anspruch auf eine reine Rechtswissenschaft, auf axio-

Constance Grewe war ordentliche Professorin für öffentliches Recht in Chambéry, Caen und Strassburg von 1981 bis 2011. Sie leitete mehrere Forschungsinstitute mit Schwerpunkt auf vergleichendem Verfassungsrecht. Forschungsaufenthalte absolvierte sie an den Max-Planck-Instituten für ausländisches öffentliches Recht und Völkerrecht in Heidelberg sowie für internationales, europäisches und regulatorisches Verfahrensrecht in Luxemburg.

[1] Wie bereits von Sommermann (2004), § 26 festgestellt wurde.

[2] Gadamer (1976), S. 291–300.

C. Grewe (✉)
Straßburg, Frankreich

C. Fraenkel-Haeberle, B. Peters (Hrsg.), *Öffentliches Recht in transnationaler Perspektive*, https://doi.org/10.1007/978-3-662-72331-9_2

logische Neutralität und auf eine ausschließlich deskriptive, empirisch auf ihre Richtigkeit überprüfbare Methode aufzugeben. Übertragen auf das vergleichende Verfassungsrecht ergibt sich, dass eine wirklichkeitsgetreue oder objektive Beschreibung dem vergleichenden Verfassungsrecht verschlossen ist. Es gibt weder ein „übergeordnetes" Recht, das alle Systeme speist – eine Art Naturrecht –, noch eine Theorie, die als Grundlage für jeden Vergleich taugt.[3]

Der Verfassungsvergleich und die ihm angemessene Sprache sind vielmehr Teil eines Kommunikationsprozesses, der sich im Zeitalter der Globalisierung intensiviert und erweitert hat. Zunehmender Pluralismus und vielfältige Verflechtungen charakterisieren den gegenwärtigen Stand.[4] Stellt dies die Verfassungsvergleichung vor neue Herausforderungen, so muss sie gleichzeitig ihre traditionellen Aufgaben den neuen Gegebenheiten anpassen und insbesondere immer von Neuem das Problem der Vergleichbarkeit prüfen.

So besteht das generelle Ziel eines jeden Vergleichs darin, Gemeinsamkeiten und Unterschiede zu erkennen und diese im Licht eines zuvor aufgestellten Begriffsrasters zu erklären. Bereits der erste Schritt dieses Vorgehens, nämlich das Benennen von Ähnlichkeiten und Unterschieden, hat in der Literatur zu zahlreichen Kontroversen und sowohl zur Annahme einer allumfassenden Vergleichbarkeit als auch zu deren Unmöglichkeit geführt (2). Ein solches Pauschalurteil ist m.E. verfehlt, da für jeden Vergleich ein eigenes Bezugsschema konstruiert werden sollte, was allerdings der Annahme allgemein gültiger Verfahren und Methoden der Rechtsvergleichung widerspricht (3). Als wesentlicher Bestandteil eines Kommunikationsprozesses sollte das jeweilige Bezugsschema oder Begriffsraster auch die passende Sprache wählen. In diesem Hinblick soll hier der Akzent auf die Sprache der Rechtsprechung gelegt werden (4).

2 Ähnlichkeiten und Unterschiede

Die zu Beginn der Rechtsvergleichung und als Reaktion darauf von postmodernen Autoren vertretenen Thesen bieten eine krasse Gegenüberstellung von allumfassender Vergleichbarkeit und Unvergleichbarkeit (Abschn. 2.1). Demgegenüber scheinen differenziertere Überlegungen angebracht (Abschn. 2.2).

2.1 Die extremen Thesen: Ähnlichkeit oder Unterschied – Alles oder nichts

Der Glaube zunächst an universelle Entwicklungsgesetze, dann an gemeinsame Prinzipien war bis zum Beginn des 20. Jahrhunderts vorherrschend. Zentrales Anliegen des Vergleichs war die Feststellung von Konvergenzen, in Schönbergers

[3] Siehe auch Tusseau (2013), S. 104–110.

[4] Unter vielen anderen, Baer (2023) S. 2–10; Dann, Bönnemann, Riegner (2020).

Worten die „Ähnlichkeitsideologie".[5] Reisen zwischen Rechtssystemen und Rechtssprachen stießen auf kein besonderes Hindernis, alles schien vergleichbar.

Gegen diese absoluten universalistischen Vorstellungen wandten sich die postmodernen Verfechter[6] eines Kulturrelativismus.[7] Für sie gibt es keine Gemeinsamkeiten, keine neutralen und objektiven Bedeutungen oder Werte. Jeder Vergleich ist in einen moralischen, begrifflichen, kulturellen und sprachlichen Rahmen[8] eingebettet. Es bleibt zu fragen, ob dieser Rahmen dekonstruiert werden kann, oder ob er unüberwindbar ist. Letzteres wird insbesondere von dem Frankokanadier Pierre Legrand[9] befürwortet, demzufolge die Bedeutung einer Regelung die Reise in eine andere Rechtsordnung nicht überlebt. Ironischerweise läuft dies auf eine Aktualisierung der Thesen der historischen Rechtsschule und letztlich auf die Unmöglichkeit jeglichen Vergleichs hinaus.

2.2 *Ähnlichkeiten und Unterschiede in einer Zusammenschau*

Die Auffassung von der radikalen Unvergleichbarkeit und der Unmöglichkeit der Kommunikation zwischen Rechtsordnungen kann ich nicht teilen. Erstens sollten Gemeinsamkeiten und Unterschiede nicht auf einer allgemeinen Weltanschauung oder einer globalen Rechtsphilosophie beruhen, sondern sich auf den konkreten Kontext beziehen. Zweitens scheint mir der postmoderne Relativismus die Flexibilität und Vielfalt der Rechtskulturen auch innerhalb eines Staates oder einer Region und damit die Möglichkeit von Interkulturalität und Kommunikation zu verkennen.[10] Drittens birgt diese Art von Relativismus auch die Gefahr, Werte wie Demokratie, Menschenrechte und Rechtsstaatlichkeit, die in jüngster Zeit empfindlichen Angriffen ausgesetzt waren, zu relativieren und damit autoritären Regimen oder Diktaturen Vorschub zu leisten.

Dennoch finden sich noch immer Spuren der Ähnlichkeitsideologie. Insbesondere verleiten die zunehmende Ähnlichkeit oder gar die Identität der Texte zu irrtümlichen Konvergenzannahmen. So haben etwa die italienische und die französische Ewigkeitsklausel den gleichen Wortlaut,[11] regeln jedoch die mögliche Kontrolle einer Verfassungsänderung ganz gegensätzlich.[12] Von irrtümlicher Konvergenz

[5] Schönberger (2010), S. 11.

[6] So z. B. Kennedy (1997), S. 545; Frankenberg (1997), S. 259.

[7] Siehe Peters, Schwenke (2000), S. 800.

[8] Den Peters und Schwenke (2000) die „Rahmentheorie" nennen: S. 811 ff.

[9] Legrand (1999); viel moderater Zoller (2000), S. 132 ff. und Muir Watt (2000), S. 503.

[10] So auch Sommermann (2006), S. 7; Häberle (1998); Nelken (2004), S. 1.

[11] Art. 89-5 der französischen Verfassung lautet: „Die republikanische Regierungsform kann nicht Gegenstand einer Verfassungsänderung sein" und Art. 139 der italienischen Verfassung: „Die republikanische Staatsform kann nicht Gegenstand einer Verfassungsrevision sein".

[12] Der französiche Verfassungsrat lehnt jegliche Kontrolle von Verfassungsänderungen ab: CC, Urt. v. 2.9.1992, *Maastricht* II, 92-312 DC, Rec. 76; CC, Urt. v. 6.11.1962, *Loi relative à l'élection du*

ist die missbräuchliche Konvergenz zu unterscheiden; sie findet in den sich ausbreitenden illiberalen oder populistischen Regimen eine bevorzugte Anwendung.[13]

Wird sie jedoch nicht als Ideologie, sondern als Instrument der Rechtstechnik eingesetzt, kann die Ähnlichkeit hilfreich sein. Ein interessantes Beispiel hierfür sind die sogenannten äquivalenten Rechte, die in manchen verfassungsgerichtlichen Entscheidungen bei möglichen Konflikten zwischen Verfassungs- und EU-Recht herangezogen werden.[14] In Belgien,[15] Italien,[16] Frankreich,[17] Österreich[18] und auch in Deutschland[19] seit den Urteilen über das Recht auf Vergessen kommen die äquivalenten Rechte zur Anwendung, um Konflikte zu vermeiden. Ziel ist es, beide Rechtsordnungen zu befolgen, ohne eine Hierarchie aufzustellen, insbesondere ohne einen Identitätsvorbehalt geltend machen zu müssen. Es handelt sich also um eine kooperative „wechselseitige komparative Vermutung".[20]

Es kommt demnach auch darauf an, welche Funktionen man Ähnlichkeiten und Unterschieden beimisst. Auf jeden Fall sollten sie zusammen und in ihrer Beziehung zueinander gesehen werden. Die Sprache[21] reflektiert diese Dialektik: Sie wird einerseits als eine Art von kulturellem Gefängnis angesehen, das uns in eine einzige Denkart und ein einziges Rechtssystem einsperrt, andererseits wird sie als Instrument der Kommunikation betrachtet, mit dem man von einer Kultur in die andere und von einem Rechtssystem in ein anderes gelangt. Beide der so entgegengesetzten Auffassungen haben die Rechtsvergleichung geprägt und bewegt. Denn auch die Sprache ist nicht die Wirklichkeit – das wäre das unentrinnbare Gefängnis –, sondern das notwendige Mittel, um zu denken und die Realität zu konstruieren.[22] Ist die Wirklichkeit eine von uns konstruierte Welt, dann scheint es aber auch möglich, Brücken zu anderen Kulturen, Rechtsordnungen und Rechtssprachen zu schlagen. Dabei ist gleichwohl zu beachten, dass diese Brücken aus unserer eigenen intellektuellen und kulturellen Denkfabrik stammen und infolgedessen von unseren Vorverständnissen geprägt sind. Wie und was soll nun aber verglichen werden?

Président de la République au suffrage universel direct, 62-20 DC, Rec. 27 und CC, Urt. v. 26.3.2003, *Révision constitutionnelle relative à l'organisation décentralisée de la République*, 2003-469 DC, Rec. 293. Dagegen wurden in Italien die expliziten Grenzen von Art. 139 durch die impliziten Grenzen von Art. 2 und die ungeschriebenen Grenzen des 1. Titels der Verfassung ersetzt: Luciani (2010), S. 27.

[13] Dixon Landau (2021); Collot (2022).

[14] Siehe Millet (2012), S. 307; Grewe (2024), S. 280–284.

[15] Insbesondere Cour const., Urt. v. 28.1.2008, *Ordre des barreaux francophones et germanophone et autres*, Nr. 10/2008 und Cour const., Urt. v. 31.5.2011, *Bressol, Chaverot et autres,* Nr. 89/2011.

[16] Verfassungsgericht Italien, *ordinanza* n° 24/2017.

[17] Conseil const., QPC v. 14.6.2013, *Jeremy F.*, n° 2013-314.

[18] Verfassungsgerichtshof Österreich, Urt. v. 14.3.2012, Nr. U 466/2011.

[19] BVerfG, Beschluss v. 6.11.2019, *Recht auf Vergessen I und II*, Nr. 1 BvR 16/13, 1 BvR 276/17 und BVerfG, Beschluss v. 1.12.2020, *Europäischer Haftbefehl III*, Nr. 2 BvR 1845/18 – 2 BvR 2100/18.

[20] Baer (2023), S. 9.

[21] Cornu (2005); Sacco, Castellani (1999).

[22] Müller (1989).

3 Vorgehensweisen und Methoden der Rechtsvergleichung

Unterscheidet eine traditionelle Typologie zwischen Mikro- und Makrovergleich (Abschn. 3.1), so erweisen sich auch hier die moderneren Ansätze als vielfältiger und differenzierter (Abschn. 3.2).

3.1 Die extremen Thesen: Mikro- versus Makrovergleich

Beim Mikrovergleich steht eine instrumentelle Sicht der Rechtsvergleichung im Vordergrund. Der Vergleich erscheint für die Lösung eines Problems notwendig oder nützlich, beispielsweise im internationalen Recht bei der Frage der Gültigkeit von Verträgen oder auch bei Änderungen im eigenen Recht. Er besteht in der Gegenüberstellung einzelner Elemente, Institutionen oder Mechanismen verschiedener Rechtsordnungen und führt zur Feststellung von Gemeinsamkeiten und Unterschieden, die einer Erklärung bedürfen. Im Allgemeinen können jedoch die verglichenen Elemente eine solche Erklärung nicht liefern, da sie eng mit dem Funktionieren des Gesamtsystems und seines Kontextes verbunden sind. Sobald man also den Vergleich auf bestimmte Elemente beschränkt, besteht die Gefahr, dass diese Elemente für das System gar nicht repräsentativ sind und das Ergebnis willkürlich wird. Je nach Vergleichsgegenstand stellen sich andere Fragen, andere Probleme und das Verhältnis von Gemeinsamkeiten und Unterschieden stellt sich anders dar, was natürlich das Ergebnis beeinflusst.

Im Makrovergleich hingegen stellt sich der Verfassungsvergleich als eigenständige Disziplin dar. Hier wird mit der Konstruktion eines Vergleichsrahmens oder -modells begonnen. Daraus ergibt sich eine Typologie der Strukturen oder Merkmale der Rechtsordnungen und eine Einteilung in Familien, Rechtssysteme oder Rechtskreise.[23] Das so konstruierte Modell soll einen synoptischen Überblick über die Gesamtheit der bestehenden Rechtsordnungen geben. Erst in einem zweiten Schritt erfolgt eine konkretere Wissenssammlung, um das abstrakte Raster mit Leben zu füllen. Die Methode unterscheidet sich hier nicht wesentlich von der des Mikrovergleichs. Die Schwierigkeit liegt diesmal in der Konstruktion des Modells. Diesem liegt eine Reihe von Konzepten zugrunde, deren Definition sehr unterschiedlich gehandhabt werden kann. So kann die Rechtsordnung strukturell, funktional oder final verstanden werden. Die Vielfalt der möglichen Definitionen führt auch hier zu einer gewissen Beliebigkeit des Modells. Es erscheint daher notwendig, nach einem geeigneteren Ansatz zu suchen.

[23] David et al. (2016); Constantinesco (1972, 1974, 1983).

3.2 *Differenziertere Ansätze in einem globalen Kontext*

3.2.1 Eine mittlere Ebene des Vergleichs

Angesichts der Probleme des Mikro- und des Makrovergleichs sind die meisten Vergleiche heute auf einer mittleren Ebene angesiedelt. Als Beispiele seien Untersuchungen zum Typus des europäischen Verfassungsstaates,[24] zu Modellen der Verfassungsgerichtsbarkeit,[25] zu Regierungsformen,[26] zu Grundsätzen des Verfassungsrechts[27] oder Vergleiche einzelner Verfassungsrechte[28] genannt.

Was sodann die Auswahl der zu vergleichenden Rechtsordnungen anlangt, so sollte eine globale und pluralistisch ausgerichtete Rechtsvergleichung zwar versuchen, die traditionellen Bias zu vermeiden, indem sie weder eurozentrisch noch kolonialistisch oder paternalistisch vorgeht.[29] Ob jeder Vergleich so ehrgeizig sein muss oder kann, ist jedoch fraglich.[30] Wenn man davon ausgeht, dass Kultur sich nicht auf die Summe von Partikularismen reduziert, sondern einer universelleren Definition zugänglich ist,[31] könnte auch hier ein mittleres Niveau angezeigt sein.

3.2.2 Vergleichbarkeit und Methoden

So wie Realität und Rechtskonzepte nicht objektiv existieren, sondern je nach Bedarf konstruiert und rekonstruiert werden, scheint auch die Vergleichbarkeit ein rein konstruiertes Produkt zu sein. Wenn sich die Kommunikationsfähigkeit demnach als äußerst flexibel erweist, so ist es dennoch notwendig, diese Fähigkeit immer wieder neu unter Beweis zu stellen. Jeder Vergleich erfordert den Nachweis der Vergleichbarkeit und des gewählten Rahmens, d. h. der zu vergleichenden Rechtsordnungen oder -räume. Dabei erscheint eine große Vielfalt von Forschungszielen legitim, wenn sie klar offengelegt werden. Im Gegensatz zu den Puristen der Rechtsvergleichung bin ich der Ansicht, dass es sowohl möglich ist, die Konvergenz der europäischen Rechtsordnungen als auch ihre Unmöglichkeit zu „beweisen". Beides kann aus der jeweiligen Perspektive richtig sein.

Dabei spielt die konkrete Zielsetzung des Vergleichs eine wichtige Rolle. Sie bestimmt die Vergleichbarkeit, die Auswahl der zu vergleichenden Systeme und das *tertium comparationis*, den Bezugsrahmen des Vergleichs. Diese Beziehungsebene

---

[24] Häberle (1992); Häberle (2004).

[25] Favoreu (1988), S. 51; Rubio Llorente (1996), S. 11; Fromont (1999), S. 47; Grewe (2001), S. 255; Jouanjan (2006), S. 73; Carpentier (2016), S. 179; Rousseau, Blacher (2020).

[26] Lauvaux (2000), S. 109; Le Divellec (2004).

[27] Heuschling (2002).

[28] Grewe, Ruiz Fabri (1995); Lauvaux, Le Divellec (2015); Marsch, Vilain, Wendel (2015); Hochmann et al. (2019).

[29] Baer (2023), S. 34.

[30] Fowkes (2023), S. 86 f.

[31] Peters, Schwenke (2000), S. 813–819.

fällt mit der Vergleichbarkeit zusammen; sie schafft, sie konstruiert die Perspektive, aus der verglichen werden soll. Insofern scheint mir ein Mindestmaß an Homogenität bei der Auswahl der zu vergleichenden Rechtsordnungen nicht unerlässlich zu sein; auch Kontraststudien haben ihren Nutzen. Ebenso muss das Raster nicht notwendigerweise aus der Rechtstheorie stammen, sondern kann weitaus konkreter oder empirischer gestaltet sein. Gerade deshalb scheint mir das Bild der Perspektive hier besonders treffend. Die Enge oder Weite der Perspektive erklärt dann auch, warum so gegensätzliche Thesen wie die von der Rechtsangleichung in Europa oder deren Unmöglichkeit als Erkenntnis aus dem Vergleich gewonnen werden können.

Es besteht also ein enger Zusammenhang zwischen Zweck und Ziel des Vergleichs mit den gewählten Methoden.[32] So können die beiden soeben genannten Thesen nur auf unterschiedliche Weise bewiesen werden. Die tendenzielle verfassungsrechtliche Konvergenz in Europa würde für ihren Nachweis eine große Zahl von Rechtsordnungen in Betracht ziehen und dabei insbesondere auf funktionalistische und/oder systemtheoretische Methoden zurückgreifen. Grundsätzliche Divergenz könnte dagegen vor allem anhand einer kleinen Auswahl von Ländern und einer möglichst detaillierten Analyse, etwa mit strukturalistischen Methoden, nachgewiesen werden.

Daher kann die gewählte konzeptionelle Ebene grundsätzlich keinen Anspruch auf Allgemeingültigkeit, Dauerhaftigkeit oder Objektivität erheben. Sie ist der Kultur, der Sprache und den Methoden des Vergleichenden verhaftet, auch wenn dieser versucht, seiner Herkunft zu entkommen.[33] Insofern würde mich ein Vergleich, der auf Vergleichen aus mehreren Rechtskulturen beruht, besonders interessieren.

3.2.3 Darstellung des Vergleichs

Die vergleichende Darstellung erfolgt entweder in einzelnen Länderberichten anhand eines gemeinsamen Fragebogens oder mittels einer integrierten Simultananalyse auf der Basis eines eingangs definierten Begriffsrasters. Während die Länderberichte eine bessere Kenntnis des ausländischen Rechts vermitteln, sind sie in ihrer vergleichenden Komponente und der Erklärung von Gemeinsamkeiten und Unterschieden oft enttäuschend.[34] Zudem geschieht es, dass der gemeinsame Fragebogen nur von einem oder wenigen Organisatoren ausgearbeitet wird und daher manche Problembereiche anderer Systeme vernachlässigt.

Insoweit scheint nur eine integrierte oder simultane Darstellung den Anforderungen eines Vergleichs wirklich gerecht zu werden. Sie erfordert jedoch viel mehr Energie und Zeit und muss daher oft in einem bescheideneren Rahmen stattfinden als ein globaler Vergleich.

[32] Siehe dazu Paour (2019).

[33] Tusseau (2013), S. 108–111.

[34] Sommermann (2004), § 70; Michaels (2015), S. 5; Baer (2023), S. 34 f.

4 Die sprachliche Kommunikation in der Rechtsprechung

Der richterliche Dialog hat in den letzten Jahren viel Aufmerksamkeit erregt und dementsprechend zahlreiche Veröffentlichungen hervorgerufen.[35] Die Berufung auf fremde Verfassungen in Gerichtsentscheidungen ist nach wie vor umstritten, denn trotz ihrer Seltenheit wird sie entweder als „Bastelei"[36] (bricolage) oder als überflüssiges Argument angesehen. Doch offenbart die Rechtsprechung noch andere Funktionen des Verfassungsvergleichs. Hinsichtlich der Verfassungsgerichte sind dies nicht nur die bereits erwähnten äquivalenten Rechte, sondern auch der Beitrag dieser Gerichte zur Fortbildung des europäischen Rechts (Abschn. 4.1). Auf europäischer Ebene spielen die autonomen Begriffe des EGMR und damit verbunden die Verschiebungen der Rechtsebenen eine bezeichnende Rolle für das Entstehen einer Metasprache der Verfassungsvergleichung (Abschn. 4.2).

4.1 Der verfassungsgerichtliche Beitrag zur Rechtsfortbildung

Der richterliche Dialog und die Einbeziehung vergleichender Argumente in eine Entscheidung dienen den Verfassungsgerichten nicht nur zur Bekräftigung eigener Positionen, sondern auch als Ausdruck des Willens, auf den Prozess der europäischen Rechtsfortbildung Einfluss zu nehmen, als Beteiligung am *standard setting.*[37] Besonders interessant ist dabei, dass die rechtsfortbildende Funktion hier auf unbestimmte Begriffe und eine unpräzise Sprache beschränkt ist.[38] Unbestimmt sind die Begriffe nicht nur wegen ihrer Breite, sondern auch wegen ihrer durchaus möglichen unterschiedlichen Bedeutungen. Sie stellen jedoch die Konvergenz- und Konsenspunkte in der europäischen Diskussion dar, auch oder gerade, wenn der Dialog wegen der Vielfalt der Rechtskulturen und der manchmal mangelnden Qualität der Übersetzungen in einer ungenauen Sprache geführt wird. Dieser Befund wirft ein neues Licht auf die Kontroversen über Gemeinsamkeiten und Unterschiede im europäischen Verfassungsraum. Während über Prinzipien wie Rechtsstaatlichkeit, Demokratie, Grundrechte und Verhältnismäßigkeit Einigkeit besteht, gehen die Auffassungen über deren Konkretisierung oft weit auseinander. So wie die Globalisierung partikularistische Reaktionen hervorruft, scheint jede Rechtskonvergenz neue Divergenzen zu erzeugen.

[35] Ponthoreau (2005), S. 167; Groppi, Ponthoreau (2013); Bobek (2013); Baer (2023), S. 38–42.

[36] Der Titel der für 2025 angekündigten Auflage von Groppi und Ponthoreau ist: Judicial Bricolage: The Use of Foreign Precedents by Constitutional Judges in the 21st Century.

[37] Indizien einer solchen Strategie sind die verschiedenen Netzwerke der Verfassungsgerichte, die intensive Einbeziehung der Venedig-Kommission in die Erarbeitung verfassungsgerichtlicher Entscheidungen, die zahlreichen Konferenzen und Besuche der Verfassungsgerichte und schließlich die zunehmende Übersetzung verfassungsgerichtlicher Entscheidungen; siehe dazu: Kamal-Girard (2023), S. 153.

[38] Dies hat insbesondere Wendel (2013), S. 981 betont.

Zwar sind weder Erfolg noch die Zukunft dieser Funktion gesichert, doch scheint diese Entwicklung zu zeigen, dass der Verfassungsvergleichung noch viele Türen offenstehen.

4.2 Meta-Sprache und Verschiebungen der Rechtsebenen in der Rechtsprechung des EGMR

In den europäischen Gerichten, EuGH und EGMR, gehört Rechtsvergleichung zum täglichen Geschäft,[39] ist jedoch nur sehr bedingt messbar.

4.2.1 Die vom EGMR gebildeten autonomen Begriffe

Autonome Begriffe wurden vom EGMR vor allem im Hinblick auf die Schranken der in der europäischen Konvention garantierten Rechte gebildet. Stichworte sind hier der faire Prozess, die positiven Pflichten oder der Primat des Rechts. Meist findet das Gericht seine Anregung in einer besonders hoch entwickelten Rechtsordnung und filtert daraus eine spezifisch europäische Substanz.[40] Diese autonome Interpretation unterscheidet sich von ihrem „Vorbild“ durch Vereinfachung, Erweiterung und Abschwächung, sodass der auf diese Weise gewonnene Standard als bindender Maßstab für alle Mitgliedstaaten dienen kann. Selbst wenn sie nicht aus einem Vergleich im strikten Sinn herrühren, gehören diese Begriffe heutzutage zur Umgangssprache der europäischen Juristen, zu einer allgemein anerkannten Metasprache[41] der Verfassungsvergleichung. Man sollte tatsächlich die sprachliche Akzeptanz als Barometer einer leistungsfähigen Kommunikation nicht unterschätzen.

4.2.2 Die Verschiebung von Rechtsebenen

Bei der Beurteilung, ob eine innerstaatliche Maßnahme den Anforderungen einer demokratischen Gesellschaft genügt, hat der EGMR zwei große Optionen:[42] Entweder betrachtet er das staatliche Handeln für konventionskonform, dann kommt der Beurteilungsspielraum[43] zur Anwendung und der Streit wird nach nationalem Recht geregelt. Oder er kommt zu dem Schluss, dass das staatliche Handeln in diesem Fall einem existierenden oder einem von ihm eigens neugebildeten Standard widerspricht und findet also eine Konventionsverletzung; dann wird die Streitfrage nach

[39] Rozakis (2005), S. 257; Lenaerts, Gutman (2016), S. 841.

[40] Grewe (2004), S. 26.

[41] Tusseau (2013), S. 91.

[42] Dubout (2012), S. 17.

[43] Tulkens, Donnay (2006), S. 3; Valero-Estarellas (2023), S. 161.

europäischem Recht gelöst. Die Wahl der einen oder der anderen Option bzw. Rechtsebene hängt von einem Rechtsvergleich in Raum und Zeit ab: Wie hat sich die Rechtslage in den letzten Jahren verändert, gibt es einen europäischen Konsens auf dem fraglichen Gebiet? Die Rechtsprechung im Bereich von Familie und Sexualität ist in dieser Hinsicht besonders bezeichnend.

Hier erweist sich der Verfassungsvergleich als Indikator allgemeiner neuerer Trends der Rechtsentwicklung, nämlich der zunehmenden Öffnung der Rechtsordnungen und der damit einhergehenden Porosität der Grenzen zwischen Rechtsordnungen und Rechtsdisziplinen.

5 Fazit

Der Verfassungsrechtsvergleichung stehen demnach zahlreiche neue Funktionen offen, die sowohl Erkenntnisgewinn wie Rechtsfortbildung versprechen. Man kann sich sogar fragen, inwieweit sich auf die Dauer Verfassungs- und Völkerrechtsvergleichung noch unterscheiden werden. Auf jeden Fall erscheint dabei methodische Transparenz unabdingbar. In diesem Prozess entfernt sich die Verfassungsrechtsvergleichung unmerklich von der Rechtsvergleichung im Privatrecht. Mehr noch als letztere erweist sie sich als ein schillerndes Unternehmen, wo Ähnlichkeiten sich leicht in Unterschiede verwandeln, wo wechselnde Perspektiven fast alle Erkenntnisse legitimieren und wo es (noch) keine offizielle Sprache gibt. Aber gerade das macht sie so kostbar als Schule der Relativität und Gradmesser von Feinheiten, weit entfernt von der Idee eines „besten" Rechts.

Literatur

Baer, S. (2023). *Renaissance der Verfassungsvergleichung?* (S. 1–44). Mohr Siebeck.

Bobek, M. (2013). *Comparative reasoning in European supreme courts*. Oxford University Press.

Carpentier, M. (2016). Pour de nouveaux ‚modèles' de justice constitutionnelle. *RIDC, 68*(1), 179–219.

Collot, P.-A. (Hrsg.). (2022). *Le constitutionnalisme abusif en Europe*. Mare & Martin.

Constantinesco, L. J. (1972, 1974, 1983). *Traité de droit comparé*. LGDJ.

Cornu, G. (2005). *Linguistique juridique* (3. Aufl.). LGDJ.

Dann, P., Bönnemann, M., & Riegner, M. (Hrsg.). (2020). *Comparative constitutional law and the global south*. Oxford University Press.

David, R., Goré, M., & Geoffray-Spinosi, C. (2016). *Les grands systèmes de droit contemporains* (12. Aufl.). Précis Dalloz.

Dixon, R., & Landau, D. (2021). *Abusive constitutional borrowing: Legal globalization and the subversion of liberal democracy*. Oxford University Press.

Dubout, E. (2012). La relativité de la distinction des normes du droit de l'Union européenne et du droit international. In L. Burgorgue-Larsen, E. Dubout, A. Maitrot de la Motte, & S. Touzé (Hrsg.), *Les interactions normatives. Droit de l'Union européenne et droit international, IREDIES, Cahiers européens n°2* (S. 17–52). Pedone.

Favoreu, L. (1988). Modèle européen et modèle américain de justice constitutionnelle. *AIJC, 4*, 51–66.
Fowkes, J. (2023). *10 Boxes: Wie globale, kontextualisierte Vergleichung machbar ist* (S. 83–102). Mohr Siebeck.
Frankenberg, G. (1997). Stranger than paradise: Identity & politics in comparative law. *Utah Law Review, 16*(2), 259–274.
Fromont, M. (1999). La diversité de la justice constitutionnelle en Europe. In G. Vedel (Hrsg.), *Mélanges Philippe Ardant : Droit et politique à la croisée des cultures* (S. 47–62). LGDJ.
Gadamer, H. G. (1976). *Vérité et Méthode. Les grandes lignes d'une herméneutique philosophique*. Seuil.
Grewe, C. (2001). A propos de la diversité de la justice constitutionnelle en Europe: L'enchevêtrement des contentieux et des procédures. In C. Grewe et al. (Hrsg.), *Les droits individuels et le juge en Europe. Mélanges en l'honneur de Michel Fromont* (S. 255–266). Presses Universitaires de Strasbourg.
Grewe, C. (2004). Les influences du droit allemand des droits fondamentaux sur le droit français: le rôle médiateur de la jurisprudence de la Cour européenne des droits de l'homme. *RUDH, 16*(1), 26–32.
Grewe, C. (2024). L'identité nationale fait-elle partie du patrimoine constitutionnel européen? In C. Giannopoulos & L. A. Sicilianos (Hrsg.), *Le patrimoine constitutionnel européen entre progression et régression. The European Constitutional Heritage between Progression and Regression* (S. 267–284). Pedone.
Grewe, C., & Ruiz Fabri, H. (1995). *Droits constitutionnels européens*. P.U.F.
Groppi, T., & Ponthoreau, M.-C. (2013). *The use of foreign precedents by constitutional judges*. Hart.
Häberle, P. (1992). *Rechtsvergleichung im Kraftfeld des Verfassungsstaates. Methoden und Inhalte, Kleinstaaten und Entwicklungsländer*. Duncker & Humblot.
Häberle, P. (1998). *Verfassungslehre als Kulturwissenschaft* (2. Aufl.). Duncker & Humblot.
Häberle, P. (2004). *L'Etat constitutionnel* (übersetzt von Roffi M, bearbeitet und herausgegeben von Grewe C. Economica). Aix-Marseille.
Heuschling, L. (2002). *Etat de droit – Rechtsstaat – Rule of Law*. Dalloz.
Hochmann, T., Gaillet, A., Marsch, N., Wendel, M., & Vilain, Y. (2019). *Droits constitutionnels français et allemand; perspective comparée*. LGDJ.
Jouanjan, O. (2006). Le Conseil constitutionnel est-il une institution libérale? *Droits, 43*, 73–90.
Kamal-Girard, M. (2023). Traduire: une stratégie d'influence dans les cours constitutionnelles des États unilingues de l'Europe de l'Ouest. *RDP, 1*, 153–166.
Kennedy, D. (1997). New approaches to comparative law: Comparativism and international governance. *Utah Law Review, 16*, 545–637.
Lauvaux, P. (2000). Propositions méthodologiques pour la classification des régimes. *Droits, 32*, 109–120.
Lauvaux, P., & Le Divellec, A. (2015). *Les grandes démocraties contemporaines* (4. Aufl.). P.U.F.
Le Divellec, A. (2004). *Le gouvernement parlementaire en Allemagne*. LGDJ.
Legrand, P. (1999). *Le droit comparé*. P.U.F.
Lenaerts, K., & Gutman, K. (2016). The comparative law method and the European court of justice: Echoes across the Atlantic. *The American Journal of Comparative Law, 64*(4), 841–864.
Luciani, M. (2010). Le contrôle des lois constitutionnelles en Italie. *Cahiers du Conseil constitutionnel Nr., 27*, 27–31. http://www.conseil-constitutionnel.fr/conseil-constitutionnel/francais/documentation-publications/cahiers-du-conseil/cahier-n-27/le-controle-de-constitutionnalite-des-lois-constitutionnelles-en-italie.51428.html. Zugegriffen am 18.10.2025.
Marsch, N., Vilain, Y., & Wendel, M. (Hrsg.). (2015). *Französisches und Deutsches Verfassungsrecht. Ein Rechtsvergleich*. Springer.
Michaels, R. (2015). „Transnationalizing Comparative Law", *Maastricht. Journal of European and Comparative Law, December 17, 11–16*.
Millet, F.-X. (2012). Réflexions sur la notion de protection équivalente des droits. *RFDA, 2*, 307–317.

Muir Watt, H. (2000). La fonction subversive du droit comparé. *RIDC, 52*(3), 503–527.
Müller, F. (Hrsg.). (1989). *Untersuchungen zur Rechtslinguistik.* Duncker & Humblot.
Nelken, D. (2004). Using the concept of legal culture. *Australian Journal of Philosophy, 29*, 1–26.
Paour, R. (2019). Comparer pour comprendre – comprendre pour comparer. Le droit comparé à l'aune de la théorie réaliste de l'interprétation, de la théorie des contraintes juridiques et de l'analyse stratégique. *Revue générale du droit on line numéro, 49729.* www.revuegeneraledu-droit.eu/?p=49729
Peters, A., & Schwenke, H. (2000). Comparative law beyond post-modernism. *The International and Comparative Law Quarterly, 49*(4), 800–834.
Ponthoreau, M.-C. (2005). Le recours à ‚l'argument de droit comparé' par le juge constitutionnel. Quelques problèmes théoriques et techniques. In F. Mélin-Soucramanien (Hrsg.), *L'interprétation constitutionnelle* (S. 167–184). Dalloz.
Rousseau, D., & Blacher, P. (2020). *La justice constitutionnelle en Europe* (4. Aufl.). LGDJ.
Rozakis, C. L. (2005). The European judge as comparatist. *Tulane Law Review, 80*(1), 257–279.
Rubio Llorente, F. (1996). Tendances actuelles de la juridiction constitutionnelle en Europe. *AIJC, 12*(1), 11–29.
Sacco, R., & Castellani, L. (Hrsg.). (1999). *Les multiples langues du droit européen uniforme.* L'Harmattan.
Schönberger, C. (2010). Verfassungsvergleichung heute: Der schwierige Abschied vom ptolemäischen Weltbild. *VRÜ, 43*(1), 6–27.
Sommermann, K.-P. (2004). Funktionen und Methoden der Grundrechtsvergleichung. In D. Merten & H.-J. Papier (Hrsg.), *Handbuch der Grundrechte in Deutschland und Europa* (Entwicklung und Grundlagen, Bd. I, S. 631–678). C.F. Müller.
Sommermann, K.-P. (2006). Kultur im Verfassungsstaat. *VVDStRL, 65*, 7–50.
Tulkens, F., & Donnay, L. (2006). L'usage de la marge d'appréciation par la Cour européenne des droits de l'homme: Paravent juridique superflu ou mécanisme indispensable par nature? *Revue de science criminelle et de droit pénal comparé, 1*, 3–23.
Tusseau, G. (2013). Sur le métalangage du comparatiste. De la prétention à la neutralité à l'engagement pragmatiste. *Revus, 21*, 91–115.
Valero-Estarellas, M. J. (2023). Neutrality, margin of appreciation and religious autonomy: Advancing pluralism and non-discrimination in Strasbourg. *Revue du droit des religions, 15*, 161–175.
Wendel, M. (2013). Comparative reasoning and the making of a common constitutional law: EU-related decisions of national constitutional courts in a transnational perspective. *I•CON, 11*(4), 981–1002.
Zoller, E. (2000). Qu'est-ce que faire du droit constitutionnel comparé? *Droits*, 32, 121–134.

Ex-ante-Gesetzesfolgenabschätzungen in Deutschland und Frankreich

Zugleich ein Beitrag zum Grenzraum-Check

N. Marsch

1 Begegnungen mit *Karl-Peter Sommermann*

Vom Doyen des deutschen Verwaltungsrechts, *Eberhard Schmidt-Aßmann*, stammt die schöne Einsicht und Formulierung, dass der Grundmodus einer modernen Verwaltungsrechtsvergleichung das gemeinsame Lernen ist. Den hierin liegenden Aufruf zur Bescheidenheit verkörpert der Jubilar *Karl-Peter Sommermann* wie kaum ein Zweiter. Natürlich nicht, weil er wenig zu sagen hätte, sondern weil die für die Rechtsvergleichung so essenzielle Offenheit, die Neugier und manchmal auch das Staunen bestimmender Teil seines wissenschaftlichen Habitus sind.[1] Gemeinsames Lernen ist für *Karl-Peter Sommermann* nicht nur wissenschaftliches Programm, sondern auch seine Grundhaltung als Hochschullehrer. Diesen Eindruck habe ich jedenfalls gewonnen, seit ich ihm erstmals in meinem Speyer-Semester während des Referendariats als Teilnehmer seines Seminars „Aktuelle Probleme des Staats- und Verwaltungsrechts" und dann immer wieder im Laufe meiner Doktoranden-

Nikolaus Marsch, Prof. Dr., D.I.A.P. (ENA), seit 2019 Inhaber des Lehrstuhls für Deutsches und Europäisches Öffentliches Recht und Rechtsvergleichung an der Universität des Saarlandes. Promotion 2011 in Osnabrück („Subjektivierung der gerichtlichen Verwaltungskontrolle in Frankreich"); Habilitation 2017 in Freiburg („Das europäische Datenschutzgrundrecht"). 2016 Auszeichnung mit dem Deutsch-Französischen Parlamentspreis des Bundestags und der Assemblée nationale für das Buch „Französisches und Deutsches Verfassungsrecht. Ein Rechtsvergleich".

[1] „Rechtsvergleichung macht bescheiden" stellt ganz in diesem Sinne Kischel (2015), Rn. 62 ff., fest.

N. Marsch (✉)
Saarbrücken, Deutschland
E-Mail: nikolaus.marsch@uni-saarland.de

C. Fraenkel-Haeberle, B. Peters (Hrsg.), *Öffentliches Recht in transnationaler Perspektive*, https://doi.org/10.1007/978-3-662-72331-9_3

und Habilitandenzeit begegnet bin. Dabei bot das vom Jubilar veranstaltete Seminar mir nicht nur den Anlass, erstmals wichtige Texte von *Karl-Peter Sommermann* zur Rechtsvergleichung und ihrer Bedeutung im Rahmen der Europäisierung des Verwaltungsrechts und des Europäischen Verwaltungsrecht zu lesen;[2] mit seiner Unterstützung, in der von ihm über Jahrzehnte ausgeübten Funktion als Schriftleiter der DÖV, entstand hier auch meine erste wissenschaftliche Veröffentlichung zum unionalen Informationsfreiheitsrecht.[3]

Ein zweites Mal kreuzten sich unsere Wege dann an der Ecole nationale d'administration (ENA, seit 2022 INSP), die Vorbild für die Gründung der DUV Speyer war, an der *Karl-Peter Sommermann* seit 1998 forscht und lehrt. Der Jubilar hielt dort in Straßburg im Rahmen des Ausbildungsprogramms einen rechtsvergleichenden Vortrag zum deutschen und französischen Verwaltungsrecht und ihren Konvergenzen. Während die französischen *élèves*, die nach erfolgreichem Durchlaufen der Vorbereitungskurse und bestandenem *concours* bereits alles für die Verwaltungskarriere Notwendige wussten und anderen (regelmäßig hochkarätigen) Referenten bisweilen mit einer gewissen Abgeklärtheit begegneten, waren sie im Fall von *Karl-Peter Sommermann* nicht nur von der intellektuellen Klarheit des Referats, sondern auch von der sprachlichen Präzision des auf Französisch gehaltenen Vortrags sehr beeindruckt, was wiederum meine Hochachtung für den Jubilar weiter wachsen ließ.

Zum dritten Mal und dann immer wieder begegnete ich *Karl-Peter Sommermann* schließlich in den Seminaren des von ihm federführend mitbetreuten Deutsch-Französischen Doktorandenkollegs, in dem ich erstmals auch meine Dissertation zum französischen Verwaltungsprozessrecht[4] einem größeren Kreis vorstellen durfte. Der leise und eher indirekte, daher aber besonders intensiv zu verspürende Zuspruch, den man als Nachwuchswissenschaftler vom Jubilar dadurch erhält, dass dieser sich immer zunächst auf die Überlegungen seines Gegenübers einlässt und nachfragt, bevor er sich selbst – stets in zurückhaltendem Ton – positioniert, dieser Zuspruch hat nicht nur mich durch die Doktoranden- und Habilitandenzeit getragen. *Karl-Peter Sommermann* ist immer *à l'écoute* und daher war es für meine Ko-Autorinnen und mich nur folgerichtig, dass wir regelmäßig seinen Rat suchten, als wir unser Projekt eines rechtsvergleichenden Lehrbuchs zum deutschen und französischen Verfassungsrecht in Angriff nahmen. Obgleich wir alle nicht seine Schüler im engeren Sinne waren, stand uns *Karl-Peter Sommermann* immer unterstützend zur Seite und schenkte uns seine Zeit, bis das Buch, als Kind des Deutsch-Französischen Doktorandenkollegs, das Licht der wissenschaftlichen Welt erblicken durfte.[5]

Auf den Postern von *Helmuth Schulze-Fielitz* zur Genealogie der deutschen Staatsrechtslehrerinnen und Staatsrechtslehrer ist bei einigen Wissenschaftlern neben der „unmittelbaren Abstammung" vom Habilitationsbetreuer durch die Nen-

[2] Sommermann (1996); Sommermann (1999).

[3] Marsch (2005).

[4] Marsch (2011).

[5] Marsch et al. (2015), Gaillet et al. (2019).

nung eines weiteren Wissenschaftlers in einem kleinen Kasten über dem Namen des Habilitanden vermerkt, dass – so *Schulze-Fielitz* – „eine materielle Prägung auch durch diesen weiteren Lehrer anzunehmen" ist.[6] Nun wäre es sicherlich unangemessen, mittels eines Festschriftenbeitrags um wissenschaftliche Adoption zu bitten, und es würde auch meinem akademischen Lehrer nicht gerecht, der meinen wissenschaftlichen Werdegang naturgemäß intensiver und mit großem Gespür und Geschick begleitet und unterstützt hat. Zumindest aber meinen tief empfundenen Dank für die vielfältige Unterstützung, den meine Ko-Autoren und Freunde *Aurore Gaillet*, *Thomas Hochmann*, *Yoan Vilain*, *Mattias Wendel* und ich neben vielen anderen Teilnehmerinnen und Teilnehmern der Deutsch-Französischen Doktorandenseminare erfahren haben, soll der folgende Beitrag zur Festschrift für *Karl-Peter Sommermann* dokumentieren.

Dabei möchte ich mich mit der Gesetzesfolgenabschätzung einem Thema widmen, das in besonderer Weise mit der Wirkungsstätte von *Karl-Peter Sommermann*, der DUV Speyer, verbunden ist und zu dem sich auch der Jubilar bereits einmal geäußert hat,[7] nämlich in der Dokumentation eines Forschungssymposiums, das anlässlich der Emeritierung seines Speyerer Kollegen *Carl Böhret* stattfand, der dieses Forschungsfeld maßgeblich mitgeprägt hat.[8] Dass ich mich dem Thema rechtsvergleichend nähere, versteht sich in einer Festschrift für *Karl-Peter Sommermann* fast von selbst. Daneben gibt es aber auch einen sachlichen Grund für diesen methodischen Zugriff, denn mit dem vorliegenden Beitrag möchte ich schwerpunktmäßig auch den „Grenzraum-Check" als gemeinsames deutsch-französisches Instrument vorstellen, das künftig negative Auswirkungen deutscher und französischer Gesetzgebung in den Grenzregionen verhindern helfen soll.

2 Gesetzesfolgenabschätzung und *étude d'impact* im Rechtsvergleich

2.1 *Funktionen und Formen*

Methodischer Ausgangspunkt rechtsvergleichender Forschung ist die Funktion, die eine konkrete Regelung, ein Rechtsinstitut oder eine dogmatische Rechtsfigur in einer Rechtsordnung erfüllt. Denn nur im Wege einer funktionalen Rechtsvergleichung, die *Karl-Peter Sommermann* zu Recht „zum Kern der rechtsvergleichenden Methode überhaupt" zählt,[9] gelingt es, die eigene Perspektive hinrei-

[6] So Schulze-Fielitz (2013), Legende zum Anhang.

[7] Sommermann (2002); ein weiteres vom Jubilar mitherausgegebenes Werk ist ebenfalls diesem Thema gewidmet: Montoro Chiner, Sommermann (2015).

[8] S. nur das aus dieser Forschung Praxis-Handbuch Böhret, Konzendorf (2001).

[9] Sommermann (1999), S. 1023.

chend weit zu öffnen.[10] Auch im Vergleich der Gesetzesfolgenabschätzung in Deutschland und der *étude d'impact* in Frankreich zeigen sich hier leichte Differenzen in der Schwerpunktsetzung. Während in Deutschland unter Gesetzesfolgenabschätzung im Wesentlichen ein „Instrument [...] der Politikberatung, [das] durch Informationsgewinnung und -bewertung den Normsetzungsprozess rationalisieren soll [...]" verstanden wird,[11] hat sich die *étude d'impact* in Frankreich auch als ein Werkzeug entwickelt, mit dem man der als Problem diagnostizierten „Normenflut" und der Komplexität des Rechts Herr zu werden versucht.[12] Es zeigt sich auch hier, dass unter den Schlagworten „Bessere Rechtsetzung" und „Qualität des Rechts" sowohl technisch-handwerkliche als auch inhaltlich-folgenorientierte Aspekte ihren Platz finden.[13]

Was die Formen der Gesetzesfolgenabschätzung (GFA) betrifft, kann nach einer auf *Böhret* und *Konzendorf* zurückgehenden Systematisierung entlang des zeitlichen Ablaufs des Gesetzgebungsverfahrens zwischen einer *prospektiven GFA*, die auf die Ermittlung unterschiedlicher Regelungsalternativen gerichtet ist, einer *begleitenden GFA*, die einen bereits vorliegenden Gesetzentwurf auf Verbesserungspotenziale hin untersucht, und einer *retrospektiven GFA*, die auf der Basis einer bereits in Kraft getretenen Regelung und erster Anwendungserfahrungen erfolgt, unterschieden werden.[14] Letztere betrifft als Ex-Post-Evaluierung[15] das Produkt des Gesetzgebungsverfahrens, ist dementsprechend nicht mehr Teil desselben und soll im Folgenden außer Betracht bleiben. Gegenstand des Beitrags sind somit allein die *prospektive* und vor allem die *begleitende GFA* als Formen der Ex-ante-Gesetzesfolgenabschätzung, zwischen denen in der Praxis allerdings nicht konsequent unterschieden wird.

2.2 Historische Entwicklung und normative Verankerung

Auch wenn Bestrebungen, die Folgen parlamentarischer Normsetzung methodisch abgesichert *ex ante* zu bestimmen und in das Gesetzgebungsverfahren einfließen zu lassen, zunächst im angelsächsischen Raum stärker ausgeprägt waren,[16] lassen sich wissenschaftliche Initiativen in diese Richtung vor allem in Frankreich fast zeitgleich ausmachen.[17] Die ersten praktischen Erfahrungen in den 1980er- und 1990er-Jahren fielen jedoch sowohl in Frankreich als auch in Deutschland eher ernüchternd

[10] Zu den Formaten und Methoden der Rechtsvergleichung Marsch (2022), Rn. 11 ff.

[11] Kahl (2014), Rn. 2.

[12] S. bspw. Conseil économique, social et environnemental (2019), S. 5 f.

[13] In diesem Sinne auch Mödinger (2020), S. 12 ff.

[14] Hierzu Kahl (2014), Rn. 8 ff.

[15] Mödinger (2020), S. 136 ff.

[16] Conseil économique, social et environnemental (2019), S. 7; Veith (2010), S. 21.

[17] Gilberg (2020), S. 189.

aus,[18] worauf in beiden Staaten mit einer kontinuierlichen normativen Hochzonung und Verdichtung reagiert wurde.

Frankreich ging dabei deutlich weiter und verpflichtete 2009 die Regierung durch eine verfassungsausführende *loi organique*,[19] Gesetzentwürfe einer *étude d'impact* zu unterziehen und diese dem Gesetzentwurf sowohl bei der Übermittlung an den Conseil d'Etat als auch bei der Einbringung ins Parlament beizufügen.[20] Fehlt eine solche *étude d'impact* oder entspricht sie nicht den gesetzlichen Vorgaben kann das jeweilige Parlamentspräsidium (der Nationalversammlung oder des Senats) es ablehnen, die Beratung des Gesetzentwurfs auf die Tagesordnung zu setzen; im Streitfall können sowohl der Premierminister als auch der Präsident der Nationalversammlung bzw. des Senats den Conseil constitutionnel anrufen.[21] Dieser nimmt allerdings eine weitgehend bloß formale Prüfung dahingehend vor, ob die Regierung zu den in der *loi organique* vorgegebenen Prüfungspunkten Stellung genommen hat; er stellt also keine hohen inhaltlichen Anforderungen an die *étude d'impact*, was wohl auch darauf zurückzuführen ist, dass seine Entscheidung innerhalb einer Frist von nur acht Tagen ergehen muss.[22] Verfassungsgerichtliche Bedeutung könnte die Pflicht zur Erstellung einer *étude d'impact* jedoch im Rahmen einer abstrakten Normenkontrolle nach Verabschiedung des Gesetzes erlangen, da sie einen Ansatzpunkt für eine prozeduralisierte Verhältnismäßigkeitskontrolle bieten könnte, die auch dem Selbstverständnis des Conseil constitutionnel eines starken judicial self-restraint entsprechen würde.[23]

In Deutschland ist dagegen die Durchführung einer Gesetzesfolgenabschätzung weder explizit noch implizit verfassungsrechtlich vorgegeben.[24] Eine indirekte Verankerung hat sie in der Gemeinsamen Geschäftsordnung der Bundesministerien (GGO) gefunden: Nach § 42 Abs. 1 GGO sind Gesetzentwürfe der Bundesregierung mit einer Begründung zu versehen, in der gem. § 43 Abs. 1 GGO unter anderem „andere Lösungsmöglichkeiten" (Nr. 3) und die „Gesetzesfolgen" (Nr. 5) darzustellen sind. Als Gesetzesfolgen definiert § 44 Abs. 1 „die wesentlichen Auswirkungen des Gesetzes", was „die beabsichtigten Wirkungen und die unbeabsichtigten Nebenwirkungen" umfasst. Mit dem Nationalen Normenkontrollrat wurde zudem 2006 gesetzlich eine Kontrollinstanz geschaffen, deren Aufgaben sukzessive erweitert wurden.[25] Die Verpflichtung zur Ermittlung und Darstellung von Gesetzesfolgen lässt sich jedoch weiterhin nicht gerichtlich durchsetzen; ebenso wenig berührt ihr Fehlen grundsätzlich die Rechtmäßigkeit des Gesetzes.[26]

---

18 Ziekow (2015), S. 31; Gilberg (2020), S. 189 f.

19 Diese stehen im Rang oberhalb einfacher Gesetze, hierzu Marsch (2015), Rn. 69.

20 Art. 8 Loi organique 2009-403 vom 15.04.2009.

21 Art. 39 Abs. 4 Französische Verfassung.

22 Hierzu Kratz (2023).

23 Perroud (2018), S. 238; Kratz (2023).

24 Kahl (2014), Rn. 2; a. A. Windoffer (2011), S. 175 ff.

25 Gesetz zur Einsetzung eines Nationalen Normenkontrollrates (NKRG) vom 14.8.2006, BGBl. 2006, Teil I, S. 1866, das zuletzt durch Artikel 1 des Gesetzes vom 19. Juni 2022, BGBl. 2022, Teil I, S. 920, geändert worden ist.

26 Kahl (2014), Rn. 14. Anderes gilt nur, wenn Regelungsbereiche betroffen sind, für die das

2.3 *Anwendungsbereich, Zeitpunkt, Zuständigkeit, Maßstäbe und Methoden*

Obligatorisch ist die Durchführung einer Gesetzesfolgenabschätzung in beiden Staaten nur für Gesetzentwürfe der Regierung, nicht aber bei Gesetzesvorschlägen aus der Mitte des Parlaments.[27] Diese Beschränkung ergibt sich aus dem Recht der Oppositionsfraktionen, Gesetzentwürfe ins Parlament einzubringen, das durch eine gesetzliche Verpflichtung zur Durchführung einer Gesetzesfolgenabschätzung in unverhältnismäßiger Weise beschränkt würde;[28] eine entsprechende Erstreckung auf Gesetzentwürfe aus der Mitte des Parlaments durch ein verfassungsänderndes Gesetz dürfte mit der Ewigkeitsgarantie des Art. 79 Abs. 3 GG in Verbindung mit dem Demokratieprinzip nicht vereinbar sein. Was die Überprüfung durch den Nationalen Normenkontrollrat (NKR) betrifft, eröffnet § 4 Abs. 4 S. 3 NKRG die Möglichkeit, dass die Fraktion oder die Gruppe von Abgeordneten, die den Gesetzentwurf in den Bundestag eingebracht haben, diesen durch den NKR prüfen lassen. In der Sache geht mit der Beschränkung auf Regierungsentwürfe keine allzu große Anzahl von nicht *ex ante* auf ihre Folgen hin überprüften Gesetzen einher, da sowohl in Frankreich als auch in Deutschland die große Mehrheit der vom Parlament tatsächlich verabschiedeten Gesetzen auf Regierungsvorlagen beruht.

Da die Gesetzesfolgenabschätzung in Deutschland nur indirekt über die Pflicht zur Entwurfsbegründung geregelt ist, lässt sich der GGO nicht unmittelbar entnehmen, zu welchem Zeitpunkt sie durchzuführen ist. Das Vorblatt zum Gesetzentwurf der Bundesregierung soll jedoch mögliche Alternativen aufführen (§ 42 Abs. 1 i. V. m. Anlage 3 GGO) und in der Begründung sollen andere erwogene Lösungsmöglichkeiten, insbesondere die der Selbstregulierung, genannt werden (§ 43 Abs. 1 Nr. 3 i. V. m. Anlage 5 GGO), weshalb neben einer begleitenden auch eine prospektive GFA erforderlich ist.[29] Dagegen hat der französische Verfassungsrat – wohl auch aus Gründen der Gewaltenteilung – eine Vorgabe der *loi organique* für verfassungswidrig erklärt, die die Regierung zur Erstellung einer *étude d'impact* ab dem Zeitpunkt der Erstellung des Gesetzentwurfs verpflichten sollte.[30]

Bedeutsame Unterschiede bestehen zwischen den beiden Staaten darüber hinaus, was den Grad der institutionellen Zentralisierung der Gesetzesfolgenabschätzung betrifft. Zwar sind es jeweils die federführenden Ministerien, die grundsätzlich für die Durchführung der Gesetzesfolgenabschätzung bzw. die Erstellung der *étude*

Bundesverfassungsgericht dem Gesetzgeber spezifische Begründungspflichten auferlegt hat, s. als Beispiel BVerfG, Urt. v. 24.1.2023, NJW 2023, 672, Rn. 129 ff. (Anhebung der Obergrenze für staatliche Parteifinanzierung) m. w. N. aus der Rspr.

[27] In Frankreich unterscheidet man – ganz im Geiste des Konzepts eines *parlementarisme rationalisé* (hierzu Gaillet (2015), Rn. 19 ff. (insb. 30), 38 f.) – sogar terminologisch zwischen den *projets de loi* (der Regierung) und den *propositions de loi* (aus dem Parlament).

[28] Vgl. Ziekow (2015), S. 34.

[29] Ausführlich hierzu auch Bundesministerium des Innern (2009).

[30] Conseil constitutionnel, Urt. v. 9.4.2009, 2009-579 DC, Cons. 13.

d'impact zuständig sind.[31] Der starken Stellung des Premierministers entsprechend ist aber das ihm nachgeordnete Secrétariat général du Gouvernement (SGG) von Beginn an in die Erarbeitung der *étude d'impact* einzubinden, die zudem erst dann dem Parlament zugeleitet werden darf, wenn sie vom SGG und dem Leitungsstab des Premierministers als „ausreichend" erachtet wird.[32] Wegen der mit dieser Zentralisierung einhergehenden Professionalisierung wird die Schaffung einer vergleichbaren Stelle auch seit längerem in Deutschland gefordert.[33] Ob das unlängst beim Bundesministerium der Justiz geschaffene Zentrum für Legistik perspektivisch in eine solche Stellung hineinwachsen wird, bleibt abzuwarten. Dagegen sind die Aufgaben des Normenkontrollrats zwar kontinuierlich erweitert worden und umfassen heute neben seiner ursprünglichen Aufgabe, den Erfüllungsaufwand zu ermitteln, unter anderem auch die Prüfung, ob andere Lösungsmöglichkeiten methodengerecht ermittelt und nachvollziehbar dargestellt wurden, wodurch seine Stellung gegenüber den Ministerien deutlich gestärkt wurde. Allerdings handelt es sich hierbei nicht um eine eigenständige Gesetzesfolgenabschätzung, sondern um die nachträgliche Kontrolle der von den Ministerien vorgenommenen Folgenabschätzungen. Die Errichtung einer solchen Stelle, die die Gesetzesfolgenabschätzungen evaluiert, wird auch in Frankreich gefordert.[34]

Was schließlich die Maßstäbe und anzuwendenden Methoden der Gesetzesfolgenabschätzung betrifft, sind diese durch ihre interdisziplinäre Vielgestaltigkeit und Unabgeschlossenheit sowie ein learning by doing am konkreten Fall gekennzeichnet.[35] Neben dem in Speyer entwickelten allgemeinen „Handbuch Gesetzesfolgenabschätzung"[36] existiert in Deutschland eine ganze Reihe von allgemeinen und themenspezifischen Arbeitshilfen und Checklisten, deren Bekanntheit und Beachtung wohl stark variiert. Beispielhaft seien hier nur genannt: der Demografie-Check, der Digitalcheck (der die digitale Vollzugstauglichkeit von Normen im Blick hat), der Disability Mainstreaming Leitfaden, die Empfehlungen zur Einbeziehung und Stärkung der Nachhaltigkeitsziele, die Arbeitshilfe zur gleichstellungsorientierten GFA gem. § 2 GGO, den KMU-Test, den Leitfaden zur Ermittlung und Darstellung des Erfüllungsaufwandes und den Gleichwertigkeits-Check (Herstellung gleichwertiger Lebensverhältnisse).[37] Manche dieser Dokumente wirken dabei ein wenig wie Arbeitsnachweise der Politik, mit denen der Öffentlichkeit Tatkraft und Problembewusstsein signalisiert werden soll. Und je nach Themenfeld nähern sich die Leitfäden und Checks einem Thema eher intuitiv-tastend mit offenen Leit-

[31] S. den Circulaire relative à la mise en œuvre de la révision constitutionnelle des Premierministers v. 15.04.2009; BT-DRs. 15/2131, S. 2.

[32] S. den zitierten *circulaire*.

[33] Ziekow (2015), S. 37 f.; Steinbach (2017), S. 146 f.; weitergehender noch die Forderung von Hill (2023) nach der Schaffung einer unabhängigen Agentur für Gesetzgebung.

[34] Conseil d'Etat (2016), S. 96 f.

[35] So prägnant für Deutschland Kahl (2014), Rn. 24 f.

[36] Böhret, Konzendorf (2001).

[37] Alle Arbeitshilfen finden sich auf der Plattform „E-Gesetzgebung" der Bundesregierung, https://plattform.egesetzgebung.bund.de/cockpit/#/hilfen.

fragen, die bei den Legisten für Problembewusstsein sorgen sollen, oder sie enthalten detaillierte methodische Vorgaben, wie zum Beispiel der Erfüllungsaufwand zu berechnen ist. Zu einer stärker strukturierten Einbindung in den Entwurfserarbeitungsprozess könnte das Portal „E-Gesetzgebung" der Bundesregierung beitragen,[38] sofern zukünftig alle Ministerien zur Nutzung verpflichtet werden. Auch für Frankreich gilt schließlich der Befund einer großen Varianz an allgemeinen und themenspezifischen Runderlassen (*circulaires*) des Premierministers, die unter anderem die Auswirkungen von Regelungsvorhaben auf die Geschlechtergleichheit, die Jugend, Menschen mit Handicap sowie den Zugang zu und die Ausübung freier Berufe adressieren.[39] Inwieweit und in welcher Intensität diese in der Praxis Beachtung finden, lässt sich wissenschaftlich fortlaufend evaluieren, da die *études d'impact* zu veröffentlichen sind und auf der Website *légifrance* eine Auflistung aller seit 2009 erstellten *études* zu finden ist.[40]

2.4 *Praxis, Kritik, Perspektiven*

Zieht man eine Zwischenbilanz der Erfahrungen mit Gesetzesfolgenabschätzungen in Deutschland und Frankreich, fällt diese zwiespältig aus: Nach einer gewissen Folgenabschätzungseuphorie ist Ernüchterung eingetreten,[41] unter anderem weil die GFA doch nicht selten ein „simple plaidoyer *pro domo*"[42] bzw. „ergebnisorientiert"[43] zu sein scheint. Es bleibt für beide Staaten beim Befund, dass sich das Spannungsverhältnis zwischen den das Gesetzgebungsverfahren mitbestimmenden Eigenrationalitäten politischer Prozesse und dem Bestreben nach einer technokratischen Rationalisierung des Prozesses nur bedingt auflösen lässt.[44] Ganz in diesem Sinne gilt weiterhin die zentrale Feststellung des Berichts einer interministeriellen Arbeitsgruppe aus dem Jahr 2002,[45] die vom Conseiller d'Etat *Dieudonné Mandelkern* geleitet wurde, der ein Jahr zuvor schon auf europäischer Ebene den nach ihm benannten einflussreichen Bericht „Auf dem Weg zu besseren Gesetzen"[46] vorgelegt

---

[38] https://plattform.egesetzgebung.bund.de/cockpit/#/cockpit.

[39] S. hierzu den Abschnitt zur *étude d'impact* im *guide de légistique*, https://www.legifrance.gouv.fr/contenu/Media/files/autour-de-la-loi/guide-de-legistique/2023_12_28_fiche_1.1.2_etudes_et_fiches_d_impact.pdf.

[40] https://www.legifrance.gouv.fr/contenu/menu/autour-de-la-loi/legislatif-et-reglementaire/etudes-d-impact-des-lois/les-etudes-d-impact-des-projets-de-lois-deposes-depuis-le-1er-septembre-2009.

[41] Franzius (2022), Rn. 73.

[42] Conseil économique, social et environnemental (2019), S. 6.

[43] Gilberg (2020), S. 191.

[44] Optimistischer Perroud (2018), S. 231 f., der für unabhängige wissenschaftliche Zentren innerhalb der Ministerien plädiert.

[45] Groupe de Travail interministériel sur la Qualité de la Réglementation (2002).

[46] Bundesregierung (2002).

hatte. Denn der Bericht der interministeriellen Arbeitsgruppe führt die Schwächen vieler Gesetzesfolgenabschätzungen in Frankreich im Wesentlichen auf den Modus der Vorbereitung von Regierungsentscheidungen zurück, der auch was die zeitlichen Vorgaben anbelangt im Widerspruch zu den Gelingensbedingungen von Gesetzesfolgenabschätzungen zu stehen scheint, zu denen insbesondere eine gewisse Mindestdauer und eine objektive Analyse der Vor- und Nachteile gehören.[47] Einen Ausweg aus diesem Dilemma vermag auch die normhierarchische Hochzonung und Verdichtung der Regeln über die Gesetzesfolgenabschätzung nicht zu weisen.[48]

Entscheidender dürfte es sein, den eingeleiteten Kultur- und Mentalitätswandel[49] in den Ministerien weiter zu fördern. Darauf weist beispielsweise auch die in Frankreich immer wieder geäußerte Kritik hin, wonach sich die *études d'impact* vielfach auf Rechtsfragen konzentrieren und beispielsweise die sozioökonomischen Folgen von Gesetzentwürfen nur stiefmütterlich behandeln.[50] Denn die entsprechende Schlagseite in der *loi organique*[51] dürfte kaum der alleinige Grund hierfür sein. Näher liegt die Vermutung, dass die Fokussierung auf eine rechtliche Prüfung (u. a. die Vereinbarkeit mit dem Unionsrecht) auch darauf zurückzuführen ist, dass diese im Gegensatz zur sozioökonomischen Bewertung nicht mit methodischen Herausforderungen verbunden ist. Diese methodischen Unsicherheiten, die letztlich auch in der Unmöglichkeit wurzeln, den Einfluss rechtlicher Regelungen auf einen sozialen Gesamtzustand sicher zu prognostizieren, sollten jedoch nicht dazu führen, dass auf die Plausibilisierung der einen Gesetzentwurf leitenden Annahmen im Rahmen einer Gesetzesfolgenabschätzung verzichtet wird.[52] Zum einen, weil die prospektiv-begleitende Gesetzesfolgenabschätzung nur einen Baustein guter Gesetzgebung darstellt, der durch weitere, wie die Ex-post-Evaluation, ergänzt wird. Zum anderen, weil auch die Durchführung der Gesetzesfolgenabschätzungen selbst sinnvollerweise einem ständigen Evaluationsprozess mit dem Ziel unterliegt, in iterativen Schleifen für eine größere Prognosesicherheit zu sorgen. Dies könnte zudem verhindern, dass die Gesetzesfolgenabschätzungen in routinierter Bürokratie erstarren.[53]

---

[47] Groupe de Travail interministériel sur la Qualité de la Réglementation (2002), S. 27.

[48] Vgl. in diesem Sinne auch Kahl (2014), Rn. 57, 60: Einsatz der GFA hängt stark von der politischen Brauchbarkeit ab, zugleich sind der Verrechtlichung des inneren Gesetzgebungsverfahrens aufgrund von dessen (auch) politischem Charakter Grenzen gesetzt.

[49] Auf die Bedeutung von kulturellen Widerständen verweist auch der Mandelkern-Bericht, s. Bundesregierung (2002), S. 34 f.

[50] Combrade (2017), S. 353–397; Perroud (2018), S. 216.

[51] Vergleich die in Art. 8 aufgeführten notwendigen Bestandteile einer *étude d'impact*.

[52] In diesem Sinne auch Voßkuhle (2022), Rn. 33 f.; Steinbach (2017), S. 146.

[53] In diesem Sinne betont das Staatsministerium Baden-Württemberg, dass die Schätzung des Erfüllungsaufwands nicht zum Selbstzweck werden darf und dass daher eine stärker fokussierte Anwendung des Verfahrens den Nutzen erhöhen soll, LT-Drs. 17/3752, S. 4.

3 Praxisbeispiel „Grenzraum-Check“

Abschließend soll mit dem „Grenzraum-Check“ ein noch junges Mitglied in der Familie der Gesetzesfolgenabschätzungen kurz vorgestellt werden, das zudem das erste deutsch-französische Verfahren ist. Dass der Beitragsverfasser an der Entwicklung des Grenzraum-Checks als Ko-Vorsitzender der zuständigen Arbeitsgruppe des Ausschusses für grenzüberschreitende Zusammenarbeit (AGZ) beteiligt war, muss als Disclaimer im Sinne wissenschaftlicher Redlichkeit hier vorweggeschickt werden.

Ausgangspunkt für die Entwicklung des Grenzraum-Checks ist Art. 14 des 2019 zwischen Deutschland und Frankreich geschlossenen Aachener Vertrags, der dem ebenfalls durch den Aachener Vertrag errichteten deutsch-französischen Ausschuss für grenzüberschreitende Zusammenarbeit (AGZ) die Aufgabe zuweist, Auswirkungen neuer Rechtsvorschriften auf die Grenzregionen zu analysieren. Hintergrund ist, dass die Grenzregionen zwar weithin als kulturell stimulierende Räume erlebt werden, mit Blick auf eine Vielzahl harter Kriterien jedoch unter strukturellen Nachteilen leiden.[54] Das Zusammentreffen zweier nationaler Rechtsordnungen mit weitgehend divergierenden Regelungen wird dabei als ein Grund für die besonderen Schwierigkeiten ausgemacht, denen sich die Bürger, die Unternehmen und die Verwaltungen in den Grenzregionen ausgesetzt sehen. Als ein Beispiel unter vielen sei hier das vor allem während der Corona-Pandemie in großem Umfang als Instrument genutzte Kurzarbeitergeld genannt, welches in Deutschland als Lohnersatzleistung deutlich niedriger als der Lohn ausfällt, daher aber steuerfrei bleibt, während es in Frankreich zu versteuern ist, was bei Grenzpendlern aus Frankreich zu erheblichen Einkommenseinbußen geführt hat. Der AGZ hat daher im Oktober 2023 eine Arbeitsgruppe eingesetzt, die insbesondere zur Aufgabe hatte, „einen Mechanismus für ressortübergreifende Handlungsanleitungen vorzuschlagen, anhand dessen Auswirkungen neuer Rechtsvorschriften auf die Grenzregionen des jeweils eigenen und des benachbarten Landes berücksichtigt werden.“[55]

Diese Arbeitsgruppe war sich schnell darüber einig, dass nur eine begleitende Gesetzesfolgenabschätzung hinreichend früh im Gesetzgebungsverfahren Bewusstsein für die spezifischen Probleme der Grenzregionen schaffen kann, dass diese aber schlank und pragmatisch ausgestaltet werden muss, um in der oben beschriebenen Spannungslage zwischen politischen Vorgaben, Zeitdruck und der umfassenden Berücksichtigung von Expertise überhaupt Wirkung entfalten zu können. Als besondere Schwierigkeiten wurden die nicht nur geografische Entfernung der nationalen Gesetzgebung vom deutsch-französischen Grenzraum und das damit einhergehende fehlende Problembewusstsein sowie der Querschnittscharakter von Grenzraumfragen identifiziert. Schließlich mussten angesichts der unterschiedlichen verfassungsrechtlichen und institutionellen Voraussetzungen zwei unterschiedliche

---

[54] EU-Kommission (2017).

[55] AGZ (2023).

Verfahren für die beiden Staaten entwickelt werden, die in ihrer zweiten Stufe jedoch im AGZ zusammenlaufen.

Auf einer ersten Stufe sollen in Deutschland das federführende Ministerium, in Frankreich der SGG ein *Screening* vornehmen, ob das Gesetzesvorhaben nicht unerhebliche unerwünschte Auswirkungen in den Grenzregionen erwarten lässt. Dabei geht es hier weniger um eine aufwändige Folgenabschätzung, sondern vor allem um die Setzung eines obligatorischen Reflexionspunktes, um die Möglichkeit erheblicher Effekte auf die Grenzregionen in Erwägung zu ziehen (daher auch die Bezeichnung als „Check“). Dem liegt auch die Erkenntnis der Arbeitsgruppe zugrunde, dass sich neben dem Andocken von Regelungen an den Wohn- bzw. Gesellschaftssitz abstrakt nur bedingt konkrete Kriterien identifizieren lassen, die Grenzraumeffekte nahelegen. Dass diese methodische Schwierigkeit die Sinnhaftigkeit eines Grenzraum-Checks nicht grundlegend infrage stellt, zeigen die Erfahrungen, die in den Niederlanden mit einem vergleichbaren Verfahren gemacht wurden, da auch dort im Sinne eines iterativen learning by doing eine Verfeinerung der Methoden und vor allem der Aufbau von Erfahrungswissen erfolgen konnte. Aus den Niederlanden erfolgte auch der weiterführende Hinweis, dass der geografische Umfang dessen, was im Sinne des Checks als Grenzregion zu verstehen ist, nicht einheitlich, sondern funktional unter Bezugnahme auf das jeweilige Regelungsvorhaben vorgenommen werden sollte.

Kommt das federführende Ministerium oder der SGG zum Ergebnis, dass mit unerwünschten Auswirkungen in den Grenzregionen zu rechnen ist (wobei es hier nicht um eine sichere Prognose, sondern nur um eine gewisse Wahrscheinlichkeit geht), dann soll auf einer zweiten Stufe eine *Wissensgenerierung* durch Übermittlung des Gesetzentwurfs an das AGZ-Sekretariat erfolgen. Dieses prüft den Gesetzentwurf nicht selbst, sondern übernimmt eine Scharnierfunktion, indem es den Entwurf an öffentliche und private Akteure (auch im jeweiligen Nachbarstaat) übermittelt, die über eine besondere Grenzraumexpertise und vor allem über ein umfangreiches Erfahrungswissen verfügen, mit welchen konkreten praktischen Problemen die Normanwender und Normadressaten in den Grenzregionen zu kämpfen haben. Es handelt sich bei dieser Phase also um eine besondere Form der Verbändebeteiligung, die über das AGZ-Sekretariat organisiert wird, das eine Liste besonders qualifizierter Akteure führt. Der Rücklauf der Stellungnahmen soll ebenfalls über das AGZ-Sekretariat erfolgen (das die Stellungnahmen bündelt, ohne sich diese zu eigen zu machen), um an einer zentralen Stelle für eine stärkere Bündelung und Fortentwicklung des Wissens über Grenzraumproblematiken zu sorgen.

Ziel des Grenzraum-Checks ist es, in einem frühen Stadium des Gesetzgebungsverfahrens Bewusstsein für die sehr spezifischen Probleme der Grenzregionen zu schaffen, da die Chancen, zu diesem Zeitpunkt erfolgreich auf die Aufnahme von Ausnahme- oder Sonderregeln in ein Gesetz zu dringen, deutlich höher sind, als die Wahrscheinlichkeit, nach dem Abschluss des Verfahrens hinreichend politischen Druck aufbauen zu können, dass das beschlossene Gesetz wieder geändert wird. Wie alle Gesetzesfolgenabschätzungen ist aber auch der Grenzraum-Check ein Verfahren der Politikberatung, aus dem kein Anspruch auf Beachtung der Ergebnisse im politischen Prozess abgeleitet werden kann.

Der AGZ hat im Herbst 2024 eine an die deutsche und französische Regierung gerichtete Empfehlung beschlossen, den Grenzraum-Check in einer Pilotphase zu erproben.[56] Diese Pilotphase soll nicht nur der praktischen Erprobung, sondern im Austausch zwischen den Beteiligten auf deutscher und französischer Seite auch der schrittweisen Verfeinerung der Screening-Kriterien dienen, wie es dem pragmatischen Vorgehen in den Niederlanden entspricht. Das gemeinsame Lernen ist somit nicht nur der Grundmodus der Verwaltungsrechtsvergleichung, sondern auch des Grenzraum-Checks.

Literatur

Ausschuss für grenzüberschreitende Zusammenarbeit (AGZ). (2023, Oktober 23). Entschließung zur Einrichtung einer Arbeitsgruppe des Ausschusses für grenzüberschreitende Zusammenarbeit (AGZ) zur Entwicklung der grenzüberschreitenden Gesetzesfolgenabschätzung in Umsetzung von Art. 14 des Vertrags von Aachen.

Ausschuss für grenzüberschreitende Zusammenarbeit (AGZ). (2024, Oktober 21). Empfehlung zur grenzüberschreitenden Gesetzesfolgenabschätzung.

Böhret, C., & Konzendorf, G. (2001). *Handbuch Gesetzesfolgenabschätzung (GFA): Gesetze, Verordnungen, Verwaltungsvorschriften*. Nomos.

Bundesministerium des Innern. (Hrsg.). (2009). *Arbeitshilfe zur Gesetzesfolgenabschätzung*.

Bundesregierung (Hrsg.). (2002). *Moderner Staat – Moderne Verwaltung*. Der Mandelkern-Bericht: Auf dem Weg zu besseren Gesetzen.

Combrade, B.-L. (2017). *L'obligation d'étude d'impact des projets de loi*. Dalloz.

Conseil d'Etat. (2016). *Simplification et qualité du droit*.

Conseil économique, social et environnemental. (2019). *Étude d'impact: mieux évaluer pour mieux légiférer*.

EU-Kommission. (2017, September 20). Mitteilung „Stärkung von Wachstum und Zusammenhalt in den EU-Grenzregionen". *COM(2017) 534 final*.

Franzius, C. (2022). Modalitäten und Wirkungsfaktoren der Steuerung durch Recht. In A. Voßkuhle, M. Eifert, & C. Möllers (Hrsg.), *Grundlagen des Verwaltungsrechts: Band 1* (S. 193–244). C.H. Beck.

Gaillet, A. (2015). Verfassungsgeschichtliche Grundlagen. In N. Marsch, Y. Vilain, & M. Wendel (Hrsg.), *Französisches und Deutsches Verfassungsrecht: Ein Rechtsvergleich* (S. 7–44). Springer.

Gaillet, A., Hochmann, T., Marsch, N., Vilain, Y., & Wendel, M. (Hrsg.). (2019). *Droits constitutionnels français et allemand: Perspective comparée*. L.G.D.J.

Gilberg, K. (2020). Legislation in France. In U. Karpen & H. Xanthaki (Hrsg.), *Legislation in Europe. A country by country guide* (S. 181–197). Hart.

Groupe de Travail interministériel sur la Qualité de la Réglementation. (2002). *La qualité de la réglementation*.

Hill, H. (2023). Agentur für Gesetzgebung. *ZRP, 49*, 158–159.

Kahl, W. (2014). Gesetzesfolgenabschätzung und Nachhaltigkeitsprüfung. In W. Kluth & G. Krings (Hrsg.), *Gesetzgebung: Rechtsetzung durch Parlamente und Verwaltungen sowie ihre gerichtliche Kontrolle* (S. 309–331). C.F. Müller.

Kischel, U. (2015). *Rechtsvergleichung*. C.H. Beck.

[56] AGZ (2024).

Kratz, A. (2023, Mai 01). Gewaltenteilung vor Klimaschutz: Der französische Verfassungsrat marginalisiert die Gesetzesfolgenabschätzung. *VerfBlog*. https://doi.org/10.17176/20230501-204436-0

Marsch, N. (2005). Das Recht auf Zugang zu EU-Dokumenten: Die Verordnung (EG) Nr. 1049/2001 in der Praxis. *DÖV, 58*, 639–644.

Marsch, N. (2011). *Subjektivierung der gerichtlichen Verwaltungskontrolle in Frankreich: Eilverfahren und Urteilsimplementation im objektiv-rechtlich geprägten Kontrollsystem*. Nomos.

Marsch, N. (2015). Rechtsetzung. In N. Marsch, Y. Vilain, & M. Wendel (Hrsg.), *Französisches und Deutsches Verfassungsrecht: Ein Rechtsvergleich* (S. 215–273). Springer.

Marsch, N. (2022). Rechtsvergleichung. In A. Voßkuhle, M. Eifert, & C. Möllers (Hrsg.), *Grundlagen des Verwaltungsrechts: Band 1* (S. 135–191). C.H. Beck.

Marsch, N., Vilain, Y., & Wendel, M. (Hrsg.). (2015). *Französisches und Deutsches Verfassungsrecht: Ein Rechtsvergleich*. Springer.

Mödinger, M. (2020). *Bessere Rechtsetzung: Leistungsfähigkeit eines europäischen Konzepts*. Mohr Siebeck.

Montoro Chiner, M. J., & Sommermann, K. P. (Hrsg.). (2015). *Gute Rechtsetzung: La buena Legislación*. Deutsches Forschungsinstitut für Öffentliche Verwaltung.

Perroud, T. (2018). Les études d'impact dans l'action publique en France: perspective critique et propositions. *Politiques et management public, 35*, 215–242.

Schulze-Fielitz, H. (2013). *Staatsrechtslehre als Mikrokosmos*. Mohr Siebeck.

Sommermann, K. P. (1996). Europäisches Verwaltungsrecht oder Europäisierung des Verwaltungsrechts? Inkonsistenzen in der Rechtsprechung des Europäischen Gerichtshofes. *DVBl, 111*, 889–898.

Sommermann, K. P. (1999). Die Bedeutung der Rechtsvergleichung für die Fortentwicklung des Staats- und Verwaltungsrechts in Europa: Antrittsvorlesung im Sommersemester 1999. *DÖV, 52*, 1017–1029.

Sommermann, K. P. (2002). Folgenforschung und Recht. In K. P. Sommermann (Hrsg.), *Folgen von Folgenforschung: Forschungssymposium anlässlich der Emeritierung von Universitätsprofessor Dr. Carl Böhret* (S. 39–53). Speyerer Forschungsberichte.

Steinbach, A. (2017). *Rationale Gesetzgebung*. Mohr Siebeck.

Veith, S. (2010). *Bessere Gesetze durch Folgenabschätzung? Deutschland und Schweden im Vergleich*. VS Verlag für Sozialwissenschaft.

Voßkuhle, A. (2022). Neue Verwaltungsrechtswissenschaft. In A. Voßkuhle, M. Eifert, & C. Möllers (Hrsg.), *Grundlagen des Verwaltungsrechts: Band 1*. (S. 3–70). C.H. Beck.

Windoffer, A. (2011). *Verfahren der Folgenabschätzung als Instrument zur rechtlichen Sicherung von Nachhaltigkeit*. Mohr Siebeck.

Ziekow, J. (2015). Stand und Perspektiven der Gesetzesfolgenabschätzung in Deutschland. In M. J. Montoro Chiner & K. P. Sommermann (Hrsg.), *Gute Rechtsetzung: La buena Legislación* (S. 31–42). Deutsches Forschungsinstitut für Öffentliche Verwaltung.

Menschenrechtsschutz in Zeiten von Realpolitik

A. Nußberger

1 Menschenrechte v. politische und wirtschaftliche Interessen[1]

Auch eine menschenrechtsgeleitete Außenpolitik[2] kommt immer wieder an ihre Grenzen, ganz gleich, ob man sich dies ehrlich eingesteht oder zu verschleiern versucht. Nach dem Putschversuch in der Türkei im Jahr 2016 wurden Tausende von

Angelika Nußberger ist Professorin für Völkerrecht, Öffentliches Recht und Rechtsvergleichung an der Universität zu Köln (Deutschland), Direktorin der Akademie für Europäischen Menschenrechtsschutz und Vizepräsidentin des Verfassungsgerichts von Bosnien-Herzegowina. Von Januar 2011 bis Dezember 2019 war sie Richterin am EGMR und ab Februar 2017 dessen Vizepräsidentin. Außerdem ist sie Mitglied des Beirats des Auswärtigen Amtes, der Venedig-Kommission und des Institut de droit international.

[1] Menschenrechtsschutz ist eines der vielen Themen, bei dem Karl-Peter Sommermann ein hervorragender Gesprächspartner ist und ich mich immer freue, wenn ich mich mit ihm austauschen kann; deshalb habe ich dieses Thema für seine Festschrift gewählt. Aber auch viele andere Themen sind uns gemeinsam, so insbesondere auch die Rechtsvergleichung; zudem sind wir beide fasziniert von der Zusammenarbeit mit Georgien, das seinen Weg als „neuer Rechtsstaat" noch sucht, auch wenn es uns als altes Kulturland vieles lehren kann. So habe ich mich immer gefreut, die georgischen Kolleginnen und Kollegen begeistert von ihrer Zusammenarbeit mit Speyer erzählen zu hören; dieser Austausch ist ein ganz besonderes Verdienst von Karl-Peter Sommermann.

[2] Vgl. etwa die Erklärung auf der Homepage des Auswärtigen Amtes: „Menschenrechte: Fundament deutscher Außenpolitik", https://www.auswaertiges-amt.de/de/aussenpolitik/menschenrechte/01-menschenrechte-fundament, zuletzt abgerufen am 26.12.2024; bei der EU-Außen- und Sicherheitspolitik werden Menschenrechte an vierter Stelle genannt: „preserve peace, strengthen international security, promote international cooperation, develop and consolidate democracy, the

A. Nußberger (✉)
Köln, Deutschland
E-Mail: akademie-menschenrechtsschutz@uni-koeln.de

C. Fraenkel-Haeberle, B. Peters (Hrsg.), *Öffentliches Recht in transnationaler Perspektive*, https://doi.org/10.1007/978-3-662-72331-9_4

Lehrern, Richtern, Staatsanwälten und Professoren entlassen und nicht wenige von ihnen inhaftiert, da sie – so der Vorwurf von Präsident Erdogan – der für den Putsch verantwortlich gemachten Gülen-Bewegung nahegestanden hätten. Die Beweislage war dünn, die Maßnahmen existenzgefährdend. Die Beschwerden der Betroffenen stapelten sich in Straßburg; schnelle Prüfung und Abhilfe war aufgrund der Vielzahl der Fälle nicht möglich.[3] Zugleich wurden in der Türkei Verfahren gegen Oppositionspolitiker wie Demirtas[4] und Mäzene wie Kavala[5] geführt, die der EGMR in rechtskräftigen Urteilen als missbräuchlich ansah, die die Türkei aber – trotz eines Verfahrens nach Art. 46 IV EMRK im Fall von Kavala – nicht umzusetzen bereit war.[6] Nichtsdestotrotz war es für die deutsche Außenpolitik keine Option, den Gesprächsfaden mit der Türkei abbrechen zu lassen. Vielmehr bemühte sich Kanzlerin Merkel um den Abschluss eines Migrationsabkommens in der Zeit unmittelbar nach dem Putschversuch.[7]

Ähnlich verhält es sich mit Aserbaidschan, dem schwere Menschenrechtsverletzungen vorgeworfen werden. Die gegen Aserbaidschan ergangenen Urteile des EGMR zeigen das Muster einer autoritären Unterdrückung der Zivilgesellschaft.[8] Dennoch bleibt Aserbaidschan aufgrund seines Ölreichtums ein attraktiver Partner für die deutsche und europäische Außenpolitik.

Um noch einführend ein drittes Beispiel zu erwähnen: beim Umgang mit Serbien zeigt sich gleichfalls die Unvereinbarkeit von einer wertegeleiteten Außenpolitik und wirtschaftlichen Interessen. Ein Vertrag mit Serbien, um das für die Herstellung von Batterien, vor allem für Elektroautos, notwendige Lithium zu erhalten, ist für die EU so wichtig, dass sie auch auf einen Politiker wie Aleksandar Vućić zugeht, dessen Regierungsführung autoritär und Moskau zugewandt ist.[9]

---

rule of law and respect for human rights & fundamental freedoms“ https://european-union.europa.eu/priorities-and-actions/actions-topic/foreign-and-security-policy_en, zuletzt abgerufen am 26.12.2024.

[3] Erst viele Jahre später, im Jahr 2023, wurden die Menschenrechtsverletzungen in dem als „Key case“ bezeichneten Fall EGMR, Urt. v. 26.9.2023, *Yüksel Yalcinkaya v. Türkei*, Nr. 15669/20, grundsätzlich aufgearbeitet und abgeurteilt; zur Darstellung dessen, was geschehen war, vgl. die Ausführungen in Rn. 24 ff.

[4] EGMR, Urt. v. 22.12.2020, *Selahattin Demirtaş v. Türkei (Nr. 2)*, Nr. 14305/17.

[5] EGMR, Urt. v. 10.2.2019, *Kavala v. Türkei*, Nr. 28749/18.

[6] EGMR, Urt. v. 11.7.2022, *Kavala v. Türkei*, Nr. 28749/18; Tecimer (2021).

[7] Vereinbarung zwischen der Republik Türkei und der EU vom 18. März 2016; vgl. dazu Rohländer (2017), S. 81–93.

[8] Insgesamt sind bereits elf auf Art. 18 EMRK (Machtmissbrauch) beruhende Urteile gegen Aserbaidschan ergangen, die das repressive Vorgehen gegen die Opposition zeigen; vgl. exemplarisch EGMR, Urt. v. 18.2.2021, *Azizov und Novruzlu v. Aserbaidschan*, Nr. 65583/13, 70106/13.

[9] Vgl. Tagesschau: „Trotz Protesten: EU und Serbien schmieden Lithium-Pakt“ (19. Juli 2024), https://www.tagesschau.de/ausland/europa/scholz-serbien-lithium-102.html, zuletzt abgerufen am 26.12.2024.

Auch dem Europarat, der nach seiner Satzung für Rechtsstaatlichkeit, Demokratie und Menschenrechte einzustehen hat,[10] kann man Doppelstandards vorwerfen. So hat er 1998 Russland als Mitglied aufgenommen, obwohl eine Expertenkommission klar nachgewiesen hatte, dass Russland nicht in der Lage sein würde, die Standards einzuhalten;[11] es war eine politische Entscheidung nach dem Leitsatz „besser drinnen als draußen". Zu kritisieren ist des Weiteren, dass die Weigerung der Türkei, das Urteil des EGMR im Fall Kavala umzusetzen, keine echten Konsequenzen hatte,[12] obwohl die Mitgliedsstaaten des Europarats ein Ausschlussverfahren gegen die Türkei hätten einleiten können.[13] Dies war aber offensichtlich aufgrund der geopolitischen Bedeutung der Türkei für Fragen der Verteidigung und Migration nicht gewollt. Ein weiteres Beispiel eines „politischen Kompromisses" ist die Entscheidung, nach langen Jahren des Streits zwischen dem Europarat und dem Vereinigten Königreich von 2005 bis 2017 das Urteil des EGMR zum Gefangenenwahlrecht[14] als umgesetzt zu erachten;[15] statt Gefangenen, wie vom EGMR gefordert, umfassend das Wahlrecht zuzuerkennen, wurde aber nur vereinbart, bei der Verurteilung auf den Verlust des Wahlrechts hinzuweisen und in der „Prison Service Guidance" klarzustellen, dass eine bestimmte Gruppe von Freigängern das Wahlrecht habe. Das britische Parlament hatte sich aufgrund des Grundsatzes der „Parliamentary Sovereignty" geweigert, mit einer entsprechenden Gesetzesänderung der Forderung des EGMR nachzukommen.[16]

---

[10] Art. 3 der Satzung des Europarats lautet: „Jedes Mitglied des Europarats erkennt den Grundsatz vom Vorrange des Rechts und den Grundsatz an, wonach jeder, der seiner Jurisdiktion unterliegt, der Menschenrechte und Grundfreiheiten teilhaftig werden solle. Es verpflichtet sich, aufrichtig und tatkräftig an der Verfolgung des in Kapitel I gekennzeichneten Zieles mitzuarbeiten.".

[11] Bernhardt et al. (1994).

[12] Sie führte lediglich zu Erklärungen, die aber nicht mit konkreten Sanktionen verbunden waren; vgl. die Entschließung des Europäischen Parlaments vom 5. Mai 2022 zu dem Fall von Osman Kavala in der Türkei, https://www.europarl.europa.eu/doceo/document/TA-9-2022-0199_DE.html, zuletzt abgerufen am 26.12.2024; vgl. den Aufruf der Parlamentarischen Versammlung des Europarats, Osman Kavala unverzüglich freizulassen, https://www.coe.int/en/web/portal/-/pace-calls-on-t%C3%BCrkiye-to-immediately-release-osman-kavala-who-remains-unlawfully-detained-, zuletzt abgerufen am 26.12.2024; zugleich wurde Osman Kavala der Vaclav-Havel-Preis verliehen.

[13] In Art. 46 Abs. 5 EMRK wird festgelegt: „Stellt der Gerichtshof eine Verletzung des Absatzes 1 fest, so weist er die Rechtssache zur Prüfung der zu treffenden Maßnahmen an das Ministerkomitee zurück." Das Ministerkomitee hat danach die Möglichkeit, ein Ausschlussverfahren nach Art. 8 der Satzung des Europarats einzuleiten; allerdings ist dies keine Rechtspflicht, sondern eine Entscheidung, die politischen Opportunitätserwägungen unterliegt.

[14] EGMR, Urt. v. 6.10.2005, *Hirst v. Vereinigtes Königreich (Nr. 2)*, Nr. 74025/01.

[15] Europarat, 1302. Meeting des Ministerkomitees, 5. bis 7. Dezember 2017, https://rm.coe.int/native/09000016807647ff, zuletzt abgerufen am 10.03.2025; vgl. zum Hintergrund Johnston (2023).

[16] Kritisch von Staden (2018); Adams (2019).

2 Historisch-politische Kontextualisierung von Gerichtsentscheidungen

Dass Außenpolitik nicht nur von Menschenrechten geleitet ist, sondern auch andere Interessen zu berücksichtigen hat und dass dies nicht nur für Staaten, sondern auch für internationale Organisationen gilt, muss nicht überraschen. Fraglich aber ist, inwieweit sich ein internationales Gericht wie der Europäische Gerichtshof für Menschenrechte, dessen Autorität auf seiner Unabhängigkeit beruht, von politischen Gremien unterscheidet und im politischen Vakuum entscheiden kann. Ein Vergleich von Fällen mit ähnlichen Sachverhalten zeigt: Kontext ist bedeutungsvoll.

Verweisen lässt sich in diesem Zusammenhang etwa auf die Beurteilung der Vereinbarkeit von bestimmten verantwortungsvollen Funktionen im Staat mit der Mitgliedschaft in potenziell verfassungswidrigen Parteien. Im dem berühmten Fall Vogt v. Deutschland ging es um die Frage, ob eine Lehrerin, die Funktionärin der Kommunistischen Partei ist, aus dem Beamtenverhältnis entlassen werden darf. Mit den so genannten „Berufsverboten" wollte die Regierung von Willi Brandt in den 70er-Jahren einer kommunistischen Unterwanderung entgegenwirken, dies insbesondere deshalb, weil man mit der Politisierung der Schulbildung in der NS-Zeit negative Erfahrungen gemacht hatte. Der EGMR erkannte die Bedeutung des historischen Kontextes in seinem Urteil im Jahr 1995 grundsätzlich an:

> „The Court proceeds on the basis that a democratic State is entitled to require civil servants to be loyal to the constitutional principles on which it is founded. In this connection it takes into account Germany's experience under the Weimar Republic and during the bitter period that followed the collapse of that regime up to the adoption of the Basic Law in 1949. Germany wished to avoid a repetition of those experiences by founding its new State on the idea that it should be a 'democracy capable of defending itself'. Nor should Germany's position in the political context of the time be forgotten. These circumstances understandably lent extra weight to this underlying notion and to the corresponding duty of political loyalty imposed on civil servants."[17]

Die von der deutschen Regierung vorgetragenen Argumente hielt der Gerichtshof für relevant, aber doch nicht für ausreichend; mit einer Stimme Mehrheit verurteilte er Deutschland wegen einer Verletzung von Art. 10 EMRK.

Zu einem anderen Ergebnis kam er in dem ähnlich gelagerten Fall Rekvenyi v. Ungarn. Auch hier ging es um die Frage der Kompatibilität von Parteimitgliedschaft und verantwortungsvoller Funktion für den Staat, konkret um einen Polizisten, dem aber nicht nur die Mitgliedschaft in einer als verfassungsfeindlich angesehenen, sondern in jedweder Partei verboten wurde. Auch hier ging der Gerichtshof auf den historischen Kontext und die Bedeutung des Verbots ein:

> „In the present case the obligation imposed on certain categories of public officials including police officers to refrain from political activities is intended to depoliticise the services concerned and thereby to contribute to the consolidation and maintenance of pluralistic democracy in the country. (...) This objective takes on a special historical significance in Hun-

[17] EGMR, Urt. v. 25.9.1995, *Vogt v. Deutschland*, Nr. 17851/91, Rn. 59.

gary because of that country's experience of a totalitarian regime which relied to a great extent on its police's direct commitment to the ruling party."[18]

Anders als im Fall Vogt war der Gerichtshof aber der Meinung, dass mit Blick auf den historischen Kontext die Verbote in Ungarn als „notwendig in einer demokratischen Gesellschaft" gerechtfertigt werden könnten; Ungarn wurde nicht verurteilt.

Ähnlich unterschiedlich sind die Ergebnisse im Fall Perinçek v. Schweiz[19] zur Leugnung des Genozids an den Armeniern einerseits und in den Fällen zur Leugnung des Holocaust[20] andererseits; im ersteren wurde die Schweiz wegen einer Verletzung von Art. 10 EMRK verurteilt, in letzteren wurden die in Frankreich und Deutschland geltenden Verbote dagegen akzeptiert. Dass es dem Gerichtshof sichtbar schwerfiel zu begründen, warum die Leugnung eines Genozids je nach historischem Kontext unterschiedlich zu bewerten ist, zeigen die umständlichen Ausführungen, die auf „geographische und historische Faktoren" als relevante Elemente bei der Beurteilung verweisen.[21]

Vor diesem Hintergrund ist die kritische Frage zu stellen, ob die Konventionsstandards relativierbar sind oder ob die unterschiedlichen Ergebnisse auf nachvollziehbaren und vernünftigen Gründen beruhen, wird auf den „Kontext" abgestellt.

3 Anpassung der Rechtsprechung des EGMR an neue politische Realitäten?

Unbestreitbar ist, dass sich die weltpolitische Situation nach 2020 grundlegend geändert hat. Dies gilt insbesondere aufgrund des aggressiven und mit einer militärischen Intervention im Nachbarstaat Ukraine verbundenen Expansionsstrebens Russlands. Aber auch die fortdauernde und zumindest von Teilen der Gesellschaft als Überforderung empfundene Migration und der islamistische Terror sind Faktoren, die zu einer neuen „Realpolitik" beitragen; in der Außenpolitik steht die Sicherheitsbedrohung im Vordergrund, in der Innenpolitik ist das Anwachsen extremistischer, die Demokratie ablehnender Kräfte ein relevanter neuer Faktor. Fraglich ist, inwieweit diese geänderte Situation sich bei der Rechtsprechung zu den Menschenrechten ausblenden lässt oder als neuer Kontext Berücksichtigung findet.

[18] EGMR, Urt. v. 20.5.1999, *Rekvényi v. Ungarn*, Nr. 25390/94.

[19] EGMR, Urt. v. 15.10.2015, *Perinçek v. Schweiz*, Nr. 27510/08.

[20] Vgl. z.B. EGMR, Urt. v. 10.4.1999, *Witzsch v. Deutschland (Nr. 1)*, Nr. 41448/98; EGMR, Urt. v. 1.2.2000, *Schimanek v. Österreich*, Nr. 32307/96; EGMR, Urt. v. 24.6.2003, *Garaudy v. Frankreich*, Nr. 65831/01; EGMR, Urt. v. 13.12.2005, *Witzsch v. Deutschland (Nr. 2)*, Nr. 7485/03; EGMR, Urt. v. 7.6.2011, *Gollnisch v. Frankreich*, Nr. 48135/08.

[21] EGMR, Urt. v. 15.10.2015, *Perinçek v. Schweiz*, Nr. 27510/08, Rn. 242 ff.; kritisch dazu: Belavusau (2015).

An verschiedenen Rechtsprechungslinien lassen sich Änderungen nachweisen, deren Besonderheiten es im Folgenden zu interpretieren gilt.

3.1 Rechtsprechung zur Ausweisung von Straftätern

Die Rechtsprechung zur Ausweisung von Straftätern hat innerhalb von kurzer Zeit eine große innere Dynamik entfaltet. In der Entscheidung der Großen Kammer im Fall Vinter v. Vereinigtes Königreich hat der Gerichtshof, inspiriert von der Rechtsprechung des Bundesverfassungsgerichts, als europäischen Standard normiert, dass „lebenslänglich" nicht „lebenslänglich" bedeuten dürfe, sondern immer die Möglichkeit einer Reduktion der Strafe gegeben sein müsse.[22] Wenig später übertrug die fünfte Kammer diese Rechtsprechung im Fall Trabelsi v. Belgien[23] auch auf Ausweisungsfälle. Auch dann, wenn in dem Staat, in den der Betroffene ausgeliefert werden soll, eine nicht reduzierbare lebenslange Strafe droht, könne eine Auslieferung eine Menschenrechtsverletzung bedeuten. Im Fall Murray v. die Niederlande[24] wurde dieser Ansatz zugunsten der Straftäter weiterentwickelt, indem die Reduzierbarkeit der lebenslangen Strafe alleine nicht für ausreichend gehalten wurde, wenn für den Betroffenen nicht klar erkennbar ist, nach welchen Kriterien diese Entscheidung getroffen wird. Dann aber, im Jahr 2022, erfolgt ein Schnitt. Die Große Kammer entscheidet im Fall Sanchez-Sanchez explizit, die Trabelsi-Rechtsprechung aufzugeben und bezieht sich dabei auf Argumente, die nicht „neu", sondern für Ausweisungsfälle charakteristisch sind. Neu ist ihre Gewichtung:

> „In contrast, in the extradition context the effect of finding a violation of Article 3 would be that a person against whom serious charges have been brought would never stand trial, unless he or she could be prosecuted in the requested State, or the requesting State could provide the assurances necessary to facilitate extradition. Allowing such a person to escape with impunity is an outcome which would be difficult to reconcile with society's general interest in ensuring that justice is done in criminal cases (…). It would also be difficult to reconcile with the interest of Contracting States in complying with their international treaty obligations (…), which aim to prevent the creation of safe havens for those charged with the most serious criminal offences."[25]

Das Interesse der Staaten, Auslieferungsverträge einzuhalten und „safe havens" zu vermeiden, wird als wichtiger angesehen als das Recht dessen, der einer zu lebenslanger Haft führenden Straftat beschuldigt ist, die Hoffnung zu behalten, irgendwann die Freiheit wieder zu erlangen; für ihn wird – anders als zuvor in der Rechtsprechung – der zusätzliche, schwer zu erbringende Nachweis gefordert, dass er bei einer Auslieferung tatsächlich zu einer lebenslangen Strafe verurteilt würde. Dies scheint nur eine kleine Korrektur zu sein, führt aber doch in vielen Fällen, wie

---

[22] EGMR, Urt. v. 9.7.2013, *Vinter u. a. v. Vereinigtes Königreich*, Nr. 66069/09 u. a.

[23] EGMR, Urt. v. 4.9.2014, *Trabelsi v. Belgien*, Nr. 140/10.

[24] EGMR, Urt. v. 26.4.2016, *Murray v. die Niederlande*, Nr. 10511/10.

[25] EGMR, Urt. v. 3.11.2022, *Sanchez-Sanchez v. Vereinigtes Königreich*, Nr. 22854/20, Rn. 94.

in dem vom Gerichtshof entschiedenen Fall Sanchez-Sanchez, zur Abweisung der Beschwerde und zeigt eine pragmatische Neuorientierung der Rechtsprechung des Gerichtshofs, nach der letztlich die Bedürfnisse der Strafpolitik ausschlaggebend für die Entscheidung sind.

3.2 „Baltische Fälle“

Besonderheiten in der Rechtsprechung lassen sich auch bei Fällen nachweisen, die die baltischen Staaten Estland, Lettland und Litauen betreffen. Aus realpolitischer Sicht sind sie aufgrund der Nähe zu Russland in einer besonderen Gefährdungslage, die an Drohungen russischer Politiker sowie auch an hybriden Angriffen erkennbar ist.[26] Noch während der Zeit der Mitgliedschaft Russlands im Europarat gab es Spannungen zwischen Russland und den baltischen Staaten bei verschiedenen menschenrechtsrelevanten Themen, so insbesondere bei der Aburteilung von im Zweiten Weltkrieg und in sowjetischer Zeit begangenen Verbrechen gegen die Menschlichkeit, Kriegsverbrechen und Völkermord,[27] bei Regelungen zur Stellung der russischen Minderheit, die in der Besatzungszeit in die baltischen Staaten übersiedelt war, sowie auch bei potenzieller Diskriminierung bei der Zuerkennung von Sozialleistungen. In diesen Fällen hat sich die Rechtsprechung des EGMR seit Beginn des zweiten Jahrzehnts des 21. Jahrhunderts in relevanter Weise geändert.

Für die Diskriminierung bei der Zuerkennung von Renten ist der Fall Savickis u. a. v. Lettland[28] entscheidend. Es ging um die Berücksichtigung von außerhalb von Lettland in der Sowjetunion erbrachten Arbeitszeiten bei der Berechnung der Renten; nach lettischer Gesetzgebung war eine entsprechende Berücksichtigung bei lettischen Staatsbürgern möglich, nicht aber bei jenen, die zwar eine Aufenthaltsberechtigung in Lettland hatten, aber keine Staatsbürger waren. Bei letzteren handelte es sich in der Regel um russische Staatsangehörige, die oftmals als Militärangehörige vielfach innerhalb der Sowjetunion versetzt worden waren und für die der lettische Staat nicht die vollen Renten bezahlen wollte. In dem berühmten Fall Andrejeva v. Lettland[29] sah der Gerichtshof im Jahr 2009 diese Gesetzgebung als diskriminierend an, da eine unterschiedliche Behandlung aufgrund der Staatsangehörigkeit nur bei „sehr gewichtigen Gründen“ rechtfertigbar sei, derartige „sehr gewichtige Gründe“ aber nicht vorlägen. Trotz dieses Urteils gewährten die lettischen Behörden den Betroffenen nicht dieselben Rechte wie den lettischen Staatsangehörigen; das lettische Verfassungsgericht rechtfertigte diese Praxis.

Der Gerichtshof beurteilte die Fälle im Jahr 2022 als grundsätzlich identisch, da die Unterscheidung nur auf der Staatsangehörigkeit beruhte und daher Art. 14

---

[26] Galeotti (2019); Nußberger (2025).

[27] EGMR, Urt. v. 17.5.2010, *Kononov v. Lettland*, Nr. 36376/04; EGMR, Urt. v. 20.10.2015, *Vasiliauskas v. Litauen*, Nr. 35343/05; EGMR, Urt. v. 12.3.2019, *Drėlingas v. Litauen*, Nr. 28859/16.

[28] EGMR, Urt. v. 9.6.2022, *Savickis u. a. v. Lettland*, Nr. 49270/11.

[29] EGMR, Urt. v. 18.2.2009, *Andrejeva v. Lettland*, Nr. 55707/00.

EMRK i. V. m. Art. 1 Protokoll Nr. 1 zur EMRK zur Anwendung kam. Bei der Frage, inwieweit die unterschiedliche Behandlung zu rechtfertigen war, kam er aber nunmehr zu einer anderen Einschätzung, zum einen gestützt auf wirtschaftliche Erwägungen, zum anderen gestützt auf die „Verfassungsidentität“:

> „The first and most important one was safeguarding the constitutional identity of the State by implementing the doctrine of State continuity. … The Court acknowledged that the aim in that context was to avoid retrospective approbation of the consequences of the immigration policy practised in the period of unlawful occupation and annexation of the country. In this specific historical context, such an aim, as pursued by the Latvian legislature when establishing the system of retirement pensions, had been consistent with the efforts to rebuild the nation's life following the restoration of independence.“[30]

Wie auch in den eingangs genannten Fällen, Vogt v. Deutschland, Rekvenyi v. Ungarn und Perinçek v. Schweiz, ist der „historische Kontext“ ein besonders wichtiges Element für den Gerichtshof. Darüber hinaus greift er die – als Argumentationsmuster von verschiedenen Verfassungsgerichten verwendete – Idee der „Verfassungsidentität“[31] auf und entwickelt sie im Licht des völkerrechtlichen Grundsatzes der Staatenkontinuität. Als legitimen Grund für die unterschiedliche Behandlung aufgrund der Staatsangehörigkeit akzeptiert der Gerichtshof, dass Lettland die retrospektive Anerkennung der sowjetischen Immigrationspolitik verhindern wolle. Damit gewichtet er ein staatliches Interesse an einer bestimmten Sicht der Geschichte als vorrangig gegenüber dem individuellen Interesse an einer Gleichbehandlung bei der Rentenberechnung, und dies abweichend von der bisherigen Rechtsprechung, auch wenn in diesem Fall, anders als bei Sanchez-Sanchez, eine Rechtsprechungsänderung nicht explizit anerkannt wird. Anders als 2009 wird die lettische Rentengesetzgebung nicht mehr als Konventionsverstoß gesehen.

Das Argument der Verfassungsidentität verwendet der Gerichtshof gleichermaßen in einem Fall, der den Status des Russischen als Minderheitensprache und damit das lettische Bildungssystem betrifft:

> „[The Constitutional Court] stressed that the consequences of the Soviet occupation continued to have a negative impact on the use of the Latvian language in society and in the education system. Many pupils who started school did not know the Latvian language at all (…). The Court considers that the questions pertaining to the need to protect and strengthen the State language go to the heart of the constitutional identity of the State, and it is not the Court's role to question the assessment made by the Constitutional Court in that regard unless it was arbitrary, which the Court does not find in the present case.“[32]

Der Schutz von Minderheitensprachen ist ein wichtiges menschenrechtliches Desiderat. Es gilt, einen Ausgleich zwischen dem Interesse der Mehrheit an der Integration der Minderheit und dem Interesse der Minderheit, die eigene Kultur und Sprache zu bewahren und an nachfolgende Generationen weiterzugeben, zu finden. Konkret ging es in dem Fall um die Erhöhung des Anteils der Unterrichtsstunden in lettischer Sprache in öffentlichen Schulen zu Lasten des Russischen und damit um

---

[30] EGMR, Urt. v. 9.6.2022, *Savickis u. a. v. Lettland*, Nr. 49270/11, Rn. 198.

[31] Vgl. Schönberger (2015).

[32] EGMR, Urt. v. 14.9.2023, *Valiullina u. a. v. Lettland*, Nr. 56928/19, 7306/20, 11937/20, Rn. 208.

eine potenzielle Verletzung von Art. 2 Protokoll Nr. 1 bzw. Art. 2 Protokoll Nr. 1 iVm Art. 14 EMRK. Der Gerichtshof verneint, dass aus Art. 2 Protokoll Nr. 1 ein Recht der Eltern abzuleiten wäre, zu bestimmen, in welcher Sprache ihre Kinder unterrichtet werden sollen; dies gilt, so der Gerichtshof, nur für die offiziellen Landessprachen; nur hier bestehe ein Wahlrecht. Daher ergab sich aus der Konvention kein Recht auf Unterricht in russischer Sprache in Lettland. Auch eine Diskriminierung verneinte der Gerichtshof, da es für die Ungleichbehandlung lettisch- und russischsprachiger Kinder gerade mit Blick auf die Überwindung der sich als Erbe des Sowjetsystems darstellenden Spaltung des Erziehungssystems „sehr gewichtige Gründe" gab:

> „Another legitimate aim, as established by the Constitutional Court, was the principle of unity of the education system in order to facilitate equal access for pupils to the State education system, and, from a broader perspective, the need to eliminate the consequences of the segregation in education that had existed under the Soviet regime."[33]

Zudem erkannte der Gerichtshof den Wunsch, die Landessprache zu fördern, nicht nur als legitim an, sondern betonte auch in diesem Zusammenhang wiederum die Besatzungsgeschichte Lettlands:

> „Against this background, and in particular taking into account historical factors which caused the use of Latvian to be significantly restricted for more than fifty years during the unlawful occupation and annexation of Latvia by the Soviet regime, when Russian was imposed in many spheres of daily life, the Court considers that the need to protect and strengthen the Latvian language was a legitimate aim pursued in the present case."[34]

Auch die Entscheidung in diesem Fall zeigt so eine große Offenheit für die Besonderheiten der lettischen Geschichte und der aktuellen Situation. Die Notwendigkeit, das Erbe der sowjetischen Besatzung in einer Zeit der unmittelbaren Bedrohung zu überwinden, wird nicht explizit ausgesprochen, ist aber die implizite Botschaft der Argumentation des Gerichtshofs. Anders als die Entscheidung im Fall Savickis v. Lettland, die mit 10 zu 7 Stimmen erging, war die Entscheidung zum Russischen als Minderheitssprache im Fall Valiullina u. a. v. Lettland einstimmig.

Relevant in diesem Zusammenhang ist noch ein drittes wichtiges Urteil des Gerichtshofs, das wiederum Lettland betrifft: der Fall Ždanoka, über den zweimal, 2006 und 2024, vom Gerichtshof entschieden wurde.

Beschwerdeführerin in beiden Fällen ist Tatjana Ždanoka, eine Mathematikerin und Politikerin, die sich seit Ende der 1980er gegen die Wiederherstellung der Unabhängigkeit Lettlands einsetzte und deshalb bei der Wahl zum lettischen Parlament aufgrund der restriktiven Gesetzgebung vom passiven Wahlrecht ausgeschlossen war. Der Gerichtshof akzeptierte die Restriktion aufgrund der besonderen historischen Situation Lettlands in einem Grundsatzurteil im Jahr 2006:

> „While such a measure may scarcely be considered acceptable in the context of one political system, for example in a country which has an established framework of democratic institutions going back many decades or centuries, it may nonetheless be considered accepta-

---

[33] EGMR, Urt. v. 14.9.2023, *Valiullina u. a. v. Lettland*, Nr. 56928/19, 7306/20, 11937/20, Rn. 201.

[34] EGMR, Urt. v. 14.9.2023, *Valiullina u. a. v. Lettland*, Nr. 56928/19, 7306/20, 11937/20, Rn. 200.

> ble in Latvia in view of the historico-political context which led to its adoption and given the threat to the new democratic order posed by the resurgence of ideas which, if allowed to gain ground, might appear capable of restoring the former regime.“[35]

Auch hier bewahrheitet sich wieder: Der Kontext ist bedeutungsvoll.

Das Urteil von 2006 enthält allerdings ein relevantes Caveat. Da die Restriktionen nur in einer Übergangssituation bei mangelnder demokratischer Stabilität gerechtfertigt seien, fordert der Gerichtshof, dass die Gesetzgebung nach dem Ende der Transitionsphase geändert wird und betont die Notwendigkeit, die Regelung zeitlich zu begrenzen oder fortlaufend zu überprüfen.[36] Für Tatjana Ždanoka bedeutete das Urteil, aus der lettischen Politik ausgeschlossen zu sein. Dennoch aber konnte sie im Europäischen Parlament Karriere machen und gehörte ihm von 2019 bis 2024 an, setzte sich in diesem Zusammenhang auch gegen die Verurteilung der russischen Aggression in der Ukraine durch das Europäische Parlament ein.

Im Fall Ždanoka v. Lettland (Nr. 2) im Jahr 2024 ging es wiederum um das passive Wahlrecht in Lettland, Jahrzehnte nach der Unabhängigkeit Lettlands. Nach lettischer Wahlgesetzgebung hatte sich aber für Tatjana Ždanoka nichts geändert; sie war noch immer ausgeschlossen. Der Gerichtshof änderte seine Rechtsprechung aber trotz der Ankündigung in der ersten Entscheidung nicht; auch im zweiten Fall erachtete er den Ausschluss des passiven Wahlrechts für gerechtfertigt. Für die Frage nach der realpolitischen Haltung des Gerichtshofs ist die Argumentation von besonderem Interesse. So betont der Gerichtshof, er agiere nicht in einem Vakuum:

> „The Court notes at the outset that it does not operate in a vacuum. When assessing the compliance of State authorities with their obligations under the Convention and its Protocols and, in particular, when scrutinising the proportionality of an interference, it must have regard to the general context of the case at both the domestic and the international or regional levels.“[37]

Explizit betont er, der Kontext umfasse auch die internationale Lage und die besonderen regionalen Gegebenheiten. Zudem stellt er die Sicherheitsinteressen Lettlands heraus:

> „The Court cannot but acknowledge that in the period following the Grand Chamber judgment Latvia increasingly had legitimate reasons to fear for its security, territorial integrity, and democratic order, and that this calls for an even wider margin of appreciation in protecting those values.“[38]

Dass derartige allgemeinstaatliche Interessen den individuellen Interessen auch dann übergeordnet werden, wenn der Zusammenhang nur ein sehr mittelbarer ist, lässt sich als realpolitische Wende des Gerichtshofs interpretieren; dass die potenzielle Wahl von Politikern und Politikerinnen wie Frau Ždanoka ins lettische Parla-

---

[35] EGMR, Urt. v. 16.3.2006, *Ždanoka v. Lettland*, Nr. 58278/00, Rn. 133.

[36] EGMR, Urt. v. 16.3.2006, *Ždanoka v. Lettland*, Nr. 58278/00, Rn. 135: "In the light of this warning, even if today Latvia cannot be considered to have overstepped its wide margin of appreciation under Article 3 of Protocol No. 1, it is nevertheless the case that the Latvian parliament must keep the statutory restriction under constant review, with a view to bringing it to an early end.".

[37] EGMR, Urt. v. 25.7.2024, *Ždanoka v. Lettland (Nr. 2)*, Nr. 42221/18, Rn. 55.

[38] EGMR, Urt. v. 25.7.2024, *Ždanoka v. Lettland (Nr. 2)*, Nr. 42221/18, Rn. 56.

ment die Sicherheitslage Lettlands verschlechtern würde, lässt sich, zumindest solange sie eine Minderheit bleiben, kaum nachweisen, auch wenn die Abwehrreaktion Lettlands gut verständlich ist.

Dass diese Rechtsprechung nicht ohne Widerspruch geblieben ist und als „Verrat" an den Idealen des Straßburger Gerichtshofs gewertet wird,[39] überrascht nicht. Zu fragen ist allerdings grundsätzlich, wie der Gerichtshof in einer weltpolitisch angespannten Lage, in der Menschenrechte massiver Gefährdung ausgesetzt sind, seine Autorität besser bewahren kann – wenn er seine Rechtsprechung an die realpolitischen Gegebenheiten anpasst oder wenn er die Augen davor verschließt.

4 Menschenrechtliche Realpolitik

Nun lässt sich eine „reine Lehre" vertreten, nach der ein Gerichtshof wie der EGMR den politischen Kontext bei der Entwicklung seiner Rechtsprechung auszublenden habe und auch nur Staaten in ein Menschenrechtsschutzsystem aufzunehmen seien, die die sich daraus ergebenden Pflichten zu erfüllen willens und in der Lage sind. Allerdings würde dies letztlich bedeuten, dass „die Guten" unter sich wären, so wie es in der ersten Periode des europäischen Menschenrechtsschutzsystems war, als die Urteile des Gerichtshofs nur wenige (west)europäische Staaten betrafen und auch (fast) ausnahmslos umgesetzt wurden. Akzeptiert man dagegen auch die Mitgliedschaft von Staaten, bei denen massive Menschenrechtsverletzungen offensichtlich sind und nicht aufhören, wird das System unterminiert, da es nicht effektiv zu sein scheint. Umgekehrt brauchen die Menschen gerade in diesen Staaten mehr Schutz; auch Urteile, die nicht umgesetzt werden, können ihnen helfen, indem sie Ungerechtigkeiten zumindest publik machen. Scheidet ein Staat aus einem Menschenrechtsschutzsystem aus, ist einer Verschlechterung der Menschenrechtssituation – wie dies an Russland zu beobachten ist – nichts mehr entgegenzusetzen. Machen Staaten noch mit, besteht zumindest die Hoffnung, einen Mindeststandard von Menschenrechten garantieren zu können. Werden Menschenrechtsstandards als relativ und relativierbar gesehen, unterminiert dies ihre Autorität und den guten Ruf des Gerichtshofs als unbestechlicher Wächter der Menschenrechte. Stellen Urteile aber Forderungen auf, die mit der Realität nicht in Einklang zu bringen sind und weigern sich Staaten aus sicherheitspolitischen Überlegungen, ihnen zu folgen, ist gleichermaßen nichts gewonnen.

Vor diesem Hintergrund ist die „reine Lehre" zwar die konsequentere und damit auch einfachere Lösung. Ob sie die bessere ist, darf aber bezweifelt werden. Das Dilemma ist an der Rechtsprechung des EGMR seit den frühen 2020er-Jahren, wie gezeigt, abzulesen.

[39] Ganty (2023).

5 Menschenrechte und illiberale Politik

Zum Schluss sei das Blatt noch einmal gewendet und überlegt, ob nicht auch eine bestimmte Form des Menschenrechtsschutzes illiberale Politik ermöglichen und zur Spaltung von Gesellschaften beitragen kann. Dies ließe sich etwa mit Blick auf die Rechtsprechung zu politischen Parteien kritisch anmerken. Indem der Gerichtshof als Voraussetzung für ein Parteiverbot fordert, dass die Partei eine Chance auf die Ergreifung der Regierungsgewalt hat,[40] ist der Grundsatz „wehret den Anfängen“ nicht durchsetzbar. Der Blick auf gegenwärtige Entwicklungen zeigt aber, dass Parteien, die starken Zulauf haben, sehr viel schwerer, wenn überhaupt, verboten werden können; vorausschauenden Lösungen wird somit mit einer bestimmten Menschenrechtsrechtsprechung der Riegel vorgeschoben. Ähnlich kann man auch argumentieren, wenn es um radikalen Diskurs geht. Nach der Formel des EGMR, dass zuzulassen ist, dass Meinungen „schockieren“,[41] ist die Grenzziehung gegenüber Aussagen, die den politischen Diskurs nachhaltig belasten, schwierig.

Menschenrechte sind die große Errungenschaft der zweiten Hälfte des 20. Jahrhunderts. Um zu gewährleisten, dass diese Errungenschaft auch in den geänderten Verhältnissen des 21. Jahrhunderts erhalten bleibt, gilt es, sich schwierigen Fragen zu stellen und nachhaltige Antworten zu geben. Ein „Weiter so“ muss nicht immer die richtige Lösung sein.

Literatur

Adams, E. (2019). Prisoners’ voting rights: Case closed?. U.K. Constitutional Law Blog vom 30. Januar 2019. https://ukconstitutionallaw.org/2019/01/30/elizabeth-adams-prisoners-voting-rights-case-closed/. Zugegriffen am 10.03.2025.

Belavusau, U. (2015). Perinçek v. Switzerland: Between freedom of speech and collective dignity. Verfassungsblog vom 5. November 2015. https://verfassungsblog.de/perincek-v-switzerland-between-freedom-of-speech-and-collective-dignity/. Zugegriffen am 10.03.2025.

Bernhardt, R., Ermacora, F., Trechsel, S., & Weitzel, A. (1994). Report on the conformity of the legal order of the Russian Federation with the Council of Europe Standards. *Human Rights Law Journal, 15*, 249–300.

Galeotti, M. (2019). The Baltic states as targets and levers: The role of the region in Russian strategy. Marshall Center Security Insight, no. 27. https://www.marshallcenter.org/sites/default/files/files/2019-04/PDF_PUB_SI_27.pdf. Zugegriffen am 10.03.2025.

Ganty, S., Kochenov, D., & Nugraha, I. (2023). Constitutional identity vs. human rights: The ECtHR’s bizarre turn in three Latvian cases. Verfassungsblog vom 21. Dezember 2023. https://verfassungsblog.de/constitutional-identity-vs-human-rights/. Zugegriffen am 10.03.2025.

[40] EGMR, Urt. v. 13.2.2003, *Refah Partisi (The Welfare Party) u. a. v. Türkei*, Nr. 41340/98, 41342/98, 41343/98, Rn. 104: “plausible evidence that the risk to democracy, supposing it had been proved to exist, was sufficiently imminent”.

[41] EGMR, Urt. v. 7.12.1976, *Handyside v. Vereinigtes Königreich*, Nr. 5493/72.

Johnston, N. (2023). Prisoners voting rights. Research briefing vom 9. August 2023. https://researchbriefings.files.parliament.uk/documents/CBP-7461/CBP-7461.pdf. Zugegriffen am 10.03.2025.

Nußberger, A. (2025). The 'Near Abroad' (Ближнее Зарубежье) in Russian Rhetoric and Law. *German Yearbook of International Law, 66*, 11–35.

Rohländer, J. (2017). EU-Türkei-Erklärung – Saubere Lösung oder schmutziger Deal? *Kritische Justiz, 50*(1), 81–93.

Schönberger, C. (2015). Identitäterä: Verfassungsidentität zwischen Widerstandsformel und Musealisierung des Grundgesetzes. *Jahrbuch des öffentlichen Rechts, 63*, 41–62.

von Staden, A. (2018). Pushing the envelope: Minimalist compliance in the UK prisoner voting rights cases. ECHR Blog vom 16. November 2018. https://www.echrblog.com/2018/11/guest-blog-minimalist-compliance-in-uk.html. Zugegriffen am 10.03.2025.

Tecimer, C. (2021). On Osman Kavala and Turkish Judicial Failures. Verfassungsblog vom 21. Juli 2021. https://verfassungsblog.de/on-osman-kavala-and-turkish-judicial-failures/. Zugegriffen am 10.03.2025.

Bedingt der Klimawandel allein kollektiven Menschenrechtsschutz? Zum KlimaSeniorinnen-Urteil des Europäischen Menschenrechtsgerichtshofs

B. Peters

1 Einleitung

Der nationale und überstaatliche Grundrechtsschutz im Rahmen von Verwaltungsentscheidungen, damit verbundene Fragen der Gewaltenteilung und der Kontrolle der Verwaltung sowie die Rolle übergeordneter Werte wie Rechtsstaatlichkeit und Rechtsschutz sind zentrale Gravitationspunkte im Werk Karl-Peter Sommermanns. Wie wenige andere versteht er es, auch die historischen Hintergründe rechtspolitischer Entscheidungen in diesen Bereich zu ergründen und durch rechtsvergleichende Perspektiven zu bereichern. Seine Beiträge, Anregungen und transnationalen Perspektiven haben meinen eigenen Forschungshorizont stets erweitert und neu hinterfragt. Dafür und für Karl-Peter Sommermanns unermüdliche Unterstützung meines eigenen Wegs in Richtung Akademie – sei es im Rahmen von Seminaren und rechtsvergleichenden Austauschen zum Verwaltungsrecht in Menaggio, Gesprächen auf Tagungen, in seinem Speyerer Büro oder in nahegelegenen Pizzerien – bin ich ihm zutiefst dankbar.

Birgit Peters ist Inhaberin der Professur für Öffentliches Recht, Völkerrecht und Europarecht an der Universität Trier. 2008 promovierte sie an der Humboldt-Universität zu Berlin. Von 2009 bis 2012 war sie Post-Doc an der Universität Oslo, von 2014 bis 2020 Juniorprofessorin an der Universität Rostock. 2019 habilitierte sie sich unter Betreuung von Karl-Peter Sommermann an der Universität Speyer. Sie forschte in Oslo, Paris (Sorbonne) und Wilmington (Delaware). Seit 2020 ist sie Mitglied des Expertengremiums Schweizer Tiefenendlager. Ihre Forschungsschwerpunkte liegen im internationalen und europäischen Menschenrechtsschutz bzw. Umwelt- und Klimaschutzrecht.

B. Peters (✉)
Trier, Deutschland
E-Mail: petersb@uni-trier.de

C. Fraenkel-Haeberle, B. Peters (Hrsg.), *Öffentliches Recht in transnationaler Perspektive*, https://doi.org/10.1007/978-3-662-72331-9_5

In diesem Beitrag möchte ich – ganz im Sinne der oben angesprochenen Schwerpunkte in Karl-Peter Sommermanns Oeuvre – einige Grundfragen des Individualrechtsschutzes in Klimafällen diskutieren. Bahnbrechend war hier die Entscheidung Verein KlimaSeniorinnen Schweiz und andere gegen die Schweiz (im Folgenden KlimaSeniorinnen gegen die Schweiz)[1] des Europäischen Menschenrechtsgerichtshofs (EGMR) aus dem Jahr 2024. Vor allem, weil ihr zahlreiche nationale Entscheidungen höchster Gerichte der Mitgliedstaaten des Europarates vorausgegangen waren, die sich mal für, mal gegen die Klagerechter Einzelner für stärkere nationale Klimaschutzmaßnahmen positioniert hatten.[2] Die Entscheidung bildete somit einen einschneidenden Moment bei der Auslegung nationaler, wie überstaatlicher Grundrechtsbestimmungen für oder gegen den Klimaschutz.

Die Entscheidung ist mittlerweile breit rezipiert worden.[3] Zu einem Grad, dass fraglich ist, was noch über sie berichtet werden kann. Aus meiner Sicht ist die Rolle und Reichweite der Kontrolle der nationalen Legislative durch den EGMR bei Diskussionen zur Antragsbefugnis der Beschwerdeführerinnen bislang wenig zur Sprache gekommen.[4] In diesem Beitrag werde ich die daher These diskutieren, dass hauptsächlich Überlegungen zur kollektivrechtlichen Dimension des Klimawandels und zur ebenenüberspannenden Gewaltenteilung die Große Kammer des Gerichts zur Ablehnung der Beschwerdebefugnis der Antragstellerinnen bewogen haben. Dabei stellte die Kammer die Repräsentation kollektiver Interessen in nationalen Aushandlungsprozessen über angemessene Klimaschutzmaßnahmen über den individuellen Menschenrechtsschutz. Ich stelle in diesem Beitrag vier Kritikpunkte vor und argumentiere, dass die Beschwerdebefugnis nicht der richtige Ort für eine Diskussion der „Tragik der Allmende“ war.

2 Die Feststellungen zum Opferstatus in KlimaSeniorinnen

Die Entscheidung des EGMR im Fall KlimaSeniorinnen war bahnbrechend. Das Gericht überraschte nicht wenige mit seinen Ausführungen zur Beschwerdebefugnis. Denn der Gerichtshof entschied im Fall gegen den Opferstatus der Beschwerdeführerinnen.[5] Sie hatten vorgebracht, dass sie unter den im Klimawandel immer häufiger auftretenden Hitzewellen litten. Sie beriefen sich unter anderem auf die Er-

[1] EGMR, Urt. v. 09.04.2024, *Verein KlimaSeniorinnen Schweiz und andere gegen die Schweiz*, Nr. 53600/20.

[2] *Hoge Raad* (Niederlande), Urt. v. 20.12.2019, *The State of the Netherlands v Stichting Urgenda (Urgenda)*; High Court (Irland), Urt. v. 24.04.2020, *Friends of the Irish Environment v Government of Ireland, Minister for Housing, Planning and Local Government, Ireland and the Attorney General*, No 2018/391 JR; EuGH, Urt. v. 25.03.2021, C-565-19 – *Carvalho u. a. v Parlament und Rat*; *BVerfG*, Beschl. v. 24.04.2021, *Neubauer et. Al* – BVerfGE 157, 30.

[3] Sefkow-Werner (2025); Heri (2025); Hoffmann (2024); Heri (2024); Calliess/Täuber (2024); Astfalk (2024).

[4] Einen Überblick liefert Blattner (2024).

[5] 2. Bis 5. Klägerin im Fall.

kenntnisse des Weltklimarates IPCC, der darauf hingewiesen hatte, dass insbesondere Kinder und Frauen sowie Personen mit chronischen Krankheiten stärker durch Hitzewellen belastet würden[6] sowie auf internationale Studien, die eine höhere Mortalität von Personen in der Altersgruppe der Klägerinnen nachweisen konnten.[7] Dazu machten sie individuelle Beeinträchtigungen geltend. So litt z. B. die vierte Beschwerdeführerin an chronisch obstruktiver Lungenerkrankung und hatte mehrere ärztliche Atteste vorgelegt, dass Hitzeperioden ihre Erkrankung negativ beeinflussten.[8]

Der Gerichtshof entschied dennoch allein zugunsten der Organisation der Beschwerdeführerinnen. Er wies darauf hin, dass Beschwerdeführerinnen, um die Opfervoraussetzung in Art. 34 der Konvention zu erfüllen, nachweisen müssen, dass sie (1) einer hohen Intensität der Auswirkungen des Klimawandels ausgesetzt sind und (2) ein dringendes Bedürfnis nach ihrem Schutz besteht, welches sich darin begründet, dass vernünftige Maßnahmen, die die Verletzung abmildern, nicht vorhanden oder inadäquat sind.[9] Der EGMR stellte fest, dass die Beschwerdeführerinnen diese Voraussetzungen nicht erfüllt hätten. Insbesondere hätten sie nicht nachgewiesen, dass „die individuelle Exposition der Klägerinnen nicht durch Anpassungsmaßnahmen gemildert werden könnte".[10] Entgegen der Gliederung des EGMR umfassen die Kriterien zum Nachweis der *individuellen* Opfereigenschaft in Klimafällen also im Wesentlichen drei Aspekte: (1) Die besondere Intensität der Exposition, (2) die dringende Schutzbedürftigkeit der Beschwerdeführer:innen und (3) keine Möglichkeit, dieser Exposition durch *Anpassungs- oder andere Maßnahmen zur Schadensminderung* zu begegnen.

Damit sind die Hürden für Einzelne, in Klimafällen eine Verletzung der in der EMRK garantierten Rechte geltend machen zu können, hoch, wenn nicht sogar unerreichbar: Beschwerdeführerinnen müssen eine einzigartige und individuelle Situation nachweisen, die sie in Klimafällen besonders schutzbedürftig macht und die vor allem *nicht* durch weitere Anpassungsmaßnahmen behoben werden kann. Selbst eine statistisch nachgewiesene Schutzbedürftigkeit bestimmter Opfergruppen, etwa älterer Menschen, und besondere Betroffenheiten bleiben unberücksichtigt. Zukünftig werden also nur Beschwerdeführerinnen zum EGMR durchdringen können, die unter Gesundheitsproblemen leiden, die nicht durch Anpassungsmaßnahmen gemindert werden können. Die Lösung im Fall KlimaSeniorinnen schließt die Möglichkeit des individuellen Menschenrechtsschutzes im Klimawandel nahezu

[6] EGMR, Urt. v. 09.04.2024, *Verein KlimaSeniorinnen Schweiz und andere gegen die Schweiz*, Nr. 53600/20, Rn. 311, 510.

[7] EGMR, Urt. v. 09.04.2024, *Verein KlimaSeniorinnen Schweiz und andere gegen die Schweiz*, Nr. 53600/20, Rn. 529.

[8] EGMR, Urt. v. 09.04.2024, *Verein KlimaSeniorinnen Schweiz und andere gegen die Schweiz*, Nr. 53600/20, Rn. 18.

[9] EGMR, Urt. v. 09.04.2024, *Verein KlimaSeniorinnen Schweiz und andere gegen die Schweiz*, Nr. 53600/20, Rn. 487/488.

[10] EGMR, Urt. v. 09.04.2024, *Verein KlimaSeniorinnen Schweiz und andere gegen die Schweiz*, Nr. 53600/20, Rn. 533.

aus. Viele haben diese außergewöhnlich strenge Auslegung des Opfererfordernis durch den Gerichtshof kritisiert.[11]

Dagegen betrachtete der Gerichtshof Verbände als *kollektive* Kläger als die am besten geeignete Gruppe, um gegen gesetzgeberische Unterlassungen weitgehenderer Klimaschutzmaßnahmen anzugehen.[12] Tatsächlich sah der Gerichtshof „kollektives Handeln durch Vereinigungen oder andere Interessengruppen [...] als [...] das einzige Mittel, durch das die Stimme derjenigen, die einen deutlichen Nachteil bei der Vertretung haben, gehört werden kann und durch das sie versuchen können, Einfluss auf die relevanten Entscheidungsprozesse zu nehmen".[13] Als weitere Voraussetzungen dieser „Klimaverbandsklage" benannte der Gerichtshof, dass die Vereinigungen (1) rechtmäßig gegründet sein müssen, (2) die Verfolgung eines Zwecks nachweisen und (3) zur Vertretung von Interessen befähigt sein müssen.[14]

3 Begründungen: Popularklagen und Gewaltenteilung

Hinter der Annahme der kollektiven und der Einschränkung der individuellen Beschwerdebefugnis in KlimaSeniorinnen standen zwei grundlegende Erwägungen:[15] Erstens, die Furcht vor Popularklagen. Hätte der Gerichtshof die Klagebefugnis bzw. die Opfereigenschaft der Individualklägerinnen anerkannt, so bestünde die Gefahr, dass noch viele weitere, ähnlich Betroffene vor dem Gerichtshof staatliche Maßnahmen gegen den Klimawandel einfordern: Kinder und Jugendliche, Ältere, Landwirte, Insel- oder Hallig-Bewohnerinnen. Betroffenheiten gibt es viele.[16] Diese Möglichkeit sah der Gerichtshof als *actio popularis:* eine reine Interessentenklage derjenigen, die zwar ein abstraktes Interesse am Ausgang des Verfahrens haben, deren durch die EMRK geschützte Rechte aber nicht von den zugrunde liegenden Rechtsakten nicht betroffen sind.[17]

Zur Begründung verwies der EGMR auf die Besonderheiten des Phänomens Klimawandel: Der Klimawandel sei eine komplexe, polyzentrische Krise,[18] die Jede und Jeden beträfe. Die Auswirkungen auf den Einzelnen hätten vielfältige Ursachen

---

[11] *Sefkow-Werner* (2025), 817 ff.; *Dzehtsiarou* (2024) 423–431; *Mariconda* (2023) 260–282; Reich (2025), 202; Heri (2025), S. 1.

[12] EGMR, Urt. v. 09.04.2024, *Verein KlimaSeniorinnen Schweiz und andere gegen die Schweiz*, Nr. 53600/20, Rn. 537.

[13] EGMR, Urt. v. 09.04.2024, *Verein KlimaSeniorinnen Schweiz und andere gegen die Schweiz*, Nr. 53600/20, Rn. 489.

[14] EGMR, Urt. v. 09.04.2024, *Verein KlimaSeniorinnen Schweiz und andere gegen die Schweiz*, Nr. 53600/20, Rn. 502.

[15] Für Eckes (2024), starke Argumente.

[16] Dazu auch Dzehtsiarou (2024) S. 427.

[17] EGMR (2025), Rn. 47.

[18] EGMR, Urt. v. 09.04.2024, *Verein KlimaSeniorinnen Schweiz und andere gegen die Schweiz*, Nr. 53600/20, Rn. 419.

und seien das Ergebnis kumulativer Effekte.[19] Ein und dieselbe staatliche Handlung oder Unterlassung verursachte eine unbestimmte Anzahl von Schädigungen an einer unbestimmten Anzahl von Personen.[20] Zudem gingen die schädlichen Emissionen von jeder basalen, gesellschaftlich-relevanten, menschlichen Aktivität aus.[21] Dadurch unterscheide sich der Klimawandel vom transnationalen Umweltschutz, sodass auch die Grundsätze der „Umweltrechtsprechung" des EGMR *nicht* auf den Fall des Klimawandels übertragen werden könnten.[22] Entscheidend war nach dem EGMR auch, dass Schaden und schädigende, staatliche Handlung oder Unterlassung nicht gleichzeitig eintreten: In der Regel trennten Schaden und Handlung bzw. Unterlassung Jahrzente und entsprechend lang seien die Kausalketten[23] Die staatliche Unterlassung für heute eintretende, klimabedingte Schäden liege hauptsächlich in der Vergangenheit. Heutige gesetzgeberische Unterlassungen beträfen dagegen Schäden, die sich erst in den nächsten zwei Dekaden materialisieren.[24] Nicht nur deswegen hätten staatliche Verpflichtungen im Klimawandel eine generationenübergreifende Perspektive.[25]

Zweitens rührte der Fall KlimaSeniorinnen an den Grundfesten des Verhältnisses von EGMR und nationaler Legislative, betraf also Aspekte der supranationalen Gewaltenteilung. Dabei war der EGMR der Auffassung, dass vor allem die nationalen Parlamente zur demokratischen Entscheidung über die im Klimawandel zu ergreifenden Maßnahmen zuständig sind: Nach dem Gerichtshof stehen die Mitgliedstaaten der EMRK im Klimawandel vor komplexen Transformationsentscheidungen, die eine Vielzahl von Politikfeldern beträfen.[26] Sie erforderten eine Lastenverteilung zwischen den Generationen.[27] Allein die Mitgliedstaaten könnten die (Interessen und) Rechte Betroffener abwägen[28] und die gesamtgesellschaftlichen, demokratischen, ökonomischen, sozialen und demografischen Umstände

[19] EGMR, Urt. v. 09.04.2024, *Verein KlimaSeniorinnen Schweiz und andere gegen die Schweiz*, Nr. 53600/20, Rn. 417.

[20] EGMR, Urt. v. 09.04.2024, *Verein KlimaSeniorinnen Schweiz und andere gegen die Schweiz*, Nr. 53600/20, 479.

[21] EGMR, Urt. v. 09.04.2024, *Verein KlimaSeniorinnen Schweiz und andere gegen die Schweiz*, Nr. 53600/20, 418.

[22] EGMR, Urt. v. 09.04.2024, *Verein KlimaSeniorinnen Schweiz und andere gegen die Schweiz*, Nr. 53600/20, 422.

[23] EGMR, Urt. v. 09.04.2024, *Verein KlimaSeniorinnen Schweiz und andere gegen die Schweiz*, Nr. 53600/20, 439.

[24] IPCC (2022) Abs. B.1., 12.

[25] EGMR, Urt. v. 09.04.2024, *Verein KlimaSeniorinnen Schweiz und andere gegen die Schweiz*, Nr. 53600/20, Rn. 420.

[26] EGMR, Urt. v. 09.04.2024, *Verein KlimaSeniorinnen Schweiz und andere gegen die Schweiz*, Nr. 53600/20, Rn. 419.

[27] EGMR, Urt. v. 09.04.2024, *Verein KlimaSeniorinnen Schweiz und andere gegen die Schweiz*, Nr. 53600/20, 419.

[28] EGMR, Urt. v. 09.04.2024, *Verein KlimaSeniorinnen Schweiz und andere gegen die Schweiz*, Nr. 53600/20, 449.

sowie die Verpflichtungen des internationalen Klimaschutzregimes miteinander in Einklang bringen.[29]

Der Gerichtshof formulierte:

> „Judicial intervention, including by this Court, cannot replace or provide any substitute for the action which must be taken by the legislative and executive branches of government. However, democracy cannot be reduced to the will of the majority of the electorate and elected representatives, in disregard of the requirements of the rule of law. The remit of domestic courts and the Court is therefore complementary to those democratic processes. The task of the judiciary is to ensure the necessary oversight of compliance with legal requirements. The legal basis for the Court's intervention is always limited to the Convention, which empowers the Court to also determine the proportionality of general measures adopted by the domestic legislature."[30]

Für die in engen Grenzen dennoch zulässige Überprüfung der ergriffenen gesetzgeberischen Maßnahmen rekurrierte der EGMR auf seine Rechtsprechung zur Überprüfung nationaler Gerichtsentscheidungen. Er verwies auf das Subsidiaritätsprinzip, den Maßstab der Willkürkontrolle sowie auf die Doktrin der 4. Instanz, die deutlich macht, dass keine neuen Tatsachenerhebungen durchführt oder nationale Regeln auslegt.[31] Dazu hob er hervor, dass dies nicht ausschlösse, dass der Gerichtshof, im Rahmen des erforderlichen Ermessensspielraums, auch administrative und legislative Maßnahmen überprüfen könne, wenn Konventionsrechte betroffen seien.[32]

Der Entscheidung des EGMR für den kollektiven und gegen den Individualrechtschutz liegen also zwei wesentliche Begründungslinien zugrunde: erstens, grundlegende Unterschiede zwischen dem Klimawandel als „Tragödie der Allmende" und anderen Umweltschädigungen,[33] und zweitens, die besondere Bedeutung der nationalen Parlamente, die vorrangig zur gesamtgesellschaftlichen Lösung dieses Phänomens zuständig wären. Durch die Zulassung lediglich der Organisation der Klägerinnen übertrug der Gerichtshof die „Kollektivproblematik" des Klimawandels auf das Beschwerderecht. Reich hat dies als „Vergemeinschaftung des Beschwerderechts" bezeichnet.[34] Ich werde im Folgenden einige Gründe liefern, warum diese Entscheidung problematisch war.

---

[29] EGMR, Urt. v. 09.04.2024, *Verein KlimaSeniorinnen Schweiz und andere gegen die Schweiz*, Nr. 53600/20, Rn. 420.

[30] EGMR, Urt. v. 09.04.2024, *Verein KlimaSeniorinnen Schweiz und andere gegen die Schweiz*, Nr. 53600/20, Rn. 412, mit Verweis auf die Entscheidung des EGMR, Urt. v. 22.04.2013, Animal Defenders International gegen das Vereinigte Königreich, Nr. 48876/08, Rn. 108.

[31] EGMR, Urt. v. 09.04.2024, *Verein KlimaSeniorinnen Schweiz und andere gegen die Schweiz*, Nr. 53600/20, Rn. 430.

[32] EGMR, Urt. v. 09.04.2024, *Verein KlimaSeniorinnen Schweiz und andere gegen die Schweiz*, Nr. 53600/20, Rn. 450.

[33] Vgl. Reich (2025), S. 201.

[34] Reich (2025), S. 201.

4 Problematische Elemente der Entscheidung zum Opferstatus der Beschwerdeführerinnen

Vier wesentliche Einwände gegen die Lösung des Gerichts in der Rechtssache KlimaSeniorinnen sollen hier erörtert werden:

4.1 Vorrang kollektiver Aushandlung von Gemeinwohlinteressen?

Erstens etabliert das Urteil einen Vorrang der kollektiven Vertretung von Betroffenheiten. Wie der Gerichtshof erläuterte, müssen Gruppen, die in den dafür maßgeblichen Entscheidungsprozessen mitwirken oder auf diesen Einfluss nehmen wollen, ein bestimmtes gesellschaftliches Interesse oder eine bestimmte Bedrohung durch den Klimawandel repräsentieren.[35] Opfergruppen steht vor allem dann eine Klagebefugnis zu, wenn ihre Interessen im Gesetzgebungsprozess missachtet werden, sie z. B. nicht angehört werden. Da Individual-Beschwerdeführende allein dann als beschwerdebefugt betrachtet werden, wenn dem Eingriff in ihre Rechte nicht durch Anpassungsmaßnahmen begegnet werden kann, sieht der Gerichtshof Beschwerdeführende hauptsächlich als abstrakte Gruppe, als „Menschen ohne Eigenschaften".[36]

Dieses Ergebnis widerspricht der Kernidee der Menschenrechte als Schutz Einzelner gegenüber dem Staat. Die EMRK übersetzt dies in den Zugang von Jeder und Jedem zum EGMR, der allein durch die Voraussetzungen in Art. 34 und 35 EMRK kanalisiert wird. Die Gründung von Interessenorganisationen ist nach diesen Artikeln aber keine Voraussetzung einer Klage.[37]

Ronald Dworkin hat den eindrücklichen Satz geprägt, Menschenrechte bildeten einen Trumpf gegenüber den kollektiven Interessen der Mehrheit.[38] Laut Dworkin schützen Menschenrechte die Interessen der Minderheit[39] und tragen dazu bei, sie als gleichberechtigt behandeln. Gerade in kollektiven Aushandlungsprozessen erreichen Menschenrechte also, dass Minderheiten mit Bezug auf die Gemeinwohlinteressen und Entscheidungen der Mehrheit Gehör finden.

Nun könnte man wie einzelne Vertreter in der Literatur davon ausgehen, dass Aushandlungsprozesse um Minderungsmaßnahmen im Klimaschutz ohnehin Gemeinwohlinteressen förderten, es folglich gar nicht dazu kommen könne, dass Menschenrechte hier noch als Trümpfe agierten.[40] Denn die Interessen der

[35] EGMR, Urt. v. 09.04.2024, *Verein KlimaSeniorinnen Schweiz und andere gegen die Schweiz*, Nr. 53600/20, Rn. 502.

[36] Reich (2025), S. 202; Heri (2025), S. 1.

[37] Dzehtsiarou (2024), S. 427.

[38] Dworkin (2009), S. 344.

[39] Dworkin (1977), S. 194.

[40] Mayer (2021), S. 423.

Minderheit entsprächen, bezogen auf die Forderung nach weitergehenden THG-Minderungsmaßnahmen, denen der Mehrheit.[41] In so einer Situation könnte es nicht mehr dazu kommen, Menschenrechte in Stellung zu bringen, um *weitere* Minderungsmaßnahmen *zu fordern*. Denn die Minderheitsinteressen wurden bereits im Aushandlungsprozess zugunsten dieser Interessen berücksichtigt.

Dies weicht jedoch von Dworkins eigener Idee ab. Nach ihm können auch Mehrheits- und Gemeinwohlinteressen Vorrang vor anderen Gemeinwohlinteressen haben. Dies gilt jedenfalls dann, wenn die maßgeblichen Gemeinwohlinteressen als persönliche, individuelle Rechte formuliert werden können.[42] Mit anderen Worten: gibt es Menschenrechte, die neben dem Ergreifen von Minderungsmaßnahmen ein noch stärkeres Tätigwerden des Gesetzgebers einfordern, so können sie auch gegenüber diesem prinzipiellen Gemeinwohlinteresse in Stellung gebracht werden. Gerade im Klimaschutz ist es bereits Realität, dass die Durchsetzung des Gemeinwohlinteresses THG-Minderung, verzögert, unzureichend erfolgt oder gar nicht durchgeführt wird. Streiten also Menschenrechte dafür, weitere THG-Minderungsmaßnahmen zu ergreifen, können diese auch in Entscheidungsprozessen um Minderungsmaßnahmen gehört werden.

Dworkins Idee der Menschenrechte als Trümpfe setzt der Anwendung von Menschenrechten im Rahmen von Entscheidungen zugunsten von Gemeinwohlinteressen folglich keine Grenzen. Dworkins Ansatz erfordert auch nicht die alleinige Anerkennung eines kollektivierten Opferstatus, wie der EGMR in KlimaSeniorinnen entschieden hat. Im Gegenteil schließt die nahezu ausschließliche Anerkennung eines kollektiven Opferstatus die gerade von Dworkin erkannte Möglichkeit der Menschenrechte aus, dass Einzelinteressen weitergehendes, staatliches Engagement einfordern können.

4.2 *Fragen der Gewaltenteilung bei Individualbeschwerden gegen Gesetze*

4.2.1 Der staatliche Ermessensspielraum

Traditionell erörtert der Gerichtshof Fragen der ebenenübergreifenden Gewaltenteilung bei der Diskussion des Ermessensspielraums der Staaten bei der Ausfüllung der positiven Verpflichtungen, im Rahmen der Rechtfertigung und insbesondere bei der Abwägung, ob bei der Ausfüllung des Ermessensspielraums eine angemessene Abwägung aller betroffenen Interessen, insbesondere Einzelner, stattfand.[43] Insbesondere die für das Umweltrecht Maßstäbe setzende Hatton-Entscheidung der großen Kammer ist hier instruktiv. Sie behandelte die Frage, inwieweit Großbritannien

---

[41] Mayer (2021), S. 423.

[42] Dworkin (1977), S. 194; Dworkin (2009), S. 343.

[43] Arai-Takahashi (2015), S. 63; Chagas (2022), S. 1. Vgl. Z. B.: EGMR, Urt. V. 08.07.2003, Hatton gegen das Vereinigte Königreich, Nr. 36022/97, Rn. 99.

zum Erlass stärkerer Lärmschutzauflagen beim Betrieb des Flughafens London Heathrow verpflichtet war. Der Gerichtshof führte dort aus, dass Staaten bei der Umsetzung allgemeiner Politiken einen weiten Ermessensspielraum haben, in jedem Fall aber eine Abwägung zwischen den Rechten der einzelnen Betroffenen und den Interessen der Allgemeinheit, vor allem dem ökonomischen Interesse am Betrieb des Flughafens, getroffen werden müsse.[44] In Hatton betonte der EGMR, dass seine Prüfung subsidiärer Natur sei und es allein darauf ankommen könnte, ob diese Abwägung unter Einbeziehung aller Interessen der Beteiligten durchgeführt worden war.[45] Dazu unterstrich er das Verfahren der Abwägungsentscheidung: die britische Regierung habe bei der Bewertung der Frage aktuelle wissenschaftliche Langzeitstudien betrachtet und die Maßnahmen allen Beteiligten gegenüber bekannt gemacht.[46]

In KlimaSeniorinnen schloss der Gerichtshof, dass das Schweizer Klimaschutzgesetz bereits nicht die aus Art. 2 und 8 EMRK folgenden Anforderungen an eine effektive staatliche Klimaschutzgesetzgebung erfüllte. Insofern waren Erörterungen eines staatlichen Ermessensspielraums obsolet, wenngleich der Gerichtshof ihn an verschiedenen Stellen des Urteils hervorhob und betonte.[47] Daher geriet die Beschwerdebefugnis zum Hauptort für die Erörterung der angemessenen Abwägung zwischen staatlicher Entscheidungsfindung und Individualrechten.

4.2.2 Gewaltenteilung als Frage der Beschwerdebefugnis

Dennoch steht die Lösung des Gerichtshofs im Gegensatz zu seiner bisherigen Rechtsprechung zum Opferstatus in Gesetzgebungsverfahren. Aus Gesichtspunkten der Gewaltenteilung sind Klagen gegen Gesetzgebungsakte vor dem EGMR von jeher problematisch. Denn der Gerichtshof ist kein Gericht vierter Instanz und sieht sich als subsidiär gegenüber nationalen Gerichten.[48] Allerdings gerät der Gerichtshof bei Beschwerden gegen Gesetzgebungsvorhaben zum erstinstanzlichen Gericht, wenn die nationale Ebene keine Verfassungsgerichtsbarkeit, oder Verfassungsbeschwerde ermöglicht.[49] Gerade im Falle von Großbritannien und der Schweiz, die keine Gesetzesverfassungsbeschwerde zulassen, ist der EGMR auch schon vor dem KlimaSeniorinnen-Fall an die Grenzen nationaler Akzeptanz geraten. Beide Länder debattierten Anfang der 2000er-Jahre offen, die Europäische Menschenrechtskonvention zu verlassen. Auch während der Reformdebatte von 2012 war die Legitimität der Entscheidungen des EGMR ein prominentes Thema.[50] Die Voraussetzungen

---

[44] EGMR, Urt. V. 08.07.2003, *Hatton gegen das Vereinigte Königreich*, Nr. 36022/97, Rn. 121.

[45] EGMR, Urt. V. 08.07.2003, *Hatton gegen das Vereinigte Königreich*, Nr. 36022/97, Rn. 123.

[46] EGMR, Urt. V. 08.07.2003, *Hatton gegen das Vereinigte Königreich*, Nr. 36022/97, Rn. 128.

[47] EGMR, Urt. v. 09.04.2024, *Verein KlimaSeniorinnen Schweiz und andere v. die Schweiz*, Nr. 53600/20, Rn. 538, 542, 572.

[48] Follesdal/Peters/Ulfstein (2015), S. 15.

[49] Astfalk (2024), S. 872.

[50] Follesdal/Peters/Ulfstein (2015), S. 12.

der Beschwerdebefugnis bieten daher erste Möglichkeiten, das Verhältnis von Gerichtshof und nationaler Legislative zu steuern.

Der Gerichtshof hat dies in der Vergangenheit mit der Abgrenzung gegenüber reinen *actiones populares* – Interessentenklagen – getan. Nach Auffassung des Gerichts wenden sich unzulässige Popularklagen gegen Gesetze z. B. allgemein dagegen, dass das fragliche Gesetz gegen die EMRK verstößt.[51] Dennoch hat der Gerichtshof Opfern von Gesetzgebungsakten nicht grundsätzlich die Beschwerdebefugnis abgesprochen. Verfahren vor dem Gerichtshof wie ABC gegen Irland[52] oder die Hirst-Urteile[53] zeigen, dass der EGMR selbst in sehr kontroversen Fällen nicht zögert, gegenüber dem Gesetzgeber zu intervenieren. Speziell mit Bezug auf einen Eingriff durch Gesetz sah der Gerichtshof es als ausreichend für die Annahme einer Beschwerdebefugnis an, wenn Beschwerdeführer „potenziell" von Gesetzgebungsakten betroffen waren. In der Entscheidung Dudgeon gegen das Vereinigte Königreich stellte der Gerichtshof fest, dass es ausreichend war, dass der Kläger als homosexuelle Person potenzieller Adressat eines Gesetzgebungsakts war, der Homosexualität unter Strafe stellte.[54] Er musste nicht abwarten, bis das Gesetz gegenüber ihm vollstreckt wurde, sondern konnte sich direkt auf diese Grundlage berufen und eine „potenzielle Verletzung" seiner Rechte geltend machen.[55]

In weiteren Urteilen führte der Gerichtshof dann aus, dass bei Legislativakten eine Beschwerdebefugnis grundsätzlich dann vorliege, wenn Beschwerdeführer aufgrund der Gesetze ihre Verhaltensweisen ändern müssten, Verfolgung riskieren würden oder wenn sie zu einer Gruppe von Personen gehörten, die riskierten, direkt von dem jeweiligen Gesetz betroffen seien.[56] Allerdings begründete der EGMR in späteren Entscheidungen auch, dass Beschwerdeführer detaillierte und ausreichende Nachweise über ihre potenzielle Betroffenheit erbringen müssten, eine bloße Vermutung oder Ahnung von ihrer potenziellen Betroffenheit sei nicht ausreichend.[57] Insgesamt changierte die Rechtsprechung des Gerichts zwischen einer großzügigen Interpretation der Beschwerdebefugnis und restriktiveren Zugängen.[58]

Nach diesen Maßstäben hätte der EGMR bereits Spielraum gehabt, die Klage der Beschwerdeführerinnen (insbesondere aber des Vereins!) abzulehnen. Denn es kann durchaus argumentiert werden, dass weder die einzelnen Beschwerdeführerinnen noch ihr Verein direkte Adressatinnen des Schweizer Klimaschutzgesetzes waren, welches dem Fall zugrunde lag.[59] Dennoch entschied der Gerichtshof in KlimaSe-

---

[51] EGMR, Urt. v. 17.07.2024, *Centre for Legal Resources on Behalf of Valentin Campeânu* v. Rumänien, Nr. 47848/08, Rn. 101, mit weiteren Nachweisen.

[52] EGMR, Urt. v. 16.12.2010, *A, B und C v. Irland*, Nr. 25579/05.

[53] EGMR, Urt. v. 06.10.2005, *Hirst v. Vereinigtes Königreich* (Nr. 2), Nr. 74025/01.

[54] EGMR, Urt. v. 22.10.1981, *Dudgeon v. Vereinigtes Königreich*, Nr. 7525/76.

[55] EGMR, Urt. v. 22.10.1981, *Dudgeon v. Vereinigtes Königreich*, Nr. 7525/76, Rn. 41.

[56] EGMR, Urt. v. 19.10.2021, *Shortall and others v. Irland*, Nr. 50272/18, Rn. 46.

[57] EGMR, Urt. v. 19.10.2021, *Shortall and others v. Irland*, Nr. 50272/18, Rn. 48, mit Verweis auf weitere Urteile. Vgl. Kulick (2023), Rn. 29.

[58] Vgl. bei Kulick (2023), Rn. 29.

[59] Astfalk (2024), S. 870; Maurer (2024), S. 429.

niorinnen zugunsten der kollektiven Beschwerdebefugnis des Vereins. Interessanterweise begründete er nicht, ob der Verein in Prozessstandschaft seiner Mitglieder beschwerdebefugt war, oder ob eine Verletzung der eigenen Rechte des Vereins angenommen werden musste.[60] Diese Unstimmigkeit hatte auch der abweichende Richter Eicke in seiner partly concurring, partly dissenting opinion zu dem Urteil angemerkt.[61] Stattdessen bestätigte der Gerichtshof die Beschwerdebefugnis des Vereins KlimaSeniorinnen ohne weitere Diskussion. Der Gerichtshof etablierte im weiteren Verlauf des Urteils – wie gleich noch näher behandelt werden wird – aus Art. 2 und 8 EMRK ein Recht auf Klimaschutz, und aus Art. 6 der EMRK ein Recht auf Zugang zu Gericht, sofern die von der jeweiligen Organisation vertretenen Interessen im Gesetzgebungsprozess nicht berücksichtigt wurden. Daher bedeutet die Anerkennung der „Verbandsklagebefugnis" des Vereins KlimaSeniorinnen einen weitreichenden Schritt hin zur Überprüfung staatlicher Maßnahmen im Klimawandel.[62]

4.3 Asymmetrien beim Zugang zu Gericht

Im Gegensatz zu den engen Anforderungen der Beschwerdebefugnis äußerte sich der Gerichtshof im Rahmen der Begründetheit der Beschwerde umfassend zu den materiellen Verpflichtungen der EMRK mit Bezug auf den Klimawandel. Er leitete aus Art. 2 und 8 EMRK eine Schutzverpflichtungen der Staaten im Klimawandel ab, die zum Ergreifen geeigneter gesetzgeberischer oder administrativer Maßnahmen gegen den Klimawandel verpflichtet. So stellte er fest, dass Art. 2 und 8 EMRK eine Sorgfaltspflicht beinhalteten, die substanzielle und progressive THG-Minderungsmaßnahmen umfasst. Wie der Gerichtshof weiter spezifizierte, umfasst diese Pflicht das Ergreifen allgemeiner Maßnahmen einschließlich des Ziels der THG-Neutralität, die Verabschiedung von Zwischenzielen; den Nachweis, dass die Ziele eingehalten werden; die Aktualisierung der Ziele und die zeitliche und angemessene und konsistente Regelung dieser Fragen auf nationaler Ebene.[63] Die Ausführungen hierzu sind zahlreich rezipiert worden.[64] Der Gerichtshof entschied aber auch, dass zu den prozeduralen Verpflichtungen des aus Art. 2 und 8 EMRK abgeleiteten Rechts auf Klimaschutz auch der Zugang zu Informationen sowie die Beteiligung der Öffentlichkeit gehören.[65]

---

60 Astfalk (2024), S. 872 f.

61 EGMR, Urt. v. 09.04.2024, *Verein KlimaSeniorinnen Schweiz und andere v. die Schweiz*, Nr. 53600/20, Partly Concurring Partly Dissenting Opinion of Judge Eicke, Rn. 43.

62 Zu den Auswirkungen auf das deutsche Verwaltungsprozessrecht: Breuer (2024), S. 1631 ff.

63 EGMR, Urt. v. 09.04.2024, *Verein KlimaSeniorinnen Schweiz und andere v. die Schweiz*, Nr. 53600/20, Rn. 550.

64 Siehe die Nachweise zu Fn. ###; Vgl darüber hinaus: Bähr/Brunner/Casper (2018) S. 194–221; Eckes (2024), S. 451–470; Hösli/Rehmann (2024), S. 263–284; Montalban (2024), S. 143–146.

65 EGMR, Urt. v. 09.04.2024, *Verein KlimaSeniorinnen Schweiz und andere v. die Schweiz*,

Der Gerichtshof argumentierte schließlich, dass Artikel 6 EMRK ein Recht auf Zugang zu Gerichten in Fällen legislativen Unterlassens enthält, da er den Klimawandel als einen der Fälle ansah, in denen „ein dringendes Bedürfnis besteht, den rechtlichen Schutz der Menschenrechte angesichts der angeblich unzureichenden Maßnahmen der Behörden zur Bekämpfung des Klimawandels zu gewährleisten“.[66] Er etablierte damit ein Klagerecht selbst in den Fällen, in denen die nationale Ebene kein derartiges Klagerecht gewährt.[67]

Die durch den Gerichtshof in der Sache etablierten Standards ähneln den sogenannten Aarhus-Rechten in Klimaverfahren, d. h. dem Recht auf Zugang zu Informationen, auf Beteiligung sowie auf Zugang zur Justiz.[68] Der Gerichtshof hat aber nicht klargestellt, ob der Verein die in Art. 2 und 8 EMRK in Prozessstandschaft für seine Mitglieder, oder als eigene Rechte geltend machen konnte. Zusätzlich ist nach der Entscheidung in KlimaSeniorinnen nach wie vor eine wenn auch sehr geringe Möglichkeit individuellen Rechtsschutzes in Klimasachen möglich und zulässig. Daher sind die materiellen Feststellungen des Gerichts auch für Individualklägerinnen relevant. Dann aber hält der Gerichtshof mit der Verengung der Klagebefugnis auf Interessenorganisationen nicht an seinen eigenen Feststellungen zum Zugang zu Gerichten in Klimafällen nach Art. 6 EMRK fest. Die derzeitige Lösung des EGMR weist somit eine problematische Asymmetrie[69] bei der Gewährleistung des Zugangs zu Gerichten in Klimasachen auf.

4.4 Missachtung der funktionalen Gleichwertigkeit von Klimaschutzmaßnahmen

Schließlich missachten die Feststellungen zu den individuellen Opfervoraussetzungen die Gleichwertigkeit und sogar Vorrangigkeit von Minderungs- gegenüber Anpassungsmaßnahmen nach dem internationalen Klimaschutzregime und damit Verpflichtungen, die auch durch den deutschen Gesetzgeber umzusetzen sind. THG-Minderungsmaßnahmen betreffen die Stabilisierung der THG-Konzentrationen in der Atmosphäre.[70] THG-Minderungsmaßnahmen sind präven-

---

Nr. 53600/20, Rn. 539.

[66] EGMR, Urt. v. 09.04.2024, *Verein KlimaSeniorinnen Schweiz und andere v. die Schweiz*, Nr. 53600/20, Rn. 635.

[67] In Deutschland sieht § 4 Abs. 1 S. 6 KSG noch einen Ausschluss von Klagen vor. Die Bestimmung dürfte bald der Vergangenheit angehören. Denn § 4 Abs. 1 S 6 KSG widerspricht bereits Art. 9 Abs. 2 und 3 der Aarhus Konvention, die im Übrigen auf Klimaentscheidungen Anwendung finden kann und Umweltorganisationen einen weiten Zugang zu Gericht gewährt, siehe: Taghavi (2024), S. 311.

[68] Eckes/Trapp (2024).

[69] Dzehtsiarou (2024), S. 430.

[70] Vgl. Art. 2 Abs. 1 des Rahmenübereinkommens der Vereinten Nationen über den Klimawandel (UNFCCC).

tiv. Sie verhindern, Kipppunkte im Klimasystem und damit alle weiteren Kettenreaktionen, die eintreten, wenn diese Kipppunkte erreicht sind. Ihre Notwendigkeit kommt im Temperaturziel des Pariser Klimaübereinkommens zum Ausdruck, welches gebietet, die globale Erwärmung unter 1,5 bis 2 Grad zu halten und bis 2050 THG-Neutralität zu erreichen.[71] Anpassungsmaßnahmen sind demgegenüber staatliche Maßnahmen, die auf die Abschwächung der negativen Auswirkungen des Klimawandels ausgerichtet sind.[72]

Im internationalen Klimaschutzrecht besteht allgemeiner Konsens,[73] dass nur Minderungs- *und* Anpassungsmaßnahmen den Klimawandel abmildern können. Art. 4 (7) des Pariser Klimaübereinkommens unterstreicht sogar die Abhängigkeit der Maßnahmen voneinander und begründet einen Vorrang der Minderungsmaßnahmen. Die Bestimmung stellt klar, dass Anpassungsmaßnahmen notwendig sind, größere Minderungsbeiträge aber die Notwendigkeit weiterer Anpassungsmaßnahmen reduzieren und größere Anpassungsbemühungen mit größeren Kosten einhergehen.[74]

Die Auswirkungen von Minderungs- und Anpassungsmaßnahmen zeigen sich allerdings zu unterschiedlichen Zeitpunkten: Während Anpassung einige der negativen Auswirkungen des Klimawandels auf den Einzelnen sofort stoppen kann, ist klar, dass sich Temperaturreduktionen durch Minderungsmaßnahmen erst nach Dekaden materialisieren. Dies verdeutlicht auch die Zielmarke 2050 des Pariser Klimaübereinkommens. Dennoch kann bereits das Leben heutiger Beschwerdeführerinnen von Minderungsmaßnahmen profitieren. Andere Gerichte[75] und Menschenrechtsgerichte,[76] zuletzt der Internationale Gerichtshof in den Haag,[77] haben daher betont, dass sowohl Minderungs- als auch Anpassungsmaßnahmen nach dem Recht auf Klimaschutz geschuldet sind, das im Recht auf Leben oder im Recht auf Privatsphäre verankert ist.

In jedem Fall aber wird die Anerkennung dieser aus dem internationalen Klimaschutzrecht folgenden, materiellen Pflichten hinfällig, wenn sie nicht von Einzelpersonen vor Menschenrechtsgerichten geltend gemacht werden könnte. Noch pro-

---

[71] IPCC (2022), Abs. B.1., 12.

[72] Vgl Art. 3 Abs. 3 UNFCCC; Art. 2 lit. b. Pariser Klimaabkommen (PÜ).

[73] Ganesan/Keller (2023).

[74] Art. 4 Abs. 7 PÜ.

[75] Interamerikanischer Gerichtshof für Menschenrechte, 15.11.2017, Gutachten OC-13/27 zu Umwelt und Menschenrechten, https://www.corteidh.or.cr/docs/opiniones/seriea_23_ing.pdf; Interamerikanischer Gerichtshof für Menschenrechte, 03.07.2025, Gutachten 32/25 zum Klimanotstand und Menschenrechten, https://www.corteidh.or.cr/docs/opiniones/seriea_32_en.pdf, Rn. 321 ff.

[76] Menschenrechtsausschuss, Allgemeine Bemerkung Nr. 36 (2019) zum Recht auf Leben, https://docs.un.org/en/CCPR/C/GC/36 (21.07.2025); Menschenrechtsausschuss, 22.09.2022, Daniel Billy et al. gegen Australien, CCPR/C/135/D/3624/2019, Rn. 7.8.

[77] IGH, 23.07.2025, Gutachten zu den Staatenverpflichtungen im Klimawandel, unter: https://www.icj-cij.org/sites/default/files/case-related/187/187-20250723-adv-01-00-en.pdf, Rn. 393 ff., 403.

blematischer ist es, wenn sie nur geltend gemacht werden kann, wenn Anpassungsmaßnahmen fehlgeschlagen sind. Diese letzte Bedingung missachtet die Bedeutung der Minderungsmaßnahmen als präventives Instrument zur Verbesserung der Lebensbedingungen des Einzelnen.

5 Fazit und Ausblick

Die Entscheidung des EGMR in KlimaSeniorinnen ist in vielerlei Hinsicht gefeiert worden. Mit Bezug auf die Anerkennung der Beschwerdebefugnis der klagenden Damen erscheint sie problematisch. Der Gerichtshof versuchte, Erwägungen zu den kollektiven Handlungs- und Schutzpflichten aller Staaten im Klimawandel im Bereich der Beschwerdebefugnis zu klären. Damit beschnitt das Gericht die Anwendbarkeit des Menschenrechtsregimes der EMRK für zukünftige Individualklägerinnen. Die Annahme, eine Beschwerdebefugnis liege nur vor, wenn individuelle Anpassungsmaßnahmen fehlgeschlagen seien, steht im Widerspruch zur bisherigen Rechtsprechung des Gerichts. Sie widerspricht im Übrigen den Staatenverpflichtungen nach dem internationalen Klimaschutzrecht. Der EGMR verschloss so den Zugang für Individualbeschwerdeführer in Klimafällen. Dies entkräftet seine eigenen Ausführungen über die Notwendigkeit eines weiten Zugangs zu Gericht, welcher in Klimafällen eröffnet sein sollte.

Andere Gerichte sind dem EGMR nicht gefolgt: Der UN-Menschenrechtsausschuss, der Inter-Amerikanische-Menschenrechtsgerichtshof und zuletzt der IGH haben allesamt die Anwendbarkeit des Menschenrechtsregimes für klimabedingte Menschenrechtsverletzungen betont und diskutiert, inwieweit die jeweiligen Konventionen und Menschenrechtsverträge, über die diese Institutionen Aufsicht führen, auch in materieller Hinsicht Anwendung fanden.[78] Indem der EGMR die Fragen zur Justiziabilität der „Tragik der Allmende" allein im Bereich der Beschwerdebefugnis klärte, schloss er die Tür für diese weitere Auseinandersetzung mit den materiellen Anliegen zukünftige Individualkläger, welche klimabedingte Vulnerabilitäten vor das Gericht bringen.

Literatur

Arai-Takahashi, Y. (2015). The margin of appreciation doctrine: A theoretical analysis of variable geometry. In A. Follesdal, B. Peters, & G. Ulfstein (Hrsg.), *Constituting Europe: The European Court of Human Rights in a National, European and global context* (S. 62–105). Cambridge University Press.

Astfalk, J. (2024). Climate Change Litigation vor dem EGMR: Opfereigenschaft versus Klimaschutzpflicht für das Kollektiv. *DÖV, (4)*, 868–874.

[78] Siehe Nachweise der Fn. 75–77.

Bähr, C., Brunner, U., Casper, K., & Lustig, S. H. (2018). KlimaSeniorinnen: Lessons from the Swiss senior women's case for future climate litigation. *Journal of Human Rights and the Environment, 9*(2), 194–221.

Blattner, C. (2024). Separation of powers and KlimaSeniorinnen, VerfBlog, 2024/4/30. https://verfassungsblog.de/separation-of-powers-and-KlimaSeniorinnen/. https://doi.org/10.59704/3f49776eda0e8e72

Breuer, M. (2024). Zu den Auswirkungen des KlimaSeniorinnen-Falls auf das deutsche Verwaltungsprozessrecht. *NVwZ, (21),* 1631–1636.

Calliess, C., & Täuber, N. (2024). Klimaklagen nach dem Urteil des Europäischen Gerichtshofs für Menschenrechte. *NVwZ, (13),* 945–954.

Chagas, C. A. (2022). Balancing competences and the margin of appreciation: Structuring deference at the ECtHR. *ICL Journal, 16*(1), 1. https://doi.org/10.1515/icl-2021-0009

Dworkin, R. (1977). *Taking rights seriously*. Harvard University Press.

Dworkin, R. (2009). Rights as Trumps. In A. Kavanagh & J. Oberdieck (Hrsg.), *Arguing about law Routledge* (S. 335–344).

Dzehtsiarou, K. (2024). KlimaSeniorinnen revolution: The new approach to standing. *The European Convention on Human Rights Law Review, 5*(4), 423–431.

Eckes, C. (2024). "It's the democracy, stupid!" in defence of KlimaSeniorinnen. *ERA Forum, 25*(4), 451–470.

Eckes, C., & Trapp, A. (2024). European law blog. https://doi.org/10.21428/9885764c.5c6a5754

Europäischer Menschenrechtsgerichtshof. (2025). Practical guide on admissibility criteria. https://www.echr.coe.int/documents/d/echr/admissibility_guide_eng. Zugegriffen am 12.10.2025.

Follesdal, A., Peters, B., & Ulfstein, G. (2015). Introduction. In A. Follesdal, B. Peters, & G. Ulfstein (Hrsg.), *Constituting Europe: The European Court of Human Rights in a national, European and global context* (S. 1–24). Cambridge University Press.

Ganesan, P., & Keller, H. (2023). Protecting human rights during the climate crisis. *Völkerrechtsblog*. https://doi.org/10.17176/20230904-182756-0

Heri, C. (2024). KlimaSeniorinnen and its discontents: Climate change at the European Court of Human Rights. *European Human Rights Law Review, 4*, 317–331. https://search.informit.org/doi/10.3316/informit.T2024082300024901311279727

Heri, C. (2025). Mattering in the Anthropocene: The ECtHR's domesticating framing of climate change. *The International Journal of Human Rights*, 1–23. https://doi.org/10.1080/13642987.2025.2475001

Hoffmann, A. (2024). Five key points from the groundbreaking European Court of Human Rights climate judgment in Verein KlimaSeniorinnen Schweiz v Switzerland. *Environmental Law Review, 26*(2), 91–99. https://doi.org/10.1177/14614529241257112

Hösli, A., & Rehmann, M. (2024). Verein KlimaSeniorinnen Schweiz and Others v. Switzerland: The European Court of Human Rights' Answer to Climate Change. *Climate Law, 14*(3-4), 263–284.

IPCC (2022). Summary for policymakers. In H.-O. Pörtner, D. C. Roberts, E. S. Poloczanska, K. Mintenbeck, M. Tignor, A. Alegría, M. Craig, S. Langsdorf, S. Löschke, V. Möller, A. Okem, & B. Rama (Hrsg.), *Climate Change 2022: Impacts, adaptation and vulnerability. Contribution of Working Group II to the Sixth Assessment Report of the Intergovernmental Panel on Climate Change*. Cambridge University Press. https://doi.org/10.1017/9781009325844.001

Kulick, A. (2023). Art. 34. In J. Mayer Ladewig, M. Nettesheim, & S. von Raumer (Hrsg.), *EMRK-Europäische Menschenrechtskonvention* (5. Aufl., S. 657–685). Nomos.

Mariconda, A. (2023). Victim status of individuals in climate change litigation before the ECtHR. *The Italian Review of International and Comparative Law 2023, 3*(2), 260–282.

Maurer, M. (2024). Die Beschwerdebefugnis von Verbänden in Klimaverfahren. *Kritische Justiz, (3)*, 425–431.

Mayer, B. (2021). Climate change mitigation as an obligation under human rights treaties? *American Journal of International Law, 115*(3), 409–451.

Montalban, M. (2024). 'KlimaSeniorinnen v Switzerland'-human rights and climate justice in the European Court of Human Rights. *Australian Environment Review, 38*(7/8), 143–146.

Sefkow-Werner, V. (2025). Consistent Inconsistencies in the ECtHR's Approach to Victim Status and Locus Standi. *European Journal of Risk Regulation, 16*(2), 814–823. https://doi.org/10.1017/err.2024.95

Reich, J. (2025). „*Litigating the commons: KlimaSeniorinnen als gerichtliche Durchsetzung der Verfassung der globalen Allmende*" 4 KlimR 2025, 194–202.

Taghavi, H. (2024). *Die Durchsetzung von Klimaschutzrecht*. Diss. Universität Trier.

Achtzig Jahre Menschenrechtspraxis der Vereinten Nationen

C. Tomuschat

1 Materielles Recht

Bekanntlich nahm die angestrebte Bestätigung und Verfestigung der menschenrechtlichen Grundsubstanz schon nach kurzer Zeit in dem Vorhaben Gestalt an, die gewünschte Verbindlichkeit durch Abschluss eines multilateralen Vertrages in der Form eines umfassenden Rechtekataloges zu erreichen. Vorbereitend hierzu sollte zunächst zur Wegweisung eine unverbindliche Resolution der Generalversammlung (VNGV) als erste Etappe des Redaktionsprozesses verabschiedet werden.[1] Die Uneinigkeiten endeten nach wenigen Jahren zunächst in einem Kompromiss. Um alle Seiten zufriedenzustellen, wurde am 10. Dezember 1948 die Allgemeine Erklärung der Menschenrechte (AEMR) als Gesamtpaket verabschiedet.[2] Die Kühnheit der Autoren der AEMR – es waren die damals in den VN vertretenen Staaten, repräsentiert durch hervorragende Führungsgestalten, erscheint noch heute bewunderns-

Christian Tomuschat, Prof. Dr.Dr.h.c. mult., geboren am 23.07.1936 in Stettin. Inhaber des Lehrstuhls für Öffentliches Recht und Völkerrecht an der Universität Bonn von 1975 bis 1995, anschließend an der Humboldt-Universität zu Berlin von 1995 bis 2004. Mitglied des UN-Menschenrechtsausschusses von 1977 bis 1986 sowie der UN-Völkerrechtskommission von 1985 bis 1996. Koordinator der Nationalen Wahrheitskommission Guatemala von 1997 bis 1999. Präsident des OSZE Vergleichs- und Schiedsgerichtshofs von 2013 bis 2019. Ehrendoktor der Rechte (Dr. jur. h.c.) der Universitäten Zürich und Tartu. Mitglied des Ordens pour le mérite seit 2006.

[1] Vgl. die Diskussion in der Generalversammlung der Vereinten Nationen (VNGV), Yearbook of the United Nations (1948–49), S. 527.

[2] Resolution 217 A (III) der UN-Generalversammlung vom 10. Dezember 1948 über die Allgemeine Erklärung der Menschenrechte.

C. Tomuschat (✉)
Berlin, Deutschland

C. Fraenkel-Haeberle, B. Peters (Hrsg.), *Öffentliches Recht in transnationaler Perspektive*, https://doi.org/10.1007/978-3-662-72331-9_6

wert. Ohne genaue Vorbilder zu haben, wollten sie das Idealbild einer menschenwürdigen Lebenswelt im weltweiten Maßstab in vollzugsfähige rechtliche Normen umsetzen, dabei der Vorstellung folgend, dass die Menschenrechte trotz ihrer unterschiedlichen Struktur eine Einheit bilden. Allerdings beweist gerade das Beispiel des schließlich akzeptierten Art. 28, dass teilweise lediglich die Einigung auf eine niemals erreichbare ideale Welt erreicht werden konnte. Politiker und Diplomaten scheuen üblicherweise vor solchen himmelstrebenden Formulierungen zurück, weil damit Erwartungen geweckt werden, die regelmäßig in Enttäuschung enden müssen. Allerdings wusste man bei der Redaktion der AEMR, dass der Wirklichkeitstest noch folgen würde, wenn es in einer Schlussetappe darum gehen würde, den Endpunkt zu setzen und die lediglich in einer unverbindlichen Form skizzierten Rechte in echte verbindliche Vertragsnormen umzuformen.

Man darf die Einigung auf einen einheitlichen Katalog von Rechten in der AEMR auch nachträglich als einen großen Erfolg werten. Durchgesetzt hatte sich die Einsicht, dass die Menschenrechte letzten Endes doch eine Einheit bilden und dass eben auch die liberalen Freiheitsrechte sich nicht in einem abstrakten Raum der Freiheit entfalten, sondern jeweils in einen konkreten Zusammenhang der gesellschaftlichen Existenz hineingestellt sind.

Die AEMR gab sogleich den Anstoß für die Schaffung von Menschenrechtskapiteln in den Verfassungen vieler Einzelstaaten. Auch bei den Beratungen über das Grundgesetz in den Jahren 1948/1949 ließ man sich von dem Rechtekatalog der AEMR anregen.[3] Seitdem vollziehen sich viele Parallelentwicklungen einerseits auf VN-Ebene, andererseits im rechtlichen Kontext der Mitgliedstaaten sowie auch im Rahmen des Europarats, der Europäischen Union und der Afrikanischen Union. Die AEMR bleibt stets als Vergleichsmaßstab erhalten und wirkt auf Dauer als stabilisierender Faktor auch im Hinblick auf Länder, die sich bisher dem IPWSKR verweigert haben.[4] Für die Rechtsvergleichung ist sie damit das „Urmeter" für eine zufriedenstellende Kodifikation der Grund- und Menschenrechte geworden.

Länger als erwartet zog sich die Schlussetappe hin. Es vergingen nicht weniger als 18 Jahre, bis dann im Jahr 1966 die Generalversammlung die beiden Entwürfe für die beiden Weltpakte[5] einhellig verabschieden konnte, nachdem ein Jahr zuvor schon die Anti-Rassismus-Konvention mit nur einer Gegenstimme angenommen worden war.[6] Über Jahre hatten Kontroversen um die Frage gekreist, ob nun der mit der AEMR unternommene Versuch einer Einheitslösung fortgesetzt werden sollte.[7]

---

[3] Der Entwurf in seiner Endfassung lag dem Parlamentarischen Rat vor, Jahrbuch des Öffentlichen Rechts der Gegenwart, Neue Folge 1 (1951), S. 74.

[4] In den USA wurde vor der Ratifikation des IPBPR weitgehend die AEMR herangezogen, s. The American Law Institute (1987), S. 153, § 701, Comment d.

[5] Internationaler Pakt über bürgerliche und politische Rechte (IPBPR), 999 UNTS 999 (19. Dezember 1966), S. 171; Internationaler Pakt über wirtschaftliche, soziale und kulturelle Rechte (IPWSKR), 993 UNTS 3 (19. Dezember 1966).

[6] International Convention on the Elimination of All Forms of Racial Discrimination (CERD), UNGA Res. 2106 (XX), 660 UNTS 165 (21. Dezember 1965).

[7] Dennoch ist die Einheit der Menschenrechte politisch ein feststehendes Axiom geworden, vgl. insbesondere Wiener Erklärung der Weltkonferenz über die Menschenrechte, A/CONF.157/23

Auf der Grundlage des Kompromisses von 1966 ist die Geschichte der Menschenrechte in den folgenden Jahren bis zum heutigen Tage in enger Verbindung von Völkerrecht, staatlichem Recht und Rechtsvergleichung vorangeschritten.[8] Einigkeit besteht heute darin, dass den Grundpfeiler die Anerkennung der menschlichen Würde und der Gleichheit von Mann und Frau bilden. Unbegrenzte Universalität ist allerdings bloßes politisches Motto geblieben. Ein Asylrecht hat niemals globale Zustimmung erhalten.[9] Die beiden Weltpakte wurden durch einen Kranz von weiteren grundlegenden oder stärker spezialisierten Übereinkommen („core international human rights instruments") ergänzt,[10] die allerdings teilweise auf ein weniger freundliches Echo gestoßen sind.[11] Für die VN sind die Menschenrechte damit zu einer in ihrem gesamten Tätigkeitsfeld wirksamen normativen Leitlinie geworden.[12] Für eine weitgehende Entspannung sorgte vor allem die einhellige Annahme des Selbstbestimmungsrechts der Völker jeweils in Art. 1 der beiden Weltpakte. Mit der Anerkennung des Selbstbestimmungsrechts wurde gleichzeitig die vollständige und vorbehaltlose Anerkennung der Gleichheit aller neuen Mitglieder der Weltorganisation vollzogen. Auch die diskriminierenden Feindstaatenklauseln der Charta, ein Überrest aus der Zeit des Kampfes gegen die Achsenmächte (Art. 53 und 107), haben sich mittlerweile erledigt.[13] Es dauerte allerdings viele Jahre, ehe sich das Selbstbestimmungsrecht auch in der harten Welt der Tatsachen durchsetzen konnte und schließlich konzeptionell in der Dekolonisierungs-Resolution 1514 (XV) von 1960 seinen Abschluss fand.[14] Mittlerweile ist die Universalität des Selbstbestimmungsrechts bis auf die Palästina-Frage gelöst.

(12. Juli 1993), Rn. 5. Aus Anlass des 75. Jahrestages der Verabschiedung der AEMR wurde jüngst erneut die „universality, indivisibility, interdependence and interrelatedness of all human rights and fundamental freedoms" hervorgehoben, UNGV Res. 78/194(19. Dezember 2023), Präambel, Rn. 6.

[8] Karl-Peter Sommermann ist durch seine integrierende Betrachtungsweise, zu einem der herausragenden Protagonisten dieser Entwicklung geworden, vgl. vor allem: Sommermann (1984); ebd. (2021), S. 62–77.

[9] Informelle Regelung: New York Declaration for Refugees and Migrants, UNGV Res. 71/1 (19. September 2016).

[10] Convention on the Elimination of All Forms of Discrimination against Women (CEDAW), 1979; Convention against Torture and Other Cruel, Inhuman or Degrading Treatment or Punishment (CAT), 1984; Convention on the Rights of the Child (CRC), 1989; International Convention for the Protection of the Rights of All Migrant Workers and Members of Their Families (ICMW), 1990; International Convention for the Protection of All Persons from Enforced Disappearance (CPED), 2006; Convention on the Rights of Persons with Disabilities (CRPD), 2006. Hinzuzufügen ist das Zweite Fakultativprotokoll zum IPBPR zur Abschaffung der Todesstrafe, 1989.

[11] International Convention on the Suppression and Punishment of the Crime of Apartheid (ICSPCA), 1973, mit lediglich 110 Vertragsstaaten.

[12] In diesem Sinne auch Buergenthal (2006), S. 785–787.

[13] Resolution 60/1 der UN-Generalversammlung vom 16. September 2005, World Summit Outcome, Rn. 177.

[14] Vgl. dazu das Gutachten des IGH vom 25.2.1019, *Legal Consequences of the Separation of the Chagos Archipelago from Mauritius in 1965*, ICJ Rep. 2019, 95, 132, Rn. 152.

Ein befriedigendes Fazit lässt sich dennoch im gegenwärtigen Zeitpunkt nicht ziehen, da durch das ungehemmte Kriegsgeschehen in der Ukraine, in Palästina und im Sudan das gesamte Gebäude des Menschenrechtsschutzes in existenzielle Not geraten ist. Insbesondere sind die tödlichen Gefahren für die im Gaza-Streifen lebenden Menschen derart massiv angewachsen, dass der Internationale Gerichtshof sich veranlasst sah, im Rahmen des von Südafrika angestrengten Verfahrens gegen Israel zur Behebung der ärgsten Not drei einstweilige Anordnungen zu erlassen.[15] Alles, was im Zeichen des Menschenrechtsschutzes in mehr als einem halben Jahrhundert erarbeitet worden ist, droht wegen der Nichtachtung der Grundpfeiler des Systems zusammenzubrechen. Wenn mächtige Staaten ungehemmt in der Lage sind, Aggression mit fadenscheinigen Begründungen zu rechtfertigen und die geltenden Normen des humanitären Rechts beiseite zu schieben, ohne ernsthaft Sanktionen befürchten zu müssen, bleibt von globaler Herrschaft der Menschenrechte nur noch eine Fassade.

Der Menschenrechtsausschuss nach dem IPBPR (MRA) hat schon früh in seiner Amtstätigkeit versucht, das Normenpaket des IPBPR vor allem durch seine Allgemeinen Bemerkungen (General Comments, GC) zusammenzuhalten. Die GC waren ursprünglich dazu bestimmt, die von ihm bei seiner Tätigkeit gemachten Erfahrungen dem breiteren Kreis der Vertragsstaaten zugänglich zu machen. Mittlerweile spiegelt sich in den GC vornehmlich eine ideale Welt der Normativität wider, während die Hindernisse bei der Durchsetzung nur in Andeutungen erkennbar sind.[16] Es wird damit ein Bild der Harmonie erzeugt, das in der Wirklichkeit nicht vorherrscht.

2 Verfahren

2.1 Die Individualbeschwerde

Die Unterschiedlichkeit der Normenprofile hat ihren Niederschlag deutlich in den Durchsetzungsverfahren gefunden. Im (Ersten) Fakultativprotokoll zum ICCPR (FP-IPBPR) ist ein Individualbeschwerdeverfahren vorgesehen, das dem Parallelpakt zunächst nicht gegönnt worden war.[17] Erst im Jahre 2008, also 42 Jahre nach seiner Verabschiedung, ist der IPWSKR ebenfalls durch ein Fakultativprotokoll (FP) ergänzt worden, das in ähnlicher Weise eine Individualbeschwerde (wiederum genannt „Mitteilung") zulässt.[18]

[15] IGH, Anordnungen vom 26.1., 28.3. und 24.5.2024, *Application of the Convention on the Prevention and Punishment of the Crime of Genocide in the Gaza Strip.*

[16] Vgl. jüngst den GC zur Versammlungsfreiheit, Nr. 37, 2020, Rn. 17, wo Gewaltanwendung kritisiert wird.

[17] Die Beschwerde heißt amtlich „Mitteilung".

[18] Fakultativprotokoll zum Internationalen Pakt über wirtschaftliche, soziale und kulturelle Rechte, 2922 UNTS 29 (5. Mai 2013).

Für das an praktische Vorbilder gewöhnte Denken lag es nahe, an gewisse Praxiselemente anzuknüpfen, wie sie es schon zur Zeit des Völkerbundes gegeben hatte, wo den Bewohnern der Mandatsgebiete ein Petitionsrecht zugestanden war.[19] Im System der VN war das Petitionsrecht bei Auswechslung des Kontrollgremiums (Treuhandrat) fortgeführt worden (Art. 87 (b)).[20] So wurde auch in der Menschenrechtskommission, wo die Beratungen über die AEMR stattgefunden hatten, ein Entwurf über ein Petitionsrecht erarbeitet, das aber in der GV keine Anerkennung fand.[21] Es liegt nahe, dass bei den Beratungen über die beiden Weltpakte die vorhandenen Vorschläge wieder als Vorlage eingebracht wurden. Das [Erste] Fakultativ-Protokoll zum IPBPR[22] wurde schließlich drei Tage nach den beiden Grunddokumenten am 19. Dezember 1966 angenommen. Bis zum heutigen Tage (31.08.2024) ist es von 116 Staaten angenommen worden, also weniger als zwei Dritteln der Mitglieder der Vereinten Nationen. Es fehlen von den ständigen Mitgliedern des Sicherheitsrates China und die USA, während Russland das Fakultativprotokoll offenbar in einem glücklichen Zeitpunkt seiner jüngeren Geschichte ratifiziert hat (01.10.1991).[23] Auch in Asien klaffen große Lücken, nämlich außer China insbesondere Indien, Indonesien, Iran, Irak und Israel. Neben diesen Mächten haben überdies viele kleinere Inselstaaten davon abgesehen, sich der Individualbeschwerde zu unterwerfen, in den meisten Fällen wohl aus der Überlegung, dass die Bearbeitung eines Falles aus der Beklagtenperspektive heraus durchweg einen hohen Aufwand nach sich ziehen würde, den sich ein kleiner Regierungsapparat nicht leisten kann.[24]

Dem FP-IPWSKR ist bisher noch sehr viel weniger Glück beschieden gewesen. Es steht mittlerweile 16 Jahre in Geltung, hat aber nur ein eher überschaubares Echo mit 29 Vertragsstaaten gefunden.[25] Bei den wirtschaftlichen, sozialen und kulturellen Rechten war dieser kärgliche Befund eigentlich von vornherein prognostiziert worden, da eben diese Rechte kaum jemals allein durch eine hoheitliche Entscheidung befriedigt werden können und westliche Abneigung gegen internationale Einmischung in die nationale Sozialpolitik ein bekanntes Faktum war – das sich offensichtlich weltweit ausgebreitet hat. Allerdings haben sich dem FP-IPWSKR immerhin 9 Mitgliedstaaten der EU angeschlossen, während Russland dem Fakultativprotokoll bisher ferngeblieben ist.

[19] Dazu das Gutachten des IGH: *International Status of South-West Africa*, ICJ Rep. 1950, 128, 137.

[20] Dazu das Gutachten des IGH vom 11.7.1950, *ibid.*

[21] Yearbook of the United Nations (1948–49), S. 541.

[22] Fakultativprotokoll zum Internationalen Pakt über bürgerliche und politische Rechte, 999 UNTS 171 (19. Dezember 1966).

[23] Menéndez und Müllerson (2022), S. 449.

[24] 24 Jamaica und Belarus haben das Fakultativprotokoll gekündigt. Unklar ist die Rechtslage bei Trinidad und Tobago, s. https://treaties.un.org/Pages/ViewDetails.aspx?src=TREATY&mtdsg_no=IV-5&chapter=4&clang=_en (zuletzt abgerufen am 22.5.2025).

[25] Russland und China fehlen dort, obwohl Vertragspartner des IPWSKR.

Die Individualbeschwerde nach dem IPBPR hat als Vorbild für die übrigen neun der globalen Grundabkommen[26] gedient. Als Instrument zum Schutze von Individualrechten hat sie eine unterschiedliche Aufnahme gefunden. Eindeutig hat sich im Laufe der Jahrzehnte eine Führungsrolle des MRA vor allem deswegen herausgeschält, weil ihm ein umfassendes Kompetenzfeld zugewiesen ist, das sich nicht auf bestimmte Einzelphänomene beschränkt.

Die bloße Tatsache der Ratifikation besagt wenig über die tatsächliche Wirkung des IPBPR und des IPWSKR in den Vertragsstaaten und über die Inanspruchnahme der Fakultativprotokolle als Waffe der Bürger zur Durchsetzung der ihnen versprochenen Rechte. Für Deutschland decken die Verfassungsbeschwerde und die Beschwerde zum EGMR alle wesentlichen Bedürfnisse ab, sodass die Beschwerde zum MRA nur eine fast unsichtbare Nebenrolle spielt. Erstaunlich ist der Befund für Russland, wo eine Durchsicht der Entscheidungen des MRA zeigt, dass die Individualbeschwerde häufig wegen Übergriffen der Polizei und Missachtung prozessrechtlicher Garantien genutzt wird. Einen starken politischen Einschlag haben die Fälle, wo Betroffene (erfolglos) versucht haben, gegen Verbote zur Abhaltung von Werbeaktionen für Homosexualität und Transgender-Modelle vorzugehen.[27] Immerhin ist die Individualbeschwerde in vielen Fällen von nichtstaatlichen Gruppen (NGOs) genutzt worden. Bei Einzelpersonen fällt auf, dass der MRA häufig ein Verfahren wegen Verlusts des Kontakts mit dem (oder den) Urheber(n) der Beschwerde eingestellt hat,[28] wobei für den außenstehenden Beobachter die Sachlage durchweg unklar bleibt. Erst eine genauere empirische Untersuchung könnte herausfinden, ob in der Regel der Fälle der Beschwerdeführer in seiner Prozessführung nachlässig war oder ob dahinter ein gewisser hoheitlicher Druck stand. Der Name Nawalny taucht jedenfalls unter den zahlreichen Beschwerdeführern in den vom UN-Sekretariat geführten Listen nicht auf.[29] Der Autor kann nur feststellen, dass die Individualbeschwerde nach dem IPBPR in Russland durchaus eine Rolle spielt, dass sie aber offenbar in hochpolitischen Fällen in der Regel nicht zum Erfolg führt und daher als ein verlässliches Rechtsmittel nicht angesehen werden kann.[30]

Auch ein Blick auf andere Länder dämpft die Erwartungen an die Individualbeschwerde nach dem IPBPR. So zeigt die amtliche Statistik für die Demokratische Republik Kongo, die das FP-IPBPR im Jahre 1976 ratifiziert hatte, dass jedenfalls der staatliche Regierungsapparat nicht in der Lage war, seinen Verantwortlichkeiten

---

[26] Sommermann (1984).

[27] Beispiele: MRA, Views v. 25.10.2013, *Alekseev v. Russia*, Comm. No. 1873/2009; MRA, Views v. 29.08.2022, *Alekseev v. Russia*, Comm. No. 2943/2017.

[28] Beispiel MRA, Views v. 19.07.2024, CCPR/C/141/D/JC3.

[29] In seinen Allgemeinen Bemerkungen zum Versammlungsrecht (GC No. 37, Juli 2020) nimmt der MRA aber Bezug auf das Urteil des EGMR zum Fall Navalnyy, EGMR, Urteil v. 15.11.2018, *Navalnyy* gegen *Russland*, Application No. 29580/12. Vgl. zur Gesamtlage in Russland Mariana Katzarova, UN Special Rapporteur on the situation of human rights in the Russian Federation, A/HRC/54/54/ (15. September 2023).

[30] Vgl. den in seiner Nüchternheit erschreckenden Bericht der Mariana Katzarova, *ibid.*

aus der Vertragsbindung nachzukommen. So musste der MRA schon in seinem ersten Fall aus dem Jahre 1983 feststellen, dass von Seiten des Staates auf die Bitte, zur Rechtfertigung der Beschwerde Stellung zu nehmen, keinerlei sachliche Antwort gegeben wurde.[31] Auch Jahre später hatte sich an dieser Sachlage nichts geändert, wie der Fall 2790/2016 lehrt, wo die Entscheidung nach vielen Jahren des Wartens ebenfalls ohne Äußerung des kongolesischen Staates DRC ergehen musste.[32] Insgesamt beklagt der MRA die weithin festzustellende Gleichgültigkeit der Vertragsstaaten, sich durch sachliche Stellungnahmen aktiv mit den ihnen zur Last gelegten Vorwürfen auseinanderzusetzen.[33]

Lange Wartezeiten, verursacht durch enorme Rückstände, sind offensichtlich nicht in der Lage, das Vertrauen in diese Modalität des Menschenrechtsschutzes zu stärken.[34] So fragt es sich, ob das Modell der Individualbeschwerde sich nicht allein schon aus Kapazitätsgründen als ungeeignet erweisen muss, das angestrebte Ziel zu erreichen, den Rechtsunterworfenen in aller Welt ein Instrument zur Verfügung zu stellen, mit dem sie zumindest schwere Verletzungen ihrer persönlichen Rechte geltend machen können. Die Last, die man den 18 Angehörigen des MRA aufbürdet, lässt sich nicht als prozedurale Quisquilie abtun.[35] Auf die Dauer wird man nicht um tiefgreifende Reformen umhinkommen, die dann allerdings zu einer voranschreitenden Bürokratisierung des Verfahrens führen müssten. Dass entscheidende Weichenstellungen im Menschenrechtsschutz allein im schriftlichen Verfahren durch eine Handvoll von Experten mit massiver Unterstützung des VN-Sekretariats für die gesamte Welt vorgenommen werden sollen, rührt am Grundverständnis von demokratischer Legitimierung eines geordneten Rechtsschutzes. Ganz offensichtlich war man sich anfänglich nicht der Tatsache bewusst, welch hohe Anforderungen allein in quantitativer Hinsicht ein weltweit organisiertes Beschwerdesystem an die zur Bearbeitung berufene Organisation stellt.

Es darf angenommen werden, dass die hohe Wertschätzung der Individualbeschwerde durch eine Mehrzahl der Staaten durch den großen Erfolg der Individualbeschwerde vor den Straßburger Organen des europäischen Menschenrechtsschutzes beflügelt worden war. Jede Sachentscheidung durch den EGMR über eine Individualbeschwerde bringt das eingeleitete Verfahren zum Abschluss und ist als richterlicher Spruch für den beklagten Staat verbindlich. Hat eine „Mitteilung" nach dem IPBPR hingegen Erfolg, so ist damit lediglich ein Zwischenschritt getan. Auch die Entscheidungen über Mitteilungen nach dem FP-IPBPR sind eben lediglich „Auffassungen", die der Staat auf der Gegenseite lediglich zur Kenntnis zu nehmen

[31] MRA, Views v. 21.10.1982, Comm. No. 90/1981, Rn. 4.

[32] MRA, Views v. 10.3.2023, Comm. No. 2790/2016. Rn. 4. Gleiche Sachlage im Fall MRA, Views v. 25.10.2023, Comm. No. 3658/2019, Rn. 4.

[33] MRA, Annual Report 2021–22, A/77/40, Rn. 28.

[34] *Ibid.*, Rn. 26.

[35] Die Mitglieder des MRA genießen allerdings die Unterstützung des VN-Sekretariats.

hat, aber nicht ohne weiteres umsetzen muss.[36] Gegebenenfalls kann sich daher ein Verfahren nach dem Abschluss in Genf vor dem MRA noch Jahre hinziehen – und vielleicht sogar mit einer Totalverweigerung enden. Das System der Individualbeschwerde nach dem IPBPR kann daher niemals die gleiche Wirkung entfalten wie das in Straßburg auf der Grundlage der EMRK entstandene Rechtsschutzsystem.

Ein entscheidender Nachteil der Individualbeschwerde nach dem FP zum IPBPR sind im Übrigen wie schon angemerkt die langen Wartefristen. Voraussetzung für die Zulässigkeit einer Beschwerde ist grundsätzlich die Ausschöpfung aller internen Rechtsmittel, die zu jahrelangen Fristen führen kann (Art. 2). Allerdings hat der MRA, um diesem Übel abzuhelfen, ohne spezifische rechtliche Grundlage das Verfahren in entscheidenden Punkten verbessert, vor allem durch die Einführung eines Verfahrens des einstweiligen Schutzes, das sogleich mit der Anhängigmachung einer Mitteilung auf Antrag in Gang gesetzt werden kann.[37] Nach dem Übereinkommen gegen Verschwindenlassen[38] vermag der zuständige Expertenausschuss sogleich tätig zu werden, sobald es Belege dafür gibt, dass ein Mensch sich im Einflussbereich staatlicher Gewalt in einer konkreten Gefahrenlage befindet (Art. 30). Leider enttäuscht das Verfahren auch mit seiner Spielart der Individualbeschwerde fast alle Erwartungen.[39]

Trotz einiger nicht geringer Verbesserungen des Verfahrens durch Genauigkeit der Kontrolle und Schnelligkeit haben Entscheidungen über Individualbeschwerden nach dem IPBPR meist eher symbolischen Charakter. Sie mögen vielfach angesichts der Tragik des Einzelfalls eine aufrüttelnde Wirkung entfalten, doch können sie naturgemäß in der Regel bei einer allgemeinen rechtswidrigen Praxis kaum zu einer Systemveränderung führen. Auch hier sind vor einer definitiven Bewertung gründliche empirische Vorstudien nötig. Ein Hauptergebnis schält sich aber bereits im jetzigen Zeitpunkt heraus, dass sich die Sinnhaftigkeit der Einführung einer auf nationaler oder regionaler Ebene durchaus erfolgreichen Individualbeschwerde im Weltmaßstab nur schwer einschätzen lässt. Bisher liegen keine tragfähigen Erfahrungen vor mit sonstigen Streitschlichtungsmechanismen, die ihre Tätigkeit auf den gesamten Erdball ausdehnen sollen.

Die Einführung der Individualbeschwerde nach dem IPWSKR war ein Testfall für die Frage, ob auf dem Gebiet der wirtschaftlichen und sozialen Rechte eine solche Beschwerde, mit der eine persönliche Rechtsverletzung geltend gemacht werden kann, überhaupt denkbar ist. Wer die Verletzung eines Rechts geltend macht, muss zunächst behaupten, dass überhaupt das geltend gemachte Recht bestehe. Nach der Bestimmung des Art. 2 IPWSKR ließe sich an der Rechtsverbindlichkeit

---

[36] In der Tat werden die „views" des MRA vielfach nicht befolgt, vgl. MRA, Annual Report 2021/2022, A/77/40, Rn. 34. Zu den Fällen des Verschwindenlasssens in Algerien s. jüngst Fall MRA, Views v. 24.10.20222, *Mohamed Djaou*, Comm. No. 2808/2016.

[37] Vgl. Keller und Marti (2013), S. 325 ff. Das Verfahren des einstweiligen Schutzes ist im FP zum IPWSKR jetzt ausdrücklich vorgesehen, Art. 5.

[38] International Convention for the Protection of All Persons from Enforced Disappearance, 2716 UNTS 3 (20. Dezember 2006).

[39] Vgl. OHCHR, Report on requests for urgent actions, CED/C/11/3 (2016).

aller Positionen dieses Paktes zweifeln. Bekannt ist vor allem aus den nationalen Rechtsordnungen, dass hier vielfach ein geschwächter Geltungsgrad der sozialen und wirtschaftlichen Rechte angenommen wird. Das früheste Beispiel ist Irland, wo in der Verfassung ein Abschnitt die „Directive Principles of Social Policy" regelt, deren Gewährleistung allein dem Parlament anvertraut ist (Art. 45). In diesem Abschnitt findet sich eine Garantie von „adequate means of livelihood". Eine justizielle Geltendmachung dieser Mittel zum Lebensunterhalt ist damit ausgeschlossen, und der WSKR-Ausschuss hat Irland gedrängt, seinen Bürgern den Genuss aller Paktrechte durch deren Einfügung in die nationale Rechtsordnung zugänglich zu machen.[40] In der Spanischen Verfassung von 1978 findet sich eine Zweiteilung in unterschiedliche Arten von Grundrechten, von denen nur die erste Gruppe mit dem Amparo-Verfahren eingefordert werden kann (Art. 45). Zu der zweiten Gruppe mit vermindertem Schutzstatus gehört auch das Recht auf Schutz der Gesundheit (Art. 43(1)).[41] Eben diesen geringeren Schutzstandard kritisiert der WSKR-Ausschuss, indem er die volle Anwendung des Paktes in Spanien fordert.[42] Die spanische Praxis nach dem FP-IPWSKR liefert gleichzeitig den Beweis dafür, dass bestimmte staatliche Maßnahmen in geeigneter Weise mit der Individualbeschwerde beantwortet werden können, sofern sie einen Eingriffscharakter haben. Eine lange Liste von Fällen zeigt auf, dass sich spanische Bürger auf diesem Wege erfolgreich gegen Zwangsräumungen wehren können, bei denen dann der Ausschuss eine sorgfältige Prüfung am Maßstab der Verhältnismäßigkeit vornimmt. Der Ausschuss nutzt die Beschwerde gleichzeitig in systemkonformer Weise, um den Staat an seine Verpflichtung zu erinnern, eine rechtliche Regelung zu schaffen, damit jeder Zugang zu dem Bestand an sozialem Wohnraum erhält.[43] Beschwerden, die unmittelbar darauf gerichtet waren, von den staatlichen (städtischen) Behörden die Zuweisung einer neuen Wohnung zu erlangen, sind nicht bekannt geworden. Das Recht auf Wohnraum unter der Flagge des Art. 11 IPWSKR (Recht auf einen angemessenen Lebensstandard) in seiner Spielart als Schutz gegen Eingriffe und in seiner weiten Ausdehnung als Recht auf Verschaffung von Wohnraum berühren sich hier aufs Engste miteinander. Der Fall zeigt gleichzeitig, dass die traditionelle Zweiteilung der Menschenrechte in zwei kategorisch voneinander getrennte Gruppen häufig in der Welt der Tatsachen nicht durchzuhalten ist.[44]

---

[40] Abschließende Bemerkungen zum 4. Irischen Bericht, VN-Dok. E/C.12/IRL/CO/4, 1.3.2024, paras. 4 und 5.

[41] Sommermann (1984), S. 187–190.

[42] CESCR, Concluding observations on the sixth periodic report of Spain, E/C.12/ESP/COP/6 (24. April 2018). Vgl. zu der Problemlage vor allem auch die Allgemeinen Bemerkungen des WSKR-Ausschusses Nr. 4 (1991) und Nr. 7 (1997).

[43] CESCR, Mitteilung v. 27.2.2023, *Infante Díaz v. Spain*, Comm. No. 134/2019, Rn. 9 (Einzelfall) und 10 (Empfehlung für Rechtslage); CESCR, Mitteilung v. 09.10.2023, *Vázquez Guerrero v. Spain*, Comm. No. 70/2018, Rn. 15 (Einzelfall) und 16 (Empfehlung für die Rechtslage).

[44] Beispiel aus Afrika: Nyane (2022), S. 266.

2.2 Die Berichtsprüfung

Es war das Verfahren der Berichtsprüfung, das von Anfang an die Hauptlast der Wahrung der Rechte aus dem IPBPR zu tragen hatte. Dieses Verfahren war bekanntlich mit der UN-Anti-Rassismus-Konvention (Art. 9) von 1966[45] eingeführt worden (Art. 9) und bewährte sich dann auch im Rahmen des IPBPR. Anfänglich als bloßes Frage- und Antwortspiel zwischen dem MRA und einer anwesenden Delegation des kontrollierten Staates gestartet, hat sich das Berichtsprüfungsverfahren über die Jahre hinweg zu einem Instrument entwickelt, das zu einem schlagkräftigen Instrument zur Gewährleistung der Paktrechte geworden ist. Allerdings ist die Stärke dieses Verfahrens gleichzeitig seine Schwäche. Seine Durchführung liegt in den Händen von Experten, die versuchen, die ihnen vorgelegten Berichte ihrem Auftrag gemäß primär nach juristischen Methoden zu beurteilen. An diesem methodischen Ansatz ist nichts zu bemängeln, aber es fehlt ihm durchweg die politische Durchschlagskraft gegenüber den einzelstaatlichen Regierungen. Die Medien finden meist wenig Anreiz an dem Austausch von Argumenten über eher allgemein gehaltene Sachprobleme und scheuen sich, ihre Leser oder Zuschauer und Zuhörer laufend über die kontinuierlich stattfindenden Kontrollprozesse in den UN-Gremien zu unterrichten. So besteht generell die Gefahr, dass die Prüfung von Staatenberichten zu bloßen Routineveranstaltungen zusammensinkt, von denen kein großer Impuls für echte Verbesserungen ausgeht, weil sie für bloße bürokratische Veranstaltungen gehalten werden.

Systemisch betrachtet hat die Berichtsprüfung, die für alle universellen Übereinkommen als Standardmodalität der Kontrolle vorgesehen ist, an sich ein hohes Gewicht. Denn sie erlaubt es dem Prüfungsgremium, zentrale Fragen des Grundrechtsschutzes aufzuwerfen und in ihrer ganzen Komplexität zu bewerten, während die Individualbeschwerde naturgemäß einen spezifischen Sachverhalt, meist einen Einzelfall, zum Gegenstand hat, aus dem zwar allgemeine Lehren gezogen werden können, dessen Beurteilung aber doch von der Sache her in ihrer Aussagekraft beschränkt bleibt. Sowohl bei der Prüfung der Berichte nach dem IPBPR wie auch im Verfahren nach dem IPWSKR können ganze Sachbereiche unter die Lupe genommen werden. Die Sozial- und Gesundheitspolitik eines Landes, einschließlich der Wohnungsbaupolitik,[46] wie auch seine Migrationspolitik oder seine Klimapolitik lassen sich im Dialog mit der anwesenden Regierungsdelegation erörtern. Hier liegt ein großes Potenzial, das aber bewusst genutzt werden muss. Die Sachverständigenausschüsse bemühen sich in der Regel, im Vorhinein den „Streitgegenstand" zu definieren, indem sie der jeweiligen Regierung eine Liste der kontroversen Punkte zusenden, auf die sich dann im gegenseitigen Einvernehmen die Diskussion begrenzen soll. Als typisches Beispiel wurde hier die Erörterung des 3. periodischen Berichts

[45] 660 UNTS 165, Fn. 6.

[46] Vgl. etwa die abschließenden Bemerkungen zum 6. periodischen Bericht Spaniens, CESCR, E/C.12/ESP/CO/6 (25 April 2018), Rn. 35–38; zum 8. periodischen Bericht Italiens, CESCR, E/C.12/ITA/CO/6 (7. Dezember2022), Rn. 45–46.

von Brasilien nach dem IPWSKR in den Jahren 2020 bis 2023 gewählt.[47] Die hierzu angefertigte „List of issues" enthält ein sehr eingehendes Inventar aller in diesem Zusammenhang relevanten Probleme.[48] Die Schlussbemerkungen des WSKR-Ausschusses als Ergebnis der Diskussion mit der staatlichen Seite kommen aber kaum über eine Wiederholung der aufgeworfenen Fragen hinaus.[49] Die Gründe liegen vor allem in der Tatsache, dass den prüfenden Experten in aller Regel der spezifische Sachverstand fehlt[50] und dass die Prüfung aus Geld- und Zeitmangel in kürzester Zeit ablaufen muss, sodass eine relevante Vertiefung der anstehenden Sachfragen vielfach ausbleibt. Gerade bei ökonomisch geprägten Sachverhalten beschränkt sich die Prüfung in der Regel auf eine Aufzählung der Einzelprobleme, ohne dass es zu einer Gesamtanalyse kommen würde, die allerdings auch von Personen mit vorwiegend juristischen Fertigkeiten nicht erwartet werden kann. So liegt der Hauptnutzen der dialogisch geführten Prüfungen vor allem in der Tatsache, dass hier die eigentlich drängenden Sachfragen objektiv und ohne parteiische Schlagseite in das Licht der Öffentlichkeit gerückt werden. Freilich muss die Öffentlichkeit auch bereit sein, die gewonnenen Erkenntnisse ebenso vorurteilsfrei zur Kenntnis zu nehmen.

Um eine verständige und konstruktive Rolle bei der Berichtsprüfung wahrnehmen zu können, bedürfte es einer vorherigen umfassenden Information. Zum Sachverständigen für die grundlegenden Probleme eines Landes wird man nicht über Nacht. Aber es wäre auch vermessen, sich von dem kurzen Prüfungszyklus richtungweisende Neuorientierungen erwarten zu dürfen. Aufgabe der Experten kann es nicht sein, möglichst vollständige Mängellisten zu erstellen, die der Regierung des betroffenen Landes meist ohnehin bekannt sein werden. Es geht im Wesentlichen darum, Transparenz zu schaffen und einen Beitrag zur Lösung der festgestellten Problemlagen im Lichte der Weltöffentlichkeit zu leisten. Hierzu eignet sich durchweg eine vertrauensvolle Verhandlung, wenn es gelingt, eine solche Atmosphäre konstruktiver Zusammenarbeit herzustellen. Die Expertenausschüsse vermögen somit als amalgamierender Faktor zu wirken. Sie sind nicht dazu bestimmt, in revolutionärem Eifer vom ideellen Himmel der Vereinten Nationen aus für ein Land Neuorientierungen einer möglicherweise verfehlten Strategie in die Wege zu leiten. Es gehört zu den Mitteln einer friedliebenden Politik, die kurzfristigen und langfristigen Konsequenzen einer dem Recht und der Wahrheit verpflichteten Überwachung sorgsam abzuwägen. Nicht immer ist es möglich, ein komplexes Problem lediglich aus der Sicht eines einzelnen Individualrechts anzugehen. Teilweise ist insoweit den Expertenausschüssen die rechte Perspektive einer sorgfältigen Rundumsicht verloren gegangen. Ein wenig überzeugendes Beispiel in dieser Richtung liefern die Allgemeinen Bemerkungen des Sozialausschusses nach dem IPWSKR

[47] Abschließende Bemerkungen des MRA zum 3. Periodischen Bericht Brasiliens, MRA, CCPR/C/BRA/3, (03. Juni 2020). Der Bericht war im Jahr 2009 fällig gewesen.

[48] CESCR, E/C.12/BRA/Q/3 (07. April 2021).

[49] CESCR, E/C.12/BRA/CO/3 (15. November 2023).

[50] Sie werden aber in der Regel vom VN-Generalsekretariat mit Beweismaterial und methodischen Erkenntnissen unterstützt.

zur Art. 15 Abs. 1(b) dieses Paktes, wo das Recht auf Teilhabe am wissenschaftlichen Fortschritt in einer Weise totalisiert wird, die alle anderen Aspekte menschlicher Existenz in den Schatten stellt und dabei jede Ausgewogenheit vermissen lässt.[51] Ganz offensichtlich verfehlt scheint im Lichte dieser Praxis die Formulierung in Art. 2(1) des IPWSKR, die Verwirklichung der Paktrechte sei anzustreben „unter Ausschöpfung aller … Möglichkeiten“. Die Aufgabe besteht ja nicht darin, jedes einzelne Recht zur vollsten Entfaltung zu bringen, sondern sämtliche Paktrechte in ein sinnvolles gegenseitiges Gleichgewicht zu bringen. Der IPWSKR-Ausschuss muss sich diese Perspektive eines Ausgleichs aller in Betracht kommenden Rechte wieder zu Eigen machen.

Insgesamt stellt sich vor allem bei den WSKR-Rechten nicht nur die Frage der individuellen oder sachlichen Qualifikation der zur Prüfung berufenen Experten, sondern auch die weitere Frage, ob ein Expertengremium eigentlich in der Lage ist, die geforderte Verantwortung zu übernehmen. Geht es etwa um Probleme der Gesundheitspolitik, der Wohnungspolitik oder der Arbeitsmarktpolitik, braucht es einen umfassenden Überblick über die Gesamtsituation des betreffenden Landes, um konstruktive Vorschläge zur Verbesserung der Lage zu machen. Es wird in den meisten Fällen nicht ausreichen, auf die allgemein bekannten Mängel hinzuweisen, ohne gleichzeitig begründete Abhilfemaßnahmen vorzuschlagen. Vor allem ist bei ausgedehnten Notlagen in bestimmten Politikbereichen die ordnende Hand einer politischen Instanz erforderlich, die in der Lage ist, die aus einer Entscheidung fließenden Konsequenzen zu verantworten. In der Mehrzahl der Fälle wird es im Übrigen auch nicht an den notwendigen Sachkenntnissen fehlen, sondern an der Fähigkeit, die gewonnenen Erkenntnisse konzeptionell in Reformvorhaben umzusetzen. Hierbei darf niemals von der Hypothese ausgegangen werden, dass allein der Staatsapparat über die geeigneten Handlungsmittel verfügt. Gravierende Defizite lassen sich in der Regel nur durch Zusammenarbeit zwischen Staat und Gesellschaft beheben. Auch Gesellschaften müssen sich vielfach der Erkenntnis stellen, dass ihre mangelnde Sozialität die tiefere Ursache für die Fehlfunktionen des staatlichen Behördenapparates ist.

2.3 Universal Periodic Review (UPR)[52]

Offensichtlich waren von Anfang an die Prüfungsmodalitäten für den IPBPR und den IPWSKR insofern lückenhaft, als eben nicht alle Mitglieder der globalen Staatengemeinschaft erfasst wurden. Einer Verpflichtung zur Rechenschaftslegung konnte man sich leicht durch Nichtratifikation der Übereinkommen entziehen. So hat China niemals den IPBPR für sich akzeptiert, während auf der anderen Seite die USA sich bis zum heutigen Tage dem IPWSKR verweigern. So wuchs in der Staatengemeinschaft langsam das Unbehagen an diesem Ungleichgewicht. Gleich-

[51] CESCR, E/C.12/GC/25 (30. April 2020). Kein Problembewusstsein bei Shawa (2023), S. 30.

[52] Ungebräuchliche deutsche Fassung: Allgemeines periodisches Überprüfungsverfahren.

zeitig mit der Umgestaltung der Menschenrechtskommission zum Menschenrechtsrat (MRR) im Jahre 2006 gelang es, vor diesem neuen Gremium das Verfahren des Universal Periodic Review zu begründen, welches vorsieht, dass sich alle Staaten der Weltorganisation regelmäßig einer Überprüfung ihrer Menschenrechtslage unterziehen, und zwar freiwillig, ohne äußeren Zwang.[53] Nach den einschlägigen Regeln des MRR kommt es hierbei nicht darauf an, ob das Land sich durch Ratifikation den verbindlichen Regeln des jeweiligen Sachkomplexes unterworfen hat.[54] Man darf diese Bereitschaft, sich einer kritischen Befragung vor dem Menschenrechtsrat zu unterstellen, als eine echte Geste internationaler Zusammenarbeit bewerten. So ist es jetzt etwa seit 15 Jahren möglich, China zu Problemen der politischen Freiheiten oder der Todesstrafe anzusprechen,[55] obwohl China sich nach wie vor von dem IPBPR fernhält und sich aufgrund seiner Staatsphilosophie auch in absehbarer Zeit nicht in der Lage sehen wird, sich dem Vertragswerk anzuschließen.

Das UPR-Verfahren ist als eine offene Prozedur ausgebildet, zu der alle Mitglieder der Weltorganisation Zugang haben durch Bemerkungen und Empfehlungen zu dem jeweils vorgelegten Staatenbericht.[56] Im Ansatz ist die gewählte Methode zu begrüßen: hier legt ein Staat gegenüber der gesamten Weltöffentlichkeit Rechenschaft ab zu seinem Handeln auf dem Gebiet der Menschenrechte, und zwar nicht nur gegenüber einem Expertengremium. Die Verantwortung der Staatengemeinschaft für den Schutz und die Förderung der Menschenrechte wird hier dem äußeren Anschein nach greifbar sichtbar. Allerdings führt das notwendige Zeitmanagement zu drastischen Einschränkungen vor allem in den Fällen, wo das in Betracht gezogene Land allgemeine Aufmerksamkeit auf sich zieht. So meldeten sich zur Bewertung des 4. chinesischen Berichts am 23. Januar 2024 nicht weniger als 161 Delegationen mit 428 Erklärungen zu Wort, die ihre Ausführungen nach einem strikten Zeitplan in kürzesten Minutenabständen vortragen mussten, da für jeden Bericht ein enges Zeitbudget von nicht mehr als drei Stunden vorgesehen ist.[57] Zu einem echten Dialog über die erörterten Sachprobleme kann es unter solchen Umständen nicht kommen. So drängt sich der Eindruck auf, dass die gute Absicht durch die Massenhaftigkeit der mechanischen Abwicklung zunichte gemacht wird. Ein transparentes demokratisches Verfahren unter Beteiligten aller Mitglieder gerät an die Grenzen seiner Belastbarkeit und kann letzten Endes nicht mehr als förderlich für den angestrebten Zweck betrachtet werden.

Alle hier gezogenen Schlussfolgerungen müssen unter Vorbehalt stehen, da ja die ganze Fülle der Materialien von einem einzelnen Beobachter füglich nicht überblickt werden kann. Dennoch mag zumindest versuchshalber der Kommentar er-

---

[53] Resolution der VNGV vom 15. März 2006, UNGA Res. No. 60/251; Resolution des VN-Menschenrechtsrates vom 18. Juni 2007, HRC Res. No. 5/1.

[54] Zum institutionellen Aufbau des MRR und dessen Verfahren vgl. Res. HRC/5/1, 18.6.2007. Zu den anwendbaren Maßstäben gehört auch die AEMR.

[55] Resolution des VN-Menschenrechtsrates vom 11. März 2024, UN Doc. A/HRC/56/6, Rn. 22.82. – 22.98.

[56] Kommentierung durch Tomuschat (2011), S. 609.

[57] Im Falle der USA ergriffen 116 Delegationen das Wort mit 347 Erklärungen oder Empfehlungen.

laubt sein, dass die Berichtsprüfung des UPR in der jetzigen Form deutlich ihren Zweck verfehlt, wenn die tatsächlich vorhandenen Probleme auf beiden Seiten lediglich schablonenhaft abgehandelt werden. Eine gemeinsame Beratung oder ein regelrechter Austausch von Argumenten sind nicht vorgesehen. Weitere Forschungen wären notwendig, um eine bessere Verbindung von Zielgenauigkeit und demokratischer Legitimität herzustellen. Gegenwärtig läuft das Verfahren regelmäßig weiter: bei jeder der Sitzungen des Menschenrechtsrates werden 14 bis 16 Berichte geprüft. Nur wer die Fragerunden über längere Zeiträume hinweg beobachtet hat, wird sagen können, ob über UPR tatsächliche Fortschritte erzielt worden sind. Der erste Eindruck von der gesteigerten Legitimität des UPR wegen der wahrhaft globalen Zusammensetzung des Prüfergremiums – nämlich aller Mitgliedstaaten der VN – trügt offensichtlich, wenn diese Aufsichtsmodalität sich durch Routine selbst der Substanz entleert.

Die vorstehend unter A., B. und C. vorgestellten Prüfverfahren vermitteln aufgrund ihrer unterschiedlichen Modalitäten in aller Regel ein hervorragendes Gesamtbild der Lage in den einzelnen untersuchten Ländern. Sie legen gleichzeitig die Schlussfolgerung nahe, dass es bei diesen Kontrollen auf Weltebene durchweg weniger auf punktgenaue Einhaltung der verbindlichen Rechtsinstrumente ankommt als vielmehr auf die angestrebte Zielrichtung im Allgemeinen. Mit den Unterschiedlichkeiten in den Sozialstrukturen kann man bei einem Modell der Verfassungsgerichtsbarkeit nach deutschem und spanischem Muster weniger gut zurechtkommen als mit einem Modell, in dem die Finalität im Vordergrund steht und wo demgemäß Elemente eines sachgerechten Aushandlungsprozesses eingesetzt werden. Auf die förmliche Verbindlichkeit des Verfahrensabschlusses wird in der Regel kein gesteigerter Wert gelegt.

2.4 Die Agenda 2030 für nachhaltige Entwicklung

Da bei der Bewertung des menschenrechtlichen Standards in den einzelnen geprüften Ländern in den ersten Phasen der vorgeschriebenen Prüfungstätigkeit in den unterschiedlichen Verfahren der Akzent meist auf den liberalen Freiheitsrechten vor allem des IPBPR lag, hat sich die Generalversammlung im Jahre 2015 entschieden, zusätzlich zu den vorhandenen Verfahren noch einen Aktionsplan unter dem Namen „Agenda 2030 for Sustainable Development“ einzufügen, um insbesondere die materiellen Bedürfnisse der Einzelperson in einer sehr konkreten Weise abzudecken.[58] Eines der Hauptziele der Agenda, die schon über die Hälfte ihrer Laufzeit hinter sich hat, ist es, den Hunger in der Welt zum Verschwinden zu bringen und jedem Menschen durch Elementargarantien seiner Existenz in Bezug auf Wasser, Nahrung, Unterkunft und hygienische wie ärztliche Betreuung ein menschenwürdiges Leben zu ermöglichen. Es handelt sich also um einen Globalplan zur Befriedigung der menschlichen Grundbedürfnisse im Sinne der Daseinsvorsorge. Das generelle

[58] Resolution der UN-Generalversammlung vom 25. September 2015, UN Doc. A/Res/70/1.

Motto lautet: No one shall be left behind.[59] Auch hier hat man die Modalität der freiwilligen Teilnahme gewählt in der Erkenntnis, dass die Aufgaben im Rahmen der Agenda 2030 allein vom Umfang her so gewaltig sind, dass kein Staat sich ohne weiteres in eine umfassende Bindung begeben würde. Demselben Muster plakativer Ankündigungen folgt jetzt wieder der Pact for the Future vom September 2024.

Die Multidimensionalität der Herausforderung hat offensichtlich auch alle Planungen über den Haufen geworden. Ein Bericht des Generalsekretärs aus dem Jahre 2023 stellt eine beunruhigende Diagnose:

> „Leave no one behind. That defining principle of the 2030 Agenda for Sustainable Development is a shared promise by every country to work together to secure the rights and well-being of everyone on a healthy, thriving planet. But halfway to 2030, that promise is in peril. …
>
> A preliminary assessment of the roughly 140 targets for which data is available shows that only about 12 per cent are on track; more than half, although showing some progress, are moderately or severely off track; and some 30 per cent have either seen no movement or regressed below the 2015 baseline".[60]

Diese Informationen belegen, dass der Agenda-Prozess an Kraft verloren hat und sogar zurückfällt.

Das System für die Überprüfung der Fortschritte zur Verwirklichung der Agenda 2030 ist in genauen Schritten, aber doch in recht flexibler Form umschrieben. Die Staaten werden gebeten, Berichte über ihre Leistungen vorzulegen, und zwar nach genauen Mustervorlagen. Informationen erreichen das High-Level Political Forum on Sustainable Development, das höchste Überprüfungsgremium, entweder über Berichte der teilnehmenden Staaten selbst (Selbstbewertungen, voluntary national reviews) oder durch Berichte des VN-Generalsekretärs. Die nationalen Selbstbewertungen sind durchaus hilfreich, aber sie liegen meist nur in geringer Anzahl vor. So sind bisher für das Jahr 2024 nur 36 solcher Berichte eingegangen, meist von kleineren Ländern. China, Russland und die USA beteiligen sich nicht. Die verfügbaren Daten zeigen, wie mühsam und zeitraubend es ist, Versuche zur Besserung der Lebensverhältnisse der jeweiligen Bevölkerung zu unternehmen. Hilfe wird von den VN zwar geleistet, aber doch sind die Länder im Wesentlichen auf sich allein angewiesen. Hoffnung sollte nicht durchweg auf Hilfe von außen gesetzt werden.

Die Arbeit an der Agenda 2030 hat trotz ihrer Lückenhaftigkeit einen großen Vorteil. Die Probleme, denen sich die einzelnen Länder entgegensehen, werden mit klaren Worten ungeschminkt dargeboten. Die Agenda bietet eine unverfälschte Übersicht über die wahre Tatsachenlage weltweit. Für jedes einzelne Land lässt sich mit leichter Hand feststellen, an welchem Punkt der Prozess der Verständigung zwischen Eigenverantwortung und solidarischer Hilfeleistung durch die internationale Gemeinschaft angelangt ist. Insgesamt überwiegt die Eigenverantwortung. Die „goals and targets" der Agenda sind nicht von einer externen Autorität definiert wor-

---

[59] UN Sustainable Development Group, https://unsdg.un.org/2030-agenda/universal-values/leave-no-one-behind (letzter Zugriff am 22.5.2025).

[60] Bericht des VN-Generalsekretärs vom 27. April 2023, Progress towards the Sustainable Development Goals: towards a rescue plan for people and planet, UN Doc. A/78/80-E/2023/64, paras. 1, 4.

den, sondern werden in stetiger Interaktion zwischen allen Beteiligten bestimmt. Insgesamt stellt sich der Agenda-Prozess als ein gesellschaftliches Unternehmen ohne überstaatliche oder sonstige verbindliche Vorgaben dar. Insgesamt ist die Agenda so zu einem Gradmesser für die globale Entwicklungspolitik, ihre Stärken und vor allem auch ihre Schwächen geworden.

Obwohl bereits jetzt feststeht, dass eine Vielzahl der anvisierten Ziele nicht erreicht werden kann, darf man den Agenda-Prozess wegen seiner nüchternen Ehrlichkeit mit einem Pluszeichen versehen.[61] Er repräsentiert in gewisser Weise das realisierbare Optimum dessen, was die Weltorganisation auf der Ebene von Überzeugung und Dialog erreichen kann, ohne zu Mitteln des Zwangs wie Strafverfolgung wegen internationaler Verbrechen und Maßnahmen des Sicherheitsrats nach Kapitel VII der Charta zu greifen.

2.5 *Ländermandate und Themenmandate*

Immer wieder wird es notwendig, einen geschärften Blick auf grob menschenrechtswidrige Vorgänge in einzelnen Ländern zu werfen, sofern die geschilderten allgemein anwendbaren Prüfungsverfahren ohne greifbare Ergebnisse bleiben. Parallel dazu hat sich das Augenmerk auf spezifische toxische Unrechtskomplexe gewendet, die abseits der vom internationalen Strafrecht definierten Straftaten geeignet sind, schwere Störungen im internationalen Sozialgefüge hervorzurufen. Schon früh hatte sich auf der Grundlage der Zuständigkeiten der Generalversammlung ohne spezielle Kompetenzzuweisung ein System entwickelt, wonach Menschenrechtskommission bzw. MRR und GV die Befugnis besitzen, Aufträge zur Untersuchung solcher massiv gegen die Grundsätze der Charta verstoßenden Entwicklungen zu beschließen und zu diesem Zweck Sonderberichterstatter zu bestellen.[62] Es hat sich hier eine natürliche Zweiteilung nach Ländern und Themenbereichen ergeben. Derzeit (Dezember 2024) fungieren 46 thematische Berichterstatter mit einer erstaunlichen Breite der Fragestellungen und 14 Länder-Berichterstatter. Durch diese neue Institution wird ein Teil der Verantwortung auf individuelle Sachverständige verlagert, die ihre Berichte am Ende ihrer Tätigkeit dem MRR zur endgültigen Beschlussfassung vorlegen. Für einige wenige Länder (insbesondere Iran und Myanmar) sind weitergehend Independent International Fact-Finding Missions eingesetzt worden.

Stets ist die Bestimmung vor allem der Länder, die einer derartigen „Sonderprüfung" bedürfen, streitig gewesen. Kein Land sieht sich gerne in der Rolle des Verdächtigen. Vielfältige Versuche hat es gegeben, diese von den Betroffenen als diskriminierend empfundenen gesteigerten Formen einer Kontrolle abzuschaffen. Die Einführung des UPR hat aber wegen ihrer geschilderten Schwächen die Figur des

[61] Letzter Gesamtbericht der UN Sustainable Development Group: https://unstats.un.org/sdgs/report/2024/The-Sustainable-Development-Goals-Report-2024.pdf (letzter Zugriff am 11.11.2024).

[62] Hierzu Clapham (2020) S. 116–118; Tomuschat (2024), S. 193–194.

Länderberichterstatters nicht verdrängen können. Im Gegenteil ist mit der konsolidierten Form der „special procedures" der Länderberichterstatter zu einem festen Bestandteil des Programms des MRR geworden.[63] Beschlüsse über die Einleitung eines solchen Verfahrens lassen sich im MRR durchweg nur mit Mehrheitsbeschlüssen durchsetzen.[64] An den erhaltenen Stimmen kann man ggf. auf den moralischen und rechtlichen Ruin eines Landes schließen.[65] Die aus der Arbeit der Länderberichterstatter hervorgehenden Berichte bieten durchweg reiches Anschauungsmaterial für Vorgänge, die mit den tragenden Prinzipien der Charta nicht zu vereinbaren sind. Feststellen lässt sich, dass auf diese Weise jedenfalls die tatsächlichen Grundlagen für eine handfeste politische Bewertung der untersuchten Geschehnisse geschaffen werden. Allerdings steht es den Staaten frei, da der MRR keine Zwangsbefugnisse besitzt, einem Berichterstatter die Einreise zu verwehren und die Zusammenarbeit mit ihm zu verweigern.[66] Die frühere Gewissheit, dass „naming and shaming" eine glückliche Einheit bilden könnten, hat sich leider verflüchtigt. Einem Lande wie Russland scheinen selbst Serien von Morden gegenüber Regimegegnern bei vielen gleichgesinnten Sympathisanten nichts anhaben zu können. So befindet sich die internationale Gemeinschaft auf einem fatalen Abstieg zu einem bloßen Machtkartell, bei dem für einen erheblichen Anteil von Mitgliedern die in der Charta formulierten Gemeinschaftswerte zweitrangig geworden sind. Die Einführung des Rechtsinstituts der „Schutzverantwortung" (responsibility to protect) durch eine Resolution der GV im Jahre 2005, welche es dem Sicherheitsrat gestattet, seine für internationale Sachverhalte konzipierten Machtmittel des Kapitels VII der Charta ggf. auch zur Absicherung bestimmter Bevölkerungsgruppen innerhalb eines Staates einzusetzen,[67] hat die festgestellten Defizite bisher leider nicht beheben können. Die kollektive Verantwortung des Sicherheitsrates bleibt auch in dieser Hinsicht uneingelöst. In der Regel kommt es selbst bei Feststellungen über schwerste Menschenrechtsverletzungen lediglich zu Verurteilungen, die zwar erhebliches politisches Gewicht haben, aber keine rechtlichen Folgerungen nach sich ziehen.[68] Weitgehend

---

[63] MRR Res. 5/1, Fn. 54, Rn. 5 (e).

[64] Vgl. etwa die Resolution 53/18 des Menschenrechtsrates über die Lage der Menschenrechte in der Arabischen Republik Syrien vom 5. Juli 2023, angenommen mit 24 : 4 Stimmen bei 18 Enthaltungen; Resolution 20/13 zur Lage der Menschenrechte in Belarus vom 5.7.2012, angenommen mit 22 : 5 Stimmen bei 20 Enthaltungen; Resolution 53/19 vom 13.7.2023, angenommen 20 : 6, 18 Enthaltungen. Einsetzung des Sonderberichterstatters zur Menschenrechtslage in Russland am 7.10.2022 mit Resolution A/HRC/RES/51/25 mit 17 : 6 Stimmen bei 24 Enthaltungen; Bestätigung des Mandats am 12.10.2023 mit 18 : 7 Stimmen bei 22 Enthaltungen am 18.7.2023.

[65] Der Sonderberichterstatter zu Eritrea wurde am 6.7.2012 im Consensus Verfahren bestellt, während 2023 die kritische Mehrheit auf 18 Stimmen angewachsen war (bei 7 Gegenstimmen und 21 Enthaltungen), UN Doc. A/HRC/RES/53/2 (12. Juli 2023).

[66] So wurde Anfang August 2024 der vom MRR bestellte Sonderberichterstatter für Afghanistan, das sich beharrlich weigert, die Gleichberechtigung von Mann und Frau anzuerkennen, an der Einreise in das Land gehindert, Reuters, 21 August 2024.

[67] VNGV-Res. 60/1, Fn. 13, Rn. 139.

[68] Vgl. etwa aus jüngster Zeit die mit 88 gegen 16 Stimmen bei 19 Enthaltungen angenommene UNGA-Resolution Nr. 78/222 (19. Dezember 2023) zu Syrien.

würde die Spannung aus der Einfügung in die Liste der Länder unter Sonderbeobachtung genommen, wenn diese Länder ihre Sonderstellung nicht als diskriminierenden Tadel empfänden, sondern als Aufruf, in Zusammenarbeit mit der Weltorganisation ernsthaft an der Behebung der festgestellten Mängel und Missstände zu arbeiten. Dies setzt allerdings die Bereitschaft der angesprochenen Regierungen voraus, ihre Politik in diesem Sinne zu gestalten.

2.6 Beteiligung der Zivilgesellschaft

Ursprünglich nicht vorgesehen war die Beteiligung der Zivilgesellschaft an den Prüfungsverfahren. Durchgehend hat sich aber als feststehendes Praxiselement eine konstruktive Beteiligung der Zivilgesellschaft nach unterschiedlichen Modalitäten durchgesetzt. Diese Beteiligung darf einerseits als Segen gewertet werden, kann aber auch durch Überfülle zur (gutwilligen) Torpedierung des jeweiligen Verfahrens führen. Durch kluges Management lassen sich hier konstruktive Kooperationsformen finden. Die Praxis entkräftet schon für sich allein das oft geäußerte Vorurteil, das Weltgeschehen werde von einer elitären Gruppe vaterlandsloser Bürokraten gelenkt.

Am Ende der Betrachtungen über den Schutz der Menschenrechte durch hoheitlich organisierte Verfahren sei abermals die Selbstverständlichkeit betont, dass die von der Charta eingesetzte Verfassung der Freiheit dem Individuum gerade durch die verbrieften Rechte und Freiheiten Handlungsmittel zur Verfügung stellt, die es ihm erlauben, auch außerhalb solcher präformierter Abläufe seine Anliegen zur Geltung zu bringen. Meinungs-, Vereinigungs- und Versammlungsfreiheit sind vornehmlich die Waffen, mit denen sich bürgerliche Freiheiten allein oder gemeinsam verteidigen lassen. Die hoheitliche Sphäre frisst nicht das gesamte gesellschaftliche Leben auf.

3 Schlussbetrachtung

In diesem kurzen Beitrag sollte es nur darum gehen, einen zumindest kursorischen Blick auf die tatsächliche Wirkungskraft der von der internationalen Gemeinschaft innerhalb des Systems der Vereinten Nationen geschaffenen Mechanismen zum Schutze der Menschenrechte zu werfen. Unleugbar ist das Thema Menschenrechte durch die Charta und ihre Umsetzung durch die Institutionen der Weltorganisation in den Mittelpunkt der Weltpolitik gerückt.[69] Alles staatliche Handeln muss sich heute an diesen Parametern messen lassen. Für einen Juristen besteht die große Herausforderung darin, die Analyse über das Sammeln von normativen Daten und bloße Geschäftigkeit hinaus voranzutreiben. Die Anzahl der im Zeichen der VN zu-

[69] Es eifert mit dem Thema Klimawandel um den ersten Rang auf der Dringlichkeitsliste.

stande gekommenen multilateralen Übereinkommen und der zusätzlichen Mechanismen ohne völkerrechtlich verbindliche Grundlage ist mittlerweile Legion geworden. Sie alle sind mehr als bloße Fassade und spiegeln vieltausendfach ehrliches Bemühen wider. Insgesamt findet in dem Normengebäude zum Schutz der Menschenrechte ein globaler Wertekatalog seinen Niederschlag, der in der internationalen Gemeinschaft höchste, wenngleich nicht durchweg einhellige Anerkennung genießt. Unbestreitbar ist jedenfalls, dass primär in den VN die prägenden Diskurse über weltweit geltende ethische Ziele der Politik stattfinden. Es gibt kein anderes Forum, wo diese Diskurse in der gleichen Breite und Tiefe ein Heimatrecht gefunden hätten. Vor allem ist ein ungeheures Wissen über die tatsächliche Lage in der Welt angesammelt worden, das ohne Rückgriff auf ungewöhnliche und kostspielige Mittel frei zugänglich ist. Dennoch gehen Machtspiele auf globaler wie regionaler Ebene vielfach davon unbeeinflusst weiter und folgen anderen Leitsternen. Im Jahre 1945 herrschte die Überzeugung vor, dass nach der Niederwerfung des nationalsozialistischen Regimes in Deutschland und der Niederlage des imperialistischen Japans das institutionell Böse in der Welt besiegt sei und dass nun auf der Grundlage von Frieden und Gleichheit ein rational vernünftiges und ethisch fundiertes System der internationalen Beziehungen geschaffen werden könne. Die VN sind heute der institutionelle Rahmen für diese Bemühungen.

Der drohende und sich bereits vollziehende Klimawandel hat alle Bewohner dieses Erdballs zur Verantwortung aufgerufen. In einem Zeitpunkt, wo der Planet Erde an die Grenzen seiner Belastbarkeit heranrückt, müssen auch ungewohnte Fragen erlaubt sein. Zentral und unverzichtbar ist nach wie vor das Verbot der Anwendung militärischer Gewalt in den internationalen Beziehungen, das Menschen in umfassender Weise vor Tod und sonstiger existenzieller Not schützt. Das gegenwärtige System muss sich aber darüber hinaus auch durch Selbstdisziplin und Elemente der Solidarität legitimieren. Insofern liegt die Herausforderung wieder bei den Völkern selbst, die ihre Entscheidungen im Bewusstsein ihrer Verantwortung für sich selbst und die anderen Mitglieder der menschlichen Gemeinschaft treffen müssen. Die Aufgabe des Juristen ist es, von der Ebene der Graswurzeln her die für die notwendigen Transformationsprozesse erforderlichen Institutionen und Verfahren zu konzipieren und nach demokratischer Absicherung zur Verfügung zu stellen. Bisher haben sich die von der Charta insoweit ins Leben gerufenen Formen der internationalen Zusammenarbeit bewährt. Für echte Notstandslagen sind aber bisher keine ausreichenden Vorkehrungen getroffen worden.[70]

Die vorstehenden Betrachtungen können nicht mit konkreten Vorschlägen oder Handlungsanweisungen enden. Für diesen Zweck bedürfte es einer gründlicheren Aufarbeitung des riesigen empirischen Materials, das sich mittlerweile vor allem in den Archiven des VN-Sekretariats angesammelt hat. So musste sich diese Abhandlungen auf eine Reihe repräsentativer Analysen hinsichtlich der wichtigsten Handlungsfelder der internationalen Menschenrechtspolitik beschränken. Je weiter der Kreis der Untersuchung *ratione territorii et nationum* gezogen wird, umso

---

[70] Zu „complex global shocks" jetzt der VNGV „Pact for the Future" vom 22. September 2024, UN Doc. A/79/L.2, Action 54.

schwieriger wird es, allgemeine Schlussfolgerungen zu ziehen. Globale Menschenrechtspolitik ist Weltpolitik, die niemals zum Stillstand kommt, die aber trotz aller Spannungen und Widrigkeiten niemals das Ziel aus dem Auge verlieren darf, den Menschen – allen Menschen – zu helfen und insbesondere menschliches Leben zu achten und zu schützen.

Literatur

Buergenthal, T. (2006). The evolving international human rights system. *AJIL, 100*(4), 783–807.

Clapham, A. (2020). The general assembly. In Mégret & Alston (Hrsg.), *The United Nations and human rights* (S. 99–130). OUP.

Keller, H., & Marti, C. (2013). Interim relief compared: Use of interim measures by the UN Human Rights Committee and the European Court of Human Rights. *ZaöRV, 73*, 325–372.

Menéndez, A. J., & Müllerson, R. (2022). Three times lucky: In dialogue with Rein Müllerson. *European Law Open, 1*(2), 446–461.

Nyane, H. (2022). The interface between the right to life and the right to health in Lesotho. *African Human Rights Law Journal, 22*, 266–288.

Shawa, R. (2023). A promising potential: Using the right to enjoy the benefits of scientific progress to advance public health in Africa. *African Human Rights Law Journal, 23*, 30–47.

Sommermann, K.-P. (1984). *Der Schutz der Grundrechte in Spanien nach der Verfassung von 1978*. Duncker & Humblot.

Sommermann, K.-P. (2021). Die Entwicklung der Grundrechte und der Grundrechtsdogmatik in Deutschland. In H.-J. Blanke, S. Magiera, J.-C. Pielow, & A. Weber (Hrsg.), *Verfassungsentwicklungen im Vergleich*. Duncker & Humblot.

The American Law Institute. (1987). *Restatement of the law third. The foreign relations law of the United States* (Bd. 2). American Law Institute Publishers.

Tomuschat, C. (2011). Universal periodic review: a new system of international law with specific ground rules? In U. Fastenrath et al. (Hrsg.), *From Bilateralism to Community Interest. Essays in Honour of Judge Bruno Simma* (S. 609–628). OUP.

Tomuschat, C. (2024). *Human rights. Between idealism and realism*. OUP.

Grundlegungen und Einzelbetrachtungen des ausländischen öffentlichen Rechts und der Transnationalisierung des öffentlichen Rechts

Die Transformation der öffentlichen Verwaltung durch Digitalisierung, Automatisierung und KI-Einsatz

D. -U. Galetta

1 Prämisse

In diesem Beitrag untersuche ich die Auswirkungen der fortschreitenden Automatisierung auf die öffentliche Verwaltung, wobei der Fokus insbesondere auf dem Einsatz von Systemen liegt, die auf künstlicher Intelligenz (KI) basieren.

Ich habe dieses Thema für den Beitrag ausgewählt, den ich Karl-Peter Sommermann widmen möchte, da es traditionelle Aspekte des Verwaltungsrechts mit aktuellen Fragestellungen verknüpft. Dies spiegelt treffend die besonderen Eigenschaften dieses international anerkannten Wissenschaftlers wider, der im Laufe zahlreicher akademischer Begegnungen auch zu einem engen Freund geworden ist.

Bei der Behandlung dieses Themas ist von folgender Prämisse auszugehen: Die Fachliteratur definiert künstliche Intelligenz als eine Unterdisziplin der Informatik. Sie umfasst im Wesentlichen das Studium von Theorien, Techniken und Methoden zur Entwicklung von Hardware- und Softwaresystemen. Diese Systeme sollen in der Lage sein, kognitive Leistungen zu erbringen, die traditionell der menschlichen Intelligenz zugeschrieben werden. Das Ziel besteht darin, Ergebnisse zu erzielen, die sich kaum von denen eines Menschen mit spezifischen Fähigkeiten unterscheiden

Diana-Urania Galetta ist ordentliche Professorin für Verwaltungsrecht und europäisches Verwaltungsrecht. Sie ist Direktorin des Interdisziplinären Forschungszentrums für das Recht der öffentlichen Verwaltung (CERIDAP) (https://ceridap.eu/) und der Doktorandenschule „International and Public Law, Ethics and Economics for Sustainable Development" (LEES) an der Universität Mailand sowie Gründungsmitglied des internationalen Forschungsnetzwerks ReNEUAL.

D. -U. Galetta (✉)
Mailand, Italien
E-Mail: dianaurania.galetta@unimi.it

C. Fraenkel-Haeberle, B. Peters (Hrsg.), *Öffentliches Recht in transnationaler Perspektive*, https://doi.org/10.1007/978-3-662-72331-9_7

lassen. Die Realisierung von KI bedeutet somit die Entwicklung von Systemen, die charakteristische Funktionen menschlicher Denkprozesse nachbilden können.[1]

Alan Turing, der als Vater der Informatik und der Künstlichen Intelligenz gilt, betonte in seinem berühmten Aufsatz von 1950, dass selbst ein Jahrtausend möglicherweise nicht ausreicht, um eine vollständige mathematische Beschreibung der Funktionsweise des menschlichen Gehirns zu erlangen.[2] Neurowissenschaftler teilen bis heute die Ansicht, dass eine vollständige Reproduktion des menschlichen Gehirns in Maschinen aufgrund seiner immensen Komplexität und des Mangels an zuverlässigen Daten zur lückenlosen Entschlüsselung seiner Funktionsweise nicht realisierbar ist.[3] Was hingegen als machbar erscheint, ist die mehr oder weniger erfolgreiche Nachbildung jener Aspekte der menschlichen Intelligenz, die umfassend verstanden wurden. Auf dieser Grundlage lassen sich Systeme entwickeln, die als „rechnerisch plausibel" gelten können.[4]

Eine wichtige Erkenntnis gesellt sich zu diesen Überlegungen: Verwaltungsbehörden setzen zunehmend KI-gestützte automatisierte Entscheidungssysteme auf nationaler und EU-Ebene ein. Es ist von entscheidender Bedeutung, die Grundsätze des Rechtsstaats[5] und das Recht auf gute Verwaltung auch in Zeiten rasanter technologischer Entwicklungen und der Verbreitung dieser Systeme im öffentlichen Sektor zu wahren.

Ich bin fest davon überzeugt, dass die Garantien des öffentlichen Rechts auch im Zeitalter der künstlichen Intelligenz und automatisierter Entscheidungssysteme unabdingbar bleiben.[6] Die zentrale Frage liegt jedoch darin, wie diese rechtlichen Schutzmaßnahmen in der Praxis effektiv umgesetzt und gewährleistet werden können.

2 Entwicklung von KI-Regeln und -Programmen und automatisierte Entscheidungsfindung in Einzelfällen: Zwei unterschiedliche und zu trennende Szenarien

In Diskussionen über künstliche Intelligenz und den Einsatz automatisierter Entscheidungssysteme in der öffentlichen Verwaltung ist es essenziell, die Potenziale und Risiken deren Implementierung auf zwei verschiedenen Ebenen zu behalten. Diese Differenzierung ist umso wichtiger, als in der akademischen Debatte – und selbst in der Gesetzgebung – häufig eine Vermengung und Verwechslung dieser

[1] Carlucci Aiello (2015), S. 1.

[2] Turing (1950), S. 452.

[3] Dehaene (2022), S. 1.

[4] S. weiter in Galetta (2023b), S. 1 ff.; Galetta (2025b), *passim*.

[5] Dieses Thema war dem Geehrten schon immer wichtig.: Vgl. u. a. Sommermann (1999), S. 337 ff.; Sommermann (2007a), S. 443 ff.; Sommermann (2007b), S. 75 ff.

[6] Galetta, Hofmann (2024), S. 453 ff.; Galetta (2025b).

Ebenen zu beobachten ist. Es geht einerseits um die Konzeption von KI-Regeln und die Ausarbeitung von Softwareentwicklungsstandards. Andererseits werden die Probleme adressiert, die sich aus der KI-gestützten individuellen Entscheidungsfindung ergeben. Ein wesentlicher Aspekt betrifft zum Ersten die erforderlichen Voraussetzungen zur Sicherstellung der öffentlich-rechtlichen Legitimität bei der Implementierung automatisierter Systeme. Diese Systeme fungieren als übergeordneter Rahmen für Einzelfallentscheidungen und weisen somit eher den Charakter allgemeiner Rechtsakte oder Verordnungen auf. Zum Zweiten erfordern automatisierte Einzelfallentscheidungen spezifische Voraussetzungen zur Sicherstellung ihrer Rechtmäßigkeit. Probleme bei solchen Entscheidungen können auf Mängel in der grundlegenden Automatisierung hindeuten, wie der italienische, allseits bekannte Fall des „Algorithmus der guten Schule“ zeigte.[7] Jedoch implizieren Schwierigkeiten in der Basisautomatisierung nicht zwangsläufig Probleme bei automatisierten Einzelfallentscheidungen.

3 Gesetzliche Determinierung, Transparenzanforderungen und juristische Herausforderungen automatisierter Systeme unter Berücksichtigung der EuGH-Rechtsprechung

Der Europäische Gerichtshof (EuGH) hat kürzlich ein Urteil gefällt, das die Bedeutung der Unterscheidung zwischen Regeln für die Implementierung automatisierter Systeme zur Entscheidungsvorbereitung und Regeln für die tatsächliche Beschlussfassung hervorhebt.

Der Gerichtshof der Europäischen Union hat in seinem Urteil vom 26. April 2022 die Nichtigkeitsklage Polens gegen Artikel 17 der Richtlinie (EU) 2019/790 abgewiesen. Die Große Kammer betonte, dass die Mitgliedstaaten bei der Umsetzung von Artikel 17 „nicht nur ihr nationales Recht im Einklang mit ihr auszulegen, sondern auch darauf zu achten [haben], dass sie sich nicht auf eine Auslegung dieser Bestimmung stützen, die mit [den] Grundrechten oder den anderen allgemeinen Grundsätzen des Unionsrechts“ im Widerspruch steht.[8] Unter Bezugnahme auf die bekannte Rechtsprechung *Facebook Ireland* und *Schrems*[9] hat der EuGH nämlich klargestellt, dass jede Einschränkung der Ausübung eines Grundrechts, die einen Eingriff darstellt, gesetzlich geregelt sein muss. Dementsprechend muss die nationale Umsetzungsregelung „die einen Eingriff in Grundrechte enthält, […] klare und präzise Regeln für die Tragweite und die Anwendung der betreffenden Maßnahme vorsehen und Mindesterfordernisse aufstellen, so dass die Personen, die in der Aus-

[7] Dazu S. Galetta, (2020), S. 501 ff.

[8] EuGH, Urt. v. 26.4.2022, *Republik Polen gegen Europäisches Parlament und Rat der Europäischen Union*, C-401/19, Rn. 99.

[9] EuGH, Urt. v. 16.07.2020, *Facebook Ireland Limited und Maximillian Schrems*, C-311/18.

übung der genannten Rechte eingeschränkt werden, über ausreichende Garantien verfügen, die ihren wirksamen Schutz vor Missbrauchsrisiken ermöglichen"; der EuGH hat außerdem Folgendes klargestellt: „Diese Regelung muss insbesondere angeben, unter welchen Umständen und unter welchen Voraussetzungen eine solche Maßnahme getroffen werden darf, damit gewährleistet ist, dass der Eingriff auf das absolut Notwendige beschränkt wird. Das Erfordernis, über solche Garantien zu verfügen, ist umso bedeutsamer, wenn sich der Eingriff aus einem automatisierten Verfahren ergibt".[10]

Aus der dargelegten Argumentation des EuGHs lässt sich ableiten, dass jegliche Einschränkung von Grundrechten, die durch den Einsatz automatisierter Systeme entstehen könnte, zwingend durch ein „Gesetz" im Sinne und für die Zwecke des Artikels 52 Absatz 1 der EU-Grundrechtecharta vorherbestimmt sein muss.[11] Es ist daher einerseits erforderlich, dass der für die Implementierung eines automatisierten Systems verwendete Softwarecode auf einer soliden rechtlichen Grundlage basiert.[12] Andererseits führt dies dazu, dass der Softwarecode eine Funktion ausführt, die der einer Verwaltungsvorschrift mit allen dazugehörigen rechtlichen Konsequenzen sehr ähnlich ist.

In dieser Hinsicht ist davon auszugehen, dass Bestimmungen des Artikel 3-bis des italienischen Verwaltungsverfahrensgesetzes (Gesetz Nr. 241/1990)[13] und des Artikel 30 des italienischen Kodex für öffentliche Aufträge von 2023,[14] die in dieser Hinsicht sicher einen programmatischen Charakter aufweisen, allein nicht genügen, um die vom Gerichtshof der EU festgelegten Standards bezüglich des Grundsatzes der Rechtmäßigkeit zu erfüllen. Dies gilt insbesondere für Fälle, in denen der Einsatz automatisierter Systeme potenziell in Grundrechte eingreift. Solche Fälle erfordern zweifellos eine präzisere Ausgestaltung durch konkrete Rechtsvorschriften.

Hinsichtlich der erforderlichen Transparenzanforderungen herrscht weitgehend Konsens darüber, dass sowohl die Verwendung automatisierter Systeme als auch deren genaue Funktionsweise offengelegt werden sollten.[15] Diese Auffassung wurde auch in den wichtigsten Rechtsinstrumenten umgesetzt, die inzwischen verabschiedet wurden, insbesondere in der EU-Verordnung über künstliche Intelligenz

---

[10] EuGH, Urt. v. 26.4.2022, *Republik Polen gegen Europäisches Parlament und Rat der Europäischen Union*, C-401/19, Rn. 67.

[11] Zum Begriff „Gesetz" in diesem Zusammenhang, vgl. EuGH, Urt. v. 10.3.2009, *Gottfried Heinrich*, C-345/06, Rn. 41 ff. und 64 ff., sowie die Schlussanträge von Generalanwalt Sharpston, Rn. 70 ff.

[12] Cavallo Perin (2023), S. 106.

[13] Gesetz vom 7. August 1990, Nr. 241 „Nuove norme in materia di procedimento amministrativo e di diritto di accesso ai documenti amministrativi" (Neue Vorschriften über das Verwaltungsverfahren und das Recht auf Zugang zu Verwaltungsdokumenten).

[14] Gesetzesdekret vom 31. März 2023, Nr. 36 „Codice dei contratti pubblici in attuazione dell'articolo 1 della legge 21 giugno 2022, n. 78, recante delega al Governo in materia di contratti pubblici" (Gesetz über die öffentlichen Aufträge zur Umsetzung von Artikel 1 des Gesetzes vom 21. Juni 2022, Nr. 78, das die Regierung zur Regelung der öffentlichen Aufträge ermächtigt).

[15] S. zuletzt Krafft, Zweig, König (2020), S. 119 ff.

(fortan KI-Verordnung).[16] Diese spezifiziert in Artikel 53 (Pflichten für Anbieter von KI-Modellen mit allgemeinem Verwendungszweck), dass Anbieter von KI-Modellen mit allgemeinem Verwendungszweck „eine hinreichend detaillierte Zusammenfassung der für das Training des KI-Modells mit allgemeinem Verwendungszweck verwendeten Inhalte nach einer vom Büro für Künstliche Intelligenz bereitgestellten Vorlage" erstellen und veröffentlichen müssen (Artikel 53 Absatz 1d).

In diesem Kontext ist insbesondere Artikel 14 des Gesetzes zur künstlichen Intelligenz, der vom italienischen Parlament am 23. September 2025 verabschiedet wurde, von großer Bedeutung.[17] Dieser Artikel verpflichtet öffentliche Verwaltungen dazu, die Betroffenen über die Funktionsweise und Anwendung von künstlicher Intelligenz zu informieren, wenn diese Technologien eingesetzt werden. Ähnlich sieht Artikel 30 Absatz 2 des italienischen Kodex für öffentliche Aufträge von 2023 vor, dass der Quellcode, die zugehörige Dokumentation und alle erforderlichen Elemente bereitgestellt werden müssen, um die Funktionsweise des Algorithmus nachvollziehbar zu machen.[18]

Die genannten gesetzlichen Bestimmungen zielen darauf ab, die bekannten strukturellen Probleme bei der Sicherstellung einer effektiven Transparenz zu lösen. Die Komplexität des Computercodes, die häufig in proprietärer Software verborgen ist, kann dazu führen, dass nicht nur Nicht-Experten in bestimmten Informatikbereichen Schwierigkeiten haben, den Code zu verstehen. In sogenannten Expertensystemen haben sogar die Programmierer des Codes manchmal Probleme, nachzuvollziehen, wie das System zu seinen Ergebnissen gelangt.[19] Im Rahmen von generativen KI-Systemen führt der Zugang zum Quellcode nicht zwangsläufig zu einem klaren Verständnis der Entscheidungsprozesse in spezifischen Fällen. Dies wirft grundlegende Fragen auf, ob der Einsatz automatisierter Entscheidungssysteme, die auf Lernwerkzeugen oder generativen KI-Modellen basieren, tatsächlich praktikabel ist. Die Logik dieser Systeme steht im Widerspruch zu den durch die Rechtsstaatlichkeit definierten Parametern des öffentlichen Rechts, die für die Einschränkung oder Abwägung von Grundrechten maßgeblich sind.[20]

Der EuGH scheint deswegen die Ansicht zu vertreten, dass die rechtlichen Rahmenbedingungen für Einschränkungen nicht nur im übertragenden Rechtsakt festgelegt sein sollten, sondern auch eindeutig im Quellcode des betreffenden auto-

---

[16] VO (EU) 2024/1689 des Europäischen Parlaments und des Rates vom 13. Juni 2024 zur Festlegung harmonisierter Vorschriften für künstliche Intelligenz und zur Änderung der Verordnungen (EG) Nr. 300/2008, (EU) Nr. 167/2013, (EU) Nr. 168/2013, (EU) 2018/858, (EU) 2018/1139 und (EU) 2019/2144 sowie der Richtlinien 2014/90/EU, (EU) 2016/797 und (EU) 2020/1828 (Verordnung über künstliche Intelligenz), ABl. L, 2024/1689.

[17] Gesetz Nr. 132/2025 vom 23.09.2025 „Disposizioni e delega al Governo in materia di Intelligenza Artificiale" (Bestimmungen und Regierungsermächtigung in Bezug auf künstliche Intelligenz).

[18] Gesetzesdekret vom 31. März 2023, Nr. 36 „Codice dei contratti pubblici in attuazione dell'articolo 1 della legge 21 giugno 2022, n. 78, recante delega al Governo in materia di contratti pubblici" (Gesetz über die öffentlichen Aufträge zur Umsetzung von Artikel 1 des Gesetzes vom 21. Juni 2022, Nr. 78, das die Regierung zur Regelung der öffentlichen Aufträge ermächtigt).

[19] Dazu insbes. Lepri (2018), S. 611 ff.

[20] S. weiter in Galetta, Hofmann (2024), S. 453 ff.

matisierten Entscheidungssystems dargestellt werden müssen, und hat diesbezüglich festgestellt (obschon in einer Art „obiter dictum"), dass ein solches Erfordernis „der Heranziehung von Technologien der künstlichen Intelligenz im Rahmen selbstlernender Systeme (‚machine learning')" entgegensteht, „die – ohne menschliche Einwirkung und Kontrolle – den Bewertungsprozess und insbesondere die Bewertungskriterien, auf denen das Ergebnis der Anwendung dieses Prozesses beruht, sowie die Gewichtung der Kriterien ändern können."[21] Ein weiterer Grund ist, dass unter diesen Umständen „die Nutzung solcher Technologien den Betroffenen auch ihr in Artikel 47 der Charta verankertes Recht auf einen wirksamen gerichtlichen Rechtsbehelf" entziehen könnte.[22]

Diese sehr zurückhaltende Haltung der Europäischen Union wird von der KI-Verordnung bestätigt[23] und durch diese Worte klar betont: „Das Ausmaß der nachteiligen Auswirkungen des KI-Systems auf die durch die Charta geschützten Grundrechte ist bei der Einstufung eines KI-Systems als hochriskant von besonderer Bedeutung."[24] Obwohl in der KI-Verordnung auch erklärt wird, dass „diese Verordnung die Entwicklung und Verwendung innovativer Ansätze in der öffentlichen Verwaltung nicht behindern [sollte], die von einer breiteren Verwendung konformer und sicherer KI-Systeme profitieren würde, sofern diese Systeme kein hohes Risiko für juristische und natürliche Personen bergen."[25] Zu diesem Zweck wird in der KI-Verordnung weiter präzisiert, dass „Betreiber, bei denen es sich um Einrichtungen des öffentlichen Rechts oder private Einrichtungen, die öffentliche Dienste erbringen, handelt, und Betreiber von Hochrisiko-KI-Systemen gemäß Anhang III Nummer 5 Buchstaben b und c eine Abschätzung der Auswirkungen [durchführen müssen], die die Verwendung eines solchen Systems auf die Grundrechte haben kann."[26]

4 Künstliche Intelligenz in der Einzelfallentscheidung: Chancen und Risiken der Automatisierung

In der genannten EuGH-Entscheidung in der Rechtssache C-817/19 bezieht sich das *obiter dictum* tatsächlich auf automatisierte Entscheidungssysteme, die von der öffentlichen Verwaltung für Einzelfallentscheidungen genutzt werden.

Der Europäische Gerichtshof würde voraussichtlich eine ähnlich kritische Haltung gegenüber Einzelfallentscheidungen einnehmen, die durch fortschrittliche

---

[21] EuGH, Urt. v. 21.6.2022, *Ligue des droits humains gegen Conseil des ministres*, C-817/19, Rn. 194.

[22] EuGH, Urt. v. 21.6.2022, *Ligue des droits humains gegen Conseil des ministres*, C-817/19, Rn. 195.

[23] Verordnung über künstliche Intelligenz, Fn. 16.

[24] Verordnung über künstliche Intelligenz, Fn. 16, Erwägungsgrund 48.

[25] Verordnung über künstliche Intelligenz, Fn. 16, Erwägungsgrund 58.

[26] Verordnung über künstliche Intelligenz, Fn. 16, Art. 27 Abs. 1.

Sprachmodelle wie ChatGPT und vergleichbare generative KI-Technologien unterstützt werden.[27]

Es sollte jedoch erwähnt werden, dass die Implementierung schwacher KI-Systeme im Verwaltungsverfahren, um Daten und Dokumente, die sich im Besitz öffentlicher Verwaltungen befinden (und zuvor digitalisiert sowie interoperabel gemacht werden müssten)[28] effizienter zu verarbeiten, eine signifikante Beschleunigung der Verwaltungstätigkeiten zur Folge hätte. Dies würde wiederum zu einer nachhaltigen Steigerung der Effizienz der bürokratischen Verwaltungsmaschinerie führen.[29] Die Integration von Big-Data-Analysen zur Erhöhung der Wissenskapazität könnte die Informationsfunktion der öffentlichen Verwaltung[30] zweifellos effektiver und effizienter gestalten, während sie im Wesentlichen jedoch auch unverändert bleiben könnte. Wenn jedoch prädiktive künstliche Intelligenz-Technologien während der Untersuchungsphase des Verwaltungsverfahrens implementiert würden, würde sich die Situation erheblich wandeln.

Es steht außer Frage, dass die rasanten Fortschritte in der Technologie zweifellos neue und erweiterte Anwendungsmöglichkeiten für KI-gesteuerte öffentliche Entscheidungssysteme eröffnen werden. Zwei wesentliche Merkmale machen diese Systeme besonders attraktiv für den Einsatz in der öffentlichen Verwaltung: Erstens beeinflusst die Nutzung von KI-gestützten automatisierten Entscheidungssystemen sowohl die Datenmenge als auch die Geschwindigkeit ihrer Verarbeitung (quantitative Auswirkungen). Zweitens wirkt sich ihr Einsatz auch auf die Qualität und Tiefe der Informationsanalyse aus (qualitative Auswirkungen).[31]

Die quantitativen Auswirkungen zeigen sich insbesondere in der erhöhten Menge an Informationen, die in den Entscheidungsprozess einfließen können. Daher erweist sich ihr Einsatz in den Bereichen der öffentlichen Verwaltung als besonders vorteilhaft, in denen eine Vielzahl von Daten entscheidend ist, um fundierte Entscheidungen zu treffen. Beispielsweise ist KI in Situationen, in denen die Erfassung von Marktdaten in Echtzeit erforderlich ist und schnelle regulatorische Maßnahmen notwendig sind, um auf Marktbedingungen zu reagieren und diese zu beeinflussen – wie im Rahmen der Geldpolitik oder der Bank- bzw. Finanzüberwachung – von großer Bedeutung.[32] KI-Algorithmen sind bereits heute in der Lage,

---

[27] S. hierzu das Dokument des Rates: ChatGPT in the Public Sector – overhyped or overlooked?, https://www.consilium.europa.eu/media/63818/art-paper-chatgpt-in-the-public-sector-overhyped-or-overlooked-24-april-2023_ext.pdf (24. April 2023), zuletzt abgerufen am 16.12.2025.

[28] Carullo (2025), S. 257 ff.

[29] Galetta (2023a), S. 121 ff.

[30] S. dazu Levi (1967), *passim*.

[31] S. diesbezüglich das Report von den Forschern des IA-Lab der Universität Buenos Aires, das Mitte 2024 veröffentlicht wurde: The Productivity Revolution. How GenAI and ChatGPT impact time reduction and task optimization, https://ialab.com.ar/wp-content/uploads/2024/02/The-Productivity-Revolution-4.pdf., zuletzt abgerufen am 16.12.2025.

[32] S. Europäischer Ombudsmann, Closing note on the Strategic Initiative concerning the impact of artificial intelligence on the EU administration and public administrations in the EU (SI/3/2021/VS), https://www.ombudsman.europa.eu/en/doc/correspondence/en/157391 (17. Juni 2022), zuletzt abgerufen am 16.12.2025.

große Datenmengen zügig zu verarbeiten, Muster und Anomalien zu identifizieren sowie Warnmeldungen zu generieren. Diese Prozesse sind schneller und effizienter als manuelle Methoden, die auf menschlicher Überprüfung basieren. Die qualitativen Vorteile ergeben sich aus dem Einsatz von KI-Algorithmen, die den Vergleich zwischen Datensätzen erleichtern und eine Analyse sowie Zuordnung von Informationen ermöglichen, die mit rein menschlicher Aktivität nicht realisierbar wären. Die qualitative Veränderung wird deutlich, wenn Algorithmen so gestaltet sind, dass sie die Ergebnisse optimieren, indem sie aktuelle und frühere analytische Resultate miteinander vergleichen. Sie treffen Entscheidungen basierend auf Wahrscheinlichkeiten, die aus statistischen Vergleichen abgeleitet sind. Diese Algorithmen ermitteln die Ergebnisse anhand faktischer Korrelationen, die auf zuvor gesammelten Daten basieren. Dadurch tragen sie zu einer höheren Kohärenz in der Entscheidungsfindung bei und gewährleisten eine konsistente Anwendung festgelegter Kriterien. Die Gleichbehandlung wird somit in der Logik des Gleichheitsprinzips weiter gestärkt. Solche Systeme werden normalerweise als regelbasierte KI-Systeme oder „Expertensysteme“ bezeichnet.

Eine Erhöhung der Präzision lässt sich erzielen, indem die Algorithmen eine umfangreichere Datenbasis analysieren und komplexere statistische Modelle anwenden, um beispielsweise Betrugsfälle im Bereich der Sozialversicherungen aufzudecken.[33] Der Einsatz von generativer KI oder maschinellen Lernwerkzeugen kann unterschiedliche Auswirkungen haben; dabei steht eine flexiblere Entscheidungsfindung im Vordergrund, während konsistente Ansätze im Allgemeinen weniger betont werden.[34]

Die häufigste Anwendung von Automatisierung in der öffentlichen Verwaltung betrifft deshalb derzeit die Untersuchungsphase des Verwaltungsverfahrens.[35]

Diese Phase ist zweifellos entscheidend für die Vorbereitung und Strukturierung von Entscheidungen in der öffentlichen Verwaltung. Zudem ermöglicht die zunehmende Leistungsfähigkeit von KI-Software eine Neugestaltung des Verfahrensablaufs.[36]

Diese Instrumente sind zweifellos hilfreich und unterstützen die Arbeit der öffentlichen Verwaltungen, insbesondere bei regelmäßigen, sich wiederholenden und standardisierten Aufgaben. Allerdings gilt dies nur, solange sie nicht als Mittel zur Durchsetzung verbindlicher Verwaltungsentscheidungen auf irgendeiner Ebene interpretiert oder verwendet werden.

Obwohl die Ergebnisse einer automatisierten Untersuchungsphase im Verwaltungsverfahren auf den ersten Blick keine Spielräume bieten, teile ich die Ansicht, dass es letztlich die Verantwortung des zuständigen Beamten ist, zu bestimmen, wie

[33] S. weiter, auch für Beispiele der Verwendung von KI bei den Verwaltungen sowohl der EU als auch der Mitgliedstaaten, Galetta, Hofmann, Ziller (2025), S. 118 ff.

[34] Hofmann (2023), S. 1 ff.

[35] S. dazu die vielen Beispiele in: Galetta, Pinotti (2023), S. 13 ff.; Gamero (2023), S. 24 ff.; Merli (2023), S. 41 ff.; Pilving (2023), S. 51 ff.; Reichel (2023), S. 75 ff.; Schneider, Enderlein (2023), S. 95 ff.

[36] Galetta (2023a), S. 121 ff.

die Entscheidung am Ende des Verwaltungsverfahrens ausfallen soll. Es geht darum, sicherzustellen, dass eine „Reserve an Menschlichkeit" gewahrt bleibt.[37] Dies macht die Hypothese einer vollständigen Automatisierung administrativer Tätigkeiten unhaltbar: Ein solches Szenario würde voraussetzen, dass Algorithmen eigenständig Daten und Informationen mit regelbasierten Dokumenten sowie KI-Systemen (Expertensystemen) verknüpfen und zudem die abschließenden Verwaltungsentscheidungen treffen.

Die vollständige Automatisierung der Entscheidungsfindung im Einzelfall wird als der umstrittenste und herausforderndste Aspekt angesehen. Insbesondere wenn persönliche Informationen betroffen sind, kann dies gegen die Bestimmungen von Artikel 22 DSGVO[38] sowie Artikel 24 der EU-Verordnung 2018/1725[39] verstoßen, die es den betroffenen Personen ermöglichen, sich gegen eine vollständig automatisierte Entscheidungsfindung zur Wehr zu setzen, die ihre Rechte beeinträchtigt.[40]

Diese negative Einstellung zur vollständigen Automatisierung spiegelt sich auch in der bereits mehrfach erwähnten KI-Verordnung wider. In Kap. „Achtzig Jahre Menschenrechtspraxis der Vereinten Nationen" (Maßnahmen zur Innovationsförderung) wird festgelegt, dass im Rahmen der KI-Reallabore rechtmäßig für andere Zwecke erhobene personenbezogene Daten ausschließlich für die Entwicklung, das Training und das Testen spezifischer KI-Systeme im Reallabor verarbeitet werden dürfen, „wenn alle der folgenden Bedingungen erfüllt sind" (Artikel 59 Absatz 1). Unter diesen „Bedingungen" werden ausdrücklich KI-Systeme erwähnt, die „zur Wahrung eines erheblichen öffentlichen Interesses durch eine Behörde oder eine andere natürliche oder juristische Person und in einem oder mehreren der folgenden Bereiche" (öffentliche Sicherheit, öffentliche Gesundheit, Schutz und Verbesserung der Umweltqualität, Schutz der biologischen Vielfalt, Schutz gegen Umweltverschmutzung, Maßnahmen für den grünen Wandel sowie Klimaschutz und Anpassung an den Klimawandel, nachhaltige Energie, Sicherheit und Widerstandsfähigkeit von Verkehrssystemen und Mobilität, etc.) entwickelt werden. Am Ende dieser Aufzählung stehen die „Effizienz und Qualität der öffentlichen Verwaltung und öffentlicher Dienste" (Artikel 59 Absatz 1 Litera a, Unterabsatz V), die in diesem Kontext als eigenständiges öffentliches Interesse erkannt werden und daher eine besondere Relevanz besitzen.

---

[37] Ponce Solé (2019), S. 1 ff. S. auch Gallone (2023), *passim*.

[38] VO (EU) 2016/679 des Europäischen Parlaments und des Rates vom 27. April 2016 zum Schutz natürlicher Personen bei der Verarbeitung personenbezogener Daten, zum freien Datenverkehr und zur Aufhebung der Richtlinie 95/46/EG (Datenschutz-Grundverordnung), ABl. L 119.

[39] VO (EU) 2018/1725 des Europäischen Parlaments und des Rates v. 23. Oktober 2018 zum Schutz natürlicher Personen bei der Verarbeitung personenbezogener Daten durch die Organe, Einrichtungen und sonstigen Stellen der Union, zum freien Datenverkehr und zur Aufhebung der Verordnung (EG) Nr. 45/2001 und des Beschlusses Nr. 1247/2002/EG, ABl. L 295.

[40] Galetta, Hofmann (2024), S. 453 ff.

5 Der Trompe-l'œil-Effekt in teilautomatisierten Entscheidungsprozessen bei Verwaltungsermessen aus verhaltenswissenschaftlicher und verwaltungsrechtlicher Perspektive: Schlussbemerkungen

Auf der Grundlage der vorangegangenen Ausführungen ist hervorzuheben, dass es in der Praxis als illusorisch betrachtet wird, die Annahme zu vertreten, dass jeglicher Ermessensspielraum zugunsten voll automatisierter Einzelentscheidungen vollständig ausgeschlossen werden kann. In der Regel erfolgt vielmehr die Auslegung des Gesetzes sowie die Festlegung der Ermessensspielräume innerhalb der Software, die die individuelle Entscheidungsfindung unterstützt. Dies führt uns zurück zur Diskussion über die Notwendigkeit einer angemessenen Rechtsgrundlage und die damit verbundenen Anforderungen.[41]

Was sich als wahrscheinlicher erweist, ist ein teilautomatisierter Entscheidungsprozess. Dies bedeutet, dass Automatisierung eingesetzt wird, die an bestimmten Punkten menschliche Intervention erfordert. Die Kombination aus Automatisierung und prognostischer Aktivität kann in der Einleitungs- und Untersuchungsphase von Verwaltungsverfahren von großer Bedeutung sein. Ein Beispiel hierfür ist die CONSOB (die italienische Finanzmarktaufsichtsbehörde), die in ihrem Bericht vom März 2022 über ihre Aktivitäten im Jahr 2021 bereits betonte, wie wichtig der Einsatz von KI-Instrumenten für ihre Ermittlungstätigkeit gewesen sei.[42]

In dieser Hypothese bezieht sich die Automatisierung durch (mehr oder weniger entwickelte) KI-Algorithmen ausschließlich auf interne und vorbereitende Aufgaben, die von der öffentlichen Verwaltung vor und in Vorbereitung auf die endgültige Entscheidung erledigt werden, auch bekannt als Back-Office-Aktivitäten. Im Hinblick auf die Annahme der endgültigen administrativen Entscheidung, die „externe Relevanz" besitzt und in der Regel vor Gericht angefochten werden kann, würde sich zumindest formal nichts ändern. Bei der Unterscheidung zwischen Vollautomatisierung und Halbautomatisierung besteht aber die Gefahr eines Trompe-l'œil-Effekts. Es kann vorkommen, dass eine Person offiziell eine endgültige Entscheidung trifft, die jedoch größtenteils von automatisierten Prozessen bestimmt wurde. In einem solchen Kontext könnte die Ausübung eines (menschlichen) Beurteilungsspielraums oder Ermessens bei der Entscheidungsfindung einer Illusion gleichkommen. Die Nutzung solcher Systeme verändert die Art und Weise, wie Entscheidungen getroffen werden, was wiederum Auswirkungen auf Transparenz, Partizipation und Begründungspflicht[43] hat.[44]

In diesem Zusammenhang ist zu betonen, dass trotz der in Artikel 27 vorgesehenen „Grundrechte-Folgenabschätzung für Hochrisiko-KI-Systeme" Artikel 6

---

[41] S. Par. 2 u. 3, *supra*.

[42] S. https://www.consob.it/web/area-pubblica/relazione-annuale, zuletzt abgerufen am 16.12.2025.

[43] S. dazu Sommermann (2014), S. 863 ff.

[44] S. weiter dazu in Galetta, Hofmann (2023), S. 617 ff., und insbesondere in Galetta (2025), S. 77 ff. and Galetta (2025b), *passim*.

Absatz 3 KI-Verordnung eine Klassifizierung als „hochriskantes KI-System" ausschließt, wenn diese Systeme „kein erhebliches Risiko der Beeinträchtigung in Bezug auf die Gesundheit, Sicherheit oder Grundrechte natürlicher Personen darstellen". Es handelt sich dabei um:

a) KI-Systeme, die dazu bestimmt sind, „eine eng gefasste Verfahrensaufgabe durchzuführen";
b) KI-Systeme, die dazu bestimmt sind, „das Ergebnis einer zuvor abgeschlossenen menschlichen Tätigkeit zu verbessern";
c) KI-Systeme, die dazu bestimmt sind, „Entscheidungsmuster oder Abweichungen von früheren Entscheidungsmustern zu erkennen, und nicht dazu gedacht [sind], die zuvor abgeschlossene menschliche Bewertung ohne eine angemessene menschliche Überprüfung zu ersetzen oder zu beeinflussen";
d) KI-Systeme, die dazu bestimmt sind, „eine vorbereitende Aufgabe für eine Bewertung durchzuführen, die für die Zwecke der in Anhang III aufgeführten Anwendungsfälle relevant ist".

Besonders die Definition des Begriffs in Absatz 3 Litera d) erscheint mir jedoch unklar und ungenau. Daher, obwohl Absatz 3 eindeutig feststellt, dass ein KI-System gemäß Anhang III als hochriskant eingestuft wird, „wenn es ein Profiling natürlicher Personen vornimmt", halte ich die Regelung in Artikel 6 Absatz 3 KI-Verordnung für bedenklich. In solchen Fällen könnte die Anwendung menschlichen Ermessens bei Entscheidungen tatsächlich nur als Illusion erscheinen. Auch wenn formal eine Entscheidung von einem menschlichen Beamten getroffen wird, um die „Reserve an Menschlichkeit" aufrechtzuerhalten, wird in der Fachliteratur der Verhaltenswissenschaften bereits darauf hingewiesen, dass mit steigendem Automatisierungsgrad die Bereitschaft der Beamten, ihr Ermessen in der Entscheidungsfindung auszuüben, abnimmt.

Dieses Phänomen wird als „Default-Effekt" bezeichnet, und beschreibt eine paradoxe Situation, in der Menschen, insbesondere bei komplexen Entscheidungsprozessen, die viele Faktoren berücksichtigen müssen, dazu neigen, den automatisch generierten Ergebnissen zu vertrauen.[45] Infolgedessen folgen sie oft den „Empfehlungen" des Algorithmus, unabhängig von deren Art, ohne die alternativen Optionen umfassend zu prüfen oder die zugrunde liegenden Annahmen und Daten, die der Entscheidungsfindung zugrunde liegen, zu hinterfragen.[46]

In diesem Zusammenhang ist die Aussage im Erwägungsgrund Nummer 53 KI-Verordnung („Für die Zwecke dieser Verordnung sollte ein KI-System, das das Ergebnis der Entscheidungsfindung nicht wesentlich beeinflusst, als ein KI-System verstanden werden, das keine Auswirkungen auf den Inhalt und damit das Ergebnis der Entscheidungsfindung hat") rein tautologisch.

Es ist daher entscheidend, dass die öffentlichen Verwaltungen frühzeitig auf das Phänomen des sogenannten „Automation Bias" aufmerksam werden.[47] Dies ist be-

[45] Logg, Minson, Moore (2019), S. 90 ff.

[46] Vgl. dazu insbes. Demková (2021), S. 29 ff.

[47] S. dazu Skitka, Mosier, Burdick (1999), S. 701 ff.

sonders wichtig, da die einzelnen Beamten bei Entscheidungen, die von KI-Systemen vorbereitet wurden, häufig nicht die Möglichkeit haben, eine umfassende Prüfung aller relevanten Daten manuell durchzuführen.[48] Infolgedessen entstehen für menschliche Entscheidungsträger Anreize, ihren Beurteilungsspielraum und ihr Ermessen entsprechend den Empfehlungen des jeweiligen KI-Systems auszuüben.[49]

Literatur

Carlucci Aiello, L. (2015). Intelligenza Artificiale. Enciclopedia Italiana, Appendix IX. https://www.treccani.it/enciclopedia/. Zugegriffen am 16.12.2025.

Carullo, G. (2025). Dati, banche dati e interoperabilità dei sistemi informatici nel settore pubblico. In R. Cavallo Perin, & D. U. Galetta (Hrsg.), *Il Diritto dell'Amministrazione Pubblica digitale* (2. Aufl., S. 257–269). Giappichelli.

Cavallo Perin, R. (2023). Il principio di legalità nell'amministrare pubblico per algoritmi. In J. B. Auby, G. De Minico, & G. Orsoni (Hrsg.), *L'amministrazione digitale: quotidiana efficienza e intelligenza delle scelte* (S. 99–110). Editoriale Scientifica.

Dehaene, S. (2022). *Vedere la mente. Il cervello in 100 immagini*. Raffello Cortina Editore.

Demková, S. (2021). The decisional value of information in European semi-automated decision-making. *Review of European Administrative Law, 2*(14), 29–50.

Galetta, D.-U. (2020). Algoritmi, procedimento amministrativo e garanzie: brevi riflessioni, anche alla luce degli ultimi arresti giurisprudenziali in materia. *Rivista Italiana di Diritto Pubblico Comunitario, 2020*(3–4), 501–516.

Galetta, D.-U. (2023a). La Pubblica Amministrazione oggi, fra Intelligenza Artificiale e intelligenza umana. In J. B. Auby, G. De Minico, & G. Orsoni (Hrsg.), *L'amministrazione digitale: quotidiana efficienza e intelligenza delle scelte* (S. 121–130). Editoriale Scientifica.

Galetta, D.-U. (2023b). Human-stupidity-in-the-loop? Riflessioni (di un giurista) sulle potenzialità e i rischi dell'Intelligenza Artificiale. *Federalismi.it, 5*, 1–11.

Galetta, D.-U. (2025a). Digitalizzazione e diritto ad una buona amministrazione (Il procedimento amministrativo, fra diritto UE nuove tecnologie dell'informazione e della comunicazione). In R. Cavallo Perin, & D.-U. Galetta (Hrsg.), *Il Diritto dell'Amministrazione Pubblica digitale* (2. Aufl., S. 77–108). Giappichelli.

Galetta, D.-U. (2025b). *AI and Public Administration: A Journey*. Editoriale Scientifica.

Galetta, D.-U., & Hofmann, H. C. H. (2023). Evolving AI-based automation – The continuing relevance of good administration. *European Law Review, 48*(6), 617–635.

Galetta, D.-U., & Hofmann, H. C. H. (2024). Künstliche Intelligenz kommt, das öffentliche Recht bleibt. *Deutsches Verwaltungsblatt, 139*(8), 453–464.

Galetta, D.-U., & Pinotti, G. (2023). Automation and algorithmic decision-making systems in the Italian public administration. *CERIDAP, 1*, 13–23.

Galetta, D.-U., Hofmann, H. C. H., & Ziller, J. (2025). Automazione. Intelligenza Artificiale e pubblica amministrazione, fra diritto interno e diritto UE. In R. Cavallo Perin & D.-U. Galetta (Hrsg.), *Il Diritto dell'Amministrazione Pubblica digitale* (2. Aufl., S. 109–137). Giappichelli.

Gallone, G. (2023). *Riserva di umanità e funzioni amministrative. Indagine sui limiti dell'automazione decisionale tra procedimento e processo*. CEDAM.

Gamero Casado, E. (2023). Automated decision-making systems in Spanish administrative law. *CERIDAP, 1*, 24–40.

[48] Vgl. Wagner (2019), S. 104 ff.

[49] So Galetta, Hofmann (2023), S. 617 ff.

Hofmann, H. C. H. (2023). Comparative law of public automated decision-making. An outline. *CERIDAP, 1*, 1–13.

Krafft, T. D., Zweig, K. A., & König, S. D. (2020). How to regulate algorithmic decision-making: A framework of regulatory requirements for different applications. *Regulation & Governance, 16*(1), 119–136.

Lepri, B., Oliver, N., Letouzé, E., Pentland, A., & Vinck, P. (2018). Fair, transparent, and accountable algorithmic decision-making processes. *Philosophy & Technology, 31*(4), 611–627.

Logg, J. M., Minson, J. A., & Moore, D. A. (2019). Algorithm appreciation: People prefer algorithmic to human judgment. *Organizational Behavior and Human Decision Processes, 151*, 90–103.

Merli, F. (2023). Automated decision-making systems in Austrian administrative law. *CERIDAP, 1*, 41–50.

Pilving, I. (2023). Guidance-based algorithms for automated decision-making in public administration: An Estonian perspective. *CERIDAP, 1*, 51–74.

Ponce Solé, J. (2019). Inteligencia artificial, Derecho administrativo y reserva de humanidad. *Revista General de Derecho Administrativo, 50*, 1–52.

Reichel, J. (2023). Regulating automation of Swedish public administration. *CERIDAP, 1*, 75–94.

Schneider, J.-S., & Enderlein, F. (2023). Automated decision-making systems in German administrative law. *CERIDAP, 1*, 95–115.

Skitka, L., Mosier, K., & Burdick, M. (1999). Accountability and automation bias. *International Journal of Human-Computer Studies, 52*(4), 701–717.

Sommermann, K.-P. (1999). Taugt die Gerechtigkeit als Maßstab der Rechtsstaatlichkeit? *JURA, 21*, 337–342.

Sommermann, K.-P. (2007a). Das Recht auf effektiven Rechtsschutz als Kristallisationspunkt eines gemeineuropäischen Rechtsstaatsverständnisses. In F. Kirchhof, H.-J. Papier, & H. Schäffer (Hrsg.), *Rechtsstaat und Grundrechte. Festschrift für Detlef Merten* (S. 443–461). C.F. Müller.

Sommermann, K.-P. (2007b). Entwicklungsperspektiven des Rechtsstaates: Europäisierung und Internationalisierung eines staatsrechtlichen Leitbegriffs. In S. Magiera & K.-P. Sommermann (Hrsg.), *Freiheit, Rechtsstaat und Sozialstaat in Europa. Forschungssymposium anlässlich der Emeritierung von Detlef Merten* (S. 75–90). Duncker & Humblot.

Sommermann, K.-P. (2014). Prinzipien des Verwaltungsrechts. In A. von Bogdandy, S. Cassese, & P. M. Huber (Hrsg.), *Handbuch Ius Publicum Europaeum, Bd. V: Verwaltungsrecht in Europa: Grundzüge* (Bd. § 86, S. 863–892). C.F. Müller.

Turing, A. M. (1950). Computing machinery and intelligence. *Mind, 59*, 433–460.

Wagner, B. (2019). Liable, but not in control? Ensuring meaningful human agency in automated decision-making systems. *Policy & Internet, 11*(1), 104–122.

L'interaction, une autre raison de la comparaison

A. Jacquemet-Gauché

L'un des attraits de la comparaison tient au jeu d'interaction offert entre notre propre droit administratif et celui de l'autre, les deux fonctionnant en miroir. Une telle démarche suppose de connaître et faire connaître les droits, mais aussi de les comprendre et de les faire comprendre. Elle est grandement facilitée par les échanges qui s'instaurent entre les comparatistes, ces derniers ayant à relever les défis du complexe et de la complexité.

La comparaison des droits ne s'improvise pas. Longtemps, l'apprentissage traditionnel de cette méthode passait, en France, et avant que la très jeune génération ne maîtrise suffisamment les langues étrangères pour s'abreuver aux ouvrages publiés ces dernières années en anglais,[1] par la consultation des Traités de droit comparé considérés comme de grands classiques au titre desquels ceux d'Edouard Lambert,[2]

Anne Jacquemet-Gauché, Professeur de droit public à l'Université Clermont Auvergne (France). Membre Junior de l'Institut universitaire de France (2020–2025). Ses recherches en lien avec l'Allemagne l'ont amenée à rédiger une thèse de doctorat intitulée: La responsabilité de la puissance publique en France et en Allemagne. Etude de droit comparé, soutenue à Grenoble en 2011 et publiée à la LGDJ en 2013. Elle est par ailleurs l'auteur, de l'ouvrage Droit administratif allemand (PUF, 2022).

[1] V. parmi tant d'autres: Reimann, Zimmermann (2006); Smits (2006).

[2] V. not. Lambert (1903), p. 733 s.

A. Jacquemet-Gauché (✉)
Clermont-Ferrand, France
E-Mail: anne.jacquemet-gauche@uca.fr

C. Fraenkel-Haeberle, B. Peters (Hrsg.), *Öffentliches Recht in transnationaler Perspektive*, https://doi.org/10.1007/978-3-662-72331-9_8

Pierre Arminjon, Boris Nolde, Martin Wolff,[3] René David,[4] Konrad Zweigert,[5] Rodolfo Sacco[6] ou, plus récemment, Pierre Legrand.[7] Il faut y ajouter Léontin-Jean Constantinesco, qui a notamment marqué les esprits à travers le processus méthodologique qu'il prônait, résumé par «la règle des trois C»:[8] connaître (c'est-à-dire effectuer les actions nécessaires à la connaissance des termes à comparer, en isolant le terme à comparer de son ordre juridique), comprendre (en intégrant les termes à comparer dans le cadre de l'ordre juridique auquel il appartient et examinant ses relations avec ce dernier) et, enfin, comparer (pour dégager les véritables rapports existants entre les termes appartenant à des ordres juridiques différents). En hommage au dédicataire de ces lignes, l'on voudrait reprendre et doublement détourner la règle énoncée par Constantinesco.

En premier lieu, selon une approche tout à fait subjective lorsque l'on a la chance de connaître Karl-Peter Sommermann et le privilège de pouvoir échanger avec lui à propos de la comparaison des droits administratifs, il faut avouer que les 3 C confinent *a minima* à l'humilité. «Comparer, C'est Complexer» pourrait-on affirmer alors, bien qu'il s'agisse non pas de se comparer de manière interpersonnelle, mais de confronter les droits et l'*habitus* doctrinal. Longtemps, les administrativistes français – c'est-à-dire les universitaires dont les recherches ont pour objet le droit administratif à titre principal, selon un système de cloisonnement entre ce droit et le droit constitutionnel plus marqué en France qu'en Allemagne – sont restés éloignés de telles préoccupations. Demeurés dans une logique d'exportation de leur propre droit, un certain orgueil les conduisait à ne pas s'intéresser aux systèmes étrangers. Comme le remarquait Jean Rivero à la fin des années 1960, «les traités et les précis français ignorent à peu près totalement le reste du monde». Il en tirait deux conclusions possibles: «l'une, pessimiste, incriminerait l'incuriosité, la paresse d'esprit, le nationalisme étriqué des administrativistes français, l'autre, optimiste, célébrerait le rayonnement d'une discipline qui n'éprouve pas, pour s'enrichir, le besoin de recourir à l'importation, et par contre, s'exporte beaucoup. On ose penser qu'il y a un peu plus de vérité dans la seconde conclusion que dans la première».[9] Il enfonçait le clou en insistant sur le fait que «le narcissisme n'est pas créateur».[10] Le réveil fut (est?) brutal, le droit administratif allemand ayant entre temps largement essaimé et exerce une influence désormais prédominante sur des droits tiers. Dès lors, le sentiment de supériorité semble se transformer en complexe d'infériorité – et ce, alors même que l'appréciation qualitative n'est pas la finalité la plus intéressante du droit comparé.

[3] Arminjon, Nolde, Wolff (1950).

[4] David (1982).

[5] Pour ne citer que les publications en français (alors que la littérature est plus abondante en langue allemande ou anglaise): Zweigert (1960), (1966).

[6] Sacco (1991).

[7] V. not. Legrand (2009), (2016).

[8] Constantinesco (1971) pour la version en langue allemande, (1974) pour la version en langue française.

[9] Rivero (1969), p. 199.

[10] Rivero (1969), p. 208.

En second lieu, et selon une approche plus objective, si la comparaison suppose de Connaître et de Comprendre, elle passe aussi et nécessairement par un troisième temps, un troisième C: Communiquer. Ceci est d'autant plus vrai lorsque la comparaison est mise en œuvre dans l'objectif de découvrir un autre système afin de mieux comprendre son propre droit – finalité bien plus constructive. Dès lors, il se crée un effet de miroir entre soi et autrui, entre son propre système et celui qui est, de prime abord, étranger. Et bien que le proverbe énonce que «comparaison n'est pas raison», l'on voudrait ici insister sur l'une des raisons profondes de la comparaison: l'interaction. Il est évident que la comparaison peut conduire à examiner l'action (et notamment l'influence) d'un système sur un autre, et réciproquement. Mais surtout, cette interaction des objets doit être renforcée par une interaction personnelle: des échanges peuvent et même doivent s'établir entre les chercheurs des différents systèmes.

Au-delà de l'agrément qu'elle peut susciter, l'interaction personnelle va de pair avec celle des objets de la recherche. En ce sens, cette pratique devient l'une des conditions d'exactitude et de scientificité de l'analyse. L'un des plus grands dangers qui guettent le comparatiste résulte en effet souvent de son absence de maîtrise parfaite du système juridique comparé et de son environnement culturel ou alors d'une interprétation erronée en raison de ses référents initiaux et des biais inhérents à son propre ordre juridique et à sa formation initiale. Il est alors hautement probable que lui échappe un élément de contexte expliquant telle ou telle disposition normative ou que l'observateur se livre à une mauvaise traduction d'un terme. Dès lors, il est impérieux que celui-ci soumette – dans la mesure du possible, préalablement à leur publication – ses travaux à l'examen et à la vérification d'autrui et, ce faisant, qu'il se livre à des échanges avec des juristes issus du système objet de la comparaison.

L'interaction ne semble pas encore avoir été intégrée parmi les conditions de validité des recherches dans les recueils relatifs à la méthodologie de la comparaison. Et pourtant, c'est là le point de départ et la raison d'être de la comparaison. Il faut non seulement connaître, mais aussi et surtout, faire connaître (1), comprendre et faire comprendre (2), communiquer et, ainsi, faire communauté (3). Toutes ces opérations présentent des difficultés qui leur sont propres. Le complexe subjectif se transforme alors en complexité objective, si tant est que les deux ne se cumulent pas.

1 Connaître et faire connaître

La connaissance de son propre droit ne pose, *a priori*, guère de difficultés ou, au moins, aucune qui ne soit spécifique aux contraintes inhérentes à l'exercice dans le cadre du droit interne. Il en va autrement lorsqu'il s'agit soit de connaître le droit de l'autre, soit de faire connaître son propre droit à autrui. Avant même d'envisager les subtilités juridiques, une telle démarche se heurte immédiatement et de manière très prosaïque à deux obstacles, constitués par deux vecteurs de transmission et de diffusion: la langue et les supports de publications.

La langue et le droit entretiennent des rapports intimes. S'il est courant d'énoncer que la langue est l'âme d'un peuple, la précision et la spécificité du langage juridique, en France comme en Allemagne, imposent une vigilance accrue. À cet égard, bien que les outils de traduction automatisée et autres logiciels d'intelligence artificielle puissent être d'un apport précieux pour les comparatistes, ils demeurent, à ce stade, un simple auxiliaire et ne sauraient se substituer à l'humain. Seul ce dernier – à condition toutefois de posséder déjà une excellente connaissance du droit et de la langue de l'autre[11] – est en mesure de proposer la traduction la plus fine.

L'on en donnera ici deux illustrations, qui ont pour point commun d'avoir fait l'objet d'échanges nourris avec le dédicataire de ces lignes. Le premier est celui d'une difficulté à faire passer en français la notion de «dogmatique» du droit administratif.[12] La traduction littérale est infructueuse. Il faut donc recourir à de subtiles périphrases et explications approfondies pour que l'universitaire français puisse percevoir ce qui relève de l'évidence en Allemagne. Le second, à l'inverse, porte sur la notion récemment forgée par le Conseil d'État de «contrôle de la trajectoire» dans le cadre du contentieux climatique,[13] le juge administratif vérifiant en l'occurrence si l'État respecte, pour l'avenir, la trajectoire de réduction des gaz à effet de serre et non plus seulement s'il l'a respectée jusqu'à présent, ces dernières années. Là aussi, la traduction littérale est vaine, car elle entraîne vers le registre du rail ou des lignes aériennes et il faut alors se rabattre sur un terme plus simple – celui de «*Richtungskontrolle*»[14] –, au prix d'une perte d'une partie de l'image contenue dans l'expression.

Plus généralement, dans un contexte d'européanisation, voire de mondialisation ou de globalisation des échanges, se pose la question de la manière la plus efficace de procéder à une meilleure connaissance et diffusion des travaux universitaires. L'une des voies retenues passe par la rédaction de volumineux ouvrages collectifs, faisant appel à des chercheurs de nombreux États. Dans ce domaine, les Allemands disposent d'une avance par rapport aux pratiques françaises, tant les ouvrages collectifs de droit administratif comparé, y demeurent rares à ce jour, ce qui nous prive de la connaissance de nombreux autres droits européens.[15] Une autre voie, alternative ou complémentaire, passe par la rédaction d'ouvrages et articles en langue anglaise. Là aussi, le bât blesse du côté français au regard de l'Allemagne,[16] où se répand également la pratique consistant à adjoindre des résumés en anglais de con-

---

[11] Tout le monde n'a pas la capacité de proposer une recension en français d'un ouvrage allemand traduit en espagnol (Sommermann 2022) et de diriger un ouvrage collectif en langue anglaise (Sommermann, Krzywoń, Fraenkel-Haeberle 2025), tout en ayant l'allemand pour langue maternelle.

[12] Sommermann (2022), p. 194; Sommermann (2024), spé. p. 182.

[13] Tribunal administratif de Paris, jugement du 3.2.2021, n° 1904967; Delzangues (2021), p. 2115.

[14] Jacquemet-Gauché (2025).

[15] V. cependant, parmi les exceptions notables: Auby, Perroud (2016), alors qu'on ne compte plus les ouvrages du côté allemand, au premier titre desquels Bogdandy, Huber (2008–2021); Sommermann, Schaffarzik (2019) – parmi tant d'autres.

[16] En France, de tels ouvrages sont *a priori* inexistants en langue anglais, alors qu'ils se multiplient du côté allemand, v. parmi tant d'autres: Stelkens, Andrijauskaitė (2020); Bogdandy, Schmidt-Aßmann (2024).

tributions écrites en langue allemande,[17] alors rien de tel n'existe (encore?) en France, en droit administratif du moins.

De surcroît, l'*Open Access* se développe fortement auprès des éditeurs britanniques,[18] tandis que les éditeurs français n'ont pas franchi le cap et demeurent, de manière générale, frileux concernant la publication d'ouvrages étrangers. De telles considérations pratiques, qui invitent à repenser les rapports entre universitaires et éditeurs et plus généralement les voies de financement de ces monographies coûteuses, ne doivent pas être négligées à l'époque contemporaine, tant elles conditionnent l'avenir de la comparaison des droits *via* l'accès aux sources doctrinales et jurisprudentielles en particulier. Ainsi, la question de l'accès à la connaissance révèle déjà des enjeux fondamentaux, lesquels se retrouvent plus encore, mais dans un autre registre, lorsqu'il s'agit de comprendre le droit.

2 Comprendre et faire comprendre

Il n'est pas rare que certaines notions paraissent évidentes à celui qui les manie au quotidien en droit interne. Elles nous semblent familières et nous pensons les comprendre. Cependant, l'effort à faire pour trouver un concept équivalent dans un autre système (approche conceptuelle), une fonction correspondante (approche fonctionnelle) ou simplement pour faire comprendre la spécificité de celle-ci dans le cadre d'un système juridique (approche culturelle) permet de dévoiler toute la complexité à l'œuvre.

Il en est ainsi, en France, de la notion de «politique publique», qui ne saurait en aucune façon être traduite littéralement, car cela n'aurait aucun sens. Sa déclinaison polymorphe la rend toutefois difficile à appréhender:[19] il s'agit à la fois d'un processus de définition et d'identification des besoins de la population; de l'adoption de mesures juridiques, administratives, financières et, à ce titre, d'un mode d'action des gouvernants, mais aussi d'une mise en œuvre pratique, sur le terrain, de mesures qui sont destinées à produire des effets. Cependant, l'idée de politique publique ne dit rien de l'instance à l'origine d'une telle politique (le gouvernement, selon une politique ministérielle ou interministérielle; le Parlement; l'échelon national ou territorial), ne dit pas comment cette politique est déclinée (par des acteurs publics comme privés), ni par quels moyens (incitations ou contraintes, par exemple). Parfois, il n'est pas aisé non plus de déterminer les bénéficiaires de cette politique. Et pourtant, l'annonce d'une politique publique révèle les intentions des gouvernants en place et leurs priorités, *via* l'affichage d'une politique publique en faveur du handicap, de la ville ou du développement des zones rurales ou encore du numérique, et suscite, de ce fait, de nombreuses attentes. En outre, de plus en plus, l'efficacité

[17] L'on songe en particulier aux résumés proposés par la Revue *Die Verwaltung* ou alors, à ceux qui sont proposés pour chaque chapitre dans le Kischel, Hube (2023).

[18] V., par ex. Bell, Lichère (2022).

[19] V. not. Thoenig (2019), p. 462; Chevallier (2019), p. 468.

des politiques publiques fait l'objet d'une évaluation par diverses autorités publiques, parmi lesquelles la Cour des comptes.

À cet environnement structurel se superpose une donnée conjoncturelle, celle d'une défiance contemporaine croissante des citoyens à l'égard des gouvernants en place, qui se traduit notamment par une saisine accrue des juridictions. Pour le dire autrement: les citoyens cherchent à obtenir du juge ce qu'ils n'arrivent pas ou plus à obtenir de la part des pouvoirs publics. Ceci est manifeste dans le cadre de la mise en œuvre des politiques publiques, en particulier lorsque ces dernières ne sont pas suivies d'effets ou pas insuffisamment (cas de carence) contrairement aux engagements pris, façon de dire qu'entre l'annonce et la concrétisation de celle-ci, il y a parfois un gouffre.

Or comme on le sait, le Conseil d'État français constitue une institution à part, dont le pouvoir est immense dans la vie publique, soit en tant qu'organe directement, soit à travers la position de ses membres dans les plus hautes instances politiques et administratives. Historiquement, le Conseil d'État a été érigé dès l'origine en tant que conseil du Gouvernement, avant de devenir, ces dernières décennies, aussi celui du Parlement.[20] Dans ce cadre, il participe au moins indirectement à la détermination (par la rédaction des textes) des politiques publiques. Toutefois, il joue un rôle encore plus important à l'occasion de l'exercice de deux autres fonctions.

D'une part, le juge administratif est le juge du contrôle de la mise en œuvre des politiques publiques. Toutefois, l'une des difficultés provient du fait qu'il ne dispose pas, en France, d'un pouvoir d'injonction à titre principal. Tout au plus, lui est octroyé le pouvoir d'assortir l'annulation des actes administratifs d'une injonction. Dans le contentieux de l'urgence, il peut aussi ordonner «toutes mesures nécessaires à la sauvegarde d'une liberté fondamentale» dans le cadre du référé liberté (art. L521-2 CJA) et «toutes autres mesures utiles» *via* le référé dit «mesures utiles» (art. L521-3 CJA). Dans le contentieux de la responsabilité, il peut pointer du doigt une faute de l'administration et espérer que cet effet pédagogique, assorti d'une condamnation pécuniaire à indemniser la victime, soit suivi de mesures correctrices, mais sans aucune assurance ou contrainte juridique à cet égard. Pourtant, les requérants tentent de plus en plus de détourner les recours existants et demandent «au juge d'enjoindre à l'administration d'agir, parfois dans un sens déterminé, parfois seulement à agir tout court. Cette stratégie contentieuse est particulièrement attractive puisqu'elle permet de peser sur l'orientation de toute une politique publique ou sur le fonctionnement d'un service public».[21]

La détermination du rôle exact du juge administratif en la matière suscite cependant un certain nombre de difficultés, car la frontière entre les missions de juger, d'administrer et de gouverner est particulièrement délicate à tracer. Ainsi, en prin-

[20] Pour des cas de consultation obligatoire du Conseil d'État, v. not. les articles 28 et 39 de la Constitution. Pour l'extension de la compétence du Conseil d'État aux textes d'origine parlementaire par la réforme constitutionnelle du 23 juillet 2008 (Art. 39 de la Constitution, dernier alinéa), v. Gonod (2008), p. 871.

[21] V. l'analyse des commentateurs autorisés du Conseil d'État: Goin, Cadin (2023), p. 2105.

cipe, le juge administratif refuse clairement de se substituer aux pouvoirs publics, s'agissant par exemple de se prononcer sur la «définition générale des choix de politique publique en matière de gestion hospitalière, impliquant notamment l'arbitrage des moyens budgétaires alloués à l'hôpital public, le cas échéant par l'intervention du législateur, ainsi que l'évolution de l'organisation globale du système hospitalier et de sa gouvernance», car ils relèvent «de la détermination d'une politique publique et excèdent, par suite, [son] office».[22] De même, saisi par des associations pour faire cesser des contrôles d'identité discriminatoires (dits «au faciès»), le Conseil d'État refuse de faire droit à la demande des requérants qui réclamaient notamment, parmi de très nombreuses mesures, une modification du code de procédure pénale ou la rédaction systématique, après chaque opération de contrôle, d'un rapport qui serait transmis au procureur de la République. La haute juridiction considère, là aussi, qu'il s'agit d'une demande de redéfinition générale de la politique des contrôles d'identité pour réprimer la délinquance et prévenir des troubles à l'ordre public. Et il énonce explicitement qu'«il ne lui appartient pas, dans le cadre de cet office, de se substituer aux pouvoirs publics pour déterminer une politique publique ou de leur enjoindre de le faire».[23]

Une telle formulation suscite la perplexité pour au moins deux raisons. En premier lieu, parce que le Conseil d'État semble fixer une frontière à géométrie variable. Il se montre plus incisif, par exemple, s'agissant des contentieux climatiques, dans lesquels il a accepté ces dernières années de faire évoluer son approche classique du contentieux de la légalité. S'il appréciait jusqu'alors la légalité de l'acte au jour de son édiction, il procède désormais en ce domaine à un contrôle de la trajectoire, c'est-à-dire, comme évoqué *supra*, qu'il apprécie au jour du jugement si les objectifs de réduction des gaz à effet de serre s'inscrivent dans une trajectoire réaliste pour les prochaines années.[24] L'une des clés d'explication pourrait résider dans le fait que les engagements que l'État a lui-même pris sont précis et contraignants, notamment à l'échelle supranationale – mais pourquoi en irait-il différemment pour les politiques publiques menées dans le seul cadre du droit interne?[25] En second lieu, et il s'agit probablement de l'explication la plus convaincante, les chroniqueurs autorisés du Conseil d'État énoncent sans ambages, à propos de cette clause selon laquelle «il ne lui appartient pas....» , que «sa teneur et sa portée sont volontairement énigmatiques»,[26] afin de parer à deux risques: éviter le reproche du gouvernement des juges et éviter une «perte de crédibilité du juge» dans la mesure où «la 'formule magique' de l'injonction ne saurait résoudre à elle seule des problèmes complexes dont le règlement ne peut reposer que sur une action de long cours, mettant en œuvre plusieurs vecteurs de politique publique».[27] Cela signifierait que le refus du juge de se prononcer est avant tout guidé par un souci de protection de l'in-

[22] Tribunal administratif de Paris, décision du 6.6.2024, n° 2222852/6–3.

[23] Conseil d'État français, décision du 11.10.2023, *Amnesty international France*, n° 454836.

[24] Conseil d'État français, décision du 19.11.2020, *Commune de Grande-Synthe*, n° 427301.

[25] Sur le sujet, v. également Lafaix (2024).

[26] Goin, Cadin (2023), p. 2105.

[27] Goin, Cadin (2023), p. 2105.

stitution juridictionnelle et par le constat de ses propres limites, en l'occurrence, son incapacité à contraindre le gouvernement,[28] ce qui est pour le moins étrange, et ce, alors même qu'il s'agit là d'un ««critère» de l'office du juge».[29] Finalement, «est une politique publique ce que le Conseil d'État qualifiera ainsi»,[30] et de là découle son refus de se prononcer.

D'autre part, une nouvelle mission – propre au Conseil d'État – connaît une montée en puissance ces dernières années.[31] Jusqu'à présent, la rédaction de rapports réguliers[32] constituait déjà pour l'institution une façon de se prononcer sur diverses thématiques. Le rapport annuel de 2019 portait sur «le sport: quelle politique publique?» tandis que celui de 2020 s'intitulait «conduire et partager l'évaluation des politiques publiques».[33] Le *soft power* ainsi exercé par le Conseil d'État s'accroît encore, puisqu'une approche renouvelée est mise en œuvre depuis peu. Les deux derniers rapports ont été présentés publiquement devant les plus hautes autorités publiques de l'État – la Première ministre en 2023 et le Président de la République en 2024, en plus de nombreux autres dignitaires – en présence de la presse et la séquence faisant également l'objet d'une retransmission en ligne ouverte à tous. A cette occasion, le vice-Président du Conseil d'État, avec toute l'élégance et la subtilité requises par ce genre d'exercice, a pu faire passer un certain nombre de messages à l'attention des pouvoirs publics.[34] Au-delà de la «simple» suggestion, une manifestation institutionnelle de cette évolution est également à l'œuvre dans la nouvelle dénomination de la « section du rapport et des études », devenue à compter du 1er mars 2024 «section des études, de la prospective et de la coopération»,[35] dont

[28] Sur les relations qui peuvent s'établir entre la jurisprudence et les politiques publiques, v. Delvolvé (2024), p. 57. Ainsi, la jurisprudence peut non seulement, au stade ultime, «contraindre le gouvernement», mais aussi «précéder une politique publique», la «préserver», l' «accompagner», l' «encadrer», l' «appuyer» ou la «contrer».

[29] Meynaud-Zeroual (2024).

[30] Meynaud-Zeroual (2024).

[31] Certains, au terme d'une analyse convaincante, vont même jusqu'à voir un lien de cause à effet entre l'évolution des fonctions de conseil et de juge, en considérant que «le juge s'affirme d'autant moins compétent dans le champ des politiques publiques que le conseiller s'y impose toujours plus. Par un subtil jeu de vases communicants, le conseiller peut ce que le juge refuse, le conseiller progresse là où le juge régresse» (Meynaud-Zeroual (2024)).

[32] Mbongo, Renaudie (2010).

[33] V. les publications de la collection «Les rapports du Conseil d'État», respectivement n° 70 (2019) et n° 71 (2021).

[34] En 2023, le rapport emportait une formulation originale: «Le citoyen, du premier au dernier kilomètre: un enjeu d'efficacité de l'action publique et une exigence démocratique»; il dénonçait notamment le fossé qui s'est creusé entre l'action publique et le citoyen et procédait à plusieurs recommandations. Le rapport 2024 porte sur la souveraineté. Le Conseil d'Etat y formule dix propositions, parmi lesquelles «développer tout ce qui concourt à la formation de l'esprit critique des citoyens pour lutter contre la désinformation, notamment en renforçant encore l'enseignement civique».

[35] Décret n° 2024-167 du 1.3.2024 créant la section des études, de la prospective et de la coopération du Conseil d'État et modifiant le code de justice administrative.

l'une des missions est désormais de mener «une réflexion prospective sur la conception et la mise en œuvre des politiques publiques».[36]

Cette longue digression était indispensable pour mettre en lumière à la fois la richesse et la complexité de la comparaison. D'une part, parce que bien souvent le fait de devoir faire comprendre à des interlocuteurs étrangers la situation française ouvre en réalité un abîme de questionnements et nécessite des investigations approfondies, alors que le confort du droit interne pourrait conduire à ne pas s'interroger plus en avant sur la situation. D'autre part, parce que le miroir des droits étrangers éclaire sous un autre jour les institutions, en l'occurrence celle du Conseil d'État, et met en évidence sa spécificité. Ainsi, la fonction «subversive»[37] du droit comparé rejaillit pleinement, tant elle montre à quel point les missions de juge et de conseil (à la demande des pouvoirs publics ou, plus récemment, de sa propre initiative) sont intimement mêlées et font du Conseil d'État un organe à part.

Or, les considérations juridiques et normatives sont insuffisantes pour saisir réellement le nouveau rôle du Conseil d'État et plus encore pour l'expliquer à des administrativistes issus d'autres systèmes juridiques, dans lesquels le juge administratif n'a parfois que des compétences juridictionnelles. Cet élément de contexte culturel est indispensable à la bonne compréhension du droit administratif français et l'on ne peut réellement appréhender la réalité qu'en étant conscient de cette situation, c'est-à-dire éclairés à ce sujet par des juristes qui, grâce au droit comparé, ont déjà eux-mêmes conscience de cette spécificité. Pour y parvenir, les échanges et la communication entre les acteurs des différents systèmes sont impérieux.

3 Communiquer et faire communauté

Les quelques considérations précédentes – desquelles découle une grande vitalité doctrinale allemande et le constat d'un rôle politique assumé au sommet de la juridiction administrative qui peut contrevenir à l'idée (allemande) d'un juge protecteur des administrés contre la puissance publique – ne doivent pourtant pas inviter les Français au pessimisme. Elles constituent au contraire un plaidoyer en faveur d'une meilleure connaissance et compréhension des droits administratifs étrangers et, par effet réflexe, de notre propre droit.

Pour ce faire, il est impératif d'intensifier les échanges. Pour s'en tenir spécifiquement à la relation franco-allemande, les juridictions administratives sont déjà engagées dans un tel processus. C'est ainsi que le Conseil d'État et le *Bundesverwaltungsgericht* disposent d'un partenariat privilégié, fait de rencontres annuelles, alternativement dans chacun des deux États, conjuguées à des publications croi-

[36] Le 13 novembre 2024, par exemple, a été organisée une journée d'études dans le cadre des entretiens du Conseil d'État portant sur «La politique publique de l'eau: son financement et sa gouvernance sont-ils adaptés aux enjeux actuels ?».

[37] Muir-Watt (2000), p. 505.

sées.[38] Les universitaires ne sont pas en reste et communiquent aussi dans divers lieux (même s'ils le font moins savoir à l'extérieur). L'on songe au Collège doctoral franco-allemand en droit public comparé[39] pour la jeune génération, puis au Cercle franco-allemand pour le droit public rassemblant des universitaires des deux États plus avancés dans la carrière,[40] tous deux hauts lieux de création d'une communauté franco-allemande. De telles pratiques ne signifient nullement un aplanissement des différences entre les droits et entre les manières de faire de la science, mais parfois, et souvent même, contribuent à la mise en lumière féconde de différences et en particulier de celles de penser le droit administratif, ce qui constitue toujours un précieux enrichissement intellectuel.

Bibliographie

Arminjon, P., Nolde, B., & Wolff, M. (1950–1952). *Traité de droit comparé, trois tomes*. LGDJ

Auby, J.-B., & Perroud, T. (dir.). (2016). *La codification de la procédure administrative en droit comparé*. Bruylant et Strada lex.

Bell, J., & Lichère, F. (2022). *Contemporary French administrative law*. Cambridge University Press.

von Bogdandy, A., & Huber, M. (dir.). (2008–2021). *Handbuch Ius Publicum Europaeum, Tomes 1 à 12*. C.F. Müller.

von Bogdandy, A., & Schmidt-Aßmann, E. (dir.). (2024). *Theorising comparative public law. A reader from Germany*. Nomos.

Chevallier, J. (2019). *Science administrative* (6. Aufl.). PUF.

Constantinesco, L.-J. (1971–1983). *Rechtsvergleichung, trois tomes*. Heymanns.

Constantinesco, L.-J. (1974). *Traité de droit comparé, spé. T. II, La méthode comparative*. LGDJ.

David, R. (1982). *Le droit comparé, droits d'hier, droits de demain*. Economica.

Delzangues, H. (2021). Le «contrôle de la trajectoire» et la carence de l'État français à lutter contre les changements climatiques. Retour sur les décisions Grande-Synthe en passant par l'Affaire du siècle. *AJDA, 77*(36), 2115–2127.

Goin, A., & Cadin, L. (2023). Le juge ne peut pas tout. *AJDA, 79*(39), 2105–2118.

Gonod, P. (2008). Le Conseil d'État, conseil du parlement. *RFDA, 26*(5), 871–876.

Jacquemet-Gauché, A. (2025). „Über die Verwaltung urteilen, heißt immer noch verwalten" – zum Bedeutungswandel einer klassischen Maxime des französischen Rechts. *DÖV, 71*(3), 89–95.

Jamin, J. (2000). Le vieux rêve de Saleilles et Lambert revisité. *RIDC, 52*(4), 733–751.

Kischel, U., & Hube, H. (dir.). (2023). *Handbuch des Staatsrechts, tome 1: Grundlagen, Wandel und Herausforderungen*. C. F. Müller.

Lafaix, J.-F. (2024). Droit administratif français (année 2023). Sur l'actualité des rapports entre juge et politique. *RDP, 130*(2), 121–136.

Lambert, E. (1903). *Études de droit commun législatif ou de droit civil comparé. I. Les conceptions étroites ou unilatérales*. Giard et Brière.

Legrand (dir.). (2009). *Comparer les droits, résolument*. PUF.

Legrand, P. (2016). *Le droit comparé*. PUF.

[38] V. la collaboration qui s'est instaurée entre la *Revue Française de Droit Administratif* et la *Neue Zeitschrift für Verwaltungsrecht* et les publications régulières qui en résultent, à propos du droit administratif de l'autre système (par exemple, les contributions sur le droit allemand dans la RFDA).

[39] V. le site Internet idoine «Jus publicum» pour un aperçu des activités.

[40] En allemand, *Deutsch-Französischer Gesprächskreis für öffentliches Recht.*

Mbongo, P., & Renaudie, O. (2010). *Le rapport annuel du conseil d'Etat; entre science du droit et discours institutionnel*. Cujas.
Muir-Watt, H. (2000). La fonction subversive du droit comparé. *RIDC, 52*(3), 503–527.
Reimann, J.-M., & Zimmermann, R. (dir.). (2006). *The Oxford handbook of comparative law*. Oxford Handbooks.
Rivero, J. (1969). Droit administratif français et droits administratifs étrangers, in livre du centenaire de la société de législation comparée, un siècle de droit comparé en France. In *Société de législation comparée (dir) Livre du centenaire de la société de législation comparée, 1969* (S. 119–209). LGDJ.
Sacco, R. (1991). *La comparaison juridique au service de la connaissance du droit*. Economica.
Smits, M. (2006). *Elgar encyclopedia of comparative law*. Edward Elgar Publishing.
Sommermann, K.-P., & Schaffarzik, B. (dir.). (2019). *Handbuch der Geschichte der Verwaltungsgerichtsbarkeit in Deutschland und Europa, trois tomes*. Springer.
Sommermann, K.-P. (2022). Chronique d'ouvrages étrangers (E. Schmidt-Aßmann, La dogmática del Derecho administrativo, Global Law Press, Séville, 2021, 347 + LIV p.). *RFDA*, 194.
Sommermann, K.-P. (2024). Droit administratif général droit administratif spécial : une perspective allemande. In Association Française pour la recherche en Droit Administratif - A.F.D.A. (Hrsg.), *Droit administratif général et droit administratif special* (S. 175–188) Dalloz.
Sommermann, K.-P., Krzywoń, A., & Fraenkel-Haeberle, C. (dir.). (2025). *The civil service in Europe. A research companion*. Routledge.
Stelkens, U., & Andrijauskaitė, A. (dir.). (2020). *Good administration and the Council of Europe: Law, principles, and effectiveness*. Oxford University Press.
Thoenig, J.-C. (2019). Politique publique. In L. Boussaguet, S. Jacquot, & Ravinet, P. (dir.) (Hrsg.), *Dictionnaire des politiques publiques* (5. Aufl., S. 462). Presses de Sciences Po.
Zweigert (1960). Méthodologie du droit comparé. In Faculté de droit et des sciences économiques de Toulouse (dir.), *Mélanges offerts à Jacques Maury, T. I, Droit international privé et public* (S. 579). Dalloz.
Zweigert, K. (1966). Des solutions identiques par des voies différentes (quelques observations en matière de droit comparé). *RIDC, 18*(1), 5–18.

Rechtsvergleich und Rechtsgeschichte: unverzichtbare Quellen wissenschaftlichen und praktischen Arbeitens am Recht

E. Schmidt-Aßmann

1 Rechtsvergleich und Rechtsgeschichte

Rechtsvergleich und Rechtsgeschichte bilden zwei Konstanten im wissenschaftlichen Werk von Karl-Peter Sommermann. Dafür steht das groß angelegte „Handbuch der Geschichte der Verwaltungsgerichtsbarkeit in Deutschland und Europa".[1] Dafür steht eine Fülle von Beiträgen zur Rechtsvergleichung, so etwa der repräsentative Beitrag zur deutschen Tradition der Verwaltungsrechtsvergleichung im Oxford Handbook of Comparative Administrative Law.[2] Dafür stehen aber auch die dogmatischen Arbeiten Sommermanns zu den Verfassungszielen und den prägenden Verfassungsstrukturentscheidungen des Grundgesetzes, die von seiner Habilitationsschrift bis zur Kommentierung des Artikels 20 GG reichen.[3] Mit großer Selbstverständlichkeit und Umsicht schöpfen alle diese Werke aus Rechtsver-

Eberhard Schmidt-Aßmann, Professor Dr. Dres. h.c., geb. 1938. 1967 Promotion und 1971 Habilitation. 1972 Ernennung zum ordentlichen Professor für Öffentliches Recht an der Universität Bochum, seit 1979 an der Universität Heidelberg, dort Direktor des Instituts für deutsches und europäisches Verwaltungsrecht. Nach der Emeritierung im Jahre 2006 einige Jahre Leiter der Forschungsstätte der Evangelischen Studiengemeinschaft (FESt). Jüngere Arbeiten beschäftigen sich mit Rechtsdogmatik und Rechtsvergleichung.

[1] Sommermann (2019).

[2] Sommermann (2021a).

[3] Sommermann (1997) und Sommermann (2024a).

E. Schmidt-Aßmann (✉)
Heidelberg, Deutschland
E-Mail: schmidt-assmann@uni-hd.de

C. Fraenkel-Haeberle, B. Peters (Hrsg.), *Öffentliches Recht in transnationaler Perspektive*, https://doi.org/10.1007/978-3-662-72331-9_9

gleich und Rechtsgeschichte. Beide gelten als „Zwillingsschwestern".[4] Beide verfügen über ein für Rechtspraxis und Rechtswissenschaft unverzichtbares Erfahrungs-, Reflexions- und Innovationspotenzial. Beide haben dabei aber auch mit einem „Komplexitäts-Dilemma" zwischen der Fülle der verfügbaren Informationen und den Rezeptionsgrenzen der juristischen Kontexte zu ringen.[5] Der vorliegende Beitrag geht einigen dieser Probleme an den Kontexten der Rechtsfindung (2), der Rechtspolitik (3) und der Rechtsdogmatik (4) nach und erläutert sie anschließend an aktuellen Fragen eines „Funktionswandels der Verwaltungsgerichtsbarkeit" (5).

2 Rechtsfindung: methodengebundene Auslegung

In einem ersten Schritt soll betrachtet werden, auf welche Weise historische und komparatistische Argumente durch Auslegung in die Rechtsfindung eingebracht werden können und u. U. sogar eingebracht werden müssen: ein klassisches Thema juristischer Methodenlehre, bei dessen Behandlung regelmäßig die richterliche Perspektive eingenommen wird. Dabei gilt es sich stets zu vergegenwärtigen, dass Methodenfragen zugleich Verfassungsfragen sind, denn es geht um die Legitimität verbindlichen staatlichen Entscheidens. Der Argumentationshaushalt richterlicher Rechtsfindung ist *konstitutionell*, d. h. durch die Rangbestimmungen der Verfassung sowie nach deren Maßgabe durch Völkerrecht und EU-Recht gesteuert. Das bedeutet zweierlei:

- Der Argumentationshaushalt darf auf der *einen* Seite nicht breit sein, damit die spezifische Bindung an Gesetz und Recht (Art. 20 Abs. 3 GG) gewahrt bleibt. Damit soll keinem starren Subsumtionsschematismus das Wort geredet werden. Auslegung ist allein schon wegen der Sprachlichkeit des Rechts mit Unsicherheiten belastet. Aber sie bleibt an einen spezifizierenden und begrenzenden Methodenkanon gebunden.[6] Nicht alle Argumente, die in einer politischen Diskussion oder einem wissenschaftlichen Diskurs Überzeugungskraft entfalten, besitzen die Validität eines juristischen Arguments. Um diesen Rang zu erlangen, müssen sie sich vielmehr durch ein methodisch abgesichertes Vorgehen qualifizieren, in dem Erkenntnisse der Hermeneutik und richterliches Professionswissen sedimentiert sind.[7]
- Auf der *anderen* Seite gilt aber auch, dass der von der Methodenlehre anerkannte Argumentationshaushalt nicht zu eng sein darf. Er muss vielmehr in der Lage sein, auf die Komplexität und die Entwicklungsdynamik der europäischen Mehr-

[4] So die oft zitierte Formulierung von Zweigert, Kötz (1996), S. 8.

[5] Vgl. Sommermann (2021a), S. 63 f.; Marsch (2022), S. 158: „Komplexität als Wohl und Wehe" der Rechtsvergleichung.

[6] Sommermann (2024a), Art. 20, Rn. 275.

[7] Am Beispiel der Legitimität der richterlichen Rechtsschöpfung und ihrer Grenzen BVerfG, Urt. v. 6. 8. 2018, BVerfGE 149, 126, Rn. 73.

ebenenrechtsordnung zu reagieren. Die „unionsrechtskonforme“ und die „völkerrechtsfreundliche“ Auslegung unterstreichen das. Beide sind nicht nur praktisch akzeptierte, sondern auch verfassungsrechtlich abgesicherte Institute.[8] Eine konstitutionell fundierte Methodenlehre hat folglich neben ihrer beschränkenden auch eine ermächtigende Funktion.

Im Rahmen der so umrissenen Aufgaben der juristischen Methodenlehre stellt sich die Bedeutung von Rechtsgeschichte und Rechtsvergleich folgendermaßen dar:

2.1 *Rechtshistorie*

Die Rechtshistorie hat in den Auslegungslehren seit Langem ihren gesicherten Platz. Neben der Interpretation von Rechtsnormen nach Wortlaut und Systematik steht die historische Interpretation. Das ist im Grundsatz anerkannt. Bei der Frage, auf welche Bezugspunkte eine historische Auslegung ausgerichtet ist, zeigen sich allerdings Unsicherheiten. In Betracht kommen nämlich:[9] der „historisch-gesellschaftliche Kontext“, der „geistes- und dogmengeschichtliche Kontext“ und der „Regelungswille der Gesetzgebung“. Damit sind Wissensbestände unterschiedlicher Breite und Tiefe in Bezug genommen, und diese Unterschiede bringen sich in der Auslegungspraxis zur Geltung.

Noch am ehesten überschaubar bleibt das heranzuziehende Material, wenn man stark subjektivierend auf den Regelungswillen des Gesetzgebers abstellt. Einem solchen Verständnis von historischer Interpretation folgt ersichtlich das Bundesverfassungsgericht:[10] „Für die Beantwortung der Frage, welche Regelungskonzeption dem Gesetz zugrundeliegt, kommt neben Wortlaut und Systematik den Gesetzesmaterialien eine nicht unerhebliche Indizwirkung zu“. Gleich im Anschluss daran heißt es: „In Betracht zu ziehen sind hier die Begründung eines Gesetzentwurfs, der unverändert verabschiedet worden ist, die darauf bezogenen Stellungnahmen von Bundesrat (Art. 76 Abs. 2 S. 2 GG) und Bundesregierung (Art. 76 Abs. 3 S. 2 GG) und die Stellungnahmen, Beschlussempfehlungen und Berichte der Ausschüsse“. Damit ist ein Minimalbestand an Quellen in Bezug genommen, in denen sich „regelmäßig die im Verfahren als wesentlich erachteten Vorstellungen der am Gesetzgebungsverfahren beteiligten Organe und Personen“ finden. Das mag man bei Gesetzen, die ohne größere politische Auseinandersetzungen und ohne Rückgriff auf Formelkompromisse zustande gekommen sind, akzeptieren. Jedenfalls in diesen Fällen kann der Kritik, der Rückgriff auf das historische Gesetzgebungsverfahren und seine Akteure führe zu ganz unsicheren Erkenntnissen, begegnet werden.[11] Die Auswertung der Gesetzesmaterialien in der richterlichen Praxis muss nicht mit der

[8] Zu diesen Konformauslegungen: Schorkopf (2017), S. 40 ff.

[9] Rüthers, Fischer, Birk (2015), S. 476 ff.

[10] BVerfG, Urt. v. 6.8.2018, BVerfGE 149, 126, Rn. 74.

[11] Zu den Einwänden gegen die subjektive Auslegung vgl. Röhl, Röhl (2008), § 79 unter I.

Akribie und dem Arbeitsaufwand einer Magisterarbeit in der Geschichtswissenschaft betrieben werden. Wesentlich mehr Gewicht erhält das Unsicherheitsargument aber, wenn es sich um komplexe Gesetzgebungsverfahren handelt, in denen etwa „Paketlösungen" den Rückgriff auf die Vorstellungen der beteiligten Organe und Personen verdunkeln. Und noch einmal größer werden die Unsicherheiten, wenn man bei der historischen Auslegung (ergänzend oder vorrangig) auf den „historisch-gesellschaftlichen Kontext" und den „geistes- und dogmengeschichtlichen Kontext" zurückgreift. Hier fehlt es schon an einem abgegrenzten Quellenbestand und erst recht an einem überschaubaren Kreis von Kriterien, die einen solchen Kontext prägen.

„Der Wille des Gesetzgebers ist nicht mehr als eine brauchbare Metapher für einen historischen Komplex," heißt es in der Methodenliteratur.[12] Eine Metapher kann und darf einiges an Unsicherheiten verdecken; aber insgesamt muss die Plausibilität des Argumentationszusammenhanges gewahrt bleiben. Hier wird ein Grundproblem deutlich, das die Einbeziehung der Rechtsgeschichte und mehr noch die Einbeziehung der Rechtsvergleichung in die praktische Rechtsarbeit betrifft: Welche Ausschnitte der ausgreifenden Materialien und Wissensbestände, die unter den Bezeichnungen „Rechtsgeschichte" bzw. „Rechtsvergleichung" zusammengefasst sind, sollen in den normativen Kontext der richterlichen Rechtsanwendung inkorporiert werden, und nach welchen Kriterien sind diese Ausschnitte zu bestimmen? Anders formuliert: es geht darum, den zu importierenden Rechtsstoff nach plausiblen Maßstäben beherrschbar zu halten. Wird der Kreis zu weit gezogen, verliert sich die Überzeugungskraft des einzelnen Arguments im Beliebigen.

2.2 *Rechtsvergleich*

Wenn schon ein eingeführtes Institut wie die historische Auslegung an diesem Punkte Probleme bereitet, dann wird man sich bei der Rechtsvergleichung noch auf wesentlich größere Schwierigkeiten einstellen müssen: Zum einen potenziert sich das Problem der richtigen Auswahl und der Begrenzung des heranzuziehenden Materials. Ist dieses bei der historischen Interpretation (nur) ein einzelnes Gesetzgebungsverfahren, so stehen für eine rechtsvergleichende Auslegung meistens mehrere Referenzrechtsordnungen zur Verfügung, die erst über ein geeignetes *tertium comparationis* weiter eingegrenzt werden müssen. Neben diesem „Auswahl"-Problem stellt sich aber vor allem ein „Legitimations"-Problem. Die Rechtsordnungen der Staaten existieren selbstständig und unabhängig voneinander. Es bedarf daher eines Anknüpfungspunktes, um der Rechtsordnung eines Staates bestimmende Wirkung auf die Rechtsordnung eines anderen Staates zuzuerkennen, wie es geschieht, wenn man die Rechtsvergleichung zu einer mit den anerkannten Methoden gleichrangigen Auslegungsmethode aufwerten will. Sie umstandslos zur

[12] Röhl, Röhl, ebd.

„5. Auslegungsmethode" zu erklären, reicht dazu nicht.[13] Die begrenzende Funktion der juristischen Methodenlehre folgt hier verfassungsrechtlich aus dem Legitimationskonzept des Art. 20 Abs. 2 S. 1 GG und gilt unabhängig davon, wie der Volksbegriff im Sinne dieser Vorschrift im Einzelnen zu deuten ist.[14]

2.2.1 Anknüpfungspunkte

Anknüpfungspunkte, um rechtsvergleichende Argumente in die Auslegung des Rechts zu integrieren, gibt es in nicht geringer Zahl.[15] Noch im Vorfeld bleiben die Fälle, in denen wie in Teilen des Kollisionsrechts ausdrücklich auf fremdes Recht verwiesen wird; hier bestehen zwar ausdrückliche Regelungen, aber es geht *sensu stricto* nicht um die Interpretation deutschen Rechts unter Nutzung der Rechtsvergleichung, sondern um den Umgang mit einer fremden Rechtsordnung. In den Fällen, in denen die Rechtsvergleichung selbst für die Interpretation bedeutsam wird, handelt es sich meistens um indirekte Anknüpfungen. Solche finden sich etwa dort, wo Normen des deutschen Rechts auf komparatistisch entwickelten Vorlagen, Musterentwürfen u. ä. beruhen oder sich direkt als Rechtsübertragungen (legal transplants) ausweisen. Das kann etwa bei Vorschriften der Fall sein, die Richtlinien der EU umsetzen, insofern bei der Vorbereitung von Richtlinien nicht selten im Rechtsvergleich gewonnene Erfahrungen und Erkenntnisse verarbeitet worden sind. Diese Erkenntnisse können, vermittelt durch eine richtlinienkonforme Auslegung, in die Anwendung des deutschen Rechts einfließen, indem sie die Regelungsziele oder die Regelungstechnik der Richtlinie verdeutlichen.

Strukturell sind die einzelnen Gebiete der deutschen Rechtsordnung der Nutzung rechtsvergleichender Erkenntnisse in Auslegungsfragen in unterschiedlichem Umfang zugänglich: Insgesamt gilt das Privatrecht als aufgeschlossener als das öffentliche Recht, innerhalb des öffentlichen Rechts das Verfassungsrecht als aufgeschlossener als das Verwaltungsrecht. Letzteres findet auch eine historische Erklärung: „Während im Bereich des Verfassungsrechts sich der Ideenaustausch und die Orientierung an ausländischen Vorbildern häufig bereits in den Debatten der verfassungsgebenden Versammlungen manifestierten, waren die Wechselbeziehungen und Einflüsse im Bereich des Verwaltungsrechts meist schwieriger nachweisbar".[16] Das Verwaltungsrecht galt Vielen als eine Domäne nationalstaatlicher Traditionen. Bei einigen großen Themen, z. B. bei der Ausgestaltung des Verwaltungsrechtsschutzes, lassen sich allerdings Einflüsse anderer Rechtsordnungen beobachten –

[13] Die Idee einer „5. Auslegungsmethode" hat wirkmächtig Peter Häberle gefördert. Seine Überlegungen zielen aber nicht auf die gesamte Rechtsordnung, sondern ganz vorrangig auf das Verfassungsrecht, bei dem die Heranziehung der Rechtsvergleichung in der Tat durch besondere Anknüpfungspunkte gerechtfertigt werden kann (vgl. sogleich im Text); zum Ganzen: Kischel (2015), § 2, Rn. 61 f.

[14] Dazu BVerfG, Urt. v. 31.10.1990, BVerfGE 83, 37, Rn. 50 ff.

[15] Kischel (2015), S. 74 ff.

[16] Sommermann (2021b), S. 859.

freilich eher auf der Ebene der Ideen und Konzepte als auf positivrechtlicher Ebene.[17] Um rechtsvergleichende Erkenntnisse in die Auslegungspraxis der Gerichte integrieren zu können, ist es nach wie vor schwierig, in den gesetzlich stark verdichteten Gebieten vor allem des besonderen Verwaltungsrechts geeignete methodische Anknüpfungspunkte zu finden.[18] Jedenfalls ziehen die Verwaltungsgerichte ausländische Regelungen nur selten vergleichend heran. Anderes gilt nur, sofern unionsrechtliche Vorgaben existieren. Neben der schon genannten richtlinienkonformen Auslegung kann die horizontale Kooperation im Europäischen Verwaltungsverbund, bei der *eine* mitgliedstaatliche Verwaltung sich mit den Wirksamkeitsbedingungen der Entscheidungen einer Verwaltungsentscheidung eines *anderen* Mitgliedstaates beschäftigen muss, dazu veranlassen, vergleichend das Recht des Letzteren einzubeziehen.[19] Als Grundlage dafür kann auf das Kooperationsprinzip des Art. 4 Abs. 3 EUV zurückgegriffen werden.

2.2.2 Speziell Grundrechtsinterpretation und EMRK

Anders stellt sich die Lage im Verfassungsrecht, insbesondere bei der Auslegung der Grundrechte, dar. Ideengeschichtliche Gemeinsamkeiten und die weite Fassung der Grundrechtstatbestände ermöglichen es hier einfacher, im Wege der historischen und der teleologischen Interpretation auf die entsprechenden Gewährleistungen anderer Rechtsordnungen zuzugreifen.[20] Kristallisationspunkte dieses Befundes formuliert Art. 6 Abs. 3 EUV: wenn er die „Grundrechte, wie sie die Europäische Konvention zum Schutz der Menschenrechte und Grundfreiheiten gewährleistet und wie sie sich aus den gemeinsamen Verfassungsüberlieferungen der Mitgliedstaaten ergeben", zu den allgemeinen Rechtsgrundsätzen des Unionsrechts zählt.[21] Die Grundrechtssphären und Grundrechtsinterpretationen der EMRK, der EU-GRC und des GG durchdringen und ergänzen sich. Jedenfalls für den europäischen Rechtsraum kann man so von einem *Interpretations- und Wirkungszusammenhang* sprechen, der zu einem erheblichen Teil von Rechtsvergleichung lebt.[22]

Auch hier dürfen freilich Methodenprobleme nicht übersehen werden.[23] Das zeigt sich beispielhaft bei der Nutzung der EMRK als „Auslegungshilfe" für die Interpretation der Grundrechte des GG und an der dem EGMR dabei zuerkannten

---

[17] Sommermann (2019), S. 1735. Vgl. auch unten unter 5.

[18] Vgl. Möllers (2022), S. 115 f.

[19] Dazu Sommermann (2021b), S. 878 ff.; Marsch (2022), S. 9.

[20] Sommermann (2004), S. 636 ff. („besondere Vergleichseignung der Grundrechte"); zur (älteren) zurückhaltenden Praxis des Bundesverfassungsgerichts dort S. 674 f.; zur jüngeren und deutlich aufgeschlosseneren Praxis jetzt Voßkuhle (2024), S. 434 f.

[21] Zum Schlüsselbegriff der „gemeinsamen Verfassungsüberlieferungen der Mitgliedstaaten" vgl. nur Huber (2024), S. 405 ff.

[22] Dazu speziell für die Rechtsschutzgarantien Schmidt-Aßmann (2015), S. 9 ff.; ders. (2023), S. 134 ff.

[23] Grundlegend zu diesen Methodenfragen Sommermann (2004), S. 659 ff.

„jedenfalls faktische(n) Orientierungs- und Leitfunktion“:[24] Eine „schematische Parallelisierung einzelner verfassungsrechtlicher Begriffe“ soll damit jedenfalls nicht gemeint sein. Vielmehr müssen die menschenrechtlichen Gehalte der EMRK „im Rahmen eines aktiven (Rezeptions-)Vorgangs“ in den Kontext des Grundgesetzes „umgedacht“ werden (Rn. 131). Konflikte der Grundgesetzauslegung mit Grundwertungen der EMRK sind „nach Möglichkeit zu vermeiden“. Bei Berücksichtigung der Rechtsprechung des EGMR müssen die deutschen Gerichte den „konkreten Sachverhalt des entschiedenen Falls und seinen (rechtskulturellen) Hintergrund“ ebenso mit bedenken wie „mögliche spezifische Besonderheiten der deutschen Rechtsordnung, die einer undifferenzierten Übertragung im Sinne einer bloßen ‚Begriffsparallelisierung‘ entgegenstehen“ (Rn. 132). Damit ist ein anspruchsvolles Methodenprogramm fixiert, das einen erheblichen Arbeitsaufwand verlangt und ein hohes Maß richterlicher Sensibilität und Professionalität voraussetzt.

3 Rechtspolitik: Gestaltungsspielräume und Auswahlermessen

Wesentlich einfacher lassen sich Erkenntnisse aus Rechtsgeschichte und Rechtsvergleichung dort nutzen, wo es um Gestaltungsspielräume der Politik geht. Beispielbereiche sind:[25] wichtige legislative Entscheidungen einer Reformgesetzgebung, Verfassungsgebung und Verfassungsänderung, Rechtsvereinheitlichung, Vorbereitung völkerrechtlicher Verträge und unionaler Rechtsakte, aber auch Probleme eher administrativen Zuschnitts wie Erfahrungen mit der Wirksamkeit bestimmter Instrumente (Genehmigungsfiktionen, private law enforcement u. ä.). Geschichte und Vergleich lassen sich hier als Impuls- und Ideengeber oder auch zur zusätzlichen Abstützung politisch kontroverser Entscheidungen nutzen. Hier ist auch der Standort von legal transplants – so ungesichert die Möglichkeiten dieses Instituts im Einzelnen sein mögen.[26]

Der Vielfalt der Erkenntnisinteressen und der Breite der Nutzungsziele sind hier keine rechtlichen Grenzen gesetzt. Entsprechend weit ist das Auswahlermessen der Akteure. Das Komplexitäts-Dilemma, mit dem der Rückgriff auf Rechtsvergleich und Rechtsgeschichte bei der methodengebundenen Rechtsfindung konfrontiert ist, stellt sich auf dem Felde der Rechtspolitik so nicht. Die Einbeziehung historischer oder komparatistischer Informationen bedarf keiner normativen Anknüpfungspunkte. Die Gefahr ungeordneter, einseitiger, ja willkürlicher Rückgriffe ist deshalb nicht von der Hand zu weisen, lässt sich aber rechtlich nicht verhindern. Eine Gesetzesbegründung, die die historische Entwicklung oder komparatistische Erkenntnisse grob verzerrt, macht das Gesetz nicht zu einem rechts- und verfassungs-

---

[24] BVerfG, Urt. v. 12.6.2018, BVerfGE 148, 296, Rn. 128 ff.

[25] Für die Rechtsvergleichung Kischel (2015), S. 57 ff. und 89 ff.; Marsch (2022), S. 143 f., 185; Sommermann (1999), S. 1024 ff.; ders. (2004), S. 656 ff.

[26] Kischel (2015), S. 63 ff.; Schmidt-Aßmann (2018), S. 854 f.

widrigen Produkt. Die Sanktionen von Manipulationen bleiben dem Votum der Öffentlichkeit überlassen. Parlamente und Regierungen, die sich der Rechtsvergleichung und der Rechtsgeschichte dauerhaft in ernst zu nehmender Weise bedienen wollen, werden im eigenen Interesse von solchen Fehlnutzungen Abstand halten. „Um so wichtiger ist es, in der Wissenschaft die Rationalitätsmaßstäbe des Vergleichs herauszuarbeiten“.[27]

4 Rechtsdogmatik: Vermittlungsfunktion

Eine besondere Stellung bei der Integration von Rechtsgeschichte und Rechtsvergleich in das Arbeiten am Recht kommt der Rechtsdogmatik zu. Dabei handelt es sich um jene Zwischenschicht zwischen der Vielzahl der Vorschriften des positiven Rechts und den Rechtsstrukturen, die der Anwendung der ersteren Form und Orientierung gibt. Dogmatik ist Ergebnis und Prozess zugleich. Sie ist nicht auf Statik festgelegt, sondern hat die zweifache Aufgabe, die Vorhersehbarkeit der Rechtsanwendung zu gewährleisten und zugleich die notwendigen Anpassungsleistungen des Rechtssystems in Bahnen zu lenken. So betrachtet, ist Rechtsdogmatik keine Besonderheit des deutschen Rechts.[28] Sie ist in Deutschland zwar besonders ausdifferenziert und führt einen eigenen Namen. Davon darf man sich aber auf komparatistischem Parkett nicht verunsichern lassen. Im Grunde geht es um eine Arbeitsweise, die sich in allen Rechtsordnungen findet, die auf Verlässlichkeit, Transparenz und Rationalität der Rechtsfindung und Rechtsentwicklung zielen. „Pour illustrer cette tache on a dit que la dogmatique juridique est au droit ce que la grammaire est à la langue“.[29]

4.1 Gemeinschaftsleistung

Rechtsdogmatik gilt als eine Gemeinschaftsleistung aller an der Rechtsarbeit Beteiligten, vorrangig der Gerichtsbarkeit und der Wissenschaft.[30] Beide Seiten liefern freilich unterschiedliche Beiträge: die Gerichte rechtsverbindliche Entscheidungen und fallbezogene Begründungen, die Wissenschaft distanzierte Betrachtung, Bewertung und systematisierende Ordnung. Auf dieser Basis und in diesem Rahmen ist die Rechtswissenschaft nicht nur zur Nachzeichnung getroffener Rechtsentscheidungen, sondern zu eigenständigen Beiträgen legitimiert. Das folgt aus dem Medium des Rechts selbst, das mehr ist als der parlamentarisch einmal ver-

---

[27] Sommermann (2004), S. 659.

[28] Sommermann (2024b), S. 179 ff.

[29] So Sommermann (2024b), S. 186 unter Bezugnahme auf Barnés (2021), S. XXIII et s.

[30] Kahl (2020), S. 16 ff: „arbeitsteiliges kooperatives Grundverhältnis“; Schmidt-Aßmann (2023), S. 1 ff.

abschiedete Gesetzestext. Rechtsvorschriften und Rechtsentscheidungen müssen nicht nur gesammelt, sie müssen vielmehr nach Ordnungsgesichtspunkten auch aufgearbeitet, zu Rechtsinstituten geformt und in größere Entwicklungslinien eingeordnet werden.

4.2 Arbeitsweise und Instrumente

Bewirkt wird das mit den eingespielten Instrumenten von Dogmatik.[31] Von ihnen seien hier in prozesshafter Abfolge die folgenden neun genannt: die *Bestandsaufnahme* und genaue *Analyse* des einschlägigen Materials an Normen und Judikaten, die vorsichtig verallgemeinernde *Fallgruppenbildung*, die Herausarbeitung orientierender Unterschiede (*Zäsuren*), die Bildung von *Schlüsselbegriffen* und *Theorien*, die Verdichtung breit anerkannter Einsichten zu *Lehrsätzen*, das Aufzeigen von *Entwicklungslinien*, die Präsentation von *Konzepten*.

In diesen Gedankenoperationen zeigen sich Vorstufen eigener Normativität von Dogmatik, insofern Diskurse in bestimmte Bahnen gelenkt, Zuordnungen nahegelegt und Argumentationslasten zugewiesen werden. Dahinter steht jedoch nicht die Autorität eines Normsetzers, sondern die Überzeugungskraft des Arguments. Rechtsquellencharakter kommt der Dogmatik aus sich heraus nicht zu. Aber sie kann Rechtserkenntnisquellen aufbereiten und ihr Argumentationspotenzial verdichten. Gerade diese Fähigkeit von Dogmatik ist für Rechtsvergleich und Rechtsgeschichte interessant, insofern ihre Wirkungen erweitert und ihr Stellenwert erhöht werden.

4.3 Frage der Interdisziplinarität

Rechtsdogmatik setzt Präzision in juristischen Deduktionen, die Fähigkeit, Wirkungszusammenhänge zu erkennen, und Kreativität voraus. Sie ist damit in der Lage, auch „extrajuridisches Wissen" und damit auch rechtshistorische und rechtsvergleichende Erkenntnisse in ihre Arbeitsweise zu integrieren, insbesondere bei der Festlegung von Begriffen, Entwicklungslinien und Konzepten. Dogmengeschichte ist eine ständige Begleiterin der Dogmenbildung. Ähnliches gilt für die Rechtsvergleichung. Die Formung des neuzeitlichen Verwaltungsrechts vollzog sich unter intensiver Nutzung der Komparatistik.[32]

Allerdings stellt sich das oben beobachtete Komplexitäts-Dilemma auch hier. Zwar ist rechtdogmatisches Arbeiten nicht so eng an die einschlägigen Vorschriften des positiven Rechts gebunden wie die Rechtsfindung. In den weiter ausgreifenden Erkenntnisinteressen liegt gerade der Mehrwert anspruchsvoller Dogmatik gegen-

[31] Zum Folgenden vgl. auch Jestaedt (2014), S. 4 ff.; Sommermann (2017), S. 77 ff.

[32] Schmidt-Aßmann (2018), S. 813 ff.; Sommermann (2021b), S. 858 ff.

über rein referierender „Gebrauchsdogmatik“. Aber auch hier gilt, dass das Material beherrschbar bleiben muss. Das haben die Diskussionen um das Methodenkonzept der Neuen Verwaltungsrechtswissenschaft gezeigt.[33] Gerade die Rechtsvergleichung hat hier eine Gratwanderung zu bewältigen: Kann es einerseits nicht bei einem äußeren Vergleich bestehender Vorschriften bewenden, so darf der Vergleich andererseits doch nicht zu einem allgemeinen Kulturvergleich werden.[34] Die notwendige Kontextualisierung muss vielmehr auf das Recht und die Institutionen, die es schaffen, vollziehen und durchsetzen, konzentriert bleiben. Das ist immer noch ein sehr weiter Rahmen.

4.4 Vermittlungsleistungen

Da die Rechtsdogmatik aus der Rechtshistorie und der Rechtsvergleichung schöpft, kann sie die Erkenntnisse dieser Wissenschaften auch in die praktischen Arbeiten am Recht einbringen.

4.4.1 Rechtspolitik

Bei der Rechtspolitik (vgl. oben Abschn. 3) bereitet das methodisch kein größeres Problem. Die Diskurse sind breit angelegt und lassen eine Vielzahl von Argumenten zu – mit der oben geschilderten Gefahr der Beliebigkeit. Hier kann Dogmatik eher eine *disziplinierende Funktion* entfalten, indem sie klärende Begriffe zur Verfügung stellt, über historisch oder komparatistisch gewonnene Erfahrungen mit bestimmten Regelungstechniken informiert und so Folgenabschätzungen ermöglicht. Das sind genau die zitierten „Rationalitätsmaßstäbe des Vergleichs“, die dazu beitragen können, rechtspolitische Diskussionen zu versachlichen und der beschriebenen Gefahr verzerrender Nutzung rechtshistorischer und komparatistischer Informationen entgegenzuwirken.

4.4.2 Rechtsfindung

Für die Rechtsfindung (vgl. oben Abschn. 2) ist die Heranziehung der Rechtsdogmatik zunächst einmal der normale *modus operandi*. Die (richterliche) Rechtsentscheidung greift bei Auslegung, Sachverhaltsermittlung und Subsumtion regelmäßig auf dogmatische Begriffe, Theorien, Rechtsfiguren und Lehrsätze zurück und wird so auch mit den darin verarbeiteten historischen und rechtsvergleichend gewonnenen Informationen versorgt. Darin erschöpft sich die Vermittlungsfunktion der Rechtsdogmatik für Rechtsvergleich und Rechtsgeschichte aber nicht. Vielmehr

[33] Möllers (2022), S. 115 ff.; Schmidt-Aßmann (2023), S. 22 ff.

[34] Sommermann (1999), S. 1021 ff.; Marsch (2022), S. 145 ff.

kann über sie auch etwas von dem Innovationspotenzial weitergeben werden, das der Rechtsvergleichung zugeschrieben wird und über das auch die Rechtsgeschichte verfügt. Man kann dies die *impulsgebende Funktion* von Dogmatik nennen.

Ein Rechtsinstitut, das aus dieser vermittelnden Weitergabe lebt, sind die *allgemeinen Rechtsgrundsätze*. In weitgehend kodifizierten Rechtsgebieten und Rechtsordnungen spielen allgemeine Rechtsgrundsätze jedenfalls auf den ersten Blick keine besondere Rolle. Man darf sich aber nicht täuschen lassen. Sie sind auch hier, z. B. in der Grundrechtsdogmatik, präsent. Im Europarecht und im Völkerrecht sind sie unverzichtbar. Die Interpretation der Art. 41 und 47 GRC muss notwendig auf die historische Entwicklung und eine rechtvergleichende Abstützung der zum Recht auf gute Verwaltung zusammengeführten allgemeinen Rechtsgrundsätze zurückgreifen.[35] Ähnliches gilt etwa für die Ausformung der völkerrechtlichen Umwelthaftung. Überall wird eine Brücken- und Reservefunktion allgemeiner Rechtsgrundsätze deutlich, mit der gerade auch historische und komparative Erkenntnisse in geltendes Recht transformiert und in die Rechtsfindung eingebracht werden.

5 Die Verwaltungsgerichtsbarkeit als Beispiel

Rechtsgeschichte und Rechtsvergleichung sind wichtige Erkenntnisquellen auch für eine Standortbestimmung der Verwaltungsgerichtsbarkeit. Das zeigt sich am Handbuch der Geschichte der Verwaltungsgerichtsbarkeit in Deutschland und in Europa.[36] Und es bestätigt sich, wenn es um aktuelle Fragen eines „Funktionswandels der Verwaltungsgerichtsbarkeit" – konkret um unterschiedliche Entwicklungsrichtungen eines eher dem subjektiven Rechtschutz oder aber dem objektiven Interessenschutz verpflichteten Konzepts – geht.[37]

Angestoßen worden ist diese Diskussion durch zwei Entwicklungen im EU-Recht: zum einen durch Rechtsprechung des EuGH, derzufolge subjektive Rechte auch solche Berechtigungen sein können, hinter denen, abweichend vom traditionellen deutschen Verständnis, nicht individuelle, sondern aggregierte Interessen an der Rechtsverfolgung stehen (sog. funktionale Subjektivierung, prokuratorische Rechte), und zum andern durch die bevorzugte Stellung von Verbandsklagen, wie sie in der Aarhus-Konvention angelegt und durch das diese umsetzende EU-Recht in das Umweltprozessrecht der Mitgliedstaaten hineingetragen worden ist. Vor allem in der Richterschaft hatten diese Entwicklungen Befürchtungen ausgelöst, der bewährte deutsche Verwaltungsprozess werde in die Richtung eines Interessenschutzes nach französischem Vorbild gedrängt; entsprechend alarmiert fielen die Abwehrreaktionen der Mehrheit aus. Nachdem der EuGH jedoch den grundsätzli-

[35] Sommermann (2021b), S. 874 ff.

[36] Sommermann, Schaffarzik (2019), S. V: „Standortbestimmung sowohl in historischer als auch international vergleichender Perspektive".

[37] Zum Folgenden Schmidt-Aßmann (2025), Rn. 177 ff.

chen Gleichrang der Konzepte unterstrichen und Angriffe auf den in § 113 Abs. 1 S. 1 VwGO festgelegten Rechtswidrigkeitszusammenhang abgewehrt hat,[38] ist es an dieser Front merklich ruhiger geworden.

Das heißt nicht, dass alles in den alten Bahnen weiterlaufen wird. Zwei höchstrichterliche Entscheidungen zu Klimaklagen zeigen die Spannungen: Das Bundesverfassungsgericht beschränkt die Beschwerdebefugnisse der Kläger grundrechtlich-individualschützend und spricht sich ausdrücklich gegen eine prokuratorische Rechtstellung aus.[39] Der Europäische Gerichtshof für Menschenrechte, ebenfalls grundrechtlich ansetzend, beschränkt dagegen die Befugnis der Individualkläger und sieht gerade in einer prokuratorischen Stellung von Verbänden den bevorzugten Ansatz, um einem hochkomplexen Phänomen wie dem Klimawandel prozessrechtlich begegnen zu können.[40]

Das deutsche Rechtsschutzkonzept wird folglich auch künftig durch das im internationalen Vergleich breit anerkannte Konzept der Interessentenklage herausgefordert werden. Bewältigen lässt sich diese Aufgabe am ehesten mit Hilfe der *Schutznormlehre* – ein dogmatisches Konstrukt reinsten Wassers, das sich schon bisher als anpassungsfähig erwiesen hat und es den Gerichten ermöglicht, Entwicklungsanstöße des europäischen und internationalen Rechts historisch und komparatistisch *informiert* und *reflektiert* aufzunehmen, ohne das subjektiv-rechtliche Konzept aufzugeben. Insgesamt sollte die künftige Entwicklung so durch die folgenden beiden Koordinaten bestimmt sein:[41] „Bei der Verwirklichung der gemeinsamen Rechtsschutzziele verblasst der Antagonismus zwischen subjektiven und objektiven, dualistischen und monistischen Konzepten". „Die unterschiedlichen historischen Erfahrungen und die Unterschiede in den Rechts- und Rechtsprechungskulturen werden dabei gewährleisten, dass das der Vielfalt innewohnende innovative Potential bei der Suche nach den besten Lösungen nicht verloren geht".

Literatur

Barnés, J. (2021). Presentación: La gramática des Derecho administrativo. In E. Schmidt-Aßmann (Hrsg.), *La dogmática del Derecho administrativo* (S. XXIII f). Global Law Press.

Huber, P. M. (2024). The constitutional traditions common to the member states: Identification an concretisation. In A. von Bogdandy & E. Schmidt-Aßmann (Hrsg.), *Theorising comparative public law. A reader from Germany* (S. 405–422). Nomos.

Jestaedt, M. (2014). Wissenschaft im Recht. Rechtsdogmatik im Wissenschaftsvergleich. *Juristen-Zeitung, 69*(1), 1–12.

Kahl, W. (2020). *Wissenschaft, Praxis und Dogmatik im Verwaltungsrecht*. Mohr Siebeck.

Kischel, U. (2015). *Rechtsvergleichung*. C.H. Beck.

---

[38] EuGH, Urt. v. 15. 10. 2015, *Kommission v. Deutschland*, C-137/14, Rn. 32.

[39] BVerfG, Beschl. v. 24. 3. 2021, BVerfGE 157, 30, Rn. 109, 136 f.

[40] EGMR, Urt. v. 9. 4. 2024, *Verein Klimaseniorinnen et al. v. Schweiz*, Application No. 53600/20, Rn. 478 ff. und 489 ff.

[41] Sommermann (2019), S. 1770.

Marsch, N. (2022). Rechtsvergleichung. In A. Voßkuhle, M. Eifert, & M. Ch (Hrsg.), *Grundlagen des Verwaltungsrechts* (Bd. 1, S. 135–191). C. H. Beck.

Möllers, C. (2022). Methoden. In A. Voßkuhle, M. Eifert, & C. Möllers (Hrsg.), *Grundlagen des Verwaltungsrechts* (Bd. 1, S. 71–134). C. H Beck.

Röhl, F., & Röhl, H. C. (2008). *Allgemeine Rechtslehre* (3. Aufl.). Carl Heymanns.

Rüthers, B., Fischer, C., & Birk, A. (2015). *Rechtstheorie mit juristischer Methodenlehre*. C. H. Beck.

Schmidt-Aßmann, E. (2015). *Kohärenz und Konsistenz des verwaltungsgerichtlichen Rechtsschutzes. Herausforderungen angesichts vernetzter Verwaltungen und Rechtsordnungen*. Mohr Siebeck.

Schmidt-Aßmann, E. (Hrsg.). (2018). Zum Standort der Rechtsvergleichung im Verwaltungsrecht. *Zeitschrift für ausländisches öffentliches Recht und Völkerrecht, 78*, 807–862. In etwas veränderter Fassung abgedruckt auch in: von Bogdandy, A., & Schmidt-Aßmann, E. (eds.) (2024). *Theorising comparative public law. A reader from Germany* (S. 333–377). Nomos.

Schmidt-Aßmann, E. (2023). *Verwaltungsrechtliche Dogmatik in der Entwicklung*. Mohr Siebeck.

Schmidt-Aßmann, E. (2025). Einleitung. In F. Schoch & J. P. Schneider (Hrsg.), *Verwaltungsgerichtsordnung, Kommentar*. C H Beck.

Schorkopf, F. (2017). *Staatsrecht der internationalen Beziehungen*. C. H. Beck.

Sommermann, K.-P. (1997). *Staatsziele und Staatszielbestimmungen*. Mohr Siebeck.

Sommermann, K.-P. (1999). Die Bedeutung der Rechtsvergleichung für die Fortentwicklung des Staats- und Verwaltungsrechts in Europa. *DÖV, 50*(24), 1017–1029.

Sommermann, K.-P. (2004). Funktionen und Methoden der Grundrechtsvergleichung. In D. Merten & H.-J. Papier (Hrsg.), *Handbuch der Grundrechte in Deutschland und Europa* (Bd. 1, S. 631–677). C. F. Müller.

Sommermann, K.-P. (2017). Das Verhältnis von Rechtswissenschaft und Rechtspraxis im Verwaltungsrecht. Vergleichende Betrachtungen zu Deutschland und Frankreich. *Die Verwaltung, 50*(2), 77–95.

Sommermann, K.-P. (2019). Entwicklungspfade europäischer Verwaltungsgerichtsbarkeit. In K.-P. Sommermann & B. Schaffarzik (Hrsg.), *Handbuch der Geschichte der Verwaltungsgerichtsbarkeit* (Bd. 2, S. 1735–1770). Springer.

Sommermann, K.-P. (2021a). The Germanic tradition of comparative administrative law. In P. Cane, H. C. H. Hofmann, E. Ip, & P. L. Lindseth (Hrsg.), *The Oxford handbook of comparative administrative law* (S. 53–77). Oxford University Press. Abgedruckt auch in: von Bogdandy, A., & Schmidt-Aßmann, E. (eds.) (2024). *Theorising comparative public law. A reader from Germany* (S. 11–39). Nomos.

Sommermann, K.-P. (2021b). Bedeutung der Rechtsvergleichung im europäischen Verwaltungsrecht. In W. Kahl & M. Ludwigs (Hrsg.), *Handbuch des Verwaltungsrechts* (S. 857–895). C. F. Müller.

Sommermann, K.-P. (2024a). Artikel 20. In P. M. Huber & A. Voßkuhle (Hrsg.), *Grundgesetz* (Bd. 2, S. 1–180). C H Beck.

Sommermann, K.-P. (2024b). Droit administratif général droit administratif spécial: une perspective allemande. In Association Française pour la recherche en Droit Administratif – A.F.D.A (Hrsg.), *Droit administratif général et droit administratif spécial* (S. 175–188).

Sommermann, K.-P., & Schaffarzik, B. (Hrsg.). (2019). *Handbuch der Geschichte der Verwaltungsgerichtsbarkeit* (Bd. 1–3). Springer.

Voßkuhle, A. (2024). A constitutional comparison by constitutional courts – Observations from twelve years of constitutional practice. In A. von Bogdandy & E. Schmidt-Aßmann (Hrsg.), *Theorising comparative public law. A reader from Germany* (S. 423–441). Nomos.

Zweigert, K., & Kötz, H. (1996). *Einführung in die Rechtsvergleichung auf dem Gebiete des Privatrechts* (3. Aufl.). Mohr Siebeck.

Defensive Bürokratie statt Ergebnisorientierung: Ist Italiens Verwaltung ein Sonderfall?

C. Fraenkel-Haeberle

1 Einführung

Zu den jüngsten Publikationen des Jubilars gehört das 2025 gemeinsam mit der Verfasserin dieses Beitrags herausgegebene englischsprachige Handbuch „The Transformation of Civil Service in Europe – A Research Companion".[1] Das Werk befasst sich ausführlich mit den neuesten Entwicklungen des öffentlichen Dienstes im europäischen Mehrebenensystem. Darin wird die Frage der „defensiven Bürokratie" allerdings nicht thematisiert. Möglicherweise ist dieser Umstand darauf zurückzuführen, dass dieses Phänomen eine italienische Besonderheit zu sein scheint und im Ausland noch relativ unbekannt ist.

Die defensive Bürokratie bezeichnet eine Haltung, die mehr auf die Vermeidung persönlicher Nachteile als auf die Erreichung von Gemeinwohlzielen ausgerichtet ist. Damit ist insbesondere die Tendenz leitender Beamter der öffentlichen Verwaltung gemeint, sich hinter Verfahrensformalitäten zu verschanzen, Entscheidungen bewusst zu verzögern oder gänzlich zu unterlassen und somit einer möglichen Ver-

Cristina Fraenkel-Haeberle ist außerplanmäßige Professorin für Öffentliches Recht an der Deutschen Universität für Verwaltungswissenschaften Speyer und Senior Researcher am Deutschen Forschungsinstitut für öffentliche Verwaltung (Bereich „Öffentlicher Dienst"). Zu ihren Forschungsschwerpunkten zählen das vergleichende Verwaltungs- und Verfassungsrecht, das Hochschulrecht, das Recht des öffentlichen Dienstes und das Recht der Digitalisierung.

[1] Erschienen bei Routledge 2025 als Open-Access-Veröffentlichung und im Internet abrufbar unter: https://doi.org/10.4324/9781003458333.

C. Fraenkel-Haeberle (✉)
Speyer, Deutschland
E-Mail: fraenkel-haeberle@foev-speyer.de

C. Fraenkel-Haeberle, B. Peters (Hrsg.), *Öffentliches Recht in transnationaler Perspektive*, https://doi.org/10.1007/978-3-662-72331-9_10

antwortung zu entgehen. Dies kann sich in der Anforderung unnötiger Gutachten mit dem Ziel der Verfahrensverschleppung, dem Einholen von Klarstellungen sowie dem Drängen auf den Erlass von Verhaltensrichtlinien bei der politischen Führungsebene ausdrücken. Die genannten Verhaltensweisen dienen allesamt der persönlichen Absicherung. Beamte verzichten bewusst auf Ermessensspielräume und folgen lieber etablierten Routinen.[2]

Dieses Verhaltensmuster – in Italien auch als „Angst vor der Unterschrift" bekannt[3] – steht aktuell in der Kritik.[4] Im vorliegenden Beitrag soll zunächst ein Überblick über den Zusammenhang zwischen defensiver Bürokratie und verschiedenen Haftungsformen im italienischen öffentlichen Dienst gegeben werden. Anschließend werden die Ursachen und Entwicklungen der defensiven Verwaltungskultur anhand eines jüngsten Urteils des italienischen Verfassungsgerichtshofs und einer Studie der *Scuola Nazionale dell'Amministrazione* (SNA) erörtert.[5] Abschließend wird die Frage untersucht, ob deutsche Beamte tatsächlich mutiger und entscheidungsfreudiger agieren oder ob auch im deutschen öffentlichen Dienst mehr proaktives Handeln und Problemlösungsgeschick wünschenswert wären.

2 Haftungsformen im italienischen öffentlichen Dienst

Ähnlich wie im deutschen Recht haften Beschäftigte des italienischen öffentlichen Dienstes persönlich nach dem Zivil-, Straf- und Verwaltungsrecht für Handlungen, durch die sie Rechte verletzen.[6] Diese drei Haftungsformen bilden eine klassische „Verantwortungstrias"[7] und werden in Italien einfachgesetzlich durch das gesetzesvertretende Dekret Nr. 165/2001 geregelt.[8] Dabei erstreckt sich die zivilrechtliche Haftung auf den Staat und die öffentlichen Einrichtungen. Zuständig sind die Zivilgerichte, wobei eine solidarische Haftung der Dienstherren besteht, da davon ausgegangen wird, dass der Beschäftigte die Behörde nach außen verkörpert (*rapporto di immedesimazione organica*).[9] Ähnlich wie im deutschen Recht kann der Dienstherr anschließend gemäß den Grundsätzen der Amtshaftung Regress nehmen.[10]

[2] Trombello, Zaga (2023); Clarich (2022), S. 282.

[3] Canale (2021), S. 133 f.; Battaglia et al. (2021), S. 1295 f.

[4] Battini, Decarolis (2020), S. 343.

[5] Battini, Decarolis (2021), S. 263 f.

[6] Art. 28 Verf.

[7] Bueno Armijo (2025), S. 499.

[8] Gesetzesvertretendes Dekret (decreto legislativo) Nr. 165 v. 30. März 2001 (*Norme generali sull'ordinamento del lavoro alle dipendenze delle amministrazioni pubbliche*), G.U. Nr. 106 v. 9.5.2001, Art. 55 Abs. 1 und 2 und Art. 21 für die Führungshaftung.

[9] Clarich (2022), S. 282 ff.; Dekret des Staatspräsidenten (D.P.R.) Nr. 3 v. 10.1.1957 (*Testo unico degli impiegati civili dello Stato*), G.U. Nr. 22 v. 25.1.1957, Art. 22.

[10] Nicoletti (2011), S. 461.

Die Amtshaftung (*responsabilità amministrativa* oder *responsabilità erariale*) wird – als italienische Besonderheit – durch den Rechnungshof festgestellt. Die rechtliche Grundlage hierfür ergibt sich aus Art. 103 Abs. 2 der italienischen Verfassung, der wie folgt lautet: „Der Rechnungshof ist zuständig für Angelegenheiten der öffentlichen Rechnungsführung sowie in weiteren gesetzlich bestimmten Bereichen“. Auf dieser Basis hat sich das Amts- und Rechnungshaftungsverfahren herausgebildet, das heute eine zentrale Stellung im italienischen Rechtssystem einnimmt.

Die materiellrechtliche Regelung der Amtshaftung findet sich im Dekret des Staatspräsidenten Nr. 3/1957.[11] Insbesondere legt dessen Art. 18 fest, dass Staatsbeamte Schäden zu ersetzen haben, die aus Verstößen gegen Dienstpflichten resultieren (unmittelbare Amtshaftung) bzw. sie Dritten zugefügt haben (mittelbare Amtshaftung).[12] Der einfache Gesetzgeber hat allerdings unter Beibehaltung der vollen zivilrechtlichen Haftung der Behörden die Haftung der Beschäftigten des öffentlichen Dienstes auf die Fälle der groben Fahrlässigkeit und des Vorsatzes beschränkt.[13]

Das Dekret sieht dazu vor, dass ein Geschädigter eine Klage zugleich gegen die Verwaltungsbehörde richten kann, sofern nach den geltenden Rechtsnormen und -prinzipien auch eine Haftung des Staates besteht (Art. 22). Dieselbe Bestimmung sieht ferner vor, dass die Verwaltungsbehörde, die Dritte für den Schaden entschädigt hat, sich vor dem Rechnungshof gegen den Schädiger schadlos halten kann.[14] Zusätzlich kann eine Behörde gegen den Beamten vor den Zivilgerichten wegen einer Verletzung seiner Pflichten aus dem Arbeitsvertrag vorgehen.[15]

Die Amtshaftung wurde bereits zu Zeiten der Monarchie durch das noch immer geltende Königliche Dekret Nr. 2440/1923 geschaffen.[16] Darin ist in Art. 82 vorgesehen, dass „[d]er Beamte, der durch Handlung oder Unterlassung, auch nur fahrlässig, in Ausübung seiner Amtspflichten dem Staat einen Schaden zufügt, verpflichtet ist, diesen zu ersetzen“. Diese Haftungsform beruht grundsätzlich auf Generalklauseln, die in vielen Aspekten einer außervertraglichen zivilrechtlichen Haftung ähneln; sie setzt jedoch ein Beschäftigungs- oder Dienstverhältnis mit der

[11] D.P.R. Nr. 3/1957, Art. 18.

[12] Clarich (2022), S. 297.

[13] D.P.R. Nr. 3/1957, Art. 23 Abs. 1; G. Nr. 20/1994, Art. 1 Abs. 1.

[14] Die Haftung wird vor dem Rechnungshof vom Rechnungsstaatsanwalt ausgeübt und stützt sich auf Art. 1 des Gesetzes Nr. 20 v. 14.1.1994 (*Disposizioni in materia di giurisdizione e controllo della Corte dei conti*), G.U. Nr. 10 v. 14.1.1994 während die verfahrensrechtlichen Aspekte durch das Gesetzesvertretende Dekret Nr. 174 v. 26.8.2016, (*Codice di giustizia contabile*), G.U. Nr. 209 v. 7.9.2016 geregelt werden.

[15] Bottino (2021), S. 716.

[16] Die Rechtsgrundlage ergeben sich aus den Artikeln 82 und 83 des Königliches Dekret Nr. 2440 v. 18.11.1923 (*Nuove disposizioni sull'amministrazione del patrimonio e sulla contabilità generale dello Stato,*) sowie aus den Artikeln 52 und 53 des Königlichen Dekret Nr. 1214/1934 (*Testo unico della Corte dei Conti*).

öffentlichen Verwaltung voraus.[17] Die entsprechende Zuständigkeit wird dem Rechnungshof durch den nachfolgenden Artikel 83 übertragen. Dieser kann „nach Bewertung der individuellen Verantwortlichkeiten, diese ganz oder teilweise für den festgestellten Schaden oder den eingetretenen Wertverlust heranziehen".[18]

Der Rechnungshof kann die Höhe des ersatzpflichtigen Schadens nach eigenem Ermessen bestimmen. Diese Befugnis wird unter Berücksichtigung des jeweiligen Kontexts und des Ausmaßes des vorwerfbaren Verschuldens ausgeübt.[19] Dabei wird das Amtshaftungsverfahren weniger als Schadenersatzklage und eher als Sanktion verstanden. Mildernde Umstände können in der technischen und wissenschaftlichen Unsicherheit, der Komplexität der Sach- bzw. Rechtslage, der Unklarheit einer Regelung, der uneindeutigen Rechtsprechung und der Neuigkeit eines Sachbereichs liegen.[20] Bei ihrem Vorliegen kann der geschuldete Betrag vom Rechnungshof herabgesetzt werden (*potere riduttivo della Corte dei conti*) oder unter den Verantwortlichen unterschiedlich verteilt werden.[21] Nach der Literatur wird diese Praxis einer „paternalistischen Staatstradition" zugerechnet.[22]

Als weitere Haftungsform kennt das italienische Recht die Disziplinarhaftung, die sich traditionell aus der Verletzung der Sorgfalt- und Loyalitätspflichten ergibt, die im Verhaltenskodex für öffentliche Bedienstete (*Codice di comportamento dei dipendenti pubblici*) sowie in den sektoralen Tarifverträgen festgelegt sind.[23] Inzwischen bestimmt das G.D. Nr. 165/2001 (Art. 55 ff.) die verschiedenen Ausprägungen dieser Haftungsform.

Schließlich ist die Führungshaftung (*responsabilità dirigenziale*) von besonderem Interesse, die derzeit von Art. 21 des G.D. Nr. 165/2001 geregelt wird und die Einstufung als Führungskraft voraussetzt. Sie umfasst grundsätzlich zwei Tatbestände und zwar einerseits die Nichterreichung der mit den politischen Entscheidungsträgern vereinbarten Ziele. Insbesondere hat die Führungskraft dafür zu sorgen, dass die Mitarbeitenden die vorgesehenen qualitativen und quantitativen Standards einhalten, welche den Maßstäben der Produktivität, Effizienz und Transparenz im öffentlichen Dienst zugrunde liegen.[24] Andererseits stützt sich die Haftung auf die Nichtbeachtung der Leitlinien der politischen Organe durch die Führungskraft. Der Widerruf bzw. der Nichtverlängerung des (befristeten) Führungsauftrags stellen mögliche Sanktionen dar.[25]

---

[17] Nicoletti (2011), S. 461.

[18] K.D. Nr. 2440/1923, Art. 83.

[19] Nicoletti (2011), S. 462.

[20] Scotti (2022), S. 360.

[21] Scotti (2022), S. 363.

[22] Clarich (2022), S. 299.

[23] Darauf verweist das G.D. Nr. 165/2001, Art. 54 Abs. 2 sowie Art. 55 Abs. 2.

[24] G.D. Nr. 165/2001, Art. 21-bis.

[25] Bottino (2021), S. 721.

3 Die Balance zwischen Amtshaftung und defensiver Bürokratie

Während klar ist, dass die Angst vor Haftung Verwaltungshandeln lähmen kann, müssen Haftungstatbestände doch bestehen, um rechtswidriges Verhalten zu sanktionieren. Letztendlich müssen Regelungen also eine Balance schaffen zwischen zwei Polen: dem Schutz der Bürger vor Schäden durch Amtsträger einerseits und der Vermeidung übermäßiger Abschreckungseffekte (*overdeterrence*) andererseits. Letztere können durch übertriebene Haftungsängste entstehen, indem eine übersteigerte Furcht vor Sanktionen die Handlungsfähigkeit öffentlicher Bediensteter lähmt.[26]

Die verheerenden Folgen der defensiven Bürokratie traten insbesondere während der Corona-Pandemie deutlich zutage. Damals ging es darum, die Wirtschaft wiederanzukurbeln und den Nationalen Aufbau- und Resilienzplan, durch den Italien besonders erhebliche Finanzmittel erhalten hatte, zügig umzusetzen. Doch verhinderte die defensive Bürokratie die Ergreifung der notwendigen Maßnahmen. Um den Verpflichtungen Italiens gegenüber der EU planmäßig nachzukommen, bemühte sich der Gesetzgeber, das Haftungsregime zu lockern, der defensiven Bürokratie entgegenzuwirken und so das Prinzip der „ergebnisorientierten Verwaltung" mit Leben zu füllen.[27]

Zur Beschleunigung von Investitionen wurde im Sommer 2020 beschlossen, die Amtshaftung im Falle grober Fahrlässigkeit bei Handlungen – nicht jedoch bei Unterlassungen – vorübergehend auszusetzen. Diese Ausnahmeregelung wird „*scudo erariale*" (Schutzschild gegen die Staatskasse) bezeichnet.[28] Sie wurde mehrmals verlängert und galt bis zum 31.12.2024.[29]

4 Defensive Bürokratie nach der Rechtsprechung des Verfassungsgerichtshofs

Die defensive Bürokratie war Gegenstand einer Beschwerde des Rechnungshofs vor dem Verfassungsgerichtshof, welche mit Urteil Nr. 132 vom 6. Juni 2024 entschieden wurde. In dieser Beschwerde wendete sich der Rechnungshof gegen die Ungleichbehandlung von Handlungen und Unterlassungen in der oben geschilderten Ausnahmeregelung vom Sommer 2020. Der Rechnungshof sah in dieser Ausnahme einen Verstoß gegen den Gleichheitssatz (Art. 3 Verf.) und das Prinzip der guten Verwaltungsführung (Art. 97 Verf.). Der Rechnungshof wandte sich in der Be-

[26] Clarich (2022), S. 282.

[27] Cintioli (2024), S. 124.

[28] Gesetz Nr. 120 v. 11.9.2020 (*Misure urgenti per la semplificazione e l'innovazione digitale*), G.U. Nr. 228 v. 14.9.2020, Art. 21 Abs. 1.

[29] Clarich (2022), S. 298.

schwerde auch gegen den Bewertungsspielraum des Gesetzgebers. Dieser habe, nach Ansicht des Rechnungshofs, das Gleichgewicht zwischen persönlicher Haftung und dem Ausmaß, in dem pflichtwidrige Handlungen vom Gemeinwesen getragen werden müssen, verzerrt.[30] In seinem Urteil hat der Verfassungsgerichtshof eine umfassende Analyse der defensiven Bürokratie und der Maßnahmen zu deren Bekämpfung vorgenommen.[31] Bereits in seiner früheren Rechtsprechung hatte der Verfassungsgerichtshof mehrmals betont, dass eine Einschränkung der Haftung öffentlicher Bediensteter mit Art. 28 Verf. vereinbar sei. Dies begründet er damit, dass die ordnungsgemäße Erfüllung öffentlicher Aufgaben nicht zu einer Regelung führen dürfe, bei der die Angst vor der Haftung Verzögerungen oder Untätigkeit verursache. Die Funktion dieses Rechtsinstituts erfordere ein Gleichgewicht zwischen dem Teil der Haftung, der der Verwaltung auferlegt werden müsse und dem Teil, den die Bediensteten selbst tragen sollen. Die Haftungsregelung sollte keinesfalls dazu führen, dass Bedienstete von der Übernahme der Verantwortung abgeschreckt würden.[32]

4.1 Besondere Merkmale der Haftungsregelung

In dem jüngsten Urteil Nr. 132/2024 hat der Verfassungsgerichtshof seine Rechtsprechung zur defensiven Bürokratie näher präzisiert, indem er die besondere Ausprägung der Amtshaftung bei Schäden zulasten der Staatskasse (*danno erariale*) infolge eines rechtswidrigen Verhaltens eines öffentlichen Bediensteten darlegte.[33]

Diese Haftungsform dient nicht ausschließlich der Beseitigung der rechtswidrigen Folgen hoheitlichen Handelns für das Vermögen der öffentlichen Hand. Sie ergibt sich aus einer „Kombination von Folgenbeseitigung und Abschreckung“.[34] Des Weiteren stellt der Verfassungsgerichtshof klar, dass eine Befreiung von der administrativen Haftung die Möglichkeit einer Klage vor den ordentlichen Gerichten zur Geltendmachung der zivilrechtlichen Haftung nach dem genannten Art. 22 des D.P.R. Nr. 3/1957 nicht ausschließt. Der Verfassungsgerichtshof hebt wiederholt den vielseitigen Charakter dieser Haftungsform hervor, die sowohl präventiv-sanktionierende als auch schadenersatzrechtliche Elemente beinhaltet. Trotz dieser Besonderheiten im Vergleich zum Archetyp der zivilrechtlichen Haftung wird allerdings der grundlegende kompensatorische Charakter dieser Haftungsform vom Verfassungsgerichtshof nicht in Frage gestellt.[35]

---

30 Cintioli (2024), S. 123.

31 Corte Cost. Nr. 132/2024.

32 Corte cost. Nr. 371/1998, Rn. 6; s. auch Corte cost. Nr. 123/2023 und Nr. 203/2022.

33 Corte Cost. Nr. 132/2024, Rn. 2.2 mit Verweis auf die Urteile Nr. 371/1998 und 453/1998.

34 Corte Cost. Nr. 132/2024, Rn. 5.2 mit Verweis auf die Urteile Nr. 371/1998 und 203/2022.

35 Corte Cost. Nr. 132/2024, Rn. 5.2.

4.2 *Ursachen der defensiven Bürokratie*

Der Verfassungsgerichtshof betont drei Hauptursachen für die defensive Bürokratie. Zunächst weist er darauf hin, dass die Ermittlung der im konkreten Fall anzuwendenden Bestimmungen aufgrund des Zusammenspiels verschiedener, oft unkoordinierter Rechtsquellen im Mehrebenensystem von Europarecht, nationalen sowie regionalen und lokalen Vorschriften problematisch ist und zu uneindeutigen Ergebnissen führt. Hinzu kommen die Auslegungsschwierigkeiten im Zusammenhang mit einer chaotischen Rechtsetzung, welche die Abwägung konfligierender Interessen nahezu vollständig auf die Verwaltung verlagert und somit den Gesetzesvollzug und die Einhaltung des Legalitätsprinzips erheblich erschwert.[36]

Dazu werden Haushalts- und Personalkürzungen ins Spiel gebracht. Aufgrund der weitverbreiteten Ressourcenknappheit und zunehmend anspruchsvollerer Aufgaben sieht der Verfassungsgerichtshof ein konkretes Risiko, dass überarbeitete öffentliche Bedienstete wegen grober Fahrlässigkeit zur Verantwortung gezogen werden könnten.

Schließlich betont der Verfassungsgerichtshof, dass der gesellschaftliche und institutionelle Pluralismus die Komplexität der Verwaltungsverfahren steigere. Demnach hat die öffentliche Hand die nicht einfache Aufgabe erhalten, anhand unbestimmter Rechtsbegriffe wie dem Vorsorgeprinzip unterschiedliche Faktoren in Einklang zu bringen (etwa Umwelt-, Gesundheits- sowie Sicherheitsbelange, finanzielle Interessen und unternehmerische Initiativen). Angesichts dieser neuen Gesamtsituation hält es der Verfassungsgerichtshof für gerechtfertigt, ein neues Gleichgewicht zwischen *overdeterrence* and *underdeterrence* herzustellen, wie im nächsten Abschnitt dargelegt wird.[37]

4.3 *Ratschläge des Verfassungsgerichtshofs an den Gesetzgeber*

Schließlich weist der Verfassungsgerichtshof die Beschwerde ab und schlägt hingegen dem Gesetzgeber „alternative Wege“ zur Reform der Amtshaftung vor.[38] Für eine gerechtere Risikoverteilung bei einer Schadenshaftung, ohne deren abschreckende Funktion in Frage zu stellen, regt der Verfassungsgerichtshof an, weitgehend auf unbestimmte Rechtsbegriffe zu verzichten: Auch die Fälle grober Fahrlässigkeit könnten – in Anlehnung an das Vergabegesetz – enumerativ dargestellt werden.[39] Zweitens soll der einem öffentlichen Bediensteten maximal anzulastende Betrag gedeckelt werden. Diese Höchstgrenze sei von der genannten

[36] Zur „Vollzugsgeeignetheit von Gesetzen“ s. in diesem Band den Beitrag von Klaus König.

[37] Palumbo (2024), S. 6.

[38] Marini (2024), S. 1.

[39] Corte cost. Nr. 132/2024, Rn. 6.4.

Reduktionsbefugnis (*potere riduttivo*) des Rechnungshofs zu unterschieden, da im ersten Fall der gesetzliche Höchstbetrag ausnahmslos zur Anwendung kommt, während die Reduktionsbefugnis eine Ermessensentscheidung voraussetzt. Drittens wird vorgeschlagen, die Kontrolltätigkeit des Rechnungshofes mit dem Ziel zu stärken, bei grober Fahrlässigkeit eine Haftungsbefreiung für den Bediensteten zu ermöglichen, der die Auflagen eigehalten hat. Viertens soll der Abschluss von Versicherungspolicen gefördert werden, der bisher eine fakultative Praxis darstellt. Die Haftung aus Fahrlässigkeit könnte bei besonders komplexen Tätigkeiten mit einem hohen Vermögensrisiko hinsichtlich spezieller Kategorien öffentlicher Bediensteter gegebenenfalls für bestimmte Arten von Akten ausgeschlossen werden. Schließlich rät der Verfassungsgerichtshof davon ab, die Haftungsformen für denselben Sachverhalt zu vervielfachen.

5 Besondere Herausforderungen für Führungskräfte in einer ergebnisorientierten Verwaltung (*amministrazione di risultato*)

Die defensive Bürokratie steht im krassen Widerspruch zu den Aufgaben und Verantwortungsbereichen von Führungskräften, wie sie in den 1990er-Jahren vom italienischen Gesetzgeber festgelegt wurden. Zu jener Zeit wurde das Verwaltungsverfahrensgesetz erlassen, das unter seinen leitenden Grundsätzen neben dem Legalitätsprinzip auch das der Effizienz und der Wirtschaftlichkeit der Verwaltung hervorhebt.[40] Daher soll die Verwaltung nicht nur die gesetzlichen Vorgaben umsetzen und die formalen Auflagen erfüllen, sondern auch die Ermessensermächtigungen ausschöpfen, um die gesetzlich festgelegten Ziele zu erreichen.[41]

Die Reformen der 1990er-Jahre sind im Einklang mit der Kultur des New Public Managements entwickelt worden, das die Effizienz der öffentlichen Verwaltung nach dem Vorbild der Privatwirtschaft gestalten wollte.[42] Die in der Ära der Privatisierung und Liberalisierung entwickelte „Ergebnislogik" beruhte auf der Trennung zwischen der politischen Weisungsbefugnis der gewählten Mandatsträger und der aktiven Verwaltungsführung in den Händen der Führungskräfte und der Verwaltungsbürokratie.[43] Das Vorbild war das einer technokratischen Verwaltung, die nicht durch politische Einflussnahme gelähmt werden sollte. Somit wurden im Zuge der durch Skandale erschütterten, sogenannten „Ersten Republik" die

[40] Gesetz Nr. 241 v. 7.8.1990 *(Nuove norme in materia di procedimento amministrativo e di diritto di accesso ai documenti amministrativi)*, G.U Nr. 192 v.18.8.1990, Art. 1.

[41] Cintioli (2024), S. 123.

[42] Cintioli (2024), S. 135.

[43] Fragale (2020), S. 181 ff.

Legitimationsstränge zum demokratischen Entscheidungsprozess zugunsten eines expertengesteuerten und effizienzgetriebenen Bilds der Verwaltung gelockert.[44]

Diese Neuausrichtung weist auf den Übergang von einer durch den liberalen Rechtsstaat geprägte gesetzesvollziehenden Verwaltung zu einer ergebnisorientierten Verwaltung hin, die für die wirtschaftlichen und sozialen Folgen ihrer komplexen Tätigkeit gerade stehen muss.[45] Somit wurde den Führungskräften die volle Verantwortung für die Erreichung der politischen Ziele übertragen. Seitdem besteht eine organisatorische Trennung zwischen der politischen Legitimation der gewählten Volksvertreterinnen und Volksvertreter und der institutionellen Legitimation der leitenden Verwaltungsmitarbeitenden.[46] Es ist Aufgabe der Politik, die von der Regierung vorgegebenen Ziele und Programme auszuarbeiten und entsprechende Rechtsakte zu erlassen. Es ist ferner Aufgabe der Politik, die Übereinstimmung der Ergebnisse der Verwaltungstätigkeit mit den festgelegten Zielen zu prüfen.[47] Die Führungskräfte (*dirigenza amministrativa*) hingegen haben die Aufgabe, sowohl in den Beziehungen zu den politischen Mandatsträgern als auch verwaltungsintern die Tätigkeit der Ämter zu überwachen und zu koordinieren.[48] Demnach wird die Beziehung zur politischen Spitze als „Führungsverhältnis" (*rapporto di direzione*) bezeichnet, was eine hierarchische Verbindung ausschließt.[49]

Als Ausgleich für diese umfassenden Zuständigkeiten hat die politische Führung die Befugnis erhalten, den Führungsauftrag (*responsabilità dirigenziale*) zu widerrufen. Das bedeutet, dass Führungskräfte anhand der Ergebnisse ihrer Arbeit gemessen werden (*responsabilità di risultato*).[50] Im Unterschied zum Arbeitsverhältnis und zur Zugehörigkeit zum Funktionsbereich der „dirigenza", die dauerhaft sind, wird die Führungsverantwortung befristet für drei bzw. fünf Jahre vergeben. Das führt zu einer ganz besonderen Regelung des Arbeitsverhältnisses: Es besteht aus einer Kombination aus dem (dauerhaften) Arbeitsvertrag und der Führungsaufgabe, die durch einen einseitigen Akt vorübergehend verliehen wird und bei Nichterreichung der vereinbarten Ziele widerrufen werden kann.[51]

Zusätzlich sehen Fachgesetze besondere Haftungsformen für Führungskräfte vor. So bestimmt beispielsweise das Gesetz gegen die Korruption, dass im Falle einer rechtskräftigen Verurteilung wegen Korruption innerhalb einer Behörde die

---

[44] Cintioli (2024), S. 135.

[45] Marini (2024), S. 2.

[46] Cerbone (2021), S. 936.

[47] Cerbone (2021), S. 937.

[48] G.D. Nr. 165/2001, Art. 5 Abs. 2.

[49] Buoso (2025), S. 215. Das Gesetz über den öffentlichen Dienst (G.D. Nr. 165/2001, Art. 4 Abs. 2) betont eindeutig die Trennung zwischen Politik und Verwaltung, indem es Folgendes festlegt: „Den Führungskräften obliegt der Erlass von Verwaltungsakten und -maßnahmen, einschließlich aller Akte, die die Verwaltung nach außen binden, sowie die finanzielle, technische und administrative Leitung durch autonome Ausgabenbefugnisse zur Organisation der personellen und instrumentalen Ressourcen sowie der entsprechenden Kontrollen. Sie alleine sind für die Verwaltungstätigkeit, die Verwaltungsführung und die damit verbundenen Ergebnisse verantwortlich".

[50] Lazzara (2022), S. 115.

[51] Pensabene Lionti (2021), S. 989 und 998; s. G.D. Nr. 165/2001, Art. 19.

zuständige Führungskraft zur Verantwortung gezogen werden kann.[52] Als mögliche Haftungsformen kommen dabei sowohl die Führungshaftung (*responsabilità dirigenziale*),[53] die zur Nichterneuerung bzw. zum Widerruf des Führungsauftrags führen kann, als auch die Disziplinarhaftung wegen *culpa in vigilando* sowie die Amtshaftung für den bei Nichtbeachtung des einschlägigen Anti-Korruptionsplans entstandenen Vermögens- und Imageschaden in Frage.[54]

Bezeichnenderweise versucht der kürzlich in Kraft getretene Vergabekodex (*Codice dei contratti pubblici*)[55] eine Neugestaltung dieser Haftungsformen. Auch nach diesem Regelwerk steht die Ergebnisorientierung (*principio del risultato*) an erster Stelle (Art. 1). Danach soll das Handeln der Vergabestellen bei der Auftragsvergabe durch höchste Schnelligkeit, das bestmögliche Preis-Leistungs-Verhältnis sowie die Beachtung des Legalitätsprinzips, der Transparenz und des freien Wettbewerbs gekennzeichnet sein. Unmittelbar danach folgt jedoch das Leitprinzip des Vertrauens in das „legitime, transparente und korrekte Verhalten der Verwaltung und ihrer Beschäftigten sowie der Wirtschaftstreibenden". Typischerweise wird zur Förderung dieser Vertrauenskultur den Vergabestellen auferlegt, Versicherungspolicen zur Risikoabdeckung der Tätigkeit ihres Personals abzuschließen.[56] Die Herstellung eines Ausgleichs zwischen Ergebnisorientierung und Vertrauensprinzip wird zudem im Sinne größerer Rechtsicherheit durch eine Präzisierung des unbestimmten Rechtsbegriffs der groben Fahrlässigkeit angestrebt. Diese wird definiert als „Verstoß gegen die Rechtsnormen und die Selbstbindung der Verwaltung sowie offensichtliche Verletzungen von Regeln der Umsicht, Sachkunde und Sorgfalt, verbunden mit dem Unterlassen der im Verwaltungshandeln üblicherweise erforderlichen Vorkehrungen, Überprüfungen und vorherigen Informationen – sofern diese dem öffentlichen Bediensteten aufgrund seiner spezifischen Befugnisse und in Bezug auf den konkreten Fall zumutbar sind. […]".[57]

6 Defensive Bürokratie im Fokus der *Scuola Nazionale dell'Amministrazione*

Gerade die weitverbreitete defensive Bürokratie bei Vergabeverfahren veranlasste die *Scuola Nazionale dell'Amministrazione* (SNA), ein Regierungsorgan und eine Ausbildungsstätte für die Führungskräfte der öffentlichen Verwaltung, eine Studie über dieses Phänomen zu erstellen, die auch Gegenstand einer umfassenden

[52] Gesetz Nr. 190 v. 6.11.2012, (*Disposizioni per la prevenzione e la repressione della corruzione e dell'illegalità nella pubblica amministrazione*), G.U. Nr. 265 v. 13.11.2012.

[53] G.D. Nr. 165/2001, Art. 21.

[54] G. Nr. 190/2012, Art. 1 Abs. 12.

[55] G.D. Nr. 36 v. 21.3.2023 (*Codice dei contratti pubblici*), G.U. Nr. 77 v. 31.3.2023.

[56] G.D. Nr. 36/2023, Art. 2 Abs. 4; Art. 15 Abs. 7.

[57] G.D. Nr. 36/2023, Art. 2 Abs. 3.

Publikation gewesen ist.[58] Dabei legte die SNA den Schwerpunkt im Bereich des Vergaberechts. Gründe dafür waren die volkswirtschaftliche Bedeutung dieses Sektors, der 10 % des BIP ausmacht sowie die zunehmende Delegation von Verantwortung an die zuständigen Führungskräfte, die mit folgenschweren Entscheidungen konfrontiert werden und somit zu defensiven Haltungen neigen. Anhand eines Fragebogens, der an die Verantwortlichen von Vergabeverfahren verteilt wurde, wurden Fragen über konkrete Arbeitsszenarien, über die individuelle Risikowahrnehmung sowie über den Abschluss von Versicherungspolicen gestellt.[59]

Zahlreiche Befragte hatten eine Versicherungspolice abgeschlossen. Zur Eindämmung defensiver Haltungen wurden zudem folgende Maßnahmen angeregt: die Einführung einer im Voraus bekannten Höchstgrenze für die monetäre Amtshaftung (an der sich möglicherweise der Verfassungsgerichtshof orientiert hat), die Verringerung des politischen Drucks auf administrative Entscheidungen, die Verbesserung der juristischen Schulung und die Einführung finanzieller Anreize zur Förderung der Entscheidungsfreude.[60] Auch eine verbesserte ämterinterne Kooperation und Entscheidungsteilung wurde als Hebel gegen die defensive Bürokratie genannt.[61]

Ein mittlerweile florierender Markt für Haftpflichtversicherungen beweist, dass bei den leitenden Beamten der öffentlichen Verwaltung ein ausgeprägtes Risikobewusstsein besteht.[62] Eine weitere Studie zum Vergabewesen hat den Zusammenhang zwischen der Amtshaftung – bedingt durch Verurteilungen des Rechnungshofes – und der Entwicklung defensiver Haltungen durch die Verfahrensverantwortlichen untersucht. Indikator war die Zeitspanne zwischen den einzelnen Phasen des Vergabeverfahrens. Bezeichnenderweise zeigt diese Studie einen signifikanten Unterschied zwischen der Risikowahrnehmung (ein stark wachsender Versicherungsmarkt) und den Auswirkungen defensiver Entscheidungen (moderate Verlangsamung der Entscheidungsprozesse).[63] Als Ursachen für den Bias der verzerrten Wahrnehmung werden Informationsmangel bzw. Unwägbarkeiten bei der Risikoeinschätzung u. a. wegen der „normativen Wucherung" genannt.[64]

[58] Battini, Decarolis (2021). S. 263 ff.; Battini, Decarolis (2020), S. 343 ff.

[59] Battini, Decarolis (2020), S. 344; als Fallstudie über die defensive Bürokratie vgl. Conticelli et al. (2016) S. 29 ff.; in Kooperation mit der SNA wird außerdem für den Zeitraum 2023–2025 vom italienischen Hochschulministerium ein „Forschungsprojekt von erheblichem nationalen Interesse" (progetto di rilevante interesse nazionale – PRIN) mit dem Titel „Defensive bureaucracy and responsibility in the Italian administrative system" gefördert.

[60] Vgl. G.D. Nr. 36/2023, Art. 15 Abs. 7, laut dem die Vergabestellen einen Aus- und Fortbildungsplan für das mit der Anschaffung von Gütern, Dienstleistungen und Lieferungen betraute Personal zu erstellen haben.

[61] Battini, Decarolis (2020), S. 358 f.

[62] Battini, Decarolis (2020), S. 355.

[63] Battini, Decarolis (2019), S. 293 ff.; zum Thema der Risikowahrnehmung s. Bottino (2017).

[64] Battini, Decarolis (2020), S. 361.

7 Gibt es defensive Bürokratie bei deutschen Beamten?

Welche Lehren lassen sich aus der italienischen Erfahrung mit der defensiven Bürokratie für die deutsche Verwaltung ziehen? Sind deutsche Beamten vor derartigen Haltungen gefeit? Zeigen sie mehr Mut und Entschlossenheit?

Zunächst sei darauf hingewiesen, dass nach Art. 34 GG – im Unterschied zu Italien – bei Verletzung einer Amtspflicht gegenüber einem Dritten grundsätzlich der Staat oder die jeweilige Körperschaft zur Verantwortung gezogen werden.[65] Eine Ausnahme bildet § 839 BGB bei vorsätzlichem oder grob fahrlässigem Verhalten, in welchen Fällen dem Dienstherrn der Rückgriff vorbehalten bleibt; in der Praxis wird jedoch nur selten davon Gebrauch gemacht.[66] Zudem prüft der Bundesrechnungshof (genau wie die Landesrechnungshöfe) nach Art. 114 Abs. 2 GG „die Rechnung sowie die Wirtschaftlichkeit und Ordnungsmäßigkeit der Haushalts- und Wirtschaftsführung des Bundes". Er ist kein Gericht – auch wenn seine Mitglieder richterliche Unabhängigkeit genießen – und verfügt über keinerlei rechtlichen Sanktionsmittel, sondern ist darauf angewiesen, dass seinen Beanstandungen Folge geleistet wird. Deshalb wird er häufig als „Ritter ohne Schwert" bezeichnet.[67]

Darüber hinaus lässt sich allgemein feststellen, dass im Vergleich zu Italien, wo seit den 1990er-Jahren die Arbeitsverhältnisse im öffentlichen Dienst weitgehend privatrechtlich geregelt sind,[68] deutsche Beamte durch den Funktionsvorbehalt nach Art. 33 Abs. 4 GG und ihren besonderen Status (besonderes Dienst- und Treueverhältnis) stärker geschützt sind. Wenn ihnen also nach den hergebrachten Grundsätzen des Berufsbeamtentums besondere Pflichten übertragen werden, darunter die „Pflicht zur aufopferungsvollen Hingabe", so genießen sie anderseits eine besondere Unabhängigkeit von den politischen Machtverhältnissen.[69]

Zu den hergebrachten Grundsätzen des Berufsbeamtentums gehört ferner das Lebenszeitprinzip, das wiederum das Laufbahnprinzip begründet.[70] In diesem Zusammenhang sind die in höchstens dreijährigen Abständen vorzunehmenden dienstlichen Beurteilungen maßgeblich, da sie eine wesentliche Voraussetzung für das berufliche Fortkommen darstellen. Bekanntlich beruhen dienstliche Beurteilungen auf detaillierten Kriterienkatalogen, die als Ausprägung des Leistungsprinzips die Bewertungsmaßstäbe festlegen. Beispielsweise nennt seit dem 01.01.2025 das Bayerische Leistungslaufbahngesetz als Beurteilungskriterien für die fachliche Leistung u. a. eine „lösungsorientierte Vorgehensweise" bzw. – soweit Beamte und Beamtinnen Führungsaufgaben wahrnehmen – „den Führungserfolg, die geistige Beweglichkeit, die pragmatische Arbeitsweise, die Ausschöpfung bestehender

[65] Clarich (2022), S. 282.

[66] Hill (2025), S. 8.

[67] Mangoldt, Klein, Starck (2018), Art. 114, Rn. 107.

[68] S. dazu Buoso (2025), S. 206 ff.; Albanese (2022), S. 694.

[69] Huber (2025), S. 469.

[70] § 6 Abs. 1 BBG; § 4 Abs. 1 BeamtStG.

Beurteilungs- und Ermessensspielräume sowie die Entscheidungsfreude und das Führungspotenzial".[71]

Man gewinnt daher den Eindruck einer besonders dynamischen deutschen öffentlichen Verwaltung. Dies entspricht jedoch nur teilweise der Realität, wie der jüngst veröffentlichte Abschlussbericht „Initiativen für einen handlungsfähigen Staat" vor Augen führt. Darin ist von einer „starken Absicherungsmentalität, hohem Perfektionsanspruch und zu wenig Bereitschaft zur Verantwortungsübernahme" die Rede und es wird eine neue „Fehler- und Führungskultur" angeregt.[72] Dies wird auch durch eine in Deutschland durchgeführte Studie bestätigt, in der 950 befragte Führungskräfte der öffentlichen Verwaltung eine defensive Bürokratie als verbreitete Praxis auf allen Hierarchieebenen angesehen haben. Insbesondere eine „negative Fehlerkultur" verleite dazu, risikoarme Varianten zu wählen.[73] Daher werden die Akzeptanz von Misserfolgen sowie eine offene Kommunikation angeregt, um gemeinschaftlich nach neuen Wegen zu suchen und aus Fehlern zu lernen.[74] Entsprechend enthält der derzeitige Koalitionsvertrag zwischen CDU, CSU und SPD im Abschnitt „Modernisierung des öffentlichen Dienstrechts" folgende Regelung: „Karrierewege und Vergütungsmodelle werden wir auf leistungsorientierte Komponenten, höhere Entscheidungsfreude und Beiträge zur Entbürokratisierung ausrichten, etwa durch Beurteilungskriterien wie ‚lösungsorientierte Vorgehensweise' und ‚Ausschöpfung bestehender Beurteilungs- und Ermessensspielräume'".[75]

Auch auf Landesebene ist die defensive Verwaltung bereits Thema gewesen. Im rheinland-pfälzischen Landtag etwa beantragte die CDU-Fraktion[76] systemische Veränderungen, insbesondere der Denkweise (Mindset), innerhalb der Behörden und bei den behördlichen Entscheidungsträgerinnen und Entscheidungsträgern. Sie plädierte für eine pragmatische und lösungsorientierte Anwendung von Gesetzen, und forderte „Ermöglichungsstreben, positiver Entscheidungswille, Pragmatik und die Ausschöpfung von Entscheidungs- und Ermessensspielräumen". Um die Furcht vor beruflichen Nachteilen zu nehmen, schlug die Fraktion die Aufnahme dieser Beurteilungskriterien in das rheinland-pfälzische Beurteilungswesen vor.

Des Weiteren wird in diesem Antrag angeregt, diese Prinzipien ergänzend auch im Disziplinarrecht zu berücksichtigen. Das bedeutet, dass Beamtinnen und Beamten, die erkennbar lösungsorientiert handeln und bei ihrer Entscheidungsfindung von diesem Leitgedanken getragen sind, bei einem Fehler weniger streng behandelt werden sollten. Dies soll keine Abkehr vom Legalitätsprinzip und vom Disziplinarrecht darstellen, sondern vielmehr zu mehr Eigeninitiative anspornen. In diesem Zusammenhang ließe sich der soziologische Begriff der „brauchbaren Illegalität",[77]

---

[71] Gesetz über die Leistungslaufbahn und die Fachlaufbahnen der bayerischen Beamten und Beamtinnen (Leistungslaufbahngesetz – LlbG) v. 5.8.2010 (GVBl. S. 410, 571), Art. 58.

[72] Jäkel et al. (2025), S. 51.

[73] Artinger et al. (2019), S. 12.

[74] Artinger et al. (2019), S. 22.

[75] Koalitionsvertrag (2025), Zeilen 1849–1852; Hill (2025), S. 3.

[76] Drucksache 18/11254 v. 24.1.2025.

[77] Luhmann (1964/1995), S. 304 ff.

dahingehend abwandeln, dass anstelle einer Kultur der formalen Regelbefolgung und der persönlichen Absicherung eine Kultur der Gemeinwohl- und Ergebnisorientierung (brauchbare Legalität) treten sollte.

Entscheidungen, die öffentliche Verwaltungen in einer immer komplexen Welt treffen, werden zunehmend „situativ-experimentell“: Unsicherheit bestimmt den Entscheidungsprozess.[78] Zudem verwirrt nicht nur in Italien das „normative Labyrinth“ die Interpreten bei der Entscheidungsfindung.[79] Dennoch erfordern situative Entscheidungen – etwa bei Gefahr im Verzug – oft eine Reaktion, bevor alle relevanten Informationen bekannt geworden sind.[80] Flexiblere Beurteilungskriterien ermöglichen situative Entscheidungen im Sinne der Gemeinwohlorientierung auch in komplexen Kontexten. Ihr Einsatz kann dem entgegenwirken, dass aus lauter Furcht vor individuellen Nachteilen der kollektive Nutzen zur Nebensache verkommt. Die defensive Bürokratie beschreibt eine Verhaltensweise, die in erster Linie die Entscheidungsträger vor Risiken – sowohl vermögensrechtlicher als auch anderer Art – schützen soll. Diese Haltung steht jedoch häufig im Widerspruch zu den Aufgaben und Zielen einer Verwaltungsorganisation, in deren Namen der Entscheidungsträger handelt.

Literatur

Albanese, A. (2022). Der öffentliche Dienst in Italien: Vom öffentlichen Recht zum Sonderarbeitsrecht. *DÖV, 75*(17), 693–732.

Artinger, F. M., Artinger, S., & Gigerenzer, G. (2019). C.Y.A.: Frequency and causes of defensive decisions in public administration. *Business Research, 12*, 9–25. https://link.springer.com/article/10.1007/s40685-018-0074-2. Zugegriffen am 11.10.2025.

Battaglia, A., Battini, S., Blasini, A., Bontempi, V., Pilade Chiti, M., Decarolis, F., Mento, S., Pincini, A., Pirri Valentini, A., & Sabato, G. (2021). Burocrazia Difensiva: Cause, Indicatori e Rimedi. *Rivista trimestrale di diritto pubblico, 71*(4), 1295–1316.

Battini, S., & Decarolis, F. (2019). L'amministrazione si difende. *Rivista trimestrale di diritto pubblico, 69*(1), 293–320.

Battini, S., & Decarolis, F. (2020). Indagine sull'amministrazione difensiva. *Rivista italiana di public management, 3*(2), 342–362.

Battini, S., & Decarolis, F. (2021). Indagine sull'amministrazione difensiva. *Formare la PA Rapporto SNA, 2017-2020*, 263–278.

Bottino, G. (2017). *Rischio e responsabilità amministrativa, Percorsi di Diritto Amministrativo.* Editoriale Scientifica.

Bottino, G. (2021). La responsabilità del dipendente pubblico. In A. Boscati (Hrsg.), *Il lavoro pubblico* (S. 711–722). Maggioli Editore.

Bueno Armijo, A. (2025). The disciplinary responsibility of civil servants – European minimum standards. In K. P. Sommermann, A. Krzywon, & C. Fraenkel-Haeberle (Hrsg.), *The civil service in Europe – A research companion* (S. 497–515). Routledge.

[78] Hill (2018), S. 1185 ff.

[79] Cintioli (2022), S. 521 ff.

[80] Hill (2018), S. 1187.

Buoso, E. (2025). The civil service in Italy – A flood of legislative reforms and a few safe harbours. In K. P. Sommermann, A. Krzywon, & C. Fraenkel-Haeberle (Hrsg.), *The civil service in Europe – A research companion* (S. 203–220). Routledge.

Canale, A. (2021). Responsabilità amministrativa e paura della firma. *Rivista della Corte dei Conti, 2*, 133–136.

Cerbone, M. (2021). Il modello della dirigenza dello Stato. In A. Boscati (Hrsg.), *Il lavoro pubblico* (S. 933–949). Maggioli Editore.

Cintioli, F. (2022). Risultato amministrativo, PNRR e contratti pubblici. *Diritto e processo amministrativo, 3*, 521–552.

Cintioli, F. (2024). La sentenza della Corte costituzionale n. 132 del 2024: dalla responsabilità amministrativa per colpa grave al risultato amministrativo. *Federalismi.it* (19), 121–136.

Clarich, M. (2022). *Manuale di diritto amministrativo*. il Mulino.

Conticelli, M., Albisinni, F., Fiorentino, L., & Schneider, E. (2016). Torrenti e alluvioni a Genova: la permanenza dell'emergenza. In L. Torchia (Hrsg.), *I nodi della pubblica amministrazione* (S. 29–58). Editoriale Scientifica.

Defensive bureaucracy and responsibility in the Italian administrative system, PRIN. (2022). https://www.unitus.it/en/departments/distu/research/progetti-di-ricerca-distu/defensive-burraucracy-and-responsibility-in-the-italian-administrative-system. Zugegriffen am 11.10.2025.

Fragale, E. N. (2020). *Studio sul principio di distinzione tra politica e amministrazione*. Maggioli.

Hill, H. (2018). Prüfung situativ-experimentellen Verwaltungshandeln. *DVBl, 133*(18), 1185–1190.

Hill, H. (2025). Schriftliche Stellungnahme zum Antrag der Fraktion der CDU v. 24.1.2025, BT-Drs. 18/11254.

Huber, P. M. (2025). Ensuring the independence of the civil service. In K. P. Sommermann, A. Krzywon, & C. Fraenkel-Haeberle (Hrsg.), *The civil service in Europe – A research companion* (S. 463–478). Routledge.

Jäkel, J., de Maizière, T., Steinbrück, P., & Voßkuhle, A. (2025). Abschlussbericht. Initiative für einen handlungsfähigen Staat. Stiftung Mercator.

Koalitionsvertrag zwischen CDU, CSU und SPD. (2025). 21. Legislaturperiode. Verantwortung für Deutschland, Verantwortung für Deutschland – Koalitionsvertrag zwischen CDU, CSU und SPD.

Landtag. (2025, Januar 24). Rheinland-Pfalz, 18. Wahlperiode. Drucksache 18/11254. https://dokumente.landtag.rlp.de/landtag/drucksachen/11254-18.pdf. Zugegriffen am 11.10.2025.

Lazzara, P. (2022). Organi di governo e dirigenza pubblica. In A. Romano (Hrsg.), *Diritto amministrativo*. Giappichelli.

Luhmann, N. (1995). *Funktionen und Folgen formaler Organisationen*. Duncker & Humblot. (erste Auflage: Berlin 1964).

Mangoldt, H., Klein, F., & Starck, C. (2018). *Grundgesetz, Kommentar* (7. Aufl.). C.H. Beck.

Marini, F. S. (2024). La sentenza n. 132 del 2024: la Corte costituzionale sperimenta nuove tecniche decisorie. *Rivista della Corte dei Conti, 4*, 461–465.

Nicoletti, G. (2011). La responsabilità amministrativa nel contenzioso della pubblica amministrazione. *Rivista della Corte dei Conti, 1–2*, 461–465.

Palumbo, D. (2024). La sentenza della Corte costituzionale n. 132/2024: verso un nuovo punto di equilibrio nella ripartizione del rischio tra la P.A. e l'agente pubblico? www.giustiziainsieme.it. Zugegriffen am 18.11.2024.

Pensabene Lionti, G. (2021). Il conferimento degli incarichi dirigenziali e il trattamento economico. In A. Boscati (Hrsg.), *Il lavoro pubblico* (S. 989–1013). Maggioli.

Scotti, E. (2022). La responsabilità civile della pubblica amministrazione. In A. Romano (Hrsg.), *Diritto amministrativo* (S. 347–364). Giappichelli.

Trombello, R., & Zaga, A. (2023). Burocrazia difensiva: volontà o legittima difesa. Altalex v. 29.04.2023.

Die Ermessensausübung der Polizei im spanischen Verwaltungsrecht

J. R. Fuentes i Gasó

1 Einleitung

Die neue Kultur der Sicherheit und Vorbeugung „ist eine neue Vision nicht nur der polizeilichen Funktionen, sondern der öffentlichen Verwaltungen insgesamt, die auf der Vorstellung beruht, dass das vorrangige Ziel eines fortschrittlichen Rechtsstaates der Schutz des Lebens und der Unversehrtheit der Menschen ist, und auf der Feststellung, dass die meisten Opfer nicht auf herkömmliche kriminelle Handlungen zurückzuführen sind, sondern auf Nachlässigkeit, Verwaltungsübertretungen oder unfreiwillige Handlungen, die das Ergebnis eines fehlenden administrativen Eingreifens sind, das direkt auf die Überwachung aller Aktivitäten abzielt, die eine Gefahr oder einen Schaden für die Menschen darstellen, sondern aufgrund von Fahrlässigkeit, Verwaltungsübertretungen oder unfreiwilligen Handlungen, die sich aus dem Fehlen von Verwaltungsmaßnahmen ergeben, die direkt auf die Überwachung aller Tätigkeiten abzielen, die eine Gefahr oder einen Schaden für Menschen darstellen. Diese neue Sichtweise, die Teil der so genannten neuen „Risikogesellschaft" ist, zwingt uns, die klassischen Vorstellungen vom Verwaltungsrecht als Polizei- oder Dienstrecht zu überdenken, hin zu einem Verwaltungsrecht, das als Recht und Tätigkeit der Gefahrenabwehr verstanden wird, sei es im Bereich der

---

Josep Ramon Fuentes i Gasó ist seit 2001 Professor für Verwaltungsrecht an der Universität Rovira und Virgili (URV). Seit 2007 leitet er den Màrius Viadel i Martín-Lehrstuhl für lokale Rechtsstudien. Zu seinen Forschungsgebieten zählen unter anderem das Sicherheits- und Polizeirecht, das Umweltrecht, die Kommunalverwaltung, das kulturelle Erbe sowie das öffentliche Beschaffungswesen.

J. R. Fuentes i Gasó (✉)
Tarragona, Spanien
E-Mail: josepramon.fuentes@urv.cat

C. Fraenkel-Haeberle, B. Peters (Hrsg.), *Öffentliches Recht in transnationaler Perspektive*, https://doi.org/10.1007/978-3-662-72331-9_11

Lebensmittel, der Umwelt, des Verkehrs, der industriellen Sicherheit oder der Zertifizierung und Normung von Produkten".[1]

Die soziale Kontrollfunktion der Polizei steht außer Frage. Aufgrund ihrer Abhängigkeit von den staatlichen Organen und gegebenenfalls den Gerichten eines Landes oder einer Region muss die Polizei ihrerseits einer ständigen Überwachung unterliegen. Andererseits „kann die Kontrollfunktion, die Polizeibeamte ausüben, nicht verstanden werden, ohne zu begreifen, welchen Platz Ermessen in der Rolle der Polizei einnimmt."[2]

Die Polizei verfügt bei der Ausübung ihrer Befugnisse über große Machtbefugnisse: Sie ist die erste, die den Opfern Hilfe leistet, sie ist diejenige, die Festnahmen vornimmt und für die öffentliche Ordnung sorgt, sie kann Durchsuchungen und Leibesvisitationen durchführen, Beschwerden entgegennehmen oder Sanktionen vorschlagen, und vieles mehr.

Der mit der Durchsetzung des Gesetzes beauftragte Polizeibeamte muss nach den Begriffen „verdächtiges Auftreten", „nachvollziehbare Hinweise", „Ungehorsam oder Widerstand gegenüber der staatlichen Autorität" agieren. Wir sind uns alle bewusst, dass diese Mehrdeutigkeit manchmal zu Missbrauch führen kann. Die Person, die der Polizeikontrolle unterworfen ist, kann wenig bis nichts dagegen tun, außer dem Beamten[3] Gehorsam zu leisten und die Exzesse, falls es ihrer Meinung nach welche gab, „ex post" zu melden.

Andererseits kann die Unaufmerksamkeit oder rechtswidriges Handeln von Polizeibeamten in bestimmten Fällen sogar als Straftat angesehen werden[4] – jenseits also der Problematik des Vertrauens- und Ansehensverlustes bei den Bürgern –, und zwar deshalb, weil sie nicht nur das Polizeikorps repräsentieren. Polizisten sind, wie Marco Francia schreibt, vielmehr das Abbild „des Landes, das sie repräsentieren und beschützen."[5]

Durch die Handlungen der Polizeikräfte im Rahmen der ihnen gesetzlich zugewiesenen Befugnisse kann der Staat die Rechte und Freiheiten des Einzelnen einschränken, deren Anerkennung und Schutz das Wesen der Rechtsstaatlichkeit ausmachen. Das Gesetz, ob es sich nun um ein sog. organisches Gesetz mit besonderen verfassungsrechtlichen Anforderungen[6] oder um ein einfaches Parlamentsgesetz

---

[1] Ballbé Mallol (2020), S. 23.

[2] Neocleous (2010), S. 184.

[3] Zum Beispiel die Artikel 17, 18, 19, 20 des Organgesetzes 4/2015 vom 30. März über den Schutz der Sicherheit der Bürger.

[4] Unter anderem die Straftaten, die in Titel XIX des Buches II des Código Penal, also des spanischen Strafgesetzbuches unter der Überschrift „Straftaten gegen die öffentliche Verwaltung", ferner in Kapitel V des Titels XXI des Buches II des Strafgesetzbuches, „Straftaten gegen die verfassungsmäßigen Garantien bei Verletzung der Pflichten des öffentlichen Dienstes oder bei missbräuchlicher oder übermäßiger Ausübung öffentlicher Aufgaben", oder in Artikeln 408 oder 410 aufgeführt sind.

[5] Marco Francia (2021), S. 162.

[6] Gemäß der spanischen Verfassung kann das spanische Parlament zwei Arten von Gesetzen verabschieden: organische Gesetze und einfache Gesetze. Die organischen Gesetze regeln spezifische Fragen wie die Entwicklung der Grundrechte und öffentlichen Freiheiten, die Autonomiestatuten

handelt, weist *per definitionem* einen allgemeinen Charakter auf. Daher kann es nicht alle Einzelfälle und Unwägbarkeiten vorhersehen und regeln, die das gesellschaftliche Leben mit sich bringt. Verordnungen, Erlasse, Rundschreiben, Anweisungen und Dienstanweisungen legen in Spanien die polizeilichen Handlungsspielräume fest, definieren und begrenzen sie.[7] Trotz aller Vervielfachung von Rechtsvorschriften bleibt den Beamten jedoch in manchen Fällen ein großer Spielraum bei der Anwendung der Vorschriften.

Es ist daher von wesentlicher Bedeutung zu verstehen, welche Grenzen es bei der Ausübung von Ermessensbefugnissen durch die Polizeikräfte geben sollte – und dies umso mehr, als sich der Begriff der Sicherheit in Spanien in einer stetigen Entwicklung von der Staatsicherheit zur Sicherheit der Menschen entwickelt hat und die Maßnahmen der Sicherheitskräfte darauf ausgerichtet sein sollten zu gewährleisten, dass jeder Mensch seine Rechte und Freiheiten uneingeschränkt genießen kann und seine Menschenwürde geachtet wird.[8] Dieser Aspekt wird nachfolgend unter besonderer Berücksichtigung des spanischen Verwaltungsrechts behandelt.

2 Macht und öffentliche Gewalt

Um den Ermessensspielraum der Polizeikräfte zu analysieren, ist es zunächst notwendig, die Begriffe zu konzeptualisieren, aus denen sich der Ausdruck zusammensetzt: Macht, Autorität, Ermessensspielraum und Polizei.

Laut der Definition der Königlichen Spanischen Akademie hat das Wort „Macht" verschiedene Bedeutungen, wobei diejenige, die sich auf das vorliegende Thema bezieht, Macht wie folgt versteht: „Die Fähigkeit oder Macht haben, etwas zu tun."

Es ist ein Wort, das so alt ist wie die Zivilisation selbst und das in vielen Fällen mit der Möglichkeit zusammenhängt, dass ein Subjekt andere in einer Situation der Überlegenheit oder des Imperiums beeinflussen kann. Unter dieser Idee verstehen Autoren wie Max Weber Macht als „die Möglichkeit, den eigenen Wil-

---

der autonomen Gemeinschaften und das allgemeine Wahlsystem, neben anderen in der Verfassung vorgesehenen Fragen. Die Verabschiedung, Änderung oder Aufhebung von Organgesetzen erfordert eine absolute Mehrheit im Kongress in einer Schlussabstimmung über das gesamte Gesetz. Ordentliche Gesetze regeln die Fragen, die nicht den organischen Gesetzen vorbehalten sind, und erfordern eine einfache Mehrheit im Kongress für ihre Annahme, Änderung oder Aufhebung.

[7] Gesetz 40/2015 vom 1. Oktober, über das Rechtssystem des öffentlichen Sektors. Urteil vom 29. April 2021 – ähnlich Verwaltungsvorschriften im deutschen Recht werden Anweisungen im Rahmen der internen Tätigkeit der Verwaltung erlassen. Sie ändern weder die Rechtsordnung (sondern führen sie aus), noch haben sie Außenwirkung gegenüber dem Bürger. Sie sind dem internen Bereich der Verwaltung selbst vorbehalten, „obwohl diese internen Anordnungen sicherlich die Aufgabe haben, die Beziehungen der jeweiligen Verwaltungsorgane mit den Bürgern zu regeln". Es handelt sich um eine Dienstanweisung oder Anordnung und nicht um einen normativen Akt mit Außenwirkung für die Bürger, „wenn sich die Entscheidung ausschließlich an die nachgeordneten Stellen der Verwaltung richtet und damit Leitlinien für das künftige Verwaltungshandeln dieser nachgeordneten Stellen nach außen gibt".

[8] Ballbé Mallol (2006), S. 15.

len in einer sozialen Beziehung durchzusetzen, sogar gegen jeden Widerstand und auf welcher Grundlage auch immer diese Möglichkeit beruht",[9] während für Norberto Bobbio Macht „die Fähigkeit eines Subjekts ist, das Verhalten von Menschen zu beeinflussen, zu konditionieren und zu bestimmen."[10] Wenn also von Macht die Rede ist, dreht sich das Gespräch um Befehl und Gehorsam, eine soziale Über- und Unterordnungsbeziehung wie die des Vaters zum Sohn, des Arbeitgebers zum Arbeitnehmer, des Lehrers zum Schüler oder staatlicher und behördlicher Autorität gegenüber dem Bürger. Diese Macht muss durch Gesetze begrenzt werden; das Leben in der Gesellschaft soll harmonisch gestaltet werden.

Nach García de Enterría und Fernández hingegen sind Rechtsbefugnisse wie folgt ausgestaltet:

> „Sie sind der technische Mechanismus, durch den das Prinzip der Legalität zum Ausdruck kommt, und bestehen aus der Willens- und Handlungsmacht, die den öffentlichen Verwaltungsbehörden direkt und ausdrücklich durch das Rechtssystem zugeschrieben wird, bestehend aus der abstrakten Möglichkeit, Rechtswirkungen zu erzielen. Sie implizieren also zunächst weder positive noch negative Pflichten."[11]

Eingriffsbefugnisse sind Kompetenzen, die der Verwaltung durch Gesetze verliehen werden, um bestimmte Handlungen auszuführen. Stets ist in einem Rechtsstaat gesetzliche Macht auch eine Pflicht, denn wer sie besitzt, muss sie – sofern die entsprechenden Voraussetzungen gegeben sind – auch nutzen.

Regelungen über Eingriffsbefugnisse können Ermessensspielräume einräumen. Bei den geregelten Verfahren handelt es sich um solche, bei denen das Gesetz sämtliche Eingriffsvoraussetzungen vorsieht. Bei Ermessenstatbeständen hingegen umfasst das Gesetz selbst nicht die gesamte Bandbreite möglicher Annahmen. Es überträgt der Verwaltung die Entscheidungsbefugnis, wie es auszuführen ist. Das heißt, bei der Ausübung einer Ermessensbefugnis gibt es eine subjektive Einschätzungskomponente bei der Person, der die Befugnis gesetzlich übertragen wurde. Wenn diese administrative Einschätzungsprärogative ausgeübt wird, dann ist der „rechtliche Rahmen der Ausübungsvoraussetzungen der Eingriffsbefugnis oder ihr besonderer Inhalt" konkretisiert.[12]

Schließlich ist es unmöglich, dass eine Rechtsnorm alle Umstände berücksichtigt, die in einem bestimmten Fall auftreten können. Daher erteilt das Gesetz in bestimmten Fällen Organen und Einrichtungen des Staates angesichts verschiedener möglicher Optionen Ermessensbefugnisse.

> „Ermessen bedeutet, dass der Verwaltung ein Spielraum für die freie Auswahl zwischen einer Vielzahl gleichermaßen rechtmäßiger Möglichkeiten zur Verfügung steht. Diese Möglichkeiten können sich auf die Zweckmäßigkeit des Handelns oder Nichthandelns, die Art des Handelns oder den Inhalt der Handlung beziehen."[13]

---

[9] Weber (1969), S. 43.

[10] Bobbio (1997), S. 135–137.

[11] García de Enterría y Fernández (2015), S. 443.

[12] García de Enterría y Fernández (2015), S. 845.

[13] Cosculluela Muntaner (2020), S. 369.

In jedem Fall müssen nach der spanischen Rechtsordnung immer der Zweck und die Einräumung der Eingriffsbefugnis selbst, die verwaltungsorganisatorische Zuständigkeit zu ihrer Ausübung sowie Umfang und Grenzen der Eingriffsbefugnis durch Gesetz geregelt und definiert werden. Dies bedeutet, dass jeder Ermessensbefugnis bei ihrer Zuweisung ein bestimmender Zweck zugrunde liegt, der eine unabänderliche Grenze darstellt, welche die Rechtmäßigkeit des Handelns des Staatsbediensteten garantiert. Aus diesem Grund stellt Entrena Cuesta fest: „Es gibt keine uneingeschränkte diskretionäre Rechtsbefugnis und mithin auch keine absolut freie Behördenhandlung, soweit durch die Handlungen der öffentlichen Einrichtung, die die betreffende Rechtsmacht innehat, der Zweck der Kompetenznorm verfolgt wird; wenn ein solches Ziel nicht verfolgt wird, handelt es sich um Machtmissbrauch.“[14]

Dies bedeutet, dass ein Staatsbeamter oder -bediensteter, wenn er von einem Ermessensspielraum Gebrauch machen muss, innerhalb weniger Sekunden eine Bewertung der ihm gebotenen verschiedenen Möglichkeiten vornehmen, den Zweck der Regel verstehen und die möglichen Folgen abschätzen muss. Er oder sie müssen also Maßnahmen ergreifen, unterlassen oder diese auf einen geeigneteren Zeitpunkt verschieben. Um die jeweilige Situation richtig einschätzen zu können, müssen die Beamten über eine entsprechende Ausbildung und hinreichende Erfahrung verfügen. Sie müssen überdies gleichsam Teil einer Polizeikultur sein, die die Menschenrechte respektiert.

3 Verwaltungsermessen der Polizeikräfte im spanischen Recht

Wenn wir den Begriff „Polizei“ verwenden, beziehen wir uns auf die Verwaltungseinrichtungen, die für die öffentliche Sicherheit und Ordnung verantwortlich sind. Gemäß der spanischen Verfassung ist die Polizei eine Institution, deren Aufgabe es ist, „die freie Ausübung von Rechten und Freiheiten zu schützen und die Sicherheit der Bürger zu gewährleisten.“[15]

Im Organgesetz 2/1986 vom 13. März 1986 über Sicherheitskräfte und -korps (Artikel 2) wird der Begriff „Sicherheitskräfte und -korps“ verwendet, um sich auf jene Stellen zu beziehen, die von der Nationalregierung abhängig sind (die Guardia Civil und das Nationale Polizeikorps), ferner die von den Autonomen Gemeinschaften abhängigen Polizeikräfte, nämlich: die kanarische Polizei auf den Kanarischen Inseln, die Mossos d´Esquadra in Katalonien, Foralpolizei von Navarra, die Ertzaintza im Baskenland und die von den lokalen Körperschaften abhängigen Polizeistellen, die mehr als 1700 kommunale Polizeiverwaltungen ausmachen.

Diese Sicherheitsorgane sind allein befugt, Rechtszwang auszuüben, der sich auf das Leben und die körperliche Unversehrtheit von Menschen auswirkt. Sie haben

---

[14] Entrena Cuesta (1962), S. 809–810.

[15] Artikel 104 der spanischen Verfassung von 1978.

das staatliche Gewaltmonopol inne. Deshalb ist es notwendig, ihren Handlungen Grenzen zu setzen und ein besseres Verständnis dafür zu entwickeln, wie diese Institutionen die Ermessensbefugnisse ausüben, die ihnen gesetzlich zustehen.

Die Analyse der unterschiedlichen Behörden und Stellen stellt daher in den folgenden Abschnitten auf die Begriffe „Verwaltungsermessen der Polizeikräfte", „polizeilicher Ermessensspielraum" oder „polizeiliches Ermessen " ab, die synonym zu verstehen sind. Sie beziehen sich auf „die Mittel, mit denen Polizeibeamte ihre Optionen ausüben, wenn sie mit einem Problem konfrontiert werden, das von ihnen erfordert, eine Entscheidung zu treffen, wenn es um die Behandlung einer Angelegenheit geht, die die öffentliche Sicherheit der Bürger betrifft, im Allgemeinen angesichts von Verstößen verwaltungs- oder strafrechtlicher Art."[16]

Diese Bewertung durch den Staatsvertreter kann sowohl auf formelle Aspekte als auch auf informelle Codes reagieren, die innerhalb jedes Sicherheitsorgans existieren können,[17] und ebenso auch auf zeitliche (z. B. Tag oder Nacht, Winter oder Sommer) und örtliche Verhältnisse (Straßen, Plätze, Parks oder andere öffentlich zugängliche Orte im Unterschied etwa zu Privathäusern oder -Wohnungen).[18] Daher gibt es Meinungen, nach denen der Begriff „Ermessensspielraum der Polizei" unzureichend formuliert sei, da die den Sicherheitskräften zugewiesenen Funktionen gesetzlich festgelegt sind, folglich immer dem Grundsatz der Legalität und keinem Ermessensspielraum unterliegen. Es liege in der Verantwortung der Polizei, ihren Auftrag zu erfüllen oder nicht. Das Gesetz und seine Auslegung durch die Gerichte verpflichteten die Polizeiinstitution, ihre Funktion auszuüben.[19]

In diesem Sinne manifestiert sich der Ermessensspielraum der Polizei vor allem in der Auswahl zwischen den Maßnahmen, die in einem bestimmten Fall angewendet werden können, d. h. in einer Vielzahl von Handlungsmöglichkeiten. Dennoch muss dies unter Einhaltung bestimmter Grenzen geschehen, wie etwa dem geringstmöglichen Eingriff in die Rechte und Freiheiten der Menschen. Anders ausgedrückt ist die „minimale erforderliche Gewalt" anzuwenden.[20]

Darüber hinaus müssen die allgemeinen Rechtsgrundsätze berücksichtigt werden, die das vordringlichste Instrumentarium im Kampf gegen die Immunität der Macht darstellen. Sie bilden die Grundstruktur des Rechtssystems eines jeden Staates, sodass es ohne sie nicht möglich sein wird, von staatlicher Ordnung oder Rechtsstaatlichkeit sprechen.[21] Dazu gehören: 1. Rationalität,[22] 2. Willkürverbot, 3.

[16] Marco Francia (2021), S. 162.

[17] Jasso López, Jasso González (2021), S. 124.

[18] Entrena Cuesta (1962), S. 812–813.

[19] Rico (1983), S. 120.

[20] Queralt Jiménez (1999), S. 34.

[21] García de Enterría (1962), S. 203.

[22] In Bezug auf die Rationalität wurde in der STS 4705/2014 vom 12. November 2014 darauf hingewiesen, dass es sich um „ein Werturteil über die Verhältnismäßigkeit zwischen den Bedingungen, Instrumenten und Risiken der Aggression und denen der Verteidigungsmittel und des Verhaltens handelt, ein Werturteil, das dazu verpflichtet, nicht so sehr die Identität oder Ähnlichkeit der aggressiven und defensiven Mittel (…) zu berücksichtigen, sondern vielmehr das Verhalten, das bei

Verhältnismäßigkeit, 4. Wahrung der Gleichheit und Allgemeinheit aller Rechtsregeln, die sich aus den unverletzlichen Grund- und Freiheitsrechten der Menschen ergeben, da sonst die Ausübung ihrer Rechte gefährdet wird.[23]

Dies spiegelt sich in der Doktrin des spanischen Verfassungsgerichts wider. Es hat wiederholt festgestellt, dass die Maßnahmen der Sicherheitskräfte und -organe „von den Grundsätzen der Legalität, der Gleichbehandlung und Nichtdiskriminierung, der Chancengleichheit und der Verhältnismäßigkeit, Wirksamkeit, Effizienz und Verantwortung geleitet sein müssen, unbeschadet der gegebenen administrativen und gerichtlichen Überprüfung."[24] All dies basiert auf dem Verständnis, dass jede Maßnahme, die auf die Einschränkung eines Rechts oder einer Freiheit abzielt, restriktiv ausgelegt und angewendet werden muss. Auf dieser Grundlage muss sichergestellt werden, dass das Handeln der Polizeikräfte stets der Verfassung und dem Gesetz sowie den in den Ermächtigungsverordnungen vorgesehenen Verfahren und Handlungsgrundsätzen unterliegt.

Innerhalb der spanischen Normenhierarchie lauten diese Regeln unter anderem:

- Spanische Verfassung von 1978, Artikel 104.
- Verhaltenskodex für Beamte mit Polizeibefugnissen, angenommen von der Generalversammlung der Vereinten Nationen in ihrer Resolution 34/1979 vom 17. Dezember 1979.
- Empfehlung REC (2001) 10 des Ministerkomitees an die Mitgliedstaaten zum Europäischen Kodex für Polizeiethik, angenommen vom Ministerkomitee am 19. September 2001 auf der 765. Tagung der Ministerdelegierten des Europarats im September 19, 2001.
- Organgesetz 2/1986 vom 13. März über Sicherheitskräfte und -korps, Artikel 5, der die Grundprinzipien polizeilichen Handelns festlegt. Insbesondere heißt es in Artikel 5.2.c: „Bei der Wahrnehmung ihrer Aufgaben müssen sie [die Polizeibeamten] mit der erforderlichen Entschlossenheit und unverzüglich handeln, wenn es darauf ankommt, einen schweren, unmittelbaren und irreparablen Schaden zu vermeiden; dabei gelten die Grundsätze der Kongruenz, der Opportunität und der Verhältnismäßigkeit beim Einsatz der ihr zur Verfügung stehenden Mittel."

  Laut García Amado[25] weist diese Regel darauf hin, dass die Angehörigen der Polizei bei der Ausübung ihrer Aufgaben eine Analyse verschiedener Variablen durchführen müssen (drei im Zusammenhang mit möglichen Schäden, die verursacht werden könnten, und drei im Zusammenhang mit den dafür eingesetzten Mitteln), bevor sie eine bestimmte Handlung durchführen, um sicherzustellen, dass diese Handlung (auch wenn sie die Ausübung einer Ermessensbefugnis be-

der Verwendung dieser Mittel angesichts der Umstände des Falles an den Tag gelegt wird, so dass man mehr als die materielle Ähnlichkeit der verwendeten Instrumente oder Waffen die tatsächliche Situation abwägen muss, in der sich der Angreifer und der Angegriffene befinden".

[23] Clavero Arévalo (1952), S. 65.

[24] Urteil des Verfassungsgerichtshofs 172/2020, v. 19. November 2020 auf die Verfassungsbeschwerde 2896-2015 FJ 3.

[25] García Amado (2003), S. 183.

inhaltet) im Einklang mit dem Gesetz und den durch das Rechtssystem geschützten Grundsätzen und Werten steht.

- Organgesetz 4/2015 vom 30. März 2015 zum Schutz der Sicherheit der Bürger, das in seiner Präambel zum Schutz der Sicherheit der Bürger ausdrücklich die Befugnisse der Polizei wie folgt festlegt:
  „Freiheit und Sicherheit sind eine Schlüsselkombination für das reibungslose Funktionieren einer fortschrittlichen demokratischen Gesellschaft, wobei Sicherheit ein Instrument zur Gewährleistung von Rechten und Freiheiten und kein Selbstzweck ist.
  Daher muss jede Auswirkung oder Einschränkung der Ausübung der bürgerlichen Freiheiten aus Sicherheitsgründen auf dem Grundsatz der Rechtmäßigkeit und Verhältnismäßigkeit in dreifacher Hinsicht beruhen: einer Beurteilung der Eignung des Eingriffs (zur Erreichung des angestrebten Ziels), einer Beurteilung seiner Notwendigkeit (verstanden als Nichtvorhandensein einer anderen, weniger intensiven Maßnahme zur Erreichung desselben Ziels) und eine Beurteilung der Verhältnismäßigkeit dieser Einschränkung im engeren Sinne (weil das öffentliche Interesse eine Einbuße in der Rechtsausübung rechtfertigt)."

Neben diesen allgemeinen Regelungen gibt es eine Vielzahl von Anweisungen und Rundschreiben verschiedener Behörden, die das Verhalten von Polizeibeamten in bestimmten Situationen regeln und detailliert beschreiben. So gibt es beispielsweise in Bezug auf polizeiliche Ingewahrsam- oder Festnahmehandlungen, die über die Bestimmungen der Verfassung von 1978 oder der Strafprozessordnung hinausgehen, sehr genaue Verhaltensanweisungen an die Polizeiagenten. Genaue Bestimmungen beinhaltet etwa die Anweisung 12/2007 des Staatssekretärs für Sicherheit über das Verhalten von Mitgliedern der staatlichen Sicherheitskräfte und -korps mit dem Ziel, die Rechte von in Polizeigewahrsam befindlichen Personen vom 14. September 2007 zu gewährleisten. Die Anweisung wurde später konkretisiert durch die Anweisung des Staatssekretärs für Sicherheit vom 09. Oktober 2023 zur Genehmigung des umfassenden Verfahrens für den Polizeigewahrsam.

Die oben genannte Anweisung enthält eine Reihe von Anforderungen an die Mitglieder der Sicherheitskräfte, um die Rechte von festgenommenen oder in Polizeigewahrsam befindlichen Personen zu gewährleisten. So heißt es in der Anweisung beispielsweise ausdrücklich, dass „der Polizeibeamte, sobald die Angemessenheit der Festnahme festgestellt wurde, diese unverzüglich durchführen muss", wobei er außerdem das „Ziel der Ermittlungen, die Gefährlichkeit des Täters und der Dringlichkeit einer Personensicherung berücksichtigen muss".

Aus dem Vorstehenden lässt sich erkennen, dass die Anweisung 12/2007 eine Reihe von Elementen vorsieht, die von den Mitgliedern der Sicherheitskräfte bei der Entscheidung über die Festnahme einer Person berücksichtigt werden müssen. Zu diesen Elementen zählen der Zeitpunkt und der geeignete Ort für die Verhaftung. Die Abschätzung dieser Entscheidung beinhaltet also eine interne Auswahl unter zahlreichen möglichen Maßnahmen. Sie umfasst die Entscheidung zu handeln, die

Aktion aufzuschieben oder abzulehnen, wenn dies möglich ist und verlangt, dass eigene Pflichten weder verletzt noch versäumt werden.[26]

4 Polizeiliche Maßnahmen, bei denen Ermessensspielräume genutzt werden können

Die Bestimmungen des Organgesetzes 2/1986 vom 13. März über Sicherheitskräfte und -korps (Artikel 11, 12, 38 und 53) und des Organgesetzes 4/2015 vom 30. März über den Schutz der Sicherheit der Bürger (Artikel 16; 17; 18, 20; 21 und 23) stellen allgemeine Rahmenregeln dar. Sie regeln die Befugnisse und Maßnahmen, die jedes Mitglied eines Sicherheitsorgans ausüben kann. Danach können die Funktionen der Polizeikräfte in folgende Kategorien eingeteilt werden:

- Inspektionen: diese dienen dazu zu überprüfen, ob ein bestimmter Fall den gesetzlichen Bestimmungen entspricht. Dies kann etwa ein Polizist in einem Streifenwagen sein, der überwacht, dass keine Rechte von Privatpersonen gestört werden, oder der überprüft, ob die erforderlichen Erlaubnisse und Genehmigungen für die Ausübung oder Durchführung einer Tätigkeit im öffentlichen Straßenraum vorliegen. Als Ergebnis seiner Arbeit fertigt er ein Protokoll über die Einzelheiten der Verkehrskontrolle an.
- Identifizierung von Personen und Feststellung des Zustands von Fahrzeugen oder Gegenständen. Beispiele hierfür sind Überprüfungen, ob Personen über die erforderlichen Personaldokumente oder eine Unfallversicherung verfügen, oder ob Fahrzeuge über die erforderliche Hauptuntersuchung verfügen.
- Sicherstellung, dass Anordnungen der Behörden oder die zur Ausübung einer Tätigkeit auferlegten Auflagen eingehalten werden.
- Streifendienst und Ergreifung von Maßnahmen um Verstöße zu verhindern.

Zu beachten ist, dass es neben den allgemeinen Befugnissen, die in den oben genannten Gesetzen eingeräumt werden, ein breites Repertoire spezifischer Vorschriften gibt, die ebenfalls der Aufrechterhaltung der Funktionen der Polizeikräfte dienen. Hier kann beispielsweise das königliche Dekret 1428/2003 vom 21. November 2003 genannt werden, welches die Allgemeinen Regeln für die Anwendung und Entwicklung des konsolidierten Textes des Gesetzes über Verkehr, Kraftfahrzeugverkehr und Straßenverkehrssicherheit in Kraft setzt. Dazu können das Königliche Gesetzesdekret 339/1990 vom 02. März 1990 zur Verabschiedung des Gesetzes über den Verkehr, den Kraftfahrzeugverkehr und die Verkehrssicherheit oder das Königliche Dekret vom 14. September 1882 zur Verabschiedung der Strafprozessordnung genannt werden.[27] Letzteres überträgt der Polizei die Kompetenzen der Kriminalpolizei. Diese können wie folgt zusammengefasst werden:

[26] Ruiz Ortiz und Mainar Ene (2016), S. 15.

[27] Artikel 770.

- Untersuchung und Ermittlung beim Verdacht auf strafbaren Handlungen nach dem Strafrecht
- Anfordern von Ärzten oder medizinischen Personals, um Verletzten bei Bedarf angemessene Hilfe zu leisten.
- Anfertigung von Fotos oder anderen magnetischen oder bildlichen Wiedergabemedien für die Ermittlungsakten.
  - Sammlung und Sicherung der Gegenstände, Instrumente oder Beweise einer Straftat.
  - Beschlagnahme von Fahrzeugen und Einbehaltung des Führerscheins verdächtiger Personen.
- Festnahme und Ingewahrsamnahme von Verdächtigen.

Bei der Ausübung jeder dieser Aufgaben verfügen die Mitglieder der Sicherheitskräfte über einen Ermessensspielraum, der es ihnen ermöglicht, aus einer Vielzahl von Maßnahmen diejenige zu wählen, welche im jeweiligen Fall am angemessensten erscheint und am besten zur Erreichung der Zwecke geeignet ist, die das Rechtssystem verfolgt. Zu diesem Zweck beachten sie die Parameter, die in den vorherigen Abschnitten erwähnt wurden (wie unter anderem etwa die Bewertung von Zeit und Ort, das Ausmaß des verursachten Schadens, die eingesetzten Mittel, die Verhältnismäßigkeit der Maßnahme im Hinblick auf das Verhalten der von ihr betroffenen Person, die das Werturteil hervorbringen, das für die Ausführung einer bestimmten Handlung notwendig ist).

Es gibt viele Faktoren, die für den Beamten maßgeblich sein können, der für die Durchführung der Ermessensanalyse verantwortlich ist. Diese können von seiner Vorbildung, seiner polizeilichen Ausbildung als Polizeibeamter über die spezifische Polizeikultur, der er angehört, bis hin zum privaten Erfahrungsschatz reichen, über den er verfügt. Es ist einzubeziehen, welche Mittel verfügbar sind, welche Art von Unterstützung durch andere Polizeibeamte möglicherweise erforderlich ist, ferner moralische Urteile und Einschätzungen und sogar Aspekte der Umgebung, wie der konkrete Standort, die Wetterbedingungen, etc.

Sobald alle diese Elemente durch sein Urteilsvermögen oder Wissen bewertet und integriert sind, wird der Polizeibeamte die jeweilige Entscheidung treffen. Wenn es sich beispielsweise um eine Straßenverkehrskontrolle handelt, muss er entscheiden, welche Fahrer anhalten müssen, und dann die Papiere des Fahrers und des Fahrzeugs prüfen. Unter Umständen muss der Beamte über die Vornahme einer Fahrtauglichkeitsprüfung des Fahrers mittels Alkoholtest oder die Zulassung des Fahrzeugs entscheiden. Anhand der erhaltenen Daten muss er verschiedene Entscheidungen treffen, z. B.: einen oder mehrere Sanktionsvorschläge für den Fahrer einreichen, der seiner Meinung nach gegen eine Verkehrsregel verstoßen hat. Er muss den Fahrer daran hindern, sein Fahrzeug weiter zu fahren; das Fahrzeug abschleppen und zum Kfz-Stellplatz transportieren lassen oder einen Ersatzfahrer akzeptieren, u. v. m. Letztlich sind bei einem einzelnen Verkehrsvorfall zahlreiche Entscheidungen der Polizeibeamten erforderlich.

Es muss jedoch betont werden, dass die Handlungen eines Mitglieds der staatlichen Sicherheits- und Ordnungskräfte, unabhängig davon, wie viel Ermessensspielraum es hinsichtlich der Umstände hat, unter denen es seine Aufgaben ausüben kann und soll, immer sowohl im positiven als auch im negativen Sinne mit dem Rechtssystem verknüpft sein werden. Dies ist positiv, denn wenn es zu einer Störung oder der Gefahr einer Störung der öffentlichen Ordnung kommt, muss der Beamte eine konkrete Maßnahme zur Wahrung des öffentlichen Friedens und der Sicherheit der Menschen ergreifen, und negativ, denn wenn er dies nicht tut, kann er für etwaige fahrlässig verursachte Schäden haftbar gemacht werden.[28]

Wie wir bereits erwähnt haben, müssen die Strafverfolgungsbeamten in einem Rechtsstaat im Einklang mit dem Grundsatz der Legalität handeln.[29] Dieser Grundsatz muss sie veranlassen, sowohl die materiell-rechtlichen Regeln über die Eingriffsvoraussetzungen einzuhalten, als auch die verfahrensrechtlichen Regeln. Als Beispiele für letztere seien das Organgesetz 4/2015 vom 30. März zum Schutz der Sicherheit der Bürger oder das Königliche Dekret vom 14. September 1882 zur Genehmigung der Strafprozessordnung genannt.

Es gibt aber auch spezielle Fälle besonderer Eingriffsschwere, also Fälle potenziell besonders schädlicher Auswirkungen, die die Handlungen der Sicherheitskräfte auf die Wahrung der Rechte und Freiheiten der Menschen haben können, wie beispielsweise beim Einsatz von Waffen. Bei der Festlegung von Verfahren für den Umgang mit öffentlichen Unruhen müssen die Angehörigen der Sicherheitskräfte bestimmte Kriterien oder Verhaltensrichtlinien beachten, die von bestimmten öffentlichen Stellen, wie etwa den Parlamenten, vorgegeben werden können.

Zum besseren Verständnis dieses Punktes sei darauf hingewiesen, dass in der Autonomen Gemeinschaft Katalonien die Resolution 476/X vom 18. Dezember 2013 des katalanischen Parlaments gilt, die die Schlussfolgerungen des Berichts der Kommission für Studien zu Sicherheitsmodellen und zur öffentlichen Ordnung und zum Einsatz von Bereitschaftsmitteln bei Massenveranstaltungen billigte. Diese Resolution wies die Mitglieder der Sicherheitskräfte an:

> „Der Einsatz von Gummigeschossen und Wasserplattformen sollte als letztes Mittel betrachtet und nur in schweren Gewaltsituationen oder bei unmittelbarer Gefahr für die körperliche Unversehrtheit oder das Leben der Opfer, Bürger und Polizisten eingesetzt werden oder wenn erhebliche Sachschäden entstehen."

Die Resolution enthält Ermessensrichtlinien für das Vorgehen der Mitglieder der Sicherheitskräfte bei der Durchführung einer bestimmten Maßnahme oder eines Einsatzes. Am Beispiel der Kontrolle von öffentlichen Demonstrationen (eine Tätigkeit, die zu den oben genannten Inspektions- oder Patrouillenfunktionen gerechnet werden kann) muss der Angehörige der Sicherheitskräfte bedenken, dass der Einsatz von Gummigeschossen zwar eine Maßnahme darstellt, die ergriffen werden könnte, gemäß den Bestimmungen der Resolution 476/X vom 18. Dezember 2013 aber nur als letztes Mittel. In den Fällen, in denen der Einsatz von Gummigeschossen

---

[28] Entrena Cuesta (1962), S. 813.

[29] Artikel 9.3 der spanischen Verfassung.

gegenüber anderen im Rechtssystem vorgesehenen Maßnahmen bevorzugt wird, kann es mithin zu rechtswidrigem und willkürlichem Verhalten eines Mitglieds der Sicherheitskräfte kommen oder dazu, dass es den ihm eingeräumten Ermessensspielraum falsch beurteilt.

Daher – und um den zuvor angesprochenen Gedanken zu bekräftigen – wird das Verhalten eines Mitglieds einer Sicherheitstruppe, unabhängig davon, über welchen Ermessensspielraum es verfügt, sowohl positive als auch negative Auswirkungen auf das Rechtssystem haben. Im Falle öffentlicher Unruhen oder bei der Kontrolle einer Menschenmenge, bei denen Zwangsgewalt angewendet wird (wobei klar ist, dass dies immer auf das notwendige Minimum beschränkt sein wird), müssen die Mitglieder der Sicherheitskräfte die Parameter einhalten, die in den verschiedenen Regulierungsinstrumenten (Gesetzen) festgelegt sind (d. h. in Verordnungen, Beschlüssen, Anweisungen, Rundschreiben, Anordnungen) und, falls erforderlich, gemäß den Bestimmungen der jeweiligen Verfahrensordnung, die Genehmigung seines Vorgesetzten oder der jeweiligen Verwaltungsbehörde zum Einsatz von Waffen oder Zwangsmitteln einholen. Nur ausnahmsweise im Falle der berechtigten Selbstverteidigung (Notwehr) oder der Verteidigung Dritter (Nothilfe) dürfen Mitglieder der Sicherheitskräfte solche Mittel von sich aus anordnen und einsetzen.

Wie das Urteil 41/1982 des Verfassungsgerichts vom 04. August 1982 in der zweiten Begründungserwägung klar feststellt: „Die Wirksamkeit der Strafverfolgung, deren Legitimität unbestreitbar ist, kann jedoch nicht auf Kosten der Grundrechte und Freiheiten durchgesetzt werden.“

5 Mechanismen zur Überwachung und Anfechtung polizeilicher Maßnahmen

In jedem rechtsstaatlichen System unterliegen Handlungen von Einrichtungen und Stellen des öffentlichen Sektors der Überprüfung und Anfechtung. Die Aktionen der Sicherheitskräfte bilden hier keine Ausnahme.

Traditionell gibt es zwei Arten von Kontrollen, die über polizeiliche Maßnahmen ausgeübt werden können: die administrative Kontrolle oder die „Kontrolle am Verwaltungssitz“, d. h. die verwaltungsinterne Kontrolle durch die Behörden, die für die Gewährleistung der Sicherheit der Bürger verantwortlich sind und die in der Verwaltungsverfahrensordnung vorgesehen sind, und gerichtliche Kontrollen.

Im ersten Fall werden die Handlungen oder Unterlassungen des Polizeibeamten nach der Ausführung seiner Handlung oder Unterlassung von verschiedenen Beamten oder Personen überprüft, überwacht und analysiert. Diese polizeilichen Maßnahmen werden gegebenenfalls durch die Vorgesetzten innerhalb der Polizei überwacht und unterliegen wiederum der rechtlichen Kontrolle durch die Staatsanwaltschaft. Darüber hinaus gibt es administrative Kontrollinstitutionen wie den Ombudsmann oder verschiedene parlamentarische Ausschüsse und Gremien, die eine Prüfung durchführen können.

Auf gerichtlicher Ebene kann die von der Polizeimaßnahme betroffene Person die im Gesetz 29/1998 vom 13. Juli 1998 vorgesehenen Rechtsmittel einlegen, die die streitige Verwaltungsgerichtsbarkeit betreffen (ob durch Handeln oder Unterlassen). In diesem Fall ist es wichtig, dass Richter und Gerichte beurteilen können müssen, ob die Ermessensausübung des Angehörigen der Sicherheitskräfte die im Rechtssystem vorgesehenen Vorgaben eingehalten hat. So können sie den den Anspruch der betroffenen Menschen auf wirksamen Rechtsschutz wahren.[30]

Schließlich könnten wir auch von Bürgerkontrolle oder soziale Kontrolle sprechen. Mit der zunehmenden Verbreitung und Nutzung sozialer Netzwerke und dem Verständnis, dass ein Großteil der Polizeiaktionen im öffentlichen Raum oder an Orten durchgeführt wird, die der Öffentlichkeit zugänglich sind, sind die Menschen heute in der Lage, polizeiliche Maßnahmen mit ihren Mobiltelefonen oder anderen elektronischen Geräten aufzuzeichnen. So können sie die Handlungen von Polizeibeamten einer Medien- und Bürgerkontrolle aussetzen.

6 Schlussfolgerungen

Die Wahrnehmung der den Sicherheitskräften übertragenen Aufgaben ist im spanischen Polizei- und Verwaltungsrecht mit einer Vielzahl von Ermessensspielräumen verbunden, die in der Rechtsordnung vorgesehen sind. Diese Tatsache bedeutet jedoch nicht, dass das Mitglied des Sicherheitsorgans die ihm übertragenen Befugnisse nach Belieben nutzen kann, im Gegenteil: es unterliegt bestimmten Regularien und Verhaltensregeln. Der erste und oberste davon ist der Grundsatz der Rechtmäßigkeit.

Es gibt verschiedene Elemente, die in die Analyse einfließen, die ein Mitglied einer Sicherheitstruppe durchführen muss, um zu entscheiden, welche Maßnahmen zu ergreifen sind oder welche Maßnahmen anzuwenden sind: seine Erfahrung, seine Ausbildung, die Polizeikultur der Einrichtung, in der er seine Dienste leistet, etc. Dies alles hat Auswirkungen auf das mehr oder weniger diskretionäre Handeln des Beamten und auf die Folgen, die seine Handlungen, Unterlassungen oder Verzögerungen nach sich ziehen können.

Wichtig ist, dass bei der Ausübung jeglicher Ermessensbefugnis der Grundsatz verstanden und angewendet wird, dass durch die polizeilichen Maßnahmen kein unnötiger zusätzlicher Schaden an Rechtsgütern entstehen kann, die die Polizeibeamten schützen möchten. Dies setzt allerdings voraus, dass die Beamten einen permanenten Schulungsprozess durchlaufen, bei dem die Wahrung und Achtung der Grundrechte und Freiheiten der Menschen im Mittelpunkt steht.[31]

[30] Artikel 24.1 der spanischen Verfassung. „Alle Personen haben das Recht auf wirksamen Schutz durch Richter und Gerichte bei der Wahrnehmung ihrer Rechte und berechtigten Interessen, so dass in jedem Fall eine rechtliche Abwehrmöglichkeit bestehen muss.

[31] Muñagorri Laguía (2015), S. 293.

Am Ende, „die Hauptaufgabe einer organisierten, effizienten und wirksamen lokalen öffentlichen Polizei muss darin bestehen, eine klare und entschiedene Antwort auf die Bedürfnisse der Bürger zu geben, die ja die Nutznießer dieser Dienstleistung sind. Und diese Tätigkeit muss immer im Sinne des öffentlichen Dienstes ausgeübt werden".[32]

Literatur

Ballbé Mallol, M. (2006). Prólogo a la edición española. Seguridad humana: del Estado anómico al Estado regulador. In En: Hood, C. et al. (Hrsg.), *El gobierno del riesgo*. Ariel.

Ballbé Mallol, M. (2020). Prólogo. In En: Fuentes i Gasó, J. R (Hrsg.), *Alemania, un modelo de policía y seguridad para Europa* (3. Aufl.). Tirant lo blanch.

Bobbio, N. (1997). *El filósofo y la política*. (trad. de Fernández Santillán J y Aureli A). Fondo de Cultura Económica.

Clavero Arévalo, M. F. (1952). La doctrina de los principios generales del derecho y las lagunas del ordenamiento administrativo. *Revista de Administración Pública, 7*, 51–104.

Cosculluela Muntaner, L. (2020). *Manual de Derecho Administrativo* (31. Aufl.). Thomson Reuters-Aranzadi.

Entrena Cuesta, R. (1962). Limites de la actividad de policía municipal. *Revista de Estudios de la Vida Local, 126*, 802–816. https://doi.org/10.24965/reala.vi126.7250

Fuentes i Gasó, J. R. (2022). La seguretat i la prevenció a l'administració local. In En: J. Gifreu i Font & J. R. Fuentes i Gasó (Hrsg.), *Règim jurídic dels governs locals de Catalunya* (2. Aufl., S. 1318–1346). Tirant lo blanch.

García Amado, J. A. (2003). Anatomía de un imposible: la imagen jurisprudencial de la policía. In En: A. Recasens (Hrsg.), *Seguridad en la sociedad de riesgo: un debate abierto*. Atelier.

García de Enterría, E. (1962). La lucha contra las inmunidades del poder en el derecho administrativo (poderes discrecionales, poderes de gobierno, poderes normativos). *Revista de Administración Pública, 38*, 159–208.

García de Enterría, E., & Fernández, T. (2015). *Curso de Derecho Administrativo* (11. Aufl., Bd. I). Thomson Reuters-Aranzadi.

Jasso López, L., & Jasso González, C. (2021). Abuso policial, discrecionalidad y tecnologías de vigilancia en América Latina. *Iztapalapa: Revista de Ciencias Sociales y Humanidades, 90*, 119–144.

Marco Francia, M. P. (2021). La discrecionalidad policial en España. In En: A. Pérez Machío & J. De la Cuesta Arzamendi (Hrsg.), *Contra la política criminal de tolerancia cero: libro-homenaje al Profesor Dr. Ignacio Muñagorri Laguía*. Thomson Reuters Aranzadi.

Muñagorri Laguía, I. (2015). El equilibrio en la discrecionalidad e independencia operativa en la policía y la prevención de abusos. *Eguzkilore: Cuaderno del Instituto Vasco de Criminología, 29*, 289–294.

Neocleous, M. (2010). *La fabricación del orden social. Una teoría crítica sobre el poder de la policía*. Prometeo libros.

Queralt Jiménez, J. J. (1999). *Introducción a la Policía Judicial* (3. Aufl.). Editorial J.M. Bosch.

Rico, J. M. (comp.). (1983). *Policía y sociedad democrática*. Ministerio del Interior.

Ruiz Ortiz, S., & Mainar Ene, J. M. (2016). El uso de la fuerza policial. Una aproximación a su interpretación criminológico-operacional en España. *Anales de derecho, 34*(1), 1–30.

Weber, M. (1969). *Economía y sociedad*. (traducido por: de Echavarría, J. M., Roura Parella, J., García Máynez, E., Imaz, E., & Ferrater Mora, J.). Fondo de Cultura Económica.

[32] Fuentes i Gasó (2022), S. 1333.

Entre intégration européenne et patriotisme législatif: la France et le *Digital Services Act*

C. Haguenau-Moizard

1 Introduction

Le règlement sur les services numériques, plus connu sous son nom anglais de *Digital Services Act* (DSA) a été adopté le 19 octobre 2022 et publié quelques jours après.[1]

Il est fondé sur l'article 114 du traité sur le fonctionnement de l'Union européenne (TFUE), disposition générique habilitant les institutions à prendre les mesures "qui ont pour objet l'établissement ou le fonctionnement du marché intérieur". Cet article a été employé pour fonder une multitude de textes de l'Union relatifs aux données ou aux services numériques.[2] Conformément à ses exigences, le DSA est

[1] Règlement (UE) 2022/2065 du Parlement européen et du Conseil du 19.10.2022 relatif à un marché unique des services numériques et modifiant la directive 2000/31/CE (règlement sur les services numériques), *JOUE*, 27.10.2022, L277/1.

[2] Notamment les règlements (UE) 2022/868 du 30.5.2022 sur la gouvernance des données (Data Governance Act), *JOUE*, 3.6.2022, L152/1, 2022/1925 du 14.9.2022 sur les marchés numériques (Digital Markets Act), *JOUE*, 12.10.2022, L265/1, 2023/2854 du 13.12.2023 sur les données (Data

Catherine Haguenau-Moizard est professeure de droit public à l'Université de Strasbourg et membre du Centre d'études internationales et européennes (CEIE). Elle est co-responsable du double diplôme de master en droit des Universités de Strasbourg et Fribourg-en-Brisgau et du collège doctoral franco-allemand de droit public comparé. Ses travaux portent sur le droit de l'Union européenne et le droit comparé, notamment franco-allemand. Elle s'intéresse particulièrement aux rapports entre systèmes juridiques.

C. Haguenau-Moizard (✉)
Strasbourg Cedex, Frankreich
E-Mail: haguenaumoizard@unistra.fr

C. Fraenkel-Haeberle, B. Peters (Hrsg.), *Öffentliches Recht in transnationaler Perspektive*, https://doi.org/10.1007/978-3-662-72331-9_12

justifié par le risque de fragmentation du marché intérieur que feraient courir les législations nationales en vigueur[3] ou envisagées.[4]

Le DSA fixe des règles communes passablement complexes qui sont applicables aux fournisseurs de services en ligne, en particulier les services d'hébergement et les plateformes, avec une gradation des obligations en fonction de l'importance de l'entreprise, mesurée en référence au nombre mensuel moyen d'utilisateurs dans l'Union.[5] Il vise ainsi à atténuer quelque peu le principe d'irresponsabilité des intermédiaires posé par la directive 2000/31 sur le commerce électronique et maintenu par le DSA.[6] Il leur impose notamment des obligations de lutte contre les contenus illicites,[7] ce qui recouvre entre autres ce qu'il est communément admis d'appeler la haine en ligne, telle la provocation à la haine raciale. Il est partiellement applicable depuis le 16 novembre 2022, surtout aux très grandes plateformes et très grands moteurs de recherche en ligne (ayant au moins 45 millions d'utilisateurs par mois dans l'Union)[8] et entièrement depuis le 17 février 2024.

Le législateur de l'Union a affirmé que le DSA procède à une harmonisation totale des règles applicables et qu'en conséquence, dans le champ d'application du règlement, les Etats membres ont l'interdiction de maintenir ou d'adopter des exigences supplémentaires, sauf si le droit de l'Union le permet (cons. 9). Même si cette affirmation mérite d'être nuancée (*infra* 2.2), il paraît de prime abord surprenant que quatre lois aient été adoptées en France dans le champ du DSA depuis sa publication: la loi de juin 2023 sur l'influence commerciale dite "loi influenceurs", la loi de juillet 2023 sur la majorité numérique, la loi d'avril 2024 portant diverses dispositions d'adaptation au droit de l'Union (DDADUE) qui touche à d'innombrables domaines mais dont l'article 3 revient sur la loi influenceurs, et enfin la loi de mai 2024 visant à sécuriser et réguler l'espace numérique (SREN).[9] Cette dernière adapte le

---

Act), *JOUE*, 22.12.2023, L2023/2854 et 2024/1689 du 13.6.2024 sur l'intelligence artificielle (AI Act), *JOUE*, 12.7.2024, L2024/1689. V. Iliopoulou (2023).

[3] En Allemagne dès 2017 puis en France et en Autriche. Comparaison franco-allemande: Meyer (2024).

[4] (cons.) 2 & 4.

[5] Présentation générale du DSA par Douville, Netter (2023), Dubout (2023), Gerdemann, Spindler (2023), Netter (2023a), n°59.

[6] Directive (CE) 2000/31 du Parlement européen et du Conseil du 8.6.2000 relative à certains aspects juridiques des services de la société de l'information, et notamment du commerce électronique, dans le marché intérieur („directive sur le commerce électronique"), JOUE, 17.7.2000, L178/1 dont les articles 12 à 15 sont abrogés par le DSA (art. 89§1) mais largement reproduits par ses articles 4, 5, 6 et 8.

[7] Art. 9, 10, 16 à 24 et 34.

[8] Au 17.12.2024, la Commission en a désigné 25: https://digital-strategy.ec.europa.eu/en/policies/list-designated-vlops-and-vloses

[9] Loi n° n° 2023-41 du 9.6.2023 visant à encadrer l'influence commerciale et à lutter contre les dérives des influenceurs sur les réseaux sociaux, *JORF*, 10.6.2023, 1; loi n° 2023-566 du 7.7.2023 visant à instaurer une majorité numérique et à lutter contre la haine en ligne, *JORF*, 8.7.2023, 2; art. 3 de la loi n° 2024-364 portant diverses dispositions d'adaptation au droit de l'Union européenne en matière d'économie, de finances, de transition écologique, de droit pénal, de droit social et en matière agricole, *JORF* 23.4.2024, 1; loi n° 2024-449 du 21.5.2024 visant à sécuriser et à réguler l'espace numérique, *JORF*, 22.5.2024, 2.

droit français à trois règlements de l'Union, sur les données, sur la gouvernance des données et le DSA. Seul ce dernier sera évoqué ici. A cette liste imposante, il faut encore ajouter la loi de 2021 confortant le respect des principes de la République dite "loi séparatisme" adoptée avant l'adoption du DSA mais pendant son élaboration.[10] Elle inclut un long article 42 ajouté au cours de la discussion parlementaire et ouvertement destiné à transposer le DSA par anticipation.[11]

La confrontation du texte du DSA avec ces lois françaises conduit immanquablement à se demander si le législateur français respecte le droit de l'Union. Il doit respecter le DSA mais aussi d'autres textes, telle la directive commerce électronique qu'il modifie, ainsi que la jurisprudence de la Cour de justice. La France est également tenue de se conformer à la procédure de notification de la directive STMD.[12] La Commission a vivement réagi aux deux premières lois dans une lettre du 14 août 2023 au gouvernement français,[13] qui a partiellement répondu aux objections avec la loi DDADUE (*infra* 1.3). Usant d'un ton plus conciliant, elle a également émis des observations sur le projet de loi SREN.[14]

Par-delà la question de la conformité au droit de l'Union, l'intense activité législative en France interroge sur la conception de la loi par les autorités françaises. Le ministre en charge du numérique ainsi que des parlementaires ont lourdement insisté sur rôle de la présidence française de l'Union, au 2ème semestre 2022, dans l'adoption du DSA et souligné la nécessité de le respecter.[15] D'un autre côté, tout se passe comme si la seule véritable loi était la loi française, un règlement ne pouvant s'élever à cette dignité en dépit de sa portée générale, de sa valeur pleinement obligatoire et de son applicabilité directe (art. 288 TFUE). Pour ces raisons, nous émettons l'hypothèse que les autorités françaises oscillent entre leur volonté d'intégration européenne et ce que nous appellerons le "patriotisme législatif" compris comme un attachement fort et exclusif à la loi nationale. Nous avons forgé cette expression à partir du "patriotisme constitutionnel" allemand qui signifie qu'après le discrédit sanglant du nationalisme allemand sous le nazisme, une nouvelle culture

---

[10] Loi n°2021-1109 du 24.8.2021, JORF 25.8.2021 n°197 visant à lutter contre l'"idéologie séparatiste" islamiste (exposé des motifs du projet de loi p. 1).

[11] Il est issu d'un amendement proposé par le gouvernement lors de la discussion en commission à l'Assemblée nationale et défendu en séance par le secrétaire d'Etat au numérique au nom d'une prétendue urgence à transcrire en droit français le DSA qui venait juste d'être proposé par la Commission: intervention de Cédric O lors de la 2ème séance du 10.2.2021.

[12] Acronyme anglais de la directive 2015/1535 du Parlement européen et du Conseil du 9.9.2015 prévoyant une procédure d'information dans le domaine des réglementations techniques et des règles relatives aux services de la société de l'information, *JOUE*, 17.9.2015 L141/1.

[13] Lettre du commissaire T. Breton à la ministre des Affaires étrangères C. Colonna publiée par le site Sirius press du groupe Le Monde: https://linforme.files.sirius.press.files

[14] Lettres du commissaire T. Breton à la ministre des Affaires étrangères C. Colonna du 25.10.2023 et au ministre des Affaires étrangères S. Séjournée du 17.1.2024 publiées par le site contexte.com.

[15] P. ex J.-N. Barrot à l'Assemblée nationale le 2.3.2023 (JORF, CR AN p. 2066 & 2082) et au Sénat le 23.5.2023 (JORF, CR S, p. 4464) lors de la discussion de la proposition de loi sur la majorité numérique ou encore au Sénat le 4.7.2023 lors de la discussion du projet de loi SREN (JORF, CR S, p. 6307).

politique a vu le jour, marquée par un "patriotisme abstrait" reposant sur la Loi fondamentale.[16] Des auteurs avisés ont rapproché ce patriotisme constitutionnel à l'attachement des Français aux valeurs de la République.[17] Sans contester cette conclusion, nous pensons qu'elle peut être complétée. Le culte des valeurs de la République nous semble se doubler d'un attachement à la loi votée par le Parlement français. Le légicentrisme cher aux philosophes des Lumières et aux révolutionnaires du 18ème siècle n'a pas disparu. Il se reconfigure sans cesse, au gré des évolutions sociales et constitutionnelles, au premier rang desquelles figurent l'avènement du contrôle de constitutionnalité des lois et la conclusion de traités internationaux.[18]

Nous chercherons à montrer que l'application du DSA en France manifeste à la fois la volonté de contribuer à la construction européenne et un patriotisme législatif qui peut éventuellement aller à l'encontre de cet objectif en nous fondant principalement sur une analyse des textes ainsi que des travaux préparatoires des lois, qui éclairent les choix du législateur et permettent de mieux comprendre la place réservée au droit de l'Union au cours de l'élaboration de la loi. Notre étude portera uniquement sur le DSA. Le temps et l'espace ont manqué pour déterminer si cet exemple est symptomatique d'un phénomène plus vaste affectant d'autres textes européens appliqués en France.

Nous nous bornerons ici à repérer les difficultés que pose l'articulation du DSA avec le droit français au regard des obligations procédurales posées par le droit de l'Union (1) puis au regard des obligations substantielles (2).

2 Intégration européenne, patriotisme législatif et obligations procédurales

Les obligations procédurales issues de la directive STMD n'ont pas toujours été correctement respectées malgré leur ancienneté. La version initiale de la directive STMD remonte à 1983, elle a été remplacée en 1998 puis codifiée en 2015 et a donné lieu à une abondante jurisprudence de la Cour de justice.[19] Elle vise non seulement à éviter que les Etats n'adoptent des règles qui pourraient entraver la liberté de circuler mais aussi à préserver l'unité du marché intérieur en dotant la Commission et les Etats de moyens de résister à la fragmentation du droit applicable.[20] La notification ouvre une période de discussion entre l'Etat concerné, la Commission et éventuellement les autres Etats membres pendant laquelle la réglementation na-

---

16 Habermas (1988), p. 3 trad. libre, qui popularise une expression forgée par le journaliste D. Sternberger.

17 Gaillet et al. (2019), p. 94.

18 Sur les excès de la croyance tant dans les vertus de la loi que de son déclin: Drumont, Van Droogenbroeck (2012), p. 529, Albertini (2015), p. 529.

19 Depuis CJUE, décision du 2.8.1993, C-139/92, *Commission c/Italie.*

20 Lettre du 14.8.2023, p. 6.

tionale pourra être modifiée ou une intervention législative de l'Union envisagée.[21] La saga législative entamée avec la loi influenceurs et achevée (temporairement) avec la loi SREN a montré que le gouvernement avait méconnu l'étendue de son obligation de notification (1.1) et les règles concernant le moment de la notification (1.2). Le législateur français ne sort pas grandi de ces épisodes, moins encore lorsque l'on examine les conséquences de la violation de ces obligations (1.3).

2.1 *L'étendue de l'obligation de notification*

La directive STMD impose aux Etats membres de notifier à la Commission, qui doit transmettre aux autres Etats, "tout projet de règle technique" (art. 5 § 1 al. 1) concernant les services de la société de l'information, sauf exception qui couvre essentiellement les règles conformes au droit de l'Union (art. 7). Ils doivent aussi notifier les changements importants apportés au 1er projet (art. 5 § 1 al. 3) et le texte définitif (art. 5 § 3).

Le gouvernement français a notifié l'intégralité de la proposition de loi majorité numérique et du projet de loi SREN. Il a pris soin de notifier successivement le projet de loi SREN initial, les modifications apportées par le Sénat et enfin par l'Assemblée nationale. Il a toutefois annoncé ne pas avoir l'intention de notifier la version finale.[22] Cette violation patente de la directive STMD prive la Commission d'un moyen direct de veiller au respect du droit de l'Union, même si elle peut s'informer autrement, et ne peut s'expliquer que par la volonté du gouvernement de laisser le dernier mot au législateur national.

En outre, le gouvernement n'a notifié que quelques dispositions du projet de loi influenceurs, les articles 10 à 12 et 15 qui portent sur le signalement et le retrait des contenus illicites ainsi que sur les obligations de prévention des plateformes.[23] Il n'a pas notifié les articles 1er à 5 de la loi qui définissent l'activité d'influenceur, rappellent les règles régissant les images d'enfant et énoncent une série d'interdictions ainsi que des obligations d'information. La Commission a estimé sans surprise que l'exception ne s'appliquait pas et que la France avait commis une "violation grave" de la directive STMD car les dispositions non notifiées sont susceptibles d'enfreindre les règles posées par la directive 2018/1808 sur les services de médias audiovisuels (SMA).[24] Dès lors que les influenceurs partagent des vidéos à la demande, leur activité relève de cette directive et les règles en projet devaient être notifiées. Le gouvernement a tenté de s'exonérer de ses obligations en expliquant que lesdites

---

[21] Cons. 16 de la directive 2015/1535 qui reprend les termes d'une jurisprudence constante depuis CJUE, décision du 30.4.1996, C-194/94, *CIA Security International*, pt. 41.

[22] Vergnolle (2024).

[23] Pour faciliter la compréhension, nous nous référons systématiquement à la numérotation des articles dans la version finale des lois bien que les notifications aient porté sur des versions antérieures avec souvent une numérotation différente.

[24] Lettre du 14.8.2023, p.6, directive 1808/2018 du 14.12.2018, JOUE, 28.11.2018, L 303/69.

règles devraient être précisées par des décrets qui seraient notifiés. La Commission n'a logiquement pas été convaincue et a rappelé que la directive STMD imposait la transmission de toute règle en préparation, sans attendre les projets de décrets d'application.

Le législateur semble avoir oublié la directive SMA, qui n'apparaît pas dans les travaux préparatoires de la loi influenceurs. Elle n'a été mentionnée que lors de l'adoption de la loi DDADUE pour rendre compte de divergences entre services de l'Etat sur l'applicabilité de cette directive aux influenceurs.[25] Cet oubli, finalement corrigé (*infra* 1.3), peut être diversement interprété. Il peut signifier que les autorités françaises ne prêtent pas suffisamment attention au droit de l'Union. Il peut aussi être vu comme un signe de la grande complexité de ce droit dans le domaine du numérique. L'imbrication de textes multiples et changeants complique la tâche des autorités nationales. Les deux explications convergent en faveur d'une interprétation large de l'obligation de notification afin que les représentants de l'Etat et la Commission puissent discuter de tous les aspects de la législation envisagée le plus tôt possible.

2.2 *Le moment de la notification*

2.2.1 La chronologie des échanges entre le gouvernement français et la Commission montre que les propositions de loi influenceurs et majorité numérique ont été notifiées trop tard alors que la directive STMD impose de notifier les projets "immédiatement" (art. 5 § 1) afin qu'ils puissent être discutés à un stade où des modifications sont encore possible.[26]

Les lois influenceurs et majorité numérique proviennent de propositions déposées par des députés respectivement les 31 et 17 janvier 2023.[27] La notification de la proposition influenceurs date du 12 mai 2023, quand le texte avait déjà été adopté à l'unanimité à l'Assemblée nationale, le 30 mars, et au Sénat, le 9 mai. Le texte n'ayant pas été adopté dans les mêmes termes, il a été soumis à une commission mixte paritaire (CMP) qui s'est mise d'accord sur un texte commun, adopté définitivement et toujours à l'unanimité par les deux chambres, le 31 mai et le 1er juin. La Commission a ensuite demandé et obtenu des explications complémentaires de la part du gouvernement français. La totalité de la proposition majorité numérique a été notifiée le 9 juin 2023, là encore après l'adoption du texte à la quasi-unanimité par l'Assemblée, le 2 mars, et à l'unanimité par le Sénat, le 21 mai. Après l'adoption du texte de la CMP à l'unanimité dans les deux chambres (les 28 et 29 juin), les échanges ont continué avec la Commission. La notification aurait dû avoir lieu dès la publication

---

[25] Rapport de Luc Mendes (13.3.2024) Assemblée nationale, n°2334, p. 33 et Delaporte et al. (2024), p. 33.

[26] Lettre du 14.8.2023, p. 5 rappelant la jurisprudence.

[27] Proposition transpartisane de loi influenceurs AN n°790 du 31.5.2023 d'A. Delaporte et S. Vojetta, proposition de loi majorité numérique AN n°739 du 17.1.2023 de L. Marcangeli.

des propositions, ce qui aurait permis d'intégrer les remarques de la Commission idéalement dès le stade de la discussion en commission ou au plus tard en séance.

La circonstance que ces deux lois émanent d'initiatives parlementaires alors que les lois DDADUE et SREN émanent de projets gouvernementaux importe peu. En droit de l'Union, le texte de la directive STMD ne fait aucune différence selon l'origine des projets. En droit français, le gouvernement n'est pas démuni face aux propositions de loi. Il participe à la conférence des présidents, généralement par la présence du ministre chargé des relations avec le Parlement. La conférence statue sur l'ordre du jour[28] et le gouvernement est informé des propositions de loi soumises à la délibération au plus tard à ce moment-là. Il aurait pu demander que la discussion soit reportée dans l'attente de l'avis de la Commission. La volonté de légiférer à tout prix et de soutenir des initiatives parlementaires l'ont emporté sur les exigences procédurales du droit de l'Union.

L'obligation de notification précoce résulte clairement du texte de la directive. Elle s'impose d'autant plus que, sur les quatre lois, le gouvernement a engagé la procédure accélérée (art. 45 C), qui réduit la navette parlementaire à une lecture dans chaque chambre (au lieu de deux) et supprime les délais préalables à la discussion en séance publique.[29] La procédure accélérée permet certes d'adopter les lois plus rapidement mais réduit d'autant les possibilités d'échanges approfondis sur les textes, y compris sur l'articulation avec le droit de l'Union.[30] Le recours à la procédure accélérée est devenu très courant depuis 2017, suscitant des critiques – fondées – relayées par la Commission dans ses rapports sur l'état de droit.[31]

2.2.2 Outre la tardiveté de la notification, les dispositions concernant l'entrée en vigueur des lois ne respectent pas l'obligation de reporter l'entrée en vigueur de toute nouvelle règle pendant une période de *statu quo* de trois mois à compter de la réception de la notification par la Commission (art. 6 § 1 de la directive STMD) qui est allongée à quatre mois si la Commission a émis un avis circonstancié critique, lequel doit être pris en compte par l'Etat (art. 6 § 2). La période de *statu quo* vise à empêcher l'adoption de règles contraires au droit de l'Union.[32]

La Commission a contesté les clauses suspensives des lois influenceurs et majorité numérique. L'article 18 de la loi influenceurs reportait en effet l'entrée en vigueur des dispositions notifiées (art. 10 à 12 et 15) "à la date de réception par le

---

[28] Art. 47 du règlement de l'Assemblée nationale, art. 29 du règlement du Sénat.

[29] Délais de six semaines avant discussion dans la 1ère chambre saisie et quatre semaines après transmission à la seconde chambre (art. 42 al. 3 C).

[30] Pendant l'élaboration des 4 lois examinées, seule une députée, membre de la Commission des affaires européennes, l'a fait remarquer: M. Karamanli lors des débats sur la loi SREN le 4.10.2023, p. 8518.

[31] Selon les statistiques de l'Assemblée nationale, la procédure accélérée a été engagée pour 216 lois sur les 449 lois adoptées entre 2012 et 2017 (48%) et pour 218 lois sur 354 entre 2017 et 2022 (61%). Citant plusieurs instances françaises de défense des droits, la Commission a critiqué les restrictions aux débats parlementaires que cette procédure entraîne dans ses rapports sur l'état de droit en France depuis 2021: SWD (2021), 712 f p. 16, SWD (2022), 510 f p. 23, SWD (2023), 810 f p. 23, SWD (2024), 810 f p. 21.

[32] CJUE, décision du 30.4.1996, C-194/94, *CIA Security International,* pt 41.

gouvernement de la réponse de la Commission européenne permettant de considérer le dispositif législatif lui ayant été notifié comme conforme au droit de l'Union européenne". L'article 7 de la loi majorité numérique charge quant à lui le gouvernement de fixer sa date d'entrée en vigueur par un "décret qui ne peut être postérieur de plus de trois mois à la réponse de la Commission permettant de considérer le dispositif législatif lui ayant été notifié comme conforme au droit de l'Union européenne". Les clauses suspensives sont contraires à la directive car elles n'ont pas empêché l'adoption des deux lois.

2.3 *Les conséquences de la violation des obligations de notification*

Le sort d'une partie de la loi influenceurs et de l'intégralité de la loi majorité numérique montre que le travail accompli par le législateur français, dans la précipitation en raison de la procédure accélérée et de la prise en compte tardive des observations de la Commission, n'a pour l'instant pas servi à grand-chose. Le patriotisme législatif conduit paradoxalement à une dévalorisation du travail parlementaire.

Les dispositions notifiées de la loi influenceurs, dont la clause suspensive, ont toutes été abrogées par la loi DDADUE (art. 3). Le reste de la loi a été modifié par une ordonnance du gouvernement fondée sur l'article 38 de la Constitution (art. 3) et qui permet au gouvernement de légiférer sur délégation du Parlement.[33] Plutôt que de devoir changer des règles avant même leur entrée en vigueur, le gouvernement aurait été mieux inspiré de notifier la proposition dès sa publication. Cela aurait permis d'éviter l'adoption de règles contraires au droit de l'Union et peut-être même de renoncer à une loi qui n'apporte pas grand-chose au droit existant. La loi influenceurs est souvent redondante avec le code pénal et les règles sur la publicité commerciale[34] même après modification.

Au 21 mars 2025, la loi majorité numérique n'était toujours pas entrée en vigueur, faute d'adoption du décret prévu à l'article 7.

Il n'est en outre pas exclu que la France fasse l'objet d'une procédure de manquement pour violation de la directive STMD. La Commission a rituellement rappelé la menace dans ses trois lettres.[35] La Commission disposant de l'opportunité des poursuites (art. 258 TFUE), l'annonce ne sera pas forcément suivie d'effet mais le législateur aurait pu aisément s'épargner ces remontrances.

---

[33] Ordonnance n°2024-978 du 6.11.2024, JORF 7.11.2024 texte 18 qui recopie les articles 1, 4, et 9 avec quelques changements rédactionnels et remplace l'article 5 pour respecter les directives SMA et commerce électronique.

[34] Netter (2023b), p. 859.

[35] Lettres du 14.8.2023, p. 3, du 25.10.2023, p.7, du 17.1.2024, p. 7.

3 Intégration européenne, patriotisme législatif et obligations substantielles

Les lois françaises examinées ici n'ont pas tiré toutes les conséquences des qualités intrinsèques du DSA en tant que règlement de l'Union européenne. Comme tout règlement, le DSA est d'applicabilité directe en droit interne, en vertu de l'article 288 TFUE, et bénéficie de la primauté du droit de l'Union, conformément à la jurisprudence Costa.[36] Le législateur français a cherché à contourner ces deux principes (2.1). Pour autant, l'applicabilité directe et la primauté du DSA ne permettent pas de résoudre toutes les questions d'articulation avec le droit interne.[37] Des incertitudes sur la marge d'appréciation laissée par le DSA (2.2) demeurent, qui retentissent sur la fonction législative nationale.

3.1 Le contournement de l'applicabilité directe et de la primauté du DSA

3.1.1 Il résulte d'une jurisprudence constante et ancienne des juges de Luxembourg que l'applicabilité directe des règlements interdit aux Etats de recopier leurs dispositions en droit interne.[38] S'ils peuvent adopter des mesures d'exécution, ils ne peuvent pas en altérer la portée ou le sens.[39] Ils doivent se borner à ce qui est autorisé par les règlements afin de permettre leur application effective, en particulier la désignation des autorités nationales compétentes en vertu du texte.[40]

Le DSA renvoie peu au droit interne. Celui-ci ne s'applique qu'à la détermination de l'illicéité des contenus ainsi qu'à la procédure de surveillance et aux sanctions (*infra* 2.2.). L'applicabilité directe n'a pas manqué d'être évoquée au cours de la discussion sur les quatre lois étudiées, sans que le législateur en tire toujours les conséquences.

Le législateur français a tendance à répéter dans la loi ce qui est déjà imposé par le DSA. Ce phénomène est particulièrement frappant dans la loi influenceurs. Il peut être constaté aussi dans la loi majorité numérique et la loi SREN. La première a recopié les règles du DSA sur le signalement de contenus illicites (art. 10 de la loi/16 du DSA), sur les signaleurs de confiance (art. 11/22), les injonctions de retrait (art. 12/9) et la collaboration entre les plateformes en ligne et les autorités publiques (art. 15/14). La deuxième recopie la définition des réseaux sociaux fournie par le

[36] CJUE, décision du 15.7.1964, C-6/64, *Costa c/ ENEL.*

[37] Bucheim, Schrenk (2024), p. 2.

[38] CJUE, décision du 10.10.1973, C-34/73, *Variola*, pt 10.

[39] CJUE, décision du 18.2.1970, C-40/69, *Bollmann*, pt 5; CJUE, décision du 18.6.1970, C-74/69, *Krohn*, pt 4.

[40] CJUE, décision du 11.2.1971, C-39/70, *Norddeutsches Vieh- und Fleischkontor GmbH*, pt 4.

DMA[41] et ignore le DSA.[42] La troisième oscille entre renvoi au DSA[43] et copie pure et simple.[44]

Afin de défendre l'adoption de dispositions redondantes par rapport au droit existant, plusieurs parlementaires ont insisté sur la vertu pédagogique de la loi influenceurs, comme si la loi avait pour fonction première d'apprendre à ses destinataires le contenu de règles de droit et non de fixer des règles. La prétendue fonction pédagogique de la loi sert aussi bien à justifier l'adoption des principales dispositions de la loi influenceurs que leur abrogation par la loi DDADUE.[45] Si le but principal était d'informer les influenceurs des obligations auxquelles ils sont tenus, les pouvoirs publics pouvaient user d'autres moyens, usuels dans d'autres domaines (publication de guides, rencontre avec les représentants du secteur).[46] Quoi que l'on puisse en penser au regard du droit constitutionnel interne,[47] elle contredit frontalement l'applicabilité directe du DSA. Le législateur français semble agir comme si seule une loi française permettrait de connaître les règles applicables.

3.1.2 Au-delà de la répétition du DSA, le législateur français a maintenu des règles sur la surveillance des plateformes violant ouvertement la répartition des compétences prévue par le DSA, ce qui enfreint à la fois son applicabilité directe et sa primauté. Malgré l'avis contraire de la Commission,[48] la loi SREN (art. 25) impose aux très grandes plateformes en ligne l'adoption de "chartes de suivi et de soutien des modérateurs" et charge l'Autorité de régulation de la communication audiovisuelle et numérique (ARCOM), coordinateur français du numérique au sens du DSA, d'y veiller alors que le DSA réserve la surveillance des très grandes plateformes à la Commission (art. 65 & s.). L'article 25 de la loi SREN est issu d'un amendement adopté en séance par l'Assemblée nationale visant à protéger la santé mentale des modérateurs.[49] Le ministre chargé du numérique a exprimé ses doutes sur la faculté de la France d'imposer des règles à des travailleurs établis hors de France tout en

---

[41] Art 1er loi majorité numérique / 2 § 7 DMA.

[42] Dont l'art. 28 est consacré à la protection des mineurs en ligne.

[43] P. ex art. 6-I de la loi sur le commerce électronique (LCEN) issu de l'art. 48 loi SREN renvoyant aux définitions de l'art. 3 § g DSA.

[44] P. ex art. 6-IVA LCEN issu de l'art. 48 loi SREN imposant d'informer promptement les autorités des activités illicites signalées/art. 18 DSA.

[45] En faveur de l'adoption pour raison pédagogique: président (p. 61) et l'un des rapporteurs (p. 69) au sein de la commission des affaires économiques de l'Assemblée nationale, lors de la discussion en séance plénière par le même rapporteur, au sein de la commission des affaires économiques du Sénat par la rapporteure (p. 9) et lors de la discussion en séance plénière par la rapporteure et par le sénateur J-B. Lemoyne.

En faveur de l'abrogation des articles 10 à 12, 15 et 18 en raison de la visée pédagogique: rapporteur de la loi DDADUE à l'Assemblée nationale (p. 34).

[46] Netter (2023b), p. 871.

[47] Le Conseil constitutionnel exige que la loi ait une portée normative et qu'elle soit claire, intelligible et accessible. Sur les ambiguïtés de ces formules, voir Cahiers du conseil constitutionnel (2007), p. 21.

[48] Lettres du 25.10.2023, p. 6 et du 17.1.2024, p. 6.

[49] Amendement n°790 déposé le 30.9.2023 par B. Studer et d'autres députés et adopté le 11.10.2024.

jouant sur les mots pour affirmer que la disposition ne contrevenait pas au DSA car elle portait sur les modérateurs et non sur la modération.[50] Cette interprétation contestable laisse à penser que la surveillance des pratiques de modération par les très grandes plateformes pourrait échapper à la Commission au motif qu'elles concernent les êtres humains qui en sont chargés. Même si l'on admet que l'article 65 du DSA n'était pas clair, les autorités françaises auraient dû tenir compte de l'avis de la Commission. Elles n'en disposaient pas pendant la 1ère lecture mais le gouvernement, par l'engagement de la procédure accélérée, était responsable de cette situation.[51] Curieusement, la CMP, qui a pourtant voté plusieurs amendements afin de tenir compte de l'avis de la Commission, a adopté cette disposition sans même en discuter et le gouvernement n'a pas non plus proposé d'amendement sur ce point.[52]

3.2 *L'incertitude sur la marge d'appréciation laissée par le DSA*

Le DSA combine plusieurs techniques de rapprochement des droits nationaux dans le cadre du marché intérieur (art. 114 TFUE):[53] l'harmonisation totale, l'harmonisation minimale, qui laisse une plus grande liberté aux Etats, et la reconnaissance mutuelle, qui oblige à accepter les marchandises, services ou documents officiels tels que réglementés par les autres Etats membres.

D'une part, il harmonise en principe totalement les règles applicables (cons. 9). L'harmonisation totale interdit aux Etats de légiférer sauf autorisation expresse de l'Union.[54] Ménageant l'autonomie institutionnelle nationale[55] tout en évitant que seules les autorités irlandaises soient compétentes,[56] le DSA renvoie ainsi aux Etats membres le soin de déterminer les sanctions encourues (art. 52) et les autorités compétentes pour assurer le contrôle et décider d'éventuelles sanctions (art 49), sauf pour les très grandes plateformes et très grands moteurs de recherche. La loi SREN (art. 49 à 62) a mis en œuvre ces dispositions.

D'autre part, le DSA ne procède qu'à une harmonisation minimale des règles concernant les injonctions adressées aux fournisseurs de services intermédiaires par l'administration ou par la justice au sujet des contenus illicites, c'est-à-dire contraires au droit de l'Union ou au droit national (cons. 31 & art. 3 sous h). L'illicéité découle le plus souvent du droit national ou d'un "droit mixte",[57] issu de (rares) règle-

---

[50] 1ère séance publique du 11.10.2024, p. 8839.

[51] Voir *supra* 1.2.1.

[52] Rapport de la CMP du 26.3.204 p. 22 et discussion au Sénat du 2.4.2024.

[53] Sur ces techniques: Blumann, Dubouis (2024), p. 447; Boutayeb (2023) p. 116.

[54] Pour un rappel récent: CJUE, décision du 21.12.2023, C-86/22, *Papier Mettler Italy,* pt 66.

[55] Expression forgée par Rideau (1972).

[56] Le siège européen de la plupart des géants du numériques y étant localisé, le guichet unique prévu par le RGPD avait montré ses limites: Netter (2023a).

[57] Dubout (2023), p. 7.

ments ou de (relativement nombreuses) décisions-cadre ou directives qui fixent quelques règles communes et renvoient au droit national.[58] A cet égard, la loi française impose aux fournisseurs de lutter contre la diffusion de contenus correspondant à des infractions désignées par des articles du Code pénal et de la loi de 1881 sur la liberté de la presse.[59] Cette énumération n'était pas forcément utile – le DSA couvrant tous les contenus illicites. Comme toute législation par renvoi, elle ne brille pas par sa clarté.[60] De plus, elle s'avère incomplète.[61]

Enfin, le DSA se juxtapose à la directive sur le commerce électronique, qui repose sur la logique de la reconnaissance mutuelle en imposant que les règles applicables dans le "domaine coordonné" soient normalement fixées par l'Etat où l'entreprise est établie (art. 3 § 1) selon la règle dite du pays d'origine et en interdisant aux autres de restreindre la libre circulation des services de la société de l'information (art. 3 § 2). L'article 3 § 4 permet aux Etats de déroger à la règle si des conditions de fond et de procédure sont remplies. Les mesures doivent s'adresser à "un service donné de la société de l'information" qui met en péril l'un des buts d'intérêt général énoncés par la directive (ordre public, santé publique, sécurité publique, protection des consommateurs) et être proportionnées au but visé. L'Etat concerné doit avoir préalablement demandé, sans succès, au pays d'origine de prendre les mesures nécessaires et notifié à la Commission son intention de prendre les mesures. Comme toute restriction aux règles de liberté de circulation, elle a fait l'objet d'une interprétation stricte de la Cour de justice. Dans sa décision *Google Ireland* de 2023, rendue alors que la loi SREN était en cours d'élaboration, elle a jugé qu'un Etat autre que le pays d'origine ne pouvait pas prendre des mesures générales et abstraites visant une catégorie générale de services dès lors que seules les mesures à l'encontre "d'un service donné" étaient autorisées.[62]

Le DSA met partiellement à l'écart la règle du pays d'origine. D'une part, il écarte directement la règle à propos des injonctions contre les contenus illicites, qui peuvent être émises par d'autres Etats que celui d'origine (cons. 38 & art. 9). D'autre part, il n'interdit pas aux Etats de déroger à la règle du pays d'origine conformément à l'article 3 § 4 de de la directive pour peu qu'ils poursuivent un objectif d'intérêt général autre que celui du règlement (cons. 9). Le sens exact de l'article 3 § 4

[58] P. ex. règlement (UE) 2021/784 du 29.4.2021 relatif à la lutte contre la diffusion des contenus à caractère terroriste en ligne, directive (UE) 2017/541 du Parlement et du Conseil du 15.3.2017 relative à la lutte contre le terrorisme, décision cadre (UE) 2008/913 JAI du Conseil du 28.11.2008 sur la lutte contre certaines formes et manifestations de racisme et de xénophobie au moyen du droit pénal, art. 1 c) & d).

[59] Art. 6 IV A LCEN issu de l'art. 48 loi SREN.

[60] Sur la rédaction similaire de la loi influenceurs, Netter (2023b), p. 859.

[61] La version de la LCEN sur Légifrance ne tient pas compte de l'ajout à cette énumération effectuée par l'art. 9 de la loi n°2024-420 du 10.5.2024 visant à renforcer la lutte contre les dérives sectaires. D'après la direction de l'information légale et administrative que nous avons consultée, il n'était pas techniquement possible d'intégrer un changement antérieur de deux semaines à la loi SREN.

[62] CJUE, décision du 9.11.2023, C-376/22, *Google Ireland et a c/ KommAustria*.

demandera encore à être précisé.[63] En outre, il n'est pas forcément toujours facile de déterminer si un Etat membre poursuit le même objectif d'intérêt général que le DSA et se heurte donc à l'harmonisation totale ou bien s'il poursuit un autre objectif et pourrait appliquer l'article 3 § 4 de la directive. Doit-on par exemple considérer que la protection des mineurs contre la pornographie en ligne est entièrement réglementée par le DSA ou que, nécessaire à la protection de l'ordre et de la santé publics, elle ressortit de tous les Etats, et pas seulement du pays d'origine?[64]

La CMP, postérieure à la décision *Google Ireland*, a tenu à y adapter la loi SREN.[65] La loi prévoit qu'un arrêté ministériel désignera nommément les services de plateforme de partage de vidéos devant respecter la loi française et renvoie expressément à l'article 3§ 4 de la directive sur le commerce électronique.[66] Le même type de règles est prévu pour les influenceurs.[67] Il ne fait guère de doute que ces arrêtés alimenteront le contentieux.

La Commission elle-même paraît louvoyer entre des interprétations plus ou moins rigoureuses de l'harmonisation totale. Sa lettre du 14 août 2023 sur les lois influenceurs et majorité numérique font montre d'une grande rigueur. Elle y affirme que les deux lois ne respectent pas les conditions de dérogation à la règle du pays d'origine tandis que ses lettres sur la loi SREN laissent la possibilité ouverte, dans le respect des décisions de la Cour de justice. La Commission accepte également que la France ait pu adopter des règles sur la vérification de l'âge des utilisateurs de sites pornographiques en attendant que l'Union se dote de lignes directrices en application du règlement.[68] Le DSA incite en effet les très grandes plateformes et très grands moteurs de recherche à prendre des mesures d'atténuation des risques.[69]

Les positions divergentes de la Commission s'expliquent tout d'abord par la teneur des règles en question. Il n'est pas facile de mettre au point des dispositifs fiables de vérification de l'âge. L'article 35 § 3 du DSA impose à la Commission de coopérer avec les coordinateurs nationaux pour les services numériques avant de publier des lignes directrices. Elle compte s'inspirer des "meilleures pratiques"[70] et a même tenu des propos flatteurs sur le "rôle moteur"[71] que la France serait appelée à jouer. Ce rôle risque cependant d'être limité car le législateur français cherche à

[63] Le Conseil d'Etat français a posé plusieurs questions préjudicielles à ce sujet: CE, décisions du 6 .3.2024, *Soc. Webgroup Czech Republic,* n°461193 et *Coyotte System,* n° 453763.

[64] La première branche de l'alternative est défendue par la Commission dans ses lettres à la France, la seconde l'a été, sans succès, au sein de la CMP sur la loi SREN par la sénatrice L. Rossignol, rapport du 26.3.2024, p. 14.

[65] Comme l'ont expliqué la présidente de la CMP et les rapporteurs du Sénat et de l'Assemblée nationale, rapport de la CMP, 26.3.24 p. 6, 8, 12.

[66] Art. 10-2 de la LCEN issu de l'art. 2 de la loi SREN.

[67] Art. 5-1.-II & III issu de l'ordonnance du 6.11.2024 préc. n.38.

[68] Lettre du 25.10.23, p. 6

[69] Art. 35 § 1, j sur les droits des enfants, y compris la vérification de l'âge.

[70] Lettre du 25.10.2023, p. 5.

[71] Lettre du 25.10.2023, p. 6.

imposer des règles contraignantes[72] tandis que le DSA s'appuie sur la bonne volonté des plateformes et un instrument de droit mou, renforcés il est vrai par la surveillance de la Commission (art. 65).

Ces divergences s'expliquent surtout par l'attitude différente de la France. La Commission s'est montré plus ouverte à la discussion sur un projet notifié, le projet de loi SREN, que sur des textes qui ne l'avaient pas été (les lois influenceurs et majorité numérique). Cela confirme que la notification préalable ne doit pas être perçue uniquement comme une contrainte pesant sur le législateur national mais aussi comme un outil de dialogue permettant d'explorer conjointement avec la Commission les marges éminemment variables laissées aux autorités nationales par les règlements.

A cet égard, l'appel réitéré à ne pas "surtransposer" (sic) les règlements apparaît assez vain.[73] Il signifie que le droit français devrait refléter les règles issues de directives ou de règlements sans les dépasser et est devenu une sorte de mantra pour les autorités françaises depuis que la France a rattrapé son retard dans la transposition des directives.[74] Il masque toutefois l'intensité variable de la législation de l'Union, que n'épuise pas la distinction entre directives et règlements[75] ni la diversité des modes d'articulation entre les règles édictées par l'Union et le droit interne, dont le DSA offre un exemple topique. Le gouvernement et les parlementaires français font en outre un usage fort casuistique du prétendu risque de surtransposition, qui soit est considéré comme un risque général dont les effets ne sont pas indiqués,[76] soit est opportunément oublié quand le législateur tient à intervenir.[77] Des parlementaires fustigeant la surabondance de lois estiment toujours nécessaire d'adopter celle qui est en discussion.[78]

---

72 Art. 10, 10-1 et 10-2 de la LCEN issus des art. 1er et 2 de la loi SREN.

73 Contre l'emploi du terme: Landros-Fournalès (2019), p. 2360. Plus modéré: Martinez (2021), p. 1645.

74 Circulaire du Premier ministre du 22.3.2024, JORF 7.4.2024, 1, et rapports d'information à l'Assemblée nationale, Thourot, Warsmann (2017) et au Sénat, Danesi (2018).

75 Phénomène presqu'aussi ancien que les Communautés. V. Rideau (1972), p. 869.

76 V. l'évocation de la „lutte contre la surtransposition" lors des débats sur la loi DDADUE par des sénateurs de groupes opposés (séance du 20.12.2023, p. 12434, 12439, 12440) et par l'un des rapporteurs à l'Assemblée nationale le 18.3.2024, p. 2145.

77 L'interdiction d'aller au-delà du DSA n'est pas mentionnée à propos de dispositions souhaitées par le législateur alors qu'elle justifie le rejet d'amendements qui auraient répété ou renforcé l'obligation de modération des contenus illicites lors des débats sur la loi influenceurs (p. ex par l'un des rapporteurs et la secrétaire d'Etat lors du débat à l'Assemblée le 30.3.2023) et majorité numérique (p. ex par le rapporteur et le ministre lors du débat au Sénat le 23.5.2023).

78 P. ex la députée A. Genevard qui a inventé le néologisme „hyper-législation" au sein de la commission (p. 59) ou le rapporteur au Sénat (p. 10) ainsi que la sénatrice S. Robert lors des débats sur la loi majorité numérique le 23.5.2023.

4 Conclusion

La multiplication des lois violant parfois le DSA illustre la volonté du législateur français d'intervenir à tout prix sur ces sujets délicats et à ne pas se contenter des règles issues d'un règlement européen. L'hypothèse du patriotisme législatif semble se vérifier, les appels des autorités françaises au respect du droit de l'Union s'avérant pour le moins ambivalents. Elles entendent garder une liberté qui cadre mal avec la réalité d'un "Etat intégré"[79] et auraient été mieux avisées d'utiliser toutes les potentialités de la procédure de notification préalable. Cela supposerait de notifier aussi les propositions de loi et de laisser le temps au débat parlementaire pour tenir compte des éventuelles observations de la Commission, dans une matière où la répartition des compétences législatives est loin d'être aussi claire qu'il y paraît au premier abord et où la législation européenne est également foisonnante. Le respect du droit de l'Union, mais aussi la lisibilité et l'accessibilité du droit ainsi que la considération envers le travail parlementaire auraient tout à y gagner.

Bibliographie[80]

Albertini, P. (2015). *La crise de la loi. Déclin ou mutation*. LexisNexis.
Blumann, C., & Dubouis, L. (2024). *Droit matériel de l'Union européenne* (9. Aufl.). LGDJ.
Boutayeb, C. (2023). *Droit matériel de l'Union européenne* (7. Aufl.). LGDJ.
Bucheim, J., & Schrenk, M. (2024). Der Vollzug des Digital Services Act. *NVwZ, 43*(1), 1–8.
Cahiers du Conseil constitutionnel. (2007). La normativité. 21 en ligne
Danesi, R. (28.6.2018). La surtransposition du droit européen en droit français: un frein pour la compétitivité des entreprises. Sénat, n°614.
Delaporte, A., Vojetta, S., Morel, M., & Duby-Muller, V. (31.3.2024) Rapport d'information sur l'application de la loi du 9 juin 2023 visant à encadrer l'influence commerciale. Assemblée nationale, n° 2339.
Douville, T., & Netter, E. (2023). Règlement sur les services numériques: de l'encadrement des plateformes communicationnelles. *RTDCom, 1*, 19–56.
Drumont, H., & Van Droogenbroeck, S. (2012). La loi. In En: M. Troper & Chagnollaud D (dir.), *Traité international de droit constitutionnel* (Bd. 2, S. 529–572). Dalloz.
Dubout, E., & Nabli, B. (2015). *Droit français de l'intégration européenne*. LGDJ-Systèmes.
Dubout, E. (2023). Modérer la modération: le Digital Services Act ou la civilisation numérique. *RTDE*, 7–36.
Gaillet, A., Hochmann, T., Marsch, N., Vilain, Y., & Wendel, M. (2019). *Droits constitutionnels français et allemand*. LGDJ.
Gerdemann, S., & Spindler, G. (2023). Das Gesetz über digitale Dienste (Digital Services Act). Teil 1 GRUR:3–11, Teil 2 GRUR:115–125.
Habermas, J. (1988). Historical Consciousness and Post- Traditional Identity: Remarks on the Federal Republic's Orientation to the West, discours de réception du prix Sonning à l'Université de Copenhague le 14 mai 1987. *Acta Sociologica, 31*, 3–13.
Iliopoulou, A. (2023). La constitution numérique européenne. *RFDA*, 945–959.

[79] Dubout, Nabli (2015), p. 8.

[80] hors travaux préparatoires des lois qui sont référencés à la fin de la loi au JO.

Landros-Fournalès, E. (2019). La „surtransposition“ des directives européennes en droit interne, un concept équivoque et instrumentalisé. D:2360-2361.

Martinez, J. (2021). La conception française des „surtranspositions“ des directives. *RDP*, (6), 1645–1664.

Meyer, H. B. (2024). La question de la lutte contre les contenus haineux dans le cyberespace, une réponse nécessairement européenne? *RUE*, 29–38.

Netter, E. (2023a). Le règlement sur les services numériques ou Digital services Act. Lexbase Pénal, 10.5.2023 n°59.

Netter, E. (2023b). La loi sur l'influence commerciale ou le déclin du droit commun. *RTDCom*, 859–872.

Rideau, J. (1972). Le rôle des Etats membres dans l'application du droit communautaire. *AFDI*, 864–903.

Thourot, A., & Warsmann, J.-L. (21.12.2017). Rapport d'information sur les moyens de lutter contre la surtransposition des directives. Assemblée nationale, n°532.

Systembildendes und Beispiele der Europäisierung und Internationalisierung des Verwaltungs- und Verwaltungsprozessrechts

Cómo deciden las Administraciones: hacia un teoría contemporánea del procedimiento administrativo

J. Barnes

1 Introducción

¿Cómo decide la Reserva Federal norteamericana o el Banco Central Europeo la subida o bajada del precio del dinero? ¿Cómo elige un ente local por dónde, y en qué forma, ha de crecer la ciudad? ¿O cómo resuelve un ministerio la adjudicación de un contrato, el otorgamiento de una subvención o la selección del personal a su servicio? ¿Y si ese contrato o esa selección de personal la realiza un ente instrumental? ¿Cómo trabajan en común las distintas Administraciones implicadas en el espacio europeo para adoptar una resolución final en relación con un asunto aduanero? ¿Cómo colaboran las autoridades nacionales competentes en la evaluación ambiental de un plan o programa de energía renovable? ¿O cómo acuerda la autoridad pública en materia de seguridad alimentaria sancionar a una empresa por infracción de determinadas normas?

La respuesta en todos estos supuestos resulta clara: mediante procedimientos administrativos. En tales casos, en efecto, las Administraciones se sirven de procesos decisorios, que denominamos "procedimientos administrativos", a través de los cuales se obtiene y procesa la información necesaria para la toma de la decisión oportuna, al tiempo que se observan ciertos principios y garantías. En ese sentido, el pro-

---

Javier Barnes is a full professor of administrative law at Pompeu Fabra University in Barcelona, Spain. His research focuses on comparative administrative law. Among his most influential works are Administrative Procedure in Comparative View, and Towards a Third Generation of Administrative Procedures; Property, expropriation and state liability; Proportionality Principle in Europe and in Western Countries; and New Challenges and Developments in Administrative Law. He is a recipient of the 2017 International Research Humboldt Award ("Humboldt Prize").

J. Barnes (✉)
Barcelona, Spain
E-Mail: javier.barnes@upf.edu

C. Fraenkel-Haeberle, B. Peters (Hrsg.), *Öffentliches Recht in transnationaler Perspektive*, https://doi.org/10.1007/978-3-662-72331-9_13

cedimiento administrativo se erige en una institución clave del Derecho Administrativo. Ya a mediados del siglo XX se pudo afirmar que "el procedimiento administrativo constituye el centro de gravedad y la parte esencial del Derecho Administrativo".[1]

La teoría jurídica del procedimiento administrativo se ocupa, entre otros extremos, de su naturaleza y funciones, de su autonomía e identidad respecto del proceso judicial, de los elementos y fases que lo integran, de los actos jurídicos que en su seno se producen, así como de su observancia y control.

El problema, sin embargo, radica en que en tantos casos la teoría jurídica parece haberse quedado congelada en el tiempo, esto es, en la concepción originaria del procedimiento administrativo, según la cual este sirve para el dictado de actos administrativos singulares potencialmente de gravamen o restrictivos de derechos (de ahí que el procedimiento se asemeje al proceso judicial). Procedimiento y acto se presentan como las dos caras de una misma moneda. Así fue su origen en el siglo XIX. Pero desde entonces han ocurrido muchas cosas.

Las páginas que siguen pretenden poner de manifiesto los déficits que esta comprensión padece (1), así como las vías para construir una amplia teoría jurídica acorde con nuestro tiempo, capaz de dar cobertura a la multiforme variedad de decisiones, más allá de las que se expresan mediante actos administrativos singulares (2 y 3).

2 La tradicional concepción legal y teórica del procedimiento administrativo. Su insuficiencia

2.1 *La diversidad de los actos jurídicos de que hace uso la Administración*

Las decisiones de la Administración se expresan de ordinario a través de lo que se conoce como *actos jurídicos*, esto es, de actuaciones formales y reguladas, de las que se derivan efectos jurídicos para la generalidad, para un grupo individualizado de personas, o para un individuo en singular. Así, son actos jurídicos las normas infralegales que aprueba la Administración; los actos administrativos (que pueden dictarse por millones anualmente en un ordenamiento dado); los convenios entre Administraciones; los contratos; las recomendaciones…

El parlamento expresa su voluntad a través de la ley y el órgano jurisdiccional mediante sentencia. La voluntad del poder ejecutivo – en el que se ubican las Administraciones – presenta no pocas singularidades, más allá de su *elevado número*. De un lado, la *variada naturaleza* de los distintos actos jurídicos que producen las Administraciones, sin que pueda decirse que uno solo de ellos – como sucede con la ley o la sentencia en el caso del legislativo y del judicial, respectivamente – acapara toda la atención o constituye su símbolo por excelencia. De otro, la *riqueza de las*

[1] Cfr. Bettermann (1959), p. 141; Barnes (2008), pp. 16–19; Schmidt-Aßmann (2012), Rn. 10.

subespecies que dentro de cada categoría de acto jurídico en manos de la Administración cabe apreciar.

Ello da ya cuenta de la complejidad de una teoría comprensiva e integradora de los *actos jurídicos* de la Administración y de sus modos de *producción* (procedimientos administrativos).

2.2 El procedimiento administrativo como proceso decisorio en el que se producen los actos jurídicos

El procedimiento constituye, como ha quedado dicho, un proceso decisorio para la producción de esos actos jurídicos, esto es, el medio para la toma de decisiones y, aún antes, para la obtención y el procesamiento de la información necesaria para decidir. Representa un instrumento que tradicionalmente sirve para garantizar, de un lado, el acierto de la Administración – a fin de que resuelva de conformidad con la legalidad aplicable – y, de otro, la tutela de los derechos e intereses legítimos que puedan verse afectados por la decisión de que se trate.

Las leyes de procedimiento fueron aprobadas para estandarizar los procedimientos administrativos durante un período de creciente expansión administrativa, señaladamente a partir de la segunda mitad del pasado siglo. El esquema originario del procedimiento administrativo se remonta, sin embargo, al siglo XIX,[2] y desde entonces su objeto preferente ha consistido en el dictado de *actos administrativos singulares* susceptibles de afectar a los derechos e intereses *individuales*, por lo que se estructuran en una serie de actos de autoridad encadenados que desemboca en una resolución final.

El procedimiento administrativo se contrae, en su versión tradicional, al sujeto "Administración pública"; a las actuaciones "externas" o de relación de ésta con las personas; y a las actividades que se someten al Derecho Administrativo. Podrían formularse así algunos de los rasgos que se destilan de la legislación clásica, de una manera un tanto simplificada:[3] 1) constituye un instrumento que se vincula o asocia al ejercicio de potestades administrativas; 2) se orienta esencialmente a la toma de decisiones de carácter unilateral, en particular de alcance singular (acto administrativo individual); 3; se halla al servicio del Derecho material y, por tanto, presenta un carácter adjetivo o instrumental; y 4) la comunicación entre el ciudadano y la Administración se halla limitada y parte de la idea de que el ciudadano persigue su propio interés y la Administración es la única competente para definir el interés general.[4]

---

[2] Téngase en cuenta que la Administración asumió materias que hasta entonces eran desempeñadas por los jueces, por lo que se vio forzada de alguna forma a replicar el proceso judicial y la sentencia mediante el procedimiento y el acto administrativos, respectivamente. Véase Manori, Sordi (2009). Asimismo, Barnes (2020).

[3] *Vid.*, por ejemplo, Barnes (2012b) y (1993). Para el caso alemán, Schmidt-Aßmann (2002), pp. 430–473.

[4] Para mayor detalle, Barnes (2008), pp. 63–69.

La cuestión no estriba en si, con ciertos matices, esta versión resulta hoy válida para determinados escenarios, sino, más bien, si resulta suficiente para dar cobertura a otros actos jurídicos, procedimientos y actividades de la Administración actual.

2.3 *Déficits de la visión tradicional de procedimiento administrativo*

Pues bien, que deviene estrecha es algo que salta a la vista. Si el procedimiento administrativo se concibe exclusivamente como el medio para dictar actos administrativos singulares potencialmente de gravamen resulta claro que deja muchas cosas fuera, una parte sustancial de decisiones administrativas. Es más, la visión clásica ni siquiera contempla actos singulares de otro tipo, como las autorizaciones en materia medioambiental o para la comercialización de un medicamento de uso humano, por citar ejemplos de gestión del riesgo, y cuyo dictado requiere de un procedimiento de naturaleza bien distinta, por razones variadas, sea porque no pueda hablarse de un derecho subjetivo preexistente (a contaminar o a comercializar un medicamento), o sea porque parte del coste de transacción (del peso de la instrucción) puede recaer sobre el solicitante. Y, en última instancia, porque el procedimiento se convierte en esos otros supuestos en el foro donde se pretende hallar la solución más adecuada, pues deja de ser meramente un instrumento de aplicación de lo que el Derecho haya pautado en detalle, para convertirse en un procedimiento donde se crean o innovan soluciones que no han sido anticipadas en la legislación primaria.

Más palmario es el hecho de que otros actos jurídicos distintos del acto administrativo singular – con sus consiguientes procedimientos de gestación – no se hallan en su radio de acción.

En el fondo, la insuficiencia de la teoría tradicional se refleja en el mismo concepto de procedimiento, en la medida en que no ha logrado sustraerse de la vieja *concepción procesal* en la que se inspiró en su nacimiento (estructura bilateral, principio contradictorio, secuencia lineal de actos de autoridad al servicio de una decisión final, mecanismo meramente aplicativo de una ley material que contiene la solución…). Es decir, y como se abunda más adelante (3.3), la idea de procedimiento ha quedado anclada en la primera generación, inspirada en el modo de trabajo propio del método judicial, lo cual tiene sentido cuando se ventilan cuestiones que afectan a la esfera subjetiva de las personas. Pero no cuando se trata de "legislar" o de resolver cuestiones que no afectan propiamente a la legalidad subjetiva.[5]

---

[5] Por ejemplo, para la elaboración de reglamentos. El molde judicial, aquí, representa, en cierto modo, un modelo premoderno de regulación o gobierno. Véase, en ese sentido, y respecto de la APA norteamericana, Rubin (2002), p. 135. Sobre los déficits en general, Barnes (2008), pp. 15 y ss.

3 Una teoría jurídica inclusiva

Una teoría jurídica contemporánea del procedimiento administrativo ha de ser *inclusiva*.

Primero, porque la teoría jurídica no puede detenerse en el acto administrativo, sino que debe amplificar su alcance a fin de *contemplar* el conjunto de actos jurídicos de que se sirve la Administración contemporánea (aun cuando su regulación se halle dispersa en otras leyes, como las de contratación pública, por ejemplo). Ha de realizar una ampliación de alcance *objetivo*, más allá del acto administrativo (2.1).

Segundo, porque la teoría jurídica debe abarcar ciertas decisiones de otros sujetos, como la Administración "vestida de civil", esto es, sometida al Derecho Privado (aunque no ejerza potestades administrativas), y de actores privados que desarrollan actividades que impactan sobre la sociedad de un modo particularmente intenso (cuando, por ejemplo, las entidades privadas prestan servicios de interés general en régimen de competencia; o participan en la cadena reguladora en colaboración con actores estatales). Se trata de una expansión de naturaleza *subjetiva*. La teoría, pues, no se agota ante la Administración en sentido estricto cuando ejerce potestades administrativas, ni en aquellos supuestos en que excepcionalmente el actor privado ejerce funciones públicas (2.2).

Tercero, porque una teoría jurídica moderna se ha de interesar no ya sólo por el tradicional acto jurídico de carácter imperativo que se dicta en la modalidad de policía administrativa -o de "ordeno y mando" (*control and command regulation*)-, sino también por otras modalidades de gobernanza (por ejemplo, Administraciones que trabajan en común a través de procedimientos compuestos; en colaboración con la esfera privada en sus fórmulas y técnicas más variadas...) (2.3).

Y, cuarto, porque una teoría general actualizada debe englobar los procedimientos tipo o arquetípicos más característicos de nuestro tiempo, comprensivos de los distintos actos jurídicos, incluidos los de Derecho indicativo o blando (2.4).

Seguidamente, se ejemplifica esta necesidad de crecimiento en cuanto al objeto, el sujeto, las modalidades de gobierno y administración, y de procedimientos tipo.

3.1 Ámbito objetivo del procedimiento administrativo. Actos jurídicos y orientación de las actividades materiales

El acto administrativo singular ha sido, y sigue siendo, la estrella del firmamento jurídico-administrativo. Todavía hoy muchos manuales al uso exponen con frecuencia ambos temas – procedimiento y acto – de un modo inseparable. Con todo, el acto administrativo no posee ya el monopolio de los actos jurídicos.

La primera ampliación, pues, del objeto debe darse en relación con los actos jurídicos (3.1.1) y, en segundo término, respecto de actividades materiales e informales (3.1.2).

3.1.1 La inclusión de los actos jurídicos a disposición de la Administración

La *producción* de los actos jurídicos de que hace uso la Administración (acto administrativo, reglamento, contrato, convenio, recomendación…) forma parte natural de la teoría del procedimiento administrativo, como también el régimen *sustantivo* básico de esos actos. Y ello en la medida en que ambas dimensiones (fondo y forma) se presentan entrelazadas, como se aprecia en la legislación de matriz iberoamericana respecto del acto administrativo y del reglamento.[6]

La visión sistemática y de conjunto de los actos jurídicos y de sus respectivos procedimientos de elaboración hace posible la construcción de una teoría general integradora. Las funciones y características de los distintos actos jurídicos sólo pueden comprenderse – y aplicarse – plenamente a la luz del entero ciclo regulador. Así, la comparación de los actos jurídicos – si no en una misma ley al menos en una misma teoría jurídica – permite entender en una óptica más profunda, no ya sólo las distintas lógicas procedimentales a las que responden, sus intrínsecas necesidades y modos de producción, sino también su interacción y complementariedad en un sentido dinámico. Por ejemplo, el acto definitivo puede ser sustituido por una terminación convencional en ciertos supuestos; una política pública puede servirse en medida nada de despreciable de recomendaciones y de otros instrumentos de Derecho blando; el reglamento y la contratación pública pueden ser concebidos como estrategias alternativas o sucesivas[7]… Ello hace posible asimismo ponderar la oportunidad y diferencias de unas y otras, así como su justificación; identificar eventuales lagunas o inconsistencias, proponer reformas de su respectivo tratamiento jurídico.

3.1.2 Referentes normativos de las actividades materiales e informales

La expansión del ámbito objetivo ha de producirse en un segundo sentido, aunque en medida limitada, para inspirar la realización de *actividades materiales* de la Administración (así llamadas por oposición a los actos jurídicos o actividades formales). Por actividades materiales entendemos aquí aquellas – muy superiores en número a los actos jurídicos – que no generan propiamente efectos jurídicos y para las que el ordenamiento no dispone una forma especial de realización (o al menos no lo hace de un modo secuencial o cerrado): desde la prestación médico-sanitaria en un hospital público, pasando por la conducción de un vehículo oficial, o la ejecución de unas obras en la vía pública, a la inspección de las aguas de un río o el aná-

---

[6] Por ejemplo, puede verse el art. 47.1 y 2 de la Ley española 39/2015, de procedimiento administrativo.

[7] Por ejemplo, una Administración se puede servir, alternativamente, de un reglamento que regule en el ámbito provincial cómo se ha de prestar el servicio de recogida de residuos sólidos urbanos, o de un contrato de concesión de servicios con sus respectivos pliegos.

lisis de la previsión meteorológica. A nuestro limitado propósito, y sin mayores precisiones conceptuales que no son del caso, podríamos añadir también las denominadas actividades informales, no sometidas a un procedimiento, tales como negociaciones previas y tratos preliminares, consultas o asesoramientos, por ejemplo.

Aunque la teoría jurídica habrá de poner el acento en *cómo* se realizan tales actividades – o cuestiones de procedimiento –, deberá considerar al mismo tiempo las directrices jurídicas de fondo que puedan ser de aplicación. En efecto, el hecho de que las decisiones que se dan en el marco de esas heterogéneas actividades no requieran para su formación cursar un previo procedimiento administrativo en sentido estricto, circunscrito como está a la preparación de los actos jurídicos, no significa, claro está, que su realización esté exenta de todo referente jurídico. De entrada, es obvio que por virtud de la Constitución toda actividad de la Administración (material e informal también) deberá respetar los derechos fundamentales, los principios de igualdad o proporcionalidad, así como la dignidad humana, por decir lo menos. Asimismo, esas mismas actividades podrán ser objeto de regulaciones puntuales (por ejemplo, respecto del primer ejemplo, el consentimiento informado del paciente en un hospital, la confidencialidad o el trato digno y respetuoso con el enfermo).

A tal efecto, junto a aquellos principios generales que inspiran las relaciones formales entre el individuo y la Administración en el marco de un procedimiento en sentido propio,[8] la actualización de la teoría y de las leyes de procedimiento administrativo obliga a un catálogo más desarrollado y explícito de *principios generales* que sirvan para orientar más específicamente ciertas actividades materiales,[9] aun cuando ello no suponga desde luego su formalización como si de la preparación de un acto jurídico se tratara.[10]

---

[8] Por ejemplo, informalidad o principio espiritualista; imparcialidad; economía, celeridad y eficacia; transparencia, tutela administrativa...

Ciertamente, de las Constituciones (occidentales), como se ha notado, se derivan principios que ya pueden ser de directa aplicación (actuaciones respetuosas con la dignidad humana y la buena administración, trato igual y no discriminatorio...), pero cabría concretar más otros principios (desde la opción de aquellas actividades cuya ejecución resulte más respetuosa con el medio ambiente, hasta el criterio de actuar de conformidad con la mejor información disponible, por ejemplo).

[9] Así hacen las más modernas leyes de procedimiento. Por ejemplo, la Ley 107 – 2013, de la República Dominicana, reconoce principios cuya aplicación, también a la actividad material, resulta evidente, tales como los principios de servicio objetivo a las personas, eficacia, asesoramiento, facilitación…

[10] Cuestión distinta es que ciertas actividades materiales sean en alguna medida "formalizadas" y por tanto procedimentalizadas, en todo o en parte por obra de la ley. Piénsese, por ejemplo, según los ordenamientos, en una inspección laboral o de Hacienda, donde algunos de sus elementos pueden estar ya formalizados por los efectos jurídicos que puedan derivarse de ellos, como el levantamiento de una acta.

3.2 Extensión analógica en algunos supuestos del ámbito subjetivo del procedimiento administrativo: actores estatales y no estatales sometidos al Derecho Privado

Más allá de la expansión que ha experimentado históricamente el procedimiento en los distintos niveles de gobierno y administración, el avance del ámbito subjetivo de la teoría viene determinado en lo que ahora importa por dos retos: la "vida privada de la Administración pública" y la "vida pública de sujetos privados". De un lado, porque los entes instrumentales de la Administración, en sus más variadas especies, y señaladamente cuando se someten al Derecho Privado (esto es, cuando "se visten de paisano" y no ejercen propiamente potestades), pueden requerir según los casos la aplicación por analogía de ciertos principios de procedimiento.[11] De otro, y a la inversa, porque la actividad del actor privado puede generar en ciertos supuestos (*supra* 2) un impacto tal sobre la sociedad, que reclama la aplicación, también analógica, de ciertos principios provenientes del procedimiento administrativo.[12] En uno y otro caso, podría hablarse de "procedimientos privados", por contraposición al "procedimiento administrativo". Se trata, en última instancia, de un Derecho Privado (al que se someten Administraciones "vestidas de civil" y entes privados) *suplementado* en ciertos puntos y supuestos por principios generales de la cultura del Derecho Administrativo (transparencia, motivación, designación competitiva de contratista...). Es éste un doble fenómeno que no ha pasado inadvertido a la doctrina, ni tampoco a la jurisprudencia, y que el legislador asume muy lentamente, si bien es apreciable tanto a nivel interno como global.[13]

3.3 Modalidades de la acción administrativa

La teoría jurídica ha de actualizarse atendiendo igualmente y en la proporción necesaria a otros pares de conceptos, como acto jurídico imperativo y acto indicativo (aquí se incluiría el Derecho blando); acto jurídico adoptado en el ámbito de la policía administrativa, y en el campo prestacional o de los servicios públicos; actos jurídicos en ejercicio de potestades discrecionales y de potestades regladas; actos jurídicos de mera aplicación o ejecución de legislación primaria, y actos jurídicos que crean o innovan el Derecho...

---

[11] *Vid.* Barnes, Schmidt-Aßmann (2023).

[12] Barnes (2018) y (2019a).

[13] Así sucede ya en el caso de la ICANN, ISO o el Consejo de Normas Internacionales de Contabilidad (Normas NIC y NIF). Pueden verse sus respectivas webs oficiales y los principios que presiden la formación de estas normas, abiertamente inspirados en las legislaciones de procedimiento administrativo. En particular, resultan ilustrativos los estatutos de la ICANN, en los que se establece una verdadera "ley de procedimiento" a través de principios recogidos en los arts. 2–4 sobre el ejercicio de sus potestades, transparencia, rendición de cuentas, control y revisión.

Una atención más profunda merece el análisis del procedimiento administrativo en el contexto de los sistemas de gobernanza colaborativa, donde habrá de desplegar funciones específicas (*infra* 4.3.2).[14]

3.4 *Procedimientos tipo*

El crecimiento de la teoría jurídica supone la identificación de aquellos procedimientos tipo que han de ocupar un lugar especial en su seno por su carácter referencial, con independencia de dónde se hallen regulados. Por procedimientos tipo entendemos aquí aquellos procedimientos prototípicos o característicos, con sus respectivas singularidades, que las leyes establecen (procedimientos autorizatorios, sancionadores, de recurso...). La legislación puede hacer un diseño genérico de una determinada clase, esto es, puede tipificar un procedimiento, poniendo a disposición de la Administración una serie de actuaciones que podrían darse o no según la naturaleza y exigencias del procedimiento[15] y, en definitiva, de los mismos supuestos contemplados en la norma. Ello permite abarcar diversas modalidades o subespecies de la misma clase, que luego pueden ser completadas por otras normas.

La historia del procedimiento administrativo pone de manifiesto la incorporación sucesiva de nuevos tipos de procedimiento (en vía de petición y de recurso; de oficio o a instancia de parte; expropiatorios; sancionatorios; selectivos o de concurrencia competitiva; de reclamación patrimonial; de gestión del riesgo; con reserva de autorización o comunicación y declaración responsable; procedimientos compuestos...). Pero más allá de esa evolución, se hace necesario registrar procedimientos tipo relativos a los distintos actos jurídicos, y no sólo del acto administrativo, en coherencia con cuanto ha quedado dicho.

4 Una teoría jurídica compleja y diversificada en función de las distintas generaciones o especies de procedimiento administrativo

Sólo una teoría jurídica inclusiva, como se ha visto, puede ser representativa de la realidad de nuestro tiempo. Sin embargo, no basta con inventariarla. Tampoco es suficiente con catalogarla. O, por mejor decir, la taxonomía únicamente podrá resultar

---

[14] Barnes (2008), pp. 31–69.

[15] Tal fue la estrategia seguida por la influyente Ley española de Procedimiento Administrativo de 1958, en cuya Exposición de Motivos podía leerse: *"La Ley ha huido, por ello, de la ordenación rígida y formalista de un procedimiento unitario en el que se den todas aquellas actuaciones, integradas como fases del mismo, y en consecuencia, no regula la iniciación, ordenación, instrucción y terminación como fases o momentos preceptivos de un procedimiento, sino como tipos de actuaciones que podrán darse o no en cada caso, según la naturaleza y exigencias propias del procedimiento de que se trate."* Palabras éstas que se predicaban en particular de los procedimientos autorizatorios cuyo tipo regulaba. Véase Barnes (2025), *in totum*.

comprensiva y eficaz, si previamente clarificamos los conceptos, principios, métodos y fines de la clasificación. Para la construcción de una teoría contemporánea del procedimiento administrativo, hemos de entrar, pues, en una fase o dimensión cualitativa (3), una vez registrados los nuevos fenómenos (2).

A tal efecto, para emprender una ordenación sistemática, la teoría jurídica debe abordar tres cuestiones básicas: el concepto – o conceptos – de procedimiento administrativo; su (limitada) codificabilidad, lo que remite a una selección dominable y significativa de actos jurídicos y de procedimientos; y, finalmente, la búsqueda del criterio más eficaz para agrupar a unos y a otros.

4.1 Un doble concepto de procedimiento

El concepto estricto o clásico, como ya notábamos, se traduce en una secuencia de actos de autoridad ordenados en sus trámites y en sus plazos, que desembocan en un acto definitivo. Esta linealidad – como la del curso de un río – se corresponde con la concepción originaria.

A ese concepto cabe agregar hoy día otro más amplio, integrado por dos coordenadas. De acuerdo con la primera entendemos por procedimiento también la producción de otros actos administrativos que no son actos singulares potencialmente de gravamen,[16] así como la preparación de los demás actos jurídicos (tales como normas, planes o programas, contratos, convenios, recomendaciones...). Y de conformidad con la segunda, por procedimiento podemos entender además el conjunto de principios generales o de directrices que orientan *cómo* ha de operar y decidir la Administración en otros ámbitos no formalizados. Nos referimos a los principios que guían la acción administrativa sin someterla a un protocolo cerrado, ni a trámites o plazos específicos, para realizar bien una actividad *material* (como en el caso de una inspección medioambiental de las aguas de un río o de una prestación sanitaria en un hospital público), o una actividad informal (una reunión preliminar, por ejemplo).[17]

4.2 La (limitada) codificabilidad del procedimiento y la extensión de la teoría jurídica

El procedimiento administrativo no constituye una institución *unitaria* o *monolítica*. No cabe por ello imponer un régimen jurídico uniforme a todos los procedimientos, como si la diversidad fuera algo a combatir, por superflua. Carecería de todo sentido darle la misma estructura y prescribir el mismo modo de operar y decidir, por ejemplo, a un banco central que a una estación de tren; lo mismo ocurre

[16] Aquí incluimos en línea con el concepto amplio de acto administrativo de Zanobini cualquier declaración de deseo, de juicio o de conocimiento, y, por consiguiente, cualquier actividad formal de menor relevancia para la que la legislación no haya dispuesto mayores trámites (por ejemplo, la concesión de una comisión de servicios para la que bastara sin más el consentimiento de un órgano administrativo determinado).

[17] Barnes (2019), *in totum*.

con sus respectivos procedimientos decisorios.[18] Tampoco resulta posible inventariar en una *única* norma general y con un mínimo de *estabilidad* todos los procedimientos administrativos existentes en un ordenamiento dado (aun en la hipótesis de que su regulación fuera competencia exclusiva de un único nivel de gobierno). De ahí se sigue que la primera cuestión que ha de resolver una ley de cabecera de procedimiento administrativo reside en la estrategia elegida para enfrentarse a ese reto: qué elementos comunes, garantías básicas o procedimientos principales debe regular; cuál es el común denominador.[19] En el plano de la teoría jurídica resulta igualmente necesario identificar los elementos esenciales.

4.3 Criterios de clasificación de actos y procedimientos. Tres especies de procedimiento

4.3.1 Clasificaciones tradicionales

Entre los numerosos criterios clasificatorios que se han ensayado para describir y sistematizar la inmensa variedad de procedimientos administrativos, unos siguen la naturaleza del acto administrativo en que concluye el procedimiento (declarativo o constitutivo; discrecional o reglado, por ejemplo); otros se detienen en la tipología de acto jurídico final; los hay que distinguen entre procedimientos basados en procesos decisorios o en procesos de obtención y tratamiento de la información; o los que ponen el acento en la finalidad principal que persigue el procedimiento (diferenciando, por ejemplo, entre la garantía de los derechos e intereses afectados como finalidad inmediata *frente a* la tutela de los intereses generales en presencia). La pertenencia a una u otra familia jurídica constituye igualmente un criterio (así, por ejemplo, se puede hablar de la familia iberoamericana, de la estadounidense, o en el pasado de la austrohúngara). Más interesantes resultan, sin embargo, las clasificaciones que se fundan en criterios tipológicos, esto es, en procedimientos tipo: procedimientos sancionadores, procedimientos autorizatorios, procedimientos de recurso administrativo, procedimientos de evaluación (ambiental, regulatoria, económica.), procedimientos de elaboración de reglamentos y disposiciones generales, y así sucesivamente.

Con todo, ha de reconocerse que, pese a su interés y utilidad, se trata de clasificaciones un tanto modestas en su función explicativa o descriptiva y, más aún, en su dimensión prescriptiva.

4.3.2 La clasificación por generaciones o especies

El criterio taxonómico que se propone para construir una sólida teoría jurídica del procedimiento administrativo en sentido amplio (4.1) se funda justamente en el método de gobierno y administración, esto es, en el modelo de trabajo subyacente, que sigue la Administración en cada caso para decidir. Es lo que a estos efectos llama-

[18] Landis (1940), p. 1080.

[19] Sobre el modelo español, Barnes (2025), *in totum*.

mos modalidades de gobernanza. Es ese método o modelo lo que en última instancia da forma y sentido al procedimiento.

Así las cosas, podemos distinguir tres grandes modelos básicos – que admiten numerosas variantes – en la forma de trabajar y de decidir de la Administración de nuestro tiempo: el modelo cuasijudicial, el modelo cuasilegislativo y el modelo que aquí llamamos "colaborativo" o de "trabajo en común" (entre Administraciones o entre estas y el sector privado en determinadas políticas públicas). Cada método y modelo dará lugar a grupos de procedimientos diferenciados, a especies y estilos distintos, que también denominamos generaciones. El criterio divisor no responde, pues, al acto jurídico que se produce o a su naturaleza jurídica, aunque predomine uno u otro en alguno de esos modelos, sino a algo más profundo y radical.

Así, una primera especie o generación se basa en la Administración que decide como si de un juez se tratara, resolviendo sobre derechos e intereses individuales (procedimientos administrativos tradicionales); otra, cuando la Administración decide como si fuera un legislador, aprobando normas infralegales (procedimientos administrativos de elaboración de reglamentos, anteproyectos, programas o planes); y otra, muy distinta, cuando la Administración decide, formando parte de un conjunto de actores públicos y privados que coparticipan u operan en forma colaborativa (como por ejemplo sucede en numerosos procedimientos participativos en materia ambiental, en algunos procedimientos compuestos al amparo de la Unión Europea, o, en la arena global, en el ámbito de la supervisión bancaria por parte del Comité de Basilea).[20]

El "sistema operativo" de cada modelo es distinto.[21] Y ello habrá de tener su reflejo en la estructura y naturaleza del procedimiento, en los principios que los rigen,[22] la teoría de la validez o de los vicios,[23] o en el control judicial,[24] entre otros campos.

---

[20] Barnes (2010), (2011b) y (2017), *in totum*.

[21] En cada uno de esos modelos las partes intervinientes (Administraciones, sujetos privados) operan de un modo diferente y ocupan una posición relativa distinta. A su vez, cada uno de los elementos característicos que integran los procedimientos de cada especie o generación -por ejemplo, la transparencia, la participación, la motivación- cumplen una finalidad propia, en parte igual y en parte distinta.

[22] Barnes (2011b).

[23] Así, por ejemplo, la teoría de la validez y la de los vicios, aun referida a un mismo acto jurídico como es el acto administrativo, deberá graduarse en virtud de la generación o especie de procedimiento en el que aquél se inserte. En los procedimientos tradicionales, en los que se hallan derechos e intereses individuales en juego, la lesión de los derechos de defensa en el seno del procedimiento (audiencia del interesado, *natural justice*..., según el ordenamiento jurídico de que se trate) habrá de acarrear la nulidad absoluta. En cambio, en un procedimiento de tercera generación, donde pueden no dirimirse, al menos directamente, derechos e intereses individuales, como en el caso de la evaluación de impacto normativa, los vicios no pueden ser los mismos.

[24] El control judicial también podrá experimentar modulaciones en uno y otro caso. Mientras la distinción entre acto de trámite y acto definitivo tiene el consabido sentido y razón de ser en los procedimientos tradicionales, puede no tenerlo, sin embargo, en aquellos casos en que la Administración actúa en forma colaborativa sirviéndose de una amplia participación. Así, la elaboración del informe ambiental estratégico, que constituye un elemento arquitectural dentro de un procedimiento en cuyo seno se busca la solución más adecuada, en teoría un acto de trámite a los ojos de

En una misma política pública y aun en una misma ley pueden combinarse en distinta medida procedimientos de una u otra especie.

4.3.3 Recapitulación

A resultas de cuanto antecede cabe extraer dos conclusiones: la primera consiste en que cada modelo (4.3.2) requiere una sistematización teórica diferenciada, habida cuenta de que su lógica y fisiología es bien diversa, y ello sin perjuicio, claro está, de los elementos comunes a la idea de procedimiento administrativo de que participen.

La segunda se resuelve en que la clasificación propuesta no pretende ser meramente descriptiva o explicativa. Presenta una dimensión prescriptiva y puede contribuir a postular la reforma de un procedimiento, bien para su inclusión en otro modelo (por ejemplo, la reconstrucción de un procedimiento de segunda generación en uno de tercera en materia de elaboración de normas administrativas) o bien, más sencillamente, para su revitalización aun permaneciendo en la misma especie.

5 Una reflexión final

La innovación de la teoría jurídica del procedimiento administrativo requiere un crecimiento cuantitativo (*supra* 3) y, sobre todo, de carácter cualitativo (*supra* 4).

La evolución del procedimiento administrativo ha de correr paralelo a la del Derecho Administrativo en su conjunto, y del que aquél constituye su columna vertebral junto a la subsiguiente revisión judicial. En tal sentido la actualización de la teoría del procedimiento habrá de seguir el devenir del Derecho Administrativo contemporáneo, que ya no se concibe a sí mismo como un sistema aislado, encerrado en los moldes que le vieron nacer, es decir, como Derecho típicamente nacional (i), concentrado en el ejercicio de poder o de autoridad (ii), y como Derecho de vocación "ejecutiva" o de aplicación cuasi-mecánica de una todopoderosa y omnisciente legislación primaria (iii). Ninguna de esas tres coordenadas clásicas ha permanecido inalterable a lo largo del tiempo.[25] El procedimiento habrá de experimentar una transformación paralela.

---

aquella primera generación, debiera ser objeto de revisión puesto que toda la actuación posterior y las decisiones que se tomen estarán condicionadas por la información en él contenida. Si se esta información es deficiente porque se han producido omisiones relevantes parece lógico arbitrar algún remedio rápido de revisión. En este ejemplo, la legislación se muestra contraria por esa inercia conceptual del procedimiento administrativo, entendido como un molde único. Véase por ejemplo el art. 31.5 de la Ley española 21/2013, de 9 de diciembre, de evaluación ambiental, dictada en el marco del Derecho de la Unión Europea. Las diferencias en lo que hace al control judicial en virtud de las distintas especies o generaciones pueden ser mucho más profundas: *vid.* Barnes (2021), *in totum.*

[25] Cfr. Barnes (2012) pp. 308 y ss.

Todos – doctrina y jurisprudencia y, necesariamente también, el legislador – han de participar en este "plan de trabajo" en que la construcción de una teoría contemporánea del procedimiento administrativo consiste. De ello dependen la *dirección eficaz* del proceso decisorio de la Administración y de su correspondiente *control*.[26]

Referencias

Barnes, J. (1993). *El procedimiento administrative en el Derecho Comparado*. Cívitas.
Barnes, J. (Hrsg.). (2008). *La transformación del procedimiento administrativo/Transforming Administrative Procedure*. Global Law Press/Editorial Derecho Global.
Barnes, J. (2010). Towards a third generation of administrative procedure. In S.-R. Ackerman & P. L. Lindseth (Hrsg.), *Comparative administrative law*. Edward Elgar Publishing.
Barnes, J. (2011a). Una reflexión sobre los principios generales del procedimiento administrativo. Tres generaciones de procedimiento, tres variedades de principios procedimentales. In Corte Suprema de Justicia (Hrsg.), *Congreso Internacional de Derecho Administrativo*. Corte de Justicia, Sección de Publicaciones.
Barnes, J. (2011b). Tres generaciones del procedimiento administrativo. *Revista de la Facultad de Derecho, Pontificia Universidad Católica del Perú, 67*, 77–108.
Barnes, J. (2012a). Capítulo Cuarto. Algunas respuestas del Derecho Administrativo contemporáneo ante las nuevas formas de regulación: fuentes, alianzas con el Derecho Privado, procedimientos de tercera generación. In J. Barnes (Hrsg.), *Innovación y reforma en el Derecho Administrativo, 2.0*. Global Law Press/Editorial Derecho Global.
Barnes, J. (2012b). El procedimiento administrativo. Análisis histórico y comparado. In H. Pozo Gowland (Hrsg.), *Procedimiento administrativo, tomo II*. Thomson.
Barnes, J. (2017). Three generations of administrative procedure. In S.-R. Ackerman & P. L. Lindseth (Hrsg.), *Comparative administrative law*. Edward Elgar Publishing.
Barnes, J. (2018). La vida pública de los sujetos privados, una expansión (cualitativa) del Derecho Administrativo. In M. V. Caballeria, A. M. Moreno Molina, & A. D. González (Hrsg.), *Estudios de Derecho Público en homenaje a Luciano Parejo Alfonso*. Tirant lo Blanch.
Barnes, J. (2019a). The evolution of public/private divide. A functional approach (regulatory activities and public services). In J.-B. Auby (Hrsg.), *Le futur du droit administratif – The future of administrative law*. LGDJ.
Barnes, J. (2019b). Procedimiento Administrativo. Concepto, fuentes, origen y clases. Revista Española de Derecho Administrativo Iberoamericano Número 1 – Diciembre 2019, en línea: https://latam.ijeditores.com/pop.php?option=publicacion&idpublicacion=508&idedicion=3298
Barnes, J. (2020). Administrative procedure. In P. Cane, H. C. H. Hofmann, E. C. Ip, & P. L. Lindseth (Hrsg.), *The Oxford handbook of comparative administrative law*. Oxford University Press.
Barnes, J. (2021). § 147: Verwaltungsgerichtliche Kontrolle und die Typologie des Verwaltungsverfahrens. In A. v Bogdandy, P.-M. Huber, & L. Marcusson (Hrsg.), *Handbuch Ius Publicum Europaeum – Band IX*. C.F. Müller.
Barnes, J. (2025). La contribución de la Ley española de 1958 a la formación de la familia iberoamericana de procedimiento administrativo. *Revista de Derecho Público*. https://revistadederechopublico.com. (en prensa)
Barnes, J., & Schmidt-Aßmann, E. (Hrsg.). (2023). *La sujeción de la Administración al Derecho Público y al Derecho Privado*. Global Law Press/Editorial Derecho Global.
Bettermann, K. A. (1959). Das Verwaltungsverfahren. *VVDStRL, 17*, 118–245.

[26] Barnes (2008), pp. 15 y ss.

Landis, J. M. (1940). Crutial issues in administrative law: The Walter-Logan Bill. *Harvard Law Review, 53*(7), 1077–1102.

Manori, L., & Sordi, B. (2009). Science of administration and administrative law. In H. Hofmann, P. Grossi, & D. Canale (Hrsg.), *A treatise of legal philosophy and general jurisprudence* (Bd. 9). Springer.

Rubin, E. (2002). It's time to make the administrative procedure act administrative, public legal and legal theory research paper no. 30. *Cornell Law Review, 89.*

Schmidt-Aßmann, E. (2002). Verwaltungsverfahren und Verwaltungsverfahrensgesetz: Perspektiven der Systembildung. In W. Hoffmann-Riem & E. Schmidt-Aßmann (Hrsg.), *Verwaltungsverfahren und Verwaltungsverfahrensgesetz, Schriften zur Reform des Verwaltungsrechts* (9. Aufl., S. 429–473). Nomos.

Schmidt-Aßmann, E. (2012). § 27: Der Verfahrensgedanke im deutschen und europäischen Verwaltungsrecht. In A. Voßkuhle, M. Eifert, & C. Möllers (Hrsg.), *Grundlagen des Verwaltungsrechts* (2. Aufl., Bd. 2). C.H. Beck.

Schmidt-Aßmann, E. (2021). *La dogmática del Derecho Administrativo*. Global Law Press/Editorial Derecho Global.

Gestaltungsfreiheit im Mikrokosmos der Arbeitslosenversicherung – zu Dogmatik und Relevanz des Bestimmungsrechts nach § 137 Abs. 2 SGB III

W. Boecken

1 Einleitung

Im Recht der Arbeitsförderung (SGB III) ist als wesentliche Entgeltersatzleistung in den §§ 136 ff. SGB III der Anspruch auf Arbeitslosengeld geregelt.[1] Die Leistung wird bei Arbeitslosigkeit und beruflicher Weiterbildung gewährt.[2] Seiner Rechtsnatur nach handelt es sich bei dem Anspruch auf Arbeitslosengeld um eine Versicherungsleistung, finanziert aus den Beiträgen zur Arbeitslosenversicherung.[3]

Die materiell-rechtlichen Voraussetzungen des Anspruchs auf Arbeitslosengeld (Arbeitslosigkeit, Arbeitslosmeldung, Erfüllung der Anwartschaftszeit) sind in der Grundnorm des § 137 Abs. 1 SGB III bestimmt und werden in den Regelungen der §§ 138 ff. SGB III im Einzelnen entfaltet. Liegen diese Voraussetzungen vor, dann entsteht kraft Gesetzes der Anspruch auf Arbeitslosengeld, wie § 137 Abs. 1 SGB III deutlich macht.[4] Mit dem in dieser Regelung bezeichneten Anspruch ist das

Winfried Boecken, Prof. Dr., LL.M. (EHI Florenz). 1994–1998 Inhaber des Lehrstuhls für Bürgerliches Recht, Arbeitsrecht und Recht der Sozialen Sicherheit an der Martin-Luther-Universität Halle-Wittenberg; 1998–2023 Inhaber des Lehrstuhls für Bürgerliches Recht, Arbeitsrecht und Recht der Sozialen Sicherheit am rechtswissenschaftlichen Fachbereich der Universität Konstanz; 1999–2005 Richter am Oberlandesgericht Karlsruhe im Nebenamt (Senat für das Privatversicherungsrecht).

[1] Zur Einordnung als Entgeltersatzleistung siehe § 3 Abs. 4 Nr. 1 SGB III.

[2] § 136 Abs. 1 SGB III.

[3] Zur Beitragsfinanzierung von Leistungen der Arbeitsförderung siehe §§ 341 ff. SGB III.

[4] Siehe auch Kallert (2023), Rn. 3a.

W. Boecken (✉)
Konstanz, Deutschland
E-Mail: ls.boecken@uni-konstanz.de

C. Fraenkel-Haeberle, B. Peters (Hrsg.), *Öffentliches Recht in transnationaler Perspektive*, https://doi.org/10.1007/978-3-662-72331-9_14

sogenannte Stammrecht gemeint.[5] Hierbei handelt es sich um eine subjektive öffentlich-rechtliche Rechtsposition im Sinne eines Anspruchs, dessen Inhalt[6] und Erlöschen[7] im Zeitpunkt der Entstehung grundsätzlich feststehen.[8] Aus dem Stammrecht fließen die davon zu unterscheidenden einzelnen wiederkehrenden Ansprüche auf die Leistung von Arbeitslosengeld durch die Bundesagentur für Arbeit.[9] Um diese konkreten Einzelleistungen zu erhalten, sprich den sog. Leistungsbezug auszulösen, bedarf es verfahrensrechtlich der formalen Voraussetzung eines Antrags auf Leistung.[10] Insoweit bestimmt § 323 Abs. 1 Satz 2 SGB III, dass Arbeitslosengeld mit der Arbeitslosmeldung als beantragt gilt, wenn der Arbeitslose keine andere Erklärung abgibt.[11] Das durch Antrag eingeleitete Verfahren wird durch einen Verwaltungsakt der Agentur für Arbeit abgeschlossen, bei Vorliegen der Voraussetzungen des Anspruchs auf Arbeitslosengeld durch einen sogenannten Bewilligungsbescheid.

Mit der Entstehung des Stammrechts, die als Rechtsfolge bei Vorliegen der in § 137 Abs. 1 SGB III genannten materiell-rechtlichen Voraussetzungen von Gesetzes wegen eintritt, bestimmen sich Inhalt und Geltendmachung des Anspruchs grundsätzlich nach dem Zeitpunkt der Anspruchsentstehung, soweit die einschlägigen Regelungen an den Entstehungszeitpunkt des Stammrechts anknüpfen. So ist etwa die Dauer des Anspruchs auf Arbeitslosengeld wegen der Differenzierung unter anderem nach Lebensaltersstufen von dem Lebensalter abhängig, das der Arbeitslose bei der Entstehung des Anspruchs (Stammrechts) vollendet hat.[12]

Vor diesem Hintergrund ist die Regelung des § 137 Abs. 2 SGB III von Bedeutung.[13] Danach kann die antragstellende Person bis zur Entscheidung der zuständigen Agentur über den Anspruch auf Arbeitslosengeld bestimmen, dass der Anspruch nicht oder zu einem späteren Zeitpunkt entstehen soll. Damit hat der Gesetzgeber für antragstellende Personen die Möglichkeit geschaffen, auf die Entstehung des Anspruchs auf Arbeitslosengeld, sprich die Entstehung des Stammrechts, Einfluss zu nehmen, und zwar in zweifacher Hinsicht: Die antragstellende

---

[5] Baldschun (2020), Rn. 10 und Rn. 13 ff.; Kallert (2023), Rn. 3.

[6] Dauer, Höhe, Beschränkungen, siehe §§ 147 ff. SGB III.

[7] § 161 SGB III.

[8] Vgl. BSG, Urt. v. 7.5.2019, B 11 AL 18/18 R, juris Rn. 15; BSG, Urt. v. 21.6.2018, B 11 AL 8/17 R, juris Rn. 26; Baldschun (2020), Rn. 13; Kallert (2023), Rn. 3.

[9] Vgl. BSG, Urt. v. 8.12.1994, 11 RAr 41/94, juris Rn. 15.

[10] § 323 Abs. 1 Satz 1 SGB III.

[11] Mit der Fiktion wird eine Vereinfachung der Antragstellung beim Arbeitslosengeld bezweckt, siehe Kallert (2022), Rn. 117; Kaminski (2024), Rn. 13.

[12] Siehe § 147 Abs. 1 Satz 1 Nr. 2, Abs. 2 SGB III.

[13] Eingeführt als § 118 Abs. 2 SGB III durch Art. 1 Nr. 62 Drittes Gesetz für moderne Dienstleistungen am Arbeitsmarkt vom 23.12.2003, BGBl. 2003, Teil I, S. 2848 mit Wirkung zum 1.1.2005, unverändert übernommen in § 137 Abs. 2 SGB III im Zuge der Neufassung des Dritten bis Fünften Kapitels durch Art. 2 Nr. 18 des Gesetzes zur Verbesserung der Eingliederungschancen am Arbeitsmarkt vom 20.12.2011, BGBl. 2011, Teil I, S. 2854 mit Wirkung zum 1.4.2012.

Person[14] kann bestimmen, dass der Anspruch nicht oder erst in einem späteren Zeitpunkt entstehen soll.[15] Mit dem in § 137 Abs. 2 SGB III normierten sog. Bestimmungsrecht[16] wird der Zweck verfolgt, die antragstellende Person vor Nachteilen zu schützen, die sich im Zusammenhang mit dem Zeitpunkt der Entstehung des Anspruchs auf Arbeitslosengeld ergeben können und wegen der Unwiderruflichkeit der materiell-rechtlichen Voraussetzung der Arbeitslosmeldung aufgrund deren Rechtsnatur als Tatsachenerklärung[17] nicht vermieden werden können.[18]

Das für die antragstellende Person hinsichtlich der Entstehung des Stammrechts in § 137 Abs. 2 SGB III geregelte Bestimmungsrecht wirft verschiedene Fragen auf. Insoweit wird im Folgenden wesentlich auf die Rechtsnatur und den Gegenstand, den Zeitpunkt der Ausübung und die Wirkungen des Bestimmungsrechts sowie dessen rechtlich-praktische Relevanz eingegangen.

2 Wesentliche Fragen im Zusammenhang mit dem Bestimmungsrecht hinsichtlich der Entstehung des Stammrechts

2.1 Rechtsnatur und Gegenstand des Bestimmungsrechts

2.1.1 Rechtsnatur

Bei dem Bestimmungsrecht nach § 137 Abs. 2 SGB III handelt es sich in Anlehnung an den zivilrechtlichen Begriff des Gestaltungsrechts[19] um ein öffentlich-rechtliches Gestaltungsrecht, das der antragstellenden Person die Rechtsmacht einräumt, ohne Mitwirkung des Sozialleistungsträgers, hier der Bundesagentur für Arbeit, auf eine bestehende Rechtslage, und zwar die Entstehung des Anspruchs auf Arbeitslosen-

[14] Das ist die Person, die nach §§ 323 ff. SGB III einen Antrag auf Leistung von Arbeitslosengeld stellt und damit ein Leistungsverfahren eingeleitet hat.

[15] Zur Abgrenzung zwischen § 137 Abs. 2 SGB III und einem Verzicht iSd § 46 Abs. 1 SGB I siehe SächsLSG, Urt. v. 11.6.2020, L 3 AL 111/19, juris Rn. 24; Schifferdecker (2025), Rn. 24; Mrozynski (2024), § 46 Rn. 2 und Rn. 9.

[16] Zum Teil wird auch von einem Dispositionsrecht (s. FW BA § 137 SGB III (12/2021) Ziff. 137.2), Optionsrecht (SächsLSG, Urt. v. 12.7.2018, L 3 AL 76/16, juris Rn. 45) oder Wahlrecht (Gutzler (2021), Rn. 14) wie auch einer Gestaltungsmöglichkeit (Cormann (2025), Rn. 7) gesprochen.

[17] Siehe nur BSG, Urt. v. 6.3.2023, B 11 AL 31/22 B, juris Rn. 3; BSG, Urt. v. 19.3.1986, 7 RAr 17/84, juris Rn. 15.

[18] Siehe die Gesetzesbegründung in BT-Drs. 15/1515, 82; zur Bedeutung des sozialrechtlichen Herstellungsanspruchs bei einer Pflichtverletzung der Agentur für Arbeit durch fehlende oder unterlassene Beratung bezogen auf das Bestimmungsrecht des § 137 Abs. 2 SGB III siehe Cormann (2025), Rn. 7; Greiner (2024), Rn. 28; Gutzler (2021), Rn. 15; Kallert (2023), Rn. 9; Müller (2024), Rn. 5; Öndül (2023) ,Rn. 45 ff.

[19] Siehe dazu Boecken (2019), Rn. 119.

geld, einwirken und diese ändern bzw. gestalten zu können.[20] Als Gestaltungsrecht ist das Bestimmungsrecht im Sinne des § 137 Abs. 2 SGB III durch eine empfangsbedürftige Willenserklärung (Gestaltungserklärung) auf dem Gebiet des öffentlichen Rechts gegenüber dem Sozialleistungsträger, hier der Agentur für Arbeit, auszuüben.[21] Analog § 130 Abs. 1 Satz 1, Abs. 3 BGB wird die Gestaltungserklärung bzw. Erklärung über die Bestimmung hinsichtlich der Entstehung des Anspruchs auf Arbeitslosengeld im Zeitpunkt des Zugangs bei der Agentur für Arbeit im Rechtsverkehr wirksam.[22] Die Entfaltung der rechtsgestaltenden Wirkung hinsichtlich der Entstehung des Anspruchs auf Arbeitslosengeld kommt zum Tragen, wenn die materiell-rechtlichen Voraussetzungen im Sinne des § 137 Abs. 1 SGB III vorliegen.[23]

Nach dem Zugang der Erklärung über die Bestimmung hinsichtlich der Entstehung des Anspruchs auf Arbeitslosengeld ist anders als im bürgerlichen Recht ein Widerruf der Erklärung grundsätzlich nicht ausgeschlossen.[24] § 130 Abs. 1 Satz 2 BGB findet keine entsprechende Anwendung. Der Grund hierfür liegt nach der Rechtsprechung des BSG darin, dass im Unterschied zur Interessenlage bei Rechtsgeschäften des Zivilrechts im Sozialrecht in der Regel kein schutzwürdiges Interesse des Sozialleistungsträgers am Fortbestehen einer Entscheidung des Bürgers besteht, sondern vielmehr dessen Interessen im Vordergrund stehen.[25] Deshalb ist grundsätzlich von einer freien Widerrufbarkeit der Gestaltungserklärung, sprich der Erklärung über die Bestimmung hinsichtlich der Entstehung des Anspruchs auf Arbeitslosengeld, bis zum Zeitpunkt der Entscheidung der Agentur für Arbeit über den Anspruch auszugehen.[26]

Die Ausübung des Bestimmungsrechts im Sinne des § 137 Abs. 2 SGB III ist nicht anders als die Ausübung eines Gestaltungsrechts im bürgerlichen Recht grundsätzlich bedingungsfeindlich. Das folgt daraus, dass die Vornahme des Bestimmungsrechts die Rechtslage eindeutig klären muss, damit die Agentur für Arbeit als Erklärungsempfänger über den durch die Bestimmungserklärung geschaffenen Rechtszustand nicht im Unklaren bleibt.

---

[20] Vgl. Baldschun (2021), Rn. 21; Cormann (2025) Rn. 7.

[21] Vgl. zur Zustimmung iSd § 7a Abs. 6 Satz 1 Nr. 1 SGB IV aF (heute § 7a Abs. 5 Satz 1 Nr. 1 SGB IV) BSG, Urt. v. 24.3.2016, B 12 R 12/14 R, juris Rn. 15.

[22] Vgl. BSG, Urt. v. 24.3.2016, B 12 R 12/14 R, juris Rn. 15.

[23] Dazu näher folgend unter 2.3.

[24] Vgl. BSG, Urt. v. 17.4.1986, 7 RAr 81/84, juris Rn. 21 f., hier zum Widerruf des Antrags auf Arbeitslosengeld, der unter der Geltung des AFG nicht nur verfahrensrechtliche Bedeutung hatte, sondern auch materiell-rechtliche Voraussetzung für den Anspruch auf Arbeitslosengeld war; BSG, Urt. v. 16.9.1998, B 11 AL 17/98 R, juris Rn. 21; BSG, Urt. v. 24.3.2016, B 12 R 12/14 R, juris Rn. 17, hier zum Widerruf der Zustimmungserklärung nach § 7a Abs. 6 Satz 1 Nr. 1 SGB IV aF, heute § 7a Abs. 5 Satz 1 Nr. 1 SGB IV.

[25] BSG, Urt. v. 17.4.1986, 7 RAr 81/84, juris Rn. 22; BSG, Urt. v. 24.3.2016, B 12 R 12/14 R, juris Rn. 17.

[26] Vgl. BSG, Urt. v. 17.4.1986, 7 RAr 81/84, juris Rn. 22; BSG, Urt. v. 16.9.1998, B 11 AL 17/98 R, juris Rn. 21; siehe auch noch folgend unter 2.2 zum Zeitpunkt der Ausübung des Gestaltungsrechts.

2.1.2 Gegenstand

Gegenstand des Gestaltungsrechts nach § 137 Abs. 2 SGB III ist die Entstehung des Anspruchs auf Arbeitslosengeld, also des Stammrechts.[27] Das folgt ohne Weiteres aus dem Wortlaut des § 137 Abs. 2 SGB III, wonach die antragstellende Person bestimmen kann, dass der Anspruch nicht oder zu einem späteren Zeitpunkt entstehen soll. Mithin ist das Bestimmungsrecht im Ausgangspunkt unmittelbar allein auf die Rechtsfolgenseite des § 137 Abs. 1 SGB III bezogen. Das Vorliegen und der Fortbestand der für die Entstehung des Stammrechts erforderlichen materiell-rechtlichen Voraussetzungen sind nicht primärer Gestaltungsgegenstand des Bestimmungsrechts. Damit ist allerdings nicht ausgeschlossen, dass die Ausübung des Bestimmungsrechts mittelbar auch Wirkungen auf der Tatbestandsseite des § 137 Abs. 1 SGB III entfaltet.[28]

2.2 *Zeitpunkt der Ausübung des Bestimmungsrechts*

Die antragstellende Person kann das Gestaltungsrecht des § 137 Abs. 2 SGB III vor oder nach dem Zeitpunkt der Erfüllung aller materiell-rechtlichen Voraussetzungen im Sinne des § 137 Abs. 1 SGB III ausüben. Das ergibt sich aus der Regelung des § 137 Abs. 2 SGB III selbst, der nicht zu entnehmen ist, dass eine Ausübung des Gestaltungsrechts nur in Betracht kommt, wenn die materiell-rechtlichen Voraussetzungen im Sinne des § 137 Abs. 1 SGB III alle vorliegen und das Stammrecht von Gesetzes wegen bereits entstanden ist. Vielmehr spricht die Formulierung in § 137 Abs. 2 SGB III, wonach die antragstellende Person eine Bestimmung im Sinne des § 137 Abs. 2 SGB III vornehmen kann, dafür, dass die Ausübung des Gestaltungsrechts auch schon vor dem Zeitpunkt der Entstehung des Stammrechts zulässig ist. Denn antragstellende Person ist auch diejenige Person, die sich unter Beachtung der Vorgaben des § 141 Abs. 1 Satz 3 SGB III schon vor dem zu erwartenden Eintritt der Arbeitslosigkeit arbeitslos meldet. Nach § 323 Abs. 1 Satz 2 SGB III gilt nämlich mit der Arbeitslosmeldung die Leistung Arbeitslosengeld als beantragt.

Wird das Bestimmungsrecht vor dem Zeitpunkt der Erfüllung aller materiell-rechtlichen Voraussetzungen im Sinne des § 137 Abs. 1 SGB III ausgeübt, dann hindert das die gesetzliche Entstehung des Anspruchs auf Arbeitslosengeld bzw. des Stammrechts im Zeitpunkt des Vorliegens aller materiell-rechtlichen Voraussetzungen. Erfolgt die Ausübung des Bestimmungsrechts nach der gesetzlichen Entstehung des Stammrechts, hat das je nach Bestimmungsvariante den Wegfall der Entstehung des Stammrechts oder das Hinausschieben des Entstehungszeitpunkts zur Folge.[29]

---

[27] Siehe schon oben unter 1.

[28] Siehe dazu folgend unter 2.3.1 im Zusammenhang mit den Wirkungen der Ausübung des Bestimmungsrechts iSd ersten Alternative des § 137 Abs. 2 SGB III.

[29] Siehe näher zu den Wirkungen der Ausübung des Bestimmungsrechts unterschieden nach den jeweiligen Bestimmungsvarianten unter 2.3.1 und 2.3.2.

Hinsichtlich des Zeitpunkts der Ausübung des Bestimmungsrechts enthält § 137 Abs. 2 SGB III jedenfalls insoweit eine ausdrückliche Regelung, als der Zeitpunkt festgelegt wird, bis zu dem das Bestimmungsrecht spätestens ausgeübt werden kann. Insoweit heißt es in § 137 Abs. 2 SGB III, dass eine Bestimmung durch die antragstellende Person „bis zur Entscheidung über den Anspruch" vorgenommen werden kann. Gemeint ist die Entscheidung der Agentur für Arbeit über den Antrag auf Leistung von Arbeitslosengeld,[30] die durch Verwaltungsakt erfolgt, der nach § 39 Abs. 1 Satz 1 SGB X gegenüber dem Bestimmungsberechtigten im Zeitpunkt der Bekanntgabe nach Maßgabe des § 37 SGB X wirksam wird.[31] Mithin muss die Ausübung des Bestimmungsrechts nach § 137 Abs. 2 SGB III spätestens bis zum Zeitpunkt der Bekanntgabe des Verwaltungsakts über die Leistung von Arbeitslosengeld erfolgt sein.

Bezogen auf den Zeitpunkt, ab dem das Bestimmungsrecht frühestens ausgeübt werden kann, findet sich in § 137 Abs. 2 SGB III keine ausdrückliche Regelung. In der Literatur wird nahezu übereinstimmend davon ausgegangen, dass das Bestimmungsrecht auch bezogen auf den Zeitpunkt der frühesten Ausübung einer zeitlichen Beschränkung unterliegt. Insoweit wird unter Heranziehung von § 141 Abs. 1 Satz 3 SGB III die Unzulässigkeit der Ausübung angenommen, wenn der Eintritt der Arbeitslosigkeit erst nach Ablauf von drei Monaten zu erwarten ist. Begründet wird dies mit dem Hinweis, wenn die Arbeitslosmeldung schon nicht zulässig ist, weil vor Ablauf von drei Monaten mit dem Eintritt von Arbeitslosigkeit nicht zu rechnen ist, so müsse dies auch für die Ausübung des Bestimmungsrechts nach § 137 Abs. 2 SGB III gelten.[32]

Der vorbeschriebenen, in der Literatur nahezu übereinstimmend vertretenen Ansicht ist jedenfalls im Ergebnis zuzustimmen. Das Bestimmungsrecht kann frühestens ab dem Zeitpunkt ausgeübt werden, zu dem eine Arbeitslosmeldung zulässig ist, also ab dem Zeitpunkt, ab dem der Eintritt der Arbeitslosigkeit innerhalb einer Frist von drei Monaten nach der Arbeitslosmeldung zu erwarten ist. Die Begründung mit einem an § 141 Abs. 1 Satz 3 SGB III anknüpfenden Erst-Recht-Schluss ist jedoch für sich betrachtet dogmatisch nicht ganz überzeugend. Denn das Bestimmungsrecht ist auf die Entstehung des Anspruchs auf Arbeitslosengeld und damit auf die Rechtsfolgenseite des § 137 Abs. 1 SGB III bezogen, während demgegenüber § 141 Abs. 1 Satz 3 SGB III auf der Tatbestandsseite im Sinne des § 137 Abs. 1 SGB III bezogen auf die materiell-rechtliche Voraussetzung der Arbeitslosmeldung eine Regelung trifft, die nach Rechtsnatur, Funktion und Inhalt von dem

[30] Siehe §§ 323 ff. SGB III und BSG, Urt. v. 11.12.2014, B 11 AL 2/14 R, juris Rn. 37.

[31] Siehe nur Baldschun (2021), Rn. 22; Cormann (2025), Rn. 7; Greiner (2024), Rn. 26; Gutzler (2021), Rn. 14; Kallert (2023), Rn. 7 und Rn. 8; Müller (2024), Rn. 4.

[32] Siehe etwa Baldschun (2021), Rn. 25; Cormann (2025), Rn. 7; Greiner (2024), Rn. 26; Gutzler (2021), Rn. 14; anders Kallert (2023), Rn. 8: „Das Bestimmungsrecht beginnt, sobald alle materiellen Anspruchsvoraussetzungen erfüllt sind; …". Sollte mit dieser Formulierung die Ausübung des Bestimmungsrechts gemeint sein, so ist die Aussage unzutreffend. Das Bestimmungsrecht kann auch bereits vor dem Zeitpunkt der gesetzlichen Entstehung des Anspruchs auf Arbeitslosengeld ausgeübt werden, siehe oben im Text. Soll mit dieser Formulierung auf die Wirkung der Ausübung des Bestimmungsrechts abgestellt werden, dann ist sie zutreffend.

Bestimmungsrecht zu unterscheiden ist. Damit kann für die hier aufgeworfene Frage nicht ohne Weiteres an § 141 Abs. 1 Satz 3 SGB III angeknüpft werden.

Allerdings folgt die im Ergebnis zutreffende Heranziehung von § 141 Abs. 1 Satz 3 SGB III aus der Regelung des § 137 Abs. 2 SGB III selbst. Mit der Formulierung „antragstellende Person" knüpft § 137 Abs. 2 SGB III für die Person des Bestimmungsberechtigten an die leistungsverfahrensrechtlich bedeutsame Position des Antragstellers an. Diese Anbindung an den verfahrensrechtlichen Status ist vor dem Hintergrund zu sehen, dass § 323 Abs. 1 Satz 2 SGB III eine Fiktionsregelung normiert, wonach mit der Arbeitslosmeldung grundsätzlich[33] das Arbeitslosengeld als beantragt gilt. Kann aber die Arbeitslosmeldung nach § 141 Abs. 1 Satz 3 SGB III zulässigerweise erst erfolgen, wenn der Eintritt der Arbeitslosigkeit innerhalb von drei Monaten zu erwarten ist, ergibt sich daraus auch der früheste Zeitpunkt für den nach § 323 Abs. 1 Satz 2 SGB III grundsätzlich fingierten Antrag. Indem das Gesetz in § 137 Abs. 2 SGB III für die Person des Bestimmungsberechtigten auf die „antragstellende Person" abstellt, hat das wiederum zur Konsequenz, dass als frühester Zeitpunkt der Ausübung des Bestimmungsrechts der Zeitpunkt maßgeblich ist, der den zeitlichen Anforderungen des § 141 Abs. 1 Satz 3 SGB III entspricht.

2.3 *Wirkungen der Ausübung des Bestimmungsrechts*

2.3.1 Bestimmung, dass der Anspruch nicht entstehen soll

Die Ausübung des Bestimmungsrechts im Sinne der ersten Alternative des § 137 Abs. 2 SGB III hat zum einen zur Folge, dass der Anspruch auf Arbeitslosengeld, das Stammrecht, trotz Vorliegens der materiell-rechtlichen Voraussetzungen nicht entsteht. Diese Wirkung tritt unabhängig davon ein, ob das Bestimmungsrecht vor oder nach dem Zeitpunkt der Erfüllung aller materiell-rechtlichen Voraussetzungen ausgeübt wird. Im ersteren Fall bewirkt die Ausübung des Bestimmungsrechts die Hinderung der gesetzlichen Entstehung des Stammrechts trotz des Vorliegens der Voraussetzungen im Sinne des § 137 Abs. 1 SGB III. Wird das Gestaltungsrecht erst nach dem Eintritt der gesetzlichen Entstehung des Stammrechts ausgeübt, so führt das rückwirkend zum Wegfall bzw. zur Beseitigung der gesetzlichen Entstehung des Anspruchs auf Arbeitslosengeld.[34]

Mit der Hinderung oder der Beseitigung der gesetzlichen Entstehung des Stammrechts hat die Ausübung des Bestimmungsrechts im Sinne des § 137 Abs. 2, 1. Alt. SGB III bezogen auf die an sich erfüllten Tatbestandsvoraussetzungen des § 137 Abs. 1 SGB III spiegelbildlich und untrennbar verbunden mit der Hinderung der Entstehung des Stammrechts oder dessen rückwirkendem Wegfall die weitere Folge, dass diese einen Anspruch auf Arbeitslosengeld nicht mehr begründen können. Mit anderen Worten: Die Bestimmung der Nichtentstehung des Stammrechts

[33] Wenn der Arbeitslose keine andere Erklärung abgibt.

[34] Vgl. insoweit auch Kallert (2023), Rn. 8.

hat über diese rechtsfolgenseitige Wirkung hinaus zur Konsequenz, dass die ursprünglich vorliegenden Tatbestandsvoraussetzungen entfallen.[35] Wäre dem nicht so, würde also weiterhin von der Erfüllung der Tatbestandsvoraussetzungen ausgegangen, die ja die gesetzliche Entstehung des Stammrechts auslöst, dann würde das Recht zur Bestimmung der Nichtentstehung des Anspruchs auf Arbeitslosengeld ins Leere laufen. Der deshalb mit der Ausübung des Gestaltungsrechts im Sinne des § 137 Abs. 2, 1. Alt. SGB III notwendigerweise verbundene Wegfall auch der materiell-rechtlichen Voraussetzungen führt dazu, dass ein neuer Anspruch auf Arbeitslosengeld erst dadurch wieder entstehen kann, dass die materiell-rechtlichen Voraussetzungen im Sinne des § 137 Abs. 1 SGB III jeweils erneut erfüllt werden.

2.3.2 Bestimmung, dass der Anspruch zu einem späteren Zeitpunkt entstehen soll

Die Ausübung des Bestimmungsrechts im Sinne der zweiten Alternative des § 137 Abs. 2 SGB III bewirkt das Hinausschieben des Zeitpunkts der Entstehung des Anspruchs auf Arbeitslosengeld, der an sich nach § 137 Abs. 1 SGB III kraft Gesetzes im Zeitpunkt der Erfüllung der Anspruchsvoraussetzungen entsteht, auf einen von der antragstellenden Person gewählten späteren Zeitpunkt.[36] Diese Wirkung tritt, nicht anders als im Fall des § 137 Abs. 2, 1. Alt. SGB III,[37] unabhängig davon ein, ob das Bestimmungsrecht vor oder nach dem Zeitpunkt der Erfüllung aller materiell-rechtlichen Voraussetzungen ausgeübt wird. Im ersteren Fall hat das zur Folge, dass das Stammrecht nicht kraft Gesetzes im Zeitpunkt des § 137 Abs. 1 SGB III entsteht, sondern unmittelbar zu dem von der antragstellenden Person bestimmten Zeitpunkt. Wird das Bestimmungsrecht erst nach dem Zeitpunkt der Entstehung des Stammrechts im Sinne des § 137 Abs. 1 SGB III ausgeübt, so führt das rückwirkend zum Wegfall der Entstehung kraft Gesetzes im Zeitpunkt der Erfüllung der Voraussetzungen verbunden mit der Folge, dass das Stammrecht erst zu dem von der antragstellenden Person festgelegten späteren Zeitpunkt entsteht.

Im Unterschied zu dem Bestimmungsrecht des § 137 Abs. 2, 1. Alt. SGB III entfaltet die Ausübung des Gestaltungsrechts nach § 137 Abs. 2, 2. Alt. SGB III allein auf der Rechtsfolgenseite des § 137 Abs. 1 SGB III Wirkung, indem der Zeitpunkt der Entstehung des Stammrechts abweichend von § 137 Abs. 1 SGB III auf einen späteren Zeitpunkt hinausgeschoben wird. Das Vorliegen der materiell-rechtlichen

---

[35] Vgl. SächsLSG, Urt. v. 11.6.2020, L 3 AL 111/19, juris Rn. 24, das hinsichtlich der Folgen des § 137 Abs. 2 SGB III davon spricht, dass „das Vorliegen der Anspruchsvoraussetzungen einschließlich des Stammrechts… damit ausgeschlossen (wird)…“; ebenso Schifferdecker (2025), Rn. 24; ähnlich Müller (2024), Rn. 4a: Ausschluss des Stammrechts; vgl. auch Greiner (2024), Rn. 24, wonach der Arbeitnehmer im Fall des § 137 Abs. 2, 1. Alt. SGB III „… so zu stellen (ist), als hätte er die Leistungsvoraussetzungen nicht erfüllt;…“.

[36] Siehe etwa SächsLSG, Urt. v. 11.6.2020, L 3 AL 111/19, juris Rn. 24; LSG Berlin-Brandenburg, Urt. v. 15.11.2017, L 18 AL 129/16, juris Rn. 21; Greiner (2024), Rn. 25; Kallert (2023), Rn. 7a; Öndül (2023), Rn. 42; siehe auch die Gesetzesbegründung in BT-Drs. 15/1515, 82.

[37] Dazu oben unter 2.3.1.

Voraussetzungen bleibt von der Ausübung des Gestaltungsrechts im Sinne des § 137 Abs. 2, 2. Alt. SGB III unberührt. Deren Fortbestehen bestimmt sich ausschließlich nach den insoweit maßgeblichen Regelungen der §§ 138 ff.,[38] 141[39] und 142 f.[40] SGB III.

Bezogen auf den durch die antragstellende Person bestimmten neuen Zeitpunkt der Entstehung des Stammrechts kann der Anspruch auf Arbeitslosengeld nur entstehen, wenn zu diesem Zeitpunkt die materiell-rechtlichen Voraussetzungen im Sinne des § 137 Abs. 1 SGB III gegeben sind.[41] Das ist der Fall, wenn die ursprünglich in dem nach § 137 Abs. 1 SGB III maßgeblichen Zeitpunkt erfüllten Voraussetzungen auch noch zu dem hinausgeschobenen Zeitpunkt der Entstehung vorliegen. Daran fehlt es zum Beispiel, wenn der neue Zeitpunkt für die Entstehung des Stammrechts so weit hinausgeschoben worden ist, dass die Voraussetzung der Erfüllung der Anwartschaftszeit nach § 142 Abs. 1 SGB III innerhalb der nunmehr unter Berücksichtigung des neuen Zeitpunkts der Entstehung des Anspruchs nach § 143 Abs. 1 SGB III retrospektiv zu berechnenden Rahmenfrist[42] bezogen auf den gewählten Entstehungszeitpunkt nicht mehr gegeben ist.[43] Erlischt nach dem ursprünglich erfüllten Tatbestand des § 137 Abs. 1 SGB III die Wirkung der Arbeitslosmeldung zum Beispiel nach § 141 Abs. 3 Nr. 1 SGB III aufgrund einer mehr als sechswöchigen Unterbrechung der Arbeitslosigkeit, so bedarf es für die Entstehung des Stammrechts zu dem neu gewählten Zeitpunkt einer erneuten Arbeitslosmeldung.[44]

Jenseits dessen wird von Teilen der Rechtsprechung und Literatur im Fall des § 137 Abs. 2, 2. Alt. SGB III unter Heranziehung von § 141 Abs. 1 Satz 3 SGB III für die Entstehung des Stammrechts zu dem neu gewählten Zeitpunkt immer dann

---

[38] Arbeitslosigkeit.

[39] Arbeitslosmeldung.

[40] Erfüllung der Anwartschaftszeit.

[41] Siehe LSG Berlin-Brandenburg, Urt. v. 9.6.2022, L 14 AL 102/19, juris Rn. 49; Kallert (2023), Rn. 7a; Öndül (2023), Rn. 42; vgl. auch LSG NRW, Urt. v. 7.3.2024, L 9 AL 87/22, juris Rn. 25 ff.; Baldschun (2021), Rn. 24; Greiner (2024), Rn. 25.

[42] Nach Maßgabe des § 26 Abs. 1 SGB X iVm §§ 187 Abs. 1, 188 Abs. 2, 1. Alt. BGB.

[43] Vgl. die Anm. von Geiger (2019), 254 zu dem Urteil des LSG Hamburg, Urt. v. 10.4.2019, L 2 AL 55/18, der insoweit von einer „Rahmenfristfalle" spricht.

[44] Siehe nur Baldschun (2021), Rn. 24; Greiner (2024), Rn. 25. In Rechtsprechung und Literatur wird zum Teil die Ansicht vertreten, dass allein aus der Wahrnehmung des Gestaltungsrechts nach § 137 Abs. 2, 2. Alt. SGB III auf das Fehlen der subjektiven Verfügbarkeit iSd § 138 Abs. 1 Nr. 3, Abs. 5 Nr. 3, 4 SGB III geschlossen werden kann, was dann nach Maßgabe des § 141 Abs. 3 Nr. 1 SGB III zum Erlöschen der Wirkung der Arbeitslosmeldung führt, so zB SächsLSG, Urt. v. 11.6.2020, L 3 AL 111/19, juris Rn. 29; Müller (2024), Rn. 4. Dieser Ansicht steht entgegen, dass mit der Arbeitslosmeldung gerade die Arbeitsbereitschaft zum Ausdruck gebracht wird und von einem Fehlen derselben erst dann ausgegangen werden kann, wenn aufgrund ausdrücklicher Erklärung oder aus dem Verhalten der antragstellenden Person konkrete Anhaltspunkte für eine Arbeitsunwilligkeit sprechen, zutreffend Baldschun (2021), Rn. 24. Die Wahrnehmung des gesetzlich eingeräumten Gestaltungsrechts nach § 137 Abs. 2, 2. Alt. SGB III kann für sich betrachtet nicht die Vermutung des Vorliegens von Arbeitsunwilligkeit begründen, siehe LSG NRW, Urt. v. 7.3.2024, L 9 AL 87/22, juris Rn. 27.

eine erneute Arbeitslosmeldung für erforderlich erachtet, wenn der Zeitraum zwischen dem Zeitpunkt der Erfüllung der materiell-rechtlichen Voraussetzungen im Sinne des § 137 Abs. 1 SGB III und dem seitens der antragstellenden Person gewählten späteren Zeitpunkt der Entstehung des Stammrechts mehr als drei Monate beträgt.[45] Diese Ansicht ist abzulehnen.[46]

Bereits aus dem Wortlaut des § 141 Abs. 1 Satz 3 SGB III ist zu entnehmen, dass diese Norm lediglich eine Regelung zu der Frage trifft, ab welchem Zeitpunkt eine Arbeitslosmeldung zulässig ist. Ein Regelungsgehalt dahingehend, dass im Fall des Hinausschiebens des Zeitpunkts der Entstehung des Stammrechts über einen Zeitraum von mehr als drei Monaten eine erneute Arbeitslosmeldung unabhängig davon zu erfolgen hat, ob die Wirkung der ursprünglichen Arbeitslosmeldung nach § 143 Abs. 3 SGB III erloschen ist, kann dem Wortlaut des § 141 Abs. 1 Satz 3 SGB III nicht entnommen werden.

Des Weiteren spricht systematisch gegen die vorstehend beschriebene Auffassung, dass das Bestimmungsrecht des § 137 Abs. 2, 2. Alt. SGB III auf den Zeitpunkt der Entstehung des Stammrechts und damit die Rechtsfolge des § 137 Abs. 1 SGB III bezogen ist. Deshalb können Regelungen betreffend die materiell-rechtlichen Voraussetzungen des Anspruchs auf Arbeitslosengeld im Sinne des § 137 Abs. 1 SGB III wie etwa § 141 Abs. 1 Satz 3 SGB III nicht einschränkend auf die Ausübung des Bestimmungsrechts als rechtsfolgenseitiges Gestaltungsrecht[47] herangezogen werden. Für eine solche Ausdehnung des Anwendungsbereichs des § 141 Abs. 1 Satz 3 SGB III gibt es keine gesetzliche Grundlage.[48] Das Fortbestehen der materiell-rechtlichen Voraussetzungen und damit auch der Arbeitslosmeldung bestimmt sich allein nach den insoweit einschlägigen Regelungen.[49] Einer erneuten Arbeitslosmeldung bezogen auf den hinausgeschobenen Zeitpunkt bedarf es deshalb nur dann, wenn die Wirkung der ursprünglichen Arbeitslosmeldung nach der Ausübung des Bestimmungsrechts im Sinne des § 137 Abs. 2, 2. Alt. SGB III nach Maßgabe des § 141 Abs. 3 SGB III erloschen ist. Hiervon wird allerdings ein durch Ausübung des Bestimmungsrechts nach § 137 Abs. 2, 2. Alt. SGB III mehr als drei Monate überschreitendes Hinausschieben des Zeitpunkts der Entstehung des Stammrechts nicht erfasst. Zwar ist die Regelung des § 141 Abs. 3 SGB III nicht abschließend,[50] weshalb über die ausdrücklich genannten Erlöschenstatbestände hinaus die Wirkung der Arbeitslosmeldung auch aus anderen Gründen wegfallen kann.[51] Ein mehr als drei Monate überschreitendes Hinausschieben der Entstehung

[45] So etwa LSG Berlin-Brandenburg, Urt. v. 9.6.2022, L 14 AL 102/19, juris Rn. 49; Baldschun (2021), Rn. 25; Greiner (2024), Rn. 26 f.; Kallert (2023), Rn. 7a; Müller (2024), Rn. 4; Öndül (2023), Rn. 43.

[46] Ebenso LSG NRW, Urt. v. 7.3.2024, L 9 AL 87/22, juris Rn. 28, Revision zum BSG nach § 160 Abs. 2 Nr. 1 SGG zugelassen, anhängig unter Az.: B 11 AL 6/24 R; Lehmann (2025), S. 25.

[47] Siehe schon oben unter 2.1.2.

[48] Vgl. auch LSG NRW, Urt. v. 7.3.2024, L 9 AL 87/22, juris Rn. 28.

[49] Siehe schon vorstehend im Text.

[50] Siehe BSG, Urt. v. 7.9.2000, B 7 AL 2/00 R, juris Rn. 16.

[51] ZB aufgrund Befristung der Arbeitslosmeldung durch den Arbeitslosen, siehe BSG, Urt. v.

des Stammrechts kann als solches jedenfalls nicht als Erlöschenstatbestand im Sinne des § 141 Abs. 3 SGB III eingeordnet werden, weil der Gesetzgeber das rechtsfolgenseitige Gestaltungsrecht des § 137 Abs. 2, 2. Alt. SGB III bezogen auf den Zeitraum des Hinausschiebens zeitlich gerade nicht begrenzt hat. Die damit eingeräumte Gestaltungsfreiheit kann nicht durch Einordnung derselben als Erlöschenstatbestand im Sinne des § 141 Abs. 3 SGB III ausgehebelt werden.

Im Übrigen sprechen Sinn und Zweck der Regelung des § 141 Abs. 1 Satz 3 SGB III gegen deren Heranziehung im Zusammenhang mit dem Bestimmungsrecht des § 137 Abs. 2, 1. Alt. SGB III.[52] § 141 Abs. 1 Satz 3 SGB III soll allein einen Schutz der Agentur für Arbeit vor überflüssigem Verwaltungsaufwand durch eine zu frühe Aufnahme der Vermittlungstätigkeit gewährleisten.[53] Diese Zwecksetzung impliziert, dass § 141 Abs. 1 Satz 3 SGB III nur zum Tragen kommen kann, wenn es an einer Arbeitslosmeldung fehlt. Allein das Hinausschieben des Zeitpunkts der Entstehung des Stammrechts über einen Zeitraum von mehr als drei Monaten hat aber für sich betrachtet nicht zur Folge, dass die Wirkung der im Zeitpunkt der Erfüllung aller Voraussetzungen im Sinne des § 137 Abs. 1 SGB III auch vorliegenden Arbeitslosmeldung erlischt.[54] Das ist völlig unabhängig von dem Aufschub der Entstehung des Stammrechts nur dann der Fall, wenn nach der Ausübung des Bestimmungsrechts ein Tatbestand im Sinne des § 141 Abs. 3 SGB III mit der Folge des Erlöschens der Wirkung der Arbeitslosmeldung eintritt. Solange das nicht der Fall ist, das heißt, die Wirkung der ursprünglichen Arbeitslosmeldung noch besteht und während des Aufschubzeitraums nicht nach § 141 Abs. 3 SGB III erloschen ist, steht die Anwendbarkeit des § 141 Abs. 1 Satz 3 SGB III in der hier in Frage stehenden Fallkonstellation nicht im Einklang mit dem dieser Regelung zugrunde liegenden Gesetzeszweck.

2.4 *Rechtlich-praktische Relevanz des Bestimmungsrechts*

Hinsichtlich der rechtlich-praktischen Relevanz des Bestimmungsrechts ist zwischen den beiden Bestimmungsvarianten nach § 137 Abs. 2 SGB III zu unterscheiden.

Die oben unter Abschn. 2.3.1 beschriebenen Wirkungen der Ausübung des Bestimmungsrechts im Sinne des § 137 Abs. 2, 1. Alt. SGB III dahingehend, dass der Anspruch auf Arbeitslosengeld nicht entstehen soll, machen deutlich, dass mit dieser Gestaltungsalternative für die antragstellende Person wohl kaum ein rechtlicher oder tatsächlicher Vorteil verbunden sein kann. Das findet im Übrigen darin Bestätigung, dass bezogen auf diese Gestaltungsalternative bislang weder in der Rechtsprechung noch in der Literatur praktische Fallkonstellationen bekannt geworden

7.9.2000, B 7 AL 2/00 R, juris Rn. 16.

[52] So auch LSG NRW, Urt. v. 7.3.2024, L 9 AL 87/22, juris Rn. 28.

[53] Siehe nur BSG, Urt. v. 6.6.2023, B 11 AL 38/21 R, juris Rn. 22.

[54] Siehe zuvor im Text.

bzw. herausgearbeitet worden sind, welche die Ausübung dieses Bestimmungsrechts sinnvoll erscheinen ließen. Ebenso finden sich weder in der Gesetzesbegründung[55] noch in den fachlichen Weisungen der Bundesagentur für Arbeit zu § 137 Abs. 2 SGB III[56] Hinweise auf praktische Anwendungsfälle, in denen die Wahrnehmung des Bestimmungsrechts im Sinne des § 137 Abs. 2, 1. Alt. SGB III für die antragstellende Person vorteilhaft sein könnte. Diese Materialien behandeln jeweils nur die Gestaltungsmöglichkeit im Sinne des § 137 Abs. 2, 2. Alt. SGB III verbunden mit der Unterlegung von für die antragstellende Person vorteilhaften Fallkonstellationen.

Im Unterschied zum Bestimmungsrecht im Sinne des § 137 Abs. 2, 1. Alt. SGB III eröffnet das Bestimmungsrecht nach § 137 Abs. 2, 2. Alt. SGB III für die antragstellende Person in verschiedenen Zusammenhängen eine ganze Reihe vorteilhafter Gestaltungsmöglichkeiten. Im Folgenden kann nur auf einige wenige Fallkonstellationen skizzenhaft hingewiesen werden, die allerdings durchaus die erhebliche Tragweite dieser Bestimmungsmöglichkeit deutlich machen.

So richtet sich die Dauer des Anspruchs auf Arbeitslosengeld unter anderem nach dem Lebensalter, das die antragstellende Person bei der Entstehung des Anspruchs vollendet hat.[57] Insoweit kann ein Hinausschieben des Zeitpunkts der Entstehung des Stammrechts dazu führen, dass nach Maßgabe des § 147 Abs. 2 SGB III eine höhere Lebensaltersstufe mit einer längeren Bezugsdauer erreicht wird.

Des Weiteren kann im Fall der Verhängung einer Sperrzeit zum Beispiel wegen Arbeitsaufgabe[58] das Ruhen des Anspruchs auf Arbeitslosengeld durch Ausübung des Bestimmungsrechts nach § 137 Abs. 2, 2. Alt. SGB III vermieden werden, weil der Lauf der Sperrzeit unabhängig von dem Zeitpunkt der Entstehung des Stammrechts mit dem Tag nach dem Ereignis beginnt, das die Sperrzeit begründet.[59]

Darüber hinaus kann bei Eintritt einer Sperrzeit wegen Arbeitsaufgabe die damit nach § 148 Abs. 1 Nr. 4 SGB III einhergehende Minderung der Bezugsdauer des Anspruchs auf Arbeitslosengeld dadurch vermieden werden, dass im Hinblick auf die Regelung des § 148 Abs. 2 Satz 2 SGB III die Entstehung des Anspruchs auf Arbeitslosengeld auf einen Zeitpunkt hinausgeschoben wird, der mehr als ein Jahr nach dem Ereignis liegt, das die Sperrzeit begründet.

Im Zusammenhang mit der Geltendmachung des Anspruchs auf Arbeitslosengeld regelt § 161 Abs. 2 SGB III eine Ausschlussfrist, wonach der Anspruch auf Arbeitslosengeld nicht mehr geltend gemacht werden kann, wenn nach seiner Entstehung vier Jahre verstrichen sind. Insoweit hat die Ausübung des Gestaltungsrechts nach § 137 Abs. 2, 2. Alt. SGB III auch ein Hinausschieben der Ausschlussfrist zur Folge.

Schließlich sei noch die Fallkonstellation hervorgehoben, dass die Ausübung des Bestimmungsrechts nach § 137 Abs. 2, 2. Alt. SGB III vorteilhaft sein kann, wenn

---

[55] BT-Drs. 15/1515, 82.

[56] Siehe FW BA § 137 SGB III (12/2021), 5 unter Ziff. 137.2.

[57] § 147 Abs. 1 Satz 1 Nr. 2, Abs. 2 SGB III.

[58] § 159 Abs. 1 Satz 2 Nr. 1 SGB III.

[59] Siehe § 159 Abs. 2 Satz 1 SGB III.

ein Bezieher von Arbeitslosengeld vor Erschöpfung der Bezugsdauer des Stammrechts ein neues versicherungspflichtiges Arbeitsverhältnis für mindestens zwölf Monate aufgenommen hat und im Anschluss daran erneut Arbeitslosigkeit eintritt. In einem solchen Fall entsteht mit der Arbeitslosmeldung und Erfüllung der Anwartschaftszeit ein neuer Anspruch auf Arbeitslosengeld mit der Folge, dass der verbliebene Restanspruch des nicht ausgeschöpften älteren Anspruchs auf Arbeitslosengeld nach § 161 Abs. 1 Nr. 1 SGB III erlischt. Die Dauer des neuen Anspruchs verlängert sich nach § 147 Abs. 4 SGB III um die Restdauer des wegen Entstehung eines neuen Anspruchs erloschenen Anspruchs, aber nur bis zu der dem Lebensalter des Arbeitslosen zugeordneten Höchstdauer.[60] Diese „Kappung" der Restdauer kann dadurch vermieden werden, dass der Arbeitslose durch Arbeitslosmeldung die nicht ausgeschöpfte Restdauer aktiviert und zugleich im Hinblick auf das Vorliegen der materiell-rechtlichen Voraussetzungen im Sinne des § 138 Abs. 1 SGB III für einen neuen Anspruch auf Arbeitslosengeld als antragstellende Person von seinem Bestimmungsrecht nach § 137 Abs. 2, 2. Alt. SGB III dergestalt Gebrauch macht, dass die Entstehung des neuen Anspruchs auf einen Zeitpunkt nach Erschöpfung der Restdauer des älteren Anspruchs auf Arbeitslosengeld hinausgeschoben und damit das Erlöschen des Restanspruchs nach § 161 Abs. 1 Nr. 1 SGB III verhindert wird. Besteht die Arbeitslosigkeit nach Erschöpfung der Restdauer des älteren Anspruchs fort, entsteht bei Erfüllung aller materiell-rechtlichen Voraussetzungen zum hinausgeschobenen Zeitpunkt der aufgeschobene Anspruch auf Arbeitslosengeld.

3 Schlussbemerkungen

Der Sozialversicherungszweig der Arbeitslosenversicherung ist rechtlich durch gesetzliche und untergesetzliche Normen ausgestaltet, bei denen es sich weitestgehend um zwingendes, nicht abdingbares Recht handelt. Damit besteht für den in die Arbeitslosenversicherung einbezogenen Personenkreis so gut wie keine rechtliche Gestaltungsfreiheit, weder bezogen auf die Begründung von Versicherungspflicht und die daran anknüpfende Beitragspflicht noch im Rahmen der Leistungsgewährung. Allerdings finden sich „im Kleinen" verschiedentlich doch Regelungen, die dem einzelnen Versicherten punktuell eine gewisse Gestaltungsfreiheit eröffnen, wie dies bei dem im vorliegenden Beitrag behandelten Bestimmungsrecht nach § 137 Abs. 2 SGB III im Zusammenhang mit der Entstehung des Anspruchs auf Arbeitslosengeld der Fall ist.

Die vorstehende Untersuchung macht deutlich, dass das Gestaltungsrecht des § 137 Abs. 2 SGB III bezogen auf Rechtsnatur und Gegenstand, Zeitpunkt der Ausübung und Wirkungen der Ausübung des Bestimmungsrechts dogmatisch im Detail eine Reihe von Fragen aufwirft, für deren Beantwortung zum Teil auch zwischen den beiden Alternativen des Bestimmungsrechts differenziert werden muss. Neben dem Versuch der Beantwortung der angesprochenen Fragen hat die Bearbeitung

[60] § 147 Abs. 4, 2. Hs. SGB III.

auch erhellt, dass allein die Bestimmungsalternative des Hinausschiebens des Zeitpunkts der Entstehung des Anspruchs auf Arbeitslosengeld rechtlich-praktisch eine durchaus erhebliche Relevanz hat.

Der Beitrag ist *Karl-Peter Sommermann* herzlichst mit allen guten Wünschen gewidmet. Nahezu vier Jahrzehnte sind vergangen, seit *Karl-Peter Sommermann* und der Verfasser sich in der zweiten Hälfte der 1980er-Jahre an der Rechts- und Staatswissenschaftlichen Fakultät der Rheinischen Friedrich-Wilhelms-Universität in Bonn als wissenschaftliche Assistenten begegnet sind und gemeinsam intensive und inspirierende „Habilitationsjahre" verbracht haben. Auf diesem Fundament ist eine Freundschaft entstanden, die seit den „Bonner Jahren" Bestand hat. Das ist wertvoll!

Literatur

Baldschun, K. (2020). § 136. In S. Knickrehm & O. Deinert (Hrsg.), *BeckOGK, SGB III*. C.H. Beck. (Stand 01.09.2020).

Baldschun, K. (2021). § 137. In S. Knickrehm & O. Deinert (Hrsg.), *BeckOGK, SGB III*. C.H. Beck. (Stand 01.08.2021).

Boecken, W. (2019). *BGB – Allgemeiner Teil* (3. Aufl.). Kohlhammer.

Cormann, P. (2025). § 137. In W. Böttiger, Y. Körtek, & T. Schaumburg (Hrsg.), *SGB III* (4. Aufl.). Nomos.

Geiger, U. (2019). Urteilsanmerkung: Wirksamkeit der persönlichen Arbeitslosmeldung. *Info also, 37*(6), 252–254.

Greiner, S. (2024). § 137 SGB III. In R. Linck, U. Preis, & I. Schmidt (Hrsg.), *Kündigungsrecht* (7. Aufl.). C.H. Beck.

Gutzler, S. (2021). § 137. In A. Heinz, R. Schmidt-De Caluwe, & J. Scholz (Hrsg.), *NomosKommentar zum Sozialgesetzbuch III* (7. Aufl.). Nomos.

Kallert, R. (2022). § 323 SGB III. In S. Knickrehm & O. Deinert (Hrsg.), *BeckOGK, SGB III*. C.H. Beck. (Stand 01.05.2022).

Kallert, R. (2023). § 137 SGB III. In S. Knickrehm, G. Roßbach, & R. Waltermann (Hrsg.), *Kommentar zum Sozialrecht* (8. Aufl.). C.H. Beck.

Kaminski, U. (2024). § 323 SGB III. In C. Rolfs, R. Giesen, M. Meßling, & P. Udsching (Hrsg.), *BeckOK Sozialrecht* (75. Aufl.). C.H. Beck.

Lehmann, J.-T. (2025). Wird die Gestaltungsmöglichkeit des Arbeitslosen nach § 137 Abs. 2 SGB III durch die Dreimonatsfrist in § 141 Abs. 1 Satz 3 SGB III zeitlich beschränkt? *Info also, 43*(1), 21–27.

Mrozynski, P. (2024). *SGB I, Kommentar* (7. Aufl.). C.H. Beck.

Müller, E. (2024). § 137 SGB III. In C. Rolfs, R. Giesen, M. Meßling, & P. Udsching (Hrsg.), *BeckOK Sozialrecht* (75. Aufl.). C.H. Beck.

Öndül, D. E. (2023). § 137. In J. M. Schubert (Hrsg.), *jurisPraxisKommentar zum SGB III*. Iuris GmbH.

Schifferdecker, S. (2025). § 46 SGB I. In A. Körner, M. Krasney, B. Mutschler, & C. Rolfs (Hrsg.), *BeckOGK, SGB I*. C.H. Beck. (Stand 01.02.2025).

Kommunikative Verwaltung

K. König

1 Intelligible Grundstruktur

Die Grundfunktion der öffentlichen Verwaltung besteht darin, an der Allokation öffentlicher Werte, Güter und Dienstleistungen durch die Vorbereitung und Konkretisierung verbindlichen Handelns in Produktion und Distribution mitzuwirken. Sie verwirklicht diese Funktion durch Denken, Entscheiden, Handeln und Begründen – zunächst als allgemeine Konditionen des Humanen, im Kontext des Verwaltens dann aber mit spezifischem Sinn. Man kann das als intelligible Grundstruktur administrativen Verhaltens – administrative behavior – bezeichnen. Dabei geht es nicht um die sequenzielle Verarbeitung von Informationen. Wie bei der Relation von Normen und Sachverhalten kann man auch hier vom „Hin- und Herwandern des Blicks" sprechen.[1] Die „Unverzichtbarkeit" der Verwaltung[2] für die Produktion und Distribution öffentlicher Güter in Staat, Wirtschaft und Gesellschaft schließt es aus, dass diese Grundstruktur beliebig gestaltet ist. Sie ist in der westlichen Welt

---

Klaus König, Dr. iur. Dr. rer. pol., emeritierter Professor der Deutschen Universität für Verwaltungswissenschaften Speyer, Lehrstuhl für Verwaltungswissenschaft, Regierungslehre und Öffentliches Recht; Ministerialdirektor a. D. (Bundeskanzleramt Bonn); ehemaliger Richter im Nebenamt (Oberverwaltungsgericht Koblenz); ehemaliger Vizepräsident der International Association of Schools and Institutes of Administration sowie des International Institute for Administrative Sciences (Brüssel).

---

[1] Engisch (1956).

[2] Morstein Marx (1963).

K. König (✉)
Speyer, Deutschland
E-Mail: koenig@uni-speyer.de

C. Fraenkel-Haeberle, B. Peters (Hrsg.), *Öffentliches Recht in transnationaler Perspektive*, https://doi.org/10.1007/978-3-662-72331-9_15

einer Vernunftkultur unterworfen. Die soziale Differenzierung in der Moderne – etwa die Arbeits-, Gewalten-, Zuständigkeits- und Kompetenzteilung – hat soziale Sphären entstehen lassen, die sich neben der allgemeinen Vernünftigkeit in jeweils eigenen Formen rationalisieren. Die Bürokratietheorie unterscheidet zwei grundständige Muster rationaler Begründung in der öffentlichen Verwaltung, nämlich die Subsumtion von Sachverhalten unter Normen und die Kombination von Mitteln zur Erreichung von Zwecken.[3]

Im praktischen Handeln sind beide Rationalitätsformen miteinander verflochten. Die Wissenschaft kann diese Mischung bei Amtsträgern, Behörden, Fachverwaltungen analytisch auflösen. Greift man zu Methoden des internationalen Vergleichs, stellt man fest, dass auch Nationalstaaten – hier als politisch-rechtliche Organisationen – jeweils ihre eigene Mischung des Rationalen aufweisen. Als Antipoden der neuzeitlichen Entwicklung lassen sich die US-amerikanische und die deutsche Verwaltung einander gegenüberstellen.[4] Die deutsche Verwaltung ist in einem historischen Prozess in Wissenschaft und Praxis, sowohl im höheren als auch im gehobenen Dienst, juridifiziert worden und präferiert entsprechend die Subsumtionsrationalität, während die Kombinationsrationalität durch das Wirtschaftsprinzip im Haushaltsrecht, durch Rechnungshöfe u. a. m. komplementär institutionalisiert ist. Man kann von einer legalistischen Verwaltungskultur sprechen. In den USA hat im Zuge einer späten Bürokratisierung und Professionalisierung der öffentlichen Verwaltung der Managerialismus die praktische Vernunft des Nützlichen überlagert und zur Präferenz der Kombinationsrationalität geführt. Auch dort steht die Verwaltung auf dem Fundament des Rechts und vollzieht Gesetze der demokratischen Legislative. Da jedoch in Rechtsfragen der Common-Law-Richter mit der Rechtsidee der Einzelfallgerechtigkeit das letzte Wort hat und die systematische Erfassung von Fachgesetzen nicht zum Tragen kommt, nimmt die Subsumtionsrationalität in der Verwaltung eine komplementäre Stellung ein.[5]

Erst die Konkretisierung der Vernunftkultur durch verschiedene Formen der Rationalisierung ermöglicht eine intersubjektiv verständliche öffentliche Verwaltung. Gesetzgeber und Exekutive können sie steuern. Gerichte und Rechnungshöfe können die Verwaltung kontrollieren. Bürger, sowie deren ökonomische und soziale Organisationen können Verwaltungshandeln nachvollziehen. Im Binnenbereich der Verwaltung sind solche Formate die Ultima Ratio. Schließlich mündet Verständlichkeit in Wiederholbarkeit. Im Entscheiden manifestieren sich dann die jeweils verwendeten Rationalitätsformen. Die Grundformen der Kombinationsrationalität und der Subsumtionsrationalität haben dabei für einen der Neutralität verpflichteten Verwaltungsdienst den Vorteil, dass sie nicht von vornherein wertgebunden sind. Gutes und Böses kann man effizient tun. Es bedarf daher Sicherungsklauseln. So ist die Verwaltung an Gesetz und Recht gebunden, und die Kombination von Mitteln zu Zwecken unterliegt dem Grundsatz der Verhältnismäßigkeit.

---

[3] Weber (1976).

[4] König (1970).

[5] König (2024).

Mit der Manifestation der Rationalität im Entscheiden wird freilich offengelegt, dass diese in der öffentlichen Verwaltung begrenzt ist. In der Anthropologie gelten Entscheiden und Entschiedensein als ontologische Grundstrukturen eines jeden menschlichen Verhaltens. Das trifft sich letztlich mit der pragmatisch-konventionellen Begriffsbildung des „decision making approach“ der US-amerikanischen Verwaltungswissenschaft. Entscheidung wird als Auswahl einer Handlungsoption unter alternativen Handlungsmöglichkeiten verstanden. Alternativität zeigt sich in der Kombinationsrationalität bereits im Dualismus von ressourcenorientierter Effizienz und zielorientierter Effektivität. Aber auch der Legalismus mit seinen unbestimmten Rechtsbegriffen kennt die eine wie die andere Möglichkeit. Sonst bedürfte es keiner Revisionsgerichte.

Erkenntnistheoretisch ist zunächst für das finale Entscheiden festzuhalten, dass es keine transitive Ordnung der Werte, nicht die Einheit eines höchsten Wertes, keine Wertehierarchie gibt.[6] Das schließt die rechtliche Positivität eines absoluten Folterverbots nicht aus. Die Probleme werden auf die Moral verlagert. Die US-amerikanische Verwaltungswissenschaft hat so zu Fragen der Kombinationsrationalität die Seite der Ziele diskutiert und weiter festgestellt, dass es keinen Schluss von den Zielen auf die Mittel gibt und überdies auch Mittel bewertet werden müssen. Behavioristisch ist eine Theorie der „bounded rationality“ entwickelt worden.[7] Diese Theorie bezieht sich zwar auf die in den USA als dominierend verstandene Zweck-Mittel-Rationalität,[8] doch die rationalisierende Kraft des Rechts bleibt außer Acht. Aber auch das Gesetzesrecht rationalisiert den Verwaltungsvollzug nicht vollständig, und das Urteil der letzten Gerichtsinstanz in Verwaltungsangelegenheiten bleibt eine Aussage in Raum und Zeit.

Es bleibt die Frage, ob es andere Wege einer endgültigen Vernünftigkeit gibt oder ob dem rationalen Entscheiden auch erkenntnistheoretisch Grenzen gesetzt sind. Sucht man nach einer Metarationalität, die dem Entscheiden eine vernünftige „Letztbegründung“ bietet, ist auf die Diskursethik zu verweisen.[9] In deren Rahmen ist es der Konsens, wie er in einer Kommunikationsgemeinschaft nach bestimmten Regeln und Prämissen – insbesondere der Herrschaftsfreiheit und Vernünftigkeit – gefunden wird, auf den sich rationales Handeln letztlich stützen soll.[10] In der offenen Welt wissenschaftlicher Erkenntnis sind Letztbegründungen widerlegt worden.[11] Dagegen spricht schon die Empirie: In den Vereinigten Staaten versuchte eine Sozialverwaltung, eine Kommunikationsgemeinschaft Gleichgestellter aus Mitarbeitern der Behörde und deren Klienten zu bilden. Diese konsensuale Integration scheiterte daran, dass man knappe öffentliche Mittel nicht mehr effizient verwalten

[6] Luhmann (1968).

[7] Simon (1997).

[8] Mises (1949).

[9] Habermas (1992).

[10] Apel (1988).

[11] Albert (1968).

und die Behörde nicht vor unbegründeten Sozialansprüchen schützen konnte.[12] In Deutschland zeigen schon viele Infrastrukturvorhaben die Reichweite von Diskursen.

Die Antwort auf die Frage nach der Reichweite der Rationalität in der öffentlichen Verwaltung gibt die Wissensgesellschaft. Rationales Denken und Entscheiden stößt definitiv an Grenzen, wenn es um einen Sachverhalt geht, zu dem ganz oder teilweise kein Wissen vorliegt. Es sind das Wissen, das begrenzte Wissen und das Nichtwissen, die die intelligible Struktur der öffentlichen Verwaltung mitbestimmen. Dabei geht es nicht einfach um das aktuell verfügbare Wissen. Auch Wissen, das proaktiv hätte gespeichert werden können, sowie Wahrscheinlichkeitswissen gehören dazu. Damit ist auch ein Maßstab genannt, nach dem vergangene Desaster zu evaluieren sind und der zu unterschiedlichen Bewertungen von Phasen einer Krise führen kann. Man spricht heute von einer Informationsexplosion und der Zunahme des Wissens über das Nichtwissen.[13] Da ist ein Denken und Entscheiden „just in time“ zu wenig.

Die Vernunftkultur der modernen öffentlichen Verwaltung prägt auch das Verwaltungshandeln. Die Komplexität und die selbst intern schwere Überschaubarkeit des administrativen Denkens und Entscheidens münden in einer Formenwelt des Rationalen, nämlich im deutschen Falle in Handlungsformen des Verwaltungsakts, des öffentlich-rechtlichen Vertrags, der Zusage, generalisierend der Rechtsverordnung, der Satzung und des Plans auf Verwaltungsebene. Damit muss nicht für jede Einzelfallentscheidung ein eigenes Format gesucht werden. Verwaltungshandeln wird entlastet. Überdies bestimmen sich durch die definitorische Einordnung gewisse rechtliche Folgen von selbst. Gegenüber dem Betroffenen zeigt die Verwaltung ihren rechtsstaatlichen Charakter. Ist eine bestimmte Handlungsform gewählt, ist die Verwaltung an die dafür geltenden Verfahrensregeln und Rechtsbehelfe gebunden. Auch hier ist der Vergleich mit dem Verfahren der US-amerikanischen Verwaltung interessant. Im deutschen Fall kann man – sieht man vom Planbegriff ab – den Eindruck gewinnen, dass sich gleichsam die konstruktive Intelligenz der Vernunft gegen die traditionelle Furcht vor der Willkür der Verwaltung stellt. In den USA unterscheidet der Administrative Procedure Act des Bundes zwischen „rules“, „orders“ und „licenses“. Deren Legaldefinitionen folgen jedoch eher erfahrenen Entwicklungen als rationalen Erwägungen. So wird mit dem Begriff der „rules“ im Bundesrecht nicht nur auf Generelles abgestellt. Auch Einzelfallentscheidungen können gemeint sein, wenn sie einen „future effect“ aufweisen.[14]

---

[12] White (1969).

[13] Grayling (2021).

[14] Schmidt-Aßmann (2021).

2 Generalisierte Kommunikationsmedien

Es bleibt die Frage nach der Begründung. Das Verwaltungsverfahrensrecht sieht eine Begründungspflicht für Verwaltungsakte vor. Die für die Entscheidung maßgeblichen Erwägungen sowie die tatsächlichen und rechtlichen Gründe sind mitzuteilen. Doch Begründung in der öffentlichen Verwaltung ist mehr als das; sie ist ein zentrales Element ihrer intelligiblen Grundstruktur. Gründe sind keine persönlichen oder gruppenspezifischen Motivationen, sondern Einwände des Intellekts. Sie bestimmen das interne Fachgespräch in der Verwaltung, die hierarchische Weisung, den Vermerk des Referatsleiters für die Hausspitze sowie die Beratung des Ministers durch politische Beamte. Administrative Begründungen bilden die Grundlage für den gerichtlichen Rechtsschutz, die Prüfung durch den Rechnungshof bis hin zu Beratungen in parlamentarischen Gremien. Überdies kommt der Legalisierung einer Begründungspflicht gegenüber den Betroffenen ein besonderer kultureller Wert zu. Der monarchische Herrscher des Absolutismus und sein Gefolge aus Kameralbeamten schuldeten den Untertanen keine Begründung. Insofern kann man in der Begründungspflicht der Verwaltung das Ende des Obrigkeitsstaates sehen. Demokratie und Rechtsstaat sowie Menschen- und Bürgerrechte haben eine neue kommunikative Welt geschaffen.[15]

Das belegen viele innovative Institutionen: Bürgerbüros, Ombudsleute, Datenschutzbeauftragte, die verstärkte Präsenz von Behörden im Internet, öffentliche Informationen, Tätigkeitsberichte und vieles mehr bis hin zu Informationsfreiheitsgesetzen. Hier kann auf die „nonlegislative rules" des US-amerikanischen Verwaltungsverfahrensrechts verwiesen werden. Diese enthalten fallweise Interpretationen, Organisations- und Verfahrensvorschriften, Praxisregeln, allgemeine sachpolitische Aussagen, Ratschläge, Rundschreiben, Behördenmanuale. Es geht zunächst um Selbstregulierungen der Verwaltung ohne spezifische gesetzliche Ermächtigung und ohne rechtsnormativen Anspruch. Vieles davon beruht jedoch auf einem Berufsethos, das sich der Zivilgesellschaft verpflichtet sieht. Mit der Begründung, dass Verwaltung Ausdruck rationalen Denkens, Entscheidens und Handelns ist, leistet sie einen kommunikativen Beitrag zur intersubjektiven Verständigung mit ihrem Publikum. Allerdings betrifft dies nur die intelligible Seite der öffentlichen Verwaltung. Im Übrigen gilt vieles, was auch sonst die Gesellschaft prägt. Angesichts sozialer Differenzierung und Mediatisierung gestaltet sich Verständigung in der Moderne schwierig. Bei gesellschaftlicher Zersplitterung, ja sogar Spaltung nehmen die Schwierigkeiten zu. Es gibt indessen eine Reihe von Problemfeldern, in denen die Verwaltung spezifisch von Missverständnissen betroffen ist. Dazu gehören die genannten Grenzfragen zwischen Öffentlichem und Privatem. Dass ein Gesetzgebungs-„Outsourcing" Misstrauen weckt, ist voraussehbar. Die Migration stellt die Verwaltung vor klassische Kommunikationsprobleme im Hinblick auf Sprache und kulturelle Differenz. Der für Bürger schwer nachvollziehbare Stand der Digitalisierung verursacht zusätzliche Unsicherheiten. Die im Namen der

[15] König (2008).

Entbürokratisierung geführte Diskussion zur Überregulierung durch den Gesetzgeber fällt missverständlich aus.[16] Die Verwaltung hat es nicht nur mit individuellen Einschätzungen einzelner Klienten zu tun. Soziale Medien ermöglichen zudem die Generierung und Verbreitung kollektiver Vorurteile.

Die Kommunikationsforschung hat eine vielschichtige Tradition. Heute hat sie sich zu einem eigenständigen Studienfach verdichtet. In den 1960er-Jahren wurde aus der Perspektive einer handlungs- und strukturorientierten Systemtheorie beobachtet, dass intersubjektive Verständigung leichter fällt, wenn Information und Geld verschmelzen. Dabei ist es nicht entscheidend, ob Zahlen oder Berechnungen stimmen. Maßgeblich ist die klare Sprache des Quantitativen. So entstand das Konzept der „generalized media".[17] Es begann die Suche nach weiteren Fusionen von Information und Medium. Die Weiterentwicklung dieses Konzepts erfolgte insbesondere durch die autopoietische Systemtheorie. Neben Geld rückten auch Recht, Macht, Moral, Religion, Wahrheit, Vertrauen und andere Aspekte in den Fokus.[18]

Dabei besteht zwischen klassischer und autopoietischer Systemtheorie ein fundamentaler Unterschied. Herkömmlicherweise handelt es sich um eine Theorie der „media of interchange". Für die öffentliche Verwaltung bedeutet das, dass jede Art des fusionierten Informationsaustauschs sowohl im Binnenbereich als auch in ihrer Umwelt, insbesondere in der Beziehung zur Klientel von Interesse ist. Für die autopoietische Systemtheorie hingegen sind die „symbolisch generalisierten Kommunikationsmedien" eine Frage der Selbstreferenz sozialer Systeme. Das Letztelement sozialer Systeme sind nicht Handlungen, sondern Kommunikationen. Diese sind es, die soziale Systeme entstehen lassen und sie aufrechterhalten. Die Funktionsfähigkeit gesellschaftlicher Teilsysteme wird jeweils durch ein symbolisch generiertes Kommunikationsmedium gesichert, also etwa das politische System durch Macht, das Wirtschaftssystem durch Geld, die Rechtsprechung durch Recht.

Die autopoietische Systemtheorie weist für die öffentliche Verwaltung kein eigenes generalisiertes Kommunikationsmedium aus. Verwaltungswissenschaftlich ist auf die professionelle Kompetenz des „administrative man", des Verwaltungsmannes, der Verwaltungsfrau zu verweisen, und zwar sowohl inhaltlich als auch hinsichtlich der Operationalität. Allerdings ist die Verwaltung nur in begrenztem Maße selbstreferenziell. Bereits der Zugang zur Verwaltung hängt von formalisierten Bildungsabschlüssen ab, und die Dynamik der Wissensgesellschaft erfordert eine kontinuierliche Weiterbildung auf wissenschaftlicher Grundlage. Darüber hinaus kommuniziert die öffentliche Verwaltung offensichtlich mit mehreren Kommunikationsmedien, nämlich mit Geld, Recht und Macht. Wollte man einen Kabinettsvermerk der Ministerialverwaltung, der neben der Sachpolitik auch diese Sphären berücksichtigen muss, medial zerlegen und anschließend über systemische Kopplungen wieder zusammenführen, würde man damit wohl eine Fachwissenschaft konstruktiv überfordern.

---

[16] Bull (2024).

[17] Parsons (1967).

[18] Luhmann (1984); Krause (2001).

Die öffentliche Verwaltung ist demnach als ein soziales Funktionssystem zu begreifen, das sich teilweise aufgrund der eigenen Ordnung, teilweise aufgrund von Umwelteinflüssen gegenüber einer komplexen und dynamischen Gesellschaft relativ konstant erhält und seine Leistungen in einem eigenen intelligiblen Zusammenhang von Denken, Entscheiden, Handeln und Begründen erbringt. Institutionalisierte Systemstrukturen sichern die Abgrenzung nach außen und haben zugleich funktionale Relevanz. Zum strukturellen Leistungsmoment gehören auch die generalisierten Kommunikationsmedien. Prinzipiell geht es in der Verwaltung von Demokratie, Rechtsstaat und Menschenrechten um Macht, Recht, Geld und Kompetenz. Andere Medien werden hier nicht berücksichtigt. Das heißt nicht, dass sie unbedeutend sind – etwa die Moral in der US-amerikanischen Verwaltung unter Common Law, die Ideologie im realen Sozialismus Chinas, die Religion in Staaten des Islam und so weiter, bis hin zum Vertrauen, das einem deutschen Jugendamt die Verständigung mit seiner Klientel erleichtern kann.

3 Mediale Funktionen

Beginnt man in systemtheoretischer Tradition mit dem Geld, dann manifestieren sich seine Funktionen in den öffentlichen Haushalten. Die Grundfunktion der Budgetierung ist die Bedarfsdeckung. Auch der Staat ist Teil der Geldwirtschaft, und eine Staatsquote in der Nähe von 50 % zeigt, über welche Dimensionen man sich verständigen muss. Die Verwaltung hat einen Eigenbedarf an Personal und Sachmitteln. Überwiegend geht es jedoch um Verteilungen – von der allgemeinen Wohlfahrt bis zur öffentlichen Sicherheit und Ordnung. Bedarf in öffentlichen Angelegenheiten ist keine objektive Größe; er muss letztlich politisch und dann auch rechtlich definiert werden. In den USA liegt die exekutive Macht in den Händen des Präsidenten und seines Budgetbüros. In Deutschland hingegen beginnt die exekutive Verantwortung bei den Ministern und ihren Ressorts. Dem Finanzminister obliegt die Koordination. Und hier zeigt sich die andere Seite der Verständigung durch Zahlen. Es darf nichts im Unbestimmten bleiben. Partielle Ansprüche müssen angemeldet werden und die dadurch ausgelösten Konflikte müssen ausgetragen werden. Dafür trifft das Geschäftsordnungsrecht Vorkehrungen.

In den Diskussionen der 1960er-Jahre zur Budgetreform setzte man sich auch mit den Defiziten in der Programmfunktion des Jahreshaushalts auseinander. Mit der Ausweitung des zeitlichen Planungshorizonts sollte die Aufgabenorientierung der Budgetierung gestärkt werden. Entsprechend wurde eine mittelfristige Finanzplanung eingerichtet, die jedoch den budgetären Kompetenzen des Finanzministers zufiel. In den USA wurde hingegen ein „Planning-Programming-Budgeting-System (PPBS)" erprobt. Es entsprach der klassischen Idee, von den öffentlichen Aufgaben her zu denken und zu entscheiden, solche Aufgabenplanung mit der Finanzplanung zu integrieren, ein Programmbudget zu erstellen und ein Regierungsprogramm in Zahlen vorzulegen. Dieses Konzept stieß auch in Deutschland auf Interesse. Es setzt jedoch voraus, dass Aufgaben und Finanzen in einer Hand liegen. Das präsidentielle

Regierungssystem der USA gewährleistet ein solches Machtzentrum. In der Bundesrepublik vermutete man dies damals in der Leitungs- und Richtlinienkompetenz des Bundeskanzlers. Eine entsprechende „aktive Politik“ sollte aus dem Bundeskanzleramt heraus gestaltet werden.[19] Sowohl dieses Konzept als auch das PPBS scheiterten an einer technokratischen Unterschätzung der tatsächlichen Machtverhältnisse; zudem blieb die Finanzplanung dem Inkrementalismus der Einjahresbudgetierung verhaftet. Hinzuzufügen ist, dass es in den 1960er-Jahren vor allem im Namen einer Globalsteuerung um die gesamtwirtschaftliche Lenkungsfunktion des Budgets ging. Generalisierte Kommunikationsmedien umfassen mehr als nur die Verwaltung.

Wenn man sich hiernach im Folgenden dem generalisierten Kommunikationsmedium der Macht zuwendet, dann ermöglicht ein differenzierter Begriff des Politischen wiederum unterschiedliche Zurechnungen zur öffentlichen Verwaltung. Zu unterscheiden ist zwischen Ordnungspolitik (polity), Machtpolitik (politics) und Sachpolitik (policy). Für den deutschen Legalismus ist hinzuzufügen, dass ordnungspolitische Probleme dort als Verfassungsfragen zu behandeln sind. Unter diesem Vorzeichen ist die These zurückzuweisen, dass die Verwaltung eine eigenständige Staatsgewalt sei.[20] In der Verfassungswirklichkeit der Bundesrepublik lässt sich nicht beobachten, dass die Exekutivpolitik der Verwaltung im Rahmen ihrer demokratischen Legitimation generell eine eigenständige staatliche Selbstreferenz eigeräumt hätte.

Schwieriger sind die Verhältnisse in den USA. Der dortige Gesetzgeber bevorzugt – auch angesichts begrenzten Sachverstands – zwar einen Stil der Zielvorgaben und Legaldefinitionen, greift aber in der Sache selbst häufig auf unbestimmte Begriffe zurück. In Konsequenz dieser materiellen Offenheit delegiert der Gesetzgeber weiteres Rulemaking an die Verwaltung.[21] Zwar ist diese Delegation umstritten, jedoch gängige Praxis.[22] Durch ihre „legislative rules“ erhält die Verwaltung die Befugnis zu sachpolitischen Gestaltungen. Da man Gesundheitspolitik, Verkehrspolitik, Umweltpolitik usw. nicht gestalten kann, ohne Macht zu generieren, wird sie auch zum selbstreferenziellen Machtfaktor im Rahmen vorgegebener Ziele. Die US-amerikanische Verwaltung ist zwar spät bürokratisiert und professionalisiert worden, ist heute aber von der sozialen Gewichtigkeit moderner westlicher Institutionenbildung geprägt. Die dortige Verwaltungswissenschaft hat dafür den Begriff des „administrative state“ geschaffen.[23] Unter diesem Konzept geht es darum, die Grundzüge der entwickelten Verwaltung zu bezeichnen, also die pragmatische Zweckorientierung, Neutralität und Verantwortung, Meritum, Hierarchie usw. Hervorzuheben ist die Betonung systemischer Selbstreferenz, die die Verwaltung in die Lage versetzen soll, auch gegenüber mächtigen Akteuren am Allgemeinwohl festzuhalten.

---

[19] Mayntz, Scharpf (1975).

[20] Peters (1965).

[21] Lepsius (1997).

[22] Pierce (2012).

[23] Waldo (1948); Morstein Marx (1957).

In den US-amerikanischen Verhältnissen fällt es auf, dass der Begriff „state“ verwendet wird. Denn für öffentlichen Herrschaftsverhältnisse steht dort die Kategorie „government“ und zwar unterteilt in „legislative, executive, judicial branch“. Hinzu kommt die Entwicklung hin zu einem „big government“ in einer vielfältigen Behördenlandschaft auf allen Verwaltungsebenen. In dieser pluralistischen Verwaltungswelt mag der Begriff „administrative state“ für die Verwaltungswissenschaft als Ausdruck der Selbstverständigung zum Entwicklungstand eines Institutionengefüges dienen, das nicht aus staatlicher Herrschaft hervorgegangen ist. Politikwissenschaft und Rechtswissenschaft sehen das anders. Erstere fragen nach der Vereinbarkeit solcher Macht mit dem Anspruch einer „Civic Culture Administration“, letztere nach der Vereinbarkeit mit der Verfassung. Dem wird entgegengehalten, dass der gesellschaftliche Bedarf an der Versorgung mit öffentlichen Gütern heute eben solche Institutionen erfordere.

Die deutsche Verwaltung verfügt über keine mit den USA vergleichbaren Möglichkeiten sachpolitischer Gestaltung. Nimmt man zum Vergleich die untergesetzlichen Vorschriften der Rechtsverordnungen, dann liegen diese vor allem in den Händen der Exekutivpolitik, Regierungen und Minister. Werden durch weitere Ermächtigungen Verwaltungen, etwa Polizeibehörden, Verordnungsrechte eingeräumt, dann werden konkrete Probleme in vollzugsnahen Vorschriften erfasst. Weiterhin lassen sich Satzungen der kommunalen Autonomie schwerlich als „legislative rules“ einer lokalen Verwaltung verstehen, wenn von der Macht die Rede ist. Sie werden vom Gemeinderat erlassen, der traditionell als Verwaltungsorgan definiert wird. Heute folgt er aber im Parteienwettbewerb, in der Fraktions- und Koalitionsbildung, dem allgemeinen parteiendemokratischen Muster in Deutschland. In seiner Umwelt und nicht zuletzt in den Massenmedien weiß man, welche Positionen der Politik und welche der Verwaltung zuzurechnen sind. Die kommunale Sachpolitik wird nicht administrativ entschieden.

Die untergesetzlichen Rechtsvorschriften, die in Deutschland dem Bestimmtheitsprinzip hinsichtlich Inhalt, Zweck und Ausmaß der Ermächtigung unterliegen, und die weniger spezifizierte Delegation in den USA sind nur ein Aspekt der Zuordnung der Sachpolitik im transatlantischen Vergleich. Ein anderes Thema sind die „independent agencies“ in den USA sowie das Konzept der Agenturen in der Europäischen Union, im deutschen Falle etwa die Bundesnetzagentur mit ihren Beschlusskammern. Das Regulatorische gewährt darüber hinaus Einblick in den Vollzug der Gesetze. In diesem Feld hat die Verwaltung die Aufgabe, die Einhaltung der Regulierungen zu überwachen. Dies erfordert ein selektives Vorgehen, da die verfügbaren personellen und materiellen Ressourcen in der Regel nicht für eine flächendeckende Kontrolle von Straßenverkehr, Gaststättengewerbe, Beschäftigung im Bauwesen usw. ausreichen. Trotz solcher Restriktionen entfaltet die öffentliche Verwaltung eine soziale Präsenz, durch die sie in der alltäglichen Kommunikation mit dem Publikum als Staatsmacht wahrgenommen wird. Dabei geht es nicht um die eine einzelnen Personen zurechenbare Macht des Politischen, sondern um die strukturelle Macht staatlicher Ordnung. Dass „ohne Ansehen der Person“ betrifft insofern nicht nur den Klienten, sondern auch den Beamten.

Das Recht hat eine multifunktionale Bedeutung für die öffentliche Verwaltung. Erstens rationalisiert es in der Vernunftkultur das Intelligible des Verwaltens und schafft die Grundlagen für die intersubjektive Verständigung. Zweitens symbolisieren Begründungspflichten das Recht als generelles Kommunikationsmedium der Verwaltung mit weiteren Folgen bis hin zu einer publikumskonformen Sprache. Drittens hat das Recht eine Schutzfunktion, und zwar im verfassungsrechtlichen Kern das subjektive Rechtsschutzinteresse des Betroffenen. Das schließt Verbandsklagen oder Normenkontrollen nicht aus. Viertens steuert das Recht die Verwaltung. Gesetze haben allgemein einen doppelten Charakter. Sie sind verbindliches Recht und zugleich politische Programme in der Demokratie. Die Verwaltung vollzieht beides. Dabei steht im Rechtsstaat das Gesetz über der hierarchischen Macht der Exekutivpolitik.

Der Legalismus in Deutschland ist nicht ohne die der Verwaltung zugeordnete Fachgerichtsbarkeit zu verstehen. Verwaltungsgerichte sind – abgesehen von Revisionen – mit dem Untersuchungsgrundsatz und dem Prinzip der freien Beweiswürdigung ausgestattete Tatsachengerichte. Mit verschiedenen Auslegungsmethoden, Konformitätsregeln und schließlich durch Rechtsfortbildung können sie Gesetze in ihrer Normativität umfassend bewerten. Im Allgemeinen bestimmen sie das Unbestimmte von Rechtsbegriffen. Sie begrenzen mit den Prinzipien der Geeignetheit, Erforderlichkeit, Verhältnismäßigkeit, Zweckmäßigkeit das Ermessen der Verwaltung. Üblicherweise lassen Verwaltungsbehörden ober- und höchstgerichtliche Entscheidungen auch gegen sich gelten, selbst wenn sie nicht Prozesspartei waren. Man hat so vom Imperium der Verwaltungsgerichte in der Verwaltung gesprochen. Die Verhältnisse zwischen der US-amerikanischen Verwaltung und der Common-Law-Gerichtsbarkeit sind andere. Sie werden stärker als Gewaltenteilung begriffen und haben eine eigene Ausgestaltung gefunden.

Auch in den USA besteht ein umfassender Rechtsschutz gegen Akte der öffentlichen Verwaltung. Common-Law-Gerichte sind in der Regel tatsachenorientiert und achten bei der Überprüfung der behördlichen Tatsachenermittlung auch auf Fairness („Fair Play"). Gleichwohl gibt es abgestufte Formen der gerichtlichen Sachverhaltsermittlung:[24] erstens die völlige Neuermittlung („de novo review"), zweitens die beschränkte Prüfung auf das Vorliegen von „substantial evidence" für die Verwaltungsentscheidung und drittens eine Willkürkontrolle.[25] Wie bei der Tatsachenprüfung gibt es auch bei der Rechtsauslegung unterschiedliche Konstellationen hinsichtlich des gerichtlichen Prüfungsumfangs.[26] Die Gerichte prüfen prinzipiell die Einhaltung der gesetzlichen Ermächtigungsgrundlagen. Sie interpretieren konstitutionelle und statutarische und damit auch gesetzliche Vorschriften. Bei Verfassungsfragen wird ein strenger Maßstab angelegt.[27] Früher relativierten ein wenig spezifizierter Programmauftrag von Fachgesetzen und die Ermächtigung der Verwaltung zur Setzung konkretisierender Rechtsvorschriften das Ausmaß richterlicher

[24] Heun (2019).

[25] Fox (2008).

[26] Heun (2019).

[27] Gellhorn, Ronald (2002).

Interpretation. Maßgeblich war die zur Chevron-Doktrin erstarkte gerichtliche Leitentscheidung, die der Verwaltung bei der Auslegung spezifischer Fachbegriffe einen Auslegungsvorrang einräumte.[28] Unter Umständen beschränkte sich die gerichtliche Kontrolle auf die Überprüfung der Vertretbarkeit der Verwaltungsauslegung.[29] Die Chevron-Doktrin wurde 2024 höchstrichterlich aufgehoben, wodurch der Gerichtsbarkeit nun die volle Auslegungszuständigkeit zukommt. Aus deutscher Sicht kann dies als rechtsstaatlichen Fortschritt betrachtet werden. In einem US-amerikanischen Verständnis der Gewaltenteilung bedeutet dies jedoch eine Machtverschiebung. Dabei ist auch auf die Unterschiede in der Person des Richters in der Verwaltungsgerichtsbarkeit und in den Common-Law-Gerichten hinzuweisen: In Deutschland handelt es sich um nach bestandenen Staatsexamina ernannte Fachrichter in einer Berufslaufbahn, in den USA hingegen um politisch berufene, namhafte Juristen einer politisch gespaltenen Gesellschaft.

4 Kompetenz als Medium

Die Verbindung von Kommunikation und Sachverstand zählt in den Differenzierungen der Moderne zu den gesellschaftlich grundlegenden allgemeinen Kommunikationsmedien. Das gilt insbesondere dann, wenn die Kompetenz mit einem anerkannten Beruf verknüpft ist und dieser wiederum mit dem Bildungssystem verbunden wird. Diese Verknüpfung hat in Deutschland für den Verwaltungsdienst eine Geschichte, die bis in die Zeit von Merkantilismus und Territorialstaatlichkeit zurückreicht. Die fürstliche Herrschaft setzte auf Ausbildung, „damit die studierende Jugend in Zeiten und ehe sie zu Bedienungen emploiert werden, einen guten Grund in obgedachten Wissenschaften (Camerialia, Oeconomia und Polizei-Sachen) erlangen möge".[30] In der akademischen Welt entwickelten sich die Kameralwissenschaften später zu Staatswissenschaften und zum Entwurf einer umfassenden Verwaltungslehre.[31] In der Folge wuchs einerseits in einer zunehmend regulierten Verwaltung der Bedarf an Juristen, anderseits stiegen die wissenschaftlichen Anforderungen an die Rechts- und Wirtschaftswissenschaften. Schließlich wurden die öffentliche Verwaltung, der Verwaltungsdienst und damit auch die Verwaltungsausbildung juridifiziert.[32]

Ein kultureller Grundzug öffentlicher Verwaltung in den USA ist im Gegensatz zur alten Welt, dass sie nicht aus fürstlicher Herrschaft und Staatlichkeit hervorgegangen ist, sondern aus der Zivilgesellschaft der Neuen Welt und deren politischen Institutionen als „Civic Culture Administration".[33] Historischer Ausgangs-

---

[28] Strauss (2016); Schmidt-Aßmann (2021).

[29] Pierce (2012).

[30] Maier (1966).

[31] Stein (1962).

[32] Bleek (1973); Stolleis (1992).

[33] Heady (1966).

punkt war die Idee, dass jeder Bürger ein geeigneter Verwalter öffentlicher Angelegenheiten sei und die Verwaltung keine über seine Kompetenz hinausgreifenden Anforderungen stelle. Als dieser Gedanke durch den sozialen Wandel überholt wurde, gründete man politische Institutionen, die durch Repräsentanten der Zivilgesellschaft besetzt wurden. Mit der aufkommenden Industrialisierung und Urbanisierung konnte sich diese Organisationsform jedoch nicht allgemein durchsetzen. Die Gewählten mussten zusätzliches Personal rekrutieren, was zu einer Ämterpatronage mit den dysfunktionalen Folgen des sogenannten Beutesystems führte. Dies wiederum löste die Reformbewegung des „take administration out of politics" aus. Erst spät im 19. Jahrhundert entwickelte sich dann auf der Grundlage eines Merit-Systems ein eigenständiger, professioneller Verwaltungsdienst für öffentliche Angelegenheiten.

Auch beim Personal der Exekutive sind die Verhältnisse anders als in Deutschland. Es lassen sich drei Gruppen unterscheiden. Die Zahl der politisch Berufenen ist wesentlich höher. Allein der Präsident hat die Möglichkeit etwa fünftausend Positionen mit „political appointees" zu besetzen. In jüngerer Zeit wurde im Bund ein „Senior Executive Service" eingerichtet, der Brückenfunktionen zwischen Politik und Verwaltung übernehmen soll.[34] Hinzu kommt das Millionenheer der Civil Servants. Sie werden nach dem Prinzip klassifizierter Positionen rekrutiert und eingesetzt – vergleichbar mit dem deutschen Recht der Angestellten im öffentlichen Dienst. Das schließt es nicht aus, dass Civil Servants Karriere machen oder für eine vielseitige Verwendung eingestellt werden. Allerdings gibt es keine Bevorzugung eines bestimmten wissenschaftlichen Faches. Im Allgemeinen ermöglicht das Positionsprinzip, Vorbildung und Tätigkeitsprofil genauer aufeinander abzustimmen. Gleichwohl fällt auf, dass in der US-amerikanischen Verwaltung pragmatisch auf den Kompetenzerwerb durch „learning by doing" gesetzt wird. Allgemeine Bewertungen zur substanziellen und operativen Kompetenz der Verwaltung scheitern an den starken Unterschieden zwischen den Behörden – wie auch sonst in den USA. Dennoch gibt es allgemeine Aspekte der Kritik. Neben der Diskussion über die Legitimation des „administrative state" wird auch das Ausmaß von „Public Private Partnership" und „Outsourcing" in Frage gestellt, da ein Kompetenzverlust in fachpolitischen Bereichen befürchtet wird. Zudem wird die zunehmende Verwendung der „business"-Sprache in der öffentlichen Verwaltung kritisiert, weil dadurch Werte des Allgemeinwohls gefährdet erscheinen, die zum Berufsethos des Civil Service gehören.[35] In der Breite der Kommunikation gegenüber dem Bürger lässt sich eine Präferenz für eine pragmatisch nutzenorientierte Argumentation beobachten. All dies könnte jedoch bald der Vergangenheit angehören. Denn der Civil Service der USA steht vor einem existenziellen Problem: Republikanische Kräfte bis hin zur politischen Führung wollen das Merit-System durch einen „service at will" nach Maßgabe der „political appointees" ersetzen. Im Kern bedeutet dies, durch die Regel „hire and fire" ein politisches Beutesystem einzuführen. Die Folgen sind insbesondere aus der US-amerikanischen Verwaltungsgeschichte bekannt.

[34] König (2015).

[35] Radin (2017).

Bei Qualifikation und Kompetenzerwerb unterscheiden sich die Verhältnisse in Deutschland wesentlich von denen in den USA. Hier ist es der Staat selbst, der die Ausbildung für den Verwaltungsdienst weitgehend in die Hand nimmt. Bezeichnend ist die Reform des gehobenen Verwaltungsdienstes – des Rückgrats der Verwaltung – in den 1970er-Jahren. Die Ausbildung nicht nur für die allgemeine innere Verwaltung, sondern auch für Fachrichtungen wie Finanzen, Sozialversicherung, Polizei usw. wurde aus bildungs- sowie verwaltungspolitischen Gründen auf die Ebene von Fachhochschulen verlagert und diese wurden staatlich eingerichtet. Im höheren Verwaltungsdienst hat der staatlich examinierte Jurist seine Stellung als Generalist behauptet. Auf die Entscheidung des Einzelfalles im Rahmen des Legalismus ist er vorbereitet. Als Legist, der in den Ministerien Gesetzesentwürfe konzipiert, ist er zunächst jedoch nicht ausgebildet. Dies muss er in der Praxis lernen. Insgesamt ergibt sich eine umfassende verwaltungsstaatliche Vorsorge, qualifizierte Bewerber für den Verwaltungsdienst zu rekrutieren. Es schließt sich die Frage an, ob die politische Herrschaft den Kompetenzerwerb ihres Dienstes zufriedenstellend nutzt. Hier lässt sich an den Umstand anknüpfen, dass heute die Forderungen nach Bürokratieabbau die herkömmliche Bürokratiekritik übertreffen.

Bürokratie bezeichnet eine spezifische Form der Leistungsordnung. Zu ihren Merkmalen zählt Professionalität, und in Deutschland gibt es keine politische Initiative, die den beruflichen, dem Allgemeinwohl verpflichteten Verwaltungsdienst durch einen „service at will" ersetzen möchte. Dysfunktionen der Bürokratie werden als Bürokratismus bezeichnet. In der öffentlichen Verwaltung lassen sich von Behörde zu Behörde zahlreiche solcher Leistungsstörungen beobachten: von Brüchen in der Digitalisierung über mangelnde Responsivität gegenüber dem Publikum bis hin zur Parteipolitisierung. Eine der Verwaltung allgemein vorgebrachte Kritik ist die der Überregulierung von Wirtschaft, Gesellschaft und damit auch des Staates. Da die Regelbindung zum Kern der Bürokratie gehört, handelt es sich hierbei um eine schwerwiegende Dysfunktion. Für die Vollzugsverwaltung sind auch untergesetzliches Recht und Verwaltungsvorschriften verbindlich. Im Mittelpunkt der Kritik steht jedoch die Gesetzgebung hinsichtlich Quantität und Qualität. Die sogenannte „Gesetzesflut" wird seit Langem kritisiert. Ihr Umfang lässt sich anhand der Ergebnisse jeweiliger Legislaturperioden feststellen. Gesetze werden überwiegend von Regierungen initiiert und auch im Übrigen vorbereitet. Das bedeutet, dass grundsätzlich die Ministerverwaltung Gesetzestexte nach Weisungen der Exekutive entwirft. Am Anfang müsste heute die Frage stehen, ob und inwieweit Regelungsbedarf besteht. Doch dies wird in der Regel von der Politik vorgegeben. Darüber hinaus ist auch der Gesetzgeber den Geboten der Rechtssicherheit, Rechtsklarheit und dem Bestimmtheitsgrundsatz unterworfen. Das bedeutet, dass Gesetze so formuliert werden müssen, dass Betroffene die Rechtslage ohne Weiteres erkennen können. Das lässt sich durch präzise Begriffe und gegebenenfalls durch detaillierte Regelungen erreichen. Nur lässt sich in einer veränderlichen, unsicheren und auch mehrdeutigen Welt Sachpolitik meist nicht in Tatbeständen fixieren. Die komplexe Wirklichkeit ihrer Sachverhalte wird dabei zu stark reduziert. Entsprechend wird gefordert, die Gesetzgebung neu zu denken.[36] Allerdings bieten die generalklauselartig unbestimmten Fachgesetze der USA mit ihrer situativen Flexibilität im Vollzug keine Lösung, da die politischen und rechtlichen Kosten hierfür hierzulande zu hoch wären.

In der Gesetzgebung wird heute zunehmend versucht, durch wissenschaftliche Beratung der Forderung nach Evidenz nachzukommen, also Gesetze stärker empirisch zu fundieren. Ein Datensatz wird dabei bei den meisten Tests vernachlässigt, nämlich der zur Vollzugsgeeignetheit der Gesetze. Das liegt auch am kooperativen Föderalismus in Deutschland, bei dem die Gesetzgebung überwiegend in den Händen des Bundes, die Verwaltung jedoch überwiegend in denen der Länder liegt. Ein gesicherter Informationskanal für Rückmeldungen der Vollzugsbehörden an die Ministerialverwaltung des Bundes besteht nicht, und die Landesregierungen behaupten zudem ihre Zuständigkeit für die Kommunalverwaltung. Der Begriff der Vollzugsgeeignetheit verbindet die sachpolitische Aufgabe mit der Kapazität der Verwaltung. Heute scheint die alte Regel politischer Vernunft, dass die Gesetzgebung nicht mehr versprechen soll, als die Verwaltung einlösen kann, außer Kraft gesetzt zu sein. Zwar ist der Fall, in dem die Vollzugswirklichkeit – wie beim Rechtsanspruch auf einen Platz in Kindertageseinrichtungen – einfach ignoriert wird, die Ausnahme. Aber allgemein interessiert der Stand der Vollzugsbehörden wenig. So können dann die Menge der Gesetze mit ihrer Regelungsdichte, der Grad der Bestimmtheit in Rechtsvorschriften und unberücksichtigte Aspekte der Vollzugsgeeignetheit – kurz die Überregulierung – zu überlangen Verwaltungsverfahren, einer Verlangsamung der Wirtschaftsentwicklung und zur Enttäuschung des Bürgers führen. Die Überregulierung überfordert die Vollzugsverwaltung. Deren eigene Kompetenz ist wenig gefragt. Oft lässt sich das anzuwendende Regelwerk in seiner quantitativen und qualitativen Beschaffenheit nicht direkt umsetzen; die entsprechende öffentliche Aufgabe kann nicht unmittelbar implementiert werden. Ein besonderer operativer Aufwand ist erforderlich – karikiert durch den Beamten am Faxgerät. Gleichwohl bleibt, ungeachtet der Gegebenheiten in der jeweiligen Umwelt und der spezifischen Kompetenz der Mitarbeiter der Vollzugsbehörde die Verpflichtung bestehen, Dichte und Bestimmtheit der Rechtsvorschriften umzusetzen. Ein Handeln nach dem Maßstab der „brauchbaren Illegalität" ist in Deutschland schon durch Vollzugstradition und Kontrolldichte ausgeschlossen. Es bleibt der Ausweg in die Zeit. Diese lässt sich durch ungezählte Fälle belegen, von der amtlichen Feststellung der Behinderung eines Antragstellers bis zur Baugenehmigung für ein Infrastrukturvorhaben. Auch verspätete Leistungen sind Fehlleistungen. Aus der Sicht genereller Kommunikationsmedien, der Fusion von Information und Medium, ist unter den Dysfunktionen der Überregulierung auch die unzureichende Nutzung der Kompetenz auf der Ebene der Vollzugsverwaltung zu berücksichtigen, insbesondere die durch Erfahrung vor Ort erworbene Befähigung, die situative Kompetenz im Hier und Jetzt. Würde man eine entsprechende Auseinandersetzung mit der Parteipolitisierung auf der Ministerialebene führen, könnte sich he-

[36] Hill (2022).

rausstellen, dass die Diskrepanz zwischen Kompetenzerwerb und Kompetenznutzung beim professionellen Verwaltungsdienst ein prinzipielles Problem im Verwaltungsstaat des Aufgabenzuwachses und der Aufgabenverfeinerung darstellt.

Literatur

Albert, H. (1968). *Traktat über kritische Vernunft*. Mohr Siebeck.
Apel, K.-O. (1988). *Diskurs und Verantwortung*. Suhrkamp.
Bleek, W. (1973). *Von der Kameralausbildung zum Juristenprivileg*. Colloquium.
Bull, H.-P. (2024). Bürokratieentlastung. *Verwaltung und Management, 30*(2), 51–62.
Engisch, K. (1956). *Einführung in das juristische Denken*. Kohlhammer.
Fox, W. F. (2008). *Understanding administrative law* (5. Aufl.). LEXIS Publishing.
Gellhorn, E., & Ronald, M. L. (2002). *Administrative law and process in a nutshell*. West Pub. Co.
Grayling, A. (2021). *The frontiers of knowledge*. Penguin.
Habermas, J. (1992). *Faktizität und Geltung*. Suhrkamp.
Heady, F. (1966). *Public administration: A comparative perspective*. Englewood Cliffs.
Heun, W. (2019). Geschichte des Verwaltungsrechtsschutzes in den USA. In K.-P. Sommermann & B. Schaffarzik (Hrsg.), *Handbuch der Geschichte der Verwaltungsgerichtsbarkeit in Deutschland und Europa* (S. 1657–1691). Springer.
Hill, H. (2022). Gesetzgebung neu denken. *Zeitschrift für Gesetzgebung, 37*(2), 125–140.
König, K. (1970). *Erkenntnisinteressen der Verwaltungswissenschaft*. Duncker & Humblot.
König, K. (2008). *Moderne öffentliche Verwaltung*. Duncker & Humblot.
König, K. (2015). *Operative Regierung*. Mohr Siebeck.
König, K. (2024). *Rationalitäten öffentlicher Verwaltung*. Nomos.
Krause, D. (2001). *Luhmann-Lexikon* (3. Aufl.). UTB.
Lepsius, O. (1997). *Verwaltungsrecht unter Common Law*. Mohr Siebeck.
Luhmann, N. (1968). *Zweckbegriff und Systemrationalität*. Mohr Siebeck.
Luhmann, N. (1984). *Soziale Systeme*. Suhrkamp.
Maier, H. (1966). *Die ältere deutsche Staats- und Verwaltungslehre (Polizeiwissenschaft)*. C.H. Beck.
Mayntz, R., & Scharpf, F. W. (1975). *Policy-Making in the German Federal Bureaucracy*. Elsevier.
von Mises, L. (1949). *Human action*. William Hodge and Company Ltd.
Morstein Marx, F. (1957). *The administrative state*. University of Chicago Press.
Morstein Marx, F. (1963). The higher civil service as an action group in Western political development. In J. LaPolambara (Hrsg.), *Bureaucracy and Political Development (SPD-2)* (S. 62–95). Princeton University Press.
Parsons, T. (1967). *Sociological theory and modern society*. Free Press.
Peters, H. (1965). *Die Verwaltung als eigenständige Staatsgewalt*. Rektoratsrede.
Pierce, R. L. (2012). *Administrative law treatise* (5. Aufl.). Wolters Kluwer.
Radin, B. A. (2017). The disappearance of the public sector. *Public Administration Review, 77*(3), 325–325.
Schmidt-Aßmann, E. (2021). *Das Verwaltungsrecht der Vereinigten Staaten von Amerika*. Nomos.
Simon, H. A. (1997). *Administrative behavior* (4. Aufl.). Free Press.
von Stein, L. (1962). *Verwaltungslehre, Neudruck der 1.–2. Auflage 1866–1884*. Aalen Scientia.
Stolleis, M. (1992). *Geschichte des öffentlichen Rechts in Deutschland* (Bd. 2). C.H. Beck.
Strauss, P. (2016). *Administrative justice in the United States* (3. Aufl.). Carolina Academic Press.
Waldo, D. (1948). *The administrative state*. Routledge.
Weber, M. (1976). *Wirtschaft und Gesellschaft* (5. Aufl.). Mohr Siebeck.
White, O. (1969). The dialectical organization. *Public Administration Review, 29*(1), 32–42.

Prozedurale Steuerung der Vorhabenzulassung – Ausgestaltung und Anforderungen

J. Held

1 Einführung

Fragen danach, wie der Prozess behördlicher Entscheidungsfindung sachgerecht auszugestalten ist, waren in den letzten Jahren und Jahrzehnten in einem Umfang Gegenstand von Rechtsprechung und Literatur, der kaum noch zu überblicken ist. Auch Karl-Peter Sommermann hat die Debatte insbesondere durch seine rechtsvergleichenden Untersuchungen im Bereich des Verwaltungsverfahrensrechts maßgeblich beeinflusst.[1] Die in letzter Zeit vermehrt geäußerten Forderungen nach einer Entbürokratisierung staatlicher Entscheidungsverfahren verschaffen der Diskussion neue Aktualität.

Insgesamt überwiegt der Eindruck, dass die „Prozeduralisierung des Verwaltungsrechts"[2] allgemein anerkannt ist und sich auch hinsichtlich der kritischen Frage nach den Folgen von Regelverstößen im Verwaltungsverfahren eine durchaus pragmatische Sichtweise durchgesetzt hat.[3]

Jürgen Held, Prof. Dr., wurde im Jahr 1983 in Bonn promoviert und war neben dem Richteramt von 1990 bis 1992 als wissenschaftlicher Mitarbeiter an das Bundesverfassungsgericht abgeordnet. 1993 folgte die Ernennung zum Richter am Oberverwaltungsgericht Rheinland-Pfalz in Koblenz, 2002 die Ernennung zum Vorsitzenden Richter. Seit 1996 nahm er Lehraufträge an der Deutschen Universität für Verwaltungswissenschaften Speyer wahr, wo er 2011 zum Honorarprofessor bestellt wurde. 2022 wurde er in den Ruhestand versetzt.

---

[1] Beispielhaft: Sommermann (1993); Sommermann (1996/97), S. 459; Sommermann (2002), S. 133; Sommermann (2012), S. 191.

[2] Stelkens (2023), Rn. 221 ff.

[3] Schoch (2023); Ludwigs (2022); luzide Analyse bei: Hilbert (2018), S. 313; jeweils mit ausführlichen Nachweisen.

J. Held (✉)
Koblenz, Deutschland

C. Fraenkel-Haeberle, B. Peters (Hrsg.), *Öffentliches Recht in transnationaler Perspektive*, https://doi.org/10.1007/978-3-662-72331-9_16

Dennoch gibt es auch in neuerer Zeit immer wieder Stimmen, die dem deutschen Verwaltungsrecht als einem grundsätzlichen Defizit vorwerfen, der Bedeutung verfahrensmäßiger Steuerung des Behördenhandelns nicht gerecht zu werden. Der Eigenwert der Öffentlichkeitsbeteiligung werde nicht hinreichend anerkannt.[4] „[Für] die ergebnisrelevante Bedeutung von Verfahrensfehlern [sei] die deutsche Verwaltungsrechtsdogmatik wegen ihrer anders gearteten ‚materiellen' Prägung ... nicht geschult"; es existiere eine „für den Rechtsstaat gefährliche ... Geringschätzung von Verfahrensregeln."[5]

Diese oft sehr allgemein vorgetragene, ein Fehlerfolgenregime grundsätzlich ablehnende Kritik,[6] soll Anlass sein, sich erneut mit Ausgestaltung und Anforderungen prozeduraler Steuerung des Behördenhandelns zu beschäftigen. Das Ziel sollte eine differenzierte Perspektive sein, die eine Geringschätzung verfahrensbezogener Steuerung ebenso vermeidet wie deren abstrakte Überhöhung.

Der Beitrag beschränkt sich auf die Zulassung von Vorhaben und umfasst daher nicht sämtliche Handlungsformen der Verwaltung.[7] Andererseits soll das gesamte Prozedere bis zur abschließenden Entscheidung in den Blick genommen werden, also nicht nur der äußere Verfahrensgang, sondern auch der „innere" Prozess der Entscheidungsfindung.[8] Fragt man nach Bedeutung und Wert prozeduraler Steuerung, so gilt es das Gesamttableau derjenigen Regelungen in den Blick zu nehmen, die für die Erteilung und den Bestand von Zulassungsentscheidungen maßgeblich sind; hierzu gehören neben dem materiellen und dem Verfahrensrecht auch das Fehlerfolgenregime und die Rechtsschutzmöglichkeiten.[9]

2 Normative Steuerung der Vorhabenzulassung

Die Zulassung von Vorhaben wird in erster Linie durch inhaltliche Vorgaben für die Errichtung und Nutzung der Anlagen gesteuert, wie etwa Bauvorschriften, Lärmschutzstandards oder Naturschutzregeln. Daneben bedarf es prozeduraler Vorgaben für die zutreffende Ermittlung des Sachverhalts und die Entscheidungsfindung. Dies gilt in besonderem Maße, wenn die materiellen Standards unbestimmt oder vage sind („gerechte Abwägung"). Es ist Sache des Gesetzgebers, einen gelungenen

[4] Winter (2023), S. 110.

[5] Wissmann (2023), Rn. 291 f.; ebenso zu § 46 VwVfG: Schübel-Pfister (2022), Rn. 79; Gurlit (2022), Rn. 41; dies. (2011), S. 272.

[6] Vgl. Winter (2023), S. 109 („nachträgliches Einkassieren des vorne Versprochenen").

[7] Vgl. den breiteren Ansatz in der Monografie von Quadbeck (2010); ebenso: Gurlit (2011) und Fehling (2011).

[8] Vgl. zu einem solchen umfassenden Verständnis von Prozeduralisierung: Schoch (2023), Rn. 12; Gurlit (2022), Rn. 17.

[9] Vgl. Appel (2022), Rn. 29.

Ausgleich zwischen materiell-rechtlicher und verfahrensrechtlicher Steuerung des Behördenhandelns zu finden.[10]

2.1 Inhaltliche und prozedurale Steuerung

Inhaltliche Vorgaben für ein Vorhaben erfolgen durch sog. Maßstabsnormen, während die prozedurale Steuerung durch Handlungsnormen für die Behörde geschieht.[11] Der Begriff der „prozeduralen Steuerung“ soll hier weit verstanden werden. Hierunter fallen zunächst die Regelungen zum „äußeren Verfahren“, d. h. zur äußeren Ordnung der Informationsbeschaffung und zur Interaktion der Verfahrensbeteiligten.[12] Formen „prozeduraler Steuerung“ sind aber auch Vorgaben für das sog. „innere Verfahren“ der Sachverhaltsermittlung sowie der Willens- und Entscheidungsfindung, wozu insbesondere die Anforderungen an den Abwägungsvorgang in Form des gehörigen Ermittelns und Bewertens der abwägungsbeachtlichen Belange zählen.[13]

Inhaltliche wie prozedurale Vorgaben sind für die Entscheidung über den Zulassungsantrag gleichermaßen von Bedeutung. Der wesentliche Unterschied besteht darin, dass inhaltliche Maßstäbe das Ergebnis der Entscheidung unmittelbar bestimmen, wohingegen die Verfahrensvorgaben nur mittelbar wirken; sie sind nur Mittel zum Zweck einer materiell rechtmäßigen und sachgerechten Entscheidung. Der Unterschied zeigt sich in den Rechtsfolgen bei einem Regelverstoß. Verstößt die getroffene Entscheidung (die Vorhabenzulassung) gegen inhaltliche Maßstabsnormen, so ist sie rechtswidrig und darf im Falle ihrer Aufhebung durch das Verwaltungsgericht bei unveränderter Sach- und Rechtslage inhaltsgleich nicht wiederholt werden (§ 121 VwGO). Verstößt sie gegen prozedurale Handlungsnormen, so ist sie ebenfalls rechtswidrig.[14] Im Falle ihrer gerichtlichen Aufhebung darf sie jedoch nach Durchführung eines fehlerfreien Prozederes durchaus mit demselben Inhalt erneut erlassen werden.[15] Der erste Verstoß wirkt absolut, der zweite nur relativ. Diese Erkenntnis eröffnet Spielraum für eine verfahrensökonomische Regelung der Fehlerfolgen.[16]

---

[10] Vgl. Gurlit (2011), S. 241; Franzius (2022), Rn. 42.

[11] Vgl. zu der im Prozessrecht geläufigen Unterscheidung zwischen Verfahrens- und Sachmangel (error in procendendo und error in iudicando): BVerwG, Beschl. v. 2.11.1995, 9 B 710/94, juris Rn. 4 f.; Seibert (2018), Rn. 187 f.; zum Verständnis prozeduraler Vorgaben als Handlungsnormen: Sachs (2006), S. 581; Hoppe, Bönker (2024), Rn. 12 f.; Schneider (2023a), Rn. 38, Fn. 127.

[12] Vgl. Held (2012), S. 462; vor allem: Anhörung der Träger öffentlicher Belange, Betroffenen und Öffentlichkeit (§ 28 und § 73 II und IV VwVfG).

[13] Vgl. Schmidt-Aßmann, Kaufhold (2022), Rn. 61; Held (2012), S. 462; Wissmann (2023), Rn. 601.

[14] Vgl. Schmitz (2023), Rn. 4.

[15] Vgl. Schneider (2023b), Rn. 19.

[16] Vgl. Schmitz (2023), Rn. 53; Sachs (2006), S. 584 ff.

2.2 *Dienende Funktion prozeduraler Steuerung*

Das Verfahren (Prozedere) zur Zulassung eines Vorhabens ist Mittel zu dem Zweck, eine richtige Entscheidung über den Zulassungsantrag hervorzubringen. Die Durchführung des Verfahrens ist kein Selbstzweck. Hierin herrscht Konsens.[17] In den Worten des Bundesverfassungsgerichts „[ist] das Verwaltungsverfahrensrecht kein „Wert an sich", [es soll vielmehr] zum Erlass rechtmäßiger und zweckmäßiger Verwaltungsakte beitragen."[18] Auch der „Abwägungsvorgang ist nicht um seiner selbst willen rechtlich bedeutsam."[19]

Trotz dieser schlichten Erkenntnis herrschen große Vorbehalte, selbst bei entscheidungsbezogenen Verfahren von einer „dienenden Funktion" des Verfahrens zu sprechen.[20] Das hat seinen Grund darin, dass der Begriff „dienende Funktion" einschränkend darauf reduziert wird, ein materiell-rechtlich an sich schon feststehendes Ergebnis nach Ermittlung des (ebenfalls an sich schon feststehenden) Sachverhalts durch Subsumtion automatisch hervorzubringen.[21] Diese Funktionszuschreibung ist verfehlt.[22] Bei richtigem Verständnis ist mit „dienender Funktion" gemeint, „dass das Verfahren eine unverzichtbare Voraussetzung der Erarbeitung einer Entscheidung ist, bei der im Verfahren Spielräume der Verwaltung ausgefüllt werden, ohne dass das Ergebnis vollständig determiniert wäre."[23] Die Zuschreibung einer „dienenden Funktion" des Entscheidungsprozesses leugnet also gerade nicht dessen Bedeutung für das Verfahrensergebnis, sondern hebt sie geradezu hervor. Sie betont aber nachdrücklich den Charakter des Verfahrens als Mittel zum Zweck einer sachrichtigen Entscheidungsfindung und beugt damit zugleich einer Überschätzung prozeduraler Steuerung vor.

Neben der primären Funktion des Verwaltungsverfahrens, eine sachrichtige Entscheidung hervorzubringen, können Verfahrensregelungen noch weitere (sog. nichtinstrumentelle) Funktionen erfüllen.[24] Gerade dann, wenn die normativen Vorgaben für den Inhalt der Entscheidung durch die Verwendung unbestimmter Rechtsbegriffe zurückgenommen sind und die Maßstäbe erst im Prozess der Entscheidungsfindung entwickelt werden müssen, kann die Art und Weise des Prozederes und insbesondere die Beteiligung der Öffentlichkeit die geschwächte sachlichinhaltliche Legitimation des Behördenhandelns kompensieren.[25] Diese sog. „demokratische Funktion" des Verwaltungsverfahrens ist freilich nur eine Ergänzung zur

[17] Vgl. Gurlit (2022), Rn. 1; Fehling (2011), S. 281; Kahl, Gärditz (2023), § 5, Rn. 25.

[18] BVerfG, Beschl. v. 20. 2. 2002, BVerfGE 105, 48, Rn. 44.

[19] So: BVerwG, Urt. v. 5. 12. 1986, BVerwGE 75, 214 (juris Rn. 184).

[20] Vgl. Gurlit (2022), Rn. 1 „misslungene Chiffre".

[21] So die treffende Beschreibung dieses Verständnisses von Hilbert (2018), S. 332; zur „nur dienenden Funktion": Quabeck (2010), S. 14; zur Genese dieses Verständnisses: Pünder (2022), Rn. 4.

[22] So zu Recht: Quabeck (2010), S. 14 und 18 ff. (zu den historischen Wurzeln); Gurlit (2022), Rn. 2.

[23] So wiederum mit sehr klarer Analyse: Hilbert (2018), S. 332 f.

[24] Vgl. Fehling (2011), S. 281 ff.; Gurlit (2022), Rn. 4 ff.; Held (2012), S. 463.

[25] Vgl. hierzu: Seckelmann (2022), insbes. Rn. 8.

organisatorisch-personellen Legitimation der Behörde und ihrer sachlich-inhaltlichen Legitimation durch vielfältige Vorgaben des Gesetzgebers (abstrakte Legitimierung der Art des Vorhabens [Straße, Eisenbahn, Flugplatz], Feststellung des Bedarfs und des groben Standorts des Vorhabens, grobe inhaltliche Maßstäbe).[26]

3 Ausgestaltung prozeduraler Steuerung bei Vorhabenzulassungen

Das Recht der Vorhabenzulassung steht unter ständigem Anpassungsdruck, denn das Spannungsverhältnis zwischen unterschiedlichen Gemeinwohlerfordernissen (etwa Belange der Wirtschaft und Erfordernisse des Naturschutzes) und individuellen Schutzansprüchen muss immer wieder neu austariert werden.[27] Dies gilt gleichermaßen für inhaltliche wie für prozedurale Vorgaben.

3.1 Gestaltungsspielraum des Gesetzgebers

In letzterer Hinsicht ist es Sache des Gesetzgebers, im Rahmen verfassungs- und europarechtlicher Vorgaben zu entscheiden, wie detailliert er das Verfahren der Informationsgewinnung und Entscheidungsfindung normativ vorgibt oder ob er sich auf die Setzung prozeduraler Grundnormen beschränkt. Ein umfangreich reguliertes Verwaltungsverfahren mit einer Vielzahl vorgegebener Prüfschritte mag zwar die Chance auf ein sachgerechtes Ergebnis erhöhen, kann dies aber nicht garantieren.[28] Zu bedenken sind auch mögliche Kosten einer Überregulierung, kann sie sich doch nachteilig auf die Effizienz der behördlichen Aufgabenwahrnehmung insgesamt und auf die Entscheidungsfreudigkeit der Behördenvertreter auswirken.[29]

Ergebnis der gesetzgeberischen Abwägung kann daher auch sein, die Detailliertheit prozeduraler Vorgaben abzusenken. Dies ist etwa im Zuge der Gasmangellage im Jahr 2022 geschehen. Danach soll für die grundsätzlich UVP-pflichtige Errichtung von Anlagen zum Umgang mit Flüssigerdgas auf eine Umweltverträglichkeitsprüfung verzichtet werden, wenn damit eine beschleunigte Zulassung des konkreten Vorhabens erreicht werden kann (§ 4 LNGG).[30] Anstelle des gänzlichen Verzichts

---

[26] Vgl. Schoch (2023), Rn. 149 ff.; Fehling (2011), S. 283 f.; Ludwigs (2022), Rn. 13; vgl. auch die Warnung vor den Folgen „interessenselektiver Partizipation" bei Sommermann (2024), Rn. 79.

[27] Appel (2022), Rn. 1.

[28] Vgl. Hilbert (2018), S. 336.

[29] Vgl. Schoch (2023), Rn. 108; Hilbert (2018), S. 337 ff.; Engel, Pfau (2019), Rn. 29.

[30] Vgl. Gesetz zur Beschleunigung des Einsatzes verflüssigten Erdgases (LNGG) vom 24.5.2022, BGBl. I S. 802; hierzu: BVerwG, Urt.v. 22.6.2023 -7 A 9.22 -, NVwZ 2024, 60 (vereinbar mit Art. 2 Abs. 4 UAbs. 1 UVP-RL 2011/92/EU); Beschl. v. 25.1.2024, 7 VR 1/24, NVwZ 2024, 500, Rn. 19 (unterstellter Fehler jedenfalls heilbar).

auf prozedurale Anforderungen kann es dem Gesetzgeber dann aber auch nicht verwehrt sein, hoheVerfahrensstandards beizubehalten, die dadurch erhöhte Fehleranfälligkeit jedoch durch ein pragmatisches Fehlerfolgenregime auszugleichen.[31]

3.2 *Prozedurale Grundnorm: Untersuchungsgrundsatz*

Die prozedurale Steuerung von Vorhabenzulassungen erfolgt unterschiedlich intensiv, angefangen beim Standardmodell einfacher Kontrollerlaubnisse bis hin zu komplexen Abwägungsentscheidungen.[32]

Prozedurale Grundnorm ist der Untersuchungsgrundsatz, wonach die Behörde den Sachverhalt von Amts wegen zu ermitteln hat (§ 24 I 1 VwVfG) und dabei Art und Umfang der Ermittlungen eigenverantwortlich bestimmt (§ 24 I 2 VwVfG). Der Ermittlungsrahmen ist aus dem gesetzlichen Entscheidungsprogramm, d. h. der materiellen Maßstabsnorm, herzuleiten.[33] Innerhalb des Ermittlungsrahmens bestimmt die Behörde Methode (Art) und Intensität (Umfang) der Ermittlungen nach ihrem Ermessen.[34]

Defizite bei Ermittlungsmethode und Ermittlungsintensität sind Verfahrensfehler und machen die auf dieser Grundlage getroffenen Entscheidungen formell rechtswidrig.[35] Sie führen zugleich zu einem materiellen Rechtsverstoß, wenn nämlich die unzureichende Sachverhaltsermittlung der Behörde (unterbliebene Ortsbesichtigung, unterlassene Sachverständigenbegutachtung) zu einer fehlerhaften Feststellung der Tatbestandsvoraussetzungen einer Norm oder zu defizitären oder fehlgewichteten Erwägungen im Rahmen eines Ermessens- oder Beurteilungsspielraums geführt hat.[36] Es handelt sich dann um einen sog. „doppeldimensionalen Fehler“.[37] Ein prozeduraler Fehler (defizitäre Ermittlungsmethode oder -intensität) kann sich dann als unerheblich erweisen, wenn das Verwaltungsgericht – wie grundsätzlich bei gebundenen Entscheidungen – zur eigenständigen Feststellung der Tatbestandsvoraussetzungen befugt ist und sich hierzu in der Lage sieht.[38]

---

[31] Vgl. BVerfG, Beschl. v. 24.10.2017, 1 BvR 1026/13, NVwZ 2018, 573, Rn. 45; Hilbert (2018), S. 324.

[32] Vgl. zu den Ordnungselementen für das Verwaltungsverfahren: Schmidt-Aßmann, Kaufhold (2022), Rn. 97 f.

[33] Vgl. Schneider (2023a), Rn. 59.

[34] Vgl. Schneider (2023a), Rn. 59 ff.

[35] Vgl. Schneider (2023a), Rn. 161; Fellenberg, Schiller (2022), Rn. 58.

[36] Vgl. Schneider (2023a), § 24, Rn. 163.

[37] Vgl. Emmenegger (2019b), Rn. 45; Schneider (2023a), Rn. 163; vgl. zur eigenständigen Bedeutung eines Ermittlungsfehlers neben dem materiellen Verstoß zwecks Rechtfertigung einer Aussetzungsentscheidung nach § 4 Ib Satz 3 UmwRG: BVerwG, Beschl. v. 8.5.2018, 9 A 12/17, juris Rn. 30.

[38] Vgl. Schneider (2023a), Rn. 158 ff.; Engel, Pfau (2019), Rn. 87 f.; Fellenberg, Schiller (2022), Rn. 58 f.; vgl. zum Verzicht auf die Spruchreifmachung beim sog. „steckengebliebenen Genehmigungsverfahren“: BVerwG, Urt. v. 22.9.2016, 4 C 6.15, juris Rn. 47.

3.3 *Konkretisierung von Ermittlungsmethode und -intensität*

Können sich Behörden bei einfachen Kontrollerlaubnissen zur Aufklärung des Sachverhalts nach ihrem Ermessen auf das bei ihnen vorhandene Erfahrungswissen stützen, so erfolgt bei komplexeren Vorhaben mit schwerwiegenderen Auswirkungen auf Nachbarschaft und Umwelt eine deutlich intensivere prozedurale Steuerung.

Dies geschieht etwa in Form normkonkretisierender Verwaltungsvorschriften wie der TA Lärm, die nicht nur den Maßstab der schädlichen Umweltbeeinträchtigungen in Gestalt der Immissionsrichtwerte konkretisiert (Nr. 6 TA Lärm), sondern im Anhang detaillierte Vorgaben für die „Ermittlung der Geräuschimmissionen" (durch Prognose – A 2 – oder durch Messung – A 3 –) enthält.[39]

Für das Naturschutzrecht sind die Behörden bei der Bestandsaufnahme und der Erfassung sowie Bewertung vorhabenbedingter Einwirkungen an die in Fachkonventionen oder Leitfäden niedergelegten Vorgaben gebunden, sofern diese die in Fachkreisen allgemein anerkannten Methoden und Maßstäbe zutreffend wiedergeben.[40]

Die umfassendsten prozeduralen Vorgaben für eine strukturierte Informationsgewinnung und -verarbeitung finden sich im Recht der Umweltverträglichkeitsprüfung für Vorhaben mit potentiell erheblich nachteiligen Umweltauswirkungen.[41] Die Besonderheit dieses Prozederes besteht darin, dass im Vorfeld der Sachentscheidung in einem separaten Zwischenschritt zunächst nur die durch das Vorhaben zu erwartenden Umweltauswirkungen in gebündelter Form ermittelt, beschrieben, bewertet und zusammengefasst werden (§§ 16, 24 und 25 UVPG).[42] Die inhaltliche Ausrichtung dieser Prüfungen, d. h. der Ermittlungsrahmen, ergibt sich weiterhin aus den materiellen Maßstabsnormen des jeweiligen Fachrechts (§ 16 IV 1 UVPG). Ist die Vorhabenzulassung von der Anwendung der detaillierten UVP-Regeln suspendiert, wie jetzt die Flüssiggasanlagen nach § 4 LNGG, so bleibt die Geltung der materiellen Zulassungsvoraussetzungen hiervon unberührt (§ 4 III LNGG). Deren Vorliegen ist dann nach Maßgabe der allgemeinen Pflicht zur Sachaufklärung (§ 24 VwVfG) und unter Anwendung der allgemeinen Regeln zur Öffentlichkeitsbeteiligung (§ 73 VwVfG) zu prüfen. Die Fortgeltung der prozeduralen Grundnorm sorgt dafür, dass das Schutzniveau für die Umwelt selbst beim Verzicht auf die

---

[39] Vgl. zu Problemen bei der Anwendung solcher prozeduralen Vorgaben den Streit um die zutreffende Modellierung der Schallausbreitung (A. 2.3.1 i. V. m. DIN ISO 9613-2, sog. „alternatives Verfahren" versus „Interimsverfahren"): OVG NRW, Urt. v. 20.4.2022, 8 A 1575/19, juris Rn. 111 ff.; OVG Niedersachsen, Beschl. v. 11.3.2019, 12 ME 105/18, juris Rn. 63 ff.; umfassend: Agatz (2023), S. 123 ff.

[40] Vgl. zu Grenzen der Einschätzungsprärogative: BVerwG, Urt. v. 21.11.2013, 7 C 40/11, NVwZ 2014, 524, Rn. 19; Bick, Wulfert (2020), S. 41.

[41] Vgl. Kahl, Gärditz (2023), § 4 Rn. 85 (Leitidee der Prozeduralisierung); Meßerschmidt (2011), § 8 Rn. 6.

[42] Vgl. BVerwG, Urt. v. 28.11.2017, BVerwGE 161, 17, Rn. 31; BVerwG, Urt. v. 13.12.2007, BVerwGE 130, 83 (juris, Rn. 38–40).

detaillierten Prüfschritte des UVP-Rechts gewahrt wird, verbunden mit einer Beschleunigung des Zulassungsverfahrens um mehrere Monate.[43]

Die Vorgaben für die Umweltverträglichkeitsprüfung sind sehr detailliert und damit fehleranfällig. Es handelt sich sowohl um Vorschriften für die äußere Ordnung des Verfahrensablaufs (v. a. zur Beteiligung von Behörden und Öffentlichkeit, §§ 17 ff UVPG) als auch solche, die Methode und Intensität der Sachverhaltsermittlung betreffen, wie etwa die Vorgaben für den UVP-Bericht in Anlage 4 zum UVPG. Während Rügen zum äußeren Verfahrensablauf unstreitig als Verfahrensfehler behandelt werden, ist dies bei gerügten Defiziten bei Methode und Intensität der Aufklärung vorhabenbedingter Umweltauswirkungen (wie z. B. Mängel bei der gehörigen Beschreibung der Umweltauswirkungen – § 16 I 1 Nrn. 4 und 5 sowie Anlage 4 UVPG) umstritten.[44]

Prozedurale Anforderungen an die Art und Weise der Informationsbeschaffung und -verarbeitung enthält auch das für die Planfeststellung von Vorhaben zentrale Abwägungsgebot mit seinen Forderungen an den Abwägungsvorgang, d. h. an die Ermittlung und zutreffende Bewertung der abwägungsbeachtlichen Belange.[45] Die Anforderungen an den Abwägungsvorgang werden im Fachplanungsrecht zwar dem materiellen Recht zugeordnet.[46] Dies ändert indes nichts daran, dass der Abwägungsvorgang „nicht um seiner selbst willen rechtlich bedeutsam [ist]“, sondern [ähnlich den Vorgaben für das „äußere Verfahren“] eine „nur dienende Funktion“ im Hinblick auf das möglichst ausgewogene Abwägungsergebnis hat.[47] Weil der Abwägungsvorgang Mittel zum Zweck einer sachgerechten Planungsentscheidung ist, entspricht das gesetzliche Fehlerfolgenregime demjenigen bei Verfahrensfehlern (§ 75 Ia Satz 1 VwVfG: Erheblichkeit des Abwägungsfehlers nur bei Ergebnisrelevanz).

4 Folgen prozeduraler Fehler für die Sachentscheidung

Für den Stellenwert prozeduraler Steuerung der Vorhabenzulassung ist die Rechtsfolge im Falle eines Verstoßes gegen diese Vorgaben maßgeblich, und zwar die Rechtsfolge für den Bestand der verfahrensfehlerhaft getroffenen Sachentscheidung.

---

[43] So zum LNGG: BVerwG, Urt. v. 25.4.2024, 7 A 9.23, juris Rn. 20 und 32; BVerwG, Beschl. v. 25.1.2024,7 VR 1/24, juris Rn. 20; zuvor bereits: BVerwG, Urt. v. 13.12.2007, BVerwGE 130, 83 (juris, Rn 39).

[44] Vgl. einerseits BVerwG, Urt. v. 28.11.2017, BVerwGE 161, 17, Rn. 31–33; andererseits OVG NRW, Beschl. v. 23.10.2017, 8 B 709/17, juris, Rn. 40–43.

[45] Vgl. BVerwG, Urt. v. 5.7.1974, BVerwGE 45, 309 (juris, Rn. 42); BVerwG, Urt. v. 7.7.1978, BVerwGE 56, 110 (juris, Rn. 59); zur Abwägungsdogmatik allgemein: Hoppe (2004); Martini, Finkenzeller (2012).

[46] Vgl. § 75 Ia S. 2 VwVfG; anders die Zuordnung im Bauplanungsrecht, wo das Ermitteln und Bewerten der Belange (jetzt) als Verfahrensvorgabe verstanden wird (§ 214 I 1 Nr. 1 BauGB); vgl. hierzu die Gesetzesbegründung zum EAG Bau: BT- Drucks. 15/2250, S. 63; Martini, Finkenzeller (2012), S. 126.

[47] BVerwG, Urt. v. 5.12.1986, BVerwGE 75, 214 (juris, Rn. 184); Beckmann (2016), S. 1420; auch: Deutsch (2019), Rn. 114.

Der Verstoß gegen prozedurale Vorgaben macht die Sachentscheidung rechtswidrig.[48] Ebenso wie dem Gesetzgeber ein Gestaltungsspielraum hinsichtlich Art und Intensität der prozeduralen Steuerung zukommt, kann er – innerhalb der Grenzen des höherrangigen Rechts – auch an intensiven prozeduralen Vorgaben festhalten und ihre Fehleranfälligkeit durch ein angemessenes Fehlerfolgenregime abmildern.[49] Denn wie oben dargelegt (Abschn. 2.1), sind die Rechtswirkungen von Verstößen gegen Handlungsnormen weniger weitreichend als diejenigen gegen materielle Maßstabsnormen.

Als den Bestand der Sachentscheidung stabilisierend erweisen sich zunächst einmal die Vorschriften über die Unbeachtlichkeit (§ 46 und § 75 Ia 1 VwVfG) und über die Heilbarkeit prozeduraler Fehler (§ 45 und § 75 Ia 2 VwVfG, § 4 Ib UmwRG). Eine abschirmende Wirkung haben aber auch die Einschränkungen der gerichtlichen Anfechtbarkeit von Verfahrensverstößen (§ 44a und § 113 I 1 VwGO).[50]

4.1 Unbeachtlichkeit prozeduraler Fehler

Nach § 46 VwVfG kann die Aufhebung eines verfahrensfehlerhaft zustande gekommenen Verwaltungsakts dann nicht verlangt werden, „wenn offensichtlich ist, dass die Verletzung die Entscheidung in der Sache nicht beeinflusst hat.“ Die Ausschlussregelung setzt voraus, dass infolge des Verfahrensfehlers ein (objektiv) rechtswidriger und (subjektiv) rechtsverletzender Verwaltungsakt im Sinne von § 113 I 1 VwGO vorliegt.[51] Fehlende Ergebniskausalität des Fehlers kann bei rechtlicher Alternativlosigkeit (gebundene, vom Gericht eigenständig aus dem materiellen Gesetz ableitbare Entscheidung) oder bei tatsächlicher Alternativlosigkeit (Entscheidungen mit behördlichem Ermessens- oder Beurteilungsspielraum) vorliegen.[52] Fehler im Abwägungsvorgang sind nach § 75 Ia 1 VwVfG und der neueren Rechtsprechung nur dann unbeachtlich, wenn konkrete Anhaltspunkte für die Irrelevanz des Abwägungsfehlers vorliegen.[53]

Mit dem Kriterium der „offensichtlichen Irrelevanz“ des prozeduralen Fehlers hat der Gesetzgeber hohe Hürden für dessen Unbeachtlichkeit geschaffen. Dennoch unterliegt diese Fehlerfolgenregelung weiterhin prinzipieller Kritik und gilt als

---

[48] Vgl. die Begründung zum VwVfG, BT-Drs. 7/910, S. 65.

[49] Vgl. BVerfG, Beschl. v. 24.10.2017, 1 BvR 1026/13, NVwZ 2018, 573 (575); a. A. Hufen, Siegel (2021), Rn. 921 und 980 (Anspruch auf Aufhebung des verfahrensfehlerhaften Verwaltungsakts steht nicht zur Disposition des Gesetzgebers.).

[50] Vgl. zur sog. „Abschirmungstrias“: Quabeck (2010), S. 61.

[51] Vgl. Appel, Singer (2007), S. 915; Held (2016), S. 15; Ludwigs (2022), Rn. 28.

[52] Vgl. Emmenegger (2019b), Rn. 65 und 79.

[53] Vgl. BVerfG, Beschl. vom 16.12.2015, 1 BvR 685/12, juris, Rn. 23 (keine hypothetische Abwägungsentscheidung des Gerichts); zuvor bereits: BVerwG, Urt. v. 13.12.2007, BVerwGE 130, 83, Rn. 43.

stärkster Ausdruck für die „Geringschätzung prozeduraler Vorschriften".[54] Diese Einschätzung ist jedoch zu pauschal. Zum einen nimmt sie weder Art noch Umfang der für das Unbeachtlichkeitsurteil überhaupt nur in Frage kommenden Verfahrensverstöße hinreichend wahr. Zum anderen blendet sie die nachteiligen Folgen für das mit dem Vorhaben verbundene – nicht selten öffentliche – Interesse aus, die entstehen, wenn eine Zulassungsentscheidung wegen jeden Verfahrensverstoßes zwingend aufgehoben, nach fehlerfreier Wiederholung des Verfahrens aber inhaltsgleich erneut erlassen werden müsste. Hier greift der Gestaltungsspielraum des Gesetzgebers, ineffiziente Verfahrensergebnisse durch ein angemessenes Fehlerfolgenregime abzumildern.[55] So kann er prozedurale Fehler im Behördenverfahren[56] dadurch für irrelevant erklären, dass er den Gerichten bei gebundenen Entscheidungen die Letztentscheidungskompetenz zur eigenständigen Konstruktion des Sachverhalts und anschließender Rechtsanwendung auferlegt (rechtliche Alternativlosigkeit).[57] Aber auch in Fällen behördlicher Entscheidungsspielräume kann es im Interesse einer effektiven Erfüllung der Verwaltungsaufgaben legitim sein, den Gerichten anstelle der Kassation der Behördenentscheidung mit anschließender Wiederholung des Verwaltungsverfahrens die Kompetenz einzuräumen, über die offensichtliche Irrelevanz des geltend gemachten Fehlers auch in tatsächlicher Hinsicht zu entscheiden. Bleibt das Unbeachtlichkeitsverdikt evidenten Fällen vorbehalten,[58] widerspricht die hierauf bezogene gesetzliche Ermächtigung auch nicht der Gewaltenteilung. Denn die Gerichte treffen keine eigene Sachentscheidung, sondern vollziehen die behördliche Entscheidungsfindung aufgrund der vorhandenen Aktenlage nur nach. Auch der disziplinierende Effekt prozeduraler Regeln bleibt gewahrt.[59] Da es letztlich den Gerichten obliegt, über die „offensichtliche Irrelevanz" zu entscheiden, können sich die Behörden nicht darauf verlassen, dass eine zu nachlässige Beachtung des Verfahrensrechts sanktionslos bleiben wird.

4.1.1 Beispiele für irrelevante Fehler

Dass die Rechtsprechung ihrer Aufgabe zur Überwachung der Verfahrensrichtigkeit gerecht wird,[60] sollen die nachfolgenden Beispiele zeigen.

(1) Ein häufig gerügter Verfahrensfehler betrifft die Vorgabe im UVP-Recht, in der Bekanntmachung der Öffentlichkeitsbeteiligung auf vorliegende entscheidungserhebliche Unterlagen hinzuweisen (§ 9 Ia Nr. 5 i. V. m. § 6 I 1 UVPG 2010

[54] Vgl. Schübel-Pfister (2022), Rn. 79, auch: Gurlit (2022), Rn. 41.

[55] Vgl. BVerfG, Beschl. v. 24.10.2017, 1 BvR 1026/13, NVwZ 2018, 573 (575).

[56] Vgl. zur behördlichen Wirklichkeitskonstruktion: Schneider (2023a), Rn. 38; Hilbert (2018), S.320; Kahl, Gärditz (2023), § 5, Rn. 25.

[57] Vgl. Held (2012), S. 467.

[58] Vgl. die Vermutungsregel in § 4 Ia Satz 2 UmwRG; zu § 46 VwVfG: BVerwG, Beschl. v. 15.7.2020, 9 B 5/20, juris Rn. 5.

[59] Vgl. zur dahingehenden Sorge: Wissmann (2023), Rn. 291–293.

[60] Was auch Wissmann (2023), Rn. 291 – allerdings nur in der Fußnote (64) – einräumt.

[heute: § 19 I Nr. 6 UVPG]). In der Praxis passiert es immer wieder, dass einzelne Gutachten unerwähnt bleiben. Wird der darin abgehandelte Problemkreis in den Einwendungen mangels Anstoßfunktion überhaupt nicht thematisiert, mangelt es an der gehörigen Öffentlichkeitsbeteiligung und der Fehler ist fraglos beachtlich. In den Anwendungsbereich der Unbeachtlichkeitsklausel fallen indes diejenigen Fälle, in denen die fraglichen Umweltauswirkungen trotz Bekanntmachungsfehlers dennoch Gegenstand der Öffentlichkeitsbeteiligung waren, etwa weil sie sich vorhabenbedingt ohnehin aufgedrängten. Hier fragen nun die Gerichte, ob sich beim zusätzlichen Hinweis auf ein einschlägiges Gutachten ein qualitativ breiteres Einwendungsspektrum ergeben hätte. Diese Beurteilung kann nur anhand der jeweils besonderen Entscheidungssituation getroffen werden. Sie fällt durchaus differenziert aus, womit die Gerichte zeigen, dass sie sich der Richtigkeitsgewähr von Verfahrensvorschriften bewusst sind und diese keineswegs geringschätzen.

So hat das BVerwG etwa bei einer straßenrechtlichen Planfeststellung den unterbliebenen Hinweis auf ein Lärmgutachten als für die Sachentscheidung offensichtlich irrelevant bewertet, weil sich von den insgesamt 311 Einwendungen gegen das Vorhaben 300 dennoch mit Lärmschutzfragen befasst hatten und diese von der Behörde abgearbeitet worden waren; diese offensichtliche Irrelevanz mochte das Gericht beim unterbliebenen Hinweis auf ein wassertechnisches Gutachten wegen der zu diesem Problemkreis bloß 80 eingereichten Einwendungen nicht bejahen.[61]

(2) Beteiligungsfehler im Detail passieren auch dadurch, dass die Vorhabenunterlagen zwar weitgehend, aber doch nicht in allen potenziell betroffenen Gemeinden ausgelegt und der Untersuchungsraum der UVP entsprechend enger abgegrenzt wurde. Das BVerwG hat im Verfahren zum Flughafen Berlin-Schönefeld die Verstöße gegen § § 73 III 1 und II VwVfG und § 6 III 1 Nr. 4 UVPG 2010 (jetzt: § 16 I 1 Nr. 2 UVPG) nach ausführlicher Auseinandersetzung mit dem Entscheidungsprogramm der Behörde deshalb als nicht beachtlich gewertet, weil die potenziell neuen Einwender keine anderen Betroffenheiten hätten geltend machen können als die im Planfeststellungsverfahren beteiligten Einwender, weshalb auch bei korrekter Anwendung der Verfahrensvorschriften eine andere Entscheidung in der Sache ausgeschlossen werden konnte.[62]

(3) Eine differenzierte Beurteilung hat auch die Verletzung der Pflicht zur erneuten Öffentlichkeitsbeteiligung nach Änderung der entscheidungserheblichen Unterlagen (§ 9 UVPG a.F., heute: § 22 UVPG) erfahren. Gegenstand der Beurteilung war jeweils ein im Planfeststellungsverfahren erst nachträglich eingeholter wasserrechtlicher Fachbeitrag. Während das BVerwG im Verfahren zur A 20 die

[61] Vgl. BVerwG, Urt. v. 30.11.2020, BVerwGE 170, 378, Rn. 26 f.; auch: BVerwG, Urt. v. 24.11.2011, 9 A 27/10 – [A 281], juris Rn. 15 ff., Rn. 18; BayVGH, Urt. v. 20.10.2020, 22 A 16.40009, juris Rn. 113 (Bekanntmachungsfehler wegen Vielzahl von Bürgereinwendungen und Stellungnahmen von Umweltverbänden offensichtlich unbeachtlich).

[62] Vgl. BVerwG, Urt. v. 31.7.2012, BVerwGE 144, 44, Rn. 35 f. und 46; hierzu unter Billigung der Anwendung von § 46 VwVfG: BVerfG, Beschl. v. 24.10.2017, 1 BvR 1026/13, juris Rn. 45 f. und 53.

mögliche Kausalität des Verfahrensfehlers für die Sachentscheidung nicht verneinen konnte,[63] war es im Verfahren zur Elbvertiefung deshalb von der Unbeachtlichkeit des Fehlers überzeugt, weil angesichts der erfolgten Anhörung von Umweltbehörden und Umweltverbänden und der Spezialität der Materie ausgeschlossen werden konnte, dass durch die Beteiligung der Öffentlichkeit mit weiteren Aspekten zu rechnen war.[64]

4.1.2 Verfassungs- und unionsrechtliche Anforderungen, Rechtsvergleichung

Dass die Grundsatzkritik gegenüber Regelungen zur Unbeachtlichkeit prozeduraler Fehler weder im Verfassungs- noch im Unionsrecht oder in der Rechtsvergleichung einen Rückhalt hat, wurde in den letzten Jahren mehrfach klargestellt. Nach dem BVerfG sind sowohl § 46 VwVfG als auch die fachplanungsrechtliche Unbeachtlichkeitsregel für Fehler im Abwägungsvorgang (§ 75 Ia VwVfG) bei zurückhaltender Anwendung verfassungsrechtlich unbedenklich.[65] Der EuGH hat in seinem Altrip-Urteil festgestellt, dass „unbestreitbar … nicht jeder Verfahrensfehler zwangsläufig Folgen [hat], die sich auf den Inhalt [der Sach-] Entscheidung auswirken können".[66] Das Europarecht stehe deshalb Regelungen zur Unbeachtlichkeit von unerheblichen Verfahrensfehlern nicht entgegen, verlange jedoch den konkreten Nachweis der Irrelevanz, wofür die Behörde die materielle Beweislast trage.[67] Soweit die Mitgliedstaaten eine Rügebefugnis auch bei Verfahrensfehlern vorsähen, die sich auf den Inhalt der Sachentscheidung nicht ausgewirkt hätten (absolute Verfahrensrechte), gehe dies über das unionsrechtlich Gebotene hinaus.[68] Schließlich zeigen rechtsvergleichende Studien, dass es eine vermeintlich „typisch deutsche Geringschätzung des Verfahrens … nicht (mehr) [gibt]."[69] Auch die Regelungen zu den Fehlerfolgen sind keine deutsche Besonderheit, wie etwa die „harmless error doctrine" in den USA und im Unionsrecht zeigen.[70]

[63] Vgl. BVerwG, Urt. v. 28.4.2016, BVerwGE 155, 91, Rn. 28 ff.; ebenso: BVerwG, Urt. v. 27.11.2018, BVerwGE 163, 380, Rn. 56.

[64] Vgl. BVerwG, Urt. v. 9.2.2017, BVerwGE 158, 1, Rn. 34; ebenso: OVG RP, Urteil vom 6.11.2019, 8 C 10240/18, juris Rn. 98; hierzu: BVerwG, Beschl. v. 15.7.2020, 9 B 5/20, juris Rn. 11.

[65] Vgl. BVerfG, Beschl. v. 24.10.2017, 1 BvR 1026/13, juris Rn. 43–46 (Öffentlichkeitsbeteiligung); BVerfG, Beschl. v. 16.12.2015, 1 BvR 685/12, juris Rn. 20 (Abwägungsdefizit); zuvor bereits zur Legitimität ergebnisbezogenen Denkens selbst bei Verstößen gegen grundrechtsrelevante Verfahrensvorschriften: BVerfG, Beschl. v. 20.12.1979, BVerfGE 53, 30 (juris, Rn. 67); BVerwG, Beschl. v. 22.3.2000, 1 BvR 1370/93, juris Rn. 2.

[66] EuGH, Urt. vom 7.11.2013, *Altrip*, C-72/12, Rn. 49.

[67] EuGH, ebenda, Rn 53 f.; ebenso: EuGH, Urt. v. 15.10.2015, *Kommission/Deutschland*, C-137/14, Rn. 60–62.

[68] EuGH, Urt. v. 28.5.2020, *Ummeln*, C-535/18, Rn. 60.

[69] Vgl. zuletzt: Pünder (2022), Rn. 49; zuvor bereits: Fehling (2011), S. 292 ff – „keine deutsche Eigenheit").

[70] Vgl. Pünder (2022), Rn. 39 ff.; Fehling (2011), S. 293.

4.2 *Heilung*

Das Gesetz ermöglicht in vielfältiger Form, dass Verstöße gegen Verfahrens- und andere prozedurale Vorschriften durch Nachholung der Verfahrenshandlung behoben werden können. Zentrale Heilungsvorschrift ist § 45 VwVfG, der insbesondere die Nachholung der Begründung, der Anhörung Betroffener und der Mitwirkung anderer Behörden eröffnet. Für den Anwendungsbereich des Umwelt-Rechtsbehelfsgesetzes erweitert dessen § 4 Ib 1 die Heilungsmöglichkeit auf die Verletzung aller Verfahrensvorschriften, also etwa auch die Pflicht zur Sachverhaltsaufklärung gem. § 24 VwVfG.[71] Die Nachholung der Verfahrenshandlung (und der sich daran anschließenden Verfahrensschritte) erfolgt in einem sog. ergänzenden Verfahren, das auf Antrag eines Beteiligten und nach Aussetzungsbeschluss des Gerichts auch während des laufenden Verfahrens erfolgen kann (§ 4 Ib 3 UmwRG). Auch das im Fachplanungsrecht als Ausdruck der Planerhaltung eingeführte „ergänzende Verfahren" zielt auf die behördliche Nachbesserung defizitärer Verfahrensschritte einschließlich prozeduraler Mängel im Abwägungsvorgang (§ 75 Ia 2 VwVfG).

Die zentrale Kritik an dieser Fehlerfolgenregelung bezieht sich auf die veränderte Entscheidungssituation im Nachbesserungsverfahren, weil die Behörde dort nicht mehr im gleichen Maße offen sei wie im ursprünglichen Verfahren.[72] Dem wird zum einen durch das „Gebot der realen Fehlerheilung" begegnet, wonach etwa eine Anhörungsheilung nur eintritt, „soweit die … Funktion [der Anhörung] für den Entscheidungsprozess der Behörde uneingeschränkt erreicht wird."[73] Zum anderen wäre der Entscheidungsprozess auch im Falle der Aufhebung der Behördenentscheidung im anschließenden „neuen" Verwaltungsverfahren durch die bereits zuvor ergangene Entscheidung „belastet".[74] Im Übrigen steht bei der Nachholung von Drittbeteiligungen nur selten die Vorhabenzulassung in Gänze in Frage, als vielmehr deren Ergänzung um weitere Schutzauflagen, weshalb eine Entscheidungsoffenheit bei der Behörde durchaus unterstellt werden darf. Schließlich schließt nach der neueren Rechtsprechung des EuGH auch das Unionsrecht die nachträgliche Heilung fehlerhafter Verfahrensschritte – selbst im gerichtlichen Verfahren – nicht grundsätzlich aus.[75]

---

[71] Vgl. BVerwG, Aussetzungsbeschl. v. 8.5.2018, 9 A 12/17 u. a., juris Rn. 5.

[72] Winter (2023), S.110.

[73] BVerwG, Urt. v. 24.6.2010, BVerwGE 137, 199, Rn. 37; vgl. i.Ü. Emmenegger (2019a), Rn. 73 ff.; Ludwigs (2022), Rn. 25 ff.

[74] Vgl. Schneider (2023b), Rn. 62.

[75] Vgl. EuGH, Urt. v. 26.7.2017, *Commune di Corridonia u. a.*, C-196/16 u. a., Rn. 37 ff. [Nachholung der UVP]; hierzu: BVerwG, Beschl. v. 25.1.2024, 7 VR 1/24, juris Rn. 21 (Nachholung der UVP-Vorprüfung im gerichtlichen Verfahren); auch: Emmenegger (2019a), Rn. 41; Schneider (2023b), Rn. 33.

4.3 Anfechtbarkeit von Verstößen gegen prozedurale Vorgaben

Neben dem durch § 44a VwGO zeitlich verlagerten Rechtsschutz[76] erfolgt eine Abschirmung von Verfahrensfehlern sowie sonstigen Verstößen gegen prozedurale Vorgaben vor allem dadurch, dass bei Klagen von Individualklägern nicht jeder Verfahrensverstoß der gerichtlichen Prüfung unterliegt bzw. zum Erfolg der Klage führt.[77] Dies beruht auf der Ausrichtung des deutschen Verwaltungsprozesses am Modell der Verletztenklage. So kann ein Betroffener die Aufhebung einer Vorhabenzulassung nur dann beanspruchen, wenn sie zu seinen Lasten unter Verletzung solcher Vorschriften zustande gekommen ist, die zumindest auch seinen individuellen Interessen zu dienen bestimmt sind. Dabei ist die Zuerkennung einer drittschützenden Wirkung keineswegs auf materiell-rechtliche Vorschriften beschränkt. Wegen ihrer dienenden Funktion für die Hervorbringung einer rechtmäßigen und sachangemessenen Entscheidung entfalten Verfahrens- und andere prozedurale Vorschriften jedoch nur dann drittschützende Wirkung, soweit sie dem Schutz der durch den Inhalt der Sachentscheidung berührten materiellen Interessen des Betroffenen dienen; es handelt sich um relative Rechte.[78] Die Wahrung kollektiver oder überindividueller Interessen kann der Einzelne nur beanspruchen, wenn und soweit der Gesetzgeber ihm die subjektive Rechtsmacht hierfür zuerkannt hat.[79] Dies ist etwa durch § 4 Abs. 1 UmwRG geschehen, der bei sog. „absoluten Verfahrensfehlern“ einen Aufhebungsanspruch unabhängig von der drittschützenden Wirkung der Verfahrensvorschrift und unabhängig von der Ergebnisrelevanz des Fehlers normiert.[80] Ob die Anerkennung solcher absoluter Verfahrensrechte vom Unionsrecht, insbesondere von der UVP-Richtlinie, gefordert ist, wird unterschiedlich bewertet; von der Rechtsprechung des Bundesverwaltungsgerichts wird dies jedenfalls verneint.[81]

Die Abschirmung von Verstößen gegen prozedurale Vorgaben für die Vorhabenzulassung gegenüber Individualklägern wird freilich durch die Eröffnung der Umweltverbandsklage relativiert, da Umweltverbände gem. § 2 Abs. 1 UmwRG Vorhabenzulassungen angreifen können, ohne eine Verletzung in eigenen Rechten geltend machen zu müssen.

---

[76] Vgl. Stelkens, Schenk (2024), Rn. 3.

[77] Vgl. zum Nachfolgenden insgesamt: Held (2019), S. 122–124 m.w.N.

[78] Vgl. bereits: BVerwG, Urt. v. 9.3.1990, BVerwGE 85, 54 (LS 2); ferner: BVerwG, Urt. v. 18.12.2014, BVerwGE 151, 138, Rn. 34; ebenso: BVerwG, Urt. v. 22.10.2015, 7 C 15/13, juris Rn. 22 f.

[79] Vgl. Held (2019), S. 122.

[80] Vgl. BVerwG, Urt. v. 18.12.2014, BVerwGE 151, 138, Rn. 34; BVerwG, Urt. v. 22.10.2015, 7 C 15/13, juris, Rn. 22 f.; Held (2019), S. 127 ff.

[81] Vgl. zuletzt etwa: BVerwG, Beschl. v. 4.9.2020, 3 B 41/19, NVwZ 2021, 736, Rn. 6, mit krit. Anmerkung von Kment, NVwZ 2021, 738; gegen eine Herleitung absoluter Verfahrensrechte aus der UVP-RL auch Ludwigs (2022), Rn. 48 m.w.N.

5 Schluss

Die Ausführungen sollten gezeigt haben, dass die Fundamentalkritik an einer vermeintlich deutschen Geringschätzung prozeduraler Steuerungsinstrumente für behördliche Zulassungsentscheidungen überzogen ist. Es obliegt der sich immer wieder neu stellenden Gestaltungsaufgabe des Gesetzgebers, Umfang und Intensität prozeduraler Vorgaben für die Sachverhaltsaufklärung und Entscheidungsfindung zu bestimmen. Ergebnis der Abwägung kann es dabei sein, an detaillierten Verfahrensstandards festzuhalten, deren Fehleranfälligkeit aber durch ein ausgewogenes Fehlerfolgenregime zu kompensieren. Nicht die Existenz von Unbeachtlichkeits- und Heilungsvorschriften als solchen ist zu kritisieren, sondern allenfalls deren fehlerhafte Anwendung im Einzelfall.

Literatur

Agatz, M. (2023). *Windenergie-Handbuch*, 19. Ausgabe 2023. www.windenergie-handbuch.de. Zugegriffen am 21.04.2025.

Appel, I. (2022). Reformperspektiven im Zulassungsrecht. In W. Kahl, & M. Ludwigs (Hrsg.), *Handbuch des Verwaltungsrechts* (Bd. IV, § 122, S. 1197–1240). C.F. Müller.

Appel, I., & Singer, J. (2007). Verfahrensvorschriften als subjektive Rechte. *JuS, 47*(10), 913–917.

Beckmann, M. (2016). Abwägung als Verfahren – Abwägung als materielles Recht. *BauR, 47*, 1417–1428.

Bick, U., & Wulfert, K. (2020). Die verwaltungsgerichtliche Kontrolle naturschutzfachlicher Beurteilungen. In K. F. Gärditz, K. Keller, & A. Niesler (Hrsg.), *Festschrift für Seibert* (S. 33–48). Duncker & Humblot.

Deutsch, M. (2019). § 75 VwVfG. In T. Mann, C. Sennekamp, & M. Uechtritz (Hrsg.), *VwVfG* (2. Aufl.). Nomos.

Emmenegger, S. (2019a). § 45 VwVfG. In T. Mann, C. Sennekamp, & M. Uechtritz (Hrsg.), *VwVfG* (2. Aufl.). Nomos.

Emmenegger, S. (2019b). § 46 VwVfG. In T. Mann, C. Sennekamp, & M. Uechtritz (Hrsg.), *VwVfG* (2. Aufl.). Nomos.

Engel, R., & Pfau, M. (2019). § 24 VwVfG. In T. Mann, C. Sennekamp, & M. Uechtritz (Hrsg.), *VwVfG* (2. Aufl.). Nomos.

Fehling, M. (2011). Eigenwert des Verwaltungsverfahrens. *VVStRL, 70*, 278–337.

Fellenberg, F., & Schiller, G. (2022). § 24 VwVfG. In P. Stelkens, H. J. Bonk, & M. Sachs (Hrsg.), *VwVfG* (10. Aufl.). C.H. Beck.

Franzius, C. (2022). Modalitäten und Wirkungsfaktoren der Steuerung durch Recht. In A. Voßkuhle, M. Eifert, & C. Möllers (Hrsg.), *Grundlagen des Verwaltungsrechts* (Bd. I, § 4, S. 193–244). C.H. Beck.

Gurlit, E. (2011). Der Eigenwert des Verfahrens im Verwaltungsrecht. *VVStRL, 70*, 227–277.

Gurlit, E. (2022). Dienende Funktion des Verfahrens und Prozeduralisierung. In W. Kahl, & M. Ludwigs (Hrsg.), *Handbuch des Verwaltungsrechts* (Bd. IV, § 109, S. 697–734). C.F. Müller.

Held, J. (2012). Individualrechtsschutz bei fehlerhaftem Verwaltungsverfahren. *NVwZ, 31*(8), 461–468.

Held, J. (2016). Umweltrechtliche Verfahrensfehler im Lichte der neuesten Rechtsprechung. *DVBl, 131*(1), 12–22.

Held, J. (2019). Umfang der Klage- und Rügebefugnis von Individualklägern nach dem Umwelt-Rechtsbehelfsgesetz. *DÖV, 72*(4), 121–130.

Hilbert, P. (2018). Erkenntnisfunktion und Richtigkeitsgewähr von Verwaltungsverfahren. *VERW, 51*(3), 313–350.

Hoppe, W. (2004). Die Abwägung im EAG Bau nach Maßgabe des § 1 VII BauGB 2004 – Unter Berücksichtigung von § 2 III, IV BauGB 2004. *NVwZ, 23*(8), 903–909.

Hoppe, W., & Bönker, C. (2024). Das Abwägungsgebot. In W. Hoppe, C. Bönker, & S. Grotefels (Hrsg.), *Öffentliches Baurecht* (5. Aufl., Bd. § 7, S. 279–318). C.H. Beck.

Hufen, F., & Siegel, T. (2021). *Fehler im Verwaltungsverfahren* (7. Aufl.). Nomos.

Kahl, W., & Gärditz, K. F. (2023). *Umweltrecht* (13. Aufl.). C.H. Beck.

Kment, M. (2021). Klagebefugnis von Individualklägern aus der UVP-Richtlinie. *NVwZ, 40*(10), 738–739.

Ludwigs, M. (2022). Absolute und relative Verfahrensrechte. In W. Kahl, & M. Ludwigs (Hrsg.), *Handbuch des Verwaltungsrechts* (Bd. IV, § 96, S. 171–218). C.F. Müller.

Martini, M., & Finkenzeller, X. (2012). Die Abwägungsfehlerlehre. *JuS, 52*(2), 126–131.

Meßerschmidt, K. (2011). *Europäisches Umweltrecht*. C.H. Beck.

Pünder, H. (2022). Verwaltungsverfahren in rechtsvergleichender Perspektive. In W. Kahl, & M. Ludwigs (Hrsg.), *Handbuch des Verwaltungsrechts* (Bd. IV, § 116, S. 957–996). C.F. Müller.

Quadbeck, C. (2010). *Dienende Funktion des Verwaltungsverfahren und Prozeduralisierung*. Mohr Siebeck.

Sachs, M. (2006). Zur formellen Rechtswidrigkeit von Verwaltungsakten. *VerwA, 97*, 573–591.

Schmidt-Aßmann, E., & Kaufhold, A.-K. (2022). Der Verfahrensgedanke im deutschen und europäischen Recht. In A. Voßkuhle, M. Eifert, & C. Möllers (Hrsg.), *Grundlagen des Verwaltungsrechts* (3. Aufl., Bd. II, § 27, S. 3–84). C.H. Beck.

Schmitz, H. (2023). § 1 VwVfG. In P. Stelkens, H. J. Bonk, & M. Sachs (Hrsg.), *VwVfG* (10. Aufl.). C.H. Beck.

Schneider, J.-P. (2023a). § 24 VwVfG. In F. Schoch, & J.-P. Schneider (Hrsg.), *Verwaltungsrecht, VwVfG* (3. Aufl.). C.H. Beck.

Schneider, J.-P. (2023b). § 45 VwVfG. In F. Schoch, & J.-P. Schneider (Hrsg.), *Verwaltungsrecht, VwVfG* (3. Aufl.). C.H. Beck.

Schoch, F. (2023). Einleitung. In F. Schoch, & J.-P. Schneider (Hrsg.), *Verwaltungsrecht, VwVfG* (3. Aufl.). C.H. Beck.

Schübel-Pfister, I. (2022). § 114 VwGO. In E. Eyermann (Hrsg.), *VwGO* (16. Aufl.). C.H. Beck.

Seckelmann, M. (2022). Partizipation und Akzeptanz bei der Zulassung von Großvorhaben. In W. Kahl, & M. Ludwigs (Hrsg.), *Handbuch des Verwaltungsrechts* (Bd. IV, § 112, S. 815–846). C.F. Müller.

Seibert, M.-J. (2018). § 124 VwGO. In H. Sodan, & J. Ziekow (Hrsg.), *VwGO* (5. Aufl.). Nomos.

Sommermann, K. -P. (1993). Basic elements of administrative procedure. *Speyerer Forschungsberichte, 122*.

Sommermann, K.-P. (1996/97). Verfahren der Verwaltungsentscheidung. In K. König, & H. Siedentopf (Hrsg.), *Öffentliche Verwaltung in Deutschland* (S. 458–476). Nomos.

Sommermann, K.-P. (2002). Konvergenzen im Verwaltungsverfahrens- und Verwaltungsprozeßrecht europäischer Staaten. *DÖV, 55*(4), 133–143.

Sommermann, K.-P. (2012). Das Verwaltungsverfahrensgesetz im europäischen Kontext. In H. Hill, K.-P. Sommermann, U. Stelkens, & J. Ziekow (Hrsg.), *35 Jahre Verwaltungsverfahrensgesetz* (S. 191–212). Duncker & Humblot.

Sommermann, K.-P. (2024). Art. 20. In P. M. Huber, & A. Voßkuhle (Hrsg.), *GG* (8. Aufl.). C.H. Beck.

Stelkens, P., & Schenk, W. (2024). § 44a VwGO. In F. Schoch, & J.-P. Schneider (Hrsg.), *Verwaltungsrecht, VwGO* (45. Aufl.). C.H. Beck.

Stelkens, U. (2023). Europäisches Verwaltungsrecht. In P. Stelkens, H. J. Bonk, & M. Sachs (Hrsg.), *VwVfG* (10. Aufl.). C.H. Beck.

Winter, G. (2023). Theoretische Aspekte der Öffentlichkeitsbeteiligung an Verwaltungsverfahren. In C. Brüning, W. Ewer, S. Schlacke, & C. Tegethoff (Hrsg.), *Verwaltungsrecht: Gestaltung, Steuerung, Kontrolle, Festschrift für Ulrich Ramsauer zum 75. Geburtstag* (S. 98–113). C.H. Beck.

Wissmann, H. (2023). *Verwaltungsrecht*. Mohr Siebeck.

Reflections on Administrative Justice from a Comparative Perspective: From London to Bangkok

P. Leyland

1 Introduction

I am greatly honoured to be invited to write a chapter for this festschrift celebrating the career of such a highly esteemed colleague who has also become a friend. Karl-Peter's wide ranging list of publications bears witness to his remarkably rich contribution to public law scholarship in his own language but also with publications in English, French and Italian. We first met at the University of Trento, Italy working together on a comparative initiative launched by Professor Roberto Toniatti.[1] It was immediately apparent we had common interests in a number of areas ranging over domestic constitutional and administrative law.[2] Recently, I was delighted to be included as a contributor to his ambitious project on the civil service in Europe, which has since resulted in a uniquely valuable and remarkably comprehensive addition to scholarship in this field.[3] The choice of topic for this essay was also prompted by

Peter Leyland, Professor of Public Law at the School of Oriental and African Studies (SOAS), University of London; Senior Research Fellow at the Global Policy Institute; Emeritus Professor of Public Law at London Metropolitan University. Joint founding editor of Constitutional Systems of the World series. Many publications in the field of comparative constitutional and administrative law with a focus on the UK, Europe and South East Asia.

[1] Our most recent involvement together in Trento with Professor Toniatti concerned the *European Colloguium* held there on 'Managing Constitutional Litigation Between National and Subnational Governments Out of Court: An Analysis of Experiences in Europe' (2019).

[2] Sommermann (2020); Leyland (2016).

[3] Leyland (2025).

P. Leyland (✉)
London, UK
E-Mail: pl3@soas.ac.uk

C. Fraenkel-Haeberle, B. Peters (Hrsg.), *Öffentliches Recht in transnationaler Perspektive*, https://doi.org/10.1007/978-3-662-72331-9_17

shared interests in certain aspects of constitutional and administrative law from a comparative perspective.[4] I later discovered that both myself and Karl-Peter had established connections with the constitutional and legal system of Thailand. This point of contact had in common questions relating to the administrative state, administrative law and dispute resolution.[5]

The discussion below is presented as a personal voyage that revisits the Thai system of administrative justice 25 years after the administrative courts were introduced in order to review the methods that might be adopted for comparative analysis.[6] The challenge for me has always been to consider the constitutional and legal systems in question within their wider historical and cultural context. This discussion draws attention to the importance of the multi-layered character of Thailand's constitutional system and employs a concept of legal transplantation. These ideas are deployed pragmatically as explanatory tools rather than to develop any deeper claim to proposing a single theoretical orthodoxy. To put it simply, this is conceived as an empirically based study that seeks to provide a critical assessment of salient characteristics from a comparative perspective. However, the intention is to gaze beyond the constitutional and legal texts as simply a detailed set of rules and judgments at a descriptive level in order to assess critically how the systems under consideration function from a practical standpoint.

2 The Multi-layered Character of Constitutional Systems and Thailand's Constitutional Reform

How might a comparatist begin to answer the perplexing and recurring question of commonality between legal systems? In order to understand the reception of law in context, including constitutional law, from a historical standpoint, it is important to take account of the particular multi-layered character of individual nations.[7] As a region South East Asia includes territories that may have been divided since medieval times into smaller kingdoms in their own right.[8] Nearly all the modern nations have since experienced direct conquest or domination by external colonial powers. Thailand although it escaped direct conquest (except by the Japanese in 1942) felt the heavy hand of colonialism and was forced to respond to it.[9] The layers reflecting the legal pluralism in Thailand and throughout South East Asia might be broadly viewed in terms of the often fragmented cultural and religious origins of the region,[10] colo-

[4] Sommermann (2020).

[5] Sommermann (2002).

[6] Leyland (2006).

[7] Harding (2001), p. 199.

[8] For example, as well as Thailand South East Asia also comprises Malaysia, Indonesia, Cambodia, Vietnam, Laos, Singapore.

[9] Harding, Leyland (2011), Chapter 1.

[10] Huxley (1996), p. 81 ff.

nial rule and/or colonial influence and contemporary constitutional and political arrangements (which often originated directly from the colonial experience). As with geological stratifications the most recent layers including modern laws do not simply erase the pre-existing autochthonous elements. In the case of Thailand the contemporary constitutional and legal system presents us with the exposed veneer which to varying degrees overlays the latent elements of traditional legal culture. Professor David Engel has conducted meticulous research demonstrating persuasively that: 'There can be little doubt that the historical connections between law and Buddhism for many centuries have shaped the legal consciousness of the Thai people.'[11] To take additional conspicuous examples Tort law,[12] Family Law[13] and the Lès Majesté law[14] coupled with the monarchy[15] demonstrate that customary and traditional features remain at play as part of the wider culture and these elements are frequently exposed in diverse ways.[16]

In a broad constitutional context we can point to an awareness of developments well beyond the nation's borders. Constitutional and legal reform in Siam/Thailand tended to be introduced as a top down affair, inspired by Kings, wealthy individuals with political ambition, military leaders and scholars, rather than a bottom up process driven at grass roots level by rural communities, independent political activists and broad based political parties.[17] For instance, the first constitution (of Siam) in 1932 was the result of a palace coup rather than a popular political uprising.[18] Pridi Banomyong and associates formed a *People's Party* intent on subjecting the King and the court to the law. This initial experiment was followed by a succession of twentieth century Thai constitutions which register a seesaw between spells of constitutional government and phases of military dictatorship.[19] By the 1990s Thailand was experiencing whirlwind social and economic change but Parliamentary democracy and the extension of basic human rights protection were conspicuously lagging behind. For scholars with an interest in comparative law Thailand's 1997 People's Constitution appeared to mark an important turning point. At a time (the 1990s) when new constitutions were being introduced by many nations in Eastern Europe following the demise of the Soviet Union and by South Africa following the collapse of the apartheid regime, Thailand's constitution, packed with updated features, was widely regarded as a major step towards establishing the institutional basis for an effective democratic system of government.

The 1997 constitution was promulgated following a special process during which the Constitution Drafting Assembly conducted widespread consultation on a

---

[11] Engel (2021), p. 91.

[12] Engel, Engel (2010).

[13] Loos (2006).

[14] See Mérieau (2021); Streckfuss (2011).

[15] De Vienne (2022).

[16] Girling (1981), p. 17 ff.

[17] Suwannathat-Pian (2003), 30 ff.

[18] Siam officially became Thailand in 1939.

[19] Haberkorn (2021), p. 268 ff.

nationwide basis and it was designed to confer increased rights to Thai citizens.[20] The result was a radically new constitution that retained traditional characteristics of constitutional monarchy, but introduced far reaching changes to the main institutions starting with parliament, government and the courts. The electoral system and both houses of the Thai parliament were modified. A clear separation of powers between legislative, executive and judicial organs of the state was established. The composition and powers of the Constitutional Court were reformulated. The revised rules for the selection and dismissal of judges were intended to insulate them from political controversy.[21] The constitutional text was not only packed with customised features to deal with a perceived democratic deficit in a number of areas, but also in order to eliminate corruption and to protect citizen rights effectively, a series of independent watchdog bodies were established under this constitution with formidable legal powers of enforcement. This included an Election Commission, the National Counter Corruption Commission, National Human Rights Commission and Office and State Audit Commission.[22] Faced with the polarised and divisive internal politics within Thailand, this constitution survived for less than a decade. After two miliary coups followed up by revised constitutions, Thailand's democratic credentials have suffered serious setbacks reflected in the repeated partisanship of the constitutional court[23] but while military courts were also used by the junta to try political opponents[24] the administrative courts have continued to routinely function under these constitutions. The manifest failure of radical constitutional changes and other related laws to deliver a stable system of liberal democracy may have puzzled some of the legal experts responsible for drafting the 1997 and 2007 constitutions, as well as other legal and political commentators, but the multi-layered approach alluded to above would suggest that, in part at least, the return to an authoritarian semi-dictatorship reflects a continuing clash between traditional elements (the partially submerged geological layers) associated with the Thai Monarchy, the military and Buddhist religious values on the one hand, and, on the other, modernisers with a strong commitment to democratic principles on Western European lines.[25]

3 Administrative Law: The Limits of Legal Transplantation?

In the field of administrative law, the launch of administrative courts under the constitution, which was linked to the codification of the law,[26] stood out as one of the significant features of the 1997 constitution. There have been controversial doctrinal

[20] Harding, Leyland (2011), p. 22 ff.

[21] Harding, Leyland (2011), p. 197.

[22] Leyland (2007).

[23] McCargo (2019), p. 184 ff.

[24] Ibid, p. 215.

[25] Kanchoochat, Hewison (2017); Macgregor Marshall (2015).

[26] Administrative Procedure Act BE 2539 (1996).

repudiations of legal transplantation: 'At best, what can be displaced from one jurisdiction to another is, literally a meaningless form of words.'[27] In the Thai case at least this outright rejection is clearly unjustified. From a comparative perspective the enactment of legislation setting out the fundamentals relating to law and procedure[28] as a prelude to the launch of a national system of administrative courts suggested that legal transplantation as a concept in some guise might have a useful application in understanding the evolution of administrative law as part of the Thai legal system.[29]

First, the notion of transplantation finds support in the historical narrative of the Thai nation that relates to the formation of its current legal system. As already mentioned, during the nineteenth century Siam (renamed Thailand in 1939) was subjected to a form of indirect colonisation which prompted the nation to Westernise or face the alternative of economic ruin. Siam was a hierarchical Buddhist society ruled under the Three Seals law.[30] At the beginning of that century Siam was also an absolute monarchy and not a nation in the sense understood in Europe, as it lacked clear borders. Rather, Kings since medieval times had expected financial tributes to be paid to them by local tributary lords.[31] With the prospect of direct claims by British and French on territories under Siam's influence King Rama IV 1851–1868 (Mongkut) and King Rama V 1868–1910 (Chulalongkorn) have been regarded as reformers because they deliberately took steps to transform and modernise the system of state administration and the law.[32] A centralised bureaucratic administration was established with commissioners sent to the frontier states to establish direct control by Siam.[33] Further, in a quest to modernise the prevailing law itself (The Three Seals Law of 1805) and thereby consolidate control, King Chulalongkorn and his court officials recognised the advantage of relying on finite legal codes in the style of continental European legal systems rather than adopting a British inspired common law system, based on binding precedent and law reporting.[34] From the 1880s a series of legal codes in Siam were drafted based on German and Japanese models[35] with the assistance of a team of expert advisers from abroad. In the field of judicial administration, foreigners mainly from France, Germany, Belgium, United States and Japan[36] served the Thai government in different capacities. They worked alongside Siamese lawyers contributing to the drafting and translation of modern European style penal, civil and procedural codes (several of these legal codes were

[27] Legrand (2001), p. 63.

[28] Act on Establishment of Administrative Courts and Administrative Court Procedure 2542 (1999).

[29] See e.g. Watson (1976), p. 79.

[30] De Vienne (2022), p. 34 ff.

[31] Winichakul (1994), p. 81 ff.

[32] Harding (2008).

[33] Baker, Phongpaichit (2005), p. 52 ff.

[34] Leyland (2021), p. 192 ff.

[35] See e.g. Pongsapan (2021), p. 122 ff.

[36] For example, these advisers from Belgium (Gustave Rolin-Jaquemans), Britain, France, Japan (Tokichi Masao) and the United States (Edward Strobel and Francis B Sayre).

revised later in the twentieth century). In consequence, these codes were informed to varying degrees by the legal codes of foreign countries, particularly France and Germany. As a follow up to the drafting overseas lawyers assisted Siamese/Thai judges in the implementation of newly codified laws in court cases.[37]

A second reason for drawing on some conception of transplantation relates to the broad structural characteristics of Thailand's constitutional and legal system. Rather than having a Supreme Court at its pinnacle as an apex court, the constitutional framework fits the description of continental style (dualist) constitutions, adopting in this instance a three-tier legal system. This comprises a separate Constitutional Court with a constitutional jurisdiction; a network of criminal and civil courts with a Supreme Court as the final court of appeal; and since 1999 the grievance handling role of the Thai Council of State itself modelled on the Conseil D'État is turned into a newly created two tier administrative law jurisdiction based on a national system of administrative courts of first instance and a Supreme Administrative Court at appellate level. Moreover, any discussion of the Thai Administrative Courts reveals other broad affinities with continental systems that extend beyond the provisions of the administrative code and accompanying legal rules. For example, court proceedings are based on a form of inquisitorial justice rather than being strictly adversarial and Thailand has a career judiciary recruited by competitive examination well remunerated and difficult to dismiss.[38]

In addition, from a comparative perspective more detailed familiarity with the character of Thailand's new codified system of administrative law itself promised to serve as a reminder of the relevance of, and of the limits of, legal transplantation. The discussion below tends to show that while there are some clear parallels with continental systems any resemblance tends to be general rather than specific. The analysis is nevertheless useful in explaining the overall legal context. In other words, there is undeniably some degree of connection when it comes to identifying the characteristics of the legal system but there is limited evidence of direct copying across from any particular continental model. Rather, a range of diverse influences have been incorporated into Thailand's administrative law and procedure.

4 Jurisdictional Scope of Administrative Law

Thailand's association with the French system of *droit administratif*[39] touches upon Rights of Access to the Administrative Jurisdiction.[40] The resolution of this issue has contributed to the local conceptualisation of a distinct public law which is asso-

---

[37] Reekie, Reekie (2021), p. 103 ff.

[38] Articles 12–30 of Act on the Establishment of the Administrative Court and Administrative Court Procedure BE 2542 (1999).

[39] Mestre (2022).

[40] Sommermann (2013), p. 93 ff.

ciated with: designing state organisations; ascribing varying degrees of importance to State agencies and State officials in regard to members of the public; formulating criteria and measures for controlling the discharge of state organs and officials. In contrast to France and many other European nations, Thailand has a substantial but limited bureaucratic state; not what might be termed a 'welfare state'. This separate public law jurisdiction comes to be justified on the basis that the state assumes a monopoly over the exercise of certain types of coercive power over its citizens. In particular, the creation and enforcement of laws relating to the capacity of the state to act as an instrument of social regulation. It is commonly assumed that administrative courts are fundamentally concerned with the accountability of any public bodies and the containment of public power (as well as having other responsibilities e.g., over administrative contracts and tort claims against public bodies) and, given this assumption, the reach of any public law jurisdiction becomes a question of crucial importance.

Considering the jurisdictional scope of the administrative courts in many European nations, it has been recognised that reaching any public/private distinction is made potentially more problematic by the emergence of a 'contracting state'.[41] Essentially, this aspect acknowledges that there is an expanding private sector involvement in the delivery of public services, services often formerly provided by government and local government. The trend in European nations has frequently been linked to the privatisation of formerly state-run industries and the reliance of private companies to construct and manage many publicly financed enterprises. Thailand is a nation which has also experienced a significant trend towards a contracting state. With this in mind it is relevant to note that the Thai administrative courts operate, in part, as a constitutional mechanism capable of regulating the exercise of public power in a variety of forms.[42] It follows that a narrow definition of what constitutes public law would restrict matters falling under the ambit of the administrative courts and, in turn, limit the application of public law remedies. In other words, it would result in the absence of judicial oversight of many functions performed by private bodies on behalf of the state. In assessing such claims the administrative court must decide whether the contested matter has a sufficient public law dimension to fall under its jurisdiction.[43] The test employed in Thailand seeks to ascertain if a power has been granted that would not be granted or exercised in the private sector. In practice, the court has heard cases involving privatised state enterprises which provide a universal service and has ruled that the Telephone Organisation of Thailand (TOT) remained an administrative agency subject to the jurisdiction of the administrative courts.[44] Finally, a related issue concerns the jurisdictional remit of the court. From a comparative perspective it is noteworthy that

[41] See e.g., Davies (2013).

[42] Section 3, Act of the Establishment of the Administrative Court (1999).

[43] See Cane (2003), p. 253 ff.

[44] Red Case, Nos. 1733-1734/2002.

when the demarcation is unclear the *Tribunal des Conflits* in France has a special role in deciding contested matters of jurisdiction. The Thai Jurisdictional Conflict Tribunal which adjudicates when such disputes arise in the Thai legal context performs the same task.

5 Grounds of Judicial Review, Remedies and the Rule of Law

Next, the grounds of judicial review which determine the capacity for judicial intervention are discussed to determine whether the Thai administrative courts are actually performing a comparable function to administrative courts in other jurisdictions. In Thailand the criteria were set out in codified form in 1999 and the construction in the statute does not directly mirror any other system, but the drafting has parallels with both continental codified systems[45] and the common law grounds of judicial review developed by judges in the United Kingdom. The Thai Administrative courts are granted an apparently wide power to try or adjudicate where there is: '... an unlawful act by an administrative agency or state official, whether in connection with the issuance of a rule or order or in connection with other acts, by reason of acting *without or beyond the scope of powers and duties* or in a *manner inconsistent with the law or the form, process or procedure* which is the material requirement for such an act or in *bad faith* or in a manner indicating unfair discrimination or *causing unnecessary process or excessive burden on the public* or *amounting to undue exercise of discretion*'.[46]

Given that Thailand does not have a system of binding precedent, and that the type of law reporting is much less detailed, the underlying reasoning in virtually all cases is only addressed rather briefly by the judges. It is only possible to make quite general observations about what this entails in practice. In fact, it has recently been observed that: '... Thai administrative law does not contain any standards to determine whether an error in making an administrative act must be considered "normal", resulting in unlawfulness, or serious, resulting in invalidity'.[47] Indeed, it is explained with reference to several judgments that this lacuna is a characteristic which has led to a lack of consistency in judicial reasoning between cases covering comparable subject matter. However, from Section 9(1) (above) we observe the extent to which administrative law is conceived around a recognisable principle of legality covering *ultra vires* action. This legality requirement is unmistakeable, but the point worth emphasizing here is that continental European systems such as those in

[45] Leyland (2006), p. 121.

[46] Section 9(1) of the *Act on Establishment of Administrative Courts and Administrative Court Procedure* B.E. 2542 (1999) (Thailand).

[47] Schuldt, Wilartratsami (2022), p. 140.

France, Germany, Italy and Spain all embrace a principle with some equivalence to Dicey's conception of the rule of law.[48] Indeed, Professor Karl-Peter Sommermann has stressed the convergence of Rechtsstaat with the rule of law.[49] For Dicey of course the Rule of Law is a founding principle rooted historically in England after the Norman conquest that recognises the King as the ultimate source of law and maintainer of order, but it also recognises the supremacy of the law.[50] This notion of legality is understood in the sense that virtually every legal system envisages a state in which everyone is in an important sense subject to this law.[51] The language of Lord Greene in the famous Wednesbury judgment[52] invites comparison as a degree of overlap with Section 9(1) is evident: 'A person entrusted with a discretion must ... direct himself properly in law. He must call his attention to the matters which he is bound to consider. He must exclude from his consideration matters which are irrelevant to what he has to consider. If he does not obey these rules, he may be truly said ... to be acting 'unreasonably' (in the ordinary sense). Remembering that the passage above was identified as a standard to be set against his strong unreasonableness principle explained as '...something so absurd that no sensible person could ever have dreamed that that it lay within the powers of the authority'.[53]

In order to establish whether the rule of law prevails the remedies at the disposal of administrative courts should also be mentioned from a comparative perspective. The Thai Administrative courts do not have the exact equivalent of declarations, quashing orders, prohibiting orders and mandating orders familiar in the UK, but they are equipped under the enabling Act with formidable powers when it comes to granting remedies.[54] Many of these remedies are specially fashioned to rectify the shortcomings of public administration. For example, the court can issue a decree revoking a by-law or an order and it can revoke an act in whole or part where it is alleged that an administrative agency or state official has performed an unlawful act. Furthermore, the court can direct whether any such decree is going to have retrospective or non-retrospective effect. In addition, the Administrative Courts are granted powers to order the performance of a duty or order a person to act or to refrain from an act in compliance with the law. Thus, granting powers roughly corresponding to mandatory orders and injunctive relief available in the English common law courts. The Thai administrative courts have wider powers to order the payment of money or the delivery of property. However, imposing the law in this public law field depends on establishing a culture of legality which assumes that the law has universal application and will be respected by the public bodies, including govern-

[48] Van Caenegem (1995), p. 15 ff. See also Leyland (2021), p. 193.

[49] Sommermann (2021), p. 18 ff.

[50] Dicey (1915), p. 179.

[51] Brown, Bell (1999), p. 181.

[52] *Associated Provincial Picture Houses Ltd v Wednesbury Corporation* (1948) 1 KB 223.

[53] ibid.

[54] Section 72, Act on Establishment of Administrative Courts and Administrative Court Procedure 2542 (1999).

ment, public officials, the military etc. Thus, it draws attention to the capacity of the court to enforce its judgments effectively. In Thailand commentators have expressed concern over discrepancies in the application and enforcement of law by the Supreme Administrative Court in high profile cases involving serious corruption.[55]

A further compelling reason why any direct and detailed comparison is difficult to pin down in the public law domain is because constitutions and legal systems constantly evolve in response to unfolding events within the jurisdiction (whether political, economic or health related as explained in the concluding section). It has already been pointed out that Thailand experienced military coups in 2006 and 2013 followed by the promulgation of a new constitution on each occasion. Thailand's administrative courts continued to remain operative under exactly the same ground rules despite the political turmoil,[56] but it is unclear from the reported statistics how the abuse of state power by the military junta, and the government it appointed, impacted on the throughput and disposal of a wide spectrum of cases.[57] In respect of the UK by the time Lord Bingham provided us with an insightful revised understanding of the rule of law for the twenty first century in 2010 the UK had been a member of the EU for nearly 40 years and subject to its laws,[58] in effect, the UK incorporated the European Convention on Human Rights in 2000 through the passage of the Human Rights Act 1998, and administrative justice had been transformed in England by creating a two tier system of administrative tribunals based on the Leggatt Report.[59] Not surprisingly, Lord Bingham's account of the rule of law covers some ground in common with Dicey and his disciples with respect to the long-established concept of legality applying to ministers and public officers at all levels, but his revised and extended version also places increased emphasis on access to justice and the protection of fundamental rights.[60] An updated version of Lord Bing-

[55] Schuldt, Wilartratsami (2022), p. 142.

[56] See e.g. Kanchoochat, Hewison (2017) and in particular Mérieau (2016).

[57] The official statistics released by the Thai Administrative court from its inauguration in 1999 until 30 September 2024 record a total of 219, 640 registered cases listed. Comprising 183,072 General Cases, 7651 Environmental, 20,796, Budgetary and Financial Discipline 109, Public Administration 3547, Wrongful acts and other liabilities 4465.

[58] This was before the European Union (Withdrawal) Act 2018 and related legislation paved the way for Brexit 2020 bringing to an end the jurisdiction of the European Court of Justice.

[59] Tribunals for Users One System, One Service: Report of the Review of Tribunals, HMSO, (2001); Tribunal Courts and Enforcement Act 2007.

[60] Lord Bingham states that: the law must be accessible and so far as possible intelligible, clear and predictable; questions of legal right and liability should ordinarily be resolved by the application of the law and not by the exercise of discretions; the laws of land should apply equally to all, save to the extent that objective differences justify differentiation; ministers and public officers at all levels must exercise the powers conferred on them in good faith, fairly, for the purpose for which the powers were conferred, without exceeding the limits of such power and not reasonably; the law must afford adequate protection of fundamental human rights; means must be provided for resolving, without prohibitive cost or inordinate delay, bona fide civil disputes which the parties themselves are unable to resolve; adjudicative procedures provided by the state should be fair; the rule of law requires compliance by the state with its obligations in international law as in national law. See Bingham (2010), p. 37 ff.

ham's coverage of the rule of law today, more than ten years later, would certainly need to reflect subsequent tensions between the courts and government prompted by the implementation of Brexit 2016–20[61] and by the pursuit of the Conservative government's Rwanda policy.[62]

6 Facing the Future: Legal Crosscurrents and the Legacy of Covid?

This critical discussion of comparative approaches to administrative law has up to this point been centred on examining aspects of legal history, characteristics of substantive law and some aspects of standard court procedure. Shared features have been identified but also some account has been taken of the respective autochthonous evolution of each constitutional and legal system. As our brief voyage reaches its conclusion, two further comparative observations relating to the functioning of the courts are worth making. First, since launching in 2001 the Thai Administrative court through its Bureau of Foreign affairs has reached out constantly to establish and maintain links with administrative court counterparts globally.[63] As part of this ongoing conversation with developments in the field of administrative law there have been regular lectures delivered by visiting jurists and academics as well as intercontinental judicial exchange visits for Thai judges and judges from other nations.[64]

Finally, the effect of the Covid Pandemic (2019–22) led to the simultaneous global interruption of routine court centred justice, impacting on all, or nearly all, legal systems. The introduction of elements of remotely delivered e-justice from being discernible as a gradual trend, often impacting on the margins of the courts system,[65] was suddenly forced to become *the* prime mechanism for managing the delivery of justice. Although perhaps taken for granted an important common denominator in responding to this emergency was the almost immediate application of re-

[61] *R (On the application of Miller) v Secretary of State for Exiting the European Union* [2017] UKSC 5; *R (On the Application of Miller v Prime Minister* [2019] UKSC 41. See e.g. Young (2024), p. 39 ff.

[62] *R (on the application of AAA (Syria) and others) v SS for the Home Department* [2023] UKSC 42; Leyland (2024).

[63] Thai Administrative Court hosted 9th Congress of the International Association of Supreme Administrative Jurisdictions (2007). See *The Nation*, 13 November 2007.

[64] For example, Administrative Court of Thailand: Newsletter 2018, Vol. 1, October 2017–January 2018 reports: "Training, seminars, technical presentations and domestic study visits for Administrative Court judges will be conducted so as to strengthen their expertise in expediting the adjudication and execution of administrative cases, leading to a more standardised jurisprudence ...".

[65] Civil Courts Structure Review: Final Report by Lord Justice Briggs, Judiciary of England and Wales, July 2016; Thomas, Tomlinson (2018).

mote technology on an unprecedented scale.[66] The form of this technology in terms of the computer hardware and software available on a global basis has been similar. In particular, it assumed wide access to the internet and drew upon identical or broadly similar technological resources, extending from computers, cameras, to software design characteristics. The technology had to be compatible with the desktops, laptops, tablets and cell phones used by the general public.

A set of common features related to this technology were adopted in order to achieve remote delivery of justice. By the time the waves of the Covid pandemic had receded the administrative courts in Thailand had in place a case management system designed to facilitate easy access to the services of the Administrative Court at any time from any location. It included an e-Litigation Portal, e-Payment of court fees, online administrative case consultation via the Admin Court's line application using either voice call or video call, e-Admin court, an e-Records system as part of the e-Litigation Portal, Administrative case management system as database, and e-Courtrooms.[67] This was followed up with e-Courtrooms in five regional administrative courts. The publicity of the court can now justifiably boast that it has been moving forward with technology.[68]

The response to the Covid pandemic in the UK described by the Senior Lord President of Tribunals as, adapting to an 'every-changing procedural landscape', mirrored that experienced in Thailand.[69] Courts, including the administrative courts and tribunals, took immediate steps to maintain a functioning system by rapidly moving online for nearly all of their judicial business and, where hearings were required, by adapting court rooms to ensure social distancing. Remote hearings were essential to keep the system operating. The Coronavirus Act 2020[70] contained provisions allowing for the introduction of computer technology necessary for remote hearings in courts and tribunals. The result was the introduction of telephone hearings, remote video hearings and hybrid hearings, all available as a part of routine operation. Processes were changed overnight as the majority of cases were, out of necessity, dealt with remotely, and the judiciary, legal profession and claimants had to adapt to an ever-changing procedural landscape.[71]

The litigation experience of claimants and the legal profession in both Thailand and the UK has been transformed by technological change, but any celebration of these developments needs to be qualified. This rapid conversion to a system of e-justice drew attention to a related set of problems. Although websites were already a source of information, (for instance, this is where claim forms could be down-

[66] Thailand has 89.5% of internet users compared to 95% in the UK, https://data.worldbank.org/indicator/IT.NET.USER.ZS.

[67] Administrative Court of Thailand: Newsletter 2021, Vol 2, February–May 2021.

[68] https://www.admincourt.go.th/admincourt/en/eAdmincourt_detail.php?id=22455.

[69] Administrative Court of Thailand, Newsletter 2023, Vol 3, June–September 2023, p. 14. Section 8, Timeframe of Judicial Proceedings Act 2022.

[70] Sections 53–56.

[71] Sir Keith Lindblom, Senior President of Tribunal's Annual Report 2021, p. 19.

loaded and uploaded), in order to provide e-justice online the systems needed to become interactive by providing a secure gateway for claimants. A web-based portal capable of safeguarding confidentiality and data security became a fundamental requirement for the respective systems. At the same time, special measures were needed to protect vulnerable groups such as poor, elderly and disabled citizens, who were not able to access the digital technologies. Another serious drawback with online procedure which cannot be easily addressed concerns the effectiveness of examination and cross-examination of witnesses remotely as an integral feature of an adversarial legal process. Indeed, this aspect reminds us that the right to a fair hearing in a live public forum has been regarded as a core characteristic of justice in the UK since medieval times. While e-justice has shown off the potential to streamline the throughput of claims, it is widely recognised that face-to-face hearings should not be completely replaced by remote methods of dispute resolution.[72]

References

Baker, C., & Phongpaichit, P. (2005). *A history of Thailand.* Cambridge University Press.

Bingham, T. H. (2010). *The rule of law.* Allen Lane.

Brown, N., & Bell, J. (1999). *French administrative law* (5. Aufl.). Oxford University Press.

Cane, P. (2003). Accountability and the public/private distinction. In N. Bamforth & P. Leyland (Hrsg.), *Public law in a multi-layered constitution* (S. 247–276). Hart Publishing.

Davies, A. (2013). Beyond new public management: Problems of accountability in the modern administrative state. In N. Bamforth & P. Leyland (Hrsg.), *Accountability in the contemporary constitution* (S. 333–353). Oxford University Press.

Dicey, A. (1915). *The law and the constitution* (8. Aufl.). Macmillan.

Engel, D. (2021). Blood curse and belonging in Thailand: Law Buddhism and legal consciousness. In A. Harding & M. Pongsapan (Hrsg.), *Thai legal history: From traditional to modern law* (S. 89–100). Cambridge University Press.

Engel, D., & Engel, J. (2010). *Tort, custom, and karma: Globalization and legal consciousness in Thailand.* Stanford University Press.

Girling, J. (1981). *Thailand: Society and politics.* Cornell University Press.

Haberkorn, T. (2021). Without account: Coups, amnesties and justice in Thailand. In A. Harding & M. Pongsapan (Hrsg.), *Thai legal history: From traditional to modern law* (S. 265–277). Cambridge University Press.

Harding, A. (2001). Comparative law and legal transplantation in South East Asia: Making sense of the "Nomic Din". In D. Nelken & J. Feest (Hrsg.), *Adapting legal cultures* (S. 199–222). Hart Publishing.

Harding, A. (2008). The eclipse of the astrologers: King Monkut, his successors, and the reformation of law in Thailand. In P. Nicolson & S. Biddulph (Hrsg.), *Examining practice, interrogating theory: Comparative legal studies in Asia* (S. 307–342). Brill.

Harding, A., & Leyland, P. (2011). *The constitutional system of Thailand: A contextual analysis.* Hart Publishing.

Huxley, A. (1996). *Thai law: Buddhist law.* Orchid Press.

[72] Sir Keith Lindblom, Senior President Tribunal's Annual Report 2024.

Kanchoochat, V., & Hewison, K. (2017). *Military monarchy and repression: Assessing Thailand's authoritarian turn*. Routledge.

Legrand, P. (2001). What "legal transplants". In D. Nelken & J. Feest (Hrsg.), *Adapting legal cultures* (S. 55–69). Hart Publishing.

Leyland, P. (2006). Droit Administratif Thai Style: A comparative analysis of the Administrative Courts in Thailand. *Australian Journal of Asian Law, 8*(2), 121–154.

Leyland, P. (2007). Thailand's constitutional watchdogs: Dobermans, bloodhounds or lapdogs. *Journal of Comparative Law, 55*(2), 151–177.

Leyland, P. (2016). *Textbook on administrative law* (8. Aufl.). Oxford University Press.

Leyland, P. (2021). Thailand's bureaucratic state and the consolidation of administrative justice. In A. Harding & M. Pongsapan (Hrsg.), *Thai legal history: From traditional to modern law* (S. 185–201). Cambridge University Press.

Leyland, P. (2024). The UK's Rwanda asylum policy and the courts: Reflections on the constitutional consequences. *DPCE Online, 64*(2). https://doi.org/10.57660/dpceonline.2024.2163. Accessed 26.05.2025.

Leyland, P. (2025). The civil service UK style: Facing up to change? In K.-P. Sommermann, A. Krzywon, & C. Fraenkel-Haeberle (Hrsg.), *The civil service in Europe: A research companion* (S. 320–341). Routledge.

Loos, T. (2006). *Subject Siam: Family, law and colonial modernity in Thailand*. Cornell University Press.

Macgregor Marshall, A. (2015). *A kingdom in crisis: Thailand's struggle for democracy in the twenty-first century*. Zed Books.

McCargo, D. (2019). *Fighting for virtue: Justice and politics in Thailand*. Cornell University Press.

Mérieau, E. (2016). Thailand's deep state, royal power and the constitutional court (1997–2015). *Journal of Contemporary Asia, 46*(3), 445–466.

Mérieau, E. (2021). A History of the Lès-Majesté Law. In A. Harding & M. Pongsapan (Hrsg.), *Thai legal history: From traditional to modern law* (S. 77–88). Cambridge University Press.

Mestre, J. (2022). The vicissitudes of a tradition. In P. Cane (Hrsg.), *The Oxford handbook of comparative administrative law* (S. 23–52). Oxford University Press.

Pongsapan, M. (2021). The fundamental misconception in the drafting of the Thai Civil and Commercial Code of 1925. In A. Harding & M. Pongsapan (Hrsg.), *Thai legal history: From traditional to modern law* (S. 122–137). Cambridge University Press.

Reekie, S., & Reekie, A. (2021). British judges in the Supreme Court of Siam. In A. Harding & M. Pongsapan (Hrsg.), *Thai legal history: From traditional to modern law* (S. 103–121). Cambridge University Press.

Schuldt, L., & Wilartratsami, S. (2022). The jurisprudence of the supreme administrative court. *Thai Legal Studies, 2*(1), 138–158.

Sommermann, K.-P. (2002). Standards and extent of the control of public administration. *Administrative Courts Journal, 2*, 2545.

Sommermann, K.-P. (2013). The right to access to the administrative jurisdiction. In M. Spitzkatz (Hrsg.), *Rule of law: Perspectives from Asia*. Konrad Adenauer Stiftung.

Sommermann, K.-P. (2020). The German tradition of comparative administrative law. In P. Cane (Hrsg.), *The Oxford handbook of comparative administrative law* (S. 53–78). Oxford University Press.

Sommermann, K.-P. (2021). Constitutional state and public administration. In S. Kuhlmann, I. Proeller, D. Schimanke, & J. Ziekow (Hrsg.), *Public administration in Germany* (S. 17–33). Macmillan.

Streckfuss, D. (2011). *Truth on trial in Thailand: Defamation, treason and lèse-majesté*. Routledge.

Suwannathat-Pian, K. (2003). *Kings, country and constitutions: Thailand's political development 1932–2000*. Routledge.

Thomas, R., & Tomlinson, J. (2018, April 5). The digitalisation of tribunals: What we know and what we need to know. *Public Law Project*. https://publiclawproject.org.uk/content/uploads/2018/04/The-Digitalisation-of-Tribunals-for-website.pdf. Accessed 26.05.2025.

Van Caenegem, R. (1995). *An historical introduction to western constitutional law*. Cambridge University Press.

de Vienne, M. (2022). *Thailand's Buddhist kingship in the 20th and 21st centuries*. Routledge.

Watson, A. (1976). Legal transplants and law reform. *Law Quarterly Review, 92*, 79.

Winichakul, T. (1994). *Siam mapped: The history of the geo-body of a nation*. University of Hawai'i.

Young, A. L. (2024). *Unchecked power: How recent constitutional reforms are threatening UK democracy*. Bristol University Press.

Rechtsvergleichende Analyse der Kodifizierung von Rechtswegzuweisungen im Verwaltungsrecht

K. F. Rozsnyai

1 Einführung

Dieser Beitrag knüpft an die Forschungen des Jubilars zur Verwaltungsgerichtsbarkeit an. Er befasst sich mit ausgewählten regelungstechnischen Fragen des effektiven Rechtsschutzes, welcher als Kristallisationspunkt eines gemeineuropäischen Rechtsverständnisses gilt.[1] In Europa beobachten wir eine stetige Erweiterung des Verwaltungsrechtsweges. Dies lässt sich auf zwei Hauptfaktoren zurückführen: zum einen die zunehmende Ausdifferenzierung der Instrumente der öffentlichen Verwaltung, zum anderen das wachsende Bedürfnis nach Rechtsstaatlichkeit, welches die gerichtliche Kontrolle als effektivstes Mittel zur Überwachung der öffentlichen Verwaltung anerkennt.[2]

Die genannten Aspekte erfordern eine Neubewertung der gesetzlichen Regelung des Umfangs gerichtlicher Kontrolle und der Kodifizierung des Rechtswegs. Es stellt sich die Frage, ob der Rechtsweg – ähnlich wie im Zivilprozessrecht – nicht

Krisztina Rozsnyai, Prof. Dr., ist Professorin für Verwaltungsrecht an der Juristischen Fakultät der Eötvös Loránd Universität in Budapest. Sie hat in Budapest, München und Paris studiert. Ein Aufbaustudium absolvierte sie an der Deutschen Hochschule für Verwaltungswissenschaften (DHV) Speyer (mag. rer publ. 2002). Ihr Doktorat erwarb sie 2008, die Habilitation 2016, jeweils an der Eötvös-Loránd-Universität in Budapest. Von 2015 bis 2016 leitete sie die Kodifikationsarbeiten zur ungarischen Verwaltungsprozessordnung.

[1] Sommermann (2007).

[2] Sommermann (2019).

K. F. Rozsnyai (✉)
Budapest, Ungarn
E-Mail: rozsnyaik@ajk.elte.hu

C. Fraenkel-Haeberle, B. Peters (Hrsg.), *Öffentliches Recht in transnationaler Perspektive*, https://doi.org/10.1007/978-3-662-72331-9_18

durch eine Generalklausel gesichert werden sollte. Während es für jedermann selbstverständlich ist, dass zivilprozessrechtliche Vorschriften ihren Anwendungsbereich ohne Weiteres lakonisch für zivilrechtliche bzw. privatrechtliche Streitigkeiten festlegen, ist dies für verwaltungsgerichtliche Verfahren nicht unbedingt der Fall. Dies lässt sich auf die ursprünglich sehr eingeschränkte Möglichkeit der gerichtlichen Kontrolle zurückführen, die auf den Begriff des behördlichen Verwaltungsakts zentriert war. Dies hängt wiederum stark damit zusammen, dass die Verwaltungsgerichtsbarkeit später errichtet und daher vielerorts nicht als mit der Zivilgerichtsbarkeit gleichrangig angesehen wurde. Dieser Beitrag möchte daher der Frage der gesetzlichen Regelung des Verwaltungsrechtswegs nachgehen.

2 Die gesetzliche Regelung des Verwaltungsrechtswegs

2.1 Europäische Vorgaben und Muster

Die Empfehlung Rec (2004) 20 des Ministerkomitees des Europarats zur gerichtlichen Überprüfung von Verwaltungsakten weist ebenfalls in diese Richtung.[3] Gemäß ihrem ersten Grundsatz sollte für alle Verwaltungsakte eine gerichtliche Kontrolle eröffnet sein. Die Empfehlung verwendet den Begriff „Verwaltungsakt" in einem sehr weiten Sinne. „Administrative acts" umfassen einerseits sowohl Rechts- und Verwaltungsakte als auch Realakte der Verwaltung in Ausübung öffentlicher Gewalt, die die Rechte oder Interessen natürlicher oder juristischer Personen beeinflussen können.[4] Andererseits schließt der Begriff auch Situationen ein, in denen die öffentliche Verwaltung trotz ihrer Verpflichtung, in einem bestimmten Fall ein Verfahren einzuleiten, dies verweigert oder unterlässt.

In ähnlicher Weise heißt es im „Code of Good Administrative Behaviour", dem Anhang zur gleichnamigen Empfehlung,[5] in Artikel 22 Absatz 1: „Privatpersonen haben das Recht, unmittelbar oder mittelbar eine gerichtliche Überprüfung einer Verwaltungsentscheidung zu beantragen, die ihre Rechte und Interessen unmittelbar berührt." Der Anwendungsbereich dieses Kodex soll sich auf alle verwaltungsrechtlichen Beziehungen zwischen Privatpersonen (d. h. natürlichen und juristischen Personen) und öffentlichen Behörden erstrecken. Der Begriff „public authorities" ist ebenfalls breit gefasst: „a. jede öffentlich-rechtliche Einrichtung jeglicher Art und auf jeder Ebene, einschließlich staatlicher, lokaler und autonomer Be-

---

[3] Empfehlung Rec(2004)20 des Ministerkomitees des Europarates an die Mitgliedstaaten zur gerichtlichen Überprüfung von Verwaltungsakten, https://rm.coe.int/09000016805db3f4 (15. Dezember 2004), zuletzt abgerufen am 20.12.2025.

[4] "Legal acts – both individual and normative – and physical acts of the administration taken in the exercise of public authority which may affect the rights or interests of natural or legal persons".

[5] Anhang zur Empfehlung CM/Rec(2007)7 des Ministerkomitees an die Mitgliedstaaten über gute Verwaltung, https://rm.coe.int/cmrec-2007-7-of-the-cm-to-ms-on-good-administration/16809f007c (20. Juni 2007), zuletzt abgerufen am 18.12.2025.

hörden, die eine öffentliche Dienstleistung erbringen oder im öffentlichen Interesse handeln; b. jede privatrechtliche Einrichtung, die die Befugnisse einer Behörde ausübt, die mit der Erbringung einer öffentlichen Dienstleistung betraut ist oder im öffentlichen Interesse handelt".[6] Diese materielle und funktionelle Definition zielt darauf ab, die gerichtliche Kontrolle für sämtliche Handlungen mit Außenwirkung der öffentlichen Verwaltung vorzusehen.

Der Euro-Amerikanische Musterkodex für die Verwaltungsgerichtsbarkeit, eines der bedeutenden Projekte des Jubilars, verwendet den Begriff der Verwaltungstätigkeit. Diese umfasst jede Handlung oder Unterlassung von Amtsträgern oder öffentlichen Organen in Ausübung einer Verwaltungsfunktion sowie von Privatpersonen oder privaten Organen in Ausübung hoheitlicher Befugnisse. In der Einleitung wird erläutert, dass die verwaltungsgerichtliche Kontrolle umfassend sein und sich auf alle Arten von Verwaltungstätigkeit erstrecken muss.[7]

2.2 *Generalklauseln*

In den beiden vorherrschenden, archetypischen Modellen der Verwaltungsgerichtsbarkeit ist die Zuständigkeit der Verwaltungsgerichte durch eine allgemeine Regel festgelegt. Nach § 40 der deutschen Verwaltungsgerichtsordnung sind die Verwaltungsgerichte für alle öffentlich-rechtlichen Streitigkeiten zuständig, die nicht verfassungsrechtlicher Art sind, es sei denn, ein Bundesgesetz weist die Streitigkeit ausdrücklich einem anderen Gericht zu. Für das französische System legt Artikel L-311-1 des *Code de justice administrative* die allgemeine Zuständigkeit der *tribunaux administratifs* für Verwaltungsstreitsachen fest, mit Ausnahme derjenigen, die im Interesse des Streitgegenstandes oder des ordnungsgemäßen Funktionierens der Rechtspflege an ein anderes Verwaltungsgericht verwiesen werden.[8] Nach der französischen Rechtslehre ist eine Verwaltungsklage, vereinfacht ausgedrückt, eine Klage, bei der der Beklagte eine Person des französischen öffentlichen Rechts ist und der Klagegegenstand die Ausübung der öffentlichen Gewalt oder die Erbringung einer öffentlichen Dienstleistung betrifft.[9] In beiden Fällen gibt es selbstverständlich Abgrenzungsfragen, die weitgehend den Gerichten überlassen sind.[10]

Die griechische Gesetzgebung, die sich ursprünglich am französischen System orientierte,[11] überträgt den Verwaltungsgerichten und dem Staatsrat die Zuständigkeit für „Verwaltungsstreitigkeiten", die ähnlich wie in Frankreich interpretiert werden.

---

[6] Artikel 1 Kodex für gute Verwaltungspraxis.

[7] Perlingeiro, Sommermann (2014).

[8] Die Praxis des Conseil d'État wurde durch das Gesetz vom 24. Mai 1872 bekräftigt, das festlegte, dass der Conseil d'État solche Fälle als Verwaltungssachen zu behandeln hatte.

[9] Waline (2010), S. 558–572.

[10] Bell, Lichère (2022), S. 128–129.

[11] Gromitsaris (2019), S. 1414.

Das spanische Verwaltungsprozessrecht hat ein interessantes Regelwerk entwickelt, das im Wesentlichen dem deutschen Vorbild folgt, jedoch einige spezifische Konkretisierungen enthält. Gemäß Artikel 106.1 der spanischen Verfassung sind die Gerichte für die Kontrolle der Gesetzgebungsbefugnis und der Rechtmäßigkeit des Verwaltungshandelns sowie deren ordnungsgemäße Ausübung zuständig. Diese Bestimmung bildet die Grundlage für Artikel 1 der 1998 verabschiedeten spanischen Verwaltungsprozessordnung. Demnach sind die Verwaltungsgerichte für Klagen gegen Handlungen von Verwaltungsorganen, die dem Verwaltungsrecht unterliegen, sowie gegen allgemeine Vorschriften unterhalb der Gesetzesebene zuständig.[12] An die Stelle des Begriffs „actos administrativos“ wurde der Begriff „actividad“ gesetzt, um den Schutz auf Handlungsformen wie Verträge, Realakte sowie die Unterlassung von Verwaltungshandlungen auszuweiten.[13]

2.3 *Enumerative Rechtswegzuweisungen*

Obwohl die enumerative Rechtswegzuweisung schon wegen ihrer mangelnden Flexibilität wenig praktikabel ist, halten Gesetzgeber oft daran fest. Dies kann als eine Art Pfadabhängigkeit betrachtet werden, welche darauf zurückzuführen sein mag, dass die Verwaltungsgerichtsbarkeit historisch später als die Zivilgerichtsbarkeit entstand. Infolgedessen wurde die Eröffnung des Verwaltungsrechtswegs ursprünglich als eine Sonderzuweisung und nicht als eine dem zivilgerichtlichen Rechtsweg gleichwertige Option angesehen.

Die Tendenz, Aufzählungen zu bevorzugen, ist besonders ausgeprägt in Ländern, in denen es eine frühe Kodifizierung des allgemeinen Verwaltungsverfahrensrechts gab. Dies trifft umso mehr zu, wenn die Verwaltungsgerichtsbarkeit für einen kürzeren oder längeren Zeitraum nicht existierte und die Trennung zwischen öffentlichem und privatem Recht in der Justiz daher nicht vorhanden war. Dies ist typischerweise – aber nicht ausschließlich – in vielen mittel- und osteuropäischen Ländern der ehemaligen österreichisch-ungarischen Monarchie der Fall.[14] Diese Länder sowie andere ehemalige postsowjetische Staaten befinden sich noch immer in einer Übergangsphase aus einer Regelung, welche Verwaltungsstreitigkeiten als ein spezielles Zivilverfahren konzipierte – ein ehemals gemeinsames Merkmal des sozialistischen Zivilprozessrechts. So finden sich in vielen osteuropäischen Ländern anstelle einer Generalklausel enumerative Zuständigkeitslisten, oder es wird der Rechtsweg nur gegen Verwaltungsakte im engeren Sinne eröffnet. Diese Zuweisung wird aber manchmal generalklauselartig formuliert – wie es auch in Ungarn bis 2018 der Fall war.[15] Dies ist eng mit der österreichisch-ungarischen monarchischen

[12] Ley 29/1998, de 13 de julio, reguladora de la Jurisdicción Contencioso-administrativa, https://www.boe.es/eli/es/l/1998/07/13/29 (14. Juli 1998), zuletzt abgerufen am 18.12.2025.

[13] Fuentes I Gasó (2005), S. 87–88.

[14] Potěšil et al. (2021).

[15] Küpper (2019).

Tradition verknüpft. In der ungarischen Verwaltungsgerichtsordnung, die nach österreichischem Vorbild entstand, wurde die Zuständigkeit ursprünglich durch eine lange, enumerative Liste einzelner Fallkategorien geregelt, die von Anfang an kritisiert wurde.[16] In Österreich ist die Zuständigkeit der Verwaltungsgerichte traditionell durch eine Aufzählung geregelt,[17] die sogar auf Verfassungsebene festgeschrieben ist.[18] Auch in Liechtenstein, einem mit Österreich eng verbundenen Land, erfolgt die Rechtswegzuweisung durch eine Aufzählung.[19]

Allein die Gegenüberstellung der beiden Regelungsarten spricht für die Verwendung einer Generalklausel. Einer ihrer großen Vorteile ist ihre Flexibilität, die es ihr erlaubt, mit der Evolution des Verwaltungsrechts Schritt zu halten. Dies gewährleistet einen wahrhaft effektiven Rechtsschutz gegenüber der Verwaltung, der eine umfassende gerichtliche Überprüfung ermöglicht. Bei der Abgrenzung von Verwaltungsstreitigkeiten kann sich die Justiz auf die Ergebnisse der Verwaltungsrechtsprechung stützen. Es ist jedoch zu beobachten, dass die entsprechenden Kriterienkataloge zunehmend an Präzision verlieren. Diese Entwicklung deutet möglicherweise auf eine Tendenz hin, sich schrittweise einer Regelung durch eine Generalklausel anzunähern. Ein treffendes Beispiel für diese „Verschmelzung" stellt Portugal dar, dessen Ansatz eine Brücke zwischen den beiden Modellen schlägt. Das System präsentiert sich oberflächlich als Auflistung, operiert jedoch mit breit gefassten Kategorien.

2.4 Der Wechsel von der enumerativen Regelung zur Generalklausel

Doch ist der Wechsel von der enumerativen Regelung zur Generalklausel leichter gesagt als getan. Denn für die Generalklausel ist eine solide, dogmatisch fundierte Rechtsprechung eine Voraussetzung. Was in den Heimatstaaten der Archetypen, in Deutschland und Frankreich, selbstverständlich ist, muss in Ländern, wo es für Jahrzehnte keine Verwaltungsgerichtsbarkeit gab, erst erarbeitet werden. Die „Transplantation" von Art. 40 VwGO hätte in Ungarn wenig gebracht. Es galt daher, mit der Regelung auch die dogmatische Kluft, die zwischen deutschen und ungarischen Verwaltungsrichtern besteht, erfolgreich zu überbrücken. So konnte der ungarische Gesetzgeber in gewisser Weise die spanische Lehre zur Erläuterung des Be-

[16] Rozsnyai (2019), S. 1586–7.

[17] Olechowski (2019).

[18] § 130 Österreichisches Bundesverfassungsgesetz, BGBl. Nr. 1/1930, https://www.jusline.at/gesetz/b-vg/paragraf/artikel130 (1. Februar 2019), zuletzt abgerufen am 18.12.2025.

[19] § 90 Abs. 1 Gesetz über die allgemeine Landesverwaltungspflege, Liechtensteinisches LGBl. Nr. 24/1922, https://www.gesetze.li/konso/pdf/1922024000?version=18 (21. April 1922), zuletzt abgerufen am 18.12.2025.

griffs der „actividad“[20] als Brücke benutzen[21] und eine Generalklausel auf den Begriff der Verwaltungstätigkeit konzipieren, die drei Kriterien kombiniert. Das subjektive Kriterium besteht darin, dass die Tätigkeit einem Verwaltungsorgan (zumindest im funktionellen Sinne, d. h. einer Einrichtung oder Person, die Verwaltungsaufgaben wahrnimmt) zugeschrieben werden muss. Das objektive Kriterium ist die Handlung, die eine rechtliche Wirkung hat, oder deren Unterlassung. Das dritte Kriterium ist die Regelung der Tätigkeit durch das Verwaltungsrecht.[22] Diese detailliertere Generalklausel vermag die Flexibilität und Allgemeinheit zu bewahren. Während der bloße Begriff des „Verwaltungsrechtsverhältnisses“ nicht wirklich dazu beigetragen hätte, die Generalklausel für die Rechtsprechung hinreichend zu konkretisieren, kann die Kombination dieser drei Erfordernisse dazu beitragen, eine solide Rechtsprechung zu entwickeln. Diese wiederum vermag einen lückenlosen und damit effektiven Rechtsschutz – zumindest hinsichtlich des Rechtswegs – zu gewährleisten.[23]

Die präzisere Ausgestaltung dieser Generalklausel macht den Einsatz positiver und negativer Listen (siehe unten) keineswegs überflüssig. Folglich greift auch die ungarische Gesetzgebung auf solche Listen zurück, wenngleich in einem Regelungsstil, der sich von dem des spanischen oder portugiesischen Gesetzbuches unterscheidet.

3 Rechtspolitische Entscheidungen über den Rechtsweg

Mit dem zunehmenden Ineinandergreifen von öffentlichem und privatem Recht in allen Rechtsordnungen Europas gibt es natürlich immer mehr Bereiche, in denen die Einstufung bestimmter Rechtsstreitigkeiten sowohl dem Verwaltungsrecht als auch dem Zivilrecht zugeordnet werden kann. Des Weiteren bringt die Vermischung privatrechtlicher und öffentlich-rechtlicher Elemente immer mehr hybride Rechtsinstitutionen hervor, bei denen auch die Möglichkeit paralleler Rechtsverfahren gegeben sein kann. Der EuGH sieht in diesem Phänomen an sich kein Problem, da es die Wirksamkeit des Rechtsschutzes nur dann gefährden kann, wenn diese parallelen Möglichkeiten nicht ausreichend koordiniert sind.[24]

Zuständigkeitskonflikte zwischen ordentlichen Gerichten und Verwaltungsgerichten können auch in Ländern mit einer langen Tradition der Verwaltungsgerichtsbarkeit häufig auftreten, erst recht in Ländern, die erst kürzlich

[20] Peñaranda Ramos (2011).

[21] Dem Jubilar und seinen wegweisenden Forschungen zum spanischen Verwaltungsprozessrecht ist für die Erschließung dieses wichtigen Begriffs zu danken!

[22] Art. 4 Abs. 1der ungarischen Verwaltungsprozessordnung. S. auf Englisch unter https://njt.hu/jogszabaly/en/2017-1-00-00, zuletzt abgerufen am 18.12.2025, und auf Deutsch in Küpper (2020).

[23] Rozsnyai (2020).

[24] EuGH, Urt. v. 12.1.2023, *BE gegen NAIH (Nemzeti Adatvédelmi és Információszabadság Hatóság)*, C-132/21.

Verwaltungsgerichte eingeführt haben. Das französische *Tribunal des conflits* hat auch nach so langer Zeit noch immer eine wichtige Aufgabe zu erfüllen.[25]

Es ist daher nur zweckmäßig, wenn der Gesetzgeber gewisse Grenzsituationen selbst vorausschauend regelt. Hierbei gibt es verschiedene Ansätze, da viele Faktoren – sowohl juristische als auch parajuristische – zu berücksichtigen sind. Zum einen gibt es Lösungen, die darauf abzielen, Synergien zu schaffen und öffentlichrechtliches und privatrechtliches Fachwissen zu vereinen, zum anderen solche, bei denen eine stärkere Trennung der beiden Sphären vorgenommen wird. Da Letztere mit deutlich weniger Regulierungsaufwand verbunden sind, werden sogenannte „kombinatorische“ Lösungen eher selten eingesetzt.

3.1 Durchtrennung des gordischen Knotens durch gesetzliche Qualifizierung

Wie bereits erwähnt, fügt der Gesetzgeber der Generalklausel häufig Aufzählungen von Sachbereichen hinzu, um die Rechtsprechung zu orientieren. Diese Aufzählungen können sowohl eine positive als auch eine negative Richtung haben. Die Negativlisten enthalten Angelegenheiten, die von der Zuständigkeit der Verwaltungsgerichte ausgeschlossen sind. Dabei kann es sich um Fälle handeln, die der Gesetzgeber ausdrücklich in die Zuständigkeit der Zivil- oder Strafgerichte verweist, auch wenn sie sich auf das Funktionieren der öffentlichen Verwaltung beziehen. Eine weitere Kategorie umfasst Fälle, die sowohl in die Zuständigkeit der Verwaltungsgerichte als auch der ordentlichen Gerichte fallen können. Es kann auch eine gesetzliche Kategorie für Fälle geben, die von der gerichtlichen Kontrolle gänzlich ausgeschlossen sind, wie z. B. gerichtsfreie Hoheitsakte.

Ein Beispiel für eine Aufzählung ist das spanische Verwaltungsverfahrensgesetz, in dem die Fälle aufgeführt sind, die nicht vor den Verwaltungsgerichten verhandelt werden können. In ähnlicher Weise gibt es eine Liste von Fällen, die von der Zuständigkeit der portugiesischen Verwaltungsgerichte ausgeschlossen sind. Dies sind meist Fallgruppen, bei denen die Qualifizierung als Verwaltungshandeln unter Umständen nicht unmöglich wäre, aber eher unwahrscheinlich ist. Auch die ungarische Verwaltungsprozessordnung bedient sich dieser Technik und führt Arten von Verwaltungsakten auf, die auch ohne eine solche Regelung nicht vor einem Verwaltungsgericht anfechtbar wären. Es ist also eher ein „Sicherheitsspiel“ des Gesetzgebers. Dabei handelt es sich um Streitigkeiten über politische Fragen, verwaltungsinterne Beziehungen und sog. akzessorische Verwaltungsakte. Natürlich können Sondergesetze für diese Ausnahmen explizit den Rechtsweg eröffnen. Dies ist beispielsweise im Beamtenrecht der Fall, einem Teilgebiet der verwaltungsinternen Beziehungen. Auch bei bestimmten Verfahrensentscheidungen, die als akzessorische Verwaltungshandlungen gelten, ermöglicht das Verwaltungsverfahrensgesetz

[25] Waline (2010), S. 539–572.

den Zugang zu den Gerichten. Hierzu zählen unter anderem Entscheidungen über die Verweigerung der Akteneinsicht oder die Aussetzung eines Verfahrens.

Die Positivlisten sind in der Regel von größerer Bedeutung für die Trennung zwischen dem verwaltungsrechtlichen und dem zivilrechtlichen Rechtsweg, da sie praktisch im Voraus klären, ob bestimmte Tätigkeiten als Verwaltungstätigkeiten anerkannt werden sollten. Dies kann besonders in Bereichen nützlich sein, in denen die Einordnung einer Streitigkeit unter das Verwaltungs-, Zivil- oder Arbeitsrecht umstritten ist.

Eine solche Kategorie bilden die Streitigkeiten im Zusammenhang mit dem öffentlichen Dienst. In vielen europäischen Staaten ist für beamtenrechtliche Streitigkeiten (einschließlich damit verbundener Entschädigungsansprüche) der Verwaltungsrechtsweg vorgesehen, wie etwa in Deutschland, Österreich, Frankreich, Spanien, Portugal, Griechenland, den Niederlanden und Finnland. In Schweden und Polen fallen sie nicht in die Zuständigkeit der Verwaltungsgerichte, wie es auch in Ungarn war, wo diese bis 2018 als arbeitsrechtliche Streitigkeiten qualifiziert wurden.

Selbstverständlich gibt es auch kompliziertere Bereiche, in denen eine einfache Liste von Falltypen nicht wirklich hilfreich ist. Hier können entweder verfahrensrechtliche Definitionen die Richter leiten, oder es sind zusätzliche materiellrechtliche Vorschriften erforderlich. Eine Regelungsstrategie kann daher darin bestehen, Definitionen festzulegen, die zur Klärung der Art der Streitigkeiten und der Art des gewährten Rechtswegs verwendet werden können. Diese Regelungsmethode wird manchmal innerhalb oder neben Aufzählungen eingesetzt. Ein solcher Bereich sind z. B. Verwaltungsverträge, wo in vielen Ländern Unsicherheiten herrschen. Die Streitigkeiten über öffentlich-rechtliche Verträge, die als Verwaltungsverträge definiert sind, werden in vielen europäischen Ländern von Verwaltungsgerichten entschieden. Dies ist der Fall in Deutschland, Frankreich, den Niederlanden, Finnland, Spanien, Portugal und Griechenland. In Schweden sind die Zivilgerichte für Verwaltungsverträge zuständig, mit Ausnahme von Streitigkeiten im Zusammenhang mit Verfahren vor dem Abschluss öffentlicher Aufträge. Öffentliche Aufträge und staatliche Subventionen sind Bereiche, in denen die Qualifikation von Verträgen recht unterschiedlich ist.[26] Es gibt interessante Techniken, um einen Streit über einen Verwaltungsvertrag in eine Anfechtungsklage „umzuwandeln“, sodass sich diese Qualifikationsfragen nicht stellen. Dies ist beispielsweise in der Tschechischen Republik der Fall, wo bei Streitigkeiten über Verträge ein verwaltungsinterner Rechtsbehelf vorgesehen ist, und die so ergangene Verwaltungsentscheidung dann anschließend gerichtlich überprüft werden kann. Diese Technik – die auch im Kontext der „silence de l'administration“ (Untätigkeit der Verwaltung) beispielsweise in Frankreich im Wege der negativen Fiktion Anwendung findet[27] – vermag sowohl die Schwierigkeiten, die aus einer enumerativen Verwaltungsrechtswegbestimmung resultieren, als auch Probleme bei der Qualifizierung von Verträgen zu beseitigen.

In Ungarn sieht die Verwaltungsgerichtsordnung ein duales System vor. Die erste Säule ist die formale Definition in Art. 4 (7) der Verwaltungsprozessordnung, die

---

[26] Gönczi, Hoffman (2023).

[27] Deguergue (2015).

Vereinbarungen über öffentliche Aufgaben zwischen ungarischen Verwaltungsorganen als Verwaltungsverträge definiert. Die zweite Säule ist ein Verweis auf spezielle Rechtsvorschriften: Die Definition fügt hinzu, dass weitere Verwaltungsverträge solche sind, die in Rechtsvorschriften als solche qualifiziert werden. Mit dieser Vorschrift wird dem sektoralen Gesetzgeber die Entscheidung über den Zugang zu den Gerichten übertragen. Dies ist eine der Auswirkungen der sehr starken privatrechtlichen Dominanz. Mit dem neuen Gesetzbuch wurden zwar Regeln für eine Art Verpflichtungsklage bei vertraglichen Streitigkeiten geschaffen, doch gibt es immer noch keine allgemeinen materiellen Regeln, die in diesem Bereich als Richtschnur für die Rechtsprechung dienen könnten.

3.2 Durchtrennung des gordischen Knotens im Wege der Kombinierung von Verwaltungs- und Zivilrecht

Neben der Trennung und dem Festhalten an der Dichotomie gibt es anspruchsvollere, „kombinatorische" Lösungen, wie z. B. spezialisierte Gerichte, die sowohl für Zivil- als auch für Verwaltungssachen zuständig sind. Da die Verschmelzung von öffentlichem und privatem Recht in der Marktregulierung besonders ausgeprägt ist, scheint dies in bestimmten Bereichen des öffentlichen Wirtschaftsrechts eine geeignete Lösung zu sein. Nicht selten werden bei solchen Lösungen nicht nur Zivilrecht und öffentliches Recht kombiniert, sondern es wird auch nichtjuristisches Fachwissen einbezogen. Neben dem öffentlichen Wirtschaftsrecht scheint auch der Umweltschutz ein Bereich zu sein, in dem Gerichte Schwierigkeiten haben, mit wissenschaftlichen Erkenntnissen umzugehen.[28] In Finnland und Schweden wurden beispielsweise Umweltgerichte eingerichtet, bei denen sowohl juristisches als auch nicht-juristisches Fachwissen eine Rolle spielt. In Schweden sind diese Gerichte der ordentlichen Gerichtsbarkeit zugeordnet, behandeln jedoch seit 2011 sowohl verwaltungsrechtliche als auch zivilrechtliche Streitigkeiten im Zusammenhang mit dem Umwelt-, Planungs- und Baurecht.[29]

3.3 Sondergerichte

Es darf nicht übersehen werden, dass es innerhalb der Verwaltungsgerichtsbarkeit, wie auch im Privatrecht, eine gewisse organisatorische Differenzierung gibt. Vielerorts ist die Finanzgerichtsbarkeit, die gemeinhin als ein Zweig der Verwaltungsgerichtsbarkeit angesehen wird, zeitgleich mit – wenn nicht sogar vor – der Verwaltungsgerichtsbarkeit entstanden, und die beiden Rechtswege wurden vielerorts

[28] Sulyok (2022).

[29] Wenander (2019), S. 1182.

bereits im 19. Jahrhundert getrennt.[30] Neben Sozial- und Steuersachen hat in letzter Zeit auch das öffentliche Wirtschaftsverwaltungsrecht die Grenzen der Verwaltungsgerichtsbarkeit erweitert. Das Regulierungsrecht und die Regulierungsbehörden haben nicht nur das Verwaltungsorganisationsrecht, sondern auch das Verwaltungsverfahrensrecht und damit den Verwaltungsrechtsweg stark beeinflusst. So wurde zum Beispiel im Vereinigten Königreich eine spezialisierte, interdisziplinäre Instanz, das *Competition Appeal Tribunal*, errichtet, dessen Aufgabe es ist, wettbewerbs- oder wirtschaftsrechtliche Regulierungsfälle zu entscheiden.[31] In den Niederlanden gibt es einen erstinstanzlichen Wirtschaftsgerichtshof. In Spanien existiert ein separates zentrales Wirtschaftsverwaltungsgericht, dessen Entscheidungen bei der *Audiencia Nacional* angefochten werden können. Finnland verfügt über ein Sozialversicherungsgericht sowie ein Gericht für Markt- und Wettbewerbsangelegenheiten (*Markkinaoikeus*), das für öffentlich-rechtliches Wettbewerbsrecht und öffentliche Aufträge zuständig ist.[32] Die Zuordnung dieser Gerichte variiert gelegentlich. So wurden beispielsweise die schwedischen Patentbeschwerdegerichte in das zur ordentlichen Gerichtsbarkeit gehörende Patent- und Marktgericht eingegliedert.[33]

3.4 Andere Kombinationen

Es kann auch eine rechtspolitische Entscheidung sein, Verwaltungs- und Zivilverfahren zu kombinieren. Besonders nötig wäre das für abgestufte Verfahren, bei denen verwaltungsgerichtliche und zivilgerichtliche Prozesse aufeinander folgen. Dies ist in vielen Ländern bei der Amtshaftung der Fall, wo diese als eine besondere Form der Deliktshaftung verstanden wird.[34] Angesichts des Erfordernisses eines auch zeitlich effektiven Rechtsschutzes entspricht eine solche Lösung kaum den Anforderungen von Artikel 6 der Europäischen Menschenrechtskonvention. Hierbei ist zunächst ein verwaltungsgerichtliches Verfahren durchzuführen, um über die Rechtswidrigkeit des Verwaltungshandelns zu entscheiden, und danach ein zweites Gerichtsverfahren vor dem ordentlichen Gericht über den Haftungsanspruch. Die Erweiterung des Verwaltungsrechtswegs mindert einen wesentlichen Vorteil des Zivilrechtswegs (die sog. Sekundärrechtsschutzfunktion): Die Möglichkeit, Rechtsschutz gegen die Verwaltung in Bereichen zu gewähren, die der Verwaltungsgerichtsbarkeit nicht zugänglich sind. Das Modell der Verknüpfung von Straf- und Zivilverfahren könnte als Vorbild für eine ähnliche Kombination von Verwaltungs- und Zivilgerichtsbarkeit dienen. Ein Beispiel hierfür ist das in Ungarn praktizierte Adhäsionsverfahren im Strafprozess. Dieses Verfahren ermächtigt Strafgerichte, im Rahmen des Strafurteils auch zivilrechtliche Entschädigungen zuzusprechen, so-

[30] Stipta (2006).

[31] Competition Appeals Tribunal, www.catribunal.org.uk, zuletzt abgerufen am 18.12.2025.

[32] Kulla (2019), S. 1212.

[33] Wenander (2019), S. 1186.

[34] Nagy (2010), S. 182.

fern das Gericht die Angelegenheit für entscheidungsreif erachtet. Dies stellt lediglich eine Möglichkeit für das Gericht dar, keine Pflicht. Bei einer Entscheidung über den Anspruch kann eine zeitnahe Entschädigung eher gewährleistet werden als in einem separaten Zivilverfahren. Die Komplexität dieser Lösung aus regelungstechnischer Sicht ergibt sich daraus, dass im privatrechtlichen Teil des Urteils dieselben Rechtsmittel zulässig sein müssen wie gegen eine vergleichbare Entscheidung eines Zivilgerichts. Eine weitere Möglichkeit zur Kombination von verwaltungs- und zivilgerichtlichen Verfahren findet sich in der österreichischen Regelung von Amtshaftungsansprüchen. Hierbei muss das ordentliche Gericht in Amtshaftungssachen sein Verfahren aussetzen und die Stellungnahme des Verwaltungsgerichts zur Rechtswidrigkeit des Verwaltungshandelns einholen, sofern kein Verwaltungsgericht bereits über die Rechtmäßigkeit entschieden hat.[35] Auch die Schaffung gemischter Senate wäre ein möglicher Weg.[36]

4 Fazit

Da sich die Verwaltungsgerichtsbarkeit ständig weiterentwickelt, werden die Fragen der Zuständigkeit und der Kompetenz immer wieder aufgeworfen, wobei die Regelung dieser Fragen kontinuierlich angepasst werden muss. Die Erfordernisse eines effektiven Rechtsschutzes, sowohl unter dem Gesichtspunkt der Lückenlosigkeit als auch der angemessenen Verfahrensdauer, benötigen zunehmend ausgefeiltere Regelungen.

Die Ausweitung der Verwaltungsgerichtsbarkeit macht eine allgemeine Regelung der Rechtswegzuständigkeit erforderlich. Die Generalklauseln können durch Positiv- und Negativlisten ergänzt werden, um die Entwicklung einer soliden Rechtsprechung zu unterstützen und ein ausgewogenes Verhältnis zwischen der Verwaltungs- und der Zivilgerichtsbarkeit zu schaffen sowie Kompetenzkonflikte zu vermeiden. Auch muss dem aktuellen Phänomen der Rechtsweg-Multiplizierung entgegengewirkt werden, um die Effektivität des Rechtsschutzes zu gewährleisten. Denn auch wenn der Gesetzgeber diese mit der vom EuGH geforderten besonderen Sorgfalt aufeinander abstimmt, bedeutet die Parallelität für die einheitliche Rechtsprechung und damit für den effektiven Rechtsschutz eine reale Gefahr. Statt paralleler Wege ist daher zu überlegen, welcher Gerichtszweig besser geeignet ist, sich mit einer bestimmten Frage zu befassen, um dann die erforderlichen rechtspolitischen Entscheidungen zu treffen. Die Ausarbeitung kombinatorischer Lösungen, bei denen sowohl die Verwaltungs- als auch die Zivilgerichtsbarkeit sowie die fachliche Expertise eine Rolle spielen können, ist oft eine angemessenere Lösung für die aktuell entstehenden, hybriden Rechtsinstitutionen als das Festhalten an der überholten Dichotomie von Zivil- und Verwaltungsrechtsweg. Der beste Weg ist daher, die richtigen Abgrenzungsfragen zu formulieren und, wo nötig und möglich, Synergien zu schaffen.

---

[35] Leskovar (2011), S. 102–103.

[36] Rozsnyai (2021), S. 501.

Literatur

Bell, J., & Lichère, F. (2022). *Contemporary French administrative law* (S. 128–153). Cambridge University Press.

Deguergue, M. (2015). Le silence de l'Administration en droit administratif français. *Cah Droit, 56*, 389–410.

Fuentes I Gasó, J. R. (2005). Legitimación y objeto del proceso contencioso-administrativo en la Ley jurisdiccional de 1998. In K.-P. Sommermann (Hrsg.), *Die Reform des Verwaltungsprozessrechts in Spanien* (S. 73–102). Speyer.

Gönczi, L. L., & Hoffman, I. (2023). The Sui Generis nature of legal protection in the case of regional development aids in the Hungarian legislation and legal practice – Focused on irregularity issues. *Stud Iurid Lublinensia, 32*(2), 117–132.

Gromitsaris, A. (2019). § 37 Geschichte der Verwaltungsgerichtsbarkeit in Griechenland. In K.-P. Sommermann & B. Schaffarzik (Hrsg.), *Handbuch der Geschichte der Verwaltungsgerichtsbarkeit in Deutschland und Europa* (S. 1405–1436). Springer.

Kulla, H. (2019). § 31 Geschichte der Verwaltungsgerichtsbarkeit in Finnland. In K.-P. Sommermann, & B. Schaffarzik (Hrsg.), *Handbuch der Geschichte der Verwaltungsgerichtsbarkeit in Deutschland und Europa* (S. 1202–1214). Springer.

Küpper, H. (2019). Verwaltungsgerichtsbarkeit in Ungarn. In A. von Bogdandy, P. M. Huber, & L. Marcusson (Hrsg.), *Verwaltungsgerichtsbarkeit in Europa: Institutionen und Verfahren, Band VIII* (S. 717–826). C. F. Müller.

Küpper, H. (2020). Übersetzung des Gesetzes 2017:I über die Verwaltungsprozessordnung vom 1. März 2017. *Jahrbuch für Ostrecht, 61*, 485–550.

Leskovar, C. (2011). Amtshaftungsrechtliche Folgen der Tätigkeit von Sachverständigen im Verwaltungsverfahren. [Dissertation]. https://doi.org/10.25365/thesis.

Nagy, M. (2010). *Interdiszciplináris mozaikok a közigazgatási jogi felelősség dogmatikájához [Interdisciplinary mosaics for the dogmatics of administrative liability].* Eötvös.

Olechowski, T. (2019). § 28 Geschichte der Verwaltungsgerichtsbarkeit in Österreich. In K.-P. Sommermann, & B. Schaffarzik (Hrsg.), *Handbuch der Geschichte der Verwaltungsgerichtsbarkeit in Deutschland und Europa* (S. 1736–1770). Springer.

Peñaranda Ramos, J. L. (2011). El control de la actuación administrativa por la jurisdicción contencioso-administrativa (I): Elementos generales. https://ocw.uc3m.es/pluginfile.php/1652/mod_page/content/17/leccion11_control_actuacion.pdf. Zugegriffen am 18.12.2025.

Perlingeiro, R., & Sommermann, K.-P. (2014). *Euro-American Model Code of Administrative Jurisdiction: English, French, German, Italian, Portuguese and Spanish Versions.* Editora da UFF.

Potěšil, L., Rozsnyai, K., Olszanowski, J., & Horvat, M. (2021). Simplification of administrative procedure on the example of the Czech Republic, Poland, Slovakia, and Hungary (V4 countries). *Administrative Sciences, 11*(1), 9.

Rozsnyai, K. F. (2019). § 43 Die Geschichte der ungarischen Verwaltungsgerichtsbarkeit. In K.-P. Sommermann, & B. Schaffarzik (Hrsg.), *Handbuch der Geschichte der Verwaltungsgerichtsbarkeit in Deutschland und Europa* (S. 1570–1599). Springer.

Rozsnyai, K. F. (2020). Anfängliche Schwierigkeiten bei der Anwendung der ungarischen Verwaltungsprozessordnung. *Jahrbuch für Ostrecht, 61*, 185–206.

Rozsnyai, K. F. (2021). The procedural autonomy of hungarian administrative justice as a precondition of effective judicial protection. *Stud Iurid Lublinensia, 30*(4), 491–503.

Sommermann, K.-P. (2007). Das Recht auf effektiven Rechtsschutz als Kristallisationspunkt eines gemeineuropäischen Rechtsverständnisses. In F. Kirchhof, H.-J. Papier, & H. Schäffer (Hrsg.), *Festschrift für Detlef Merten zum 70. Geburtstag* (S. 443–461). C.F. Müller.

Sommermann, K.-P. (2019). § 48 Entwicklungspfade europäischer Verwaltungsgerichtsbarkeit. In K.-P. Sommermann, & B. Schaffarzik (Hrsg.), *Handbuch der Geschichte der Verwaltungsgerichtsbarkeit in Deutschland und Europa* (S. 1736–1770). Springer.

Stipta, I. (2006). *Die Herausbildung und die Wirkung der deutschen Verwaltungsgerichtsbarkeit auf den ungarischen Verwaltungsrechtsschutz*. ELTE ÁJK Magyar Állam- és Jogtörténeti Tanszék.

Sulyok, K. (2022). Science, legitimacy, and the judicial function: A need for more intrusive standards of review. In G. Kajtár, B. Çali, & M. Milanovic (Hrsg.), *Secondary rules of primary importance in international law: Attribution, causality, evidence, and standards of review in the practice of international courts and tribunals* (S. 83–102). Oxford University Press.

Waline, J. (2010). *Droit administratif* (23. Aufl.). Dalloz.

Wenander, H. (2019). § 30 Die Geschichte der Verwaltungsgerichtsbarkeit in Schweden. In K.-P. Sommermann, & B. Schaffarzik (Hrsg.), *Handbuch der Geschichte der Verwaltungsgerichtsbarkeit in Deutschland und Europa* (S. 1165–1199). Springer.

Ostrumelien und seine Verwaltungsgerichtsbarkeit im Laboratorium der Großmächte

B. Schaffarzik

1 Internationalismus und Provinzialismus

Karl-Peter Sommermann lässt bekanntlich der Rechtsvergleichung und dem Verwaltungsrechtsschutz besondere Pflege angedeihen.[1] Diese Forschungsgegenstände hat er als Mitglied von Beratungsgremien im Ausland bei der Konzeption der Verwaltungsgerichtsbarkeit zusammengeführt. An der Universität Tiflis entfaltet er zudem eine die beiden Materien umfassende Lehrtätigkeit. Das früheste Beispiel eines mit der Gründung rechtsstaatlicher Strukturen betrauten internationalen Gremiums finden wir auf der anderen Seite des Schwarzen Meeres, an seinen westlichen Gestaden. Dort entstand im Gefolge des Berliner Kongresses die Provinz Ostrumelien, deren Organisationsstatut (OS) mitsamt den Bestimmungen über die Verwaltungsgerichtsbarkeit von einer Europäischen Kommission erarbeitet wurde.

Bert Schaffarzik, Dr., ist Präsident des Verwaltungsgerichts Chemnitz und Präsident des Verfassungs- und Verwaltungsgerichts der Vereinigten Evangelisch-Lutherischen Kirche Deutschlands sowie Lehrbeauftragter an der Universität Speyer. Er publiziert zu Themen der Verfassungs- und Verwaltungsrechtsgeschichte, der Verwaltungsgerichtsbarkeit und des Kommunalrechts und ist Mitherausgeber sowohl eines Kommentars zur Sächsischen Gemeindeordnung als auch der Zeitschrift „Landes- und Kommunalverwaltung".

[1] Aus der Fülle der Publikationen seien zwei frühe Studien genannt: Sommermann (1994); ders. (1999).

B. Schaffarzik (✉)
Chemnitz, Deutschland
E-Mail: bert.schaffarzik@vgc.justiz.sachsen.de

C. Fraenkel-Haeberle, B. Peters (Hrsg.), *Öffentliches Recht in transnationaler Perspektive*, https://doi.org/10.1007/978-3-662-72331-9_19

1.1 Bismarck, der Pate von Ostrumelien

Wir schreiben das Jahr 1878. Die russische Armee steht unmittelbar vor Konstantinopel und das Osmanische Reich kurz vor dem Zusammenbruch. Rumelien, der europäische Teil der Türkei, in dessen Bezeichnung das 1453 untergegangene oströmische Reich durchschimmert, ist weitgehend besetzt. Russland hat nach verschiedenen Aufständen gegen die türkische Herrschaft auf dem Balkan die Gebrechlichkeit des „kranken Mannes am Bosporus" ausgenutzt und schickt sich an, den seit *Peter dem Großen* gehegten Traum von eisfreien Häfen zu verwirklichen. Seine Truppen, die sich die Rettung der orthodoxen Christenheit auf die Fahnen geschrieben haben, sind unaufhaltsam vorgerückt und nun am Mittelmeer angekommen. Vor der Einnahme Konstantinopels schreckt der Zar dann aber doch zurück. Zu groß ist das Risiko, dass England eingreift, das seine Handelsinteressen im östlichen Mittelmeer beeinträchtigt sieht. In dieser Situation versucht Russland immerhin, das Erreichte zu sichern, und ruft die Türkei in den vor den Toren ihrer Hauptstadt gelegenen Ort San Stefano (Yeşilköy) zum Diktatfrieden. Mit diesem Vertrag vom 03. März 1878 will es den erkämpften Machtbereich durch das neu gebildete Fürstentum Bulgarien festigen, das auch Teile Mazedoniens mit dem Zugang zum Mittelmeer umfasst. Es geht allerdings den Kompromiss ein, dass das Fürstentum fortan unter der Suzeränität, der Oberhoheit des Osmanischen Reichs steht und diesem tributpflichtig ist. Bulgarien betrachtet den Vertrag gleichwohl als die dem großen slawischen Bruder zu verdankende „Befreiung vom türkischen Joch" – so die dort bis heute übliche Redeweise – und begeht seitdem den 03. März als Feiertag zum Gedenken an die Wiedergeburt nach dem Verlöschen des vormaligen bulgarischen Reichs Ende des 14. Jahrhunderts. England, aber auch Österreich-Ungarn, das eine Loslösung seiner slawischen Teilvölker nach dem Beispiel der jüngsten Veränderungen fürchtet, fordern jedoch eine Revision der Ergebnisse von San Stefano. Als ein europäischer Flächenbrand droht, bittet der Zar das Deutsche Reich um die Einladung zu einer Friedenskonferenz, der auch die Hohe Pforte sowie Großbritannien, Österreich-Ungarn, Frankreich und Italien als weitere Großmächte folgen.

Deutschland übernimmt auf dem Berliner Kongress die Rolle des „ehrlichen Maklers" – so die Selbstzuschreibung *Bismarcks* im Reichstag[2] –, um aller Welt zu demonstrieren, dass es keine eigenen Interessen auf dem Balkan verfolgt. Der Reichskanzler, der – wie das berühmte Gemälde *Anton von Werners* zeigt – alle anderen Akteure um Längen überragt, beherrscht die Szenerie auch in der Sache. Seine Vermittlung zielt auf eine Dreiteilung Bulgariens und ein „roll back" der russischen Hegemonie. Dementsprechend einigen sich die Mächte im Berliner Vertrag vom 13. Juli 1878[3] auf einen Rückfall der mazedonischen Gebietsteile an die Türkei und im Übrigen auf die Abspaltung des südlich des Balkangebirges gelegenen Teiles von Bulgarien, das unter Rekurs auf die Gesamtbezeichnung der europäischen

[2] Verhandlungen des deutschen Reichstags 1878, 6. Sitzung vom 19. Februar 1878, S. 98.

[3] Deutsches RGBl. Band 1878, Nr. 31, S. 307–345.

Türkei auf den Namen „Ostrumelien" getauft und zu dessen Hauptstadt Philippopel, das heutige Plovdiv, erkoren wird. Der russische Traum vom Mittelmeer ist geplatzt.[4]

Die Festlegung des Organisationsstatuts von Ostrumelien überantwortet Art. 18 des Berliner Vertrags einer „Europäischen Kommission". Die Grundzüge werden hingegen im Vertrag selbst in Art. 13 beschrieben. Anders als das nördlich angrenzende (Klein-)Bulgarien ist Ostrumelien kein Fürstentum, sondern eine Provinz des Osmanischen Reichs, die unter der unmittelbaren politischen und militärischen Autorität des Sultans steht, aber mit administrativer Autonomie ausgestattet ist und einen christlichen Generalgouverneur erhält. Dieser Status soll offenbar hinter demjenigen des Fürstentums Bulgarien zurückbleiben. Andererseits ist die Kommission gehalten, auch das Gerichts- und Finanzwesen zu regeln. Eine bloße „Provinz" kann jedoch schwerlich Träger eines eigenen (staatlichen) Gerichtswesens sein. Überdies setzt ein eigenes Finanzwesen den Erlass von Haushaltsgesetzen durch ein Parlament voraus, sodass Ostrumelien auch unter diesem Aspekt als Staat und nicht als Provinz aufzufassen ist. Dabei übertrifft sein Rang noch denjenigen eines Gliedstaats in einem föderal aufgebauten Gesamtstaat, weil der Primat des Osmanischen Reichs mangels der Provinz übergeordneter Reichsbehörden oder Reichsgerichte schwach ausgebildet ist. So gesehen ist Ostrumelien sehr wohl ein Staat, der sich nur nicht so nennen darf. Und da an seiner Spitze kein Monarch, sondern ein Generalgouverneur steht, ist für den Auftrag der Kommission der Weg zu einer stolzen Republik vorgezeichnet.

1.2 Constitutional Engineering durch die Europäische Kommission

Diesen Weg beschreitet die Kommission in nahezu euphorischer Stimmung. Denn wird die Provinz als Staat gedeutet, verdient sie auch eine vollwertige Verfassung. Das Organisationsstatut soll deshalb den Charakter einer modernen Konstitution erhalten. Erklärtes Ziel dieses Prestigeprojekts ist es, trotz Eingliederung in das noch durch archaische Strukturen geprägte Osmanische Reich einen europäischen Musterstaat zu errichten. Dass dieser Enthusiasmus von der Hohen Pforte nicht geteilt wird und die Zusammenarbeit mit ihrer Delegation manchem Härtetest ausgesetzt sein wird, verwundert daher nicht. Die Kommission präsentiert sich als Abbild des Berliner Kongresses insofern, als in ihr dieselben Nationen, freilich nicht ganz so glanzvoll vertreten sind. Anstelle der Regierungschefs oder Außenminister kommt jetzt die Arbeitsebene zum Zug, allerdings mit hochrangigem Personal. Die Kommissare sind: Beamter in der deutschen Botschaft in Konstantinopel und Vizekonsul in Bukarest *Ernst von Braunschweig* (Deutschland), k.u.k. Kammerherr und ehemaliges Mitglied des ungarischen Reichstags *Baron Benjámin von Kállay* (Österreich-Ungarn), bevollmächtigter Botschafter *Baron Maximilien de Ring* und

[4] Vgl. zu den Ereignissen von 1878 Brunnbauer, Buchenau (2018), S. 108 ff.

sein Beigeordneter, Konsul *Coutouly-Dorset* (Frankreich), Mitglied des Parlaments *Sir Henry Drummond Wolff* (Großbritannien), Erster Dragoman (Legationsrat) der italienischen Botschaft in Konstantinopel *Cavaliere Alessandro Vernoni* (Italien), Kammerherr des Zaren, Hofrat und Generalkonsul in Ostrumelien *Fürst Ceretelev* (Russland), Seine Exzellenz Muschir (Berater) und Senator des Reichs *Assim Pascha* sowie Beamter erster Klasse und Direktor im Außenministerium *Abro Effendi* (Türkei).[5] Ostrumelien selbst ist in der Kommission nicht einmal als Zaungast präsent.

Die Mitglieder der Kommission sind so sehr von ihrer Mission beseelt, dass sie die ihnen dafür in Art. 18 des Berliner Vertrags gesetzte Frist von drei Monaten völlig aus den Augen verlieren. Von der Inauguration am 30. September 1878 bis zur abschließenden Lesung des Organisationsstatuts mit sage und schreibe (ohne Anlagen) 495 Artikeln am 26. April 1879 vergehen aufgrund eines prall gefüllten Terminkalenders und 64 Sitzungen fast sieben Monate. Deren erste findet in Kanliça am Bosporus im Yali (Uferpalais) des Großwesirs *Safvet Pascha* statt, die folgenden unter anderem in Konstantinopel und Therapia, in den Konaks (Stadtpalais) türkischer Würdenträger. Zur 6. Sitzung am 02. November 1878 zieht man nach Philippopel weiter, um in die soziokulturelle Welt der ostrumelischen Kapitale einzutauchen[6] und dem Provinzialkolorit nachzuspüren.[7] So kann dem Eindruck entgegengewirkt werden, die Vertreter der Großmächte würden über die Köpfe der Bewohner hinweg und ohne Ortskenntnis entscheiden.[8] Die Sitzungen werden in dem – ihr speziell gewidmeten – „Haus der Europäischen Kommission“ oben auf

[5] Genannt sind die bei der abschließenden Sitzung am 26. April 1879 anwesenden Delegierten. Über die Vorgänge in der Kommission geben folgende Dokumente Aufschluss: Akten des Auswärtigen Amtes, Acta betreffend den Zusammentritt einer Europäischen (Konsul.) Commission für die Organisation von Ostrumelien auf Grund des Art. 18 des Berliner Vertrages vom 13. Juli 1878, Politisches Archiv, R 13011; Correspondence respecting the Proceedings of the European Commission for the Organization of Eastern Roumelia, Presented to both Houses of Parliament by Command of Her Majesty, 1879; Akten des Ministère de l'Europe et des Affaires étrangères, Direction des Archives, Commission européenne en Roumélie Orientale, Archives du délégué français (Baron de Ring), 2POI/1-4. Nähere Schilderungen zum Fluidum der Sitzungen bei Drummond Wolff (1908), S. 197 ff., mit Abbildung der Kommissare (vor S. 197). Speziell zu den Beratungen zur Verwaltungsgerichtsbarkeit: стайнов (1934/35), S. 9 ff.; георгиев (2007), S. 16 ff.; йочев (2011), S. 25 ff.

[6] Philippopel – Europäische Kulturhauptstadt 2019 – wurde 342 v. Chr. von Philipp II. von Makedonien gegründet und zählte später zu den Metropolen des Römischen Reichs. Aus jener Zeit ist das mit einer dreistöckigen Bühne versehene, 3.000 Personen fassende hemizyklische Antike Theater erhalten.

[7] Die ökonomische Basis der 815.000 Einwohner zählenden Provinz – siehe Gopčević (1886), S. 18 und 21 f. – bilden der Ackerbau (Getreide und Tabak) und der Weinbau. Ein Wirtschaftszweig mit Alleinstellungsqualität ist die Herstellung von Rosenöl; vgl. die köstliche Episode mit Kara Ben Nemsi und dem Rosengärtner Jafiz bei Karl May: May (1892), S. 31 ff. Die Handlung spielt just im hier relevanten Zeitraum in Rumelien.

[8] Zu diesem Zweck lassen sich die Kommissare auch über Expeditionen von Gewährsleuten in die Tiefen des Landes berichten und erfahren etwa einiges über die von der russischen Armee angerichteten Zerstörungen. Ihre Informationsbasis verbreitern sie zudem dank zahlreicher Petitionen ostrumelischer Bürger.

dem Altstadthügel abgehalten. Philippopel bietet genügend Annehmlichkeiten, zu denen nicht zuletzt die ihnen zu Ehren ausgerichteten Bälle gehören, sodass man erst zur 60. Sitzung am 05. April 1879 nach Konstantinopel zurückkehrt. Da die Türkei mit dem Verlauf der zu liberalen Verhältnissen tendierenden Beratungen unzufrieden ist, müssen die Kommissare nunmehr – wie Schuljungen – mit der profanen Unterbringung im Kaiserlichen Gymnasium von Galatasaray vorliebnehmen.

Den ersten Dämpfer erhalten die türkischen Diplomaten schon früh, als der k.u.k. Delegierte *Kállay* den von ihnen vorgelegten, an der restriktiven Ordnung der türkischen Provinzen („Vilayets") orientierten Entwurf eines Organisationsstatuts dahingehend abqualifiziert, er sei zu lückenhaft und könne nur ein Ausgangspunkt der Überlegungen sein. Tatsächlich kommt diese Bewertung einer vollständigen Abfuhr gleich, weil jener Entwurf in keiner der folgenden Sitzungen mehr eine Rolle spielen wird. Eine weitere Démarche der türkischen Vertreter bezieht sich auf die Verwaltungsgerichtsbarkeit. Im Interesse einer kraftvollen Verwaltungstätigkeit verwahren sie sich gegen jegliche „Zensur" behördlicher Entscheidungen durch unabhängige Spruchkörper. Auch dieser Vorstoß scheitert. Bereits im Protokoll der 7. Sitzung vom 04. November 1878 ist die Notwendigkeit einer wirksamen Kontrolle der Exekutive festgehalten, und zwei Tage später wird im Protokoll der 8. Sitzung der „contentieux administratif" ausdrücklich als Teil der Verwaltung aufgeführt. Damit ist das Verwaltungsstreitverfahren der „grande nation" für Ostrumelien „gesetzt". Und folgerichtig übernimmt *Baron de Ring* die Berichterstattung für den die innere Verwaltung inklusive des contentieux betreffenden Teil des Statuts.

Der Rapporteur jedoch hat Höheres im Sinn. Es geht ihm nicht darum, das französische Modell für Ostrumelien schlichtweg zu kopieren, sondern es zu vervollkommnen. Das bedeutet für ihn unter anderem die Aufgabe der scharfen Trennung zwischen dem „ordre administratif" und dem „ordre judiciaire", indem die Verwaltungsrechtspflege aus der Exekutive herausgelöst und der Judikative zugeschlagen werden soll. Dieser Vorschlag findet indes keinen Anklang. Insbesondere *Kállay* lehnt eine zu mächtige Verwaltungsgerichtsbarkeit ab und bewegt seinen Kollegen zur Rücknahme seines Votums. Auch Ostrumelien folgt damit im Grundsatz der in Frankreich seit dem Revolutionsgesetz über die Organisation der Justiz von 1790 geltenden Devise „juger l'administration, c'est encore administrer".[9] Abgesehen davon setzt sich der Berichterstatter unter einer Vielzahl von Aspekten mit seinem weitreichenden Programm durch. Dabei kann er zwar nicht auf Traditionen der indigenen Bevölkerung zurückgreifen, die keinen effektiven Verwaltungsrechtsschutz, sondern nur das Vilayet-Regime kennt. Doch lässt er sich von den in Baden (1863), Hessen (1875), Preußen (1875), Österreich (1875), Württemberg (1876) und Bayern (1878) ergangenen, noch taufrischen Verwaltungsgerichtsgesetzen inspirieren[10] und fügt dem eigene Ideen hinzu, sodass in synkretistischer Manier etwas Neues entsteht. Die Bewertung der Verwaltungsgerichtsmodelle in der Kom-

[9] Dazu Jacquemet-Gauché (2025), S. 89 ff.

[10] Die Aufgeschlossenheit des aus dem Elsass stammenden Berichterstatters für die deutschen Ansätze erklärt sich auch durch seine diplomatischen Vorverwendungen in Berlin und Wien und bei den Waffenstillstandsverhandlungen zwischen Frankreich und Deutschland.

mission wird durch *Baron de Ring* gleichsam personifiziert. Denn in der Vorlage, mit der er seine Kollegen (weitgehend) überzeugt, macht er den Wettbewerb der Systeme mit sich selbst aus. Die Ausformung der Verwaltungsgerichtsbarkeit ist praktisch seine Schöpfung.

Die konträren Auffassungen der Delegierten der Hohen Pforte bleiben demgegenüber unerheblich, was auf dem vereinbarten Abstimmungsmodus beruht. Danach reicht in Einzelfragen die einfache Mehrheit aus, wenn zuvor einstimmig beschlossen wird, dass keine Einstimmigkeit erforderlich ist. Die Minderheit kann immerhin verlangen, dass ihre Meinung im Protokoll festgehalten wird. So erreicht die Kommission, wenn auch verspätet, ihr Ziel. Das Organisationsstatut wird nach Art. 18 Abs. 2 des Berliner Vertrags durch einen „Firman" des Sultans sanktioniert und dem Publikum kundgetan.[11] Als zwischenstaatliche Vereinbarung zur Umsetzung eines internationalen Übereinkommens darf das Organisationsstatut auch selbst als völkerrechtlicher Vertrag gelten. Und da es inhaltlich einer Staatsverfassung gleichkommt, weist es eine Doppelnatur als „traité-constitution" auf.

Die konstitutionelle Opulenz des Statuts mit seinen 495 Artikeln ist überaus eindrucksvoll und hebt es von anderen, dem Gedanken vermeintlich „weiser" Selbstbeschränkung verpflichteter Verfassungen ab. Der Regelungsumfang ist aber leicht erklärlich. Die Mitglieder der Kommission wissen, dass sie nur diese eine Chance haben, in Ostrumelien stabile rechtsstaatliche Strukturen zu schaffen. Deshalb enthält das Organisationsstatut eine Vielzahl von Festlegungen, die eine nationale Konstituante nicht selbst treffen, sondern dem einfachen Gesetzgeber überlassen würde. Das in französischer Sprache erstellte Dokument besticht zudem in puncto *clarté* und *élégance* und erzeugt eine eigene Poesie, zu der die technokratisch klingende heutige Formel des „constitutional engineering" nicht recht passen will.

1.3 Das Organisationsstatut

Die Grundregelungen trifft das Statut in seinem Kapitel I über das „Öffentliche Recht". Dazu gehört die Befugnis der Provinzialversammlung zum Erlass förmlicher Gesetze, was sie als echtes Parlament ausweist. Regierungschef ist der Generalgouverneur, der vom Sultan im Einvernehmen mit den Berliner Mächten jeweils für fünf Jahre ernannt wird.[12] Der an das Reich zu leistende Tribut beläuft sich auf drei Zehntel der Einnahmen der Provinz. Dem Katalog der Bürgerrechte der

[11] Statut organique de la Roumélie Orientale, Sonderdruck 1879 (im Internet disponibel). Seine Regelungen über die Verwaltungsgerichtsbarkeit sind im Anhang zu diesem Beitrag in deutscher Übersetzung abgedruckt.

[12] Auf den übergangsweise amtierenden russischen General Arkadi Dmitrijevitsch Stolypin (Oktober 1878 bis Mai 1879) folgen Aleksandar Bogoridi, mit türkischem Titel Aleko Pascha (bis Mai 1884), und sodann dessen Adoptivbruder Gavril Krastevitsch, der zuvor Innenminister war. Der Schreibtisch und weiteres Büromobiliar des Generalgouverneurs können im Gebäude der seinerzeitigen Provinzialversammlung, dem jetzigen Museum der Vereinigung von Ostrumelien mit Bulgarien, besichtigt werden.

Ostrumelioten nach gemeineuropäischem Standard (Kapitel II) folgen die Kompetenzen des Generalgouverneurs (Kapitel III) sowie der zentralen Verwaltung (Kapitel IV), die von den sechs Ministern, den „Generaladministratoren" geleitet wird. In diesem Kapitel ist in Art. 66 f. OS auch der Oberste Verwaltungsgerichtshof (OVGH) geregelt. Die in Kapitel V näher behandelte Provinzialversammlung ist ständisch fundiert, weist aber auch demokratische Elemente auf. Kapitel VI widmet sich den Untergliederungen der Provinz in sechs Departemente[13] und 28 Kantone[14] sowie in Städte und Gemeinden. Chef des Departements ist der Präfekt, dem der Präfekturrat mit konsultativen Aufgaben beigeordnet ist. Dieser umfasst den mit der Büroleitung betrauten Sekretär der Präfektur sowie zwei Präfekturräte. Zur Departements-„Verwaltung" gehört nach Art. 120 ff. OS auch das dem OVGH nachgeordnete Verwaltungsgericht. Die weiteren Kapitel VII bis XV betreffen die Ressorts der Generaladministratoren sowie das Beamtenrecht.

1.4 *Das frühe Ende*

Schon bald nach ihrer Gründung wird in der Provinz gegen die Spaltung der bulgarischen Nation mobilisiert. Am 17. September 1885 putschen Offiziere der Miliz. Ostrumelien sucht und findet augenblicklich Anschluss durch (Nord-)Bulgarien. Das Osmanische Reich lässt es bei scharfem Protest bewenden, zumal seine Suzeränität über das vereinigte Land nicht in Frage gestellt wird und weiterhin hohe Tribute fließen. Auch die (übrigen) Berliner Signatarmächte lassen Bulgarien gewähren. In den nächsten Jahren verharrt Ostrumelien in einem kuriosen Schwebezustand. An seiner Spitze steht unverändert der Generalgouverneur, dessen Amt mit türkischem Placet der aus Hessen-Darmstadt stammende bulgarische Fürst *Alexander von Battenberg* in Personalunion bekleidet. Ostrumelien bleibt auch in den kartografischen Darstellungen der in Europa gebräuchlichen Atlanten als besonderes Gebilde sichtbar. Bulgarien setzt indes alles daran, die Provinz in seine Strukturen zu integrieren. Auch das System der Verwaltungsgerichtsbarkeit übersteht diesen Prozess nicht. Das endgültige Aus für Ostrumelien kommt am 05. Oktober 1908, als Bulgarien sich für unabhängig erklärt und Fürst *Ferdinand* aus dem Hause Sachsen-Coburg-Gotha sich zum Zaren ausruft. Nachdem Verwaltungsrechtsschutz in (Nord-)Bulgarien zunächst durch die ordentliche Gerichtsbarkeit[15] und später durch den Staatsrat gewährt wird, erhält das Land 1913 wie vormals Ost-

[13] Nach ihrer Größe entsprechen sie in etwa ihren französischen Vorbildern, sind aber nicht nach topografischen Erscheinungen wie Flüssen oder Gebirgszügen, sondern nach ihren Hauptorten benannt: Philippopel, Eski Zagor, Chaskoi, Sliven, Tatar-Bazardschik und Burgas.

[14] Auf die Zwischenstufe der Arrondissements wird zwecks administrativer Verschlankung verzichtet.

[15] Sie übernimmt Ende 1887 die noch anhängigen Verfahren der ostrumelischen Verwaltungsgerichte, die zugleich ihre Tore für immer schließen. Dass diese auch praktisch funktioniert haben, geht aus anderen Darstellungen hervor; vgl. стайнов (1934/35), S. 17 f. m.w.N. Der vorliegende Beitrag legt den Focus auf den Entstehungsprozess und die normativen Grundlagen.

rumelien einen OVGH, der von da an bis heute – unterbrochen durch die kommunistische Zeit – in Sofia in dem für ihn errichteten Dienstgebäude residiert.[16]

2 Charakteristika der Verwaltungsgerichtsbarkeit

2.1 Verwaltungsgerichtsbarkeit auf Verfassungshöhe

Doch zurück nach Ostrumelien: Das Bestreben der Kommission, alle von ihr als wichtig erachteten Vorgaben für die Provinz und ihre Bürger in das Organisationsstatut aufzunehmen, betrifft in besonderer Weise die Verwaltungsgerichtsbarkeit. Diese ist nicht wie in einem langsam empor gewachsenen Rechtsstaat dessen vielzitierter „Schlussstein" (*Gustav Radbruch* und *Richard Thoma*), sondern vielmehr einer der tragenden „Grundsteine" der neuen Strukturen und daher verfassungsrechtlich zu verankern, um sie etwaigen Beschneidungen durch den einfachen Gesetzgeber zu entziehen. Im internationalen Vergleich liegt in dieser Konstitutionalisierung eine höchst wirksame Bestandsgarantie. Die Verfassungen der deutschen Länder enthalten entweder justizstaatliche Verbürgungen, die den von Verwaltungsmaßnahmen Betroffenen den Weg zu den (ordentlichen) Gerichten eröffnen, oder sehen in Administrativ-(Justiz-)Staaten, in denen lediglich Beschwerden (Rekurse) im behördlichen Instanzenzug – und sei es in einem förmlichen Verfahren – zugestanden sind, gar keinen gerichtlichen Rechtsschutz vor. Dabei hat es auch dort sein Bewenden, wo es zur einfachgesetzlichen Gründung von Verwaltungsgerichten kommt. Aufgrund der Scheu vor Verfassungsänderungen wird dies bis 1918 nirgendwo konstitutionell nachvollzogen. Aber selbst in Frankreich, dessen seit 1799 aufeinander folgende Verfassungen überwiegend mit Normen über die Verwaltungsgerichtsbarkeit angereichert sind, fallen diese deutlich weniger ausführlich als im Organisationsstatut aus. Dass hier detaillierte Aussagen zu den Spruchkörpern und den Prozessarten auf Verfassungsebene getroffen werden, ist ein absolutes Novum. Gleichwohl ist auch in Ostrumelien eine einfachrechtliche Konkretisierung unverzichtbar (Art. 124 OS). Daher erlässt der Generalgouverneur, der nicht länger auf ein förmliches Gesetz warten, sondern seine Interimskompetenz zu vorläufiger Regelung gemäß Art. 55 Abs. 2 OS nutzen will, am 31. August 1881 eine Verwaltungsprozessverordnung (VPVO).[17] Das nahezu wortgleiche Gesetz der Provinzialversammlung folgt aber kurz darauf am 09. November 1881.[18]

---

[16] ЧоБанов (2013), passim.

[17] Karl-Peter Sommermann hat einmal begeistert ausgesprochen, dass sich in der Urfassung eines Normenwerks häufig ein ganzer Kosmos auftut. Die Verordnung ist daher hier im Anhang in toto abgedruckt.

[18] оБластенъ законъ за съдопроизводство-то на окръжни-те и върховно-то административни съдилища = Provinzialgesetz über den Prozess vor den Departementsverwaltungsgerichten und dem Obersten Verwaltungsgericht (оБластенъ сБорникъ отъ закони въ източна румелия = Gesetzsammlung der Provinz Ostrumelien Jahr II Ausgabe I Band II 1881 S. 183).

2.2 Verwaltungsgerichtsbarkeit als Zweig der Verwaltung

Der Initiative von *Baron de Ring*, die Verwaltungsgerichtsbarkeit der ordentlichen Justiz an die Seite zu stellen, ist – wie gesehen – kein Erfolg beschieden. In Frankreich gilt es als unumstößliches Prinzip, dass Urteile über administratives Handeln allein durch Organe der Verwaltung selbst gesprochen werden können. Die revolutionäre und daher „gute" Verwaltung darf keiner lähmenden externen Kontrolle durch Richter unterliegen. Verwaltungsgerichtsbarkeit ist insofern kein organisatorischer, auf die Justiz hinweisender Topos, sondern ist funktional als ein – wenn auch besonderer, nämlich rechtsprechender – Zweig der Exekutive zu verstehen. Deshalb ist sie im Organisationsstatut in den Kapiteln IV und VI über die aktive Verwaltung verankert.

2.3 Tribunalisierung der Verwaltungsgerichtsbarkeit

Diese Einordnung wird jedoch durch verschiedene Regelungen konterkariert, die den Spruchkörpern die Insignien der Justiz verleihen. Das betrifft bereits ihre Bezeichnungen. Die erste Instanz bilden nach Art. 120 ff. OS die Verwaltungs-„Gerichte" („Tribunaux" de contentieux administratif), denen nach Art. 66 f. OS der Oberste Verwaltungs-„Gerichtshof" („Cour" supérieure de contentieux administratif) übergeordnet ist. Das Statut nimmt derart eine begriffliche Anleihe bei den deutsch(sprachig)en Ländern, die teilweise ebenfalls Verwaltungsgerichte und als letzte oder einzige Instanz ein Oberverwaltungsgericht (Preußen) oder einen Verwaltungsgerichtshof (Baden, Hessen, Österreich, Württemberg und Bayern) kennen. Der französische Conseil d'État taugt hingegen nicht als Namenspatron. Als dem Kaiser oder König seit 1799 zuarbeitender Staats-„Rat" nahm er im contentieux – wie auch bei der Abfassung von Gesetzentwürfen und Verordnungen – lediglich konsultative Funktionen wahr; die definitive Entscheidungsmacht war dem monarchischen Staatsoberhaupt vorbehalten („justice retenue"). Der ostrumelische OVGH soll jedoch nicht (den Generalgouverneur) beraten, sondern selbst Recht sprechen. Wenn auch in der Zweiten (1849 bis 1852) und seit 1872 in der Dritten Republik die Entscheidungskompetenz im contentieux auf den Staatsrat übertragen wurde („justice déléguée"), ohne seine Bezeichnung als bloßer „Rat" zu ändern, so ist diese aber nicht anschlussfähig, weil insoweit seine konsultative zur dezisiven Rolle erstarkt ist.[19] Und einen „Staats"-Rat kann es in Ostrumelien nicht geben, weil das Land jedenfalls offiziell nur eine Provinz ist.

Auch nach ihrer Personalstruktur unterscheidet sich die ostrumelische Verwaltungsgerichtsbarkeit vom Staatsrat, dessen Amtsträger sämtlich dem ordre

[19] Wenn Art. 66 OS die Beisitzer der Spruchkörper als „Räte" bezeichnet, stellt dies die Tribunalisierung nicht in Frage. In Deutschland firmierte etwa ein Richter am Oberverwaltungsgericht noch bis 1975 als „Oberverwaltungsgerichtsrat".

administratif angehören. Völlig anders stellt sich die gemischte (Dreier-)Besetzung nach dem Organisationsstatut dar. Nur einer der Beisitzer ist ein geborener Verwaltungsbeamter, während der andere von der Provinzialversammlung nominiert wird. Die Gerichtschefs sind sogar gelernte Richter, die hier nebenamtlich tätig sind und ihr Hauptamt an dem mit Zivil- und Strafsachen betrauten Gericht des Departements bzw. am Obersten Gerichtshof ausüben. Die Mitwirkung von Justizjuristen und erst recht ihre Heranziehung zu Leitungsfunktionen wäre im Staatsratsmodell undenkbar.

Ein untrügliches Zeichen für eine Tribunalisierung sind kontradiktorische Verfahren. In diese Richtung weisen zunächst Art. 67 Abs. 1 Nr. 2 und Art. 121 Abs. 2 OS, die als Gegenstand gerichtlicher Erkenntnis Streitigkeiten zwischen dem Einzelnen und der Verwaltung aufgrund von Verträgen und Geschäften aufführen. Wie in Frankreich werden Vereinbarungen über die Deckung öffentlichen Bedarfs oder die Erbringung von Leistungen für die öffentliche Infrastruktur durch Private (z. B. Verkauf von Waren oder Bau von Straßen) als öffentlich-rechtliche Verträge qualifiziert und der Kompetenz der „staatsnäheren" Verwaltungsgerichte unterstellt. Dabei handelt es sich – wie beim französischen „recours de pleine juridiction" (Beschwerde zwecks gerichtlicher Vollkontrolle) – um koordinative Rechtsbeziehungen, sodass Art. 67 Abs. 1 Nr. 2 und Art. 121 Abs. 2 OS zutreffend von „Streitigkeiten" zwischen zwei Parteien sprechen. Demgegenüber vermeiden Art. 67 Abs. 1 Nr. 1 und Art. 121 Abs. 1 OS über die Anfechtung behördlicher Entscheidungen zwar eine Bezugnahme auf ein kontradiktorisches Verfahren. Denn hier besteht das Rechtsschutzziel meist in der Kassation eines Verwaltungsakts, mit dem die Behörde dem ihr subordinierten Einzelnen eine verbindliche Regelung vorgegeben hat. Dem französischen Pendant des „recours pour excès de pouvoir" (Beschwerde wegen Machtüberschreitung) fehlt aus diesem Grund eine Passivpartei, denn dem Staat soll diese Rolle nicht zugemutet werden. Zwecks Akkusationsvermeidung wird keinem Beklagten, sondern schlicht dem Verwaltungsakt der Prozess gemacht. Auch Art. 67 Abs. 1 Nr. 1 und Art. 121 Abs. 1 OS sind Ausdruck dieser Zurückhaltung.

Den Generalgouverneur allerdings kümmert das wenig. Seine Verwaltungsprozessverordnung ebnet die Unterscheidung zwischen materiellen Sub- und Koordinationsverhältnissen komplett ein, indem sie beide Rechtsschutzformen einheitlich als „Streitigkeiten" zwischen „Streitparteien" behandelt (Art. 1, Art. 2 Abs. 1, Art. 6 Abs. 2, Art. 7 Abs. 1, Art. 9 und Art. 23 VPVO) und sich auch im Übrigen des für kontradiktorische Verfahren typischen Vokabulars bedient. So ist der dem Einzelnen eröffnete Rechtsbehelf nicht – wie im französischen Verwaltungsprozess – eine verwaltungsintern verstandene „Beschwerde", sondern eine wirkliche „Klage", die der „Kläger" gegen die „Gegenpartei" erhebt (Art. 2 ff. passim VPVO). Art. 7 Abs. 2, Art. 9 Abs. 1 und Art. 13 VPVO schließlich erklären hinsichtlich des Procederes die Regeln des Zivilprozessrechts subsidiär für anwendbar und unterstreichen damit die Verwandtschaft zwischen Verwaltungs- und ordentlichen Gerichten.

2.4 *Instantielle Symmetrie*

Die sorgfältig durchkomponierten Vorschriften über die Statthaftigkeit der Verfahrensarten – Art. 67 Abs. 1 und Art. 121 OS – sind auf Strukturgleichheit bedacht. Beide Normen haben erstinstanzliche Zuständigkeiten zum Gegenstand, wobei die Verwaltungsgerichte die Kontrolle über die Departements-, Kantons- und Kommunalverwaltung wahrnehmen, während der OVGH über die ministerialiter tätigen Generaladministratoren judiziert. Da die gerichtliche Kognition einerseits Verwaltungsakte und andererseits öffentlich-rechtliche Verträge betrifft und Art. 67 Abs. 1 und Art. 121 OS weitgehend inhaltsgleich gestaltet sind, kann von einer gestuften Symmetrie der Instanzen gesprochen werden. Unbeschadet von Differenzen im Detail gilt dies auch für die Mitglieder der Spruchkörper nach Art. 66 und 120 OS, die jeweils die ordentliche Gerichtsbarkeit, die Provinzialversammlung und die Verwaltung repräsentieren. Die instantielle Symmetrie ist in ähnlicher Weise dahin abgestuft, dass der Präsident des OVGH dem Richterkollegium des Obersten Gerichtshofs und die Vorsitzenden der Verwaltungsgerichte der Richterschaft der Departementsgerichte entstammen. Entsprechende Staffelungen sind für das jeweilige genuin administrative Mitglied vorgesehen. Beim OVGH ist es in der Regel ein Beamter des Regierungsapparats, da dieses Mitglied vom Generalgouverneur ernannt wird. Bei den Verwaltungsgerichten erfolgt die Rekrutierung aus dem Präfekturrat, d. h. der Departementsverwaltung. Eine analog gestufte Dreiteilung nimmt das Organisationsstatut in Bezug auf die Stellvertreter vor, die beim OVGH Auditeure und bei den Verwaltungsgerichten Assistenten heißen.

2.5 *Gewaltentroika auf der Richterbank*

Auf der von der Europäischen Kommission konzipierten Richterbank sind bei den Verwaltungsgerichten ebenso wie beim OVGH alle staatlichen Gewalten vereint. Das Prinzip der „checks and balances“ zwischen den drei Staatsfunktionen wird somit im Kontext der Verwaltungsgerichtsbarkeit reflektiert und in ähnlicher Weise fruchtbar gemacht. Die drei Exponenten der geballten Gewalten werden in der Erwartung zusammengespannt, dass sich in der Beratung unter Aufbietung wechselseitigen Grundverständnisses idealtypischerweise eine juristisch richtige oder zumindest gut vertretbare Fallentscheidung herauskristallisiert. Auch die Rollenverteilung ist durchdacht: Der Präsident oder Vorsitzende wird fern der Heimat, etwa in Konstantinopel,[20] Wien, Genf, Lausanne[21] oder Leipzig,[22] Jura studiert haben und bringt außer den not-

[20] Die dortige Juristische Fakultät ist mit mehreren Tausend Studenten so bedeutend, dass selbst Baedekers Reiseführer, Baedeker (1914), S. 179, davon Notiz nimmt.

[21] Die bulgarischsprachigen Studenten gehören anfänglich Schweizer Studentenverbindungen an, bevor sie 1891 einen eigenen Club namens Bratstvo gründen; vgl. Meuwly (1987), S. 64 f.

[22] Die Provinz und das Fürstentum vergeben Stipendien für ein Studium in Deutschland. Die stärkste Anziehungskraft entfaltet Leipzig, wo viele Rumelioten und Bulgaren auch promoviert werden.

wendigen Rechtskenntnissen berufliche Erfahrungen aus der ordentlichen Justiz mit. Der Verwaltungsmann hat die administrativen Belange im Blick. Sein Stellvertreter (beim erstinstanzlichen Verwaltungsgericht) wird als für das Votum verantwortlicher Berichterstatter die Diskussion maßgeblich vorprägen können. Für die authentische Auslegung nach der Intention des Normgebers ist der Parlamentarier aus der Provinzialversammlung geradezu prädestiniert. Zusammen mit dem Vorsitzenden, seinem natürlichen Verbündeten, kann er bei fehlerhaftem Agieren der Verwaltung – sei es in streitiger Abstimmung, sei es durch Überzeugung des administrativen Mitglieds – durch Aufhebung des Verwaltungsakts dem Willen des Gesetzgebers wieder Geltung verschaffen. Als der Staatsstruktur entsprechende „institutio mixta" ließe sich die „dreigewaltige" Spruchkörperformation als „Legislativ-, Administrativ- und Judikativ-Justiz" oder schlicht als „Staat im Staate" apostrophieren.

2.6 Der Staatsanwalt als Souffleur

Obwohl die öffentlichen Belange schon durch den Beklagten verteidigt werden, leistet sich die Verwaltungsgerichtsbarkeit nach französischem Vorbild den Luxus prokuratorischer Begleitung. Diese erfolgt in beiden Instanzen durch einen (weiteren) Vertreter des öffentlichen Interesses, dem vor der Sitzung die Akten mitsamt dem Votum des Berichterstatters übersandt werden und mit dessen Schlussantrag der Termin sein Ende findet. Damit kann er sich wirkungsvoll in Szene setzen und den Richtern womöglich auf die Sprünge helfen. Da er sein Plädoyer zu begründen hat, fungiert er neben dem votierenden Richterassistenten beim Verwaltungsgericht bzw. dem Auditeur beim OVGH als gerichtsexterner Berichterstatter. Vor dem Verwaltungsgericht wird dieses Amt vom Sekretär der Präfektur und vor dem OVGH von zwei Delegierten des Generalsekretärs von Ostrumelien, des „Innenministers", ausgeübt (Art. 66 Abs. 6 und Art. 117 Abs. 4 OS). Auch die Amtsbezeichnungen folgen der französischen Terminologie. In der Eingangsinstanz ist es der Regierungskommissar[23] und beim OVGH das „ministère public", d. h. die „Staatsanwaltschaft". Dieser Begriff ist allerdings nicht organisatorisch als besondere Behörde, sondern nur funktionell als Aufgabe der Vertretung des öffentlichen Interesses zu verstehen. Darin unterscheidet sich das Modell von der seinerzeit schon bestehenden Staatsanwaltschaft – seit 1975 Landesanwaltschaft – am Bayerischen Verwaltungsgerichtshof, die als eigene Behörde organisiert ist.

Das ministère public beim OVGH ist nicht mit der Staatsanwaltschaft im Strafprozess zu verwechseln, wenngleich ein solcher Beiklang unüberhörbar ist. Denn der für den Verwaltungsakt verantwortliche Beamte soll sich durchaus ein wenig als „Angeklagter" fühlen und, wenn er ein Dienstvergehen begangen oder gar ein Amtsdelikt verwirklicht hat, eine Sanktion gewärtigen. Demgegenüber ist der Be-

[23] In Frankreich gehört dieser – seit 2009 „rapporteur public" genannt – allerdings dem Staatsrat selbst an.

griff der Staatsanwaltschaft beim OVGH nicht von späteren osteuropäischen Konzepten angekränkelt, wonach im Verwaltungsprozess umgekehrt vor allem das Verwaltungsstrafrecht verhandelt wird, also der Bürger wegen Ordnungswidrigkeiten zur Rechenschaft gezogen wird. Jener repressive Ansatz passt nicht zur freiheitlichen Philosophie des Rechtsschutzes in Ostrumelien.

2.7 *Optimaler Ressourceneinsatz*

Bei sieben Gerichten in zwei Instanzen, jeweils mit einer Stamm- und einer Stellvertreterbesatzung sowie prokuratorischer Unterstützung, könnte der Eindruck entstehen, dass die Struktur für ein Land mit weniger als einer Million Bewohnern zu pompös geraten ist. Der Kommission ist jedoch durch geschickte Verzahnung von Funktionen eine personalwirtschaftlich günstige Konstruktion gelungen. Sämtliche Amtsträger sind nur im Nebenamt tätig. Besonders effizient werden die Ressourcen der Präfekturen genutzt, indem jeweils in Personalunion das dienstälteste Ratsmitglied als Beisitzer auf der Richterbank des Verwaltungsgerichts Platz nimmt, das dienstjüngste Ratsmitglied als Richterassistent und Berichterstatter agiert und der Sekretär der Präfektur als Regierungskommissar staatsanwaltliche Aufgaben übernimmt.

2.8 *Ehrgeizige Terminkette*

Die zeitlichen Vorgaben zielen auf einen „kurzen Prozess" im positiven Sinn ab. Gemäß Art. 2 VPVO beträgt die Frist für die Klageerwiderung lediglich 15 Tage. Der Berichterstatter, dem die Hauptlast der inhaltlichen Durchdringung der Verwaltungsrechtssache obliegt, hat sein Votum dann sogar schon innerhalb einer Woche abzuliefern. Nur zur Wahrung von Qualitätsanforderungen kann ihm eine Nachfrist von wenigen Tagen gewährt werden (Art. 6 Abs. 1 und 2 VPVO). Bei diesem eng geschnürten Zeitplan wird der Vorsitzende bestrebt sein, die mündliche Verhandlung früh zu terminieren, sodass sich auch der Regierungskommissar mit der Vorbereitung seines Schlussantrags beeilen muss (vgl. Art. 8 Abs. 1 VPVO). Erstaunlicherweise fehlt es an einer Frist für die ursprüngliche Klage. In der Praxis dürfte für die Anfechtung eines Verwaltungsakts ebenfalls eine Frist von 15 Tagen angenommen worden sein.

2.9 *Transparenz und Hygiene*

Die Transparenz des Verwaltungsprozesses kulminiert in Art. 122 OS: „Die Sitzungen des Verwaltungsgerichts sind öffentlich." Eine Parallelregelung zum OVGH lässt das Organisationsstatut zwar vermissen, doch springt insoweit Art. 22 VPVO in die Bresche, indem er auf Art. 7 VPVO über die Ladung der Parteien zur öffentlichen Sitzung verweist. Die Publizität des Verfahrens geht – nach badischem und hessischem Vorbild[24] – sogar so weit, dass den Parteien auf ihren Antrag die im Votum des Berichterstatters freigelegten entscheidungsrelevanten Fragen bekanntzugeben sind, damit sie ihren Vortrag darauf einstellen können (Art. 6 Abs. 3 VPVO). Machen sie von diesem Recht keinen Gebrauch, erfahren sie den wesentlichen Inhalt des Berichts immerhin durch seine Wiedergabe im Urteil (Art. 11 VPVO).[25] Die der Verhandlung folgende Beratung des Spruchkörpers ist allerdings nichtöffentlich. Die Richter sollen abgeschirmt von jedem äußeren Einfluss ihre Argumente austauschen und in nahezu weihevoller Atmosphäre auf eine höhere Eingebung hoffen dürfen. Aus diesem Grund sowie zur Vorbeugung von Fraternisierung verwehrt Art. 10 Abs. 2 VPVO dem Regierungskommissar bzw. dem Staatsanwalt die Teilnahme an der Beratung. Ebenso wie die selbstverständliche Aussage von Art. 8 Abs. 2 und Art. 24 Hs. 2 VPVO, wonach der prokuratorische Schlussantrag für die Richter keine bindende Wirkung erzeugt, ist diese Bestimmung Ausdruck des Gebots justitieller Hygiene.

2.10 Binäres Klagesystem

Bereits bei der Erörterung des kontradiktorischen Charakters wurden die beiden Rechtsschutzformen für die Gleich- und die Unterordnungsbeziehung entfaltet, die jeweils in beiden Instanzen vorkommen. Die Klagegegenstände im Subordinationsstreit sind allerdings nicht völlig deckungsgleich. Das Verwaltungsgericht (Art. 121 Abs. 1 OS) kann sich mit einem an den Einzelnen gerichteten „acte administratif spécial", einem klassischen Verwaltungsakt, oder mit einem „fait particulier", d. h. einem öffentlich-rechtlichen Realakt befassen.[26] Art. 67 Abs. 1 Nr. 1 OS bezeichnet die Angriffsobjekte vor dem OVGH hingegen als „Entscheidungen". Dieser im Verhältnis zum acte administratif spécial weitere Begriff schließt auch den „acte administratif général", also den normativen „Verwaltungsakt" in Form der Rechtsverordnung ein.[27] Denn für das ministerielle Verwaltungshandeln der Generaladministratoren ist gerade auch die Schaffung gesetzeskonkretisierender exekutivischer Vorschriften prägend (Art. 59 Abs. 7 OS). Behörden auf der Ebene der Departemente sind hingegen keine Adressaten von Verordnungsermächtigungen. Umgekehrt ist ein bloßes Tathandeln für ein Ministerium nicht wesenstypisch, sodass dieses in Art. 67 Abs. 1 Nr. 1 OS im Gegensatz zu Art. 121 Abs. 1 OS ungenannt bleibt.

[24] Siehe Schaffarzik (2019), S. 910.

[25] Dieser hohe Transparenzstandard hat freilich keine Schule gemacht; entscheidungsvorbereitende interne Papiere bleiben heutzutage typischerweise unter Verschluss (so explizit § 100 Abs. 4 VwGO).

[26] Die Hervorhebung des Realakts dürfte darauf beruhen, dass die Verwaltung in jenen Zeiten mitunter einfach Fakten schuf, anstatt formal korrekt durch Verwaltungsakt zu handeln.

[27] Vgl. zu dieser Nomenklatur Sommermann (1999), S. 1022.

Im Koordinationsstreit wird der Vertragspartner des Hoheitsträgers, der das Entgelt für Werk oder Ware fordert, eine Leistungsklage, konkret eine Zahlungsklage, erheben. Dem im Subordinationsstreit von einem Verwaltungsakt im Einzelfall Betroffenen wird die auf dessen Kassation gerichtete – in deutscher Begrifflichkeit: – Anfechtungsklage als Gestaltungsklage eröffnet.[28] Bei einem Vorgehen gegen einen Realakt ist die Leistungsklage auf Beseitigung oder Unterlassung statthaft. Rechtsverordnungen können mit einer Normenkontrollklage mit dem Ziel ihrer Annullierung angegriffen werden.[29]

Im kontradiktorischen Verfahren ist der Klagegegner zugleich Anspruchsgegner.[30] Mit den Klagetypen korrespondieren insoweit verschiedene Anspruchsarten. Diese sind – in vorstehender Reihenfolge – der „kondemnatorische" (bestandserweiternde) Zahlungsanspruch, der „konservatorische" (bestandssichernde) Anspruch auf Aufhebung eines Verwaltungsakts, auf Folgenbeseitigung oder Unterlassung sowie der „konstatatorische" (bestandsfeststellende) Anspruch auf Normennichtigkeitserklärung.[31] Dass dem Einzelnen materielle Ansprüche zustehen können, ist im Koordinationsverhältnis ohnehin selbstverständlich. Doch auch dem Subordinationsverhältnis ist der Anspruchsbegriff keineswegs fremd. Die konservatorischen Ansprüche gegen die Verwaltung dienen hier der Restitution der durch ihr Handeln verletzten subjektiven Rechte. Daran lassen Art. 67 Abs. 1 Nr. 1 und Art. 121 Abs. 1 OS keinen Zweifel, die insoweit auf ein „droit acquis", also ein „wohlerworbenes Recht" abstellen.

Ein droit acquis ist als konkrete Individualrechtsposition – Freiheit oder Eigentum – und somit enger als ein für den objektiv-rechtlichen recours pour excès de pouvoir ausreichendes „intérêt pour agir", ein einfaches Beschwerdeinteresse, zu verstehen. Konsequenterweise vermeiden Art. 67 Abs. 1 Nr. 1 und Art. 121 Abs. 1 OS jenen weiten, aber auch vagen, Auslegungsschwankungen unterworfenen oder gar manipulierbaren Begriff. Soweit in ihnen von einem „intérêt de l'ordre administratif", einem Interesse administrativer Art, die Rede ist, wird dieses in einen spezifischen Zusammenhang („rapport") mit dem wohlerworbenen Recht gestellt und reicht nicht über dieses hinaus. So soll eine Banalisierung der subjektiven Rechte und damit die Abstumpfung des scharfen Schwerts der droits acquis verhindert werden. In gleicher Weise wird im Übrigen vor dem Conseil d'État das Verfahren des „recours en annulation pour violation de la loi et des *droits acquis*" praktiziert, der

[28] Nichts anderes gilt im Ergebnis nach französischer Terminologie, die hier den Begriff der Annullierung verwendet, mit dem aber eine „Vernichtung" eines zuvor gültigen Verwaltungsakts, also ebenfalls eine Gestaltung gemeint ist.

[29] In diesem Verfahren wird die Norm im Sinne einer „Feststellung" für nichtig erklärt, weil sie bei Verstoß gegen höherrangiges Recht schon ex tunc unwirksam ist.

[30] So explizit Art. 9 Abs. 1 VPVO.

[31] „Kompensatorische" (bestandsersetzende) deliktische Ansprüche auf Schadensersatz lassen sich Art. 67 oder 121 OS indes nicht entnehmen. Auch in Frankreich gibt es seinerzeit noch keine ausgefeilte Doktrin des Staatshaftungsrechts. Vertragliche Schadensersatzansprüche sind allerdings unproblematisch von Art. 67 Abs. 1 Nr. 2 und Art. 121 Abs. 2 OS erfasst.

viele Dezennien neben dem recours pour excès de pouvoir steht, bevor er – ab 1864 – von diesem absorbiert und entsubjektiviert wird.[32]

2.11 *Publifizierung der wohlerworbenen Rechte*

Solange es in der Rechtsprechung des Conseil d'État den recours en annulation pour violation de la loi et des droits acquis gab, wurden letztere als privatrechtliche Positionen verstanden. Denn „wohl"-erworbene Rechte sind dem Einzelnen aus dem „guten alten Recht" zugewachsen, das vor der ab 1790 erfolgenden Emanzipation des Verwaltungsrechts nur das Privatrecht sein konnte. Die droits acquis wurden daher im Ancien Régime gegenüber der Verwaltung vor den (ordentlichen) Gerichten geltend gemacht. Seitdem eine Kontrolle der Verwaltung durch die Justiz nicht mehr stattfinden durfte, die subjektiven Rechte aber (zunächst) substanziell ungeschmälert erhalten bleiben sollten, erlangte der Einzelne entsprechenden Rechtsschutz nunmehr vor dem Conseil d'État. Der privatrechtliche Charakter der droits acquis wurde dadurch gleichwohl nicht verändert, weil jahrhunderte- oder zumindest jahrzehntealte wohlerworbene Rechte ihre Grundlage nicht in dem erst neu entstehenden Verwaltungsrecht haben konnten.[33] Die Autoren des Organisationsstatuts finden allerdings, dass es inzwischen an der Zeit für eine Publifizierung der droits acquis ist, weil sie erkennen, dass Verwaltungsakte perspektivisch nicht länger unter Berufung auf private Rechte vor dem Verwaltungsgericht zu Fall gebracht werden können. Daher erfahren die droits acquis jetzt mit den Worten „mit Bezug auf ein Interesse administrativer Art" eine verwaltungsrechtliche Umwidmung und werden so zu subjektiven „öffentlichen" Rechten. Zugleich wird mit diesem Kunststück erstmals auch im Subordinationsstreit die Figur der sich gegen einen beklagten Hoheitsträger wendenden „öffentlich-rechtlichen Ansprüche" erprobt.

2.12 *Der Sonderfall der Drittanfechtungsklage*

Jenseits des binären Klagesystems lässt Art. 114 Abs. 7 OS eine Drittanfechtungsklage zu. Dieses Institut hat seine Ausgestaltung erstmals in den §§ 16 ff. der Gewerbeordnung für den Norddeutschen Bund erfahren.[34] Schon vor der Entscheidung über die Genehmigung der „Errichtung von Anlagen, welche … erhebliche Nachteile, Gefahren oder Belästigungen herbeiführen können", sind Dritte zu Einwendungen befugt, und gegen deren Erteilung steht ihnen der Rekurs offen. Der Landesgesetzgeber hat entweder bei der Ausgangsbehörde oder bei der Rekursinstanz ein justizförmiges Verfahren und ein mit der Entscheidung betrautes

---

[32] Wagner (1961), S. 6; Capitant (2019), S. 1356 f.

[33] Vgl. Laferrière (1896), S. 538 ff.

[34] BGBl. des Norddeutschen Bundes Band 1869, Nr. 26, S. 245–282.

Kollegialorgan einzurichten. Das Organisationsstatut macht sich diese Errungenschaft bis hin zu den Einzelformulierungen der Gewerbeordnung – nur in veränderter Reihenfolge: „création d'établissements dangereux, incommodes ou insalubres" – zu eigen. Bei Erteilung der Genehmigung durch den zuständigen Präfekten kann der Dritte beim Verwaltungsgericht Klage einlegen. Der etwas versteckte Standort von Art. 114 Abs. 7 OS abseits der allgemeinen Vorschriften über die Klagearten verrät eine gewisse Unsicherheit im Umgang mit dem noch ungewohnten Phänomen der multipolaren Rechtsverhältnisse und deren Verarbeitung im Prozessrecht.

2.13 Die edukatorische Funktion des Obersten Verwaltungsgerichtshofs

Die einem Rechtsmittelgericht gemeinhin zugeschriebene judikatorische Führungsrolle wird auch durch den OVGH wahrgenommen und auf zweierlei Weise erweitert. Art. 16 VPVO verpflichtet die Vorsitzenden der Verwaltungsgerichte, Abschriften sämtlicher von ihnen gefällter Urteile binnen sieben Tagen dem OVGH zu übersenden. Damit erhält dieser einen vollständigen Überblick über ihre Rechtsprechung und übt insoweit eine faktische Aufsicht aus. Zwar kann er auf von ihm erkannte Rechtsfehler nur bei Einleitung eines Rechtsmittelverfahrens reagieren und durch Kassation des Urteils korrigierend eingreifen. Das Instrument der automatischen Information soll jedoch dafür sorgen, dass die Verwaltungsgerichte im Wissen um die höheren Orts erfolgende Durchsicht ihrer Arbeitsergebnisse professionelle Standards einhalten und dass sich öffentliche Kritik, wie sie in Frankreich am Niveau der Rechtsprechung der funktionsgleichen Präfekturräte verbreitet ist,[35] in Ostrumelien in Grenzen hält.

Nach Art. 25 VPVO ist der Staatsanwalt beim OVGH – nicht der Regierungskommissar beim Verwaltungsgericht – befugt, ein von ihm beanstandetes erstinstanzliches Urteil von Amts wegen mittels „Antrags" anzugreifen. Kommt es daraufhin durch den OVGH zur Aufhebung des Urteils, gegen das keine Berufung eingelegt wurde, kann dies der in der ersten Instanz obsiegenden Partei indes nicht zum Nachteil gereichen. Der Berufungsverzicht des Unterlegenen wird von Art. 25 VPVO als Einigung zwischen den Parteien fingiert, die durch das OVGH-Urteil nicht angetastet werden darf. Mithin verbleibt es bei den praktischen Konsequenzen des kassierten Urteils, sodass das Offizialantragsverfahren nur, aber immerhin erzieherische Wirkungen für die Richter des Verwaltungsgerichts entfalten kann.

[35] Capitant (2019), S. 1355.

2.14 *Vorläufiger Rechtsschutz*

Der rumelische Verwaltungsprozess kennt keinen Suspensiveffekt der Klage, sodass Verwaltungsakte grundsätzlich vollstreckbar sind. Das Gericht kann jedoch die aufschiebende Wirkung der Klage gegen Sicherheitsleistung anordnen (Art. 5 VPVO). Für das Berufungsverfahren bedarf es keiner Parallelregelung, da es dort im Kern weiterhin um die Klage geht, auf die Art. 5 VPVO anwendbar ist. Der so gewährte vorläufige Rechtsschutz reicht für damalige Verhältnisse sehr weit.

3 Rechtsvergleichung als Bauprinzip einer verwaltungsgerichtlichen Ideallandschaft

3.1 *Vorbilder für Ostrumelien*

Mangels bulgarischer oder gar ostrumelischer Anknüpfungspunkte blickte die Europäische Kommission zunächst nach Frankreich, in das Mutterland der Verwaltungsgerichtsbarkeit. Dementsprechend erhielt diese im Organisationsstatut ihren Platz im Schoß der Exekutive (Abschn. 2.2). Auch weitere Charakteristika des Verwaltungsprozesses durch den Conseil d'État – wie die prokuratorische Beteiligung – wurden übernommen (Abschn. 2.6). Das Credo der Administrativjustiz fiel jedoch nur halbherzig aus, weil es von Erscheinungsformen der Tribunalisierung nach dem Muster deutscher Verwaltungsgerichte überlagert wurde. So waren die Spruchkörper keine Räte, sondern mit der Sicherung subjektiver öffentlicher Rechte betraute veritable Gerichte (Abschn. 2.3 und 2.10).

Das Organisationsstatut griff sogar justizstaatliche Elemente auf, indem es Richtern aus der ordentlichen Gerichtsbarkeit die Funktion der Vorsitzenden der Verwaltungsgerichte und des Präsidenten des OVGH zuwies (Abschn. 2.3). Zusammen mit den Vertretern der Legislative und der Exekutive auf der Richterbank entstand eine alle drei Gewalten widerspiegelnde Formation (Abschn. 2.5). Um keinen Keil in den solchermaßen ausbalancierten Spruchkörper zu treiben, war dem – in concreto etwa überstimmten – Vorsitzenden eine Offizialberufung zum OVGH versagt.[36] An ihre Stelle trat die Option eines prokuratorischen Offizialantrags (Abschn. 2.13). Den letzten Schliff erhielt die Verwaltungsgerichtsbarkeit mit der flächendeckenden Einführung des kontradiktorischen Klageverfahrens (Abschn. 2.3). Die justizstaatlichen Impulse empfing sie im Wesentlichen aus den kleineren Ländern des deutschen Nordens, in denen noch keine Verwaltungsgerichte eingerichtet waren und der Einzelne Administrativakte vor den ordentlichen Gerichten angreifen konnte. Sofern als Vorbild auch Belgien genannt wird,[37] trifft dies angesichts der Rechtswirklichkeit nicht zu. Der justizstaatliche Ansatz der belgischen Verfassung blieb eine Chimäre, weil

[36] Zu jenem Institut Schaffarzik (2019), S. 904 mit Fn. 109.

[37] Токушев (2008), S. 157; йочев (2011), S. 26.

die dortigen Gerichte tatsächlich keinen Rechtsschutz gegen die Verwaltung gewährten.[38] Das ostrumelische System war vielmehr das Ergebnis einer Kombination bester französischer und deutscher Zutaten nebst einer Prise autochthoner Würze,[39] ja einer sich zu einer harmonischen Textur fügenden „belle alliance“. Aus einem heterogenen Input entstand ein durchaus homogener Output, der sich als Werk aus einem Guss präsentierte.

3.2 Ostrumelien als Vorbild

Manche Besonderheiten des ostrumelischen Systems waren ihrerseits wegweisend. Den trialistischen Aufbau der Spruchkörper (Abschn. 2.5) finden wir später etwa beim Oberverwaltungsgericht von Anhalt und beim Verwaltungsgerichtshof von Sachsen-Coburg-Gotha.[40] Soweit die Verwaltungsgerichte als Eingangsstufe ihre Zuständigkeit außer für Streitigkeiten aus öffentlich-rechtlichen Verträgen ebenso für die Anfechtung von Verwaltungsakten ausübten (Abschn. 2.3, 2.4 und 2.10), lag darin im Vergleich zu Frankreich ein äußerst progressiver, bürgernaher Ansatz. Denn dort war letztere Entscheidungskompetenz bei dem der „France profonde“ entrückten Staatsrat in Paris zentralisiert, was die Adressaten des acte administratif – auch aus möglicher Schwellenangst – von einer Beschwerde abhalten mochte. Erst seit 1953 durften in Frankreich auch die aus den Präfekturräten hervorgegangenen „Tribunaux administratifs“ erstinstanzlich über die Rechtmäßigkeit von Verwaltungsakten erkennen. Die Entfaltung subjektiver öffentlicher Rechte mit korrespondierenden öffentlich-rechtlichen Ansprüchen (Abschn. 2.10 und 2.11) hat Fernwirkungen bis in unsere Tage, in denen das „Rechtsverhältnis“ im Verwaltungs(prozess)recht eine Renaissance erfährt.[41] Und früher als anderwärts legte das Organisationsstatut die Scheuklappen in Bezug auf die Kontrolle von Ministerentscheidungen ab (Abschn. 2.4 und 2.10).

Zwar vermochte das „constitutional engineering“ aufgrund des frühen Endes von Ostrumelien keine internationale „Marke“ hervorzubringen. Aufschlussreich ist aber das französische Pendant der „ingénierie“ constitutionnelle, das hier einen

---

[38] Bouvier (2019), S. 1313 f. und passim.

[39] Die Kommission ließ ihre Aktivitäten auf ihrer inoffiziellen 65. Sitzung am 27. April 1879 mit einem Galadiner ausklingen. Dabei wurde keine мешана скара (gemischte Grillplatte), sondern ein raffiniertes Menu serviert: Potage purée chasseur – Hors-d'œuvres – Turbot à la Normande – Filets Madère aux truffes – Homards à l'Américaine – Aspasie de cailles à la gelée – Punch grand vin Château-Lafite – Poulets de grain rôtis – Salade laitues – Asperges fraîches en tranches – Bombe glacée – Dessert.

[40] § 17 Abs. 1 Gesetz die Verwaltungsgerichte und das Verwaltungsstreitverfahren betreffend vom 27. März 1888 (Anhalt) und § 1 Gesetz betreffend die Errichtung eines VGH vom 14. November 1899 (Sachsen-Coburg-Gotha). In: Sommermann/Schaffarzik (2019), Band 3 zu § 10, S. 2109, und zu § 14, S. 2195.

[41] Auch in Frankreich ist das Ziel subjektiven Rechtsschutzes neben demjenigen der objektiven Legalitätskontrolle stärker in den Vordergrund gerückt; siehe Sommermann (2019), S. 1746 f.

wahren Kern („génie") enthält: Die Konzeption der Verwaltungsgerichtsbarkeit im Labor der Großmächte erweist sich als „Geniestreich" mit – für (Süd-)Bulgarien metaphorisch naheliegend – „ikonischem" Charakter.

Anhang

Organisationsstatut von Ostrumelien
(Sonderdruck 1879)

...

Art. 66 Der Oberste Verwaltungsgerichtshof besteht aus einem Präsidenten, zwei Räten und zwei Auditeuren.

Der Präsident ist einer der Räte des Obersten Gerichtshofs, der dazu zu Beginn jedes Jahres von diesem Gerichtshof bestimmt wird.

Von den beiden Räten wird der eine vom Generalgouverneur und der andere vom Ständigen Ausschuss der Provinzialversammlung zu Beginn jedes Jahres bestimmt. Diese Räte dürfen weder Mitglieder des Geheimen Rats noch Mitglieder des Ständigen Ausschusses der Provinzialversammlung sein.

Die beiden Auditeure werden wie die Räte bestimmt.

Die Auditeure erstellen Berichte über die dem Gerichtshof unterbreiteten Angelegenheiten. Sie stimmen nur dann mit ab, wenn sie die Räte bei Abwesenheit oder Verhinderung vertreten.

Die Aufgaben der Staatsanwaltschaft am Gerichtshof werden von zwei Delegierten des Generalsekretärs erfüllt, die von diesem zu Beginn jedes Jahres aus seinem Büropersonal bestimmt werden.

Dem Gerichtshof gehört ein Gerichtsschreiber an.

Art. 67 Der Oberste Verwaltungsgerichtshof erkennt in erster und zweiter Instanz: 1. über Entscheidungen der Generaladministratoren, welche ihm von Einzelnen vorgelegt werden, die eine Verletzung durch diese Entscheidungen geltend machen und sich auf ein wohlerworbenes Recht mit Bezug auf ein Interesse administrativer Art berufen; 2. über Streitigkeiten zwischen der Verwaltung und den Einzelnen aufgrund von mit den Generaladministratoren zustande gekommenen Verträgen oder Geschäften.

Er urteilt als Revisionsgericht über die Beschwerden gegen die in erster Instanz von den Generaladministratoren und den Departementsräten in Streitsachen erlassenen Entscheidungen.

...

Art. 114 ...

(VII) Er [Der Präfekt] erteilt oder versagt seine Genehmigung für die Errichtung von gefährlichen, belästigenden oder nachteiligen Anlagen vorbehaltlich einer Beschwerde des Antragstellers zum Generalgouverneur im Fall der Versagung der Genehmigung oder der Klage interessierter Dritter vor dem Verwaltungsgericht.

...

...

Art. 117 ...

(IV) Der Präfektursekretär übt beim Verwaltungsgericht des Departements die Aufgaben des Regierungskommissars aus und stellt Schlussanträge in den Verwaltungsstreitsachen.

...

Art. 120 In jedem Departement besteht ein Verwaltungsgericht.

Dieses Gericht besteht aus: 1. drei Stimmberechtigten, und zwar: einem Richter am Zivilgericht des Departements, der dazu zu Beginn jedes Jahres für dessen Dauer im Losverfahren bestimmt wird; einem Abgeordneten der Provinzialversammlung, der von der besagten Versammlung für zwei Jahre gewählt wird; und dem ältesten der Präfekturräte; 2. drei Assistenten, und zwar: einem stellvertretenden Richter am Zivilgericht des Departements sowie einem Abgeordneten der Provinzialversammlung, die wie die Stimmberechtigten ihrer jeweiligen Kategorie ernannt werden, und dem jüngsten der Präfekturräte.

Vorsitzender des Verwaltungsgerichts ist der stimmberechtigte Richter oder, bei dessen Abwesenheit, der Richterassistent beziehungsweise der stellvertretende Richter. Die beiden anderen Assistenten vertreten die Stimmberechtigten der Kategorie, der sie jeweils angehören. Der assistierende Präfekturrat ist außerdem mit der Berichterstattung im Verwaltungsgericht in den diesem unterbreiteten Angelegenheiten beauftragt; in diesem Amt wird er durch einen dazu aus dem Büropersonal der Präfektur ausgewählten Bediensteten unterstützt.

Art. 121 Das Verwaltungsgericht urteilt über Einsprüche von Körperschaften oder Einzelnen, die eine Verletzung durch einen speziellen Verwaltungsakt oder durch ein besonderes Handeln der Verwaltung geltend machen und sich auf ein wohlerworbenes Recht mit Bezug auf ein Interesse administrativer Art berufen.

Es urteilt auch über Streitigkeiten zwischen der Verwaltung und den Einzelnen aufgrund von mit der Behörde im Departement abgeschlossenen Verträgen oder vereinbarten Geschäften.

Art. 122 Die Sitzungen des Verwaltungsgerichts sind öffentlich.

Art. 123 Alle vom Verwaltungsgericht erlassenen Urteile können im Wege der Berufung dem Obersten Verwaltungsgerichtshof vorgelegt werden, außer in dem Fall, in dem es kraft etwaiger gesetzlicher oder verordnungsrechtlicher Bestimmungen als Berufungsgericht urteilt.

Art. 124 Die Formen und Einzelheiten des Prozesses vor dem Verwaltungsgericht sowie die Einzelheiten der Beschwerde zum Obersten Verwaltungsgerichtshof werden durch Gesetz der Provinz festgelegt.

…

(Übersetzung aus dem Französischen: Präsident des Verwaltungsgerichts Dr. Bert Schaffarzik, Chemnitz)

ПуБлично-административен правилникъ за съдопроизводство-то на окръжни-те и върховно-то съдилища за административни распри = Verordnung zur öffentlichen Verwaltung über den Prozess vor den Departementsgerichten und dem Obersten Gerichtshof für Verwaltungsstreitigkeiten vom 31. August 1881

(оБластенъ сБорникъ отъ закони въ източна румелия = Gesetzsammlung der Provinz Ostrumelien Jahr II Ausgabe I Band II 1881 S. 99)

Ich,

Generalgouverneur von Ostrumelien,

nachdem ich Art. 55 des Organisationsstatuts in Betracht gezogen habe, der den Generalgouverneur ermächtigt, im Zeitraum zwischen einer und der nächsten Sitzungsperiode und unter Mitwirkung des Ständigen Ausschusses der Provinzialversammlung Verordnungen zur öffentlichen Verwaltung mit Gesetzeskraft zu erlassen, und nachdem ich die zustimmende Meinung des beschließenden Ausschusses eingeholt habe,

habe ich verfügt und verfüge:

Kapitel I

Departementsgerichte

Art. 1 Die Departementsgerichte urteilen in allen in ihre Zuständigkeit fallenden, in Art. 121 des Organisationstatuts vorgesehenen Streitigkeiten.

Art. 2 Die gerichtliche Anhängigkeit tritt mit der Erhebung der Klage beim Vorsitzenden des Verwaltungsgerichts in demjenigen Departement ein, in dem sich die Verwaltung befindet, mit welcher der Streit besteht.

In dieser Klage ist darzulegen, was ihr Gegenstand ist, was mit ihr begehrt wird, von wem und warum, welche Beweismittel vorliegen und wo der Kläger und die Gegenpartei ansässig sind. Diese Klage muss das Datum und die Unterschrift des Klägers tragen.

Zusammen mit seiner Klage muss der Kläger einreichen: 1. eine Abschrift der Unterlagen zum Nachweis seiner Befugnisse und 2. so viele getreue Abschriften der Klage, wie es Gegenparteien gibt.

Diese letzteren Abschriften gibt die Kanzlei den Gegenparteien unverzüglich mit der Aufforderung zur Kenntnis, sich, falls gewünscht, in die Kanzlei zu begeben, um auch die übrigen Unterlagen einzusehen, und danach eine schriftliche Erwiderung zur Verteidigung in zwei Exemplaren abzugeben; alles innerhalb von 15 Tagen ab dem Tag der Bekanntgabe der Aufforderung, sofern die Parteien vor Ort sind.

Eines der beiden Exemplare der Verteidigungsschrift ist dem Kläger zur Kenntnis zu geben.

Art. 3 Wird die Klage von einer Zweigstelle der Verwaltung erhoben, muss sie von ihrem Leiter unterschrieben sein, doch können ihre Einreichung und die weitere Durchführung des Verfahrens entweder durch diesen oder durch einen dazu gesetzmäßig bevollmächtigten Angestellten erfolgen.

Art. 4 Die bei der Gerichtskanzlei eingereichte oder eingesandte Klage ist unverzüglich zusammen mit einem Verzeichnis der darin enthaltenen Unterlagen in das Verfahrensregister einzutragen.

Auf der Klageschrift werden ihr Datum und ihre Eintragungsnummer vermerkt.

Art. 5 Ist die Klage gegen einen Verwaltungsakt gerichtet, kann nicht ausgesprochen werden, dass deshalb dieser nicht vollzogen werden darf. Sie entfaltet insoweit keine aufschiebende Wirkung, außer wenn das Gericht auf Antrag des Klägers gegen umfassende Sicherheitsleistung für jedwede Entschädigung das Gegenteil verfügt.

Art. 6 Nach Ablauf der in Art. 2 bestimmten Frist übermittelt der Vorsitzende die vorhandenen Verfahrensunterlagen nach Art. 120 Abs. 3 des Organisationsstatuts dem Berichterstatter, der gehalten ist, seinen Bericht innerhalb einer Frist von höchstens 7 Tagen vorzubereiten und zu erstellen.

Zwecks gründlicherer Prüfung und zum besseren Verständnis der Angelegenheit kann jedoch bei Bedarf eine neue Frist von wenigen Tagen vom Berichterstatter erbeten und vom Gericht gewährt werden. Von der Gewährung der neuen Frist werden die Streitparteien benachrichtigt.

Die Parteien können die Bekanntgabe der in dem Bericht niedergelegten Fragen verlangen.

Art. 7 Nach Vorlage des Berichts bestimmt der Vorsitzende, an welchem Tag und zu welcher Stunde die Sache in öffentlicher Sitzung untersucht werden soll, und verfügt, dass die erforderlichen Ladungen den Streitparteien zugeleitet werden, damit diese bei Gericht an dem bestimmten Tag und zur festgesetzten Stunde vertreten sind.

Die Ladungen werden nach den bei den Zivilgerichten üblichen Gepflogenheiten übersandt.

Art. 8 Zugleich mit der Übersendung der Ladungen wird der gesamte Vorgang mit besonderem Schreiben dem Regierungskommissar mit der Bitte zur Kenntnis gebracht, ihn zu studieren und zu seiner Untersuchung im Gericht an dem bestimmten Tag und zur festgesetzten Stunde zu erscheinen, und dieser Kommissar hat darüber vor der Entscheidung seine Ansichten darzulegen und seine Schlussanträge nach Art. 117 Abs. 4 des Organisationsstatuts zu stellen.

Diese Schlussanträge vermögen jedoch keine bindende Wirkung für die Richter zu entfalten.

Im Fall der Abwesenheit des Präfektursekretärs wird sein Amt als Kommissar vom Hauptschreiber bei der Präfektur wahrgenommen.

Art. 9 Die Untersuchung der Sache vor dem Verwaltungsgericht, sei es in Anwesenheit, sei es in Abwesenheit [der Parteien], erfolgt in derselben Weise wie bei den Zivilgerichten, und jede der Streitparteien hat das Recht, in gesetzmäßiger Weise ihre Ansprüche und Einwendungen vorzubringen und zu beweisen ebenso wie Sicherheit durch andere Personen leisten zu lassen, sofern sie dies zur Erwiderung beabsichtigt.

Bei alledem haben sich die Parteien sowie das Gericht nach der Ordnung des allgemeinen Zivilprozesses zu richten.

Art. 10 Nachdem die anwesenden Parteien und der Regierungskommissar angehört wurden und das Gericht sich über die Angelegenheit klar geworden ist, tritt es in seine Beratung ein und verfasst seine Entscheidung, die der Vorsitzende vor ihnen in derselben Sitzung verliest.

An der Beratung des Gerichts dürfen weder die Regierungskommissare noch die Vertreter der Staatsanwaltschaft beim Obersten Verwaltungsgerichtshof mitwirken.

Art. 11 Das Urteil muss enthalten: den Tag der öffentlichen Sitzung; die Namen und den jeweiligen Status der Mitglieder des Gerichts, des Berichterstatters und des Gerichtsschreibers; die Namen und den jeweiligen Status der Parteien; ein kurzes Exposé der Sache und des Berichts des Berichterstatters; die Aufzählung der wesentlichen von den Parteien eingereichten Unterlagen sowie die Äußerungen und Schlussanträge des Regierungskommissars und schließlich die Gründe, auf denen die vom Gericht gefällte Entscheidung beruht.

Art. 12 Das Protokoll und das Urteil werden vom Vorsitzenden, von den Mitgliedern und vom Gerichtsschreiber unterzeichnet. Die Abschriften für die Bekanntgabe an die Parteien werden hingegen nur vom Vorsitzenden und vom Gerichtsschreiber unter Anbringung des Siegels des Gerichts unterzeichnet.

Art. 13 Die Bekanntgabe und die Vollstreckung der Urteile der Verwaltungsgerichte erfolgen nach den gleichen Regeln, Voraussetzungen und Verfahrensweisen wie bei den Zivilgerichten und durch die gleichen Bediensteten wie bei den letzteren Gerichten.

Art. 14 Die gleichen Regeln, Voraussetzungen und Verfahrensweisen wie für die erlassenen Urteile gelten für die verschiedenen im Prozess zugelassenen

Rechtsmittel wie Widerspruch, Berufung oder ähnliche, und auch die betreffenden Untersuchungen, Rechte und Pflichten der Parteien sind die gleichen.

Art. 15 Alle Urteile der ersten Instanz der Departementsverwaltungsgerichte unterliegen der Berufung vor dem Obersten Verwaltungsgerichtshof innerhalb einer Frist von fünfzehn Tagen seit dem Tag ihrer Bekanntgabe.

Art. 16 Gleichviel ob gegen das Urteil des Departementsverwaltungsgerichts ein Rechtsmittel eingelegt oder nicht eingelegt wurde, ist dessen Vorsitzender verpflichtet, innerhalb von 7 Tagen seit seiner Abfassung dem Obersten Verwaltungsgerichtshof eine getreue Abschrift dieses Urteils zu übersenden.

Kapitel II

Oberster Gerichtshof

Art. 17 Sobald beim Obersten Verwaltungsgerichtshof die Berufung eingereicht oder eingesandt wird, muss der Gerichtsschreiber dieses Gerichtshofs sie in das Verfahrenseingangsbuch eintragen, nachdem er ihr Datum und ihre Eintragungsnummer auf der Berufungsschrift selbst vermerkt hat.

Art. 18 Die Klage auf weitere, d. h. zweitinstanzliche Revision in einer erstinstanzlich von den Generaladministratoren oder von den Departementsräten entschiedenen Verwaltungsstreitigkeit im Sinne des letzten Absatzes von Art. 67 des Organisationsstatuts wird zusammen mit der Entscheidung und den anderen darauf bezogenen Unterlagen unmittelbar beim Präsidenten des Obersten Verwaltungsgerichtshofs eingereicht.

Die Frist für solche Klagen sowie für die Berufung beträgt fünfzehn Tage seit dem Tag der Bekanntgabe der Entscheidung.

Art. 19 Die Vollstreckung der von einem Generaladministrator erlassenen erstinstanzlichen Entscheidung, gegen die eine Klage auf zweitinstanzliche Revision erhoben wurde, wird nicht ausgesetzt, außer wenn der Kläger für deren nach endgültiger bestätigender Entscheidung erfolgende Vollstreckung ausreichende Sicherheit leistet.

Art. 20 Im Verlauf von dreißig Tagen nach Einreichung der Berufung muss der Berufungsführer eine Denkschrift (Mémoire) in zwei Exemplaren vorlegen, welche das Datum und die Nummer seiner Berufungsklage bezeichnet, begründete Schlussanträge enthält und ausdrücklich angibt, was im Berufungsverfahren untersucht werden soll. Andernfalls wird die Berufung nicht zugelassen.

Art. 21 Hat der Oberste Gerichtshof diese Berufungsschrift zugelassen, gibt er deren zweites Exemplar dem Berufungsgegner mit der schriftlichen Aufforderung zur Kenntnis, dem in Art. 2 Gesagten in der dort bestimmten Frist nachzukommen.

Art. 22 Die Vorschriften der Art. 6, 7, 8, 9, 10, 11, 12 und 13 finden auch auf den Obersten Gerichtshof Anwendung mit dem einzigen Unterschied, dass in diesem Gerichtshof die Aufgabe des Berichterstatters nach Art. 66 Abs. 5 des

Organisationsstatuts einem der als Auditeure tätigen Mitglieder und diejenige des Regierungskommissars nach demselben Artikel Abs. 6 des Statuts einem der von der Direktion der inneren Angelegenheiten zur Vertretung der Staatsanwaltschaft Ernannten zukommt.

Art. 23 Die verschiedenen Zweigstellen der Verwaltung sowie die Generaladministratoren sind in den Streitigkeiten, die Regierungsinteressen zum Gegenstand haben, sowohl vor den Departementsverwaltungsgerichten als auch vor dem Obersten Verwaltungsgerichtshof von Gerichtsgebühren und Kanzleigebühren befreit, aber sie haben die Beträge zu entrichten, zu deren Zahlung sie zwecks Ersatzes gerichtlicher Auslagen und Entschädigung ihrer Gegenpartei verurteilt werden.

Art. 24 Wenn der Oberste Gerichtshof zugleich erstinstanzlich und endgültig nach Art. 67 Nr. 1 und 2 über Entscheidungen der Generaladministratoren zu urteilen hat, die ihm von Einzelpersonen unterbreitet werden, die geltend machen, durch diese Entscheidungen verletzt zu sein, und sich auf ein mit einem Interesse administrativer Art verbundenes wohlerworbenes Recht berufen, oder wenn er über Streitigkeiten hinsichtlich mit den Generaladministratoren abgeschlossener Verträge oder Einkaufs- und Verkaufsgeschäfte zu urteilen hat, untersucht er die Sache nach den für die Rechtsprechung in den Departementsverwaltungsgerichten geltenden Prozessrechtsregeln mit dem Unterschied, dass vor dem Richterspruch der gesamte Vorgang den Vertretern der Staatsanwaltschaft übersandt wird, deren Schlussanträge in der öffentlichen Sitzung anzuhören sind; bei alledem sind die Richter jedoch in keiner Weise verpflichtet, sich an die Schlussanträge der Vertreter der Staatsanwaltschaft zu halten.

Art. 25 Auf Antrag der Vertreter der Staatsanwaltschaft und nach Anhörung ihrer Schlussanträge kann der Oberste Gerichtshof für Verwaltungsstreitigkeiten von Amts wegen (d'office) die Aufhebung jener Urteile erster Instanz aussprechen, die gesetzwidrig sind, obwohl gegen sie keine Berufung eingelegt wurde; in einem solchen Fall gilt jedoch die Vollstreckung des aufgehobenen Urteils als Einigung zwischen den beiden Parteien, sie wird ausgeführt, und keine von ihnen kann beanspruchen, aus der Aufhebung des Urteils Nutzen zu ziehen.

Allgemeine Vorschrift

Art. 26 Die gute Ordnung in den Sitzungen und im inneren Dienst der Departementsverwaltungsgerichte und des Obersten Verwaltungsgerichtshofs richtet sich nach Art. 290 des Organisationsstatuts.

Art. 27 Der Generalsekretär, Direktor der inneren Angelegenheiten, sorgt für die Anordnungen zur notwendigen Umsetzung der gegenwärtigen Verordnung zur öffentlichen Verwaltung, erlassen in der Stadt Plovdiv am 31. August 1881.

(Übersetzung aus dem Altbulgarischen: Präsident des Verwaltungsgerichts Dr. Bert Schaffarzik, Chemnitz)

Literatur

Baedeker, K. (1914). *Konstantinopel und Kleinasien* (2. Aufl.). Baedeker.

Bouvier, P. (2019). Geschichte der Verwaltungsgerichtsbarkeit in Belgien. In K.-P. Sommermann, & B. Schaffarzik (Hrsg.), *Handbuch der Geschichte der Verwaltungsgerichtsbarkeit in Deutschland und Europa* (Bd. 2, § 34, S. 1305–1334). Springer.

Brunnbauer, U., & Buchenau, K. (2018). *Geschichte Südosteuropas.* Reclam.

Capitant, D. (2019). Geschichte der Verwaltungsgerichtsbarkeit in Frankreich. In K.-P. Sommermann, & B. Schaffarzik (Hrsg.), *Handbuch der Geschichte der Verwaltungsgerichtsbarkeit in Deutschland und Europa* (Bd. 2, § 35, S. 1335–1371). Springer.

Drummond Wolff, H. (1908). *Rambling recollections* (Bd. 2). Macmillan.

Георгиев Б т (Georgiev, B. T.). (2007). касационно производство пред върховния административен съд (Kassationsprozess vor dem Obersten Verwaltungsgerichtshof). Diss. Plovdiv

Gopčević, S. (1886). *Bulgarien und Ostrumelien.* Elischer.

йочев е (Iotschev, E.). (2011). Административното правосъдие в източна румелия (Verwaltungsgerichtsbarkeit in Ostrumelien). *Научни трудове на русенския университет (Wissenschaftliche Arbeiten der Universität Ruse), 50*(7), 25–28.

Jacquemet-Gauché, A. (2025). Über die Verwaltung urteilen, heißt immer noch verwalten. *DÖV, 78*, 89–95.

Laferrière, É. (1896). *Traité de la juridiction administrative et des recours contentieux* (2. Aufl., Bd. 2). Berger-Levrault.

May, K. (1892). *In den Schluchten des Balkan.* Fehsenfeld.

Meuwly, O. (1987). *Histoire des sociétés d'étudiants à Lausanne.* Selbstverlag, Université de Lausanne.

Schaffarzik, B. (2019). Die Verwaltungsgerichtsbarkeit auf ihrem Weg von der Verwaltung zur Gerichtsbarkeit. In K.-P. Sommermann, & B. Schaffarzik (Hrsg.), *Handbuch der Geschichte der Verwaltungsgerichtsbarkeit in Deutschland und Europa* (Bd. 1, § 22, S. 873–913). Springer.

Sommermann, K.-P. (1994). *Die deutsche Verwaltungsgerichtsbarkeit* (3. Aufl.). Selbstverlag/ Deutsche Hochschule für Verwaltungswissenschaften Speyer.

Sommermann, K.-P. (1999). Die Bedeutung der Rechtsvergleichung für die Fortentwicklung des Staats- und Verwaltungsrechts in Europa. *DÖV, 52*, 1017–1029.

Sommermann, K.-P. (2019). Entwicklungspfade europäischer Verwaltungsgerichtsbarkeit. In K.-P. Sommermann, & B. Schaffarzik (Hrsg.), *Handbuch der Geschichte der Verwaltungsgerichtsbarkeit in Deutschland und Europa* (Bd. 2, § 48, S. 1735–1770). Springer.

Sommermann, K.-P., & Schaffarzik, B. (Hrsg.). (2019). *Handbuch der Geschichte der Verwaltungsgerichtsbarkeit in Deutschland und Europa* (Bd. 1 bis 3). Springer.

Стайнов п (Stainov, P.). (1934/35). приносъ къмъ историята на административното правосъдие въ първите години следъ освоБождението (Beitrag zur Geschichte der Verwaltungsgerichtsbarkeit in den ersten Jahren nach der Befreiung). *Annuaire de l'Université de Sofia, Faculté de droit, 30*(8), 3–27.

Токушев д (Tokuschev, D.). (2008). история на новоБългарската държава и право 1878–1944 г. (Geschichte von Staat und Recht des modernen Bulgarien der Jahre 1878–1944). СиБи (Sibi), Sofia

чоБанов в (Tschobanov, V.). (2013). *върховният административен съд – The Supreme Administrative Court.* Selbstverlag.

Wagner, C.-L. (1961). Die Anfechtungsklage des französischen Verwaltungsrechtes. Diss.

Der Sport unter dem Rechtsregime der Europäischen Union

U. Steiner

1 Der Sport im Verfassungsraum des Grundgesetzes

Das Grundgesetz kennt auch im 76. Lebensjahr den Sport nicht als Lebensbereich, gönnt ihm kein Grundrecht und nicht einmal eine Staatszielbestimmung. Daran hat auch die Tatsache nichts geändert, dass es inzwischen mehr als 70 Mal geändert wurde und sich seine Textmenge verdoppelt hat. Sprachlos ist das Grundgesetz in Bezug auf den Sport gleichwohl nicht. Eine ungeschriebene Kompetenz für den Spitzensport wird dem Bund zugestanden. Er wird sie voraussichtlich für ein Sportfördergesetz und die Gründung einer Spitzensportagentur nutzen. Es geht um die Reform der Spitzensportförderung.[1] Für Basis und Gerüst des Sports in allen seinen Erscheinungsformen und insbesondere den Breitensport sind die Länder zuständig (Art. 30, 70 GG). Bis auf Hamburg nehmen Sportförderpflichten der Landesverfassungen den Staat in die Pflicht. Städte und Gemeinden sind unterschätzte Riesen der Sportförderung in Deutschland. Die Garantie der kommunalen Selbstverwaltung (Art. 28 Abs. 2 GG) gibt dazu die erforderliche verfassungsrechtliche Grundlage ab. Nicht zuletzt sind die Grundrechte zur verfassungsrechtlichen Basis des

Udo Steiner, geboren am 16.09.1939 in Bayreuth. Studium der Rechtswissenschaft an den Universitäten Erlangen, Köln und Saarbrücken. Erstes und zweites Juristisches Staatsexamen (1962, 1966). Promotion zum Dr.jur. 1965, Habilitation 1972 in Erlangen. Ruf an die Universität Bielefeld im Jahre 1973. Richter im Nebenamt am OVG NRW 1976 bis 1979. Ruf an die Universität Regensburg. Richter des Bundesverfassungsgerichts von 1995 bis 2007. Seitdem Emeritus an der Fakultät für Rechtswissenschaft der Universität Regensburg.

[1] Reinsch (2024), S. 112.

U. Steiner (✉)
Regensburg, Deutschland

C. Fraenkel-Haeberle, B. Peters (Hrsg.), *Öffentliches Recht in transnationaler Perspektive*, https://doi.org/10.1007/978-3-662-72331-9_20

Sports geworden. Es ist vor allem das Grundrecht der Berufsfreiheit (Art. 12 Abs. 1 GG), das einen selbstverständlichen und gesicherten Platz in der Welt des professionellen Sports gefunden hat.[2]

2 Der Sport im Recht der Europäischen Gemeinschaft

2.1 *Das europäische Leitbild des Sports*

Der Sport und vor allem der Berufssport hat – grenz- und grenzenüberschreitend wie der Jubilar – das Recht der Europäischen Gemeinschaft erreicht. Schon früh hat die deutsche Sportrechtswissenschaft in Erlangen, Stuttgart, Trier, Wangen, Wustrow und anderswo die europarechtlichen Fragen aufgegriffen und diskutiert. Drei Schwerpunkte haben sich herausgestellt: die Grundfreiheiten des AEUV, dessen wettbewerbsrechtlicher Rahmen und das Datenschutzrecht auf der Grundlage des AEUV und der Grundrechtscharta der EU. Auf den ersten Blick scheint Art. 165 AEUV das europäische Leitbild des Sports vorzugeben. Seine kulturellen, sozialen und pädagogischen Vorstellungen über die Rolle des Sports in der EU sind durchaus anspruchsvoll. Auch die Vorsorge für den Schutz der körperlichen und seelischen Unversehrtheit der Sportler, insbesondere der jüngeren Sportler, gehört zur Agenda der EU (Art. 165 Abs. 1 Satz 2; Abs. 2–7). Die normative Kraft dieses Leitbilds sollte man jedoch nicht überschätzen. Sie ist der normativen Schwäche der Staatszielbestimmungen in den Landesverfassungen Deutschlands vergleichbar. Auf die kommerzielle Seite des Sports hat das Recht der EU einen deutlich größeren Einfluss.[3] Dies ist illusionslos deutlich geworden bei dem Versuch des Generalanwalts Rantos, das sog. Europäische Sportmodell der Gründung einer sog. Super League im europäischen Fußball unionsrechtlich entgegenzuhalten.[4] In der Sache „Home-Grown Players“ hat Generalanwalt Szpunav[5] die Rolle des Art. 165 AEUV bei der Rechtfertigung von Beschränkungen der Grundfreiheiten aus Art. 45 AEUV eher defensiv interpretiert. Nüchtern fällt auch die Einschätzung der normativen Kraft des Art. 165 AEUV durch den EuGH bei der unionsrechtlichen Prüfung der UEFA-Home-Grown-Regeln aus:[6] Art. 165 AEUV könne nicht als eine Spezialvorschrift angesehen werden, die den Sport von allen oder einigen Bestimmungen des primären Unionsrechts, die auf ihn angewandt

---

[2] Mann (2024), S. 403ff.

[3] Ruffert (2022), Rn. 16.

[4] EuGH, Schlussanträge v. 15.12.2022, *European Superleague v. UEFA*, C-333/21; Kornbeck, Weatherill (2023), S. 113.

[5] EuGH Schlussanträge v. 9.3.2023, *Royal Antwerp Football Club*, C-680/21; Schiffbauer (2023), S. 219.

[6] EuGH, Urt. v. 21.12.2023, *Royal Antwerp Football Club*, C-680/21 vgl. Kurzübersicht in: SpuRt 31(1):33, Rn. 69.

werden können, ausnimmt oder eine besondere Behandlung im Rahmen dieser Anwendung vorschreibe.

2.2 *Geltungsgrund und Geltungstiefe der sog. Grundfreiheiten im Sport*

Früh bereits hat der EuGH – entgegen den Vorstellungen der Sportorganisationen, die um ihre Autonomie fürchteten – klargestellt, dass das Recht der EU Geltung für sportliche Betätigungen habe, soweit diese einen Teil des Wirtschaftslebens im Sinne des europäischen Rechts ausmachen.[7] Zugleich enthält diese Entscheidung eine wichtige Weichenstellung in der Dogmatik: Die europarechtlichen Grundfreiheiten entfalten eine sog. Drittwirkung gegenüber Vereinigungen mit entsprechender Machtstellung. Das Verbot ungerechtfertigter unterschiedlicher Behandlung hat – so der EuGH – Geltung nicht nur für staatliche Stellen, Behörden und Einrichtungen. Diese Grundsätze hat der EuGH dann noch einmal in seiner – prominent gewordenen – Entscheidung, der sog. Bosman-Entscheidung, bestätigt.[8] Inzwischen hat der EuGH auch dem Amateursportler zugestanden, dass er sich auf die Grundfreiheiten des europäischen Rechts und das Diskriminierungsverbot berufen könne.[9]

3 Die Gewährleistung der Freizügigkeit des Sportlers in der EU

3.1 *„Bosman" und Folgen*

Die Sportrechtswissenschaft verzeichnet seit der Rechtssache Walrave und Koch vs. Union Cycliste Internationale von 1974 etwa zwei Dutzend Entscheidungen des EuGH, die Sportrechtsgeschichte geschrieben haben. Zur Bewertung dieser Bilanz wird allerdings immer wieder darauf hingewiesen, dass der Schwerpunkt für die richterliche Entscheidung von Sportrechtskonflikten in der Praxis bei den Sportschiedsgerichten und insbesondere dem CAS liege, die bekanntlich zur Vorlage von Fragen des europäischen Rechts beim EuGH nicht befugt seien. Sie seien keine Gerichte i. S. des Art. 267 AEUV.[10] Für die Rolle des EuGH in Fragen des sportrelevanten Europarechts ist diese Einschränkung durchaus von Bedeutung, beruht

---

[7] EuGH, Urt. v. 12.12.1974, *Walrave und Koch v. Union Cycliste Internationale*, C- 36/74.

[8] EuGH, Urt. v. 15.12.1995, *Bosman*, C-415/93, vgl. Kurzübersicht in: SpuRt 2(1):59, Rn. 76.

[9] EuGH, Urt. v. 13.6.2019, *Topfit e.V. und Daniela Biffi vs DLV e.V.*, C-22/18, – vgl. Kurzübersicht in: SpuRt 26(4):169, Rn. 34 f.

[10] EuGH, Urt. v. 7.5.2024, *NADA et al.*, C-115/22, vgl. Kurzübersicht in: SpuRt 31(4): 299, Rn. 55 ff.

seine Rechtsprechung doch insgesamt zu zwei Dritteln auf Vorabentscheidungsverfahren. Das Urteil des EuGH in Sachen Bosman[11] steht nicht am Anfang seiner sportrelevanten Rechtsprechung, hat aber dem EuGH in dieser Rolle einen hohen Bekanntheitsgrad im europäischen Rechtsraum verschafft. Es ging – knapp formuliert – darum, dass der Wechsel von Fußballspielern zwischen Vereinen in Europa auch nach Ablauf der Vertragszeit an die Zahlung einer Ablöse gekoppelt werden konnte. Die Botschaft des Gerichts war klar: Eine solche vertraglich begründete Beschränkung ist nach Gemeinschaftsrecht unzulässig. Sie greift in das Recht von Arbeitnehmern auf Freizügigkeit in der Union ein (jetzt: Art. 45 AEUV). Rechtfertigende Gründe seien – so der EuGH – nicht gegeben. Der europäische Transfermarkt im Fußball musste sich nach dieser Entscheidung neu ordnen und hat seine Transferregeln längst angepasst.

3.2 *Das Verhältnismäßigkeitsprinzip als unionsrechtlicher Maßstab*

„Bosman" war der Anfang einer Reihe von Entscheidungen, die verschiedene Fallvarianten unter dem Gesichtspunkt des Freizügigkeitsrechts betreffen.[12] Diese Judikatur schließt vorerst mit dem Urteil des EuGH vom 21.12.2023[13] zur Unvereinbarkeit der sog. UEFA-Home-Grown-Regeln mit Art. 45 AEUV. Gegenstand sind Verbandsregeln, die Vereine verpflichten, eine Mindestanzahl von Spielern, die im territorialen Zuständigkeitsbereich des Verbandes ausgebildet wurden, in die Liste seiner Spieler aufzunehmen und auf dem Spieleinsatzbogen aufzuführen. Die Entscheidung des EuGH gilt als schulmäßiger Anwendungsfall des Verhältnismäßigkeitsprinzips. Der „Öffentlichrechtler" sieht sich an seine staatsbezogene Dogmatik der verfassungsrechtlichen Prüfung von Eingriffen erinnert. Für die Bewertung der Entscheidung ist aus der Sicht des organisierten Sports fairerweise festzustellen, dass der Gerichtshof sich dessen Argumenten keineswegs verschlossen zeigt. Diese positive Erfahrung gilt besonders im Fall Deliège.[14] Gegenstand des Rechtsverfahrens war eine sportlich begründete Stichtagsregel für den Wechsel eines Sportlers zwischen zwei Ligen verschiedener Länder. Der Chronist vermeldet im Zusammenhang mit diesem Urteil, es kündige den sog. Drei-Stufen-Test der späteren Rechtsprechung an.[15]

---

[11] EuGH, Urt. v. 15.12.1995, *Bosman*, C-415/93, vgl. Kurzübersicht in: SpuRt 2(1):59.

[12] Streinz (2023) S. 44.

[13] EuGH, Urt. v. 21.12.2023, *Royal Antwerp Football Club*, C-680/21 –, vgl. Kurzübersicht in: SpuRt 31(1):38, Rn. 141 ff.

[14] EuGH, Urt. v. 11.4.2000, *Christelle Deliège vs Ligue frankophone de judo et disziplins Associés*, C-51/96 und C-191/97 –, vgl. Kurzübersicht in: SpuRt 6(2):148, Rn. 64 ff.

[15] Streinz (2023), S. 46.

4 Das Wettbewerbsrecht der EU (Art. 101, 102 AEUV) als Regulativ für die Organisation des Sports in Europa

4.1 Wettbewerbsrecht gegen Autonomie des Sports

Das Wettbewerbsrecht der EU (Art. 101, 102 AEUV) ist zu einer Art „Angstgegner" der Sportverbände in Europa geworden. Es ist das europäische Kartellrecht, das strenge Maßgaben für die monopolbestimmte Organisation des Profisports vorgibt, sofern und soweit sie – vereinfacht formuliert – auf Erwägungen beruht, die nicht vorrangig sportlich bestimmt sind. Es ist omnipräsent: Das deutsche Bundeskartellamt wendet die Vorschriften an, die für die Kontrolle sportschiedsgerichtlicher Entscheidungen in Deutschland berufenen Oberlandesgerichte bewerten die Bestimmungen als Teil des ordre public, und der EuGH meldet sich dazu in jüngerer Zeit verstärkt zum richterlichen Wort. Die Erfahrung zeigt, dass der Sport mit der Berufung auf den Schutz seiner Autonomie durch die GR-Charta (Art. 12 Abs. 1) kaum gegenhalten kann.[16] Das Grundrecht der Vereinigungsfreiheit ist kein Titan, im europäischen Kontext wirkt es eher schmächtig.

4.2 Prominente Judikate des EuGH

Einen wesentlichen Eingriff in das FIFA-Reglement der sportlich und wirtschaftlich sensiblen Welt des Spielerwechsels bewirkt das Urteil des EuGH in der Sache Diarra.[17] Der (ehemalige) Profi Lassano Diarra spielte ab 2013 für einen Club in Russland. Den zugrundeliegenden Profivertrag kündigte er einseitig ohne triftigen Grund. Nach den geltenden Regeln der FIFA hat ein solches Verhalten gewichtige Sanktionen für den Spieler zur Folge (Entschädigung in Millionenhöhe, Transfersperre). Durch sie wird aber auch nach FIFA-Recht der Club in Haftung genommen, der den vertragsbrüchigen Spieler unter Vertrag nimmt. Im Falle Diarra war die Drohung mit diesen Sanktionen für einen neuen Verein geeignet, davon abzusehen, mit ihm einen Spielervertrag abzuschließen. Diarra verklagte die FIFA auf Schadenersatz. Der EuGH anerkannte die Legitimität der sportlichen Gründe für die Regeln der FIFA. Sie seien legitim, weil es um die „Gewährleistung der Regelmäßigkeit von Vereinsfußballwettbewerben" gehe und auch um die „Aufrechterhaltung eines gewissen Maßes an Stabilität" der Mannschaften im Wettbewerb. Das Regelwerk schränke jedoch die Freizügigkeit des Spielers (Art. 45 AEUV) und auch den Wettbewerb zwischen den Vereinen um die Gewinnung von Spielern (Art. 101 AEUV) unverhältnismäßig ein. Die Entscheidung hat in Deutschland eine interessante rechtswissenschaftliche und auch arbeitsrechtliche Diskussion ausgelöst.[18]

---

[16] Steiner (2021), S. 108.

[17] EuGH, Urt. v. 4.10.2024, *Diarra*, C-650/22; Orth (2024), S. 487.

[18] Fischinger, Rybak (2024), S. 434.

Keine Entscheidung des EuGH zum Sport hat in jüngerer Zeit ein so breites und engagiertes Echo im Fußball, in den Medien, in der Politik und in der fußballinteressierten Öffentlichkeit ausgelöst wie das Urteil zur sog. Super League.[19] Es ging (und geht) um die Architektur des europäischen Profifußballs. Der Sachverhalt vereinfacht: Geplant als eigenständiger Wettbewerb für Fußballmannschaften der Herren sollte sie – mehrfach inzwischen modifiziert – aus Fußballvereinen der großen europäischen Ligen, allen voran England, zusammengesetzt sein. FIFA und UEFA haben Vereinen und Spielern für den Fall ihrer Teilnahme mit erheblichen Sanktionen gedroht (Ausschluss von Wettbewerben der Verbände, Verbot der Teilnahme an Spielen der Nationalmannschaft). Die European Super League Company hat sich gerichtlich gegen diese Sanktionen gewehrt. Das Handelsgericht Madrid legte dem EuGH eine Reihe von Fragen zur Vorabentscheidung vor. Der EuGH hat im Wesentlichen entschieden: Es fehle den Sanktionsdrohungen der Verbände an transparenten, objektiven, nicht-diskriminierenden und verhältnismäßigen Regeln. Als tragend und wegweisend wird vor allem die vom Gericht vorgenommene Entscheidung zwischen „bezweckten" und „bewirkten" Wettbewerbsbeschränkungen bewertet.[20] Im Augenblick deutet sich eine Fortsetzung der Super League-Idee an.[21]

5 Datenschutz im Sport im Geltungsbereich des Datenschutzrechts der EU

5.1 Das Dateninteresse des Sports

Zu den großen Trends des Sports gehört neben seiner Professionalisierung und dem kommerziellen Rahmen, in dem er sich bewegt, mehr denn je die Optimierung sportlicher Leistungen mit Hilfe von Technik und Wissenschaft. Der medizinische Beitrag dazu ist längst bekannt und vielfältig. In den Vordergrund des Interesses ist die Datenbeschaffung, Datenverarbeitung und Datenspeicherung mit den Mitteln moderner Technologie getreten und rückt das Problem des sog. gläsernen Athleten in den Fokus des Datenschutzes. Die tägliche Praxis im Umgang mit den Leistungsdaten im Berufssport, vor allem im Fußballmannschaftssport, ist quantitativ und qualitativ in eine neue Dimension vorgestoßen.[22] Positions- und Bewegungsdaten, Fitnesswerte, Informationen über Verletzungen und Krankheit, aber auch Trainingsdaten werden über vielfältige Technikwege (Kameras, Drohnen, Bildschirme am Spielfeldrand, Sensoren, Tribünenscouting) erhoben. Alle

---

[19] EuGH, Urt. v. 21.12.2023, *European Super League Company*, C-333/21 –, vgl. Kurzübersicht in: SpuRt 31(1):39; dazu u. a. Bungenberg (2024), S. 249; Haug (2023); ders. (2024), S. 69; Heermann (2024), S. 292; Scheuch (2024), S. 354; Stopper, Bischoff (2025), Rn. 49 ff.

[20] Stopper (2024), S. 86.

[21] Süddeutsche Zeitung, Nr. 292 v. 18.12.2024, S. 22; Allgemein zur sog. SuperLeague Scheuch (2024), S. 354.

[22] Vieweg (2020), S. 163; ders. (2024), S. 33; Hoffmann (2024a).

Stufen der Datennutzung im Sport stehen unter der Zielvorgabe einer Optimierung der Athleten, der Vermeidung oder Minimierung von Verletzungen, aber auch – nicht zuletzt vor dem Hintergrund einer steigenden Zahl von nationalen und internationalen Sporteinsätzen der Sportler in allen professionell organisierten Sportarten – unter dem Aspekt der Belastungssteuerung. Den Startschuss für den juristischen Datenschutz hat bekanntlich das deutsche Bundesverfassungsgericht in seinem Urteil vom 15.12.1983 zur sog. informellen Selbstbestimmung[23] gegeben. Seine Entscheidung hat in den europäischen Verfassungsraum anderer Länder hineingewirkt und ist in der Gestalt der europäischen Datenschutzgrundverordnung (DSGVO) zurückgekommen.[24]

5.2 *Datenschutz im Sport*

Grundlage der DSGVO ist Art. 16 Abs. 2 AEUV. Die Rechtsverordnung soll das Recht jeder Person auf Schutz der sie betreffenden personenbezogenen Daten sichern (Art. 8 GR-Charta). Art. 5 DSGVO enthält auch für die Datenerhebung im Bereich des Sports wichtige Leitlinien. Personenbezogene Daten müssen auf rechtmäßige, nach Treu und Glauben und in einer für die betroffene Person nachvollziehbaren Weise verarbeitet werden (Art. 5 Abs. 1 lit. a). Weiter schreibt die DSGVO vor, dass die Daten nur für festgelegte, eindeutige und legitime Zwecke erhoben werden (Art. 5 Abs. 1 lit. b), und sie enthält das Gebot der „Datenminimierung" (Art. 5 Abs. 1 lit. c). Als gesetzlichen Erlaubnistatbestand vor allem im Bereich arbeitsrechtlicher Beziehungen zwischen dem Arbeitgeber (Verein, Sportkapitalgesellschaft usw.) und dem Sportler kommt vorrangig Art. 6 Abs. 1 lit. b in Betracht. Im juristischen Mittelpunkt dürften aber die Möglichkeiten und Grenzen einer Einwilligung des betreffenden Sportlers zur Verarbeitung der für ihn erhobenen personenbezogenen Daten stehen (Art. 6 Abs. 1 lit. a, 7, 9). Ihre Ermittlung und ihre Bewertung ist ein Schwerpunktthema zunächst des deutschen Arbeitsrechts,[25] steht aber auch im Blickfeld der gesamten Sportrechtswissenschaft.[26]

6 (Zwischen)Bilanz

Der Sport zahlt im Recht der EU seinen juristischen Preis dafür, dass er als Folge seines „Ein-Platz-Prinzips" monopolistisch organisiert ist und auf dieser Grundlage selbstbewusst agiert. Niemand bestreitet ihm das Recht zu definieren, was sportlich

---

[23] BVerfG, Urt. v. 15.12.1983, BVerfGE 65, 1.

[24] Zum Folgenden Hoffmann (2024b), S. 305.

[25] Winter (2021), S. 202 ff.

[26] Endrös (2025), Rn. 2, 44 ff.

ist, und was nicht, und danach sein Regelwerk und seine Statuten zu gestalten. Seine grundrechtsbasierte Kraft erwächst ihm aus seiner breiten und wohl einzigartigen länderübergreifenden sozio-kulturellen Basis. Grenzenlos ist seine gestaltende Rechtsmacht freilich nicht. Das europäische Recht und der EuGH markieren immer wieder diese Grenze. Dabei ist die Rechtsprechung nachlesbar bemüht, wo der Sport sportlich argumentiert, diese Argumente sorgfältig zu prüfen und sie in ihren Entscheidungen fair zu bewerten. Es ist unbestreitbar Aufgabe des EuGH, wo das Recht der EU die Interessen und die Rechte der Athleten und der Mitglieder sportlicher Verbände schützt, diesen Schutz auch zur Geltung zu bringen. Auch wenn der Sport die europäische Rechtsbühne betritt, verbleibt er doch im Rechtsstaat und ist in ihm gut aufgehoben.[27]

Literatur

Bungenberg, M. (2024). Mehr als nur ein Warnschuss für die Sportverbände – Das Super League-Urteil des EuGH zum Sportkartellrecht. *NZKart, 12*(5), 249–255.

Endrös, L. (2025). Kap. 12. In M. Stopper & G. Lentze (Hrsg.), *Handbuch Fußball-Recht* (3. Aufl., S. 851–918). Erich Schmidt Verlag.

Fischinger, P. S., & Rybak, F. (2024). Die Folgen des Diarra-Urteils des EuGH für die verbandsrechtliche Sanktionierung vertragsbrüchiger Fußballprofis. *SpuRT, 31*(6), 434–444.

Haug, N. (2023). *Grenzen einer privaten Super-Liga im europäischen Spitzenfußball*. Nomos.

Haug, N. (2024). European Superleague Company vs. UEFA und FIFA – Unentschieden mit Verlängerung. *SpoPrax, 2*(2), 69–75.

Heermann, P. W. (2024). Der Wouters/Meca-Medina-Test für wettbewerbsbeschränkende Verbandsstatuten. *NZKart, 12*(6), 289–296.

Hoffmann, F. J. (2024a). *Die Vermessung der Sportwelt*. Nomos.

Hoffmann, F. J. (2024b). Die Vermessung der Sportwelt und der Schutz der „gläsernen Athlet:innen". *SpoPrax, 4*(5), 305–310.

Kornbeck, J., & Weatherill, S. (2023). Urteilsanmerkung zu: EuGH: Anerkennung des „europäischen Sportmodells" durch Art. 165 AEUV (European Superleague./.UEFA). *SpuRT, 30*(2), 113–122.

Mann, T. (2024). Die Berufsfreiheit im Sport. In C. v Coelln, B. Kempen, & A. Nußberger (Hrsg.), *Konsistenz und Dogmatik des Rechts: Gedächtnisschrift für Michael Sachs* (S. 403–416). C.H. Beck.

Orth, J. (2024). Urteilsanmerkung: EuGH: EU-Rechtswidrigkeit von Bestimmungen des FIFA-RSTS („Diarra"). *SpuRT, 31*(6), 487–499.

Reinsch, M. (2024). Der Stand der deutschen Spitzensportreform im Jahr 2024. *SpuRT, 31*(2), 112–115.

Ruffert, M. (2022). Art. 165. In C. Callies & M. Ruffert (Hrsg.), *EUV-AEUV, Kommentar* (6. Aufl.). C.H. Beck.

Scheuch, A. (2024). Vorgaben für die Zulassung von Konkurrenzwettbewerben durch Monopolsportverbände – ESL (Super League). *JZ, 79*(8), 353–360.

Schiffbauer, B. (2023). Urteilsanmerkung: EuGH: Vereinbarkeit der UEFA home-grown players rules mit der Arbeitnehmerfreizügigkeit. *SpuRT, 30*(3), 219–223.

Sommermann, K. P. (2024). Art. 20. In P. M. Huber & A. Voßkuhle (Hrsg.), *Grundgesetz, Kommentar* (8. Aufl.). C.H. Beck.

[27] Sommermann (2024), Rn. 328.

Steiner, U. (2021). Die Autonomie des Sports im nationalen und europäischen Rechtsgefüge. In K. Vieweg (Hrsg.), *Erlanger Sportrechtstagungen 2018 und 2019* (S. 103–116). Duncker & Humblot.

Stopper, M. (2024). Der „neue" kartellrechtliche Prüfungsmaßstab im Sport. *SpuRT, 31*(2), 86–91.

Stopper, M., & Bischoff, D. (2025). Kap. 7. In M. Stopper & G. Lentze (Hrsg.), *Handbuch Fußball-Recht* (3. Aufl., S. 433–508). Erich Schmidt Verlag.

Streinz, R. (2023). Der Sport im Spiegel des Europäischen Gerichtshofs. In U. Steiner (Hrsg.), *40 Jahre deutsches und internationales Sportrecht* (S. 33–66). Boorberg.

Vieweg, K. (2020). Sportdaten – Systematisierung für Schutz und Sicherheit. *SpuRT, 27*(4), 163–167.

Vieweg, K. (2024). Sportdaten – Schatz und Schutz. In K. Vieweg (Hrsg.), *Erlanger Sportrechtstagung*. 2023, 2024 (S. 33–52). Duncker & Humblot.

Winter, W. (2021). § 8 B. VIII.: Pflicht zur Einräumung von persönlichkeitsrechtlichen Verwertungsbefugnissen. In S. Fischinger & H. Reiter (Hrsg.), *Das Arbeitsrecht des Profisports* (S. 195–222). C.H. Beck.

Grundwerte und Grundprinzipien des deutschen und europäischen Verfassungsrechts

Verfassungsbeschwerde und Unionsrecht in Spanien: Neuordnung des Grundrechtsschutzes?

M. J. García Morales

1 Einführung

In drei EU-Mitgliedstaaten, Deutschland, Österreich und Spanien, gibt es eine Verfassungsgerichtsbarkeit mit einer Verfassungsbeschwerde zum Schutz der Grundrechte. Das Inkrafttreten der GRCh hat zu einer Transformation der Verfassungsbeschwerde im System des mehrstufigen Grundrechtsschutzes geführt, die bei der Entstehung dieses Verfahrens naturgemäß nicht zu erwarten war. Die Verfassungsbeschwerde in Spanien nimmt in der umfangreichen Publikationsliste von Professor Sommermann einen prominenten Platz ein. Seine erste Monografie (*Der Schutz der Grundrechte in Spanien nach der Verfassung von 1978. Ursprünge, Dogmatik, Praxis*, Duncker & Humblot, Berlin, 1984) geht auf seine Dissertation zurück und ist das erste deutschsprachige Werk, das sich mit dem Grundrechtsschutz der spanischen Verfassung von 1978 und ihren historischen Ursprüngen befasst. Es ist das Ergebnis einer Analyse einer ausländischen, wenngleich nicht völlig fremden Verfassung durch einen deutschen Juristen.

Der Hauptbezugspunkt für den spanischen Verfassungstext war das deutsche Grundgesetz, insbesondere hinsichtlich der Grundrechte und des Modells der

María Jesús García Morales ist Professorin für Verfassungsrecht an der Universitat Autònoma de Barcelona (UAB), Barcelona, Spanien. Zu ihren Forschungsschwerpunkten zählen das vergleichende Verfassungsrecht sowie Föderalismus und Regionalismus. Eine Auswahl ihrer Veröffentlichungen findet sich unter: https://dialnet.unirioja.es/servlet/autor?codigo=106688.

M. J. García Morales (✉)
Barcelona, Spanien
E-Mail: mariajesus.garcia@uab.cat

C. Fraenkel-Haeberle, B. Peters (Hrsg.), *Öffentliches Recht in transnationaler Perspektive*, https://doi.org/10.1007/978-3-662-72331-9_21

Verfassungsgerichtsbarkeit.[1] Konnte aber eine Übertragung von Kategorien und Verfahren aus dem deutschen Grundgesetz auf eine andere Verfassung in einem derart ungleichen Kontext gelingen? In der Tat. Am 29. Dezember 1978 trat die aktuelle spanische Verfassung in Kraft. Sie ist die achte Verfassung in einer bewegten Verfassungsgeschichte, deren Spuren bis nach Cádiz in das Jahr 1812 zurückgehen. Die Nachfolgerin der republikanischen Verfassung aus dem Jahr 1931 ist nach dem Ende der Franco-Diktatur die Verfassung von 1978. In der Familie der europäischen Verfassungen reiht sich der spanische Verfassungstext in die Zeit der griechischen (1975) und portugiesischen (1976) Verfassungen ein. Diese südeuropäischen Verfassungen haben gemeinsam, dass sie im Zuge der Wiederherstellung der Demokratie nach einer Militärdiktatur geschaffen wurden.[2]

Die Anerkennung und Gewährleistung der Grundrechte war eines der zentralen Anliegen des spanischen Verfassungsgebers. Die Verteidigung der Grundrechte ist eine der wichtigsten Aufgaben des Verfassungsgerichts. Von Anfang an hat Europa eine entscheidende Rolle in der Rechtsprechung des Verfassungsgerichts zu den Grundrechten gespielt. Das spanische Verfassungsgericht gilt als eine europafreundliche Verfassungsgerichtsbarkeit, da es europäische Quellen (Unionsrecht und das Europaratsrecht) sowie die Rechtsprechung der europäischen Kontrollorgane [Europäischer Gerichtshof („EuGH") und Europäischer Gerichtshof für Menschenrechte („EGMR")] im Wege zweier Scharniernormen in den spanischen Text übernommen hat: Art. 93 CE, der die Übertragung der nationalen Zuständigkeiten auf supranationale Organisationen erlaubt, und Art. 10 Abs. 2 CE, der die Auslegung der in der Verfassung anerkannten Grundrechte und -freiheiten in Übereinstimmung mit den von Spanien rechtsgültig ratifizierten internationalen Erklärungen und Verträgen vorschreibt.[3]

Das spanische war eines der ersten europäischen Verfassungsgerichte, das dem EuGH im Jahr 2011 eine Frage zur Vorabentscheidung vorlegte. Das bisher erste und gleichzeitig letzte Mal, dass es an die Tür Luxemburgs klopfte, war in der Rechtssache Melloni. Die europäische Antwort darauf fiel nicht wie erwartet aus. Seitdem hat das spanische Verfassungsgericht auf einen direkten Dialog mit dem EuGH verzichtet. Stattdessen bezieht sich das Gericht auf das Unionsrecht vor allem im Rahmen der Verfassungsbeschwerde. Diese ist zwar ihrem Wesen nach weiterhin ein Verfahren zum Schutz der Grundrechte, doch hat sich im veränderten Kontext auch ihre Funktion erweitert. Ziel des vorliegenden Beitrags ist es, ihre Entwicklung zu untersuchen, d. h. ihre Verankerung in der Verfassung (2), der rechtliche Wandel des Modells (3), die Reaktion Straßburgs auf diesen Wandel (4), ihre fortschreitende Europäisierung durch das Unionsrecht (5) und schließlich die Auswirkungen dieses Prozesses nicht nur auf die Verfassungsbeschwerde an sich, sondern auch auf die Stellung des spanischen Verfassungsgerichts in der Grundrechtsschutzarchitektur des Europäischen Rechtsraums (6).

---

[1] Cruz Villalón (2022), S. 105–106; Für die Ich-Perspektive eines der deutschen Berater der spanischen Verfassung: Schneider (2011), S. 57–90.

[2] Sommermann (2020), S. 71–89.

[3] Pérez Tremps (2019), S. 147.

2 Die Verfassungsbeschwerde in der spanischen Verfassung: Warum und wozu?

Die Verfassungsbeschwerde stellte kein Novum der spanischen Verfassung von 1978 dar. Vielmehr sah bereits die Verfassung der Zweiten Republik die Verfassungsbeschwerde vor und nahm sich zwei Verfassungen zum Vorbild, die im Jahr 1931 als Anhaltspunkt dienten: die mexikanische Verfassung von 1917 und die österreichische Verfassung von 1920.[4] Bei der Ausarbeitung der spanischen Verfassung von 1978 mag möglicherweise auch die Rechtskultur Lateinamerikas mit ihren verschiedenartigen Ausgestaltungen der Verfassungsbeschwerden einen Einfluss gehabt haben.[5] Maßgeblicher war jedoch das deutsche Bundesverfassungsgericht (BVerfG), dessen Modell der Verfassungsbeschwerde stärkeren Einfluss hatte als die eigene spanische Verfassungstradition.[6]

Die Verortung der Grundrechte im ersten und zugleich umfangreichsten Titel der spanischen Verfassung (45 von insgesamt 169 Artikeln) verdeutlicht ihren hohen Stellenwert. Die Kultur einer Grundrechtsgarantie nach dem Zweiten Weltkrieg wurde durch den spanischen Verfassungsgeber nicht nur aus dem Wunsch heraus übernommen, eine Verfassung zu schaffen, welche die verfassungsrechtlichen Tendenzen der Nachkriegszeit aufnimmt, sondern auch aus der nachvollziehbaren Sorge um den Schutz der Grundrechte nach der Diktatur Francos und dem Misstrauen des Verfassungsgebers gegenüber der rechtsprechenden Gewalt. Die historischen Hintergründe einer völlig verfassungsfremden Richterausbildung sowie einer starr gesetzesfokussierten Haltung, wonach Verfassungsnormen erst einer juristischen Entwicklung bedurften, ließ Zweifel daran hegen, ob die Justiz die Verfassung und insbesondere die Verfassungsnormen zu den Grundrechten durchsetzen würde.[7]

Die Verfassungsbeschwerde ist ein von der Verfassung zwar vorgesehenes, aber letztlich durch den Gesetzgeber inhaltlich bestimmtes und ausgestaltetes Verfahren. Die Verfassung überlässt dem Gesetzgeber die Bestimmung der Fälle und Formen der Verfassungsbeschwerde innerhalb der Grundlinien, die er in drei Vorschriften vorgibt. Die Zuständigkeit obliegt dem Verfassungsgericht (Art. 161 Abs. 1 b) CE). Es handelt sich um ein spezifisches und besonderes Verfahren, durch das „*jeder Bürger den Schutz der in Artikel 14 und [der] im Ersten Abschnitt des Zweiten Kapitels anerkannten Freiheiten und Rechte beantragen kann*" (Art. 53 Abs. 2 CE). Nicht nur die in ihren Rechten verletzte Person ist (wie im Normalfall) antragsbefugt, sondern auch die spanische Staatsanwaltschaft (*Ministerio Fiscal*) und die Volksanwaltschaft (*Defensor del Pueblo*) als für den Schutz der Grundrechte zu-

---

4 Sommermann (1984), S. 43–46; Oliver Araujo (2010), S. 323–346. Einer der wichtigsten Zeugen der Verfassung von 1931, der Staatsrechtlehrer Adolfo Posada, bestätigt, dass die Verfassungsbeschwerde aus dem mexikanischen Recht übernommen wurde, obgleich der Einfluss von Kelsen und des österreichischen Verfassungsgerichts sehr bedeutsam waren, Posada (2006), S. XXXVII, S. 218.

5 Pérez Tremps (2015), S. 14.

6 García de Enterría (1985), S. 142.

7 Díez-Picazo (2021), S. 92.

ständige Stellen können eine Verfassungsbeschwerde einreichen (Art. 162 Abs. 1 b) CE).

Der Schutzbereich der Verfassungsbeschwerde umfasst daher nicht alle verfassungsmäßigen Rechte, sondern nur diejenigen, die in einem bestimmten Teil der Verfassung normiert sind (namentlich Art. 14–29 und 30 Abs. 2 CE). Dazu gehören unter anderem die Gleichheit, die Kommunikationsfreiheiten, Persönlichkeitsrechte, Versammlungs- und Vereinigungsrechte, der effektive Rechtsschutz und der Gesetzlichkeitsgrundsatz im Strafrecht; nicht hingegen andere Rechte wie das Eigentumsrecht oder das Eherecht. Gegenstand der Verfassungsbeschwerde ist die Verletzung von Grundrechten durch Gesetzes- oder Rechtsakte ohne Gesetzeskraft durch gleich welche Staatsgewalt (d. h. durch parlamentarische Akte, jede Art von Verwaltungshandeln oder Gerichtsentscheidungen). Verfassungsbeschwerden können hingegen – ganz im Gegensatz zum deutschen Recht – weder gegen Gesetze noch Normen mit Gesetzeskraft erhoben werden. Gleiches gilt bei Handlungen von Privatpersonen. Wird einer Verletzung von Grundrechten infolge einer privaten Handlung durch die ordentliche Gerichtsbarkeit nicht abgeholfen, kann die letzte gerichtliche Entscheidung angefochten werden, welche die Anerkennung der Verletzung im privaten Bereich verweigert hat.[8]

Am 12. Juli 1980 konstituierte sich das spanische Verfassungsgericht und entschied in seinem bedeutenden ersten Urteil vom 26. Januar 1981 über eine Verfassungsbeschwerde anlässlich der Verletzung des Rechts auf effektiven Rechtsschutz. In diesem Zusammenhang entwickelte das Verfassungsgericht Dogmatik am „Hochreck“, indem es sich zum Zweck und der Funktion der Verfassungsbeschwerde äußerte. Dabei handelt es sich um ein außerordentliches Verfahren zur Verteidigung der Grundrechte und um ein subsidiäres Verfahren, wenn andere Wege zuvor erfolglos erschöpft wurden. Die Verfassungsbeschwerde hat eine doppelte subjektive und objektive Funktion, die mit der doppelten Dimension der Grundrechte einhergeht: Es ist ein Verfahren zum Schutz der Grundrechte der verletzten Person und es hat eine Funktion zur Verteidigung der Verfassung, die über einen konkreten Fall hinausgeht, indem das Verfassungsgericht als oberstes Interpretationsorgan der Verfassung und der darin enthaltenen Rechte fungiert.[9]

Über die Dogmatik hinaus hat die Verfassungsbeschwerde zu einem Wandel der Rechtskultur in Spanien beigetragen. Durch dieses Verfahren hat das spanische Verfassungsgericht die Normativität der Verfassung und der verfassungsmäßigen Rechte bewiesen.[10] So selbstverständlich diese Feststellung anmuten mag, in Spanien war sie es gleichwohl nicht.[11] Im Laufe von vier Jahrzehnten hat die Verfassungsbeschwerde eine Grundrechtskultur geschaffen, sowohl für den Bürger,

---

[8] Requejo Pagés (2021a), S. 321–327.

[9] STC 1/1981 FJ 2.

[10] Díez-Picazo (2021), S. 92, Pérez Tremps (2015) S. 14, Sommermann (1984), S. 351.

[11] Das Hauptwerk des Verwaltungsrechtslehrers Eduardo García de Enterría, La Constitución como norma y el Tribunal Constitucional, das 1981 erstmals veröffentlicht wurde, ist in diesem Kontext zu verstehen. Sein Titel war kein Pleonasmus, sondern ein Manifest für die Normativität der Verfassung von 1978 und untermauerte die Arbeit dieses ersten Verfassungsgerichts. Erstmalig übersetzt ins Französische, García de Enterría E (2024).

der die Wiedergutmachung einer Verletzung geltend macht, als auch für die juristischen Akteure und insbesondere für die Richter und Gerichte, welche mit dem Schutz der Grundrechte der Bürger in erster Instanz betraut sind und an die Entscheidungen des Verfassungsgerichts in allen Arten von Verfahren gebunden sind – einschließlich der Verfassungsbeschwerden.[12]

3 Der Wandel des Modells: Hin zu einer Objektivierung der Verfassungsbeschwerde

Obwohl das spanische Verfassungsgericht von vornherein die doppelte subjektive und objektive Dimension der Verfassungsbeschwerde erklärt hat, war dieses Verfahren bis 2007 in erster Linie ein Instrument des subjektiven Grundrechtsschutzes, das darauf abzielte, die Verletzung von Grundrechten festzustellen und die durch die Beschwerdeführer erlittenen konkreten Verletzungen wiedergutzumachen. Um das Gericht von der hohen Zahl der eingereichten und nicht einmal mehr zugelassenen Verfassungsbeschwerden zu entlasten, verlangte der Gesetzgeber ab jenem Jahr das Vorliegen einer „besonderen verfassungsrechtlichen Bedeutung" (*especial trascendencia constitucional*) als Voraussetzung für die Zulässigkeit.[13] Im Ergebnis nähert sich das spanische Verfassungsgericht damit dem BVerfG in Deutschland an, das eine grundsätzliche verfassungsmäßige Bedeutung verlangt, und – wenngleich in geringerem Maße – auch dem Supreme Court der Vereinigten Staaten.

Die subjektive Dimension der Verfassungsbeschwerde ist zwar nicht verschwunden, aber die objektive Dimension ist in den Vordergrund gerückt. Diese Änderung wird als Objektivierung der Verfassungsbeschwerde bezeichnet. Das Erfordernis der besonderen verfassungsrechtlichen Bedeutung muss vom Beschwerdeführer dargelegt werden. Die bloße Behauptung reicht nicht aus, sondern es ist der Nachweis notwendig, dass eine solche Bedeutung in diesem Fall vorliegt. Diese neue Kategorie, die besondere verfassungsrechtliche Bedeutung, hat das spanische Verfassungsgericht in seinem Urteil, Sentencia Tribunal Constitucional („STC") 155/2009 konkretisiert.

Bei den folgenden Fallgruppen liegt diesem Urteil zufolge – im Rahmen seines freien Ermessensspielraums – eine besondere verfassungsrechtliche Bedeutung vor: a) Fehlen einer verfassungsrechtlichen Rechtsprechung, b) Klärung oder Änderung der Rechtsprechung als Folge eines internen Reflexionsprozesses, den das Verfassungsgericht selbst zu beginnen entscheidet oder der durch externe Auslöser eingeleitet wird (bei letzteren wiederum drei Unterteilungen: neue soziale Realitäten, für die inhaltliche Ausgestaltung des Grundrechts relevante Regelungsänderungen oder eine Rechtsprechungsänderung der Kontrollorgane, die im Sinne des Art. 10 Abs. 2 CE mit der Interpretation der internationalen Verträge und Abkommen be-

[12] Art. 5 Abs. 1 LOPJ (Organgesetz über die Gerichtsverfassung).

[13] Art. 49 Abs. 1 und 50 Abs. 1 b) LOTC (Organgesetz des Verfassungsgerichts). Ramos Hernández (2009), S. 149 ff., Gutiérrez Gil (2020), S. 567–582.

traut sind), c) Verletzung eines Grundrechts normativen Ursprungs, d) Verletzung eines Grundrechts aufgrund einer wiederholten gerichtlichen Gesetzesauslegung, die das Verfassungsgericht als Verletzung des Grundrechts einstuft und eine andere verfassungskonforme Auslegung für erforderlich hält, e) die wiederholte Nichteinhaltung der verfassungsrechtlichen Rechtsprechung zu einem Grundrecht durch die ordentliche Gerichtsbarkeit oder das Vorliegen sich widersprechender gerichtlicher Entscheidungen, f) die offenkundige Weigerung eines Gerichtsorgans, sich an die Rechtsprechung des Verfassungsgerichts zu halten, und g) eine Rechtsfrage von erheblicher und allgemeiner sozialer oder wirtschaftlicher Tragweite oder mit allgemeinen politischen Folgen.

Dieses Urteil beinhaltete eine nicht abschließende Aufzählung von Gründen, die eine besondere verfassungsrechtliche Bedeutung belegen. Wenngleich es sich es sich zwar nicht um einen Numerus Clausus handelt, sind seit diesem Urteil keine neuen Gründe von besonderer verfassungsrechtlicher Bedeutung anerkannt worden. Trotz der Auslegungsbemühungen wird die Unbestimmtheit der Kategorie kaum durch Fallgruppen aufgelöst, was dem Verfassungsgericht einen weiten Spielraum belässt.[14] Nach der Objektivierung der Verfassungsbeschwerde ist dieses Verfahren weiterhin das quantitativ häufigste. Die Reform hat nicht dazu geführt, dass die Zahl der eingereichten Klagen nennenswert zurückgegangen ist.[15]

Das am häufigsten geltend gemachte Grundrecht ist das auf effektiven Rechtsschutz (84,08 %).[16] Allerdings bestehen nur wenige Verfassungsbeschwerden den strengen Filter der besonderen verfassungsrechtlichen Bedeutung. Aus dem Tätigkeitsbericht des Verfassungsgerichts *(Memoria)* aus dem Jahr 2023 geht hervor, dass nur 1,2 % der Verfassungsbeschwerden die Zulässigkeitshürde für eine anschließende Entscheidung durch Urteil überwunden haben; die übrigen 98,8 % der Beschwerden wurden als unzulässig verworfen. Diese Zahlen entsprechen jenen der Vorjahre.[17] Was die Gründe für die Unzulässigkeit anbelangt, so hat sich 2023 die Rangfolge der Hauptgründe für die Unzulässigkeit von Verfassungsbeschwerden geändert: Das Fehlen einer besonderen verfassungsrechtlichen Bedeutung (45,73 %) steht nun an erster Stelle vor der unzureichenden Begründung dieses Erfordernisses (22,41 %), die in den Vorjahren der häufigste Grund war.[18]

---

[14] Requejo Pagés(2021a), S. 326.

[15] Im Jahr 2023: 8.059 eingelegte Verfassungsbeschwerden, Tribunal Constitucional Memoria 2023, S. 266. Vor der Reform, im Jahr 2006: 11.471 anhängige Verfahren, Tribunal Constitucional Memoria 2006, S. 226.

[16] Tribunal Constitucional Memoria 2023, S. 259.

[17] Queralt Jiménez (2024), S. 498 (im Jahr 2022 passierten 2,83 % die Zulässigkeitsschwelle), González Beilfuss (2018), S. 265 (legt die Anzahl der zulässigen Verfassungsbeschwerden bei ca. 1 % fest).

[18] Tribunal Constitucional Memoria 2023, S. 56.

4 Straßburgs Forderung nach mehr Rechtssicherheit und die Antwort des spanischen Verfassungsgerichts

Die erste Frage, die sich bei der Einführung der besonderen verfassungsrechtlichen Bedeutung als Filter für die Verfassungsbeschwerde stellte, war die nach der Vereinbarkeit mit dem in der EMRK verankerten Recht auf ein faires Verfahren (Art. 6.1 EMRK) und auf eine wirksame Beschwerde (Art. 13 EMRK). Der EGMR bestätigte im Urteil *Arribas Antón* gegen *Spanien* vom 20. Januar 2015, dass dieses Erfordernis nicht gegen die EMRK verstoße. Das Vorhandensein und die Ausgestaltung einer Verfassungsbeschwerde sei vielmehr eine Angelegenheit des nationalen Gesetzgebers. Der EGMR sandte jedoch eine Botschaft mit zwei Anforderungen an das Verfassungsgericht , die auf dem Grundsatz der Rechtssicherheit und geordneter Rechtspflege beruhen: Erstens sollte das spanische Verfassungsgericht den Inhalt und den Umfang der besonderen verfassungsrechtlichen Bedeutung definieren, was es bereits in STC 155/2009 erfüllt hatte; und zweitens sollte das Verfassungsgericht den erforderlichen spezifischen Grund der besonderen verfassungsrechtlichen Bedeutung ausdrücklich angeben, was bis dahin nicht geschehen war.[19]

In Bezug auf diese zweite Frage wurde dem spanischen Verfassungsgericht bewusst, dass es verpflichtet ist, mehr Informationen über die angewandten Zulässigkeitskriterien zu vermitteln um festzustellen, dass eine Verfassungsbeschwerde besondere verfassungsrechtliche Bedeutung aufweist. Zu diesem Zweck legte das spanische Verfassungsgericht zwei Maßnahmen fest. Zum einen muss in den Zulassungsbeschlüssen der Grund für die besondere Bedeutung gemäß dem Katalog der STC 155/2009 angegeben werden, der in der Regel auch in das Urteil aufgenommen wird.[20] Zum anderen werden seit 2015 in den jährlichen Tätigkeitsberichten des spanischen Verfassungsgerichts statistische Angaben zu den spezifischen Gründen von besonderer verfassungsrechtlicher Bedeutung gemacht, die in den Zulassungsbeschlüssen zu den entschiedenen Verfassungsbeschwerden enthalten sind.[21]

Die Einhaltung des Urteils des Straßburger Gerichtshofs ermöglicht es, die Gründe der Verfassungsbeschwerde wahrzunehmen, die das spanische Verfassungsgericht annimmt. Letzteres beschränkt sich jedoch darauf, die besonderen Umstände der Bedeutung in jedem Fall innerhalb des Katalogs des STC 155/2009 anzuführen, ohne zu begründen, warum. Das spanische Verfassungsgericht ist allein dafür zuständig zu bestimmen, welche der von ihm aufgelisteten Gründe es in einem

---

[19] EGMR, Urt. v. 20.01.2025, *Arribas Antón* gegen *Spanien*, Application no. 16563/11, Rn. 46: „La réglementation relative aux formalités et délais à observer pour former un recours vise à assurer le respect, en particulier, du principe de la sécurité juridique. Ce principe exige, d'une part, que le Tribunal constitutionnel définisse le contenu et la portée du critère d'importance constitutionnelle spéciale, ce qu'il s'emploie à faire depuis la modification de sa Loi organique en 2007 (paragraphes 20 et suivants ci-dessus) et, d'autre part, qu'il explicite son application aux affaires déclarées recevables en vue d'assurer une bonne administration de la justice.".

[20] In jedem Fall in den Tatsachenfeststellungen und manchmal auch in der rechtlichen Begründung.

[21] Siehe Tribunal Constitucional. Memorias. https://www.tribunalconstitucional.es/es/memorias/Paginas/default.aspx. Zugriffsdatum 06.01.2025.

konkreten Sachverhalt für gegeben hält, um sie anzuwenden und darauf basierend ein Urteil zu erlassen. Es ist jedoch fraglich, ob die bloße Nennung eines Grundes ohne ein Mindestmaß an Begründung, warum eine Verfassungsbeschwerde zulässig ist, den Anforderungen an die Rechtssicherheit und an die ordnungsgemäße Rechtspflege genügt, die Straßburg von Spanien zuvor verlangte.[22] Das spanische Mindestbegründung für gerichtliche Entscheidungen fordert, könnte die Mindestgründe für die Auswahl eines aufgelisteten Falles über die Nennung der in STC 155/2009 aufgeführten Gründe hinaus ausführen.

Die vorhandenen Daten deuten darauf hin, dass sich die überschaubare Anzahl der vom spanischen Verfassungsgericht zugelassenen Verfassungsbeschwerden in der Regel nicht nur aus einem einzigen Grund, sondern aus einem Bündel mehrerer Gründe besonderer verfassungsrechtlicher Bedeutung zusammensetzt. Der Hauptzulassungsgrund ist das Fehlen einer Rechtsprechung, wenn es sich um einen neuen Fall handelt. Es folgen die Weigerung, sich an die verfassungsrechtliche Rechtsprechung zu halten, die Klärung oder Änderung der Rechtsprechung als Folge eines internen Reflexionsprozesses, die sozialen oder wirtschaftlichen Auswirkungen des Falles und die allgemeinen politischen Folgen (siehe Tab. 1).[23] Die Auswahl aus dem Kriterienkatalog zu einer Verfassungsbeschwerde ohne entsprechende Erläuterung, warum einer oder mehrere Gründe ausgewählt werden, scheint eher dem Interesse der Richter an der Lösung des Falls zu entsprechen als dem objektiven Vorhandensein einer besonderen verfassungsrechtlichen Bedeutung.[24]

5 Europäisierung der Verfassungsbeschwerde und Unionsrecht: Der spanische Fall im Europäischen Rechtsraum

Die Verfassungsgerichte sind die höchste Ebene der Zusammenarbeit zwischen den Gerichten, aber sie sind nicht einheitlich in ihrer Ausgestaltung, ihrer Dynamik und ihrer Beziehung zu Europa.[25] Die Vorabentscheidung ist das Instrument, das die aktivste Rolle der Verfassungsgerichte bei der Gestaltung des Europäischen Rechtsraums ermöglicht, aber es ist nicht das einzige. Das spanische Verfassungsgericht war ein Wegbereiter unter den Verfassungsgerichten bei der Vorlage einer Vorabentscheidungsfrage, aber nach dem Fall Melloni ist der direkte Dialog mit dem EuGH

[22] Ramos Hernández (2016), S. 320–333, Matia Portilla (2009), S. 359–367.

[23] Tribunal Constitucional. Memorias 2015–2023. https://www.tribunalconstitucional.es/es/memorias/Paginas/default.aspx. Zugriffsdatum: 06.01.2025

[24] González Beilfuss (2018), S. 278. Das Verfassungsgericht besteht aus einem Plenum (von zwölf Richtern), zwei Senaten (*Salas*) (mit jeweils sechs Richtern) und dann zwei Abteilungen (*Secciones*) pro Senat (mit jeweils drei Richtern). Die *Secciones* entscheiden über Zulässigkeit einer Verfassungsbeschwerde. Gelangt die *Sección* zu keinem einstimmigen Ergebnis, obliegt die Entscheidung dem Senat. In Ausnahmefällen kann das Plenum selbst eine Verfassungsbeschwerde an sich ziehen (Art. 10 Abs. 1 lit. n) LOTC).

[25] Von Bogdandy, Grabenwarter, Huber (2022), S. 15.

Tab. 1 Gründe besonderer verfassungsrechtlicher Relevanz nach dem Katalog des Urteils STC 155/2009 und Anzahl an zulässigen Verfahren. (Quelle: Eigene Erstellung ausgehend von den Daten der Tätigkeitsberichte des spanischen Verfassungsgerichts)[a]

Fallgruppe	2015	2016	2017	2018	2019	2020	2021	2022	2023
a) Fehlen einer verfassungsrechtlichen Rechtsprechung	20	12	27	53	43	44	25	24	9
b) Klärung oder Änderung der Rechtsprechung als Folge eines internen Reflexionsprozesses[b]	12	20	21	38	21	41	14	25	10
c) Verletzung eines Grundrechts normativen Ursprungs	1	8	4	3	20	9	15	–	–
d) Verletzung eines Grundrechts aufgrund einer wiederholten gerichtlichen Gesetzesauslegung, die das Verfassungsgericht als Verletzung des Grundrechts einstuft und eine andere verfassungskonforme Auslegung für erforderlich hält	–	3	1	–	–	–	–	–	–
e) die wiederholte Nichteinhaltung der verfassungsrechtlichen Rechtsprechung zu einem Grundrecht durch die ordentliche Gerichtsbarkeit oder das Vorliegen sich widersprechender gerichtlicher Entscheidungen	11	1	8	4	2	4	1	2	–
f) die offenkundige Weigerung eines Gerichtsorgans, sich an die Rechtsprechung des Verfassungsgerichts zu halten	–	9	4	7	7	21	21	22	10
g) eine Rechtsfrage von erheblicher und allgemeiner sozialer oder wirtschaftlicher Tragweite oder mit allgemeinen politischen Folgen	5	6	2	3	19	13	6	13	7

(Fortsetzung)

Tab. 1 (Fortsetzung)

Fallgruppe	2015	2016	2017	2018	2019	2020	2021	2022	2023
Verschiedene Gründe[c]	13	8	2	7	62	48	51	72	44
Ohne Angabe von Gründen[d]	13	–	–	–	–	–	–	–	–
INSGESAMT	**87**	**67**	**71**	**115**	**174**	**180**	**133**	**158**	**87**

[a]Tribunal Constitucional. Memorias 2015–2023

[b]Wie in Abschn. 3 ausgeführt, beinhaltet Fallgruppe b) folgende Unterteilungen: Klärung oder Änderung der Rechtsprechung als Folge eines internen Reflexionsprozesses, den das Verfassungsgericht selbst zu beginnen entscheidet oder der durch externe Auslöser eingeleitet wird (wiederum drei Unterteilungen: neue soziale Realitäten, für die inhaltliche Ausgestaltung des Grundrechts relevante Regelungsänderungen oder eine Rechtsprechungsänderung der Kontrollorgane, die im Sinne des Art. 10 Abs. 2 CE mit der Interpretation der internationalen Verträge und Abkommen betraut sind). Die Tätigkeitsberichte gehen jedoch nicht auf die konkrete Unterteilung ein

[c]Unter „verschiedenen Gründen" werden Verfassungsbeschwerden zusammengefasst, bei denen das Verfassungsgericht nicht nur einen einzigen Grund, sondern ein Bündel mehrerer Gründe besonderer verfassungsrechtlicher Bedeutung sieht

[d]„Ohne Angabe von Gründen" war eine Fallgruppe, die seit dem EGMR Urt. v. 20.01.2025, *Arribas Antón* gegen *Spanien*, Application no. 16563/11, keinen Sinn mehr ergibt, weil das Verfassungsgericht jetzt immer die Gründe für die Zulässigkeit angibt

sine die unterbrochen worden.[26] Die Interaktion zwischen den beiden Rechtsprechungsorganen findet auf anderen Wegen statt, unter anderem über die Verfassungsbeschwerde.

5.1 *Die Verfassungsbeschwerde als Verfahrensgarantie im Sinne von Art. 19 EUV*

Die GRCh sieht keine gerichtliche Garantie für ihre Rechte vor. Diese Aufgabe obliegt dem EuGH und den Richtern und Gerichten der Mitgliedstaaten. Die vorliegende Frage ist, in welchen Fällen der gerichtliche Schutz der Rechte aus der GRCh in die Zuständigkeit der Mitgliedstaaten fällt. Art. 19 Abs. 1 Satz 3 EUV sieht vor, dass *„[d]ie Mitgliedstaaten [...] die erforderlichen Rechtsbehelfe [schaffen], damit ein wirksamer Rechtsschutz in den vom Unionsrecht erfassten Bereichen gewährleistet ist."* Der derzeitige Präsident des spanischen Verfassungsgerichts, Cándido Conde-Pumpido, räumte seinerzeit ein, dass dieser Rechtsbehelf *„im spanischen Rechtssystem kein anderer sein kann als die Verfassungsbeschwerde wegen Verletzung des Rechts auf effektiven Rechtsschutz und des Rechts auf ein [ordnungsgemäßes] Verfahren mit allen seinen Garantien"*.[27]

Die Reform der Verfassungsbeschwerde im Jahr 2007 erfolgte, wie bereits erwähnt, aus rein innerstaatlichen Gründen, um das Verfassungsgericht zu entlasten und die Qualität seiner Rechtsprechung zu verbessern. Die Änderung des Modells

[26]ATC 86/2011; EuGH, Urt. v. 26.02.2013, *Melloni gegen Ministerio Fiscal*, C-399/11; STC 26/2014. Carmona Contreras (2016), S. 33–35, García Couso (2022), S. 208–211.

[27]Conde-Pumpido Tourón (2024), S. 11–12.

der Verfassungsbeschwerde erfolgte kurz vor dem Inkrafttreten der GRCh, sodass die Verfassungsbeschwerde in ihrer jetzigen objektiven Ausgestaltung der innerstaatliche Rechtsbehelf im Sinne des Art. 19 EUV ist. Zu den Gründen von besonderer verfassungsrechtlicher Bedeutung für die Zulässigkeit einer Verfassungsbeschwerde zählte das Gericht einen „explizit europäischen" Grund: die Klärung oder Änderung der Rechtsprechung infolge neuer Rechtsprechung des EGMR und des EuGH.[28] Über die bereits erwähnte Europarechtsfreundlichkeit der spanischen Verfassung hinaus wollte das spanische Verfassungsgericht bei der Erstellung des Katalogs der Gründe für die Auswahl einer Verfassungsbeschwerde der Rechtsprechungsänderung der supranationalen europäischen Gerichte ausdrückliche verfassungsrechtliche Relevanz verleihen.[29]

Da das Verfassungsgericht nicht von Amts wegen tätig wird, kann dieser „explizit europäische" Grund dazu dienen, seine Rechtsprechung im Lichte der supranationalen Gerichte auf Antrag der Parteien im Wege einer Verfassungsbeschwerde zu überdenken.[30] In jedem Fall kann das Gericht die besondere verfassungsrechtliche Bedeutung in Fällen mit europäischem Bezug auf der Grundlage eines der anderen in STC 155/2009 aufgeführten Gründe würdigen. Es mangelt an genauen Daten darüber, wie viel Prozent der Verfassungsbeschwerden mit Bezug zum Unionsrecht (im engeren Sinne, EU- und EMRK-Recht) zugelassen werden. Ebenso wenig ist etwas darüber bekannt, welche Gründe in solchen Fällen am häufigsten vorkommen. Schätzungsweise ist die Mehrheit der Verfassungsbeschwerden nach wie vor rein national bzw. überwiegend national. Als logische Konsequenz des Europäisierungsprozesses nimmt aber die Zahl der Fälle zu, in denen das Verfassungsgericht dem Europarecht eine besondere verfassungsrechtliche Bedeutung zuerkennt. In diesen Fällen nennt das spanische Verfassungsgericht, wie üblich nur den Grund für die besondere verfassungsrechtliche Bedeutung nach dem Katalog der STC 155/2009, wenngleich ohne nähere Begründung.

5.2 Das schrittweise Wirken des spanischen Verfassungsgerichts in das Unionsrecht

Da das spanische Verfassungsgericht nicht dazu neigt, Fragen zur Vorabentscheidung vorzulegen, fungiert es nicht mehr als übergeordnetes Rechtsprechungsorgan im Sinne von Artikel 267 EUV, sondern lediglich als Garant des gerichtlichen Dialogs und des Vorrangs des Unionsrechts, vor allem durch die Verfassungsbeschwerde. Das Gericht hat diesen Wandel vor einem Jahrzehnt klar eingeläutet. Fast 30 Jahre lang war das spanische Verfassungsgericht der Ansicht, dass die Anwendung des Unionsrechts nicht in seine unmittelbare Zuständigkeit fällt, sondern in

[28] STC 155/2009 FJ 2 Fallgruppe b).

[29] Über diesen „expliziten europäischen" Grund besonderer verfassungsrechtlicher Bedeutung in Bezug auf die EGMR siehe Ramos Hernández (2024), S. 2160, Queralt Jiménez (2024), S. 508.

[30] Queralt Jiménez (2024), S. 528.

die des EuGH und der ordentlichen Gerichte.[31] Es gibt drei große repräsentative Bereiche der Beziehung des Verfassungsgerichts zum Unionsrecht, die nicht nur einen spezifischen Einzelfall behandeln, sondern eine Kaskade von Verfassungsbeschwerden um diese Bereiche herum.

Die Überprüfung der Vorabentscheidungspflicht für spanische Richter war der erste Bereich, in dem das spanische Verfassungsgericht seine Position in Bezug auf das Unionsrecht geändert hat. Es hat die besondere verfassungsrechtliche Bedeutung der Weigerung eines Gerichts, eine Vorabentscheidungsfrage vorzulegen, anerkannt, weil sie ein Problem oder eine Facette eines Grundrechts aufwirft, zu dem es keine Rechtsprechung des spanischen Verfassungsgerichts gab, und hat es ihm ermöglicht, seine Rechtsprechung zum Europarecht zu präzisieren.[32] Auf die Frage, ob eine Verfassungsbeschwerde für den Fall möglich ist, dass sich nationale Gerichte weigern, eine Vorabentscheidung vorzulegen, antwortete das spanische Verfassungsgericht mit Ja. Wenn ein Gericht trotz Verpflichtung dazu die Frage nicht zur Vorabentscheidung stellt, ist dies eine unangemessene und willkürliche Auswahl der auf den Fall anwendbaren Norm, die das Recht auf effektiven Rechtsschutz verletzt (Art. 24 Abs. 1 CE) und unter bestimmten Umständen Teil der Garantien eines ordnungsgemäßen Verfahrens gegen willkürliche gerichtliche Nichtanwendung sein kann (Art. 24 Abs. 2 CE).[33]

In der Folge hat das spanische Verfassungsgericht diese Kontrolle auf die Missachtung oder Vorenthaltung einer Vorschrift des Unionsrechts ausgedehnt, so wie es der EuGH interpretiert hat. Der Bereich, in dem das spanische Verfassungsgericht diese Ausweitung initiierte, war der Verbraucherschutz im Lichte der Auslegung der Pflicht zur gerichtlichen Kontrolle missbräuchlicher Klauseln im Unionsrecht durch den EuGH.[34] In seinem Leiturteil erkannte das spanische Verfassungsgericht an, dass dieser Bereich von besonderer verfassungsrechtlicher Bedeutung ist, weil er eine Rechtsfrage von erheblicher und allgemeiner, sozialer und wirtschaftlicher Tragweite aufwirft.[35] Das spanische Verfassungsgericht erklärt, dass die streitgegenständliche gerichtliche Entscheidung, welche den Vorrang des Unionsrechts und die Rechtsprechung des EuGH missachtet, eine rechtlich nicht fundierte Entscheidung ist und einen Begründungsmangel aufweist. Ein Begründungsmangel stellt einen Verstoß gegen Artikel 24 Abs. 1 CE dar. Im Anschluss an dieses Urteil sind neue Fälle der Nichtbeachtung der richterlichen Pflicht zur Missbrauchskontrolle beim

---

[31] SSTC 64/1991, 28/1991. Zur Entwicklung der Rechtsprechung des spanischen Verfassungsgerichts, Arzoz Santiesteban (2016), S. 67–74; García Couso (2022), S. 206–208.

[32] STC 232/2015 nimmt Bezug auf Fallgruppen a) und b) STC 155/2009 FJ 2. Über die bisherige Rechtsprechung: Alonso García (2003), S. 278.

[33] Arzoz Santisteban (2020) Das spanische Verfassungsgericht führt eine intensivere Kontrolle durch, wenn das nationale Gericht das nationale Recht nicht ohne Vorabentscheidung anwendet; es wendet einen weniger intensiven Prüfungsmaßstab an, wenn das Gericht das nationale Recht ohne Vorabentscheidung angewandt hat, sofern Zweifel an seiner Vereinbarkeit mit dem EU-Recht bestanden. Speziell zu diesem Punkt, Sarmiento, Arnaldos Orts (2023), S. 95–105.

[34] RL (EU) 93/13/CEE des Rates, v. 5. April 1993 über missbräuchliche Klauseln in Verbraucherverträgen, EuGH, Urt. v. 26.01.2017, *Banco Primus, S.A., c. Jesús Gutiérrez García*, C-421/14.

[35] STC 31/2019 nimmt auf Fallgruppe g) Bezug, STC 155/2009 FJ 2.

spanischen Verfassungsgericht eingegangen, der die besondere verfassungsrechtliche Bedeutung der Weigerung von Justizorganen, sich an die verfassungsrechtliche Rechtsprechung zu halten, feststellt.[36]

Über den Verbraucherschutz hinaus wurde die Prüfung des Vorrangs des Unionsrechts durch das spanische Verfassungsgericht auf neue Bereiche ausgedehnt. Besondere Relevanz erlangten die Einwanderung und die Rückführungsrichtlinie. Die spanischen Gerichte haben die Sanktion der Ausweisung im Einklang mit dem Unionsrecht angewandt, d. h. sie haben dem Unionsrecht Vorrang eingeräumt, während das spanische Recht diese Sanktion in solchen Fällen vorsieht, wenn kein anderer verschärfender Umstand vorliegt. Der EuGH hat seine Rechtsprechung zu den Grenzen der unmittelbaren Wirkung dieser Richtlinie nach und nach verfeinert, bis hin zur Erklärung ihrer Vereinbarkeit mit dem spanischen Recht.[37] Bei den zahlreich eingelegten Verfassungsbeschwerden ist das spanische Verfassungsgericht der Ansicht, dass sie aus dem „explizit europäischen" Grund von verfassungsrechtlicher Bedeutung sind und es ihm ermöglichen, seine Rechtsprechung aufgrund einer Änderung der Rechtsprechung des EuGH zu präzisieren.[38] In der Sache hat das spanische Verfassungsgericht im Lichte der jüngsten Urteile des EuGH die Verletzung des Gesetzlichkeitsgrundsatzes im Strafrecht (Art. 25 CE) angenommen, da die Unregelmäßigkeit in Spanien mit einer Geldstrafe und nicht mit einer Ausweisung geahndet wird und die von dem Justizorgan verhängte Ausweisungssanktion die Folge einer fehlerhaften Auslegung der Richtlinie ist.

5.3 *Einfluss des Unionsrechts auf den Prüfungsmaßstab?*

Anders als der österreichische Verfassungsgerichtshof („VfGH") und das deutsche BVerfG hat das spanische Verfassungsgericht das Unionsrecht nicht zum Prüfungsmaßstab im Rahmen der Verfassungsbeschwerde erhoben. Mit unterschiedlichen Begründungen haben das österreichische VfGH in seinem Urteil vom 14. März 2012[39] und das deutsche BVerfG in ihren Beschlüssen *Recht auf Vergessen I und II* vom 06. November 2019[40] die Grundrechte-Charta zum Prüfungsmaßstab im Rahmen der Verfassungsbeschwerde erhoben. Doch der mit diesen Urteilen einher-

[36] Statt vieler SSTC 23/2023, 172/2023 nimmt auf Fallgruppe f) Bezug, STC 155/2009 FJ 2.

[37] RL (EU) 2008/115/CE des Europäischen Parlaments und des Rates, v. 16. Dezember 2008 über gemeinsame Normen und Verfahren in den Mitgliedstaaten zur Rückführung illegal aufhältiger Drittstaatsangehöriger. EuGH, Urt. v. 23.04.2015, *Subdelegación del Gobierno en Gipuzkoa-Extranjería c. Samir Zaizoune*, C-38/14; EuGH, Urt. v. 8.10.2020, *MO c. Subdelegación del Gobierno en Toledo*, C-568/19; EuGH, Urt. v. 3.03.2022, *UN c. Subdelegación del Gobierno en Pontevedra*, C-409/20.

[38] SSTC 47/2023, 70/2023, 72/2023, 87/2023, 49/2024 nimmt Bezug auf Fallgruppe b), STC 155/2009 FJ 2.

[39] VfGH 14.03.2012 U 466/11-18, U 1836/11-13.

[40] BVerfG, Urt. v. 6.11.2019, BVerfGE 152, 152 (Recht auf Vergessen I) und BVerfGE 152, 216 (Recht auf Vergessen II).

gehende Wechsel der Rechtsprechung hat in Spanien gleichwohl Resonanz ausgelöst.[41]

In keiner Rechtsordnung ist die Verfassung die einzige Norm, die als Maßstab wirkt; aber welche Normen es darüber hinaus sind, ist oft umstritten.[42] Die Position des spanischen Verfassungsgerichts zur Stellung des Unionsrechts bleibt vorerst unverändert und lässt sich wie folgt zusammenfassen: Das Unionsrecht ist Teil der spanischen Rechtsordnung, aber seine Normen haben keinen Verfassungsrang, es ist kein eigenständiger Maßstab der Verfassungsmäßigkeit, und die GRCh als ein von Spanien rechtsgültig ratifizierter Vertrag enthält wertvolle hermeneutische Kriterien für die Auslegung der Grundrechte der Verfassung *ex* Art. 10 Abs. 2 CE.[43]

In allen Fällen, in denen das spanische Verfassungsgericht die Anwendung des Unionsrechts geprüft hat, hat es die Prüfung der Verletzung eines Grundrechts auf ein verfassungsrechtliches Gebot verlagert, obwohl es *de facto* das Unionsrecht und die GRCh als Maßstab der Verfassungsmäßigkeit anwendet. Der sogenannte Google-Fall zum Recht auf Vergessenwerden veranschaulicht dabei die Vorgehensweise des spanischen Verfassungsgerichts.[44] Es erkannte die besondere verfassungsrechtliche Bedeutung des Falles an, weil es sich um eine neue Frage handelte und außerdem auf Grund seiner sozialen und wirtschaftlichen Auswirkungen.[45] Demnach entschied es zu Gunsten einer Privatperson, der die Löschung von Links in der Suchmaschine des Unternehmens verweigert worden war, und gab der Verfassungsbeschwerde wegen Verletzung des Grundrechtes auf Datenschutz statt, das es traditionell aus Art. 18 Abs. 4 CE ableitete. Obwohl das spanische Verfassungsgericht zuvor die Verbindung zu den vom EuGH aufgestellten Kriterien im Bereich des Datenschutzes anerkannt hatte, war der Maßstab nach wie vor die Verfassung.

Diese Position spiegelt die Haltung des spanischen Verfassungsgerichts in seinem Spannungsverhältnis zum Unionsrecht wider: Einerseits geht es materiell von der Verbindlichkeit der durch das Unionsrecht und den EuGH aufgestellten Kriterien aus, andererseits zögert es, einen anderen Verstoß als den gegen die Verfassung anzuerkennen. Das Google-Urteil bot eine Gelegenheit zur Änderung. Das spanische Verfassungsgericht ist sich in der Regel der Rechtsprechung anderer Verfassungsgerichte und insbesondere der des BVerfG bewusst. Das gilt vor allem,

---

41 Villalón (2021), S. 59–76. Zum österreichischen Fall, Cruz Villalón (2017), S. 91, 97 ff.; Arzoz Santiesteban (2016), S. 53–59.

42 Requejo Pagés (2021b), S. 586–587. In Spanien ist der so genannte „Block der Verfassungsmäßigkeit" (*bloque de la constitucionalidad*) *ex lege* durch das Organgesetz zum Verfassungsgericht (Art. 28 LOTC) definiert und wurde vom spanischen Verfassungsgericht selbst ausgelegt. Er besteht aus der Verfassung und Normen zur Abgrenzung der territorialen Zuständigkeiten (zwischen dem Zentralstaat und den Autonomen Gemeinschaften), die selbst unterhalb der Verfassung stehen.

43 Prontuario de Jurisprudencia del Tribunal Constitucional sobre el Derecho de la Unión Europea, S. 5, 13: https://www.tribunalconstitucional.es/es/jurisprudencia/InformacionRelevante/Prontuario%20jurisprudencia%20constitucional%20sobre%20Derecho%20de%20la%20UE.pdf. Zugriffsdatum: 08.01.2025.

44 STC 89/2022.

45 STC 89/2022 nimmt Bezug auf Fallgruppen a) und g), STC 155/2009 FJ 2.

wenn es um eine so wichtige Änderung der Rechtsprechung geht, wie sie das BVerfG in den Urteilen zum Recht auf Vergessen I und II vorgenommen hat: darin wurde nicht nur das Vorhandensein eines unterschiedlichen Schutzstandards – national und europäisch – zugelassen, was dem spanischen Verfassungsgericht als treibende Kraft hinter dem Melloni-Urteil des EuGH bewusst ist, sondern auch die Möglichkeit, Schutz für die Verletzung eines Rechts der Charta zu gewähren.[46]

6 Fazit und Ausblick

Die größten Reibungspunkte zwischen Verfassungsgerichten und supranationalen Gerichten lassen sich im Bereich der Grundrechte nachweisen. Die Verfassungsbeschwerde ist bei drei Verfassungsgerichten im Europäischen Rechtsraum ein Verfahren zum verstärkten Schutz der Grundrechte: beim österreichischen, deutschen und spanischen. Die Verfassungsbeschwerde ist also *das* Verfahren, bei dem es am häufigsten zu Friktionen zwischen diesen nationalen Verfassungsgerichten und den europäischen Gerichten kommt. Es erhält damit eine neue Dimension im Mehrebenensystem des Grundrechtsschutzes in der Innen- und Außenperspektive.

Aus nationaler Sicht trägt das schrittweise Tätigwerden des spanischen Verfassungsgerichts in der Anwendung des Unionsrechts zur Verinnerlichung der europäischen Rechtsprechung bei. Dies ist ein Aspekt, der aus mehreren Gründen nicht unbemerkt bleiben sollte. Die Verfassungsinterpretation hat es ermöglicht, neue Facetten der verfassungsmäßigen Grundrechte zu entdecken, wie z. B. Art. 24 CE, der bereits mit der Pflicht der nationalen Gerichte zur Vorabentscheidung oder mit der richterlichen Pflicht zur Kontrolle missbräuchlicher Klauseln verbunden ist. Das spanische Verfassungsgericht ist ein privilegierter Empfänger der Straßburger und Luxemburger Signale zu den Grundrechten, die es in seine eigene Rechtsprechung einfließen lässt. Richter der ordentlichen Gerichte können auf die Urteile des EuGH und des EGMR natürlich direkt, im Wege der Rechtsprechung des spanischen Verfassungsgerichts aber auch indirekt zurückgreifen, sofern das Verfassungsgericht diese Urteile zitiert.[47]

Es stimmt jedoch nachdenklich, dass bereits vom spanischen Verfassungsgericht geklärte Fragen, wie die Pflicht zur richterlichen Kontrolle missbräuchlicher Klauseln, Jahr für Jahr Gegenstand von Verfassungsbeschwerden sind, weil die spanischen Richter sie nicht anwenden und sich damit offenkundig weigern, die verfassungsrechtliche Rechtsprechung zu befolgen; einer der häufigsten Gründe für eine besondere verfassungsrechtliche Bedeutung, die insbesondere den Verbraucherschutz betrifft. Diese Tatsache wird nicht als Feindseligkeit oder Abneigung der spanischen Richter gegenüber der europäischen und verfassungsrechtlichen Rechtsprechung interpretiert, sondern als die Schwierigkeit, sich mit einer immer viel-

---

[46] García Couso (2024), S. 548–549.

[47] Queralt Jiménez (2024), S. 528–529.

schichtigeren Rechtsprechung vertraut zu machen.[48] Zugleich aber zeigt sie die Notwendigkeit, die richterliche Ausbildung im Europa- und Verfassungsrecht als wesentliches Instrument zur Gewährleistung der korrekten und wirksamen Anwendung des Unionsrechts zu verbessern.

Im Bereich des Europäischen Rechtsraums hat das spanische Verfassungsgericht in funktioneller Hinsicht vorerst darauf verzichtet, weitere Vorabentscheidungen vorzulegen und sich als übergeordnetes Rechtsprechungsorgan im Sinne von Art. 267 EUV zu verhalten. Das bedeutet, dass es sich nicht für die aktivste Rolle entscheidet, die ein Verfassungsgericht in seinem Beitrag zum Prozess der Gestaltung des Europäischen Rechtsraums haben kann.[49] Stattdessen gewährleistet es durch die Verfassungsbeschwerde den europäischen Rechtsdialog, indem es die Vorlage der Vorabentscheidungsfrage durch die spanischen Justizorgane und deren korrekte Anwendung des Unionsrechts überprüft. Statt eines Dialogs zwischen den Gerichten findet im spanischen Fall durch die Verfassungsbeschwerde eine Anpassung der eigenen Rechtsprechung an die des EuGH statt. Da es derzeit die einzige Möglichkeit für das Verfassungsgericht ist, mit dem Unionsrecht in Kontakt zu treten – erst recht in einem Bereich potenzieller Reibungen – kann die Verfassungsbeschwerde dennoch ein Mittel für einen wirksamen Dialog zwischen den Gerichten sein. Auch kann sie die Möglichkeit bieten, ein Klima wiederherzustellen, das es dem spanischen Verfassungsgericht erlaubt, erneut Vorabentscheidungsfragen zu stellen.

In zwei Staaten des Europäischen Rechtsraums ist die Verfassungsbeschwerde zu einem Mittel herangewachsen, mithilfe dessen Bürger die Verletzung von Rechten aus der GRCh gegen Handlungen einer Behörde dieser Staaten in Anwendung des Unionsrechts geltend machen können, und zwar in Fällen, in denen sie sich sonst nicht auf die Grundrechte ihrer Verfassungen hätten berufen können. Der österreichische VfGH und das BVerfG haben die Verletzung von Charta-Rechten in einzelnen Verfassungsbeschwerden aufgegriffen. Für das spanische Verfassungsgericht ist die Verfassung der alleinige Maßstab. Ist nun in Spanien ein vergleichbarer Wandel in der Rechtsprechung zu erwarten?

Professor Pedro Cruz Villalón, ehemaliger Präsident des Verfassungsgerichts und ehemaliger Generalanwalt am EuGH, steht einem solchen Wandel skeptisch gegenüber; er hat seinerseits vorgeschlagen, das spanische Verfassungsgericht von einer solch weitreichenden Neuformulierung der Verfassungsbeschwerde durch eine Gesetzesreform zu entlasten, die nicht nur die Grundrechte der Verfassung, sondern auch die der Charta in den Kreis der durch die Verfassungsbeschwerde geschützten Grundrechte aufnimmt.[50] In zwei der drei europäischen Länder, die eine Verfassungsbeschwerde vorsehen, namentlich in Deutschland und Österreich, ist die Normativität der GRCh nicht mehr von der Vorabentscheidung nationaler Gerichte abhängig, sondern kann in einzelnen Verfassungsbeschwerden gewährleistet

---

[48] Díez-Picazo (2021), S. 93.

[49] Martín y Pérez de Nanclares (2021), S. 620.

[50] Zu einer gesetzlichen Änderung auf Grundlage von Art. 161.1 d) CE, der eine Erweiterung der Zuständigkeiten des Verfassungsgerichts durch ein Organgesetz erlaubt, Cruz Villalón (2021), S. 81.

werden.[51] Diese divergierende Entwicklung wirft die Frage nach den Konsequenzen dessen auf, was Cruz Villalón die Frage nach der „territorialen Asymmetrie“ in Bezug auf Gewährleistung des Inhalts der Charta nennt sowie die Frage danach, wie viel Asymmetrie das System in einer derart sensiblen Angelegenheit wie den Grundrechten verkraften kann.[52] Das spanische Verfassungsgericht als europäisches Verfassungsgericht steht nun vor internen Überlegungen. An Gelegenheiten und Anhaltspunkten mangelt es jedenfalls nicht.

Literatur

Alonso García, R. (2003). *El juez español y el Derecho de la Unión*. CGPJ.

Arzoz Santiesteban. (2016). *La tutela de los derechos fundamentales de la Unión Europea por el Tribunal Constitucional*. INAP.

Arzoz Santisteban, X. (2020). *La garantía constitucional del deber de reenvío prejudicial*. CEPC.

von Bogdandy, A., Grabenwarter, C., & Huber, P. M. (2022). Justicia Constitucional en el Espacio Jurídico Europeo. In A. von Bogdandy & J. Martín y Pérez de Nanclares (Hrsg.), *La Justicia Constitucional en el Espacio Jurídico Europeo* (S. 15–48). Tirant lo Blanch.

Carmona Contreras, A. (2016). El espacio europeo de los derechos fundamentales: de la Carta a las constituciones nacionales. *Revista Española de Derecho Constitucional, 107*, 13–40.

Conde-Pumpido Tourón, C. (2024). El Tribunal Constitucional como valedor del Derecho de la Unión. *Revista Española de Derecho Europeo, 91*, 9–22.

Cruz Villalón, P. (2017). El valor de posición de la Carta de Derechos Fundamentales en la *comunión* constitucional europea. *Teoría y Realidad Constitucional, 39*, 85–101.

Cruz Villalón, P. (2021). ¿Una forma de cooperación no reclamada? Sobre la extensión del amparo a la Carta de Derechos Fundamentales de la UE. *Anuario Iberoamericano de Justicia Constitucional, 25*(1), 57–85.

Cruz Villalón, P. (2022). La dimensión evolutiva de la jurisdicción constitucional en Europa. In A. von Bogdandy & J. Martín y Pérez de Nanclares (Hrsg.), *La Justicia Constitucional en el Espacio Jurídico Europeo* (S. 49–128). Tirant lo Blanch.

Díez-Picazo, J. M. (2021). *Sistema de Derechos Fundamentales*. Tirant lo Blanch.

García Couso, S. (2022). Ámbito de aplicación de la Carta de Derechos Fundamentales de la Unión Europea, Tribunal Constitucional y estándares de protección. In S. Ripol Carulla & J. I. Ugartemendía Eceizabarrena (Hrsg.), *La Carta de Derechos Fundamentales de la Unión Europea, veinte años después* (S. 199–221). Marcial Pons.

García Couso, S. (2024). Tribunal Constitucional y recurso de amparo: más de cuatro décadas y un reto constante. *Teoría y Realidad Constitucional, 53*, 533–555.

García de Enterría, E. (1985). La Constitución como norma y el Tribunal Constitucional. Civitas, Madrid. Übersetzung auf französisch: García de Enterría E (2024) La Constitution comme norme et le Tribunal Constitutionnel. Dalloz.

González Beilfuss, M. (2018). La especial trascendencia constitucional como criterio de selección de los recursos de amparo. *Anuario de la Facultad de Derecho de la Universidad Autónoma de Madrid, 22*, 259–279.

Gutiérrez Gil, A. (2020). Artículo 50. In J. J. González Varas (Hrsg.), *Comentarios a la Ley Orgánica 2/1979 del Tribunal Constitucional* (S. 562–590). BOE, Tribunal Constitucional, Wolters Kluwer, CEPC.

---

[51] Cruz Villalón (2021), S. 83.

[52] Cruz Villalón, ebd.

Martín y Pérez de Nanclares, J. (2021). In A. von Bogdandy & J. Martín y Pérez de Nanclares (Hrsg.), *La Justicia Constitucional en el Espacio Jurídico Europeo* (S. 611–709). Tirant lo Blanch.

Matia Portilla, F. J. (2009). La „especial trascendencia constitucional" y la inadmisión del recurso de amparo. *Revista Española de Derecho Constitucional, 86*, 359–367.

Oliver Araujo, J. (2010). El recurso de amparo en la Segunda República española (1931–1936) y la posterior guerra civil (1936–1939). *Anuario Iberoamericano de Justicia Constitucional, 14*, 323–346.

Pérez Tremps, P. (2015). *El recurso de amparo* (3. Aufl.). Tirant lo Blanch.

Pérez Tremps, P. (2019). *Sistema de justicia constitucional* (3. Aufl.). Dykinson.

Posada, A. (2006). *La Nueva Constitución Española.* INAP.

Prontuario de Jurisprudencia del Tribunal Constitucional sobre el Derecho de la Unión Europea. https://www.tribunalconstitucional.es/es/jurisprudencia/InformacionRelevante/Prontuario%20jurisprudencia%20constitucional%20sobre%20Derecho%20de%20la%20UE.pdf. Zugegriffen am 08.01.2025.

Queralt Jiménez, A. (2024). La conversación entre el Tribunal Constitucional y el Tribunal Europeo de Derechos Humanos a través de la especial trascendencia constitucional. *Teoría y Realidad Constitucional, 53*, 493–531.

Ramos Hernández, M. (2009). *El nuevo trámite de admisión de amparo constitucional.* Reus.

Ramos Hernández, M. (2016). Incumplimiento de la buena administración de justicia del Tribunal Constitucional en la admisión del recurso de amparo. El caso Arribas Antón *vs.* España del TEDH. *Revista Española de Derecho Constitucional, 108*, 307–335.

Ramos Hernández, M. (2024). Artículo 161.1 b). In A. Saiz Arnaiz & R. Bustos Gisbert (Hrsg.), *Comentarios a la Constitución Española Tomo II* (S. 2153–2163). Valencia.

Requejo Pagés, J. L. (2021a). El Tribunal Constitucional de España. In A. von Bogdandy & J. Martín y Pérez de Nanclares (Hrsg.), *La Justicia Constitucional en el Espacio Jurídico Europeo* (S. 294–359). Tirant lo Blanch.

Requejo Pagés, J. L. (2021b). La jurisdicción constitucional en Europa: la voz de la Constitución. In A. von Bogdandy & J. Martín y Pérez de Nanclares (Hrsg.), *La Justicia Constitucional en el Espacio Jurídico Europeo* (S. 561–609). Tirant lo Blanch.

Sarmiento, D., & Arnaldos Orts, E. (2023). La cuestión prejudicial europea en la jurisdicción española ¿un mito desmentido por las cifras? *Revista de Derecho Comunitario Europeo, 76*, 75–111.

Schneider, H.-P. (2011). *Verfassungszeit. Ortstermine von Jena bis Tripolis.* Bussert & Stadeler.

Sommermann, K.-P. (1984). *Der Schutz der Grundrechte in Spanien nach der Verfassung von 1978. Ursprünge, Dogmatik, Praxis.* Duncker & Humblot.

Sommermann, K.-P. (2020). Die südeuropäischen Transfonnationsverfassungen der 1970er-Jahre im Vergleich – Griechenland, Portugal, Spanien. In B. Aschmann & C. Waldhoff (Hrsg.), *Die Spanische Verfassung von 1978. Entstehung – Praxis – Krise?* (S. 71–89). Aschendorff.

Tribunal Constitucional. Memorias. https://www.tribunalconstitucional.es/es/memorias/Paginas/default.aspx. Zugegriffen am 08.01.2025.

Tribunal Constitucional. Memoria. (2006). https://www.tribunalconstitucional.es/es/memorias/Paginas/default.aspx. Zugegriffen am 06.01.2025

Tribunal Constitucional. Memoria. (2024). https://www.tribunalconstitucional.es/es/memorias/Paginas/default.aspx. Zugegriffen am 06.01.2025.

Zur Verfassungsentwicklung der Europäischen Union

S. Magiera

1 Begriff und Bedeutung der Verfassung

Ob die Europäische Union eine Verfassung (Constitution) hat oder ein entsprechendes Dokument so benennen sollte, ist, insbesondere im deutschsprachigen Raum, umstritten. Der Versuch, diesen Begriff durch den „Vertrag über eine Verfassung für Europa“[1] einzuführen, scheiterte 2005 durch Volksabstimmungen in Frankreich und den Niederlanden. Inhaltlich stellte der Vertragsentwurf jedoch eine machbare Fortentwicklung der demokratischen Unionsstrukturen dar, wie Karl-Peter Sommermann in seinem Beitrag „Verfassungsperspektiven für die Demokratie in der erweiterten Europäischen Union: Gefahr der Entdemokratisierung und Fortentwicklung im Rahmen europäischer Supranationalität?“[2] frühzeitig und überzeugend erkannte und wie es anschließend durch den Vertrag von Lissabon bestätigt wurde. Hauptgrund der Ablehnung des Begriffs „Verfassung“ für den Bereich der Europäischen Union könnte die Sorge gewesen sein, dass eine europäische Verfassung die jeweilige staatliche Verfassung überhöhen oder gar verdrängen würde. Dies trifft jedoch nicht zu, jedenfalls nicht aufgrund der Bezeichnung. So gibt es Mitgliedstaaten der Union, die keine „Verfassung“, sondern wie Deutschland ein „Grundgesetz“ oder wie Österreich ein „Bundes-Verfassungsgesetz“ haben bzw.

Siegfried Magiera, Univ.-Prof. Dr., M.A. (Political Science), Inhaber des Jean-Monnet-Lehrstuhls für Europarecht ad personam an der Deutschen Universität für Verwaltungswissenschaften Speyer.

[1] Amtsblatt der Europäischen Union, C 310 vom 16.12.2004.

[2] Sommermann 2003, S. 1009 ff.

S. Magiera (✉)
Speyer, Deutschland
E-Mail: magiera@uni-speyer.de

C. Fraenkel-Haeberle, B. Peters (Hrsg.), *Öffentliches Recht in transnationaler Perspektive*, https://doi.org/10.1007/978-3-662-72331-9_22

eine „Verfassung" auch ihren Untergliederungen – wie den Ländern in Deutschland oder Österreich – ermöglichen.

Eine Verfassung kennzeichnet in aller Regel die höchste Stufe im Rahmen ihrer Rechtsordnung, kann aber auch höherrangigem Recht, insbesondere dem Völkerrecht, unterliegen, wie der Menschenrechtskonvention des Europarats oder der Allgemeinen Erklärung der Menschenrechte der Vereinten Nationen. Wie auf die Rechtsordnungen der Mitgliedstaaten trifft dies auch auf die Verträge der Europäischen Union zu. Die Europäische Union ist zwar nicht Mitglied des Europarats oder der Vereinten Nationen. Sie ist jedoch vertraglich verpflichtet, der Europäischen Menschenrechtskonvention beizutreten und deren Rechte zu gewährleisten. Ferner besitzt sie Beobachterstatus bei den Vereinten Nationen.

2 Von der wirtschaftlichen Gemeinschaft zur politischen Union

2.1 Europäische Gemeinschaften

Mit der 1951 gegründeten Europäischen Gemeinschaft für Kohle und Stahl wurde von den sechs Gründerstaaten (Belgien, Deutschland, Frankreich, Italien, Luxemburg, Niederlande) in erster Linie ein Zeichen gesetzt, durch grenzüberschreitende Verbindungen dieser Rohstoffe und Materialien weitere kriegerische Auseinandersetzungen in Europa zu verhindern und zugleich eine engere wirtschaftliche Zusammenarbeit dieser Staaten in die Wege zu leiten. Die gleichfalls von diesen Staaten angestrebten Verträge einer Europäischen Verteidigungsgemeinschaft und einer Europäischen Politischen Gemeinschaft ließen sich allerdings nicht verwirklichen.

1957 gelang demgegenüber ein weitergehender Einigungsversuch im Bereich der Wirtschaft durch Gründung der Europäischen Wirtschaftsgemeinschaft und der Europäischen Atomgemeinschaft. Allgemeines Ziel war die Errichtung eines Gemeinsamen Marktes und die Annäherung der mitgliedstaatlichen Wirtschaftspolitik. Die im Einzelnen aufgeführten zahlreichen Wirtschaftsbereiche umfassten u. a. Zölle, Personen-, Dienstleistungs- und Kapitalverkehr, Landwirtschaft, Verkehr, Wettbewerb und Angleichung des nationalen Rechts.

2.2 Europäische Union

1986 folgte nach langjährigen Bemühungen – ergänzend zum wirtschaftlichen Bereich – auch eine vertragliche Verankerung des politischen Tätigkeitsbereichs. Eingefügt durch die Einheitliche Europäische Akte wurden Bestimmungen im Bereich der Außenpolitik, die auch im gegenwärtigen Vertragsrecht noch eine Sonderfunktion einnehmen. In die Wege geleitet wurden ferner Bestimmungen zum auswärtigen Handeln in den Beziehungen zu Drittländern und internationalen Organisationen sowie zu Zuständigkeiten, Verfahren und Finanzierung im Bereich der Gemeinsamen Außen- und Sicherheitspolitik.

1992 wurde mit dem Vertrag von Maastricht erstmals die Bezeichnung „Vertrag über die Europäische Union“ als Oberbegriff für die drei bestehenden Wirtschaftsgemeinschaften verwendet. Die Europäische Wirtschaftsgemeinschaft wurde zudem in die weiter gefasste Europäische Gemeinschaft umbenannt. Hinzu kamen Bestimmungen zu den Zielen und Grundrechten der Union, zur Gemeinsamen Außen- und Sicherheitspolitik sowie zur Zusammenarbeit in den Bereichen Justiz und Inneres. Bisher abgeschlossen wurde die Entwicklung des Vertragsrechts durch die Beendigung des Montanvertrags (2002) sowie die Schaffung der Charta der Grundrechte (2001) und des Vertrags von Lissabon (2007) über die Europäische Union (EUV) und über die Arbeitsweise der Europäischen Union (AEUV).

2.3 Kernbereich der Verfassung

Die Verfassung der Vereinigten Staaten von Amerika von 1787 besteht – neben zehn Grundrechtszusatzartikeln – aus lediglich sieben Artikeln. Den Kernbereich und zugleich den weitaus größten Raum nehmen die Bestimmungen zur Legislative, Exekutive und Judikative ein. Die Verfassung der Europäischen Union enthält ebenfalls in ihren Gründungs- und Folgeverträgen umfangreiche Regelungen zu diesen Bereichen sowie zu weiteren wie Freizügigkeit, Wirtschafts-, Sozial- und Außenpolitik.

Grund dafür ist die allmähliche Entwicklung der Mitgliedstaaten in Europa zu einer Vereinigung gemeinsamer politischer und wirtschaftlicher Ziele und Kräfte, die immer weniger Spielraum für nationale Alleingänge lässt. Ihre Verankerung im Vertragsrecht der Union beruht darauf, dass sich die Regelungsziele bisher nur von allen Mitgliedstaaten auf deren Vertragsebene und nicht von den vertraglich eingesetzten Organen auf deren Gesetzgebungsebene verwirklichen ließen. Der Vergleich zwischen der amerikanischen und der europäischen Verfassung – wie auch ein Blick auf andere europäische Staatsverfassungen – zeigt, dass die wesentlichen Bestimmungen zum Funktionieren des jeweiligen Gemeinwesens, insbesondere hinsichtlich der maßgebenden Organe und Regelungen, auf der Primärebene von den Gründern, weitere Bestimmungen hingegen auch auf der Sekundärebene von den damit betrauten Organen erlassen werden.

3 Mitgliedstaaten der Europäischen Union

3.1 Aufnahmebedingungen

Die Verträge über die Gründung der drei Europäischen Gemeinschaften kamen aufgrund von Verhandlungen der zunächst sechs Mitgliedstaaten und durch Annahme ihrer Staats- und Regierungschefs ohne weitere rechtlich bestimmte Vorgaben zustande. Der Beitritt anderer europäischer Staaten war in allen Verträgen von Anfang an vorgesehen. Er erforderte einen Antrag an den Rat, der nach Stellungnahme der Hohen Behörde bzw. der Kommission die Bedingungen einstimmig festzulegen und zu beschließen hatte. Die Aufnahmebedingungen und erforderlichen Vertragsanpassungen waren durch ein Abkommen zwischen den Mitgliedstaaten und dem antragstellenden Staat zu regeln, das von den Mitgliedstaaten gemäß ihren Vertragsbestimmungen zu ratifizieren war.

Durch den Vertrag von Maastricht wurde es erforderlich, dass auch das Europäische Parlament der Aufnahme zustimmt. Der Vertrag von Lissabon fügte die Verpflichtung des Aufnahmestaats hinzu, die im Vertrag über die Europäische Union genannten Werte zu achten und sich für ihre Förderung einzusetzen. Ferner sind die von dem Europäischen Rat und damit den Staats- und Regierungschefs der Mitgliedstaaten und dem Präsidenten der Kommission vereinbarten Kriterien zu berücksichtigen. Diese Änderungen lassen sich zurückführen auf die sog. Kopenhagener Kriterien des Europäischen Rates von 1993.[3] Sie bezogen sich auf den nach Auflösung der Sowjetunion angestrebten Beitritt der mittel- und osteuropäischen Staaten zur Europäischen Gemeinschaft. Voraussetzungen dafür waren eine stabile demokratische, rechtsstaatliche und die Menschenrechte wahrende Staatsordnung, eine funktions- und wettbewerbsfähige Marktwirtschaft sowie die Übernahme der aus der Mitgliedschaft folgenden politischen und wirtschaftlichen Pflichten und Ziele. 2006 befürwortete der Europäische Rat[4] die von der Kommission[5] auf Konsolidierung, Konditionalität (Bedingungen) und Kommunikation gestützte sowie mit der Fähigkeit der Union zur Integration neuer Mitgliedstaaten verbundene Erweiterungsstrategie.

Die schon im Vertrag über die Gründung der Europäischen Gemeinschaft für Kohle und Stahl festgelegte Begrenzung der Mitgliedschaft auf europäische Staaten hat in der Praxis bisher keine wesentlichen Probleme hervorgerufen. Dies gilt für die geografische Ausdehnung westlich am Atlantik, südlich am Mittelmeer und östlich bis zum Kaukasus, aber auch für andere Unterschiede, etwa Sprache, Religion oder Sitten und Gebräuche. Selbst ein geografisch ununterbrochener Grenzzusammenhang wäre, wie die Lage der amerikanischen Bundesstaaten Alaska und Hawaii zeigt, nicht unbedingt erforderlich. Ausschlaggebend dürften neben der vertraglichen Pflicht zur Achtung und Förderung der gemeinsamen Unionswerte[6] die von den Mitgliedstaaten festgelegten Voraussetzungen aufgrund und im Rahmen der Vertragspflichten sein. Fraglich erschiene es jedoch, weiterhin – auch bei mehr als den jetzigen 27 – eine Befürwortung aller Mitgliedstaaten vorauszusetzen.

---

[3] Vgl. auch Legislative Entschließung des Europäischen Parlaments vom 13. Dezember 2023 zu dem Thema „30 Jahre Kopenhagener Kriterien – zusätzlicher Impuls für die EU-Erweiterungspolitik", P9_TA(2023)0471.

[4] Rat der Europäischen Union, Europäischer Rat (Brüssel), 14./15. Dezember 2006, Schlussfolgerungen des Vorsitzes, Dok. 16879/06, CONCL 3, S. 3.

[5] Europäische Kommission, Erweiterungsstrategie und wichtigste Herausforderungen für den Zeitraum 2006-2007 mit Sonderbericht über die Fähigkeit der EU zur Integration neuer Mitglieder, KOM(2006) 649 endgültig (8. November 2006).

[6] Art. 2 und 49 EUV.

3.2 *Bisherige Mitgliedstaaten*

Gegenwärtig umfasst die Europäische Union 27 Mitgliedstaaten aus allen Bereichen Europas. 1951 von Deutschland, Belgien, Frankreich, Italien, Luxemburg und den Niederlanden gegründet, folgten ihr schrittweise, wenn auch nicht stets problemlos, 1973 Dänemark, Irland und das Vereinigte Königreich, 1981 Griechenland, 1986 Portugal und Spanien, 1995 Finnland, Österreich und Schweden, 2004 Estland, Lettland, Litauen, Malta, Polen, Slowakische Republik, Slowenien, Tschechische Republik, Ungarn und Zypern, 2007 Bulgarien und Rumänien, 2013 Kroatien.

Dänemark veranlasste 1985, dass die Vertragsregelungen grundsätzlich nicht auf Grönland anwendbar sind.[7] Norwegen wurde nach einer knapp ablehnenden Volksabstimmung nicht Mitglied, obwohl es einen Aufnahmeantrag gestellt und die Beitrittsverhandlungen 1994 erfolgreich abgeschlossen hatte.[8] Das Vereinigte Königreich hatte schon 1961 einen Aufnahmeantrag gestellt, der jedoch wegen der Haltung Frankreichs nicht erfolgreich war. Trotz seiner 1973 erreichten Aufnahme verließ es 2020 die Europäische Union wieder nach einer Volksbefragung.[9] Die im Vertragsrecht zunächst nicht vorgesehene und umstrittene Austrittsmöglichkeit war in den Vertrag von Lissabon aufgenommen und insoweit problemlos möglich geworden. Island stellte 2009 einen Antrag auf Mitgliedschaft in der Europäischen Union, nahm diesen jedoch 2015 zurück.[10]

3.3 *Verbindungen mit Nachbarstaaten*

Neben der Europäischen Union bestehen noch weitere Zusammenschlüsse europäischer Staaten, an denen auch Mitglieder der Union beteiligt sind oder waren. 1960 wurde die Europäische Freihandelsassoziation (EFTA) von sieben Staaten (Dänemark, Norwegen, Österreich, Portugal, Schweden, Schweiz, Vereinigtes Königreich) gegründet; gegenwärtig sind noch vier Staaten beteiligt (Island, Liechtenstein, Norwegen, Schweiz). Sie dient dem freien Handel und der wirtschaftlichen Integration ihrer Mitgliedstaaten und verfügt über ein Netzwerk von Freihandelsabkommen mit mehr als 60 Staaten, einschließlich derjenigen der Europäischen

---

[7] Vertrag zur Änderung der Verträge zur Gründung der Europäischen Gemeinschaften bezüglich Grönlands, ABl. 1985 L 29/1.

[8] Beschluss (EG) des Rates der Europäischen Gemeinschaften vom 1. Januar 1973 zur Anpassung der Dokumente betreffend den Beitritt neuer Mitgliedstaaten zu den Europäischen Gemeinschaften, ABl. 1973 L 2/1.

[9] Beschluss (EU) 2020/135 des Rates vom 30. Januar 2020 über den Abschluss des Abkommens über den Austritt des Vereinigten Königreichs Großbritannien und Nordirland aus der Europäischen Union und der Europäischen Atomgemeinschaft, ABl. 2020 L 29/1.

[10] Europäische Kommission, Stellungnahme der Kommission zum Antrag Islands auf Beitritt zur Europäischen Union, KOM(2010) 62 endgültig (24. Februar 2010).

Union.[11] 1994 wurde der Europäische Wirtschaftsraum (EWR) von Mitgliedern der EFTA (Island, Liechtenstein, Norwegen) sowie der Europäischen Gemeinschaft und deren Mitgliedern gegründet, der mit dem Binnenmarkt der Europäischen Union einen gemeinsamen internen Markt bildet.[12]

2022 erklärte sich der Europäische Rat zur Gründung einer Europäischen Politischen Gemeinschaft mit dem Ziel einer zusätzlichen Förderung des politischen Dialogs und der Zusammenarbeit zur Stärkung von Sicherheit, Stabilität und Wohlstand auf dem europäischen Kontinent.[13] Die erste Tagung fand am 6. Oktober 2022 in Prag statt. An ihr und den weiteren Tagungen beteiligen sich nahezu alle Mitgliedstaaten der Europäischen Union sowie weitere europäische Staaten (u. a. Andorra, Armenien, Georgien, Island, Liechtenstein, Monaco, Norwegen, San Marino, Serbien, Schweiz, Türkei, Ukraine, Vereinigtes Königreich).[14]

4 Organe der Europäischen Union

4.1 *Haupt- und Nebenorgane*

Wie andere demokratische Gemeinwesen ist auch die Europäische Union auf Institutionen zur Bewältigung ihrer Aufgaben angewiesen. Seit der Verfassung der Vereinigten Staaten von Amerika sind dies, wie auch das deutsche Grundgesetz bestimmt, im Kern Organe der Gesetzgebung, der vollziehenden Gewalt und der Rechtsprechung. Das Verfassungsrecht der Europäischen Union fasst unter den Begriffen „Organe, Einrichtungen und sonstige Stellen" zahlreiche hierarchisch unterschiedliche Institutionen zusammen. Zu den „Organen" gehören u. a. das Europäische Parlament, der Europäische Rat, der Rat, die (Europäische) Kommission und der Gerichtshof, zu den „Einrichtungen und sonstigen Stellen" der Wirtschafts- und Sozialausschuss und der Ausschuss der Regionen. Die folgenden Ausführungen sind auf die Organe in den Kernbereichen der Verfassung der Europäischen Union – Gesetzgebung, vollziehende Gewalt, Rechtsprechung – gerichtet.

4.2 *Europäisches Parlament*

Das Europäische Parlament begann seine Tätigkeit als „Versammlung" der Europäischen Gemeinschaft für Kohle und Stahl. Die insgesamt 78 Abgeordneten (je 18 aus Deutschland, Frankreich, Italien, je 10 aus Belgien, Niederlande, 4 aus Luxem-

---

[11] European Free Trade Association (https://www.efta.int), zugegriffen am 18.12.2025.

[12] Abkommen über den Europäischen Wirtschaftsraum, ABl. 1994 L 1/3.

[13] Europäischer Rat, Tagung des Europäischen Rates vom 23. und 24. Juni 2022 – Schlussfolgerungen, Dok. EUCO 24/22 (24. Juni 2022), S. 1.

[14] Rat, Tagungen, Internationale Gipfeltreffen (https://www.cosiliumeuropa.eu), zugegriffen am 18.12.2025.

burg) wurden von den Parlamenten der Mitgliedstaaten aus deren Mitte ernannt oder in allgemeiner direkter Wahl gewählt. Sie erörterten in öffentlicher Sitzung den Gesamtbericht der Hohen Behörde und konnten diese durch Misstrauensvotum zum Rücktritt veranlassen.

Die Zahl der Abgeordneten ist vertraglich auf maximal 750 Abgeordnete, zuzüglich des Präsidenten, begrenzt. Gegenwärtig beträgt sie 720. Sie werden nach den Grundsätzen der allgemeinen, unmittelbaren, freien und geheimen, nicht jedoch der gleichen Wahl jeweils für eine Amtszeit von fünf Jahren gewählt. Die Wahlberechtigen sind dementsprechend – anders als in den Vereinigten Staaten von Amerika und allgemein in den Mitgliedstaaten der Union – nicht gleich, sondern degressiv proportional, mindestens mit sechs und höchstens mit 96 Mitgliedern je Mitgliedstaat, vertreten.[15] Ein neuer Wahlrechtsentwurf, der neben den nationalen Wahlkreisen der einzelnen Mitgliedstaaten zusätzlich einen unionsweiten Wahlkreis aus zunächst 28 Mitgliedern des Parlaments umfasst, ist 2022 vom Parlament verabschiedet worden.[16]

Die Tätigkeit umfasst – in aller Regel gemeinsam mit dem Rat – die Gesetzgebung und die Haushaltsbefugnisse, ferner Aufgaben der politischen Kontrolle, die Wahl des Präsidenten und der weiteren Mitglieder der Kommission. Das Parlament kann zudem die Kommission durch Misstrauensvotum zum Rücktritt veranlassen. Ein alleiniges direktes Initiativrecht besitzt das Parlament für sein Wahlrecht; zudem kann es – nur indirekt – die Kommission auffordern, Vorschläge für Rechtsakte zur Durchführung der Unionsverträge zu unterbreiten.

4.3 Rat

Der Rat begann seine Tätigkeit schon unter dieser Bezeichnung im Rahmen der Europäischen Gemeinschaft für Kohle und Stahl. Er bestand aus jeweils einem Regierungsmitglied der einzelnen Mitgliedstaaten mit der Aufgabe, die Tätigkeit der Hohen Behörde (später Kommission) und der für die Wirtschaftspolitik ihrer Mitgliedstaaten verantwortlichen Regierungen aufeinander abzustimmen. Kompliziert war das Abstimmungsverfahren, das sich nach dem Gesamtwert der Kohle- und Stahlproduktion in der Gemeinschaft richtete und zwischen abgestuften Mehrheitserfordernissen differenzierte.

Der gegenwärtige Rat besteht weiterhin aus einem Vertreter auf Ministerebene jedes Mitgliedstaats. Er beschließt in der Regel mit qualifizierter Mehrheit, d. h. mit einer Mehrheit von mindestens 55 % seiner Mitglieder, gebildet aus mindestens 15 Mitgliedern, sofern die vertretenen Mitgliedstaaten mindestens 65 % der Unions-

[15] Entschließung des Europäisches Parlaments vom 15. Juni 2023 zur Zusammensetzung des Europäischen Parlaments, P9_TA(2023)0243.

[16] Legislative Entschließung des Europäisches Parlaments vom 3. Mai 2022 zu dem Vorschlag für eine Verordnung des Rates über die allgemeine unmittelbare Wahl der Mitglieder des Europäischen Parlaments, P9_TA(2022)0129.

bevölkerung ausmachen. Mit einfacher Mehrheit beschließt er etwa in Verfahrensfragen, mit Einstimmigkeit in den Bereichen der Gemeinsamen Außen- und Sicherheitspolitik, der Mitgliedschaft oder der Finanzen der Union.

Der Rat tagt in verschiedenen Zusammensetzungen, u. a. als Rat für allgemeine oder für auswärtige Angelegenheiten, und öffentlich bei der Beratung und Verabschiedung von Gesetzgebungsakten. Für die Vorbereitung seiner Arbeiten ist ein Ausschuss der Ständigen Vertreter der Regierungen der Mitgliedstaaten zuständig. Die Tätigkeit des Rates umfasst Regierungsfunktionen, wie die Festlegung der Politik und die Koordinierung der Union. Gemeinsam mit dem Parlament ist er zudem für die Gesetzgebung zuständig und übt die Haushaltbefugnisse aus.

4.4 Europäischer Rat

Der Europäische Rat wurde im Anschluss an verschiedene Gipfeltreffen der Staats- und Regierungschefs durch die Einheitliche Europäische Akte von 1986 in das Vertragswerk der Europäischen Gemeinschaften einbezogen.[17] Ihm gehören die Staats- und Regierungschefs der Mitgliedstaaten sowie sein Präsident, der kein einzelstaatliches Amt ausüben darf, und der Präsident der Kommission an. Die Mitglieder können sich erforderlichenfalls von einem Minister oder anderen Kommissionsmitglied vertreten lassen. Auch nimmt der Hohe Vertreter der Union für Außen- und Sicherheitspolitik an seinen Sitzungen teil. Er gibt der Union die erforderlichen Entwicklungsimpulse und legt die dafür erforderlichen Ziele und Prioritäten fest, ist aber nicht an der Gesetzgebung beteiligt. Er tritt regelmäßig zweimal je Halbjahr und erforderlichenfalls zu weiteren außerordentlichen Tagungen zusammen. Er entscheidet allgemein im Konsens soweit das Vertragsrecht nichts anderes – etwa einen einfachen, qualifizierten oder einstimmigen Beschluss – erfordert.

4.5 (Europäische) Kommission

Die Kommission begann ihre Tätigkeit als „Hohe Behörde“ der Europäischen Gemeinschaft für Kohle und Stahl mit der Aufgabe, für die Erreichung der vertraglich festgelegten Zwecke und Ziele zu sorgen. Die Hohe Behörde bestand aus neun Mitgliedern: acht wurden von den Mitgliedstaaten ernannt, das neunte von den anderen Mitgliedern, nicht mehr als zwei durften dieselbe Staatsangehörigkeit besitzen. Sie übten ihre Tätigkeit in voller Unabhängigkeit aus und durften keine Anweisungen einer anderen Stelle einholen oder entgegennehmen. Ihre Aufgabe war es, für die Erreichung der Vertragsziele in den Bereichen Wirtschaft, Beschäftigung und Lebenshaltung zu sorgen.

[17] Einheitliche Europäische Akte, ABl. 1987 L 169/1.

Gegenwärtig besteht die Kommission weiterhin aus je einem Staatsangehörigen je Mitgliedstaat. Die im Vertrag von Lissabon vorgesehene Verringerung auf eine rotierende Zahl von lediglich zwei Dritteln der Anzahl der Mitgliedstaaten, wurde vom damit betrauten Europäischen Rat bisher nicht vorgenommen.[18] Der Präsident und die anderen Mitglieder der Kommission werden in einem aufwendigen Auswahl- und Abstimmungsverfahren unter Mitwirkung des Europäischen Rates, des Rates und des Parlaments ausgewählt und ernannt. Die Kommission ist dem Parlament verantwortlich und kann durch Misstrauensvotum zum Rücktritt veranlasst werden.

Aufgabe der Kommission ist es, die allgemeinen Interessen der Union zu fördern, für die Anwendung des Vertragsrechts zu sorgen und unter der Kontrolle des Gerichtshofs zu überwachen, die Programme zu verwalten, den Haushaltsplan auszuführen sowie – mit gewissen Ausnahmen – die Unionsvertretung nach außen wahrzunehmen. Gesetzgebungsakte der Union bedürfen in der Regel eines Vorschlags der Kommission, andere Rechtsakte nur, wenn dies vertraglich vorgesehen ist. Die Kommission fasst ihre Beschlüsse mit der Mehrheit ihrer Mitglieder und veröffentlicht jährlich einen Gesamtbericht über die Tätigkeit der Union.

4.6 Gerichtshof der Europäischen Union

Der Gerichtshof der Europäischen Gemeinschaft für Kohle und Stahl bestand aus sieben Richtern, die von den Regierungen der sechs Mitgliedstaaten im gegenseitigen Einvernehmen für sieben Jahre mit Möglichkeit der Wiederwahl ernannt wurden. Seine Aufgabe war die Wahrung des Rechts bei der Auslegung und Anwendung des Vertrags und der Durchführungsbestimmungen.

Der Gerichtshof der Europäischen Union umfasst den Gerichtshof, das Gericht und Fachgerichte. Der Gerichtshof besteht aus mindestens einem Richter je Mitgliedstaat, das Gericht aus mindestens einem, gegenwärtig aus zwei Richtern je Mitgliedstaat, die für jeweils sechs Jahre mit Möglichkeit der Wiederwahl von den Regierungen der Mitgliedstaaten einvernehmlich ernannt werden. Ein Fachgericht wurde bisher lediglich für den öffentlichen Dienst während eines begrenzten Zeitraums (2004–2016) eingerichtet. Die Aufteilung der Zuständigkeiten zwischen dem Gerichtshof und dem Gericht ist im Vertragsrecht einschließlich dem Protokoll über die Satzung des Gerichtshofs der Europäischen Union näher geregelt. Hervorzuheben ist, dass gegen die Entscheidungen des Gerichts satzungsmäßig näher umgrenzte und auf Rechtsfragen beschränkte Rechtsmittel beim Gerichtshof eingelegt werden können. Ferner kann seit kurzem – zur Entlastung des Gerichtshofs – auch das Gericht in begrenzten Fällen Vorabentscheidungen erlassen.[19]

---

[18] Art. 17 Abs. 5 EUV, Art. 244 AEUV; Beschluss (EU) 2013/272 des Europäischen Rates vom 22. Mai 2013 über die Anzahl der Mitglieder der Europäischen Kommission, ABl. 2013 L 165/98.

[19] VO (EU, Euratom) 2024/2019 des Europäischen Parlaments und des Rates vom 11. April 2024 zur Änderung des Protokolls Nr. 3 über die Satzung des Gerichtshofs der Europäischen Union, ABl. L, 2024/2019, 12.8.2024.

Der Gerichtshof der Europäischen Union ist – unterstützt durch Schlussanträge von derzeit elf Generalanwälten – zuständig für Klagen der Mitgliedstaaten, der Unionsorgane oder natürlicher und juristischer Personen, für Vorabentscheidungen über die Auslegung des Unionsrechts oder die Gültigkeit der Handlungen der Unionsorgane auf Antrag mitgliedstaatlicher Gerichte sowie in allen anderen vertraglich vorgesehenen Fällen.

5 Weiterentwicklung der Europäischen Union

5.1 Konferenz zur Zukunft Europas

Seit ihrem Inkrafttreten im Jahr 2009 sind der gegenwärtige Unionsvertrag von Lissabon und die Charta der Grundrechte nur geringfügig geändert worden, u. a. zur Währungsstabilität und zur Satzung des Gerichtshofs. Nachdem die Kommission 2017 das Weißbuch zur Zukunft Europas verabschiedet hatte,[20] verständigten sich die Präsidenten des Parlaments, des Rates und der Kommission 2021 auf die Einberufung einer Konferenz über die Zukunft Europas.[21] Neben Vertretern der drei EU-Institutionen und aus den Mitgliedstaaten konnten sich auch Bürgerinnen und Bürger der Union an nationalen und europäischen Bürgerforen beteiligen.

Nationale Bürgerforen fanden in lediglich sechs der 27 Mitgliedstaaten (Belgien, Deutschland, Frankreich, Italien, Litauen, Niederlande) und damit (bis auf Luxemburg) in allen Gründerstaaten und nur in einem (Litauen) später hinzugekommenen Mitgliedstaat statt. An europäischen Bürgerforen konnten 800 nach dem Zufallsprinzip ausgewählte Personen mitwirken. Erwünscht waren Personen „aus allen Gesellschaftsschichten", insbesondere auch junge Personen, die „eine zentrale Rolle" bei der Gestaltung der Zukunft des europäischen Projekts übernehmen sollten. Zugleich wurde jedoch – wohl im Hinblick auf die zu verdeutlichende Differenzierung zwischen mittelbarer und unmittelbarer Demokratie – darauf hingewiesen, dass die einladenden Institutionen der Europäischen Union zwar zuhören und den Empfehlungen der Konferenz folgen würden, jedoch „unter uneingeschränkter Achtung unserer Zuständigkeiten und der in den europäischen Verträgen verankerten Grundsätze der Subsidiarität und Verhältnismäßigkeit".

Nach sieben Sitzungen verabschiedete die Konferenz, die aus 449 Mitgliedern bestand, auf ihrer letzten Plenarversammlung am 29./30. April 2022 in Straßburg ihren Abschlussbericht.[22] Insgesamt einigte sich das Plenum auf 49 Vorschläge und

[20] Europäische Kommission, Weißbuch zur Zukunft Europas, COM(2017) 2025 endgültig (1. März 2017).

[21] Näher – auch zum Folgenden – Rat der Europäischen Union, Gemeinsame Erklärung zur Konferenz über die Zukunft Europas, Dok. 6796/21 (5. März 2021).

[22] Näher – auch zum Folgenden – Konferenz zur Zukunft Europas: Bericht über das endgültige Ergebnis: Mai 2022, Amt für Veröffentlichungen der Europäischen Union, 2022, https://data.europa.eu/doi/10.2861/547, zugegriffen am 18.12.2025.

326 Maßnahmen in neun Bereichen (u. a. Rechtsstaatlichkeit, Demokratie, soziale Gerechtigkeit, Klimawandel). Parlament, Rat und Kommission sind unmittelbar danach aktiv geworden, um die Empfehlungen der Konferenz weiterzuverfolgen und im Hinblick auf Verbesserungen der Unionsanforderungen zu prüfen. Die im Anschluss an die Konferenz zur Zukunft Europas unterbreiteten Vorschläge der beteiligten Unionsorgane umfassen Änderungsvorschläge zum gesamten bisher entwickelten Vertragsrecht.

Das Parlament hatte seit längerem Vorschläge zur Änderung der allgemeinen Organstruktur der Union und seiner eigenen Kompetenzen angeregt.[23] Im Anschluss an die Konferenz zur Zukunft Europas äußerte es sich zu den Folgemaßnahmen.[24] Es forderte zu einem Konvent zur Überarbeitung der Unionsverträge auf[25] und legte Entwürfe zu deren Änderung vor.[26] Im Mai 2024 bezeichnete es, nach Abschluss von knapp drei Vierteln der Initiativen, die erreichten Ergebnisse als einen Erfolg für die partizipative Demokratie. Starke Ergebnisse der Weiterverfolgung seien zudem in den Bereichen Wirtschaft, Klima sowie Europa in der Welt zu verzeichnen, schwächere hingegen in den Bereichen Demokratie und Bildung, die auch Vertragsänderungen erfordern.[27]

Die Kommission unterbreitete unmittelbar nach Abschluss der Konferenz einen Follow-Up-Plan zur Umsetzung der Konferenzvorschläge.[28] Diese lassen sich – neben nichtlegislativen – in vier Kategorien legislativer Maßnahmen aufteilen: Initiativen, die von der Kommission bereits durchgeführt werden, die von ihr vorgeschlagen wurden und von den beiden gesetzgebenden Organen (Parlament und Rat) bearbeitet werden, die sie bereits geplant hat sowie die in der Konferenz neu vorgelegt wurden. Anschließend fasste sie die Maßnahmen in ihrem Arbeitsprogramm 2024 unter den Zielen einer besseren Rechtsetzung und einer detaillierten Umsetzung in sechs Programmen (Grüner Deal, digitales Zeitalter, Wirtschaft, Europa in der Welt, europäische Lebensweise, Demokratie) zusammen.[29]

---

[23] Entschließung des Europäisches Parlaments vom 16. Februar 2017 zu möglichen Entwicklungen und Anpassungen der derzeitigen institutionellen Struktur der Europäischen Union, P8_TA(2017)0048; Entschließung des Europäisches Parlaments vom 16. Februar 2017 zur Verbesserung der Funktionsweise der Europäischen Union durch Ausschöpfung des Potenzials des Vertrags von Lissabon, P8_TA(2017)0049.

[24] Entschließung des Europäischen Parlaments vom 4. Mai 2022 zu den Folgemaßnahmen zu der Konferenz zur Zukunft Europas, P9_TA(2022)0141.

[25] Entschließung des Europäisches Parlaments vom 9. Juni 2022 zu der Forderung nach einem Konvent zur Überarbeitung der Verträge, P9_TA(2022)0244.

[26] Entschließung des Europäischen Parlaments vom 22. November 2023 zu Entwürfen des Europäischen Parlaments zur Änderung der Verträge, P9_TA(2023)0427.

[27] Europäisches Parlament (2024), Folgemaßnahmen zur Konferenz zur Zukunft Europas – In Zahlen, https://www.europarl.europa.eu/cmsdata/286277/1303486-3_DE.pdf., zugegriffen am 18.12.2025.

[28] Europäische Kommission, Konferenz zur Zukunft Europas – Von der Vision zu konkreten Maßnahmen, COM(2022) 404 endgültig (17. Juni 2022) mit Anhang.

[29] Europäische Kommission, Arbeitsprogramm der Kommission 2024, COM(2023) 638 endgültig (17. Oktober 2023) mit vier Anhängen.

Der Rat äußerte sich Ende 2023 detailliert zu den Zukunftsthemen der Konferenz und deren Umsetzung (Wirtschaft und Soziales, Europa in der Welt, Demokratie, Migration).[30] Viele der in den Arbeitsprogrammen 2023 und 2024 der Kommission enthaltenen Folgemaßnahmen – auch nichtlegislativer Art – sind danach von den gesetzgebenden Organen (Parlament und Rat) gemeinsam bearbeitet worden. Nahezu 95 % der Konferenzvorschläge können im derzeitigen Vertragsrahmen umgesetzt werden. Der Europäische Rat betrachtete die Konferenz zur Zukunft Europas als einzigartige Gelegenheit, die europäischen Bürgerinnen und Bürger anzuhören. Er forderte die Organe der Union auf, für wirksame Folgemaßnahmen zu sorgen und diese den Bürgerinnen und Bürgern mitzuteilen.[31] Notwendig seien u. a. interne Reformen, damit die Organe der Union weiterhin effektiv funktionieren und handeln.[32]

Im Unterschied zu den weitgespannten Ergebnissen und Folgemaßnahmen der Konferenz zur Zukunft Europas sind die folgenden Ausführungen zur Verfassungsentwicklung der Europäischen Union auf den Kernbereich des Vertragsrechts gerichtet, insbesondere auf den Kreis der Mitgliedstaaten sowie die Organe und deren Aufgaben.

5.2 *Zukunft der Mitgliedstaaten*

Zusätzliche Anforderungen an das bisherige Unionsvertragsrecht dürfte insbesondere die angestrebte Erweiterung der Union von gegenwärtig 27 Mitgliedstaaten um bis zu sechs Staaten im Westbalkan (Albanien, Bosnien und Herzegowina, Kosovo, Montenegro, Nordmazedonien, Serbien), bis zu drei weiteren Staaten östlich der Union (Georgien, Moldau, Ukraine) und die Türkei mit sich bringen. Betroffen wären insbesondere die Zusammensetzung der Unionsorgane und deren Beteiligung an der Gesetzgebung und anderen Entscheidungen. Schon nach gegenwärtigem Unionsrecht müssten nicht Personen aus allen Mitgliedstaaten zur gleichen Zeit Mitglied der Kommission sein; vielmehr genügte auch eine Zweidrittelmehrheit oder andere Anzahl gemäß einem vom Europäischen Rat festzulegenden Rotationssystem. Eine entsprechende Zusammensetzung schlägt das Parlament auch für die Zukunft des Rechnungshofs vor, der gegenwärtig ebenfalls aus einem Mitglied je Mitgliedstaat besteht.

Eine Verringerung durch Rotation, die nach einem Zeitraum von mehr als 15 Jahren seit Inkrafttreten des Vertrags von Lissabon noch nicht gelungen ist, dürfte

---

[30] Rat der Europäischen Union, Folgemaßnahmen zu den Vorschlägen und damit zusammenhängenden konkreten Maßnahmen, die im Bericht über die endgültigen Ergebnisse der Konferenz zur Zukunft Europas enthalten sind, Dok. 16054/23 (7. Dezember 2023) mit Anhang.

[31] Europäischer Rat, Tagung des Europäischen Rates vom 23. und 24. Juni 2022 – Schlussfolgerungen, Dok. EUCO 24/22 (24. Juni 2022), S. 7.

[32] Europäischer Rat, Tagung des Europäischen Rates vom 27. Juni 2024 – Schlussfolgerungen, Dok. EUCO 15/24 (27. Juni 2024), S. 17.

wohl nur erreichbar sein, wenn die Rotation gruppenweise hierarchisch erfolgt. Dies würde bedeuten, dass in den betroffenen Organen stets alle Mitgliedstaaten vertreten sind und ihre nationalen Besonderheiten einbringen können, die Entscheidungen jedoch – zeitlich begrenzt und rotierend – von einer dazu ausgewählten kleineren Gruppe getroffen werden. Beizubehalten wäre demgegenüber die gleichgeordnete Zusammensetzung des Europäischen Rates aus den Staats- und Regierungschefs aller Mitgliedstaaten, nicht hingegen die Einstimmigkeit bei den erforderlichen Beschlüssen.

Erhebliche Schwierigkeiten könnte die Zusammensetzung des Parlaments durch die Aufteilung der Abgeordneten nach dem Grundsatz der degressiven Proportionalität statt der Wahlrechtsgleichheit bereiten. Die garantierte Mindestzahl von sechs Abgeordneten entfällt gegenwärtig lediglich auf drei Mitgliedstaaten (Luxemburg, Malta, Zypern) mit jeweils weniger als einer Million Einwohnern.[33] Bei einer künftigen Zusammensetzung aus zusätzlichen Staaten mit geringer Bevölkerungszahl könnten sich jedoch merkliche Verschiebungen zu Lasten der größeren Mitgliedstaaten und damit der Wahlrechtsgleichheit ergeben.

Im Vergleich dazu gilt nach der Verfassung der Vereinigten Staaten von Amerika für die Vertretung der Einzelstaaten im Repräsentantenhaus der strikte Grundsatz der Wahlrechtsgleichheit mit der Vorgabe, dass jeder Staat mit mindestens einem der insgesamt 435 Abgeordneten vertreten ist, was gegenwärtig auf sechs Staaten (u. a. Alaska, Delaware, Wyoming) zutrifft, während der größte Staat (Kalifornien) 48 Abgeordnete entsendet. Im Senat sind demgegenüber alle Staaten mit jeweils zwei Senatoren vertreten, was einen gewissen Ausgleich bewirkt. Letzteres ließe sich in der Europäischen Union mit der Vertretung jeweils eines Mitglieds der Einzelstaaten im Europäischen Rat bzw. im Rat vergleichen.

5.3 Zukunft der Unionsorgane

Ohne Vertragsänderung möglich wäre eine von den Organen angestrebte Erleichterung der Gesetzgebungsverfahren der Union durch intensivere Anwendung der Passerelle-Klausel.[34] Diese ermöglicht es dem Europäischen Rat und dem Rat, gemäß den davon betroffenen Vertragsbestimmungen – etwa in den Bereichen Außenpolitik, Eigenmittel oder Verstärkte Zusammenarbeit – von der einstimmigen Beschlussfassung zur erleichterten Beschlussfassung mit qualifizierter Mehrheit überzuwechseln und wird vom Rat gegenwärtig auf eine erweiterte Anwendung überprüft.

---

[33] Entschließung des Europäisches Parlaments vom 15. Juni 2023 zur Zusammensetzung des Europäischen Parlaments, P9_TA(2023)0243.

[34] Rat der Europäischen Union, Folgemaßnahmen zu den Vorschlägen und damit zusammenhängenden konkreten Maßnahmen, die im Bericht über die endgültigen Ergebnisse der Konferenz zur Zukunft Europas enthalten sind, Dok. 16054/23 (7. Dezember 2023), S. 9, mit Anhang; Entschließung des Europäisches Parlaments vom 11. Juli 2023 zur Umsetzung von Passerelle-Klauseln, P9_TA(2023)0269.

Wie in anderen Verfassungen, etwa in derjenigen der Vereinigten Staaten von Amerika oder im deutschen Grundgesetz festgelegt, befürwortet das Europäische Parlament ein direktes – und nicht nur ein über die Kommission indirektes – Recht zur Gestaltung gesetzgeberischer Initiativen und Mitwirkungsrechte.[35] In Besorgnis, dass der gegenwärtige Trend in der Europäischen Union die „parlamentarische" in eine „staatliche" Demokratie verwandeln könnte, sollte auch das zunehmende Machtungleichgewicht zugunsten von Rat und Europäischem Rat durch eine verstärkte Beteiligung des Parlaments an jedem Entscheidungsprozess ausgeglichen werden.[36]

In seinen detaillierten Vorschlägen zur Reform der Unionsverträge hat das Parlament zudem weitere Änderungen zu den einzelnen Vertragsnormen aufgeführt und begründet.[37] Im Einzelnen schlägt es vor, den anerkannten Grundsatz des Vorrangs des Unionsrechts ausdrücklich in das Vertragsrecht aufzunehmen. Die Zusammensetzung des Rates sollte erweitert und statt Vertretern auf Ministerebene sollten generell Vertreter der Mitgliedstaaten zugelassen werden. Die Beschlüsse des Rates sollten nicht mehr einstimmig, sondern mit verstärkter qualifizierter Mehrheit erlassen werden. Die Kommission sollte in „Exekutive" unbenannt werden. Deren Präsidenten sollte nicht der Europäische Rat dem Parlament, sondern das Parlament dem Europäischen Rat zur Wahl vorschlagen. Die Kandidatenliste der weiteren Mitglieder sollte der designierte Präsident allein und nicht mehr im Einvernehmen mit dem Rat vorlegen. Der Gerichtshof sollte ausdrücklich eine Zuständigkeit zur Überwachung des Subsidiaritätsprinzips erhalten und bei Verstößen von Mitgliedstaaten gegen das Vertragsrecht neben anderen Mitgliedstaaten auch vom Parlament angerufen werden können.

6 Ergebnis und Ausblick

Seit ihrer Gründung vor rund 75 Jahren hat sich die ursprüngliche Europäische Gemeinschaft für Kohle und Stahl von sechs Mitgliedstaaten in eine Europäische Union von nunmehr 27 und alsbald bis zu zehn oder mehr weiteren Mitgliedstaaten entwickelt. Ihr Ziel war und ist die Verwirklichung einer immer engeren Union der Völker Europas. Ihre Grundlage sind die gemeinsamen Werte, auf die sie sich stützt, insbesondere die Achtung der Menschenwürde, Freiheit, Demokratie und Rechtsstaatlichkeit. Ihr Weg verlief in zahlreichen kleineren und größeren Vertrags- und Beitrittsschritten, war auch nicht immer einfach, aber insgesamt erfolgreich. Bei-

---

[35] Entschließung des Europäisches Parlaments vom 9. Juni 2022 zum Initiativrecht des Parlaments, P9_TA(2022)0242; Entschließung des Europäisches Parlaments vom 13. Dezember 2023 zur Anwendung der Vertragsbestimmungen zu besonderen Gesetzgebungsverfahren, P9_TA(2023)0470.

[36] Entschließung des Europäisches Parlaments vom 14. September 2023 zu Parlamentarismus, Unionsbürgerschaft und Demokratie, P9_TA(2023)0330.

[37] Vgl. – auch zum Folgenden – Entschließung des Europäisches Parlaments vom 22. November 2023 zu Entwürfen des Europäischen Parlaments zur Änderung der Verträge, P9_TA(2023)0427.

trittswillige Staaten wurden aufgenommen und sind bis auf eine Ausnahme (Vereinigtes Königreich) dabeigeblieben.

Die Haupt- und Nebenorgane haben sich an Zahl und Aufgaben der Entwicklung und den sich wandelnden Anforderungen der Union schrittweise angepasst. Wie die Vereinigten Staaten von Amerika seit 1787 und anschließend immer mehr weitere Staaten verfügt auch die Europäische Union seit ihrem Beginn als Europäische Gemeinschaft für Kohle und Stahl über eine demokratisch-rechtsstaatliche Verfassung mit drei Aufgabenbereichen – Gesetzgebung, vollziehende Gewalt, Rechtsprechung – sowie den damit betrauten Organen. Unterschiede bestehen jedoch im Hinblick auf die Zahl der einzelnen Organe und die Aufteilung der verschiedenen Aufgaben.

Die Gesetzgebung unterliegt stets dem volksgewählten Parlament, d. h. dem amerikanischen Repräsentantenhaus, dem deutschen Bundestag und dem Europäischen Parlament, ferner dem ebenfalls volksgewählten amerikanischen Senat, dem aus Regierungsmitgliedern der Länder bestehenden deutschen Bundesrat und dem aus Regierungsmitgliedern der Mitgliedstaaten bestehenden Rat der Europäischen Union. Eine Besonderheit besteht bei der Volkswahl, die nach amerikanischem und deutschem Recht nach dem Grundsatz der gleichen Wahl, nach europäischem Recht hingegen degressiv proportional erfolgt, sodass jeder Mitgliedstaat mindestens sechs und höchstens 96 Abgeordnete entsenden kann. Die bisher geringe Zahl an Abweichungen von der Wahlrechtsgleichheit zugunsten von drei kleineren Mitgliedstaaten könnte bei der angestrebten Erweiterung der Union erheblich zunehmen. In den Vereinigten Staaten sind von den insgesamt 50 Einzelstaaten gegenwärtig sechs mit nur einem Abgeordneten im Repräsentantenhaus vertreten. Demgegenüber besteht der amerikanische Senat aus zwei Abgeordneten jedes Einzelstaates, der Rat der Union aus einem Vertreter jedes Mitgliedstaats, während die Länder im deutschen Bundesrat entsprechend ihrer Einwohnerzahl zwischen drei und sechs Stimmen haben.

Die vollziehende Gewalt obliegt in den Vereinigten Staaten dem Präsidenten und in Deutschland der Bundesregierung. In der Europäischen Union sind daran der Rat und die Kommission beteiligt. Anders als in den Vereinigten Staaten oder Deutschland wird die Zahl der Mitglieder in der Union durch das Vertragsrecht, nicht durch den Präsidenten bzw. den Bundeskanzler bestimmt. Rat wie Kommission bestehen gegenwärtig aus jeweils einem Vertreter aus jedem Mitgliedstaat. Der Unionsvertrag ermöglicht für die Kommission eine rotierende Zahl von jeweils nur zwei Dritteln oder einer anderen Zahl an Vertretern der Mitgliedstaaten. Diese Änderung sollte jedoch so erfolgen, dass Vertreter aus den restlichen Mitgliedstaaten ebenfalls, jedoch ohne Stimmrecht, der Kommission angehören, um die nationalen Besonderheiten ihrer Mitgliedstaaten einbringen zu können. Entsprechende Änderungen könnten auch bei anderen betroffenen Unionsorganen (Rat, Rechnungshof) erfolgen, insbesondere wenn die Zahl der Mitgliedstaaten der Union weiter zunimmt.

Literatur

Sommermann, K. P. (2003). Verfassungsperspektiven für die Demokratie in der erweiterten Europäischen Union: Gefahr der Entdemokratisierung oder Fortentwicklung im Rahmen europäischer Supranationalität? *DÖV, 24*, 1009–1017.

Die Konferenz zur Zukunft Europas – Grundlagen, Follow-up, Kritik

M. Niedobitek

1 Einleitung

Die Konferenz zur Zukunft Europas („Konferenz"), die zwischen Mai 2021 und Mai 2022 stattfand,[1] wurde der Öffentlichkeit kaum bekannt, dies nicht zuletzt deshalb, weil die Medien nur wenig darüber berichteten.[2] Daran hat sich auch durch die Bemühungen des Europäischen Parlaments, Ergebnisse der Konferenz in ein Vertragsänderungsverfahren zu überführen, nichts geändert. Dieses Schattendasein der Konferenz steht in scharfem Gegensatz zu den hohen Ambitionen, die die beteiligten EU-Organe damit verfolgten.

Matthias Niedobitek, Prof. Dr., 1988–1992 Wissenschaftlicher Referent am Forschungsinstitut für Öffentliche Verwaltung bei der Hochschule für Verwaltungswissenschaften Speyer (FÖV); 1992 Promotion an der Hochschule für Verwaltungswissenschaften Speyer; 2000 Habilitation am FÖV; seit dem Wintersemester 2001/2002 Inhaber der Professur für Europäische Integration mit dem Schwerpunkt Europäische Verwaltung an der TU Chemnitz; 2011 Zuerkennung einer Jean-Monnet-Professur für Europäische Integration.

[1] Am 9. Mai 2022 wurde der Abschlussbericht den Präsidenten von Parlament, Rat und Kommission übergeben; vgl. Konferenz zur Zukunft Europas (2022).

[2] Vgl. Müller (2022), S. 192; Nicolaïdis (2024), S. xiii („mostly unknown to the wider public"). Unklar ist, wie das Mitglied der Kommission Dubravka Šuica zu der Meinung kommen konnte, „[that the] Conference on the Future of Europe has shown a clear interest among the general public to contribute to shaping European policies"; vgl. ihre Antwort auf die Schriftliche Anfrage Nr. E-000434/2022.

M. Niedobitek (✉)
Chemnitz, Deutschland
E-Mail: matthias.niedobitek@phil.tu-chemnitz.de

C. Fraenkel-Haeberle, B. Peters (Hrsg.), *Öffentliches Recht in transnationaler Perspektive*, https://doi.org/10.1007/978-3-662-72331-9_23

Die Konferenz konnte sich, was ihre Zusammensetzung angeht, auf zwei Vorbilder stützen: den Grundrechtekonvent[3] und den Europäischen Konvent,[4] deren Struktur auch in Art. 48 Abs. 3 EUV ihren Niederschlag gefunden hat. Die Neuerung besteht darin, dass an der Konferenz – neben Europaabgeordneten, Mitgliedern der Kommission, Staats- und Regierungschefs sowie Vertretern der nationalen Parlamente – auch Unionsbürger „auf Augenhöhe" beteiligt wurden. Bei der Beteiligung regionaler Politiker handelt es sich hingegen nicht um eine Neuerung,[5] da sich unter den nationalen Abgeordneten der erwähnten Konvente auch Angehörige subnationaler Regierungen befanden, für Deutschland etwa der damalige baden-württembergische Ministerpräsident Erwin Teufel als Vertreter des Bundesrates im Europäischen Konvent.[6]

Der nachfolgende Bericht stützt sich vielfach auf Dokumente der EU-Organe, die nicht immer in deutscher Sprache vorliegen. In diesen Fällen wurde die englische Fassung zitiert.

2 Grundlagen der Konferenz

2.1 Die Idee

Die Idee zur Konferenz ist in einem Appell des französischen Staatspräsidenten Emmanuel Macron mit dem Titel „Für einen Neubeginn in Europa" enthalten, mit dem er sich am 04. März 2019 in den Amtssprachen der Union[7] an die Unionsbürger wandte und vorschlug, „mit den Vertretern der EU-Institutionen und der Staaten eine Europakonferenz ins Leben [zu] rufen, um alle für unser politisches Projekt erforderlichen Änderungen vorzuschlagen, ohne Tabus, einschließlich einer Überarbeitung der Verträge".[8] Die Unionsbürger standen hier noch nicht im Mittelpunkt, allerdings ergänzte *Macron,* dass zu dieser Konferenz „Bürgerpanels" hinzugezogen werden sollten. Zentrales Motiv und Anlass zur Besorgnis war der Brexit, der zur Zeit des Appells noch nicht abgeschlossen, aber absehbar war und beim französischen Staatspräsidenten offenbar seine Spuren hinterlassen hatte. Eine Bezugnahme auf das nur kurze Zeit vorher von der Kommission veröffentlichte „Weißbuch zur

---

[3] Zur Zusammensetzung vgl. Niedobitek (2010), Rn. 5.

[4] Vgl. die Schlussfolgerungen des Europäischen Rates von Laeken am 14./15. Dezember 2001, Rats-Dok. SN 300/1/01 REV 1.

[5] So jedoch Aras (2023), S. 101; diesen zitierend Abels (2024), S. 211.

[6] Bundesrat, Benennung eines Mitglieds und eines Stellvertreters für den Konvent zur Zukunft der Europäischen Union, BR-Drs. 67/02 (1. Februar 2002).

[7] Außer Maltesisch und Gälisch.

[8] Zugänglich auf der Website des französischen Präsidialamts, https://www.elysee.fr/de/, zuletzt abgerufen am 25.3.2025; im Original mit Hervorhebungen.

Zukunft Europas“[9] erfolgte nicht, ebenso wenig auf frühere Reformvorschläge. *Macron* sah sich, wie es scheint, in einer Rolle wie *Robert Schuman* Anfang der 1950er-Jahre.

Die seinerzeitige Bewerberin um das Amt der Präsidentin der EU-Kommission *Ursula von der Leyen* machte sich diese Idee zu eigen und setzte sie als „Wahlkampfgeschenk“ an das Europäische Parlament für ihre Wahl als Kommissionspräsidentin ein.[10] In dem Bewusstsein, dass das Parlament der Konferenz einen hohen Stellenwert beimessen würde,[11] hatte sie die Konferenz nicht nur in ihre politischen Leitlinien aufgenommen, mit denen sie sich erstmals als Kommissionspräsidentin bewarb, sondern dem Parlament verschiedene weitere Versprechungen gemacht, dies angeblich alles, um der Demokratie in Europa „neuen Schwung“ zu geben.[12] Damit war die Konferenz unausweichlich geworden, wobei allerdings die drei beteiligten EU-Organe ein unterschiedlich starkes Interesse an der Durchführung der Konferenz[13] und an der Umsetzung ihrer Ergebnisse haben bzw. hatten. (vgl. unten, Abschn. 3).

2.2 *Rechtsgrundlagen der Konferenz*

Verbindliche Rechtsakte der Union bedürfen gemäß dem Grundsatz der begrenzten Einzelermächtigung einer EU-vertraglichen Rechtsgrundlage.[14] Die von den Organen gewählte Rechtsgrundlage wird in einem solchen Fall zu Beginn des jeweiligen Rechtsakts ausgewiesen.[15] Auf die Durchführung der Konferenz zur Zukunft Europas hatten sich die drei EU-Organe Parlament, Rat und Kommission in einer Interinstitutionellen Vereinbarung geeinigt: Am 10. März 2021 unterzeichneten sie eine Gemeinsame Erklärung zur Konferenz über die Zukunft Europas mit dem Untertitel „Austausch mit den Bürgerinnen und Bürgern für mehr Demokratie – Aufbau eines resilienteren Europas“.[16] Eine Rechtsgrundlage weist die Erklärung nicht aus (auch

[9] Europäische Kommission, Weißbuch zur Zukunft Europas – Die EU der 27 im Jahr 2025 – Überlegungen und Szenarian, COM (2017) 2025 endgültig, 1. März 2017.

[10] Vgl. Plottka (2020), S. 233.

[11] Vgl. Plottka (2020), S. 235.

[12] Vgl. von der Leyen (2019), S. 23 ff.

[13] Vgl. Plottka (2020).

[14] Vgl. Magiera (2020), Rn. 62.

[15] Vgl. Interinstitutionelle Vereinbarung vom 22. Dezember 1998 über Gemeinsame Leitlinien für die redaktionelle Qualität der gemeinschaftlichen Rechtsvorschriften, ABl. 1999 C 73, Rn. 9; vgl. auch Interinstitutionelle Vereinbarung vom 13. April 2016 über bessere Rechtsetzung, ABl. L 123/1, Rn. 25, wonach die Kommission sich verpflichtet hat zu erklären, „warum sie die betreffende Rechtsgrundlage […] gewählt hat.“.

[16] Gemeinsame Erklärung (2021).

Art. 295 AEUV wird nicht als Rechtsgrundlage angegeben[17]), was allerdings auch nicht überrascht, weil es sich bei einer Interinstitutionellen Vereinbarung nicht um einen „klassischen“ Rechtsakt handelt.[18]

Das bedeutet allerdings nicht, dass sich die Gemeinsame Erklärung auf keinerlei Grundlage in den EU-Verträgen stützen könnte. Im Fall solcher atypischer Rechtsakte ist es ausreichend, dass die Organe „im Rahmen ihrer allgemeinen Kompetenzen“ handeln.[19] Das ist hier fraglos der Fall: Nach Art. 11 Abs. 1 EUV sind die Unionsorgane verpflichtet, „den Bürgerinnen und Bürgern und den repräsentativen Verbänden in geeigneter Weise die Möglichkeit [zu geben], ihre Ansichten in allen Bereichen des Handelns der Union öffentlich bekannt zu geben und auszutauschen.“ Soweit es zudem um eine etwaige Änderung der Verträge als Ergebnis der Konferenz geht, weist Art. 48 Abs. 2 EUV die Kommission und das Parlament als mögliche Initianten und den Rat als Empfänger entsprechender Entwürfe aus. Somit fallen die Gemeinsame Erklärung und die Konferenz insgesamt in den Kompetenzbereich der drei Organe.

Interinstitutionelle Vereinbarungen können verbindlich (= rechtsverbindlich) und unverbindlich sein (Art. 295 S. 2 AEUV). Dies bedeutet allerdings nicht, dass zwingend für sämtliche Bestandteile einer Interinstitutionellen Vereinbarungen dieselbe Qualifikation zu treffen wäre: Manche Teile können verbindlich, andere unverbindlich sein. Die Frage der Verbindlichkeit richtet sich nach der Ausgestaltung der jeweiligen Vereinbarung,[20] d. h. es ist im Text und in den Modalitäten der Annahme und der Veröffentlichung nach Anhaltspunkten zu suchen, die für oder gegen eine Verbindlichkeit sprechen. Im Fall der Gemeinsamen Erklärung zur Konferenz ist der Befund nicht so klar wie beispielsweise bei der Interinstitutionellen Vereinbarung über ein verbindliches Transparenz-Register,[21] die eindeutig rechtlich bindend ist: Veröffentlichung im Amtsblatt L; Aufbau wie ein „klassischer“ Rechtsakt; Nennung von Art. 295 AEUV als Rechtsgrundlage; Untergliederung in Artikel; Regelung des Inkrafttretens. Gleichwohl dürfte auch die Gemeinsame Erklärung in ihren wesentlichen Teilen bindend sein. Dafür sprechen Ziel, Inhalt und Wortlaut der Erklärung, denen ein höheres Gewicht beizumessen ist als den im Fall des Transparenz-Registers aufgezählten formalen Gesichtspunkten. Ziel der Konferenz ist es nämlich, „Leitlinien für die Zukunft Europas“ zu erarbeiten.[22] Hierzu werden Verfahren und Struktur der Konferenz vorgegeben. Der Wortlaut ist vielfach indika-

---

[17] Ob Art. 295 AEUV als Rechtsgrundlage herangezogen werden kann, ist umstritten. Die Unionsorgane ziehen Art. 295 AEUV zuweilen als Rechtsgrundlage Interinstitutioneller Vereinbarungen heran. Vgl. die Interinstitutionelle Vereinbarung vom 20. Mai 2021 über ein verbindliches Transparenzregister, ABl. L 207/1.

[18] Es gibt allerdings Interinstitutionelle Vereinbarungen, die „klassischen“ Rechtsakten ähneln und im Amtsblatt L veröffentlicht werden; vgl. die Interinstitutionelle Vereinbarung vom 20. Mai 2021 über ein verbindliches Transparenzregister, ABl. L 207/1.

[19] Magiera (2020), Rn. 39.

[20] Vgl. Saurer (2023), Rn. 13.

[21] Interinstitutionelle Vereinbarung vom 20. Mai 2021 über ein verbindliches Transparenzregister, ABl. L 207/1.

[22] Gemeinsame Erklärung (2021), vor a).

tivisch und formuliert Verpflichtungen der Organe. Nicht zuletzt kommen die Organe überein, „die [für die Konferenz] erforderlichen Ressourcen bereitzustellen."

2.3 *Finanzierung der Konferenz*

Die für die Durchführung der Konferenz erforderlichen „Ressourcen", insbesondere die nötigen finanziellen Mittel, wurden zu keiner Zeit transparent dargestellt, wie dies zur Durchführung des „Konvents zur Zukunft der Europäischen Union" (2002) in einer Interinstitutionellen Vereinbarung geschehen war.[23] Vielmehr dokumentieren die Antworten der Kommission auf schriftliche Fragen einiger Parlamentsabgeordneter,[24] „[that] there is no dedicated budget for the Conference and the three Institutions instead agreed to contribute their own financial and human resources using existing budget lines."[25] Gleichzeitig gibt die Kommission an, ihr finanzieller Beitrag „for the set-up and operation of the Conference Platform and for the organization of the Panels currently amounts to EUR 22 Mio."[26] Tatsächlich enthält der EU-Gesamthaushaltsplan für das Haushaltsjahr 2020 für die Kommission den Posten 25 01 02 11 mit der Veranschlagung von Mitteln zur „Deckung aller Kosten im Zusammenhang mit der Konferenz über die Zukunft der Demokratie in Europa/die Zukunft Europas." Im Übrigen finden sich in den relevanten EU-Haushaltsplänen 2020 bis 2024[27] sporadische und unsystematische Hinweise auf die Konferenz, etwa unter Pilotprojekten.

Was den Rat angeht, so verweigerte dieser auf entsprechende Anfragen von Abgeordneten wiederholt konkrete Zahlen, sondern stellte fest, „[that] the Council provided in-kind support to the Conference, using services and facilities already available, e.g., organisation of meetings of the Executive Board in the Council buildings and related interpretation costs, material support to the work of the Common Secretariat such as translation of Conference documents or the setting up of a single IT workspace, support with human resources etc."[28]

Die Kosten des Parlaments schließlich, die sich leider nicht aus parlamentarischen Anfragen erschließen lassen,[29] ergeben sich auch nicht aus den Haushaltsplänen 2020 bis 2024. Hinweise zur Konferenz zur Zukunft Europas gibt es dort, wenn überhaupt, nur im jeweiligen Einzelplan der Kommission. Allerdings folgt aus dem EP-Briefing „C and P transfers in the EP's budget in 2021 – in the wake of the

---

[23] Vgl. Interinstitutionelle Vereinbarung vom 28. Februar 2002 über die Finanzierung des Konvents zur Zukunft der Europäischen Union, ABl. 2002 C 53.

[24] Zugänglich auf der Website des Parlaments: https://www.europarl.europa.eu/plenary/de/parliamentary-questions.html, zuletzt abgerufen am 25.3.2025.

[25] Vgl. die Antworten auf die Anfragen E-001271/2022, E-001638/2023 (s. Fn 24).

[26] Ebd.

[27] ABl. 2020 L 57/1; ABl. 2021 L 93/1; ABl. 2022 L 45/1; ABl. 2023 L 58/1; ABl. 2024 L207.

[28] Antwort auf die Anfrage E-002509/2023 (s. Fn 24).

[29] Vgl. Geschäftsordnung des Parlaments, Art. 141 ff.

COVID-19 crisis“, einer Publikation des „Think Tank“ des Parlaments, „[that] more than EUR 25 000 000 were necessary to finance expenditure related to the Conference on the Future of Europe and to invest in various aspects of the EP’s IT services.“[30]

Alles in allem war die Finanzierung der Konferenz nicht transparent, selbst wenn sich einige Zahlen recherchieren lassen, und die vielen Fragen der Abgeordneten hatten ihre Berechtigung. Eine Lösung, wie sie für den Europäischen Konvent (2002) gefunden wurde, d. h. eine Interinstitutionelle Vereinbarung, wäre auch hier besser gewesen. Diese hätte auch Teil der Gemeinsamen Erklärung werden können.

2.4 *Ergebnis der Konferenz*

Das Ergebnis der Konferenz ist in einer umfangreichen Publikation dokumentiert.[31] Der Bericht gibt Auskunft über alle organisatorischen und inhaltlichen Einzelheiten der Konferenz; vor allem listet er die 49 Vorschläge der Plenarversammlung und die damit verbundenen 326 Maßnahmen[32] auf. Die Vorschläge und Maßnahmen beziehen sich auf praktisch alle Politikbereiche der Union. Das entspricht der Vorgabe der Gemeinsamen Erklärung, wonach entsprechend „der Strategischen Agenda des Europäischen Rates, den politischen Leitlinien der Europäischen Kommission für den Zeitraum 2019–2024 und den Herausforderungen, die sich durch die COVID-19-Pandemie ergeben haben, […] unter anderem folgende Themen erörtert [werden]“: „Aufbau eines gesunden Kontinents, Bekämpfung des Klimawandels und Bewältigung der ökologischen Herausforderungen, eine Wirtschaft im Dienste der Menschen, soziale Gerechtigkeit, Gleichheit und Solidarität zwischen den Generationen, der digitale Wandel Europas, europäische Rechte und Werte einschließlich Rechtsstaatlichkeit, Herausforderungen im Bereich Migration, Sicherheit, die Rolle der EU in der Welt, die demokratischen Grundlagen der Union und die Stärkung der demokratischen Prozesse der Europäischen Union. Daneben können auch Querschnittsthemen erörtert werden, die die Fähigkeit der EU betreffen, ihre politischen Prioritäten umzusetzen, beispielsweise bessere Rechtsetzung, Anwendung der Grundsätze der Subsidiarität und der Verhältnismäßigkeit, die Umsetzung und Durchsetzung des Besitzstands sowie Transparenz.“ Darüber hinaus sollte das Themenspektrum der Konferenz „den Bereichen Rechnung tragen, die in den Zuständigkeitsbereich der Europäischen Union fallen, oder in denen das Handeln der Europäischen Union für die europäischen Bürgerinnen und Bürger von Nutzen wäre.“ Ferner können die Bürgerinnen und Bürger – so die Erklärung – weitere Themen ansprechen, „die ihnen am Herzen liegen“. Im Ergebnis war der inhaltliche Rahmen der Konferenz klar vordefiniert.

---

[30] Vgl. die Website des Parlaments, https://www.europarl.europa.eu/thinktank/en/home, zuletzt abgerufen am 25.3.2025.

[31] Vgl. Konferenz zur Zukunft Europas (2022).

[32] Vgl. die Website des Rates: https://www.consilium.europa.eu/de/policies/conference-on-the-future-of-europe/, zuletzt abgerufen am 25.3.2025.

Die letztlich beschlussfassende Plenarversammlung mit ihren 449 Beteiligten verwässert durch ihre Zusammensetzung den (angeblich) bürgerorientierten Ansatz der Konferenz. Von den 381 Konferenzteilnehmern[33] waren 108 Unionsbürger, 108 Vertreter des Europäischen Parlaments, 108 Vertreter der nationalen Parlamente, 54 Vertreter des Rates und drei Vertreter der Kommission. Daneben gab es noch 68 weitere „Beteiligte" – Vertreter des Ausschusses der Regionen, des Wirtschafts- und Sozialausschusses, der regionalen und lokalen Behörden, der Sozialpartner sowie der Zivilgesellschaft –, alles in allem ein Mixtum compositum, welches das Ergebnis einer gleichsam willkürlichen Zusammenstellung zu sein scheint.

Die Vorschläge und Maßnahmen (= Untervorschläge) der Konferenz enthalten in der Regel keine Hinweise darauf, wie sie rechtlich umzusetzen sind – etwa durch eine Änderung der EU-Verträge, durch Aktivierung von Passerelle-Klauseln[34] oder durch Rechtsänderungen im Rahmen der Verträge. Ausnahmen sind insoweit die Vorschläge 8.3 und 10.3, in denen eine Änderung von Art. 4 AEUV angeregt wird. In anderen Fällen liegt die Notwendigkeit einer Vertragsänderung auf der Hand, wie etwa bei Vorschlag 39.3, wonach eine Namensänderung der EU-Organe in Erwägung gezogen werden sollte, „damit für die Bürger klarer aus den Namen hervorgeht, welche Aufgaben und welche Rolle im Beschlussfassungsprozess der EU die Organe haben". Unter Berufung auf diese Anregung hat das Parlament vorgeschlagen, die Kommission in „Exekutive" umzubenennen.[35] Diese Bezeichnung dürfte allerdings zu kurz greifen und den unverändert gelassenen Aufgaben der Kommission nicht gerecht werden.[36]

3 Follow-up

Die drei Organe – Parlament, Rat und Kommission – hatten sich dazu verpflichtet, den Empfehlungen der Konferenz „unter uneingeschränkter Achtung [ihrer] Zuständigkeiten und der in den europäischen Verträgen verankerten Grundsätze der Subsidiarität und Verhältnismäßigkeit" Folge zu leisten.[37] Die (fehlende) Ernsthaftigkeit dieses Bekenntnisses manifestiert sich in den Aktivitäten, die die drei Organe zur Umsetzung der Empfehlungen der Konferenz entfaltet haben bzw. entfalten. Diese Aktivitäten können auf eine Umsetzung im Rahmen der existierenden Verträge oder auf eine Umsetzung im Wege der Vertragsänderung abzielen.

[33] Vgl. Konferenz zur Zukunft Europas (2022), S. 37.

[34] Vgl. hierzu Europäisches Parlament (2023a).

[35] Europäisches Parlament (2023b).

[36] Hierzu vgl. Niedobitek (2020), Rn. 243, 244.

[37] Gemeinsame Erklärung (2021).

3.1 Das Parlament

Das Europäische Parlament hatte von vornherein das größte Interesse an der Durchführung der Konferenz und entsprechend an der Umsetzung ihrer Ergebnisse gezeigt. So ist es nicht überraschend, dass das Parlament noch kurz vor Ende der Konferenz, am 04. Mai 2022, eine Entschließung zu den Folgemaßnahmen zu der Konferenz zur Zukunft Europas annahm,[38] in der es u. a. feststellte, dass es sich „voll und ganz für die Konferenz eingesetzt hat“ (Buchst. C.). In derselben Entschließung forderte das Parlament ein eigenes Initiativrecht und die „Abschaffung des Grundsatzes der Einstimmigkeit im Rat“ (Ziff. 11). Schon am 09. Juni 2022 verabschiedete das Parlament eine Entschließung zu der Forderung nach einem Konvent zur Überarbeitung der Verträge.[39] Seine konkreten Vorstellungen und Vorschläge legte das Parlament in seiner Entschließung vom 22. November 2023 zu Entwürfen des Europäischen Parlaments zur Änderung der Verträge dar, in der es den Rat aufforderte, seine Vorschläge „umgehend und ohne Beratungen“ dem Europäischen Rat vorzulegen; dieser wiederum wurde aufgefordert, „so bald wie möglich einen Konvent [gemäß Art. 48 Abs. 3 UAbs. 1 EUV] einzuberufen“ (Ziff. 1). Damit hatte das Parlament das Vertragsänderungsverfahren eingeleitet. Dieser (erste) Verfahrensschritt des ordentlichen Vertragsänderungsverfahrens bleibt auch in der 10. Wahlperiode (2024–2029) gültig. Aus Sicht des Parlaments handelt es sich hierbei nicht um eine „unerledigte Angelegenheit“ (vgl. Art. 250 GO-EP), selbst wenn der Europäische Rat bisher nicht darauf reagiert hat.

3.2 Der Rat

Der damalige tschechische Ratsvorsitz hatte bereits am 27. Juli 2022 den Delegationen der Mitgliedstaaten einen Fragebogen zur Konferenz zur Zukunft Europas zugeleitet, durch den er insbesondere erfragen wollte, was diese „von einer Folgemaßnahme zur Konferenz in Form einer Einberufung eines Konvents gemäß Artikel 48 Absatz 2 [sic] EUV während der gegenwärtigen Amtszeit des Vorsitzes“ (01. Juli–31. Dezember 2022) halten. Dem Synthesebericht zu den Antworten der Delegationen[40] ist zu entnehmen, dass die meisten Delegationen der Meinung waren, zahlreiche Vorschläge der Konferenz könnten im Rahmen der geltenden Verträge umgesetzt werden. In jedem Fall müsse eine Änderung der Verträge gut vorbereitet sein und auf einem breiten Konsens zwischen den EU-Organen und den Mitgliedstaaten beruhen.

Insgesamt vertritt der Rat die Meinung, „[that] the overwhelming majority of proposals and related specific measures have been implemented or are in the pro-

---

[38] Europäisches Parlament (2022a).

[39] Europäisches Parlament (2022b).

[40] Rat der Europäischen Union, Konferenz zur Zukunft Europas – Folgemaßnahmen: Vorläufiger Synthesebericht zum Fragebogen des Vorsitzes, Rats-Dok. 12277/1/22 REV 1 (12. Oktober 2022).

cess of being implemented".[41] Dabei ist jedoch zu bedenken, dass sich der Rat im Nachgang der Konferenz auf diejenigen „95 % of the Conference's proposals related to specific policies, which can already be implemented within the current Treaty framework",[42] konzentriert hatte. Einen instruktiven Überblick über die Vorschläge und Untervorschläge der Konferenz und deren Umsetzungsbedarf hat das Generalsekretariat des Rates erarbeitet.[43]

In der Behandlung der Vorschläge der Konferenz wird die Skepsis des Rates hinsichtlich der vom Parlament vorgeschlagenen Vertragsänderungen sichtbar. Gleichwohl ist der Rat seiner vertraglichen Verpflichtung gemäß Art. 48 Abs. 2 EUV, die Entwürfe des Parlaments dem Europäischen Rat zuzuleiten, am 18. Dezember 2023 nachgekommen.[44] Der Europäische Rat hat sich, soweit ersichtlich, mit den Vertragsänderungsentwürfen des Parlaments noch nicht beschäftigt. Auf eine darauf zielende parlamentarische Anfrage[45] hat der Rat am 12. November 2024 geantwortet, es sei Sache des Europäischen Rates zu entscheiden, ob die Entwürfe von einem Konvent geprüft werden sollten. Bisher habe der Europäische Rat noch keine solche Entscheidung getroffen. Zudem sehen die Verträge hierfür keine zeitliche Begrenzung vor.

3.3 Die Kommission

Die Mitteilung der Kommission zur Umsetzung der Vorschläge der Konferenz bildet das Grundlagenpapier der „Konferenz zur Zukunft Europas – Von der Vision zu konkreten Maßnahmen".[46] Ein umfangreicher Anhang konkretisiert die einzelnen Vorschläge und ordnet sie thematisch den neun Bereichen zu, die auch bereits den Abschlussbericht gliedern. Des Weiteren unterteilt die Kommission die möglichen Modalitäten ihrer Antwort auf die Vorschläge der Konferenz in vier Kategorien: Initiativen, die von der Kommission bereits durchgeführt werden und mit denen direkt auf die Vorschläge reagiert wird; bereits unterbreitete Vorschläge, an denen die beiden gesetzgebenden Organe derzeit arbeiten; Bereiche, in denen die Kommission bereits plant, Vorschläge zu unterbreiten; im Rahmen der Konferenz vorgelegte Vorschläge, die teilweise oder ganz neu sind. Im Ergebnis geht die Kommission davon

---

[41] Vgl. Rat der Europäischen Union, Entwurf von Schlussfolgerungen des Rates zur Bewältigung des demografischen Wandels in Europa – Billigung, Rats-Dok. 16373/23 (11. Dezember 2023).

[42] Rat der Europäischen Union (2023).

[43] Vgl. Rat der Europäischen Union, Conference on the Future of Europe – Proposals and related specific measures contained in the report on the final outcome of the Conference on the Future of Europe: Updated assessment (7. Dezember 2023), Rats-Dok. ST 16054/23 INIT – NOTE und ST 16054/23 ADD 1.

[44] Vgl. die Antwort des Rates vom 12. November 2024 auf die parlamentarische Anfrage E-001619/2024 (s. Fn. 24).

[45] Ebd.

[46] Europäische Kommission, Konferenz zur Zukunft Europas – Von der Vision zu konkreten Maßnahmen, COM (2022) 404 endgültig, 17. Juni 2022.

aus, dass sie „beinahe zu 95 % der von der Konferenz zur Zukunft Europas vorgeschlagenen Maßnahmen tätig geworden" sei.[47] Als ein wichtiges Ergebnis der Konferenz erachtet die Kommission die Einführung von Plattformen für Bürgerbeteiligung im Jahr 2023, „in deren Rahmen die drei europäischen Bürgerforen Vorschläge zu den Themen Lebensmittelverschwendung, virtuelle Welt und Lernmobilität gemacht haben, die von der Kommission angenommen wurden."[48]

Die Kommission hatte stets die Möglichkeit von Vertragsänderungen als Follow-up-Instrument in Betracht gezogen. In einer schriftlichen Anfrage[49] bezieht sich die Abgeordnete des Europäischen Parlaments Marieke Ehlers auf die Mitteilung der Kommission COM(2022) 404, in der diese festgestellt habe, „that it would 'always be on the side of those who want to reform the European Union to make it work better, including through Treaty change […]'". Diese Aussage zieht die Fragestellerin jedoch in Zweifel: „On 18 September 2024, however, in response to minister Marjolein Faber's letter, in which the Netherlands formally requested an opt-out from European migration policy in the event of a subsequent Treaty change, the Commission stated that no Treaty change was planned." Darauf antwortete die Kommissionspräsidentin am 13. Januar 2025, Vertragsänderungen seien dort nötig, wo sie die Union verbessern könnten, und die Kommission werde ihre institutionelle Rolle in einem Vertragsänderungsverfahren wahrnehmen, sobald der Europäische Rat sie konsultieren würde. Ihrer Meinung nach müssten die Union und beitretende Staaten zur selben Zeit bereit sein. Zeitliche Vorgaben gebe es dafür jedoch nicht.

3.4 Fazit

Zu Recht weist der Rat darauf hin, „[that an] important number of the Conference's proposals and measures require the joint work of the three institutions in the ordinary legislative procedure: the Commission as the main initiator of EU legislation and the European Parliament and the Council as co-legislators".[50] Die Kommission trägt diesem Befund durch die Kategorisierung ihrer Follow-up-Maßnahmen (siehe Abschn. 3.3) Rechnung. Letztlich zeigt sich darin die Tatsache, dass die drei für die Gesetzgebung zuständigen Organe – Parlament, Rat und Kommission – Urheber der Konferenz waren. Gleichzeitig wird deutlich, dass der Europäische Rat, der für die Umsetzung des Vertragsänderungsverfahrens gemäß Art. 48 Abs. 3 EUV zuständig ist, ebenfalls als Urheber der Konferenz hätte herangezogen werden sollen, was jedoch dem Standpunkt des Rates im Vorfeld der Gemeinsamen Erklärung zuwidergelaufen wäre, wonach „[the] Conference does not fall within the scope of Article 48 TEU".[51]

---

[47] Kommission (2024b).

[48] Kommission (2024a), S. 42.

[49] E-001946/2024 (s. Fn. 24).

[50] Rat der Europäischen Union (2023), S. 3.

[51] Vgl. Rat der Europäischen Union, Conference on the Future of Europe (24. Juni 2020), Rats-Dok. 9102/20.

4 Kritik

4.1 Die grundlegenden Dokumente

Der organisatorische und inhaltliche Rahmen der Konferenz ergibt sich nicht nur aus der Gemeinsamen Erklärung,[52] sondern auch aus der Konferenzcharta[53] und der Geschäftsordnung der Konferenz.[54] Alles in allem wird deutlich, dass die Konferenz in ein enges Korsett gezwängt und praktisch nichts dem Zufall überlassen wurde. Dies steht im Gegensatz zu den Lippenbekenntnissen in der Gemeinsamen Erklärung. Danach sollte die Plenarversammlung sicherstellen, „dass die Empfehlungen der nationalen und europäischen Bürgerforen nach Themen geordnet erörtert werden, *mit offenem Ergebnis und ohne dass der Gegenstand auf vorab bestimmte Politikbereiche beschränkt wird*".[55] Die Unionsbürger sollten die Möglichkeit erhalten, „bei Themen, die ihnen wichtig sind, mitzureden". Insgesamt handele es sich bei der Konferenz um einen – in sich widersprüchlich formulierten – „an die Bürgerinnen und Bürger gerichtete[n], nach dem Bottom-up-Ansatz geführte[n] Prozess".

Allerdings zeichnen die übrigen Regelungen der Gemeinsamen Erklärung sowie der anderen Dokumente ein gegenteiliges Szenario. Schon die bloße Tatsache, die Einbindung von Unionsbürgern als „Bottom-up-Ansatz" zu bezeichnen, geht fehl. Die Konferenz war „ein gemeinsames Unterfangen des Europäischen Parlaments, des Rates und der Europäischen Kommission",[56] deren Präsidenten die Erklärung auch unterzeichnet haben. Die inhaltlichen Vorgaben für die Konferenz ergaben sich aus der Gemeinsamen Erklärung, in der „unter anderem folgende Themen erörtert [werden]",[57] die sich insbesondere aus der Strategischen Agenda des Europäischen Rates und den politischen Leitlinien der Kommission ergeben. Die Unionsbürger waren darauf beschränkt, „weitere Themen [anzusprechen], die ihnen am Herzen liegen".[58]

Weitere gravierende Restriktionen ergaben sich aus der Konferenzcharta. Diese verpflichtete die Konferenzteilnehmenden dazu, „einen Beitrag zur Konferenz mit *konstruktiven* und *konkreten* Vorschlägen zu leisten, dabei die Ansichten anderer zu respektieren und die Zukunft Europas gemeinsam *zu gestalten*".[59] Dies bedeutet, dass Fundamentalkritik (bis hin zu einer Infragestellung der Union an sich) nicht erwünscht war; vielmehr sollte die Konferenz – nicht zuletzt auch in einer Zusammenschau mit den inhaltlichen Vorgaben der Gemeinsamen Erklärung – die bisherigen inhaltlichen Schwerpunkte der Unionspolitik bestätigen und am rechtlichen

[52] Gemeinsame Erklärung (2021).

[53] Konferenz zur Zukunft Europas (2021a).

[54] Konferenz zur Zukunft Europas (2021b).

[55] Gemeinsame Erklärung (2021), S. 3; kursive Hervorhebung hinzugefügt.

[56] Vgl. die Gemeinsame Erklärung (2021), S. 2.

[57] Vgl. die Auflistung der Themen, oben, in Abschn. 2.4, erster Absatz.

[58] Kritisch hierzu bereits Plottka (2020), S. 237.

[59] Kursive Hervorhebungen hinzugefügt.

Status quo grundsätzlich festhalten.[60] Insofern war das „Weißbuch zur Zukunft Europas“ der Kommission[61] deutlich offener.

Letztlich kann man somit nicht umhin, die Konferenz insgesamt als rigiden, stets kontrollierten „Top-down-Prozess“ zu bezeichnen,[62] dessen Ängstlichkeit und Engherzigkeit als Misstrauensvotum gegenüber den Unionsbürgern verstanden werden muss. Dies spiegelt sich auch in der Auswahl der Unionsbürger, um die es im Folgenden geht.

4.2 Die Auswahl der Unionsbürger

Die Anzahl der Unionsbürger, die an den Europäischen Bürgerforen teilnahmen, war nicht von vornherein festgelegt. Art. 5 der Geschäftsordnung der Konferenz bestimmte lediglich, dass sich jedes Forum aus einer Anzahl von Bürgern zusammensetzt, „durch die gewährleistet wird, dass mindestens eine Bürgerin und ein Bürger je Mitgliedstaat teilnehmen und die degressive Proportionalität berücksichtigt wird, die bei der Zusammensetzung des Europäischen Parlaments angewandt wird“. Ferner war festgelegt, dass „[die] Bürgerinnen und Bürger […] nach dem Zufallsprinzip ausgewählt [werden] und […] in Bezug auf geografische Herkunft, Geschlecht, Alter, sozioökonomischen Hintergrund und/oder Bildungsniveau die gesellschaftliche Vielfalt der EU [abbilden]“. Schließlich war ein Drittel der Teilnehmenden jedes Bürgerforums Menschen unter 25 Jahren vorbehalten. Im Ergebnis sollten an den vier Europäischen Bürgerforen jeweils 200 Unionsbürger[63] teilnehmen.[64]

Seitens einiger Mitglieder des Parlaments wurde Kritik an der Auswahl geäußert. So beklagte sich das Mitglied des Parlaments Gunnar Beck (seinerzeit Mitglied der ID-Fraktion) beim Rat, „[that] after an analysis of the participants’ backgrounds, it seems that diversity in term of migration background, sexual orientation, gender identity, education level and economic income was not guaranteed. In particular, the conference lacks the crucial input of ordinary day-to-day workers such as teachers, farmers and blue collar workers“.[65] Derselbe Abgeordnete, gemeinsam mit dem Abgeordneten Jaak Madison (ebenfalls ID-Fraktion), fragte den Rat darüber hinaus: „[H]ow can political pluralism and political representation be guaranteed, especially since this type of project is usually characterised by *self-selection bias*?“[66]

---

[60] So auch Plottka (2020), S. 237, in Bezug auf die Strategische Agenda des Europäischen Rates.

[61] Siehe Fn. 9.

[62] Zutreffend Borońska-Hryniewiecka, Kinski (2024b), S. 27: „CoFoE was a fundamentally EU-steered process …“.

[63] Tatsächlich waren es weniger, vgl. Technopolis Group (2022), S. 34.

[64] Vgl. Konferenz zur Zukunft Europas (2022), S. 9, 15.

[65] Schriftliche Anfrage E-001160/2022/rev.1.

[66] Schriftliche Anfrage E-001180/2022; kursive Hervorhebung hinzugefügt. Überblick zur Problematik bei Elston (2021).

Hier werden wichtige methodische Fragen der empirischen Sozialforschung aufgeworfen. So stellt sich die Frage, ob die Unionsbürger, die für die Europäischen Bürgerforen ausgewählt wurden, tatsächlich „für die soziologische und geografische Vielfalt der EU *repräsentativ* waren“.[67] Dieser und anderen Fragen betreffend die Europäischen Bürgerforen widmet sich ex-post die „Study on the Citizen's Panels as part of the Conference on the Future of Europe“.[68] Eine kontrollierende ex-post Evaluation durch externe Personen – etwa Mitglieder des Parlaments oder andere Interessierte – war nicht möglich, da die Namen der teilnehmenden Unionsbürger aus Datenschutzgründen nicht veröffentlicht wurden.[69]

Die Auswahl der Unionsbürger wurde von der belgischen Firma Kantar im Auftrag der Kommission durchgeführt. Einzelheiten zur Methode ergeben sich u. a.[70] aus der Antwort der Kommission auf die Schriftliche Anfrage E-004511/2021.[71] Demnach (vgl. ebd., Fn. 2) wurden die Unionsbürger „contacted in most cases by phone (random generation of phone numbers – fixed and mobile) in several rounds in order to explain the purpose and obtain their consent. Upon their agreement, they received an invitation letter explaining exactly what is expected from them and they receive professional support and guidance throughout the process.“ Es ist nicht unwahrscheinlich, dass bei einem solchen Vorgehen ein *self-selection bias* am Werke war.[72] Dabei wird die angestrebte Repräsentativität der Zufallsauswahl durch das Eigeninteresse der ausgewählten Teilnehmenden an der Teilnahme beeinträchtigt. Hierbei dürften sich vor allem Personen, die „proeuropäisch“ eingestellt sind, für eine Teilnahme entschieden haben.[73] All diese Annahmen wurden letztlich durch die erwähnte Studie bestätigt,[74] ohne dass diese jedoch die Validität der Auswahl der Bürger grundsätzlich in Frage gestellt hat.

Wie genau die ausgewählten Teilnehmenden der Europäischen Bürgerforen die Unionsbevölkerung repräsentieren, hängt von der Relation der Anzahl der ausgewählten Teilnehmenden zur Grundgesamtheit ab.[75] Die Grundgesamtheit sind die Unionsbürger, d. h. die Staatsangehörigen der Mitgliedstaaten, deren Zahl sich errechnen lässt aus der EU27-Bevölkerungszahl abzüglich der Zahl der Einwohner ohne eine EU-Staatsangehörigkeit. 2021/2022 belief sich die EU27-Bevölkerung

---

[67] Konferenz zur Zukunft Europas (2022), S. 9; Hervorhebung hinzugefügt.

[68] S. Technopolis Group (2022).

[69] So die Antwort der Kommission auf die Schriftliche Anfrage E-001161/2022/rev.1.

[70] Vgl. auch Konferenz zur Zukunft Europas (2022), S. 15.

[71] S. Fn. 24.

[72] Dies schließt die Kommission aus; vgl. ihre Antwort auf die Schriftliche Anfrage E-001182/22 (s. Fn. 24). Beispiele für *self-selection bias* bei Faas, Schoen (2006), S. 181: „In an election survey, the bias is likely to be connected to interest in politics; in a survey about football, it is probably linked to interest in football“.

[73] Vgl. Müller (2021), S. 192.

[74] Vgl. die Antworten auf die 22 Fragen, die in der Ausschreibung genannt wurden; vgl. Technopolis Group (2022), S. 14 f. und *passim*.

[75] Vgl. Häder (2019), S. 152, 153.

auf rund 450 Mio. Personen,[76] von denen knapp 24 Mio. die Staatsangehörigkeit eines Drittstaats hatten.[77] Somit besteht die Grundgesamtheit aus rund 425 Mio. Unionsbürgern. Eingeschränkt wurde die Repräsentativität durch Vorgaben der Veranstalter: (a) Personen unter 16 Jahren waren ausgeschlossen; (b) gleichzeitig sollten Personen zwischen 16 und 24 Jahren ein Drittel der Teilnehmenden ausmachen, weil jungen Menschen besondere Beachtung geschenkt werden sollte; (c) in den einzelnen Mitgliedstaaten erfolgte die Auswahl nach dem auch für die Wahl zum Europäischen Parlament geltenden Grundsatz degressiver Proportionalität, wobei jedem der vier Europäischen Foren auf jeden Fall ein Teilnehmender jedes Mitgliedstaats angehören sollte.[78] Ohne dies fachkundig nachprüfen zu können, spricht viel dafür, dass die Relation 425 Mio. Personen/200 Personen[79] schon für sich genommen ein hohes Risiko grober Ungenauigkeit in sich birgt.

Es bleibt fraglich, ob statistische Repräsentativität – unabhängig von ihrer Genauigkeit – bei der Beteiligung von Unionsbürgern angestrebt werden sollte, denn letztlich geht es nicht, wie bei einer Wahlumfrage, um *Statistik*, sondern um effektive *Beteiligung*. Die repräsentative Auswahl von Unionsbürgern stellt nur einen ungenügenden Ersatz für eine „Totalbeteiligung"[80] aller Unionsbürger, die im Sinne solcher Unterfangen liegen sollte, dar.

5 Bewertung der Konferenz und Fazit

Ein Webfehler der Aufarbeitung der Konferenz zur Zukunft Europas besteht darin, dass die Bewertung ihrer Ergebnisse und des Follow-up überwiegend von den drei verantwortlichen Unionsorganen selbst vorgenommen wurde,[81] was (natürlich) zu einem positiven Ergebnis führte. Aber auch die Bewertung der Konferenz durch die wissenschaftliche Literatur erscheint unangemessen euphorisch. So wird die Konferenz – beispielsweise – als „important exercise in European democracy" bezeichnet.[82] Auch die (angeblich) direkte Beteiligung von Unionsbürgern als Individuen (und nicht vermittelt durch die Zivilgesellschaft) wird hervorgehoben.[83] Ein ganzes Buch bezeichnet die Konferenz in seinem (Unter-)Titel als „Innovative Reform Process".[84] Auch ist von einem „spirit of optimism and enthusiasm" die Rede, der sich

[76] Vgl. den Beschluss des Rates 2021/2320 zur Änderung seiner Geschäftsordnung, ABl. 2021 L 462/17.

[77] Vgl. Eurostat (2023), S. 13.

[78] Vgl. Konferenz zur Zukunft Europas (2022), S. 15.

[79] Oder 800, fasst man alle vier Foren zusammen.

[80] In Anlehnung für den Begriff der „Totalerhebung"; vgl. Häder (2019), S. 152.

[81] Vgl. oben, Abschn. 3.

[82] Pittoors, Kotanidis (2024), S. 39.

[83] Borońska-Hryniewiecka, Kinski (2024a), S. 4.

[84] Abels (2023).

auf verschiedenen Ebenen entfaltet habe, u. a. auf der Ebene der europäischen Bürger und des Rates, wofür aber keine Belege angegeben werden.[85]

Die inhaltlichen Vorgaben, die der Konferenz gemacht wurden, hatten zwangsläufig zur Folge, dass sich die Vorschläge der Konferenz auf die existierenden Politikfelder der Union bezogen und deren Entwicklungsrichtung bestätigten. Heute können sich die Unionsorgane bei allen möglichen Rechtsetzungsvorhaben auf die im Rahmen der Konferenz geäußerte Zustimmung der Unionsbürger berufen. Dafür gibt es zahlreiche Beispiele.[86] Stellvertretend sei auf die Verordnung 2024/1083 des Europäischen Parlaments und des Rates vom 11. April 2024 zur Schaffung eines gemeinsamen Rahmens für Mediendienste im Binnenmarkt[87] hingewiesen. Der 8. Erwägungsgrund der Verordnung enthält folgenden Passus: „Im Abschlussbericht der Konferenz zur Zukunft Europas forderten die Bürger die Union dazu auf, die Unabhängigkeit und den Pluralismus der Medien weiter zu fördern, insbesondere durch die Einführung von Rechtsvorschriften zur Bekämpfung von Bedrohungen der Unabhängigkeit der Medien in Form unionsweiter Mindeststandards."

Die Darstellung des Follow-up-Prozesses auf den Websites der Organe ist unterschiedlich dynamisch. Wenig überraschend erscheint die Website des Parlaments „Folgemaßnahmen zur Konferenz zur Zukunft Europas"[88] am ambitioniertesten. Hier werden, unter „Umsetzungsinitiativen", Maßnahmen der Organe detailliert den einzelnen Vorschlägen und Untervorschlägen der Konferenz zugeordnet. Dabei wird gegebenfalls auch auf die Notwendigkeit von Vertragsänderungen hingewiesen. Der Rat ist offenbar der Meinung, seine Arbeit sei getan: Er habe ihre [der Konferenz] „Empfehlungen und Vorschläge, die zur Gestaltung der Zukunft Europas beitragen sollen, umgesetzt".[89] Die Kommission schließlich scheint ebenfalls der Meinung zu sein, dass die Konferenz inklusive ihrer Folgemaßnahmen bereits abgeschlossen sei. Ihre Konferenz-Website „https://www.futureu.europa.eu" wurde am 18. April 2023 archiviert.[90]

Die Defizite der Konferenz lassen sich stichpunktartig wie folgt zusammenfassen: (1) Top-down-Prozess statt (angeblichem) Bottom-up-Prozess; (2) Mängel in der Repräsentativität der teilnehmenden Unionsbürger; (3) diffuse Zusammensetzung der Plenarversammlung; (4) überbetonte Rolle der Plenarversammlung in der Beschlussfassung; (5) unklare Zielsetzung der Konferenz; (6) enge inhaltliche Res-

---

[85] Aras (2023), S. 106.

[86] Dies ergibt eine Recherche in der Datenbank EUR-Lex.

[87] VO (EU) 2024/1083 des Europäischen Parlaments und des Rates vom 11. April 2024 zur Schaffung eines gemeinsamen Rahmens für Mediendienste im Binnenmarkt und zur Änderung der Richtlinie 2010/13/EU, ABl. L, 2024/1083.

[88] https://conference-followup.europarl.europa.eu/de/home, zuletzt abgerufen am 25.3.2025.

[89] Vgl. den einleitenden Text unter https://www.consilium.europa.eu/de/policies/conference-on-the-future-of-europe/, zuletzt abgerufen am 25.3.2025. Im anschließenden Text wird diese Aussage relativiert. Danach könnten „95 % dieser Vorschläge innerhalb des derzeitigen Vertragsrahmens durchgeführt werden […]. Die meisten von ihnen wurden bereits umgesetzt oder werden derzeit umgesetzt".

[90] Vgl. die Website https://wayback.archive-it.org/12090/20230418091815/https:/futureu.europa.eu/, zuletzt abgerufen am 25.3.2025.

triktionen; (7) detailverliebte Vorschläge/Maßnahmen der Konferenz ohne Blick fürs Ganze; (8) keine überraschenden Vorschläge; (9) folgsame Bürger.

Im Ergebnis war die Konferenz zur Zukunft Europas, wie der vorliegende Bericht zeigt, unter allen denkbaren Aspekten ein Misserfolg „mit Ansage“. Daran ändern auch die euphorischen Bewertungen durch die EU-Organe und die Literatur nichts, die wie „bestellt“ wirken. Inwieweit die Vorschläge der Konferenz tatsächlich von den EU-Organen umgesetzt wurden, bedarf weitergehender Forschung.

Literatur

Abels, G. (2023). *The conference on the future of Europe – National and regional participation in an innovative reform process*. Nomos.

Abels, G. (2024). CoFoE as an opportunity structure – Activities in the 27 German-speaking. In K. Borońska-Hryniewiecka, & L. Kinski (Hrsg.), *Regional parliaments in the parliamentary dimension of the conference on the future of Europe – Synergies and legitimacy clashes* (S. 211–230). Routledge.

Aras, M. (2023). The conference on the future of Europe – Personal experiences and expectations from the state parliaments. In G. Abels (Hrsg.), *The conference on the future of Europe – National and regional participation in an innovative reform process* (S. 97–107). Nomos.

Borońska-Hryniewiecka, K., & Kinski, L. (2024a). Introduction. In K. Borońska-Hryniewiecka, & L. Kinski (Hrsg.), *Regional parliaments in the parliamentary dimension of the conference on the future of Europe – Synergies and legitimacy clashes* (S. 1–17). Routledge.

Borońska-Hryniewiecka, K., & Kinski, L. (2024b). When parliamentary representation meets citizen participation. In K. Borońska-Hryniewiecka, & L. Kinski (Hrsg.), *Regional parliaments in the parliamentary dimension of the conference on the future of Europe – Synergies and legitimacy clashes* (S. 18–35). Routledge.

Elston, D. M. (2021). Participation bias, self-selection bias, and response bias. *Journal of the American Academy of Dermatology, 18*, 1–2.

Europäisches Parlament. (2022a). Entschließung des Europäischen Parlaments vom 4. Mai 2022 zu den Folgemaßnahmen zu der Konferenz zur Zukunft Europas, ABl. C 465/109.

Europäisches Parlament. (2022b). Entschließung des Europäischen Parlaments vom 9. Juni 2022 zu der Forderung nach einem Konvent zur Überarbeitung der Verträge, ABl. C 493/130.

Europäisches Parlament. (2023a). Entschließung des Europäischen Parlaments vom 11. Juni 2023 zur Umsetzung von Passerelle-Klauseln in den EU-Verträgen, ABl. C, C/2024/3996.

Europäisches Parlament. (2023b). Entschließung des Europäischen Parlaments vom 22. November 2023 zu Entwürfen des Europäischen Parlaments zur Änderung der Verträge, ABl. C, C/2024/4216.

Eurostat. (2023). Schlüsseldaten über Europa – Ausgabe 2023. Auf der Website von Eurostat. https://ec.europa.eu/eurostat/de/web/products-key-figures/w/ks-ei-23-001. Zugegriffen am 25.03.2025.

Faas, T., & Schoen, H. (2006). Putting a questionnaire on the web is not enough – A comparison of online and offline surveys conducted in the context of the German federal election 2002. *Journal of Official Statistics, 22*(2), 177–190.

Gemeinsame Erklärung. (2021). des Europäischen Parlaments, des Rates und der Europäischen Kommission [vom 10. März 2021] zur Konferenz über die Zukunft Europas Austausch mit den Bürgerinnen und Bürgern für mehr Demokratie – Aufbau eines resilienteren Europas, ABl. C 91 I/1. https://eur-lex.europa.eu/legal-content/DE/TXT/PDF/?uri=CELEX:32021C0318(01). Zugegriffen am 25.03.2025.

Häder, M. (2019). *Empirische Sozialforschung – Eine Einführung* (4. Aufl.). Springer VS.

Kommission. (2024a). Anhänge des Berichts der Kommission „Jährliche Management- und Leistungsbilanz des EU-Haushalts – Haushaltsjahr 2023", KOM (2024) 401 ANNEXES 1 to 3.
Kommission. (2024b). Unser Versprechen an Europa einhalten: Die Bilanz der Kommission von der Leyen. Brüssel. Zugänglich auf der Website der Kommission. https://commission.europa.eu. Zugegriffen am 25.03.2025.
Konferenz zur Zukunft Europas. (2021a[91]). Konferenzcharta. Zugänglich auf der archivierten Website der Konferenz. https://futureu.europa.eu/de/. Zugegriffen am 25.03.2025.
Konferenz zur Zukunft Europas. (2021b). Geschäftsordnung der Konferenz zur Zukunft Europas. Zugänglich auf der archivierten Website der Konferenz. https://futureu.europa.eu/. Zugegriffen am 25.03.2025.
Konferenz zur Zukunft Europas. (2022). Bericht über das endgültige Ergebnis. Zugänglich auf der deutschen Fassung der archivierten Website der Konferenz. „Berichte". https://futureu.europa.eu. Zugegriffen am 25.03.2025.
Magiera, S. (2020). § 7 Rechtsakte und Rechtsetzung der Union. In M. Niedobitek (Hrsg.), *Europarecht – Grundlagen und Politiken der Union* (2. Aufl., S. 525–589). De Gruyter.
Müller, M. (2021). Konferenz zur Zukunft Europas. In W. Weidenfeld, & W. Wessels (Hrsg.), *Jahrbuch der Europäischen Integration 2021* (S. 189–192). Nomos.
Müller, M. (2022). Konferenz zur Zukunft Europas. In W. Weidenfeld, & W. Wessels (Hrsg.), *Jahrbuch der Europäischen Integration 2022* (S. 191–194). Nomos.
Nicolaïdis, K. (2024). Foreword: A democratic journey for twenty-first century Europe. In K. Borońska-Hryniewiecka, & L. Kinski (Hrsg.), *Regional parliaments in the parliamentary dimension of the conference on the future of Europe – Synergies and legitimacy clashes* (S. xiii–xvi). Routledge.
Niedobitek, M. (2010). Entwicklung und allgemeine Grundsätze. In D. Merten, & H.-J. Papier (Hrsg.), *Handbuch der Grundrechte in Deutschland und Europa, Band VI/1 – Europäische Grundrechte I* (S. 923–977). C. F. Müller.
Niedobitek, M. (2020). § 1 Vertragliche Grundlagen, rechtliche Gestalt, Institutionen der Union. In M. Niedobitek (Hrsg.), *Europarecht – Grundlagen und Politiken der Union* (2. Aufl., S. 3–203). De Gruyter.
Pittoors, G., & Kotanidis, S. (2024). Driving democratic change? The European parliament's reform agenda in the context of the conference on the future of Europe. In K. Borońska-Hryniewiecka & L. Kinski (Hrsg.), *Regional parliaments in the parliamentary dimension of the conference on the future of Europe – Synergies and legitimacy clashes* (S. 39–57). Routledge.
Plottka, J. (2020). Die Konferenz zur Zukunft Europas zwischen „Konvent 2.0" und „Intergouvernementalismus 3.0": Warum Europa diese Chance zur Reform nutzen muss. *Integration, 43*(3), 231–244.
Rat der Europäischen Union. (2023). The council's follow-up to the conference on the future of Europe. Brussels. Zugänglich auf der Website des Rates. https://www.consilium.europa.eu/media/63897/2023_152-cofe-02.pdf. Zugegriffen am 25.03.2025.
Saurer (2023). Art. 295 AEUV. In M. Pechstein, C. Nowak, & U. Häde (Hrsg.), *Frankfurter Kommentar zu EUV, GRC und AEUV* (2. Aufl.). Mohr Siebeck.
Technopolis Group u. a. (2022). Study on the citizen's panels as part of the conference on the future of Europe – Final report, zugänglich auf der Website der Kommission. „Links zum Thema". https://citizens.ec.europa.eu/european-citizens-panels_de. (19. März 2024). Zugegriffen am 25.03.2025.
Von der Leyen, U. (2019). Eine Union, die mehr erreichen will – Meine Agenda für Europa. Zugänglich auf der Website der Kommission. https://commission.europa.eu. Zugegriffen am 25.03.2025.

[91] Jahr nicht angegeben, jedoch aus dem Zusammenhang erschließbar.

Die EU zwischen regulativem Machtüberschuss, Neokolonialismus und Ausweichbewegungen: Der Brussels Effect in verfassungsrechtlicher Perspektive

W. Weiß

Karl-Peter Sommermann hat sich intensiv mit der rechtlichen Bedeutung von Verfassungszielen, auch der EU, auseinandergesetzt. Dieser Beitrag macht die Ziele und Grundsätze der EU für die Legitimation des Brussels Effect und seine Grenzen fruchtbar.

1 Einleitung

Der auf Anu Bradford zurückgehende Begriff „Brussels Effect" beschreibt die Beobachtung, dass Regeln der EU in vielen Staaten übernommen werden. Hinter dem (*de facto*) Brussels Effect steht die Fähigkeit der EU, global Marktbedingungen zu bestimmen. Aufgrund ihrer Marktmacht und ausgeprägten Regulierungstätigkeit legt sie Anforderungen nicht nur für den Binnenmarkt und den Zugang ausländischer Produkte fest, sondern zugleich für Drittmärkte.[1] Neben der marktgetriebenen, nicht aktiv verfolgten[2] Vereinheitlichungswirkung hat Bradford weitere Mechanismen identifiziert, die den Brussels Effect ergänzen, erweitern und teilweise verdrän-

Wolfgang Weiß, Prof. Dr., hat den Lehrstuhl für Öffentliches Recht, Völker- und Europarecht an der Deutschen Universität für Verwaltungswissenschaften Speyer inne.

[1] Bradford (2020), Kapitel 2 und 3; Bradford (2012), S. 5 f.

[2] Garcia Bercero, Nicolaïdis (2021), S. 2, sehen das als „passive market based influence of the so-called Brussels effect".

W. Weiß (✉)
Speyer, Deutschland
E-Mail: weiss@uni-speyer.de

C. Fraenkel-Haeberle, B. Peters (Hrsg.), *Öffentliches Recht in transnationaler Perspektive*, https://doi.org/10.1007/978-3-662-72331-9_24

gen,[3] insbesondere die Verbreitung normativer Anforderungen durch die Mitwirkung der EU an Harmonisierungsbestrebungen in internationalen Organisationen, die Festlegung von Regelungsstandards in bilateralen Abkommen, und die gezielte exterritoriale Anwendung und Ausweitung von EU-Regeln.[4] Daneben verbreiten sich EU-Regeln auch durch die Rechtsprechung des EuGH, die häufig Vorbildwirkung entfaltet.[5] Darüber hinaus spielt die autonome Rechtsangleichung eine Rolle. Drittstaaten ziehen EU-Regelungen als Vorbild für ihre eigene Gesetzgebung heran,[6] weil sie sie infolge der umfangreichen Deliberations- und Kompromissmechanismen in der EU für modellhaft halten.[7] EU-Regeln finden auf diese Weise infolge vorrangig rechtlicher Mechanismen (*de jure* Brussels Effect)[8] jedenfalls in ihren grundlegenden Anforderungen Eingang in das Regelwerk anderer.

Auf diesen unterschiedlichen Wegen gelingt es der EU, teils unbeabsichtigt, teils gezielt, ihre Regelungsstandards – etwa im Verbraucherschutz oder Datenschutz – zu exportieren und damit ihr Regulierungsmodell zu externalisieren.[9] Die EU weitet auf diese Weise ihre „normative power“[10] von den grundsätzlichen und prinzipiellen verfassungsrechtlichen Werten, wie Menschenrechte, Demokratie und Nachhaltigkeit, auf ihre regulierungspolitischen Vorgaben aus. Über ihre Jurisdiktion hinaus wirkt sie in das Verwaltungsrecht anderer Staaten, wenn schon nicht im Detail, so doch in den Grundgedanken. Die EU exportiert damit als globale Standardsetzerin Teile ihres „European regulatory state“.[11]

Dieser weitreichende Einfluss auf nationale und internationale Standards wurde früh als imperialistisch und neokolonialistisch gebrandmarkt, gerade mit Blick auf die Nachteile für Entwicklungsländer.[12] Die EU exportiere damit ihr Verständnis von Zivilisation.[13]

Gegen solche Vorwürfe hat sich die EU unter Hinweis auf die normative Berechtigung ihrer Regelungsstandards, und damit ihres Exports aufgrund des Schutzes globaler Güter und der Adressierung grenzüberschreitender Externalitäten verteidigt. Der Regelexport erfolge im Interesse globaler Wohlfahrt.[14] Der EU wird zugutegehalten, keine „Festung Europa“ zu bezwecken, sondern aus einer

---

[3] Bradford (2020), S. 67.

[4] Ebda S. 67 ff.

[5] Ebda S. 75 ff.

[6] Ebda S. 78 ff. Ein Beispiel hierfür ist die autonome Übernahme der REACH-Regeln durch Korea, vgl. Garcia Bercero, Nicolaïdis (2021), S. 7.

[7] Dazu Bendiek, Stuerzer (2023), S. 17 f.

[8] Bradford (2020), S. 67, 77 f., 84.

[9] Bradford (2023), S. 353.

[10] Manners (2002), S. 235; Manners (2009), S. 785.

[11] Bradford (2020), S. 17.

[12] Zielonka (2006); Kogan (2005), S. 98.

[13] Vgl. Nicolaïdis, Howse (2002), S. 789.

[14] Nachweise hierzu bei Bradford (2012), S. 36 f.

kosmopolitischen Haltung zu agieren.[15] Andere verweisen darauf, dass ihre Rolle als globale „normative power“ zur Konstruktion einer europäischen Identität beitrage.[16]

Der vorliegende Beitrag wird sich mit den Funktionsbedingungen und Grenzen des Brussels Effect auseinandersetzen und Faktoren für sein Schwinden aufzeigen. Abschließend werden Überlegungen zur Legitimität des Brussels Effect angestellt und die verfassungsrechtlichen Grenzlinien thematisiert.

2 Der Brussels Effect: Entstehung und Grenzen

2.1 Funktionsbedingungen eines regulativen Machtüberschusses

Damit aus der globalen Marktbedeutung der EU ein *de facto* Brussels Effect resultiert, müssen nach Bradford vier Bedingungen erfüllt sein, die erst in ihrem Zusammenwirken für den Brussels Effect sorgen: das Bestehen starker institutioneller Strukturen (die Regelungen effektiv erlassen und durchsetzen können), die Etablierung strikter, hoher Standards (die Präferenzen vorrangig in wohlhabenden Ländern abbilden), das Vorliegen inelastischer Regelungsgegenstände (sodass Dritte den Marktanforderungen nicht ausweichen können) und die Unteilbarkeit der Regelungsstandards (sodass aus technischen, ökonomischen oder rechtlichen Gründen ein großer Druck hin zu einer allgemeinen Anwendung der EU-Standards entsteht).[17] Die letztgenannte Bedingung ist von besonderer Bedeutung. Bei einem hohen Anteil des EU-Binnenmarktes am globalen Absatz eines Produkts bringt ökonomische Effizienz eine faktische Orientierung der Hersteller an EU-Vorgaben mit sich: der klassische Fall des *de facto* Brussels Effect.

Der ökonomische Effizienzanreiz ist indes nicht unabhängig von der seitens der EU gewählten Regulierungsweise. Je mehr die EU Anforderungen an den Produktionsprozess selbst und nicht nur an reine Produkteigenschaften formuliert, desto eher sind diese Standards aus Sicht eines Drittstaatherstellers gegebenenfalls auch noch infolge technischer Gründe unteilbar. Typischerweise stellen Regelwerke, die eine exterritoriale Dimension[18] haben, Anforderungen an den Produkti-

[15] Nicolaïdis, Howse (2002), S. 789.

[16] Diez (2004), S. 325, 330 ff.

[17] Bradford (2020), S. 25 ff.

[18] Das ist nicht gleichbedeutend mit einem völkerrechtswidrigen Eingriff in die Souveränität anderer. Denn es besteht eine Verbindung zur Hoheitsgewalt der EU über ihren Markt; anerkanntermaßen darf ein Hoheitsträger das Verhalten von Ausländern regeln, wenn ein Bezug zum heimischen Markt vorliegt. Eine exterritoriale Anwendung von EU-Regeln auf Auslandssachverhalte oder deren direkte Bezugnahme auf Auslandssachverhalte ist damit nicht ohne weiteres als unzulässige extraterritoriale Hoheitsausübung anzusehen. Siehe auch Scott, Rajamani (2013), S. 214 f. bezüglich der Hoheitsbegründung für den – gescheiterten – Einbezug ausländischer Airlines in den Emissionshandel, soweit sie von EU-Flughäfen starten oder landen.

onsprozess. Die von Joanne Scott identifizierte „territorial extension“ des EU-Rechts bezieht sich auf unterschiedliche Sachverhalte und geht über die Anwendung von EU-Recht auf Auslandssachverhalte aufgrund des Auswirkungsprinzips hinaus, weil EU-Recht nicht nur das Marktverhalten ausländischer Akteure für den Binnenmarkt regelt. So erlässt die EU quasi-exterritoriale Regeln, die bei der Bewertung der Verkehrsfähigkeit von Produkten oder der Zulässigkeit unternehmerischer Betätigung auf dem Binnenmarkt Drittlandregelungen einbeziehen. Das erfolgt etwa bei Angemessenheitsprüfungen wie im Datenschutz oder bei Regeln, die auf Verfahren im Drittstaat abstellen, wenn für die Verkehrsfähigkeit bestimmter Güter oder Leistungen in der EU Bedingungen an die Produktionsweise im Ausland formuliert werden. Solche Regelungen können dann gleichfalls eine Orientierungswirkung im Sinne des Brussels Effect zeitigen.[19] Diese Regelungsweise der EU, die nicht nur eine bloße Regelungstechnik, sondern Ausdruck einer bestimmten politischen Entscheidung des EU-Gesetzgebers im Sinne einer bewusst gewählten Regulierungsvorstellung ist, hat klaren Einfluss auf das Vorliegen einer technischen und/oder ökonomischen Unteilbarkeit der geforderten Standards. Der *de facto* Brussels Effect ist somit in vielen Fällen abhängig von den Regelungszielen der EU, die in ihrer Gesetzgebung absichtlich auf Drittlandsachverhalte abstellt; der Brussels Effect ist dann weniger ein Ergebnis der Marktkräfte, als vielmehr Folge einer klaren Intention der EU.[20] Ob es mit solchen quasi-exterritorialen Regeln gelingt, globale Standards zu setzen, hängt gleichwohl noch von der Marktstärke der EU ab. Dass der marktgenerierte *de facto* Brussels Effect damit nicht allein aus den unbeabsichtigten Wirkungen ökonomischer Effizienzerwägungen von Unternehmen resultiert, sondern teils auf bewusste Regulierungsentscheidungen des EU-Gesetzgebers zurückgeht, deckt sich mit der Analyse von Garcia Bercero und Nicolaïdis zu dem Zusammenhang von Handels- und Regulierungspolitik, in der sie Leitlinien für eine eher kooperative, mit den multilateralen Werten der EU in Einklang stehende Ausrichtung des regulativen Machtüberschusses der EU („power surplus“) und somit des Brussels Effect entwerfen. Sie differenzieren drei Typen von Regulierung:[21] Neben der allein auf den Binnenmarkt abzielenden Rechtsetzung (deren Verbreitung in andere Staaten den Marktzugang der EU-Industrie erleichtert) formuliert die EU Anforderungen für die Gleichwertigkeitsanerkennung ausländischer Herstellungsverfahren oder Produktionsbedingungen (auf diese Weise trägt sie zu Regelungseffizienz und internationaler Arbeitsteilung bei). In die dritte Kategorie fallen stark exterritorial wirkende EU-Regelwerke, die darauf abzielen, die Produktionsbedingungen direkt im Herkunftsland zu beeinflussen, um auf diese Weise über die Marktbedingungen auf dem Binnenmarkt hinausgehend für den gesamten Außenhandel der EU dazu beizutragen, dass anerkannte globale Zielsetzungen, insbesondere im Kampf gegen den Klimawandel, erreicht werden. Durch die insoweit etwa

[19] Näher Scott (2019), S. 32 f.

[20] Scott (2019), S. 34 f.

[21] Garcia Bercero, Nicolaïdis (2021), S. 5 ff.

in der CBAM-VO[22] und in den EU-Rechtsakten zu Nachhaltigkeitsstandards im Agrarhandel, bei der Mineralieneinfuhr oder generell im Bereich Lieferketten formulierten Vorgaben sollen über ein einheitliches Regelregime gleiche Wettbewerbsbedingungen für importierte wie für im Binnenmarkt hergestellte Produkte sichergestellt werden. Es werden Standards für Zulieferungen aus Drittstaaten vorgegeben, die europäischen Ordnungsvorstellungen entsprechen. Gerade dieser Regelungstypus verfolgt einen besonders intensiven Brussels Effect, da er unmittelbar auf die Veränderung der Produktionsstandards in Drittstaaten zielt. Dadurch will die EU Verantwortung für die sozialen und ökologischen Folgen ihres Außenhandels übernehmen,[23] nutzt aber gleichzeitig ihre Marktmacht, um ihre Werte andernorts durchzusetzen.[24]

2.2 *Reichweite und Grenzen*

Diese Voraussetzungen führen dazu, dass der *de facto* Brussels Effect dort, wo die EU kein unvermeidbares Absatzgebiet (mehr) darstellt, etwa infolge Wachstumsschwäche oder ökonomischen Aufstiegs anderer, schrittweise zurückgeht.[25] So dämpft der Aufstieg Chinas und Indiens den Brussels Effect.[26] China weitet auch infolge seiner breit angelegten Belt-and-Road-Initiative seinen Einfluss auf ärmere Staaten aus und münzt das in Regelexport um (sog. Beijing Effect[27]). Unternehmen erhalten Ausweichmöglichkeiten, was zu dem sog. Leakage-Problem führt:[28] Der EU-Markt wird aus einem Land mit niedrigeren Standards bedient, oder gar nicht mehr, stattdessen werden weniger regulierte Märkte angesteuert. Ein Beispiel für die abnehmende Relevanz des Binnenmarktes als Exportziel und damit des Brussels

---

[22] VO (EU) 2023/956 des Europäischen Parlamentes und des Rates vom 10. Mai 2023 zur Schaffung eines CO_2-Grenzausgleichsystems (carbon border adjustment mechanism – CBAM), ABl. L 130/52.

[23] Zu dieser Forderung aus der Globalisierungsdebatte Park, Kramarz (2019).

[24] Bastos Lima, Schilling-Vacaflor (2024), S. 260, 261.

[25] Bradford (2020), S. 29 f.

[26] Bradford (2020), S. 267 ff., 285. Siehe auch Garcia Bercero, Nicolaïdis (2021), S. 5.

[27] Erie, Streinz (2021). Allerdings muss man mit Bradford (2020), S. 268 f. einräumen, dass China – außerhalb der Belt&Road-Initiative – wegen seines recht verschlossenen Marktes und des damit fehlenden Anreizes derzeit wenig Chancen als globaler Standardsetzer hat, auch wenn sein Bestreben, zum rule maker zu werden, vorhanden ist, Weiß (2020a), S. 24 f. Indes ist aus Sicht von kontroll-orientierten Regierungen das chinesische Modell im Digitalbereich attraktiv, weil seine Herangehensweise eine Kontrolle digitaler Geschäftsmodelle und beeindruckenden ökonomischen Erfolg vereinbar erscheinen lässt; autoritäre Staaten haben einen Anreiz, sich im Bereich Digitalwirtschaft an chinesischen Standards zu orientieren, vgl. Bradford (2023), S. 392.

[28] Dazu für die EU-AntientwaldungsVerordnungO (Verordnung (EU) 2023/1115 des Europäischen Parlaments und des Rates vom 31. Mai 2023 über die Bereitstellung bestimmter Rohstoffe und Erzeugnisse, die mit Entwicklung und Waldschädigung in Verbindung stehen, auf dem Unionsmarkt und ihre Ausfuhr aus der Union sowie zur Aufhebung der Verordnung (EU) Nr. 995/2010, ABl. L 150/206) Köthke, Lippe, Elsasser (2023), S. 3, 7.

Effect bilden die Anforderungen an die Nachhaltigkeit von Palmöl. Um Vorgaben der EU zu vermeiden, versuchen indonesische Produzenten, mehr nach China und Indien zu liefern.[29] Die dafür nötigen Marktöffnungen dort (durch Zollsenkungen und Kontingentanhebungen) scheinen in Reichweite. Folglich werden die EU-Regeln für die indonesische Palmölproduktion absehbar keine Maßstabswirkung mehr entfalten.

Die Elastizität des Regelungsgegenstands, also das Maß seiner territorialen Gebundenheit, ist ein weiterer limitierender Faktor. Daher fehlt ein Brussels Effect in der Finanzmarktregulierung. Akteure auf den Finanzmärkten können sich leicht einer bestimmten nationalen Regelung entziehen. In gleicher Weise werden die neuen Regulierungsherausforderungen der Digitalisierung und grünen Transformation in den davon betroffenen Politikfeldern einen eher geringen Brussels Effect erzeugen. Die digitale Transformation geht mit nicht territorial gebundenen Erbringungswegen einer digitalen Leistung einher, sodass Unternehmen EU-Regelungen leicht vermeiden können. Hier spielt die leichte technische Teilbarkeit der Produktion eine Rolle. Beispiel ist das Unternehmen Meta, das durch eine veränderte Unternehmensorganisation dafür Sorge trug, für Teile seiner digitalen Leistungen nicht mehr der DSGVO zu unterliegen. Selbst in territorial gebundenen Bereichen wie der Agrarproduktion ist die Unteilbarkeit des Regelungsgegenstands nicht unvermeidbar. Agrarprodukte können neuen Verwendungszwecken (etwa statt Nahrungsmittel- nun Biokraftstoffproduktion) zugeführt werden, auch ist eine Segmentierung der Agrarproduktion je nach Bestimmungsland denkbar (und bereits der Fall bei der Sojaproduktion in Brasilien); schließlich können sich neue Absatzmärkte auftun, die die Marktmacht der EU schwächen.[30]

Der *de jure* Brussels Effect findet seine Grenzen dort, wo der Anreiz für die Übernahme von EU-Regeln schwindet, etwa infolge der zunehmenden internationalen Fragmentierung, nationalistischer Tendenzen, und zurückgehender internationaler Kooperation.[31] Weiterhin kann die Modellhaftigkeit von EU-Regeln abnehmen, wenn die EU in dynamischen Bereichen infolge ausbleibender Innovationskraft nicht mehr als führend wahrgenommen wird.[32] So finden EU-Regeln zur Digitalwirtschaft angesichts der als nachteilig wahrgenommenen Auswirkungen nur geringe Nachahmung.[33]

3 Zur Legitimation des Brussels Effect

Die eingangs skizzierte Kritik am Brussels Effect stellt die Frage nach seiner Legitimation, zumal mit Blick auf den Neokolonialismus-Vorwurf.

[29] Gespräch mit dem früheren Executive Director der EuroCham Indonesia am 28.2.2024 in Berlin.

[30] Vgl. Bastos Lima, Schilling-Vacaflor (2024), S. 262 f., 267 f., 272.

[31] Bradford (2020), S. 270 ff.

[32] Garcia Bercero, Nicolaïdis (2021), S. 5.

[33] Bradford (2023), S. 353 ff.

3.1 Positive Wirkungen, Deliberation, grundsätzliche Völkerrechtskonformität, Einklang mit Nachhaltigkeitszielen

Schon Anu Bradford zeigt auf, dass die Bewertung einer positiven Wirkung des Brussels Effect und ihres Überwiegens vom Standpunkt abhängt.[34] Die negativen Folgen des Brussels Effect lassen sich politökonomisch betrachtet am Verlust von Regulierungswettbewerb und Innovationsfähigkeit festmachen. EU-Standardsetzung auf vergleichsweise hohen Niveaus führt auch zu Verteilungseffekten zulasten kleiner und mittlerer Unternehmen. Die positiven Auswirkungen in Form von Effizienzgewinnen für internationale Unternehmen, Konsumentenschutz und Schutz globaler Gemeinschaftsgüter wie Klima oder Umwelt lassen sich als Outcome-Legitimation einordnen, und zwar nicht nur für die EU, sondern auch für Drittstaaten. Allerdings ist diese Sichtweise aus dem Blickwinkel von Entwicklungsländern bestreitbar. Zwar sind auch Entwicklungsländer verpflichtet, zur Realisierung von global commons beizutragen, doch verweisen sie auf die vorrangige Verantwortung der Industriestaaten gemäß dem Prinzip der Common but Differentiated Responsibilities,[35] wie es sich in Klimaschutzabkommen findet.[36]

Zur Input-Legitimation trägt die Teilhabe verschiedener Interessen am Regulierungsprozess der EU bei. Dieser Prozess wird regelmäßig von breiten Konsultationen begleitet. Auch sichert der Lobbyismus beim Europäischen Parlament aufgrund der Präsenz unterschiedlicher Interessengruppen, dass divergierende Sichtweisen in den Regulierungsprozess der EU einfließen, sodass eine ausgewogenere Balance zwischen unterschiedlichen Interessen gelingen dürfte, als sie in manchen vom Brussels Effect betroffenen Staaten infolge defizitärer Regulierungskapazitäten und einseitigem Industrielobbying hergestellt werden kann. Zur Legitimation trägt auch bei, dass die Standards der EU internationale Verpflichtungen oder unverbindliche Vereinbarungen der Staatengemeinschaft aus Nachhaltigkeitszielsetzungen, Klimaschutzinstrumenten und internationalen Menschenrechtsabkommen umsetzen.[37] Das entspricht dem verfassungsrechtlichen Auftrag an die EU-Institutionen, die Werte der EU zu wahren und zu fördern und ihnen „auch weltweit zur stärkeren Geltung [zu] verhelfen“ (Art. 3 (1), (5), Art. 21 (1) EUV), was die Förderung der nachhaltigen Entwicklung in den Entwicklungsländern mit Bezug auf Wirtschaft, Umwelt und Gesellschaft einschließt (Art. 21 (2) d) EUV). Damit ist der EU-Gesetzgebung ein sendungsbewusster Ansatz aufgegeben; er ist spätestens seit

---

[34] Bradford (2020), S. 235 ff.

[35] Bradford (2020), S. 250.

[36] Rio-Deklaration von 1992 zu Umwelt und Entwicklung; Art. 3 (1) UN-Klimarahmenkonvention (Rahmenübereinkommen der Vereinten Nationen über Klimaänderungen (UNFCCC)); Art. 2 (2) Pariser Übereinkommen zur UNFCCC.

[37] So bekennt sich die EU in Erwägungsgründen 19–21 der Antientwaldungsverordnung (vgl. Fn. 28) zu einer ehrgeizigen Umwelt- und Klimapolitik und verweist auf die „Bedeutung bestehender globaler Übereinkünfte, Verpflichtungen und Rahmen, die zur Verringerung der Entwaldung und Waldschädigung beitragen“.

Lissabon Teil der verfassungsrechtlichen Identität der EU.[38] Allerdings schreibt die EU durch ihre Regeln ihre Lesart des für die Erreichung Erforderlichen einseitig fest.

Auch der Umstand, dass die EU-Regelwerke grundsätzlich auf WTO-Konformität verpflichtet sind und diese vor der auf Panel-Ebene funktionierenden WTO-Streitbeilegung angefochten werden können, mag zur Legitimation beitragen. Die EU kann damit dem Vorwurf des im Unilateralen steckenden Protektionismus begegnen. Grundsätzlich bemüht sich die EU, aus unterschiedlichen Gründen, um WTO-Konformität; sie setzt bei festgestellten WTO-Verstößen zumeist die Anforderungen aus der WTO-Streitbeilegung um.[39] Zur „strikten Einhaltung" des Völkerrechts ist die EU aufgrund der Vorgaben aus Art. 3 (5) und Art. 21 (2) b), d) EUV verpflichtet. Auch bewegt sich die EU bei den exterritorialen Regelsetzungen im Rahmen des völkerrechtlich Zulässigen.[40] Zwar hat sich die EU einer Behebung der WTO-Verstöße beim Einfuhrverbot für hormonbehandeltes Rindfleisch und für gentechnisch veränderte Organismen[41] widersetzt, hat jedoch die Beschwerdeführer durch anderweitige Zugeständnisse besänftigt.

Dem grundsätzlichen Vorwurf, die EU schütze mit ihrer Regelsetzung infolge des Brussels Effect ihre heimische Industrie, begegnet Bradford mit dem Hinweis, es gehe der EU um Regelsetzung für den heimischen Markt und damit den Marktzugang ausländischer Produkte. Sie verfolge in der Regel Verbraucher- und Bürgerinteressen, weniger Industrieinteressen. Auch habe sie auf den *de facto* Brussels Effect keinen Einfluss.[42] Doch wird dabei verkannt, dass – wie aufgezeigt – der Brussels Effect nicht durchweg in einer autonomen Entscheidung ausländischer Industrien oder Gesetzgeber gründet; die EU nimmt durch ihre Gesetzgebungswerkzeuge, insbesondere bei quasi-exterritorialen Regeln, und durch ihre Abkommen einen bewussten Einfluss auf Standards im Exportland. Trotz negativer Folgen des Brussels Effect gibt es somit Argumentationsansätze zugunsten seiner Legitimation.

[38] Schon zuvor brachte der Vertrag von Maastricht in Art. J.1. EUV die Verbreitung von Demokratie, Rechtsstaat und Menschenrechten auf die Agenda der Gemeinsamen Außen- und Sicherheitspolitik (GASP), was durch den Vertrag von Lissabon auf das gesamte Außenhandeln der EU erstreckt wurde.

[39] Young (2021), S. 112 ff., 171 f.

[40] Während es anfangs in der WTO-Streitbeilegung durchaus diskutiert worden war, inwieweit WTO-Mitglieder Schutzgüter wie Klima-, Tier- oder Umweltschutz exterritorial verfolgen können (vgl. Weiß (2020b), S. 40 ff., 237 f.), legt die Appellate Body-Entscheidung im Robbenschutzfall nahe, dass die EU die Robben in Kanada und Grönland durchaus zum Gegenstand ihrer Standards machen kann. Appellate Body, European Communities – Measures prohibiting the importation and marketing of seal products, WT/DS400/AB/R und WT/DS401/AB/R (22. Mai 2014), Rn. 5.173; Bradford (2020), S. 246 f.

[41] Dazu Weiß, Ohler, Bungenberg (2022), Rn. 143, 146; Young (2021), S. 112 ff., 171 ff.

[42] Bradford (2020), S. 244 f.

3.2 *EU-Imperialismus softer Art?*

Für die Staaten des globalen Südens bleibt indes die mit dem Neoimperialismus-Vorwurf verbundene negative Auswirkung des Brussels Effect auf ihre Regelungssouveränität zentral. Die für den globalen Süden bedeutsamen Standardsetzungen der EU finden oft in Bereichen statt, die für seine Handelsinteressen besonders relevant sind, etwa im Agrar- oder Rohstoffbereich. Agrarprodukte können nur importiert werden, wenn u. a. durch Sorgfaltspflichten und Dokumentation sichergestellt ist, dass sie nicht auf dafür eigens gerodeten Wäldern angebaut wurden. Die Restriktionen bei gentechnisch veränderten Lebens- oder Futtermitteln in Form von Sicherheitsbewertungen[43] führten dazu, dass bis vor kurzem so gut wie keine gentechnisch veränderten Lebens- oder Futtermittel in der EU zugelassen waren. Landwirte in Afrika konnten kein gentechnisch verändertes Saatgut einsetzen, wollten sie nicht vom EU-Binnenmarkt ausgeschlossen werden.[44] Diese Art von Marktzugangsregeln führt in besonderem Maße dazu, die Produktionsbedingungen in Drittstaaten zu verändern. Noch direkter wirken menschen-, arbeitnehmer- und umweltrechtliche Verpflichtungen in den Handels-, Kooperations- oder Assoziationsabkommen der EU mit Drittstaaten. Zwar unterliegt dies formal der Zustimmung der Vertragspartner, doch handelt es sich aufgrund des Verhandlungsgewichts der EU gleichwohl um weitgehend von der EU vorgegebene Regelungsvorstellungen. Für Entwicklungsländer mit ihrer in der Regel kolonialen Vergangenheit, gerade auch im Verhältnis zu einigen Mitgliedstaaten der EU, mag diese bevormundende Art der Festlegung dessen, was für eine nachhaltige Entwicklung in diesen Ländern als erforderlich angesehen wird, schwer erträglich sein. Die Erfahrungen der AKP-Staaten mit den WPA-Abkommen der EU, die von ihnen wegen eines paternalistischen Untertons und kolonialer Verhandlungsasymmetrien, der Wiederholung kolonialer Regulierungsmuster und der fehlenden Sensibilität für die Eigengesetzlichkeiten von Entwicklung in Afrika kritisiert werden,[45] verstärken die Abwehr gegen EU-Regulierungsstandards.

Aus Sicht der Staaten des globalen Südens bleibt die sehr grundsätzliche Kritik, dass die EU als normative Macht und ihre kosmopolitischen Narrative zur Bezeichnung und Erfassung ihres Souveränitäts-/Machtmodells die koloniale Vergangenheit zentraler Mitgliedstaaten Westeuropas und die dabei überkommenen Strukturen der Herrschaftsausübung auch in und durch die EU in einer bislang vorrangig transatlantisch geprägten Weltordnung nicht ablösen, sondern fortsetzen. Bereits die Beanspruchung universeller Werte erscheint als eine westliche Zuschreibung. Sie beruht auf einer eher europäischen Wahrnehmung und Vision für die Welt.[46]

---

[43] Die VO (EG) Nr. 1829/2003 des Europäischen Parlaments und des Rates vom 22. September 2003 über genetisch veränderte Futtermittel, ABl. L 268/1 führt für Futtermittel, die aus genetisch veränderten Organismen bestehen, diese enthalten oder daraus hergestellt werden, gemeinschaftliches Zulassungsverfahren ein.

[44] Vgl. Bradford (2020), S. 247.

[45] Jones, Weinhardt (2015), S. 229 ff., 237 ff., 242 f.; Nicolaïdis (2015), S. 290.

[46] Nicolaïdis (2015), S. 291 f.

Entwicklungsländer empfinden die Verbreitung von EU-Standards oft als Wiederholung imperialistischen Verhaltens.[47] Die EU kann diesen Parallelitäten in ihrer Wahrnehmung nicht entkommen. Der Lösungsweg zu einer auch für die Entwicklungsländer akzeptablen Legitimation des Brussels Effect liegt daher in ihrer größeren Beachtung bei der EU-Standardsetzung. Gerade bei dem Erlass exterritorialer Rechtsakte sollte die EU ihren regulativen Machtüberschuss durch verstärkten Dialog, umfassende Konsultation und die Schaffung zusätzlicher Partizipationsmöglichkeiten für Länder des globalen Südens ausgleichen.[48]

4 Verfassungsrechtliche Grenzen des Brussels Effect

4.1 Maßstäbe

Das politische und verfassungsrechtliche Bekenntnis der EU zur Gleichheit der Staaten (Art. 21 (1) EUV) und zu partnerschaftlicher und in hohem Maße multilateraler Zusammenarbeit (Art. 21 (1), (2) h) EUV) gibt der EU Anlass, die Auswirkungen des Brussels Effect zu überdenken und bei der Festlegung ihrer Regulierungsstandards und der Wahl ihrer gegebenenfalls exterritorialen Regelungsmechanismen zu beachten. Verfassungsrechtlich hat der Gesetzgeber der EU auf die Vereinbarkeit der Gesetzgebung mit den verfassungsrechtlichen Vorgaben zu achten, wozu auch Ziele und Grundsätze nach Art. 3 und 21 EUV gehören.[49] Denn die EU-Institutionen werden dadurch verpflichtet, ihre Zuständigkeiten und Befugnisse auf deren fortwährende Realisierung auszurichten,[50] für die der EU ihre Zuständigkeiten übertragen wurden (Art. 5 (2) EUV). Hierzu zählt neben dem bereits angesprochenen verfassungsrechtlichen Gebot der Wahrung des Völkerrechts (Art. 3 (5), Art. 21 (1) EUV) und den sich daraus ergebenden, allerdings weiten Grenzen für exterritoriale Regelungen, die weitere Vorgabe aus Art. 21 (2) EUV, wonach die EU sich für „ein hohes Maß an Zusammenarbeit auf allen Gebieten der internationalen Beziehungen" einsetzt, um „die nachhaltige Entwicklung in Bezug auf Wirtschaft, Gesellschaft und Umwelt in den Entwicklungsländern zu fördern mit dem vorrangigen Ziel, die Armut zu beseitigen" (lit. d), „die Integration aller Länder in die Weltwirtschaft zu fördern" (lit. e), „zur Entwicklung von internationalen Maßnahmen zur Erhaltung und Verbesserung der Qualität der Umwelt und nachhaltigen Bewirtschaftung der weltweiten natürlichen Ressourcen beizutragen, um eine nachhaltige Entwicklung sicherzustellen" (lit. f) und eine „Weltordnung zu fördern, die auf einer verstärkten multilateralen Zusammenarbeit" beruht (lit. h). Diese

---

[47] Ebda, S. 297.

[48] Vorschläge dazu bei Weiß (2025).

[49] Sommermann (2013), Rn. 6 f.; Oeter (2013), Rn. 42.

[50] Kassoti, Wessel (2023), S. 19 ff.; Larik (2014), S. 938. Vgl. EuGH, Urt. v. 14.6.2016, *Atalanta*, C-263/14, Rn. 47; EuGH, Gutachten 2/15 v. 16.5.2017, *Freihandelsabkommen mit Singapur*, Rn. 140 ff.

Grundsätze und Ziele sind nicht nur für die Außen(wirtschafts)politik der EU verbindlich (siehe Art. 21 (3) S. 1 EUV, Art. 205, 207 (1) AEUV), deren Politisierung und Indienstnahme für allgemeine Zielsetzungen durch den Vertrag von Lissabon gestärkt wurde,[51] sondern auch für die übrigen, internen Politikbereiche, da sie dem breiten Kohärenzgebot nach Art. 21 (3) S. 2 EUV unterliegen. Diese weiteren Vorgaben des EU-Verfassungsrechts aus Art. 21 (2) verlangen eine grundsätzliche Kooperation mit anderen Staaten. Einseitige, nur auf EU-Interessen bedachte gesetzgeberische Anforderungen, die auch Bedeutung für die Handelsbeziehungen mit Drittstaaten haben, sind damit nicht bruchlos vereinbar, wenn sie geeignet sind, die Integration dieser Staaten in die Weltwirtschaft zu untergraben. Damit kollidieren Anforderungen, die infolge des Brussels Effect die Exportmöglichkeiten von Drittstaaten und deren Regelungssouveränität unterlaufen, weil die Staaten bisherige Produkte nicht mehr in die EU oder gar nicht mehr exportieren können. Ferner soll Nachhaltigkeit auch durch internationale Maßnahmen sichergestellt werden, die Ausdruck einer multilateralen Zusammenarbeit sind. Die Nachhaltigkeit ist als Zielvorgabe sogar mit dem „vorrangigen Ziel" der Armutsbeseitigung verbunden. Damit ist es nicht ohne weiteres vereinbar, wenn der Brussels Effect, der sich infolge von Nachhaltigkeitsanforderungen der EU einstellt, für manche Staaten zu reduzierten Handelsmöglichkeiten und damit zu weniger Beschäftigung führt.

Soweit der Brussels Effect auf autonomen Entscheidungen ausländischer Unternehmen oder auf der Übernahme von EU-Standards durch den Gesetzgeber von Drittstaaten beruht, hat der EU-Gesetzgeber darauf keinen Einfluss. Anders steht es jedoch um den Brussels Effect, der sich infolge exterritorial wirkender Gesetzgebungsinstrumente und Abkommensregeln einstellt, die – wie oben aufgezeigt – gezielt die Markt- oder Produktionsbedingungen in Drittstaaten zu beeinflussen suchen.

Demgegenüber sind bei einer verfassungsrechtlichen Bewertung des Brussels Effect diejenigen Grundsätze und Werte des EU-Rechts einzubeziehen, die es der EU gerade ermöglichen sollen, ihre Interessen an Nachhaltigkeit und autonomer Politikgestaltung wie Gesetzgebung zu verfolgen und durchzusetzen. Gemäß Art. 3 (5) EUV fördert die EU ihre Werte und Interessen in ihren Außenbeziehungen. Auch findet sich dies in Art 21 (2) EUV, konkret in seiner lit. a, wonach die Union ihre Werte und Interessen, aber auch ihre Sicherheit und Unabhängigkeit wahrt. Der Brussels Effect erlaubt der EU, ihre Interessen an Nachhaltigkeit auch gegenüber abweichenden Regelungsvorstellungen im Ausland effektiv zu vertreten. Leakage-Probleme werden etwa durch die CBAM-Verordnung dadurch eingefangen, dass auch bestimmte energieintensive Produkte aus Drittstaaten über ihre Kohlenstoffdioxid-Belastung informieren müssen, was als Grundlage für Ausgleichsmaßnahmen dient. Die EU wahrt damit ihre Unabhängigkeit insoweit, als ihre Politik zur CO2-Belastung von Produktionsprozessen im Inneren nicht durch eine weniger nachhaltigkeitsorientierte Politik anderer Staaten unterlaufen werden kann. Generell ermöglicht die Bedeutung als internationaler Standardsetter und rule maker es der EU, ihre Interessen und Werte nach außen zu verbreiten und durchzusetzen, was ihr in einer Rolle als rule taker nicht möglich wäre.

---

[51] Steinbach (2023), S. 981; Weiß (2021a), Rn. 9; Weiß (2021b), Rn. 15.

4.2 Ausgleich

Es stehen sich somit verschiedene Werte und Grundsätze aus Art. 21 (2) EUV gegenüber, die einerseits den Brussels Effect unterstützen, weil sie der EU den Einsatz von Gesetzgebungswerkzeugen, die exterritoriale Wirkungen verfolgen, im Interesse ihrer Sicherheit und Unabhängigkeit in ihrer Werte- und Interessenbestimmung erlauben. Andererseits soll die EU ihre Interessen auch auf multilaterale und kooperative Weise verfolgen, was der einseitigen Setzung von Rechtsakten durch die EU entgegenläuft, die wegen ihrer exterritorial wirksamen Mechanismen auf einen Brussels Effect abzielen. Zielkonflikte eröffnen Entscheidungsspielräume für die EU-Institutionen.[52] Es ist deren Aufgabe, die verschiedenen Ziele zuzuordnen, abzuwägen und dann Entscheidungen zu treffen. Konfligierende Ziele sind in Konkordanz zueinander zu bringende Optimierungsgebote,[53] wobei die Kohärenzverpflichtung über eine bloße Widerspruchsfreiheit auf eine „gesamthafte Schlüssigkeit" hinausweist.[54] Der Entscheidungsspielraum ist somit eingeschränkt, soweit sich divergierende Zielsetzungen und Grundsätze in Einklang bringen lassen. So könnte man erwägen, den Spielraum der EU-Institutionen zur Annahme exterritorial wirkender Gesetzgebung zu beschneiden, wenn sich die Werte auch auf einem die Souveränität anderer weniger beeinträchtigenden Wege realisieren lassen. Doch steht dieser Erwägung entgegen, dass es auch Aufgabe der EU-Institutionen ist zu beurteilen, auf welchem Weg und mit welchem Nachdruck sie die Werte realisieren und in welche Ordnung sie diese bringen. Art. 21 EUV ist nicht ohne weiteres eine Gleichrangigkeit der darin enthaltenen Grundsätze und Ziele zu entnehmen. Exterritorial wirkende Regelungen daher von vornherein wegen ihres Konfliktes mit den Interessen von Entwicklungsländern aus dem Werkzeugkasten des EU-Gesetzgebers zu entfernen, wäre damit nicht vereinbar. Jedoch ist zu fordern, dass die EU-Institutionen sich bei der Priorisierung des einen Zieles damit auseinandersetzen, was das für andere Zielsetzungen bedeutet. Anders formuliert: Die verfassungsrechtliche Zielsetzung der Kooperation mit anderen Staaten ist zumindest dahingehend umzusetzen, dass die exterritorialen Auswirkungen von unilateralen Rechtsakten zur Sicherung der EU-Interessen einzustellen sind. Dies spricht somit auch verfassungsrechtlich für ein Gebot der Berücksichtigung der betroffenen Interessen anderer Staaten bei Rechtsakten mit exterritorialer Wirkung, insbesondere mit Blick auf ihre Entwicklung und Integration in die Weltwirtschaft. Das lässt sich prozedural durch Abstimmung und Partizipation umsetzen.

[52] Larik (2014), S. 953 f. Bereits die vage Formulierung der Ziele führt zu Umsetzungsspielräumen der EU-Institutionen, Sommermann (2013), Rn. 6. Auch weist Art. 22 EUV explizit dem Europäischen Rat die Festlegung der strategischen Interessen und Ziele und damit die Konkretisierung zu.

[53] Larik (2014), S. 935, 949.

[54] Cremer (2022), Rn. 13.

Literatur

Bastos Lima, M. G., & Schilling-Vacaflor, A. (2024). Supply chain divergence challenges a 'Brussels effect' from Europe's human rights and environmental due diligence laws. *Global Policy, 15*(2), 260–275.

Bendiek, A., & Stürzer, I. (2023). The Brussels effect, European regulatory power and political capital: Evidence for mutually reinforcing internal and external dimensions of the Brussels effect from the European digital policy debate. *Digital Society, 2*(1), 5.

Bradford, A. (2012). The Brussels effect. *Northwestern University Law Review, 107*(1), 1–68.

Bradford, A. (2020). *The Brussels effect: How the European union rules the world.* Oxford University Press.

Bradford, A. (2023). *Digital empires: The global battle to regulate technology.* Oxford University Press.

Cremer, H.-J. (2022). Art. 21 EUV (Grundsätze und Ziele des auswärtigen Handelns der Union). In C. Calliess, & M. Ruffert (Hrsg.), *EUV/AEUV, Kommentar* (6. Aufl.). C. H. Beck.

Diez, T. (2004). Europe's others and the return of geopolitics. *Cambridge Review of International Affairs, 17*(2), 319–335.

Erie, M. S., & Streinz, T. (2021). The Beijing effect: China's digital silk road as transnational data governance. *New York University Journal of International Law and Politics, 54*(1), 1–92.

Garcia Bercero, I., & Nicolaïdis, K. (2021). *The power surplus: Brussels calling, legal empathy and the trade-regulation nexus.* CEPS Policy Insights.

Jones, E., & Weinhardt, C. (2015). Echoes of colonialism in the negotiation of economic partnership agreements. In K. Nicolaïdis, B. Sebe, & G. Maas (Hrsg.), *Echoes of empire: Memory, identity and colonial legacies* (S. 227–250). I.B. Tauris.

Kassoti, E., & Wessel, R. A. (2023). The normative effect of Article 3(5) TEU: Observance and development of international law by the European Union. In P. García Andrade (Hrsg.), *Interacciones entre el Derecho de la Union Europea y el Derecho Internacional Público* (S. 19–46). Tirant lo Blanch.

Kogan, L. A. (2005). *Exporting precaution: How Europe's risk-free regulatory agenda threatens American free enterprise.* Washington Legal Foundation.

Köthke, M., Lippe, M., & Elsasser, P. (2023). Comparing the former EUTR and upcoming EUDR: Some implications for private sector and authorities. *Forest Policy and Economics: A companion to Forest Ecology and Management, 157*, 103079.

Larik, J. (2014). From speciality to a constitutional sense of purpose: On the changing role of the objectives of the European Union. *The International and Comparative Law Quarterly, 63*(4), 935–962.

Manners, I. (2002). Normative power Europe: A contradiction in terms? *Journal of Common Market Studies, 40*(2), 235–258.

Manners, I. (2009). The social dimension of EU trade policies: Reflections from a normative power perspective. *European Foreign Affairs Review, 14*(5), 785–803.

Nicolaïdis, K. (2015). Southern barbarians? A post-colonial critique of EUniversalism. In K. Nicolaïdis, B. Sebe, & G. Maas (Hrsg.), *Echoes of empire: Memory, identity and colonial legacies* (S. 283–304). I.B. Tauris.

Nicolaïdis, K., & Howse, R. (2002). 'This is my Eutopia ...': Narrative as power. *Journal of Common Market Studies, 40*(4), 767–792.

Oeter, S. (2013). Article 21 TEU (The principles and objectives of the union's external action). In H.-J. Blanke, & S. Mangiameli (Hrsg.), *The Treaty on European Union (TEU): A commentary* (S. 833–874). Springer.

Park, S., & Kramarz, T. (Hrsg.). (2019). *Global environmental governance and the accountability trap.* The MIT Press.

Scott, J. (2019). The global reach of EU law. In J. Scott, & M. Cremona (Hrsg.), *EU law beyond EU borders: The extraterritorial reach of EU law* (S. 21–63). Oxford University Press.

Scott, J., & Rajamani, L. (2013). Contingent unilateralism – international aviation in the European Emissions Trading Scheme. In B. van Vooren, S. Blockmans, & J. Wouters (Hrsg.), *The EU's role in global governance: The legal dimension* (S. 209–223). Oxford University Press.
Sommermann, K.-P. (2013). Article 3 TEU (The objectives of the European Union). In H.-J. Blanke, & S. Mangiameli (Hrsg.), *The Treaty on European Union (TEU): A commentary* (S. 157–183). Springer.
Steinbach, A. (2023). The EU's turn to 'strategic autonomy': Leeway for policy action and points of conflict. *European Journal of International Law, 34*(4), 973–1006.
Weiß, W. (2020a). EU multilateral trade policy in a changing, multipolar world: The way forward. In W. Weiß, & C. Furculita (Hrsg.), *Global politics and EU trade policy: Facing the challenges to a multilateral approach* (S. 17–40). Springer.
Weiß, W. (2020b). *WTO law and domestic regulation. Exploring the determinants for the impact of the WTO on domestic regulatory autonomy*. C. H. Beck/Hart/Nomos.
Weiß, W. (2021a). Art. 207 AEUV. In E. Grabitz, M. Hilf, & M. Nettesheim (Hrsg.), *Das Recht der Europäischen Union* (72. Aufl.). C. H. Beck.
Weiß, W. (2021b). Art. 206 AEUV. In E. Grabitz, M. Hilf, M. Nettesheim, et al. (Hrsg.), *Das Recht der Europäischen Union* (72. Aufl.). Kommentar, C. H. Beck. 72. Ergänzungslieferung.
Weiß, W. (2025). Europäische Standardsetzung und globaler Süden. *Europarecht, 60.*
Weiß, W., Ohler, C., & Bungenberg, M. (2022). *Welthandelsrecht*. C. H. Beck.
Young, A. R. (2021). *Supplying compliance with trade rules. Explaining the EU's responses to adverse WTO rules*. Oxford University Press.
Zielonka, J. (2006). *Europe as empire: The nature of the enlarged European Union*. Oxford University Press.

Über Verfassungsziele

Hartmut Bauer

1 Staatsziele und Verfassungsziele – eine erste Annäherung

Wer sich mit Staatszielen und Staatszielbestimmungen beschäftigt, kommt an *Karl-Peter Sommermann* nicht vorbei. Mit seiner gleichnamigen Habilitationsschrift[1] hat der Jubilar nämlich kurz vor der Jahrtausendwende *das* Standardwerk zu diesem Thema veröffentlicht. Das Buch ist bis heute allererste Adresse und herausragende Referenz geblieben. Aus gutem Grund. Denn es vermisst in einer weit ausholenden Zeit- und Weltreise seinen Gegenstand in der Mehr-Ebenen-Ordnung, grenzt ihn gegen verwandte Phänomene ab, analysiert politische und normative Dimensionen in den jeweiligen Strömungen der Zeit, präsentiert eine Staatszieltheorie des modernen Verfassungsstaats und verfolgt die Staatszielbestimmungen bis hin zu Implementationen durch den Gesetzgeber, zu gerichtlicher Kontrolle und zu außergerichtlichen Durchsetzungsmechanismen.

Der Beitrag wurde Ende August 2024 abgeschlossen. Die knappe Argumentation und die zurückhaltende Dokumentation sind Limitierungsvorgaben für den Umfang der Beiträge geschuldet.

Hartmut Bauer, Professor, Dr. iur., Dr. iur. habil., war von 1992 bis 2004 Ordinarius für Öffentliches Recht, insbes. Staatsrecht, Umwelt- und Wirtschaftsrecht an der Universität Dresden. Von 2004 bis 2020 war er Ordinarius für Europäisches und Deutsches Verfassungs- und Verwaltungsrecht, Sozialrecht und Öffentliches Wirtschaftsrecht an der Universität Potsdam. Zu seinen Arbeitsgebieten zählen unter anderem Rechtsverhältnistheorie und -lehre, Verfassungs- und Verwaltungsgeschichte, Verfassungs- und Verwaltungsrecht, Öffentliches Wirtschafts- und Sozialrecht sowie die Verwaltungswissenschaften.

[1] Sommermann (1997).

H. Bauer (✉)
Potsdam, Deutschland
E-Mail: hbauer@uni-potsdam.de

C. Fraenkel-Haeberle, B. Peters (Hrsg.), *Öffentliches Recht in transnationaler Perspektive*, https://doi.org/10.1007/978-3-662-72331-9_25

Von Verfassungszielen ist in dem Werk dagegen, soweit ersichtlich, nicht die Rede.[2] Das entspricht einem traditionellen Zugriff, der sich dem hier interessierenden Gegenstand vom Staat her nähert und auf den Pfaden der Lehren von den Staatszwecken und Staatsaufgaben am Ende auf Staatsziele konzentriert.[3] Dies alles ist für den Verfassungsstaat wichtig und wohlbegründet sowohl im Grundsätzlichen als auch im Detail fester Bestandteil des Staatsrechts der Bundesrepublik Deutschland.[4] Doch schließt der Fokus „Staatsziele" Abrundungen, Ergänzungen und Fortentwicklungen nicht aus.

Eine aussichtsreiche Kandidatin für derartige Perspektivenerweiterungen ist die Kategorie „Verfassungsziel". Verfassungsziele sind keine begriffliche Neuschöpfung[5] und im politischen Diskurs bereits seit geraumer Zeit eingeführt.[6] Allerdings bleibt dort die Abstimmung mit konventionellen anderen Begriffen wie „Staatszielbestimmungen" und „Verfassungsaufträgen" unsicher. Im nationalen Bezugsrahmen wirkt das „Verfassungsziel" als rechtliche Kategorie in aller Regel inhaltlich blass und eher konturenarm. Ungeachtet solcher Ungewissheiten lassen sich in einer ersten Annäherung im unmittelbaren Vergleich mit Staatszielen aber zumindest zwei Charakteristika der Verfassungsziele festhalten, nämlich *zum einen* die

[2] Jedenfalls spielen Verfassungsziele darin keine besonders exponierte Rolle. Das umfangreiche Sachverzeichnis in Sommermann (1997), S. 572 ff., enthält keinen Eintrag zum Stichwort „Verfassungsziel[e]", und auch im Inhaltsverzeichnis (ebd., S. IX ff.) findet sich der Begriff nicht. Der Ausgangsbefund entspricht Befunden in Stichwortverzeichnissen anderer Werke; vgl. etwa Reimer (2001); Stern et al. (2022); Isensee, Kirchhof (2015), S. 1406, wo sich (anders als bei den umfangreichen mehrspaltigen Nachweisen zum Stichwort „Staatsziel" [ebd., S. 1269 ff.]) zum Stichwort „Verfassungsziel" lediglich vier knappe Hinweise auf Bestand und Funktionstüchtigkeit des Staates, Menschenrechte, die Selbstbehauptung des Staates und die Wiedervereinigung finden – die sich aber allesamt nicht mit dem „Verfassungsziel" als (möglichem) Normtyp oder Grundbegriff bzw. selbstständiger Kategorie beschäftigen und das Verfassungsziel überdies teilweise gleichsinnig mit „Staatszielbestimmung" und „Verfassungsauftrag" verwenden.

[3] Für die weitere Diskussion grundlegend Bundesminister des Innern, Bundesminister der Justiz (1983); zum konventionellen Zugriff etwa Bull (1977); Merten (1993), S. 369; m. ergänzenden Hinw. auf uneinheitlichen Sprachgebrauch Isensee (2006), § 73 Rn. 1 ff., 6 ff., 12 ff.; aus jüngerer Zeit Schwarz (2022), § 20 Rn. 4 ff., 13 f.

[4] Vgl. für einen ersten Überblick die Beiträge in Stern et al. (2022), Bd. I, §§ 20 ff.

[5] Begrifflich sind „Verfassungsziele" vor allem im Unionsrecht verbreitet. Dort dienen sie zur Erfassung von Unionszielen und Unionszielbestimmungen (wie Art. 3 EUV), die in gewisser Weise mit „Staatszielen" verwandt sind, sich aber schon mangels „Staatsqualität" der Union nicht exklusiv auf „Staaten" beziehen können, mögen die Verfassungsziele etwa über Art. 4 Abs. 3 EUV in gewissem Umfang auch die Mitgliedstaaten verpflichten. Instruktive Übersicht zu Verfassungs(vertrags)zielen der Union bei Müller-Graff (2019); knapper Überblick bei Ruffert (2022), Rn. 1 ff. Auch im nationalen Recht sind „Verfassungsziele" immer wieder anzutreffen, allerdings oftmals ohne nähere Erläuterung gleichsam als Synonym zu „Staatszielen" und in aller Regel ohne typologisch ansetzenden Zugriff. Zur Einstellung in einen europäischen Verfassungsverbund vgl. Schwind (2008), S. 445 ff.

[6] Vgl. zur freilich nur eher beiläufigen Verwendung mit unsicherer Abgrenzung von anderen Kategorien aus dem Schrifttum die Nachw. in Fn. 2 und zur Verwendung des Begriffs „Verfassungsziel" im politischen Diskurs am Beispiel der Inneren Einheit: Jahresbericht der Bundesregierung zum Stand der Deutschen Einheit 2017, BT-Drs. 18/13520 (7. September 2017), S. 16 („Verfassungsziel der Herstellung gleichwertiger Lebensverhältnisse in ganz Deutschland").

Entfernung von der terminologischen Beschränkung auf den Staat[7] und *zum anderen* die damit einhergehende oder jedenfalls mögliche inhaltliche Öffnung für einen deutlich erweiterten oder anderen Adressatenkreis.[8] Dabei handelt es sich freilich vorerst noch um sehr allgemein formulierte Aspekte eines Desiderats, die zunächst anhand ausgewählter Beispiele zu konkretisieren (2) und anschließend auf Grundlage dieser exemplarischen Verdeutlichung ebenen- und segmentübergreifend in den Blick zu nehmen sind (3).

2 Drei Beispiele

Verfassungsziele, die begrifflich nicht auf den Staat beschränkt sind und sich inhaltlich an einen größeren Kreis von Verpflichteten richten, sind im rechtsvergleichenden ebenenübergreifenden Verfassungsdiskurs in unterschiedlichen Ausgestaltungen und teilweise auch in Normtexten anzutreffen.[9] Das gilt zumal für Unionsziele und Unionszielbestimmungen, die sich schon im gedanklichen Ansatz nicht exklusiv auf Staaten beziehen können.[10] Indes finden sich solche Ziele in Deutschland auch im nationalen Rechtsdenken. Als Belege müssen an dieser Stelle drei Entwicklungsfelder genügen: Umweltschutz, Fremdenfreundlichkeit und Innere Einheit.

2.1 Umweltschutz

Der Schutz der natürlichen Lebensgrundlagen ist im Grundgesetz zwar als Staatsziel ausgestaltet, erweist sich im Entstehungsprozess und im intraföderativen Rechtsvergleich aber als wesentlich facettenreicheres Phänomen mit klaren Hinweisen auf ein weitergehendes Verfassungsziel.

---

[7] Staatsziele und „Staatszielbestimmungen [binden] *per definitionem* den Staat", Sommermann (1997), S. 464; näher zu den unmittelbaren Ziel- bzw. Verpflichtungsadressaten von Staatszielbestimmungen („grundsätzlich alle Staatsorgane") m. ergänzenden Hinw. auf gewisse Besonderheiten in auswärtigen und Unionsangelegenheiten ebd., S. 383 ff.

[8] In diese Richtung weist Art. 41 Bundesverfassung der Schweizerischen Eidgenossenschaft (1999) über „Sozialziele", für deren Verwirklichung sich „Bund und Kantone […] in Ergänzung zu persönlicher Verantwortung und privater Initiative" einsetzen. In deutscher Terminologie handelt es sich bei den „Sozialzielen" im Wesentlichen um soziale (Staats-)Ziele (wie soziale Sicherheit, Gesundheitspflege, Schutz und Förderung von Familien, Bestreitung des Lebensunterhalts durch Arbeit, Gewährleistung angemessener Wohnung und Bildungsmöglichkeiten, soziale, kulturelle und politische Integration von Kindern und Jugendlichen), die Bund und Kantone aber gleichsam nachrangig („in Ergänzung") zu privater Aktivität verfolgen. Den rechtsvergleichenden Hinweis auf die Schweiz verdanke ich einem viele Jahre zurückliegenden Gedankenaustausch mit *Karl-Peter Sommermann*.

[9] Siehe zu Überlegungen zur Einbeziehung der gesellschaftlichen Ebene durch „Sozialisierung der Staatszielverwirklichung" Sommermann (1997), S. 462 ff., sowie speziell zu Gemeinschafts- bzw. Unionszielen und zu supranationalen Überlagerungen von Staatszielen ebd., S. 280 ff.

[10] Fn. 5.

2.1.1 Umweltschutz im Grundgesetz

Auf der Ebene der Bundesverfassung ist der Umweltschutz seit 1994 in Art. 20a GG geregelt. Art. 20a GG vorausgegangen ist ein sich über viele Jahre erstreckender politischer Abstimmungsprozess, in dem nicht so sehr die prinzipielle Verankerung des Umweltschutzes in der Verfassung, sondern vornehmlich die konkrete Formulierung, der Standort und die inhaltliche Ausformung umstritten waren.[11] Aus der Vorgeschichte sind Vorstöße und Bestrebungen bekannt, die den Schutz von Natur und Umwelt neben dem Staat auch „jedermann“ anvertrauen wollten, mit „Umweltpflichtigkeiten“ Privater operierten, den Umweltschutz teilweise mit Grundrechten und Grundpflichten verkoppelten usw.[12] Dazu ist es bei der Aufnahme des Umweltschutzes in das Grundgesetz am Ende nicht gekommen. Nach Art. 20a GG schützt der „Staat“ die natürlichen Lebensgrundlagen. Ausweislich des Wortlauts, der Entstehungsgeschichte und der in den Materialien mitgeteilten Regelungsintentionen[13] ist der Umweltschutz im Grundgesetz daher als Staatsziel ausgestaltet.

2.1.2 Umweltschutz im intraföderativen Verfassungsvergleich

Ein teilweise anderes Erscheinungsbild zeigt der Umweltschutz im internationalen[14] und im intraföderalen[15] Rechtsvergleich. Deutsche Landesverfassungen heben bei den Adressaten der natur- und umweltschutzrechtlichen Pflichten mitunter schon auf der „staatlichen Seite“ differenzierend neben dem jeweiligen „Land“, dem „Staat“ bzw. dem „Freistaat“ und der „staatlichen Gemeinschaft“ ausdrücklich Kommunen und andere Träger öffentlicher Verwaltung hervor; vor allem aber beziehen sie in den Kreis der Verpflichteten „alle Menschen“, „Eigentümerinnen und Eigentümer und Betreiberinnen und Betreiber von Anlagen“, „jeden Einzelnen“, „alle im Land“ sowie „Bewohner“ ein.[16] Zwei aufschlussreiche Beispiele bieten Bayern und Brandenburg:

[11] Ein knapper Überblick zur Entwicklungsgeschichte im Vorfeld der Arbeit der Gemeinsamen Verfassungskommission findet sich im Bericht der Gemeinsamen Verfassungskommission, BT-Drs. 12/6000 (5. November 1993), S. 65.

[12] Frühe, den Rechtsvergleich einbeziehende Zusammenstellung im Bericht der Sachverständigenkommission, Bundesminister des Inneren, Bundesminister der Justiz (1983), Rn. 130 ff.

[13] Bericht der Gemeinsamen Verfassungskommission, BT-Drs. 12/6000 (5. November 1993), S. 65 ff. m. Hinw. auf die in vielerlei Hinsicht kompromisshafte Schlussfassung.

[14] Vgl. zu den hier nicht weiterverfolgten Regelungen im ausländischen Verfassungsrecht den Überblick bei Schulze-Fielitz (2015), Rn. 19, und exemplarisch für verfassungsrechtliche Umweltpflichtigkeiten Privater im unionsinternen Rechtsvergleich § 53 Satz 1 Verfassung der Republik Estland („Jeder ist verpflichtet, Lebensraum und Umwelt zu schützen und den Schaden zu ersetzen, den er der Umwelt zugefügt hat.“), sowie Art. 44 Abs. 2 Verfassung der Slowakischen Republik („Jeder ist verpflichtet, die Umwelt [...] zu schützen [...].“).

[15] Knapper Überblick bei Schulze-Fielitz (2015), Rn. 20 f. m. Hinw. auch auf hier nicht aufzugreifende Staatszielbestimmungen.

[16] Vgl. zu den einzelnen Varianten Art. 141 Abs. 1 Verfassung des Freistaates Bayern; Art. 39 Abs. 1

Nach der bayerischen Verfassung[17] ist der „Schutz der natürlichen Lebensgrundlagen [...] der besonderen Fürsorge jedes einzelnen und der staatlichen Gemeinschaft anvertraut"; mit „Naturgütern ist schonend und sparsam umzugehen", und näher spezifizierte Umweltschutzmaßnahmen gehören „auch zu den vorrangigen Aufgaben von Staat, Gemeinden und Körperschaften des öffentlichen Rechts". Konsequent ist daher sogar das dort jedermann eingeräumte Recht auf Genuss der Naturschönheiten und Erholung in der freien Natur mit der Verpflichtung verknüpft, „mit Natur und Landschaft pfleglich umzugehen".

Ganz ähnlich macht die brandenburgische Verfassung[18] den Schutz von Natur und Umwelt „als Grundlage gegenwärtigen und künftigen Lebens" zur „Pflicht des Landes und aller Menschen". Konkretisierungen sind unter anderem die Inpflichtnahme von Land, Kommunen und sonstigen Körperschaften des öffentlichen Rechts für die Bewahrung der Umwelt vor Schäden oder Belastungen sowie für Vorkehrungen zur Beseitigung oder zum Ausgleich von Umweltschäden, ferner Umweltverträglichkeitsanforderungen an öffentliche und private Vorhaben, auf Umweltbelastungen bezogene Dokumentations- und Offenbarungspflichten von Land, Kommunen sowie Anlageneigentümern und -betreibern, außerdem und nicht zuletzt flankierende Verfahrensbeteiligungs- und Klagerechte von Umweltverbänden.

2.1.3 Konstanten und Varianten pluralistischer Umweltschutzklauseln

In der Gesamtbetrachtung der hier interessierenden Landesverfassungen[19] ist der Sprachgebrauch uneinheitlich. Durchgängige Konstante ist jedoch die Pluralisierung der verpflichteten Rechtssubjekte. Das betrifft teilweise bereits den „Staat", der in den Normtexten überwiegend nicht als diffus-unpräziser Sammelbegriff verwendet wird. Vielmehr ist insoweit sehr viel konkreter und präziser von „Land", „Gemeinden", „Gemeindeverbänden", „sonstigen Körperschaften des öffentlichen Rechts", „anderen Trägern der öffentlichen Verwaltung" etc. die Rede. Die begriffliche Klarstellung führt den normativ adressierten Rechtsubjekten ihre Verpflichtung konkret vor Augen und tendiert zugleich zu einer umfassenden Bindung der öffentlichen Hand des jeweiligen Landes.

Noch weitaus bemerkenswerter und spannender ist die in Formulierungen wie „jeder Einzelne", „alle Menschen", „alle im Land" und „Bewohner" des Landes

und 7 Verfassung des Landes Brandenburg; Art. 12 Verfassung des Landes Mecklenburg-Vorpommern; Art. 69 Abs. 1 Verfassung für Rheinland-Pfalz; Art. 59a Verfassung des Saarlandes; Art. 10 Abs. 1 Verfassung des Freistaates Sachsen; Art. 35 Abs. 1 und 2 Verfassung des Landes Sachsen-Anhalt; Art. 31 Abs. 1 und 2 Verfassung des Freistaates Thüringen.

[17] Art. 141 Abs. 1 und 3 BayVerf.

[18] Siehe zu den hier nur stichwortartig angesprochenen Einzelaspekten Art. 39 Abs. 1, 5, 7 und 8 BbgVerf. sowie ergänzend zum Recht jeder Person auf Schutz vor Verletzungen und Gefährdungen, die aus Veränderungen der natürlichen Lebensgrundlagen entstehen, ebd., Abs. 2.

[19] Gemeint sind hier und im Folgenden die in Fn. 16 aufgeführten Landesverfassungen, soweit nichts anderes vermerkt ist.

zum Ausdruck kommende Verpflichtung Privater. Sie unterstreicht den Schutz der natürlichen Lebensgrundlagen als über die öffentlichen Hand hinausweisende (auch) gesamtgesellschaftliche Angelegenheit. Dies verdeutlicht, dass Umweltschutz alle angeht, und nimmt dementsprechend auch jeden Einzelnen in Pflicht. Danach ist der Schutz der Umwelt jedenfalls nicht allein Staatsaufgabe, wegen des erweiterten Adressatenkreises nicht exklusiv auf den „Staat“ bezogen und daher Gegenstand zumindest nicht nur einer Staatszielbestimmung. Als umfassendere Bezugsgröße zeichnet sich in den Formulierungen das Gemeinwesen ab, das Staat und Gesellschaft begrifflich unter einem gemeinsamen Dach zusammenführt und dabei auch den Graubereich vor-, zwischen- und nachgelagerter Akteure, in Sonderheit den Dritten Sektor einbezieht.

Wie der Sprachgebrauch ist auch die systematische Stellung der Umweltschutzbestimmungen in den Verfassungstexten uneinheitlich. Mitunter sind sie in Hauptteile über das „Gemeinschaftsleben“[20] eingestellt, andernorts in Hauptteile über „Grundrechte und Staatsziele“,[21] über „Grundrechte und Grundpflichten“,[22] über die „Grundlagen des Staates“,[23] über „Staatsziele“[24] oder über „Grundrechte, Staatsziele und Ordnung des Gemeinschaftslebens“.[25] Die unsichere systematische Einordnung lässt erkennen, dass nach den Verfassungstexten jedenfalls die ausschließliche Zuordnung des Umweltschutzes zu der Kategorie des schon begrifflich auf den „Staat“ beschränkten[26] Staatsziels prekär ist. Obschon die Landesverfassungen mit keiner einheitlichen terminologischen Alternative arbeiten, gehen sie überwiegend mit noch eher tastendem Begriffsarsenal über schlichte Staatszielvorstellungen hinaus. Nach den Textanalysen sprechen sie von Direktiven für das „Gemeinschaftsleben“, Regelungen über die „Grundlagen des Staates“ und die „Ordnung des Gemeinschaftslebens“ sowie „Grundpflichten“. Das trägt dem Anliegen einer nicht allein auf den „Staat“ bezogenen Bindungswirkung Rechnung, lässt aber noch viele Fragen offen.

Zu den offenen Fragen gehört auch die Ausgestaltung der Bindung Privater an das Ziel, die Aufgabe oder die Pflicht zum Umweltschutz. Sie ist teilweise sehr allgemein gehalten, wenn etwa der Umweltschutz der „besonderen Fürsorge [auch]

---

[20] So der Dritte Hauptteil der bayerischen Verfassung, wo der Schutz der natürlichen Lebensgrundlagen zusätzlich in Art. 3 Abs. 2 im Ersten Hauptteil über „Aufbau und Aufgaben des Staates“ erwähnt ist.

[21] So der 2. Hauptteil der brandenburgischen Verfassung.

[22] So der Erste Hauptteil der rheinland-pfälzischen Verfassung und der I. Hauptteil der saarländischen Verfassung.

[23] So der 1. Abschnitt der sächsischen Verfassung.

[24] So der in den Zweiten Hauptteil „Bürger und Staat“ eingestellte Dritte Abschnitt der sachsen-anhaltinischen Verfassung; ähnlich verhält es sich in Mecklenburg-Vorpommern (1. Abschnitt Grundlagen III. Staatsziele).

[25] So die nach diesen Kategorien später nicht weiter untergliederte Überschrift des Ersten Teils der thüringischen Verfassung.

[26] Fn. 7.

jedes einzelnen [...] anvertraut",[27] generell zur „Pflicht [...] aller Menschen"[28] erklärt oder schlicht als „Verpflichtung aller im Land"[29] bzw. „Aufgabe" der Bewohner[30] formuliert ist. Vereinzelt erscheint die Umweltschutzverpflichtung Privater gleichsam als Annex zur Staatszielbestimmung, wenn „Jeder gehalten [ist], zur Verwirklichung" der für die öffentliche Hand ausformulierten Ziele des Umweltschutzes „beizutragen",[31] und zwar bisweilen unter abstufender Hervorhebung von einzelnen Wirtschaftszweigen wie Land-, Forst- und Gewässerwirtschaft. Bei dieser Regelungstechnik wirken inhaltliche Konkretisierungen der Verpflichtungen öffentlicher („staatlicher") Rechtssubjekte (wie sparsamer Umgang mit Naturgütern und Rohstoffen, Landschaftspflege, Gewährleistung eines freien Zugangs zu Naturschönheiten, Abfallvermeidung etc.)[32] auf die Verpflichtung Privater zurück. Mitunter sind in Verfassungstexten die Verpflichtungen Privater auch näher spezifiziert namentlich durch Vorgaben für die Nutzung von Boden, Luft und Wasser (Gemeinwohlverträglichkeit, Generationengerechtigkeit, Sparsamkeit, Wiederverwendbarkeit)[33] bis hin zu Nachweis-, Erhebungs-, Dokumentations- und Offenbarungspflichten zu umweltrelevanten Daten.[34]

Bei allem Variantenreichtum lassen sich in der Textanalyse tendenziell übergreifende Gemeinsamkeiten ausmachen. Dazu gehören neben der einheitlichen Verankerung in der Verfassung die Pluralisierung der adressierten Rechtssubjekte insbesondere durch Einbeziehung Privater, die konsequent über die Kategorie bloßer Staatsziele hinausgehende systematische Einordnung des Umweltschutzes sowie eine detailliertere Aufschlüsselung umweltverfassungsrechtlicher Direktiven und Pflichten. Perspektivisch zeichnet sich in alledem eine verfassungsrechtliche Blickerweiterung auf das „Staat" und „Gesellschaft" umfassende Gemeinwesen ab, die bewusst macht, dass der Schutz der natürlichen Lebensgrundlagen nicht nur staatliche, sondern zugleich private Angelegenheit ist und als öffentliche Angelegenheit alle angeht – danach sind alle Rechtssubjekte zum Umweltschutz angehalten und verpflichtet.

2.2 Fremdenfreundlichkeit

Ein Grundsatz der Fremdenfreundlichkeit ist im Grundgesetz zwar nicht ausdrücklich geregelt. Fremdenfreundlichkeit ist aber in einer ganzen Reihe von einzelnen Verfassungsbestimmungen angelegt – so besonders markant in Verboten der Diskri-

[27] Art. 141 Abs. 1 Satz 1 BayVerf.; Art. 59a SaarlVerf.

[28] Art. 39 Abs. 1 BbgVerf.; Art. 69 Abs. 1 RhPfVerf.

[29] Art. 10 Abs. 1 Satz 1 SächsVerf.

[30] Art. 31 Abs. 1 ThürVerf. („Aufgabe des Freistaates und seiner Bewohner").

[31] Art. 12 Abs. 3 M-VVerf.; ähnlich Art. 35 Abs. 2 S-AVerf.

[32] Vgl. Art. 12 Abs. 1 und 2 M-VVerf.; ähnlich Art. 35 Abs. 1 S-AVerf.

[33] Vgl. Art. 69 Abs. 2 und 3 RhPfVerf.

[34] Denen Informationsansprüche (auch) anderer Privater korrespondieren können; vgl. Art. 39 Abs. 5 Satz 2 und Abs. 7 Sätze 2 und 3 BbgVerf.

minierung etwa wegen der Abstammung, der Rasse, der Heimat und der Herkunft (Art. 3 Abs. 3 Satz 1 GG), daneben auch in anderen Vorschriften[35] und namentlich in der Gewährung von sogenannten Jedermann-Grundrechten auch an Ausländer.[36]

Größere politische Aufmerksamkeit hat das Thema in jüngerer Zeit durch Vorstöße zur Streichung bzw. Ersetzung des Begriffs „Rasse" im Grundgesetz und in den Landesverfassungen erlangt.[37] Die Antirassismus-Debatten sind hier nicht in der ganzen Breite aufzunehmen. Stattdessen stehen landesverfassungsrechtliche Regelungen im Vordergrund, die im Zuge von Antirassismus-Novellen besondere Akzente gegen Fremdenfeindlichkeit oder – positiv gewendet – für Fremdenfreundlichkeit setzen. Ein frühes Beispiel findet sich in Brandenburg.[38]

Nach der brandenburgischen Antirassismus-Klausel schützt das Land „das friedliche Zusammenleben der Bürger und tritt der Verbreitung [...] fremdenfeindlichen Gedankenguts entgegen."[39] Die Klausel sollte ursprünglich in den mit „Grundlagen" überschriebenen ersten Hauptteil der Verfassung eingestellt werden. Der systematische Standort in den „Grundlagen" und in dem „Grundsätze der Verfassung" regelnden Artikel 2 war ausweislich der Gesetzesmaterialien bewusst gewählt. „In der konkreten Ausgestaltung handelt es sich [...] um einen Verfassungsgrundsatz, der Leitprinzipien für die Wahrnehmung von Aufgaben des Landes und die Grundordnung des Gemeinwesens festlegt. Damit verbinden sich mehrere Funktionen, die Elemente von Staatszielen, Staatsaufgaben und Schutzpflichten, verfassungsrechtlichen Ordnungsideen, Leitbildern und Ordnungsmaximen aufnehmen: Der Verfassungsgrundsatz verpflichtet zunächst das Land [...]". Er gibt aber „auch ein klares verfassungsrechtliches Signal für die Bevölkerung und sensibilisiert sie normativ für die von Rassismus und Fremdenfeindlichkeit ausgehenden Gefahren. Die

---

[35] Dazu gehört auch die verfassungsrechtliche Sonderstellung von Unionsbürgern, sei es aufgrund (unionsrechtskonformer) Verfassungsinterpretation (näher dazu Bauer (2001), S. 14 ff.; aus der Rechtsprechung die Nachw. in Fn. 36 und zu juristischen Personen aus anderen Mitgliedstaaten z. B. BVerfG, Beschl. v. 19.7.2011, BVerfGE 129, 78, S. 91 f., 94 ff.), sei es aufgrund expliziter Regelungen, die bis hin zum kommunalen Ausländerwahlrecht (Art. 28 Abs. 1 Satz 3 GG) reichen.

[36] Mit hierher gehört auch der überwiegend anerkannte Grundrechtsschutz von Ausländern im Schutzbereich von sog. Deutschen-Grundrechten durch Art. 2 Abs. 1 GG; dazu BVerfG, Beschl. v. 18.7.1973, BVerfGE 35, 382, S. 399; BVerfG, Beschl. v. 10.5.1988, BVerfGE 78, 179, S. 196 f.

[37] Zur Diskussion auf der Bundesebene etwa Cremer (2010); Kutting, Amin (2020), S. 612 ff.; Kischel (2020), S. 227 ff. m.w.N.; das Thema ist auch im (rot-grün-gelben) Koalitionsvertrag 2021–2025, https://www.spd.de/fileadmin/Dokumente/Koalitionsvertrag/Koalitionsvertrag_2021-2025.pdf, zuletzt abgerufen am 8.8.2024, S. 95 f. aufgegriffen.

[38] Der brandenburgischen Regelung zeitlich vorausgegangen ist ein durch Gesetz vom 3.12.2007 (GOVBl S. 371) in die Landesverfassung von Mecklenburg-Vorpommern eingefügter Art. 18a (sog. „Antifa-Artikel"), der neben anderem eine Verbotsnorm für „das friedliche Zusammenleben [...] der Bürger" störendes Verhalten auch Privater enthält und damit den gesellschaftlichen Bereich einbezieht, allerdings wegen fehlender Bestimmtheit zumindest verfassungsrechtlich prekär ist; näher dazu Landtag Mecklenburg-Vorpommern (2008); Erbguth (2008), S. 440 ff.; Bauer, Abromeit (2015), S. 7, 8 ff. m.w.N.

[39] Die ursprünglich zur Einstellung in Art. 2 Abs. 1 Verfassung des Landes Brandenburg vorgesehene Regelung (LT-Drs. 5/7321 (22. Mai 2013), S. 3) ist am Ende durch Gesetz vom 5.12.2013 (GVBl Nr. 42 (9. Dezember 2013), S. 1) mit unveränderter Formulierung als Art. 7a in die Verfassung aufgenommen worden.

Klausel verdeutlicht, dass rassistisches und fremdenfeindliches Gedankengut das gesamte Gemeinwesen bedroht und deshalb alle angeht. Sie setzt auf eine Verfassungskultur bürgerschaftlicher Betroffenheit, Solidarität und Aktivität. Daher sind auch die Menschen im Land Brandenburg aufgerufen, der Verbreitung rassistischen und fremdenfeindlichen Gedankenguts entschieden entgegenzutreten. Damit fördert der neue Verfassungsgrundsatz gesellschaftliches Engagement, er unterstützt die Bildung von Netzwerken gegen Rassismus und Fremdenfeindlichkeit und trägt so insgesamt zur Festigung der freiheitlich verfassten Grundordnung in der wehrhaften Demokratie bei."[40]

Während des Rechtsetzungsprozesses wurde der Standort der Antirassismus-Klausel zwar vom ersten Hauptteil der Verfassung in den zweiten Hauptteil über „Grundrechte und Staatsziele" verschoben, um die Zustimmung der bis dahin noch zögernden CDU-Fraktion zu der am Ende von allen Fraktionen getragenen Verfassungsänderung zu erlangen.[41] Doch ändert der Stellungswechsel in der Systematik nichts an der über ein reines Staatsziel hinausweisenden Bedeutung des lediglich in der Nummerierung angepassten, in Wortlaut und Telos aber unverändert fortgeführten neuen Art. 7a der Verfassung. Inhaltlich bleibt die Norm auf die rechtliche Grundordnung des Gemeinwesens[42] bezogen. Sie beschränkt sich daher nicht auf eine Ordnung staatlichen Lebens, sondern erfasst auch die Grundlagen der Ordnung nicht-staatlichen Lebens wie das Wirken sozialer Gruppen und Netzwerke. Fremdenfreundlichkeit ist danach zu einem gemeinsamen Ziel „staatlicher" und „privater" Rechtsträger verdichtet.

2.3 Innere Einheit

Nach der Wiedervereinigung stand in der Gemeinsamen Verfassungskommission die Aufnahme eines Staatsziels „Innere Einheit" in die Präambel des Grundgesetzes zur Diskussion.[43] Wegen krasser Fehleinschätzung des für die Vollendung der Inneren Einheit erforderlichen Zeitraums scheiterte das Staatsziel in der Kommission jedoch knapp an der für einen entsprechenden Vorschlag an die gesetzgebenden Körperschaften erforderlichen Zweitdrittelmehrheit.[44] Seither ist es zunehmend aus dem staatsrechtlichen Blickfeld verschwunden, wenn auch nie völlig

[40] Brandenburg, LT-Drs. 5/7321 (22. Mai 2013), Begründung, S. 2.

[41] Dazu und zum Folgenden Bauer, Abromeit (2015), S. 10 f.

[42] Dazu klassisch Hesse (1995), S. 10 f.

[43] Bericht der Gemeinsamen Verfassungskommission, BT-Drs. 12/6000 (5. November 1993), S. 108 ff. Obschon die Kommission die Innere Einheit als „Staatsziel" thematisierte, lassen der dafür vorgesehene Standort in der Präambel, das „Deutsche Volk" als Bezugspunkt und die vorgeschlagene Formulierung ein umfassenderes Verständnis als Verfassungsziel zu.

[44] Die Gegner gingen davon aus, dass das Ziel „in mittelfristiger Zeit erreicht werde" und hielten deshalb eine Verankerung im Grundgesetz für „wenig sinnvoll"; dazu und zum Abstimmungsergebnis Bericht der Gemeinsamen Verfassungskommission, BT-Drs. 12/6000 (5. November 1993), S. 109, 110.

in Vergessenheit geraten.[45] In den letzten Jahren haben allerdings das in West- und Ostdeutschland auseinanderdriftende Wählerverhalten, fortwährende wirtschaftliche Disparitäten, personelle Disparitäten in Führungspositionen, Disparitäten in den politischen Landschaften und manch anderes mehr wieder für Spannungen zwischen Ost und West sensibilisiert.[46] Der Befund rückt auch das Verfassungsreformprojekt „Innere Einheit" wieder auf die Agenda, zumal das Grundgesetz im europäischen Verfassungsverbund insoweit einen gewissen Nachholbedarf hat[47] und innerer (gesellschaftlicher) Zusammenhalt[48] auch noch aus ganz anderen Gründen (Stadt-Land-Gefälle, Gegensatz von Arm und Reich, Chancengleichheit, Generationengerechtigkeit, Integration von Zuwanderern, Zusammenführung von Parallelgesellschaften etc.) gefordert ist.

Die erneute Beschäftigung mit der in die Präambel einzustellenden Inneren Einheit zeigt sehr schnell, dass – ähnlich wie bei Umweltschutz und Fremdenfreundlichkeit – vieles für die Ausgestaltung als „Verfassungsziel"[49] spricht. Denn die Innere Einheit geht alle an.[50] Ihre Programmatik richtet sich nicht nur an staatliche Institutionen, sondern auch an nicht-staatliche Akteure namentlich in Wirtschaft, Wissenschaft, Kultur und Gesellschaft bis hin zu den Bürgerinnen und Bürgern in allen Teilen der Republik.[51] Auf dem Weg zur Inneren Einheit kann der gesellschaftliche Zusammenhalt entscheidend zur Zukunftsfähigkeit Deutschlands beitragen. „Unser Land wird nur dann eine gute Zukunft haben, wenn seine Bürgerinnen und Bürger in allen Teilen des Bundesgebietes ein selbstbestimmtes Leben führen und am gesellschaftlichen Leben teilhaben können. Zusammenhalt [...] entsteht im täglichen Miteinander, im solidarischen Verhalten gegenüber Mitmenschen, im gegenseitigen Respekt und in der Achtung voreinander und ist somit in der Verantwortung aller Bürgerinnen und Bürger."[52]

---

[45] Zu verschiedenen (letztlich nicht überzeugenden) Vorstößen, die Innere Einheit (von West und Ost) als Staatsziel aus dem geltenden Verfassungsrecht heraus zu begründen, vgl. Bauer (2018), S. 641 ff. m.w.N. Vgl. allgemein zu Verdrängung und neuer Blüte der Inneren Integration Uhle (2006), § 82, der die Innere Einheit (Ost- und West-)Deutschlands allerdings nur eher am Rande behandelt.

[46] Näheres bei Bauer (2022), S. 1011 ff.

[47] Vgl. Bauer (2022), S. 1014 f. m. Hinw. zu Parallelentwicklungen auf der Unionsebene (u. a. Art. 3 Abs. 3 EUV) und auf der Länderebene beispielsweise in Baden-Württemberg, Bayern, Berlin, Brandenburg und Bremen.

[48] Vgl. etwa Unzicker (2022), S. 1018 ff.; ferner speziell zur Aufnahme eines Staatsziels Integration in das Verfassungsrecht Eichenhofer (2021), S. 26.

[49] Jahresbericht der Bundesregierung zum Stand der Deutschen Einheit 2017, BT-Drs. 18/13520 (7. September 2017), S. 16.

[50] Näheres dazu und zum Folgenden bei Bauer (2022), S. 1014 ff. Vgl. allgemein auch Uhle (2006), § 82 insb. Rn. 42 ff., 46, der die Innere Integration als „Aufgabe der Gesellschaft" und „des Staates" bezeichnet und zum „Kondominium von Gesellschaft und Staat" erklärt; ferner Thym (2023), § 11 Rn. 78 ff.

[51] Dies schon allein deshalb, weil manche Schieflage wie die Strukturschwäche Ostdeutschlands und die Unterrepräsentation Ostdeutscher in den Führungsebenen auf (auch) von privaten Akteuren zu verantwortende Fehlentwicklungen zurückgeht.

[52] Jahresbericht der Bundesregierung zum Stand der Deutschen Einheit 2017, BT-Drs. 18/13520 (7. September 2017), S. 10.

3 Ebenen- und segmentübergreifende Eckpunkte

Umweltschutz, Fremdenfreundlichkeit und Innere Einheit sind Ziele, die sich allein mit einem „Denken vom Staat her“[53] nicht mehr überzeugend erfassen, geschweige denn erreichen lassen. Weit über konventionelle Staatszielbestimmungen hinaus stehen sie als Verfassungsziele zur Diskussion und haben sich teilweise bereits in Verfassungszielbestimmungen niedergeschlagen. Dabei zeichnen sich in der ebenen- und segmentübergreifenden Analyse eine ganze Reihe von Eckpunkten ab, von denen hier nur einige kurz anzusprechen sind.

Erstens sind Verfassungsziele typologisch in vielerlei Hinsicht ähnlich strukturiert wie Staatsziele. Sie unterscheiden sich davon aber durch die jedenfalls nicht ausschließliche Staatsgerichtetheit.[54] Dies deutet darauf hin, dass „Verfassungsziele“ der umfassendere Begriff ist, der Staatsziele gleichsam als Teilmenge enthält, sich jedoch nicht darauf beschränkt.

Dieses Begriffsverständnis ermöglicht, *zweitens*, kategoriale Öffnungen und Offenheit in mehrere Richtungen. So können Verfassungsziele zum einen auch unionale Verfassungsziele aufnehmen und im Verbund der Mehr-Ebenen-Verfassung zur Geltung bringen.[55] Zum anderen sind Verfassungsziele aufgeschlossen für die Einbeziehung der „Gesellschaft“ bzw. gesellschaftlicher Kräfte. Für die hier vorgestellten Regelwerke ist signifikant, dass die den einzelnen Segmenten zugeordneten Verfassungszielbestimmungen durchgängig neben „staatlichen“ auch „gesellschaftliche“ Akteure adressieren. Die jeweiligen Vorschriften gehen erkennbar davon aus, dass die mit ihnen verfolgten Ziele alle angehen, und entfalten Direktivkraft daher tendenziell gegenüber allen Mitgliedern des Gemeinwesens.

Drittens: Die normative Pluralisierung der verpflichteten Rechtsubjekte verweist auf ein weites Feld zielentsprechender und zielverwirklichender Aktivitäten. Damit sind nicht allein selbstinitiative Einzelaktivitäten im staatlichen und/oder im gesellschaftlichen Bereich gemeint, sondern vor allem auch ein den Öffentlichen und den Privaten sowie den Dritten Sektor verbindendes Zusammenwirken beispielsweise in spartenübergreifenden Netzwerken. Das ebnet den Weg hin zu moderneren Governance-Konzepten, die zur Erreichung (verfassungs-)rechtlicher Direktiven nicht nur auf staatliche Steuerung und Regulierung setzen, sondern auch auf gesellschaftliche Selbststeuerung und Selbstregulierung und nicht zuletzt auf die verstärkende Wechselwirkungen zwischen den einzelnen Steuerungsansätzen. Es geht um eine Bündelung der Kräfte und um gemeinsame Anstrengungen,[56] die bereichsspezifischer Konkretisierung zugänglich und bedürftig sind. Die jeweiligen Verfassungsziele können davon nur profitieren.

---

[53] Dazu allgemein Günther (2004).

[54] Siehe bereits oben bei und in Fn. 7.

[55] Vgl. zu diesem hier nicht zu vertiefenden Aspekt bereits Fn. 5.

[56] Dies ist einer der Gründe, weshalb die bisweilen vor allem beim Umweltschutz anzutreffende Zuordnung der Einbindung Privater in die Verwirklichung verfassungsrechtlich gesetzter Ziele zur Kategorie der Grundpflichten nicht wirklich überzeugt; vgl. im Übrigen Bauer (2018), S. 664 m. Fn. 175.

Schließlich verpflichten Verfassungsziele, *viertens*, zu zielentsprechender Aktivität, die freilich in aller Regel nicht zu konkreten Handlungsanweisungen verdichtet ist. Die (relative) inhaltliche Offenheit mag vordergründig Vorbehalte auf sich ziehen, die aus Kontroversen über konventionelle Staatsziele bekannt sind. Doch zeigen vertiefende Blicke in bereichsspezifische Konkretisierungen,[57] dass es um die Direktivkraft von Verfassungszielen und die Bereitstellung von Ansatzpunkten zur Zielverwirklichung nicht schlecht bestellt ist. Bei manchen Verfassungszielen wie dem Umweltschutz enthalten mitunter sogar die (landes-)verfassungsrechtlichen Regelungen[58] selbst detailliertere Anhaltspunkte und Vorgaben für eine zielverwirklichende Umsetzung. Im Übrigen ist auf prozesshafte Implementationsvorgänge zu verweisen, die aus den Bemühungen um die Umsetzung von Staatszielbestimmungen vertraut sind.

4 Von Staatszielen zu Verfassungszielen

Die Beschäftigung mit Verfassungszielen und Verfassungszielbestimmungen steht in der deutschen Staatsrechtslehre bislang im Schatten traditioneller Staatszielbetrachtungen. In den allgegenwärtigen Internationalisierungs- und Europäisierungsprozessen sowie den zunehmenden Vernetzungen in bzw. von Staat und Gesellschaft dürfte (und sollte) sie künftig jedoch an Bedeutung gewinnen. Trendunterstützend wirken bisher wenig beachtete, oftmals noch nur eher sprachspielerische Redeweisen, die subkutan von herkömmlichen Staatszielen weg- und zu Verfassungszielen hinführen. Weit über die hier angestellten Erwägungen hinaus werden Verfassungsziele dadurch in den laufenden Transformationsprozessen zu einem spannenden Entdeckungs-, Erkundungs- und Entwicklungsfeld einer zukunftsorientierten Verfassungswissenschaft.

Die Erschließung dieses Felds zukunftsgestaltender Anliegen und Impulse beginnt nicht an einem Nullpunkt. Vielmehr kann sie auf den grundlegenden Vorarbeiten des Jubilars aufsetzen. Die Untersuchungen von *Karl-Peter Sommermann* wären dann nicht nur Schlussakkord in diesem Festschriftbeitrag, sondern zugleich diskursanregende Ouvertüre, inspirierender Anstoß[59] und Auftakt für eine eingehendere Analyse und systematische Aufbereitung der vernachlässigten Kategorie der Verfassungsziele.

---

[57] Zur exemplarischen Verdeutlichung bei Fremdenfreundlichkeit und Innerer Einheit näher Bauer, Abromeit (2015), S. 11; Bauer (2022), S. 1015 ff.

[58] Vgl. nur zu differenzierenden Ausgestaltungen der Umweltschutzverpflichtungen Privater, die bis hin zu ausdrücklichen Beschränkungen von Grundrechtsausübungen reichen, oben bei Fn. 17 f., 27 ff.

[59] Dazu bereits oben Fn. 8.

Literatur

Bauer, H. (2001). Zur Aufnahme einer Unionsbürgerklausel in das Grundgesetz. In M.-E. Geis & D. Lorenz (Hrsg.), *Staat, Kirche, Verwaltung: Festschrift für Hartmut Maurer zum 70. Geburtstag* (S. 13-24). C.H. Beck.
Bauer, H. (2018). Verfassungsziel „Innere Einheit". In J. Krüper (Hrsg.), *Die Organisation des Verfassungsstaats: Festschrift für Martin Morlok zum 70. Geburtstag* (S. 637–670). Mohr Siebeck.
Bauer, H. (2022). Innere Einheit. *DÖV, 75*(24), 1009–1018.
Bauer, H., & Abromeit, W. (2015). Antirassismus-Novellen im Landesverfassungsrecht. *DÖV, 68*(1), 1–12.
Bull, H. P. (1977). *Die Staatsaufgaben nach dem Grundgesetz* (2. Aufl.). Athenäum.
Bundesminister des Inneren & Bundesminister der Justiz (Hrsg.). (1983). *Staatszielbestimmungen/ Gesetzgebungsaufträge: Bericht der Sachverständigenkommission.* Konkordia.
Cremer, H. (2010). *Policy Paper No. 16. Ein Grundgesetz ohne „Rasse": Vorschlag für eine Änderung von Art. 3 Grundgesetz.* Deutsches Institut für Menschenrechte.
Eichenhofer, J. (2021). Vom Provisorium zum Staatsziel? *ZAR, 41*(1), 19–27.
Erbguth, W. (2008). Neuer „Antifa-Artikel": Anmerkungen zu Art. 18a Landesverfassung Mecklenburg-Vorpommern. *LKV, 18*(10), 440–443.
Günther, F. (2004). *Denken vom Staat her.* Oldenbourg Wissenschaftsverlag.
Hesse, K. (1995). *Grundzüge des Verfassungsrechts der Bundesrepublik Deutschland* (20. Aufl.). C.F. Müller.
Isensee, J. (2006). Staatsaufgaben. In J. Isensee & P. Kirchhof (Hrsg.), *Handbuch des Staatsrechts der Bundesrepublik Deutschland* (3. Aufl., Bd. IV). C.F. Müller.
Isensee, J., & Kirchhof, P. (Hrsg.). (2015). *Handbuch des Staatsrechts der Bundesrepublik Deutschland.* (3. Aufl., Bd. XIII). C. F. Müller.
Kischel, U. (2020). Rasse, Rassismus und Grundgesetz. *AöR, 145*(2), 227–263.
Kutting, I., & Amin, N. (2020). Mit „Rasse" gegen Rassismus? Zur Notwendigkeit einer Verfassungsänderung. *DÖV, 73*(14), 612–617.
Landtag Mecklenburg-Vorpommern. (2008). *Friedensverpflichtung und Gewaltfreiheit.*
Merten, D. (1993). Über Staatsziele. *DÖV, 46*(9), 368–377.
Müller-Graff, P.-C. (2019). A.I. Verfassungsziele der Europäischen Union. In M. Dauses & M. Ludwigs (Hrsg.), *Handbuch des Wirtschaftsrechts* (49. Aufl., S. 1–191). C.H. Beck.
Reimer, F. (2001). *Verfassungsprinzipien.* Duncker & Humblot.
Ruffert, M. (2022). Art. 3 EUV. In C. Calliess & M. Ruffert (Hrsg.), *EUV/AEUV, Kommentar* (6. Aufl.). C.H. Beck.
Schulze-Fielitz, H. (2015). Art. 20a GG. In H. Dreier (Hrsg.), *Grundgesetz, Kommentar* (3. Aufl., Bd. II). Mohr Siebeck.
Schwarz, K.-A. (2022). Grundfragen. In K. Stern, H. Sodan, & M. Möstl (Hrsg.), *Das Staatsrecht der Bundesrepublik Deutschland im europäischen Staatenverbund* (2. Aufl., Bd. 1). C.H. Beck.
Schwind, J. (2008). *Zukunftsgestaltende Elemente im deutschen und europäischen Staats- und Verfassungsrecht.* Duncker & Humblot.
Sommermann, K.-P. (1997). *Staatsziele und Staatszielbestimmungen.* Mohr Siebeck.
Stern, K., Sodan, H., & Möstl, M. (Hrsg.). (2022). *Das Staatsrecht der Bundesrepublik Deutschland im europäischen Staatenverbund.* (2. Aufl. Bde. I bis IV). C. H. Beck.
Thym, D. (2023). Staatsvolk, Migration, Nation. In U. Kischel & H. Kube (Hrsg.), *Handbuch des Staatsrechts* (Bd. I). C.F. Müller.
Uhle, A. (2006). Innere Integration. In J. Isensee & P. Kirchhof (Hrsg.), *Handbuch des Staatsrechts der Bundesrepublik Deutschland* (3. Aufl., Bd. IV). C.F. Müller.
Unzicker, K. (2022). Gesellschaftlicher Zusammenhalt. *DÖV, 75*(24), 1018–1027.

Konkretisierung der Verfassungswerte zwischen europäischer Homogenität und nationaler Identität

C. D. Classen

1 Einleitung

Karl-Peter Sommermann hat sich intensiv immer wieder mit Verfassungswerten auseinandergesetzt.[1] Zugleich interessiert er sich wie der Verfasser dieser Zeilen dafür, wie sich aus den verschiedenen nationalen Rechtskulturen eine europäische Rechtsordnung herausbildet. Daher wird ihm ein Beitrag zur europäischen Konkretisierung der in Art. 2 EUV enthaltenen Werte im Spannungsverhältnis zum nach Art. 4 Abs. 2 EUV gewährleisteten Respekt der Union vor der jeweiligen nationalen Verfassungsidentität gewidmet. Darf die Union diese Werte auch operationalisieren, ggf. auch unabhängig von ihrer Relevanz für eine konkrete Unionsaktion, und wie verhält sich dieser Prozess zur verfassungsrechtlichen Garantie entsprechender Werte auf nationaler Ebene?[2]

Claus Dieter Classen, Prof. Dr., geb. 1960 in Hamburg, studierte Rechtswissenschaften in Würzburg, Aix-en-Provence und Tübingen. Er wurde 1987 in Tübingen promoviert und habilitierte sich dort 1993. Seit 1994 ist er Professor für Öffentliches Recht, Europa- und Völkerrecht an der Universität Greifswald (Deutschland). Außerdem ist er seit 2016 Richter am Oberverwaltungsgericht und seit 2017 Mitglied des Landesverfassungsgerichts von Mecklenburg-Vorpommern.

[1] Siehe die Habilitationsschrift: Sommermann (1997); ferner Sommermann (2020), § 3; Sommermann (2024), Art. 20.

[2] Grundsatzkritik bei Nettesheim (2022), S. 525; Nettesheim (2024), S. 269; Schorkopf (2020), S. 483 f.; Huber (2022), S. 59 ff.

C. D. Classen (✉)
Greifswald, Deutschland
E-Mail: classen@uni-greifswald.de

C. Fraenkel-Haeberle, B. Peters (Hrsg.), *Öffentliches Recht in transnationaler Perspektive*, https://doi.org/10.1007/978-3-662-72331-9_26

2 Die Herausbildung von Werten als zentrales Element der Integration

2.1 Der Weg vom Zweckverband zur Wertegemeinschaft

Das Wesen der Europäischen Union wurde in der Frühzeit der Integration wirkungsmächtig als Zweckverband verstanden.[3] Andere sahen in den Verträgen der 1950er-Jahre einen ersten Schritt in Richtung eines europäischen Bundesstaates.[4] Tatsächlich besaß die Integration trotz der gerade zu Beginn bestehenden Beschränkungen ihrer Aufgaben immer eine „überschießende Innentendenz".[5] Die Ausrichtung auf gemeinsame Werte bildete zwar zunächst nicht Teil des Integrationsprogramms der Gemeinschaft im technischen Sinne; die „‚europäischen Ideale' des Europarates gehörten jedoch von Anfang an zu ihrer Identität".[6] Daher wurde etwa nach dem Obristenputsch in Griechenland 1967 die 1961 vereinbarte Assoziierung für die Zeit der Diktatur ausgesetzt, und auch Spanien und Portugal konnten erst nach dem Übergang zur Demokratie in den 1970er-Jahren beitreten.

Mit der Gründung der Europäischen Union wurden die (heutigen) Werte normativ abgesichert. Der Maastricht-Vertrag erwähnt in Art. F Abs. 1 EUV den demokratischen Charakter aller Mitgliedstaaten. Der Vertrag von Amsterdam qualifiziert im damaligen Art. 6 EUV Demokratie und Rechtsstaatlichkeit als Grundlage der Union. Zudem begründet seit damals der heutige Art. 19 AEUV eine Kompetenz zum Kampf gegen Diskriminierung und damit ein Instrument des Grundrechtsschutzes durch die Union, das unabhängig von vorgängigem einschlägigen Unionsrecht ist, wie es die Anwendbarkeit europäischer Grundrechte nach Art. 51 GRC im Grundsatz erfordert. Hier weist der Grundrechtsschutz der Union Selbststand auf.

Allerdings bildete der heutige Art. 2 EUV einen Qualitätssprung in der Entwicklung der Union,[7] denn die dortigen Werte geben, so der EuGH 2022, der Union ihr „Gepräge".[8] Zudem konkretisieren die Unionsorgane diese Werte zunehmend durch Sekundärrechtsakte oder Urteile.

2.2 Der nationale Blick auf europäische Werte

Europäische Werte sind nicht allein ein Projekt europäischer Eliten. Gerade in Deutschland wird seit den 1950er-Jahren über die notwendige Homogenität zwischen der deutschen Verfassungsordnung und zwischenstaatlichen Einrichtungen

[3] Ipsen (1972), S. 196; dem folgend Sommermann (2020), Rn. 4.

[4] Ophüls (1951), S. 289 ff.; Mosler (1951/52), S. 32 ff.; Hallstein (1969).

[5] Dazu Classen (2021a), Rn. 25.

[6] Oppermann (2005), S. 75.

[7] Bast, v. Bogdandy (2024), S. 121.

[8] EuGH, Urt. v. 16.2.2022, *Ungarn/EP und Rat*, C-156/21, Rn. 127, 232.

im Sinne von Art. 24 Abs. 1 GG diskutiert. Diese muss hinreichend sicher Gefahren für die nationale Verfassungsordnung ausschließen.[9] Der Integrationsartikel 23 GG normiert sogar in seinem Absatz 1 Satz 1 in enger Anlehnung an Art. 20 und Art. 28 GG umfangreiche Strukturvorgaben für die Europäische Union. Ein so umfassender Integrationsverband, wie es die Europäische Union bereits damals geworden war, sollte gemeinsame Wertegrundlagen aufweisen; er wurde nicht mehr als reiner Zweckverband verstanden.

Anderswo reagierte man ähnlich, wenn auch nicht so ausgeprägt. Die Verfassung von Portugal betont in den Art. 7 Abs. 6 sowie 8 Abs. 4 gleich mehrfach die Grundsätze von Demokratie und Rechtsstaatlichkeit. Kap. X § 6 der schwedischen Verfassung knüpft die Übertragung von Hoheitsrechten daran, dass die Grundsätze der Staatsform nicht beeinträchtigt und die Grundrechte nach Verfassung und EMRK beachtet werden, und auch nach Art. 28 Abs. 3 der griechischen Verfassung dürfen Demokratie und Menschenrechte nicht in Frage gestellt werden. Der französische Staatsrat fragt bei Konflikten zwischen Unionsrecht und nationalem Verfassungsrecht, ob Ersteres das entsprechende Rechtsgut vergleichbar wie Letzteres schützt.[10]

2.3 *Der Zusammenhang von Werten und europäischer Integration*

Die Ausrichtung auf Werte gehörte also immer schon, aus europäischer wie nationaler Sicht, zum Integrationskonzept, auch wenn diese erst seit einiger Zeit Teil des operativen Wirkens der Union sind. Die Konkretisierung von Werten im Sinne von Art. 2 EUV stellt jedoch keinen Selbstzweck dar. Ohne demokratische Strukturen in den Mitgliedstaaten wäre auch das Handeln der Union nicht demokratisch legitimiert (Art 10 Abs. 2 UAbs. 2 EUV), und ohne unabhängige Justiz wäre auch die Geltung des Unionsrechts in den Mitgliedstaaten, welche zentral für die europäische Rechtsgemeinschaft ist, nicht gewährleistet.[11] Eine Gerichtsverfassung kann entweder insgesamt die Unabhängigkeit der Gerichte garantieren, oder sie tut es durchweg nicht. Gerichte, die im Anwendungsbereich des Unionsrechts unabhängig judizieren, außerhalb jedoch nicht, sind nicht vorstellbar. Mit Selbststand erfolgt eine Konkretisierung eines Wertes von Art. 2 EUV, wie erwähnt, nur im Bereich des Diskriminierungsschutzes, doch erfolgt dies bisher gerade ohne Bezugnahme auf Art. 2 EUV und auf der Grundlage einer expliziten Kompetenz.

---

[9] Zur Diskussion Classen (2024a), Art. 24, Rn. 24 m.w.N.

[10] Conseil d'État, Entsch. v. 8.2.2007, *Arcelor*, 298348; dazu Wendel (2011), S. 497.

[11] Sommermann (2021), § 144 Rn. 40.

3 Grundfragen einer Konkretisierung

3.1 Grundfragen

Ersichtlich sind die Werte nach Art. 2 EUV als juristische Begriffe trotz ihrer Offenheit auf Auslegung und Anwendung angelegt – auch durch den EuGH. Die erwähnten Vorgängernormen waren in den Verträgen von Maastricht (Art. L EUV) und Amsterdam (Art. 46 EUV a. F.) von gerichtlicher Kontrolle ausgenommen. Für Art. 2 EUV gilt das nicht, wohl aber weiterhin für andere Bestimmungen des EUV (dazu Art. 275 f. AEUV). Wegen ihrer Offenheit charakterisiert *Karl-Peter Sommermann* die Werte der Union unter Rückgriff auf *Ernst-Wolfgang Böckenförde* als „Schleusenbegriffe", „die sich ‚objektiv' aus sich heraus niemals abschließend definieren lassen, vielmehr offen sind für das Einströmen sich wandelnder staats- und verfassungstheoretischer Vorstellungen und damit auch für verschiedenartige Konkretisierungen, ohne sich dabei indessen inhaltlich völlig zu verändern, d. h. ihre Kontinuität zu verlieren, und zu einer bloßen Leerformel herabzusinken".[12] Konsequenz: „Neben der Konkretisierung eines subsumtionsfähigen Begriffskerns gibt es einen in demokratischen Willensbildungsprozessen auszufüllenden Begriffshof. Mit zunehmender Integration kann der Begriffskern wachsen, was freilich nicht zu einer Versteinerung der Leitkonzepte führen sollte. [...] Die Begrenzung der Justiziabilität auf den „Wertkern" entspricht der für Zielbestimmungen entwickelten Beschränkung auf eine Evidenzkontrolle."[13]

3.2 Die Rahmung durch andere Vorgaben

Immerhin finden sich, wenn auch meist nur bereichsspezifisch, Konkretisierungen im Vertrag (Art. 10 und 19 EUV; GRC). Wichtig ist zudem die Rechtsprechung des EGMR. Hinsichtlich der Freiheit, Gleichheit, Menschenrechte und des Minderheitenschutzes ist das ohnehin selbstverständlich. Es gilt aber auch für die primär organisationsrechtlichen Vorgaben – Demokratie und Rechtsstaatlichkeit. Zur Unabhängigkeit der Justiz hat der EGMR auf der Grundlage von Art. 6 EMRK eine umfangreiche Rechtsprechung entwickelt, die in verschiedenen Staaten – Luxemburg, Frankreich, Österreich – deutliche Veränderungen ausgelöst hat und in ihrer Konkretisierung erkennbar über die Judikatur des EuGH zu Art. 2 EUV hinausgeht. Für die Demokratie sind das in Art. 3 ZP 1 verankerte Recht auf Wahlen sowie die in Art. 10 EMRK geschützte Meinungs- und die in Art. 11 EMRK geschützte Versammlungs- und Vereinigungsfreiheit und die dazu ergangene Judikatur bedeutsam.

[12] Sommermann (2020), Rn. 12, unter Zitierung von Böckenförde (1976), S. 65.

[13] Sommermann (2020), Rn. 14 f.

3.3 *Unterschiede zwischen den mitgliedstaatlichen Konzeptionen*

Allerdings werden die Werte in den Mitgliedstaaten unterschiedlich verstanden.[14] Demokratie bedeutet nach den Verfassungen vieler Mitgliedstaaten, dass alle Staatsgewalt vom Volke ausgeht.[15] Die deutsche Vorstellung, dass sich die Ausübung von Hoheitsakten auf positive Akte der Legitimation stützen muss, besteht dagegen, wie etwa die Regierungsbildung zeigt, nicht überall. In Belgien ernennt der König den Regierungschef ohne parlamentarisches Votum (Art. 96 Abs. 1 V f.). In Schweden wird man zum Regierungschef, wenn ein entsprechender Vorschlag des Parlamentspräsidenten, über den abzustimmen ist, nicht von der Mehrheit der Abgeordneten abgelehnt wird (Kap. VI § 4 Abs. 2 V f.). Dementsprechend stellt Art. 10 Abs. 2 UAbs. 2 EUV allein auf die Verantwortlichkeit der Exekutive gegenüber Parlament und Bürgern ab. Zudem hat ein Misstrauensvotum überall den Sturz der Regierung zur Folge. Das traditionelle englische Verständnis, dass es vor allem um die Sicherung von Verantwortlichkeit geht, gilt also auch für das Unionsrecht.

Gleiches gilt auch für die Gewaltenteilung, die in allen kontinental-europäischen Staaten ein selbstverständlicher Bestandteil der Rechtstaatlichkeit ist. Dies zeigt sich etwa beim gerichtlichen Rechtsschutz. Nach traditionellem Verständnis der englischen rule of law, die einflussreich auch in einigen EU-Mitgliedstaaten ist, ist alle Hoheitsgewalt den ordentlichen Gerichten unterworfen.[16] So kennen etliche Mitgliedstaaten der Union eine einheitliche Gerichtsstruktur.[17] Demgegenüber gehört es zum spezifischen französischen Verständnis der Gewaltenteilung,[18] das aber auch in Österreich Anklang gefunden hat (dort Art. 94 B-VG), dass die Verwaltung gerade nicht der Jurisdiktion der ordentlichen Gerichte unterliegt. Die zur gerichtlichen Kontrolle der Verwaltung berufenen Verwaltungsgerichte gehören institutionell zur Verwaltung.

Das Gerichtsverfassungsrecht wird vielfach durch sog. Justizräte mit Zuständigkeiten insbesondere für Personalfragen der Justiz (Einstellungen, Beförderungen, Disziplinarfragen) bestimmt. Die in Polen umstrittene Frage, ob und inwieweit dieser von der Richterschaft selbst zu wählen ist oder auch vom Parlament gewählt werden kann, macht das Problem deutlich: In etlichen anderen Staaten, die ein solches Gremium kennen, besteht ebenfalls ein nicht unerheblicher politischer Einfluss auf die Einstellung von Richtern. In Deutschland wird eine solche Institution aus demokratischen Gründen grundsätzlich abgelehnt.[19] Zugleich wird die Bestellung der Bundesrichter jedenfalls nicht allein der Exekutive überlassen (Art. 95 GG).

---

[14] Aus britischer Perspektive überdeutlich Loughlin (2007) Rn. 98; für die Rechtsstaatlichkeit: Heuschling (2002).

[15] Überblick bei Classen (2021a), Rn. 66.

[16] Dazu Classen (2021a), Rn. 137.

[17] Zu nennen sind etwa Dänemark, Irland, Schweden.

[18] Conseil constitutionnel, Entsch. v. 23.1.1987, 86-224 DC.

[19] Etwa Wittreck (2015), S. 152 ff.

Das Spannungsverhältnis zwischen richterlicher Unabhängigkeit und demokratischen Legitimationserfordernissen wird unterschiedlich aufgelöst.

Bei den grundrechtlichen Werten zeigen das Verhältnis von Religionsfreiheit zur religiösen Neutralität des Staates, das Verhältnis von Datenschutz zu Sicherheitsinteressen des Staates, das Verständnis von Ehe und Familie deutliche Unterschiede zwischen den Mitgliedstaaten. In diesem Kontext spielt Art. 2 EUV bisher allerdings keine Rolle.

3.4 Die unionsrechtlichen Konsequenzen

Die vorgenannten Unterschiede haben auch Konsequenzen für die Konkretisierung von Art. 2 EUV. Die dort benannten Werte sind den Mitgliedstaaten „gemeinsam". Während sonst Begriffe des Unionsrechts, gerade wenn sie auch aus nationalen Rechtsordnungen bekannt sind, etwa der der „öffentlichen Ordnung" in Art. 36 AEUV – „ordre public" in der französischen Sprachfassung – „autonom" auszulegen sind, also allein nach der Logik des Unionsrechts, ohne Referenz an nationale Rechtstraditionen, macht hier der Vertragstext deutlich, dass nur solche Konkretisierungen zulässig sind, die sich auch auf eine hinreichende Basis in den nationalen Traditionen stützen können.

Außerdem setzt die Pflicht zur Achtung der nationalen Verfassungsidentität nach Art. 4 Abs. 2 EUV der Konkretisierung der Werte Grenzen.[20] Dabei hat der EuGH bei spezifischen Anliegen eines bestimmten Mitgliedstaats bisher Lösungen gefunden, obwohl durch diese die Einheit des Unionsrechts auf den ersten Blick in besonderer Weise gefährdet werden könnten.[21] Schwieriger wird es, wenn die Elemente der nationalen Identität zugleich Ausdruck eines europäischen Wertes sind. Hier ist ein schonender Ausgleich notwendig. Einerseits gebietet Art. 4 Abs. 2 EUV eine Begrenzung der Konkretisierung der Werte auf ihren Kerngehalt. Andererseits kann auch der Schutz der nationalen Verfassung nur im Lichte der Vorgabe gemeinsamer Werte in Art. 2 EUV ausgelegt werden und findet dementsprechend an diesen ihre Grenze.[22] Weitreichende Konkretisierungen dieser Werte, wie sie gerade in Deutschland mit Blick auf Demokratie und Rechtsstaatlichkeit üblich sind, sind deswegen auf europäischer Ebene abzulehnen.

---

[20] Zu diesem Konflikt Harbarth/Spielmann (2023), S. 1177 ff.

[21] Zum österreichischen Verbot von Adelstiteln EuGH, Urt. v. 22.12.2010, *Sayn-Wittgenstein*, C-208/09, Rn. 83; zum deutschen Föderalismus EuGH, Urt. v. 12.6.2014, *Digibet*, C-156/13, Rn. 33 ff.

[22] Zum Demokratieverständnis EuGH, Urt. v. 9.3. 2010, *Kommission/Deutschland*, C-518/07, Rn. 41 ff.; EuGH, Urt. v. 2.9.2021, *Kommission/Deutschland*, C-718/18, Rn. 123 ff.; kritisch dazu Gärditz (2010), S. 283 ff.; Bull (2010), S. 488 f.

4 Beispiele für Konkretisierungen durch Organe der Union

In den letzten Jahren haben die Unionsorgane in zunehmendem Maße und trotz aller Probleme die Werte konkretisiert und operationalisiert. Dabei lassen sich drei Ebenen unterscheiden: Sekundärrechtsakte, die unabhängig von ihrer Kompetenzgrundlage inhaltlich primär durch die Wertesicherung bestimmt sind, die informellen Rechtsstaatsberichte der Kommission, sowie EuGH-Judikatur, wobei hier die Werte zum Teil zum Kampf gegen nationale und zum Teil gegen europäische Regelungen mobilisiert werden.

4.1 Explizite sekundärrechtliche Konkretisierungen

4.1.1 Strukturen der Korruptionsbekämpfung

Bei der Vergabe europäischer Finanzmittel durch mitgliedstaatliche Behörden gestattet die Konditionalitätsverordnung[23] im Fall rechtsstaatlicher Mängel eine Begrenzung der Zuweisungen. Bemerkenswert: Die Verordnung benennt nicht nur in ihrem Art. 6 spezifische, im Kontext der Verteilung von Geld relevante Probleme. Darüber hinaus enthält sie in ihrem Art. 2 auch eine – deutlich weitergehende – Definition dessen, was für die Union Rechtsstaatlichkeit ausmacht: „Diese umfasst die Grundsätze der Rechtmäßigkeit, die transparente, rechenschaftspflichtige, demokratische und pluralistische Gesetzgebungsverfahren voraussetzen, der Rechtssicherheit, des Verbots der willkürlichen Ausübung von Hoheitsgewalt, des wirksamen Rechtsschutzes – einschließlich des Zugangs zur Justiz – durch unabhängige und unparteiische Gerichte, auch in Bezug auf Grundrechte, der Gewaltenteilung und der Nichtdiskriminierung und der Gleichheit vor dem Gesetz." Konkrete Rechtsfolgen verbinden sich allerdings nur mit einem kleinen Teil der Vorgaben, die in Art. 4 Abs. 2 der VO näher aufgeführt sind.

4.1.2 Medienrechtliche Regelungen

Medienrechtliche Regelungen sollen zur Sicherung der für die demokratische Verfassungskultur wichtigen Medienfreiheit beitragen. Zum Schutz der Unabhängigkeit der Massenmedien enthält das auf Art. 114 AEUV gestützte „Medienfreiheitsgesetz"[24] Vorgaben zum Schutz vor staatlicher Überwachung, von denen alle Me-

[23] VO (EU, Euratom) 2020/2092 des Europäischen Parlaments und des Rates vom 16. Dezember 2020 über eine allgemeine Konditionalitätsregelung zum Schutz des Haushalts der Union, ABl. L 433 I/1.

[24] VO (EU) 2024/1083 des Europäischen Parlaments und des Rates vom 11. April 2024 zur Schaffung eines gemeinsamen Rahmens für Mediendienste im Binnenmarkt und zur Änderung der Richtlinie 2010/13/EU (Europäisches Medienfreiheitsgesetz), ABl. L 2024/1083, 17.4.2024.

dien profitieren (Art. 4). Öffentlich-rechtliche Anbieter müssen „auf unparteiische Weise eine Vielzahl von Informationen und Meinungen bieten"; dies soll durch organisationsrechtliche Vorgaben gesichert werden (Art. 5). Die bereits seit 2018 vorgeschriebenen unabhängigen medienbezogenen nationalen Aufsichtsbehörden sollen das überwachen (Art. 7). Aus diesen wird ein „Europäisches Gremium für Mediendienste" mit konsultativen Aufgaben gebildet (Art. 8 ff.). Durch eine auf Art. 81 Abs. 2 lit. f AEUV gestützte Richtlinie sollen an der öffentlichen Meinungsbildung beteiligte Personen vor offensichtlich unbegründeten Klagen („SLAPP") geschützt werden.[25] Auch politische Werbung ist reguliert (VO 2024/900).[26]

4.2 *Rechtsstaatsberichte*

Seit einigen Jahren analysiert die Kommission jährlich in einem „Rechtsstaatsbericht" die Lage der Rechtsstaatlichkeit in der Union und den einzelnen Mitgliedstaaten.[27] Ausweislich ihrer Gliederung werden als zentrale Elemente europäischer Rechtsstaatlichkeit die Justizsysteme, die Korruptionsbekämpfung, die Freiheit und der Pluralismus der Medien sowie sonstige institutionelle Fragen im Zusammenhang mit der Gewaltenteilung angesehen. Zu diesen zählen unter anderem die Inklusivität, Qualität und Transparenz von Rechtsetzung, Fragen des Notstandsrechts im Kontext der Covid-19-Pandemie, die Rolle unabhängiger Stellen sowie der Zivilgesellschaft. Landesberichte werden zu einem Gesamtbericht zusammengeführt und mit spezifischen Empfehlungen versehen. Die Maßstäbe bleiben dabei vielfach eher vage, die Legitimation für die Empfehlungen unklar.

4.3 *Justizielle Konkretisierung*

4.3.1 Mobilisierung der Werte gegen nationale Entwicklungen

Seit etlichen Jahren wird in verschiedenen Mitgliedstaaten der Union die Unabhängigkeit der Justiz in Frage gestellt. 2012 hat Ungarn die Altersgrenze für Richter des obersten Gerichts zunächst herabgesetzt, um sie kurze Zeit später wieder heraufzusetzen. Das war sicher auch eine Altersdiskriminierung.[28] Der entscheidende Punkt

---

[25] RL (EU) 2024/1069 des Europäischen Parlaments und des Rates vom 11. April 2024 über den Schutz von Personen, die sich öffentlich beteiligen, vor offensichtlich unbegründeten Klagen oder missbräuchlichen Gerichtsverfahren („strategische Klagen gegen öffentliche Beteiligung"), ABl. L 2024/1069, 16.4.2024. Dazu Majer, Schwarz (2024), S. 545 ff.

[26] VO (EU) 2024/900 des Europäischen Parlaments und des Rates vom 13. März 2024 über die Transparenz und das Targeting politischer Werbung, ABl. L 2024/900, 20.3.2024.

[27] Dazu Bauerschmidt (2024), S. 314 ff.

[28] EuGH, Urt. v. 6.11.2012, *Kommission/Ungarn*, C-286/12, Rn. 67 ff.

aber wurde damit nicht getroffen; zudem blieb das EuGH-Urteil schon wegen Zeitablaufs weitgehend wirkungslos. 2015 begann insbesondere Polen mit einem Umbau der Justiz; auch in anderen Mitgliedstaaten gibt es Fragen.

Das entscheidende Problem hat der EuGH erstmalig 2018 mit dem Urteil in der Rechtssache „Associação Sindical dos Juízes Portugueses“[29] angesprochen. Danach konkretisiere Art. 19 EUV die in Art. 2 EUV verankerte Rechtsstaatlichkeit und vertraue den Schutz der unionsrechtlich garantierten Rechtspositionen auch auf der nationalen Ebene letztlich unabhängigen Gerichten an. Diese Unabhängigkeit wird im Einzelnen näher umschrieben. Als konkrete Punkte wurden zunächst aber nur die Nichtabsetzbarkeit der Mitglieder der betreffenden Einrichtung sowie eine der Bedeutung der ausgeübten Funktionen entsprechende Vergütung benannt.[30]

Die umfangreiche Folgerechtsprechung muss hier nicht im Einzelnen nachgezeichnet werden.[31] Entscheidend ist letztlich Folgendes: Meist betont der EuGH den Gestaltungsspielraum der Mitgliedstaaten[32] und zieht keine konkreten Schlussfolgerungen. Wesentlich ist jedoch, dass „die materiellen Voraussetzungen und die Verfahrensmodalitäten für den Erlass von Entscheidungen über … [den Richterstatus] so beschaffen sind, dass bei den Rechtsunterworfenen nach einer Beförderung in Bezug auf den betreffenden Richter keine berechtigten Zweifel an der Unempfänglichkeit für äußere Faktoren und der Neutralität im Hinblick auf die widerstreitenden Interessen aufkommen können.“[33] Maßgeblich ist eine „Gesamtbetrachtung“ der Umstände;[34] es geht lediglich um die „Grundregeln“, „die Bestandteil der Errichtung und der Funktionsfähigkeit dieses Justizsystems sind“.[35] In Vorlageverfahren muss sich der EuGH ohnehin auf eine abstrakte Interpretation des Unionsrechts beschränken und die Subsumtion sowie die konkrete Bewertung des relevanten Sachverhalts den nationalen Gerichten überlassen.[36] Nur gelegentlich wird ein recht konkretes Ergebnis formuliert.[37]

---

[29] EuGH, Urt. v. 27.2.2018, *Associação Sindical dos Juízes Portugueses*, C-64/16; die nachfolgend erwähnte Aussage findet sich in Rn. 32.

[30] Rn. 44 f.

[31] Siehe etwa die Beiträge von Cruz Villalón, Gonzales Pascual, Toda Castán, Weber und Ziller in dieser Festschrift.

[32] Harbarth, Spielmann (2023), S. 1177 ff.

[33] EuGH, Urt. v. 7.9.2023, *Asociaţia „Forumul Judecătorilor din România*, C-216/21, Rn. 66.

[34] EuGH, Urt. v. 21.12.2023, *Krajowa Rada Sądownictwa*, C-718/21, Rn. 77.

[35] EuGH, Urt. v. 6.10.2021, *W.Ž – Richterernennung*, C-487/19, Rn. 130.

[36] EuGH, Urt. v. 25.7.2018, *LM*, C-216/18 PPU, Rn. 61 ff.

[37] Etwa EuGH, Urt. v. 22.2.2022, *Openbaar Ministerie*, C-562/21 PPU und C-563/21 PPU, Rn. 74 f.; EuGH, Urt. v. 11.7.2024, *HANN-INVEST d.o.o. u. a.*, C-554/21 u. a., Rn. 61 ff., mit Kritik bei Classen (2024b), S. 720 ff.

4.3.2 Mobilisierung der Werte gegen europäische Entwicklungen

Deutschland zog auch umgekehrt europäische Werte heran, um sich gegen europäische Rechtsentwicklungen zu wehren, insbesondere gegen die in verschiedenen Kontexten vorgesehene „völlige Unabhängigkeit" bestimmter Stellen.[38] Demgegenüber verwies der EuGH auf die Bindung an normative Vorgaben und deren Kontrolle durch die Justiz sowie die Möglichkeiten unmittelbarer parlamentarischer Einflussnahme etwa bei der Bestellung von Führungspersonal und der Verpflichtung dieses Personals zur Rechenschaft gegenüber dem Parlament.[39] Im Konflikt um die EZB-Politik forderte das BVerfG wegen deren nur begrenzter demokratischer Legitimation eine besonders intensive gerichtliche Kontrolle.[40] Der EuGH hat diese Forderung jedoch nicht aufgegriffen.[41] Schließlich wird auch das Weisungsrecht der Regierung gegenüber Staatsanwaltschaften diskutiert.[42]

5 Bewertung

5.1 Zur richterrechtlichen Konkretisierung der Werte

Der am meisten diskutierte Punkt bietet am wenigsten Anlass zur Sorge. Der EuGH hat zwar einen Blick auf die nationale Justizverfassung. Er macht jedoch kaum konkrete Vorgaben, wie diese auszugestalten ist, sondern zieht zumeist nur sehr abstrakte Grenzen, die – ähnlich wie die Judikatur des EGMR zu Art. 6 EMRK – auf einer Gesamtbewertung aller relevanten Umstände des Einzelfalls beruhen. Damit bleibt seine Konkretisierung weit hinter dem zurück, was das BVerfG aus Art. 20 GG ableitet. Und dass das Grundgesetz gerade für die dritte Gewalt in den Art. 92,

---

[38] Im Kontext des Datenschutzes zunächst Art. 28 der Richtlinie 95/46/EG des Europäischen Parlaments und des Rates vom 24. Oktober 1995 zum Schutz natürlicher Personen bei der Verarbeitung personenbezogener Daten und zum freien Datenverkehr, nunmehr Art. 52 der Verordnung (EU) 2016/679 des Europäischen Parlaments und des Rates vom 27. April 2016 zum Schutz natürlicher Personen bei der Verarbeitung personenbezogener Daten, zum freien Datenverkehr und zur Aufhebung der Richtlinie 95/46/EG; im Kontext der Netzregulierung früher Art. 37 der Richtlinie 2009/72/EG des Europäischen Parlaments und des Rates vom 13. Juli 2009 über gemeinsame Vorschriften für den Elektrizitätsbinnenmarkt und zur Aufhebung der Richtlinie 2003/54/EG

RL 2009/72, jetzt Art. 57 der Richtlinie (EU) 2019/944 des Europäischen Parlaments und des Rates vom 5. Juni 2019 mit gemeinsamen Vorschriften für den Elektrizitätsbinnenmarkt und zur Änderung der Richtlinie 2012/27/EU sowie Art. 41 der Richtlinie 2009/73/EG des Europäischen Parlaments und des Rates vom 13. Juli 2009 über gemeinsame Vorschriften für den Erdgasbinnenmarkt und zur Aufhebung der Richtlinie 2003/55/EG.

[39] Fn. 22.

[40] BVerfG, Beschl. v. 14.1.2014, BVerfGE 134, 366 (399 f.); BVerfG, Beschl. v. 18.7.2017, BVerfGE 146, 216 Rn. 60.

[41] Kritisch zu EuGH, Urt. v. 16.6.2015, *Gauweiler*, C-62/14, daher BVerfG, Beschl. v. 18.7.2017, BVerfGE 146, 216 Rn. 61.

[42] EuGH, Urt. v. 27.5.2019, *OG*, C-508/18; kritisch dazu etwa Gärditz (2019), S. 133.

97 und 98 weitreichende Strukturvorgaben enthält, die deutlich über das Homogenitätsgebot des Art. 28 GG hinausgehen, bestätigt die Notwendigkeit einheitlicher Vorgaben für die richterliche Unabhängigkeit in einem Mehrebenensystem.

Bei den unabhängigen Stellen geht es durchweg um die Struktur von Institutionen im Anwendungsbereich des Unionsrechts. Im Kontext der EZB hat im Übrigen auch sonst keiner der Verfahrensbeteiligten ein Problem gesehen, und angesichts der Verankerung der Unabhängigkeit der EZB sogar in Art. 88 GG ist die Argumentation des BVerfG irritierend. Insgesamt orientiert sich der EuGH an dem auch in Art. 10 Abs. 2 EUV verankerten Leitbild demokratischer Legitimation.[43] Sicher muss ein normativer Rahmen vorgegeben sein. In diesem Rahmen ist parlamentarische Verantwortlichkeit entscheidend; administrative Feinsteuerung durch die Exekutivspitze oder dichte gerichtliche Kontrolle durch – ebenfalls sehr begrenzt demokratisch legitimierte Richter – ist auf europäischer Ebene kein zwingendes Erfordernis demokratischer Legitimation.

Bei der Staatsanwaltschaft wird bereits im Ansatz nicht deren Weisungsunterworfenheit in Frage gestellt. Vielmehr hat der Gerichtshof nur im Kontext des Europäischen Haftbefehls den Begriff der „Justizbehörde" konkretisiert und insoweit Anforderungen formuliert.[44] Das verpflichtet die nationalen Stellen nicht, eine Staatsanwaltschaft weisungsfrei zu stellen, sondern nur dazu, ggf. statt eines Staatsanwalts einen Richter mit bestimmten Aufgaben zu betrauen. Hier beruht die Kritik auf einer Überinterpretation unionsrechtlicher Vorgaben. Im Lichte des in Art. 104 GG verankerten Richtervorbehalts für Verhaftungen kann man die EuGH-Judikatur nur begrüßen.

5.2 *Zur Sekundärrechtssetzung*

Hier stellt sich vor allem die Kompetenzfrage. Politisch betrachtet geht es durchweg auch um die Sicherung der Grundwerte der Union, für die das Unionsrecht aber keine als solche einschlägige Kompetenzgrundlage bereithält. Dabei wirft die Konditionalitätsverordnung am wenigsten Fragen auf. Dass die Vergabe von Finanzmitteln besonderen rechtsstaatlichen Anforderungen unterliegt, ist naheliegend und vom EuGH daher auch überzeugend bestätigt worden.[45] Zweifeln kann man nur an der überschießenden, aber operativ folgenlosen Bestimmung des Art. 2 der Konditionalitätsverordnung.[46]

Problematischer sind die auf Art. 114 AEUV gestützten Akte. Dabei ist die in den Erwägungsgründen des Medienfreiheitsaktes angesprochene nationale Segmentierung des Medienmarktes sicher real. Ursächlich dafür sind jedoch nicht

[43] Zu Art. 10 als Konkretisierung von Art. 2 EUV siehe auch EuGH, Urt. v. 19.12.2019, *Junqueras Vies*, C-502/19, Rn. 63; EuGH, Urt. v. 14.7.2022, *Kommission/Polen*, C-207/21 P, Rn. 81.

[44] EuGH, Urt. v. 27.5.2019, *OG*, C-508/18, Rn. 44, 49.

[45] EuGH, Urt. v. 16.2.2022, *Ungarn/EP und Rat*, sowie *Polen/EP und Rat*, C-157/21.

[46] Kritisch dazu Nettesheim (2024), S. 278.

nationale Handelshemmnisse, sondern vielmehr sprachliche und sachliche Hürden: die Gegenstände der Medienberichterstattung sind überwiegend national geprägt. Grenzüberschreitende Bezüge gibt es allerdings bei den Eigentumsstrukturen von Medien. Insoweit gibt es in etlichen Mitgliedstaaten teils direkt, teils – wie die Vergabe von Werbeaufträgen durch die Regierung – indirekt wirkende Instrumente mit Binnenmarktrelevanz. In der Begründung für den Vorschlag wird hierauf überdeutlich hingewiesen. Soweit die Mitgliedstaaten ihr Verhalten rechtfertigen, wird dann eine „mediale Souveränität" und der Schutz vor medialer Fremdbestimmung angeführt, die in einer freiheitlichen Ordnung Zweifel aufwerfen, allerdings nichts mit dem Binnenmarkt zu tun haben.

Art. 114 AEUV gestattet nicht nur unmittelbar wirtschaftsrelevante Normen, sondern auch eine umfassende Regelung aller potenziell für den Binnenmarkt relevanter Fragen. Dies zeigt schon dessen Absatz 3.[47] Fraglich ist allerdings die Eignung der Regelungen, Marktzugangsbeschränkungen zu begrenzen. Inhaltlich kann man allenfalls in Teilen an national anerkannte Regelungskonzepte anknüpfen; insbesondere auch die privaten Medien im Blick behaltende Stellen sind konzeptionell neu.

Die auf Art. 81 AEUV gestützte Anti-SLAPP-Richtlinie soll nicht grenzüberschreitende Klagen erleichtern, sondern diese verhindern. Die Richtlinie ist in ihrem Anwendungsbereich tatsächlich auf solche Klagen beschränkt. Der von Art. 81 Abs. 2 lit. f AEUV geforderten „reibungslosen Abwicklung von Zivilverfahren" dient sie dennoch nicht.

5.3 *Rechtsstaatsberichte*

In den Rechtsstaatsberichten werden ebenfalls eine ganze Reihe von Punkten angesprochen, die auf originärer Konkretisierung durch die Kommission beruhen, ohne dass sich insoweit klare Grundlagen in den nationalen Verfassungsordnungen finden.

6 Gesamtbewertung

Die Konkretisierung der in Art. 2 EUV verankerten Werte erfolgt zwar nicht immer akzessorisch zu konkreter Unionsaktion. Zum Teil sind überschießende Regelungen aber plausibel. Die Unabhängigkeit der Gerichte kann nur umfassend oder gar nicht bestehen, und im Bereich der Demokratie können zentrale Elemente wie Meinungsfreiheit oder das Recht auf eine faire Opposition ebenfalls nicht auf den Anwendungsbereich des Unionsrechts beschränkt werden.

Nichtsdestoweniger kennt Art. 2 EUV etliche Grenzen. Vielfach finden sich vertragsrechtliche Spezifikationen; eine isolierte Auslegung allein dieser Norm hat der

[47] Dazu Möstl (2002), S. 325; Classen (2025), Rn. 153 ff.

EuGH bisher nicht vorgenommen. Auch die normativ verankerte „Gemeinsamkeit" der Werte sowie die Pflicht zur Achtung nationaler Verfassungsstrukturen nach Art. 4 Abs. 2 EUV setzen der Konkretisierung Grenzen. Dementsprechend hat sich der EuGH bislang bei der Auslegung von Art. 2 EUV im Grundsatz auf den „Wertkern" beschränkt, der aus nationaler Perspektive keinen Grundsatzkonflikt auslösen sollte. Weitergehende werterelevante Konkretisierungen finden sich im Bereich des Sekundärrechts und der informellen Rechtsstaatsberichte. Kompetenzrechtlich bewegt sich die Union hier sicher formal auf einem schmalen Grat, und auch materiell ist die Legitimation überschaubar. Auch wenn insoweit bisher wohl ebenfalls keine größeren Konflikte erkennbar sind, ist diesbezüglich künftig Vorsicht geboten.

Literatur

Bast, J., & von Bogdandy, A. (2024). Grundlagenteil und Verfassungskern der EU-Verträge. *JZ, 79*(4), 115–125.

Bauerschmidt, J. (2024). Rechtsstaatlichkeit in der EU und Instrumente zu ihrer Verteidigung. *EuR, 59*(3), 300–321.

Böckenförde, E. W. (1976). *Staat, Gesellschaft, Freiheit*. Suhrkamp.

Bull, H. P. (2010). Die „völlig unabhängige" Aufsichtsbehörde. *Europäische Zeitschrift für Wirtschaftsrecht, 21*(13), 488–494.

Classen, C. D. (2021a). *Nationales Verfassungsrecht in der Europäischen Union* (2. Aufl.). Nomos.

Classen, C. D. (2021b). Finalität. In A. Hatje & P.-C. Müller-Graff (Hrsg.), *Europäisches Verfassungs- und Organisationsrecht* (2. Aufl., Bd. § 51, S. 2089–2140). Nomos.

Classen, C. D. (2024a). Art. 24. In P. M. Huber & A. Voßkuhle (Hrsg.), *Grundgesetz* (8. Aufl.). C.H. Beck.

Classen, C. D. (2024b). Ein zu großer Schritt in Richter europäische Harmonisierung der Justizverfassung? *JZ, 79*(15/16), 720–725.

Classen, C. D. (2025). Art. 114 AEUV. In H. von der Groeben, A. Hatje, J. Schwarze, & J. P. Terhechte (Hrsg.), *Europäisches Unionsrecht* (8. Aufl.). Nomos.

Gärditz, K. F. (2010). Europäisches Regulierungsrecht auf Abwegen. *AöR, 135*(2), 251–288.

Gärditz, K. F. (2019). Unionsrechtliches Ende der weisungsabhängigen Staatsanwaltschaft? *Zeitschrift für das gesamte Sicherheitsrecht, 2*(4), 133–139.

Hallstein, W. (1969). *Der unvollendete Bundesstaat*. ECON.

Harbarth, S., & Spielmann, C. (2023). Grundlagen und Grenzen der unionsrechtlichen Kontrolle der richterlichen Unabhängigkeit in den Mitgliedstaaten. *DVBl, 138*(19), 1177–1185.

Heuschling, L. (2002). *État de droit, Rechtsstaat, Rule of law*. LGDJ.

Huber, P. M. (2022). *Warum der EuGH Kontrolle braucht*. Sramek.

Ipsen, H. P. (1972). *Europäisches Gemeinschaftsrecht*. Mohr Siebeck.

Loughlin, M. (2007). Großbritannien. In A. von Bogdandy, P. Cruz Villalón, & M. Huber (Hrsg.), *Handbuch Ius Publicum Europaeum: Band I: Grundlagen und Grundzüge staatlichen Verfassungsrechts* (Bd. § 4, S. 217–272). C. F. Müller.

Majer, C. F., & Schwarz, K. A. (2024). Die Entschließung des Europäischen Parlaments zum Schutz vor sogenannten SLAPP-Klagen. *JZ, 79*(12), 545–550.

Mosler, H. (1951/52). Der Vertrag über die Europäische Gemeinschaft für Kohle und Stahl. *Zeitschrift für ausländisches öffentliches Recht und Völkerrecht, 14*(1), 1–45.

Möstl, M. (2002). Grenzen der europäischen Rechtsangleichung im Binnenmarkt. *Europarecht, 37*(3), 318–350.

Nettesheim, M. (2022). Die „Werte der Union". *Europarecht, 57*(5), 525–545.

Nettesheim, M. (2024). Die föderale Homogenitätsklausel des Art. 2 EUV. *Europarecht, 59*(3), 269–299.
Ophüls, C. F. (1951). Juristische Grundgedanken des Schumanplans. *NJW, 4*(8), 289–292.
Oppermann, T. (2005). Die Grenzen der Europäischen Union. In C. Gaitanides, S. Kadelbach, & G. C. Rodriguez Iglesias (Hrsg.), *Europa und seine Verfassung: Festschrift für Manfred Zuleeg zum siebzigsten Geburtstag* (S. 72–79). Nomos.
Schorkopf, F. (2020). Der Wertekonstitutionalismus der Europäischen Union. *JZ, 75*(10), 477–485.
Sommermann, K.-P. (1997). *Staatsziele und Staatszielbestimmungen*. Mohr Siebeck.
Sommermann, K.-P. (2020). Gemeinsame Werten der Union und der Mitgliedstaaten. In M. Niedobitek (Hrsg.), *Europarecht* (2. Aufl., Bd. § 3, S. 257–292). De Gruyter.
Sommermann, K.-P. (2021). Grundkonzepte des Rechtsstaates. In A. von Bogdandy, M. Huber, & L. Marcusson (Hrsg.), *Handbuch Ius Publicum Europaeum: Band IX: Verwaltungsgerichtsbarkeit in Europa: Gemeineuropäische Perspektiven und supranationaler Rechtsschutz* (Bd. § 144, S. 157–185). C. F. Müller.
Sommermann, K.-P. (2024). Art. 20. In P. M. Huber, & A. Voßkuhle (Hrsg.), *Grundgesetz* (8. Aufl.). C.H. Beck.
Wendel, M. (2011). *Permeabilität im Verfassungsrecht*. Mohr Siebeck.
Wittreck, F. (2015). Die Dritte Gewalt im Wandel. *VVStRL, 74*, 115–168.

Befreiungsstrategien aus der Regulierungsfalle

P. M. Huber

1 Problem und Lösungsansätze

Demokratie- und Rechtsstaat,[1] die Verwaltungsgerichtsbarkeit[2] und der Öffentliche Dienst[3] gehören zu den zentralen Arbeitsgebieten von Karl-Peter Sommermann. Sie waren und sind zugleich entscheidende Faktoren für den Erfolg der Bundesrepublik Deutschland als demokratischer Verfassungsstaat in den vergangenen 76 Jahren, aber auch Treiber von Verrechtlichung, Konstitutionalisierung, Subjektivierung und Individualisierung in einer immer weiter ausdifferenzierten Rechtsordnung. Das war und ist zunächst eine zivilisatorische Errungenschaft: Dem Leviathan sollten Fesseln angelegt werden, und das hat funktioniert. Mittlerweile stellt man allerdings fest, dass man des Guten vielleicht zuviel getan hat: Der Staat und seine „Trabanten“ i. w. S. – Europäische Union, Kreise und Gemeinden – gleichen mittlerweile dem gefesselten Gulliver im Lande Liliput. Wie aber bekommt man ihn wieder frei?

Peter M. Huber war nach Professuren in Augsburg, Jena und Bayreuth von 2002–2025 ordentlicher Professor an der Universität München, von 2009 bis 2010 Innenminister des Freistaats Thüringen und von 2010 bis 2023 Richter des Bundesverfassungsgerichts. Dort war er maßgeblich an zentralen Entscheidungen zu Fragen der europäischen Integration, des Wahlrechts und der föderalen Ordnung beteiligt. Sein Oeuvre beschäftigt sich mit Fragen des Europarechts, des Verfassungsrechts sowie des Verwaltungsrechts.

[1] Sommermann (2024), Rn. 63 ff. und 236 ff.

[2] Sommermann, Schaffarzik (2019).

[3] Sommermann, Krzywón, Fraenkel-Haeberle (2025).

P. M. Huber (✉)
München, Deutschland
E-Mail: peter.m.huber@jura.uni-muenchen.de

C. Fraenkel-Haeberle, B. Peters (Hrsg.), *Öffentliches Recht in transnationaler Perspektive*, https://doi.org/10.1007/978-3-662-72331-9_27

Montesquieu wird der Satz zugeschrieben, dass wenn es nicht notwendig ist, ein Gesetz zu erlassen, es notwendig ist, das Gesetz nicht zu erlassen. Diese Einsicht wird seit über 250 Jahren ignoriert. Im Gegenteil: Ca. 150.000 – nur bedingt aufeinander abgestimmte – Rechtsakte der Europäischen Union, 15.000 Vorschriften des Bundesrechts und etwa 8.000 Bestimmungen des Landesrechts machen es vollziehender Gewalt und Rechtsprechung, aber auch den Rechtsunterworfenen zunehmend unmöglich, das geltende Recht in angemessener Zeit zuverlässig zu ermitteln. Sie lassen den Vorrang des Gesetzes erodieren und machen aus Gesetz und Rechtsverordnung, Verordnung und Richtlinie – den vorrangigen Steuerungsinstrumenten des Rechtsstaats – Zufallsgeneratoren, deren Output kaum vorhergesagt werden kann. Das beeinträchtigt die Rechtssicherheit, ermuntert Entscheidungsträger, rechtliche Vorgaben beiseite zu lassen, stärkt die Macht der Richter[4] und verleitet Regierung und Verwaltung immer häufiger zu einem problematischen Attentismus.

Verstärkt wird dies – und das ist in gewisser Weise der Fluch des Rechtsstaats – durch einen Trend zu immer mehr Einzelfallgerechtigkeit, der Ausnahmen zur Regel und die Gestaltungsmacht der Richter auf Kosten des Gesetzgebers immer größer werden lässt. Auch wenn die grundrechtsorientierte Auslegung des Verwaltungsrechts und die flächendeckende Anwendung des Verhältnismäßigkeitsgrundsatzes zu den wichtigsten rechtsstaatlichen Errungenschaften der Nachkriegszeit gehören, haben sie doch ihren Preis. Denn sie fördern die immer stärkere Individualisierung der Rechtsordnung und erhöhen die Anforderungen an die Gewährung von Einzelfallgerechtigkeit. Praktisch schlägt sich dies etwa in salvatorischen Ausnahme- und Härtefallregelungen nieder, oft auch in einer verfassungskonformen – restriktiven – Auslegung der Gesetze. Das beeinträchtigt nicht nur die Steuerungskraft des Gesetzgebers, sondern auch die Leistungsfähigkeit der Verwaltung. Ausnahme- und Härtefallregelungen etc. erschweren den Vollzug eines Normprogramms, belasten ihn mit Unsicherheiten und können das Vertrauen in die Gleichmäßigkeit und Gerechtigkeit des Verwaltungshandelns gefährden. Vom Ausländer- und Asylrecht über das Planungs-, Wirtschafts- oder Umweltrecht bis zum Zivilrecht – kein Referenzgebiet ist vom Sog der Individualisierung verschont geblieben. Dazu trägt auch die offene Programmierung der Gesetze bei, die deren Vorgaben und Anforderungen tendenziell verunklart. Unter all dem leidet die Gleichheit vor dem Gesetz (Art. 3 Abs. 1 GG) und das Vertrauen in die Politik, weil Gesetzgeber, Regierung und Verwaltung zunehmend unfähig erscheinen, angekündigte Vorhaben auch umzusetzen.

Angesichts dieses Problembefundes liegen mögliche Befreiungsstrategien auf der Hand: eine Reduzierung der Normenfülle im nationalen wie im europäischen Kontext (2), ein Rückbau richterlicher Interventionsmöglichkeiten, wo diese über das verfassungsrechtlich Gebotene hinaus gehen (3), eine weitgehende Dekonstitutionalisierung des europäischen Sekundärrechts (4), stärkere Typisierungen (5) sowie der Rückbau gesellschaftlicher Selbststeuerung (6). Allerdings bedarf es dafür der Akzeptanz in der Gesellschaft (7).

[4] Vgl. dazu Cassese (2008), S. 31 ff.

2 Reduzierung der Normenfülle

2.1 Vetorecht des Justiz- bzw. Innenministers

Zunächst einmal empfiehlt es sich, auf Bundes- wie auf Landesebene durch prozedurale Vorkehrungen für eine bessere Kohärenz der Rechtsordnung zu sorgen. Insoweit wäre etwa in Anlehnung an Art. 112 GG an ein Vetorecht des Justiz- oder Innenministers zu denken, das immer dann zur Anwendung kommen sollte, wenn die Widerspruchsfreiheit der Rechtsordnung oder die Vollziehbarkeit von Gesetzen bedroht ist. Ein solches Vetorecht wäre ein schärferes Schwert als die nur homöopathische Befassung des Normenkontrollrates bei der Abfassung von Gesetzen.[5] Die Regierung erhielte damit zugleich einen besseren Überblick über ihr Regelungsarsenal und könnte dysfunktionale Entscheidungen und Ohnmachtserfahrungen besser vermeiden.

2.2 Kompetenzkontrolle der Europäischen Union

Angesichts der zum Normenbestand genannten Zahlen liegt es auf der Hand, dass es einer mengenmäßigen Begrenzung der Rechtsetzung auf der Ebene der EU bedarf. Insoweit würde eine wirksamere Kontrolle der Kompetenzverteilung zwischen Europäischer Union und Mitgliedstaaten erheblich dazu beitragen, dass die EU und ihre Mitgliedstaaten nicht noch weiter in die Regulierungsfalle rutschen. Der am 11. April 2024 in Kraft getretene *European Media Freedom Act*, mit dem 28 Zensurbehörden neu aus der Taufe gehoben werden, zeigt allerdings, wie man es nicht machen sollte.[6]

Gemäß Art. 19 Abs. 1 Satz 2 EUV obliegt es vor allem dem Gerichtshof der Europäischen Union, über die Einhaltung der Kompetenzverteilung zwischen der EU und den Mitgliedstaaten zu wachen. In der Praxis entscheidet dieser allerdings regelmäßig und häufig ohne belastbare Gründe zugunsten der EU. In über 70 Jahren Rechtsprechung gibt es lediglich eine Hand voll Entscheidungen, die eine Verbandskompetenz der Europäischen Union und ihrer Vorläuferinnen verneint haben.[7] Das (hierarchische)

---

[5] Gesetz zur Einsetzung eines Nationalen Normenkontrollrates vom 14. August 2006 (BGBl. 2006, Teil I, S. 1866), zuletzt geändert durch Artikel 1 des Gesetzes vom 19. Juni 2022 (BGBl. 2022, Teil I, S. 920).

[6] VO (EU) 2024/1083 vom 11. April 2024 zur Schaffung eines gemeinsamen Rahmens für Mediendienste im Binnenmarkt und zur Änderung der Richtlinie 2010/13/EU (Europäisches Medienfreiheitsgesetz, EMFA).

[7] Vgl. EuGH, Urt. v. 23.4.1986, *Les Verts (Parteienfinanzierung)*, C-294/83, Rn. 51 ff.; EuGH, Urt. v. 9.7.1987, *Deutschland u. a. gegen Kommission und Parlament*, Verb. Rs. C-281, 284–285 und 287/85, Rn. 9 ff., 36; EuGH, Urt. v. 5.10.2000, *Deutschland gegen Parlament und Rat*, C-376/98, Rn. 76 ff. –, mit anderem Ergebnis jedoch EuGH, Urt. v. 12.12.2006, *Deutschland gegen Parlament und Rat (Tabakwerbung)*, C-380/03, Rn. 36 ff.; EuGH, Urt. v. 30.5.2006, *Parlament gegen Kommission*, C-317/04, C-318/04, Rn. 67. In einer die Europäischen Schulen betreffenden Vorabentscheidung hat der Gerichtshof seine Zuständigkeit für die Auslegung der betreffenden Rechts-

Selbstverständnis des Gerichtshofs und die mitunter oberflächliche Art und Weise, wie er mit Vorlagen auch nationaler Verfassungs- und Höchstgerichte verfährt, verhindern insoweit allerdings eine Kompetenzkontrolle, die den Namen verdient.

Das aber erhöht die aus der Integrationsverantwortung (Art. 23 Abs. 1 GG etc.) abzuleitende Verpflichtung der Verfassungs- und Höchstgerichte, für eine effektive Einhaltung der Kompetenzordnung im Allgemeinen und der Grundsätze der begrenzten Einzelermächtigung (Art. 5 Abs. 1 Satz 1 und Abs. 2 EUV) sowie der Grundsätze der Verhältnismäßigkeit (Art. 5 Abs. 1 Satz 2 AEUV) und der Subsidiarität (Art. 5 Abs. 1 Satz 2 EUV) zu sorgen.[8]

3 Reduzierung der demokratischen Kompensationsfunktion der Rechtsprechung

Ein weiterer Ansatz für einen Ausweg aus der Regulierungsfalle bestünde, dort wo er über das verfassungsrechtlich Gebotene hinaus geht, in einem Rückbau des Rechtsschutzes. Zwar war und ist Politik gerade in Deutschland seit dem Mittelalter immer mehr als das (demokratische) Ringen um politische Mehrheiten, sondern immer

---

akte bejaht, für die Beantwortung von Einzelfragen, die einer Beschwerdekammer der Europäischen Schulen vorbehalten ist, dagegen verneint; siehe EuGH, Urt. v. 11.3.2015, *Oberto und O'Leary (Europäische Schulen München)*, C-464/13 u. a., Rn. 28 ff.

[8] Vgl. BVerfG, Beschl. v. 29.5.1974, *Solange I*, BVerfGE 37, 271, S. 279 f.; BVerfG, Beschl. v. 23.6.1981, *Eurocontrol I*, BVerfGE 58, 1, S. 30 f.; BVerfG, Beschl. v. 22.10.1986, *Solange II*, BVerfGE 73, 339, S. 375 f.; BVerfG, Beschl. v. 8.4.1987, *Kloppenburg-Beschluß*, BVerfGE 75, 223, S. 242; BVerfG, Urt. v. 12.10.1993, *Maastricht*, BVerfGE 89, 155, S. 190; BVerfG, Urt. v. 30.6.2009, *Lissabon*, BVerfGE 123, 267, S. 348 ff., 402; BVerfG, Beschl. v. 6.7.2010, *Ultra-vires-Kontrolle Honeywell*, BVerfGE 126, 286, S. 302; BVerfG, Beschl. v. 19.7.2011, *Anwendungserweiterung*, BVerfGE 129, 78, S. 99; BVerfG, Beschl. v. 14.1.2014, *OMT-Beschluss*, BVerfGE 134, 366, S. 384 Rn. 26; BVerfG, Beschl. v. 15.12.2015, *Identitätskontrolle*, BVerfGE 140, 317, S. 336 Rn. 40; BVerfG, Urt. v. 21.6.2016, *OMT-Programm*, BVerfGE 142, 123, S. 187 f. Rn. 120; BVerfG, Urt. v. 5.5.2020, *PSPP-Programm der EZB*, BVerfGE 154, 17, S. 89 f. Rn. 109; BVerfG, Urt. v. 23.6.2021, BVerfGE 158, 210, S. 240 Rn. 73; Königreich Belgien: Verfassungsgerichtshof, Entscheidung Nr. 62/2016 v. 28.4.2016, Rn. B.8.7.; für das Königreich Dänemark: Højesteret, Urt. v. 6.4.1998, I 361/1997, Abschn. 9.8.; Højesteret, Urt. v. 6.12.2016, I 15/2014; für die Republik Estland: Riigikohus, Urt. v. 12.7.2012, 3-4-1-6-12 –, Abs. Nr. 128, 223; für die Französische Republik: Conseil Constitutionnel, Entscheidung Nr. 2006-540 DC v. 27.7.2006, Rn. 19; Conseil Constitutionnel, Entscheidung Nr. 2011-631 DC v. 9.6.2011, Rn. 45; Conseil Constitutionnel, Entscheidung Nr. 2017-749 DC v. 31.7.2017, Rn. 9 ff.; Conseil d'État, Entscheidung Nr. 393099 v. 21.4.2021, Rn. 5; für Irland: Supreme Court of Ireland, 1987, *Crotty v. An Taoiseach*, I.R. 713, 783; Supreme Court of Ireland, 1989, *S.P.U.C. Ltd. v. Grogan*, I.R. 753, 765; für die Italienische Republik: Corte Costituzionale, Entscheidung Nr. 183/1973, Rn. 3 ff.; Corte Costituzionale, Entscheidung Nr. 168/1991, Rn. 4; Corte Costituzionale, Entscheidung Nr. 24/2017, Rn. 2; für Lettland: Satversmes tiesa, Urt. v. 7.4.2009, – 2008-35-01 –, Abs. Nr. 17; für die Republik Polen: Urt. v. 11.5.2005, – K 18/04 –, Rn. 4.1., 10.2.; Trybunał Konstytucyjny, Urt. v. 24.11.2010, – K 32/09 –, Rn. 2.1. ff.; Trybunał Konstytucyjny, Urt. v. 16.11.2011, – SK 45/09 –, Rn. 2.4., 2.5.; für das Königreich Spanien: Tribunal Constitucional, Erklärung vom 13.12.2004, DTC 1/2004; für die Tschechische Republik: Ústavní Soud, Urt. v. 31.1.2012, – 2012/01/31 – Pl. ÚS 5/12 –, Abschn. VII; für Kroatien: Ustavni Sud, Entscheidung v. 21.4.2015, – U-VIIR-1158/2015 –, Rn. 60.

auch Problembewältigung mit Hilfe des Rechts und der Gerichte. Die Bereitschaft, politische Konflikte durch rechtliche Regelungen einzuhegen und durch unabhängige Gerichte entscheiden zu lassen, ist hierzulande stärker ausgeprägt als anderswo, die Dritte Gewalt war insoweit nie „*en quelque facon nulle*".[9] Das prägt das politische und staatsrechtliche Denken bis heute,[10] wie sich etwa daran zeigt, dass die mit einem Normverwerfungsrecht ausgestattete Verfassungsgerichtsbarkeit im Gefolge von *Hans Kelsen* als „negative Gesetzgebung"[11] begriffen wird,[12] ohne dass damit ernsthafte Befürchtungen vor einem „*gouvernement des juges*" einher gingen. *Mutatis mutandis* gilt das auch für die Verwaltungsgerichtsbarkeit.

Der Akzent auf einem regelorientierten, politische Handlungsspielräume begrenzenden Funktionsverständnis des (öffentlichen) Rechts zwingt die Rechtsprechung damit in der Tat aber auch nicht selten in die Rolle einer struktureller Opposition zur Regierung und der sie tragenden Mehrheit im Parlament. Dieser – im US-amerikanischen Recht als „*countermajoritarian difficulty*" bezeichnete – Befund[13] lässt sich am Bundesverfassungsgericht besonders klar festmachen,[14] bis zu einem gewissen Grade aber auch an den Verfassungsgerichten der Länder, und – wie etwa das Ringen um Diesel-Fahrverbote, den Klimaschutzplan der Bundesregierung, die Einreise und Abschiebung abgelehnter Asylbewerber oder die COVID-19-Pandemie zeigen – an der Verwaltungsgerichtsbarkeit.[15] Daran gibt es im Grundsatz nichts zu erinnern.

3.1 Die „demokratische" Dimension des Rechtsschutzes

Allerdings liegt der Systementscheidung für den Individualrechtsschutz in Art. 19 Abs. 4 GG die für das Grundgesetz insgesamt prägende „liberale" Unterscheidung von Staat und Gesellschaft zugrunde,[16] d. h. die Vorstellung von Bürgerinnen und

---

[9] Montesquieu (1748), S. 80, mit Blick auf das Großbritannien des 18. Jahrhunderts.

[10] Vgl. dazuv Bogdandy (2003), S. 169 m.w.N.

[11] Zum Begriff beispielsweise Bettermann (1982), S. 91 ff.; Gusy (1985), S. 40 f.; zum Verfassungsgericht als negativer Gesetzgeber bereits Kelsen (1929), S. 56.

[12] Grabenwarter (2016), Rn. 101, 115 ff.; ablehnend zur Funktionsbeschreibung der Verfassungsgerichtsrechtsprechung als „negative Gesetzgebung" Wieland (2015), Rn. 27; ebenso Schlaich, Korioth (2018), Rn. 119 m.w.N.

[13] Bickel (1962), S. 16; Ghosh (2010), S. 327 ff; dazu auch Huber (2021), Rn. 42 iE m.w.N.

[14] Huber (2014), S. 38; für den US-amerikanischen Supreme Court Breyer (2010), S. 3 ff.

[15] Zu den Diesel-Fahrverboten vgl. nur BVerwG, Urt. v. 27.2.2018, *Luftreinhalteplan Düsseldorf*, 7 C 26/16; BayVGH, Beschl. v. 9.11.2018, *Zwangshaft Bayerische Staatsregierung*, 22 C 18.1718; zum Klimaschutzplan der Bundesregierung: OVG Berlin-Brandenburg, Urt. vom 30.11.2023, OVG 11 A 1/27; OVG Berlin-Brandenburg, Urt. v. 16.05.2024, Az. OVG 11 A 22/21, OVG 11 A 31/22; zum Asylrecht vgl. OVG Münster, Beschl. v. 15.8.2018, *Rückholung eines abgeschobenen Bewerbers aus Tunesien*, 17 B 1029/18; BayVGH, Beschl. vom 27.4.2020, *Öffnung von Einzelhandelsgeschäften mit mehr als 800 m² Verkaufsfläche*, 20 NE 20.793 –; OVG Saarlouis, Beschl. v. 27.4.2020, *Untersagung der Öffnung von Ladenlokalen mit mehr als 800 m² Verkaufsfläche wegen Corona-Pandemie*, 2 B 143/20 –; OVG Schleswig, Beschl. vom 24.4.2020, *Schließungsgebot für Outlet-Center*, 3 MR 9/20.

[16] Vgl. zu dieser Böckenförde (1972), S. 11.

Bürgern als gleichsam natürlichem Widerpart des Staates und seiner Verwaltung, deren Eingriffe in ihre Rechtssphäre sie mit Hilfe (verwaltungs-)gerichtlichen Rechtsschutzes abwehren oder auf das unbedingt Erforderliche beschränken können. Im Ausgangspunkt ist das mit Blick auf die grundgesetzliche Konzeption des Rechtsstaats unverändert richtig,[17] weil auch der demokratische Rechtsstaat mitunter zum „Leviathan" mutieren kann.[18]

Freilich nimmt sich die damit verbundene Rollenzuweisung an Bürgerinnen und Bürger, die sich, pointiert gesagt, um ihre Privatinteressen kümmern, die Sorge um das Gemeinwohl jedoch der „Obrigkeit" überlassen sollen, im *demokratischen* Rechtsstaat, in dem alle Staatsgewalt vom Volke ausgeht, unangemessen und überholt aus. In dieser Perspektive verweist die Systementscheidung für den Individualrechtsschutz den Bürger letztlich auf die Rolle des „*bourgeois*",[19] womit der als „Schlußstein des Rechtsstaats" gepriesene Art. 19 Abs. 4 GG eine weniger attraktive, obrigkeitsstaatliche Konnotation erhält. In deutlichem Gegensatz dazu dominiert in Frankreich hingegen die Vorstellung, (verwaltungs) gerichtliche Verfahren dienten auch oder gar in erster Linie der Gewährleistung des Legalitätsprinzips, sodass sich der Einzelne durch die Inanspruchnahme gerichtlichen Rechtsschutzes, dem Leitbild des „*citoyen*" entsprechend, legitimerweise auch um das Gemeinwohl sorgen kann und soll.[20]

Diese auch in Großbritannien[21] oder auf Ebene der Europäischen Union[22] geläufige Sicht hat mittlerweile auch in Deutschland dazu geführt, dass man sich dieser „demokratischen" Dimension des Rechtsschutzes ein Stück weit geöffnet hat bzw. – bei den Verbandsklagen im Umweltrecht – hat öffnen müssen. Damit hat sich auch die Sicht auf die der Verwaltungsgerichtsbarkeit zugewiesenen Funktion geändert,[23] die die demokratiespezifische Ventil- oder Kompensationsfunktion des (Verwaltungs-)Rechtsschutzes und seinen möglichen Beitrag zur Sicherung eines hinreichenden demokratischen Legitimationsniveaus staatlicher Entscheidungen grundsätzlich anerkennt.[24]

[17] Dazu Huber (2016a), S. 40.

[18] Schulze-Fielitz (1998), S. 95.

[19] Huber (2016b), S. 181 ff.

[20] Classen (1996), S. 13, 19; Mestre (2010), Rn. 76.

[21] Loughlin (2010), Rn. 13 f.; Spoerr (1991), S. 32 f.

[22] EuGH, Urt. v. 12.5.2011, *Trianel*, C-115/09; Masing (1997), passim.

[23] Rennert (2016), S. 185, spricht insoweit eher distanzierend von (vermeintlichen) „*Prokuratoren*" des Allgemeininteresses.

[24] Zur Pluralisierung der demokratischen Legitimationsvermittlung BVerfG, Beschl. v. 5.12.2022, *Lippeverband*, BVerfGE 107, 59, Rn.87 f., 92 ff.; BVerfG, Beschl. v. 24.5.1995, *Mitbestimmungsgesetz Schleswig-Holstein*, BVerfGE 93, 37, Rn. 67 f.; BVerfG, Urt. v. 18.1.2012, *Vitos Haina*, BVerfGE 130, 76, Rn. 124; BVerfG, Urt. v. 21.10.2014, *Rüstungsexport*, BverfGE 137, 185, S.232 f., Rn. 131; BVerfG, Urt. v. 2.6.2015, *Landesersuchen Bundespolizei*, BVerfGE 139, 194, S. 225, Rn. 107; BVerfG, Beschl. v. 13.6.2017, 2 BvE 1/15, juris, Rn. 87; BverfG, Urt. v. 7.11.2017, *Parlamentarisches Auskunftsrecht*, BVerfGE 147, 50, S. 127 f., Rn. 198; BVerfG, Urt. v. 30.7.2019, *Europäische Bankenunion*, BVerfGE 151, 202, S. 291 f., Rn. 130 f.

Das Bundesverfassungsgericht hat dies im Urteil zur Europäischen Bankenunion vom 30. Juli 2019 unter Anknüpfung an die Rechtsprechung des Gerichtshofs der Europäischen Union anerkannt und die gerichtliche Kontrolle von BaFin und Bundesbank ausdrücklich als ein Element bezeichnet, mit dem die mit der Unabhängigkeit der Behörden verbundenen Einflussknicke kompensiert werden könnten.[25] Wörtlich heißt es etwa mit Blick auf den Abwicklungsfonds SRM:
„Die genannten Vorkehrungen können die mit der Anordnung der Unabhängigkeit verbundenen Einflussknicke teilweise, wenn auch nicht vollständig kompensieren (…). In der Gesamtschau lassen sich die mit der Unabhängigkeit der BaFin im Rahmen des einheitlichen Abwicklungsmechanismus verbundenen Einflussknicke durch die angeführten legitimationssichernden Vorkehrungen so ausgleichen, dass eine Berührung der durch Art. 20 Abs. 1 und Abs. 2 in Verbindung mit Art. 79 Abs. 3 GG geschützten Grundsätze vermieden wird. Das setzt allerdings voraus, dass die einzelnen Vorkehrungen im Lichte des Demokratieprinzips ausgelegt und angewandt und die Möglichkeiten für eine demokratische Rückkoppelung an den Deutschen Bundestag ausgeschöpft werden."[26]
Eine dermaßen gewandelte Sicht auf einen demokratisch radizierten „*status procuratoris salutis publici*"[27] des Klägers vermag die objektiv-rechtlichen Dimension des Verwaltungsrechtsschutzes angemessen zu erfassen und seine integrative Wirkung dogmatisch zu reflektieren. Sie ermöglicht zudem einen bruchlosen Anschluss an unionsrechtliche Vorgaben.[28]

Dieser Funktionswandel des Rechtsschutzes hat jedoch praktische Folgewirkungen für die Verwaltungsgerichtsbarkeit: Er setzt der rechtsstaatlichen Bindung an Gesetz und Recht (Art. 20 Abs. 3 GG) und dem Auftrag der Rechtsschutzgarantie (Art. 19 Abs. 4 GG, Art. 6 EMRK, Art. 47 GRCh) einen potenziell kollidierenden Belang entgegen, nämlich für die bestmögliche Durchsetzung des demokratisch gesetzten Rechts zu sorgen (Art. 20 Abs. 1 und 2, Art. 23 Abs. 1 GG, Art. 4 Abs. 3 EUV). Das kann unter dem Blickwinkel der Einheit der Verfassung und der Widerspruchsfreiheit der Rechtsordnung den Richter dazu zwingen, Kompetenz- und Verfahrensfragen im unionalen wie nationalen Kontext größere Aufmerksamkeit zu schenken oder die Rechtsprechung zu Ermessens-, Planungs- und Regulierungsspielräumen der Verwaltung im Lichte des Demokratieprinzips zu überprüfen. Es kann Konsequenzen für den Umgang mit rechtwidrigem Verwaltungshandeln und den einschlägigen Heilungsvorschriften haben (§§ 45, 46

[25] BVerfG, Urt. v. 30.7.2019, *Europäische Bankenunion*, BVerfGE 151, 202, S. 336 f. Rn. 229, S. 361 f. Rn. 289 ff.

[26] BVerfG, Urt. v. 30.7.2019, *Europäische Bankenunion*, BVerfGE 151, 202, S. 361 f. Rn. 291 f., unter Hinweis auf EuGH, Urt. v. 9. 2010, *Kommission gegen Deutschland*, C-518/07, Rn. 45; Koch (2004), S. 130 f.; Masing (2006), S. 528; Wiedemann (2010), S. 48 f.; Couzinet (2011), S. 222; Ruffert (2011), S. 405; Ruthig (2014), S. 468 f.; Groß (2015), S. 112; v Lewinski (2015), S. 243, 330 f.; Spiecker (2010), S. 790; Michel (2015), S. 155, 224; Glauben (2017), S. 490.

[27] Rennert (2016), S. 185.

[28] Für den unionsrechtlichen Rechtsschutz selbst hält der Gerichtshof hingegen an seiner restriktiven Linie fest, EuGH, Urt. v. 15.7.1963, *Plaumann gegen Kommission*, C-25/62; EuGH, Urt. v. 22.11.2001, *Antillean Rice Mills gegen Rat*, C-451/98, Rn. 49 ff.; EuGH, Urt. v. 25.7.2002, *Unión de Pequeños Agricultores gegen Rat*, C-50/00, Rn. 44 f.; krit. Braun, Kettner (2003), S. 64 f.

VwVfG, §§ 214, 215 BauGB), für die Interpretation von Regelungen über die Rechts- und Fachaufsicht und auch für die Handhabung von § 42 Abs. 2 und § 113 Abs. 1 Satz 1 VwGO. Im Ergebnis kann es auch eine Absenkung individueller Schutzstandards bedeuten, wofür die Europäisierung des Verwaltungsrechts zahlreiche Beispiele bietet.[29]

Die demokratische Ergänzung des Rechtsprechungsauftrags ist damit aber auch geeignet, die Unterschiede zwischen Verwaltung und Verwaltungsgerichtsbarkeit ein Stück weit zu nivellieren und letztere in eine besondere Form der Rechtsaufsicht zu verwandeln. *Klaus Rennert* beschreibt dies mit Blick auf den Verwaltungsprozess klarsichtig, wenn er ausführt:

> „In dem Maße, wie Verwaltungsprozesse dieses Gepräge annehmen, verlieren sie ihre Unterscheidbarkeit vom Verwaltungsverfahren; dem Gericht obliegt nicht länger nur die punktuelle Nachprüfung, sondern eine zweite umfassende Gemeinwohlformulierung; und der Richter wird vom nachgängigen Urteiler selbst zum proaktiven Sozialgestalter. Er überschreitet dann seine Legitimationsgrundlagen; seine Entscheidungen sind nicht mehr allein Urteile in Streitsachen, sondern materielles Verwaltungshandeln."[30]

3.2 *Back to the Roots!*

Damit trägt ein „demokratisch" imprägnierter Rechtschutz zu einer weiteren Komplizierung der Rechtsordnung bei. Die Entdeckung der (Verwaltungs-)Gerichtsbarkeit als Medium der proaktiven Sozialgestaltung ist ein unionsrechtlich getriggerter, seit über 30 Jahren andauernder Megatrend, der die Justiz auf Kosten von Legislative und Exekutive weiter gestärkt hat. Dem kann man nur entkommen, wenn man sich auf die eigentliche Funktion der Gerichte und des Rechtsschutzes besinnt: auf die Gewährung effektiven Rechtsschutzes auf der Grundlage von Art. 19 Abs. 4 GG oder der Justizgewährungsgarantie aus Art. 2 Abs. 1 i. V. m. Art. 20 Abs. 3 GG durch unabhängige Richterinnen und Richter. Für eine solche Rückbesinnung bedarf es allerdings zum einen zahlreicher Änderungen im materiellen Recht; zum anderen setzt eine Rückführung bzw. ein Verzicht auf die „demokratische" Indienstnahme der Rechtsprechung durch Klagemöglichkeiten für Umwelt- und Verbraucherschutzverbänden zumindest völkerrechtliche und unionsrechtliche Änderungen voraus. Zwar ist diese weder verfassungsrechtlich noch primärrechtlich geboten und existiert auch erst seit den 1990er-Jahren; soweit sie ihre Grundlage etwa in der Aarhus-Konvention oder im unionalen Sekundärrecht haben, müssten diese jedoch gekündigt bzw. geändert werden.

---

[29] BVerfG, Beschl. v. 15.12.2015, *Identitätskontrolle I*, BVerfGE 140, 317, S. 335 ff. Rn. 34 ff.; BVerfG, Beschl. v. 19.12.2017, *EMRK-Haftbedingungen*, BVerfGE 147, 364, S. 383 ff. Rn. 48 ff.; EuGH, Urt. v. 26.2.2013, *Melloni*, C-399/11; EuGH, Urt. v. 5.4.2016, *Aranyosi und Căldăraru*, C-404/15 und C-659/15 PPU; EuGH, Urt. v. 20.3.1997, *Land Rheinland-Pfalz gegen Alcan Deutschland*, C-24/95; EuGH, Urt. v. 21.9.1983, *Deutsche Milchkontor*, C-205/82, Rn. 30 ff.; EuGH, Urt. v. 12.5.1998, *Steff-Houlberg*, C-366/95, Rn. 15; EuGH, Urt. v. 16.7.1998, *Oehlmühle*, C-298/96, Rn. 24; BVerwG, Urt. v. 17.2.1993, BVerwGE 92, 81, S. 87; BVerwG, Beschl. v. 28.9.1994, NVwZ 1995, 703, S. 706; BVerwG, Urt. v. 24.7.2014, NVwZ-RR 2015, 21, S. 22 Rn. 32.

[30] Rennert (2016), S. 187.

4 Dekonstitutionalisierung des sekundärrechtlichen Besitzstandes

Gewinn für die Befreiung aus der Regulierungsfalle verspricht darüber hinaus eine Dekonstitutionalisierung des gemeinschaftlichen Besitzstandes, des sog. *acquis communautaire*, im Sekundärrecht der Europäischen Union Dieses ist angesichts der Tendenz des EuGH, auch nachrangige Regelungen als Ausdruck allgemeiner Rechtsgrundsätze zu überhöhen, für den europäischen Gesetzgeber, d. h. für Kommission, Rat und Parlament, zunehmend unantastbar, weil primärrechtlich imprägniert. Das ist ein Irrweg, den allerdings vermutlich nur durch eine Begrenzung der Zuständigkeiten des EuGH erreichen kann:

Das Primärrecht der EU enthält eine Fülle von abstrakten Grundsätzen und Prinzipien, allgemeinen Zielvorgaben und Entscheidungsspielräumen, die nicht ohne Weiteres erkennen lassen, was sich der Vertragsgeber darunter konkret vorgestellt hat. Zudem werden die Verträge (EUV und AEUV) vom Gerichtshof und den anderen EU-Organen als *„living instruments"* begriffen, mit der Folge, dass es für ihre Auslegung und Anwendung weniger auf den in 24 authentischen Sprachen (Art. 55 EUV) abgefassten Text ankommt, sondern darauf, was die Verwirklichung der Ziele der EU nach Auffassung der Kommission oder des Gerichtshofs unter den politischen und wirtschaftlichen Bedingungen des Tages zu fordern scheint.[31] Das eröffnet der Kommission, vor allem aber den unionalen Richterinnen und Richtern einen schier grenzenlosen Entscheidungsspielraum, der durch die institutionellen Bedingungen der EU und die Organisation des Gerichtshofs noch vergrößert wird: das Einstimmigkeitserfordernis (Art. 48 EUV) macht es dem Vertragsgeber praktisch unmöglich, eine missliebige Rechtsprechung zu korrigieren, und Rechtssachen wie etwa die *Bananenmarktordnung*[32] und *Pupino*,[33] das zweite Gutachten zum EMRK-Beitritt der EU,[34] die jüngste Entscheidung zur Unionsbürgerschaft oder der – auf Betreiben des Gerichtshofs erfolgte[35] – Verzicht auf die in Art. 257 AEUV eigentlich vorgesehenen Fachgerichte zeigen, dass, selbst dies den Gerichtshof nicht unbedingt bindet.

Darüber hinaus erschwert das Initiativmonopol der Kommission die Abänderung des Sekundär- und Tertiärrechts, was zu einer Versteinerung des Unionsrechts und der diesbezüglichen Rechtsprechung führt.[36]

---

[31] Grimm (2015), S. 328 ff.

[32] EuGH, Urt. v. 5.10.1994, *Bananenmarktordnung*, C-280/93.

[33] EuGH, Urt. v. 16.6.2005, *Pupino*, C-105/03.

[34] EuGH, Gutachten 2/13 v. 18.12.2014, *EMRK-Beitritt II*; zuvor bereits EuGH, Gutachten 2/94 v. 28.3.1996, *EMRK-Beitritt I*.

[35] Huber (2018), Rn. 2 m.w.N.

[36] Grimm (2016), S. 18, 41; Scharpf (2010), S. 100; Messerschmidt (2011), S. 29 ff.; vgl. bereits Cappelletti, Seccombe, Weiler (1985), S. 40.

5 Reduzierung der Einzelfallgerechtigkeit

Eine weitere Ursache für die mangelnde Beweglichkeit unserer Rechtsordnung ist die Entwicklung zu immer mehr Einzelfallgerechtigkeit. Individualisierung und der Trend zu immer mehr Einzelfallgerechtigkeit prägen unsere Rechtsordnung seit 1949. Vehikel dazu waren und sind die Etablierung der Verfassungsgerichtsbarkeit, die umfassende Konstitutionalisierung der Rechtsordnung und – damit einher gehend – eine Ausweitung und Perfektionierung des gerichtlichen Rechtsschutzes,[37] die Entfaltung der Grundrechte, die Rekonstruktion des (einfachen) Rechts in ihrem Lichte und – konsequenterweise – auch die kontinuierliche Ausweitung subjektiver öffentlicher Rechte.[38] Dogmatische Figuren wie die System- und Folgerichtigkeit haben zusätzlich dazu beigetragen, dass sich Gesetzgeber und Verwaltung heute in einem Regelungsgeflecht verfangen haben, das an die Laokoon-Gruppe in den Vatikanischen Museen erinnert.

Entkommen kann man dem nur durch ein rigorose Rückbesinnung darauf, dass der Gesetzgeber in einer sozialen Marktwirtschaft eigentlich „nur" für einen verlässlichen Rahmen zuständig ist und nicht für ihre Detailsteuerung, für das Wohl der Allgemeinheit und nicht für die Bedienung der Klientelen der die Regierung stützenden Parteien. Es braucht daher wieder mehr allgemeine und abstrakte Regeln, die Ausnahmen nur dort zulassen, wo sie verfassungsrechtlich geboten sind. Deren Konkretisierung kann man – im Rahmen der Wesentlichkeitsdoktrin, die als Ausprägung des Rechts- wie des Demokratieprinzips (Art. 20 Abs. 1 bis 3 GG) nicht zur Disposition steht – dem Verwaltungsvollzug überlassen.

Ein solcher Verzicht auf eine legislative Detailsteuerung und eine Beschränkung von Ausnahmen auf das grundrechtlich Unabweisliche setzen freilich auch einen Verzicht auf Interessen- und Klientelpolitik und einen grundlegenden Mentalitätswechsel bei den politischen Akteuren wie auch in der Gesellschaft voraus. Ein solcher wird nicht von heute auf morgen gelingen. Bereichsspezifische Versuche einer stärkeren Typisierung und Pauschalierung in einzelnen Referenzgebieten sind aber möglich, wie etwa das Beispiel der Pendlerpauschale im EStG zeigt.

6 Abbau gesellschaftlicher Selbstregulierung und Wiederausbau der staatlichen Erfüllungsverantwortung

Mit der Privatisierungswelle der 1990er-Jahre ging der – mittlerweile weitgehend widerlegte – Gedanke einher, dass die Wirtschaft Güter und Dienstleistungen kostengünstiger zur Verfügung stellen könne, als die öffentliche Hand. Da der Rückzug des Staates aus der Erfüllungsverantwortung aber keine Einbußen an Qualitätsstandards für die Gesellschaft haben sollte, erfand man die Gewährleistungsverantwortung, die den Staat verpflichten sollte, durch die Regulierung vorhandener

[37] V Bogdandy, Huber (2010), Rn. 60 f.

[38] Einen gewissen Abschluss fand diese Entwicklung mit der Wiedervereinigung. Zu den letzten, im Kern dem subjektiven öffentlichen Recht gewidmeten Habilitationsschriften vgl. Huber (1991); Schmidt-Preuß (1992).

und neu zu schaffender Märkte den gewünschten „*Output*" sicherzustellen. „Steuern statt Rudern" war in Anlehnung an ein Buch von Osborne und Gabler das Gebot der Stunde.[39] An die Bürokratie und die freiheitsverkürzende, mitunter einer Erdrosselung nahe kommende Belastung der Wirtschaft dachte man dabei nicht; Einwände und Warnungen wollte man nicht hören.

6.1 Eigenüberwachung – Ziele und Funktionsbedingungen

Am weitesten ging der Rückzug des Staates dort, wo die Überwachungspflichtigen zur Eigenüberwachung[40] verpflichtet wurden. Das Phänomen ist nicht neu, kannte das Öffentliche Wirtschaftsrecht doch schon immer unterschiedliche Formen der Eigenüberwachung. Seit 1989/1990 haben sie sich jedoch nahezu im gesamten Verwaltungsrecht ausgebreitet – vom Produktsicherheits-[41] über das Umwelt-, Medien- und Lieferkettenrecht und darüber hinaus.[42] Insbesondere im Datenschutzrecht oder bei der Finanzmarkregulierung[43] ist die Eigenüberwachung ein zentraler Baustein im Instrumentenkasten des regulierenden Gesetzgebers. Auch bei sozialen Netzwerken oder Cloud-Diensten kommt sie zum Einsatz.[44]

Eigenüberwachung der Überwachungspflichtigen wie die Einschaltung von Umweltgutachtern,[45] Konformitätsbewertungsstellen nach dem ProdSG oder die Kooperation von Banken und Behörden im Bereich der Geldwäschebekämpfung ist von der Beteiligung der Privaten an der Verwaltungstätigkeit der Behörde nicht immer klar abzugrenzen. Eine solche Abgrenzung ist jedoch erforderlich, weil sich eine Eigenüberwachung an rechtsstaatlichen Grundsätzen, den Grundrechten und dem Übermaßverbot messen lassen muss, während es bei der Einbindung Privater in behördliches Handeln in erster Linie um demokratische Legitimation und Effektivität des Verwaltungshandelns geht.

Die Gründe für den Ausbau der Eigenüberwachung sind vielfältig. Sie reichen vom Bestreben, die durch zunehmende Verflechtung und territoriale Begrenzung bedingten Steuerungsverluste der Verwaltung auszugleichen,[46] über die Kostenreduktion der Verwaltung[47] und ihre administrative Entlastung[48] bis zur Bewältigung

[39] Osborne, Gaebler (1992).

[40] Kritische Abschichtung des Begriffes: UGB AT, S. 294.

[41] Dazu Di Fabio (1996).

[42] Eifert (2006) S. 309 ff.; Schuppert (2000), S. 331 ff.; Rauch (2011), S. 175; zu § 19 a AtG unten Rn. 196.

[43] Augsberg (2016), S. 373.

[44] § 3 Abs. 2 Nr. 3 b), Abs. 6 NetzDG, dazu Schwartmann, Mühlenbeck (2020), S. 172; zur Übertragbarkeit auf Suchmaschinen Heilmann (2020), S. 166; Möslein, Omlor (2018), S. 242; zum Datenschutz, allerdings auf Grundlage der Rechtslage vor Inkrafttreten der DSGVO Martini (2016), S. 353.

[45] Siehe etwa Scherzberg (2006), S. 39 ff.

[46] Vgl. Di Fabio (1997), S. 238.

[47] Schuppert (2000), S. 379 f.

[48] Di Fabio (1997), S. 239 f.; Ukrow (2000), S. 1, 15.

besonderer Komplexitätserfordernisse,[49] dem Ausgleich staatlicher Informationsdefizite, der Aktivierung von Steuerungsreserven[50] und der Akzeptanzförderung bei den Betroffenen. Teilweise ist sie – wie bei der Medienregulierung – sogar verfassungsrechtlich indiziert. Mit ihr soll das Normbefolgungsinteresse der Überwachten erhöht und mit dem Gemeinwohl verknüpft werden.[51]

Im Schrifttum ist die Eigenüberwachung deshalb überwiegend positiv konnotiert: Sie sei ein Anwendungsfall praktizierter Subsidiarität,[52] eine Ausprägung des Kooperationsprinzips und Ausdruck einer generellen Abkehr von der klassisch imperativen Zweckverwirklichung der Verwaltung hin zu einer arbeitsteiligen Gemeinwohlkonkretisierung durch Private und Staat.[53] Sie trete neben die punktuelle Intervention des Staates als Ausdruck einer „*good governance*", einer kontextualen Steuerung durch staatliche Rahmensetzung und sei eine „regulierte Selbstregulierung",[54] bei der die Betroffenen staatlich definierte öffentliche Zwecke auf eigene Kosten und in der Funktionslogik ihres jeweiligen Handlungssystems selbst verwirklichten.[55] Damit werde „eine öffentliche Aufgabe von gesellschaftlichen Kräften außerstaatlich, insbesondere innerhalb des Marktes, in organisierter Form übernommen [...], wobei der Staat ein konkretes Interesse an der Erfüllung hat, die Organisationen stützt und auf diese substantiell einwirkt."[56]

Eigenüberwachung der Überwachungspflichtigen statt hoheitlicher Überwachung durch den Staat ist auf den ersten Blick in der Tat ein Stück Freiheitsgewinn und insoweit privatnützig.[57] Im Idealfall kann sie den typischerweise vom Überwachungspflichtigen zu tragenden Aufwand für behördliche Überwachungsmaßnahmen reduzieren, und damit auch das mit der staatlichen Überwachung verbundene Konfliktpotenzial. Eine effektive Eigenüberwachung kann auch Haftungsfälle vermeiden. Mit der Eigenüberwachung sind allerdings umfangreiche Pflichten verbunden, die vor allem für kleinere Unternehmen eine Herausforderung darstellen und sie faktisch häufig mehr belasten als die klassische Überwachung durch Behörden. Dies kann auch zu Rechtsunsicherheit führen. Sofern etwa die Einbeziehung sachverständiger Dritter nicht mehr durch die Behörde, sondern durch die Überwachungspflichtigen selbst erfolgt, werden ihnen nicht nur potenzielle Amtshaftungsansprüche gegen den Verwaltungsträger abgeschnitten;[58] sie haften nach dem Rechtsgedanken des § 278 BGB auch für das Fehlverhalten der Dritten.

---

[49] Augsberg (2016), S. 375 f.

[50] Kritisch Di Fabio (1997), S. 238 f.

[51] Huber (2001), S. 95.

[52] Stober, Korte (2019), § 29 Rn. 930.

[53] Schmidt-Preuß (1997), S. 162.

[54] Schmidt-Preuß (1997), S. 165. Zum Begriff der „regulierten Selbstregulierung" Voßkuhle (2001), S. 197; Hoffmann-Riem (2006), S. 449 ff.; Schulz, Held (2002).

[55] Di Fabio (1997), S. 238.

[56] Di Fabio (1997), S. 241.

[57] Kirchhof (1988), S. 97, 98, 100.

[58] BGH, Urt. v. 31.3.2016, BGH NJW 2016, S. 2656, 2658 Rn. 17 ff. – Sachverständige für Bausicherheit.

Einen Sonderfall zwischen Eigenüberwachung und Einbindung Dritter in die staatliche Überwachung stellt die Verpflichtung privater Anbieter von Leistungen zur Überwachung der Rechtskonformität des Verhaltens von Nutzern dar, wie sie etwa §§ 7 und 8 DDG bzw. der *Digital Services Act*[59] vorsehen. Man kann diese Konstellation als Eigenüberwachung (im weiteren Sinne) einordnen, weil sie das Unternehmen in seiner Tätigkeit – dem Anbieten eines sozialen Netzwerkes – betrifft und ihm die Abwehr von Gefahren, Risiken und Nachteilen aufgibt. Eine solche Inpflichtnahme Privater kann allerdings grundrechtliche Problemlagen wie das sog. Overblocking im Widerstreit zur Meinungsfreiheit verschärfen.[60]

Aus verfassungsrechtlicher Perspektive ist eine effektive Eigenüberwachung ohne ein Mindestmaß an verfahrensrechtlichen, Objektivität sichernden Vorkehrungen nicht denkbar. Sie erfordert grundsätzlich eine staatliche Regelung der überwachungspflichtigen Tatbestände und -standards, die normative Fixierung der gemeinsamen Verantwortung von Staat und Überwachungspflichtigen sowie ihre operative Aufteilung.[61] Durch organisations- und verfahrensrechtliche Vorkehrungen – Berichts- und Dokumentationspflichten, die Bestellung von Betriebsbeauftragten, die Einschaltung externer Dritter – kann der Eigenüberwachung ein gewisses Maß an Objektivität, Effektivität und Glaubwürdigkeit vermittelt werden.[62]

Versucht man die Formen der Eigenüberwachung[63] zu typisieren, so lassen sich Unternehmensorganisationspflichten (1), gesetzliche Pflichten zur Eigenüberwachung (2), Pflichten zur Einschaltung Dritter (3) und Auditierungsverfahren (4) unterscheiden.

6.1.1 Unternehmensorganisationspflichten

Mit Unternehmensorganisationspflichten hält der Staat die Überwachungspflichtigen zu kontinuierlichen Informations-, Lern- und Selbstkontrollen an, die sie zu einer Optimierung der ihnen obliegenden öffentlich-rechtlichen Pflichten veranlassen sollen.[64] Die Unternehmensorganisationspflichten sind insoweit in erster

[59] Verordnung (EU) 2022/2065 des Europäischen Parlaments und des Rates vom 19. Oktober 2022 über einen Binnenmarkt für digitale Dienste und zur Änderung der Richtlinie 2000/31/EG (Gesetz über digitale Dienste), Abl. EU vom 27.10.2022 Nr. L 277/1.

[60] Dazu statt vieler Eifert (2018), S. 54 ff.; Lang (2018), S. 220 jeweils m.w.N.; die zivilgerichtliche Rechtsprechung ist hier nicht einheitlich, vgl. OLG Dresden, Beschl. v. 8.8.2018, MMR 2018, S. 756, 759, das ein sog. virtuelles Hausrecht annimmt, ebenso OLG Karlsruhe, Beschl. v. 28.2.2019, MMR 2020, S. 52; strenger OLG München, Beschl. v. 24.8.2018, NJW 2018, S. 3115, 3116 und OLG München, Beschl. v. 17.9.2018, NJW 2018, S. 3119, 3120, wonach die Sanktionierung des Beitrags eines Nutzers nur dann vereinbar, wenn dieser die Grenzen zulässiger Meinungsäußerung überschreitet.

[61] Statt aller Berringer (2004), S. 66 ff.; Voßkuhle (2003), S. 270 ff.

[62] Zu diesem Gedanken allgemein Dederer (2021), Rn. 38, 43; kritisch zur Effektivität im Bereich der Finanzaufsicht Patz (2016), S. 127; Spindler (2001), S. 1045.

[63] Vgl. Schmidt-Preuß (1997), S. 193 mit Fn. 124; Huber (1999), S. 490.

[64] Schmidt-Preuß (1997), S. 192.

Linie „Überwachungsgaranten",[65] als Instrumente „reflexiver Steuerung" jedoch zugleich auch Vehikel für eine die Überwachung transzendierende Lenkung eines gesellschaftlichen Bereichs (*Governance*).

Zu den wichtigsten Unternehmensorganisationspflichten[66] gehört die Pflicht zur Bestellung von Betriebsbeauftragten. Sie dient dazu, die der staatlichen Überwachung obliegenden Aufgaben teilweise auf die Betriebe zu verlagern, die Kosten der behördlichen Ausübungsüberwachung zu senken sowie die mit der nachvollziehenden Amtsermittlung verbundenen Probleme zu begrenzen.[67] Vom Einsatz eines Beauftragten verspricht man sich eine Optimierung des Vorsorgeprinzips und angesichts der

> „hohen Eigenverantwortung des einzelnen oder des Unternehmens für den Umweltschutz und für die nachhaltige Entwicklung [. .] (auch) eine wichtige Motivationsfunktion".[68]

Unternehmensorganisationspflichten sind ein bewährter[69] und vielfältig verwendeter Bestandteil des Instrumentenkanons nicht nur *im Umweltrecht*[70] sowie ein Vehikel, „auf dem sich die Kontroll- und Überwachungsaufgabe vom staatlichen in den privaten Sektor bewegt hat".[71] Das Recht des betrieblichen Umweltschutzes kennt daher etwa Gewässerschutzbeauftragte (§§ 64 ff. WHG),[72] Strahlenschutzbeauftragte (§§ 43 ff. StrlSchV), Abfallbeauftragte (§§ 59 f. KrWG), Immissionsschutzbeauftragte (§§ 53 ff. BImSchG), Störfallbeauftragte (§§ 58 a ff. BImSchG) u. a. m. Diese sind ausschließlich Beauftragte des jeweiligen Betriebes. Bei diesem sind sie angestellt und befinden sich damit vollständig „im privaten Lager".[73] Sie sind grundsätzlich[74] weder Beliehene noch stehen sie sonst in einem Auftragsverhältnis zum Staat. Zu ihren Funktionen gehört die Überwachung der Einhaltung der Umweltgesetze innerhalb des Betriebes.[75] Sie sollen aber auch den „Umweltschutz" in die Firmenpolitik einbringen und die Entwicklung neuer Verfahrensweisen fördern.[76]

Das Institut des Betriebsbeauftragten hat auch in anderen Referenzgebieten Fuß gefasst. So kennt das Arzneimittelrecht den Stufenplan- und Informationsbeauf-

---

[65] Di Fabio (1997), S. 247.

[66] Vgl. Spindler (2001).

[67] Sanden (1999), § 5 Rn. 34.

[68] Sanden (1999), § 5 Rn. 34; ferner Huber (2001), S. 92 f.

[69] Kloepfer (2016), § 5 Rn. 428.

[70] Fischer (1996), S. 22 ff.; Kloepfer (2016), § 5 Rn. 150, 422 ff.

[71] Schuppert (2000), S. 333.

[72] Vgl. Rehborn, Rehborn (1999), S. 363 ff.

[73] Kloepfer (2016), § 5 Rn. 425; Schuppert (2000), S. 334.

[74] Für den Strahlenschutzbeauftragten, der mit der Leitung und Beaufsichtigung bestimmter überwachungspflichtiger Tätigkeiten betraut ist und bei unmittelbar drohenden Gefahren eigenständig verbindliche Anordnungen treffen kann, gilt das freilich nur mit Einschränkungen; vgl. Kloepfer (2016), § 5 Rn. 426.

[75] Nach § 52 Abs. 2 S. 3 BImSchG und § 101 Abs. 1 S. 3 WHG haben die Überwachungspflichtigen die entsprechenden Umweltschutzbeauftragten auf Verlangen der Behörde allerdings zu Überwachungsmaßnahmen hinzuzuziehen.

[76] Kloepfer (2016), § 5 Rn. 423.

tragten (§§ 63a, 74 a AMG), das Medienrecht den Jugendschutzbeauftragten (§ 7 JMStV)[77] und das Sozialrecht die Schwerbehindertenvertretung (§§ 176 ff. SGB IX). Sie ist in allen Betrieben zu wählen, in denen mindestens fünf schwerbehinderte Menschen nicht nur vorübergehend beschäftigt sind und wacht darüber, dass die zugunsten schwerbehinderter Menschen bestehenden Bestimmungen und Verpflichtungen beachtet werden (§ 178 Abs. 1 S. 2 Nr. 1 SGB IX u. a.). Im Datenschutzrecht nimmt der betriebliche Datenschutzbeauftrage eine wichtige Rolle ein, auch wenn sein Aufgabenbereich nicht so groß ist, wie es der Entwurf der DSGVO zunächst vorsah.[78] Unternehmen, deren Kerntätigkeit in der Verarbeitung von bestimmten sensiblen Daten liegt, sind schon unionsrechtlich zur Benennung eines Datenschutzbeauftragten verpflichtet (Art. 37 Abs. 1 lit. b und c DSGVO). Die Mitgliedstaaten können diese Pflicht auf weitere Fälle erstrecken (vgl. Art. 37 Abs. 4 S. 1 Hs. 3 DSGVO), was der deutsche Gesetzgeber für den nicht-staatlichen Bereich in § 38 Abs. 1 BDSG auch getan hat. Die notwendigen Rahmenbedingungen seiner Tätigkeit einschließlich der Unabhängigkeit werden durch entsprechende organisatorische Vorgaben geschützt (Art. 38 DSGVO).

6.1.2 Gesetzliche Pflicht zur Eigenüberwachung

Das Verwaltungsrecht begründet darüber hinaus auch zahllose Pflichten zur Eigenüberwachung. Das gilt, um nur wenige Beispiele herauszugreifen, für die in § 19 a i. V. m. Anlage 4 AtG fixierte Pflicht zur Sicherheitsüberprüfung von Atomkraftwerken oder für Risikobewertungen nach § 6 Abs. 1 S. 1 GenTG. Für bestimmte Finanzdienstleistungsunternehmen finden sich vergleichbare Pflichten zur Überwachung ihrer Eigenmittelausstattung bzw. Solvabilität.[79]

Zur Eigenüberwachung kann man es auch rechnen, wenn den Unternehmen eine öffentlich-rechtliche Beobachtungspflicht hinsichtlich ihrer Tätigkeit und der von ihnen hergestellten Produkte auferlegt wird. In diesem Sinne verpflichtet etwa § 16c Abs. 1 GenTG diejenigen, die Produkte mit gentechnisch veränderten Organismen (GVO) in Verkehr bringen, auch nach dem Inverkehrbringen zu deren „Beobachtung", um mögliche Auswirkungen auf die Schutzgüter des Gentechnikgesetzes – Leben, Gesundheit, Umwelt, Tiere und Pflanzen – zu ermitteln. Anders als bei der adressatenlosen Beobachtung durch die Verwaltung geht es hier um eine personalisierte Pflicht im Überwachungsrechtsverhältnis zwischen Staat und Überwachungspflichtigen, die im Rahmen der staatlichen Gewährleistungsverantwortung notfalls mit den Instrumenten des Verwaltungszwangs durchgesetzt werden kann.

---

[77] Scheuer (2006), S. 310; Mynarik (2006), S. 94 ff., 267.

[78] Heberlein (2019), S. 19; Baumgartner, Hansch (2019), S. 99.

[79] Für Kreditinstitute: CRR-VO i. V. m. Verordnung zur angemessenen Eigenmittelausstattung von Instituten, Institutsgruppen, Finanzholding-Gruppen und gemischten Finanzholding-Gruppen (Solvabilitätsverordnung – SolvV) vom 6. Dezember 2013, BGBl. 2013, Teil I, S. 4168; für Versicherungsunternehmen: §§ 89 ff. VAG sowie RL 2009/138/EG des Europäischen Parlaments und des Rates vom 25. November 2009 betreffend die Aufnahme und Ausübung der Versicherungs- und der Rückversicherungstätigkeit (Solvabilität II), Abl. Nr. L 335, S. 1.

Zur Eigenüberwachung kann man schließlich auch die Zertifizierung von Produkten durch die Hersteller selbst rechnen. So ordnet etwa § 9 Abs. 2 MPG i. V. m. § 3 Abs. 1 MPV an, dass die Konformitätsbewertung von Medizinprodukten durch den Hersteller erfolgt. Das allgemeine Produktsicherheitsrecht (§§ 9 Abs. 1 Nr. 3, 7 ProdSG) sieht Vergleichbares vor, sofern keine spezialgesetzlichen Vorschriften eingreifen.[80]

6.1.3 Verpflichtung zur Einbeziehung Dritter

Um Effektivität und Belastbarkeit der Eigenüberwachung sicherzustellen, verpflichten eine Reihe von Fachgesetzen die Überwachungspflichtigen ferner, Dritte in die Eigenüberwachung einzubeziehen und entsprechende Werk- bzw. Dienstleistungsverträge mit ihnen abzuschließen. Das gilt etwa bei der Qualitätssicherung im Sozialrecht, und – soweit es sich nicht um Beliehene handelt – bei der Zertifizierung von Produkten, Dienstleistungen und Unternehmen durch private Zertifizierungsstellen. Die Verpflichtung zur Einbeziehung Dritter in die Eigenüberwachung ist heute weit verbreitet[81] und soll die staatliche Überwachung effektivieren und erleichtern.[82] Es gilt für die Prüfung von Kapitalgesellschaften und Konzernen durch Wirtschaftsprüfer (§§ 316 ff. HGB), die Zertifizierung nach dem Bauordnungsrecht (Art. 22 f. BayBO) oder dem Produktsicherheitsrecht (§ 9 Abs. 2 MPG i. V. m. § 3 Abs. 2 MPV; Art. 4 Abs. 2 i. V. m. 8 Abs. 2, 3 Bauprodukte-VO). Auch das Wasserrecht beschränkt den Einbau, die Aufstellung, Instandhaltung, Instandsetzung und Reinigung von Anlagen zum Umgang mit wassergefährdenden Stoffen (§ 62 WHG), vorbehaltlich eigener Fachkunde, auf Fachbetriebe, die der Zertifizierung durch eine Sachverständigenorganisation oder Güte- und Überwachungsgemeinschaft gemäß § 62 AwSV bedürfen. Aus dem landwirtschaftlichen Subventionswesen ist Vergleichbares bekannt.[83]

6.1.4 Auditierung und Freiwillige Selbstkontrolle

Am losesten ist der Bezug zur Staatsaufgabe der Überwachung schließlich dort, wo die Einschaltung privater Dritter freiwillig ist, das Gesetz sie lediglich fördert und privilegiert. Das gilt insbesondere für Auditierungsverfahren, das Qualitätsmanagement sowie sonstige (freiwillige) Zertifizierungen unter Beteiligung staatlicher Stellen und Einrichtungen der Freiwilligen Selbstkontrolle.

6.1.4.1 EMAS Das Umwelt-Audit-System (EMAS) hat eine Auditierung aller Unternehmen und Organisationen zum Gegenstand, die ihre Umweltleistung ver-

---

[80] Vgl. auch Wende (2021), Rn. 3.

[81] Röhl (2000), S. 13 ff.

[82] Pünder (2022), Rn. 54.

[83] BVerwG, Urt. v. 6.11.1986, *Subventionsbetreuer*, BVerwGE 75, 109 ff.

bessern möchten (Art. 1, 4 EMAS-VO).[84] Sie erfolgt durch Umweltgutachter und zielt auf die Implementierung eines Umweltmanagementsystems,[85] das zunächst der Eigenüberwachung der Überwachungspflichtigen dient, darüber hinaus aber auch der ökologischen Verhaltenslenkung.[86] Von Anfang an war es erklärtes Ziel von EMAS, die betriebliche Eigenverantwortung bei der Durchsetzung des Umweltrechts zu stärken und die Belange des Umweltschutzes über bestehende Pflichten hinaus zu optimieren.[87]

Die Teilnahme an EMAS ist freiwillig.[88] Es ist ein Angebot an private und öffentliche Unternehmen. Sie, nicht die Verwaltung, entscheiden über die Teilnahme und bezahlen die eingesetzten Umweltgutachter, die damit gewissermaßen auch in ihrem „Lager" stehen. Die Teilnahme ist mit gewissen Privilegierungen bzw. Privilegierungsmöglichkeiten bei umweltrechtlichen Anzeige- und Mitteilungspflichten verbunden (§ 58e BImSchG, § 24 WHG und § 61 KrWG i. V. m. EMAS-Privilegierungs-Verordnung), was Rückwirkungen auf die Art und Weise der staatlichen Überwachung hat. In Grenzen ist auch eine Privilegierung bei Vergabe öffentlicher Aufträge möglich.[89] Die Registrierung nach Art. 13 EMAS-VO berechtigt zur Verwendung des EMAS-Logos und dokumentiert die Teilnahme am EMAS. Von den Unternehmen in Deutschland wird dieses – anders als von der Verwaltung – allerdings nur wenig genutzt.[90]

Dem EMAS mehr oder weniger nachgebildete Formen der Auditierung finden sich auch in anderen Bereichen. So regelt etwa Art. 42 DSGVO die Möglichkeit eines datenschutzspezifischen Zertifizierungsverfahren, in dem (Daten-)Verantwortliche oder Auftragsverarbeiter ihre Verarbeitungsvorgänge durch unabhängige und akkreditierte Zertifizierungsstellen (Art. 43 DSGVO) prüfen und bewerten lassen sowie das Ergebnis der Prüfung veröffentlichen können.

6.1.4.2 Medienrecht Eng mit der Auditierung verwandt ist ferner die Freiwillige Selbstkontrolle im Jugendmedienschutz (EFS).[91] Die Einschaltung der EFS ist – wie schon die Bezeichnung nahelegt – ebenfalls freiwillig. Sie bewirkt jedoch, dass die hoheitliche Überwachung durch die Landesmedienanstalten und die Kommission für Jugendmedienschutz (KJM) auf eine Missbrauchskontrolle zurückgenommen

---

[84] VO (EG) Nr. 1221/2009 des Europäischen Parlaments und des Rates vom 25. November 2009 über die freiwillige Teilnahme von Organisationen an einem Gemeinschaftssystem für Umweltmanagement und Umweltbetriebsprüfung und zur Aufhebung der VO (EG) Nr. 761/2001, sowie der Beschlüsse der Kommission 2001/681/EG und 2006/193/EG, Abl. L Nr. 342/1.

[85] Ewer (2003), Rn. 104 zur Übernahme des Umweltmanagementsystems von Abschn. 4 ISO 14001.

[86] Zum rechtlichen Rahmen des EMAS Huber, Wollenschläger (2005), S. 213 f.

[87] Köck (1996), S. 646 ff.

[88] Ewer (2003), Rn. 106.

[89] Huber, Wollenschläger (2005), S. 212 ff.

[90] Hoffmann (2014), S. 81.

[91] Groß (2004), S. 1393 ff.

wird. Im Verwaltungsrecht bislang einzigartig bestimmt § 20 Abs. 3 S. 1 JMStV insoweit:

> „Tritt die KJM an einen Rundfunkveranstalter mit dem Vorwurf heran, er habe gegen Bestimmungen dieses Staatsvertrages verstoßen, und weist der Veranstalter nach, dass er die Sendung vor ihrer Ausstrahlung einer anerkannten Einrichtung der Freiwilligen Selbstkontrolle im Rahmen Sinne dieses Staatsvertrages vorgelegt und deren Vorgaben beachtet hat, so sind Maßnahmen durch die KJM im Hinblick auf die Einhaltung der Bestimmungen zum Jugendschutz durch den Veranstalter nur dann zulässig, wenn die Entscheidung [. . .] der Freiwilligen Selbstkontrolle die rechtlichen Grenzen des Beurteilungsspielraums überschreitet."

Auch im Bereich der Kontrolle von journalistisch-redaktionell gestalteten Telemedien, die keine Online-Ausgaben von Druckerzeugnissen im dort definierten Sinne sind, sieht der MStV für die Einhaltung publizistischer Sorgfaltsstandards eine Absicherung durch anerkannte Einrichtungen der Freiwilligen Selbstkontrolle vor (§ 19 Abs. 3, Abs. 1 S. 2 MStV), sofern die Anbieter nicht dem Pressekodex und der Beschwerdeordnung des Deutschen Presserates unterliegen. Ganz freiwillig ist die Unterwerfung unter diese Selbstkontrolle aber deshalb nicht, weil Anbieter, die diese Möglichkeit nicht nutzen, der unmittelbaren Aufsicht der Landesmedienanstalt unterworfen werden.[92] Das wird aus verfassungsrechtlicher Sicht zum Teil kritisiert.[93]

6.1.4.3 ISO 14000, Umweltzeichen etc. Zur grundsätzlich freiwilligen Eigenüberwachung gehört ferner das Qualitätsmanagementsystem nach ISO 14000 ff., das sich auf die mit Produktionsprozessen und Dienstleistungen verbundenen Fragen des Umweltmanagements bezieht. Darunter fallen die Identifikation und Kontrolle der Auswirkungen auf die Umwelt, die Verbesserung der Umweltverträglichkeit und eine Systematisierung der umweltrelevanten Zielsetzungen. Weitgehend deckungsgleich mit den Anforderungen der VO (EG) Nr. 1221/2009 (EMAS), kann sich ein Unternehmen die korrekte Anwendung der ISO 14001 durch eine unabhängige Zertifizierungsstelle bestätigen lassen und damit im Geschäftsverkehr werben.[94]

Ebenfalls zur freiwilligen Optimierung von Umweltstandards beitragen sollt die Vergabe von bestimmten Siegeln oder Zeichen, wie der bereits in den 1970iger-Jahren eingeführte „**Blaue Engel**" und später das „**Bio-Siegel**" durch oder zumindest unter Beteiligung staatlicher Stellen.[95] Während die Vergabebedingungen für den Blauen Engel nur durch Verwaltungsvorschriften geregelt sind, sind die Anforderungen an die Verleihung von Bio-Siegeln gesetzlich bzw. unionsrechtlich determiniert.[96] In jüngerer Vergangenheit ist diese Palette um den „Grünen Knopf" für die Textilindustrie erweitert worden, mit dem neben Umweltschutzgesichts-

---

92 Vgl. LT-Drs. NRW 17/9052, S. 136, 172.

93 Lent (2020), S. 593.

94 Scheel (2003), Rn. 75; vgl. dazu auch Hoffmann (2014), S. 83 f.

95 Kinger, Hartmann, Krebs (2015), S. 270.

96 § 1 Öko-Kennzeichengesetz; VO (EG) Nr. 834/2007 des Rates vom 28. Juni 2007 über die ökologische/biologische Produktion und die Kennzeichnung von ökologischen/biologischen Erzeugnissen und zur Aufhebung der Verordnung (EWG) Nr. 2092/91, ABl. L 189, S. 1 (Öko-Kennzeichen-VO); Klinger, Hartmann, Krebs (2015), S. 272 f.

punkten – nicht zuletzt angesichts der tragischen Ereignisse in Textilfabriken in Bangladesch und Pakistan – auch die Einhaltung von Menschenrechts-, Sozial- und Arbeitsschutzstandards nachgewiesen werden soll.[97] Dass diestatsächlich nennenswerte Wirkung entfaltet, wird aber bezweifelt.[98]

6.2 *Grenzen der Eigenüberwachung*

Die Eigenüberwachung der Unternehmen soll Vollzugsdefizite der staatlichen Überwachung verringern. Dass sie Schwächen aufweist, liegt auf der Hand:[99] Während die Verwaltung stets dem Gemeinwohl verpflichtet ist und einer öffentlichen wie parlamentarischen Kontrolle unterliegt, bleibt die individuelle Nutzenmaximierung auch dann vorrangige und (verfassungsrechtlich) legitime Richtschnur privaten Handelns, wenn sie der Staat für das Gemeinwohl fruchtbar zu machen sucht.[100] Das wird in der Praxis regelmäßig unterschätzt.

Aus den Freiheitsrechten und dem Übermaßverbot, der demokratischen Verpflichtung zu einer effektiven Gefahrenabwehr und Risikovorsorge für Schutzgüter der Allgemeinheit und Rechte Dritter sowie aus grundrechtlichen Schutzpflichten ergeben sich zudem Grenzen für die staatliche Auferlegung von Pflichten zur Eigenüberwachung, die in manchen Bereichen in der Summe unter Zugrundelegung einer Gesamtbetrachtung erreicht sein dürften. Auch das Effektivitätsgebot des Unionsrechts (Art. 4 Abs. 3 EUV) kann einer Verlagerung der Überwachung in die Verantwortung Privater entgegenstehen, etwa wenn sekundärrechtliche Standards auf diese Weise nicht hinreichend sichergestellt werden können.[101]

6.3 *Eigenüberwachung und staatliche Verantwortung*

Da der Rückzug des Staates aus der Überwachung nicht vollständig erfolgt, zieht er „Strukturschaffungspflichten“[102] nach sich, die Notwendigkeit eines „Privatisierungsfolgenrechts“[103] und entsprechende „Kompensationen“,[104] namentlich das Erfordernis einer „Kontrolle der Kontrollsysteme“.[105]

---

97 Klinger, Hartmann, Krebs (2015), S. 270.

98 Lötzsch, Fifka (2020), S. 179 (180).

99 Zu Recht Kirchhof (1988), S. 97 ff. Kritisch zu diesem Verständnis auch Mayntz (1986), S. 9.

100 Schmidt-Preuß (1997), S. 166 ff. Vgl. zudem Huber (2001), S. 91 ff.

101 Di Fabio (1997), S. 252 ff., 263 ff.; Huber (2001), S. 97 ff.; *ders.*, (1999), S. 494 ff.

102 Burgi (1999), S. 370 ff.

103 Vgl. Bauer (1995), S. 277 ff.; Ruffert (1999), S. 237 ff.

104 Huber (2001), S. 101.

105 Schuppert (1998), S. 837; Schuppert (2000), S. 404 ff.; Schmidt-Preuß (1997), S. 173 mit Fn. 38, S. 196 mit Fn. 135.

6.3.1 Zusammenspiel von privater und hoheitlicher Kontrolle

Das Zusammenspiel von staatlicher Überwachung und Eigenüberwachung ist bislang wenig geklärt. Da die Eigenüberwachung nicht nur der Selbstkontrolle der Überwachungspflichtigen dient, sondern in der Regel auch Grundlage und Anknüpfungspunkt für Überwachungsmaßnahmen der Verwaltung ist,[106] liegen Synergieeffekte und Interdependenzen auf der Hand.[107] Idealtypisch kann die Verwaltung damit in „die zurückgenommene Rolle der kognitiven Schaltstelle [rücken], die Wissen sammelt, Plausibilitäts- und Stichprobenkontrollen vornimmt und auf die Überschreitung von Eingriffsschwellen wenn nötig reagiert".[108]

Unter dem Blickwinkel grundrechtlicher Schutzpflichten ist das verfassungsrechtlich freilich nur akzeptabel, wenn sie die Rolle der „kognitiven Schaltstelle" auch wirklich annimmt und die Einhaltung der den Überwachungspflichtigen obliegenden öffentlich-rechtlichen Pflichten nach Wirkung, Effektivität und Output der (rein) staatlichen Aufnahme-, Ausübungs- und Beendigungsüberwachung zumindest[109] gleichwertig ist.[110] Das setzt neben einem Mindestmaß an staatlicher (Rest-)Überwachung, typischerweise entsprechende Haftungsregelungen[111] und eine für Dritte zugängliche gerichtliche Kontrolle[112] der privaten Eigenüberwachung voraus.

6.3.2 Staatliche Überwachung privater Eigenüberwachung

Unverzichtbar erscheint daneben schließlich die staatliche Überwachung der privaten Eigenüberwachung.[113] In der Gestalt der Anlass- oder Regelüberwachung ist nur sie in der Lage, die notwendige funktionale Gleichwertigkeit von staatlicher Überwachung und Eigenüberwachung sicherzustellen.[114] Die „überwachte Eigenüberwachung"[115] ist damit eine notwendige Konsequenz aus dem Rückzug des Staates

---

[106] Vgl. Kloepfer (2016), § 5 Rn. 137, § 13 Rn. 220; Laskowski, Ziehm (2014), Rn. 125 f.

[107] Schmidt-Preuß (1997), S. 199 ff.

[108] Di Fabio (1997), S. 243.

[109] Zur Rechtfertigungsbedürftigkeit der mit der Eigenüberwachung verbundenen „Einflussknicke" Huber, Sommermann, Bauer (2005), S. 500; Huber (1997), S. 424; Huber (1999), S. 495; der Begriff geht zurück auf Wagener (1976), S. 40; Storr (2005), S. 412: „Steuerungsknicke"; in der Tendenz ähnlich Wahl (1997), S. 305, 328; vgl. ferner BVerfG, Urt. v. 21.6.2016, *OMT-Programm*, BVerfGE 142, 123, S. 192 f. Rn. 131 ff.; BVerfG, Beschl. v. 18.7.2017, *PSPP-Vorlagebeschluss*, BVerfGE 146, 216, S. 256 f. Rn. 59; BVerfG, Urt. v. 30.7.2019, *Europäische Bankenunion*, BVerfGE 151, 202, S. 291 Rn. 130 f.

[110] Schuppert (1998), S. 837; Schuppert (2000), S. 404 ff.

[111] Zur Haftung als Steuerungsressource s. a. Rupp (2006), S. 1033 ff., zur Haftung des Bundes für die Flugüberwachung durch Skyguide.

[112] Bullinger (1965), S. 304.

[113] Eifert (2006), S. 329 ff.

[114] Schmidt-Preuß (1997), S. 173 mit Fn. 38.

[115] Kritisch Kahl (2002), S. 207.

aus der Erfüllungsverantwortung. Sie funktioniert zwar nicht „im Schatten der Hierarchie", wohl aber unter dem Damoklesschwert einer jederzeit möglichen staatlichen Intervention.[116]

6.4 Fazit

Eine Befreiung aus dem Dickicht der Selbstregulierung setzt vor diesem Hintergrund voraus, dass sich der Staat und seine Verwaltung wieder anschicken, ihre genuinen Aufgaben in größerem Umfang wieder selbst zu erfüllen, von der nun 30 Jahre propagierten, von Rechtsprechung und Schrifttum mit viel Liebe zum Detail ausbuchstabierten Gewährleistungsverantwortung Abschied nehmen und zumindest in einzelnen Bereichen zur Erfüllungsverantwortung zurückzukehren. Dass mit dem Abbau privater Überwachungshelfer auch Tausende von Arbeitskräften frei würden, die man in anderen Bereichen dringend benötigt, wäre ein willkommener Nebeneffekt.

Der Preis wären vermutlich immer wieder auftretende Lücken in der staatlichen Überwachung, die die Öffentlichkeit als „Skandal" begriffe. Allein, in einer sozialen Marktwirtschaft sind solche Lücken bis zu einem gewissen Maße unvermeidlich und der Preis für Freiheit, Chancen und Selbstbestimmung. Eine an Rundum-sorglos-Pakete gewöhnte Gesellschaft muss das allerdings erst wieder lernen.

6.5 Ausblick

Nach alledem lässt sich festhalten, dass es zahlreiche Ansatzpunkte gibt, um eine Befreiung aus der Regulierungsfalle anzugehen. Eine grundlegende Staatsreform oder auch nur eine abermalige Reform des Föderalismus, insbesondere die Zusammenführung von Gesetzgebungs- und Verwaltungszuständigkeiten, wären insoweit ein großer Wurf; ein solcher ist nach den Erfahrungen von 1994, 2006 und 2009 indes unrealistisch. Neben technokratischen Instrumenten wie einem Vetorecht des Justiz- oder Innenministers gegenüber neuen Rechtsetzungsvorhaben verspricht vor allem eine effektive Kompetenzkontrolle im Verhältnis zwischen EU und Mitgliedstaaten Abhilfe, eine verstärkte Rückbesinnung auf die Gewährleistung von Individualrechtsschutz als Hauptaufgabe der Dritten Gewalt, die Dekonstitutionalisierung des *acquis communautaire* im Sekundärrecht, verstärkte Typisierungen durch den Gesetzgeber und eine Rückkehr zur Erfüllungsverantwortung des Staates. Derartige Schritte erfordern allerdings ein grundlegendes Umdenken in Politik, Gesellschaft und (Rechts-)Wissenschaft, Mut zur Freiheit und die Einsicht, dass es eine flächendeckende staatliche Kontrolle von Wirtschaft und Gesellschaft nicht

[116] In der Literatur ist auch vom „Knüppel im Sack" (neudeutsch „heavy stick in the background") die Rede, s. Schulz, Held (2002), D-4.

geben kann. Im Gegenzug zu einer höheren Risikobereitschaft der Verbraucher, etwa bei Pauschalreisen, der Lebensmittelbranche oder Altenheimbetreibern sind Haftungs- und Regressregeln ebenso neu zu kalibrieren wie das Straf- und Ordnungswidrigkeitenrecht. In den vergangen Jahren haben wir faktisch den Traum einer schier grenzenlosen Leistungsfähigkeit von Staat, Wirtschaft und Steuerzahlern geträumt oder sind nach der Devise der Mme Pompadour verfahren: „*Apres nous le deluge*“. Es ist Zeit, aufzuwachen!

Literatur

Augsberg, S. (2016). Hybride Regulierungsinstrumente im Finanzrecht. *Die Verwaltung, 49*(3), 369–396.

Bauer, H. (1995). Privatisierung von Verwaltungsaufgaben. *VVDStRL, 54*, 241–286.

Baumgartner, U., & Hansch, G. (2019). Der betriebliche Datenschutzbeauftragte. *Zeitschrift für Datenschutz, 9*(3), 99–103.

Berringer, C. (2004). *Regulierung als Erscheinungsform der Wirtschaftsaufsicht*. C. H. Beck.

Bettermann, K. A. (1982). Richterliche Normenkontrolle als negative Gesetzgebung? *DVBl, 97*(3/4), 91–95.

Bickel, A. (1962). *The least dangerous branch*. Bobbs-Merrill.

Böckenförde, E.-W. (1972). Die Bedeutung der Unterscheidung von Staat und Gesellschaft im demokratischen Sozialstaat der Gegenwart. In W. Hefermehl (Hrsg.), *Rechtsfragen der Gegenwart. Festgabe für Wolfgang Hefermehl zum 65. Geburtstag* (S. 11–36). Kohlhammer.

von Bogdandy, A. (2003). Europäische und nationale Identität: Integration durch Verfassungsrecht? *VVDStRL, 62*, 156–188.

von Bogdandy, A., & Huber, P. M. (2010). § 42: Deutschland. In A. v Bogdandy, S. Cassese, & P. M. Huber (Hrsg.), *Handbuch Ius Publicum Europaeum, Band III* (S. 33–82). C.F. Müller.

Braun, J.-D., & Kettner, M. (2003). Die Absage des EuGH an eine richterrechtliche Reform des EG Rechtsschutzsystems – „Plaumann“ auf immer und ewig? *DÖV, 56*(1), 58–66.

Breyer, S. (2010). *America's Supreme Court: Making democracy work*. Oxford University Press.

Bullinger, M. (1965). Staatsaufsicht in der Wirtschaft. *Veröffentlichungen der Vereinigung Deutscher Staatsrechtslehrer, 22*, 264–328.

Burgi, M. (1999). *Funktionale Privatisierung und Verwaltungshilfe*. Mohr Siebeck.

Cappelletti, M., Seccombe, M., & Weiler, J. H. H. (1985). Integration through law: Europe and the American federal experience, a general introduction. In M. Cappelletti et al. (Hrsg.), *Methods, tools and institutions* (Bd. 1). De Gruyter.

Cassese, S. (2008). *Il mondo nuovo del diritto*. Il Mulino.

Classen, C. D. (1996). *Die Europäisierung der Verwaltungsgerichtsbarkeit*. Mohr Siebeck.

Couzinet, D. (2011). Die Legitimation unabhängiger Behörden an der Schnittstelle von unionalem und nationalem Verfassungsrecht. In A. G. Debus et al. (Hrsg.), *Verwaltungsrechtsraum Europa: 51. Assistententagung Öffentliches Recht* (S. 213–238). Nomos.

Dederer, H.-G. (2021). § 47: Grundsätze der Kohärenz. In W. Kahl & M. Ludwigs (Hrsg.), *Handbuch des Verwaltungsrechts* (Bd. II, S. 657–696). C.F. Müller.

Di Fabio, U. (1996). *Produktharmonisierung durch Normung und Selbstüberwachung*. Heymann.

Di Fabio, U. (1997). Verwaltung und Verwaltungsrecht zwischen gesellschaftlicher Selbstregulierung und staatlicher Steuerung. *VVDStRL, 56*, 235–282.

Eifert, M. (2006). Die geteilte Kontrolle. *Die Verwaltung, 39*(3), 309–334.

Eifert, M. (2018). Das Netzwerkdurchsetzungsgesetz und Plattformregulierung. In M. Eifert & T. Gostomzyk (Hrsg.), *Netzwerkrecht* (S. 9–44). Nomos.

Ewer, W. (2003). Öko-Audit. In H.-W. Rengeling (Hrsg.), *Handbuch zum europäischen und deutschen Umweltrecht (EUDUR)* (2. Aufl., Bd. I). Heymann.

Fischer, F. (1996). *Der Betriebsbeauftragte im Umweltschutzrecht*. Nomos.

Ghosh, E. (2010). Deliberative democracy and the countermajoritarian difficulty: Considering constitutional juries. *Oxford Journal of Legal Studies, 30*(2), 327–359.

Glauben, P. J. (2017). „Politische Immunität" des Bundesbeauftragten und der Landesbeauftragten für den Datenschutz gegenüber dem Parlament? *DVBl, 132*(8), 485–490.

Grabenwarter, C. (2016). § 102: Der österreichische Verfassungsgerichtshof. In A. von Bogdandy, C. Grabenwarter, & P. M. Huber (Hrsg.), *Handbuch Ius Publicum Europaeum* (Bd. VI, S. 413–470). C.F. Müller.

Grimm, D. (2015). Auf der Suche nach Akzeptanz: Über Legitimationsdefizite und Legitimationsressourcen der Europäischen Union. *Leviathan, 43*(3), 325–338.

Grimm, D. (2016). *Europa ja – aber welches?* C.H. Beck.

Groß, T. (2004). Selbstregulierung im medienrechtlichen Jugendschutz am Beispiel der Freiwilligen Selbstkontrolle Fernsehen. *Neue Zeitschrift für Verwaltungsrecht, 23*(12), 1393–1399.

Groß, T. (2015). *Die Legitimation der polyzentralen EU-Verwaltung*. Mohr Siebeck.

Gusy, C. (1985). *Parlamentarischer Gesetzgeber und Bundesverfassungsgericht*. Duncker & Humblot.

Heberlein, H. (2019). Der Datenschutzbeauftragte – ein Kernelement der Datenschutz-Grundverordnung. *Juris Die Monatszeitschrift, 6*(1), 19–26.

Heilmann, D. (2020). Regulierung von Suchmaschinen. *Zeitschrift für IT-Recht und Recht der Digitalisierung, 23*(3), 162–166.

Hoffmann, J. (2014). Umweltmanagementsysteme waren gestern? – Zur Verbreitung von EMAS und der ISO-Norm 14001 in Deutschland. *Zeitschrift für Umweltrecht, 25*(2), 81–84.

Hoffmann-Riem, W. (2006). Gewährleistungsrecht und Gewährleistungsrechtsprechung am Beispiel regulierter Selbstregulierung. In H. Bauer et al. (Hrsg.), *Wirtschaft im offenen Verfassungsstaat. Festschrift für Reiner Schmidt zum 70. Geburtstag* (S. 447–466). C.H. Beck.

Huber, P. M. (1991). *Konkurrenzschutz im Verwaltungsrecht*. Mohr Siebeck.

Huber, P. M. (1997). Die entfesselte Verwaltung. *Staatswissenschaften und Staatspraxis, 8*, 423–460.

Huber, P. M. (1999). Weniger Staat im Umweltschutz. *Deutsches Verwaltungsblatt, 114*(8), 489–496.

Huber, P. M. (2001). Staatliche Umweltregulierung vs. ökologischer Unternehmensverantwortung. In R. Stober & H. Vogel (Hrsg.), *Umweltrecht und Umweltgesetzbuch aus wirtschaftsrechtlicher Perspektive* (S. 89–106). Carl Heymanns Verlag.

Huber, P. M. (2014). *Verfassungsstaat und Finanzkrise*. Nomos.

Huber, P. M. (2016a). Der Rechtsstaat unter Druck. In O. Depenheuer & C. Grabenwarter (Hrsg.), *Der Staat in der Flüchtlingskrise. Zwischen Gutem Willen und geltendem Recht* (S. 42–54). Brill/Schöningh.

Huber, P. M. (2016b). Der Einzelne als Gravitationspunkt politischer Selbstbestimmung. In A. B. Atkinson et al. (Hrsg.), *Nationalstaat und Europäische Union: eine Bestandsaufnahme. Liber Amicorum für Joachim Jens Hesse* (S. 181–200). Nomos.

Huber, P. M. (2018). Art. 257 AEUV. In R. Streinz (Hrsg.), *EUV/AEUV, Kommentar* (3. Aufl.). C.H. Beck.

Huber, P. M. (2021). § 122: Die Venedig-Kommission: Wesen, Arbeitsweise und Bedeutung im Verfassungsgerichtsverbund. In A. von Bogdandy, C. Grabenwarter, & P. M. Huber (Hrsg.), *Handbuch Ius Publicum Europaeum* (Bd. VII, S. 683–708). C.F. Müller.

Huber, P. M., & Wollenschläger, F. (2005). EMAS und Vergaberecht – Berücksichtigung ökologischer Belange bei öffentlichen Aufträgen. *Wirtschaft und Verwaltung, 51*(4), 212–234.

Huber, P. M., Sommermann, K.-P., & Bauer, H. (2005). *Demokratie in Europa*. Mohr Siebeck.

Kahl, W. (2002). Gewährleistung öffentlicher und privater Aufgabenerfüllung durch „Staatsaufsicht". In H. Bauer, P. M. Huber, & Z. Niewiadomski (Hrsg.), *Ius Publicum Europaeum, XII. Deutsch-Polnisches Verwaltungsrechtskolloquium* (S. 180–220). Boorberg.

Kelsen, H. (1929). Wesen und Entwicklung der Staatsgerichtsbarkeit. *VVDStRL, 5*, 30–84.

Kirchhof, P. (1988). Kontrolle der Technik als staatliche und private Aufgabe. *Neue Zeitschrift für Verwaltungsrecht, 7*(2), 97–104.

Klinger, R., Hartmann, C., & Krebs, D. (2015). Vom Blauen Engel zum Bekleidungsengel? Umweltsiegel als Vorbild staatlicher Zertifizierungen in der Textilindustrie. *Zeitschrift für Umweltrecht, 26*(5), 270–277.

Kloepfer, M. (2016). *Umweltrecht* (4. Aufl.). C.H. Beck.

Koch, M. H. (2004). *Die Externalisierungspolitik der Kommission*. Nomos.

Köck, W. (1996). Das Pflichten- und Kontrollsystem des Öko-Audit-Konzepts nach der Öko-Audit-Verordnung und dem Umweltauditgesetz. *Verwaltungsarchiv, 87*, 644–681.

Lang, A. (2018). Netzwerkdurchsetzungsgesetz und Meinungsfreiheit. *Archiv des öffentlichen Rechts, 143*(2), 220–250.

Laskowski, S. R., & Ziehm, C. (2014). § 5: Gewässerschutzrecht. In H.-J. Koch (Hrsg.), *Umweltrecht* (4. Aufl., S. 296–358). Franz Vahlen.

Lent, W. (2020). Paradigmenwechsel bei den publizistischen Sorgfaltspflichten im Online-Journalismus – Zur Neuregelung des § 19 Medienstaatsvertrag. *Zeitschrift für Urheber- und Medienrecht, 64*(8/9), 593–600.

von Lewinski, K. (2015). Unabhängigkeit des Bundesbeauftragten für den Datenschutz und die Informationsfreiheit. *Zeitschrift für Gesetzgebung, 30*(3), 228–245.

Lötzsch, M., & Fifka, M. (2020). Einführung einer CE-Kennzeichnung zum vorbeugenden Schutz von Menschenrechten in Wertschöpfungsketten. *Europäische Zeitschrift für Wirtschaftsrecht, 31*(5), 179–185.

Loughlin, M. (2010). § 44: Staat, Verwaltung und Verwaltungsrecht: Großbritannien. In A. von Bogdandy & S. Cassese (Hrsg.), *Handbuch Ius Publicum Europaeum* (Bd. III, S. 117–148). C.F. Müller.

Martini, M. (2016). Do it yourself im Datenschutzrecht. *NVwZ, 35*(6), 1–13.

Masing, J. (1997). *Die Mobilisierung des Bürgers für die Durchsetzung des Rechts*. Duncker & Humblot.

Masing, J. (2006). Die Regulierungsbehörde im Spannungsfeld von Unabhängigkeit und parlamentarischer Verantwortung. In H. Bauer et al. (Hrsg.), *Wirtschaft im offenen Verfassungsstaat. Festschrift für Reiner Schmidt zum 70. Geburtstag* (S. 521–534). C.H. Beck.

Mayntz, R. (1986). *Steuerung, Steuerungsakteure und Steuerungsinstrumente*. Universität-Gesamthochschule Siegen.

Messerschmidt, K. (2011). Gesetzesänderung in der Europäischen Union. In M. Kloepfer (Hrsg.), *Gesetzgebung als wissenschaftliche Herausforderung. Gedächtnisschrift für Thilo Brandner* (S. 29–46). Nomos.

Mestre, J. L. (2010). § 43: Staat, Verwaltung und Verwaltungsrecht: Frankreich. In A. von Bogdandy & S. Cassese (Hrsg.), *Handbuch Ius Publicum Europaeum* (Bd. III, S. 83–116). C.F. Müller.

Michel, K. (2015). *Institutionelles Gleichgewicht und EU-Agenturen*. Duncker & Humblot.

Montesquieu, C. L. (1748). De l'esprit des lois, Oeuvres de Montesquieu. Deutsch: Kurt Weigand (Auswahl der Texte, Übersetzung, Einleitung). Reclam, Stuttgart 1965; durchgesehene und bibliographisch ergänzte Neuausgabe: 2011.

Möslein, F., & Omlor, S. (2018). Die europäische Agenda für innovative Finanztechnologien (FinTech). *Zeitschrift für Banken- und Kapitalmarktrecht, 18*(6), 236–243.

Mynarik, N. (2006). *Jugendschutz in Rundfunk und Telemedien*. Nomos.

Osborne, D., & Gaebler, T. (1992). *Reinventing government*. Addison Wesley.

Patz, A. (2016). *Staatliche Aufsicht über Finanzinstrumente*. Mohr Siebeck.

Pünder, H. (2022). § 14 Grundmodell des Verwaltungsverfahrens. In D. Ehlers & H. Pünder (Hrsg.), *Allgemeines Verwaltungsrecht* (16. Aufl., S. 548–593). De Gruyter.

Rauch, K. (2011). Energierechtliche Compliance nach § 7a Abs. 5 EnWG – Ein Fall privater Selbstregulierung. *Corporate Compliance Zeitschrift, 4*(5), 175–182.

Rehborn, H., & Rehborn, M. (1999). Der Gewässerschutzbeauftragte. *ZfW, 38*(4), 363–373.

Rennert, K. (2016). Funktionswandel der Verwaltungsgerichtsbarkeit? In R. P. Schenke & J. Suerbaum (Hrsg.), *Verwaltungsgerichtsbarkeit in der Europäischen Union* (S. 165–188). Nomos.

Röhl, H. C. (2000). *Akkreditierung und Zertifizierung im Produktsicherheitsrecht*. Springer.

Ruffert, M. (1999). Regulierung im System des Verwaltungsrechts – Grundstrukturen des Privatisierungsfolgerechts der Post und Telekommunikation. *Archiv des öffentlichen Rechts, 124*(2), 237–281.

Ruffert, M. (2011). Die neue Unabhängigkeit: Zur demokratischen Legitimation von Agenturen im europäischen Verwaltungsrecht. In P.-C. Müller-Graff, S. Schmahl, & V. Skouris (Hrsg.), *Europäisches Recht zwischen Bewährung und Wandel: Festschrift für Dieter H. Scheuing* (S. 399–414). Nomos.

Rupp, H. H. (2006). Haftung der Bundesrepublik für das Flugzeugunglück über dem Bodensee? *JuristenZeitung, 61*(21), 1033–1035.

Ruthig, J. (2014). Die EZB in der europäischen Bankenunion. *Zeitschrift für das Gesamte Handels- und Wirtschaftsrecht, 178*(4), 443–484.

Sanden, J. (1999). *Umweltrecht*. Nomos.

Scharpf, F. W. (2010). Legitimacy in the multi-level European polity. In P. Dobner & M. Loughlin (Hrsg.), *The twilight of constitutionalism?* (S. 89–119). Oxford University Press.

Scheel, K.-C. (2003). Umweltschutz und Industrie. In H.-W. Rengeling (Hrsg.), *Handbuch zum europäischen und deutschen Umweltrecht (EUDUR)* (Bd. II/2). Heymanns.

Scherzberg, A. (2006). Der private Gutachter im Umweltschutz – Bestandsaufnahme und Entwicklungen im deutschen und europäischen Recht. In Gesellschaft für Umweltrecht (Hrsg.), *Dokumentation zur 29. Fachtagung 2005* (S. 39). Erich Schmidt Verlag.

Scheuer, A. (2006). Das neue System des Jugendmedienschutzes aus der Sicht der Selbstkontrolleinrichtungen. *Recht der Jugend und des Bildungswesens, 54*(3), 308–318.

Schlaich, K., & Korioth, S. (2018). *Das Bundesverfassungsgericht* (11. Aufl.). C.H. Beck.

Schmidt-Preuß, M. (1992). *Kollidierende Privatinteressen im Verwaltungsrecht*. Duncker & Humblot.

Schmidt-Preuß, M. (1997). Verwaltung und Verwaltungsrecht zwischen gesellschaftlicher Selbstregulierung und staatlicher Steuerung. *VVDStRL, 56*, 160–234.

Schulz, W., & Held, T. (2002). *Regulierte Selbstregulierung als Form modernen Regierens, Arbeitspapiere des Hans-Bredow-Instituts für Medienforschung Nr. 10*. Selbstverlag.

Schulze-Fielitz, H. (1998). Der Leviathan auf dem Wege zum nützlichen Haustier? In R. Voigt (Hrsg.), *Abschied vom Staat – Rückkehr zum Staat?* (2. Aufl., S. 95–120). Institut für Staatswissenschaften.

Schuppert, F. (1998). Wandel der Staatsaufsicht. *Die öffentliche Verwaltung, 51*, 831–838.

Schuppert, G. F. (2000). *Verwaltungswissenschaft*. Nomos.

Schwartmann, R., & Mühlenbeck, R. (2020). NetzDG und das virtuelle Hausrecht sozialer Netzwerke. *Zeitschrift für Rechtspolitik, 53*(6), 170–172.

Sommermann, K.-P. (2024). Art. 20. In M. Huber & A. Voßkuhle (Hrsg.), *Grundgesetz, Kommentar* (8. Aufl., Bd. II). C.H. Beck.

Sommermann, K.-P., & Schaffarzik, B. (Hrsg.). (2019). *Handbuch der Geschichte der Verwaltungsgerichtsbarkeit in Deutschland und Europa*. Springer.

Sommermann, K.-P., Krzywoń, A., & Fraenkel-Haeberle, C. (Hrsg.). (2025). *The civil service in Europe. A research companion*. Routledge.

Spiecker (genannt Döhmann) I. (2010). Urteilsanmerkung zu EuGH, Urt. v. 9.3.2010, Kommission gegen Bundesrepublik Deutschland, C-518/07. *JuristenZeitung, 65*(15), 787–791.

Spindler, G. (2001). *Unternehmensorganisationspflichten*. Universitätsverlag Göttingen.

Spoerr, W. (1991). Verwaltungsrechtsschutz in Großbritannien. *VerwArch, 82*, 25–53.

Stober, R., & Korte, S. (2019). *Öffentliches Wirtschaftsrecht. Allgemeiner Teil* (19. Aufl.). Kohlhammer.

Storr, S. (2005). Verfassungsrechtliche Direktiven des demokratischen Prinzips für die Nutzung privatrechtlicher Organisations- und Kooperationsformen durch die öffentliche Verwaltung. In H. Bauer, P. M. Huber, & K. Sommermann (Hrsg.), *Demokratie in Europa* (S. 411–430). Mohr Siebeck.

Ukrow, J. (2000). *Selbstkontrolle im Medienbereich und europäisches Gemeinschaftsrecht. Eine europarechtliche Untersuchung*. Jehle. Rehm.

Voßkuhle, A. (2001). „Regulierte Selbstregulierung“ – Zur Karriere eines Schlüsselbegriffs. *Die Verwaltung, Beihefte, 4*, 197–200.

Voßkuhle, A. (2003). Beteiligung Privater an der Wahrnehmung öffentlicher Aufgaben und staatliche Verantwortung. *VVDStRL, 62*, 266–328.

Wagener, F. (1976). Typen der verselbständigten Erfüllung öffentlicher Aufgaben. In F. Wagener (Hrsg.), *Verselbständigung von Verwaltungsträgern*. Bericht über ein verwaltungspolitisches Sonderseminar der Hochschule für Veraltungswissenschaften Speyer in Verbindung mit der Deutschen Sektion des IIVW vom 24 bis 26. September 1975 in Speyer. Bonn, S. 31–50.

Wahl, R. (1997). Privatorganisationsrecht als Steuerungsinstrument bei der Wahrnehmung öffentlicher Aufgaben. In E. Schmidt-Aßmann & W. Hoffmann-Riem (Hrsg.), *Verwaltungsorganisationsrecht als Steuerungsressource* (S. 301–338). Nomos.

Wende, S. (2021). § 7: CE-Kennzeichnung. In T. Klindt (Hrsg.), *Produktsicherheitsgesetz* (3. Aufl.). C.H. Beck.

Wiedemann, R. (2010). Unabhängige Verwaltungsbehörden und die Rechtsprechung des Bundesverfassungsgerichts zur demokratischen Legitimation. In J. Masing & G. Marcou (Hrsg.), *Unabhängige Regulierungsbehörden* (S. 39–50). Mohr Siebeck.

Wieland, J. (2015). Art. 94. In H. Dreier (Hrsg.), *Grundgesetz, Kommentar* (3. Aufl.). Mohr Siebeck.

Unionsziele und Unionszielbestimmungen

W. Kahl

1 Einleitung

Der Titel des nachfolgenden Beitrags zu Ehren von Karl-Peter Sommermann enthält bewusste terminologische Anklänge an die grundlegende Bonner Habilitationsschrift „Staatsziele und Staatszielbestimmungen“[1] des Jubilars aus dem Jahre 1997. Der Jubilar hat damit die bis heute maßgebliche Schrift zum Begriff der Staatsziele und Staatszielbestimmungen im deutschen Verfassungsrecht vorgelegt. Dank dieses umfassenden Werks von Sommermann und erhellender Studien anderer Autoren können die Staatsziele bzw. Staatszielbestimmungen (bzw. hiermit verwandte Kategorien wie Staatszwecke,[2] Staatsaufgaben[3] und Verfassungsprinzipien[4]) heute in der deutschen Verfassungstheorie und im deutschen Verfassungsrecht als weitgehend

Wolfgang Kahl, Prof. Dr. Dr. h.c., M.A., ist Direktor des Instituts für deutsches und europäisches Verwaltungsrecht sowie der Forschungsstelle für Nachhaltigkeitsrecht an der Ruprecht-Karls-Universität Heidelberg.

[1] Sommermann (1997).

[2] Grundlegend Murswiek (1995); S. auch Link (1990); Ress (1990).

[3] Grundlegend Bull (1977) sowie zuletzt Schulz (2018).

[4] Grundlegend Reimer (2001); für das Unionsrecht Kotzur (2005); Reimer (2003); v Bogdandy (2009); frühzeitig bereits für das Gemeinschaftsrecht Ipsen (1972), § 3 Rn. 29 ff.

W. Kahl (✉)
Heidelberg, Deutschland
E-Mail: kahl@jurs.uni-heidelberg.de

C. Fraenkel-Haeberle, B. Peters (Hrsg.), *Öffentliches Recht in transnationaler Perspektive*, https://doi.org/10.1007/978-3-662-72331-9_28

geklärt gelten.[5] Gleiches kann jedoch für die Unionsebene nicht behauptet werden. Hierzu fehlt es an vergleichbar tiefgehenden Untersuchungen zur Unionsteleologie.[6] Daher soll hier der Versuch unternommen werden, die Diskussion auf der Grundlage der Thesen von Karl-Peter Sommermann auf die Unionstheorie und das Unionsrecht zu übertragen, sprich erste strukturierende[7] Vorüberlegungen zu den Unionszielen und Unionszielbestimmungen als Beitrag zu Unionstheorie und Unionsverfassungsrecht[8] vorzulegen.

2 Staatszwecke, Staatsziele und Staatszielbestimmungen

Lassen wir zur Staatsteleologie im modernen Verfassungsstaat[9] zunächst den Jubilar selbst zu Wort kommen und rufen wir uns in Erinnerung was er – gestützt auf eine tiefschürfende historische und international-rechtsvergleichende Analyse und unter besonderer Berücksichtigung der Verfassungsordnung des Grundgesetzes – hierzu begrifflich und kategorial ausgeführt hat: *Staatsziele* sind nach Sommermann eine *staatstheoretische*[10] Größe auf mittlerer Abstraktionsebene (unterhalb der Staatszwecke im engeren Sinne und oberhalb der Staatszielbestimmungen).[11] Als solche bezeichnen sie „theoretisch begründete, politisch geforderte oder rechtlich positivierte Ziele, an denen sich das Staatshandeln ausrichten soll".[12] Sie überschnitten sich bzw. seien verwandt mit den *Staatsaufgaben*, die in ihrer Summe die Staatstätigkeit ausmachten.[13] Der Begriff der Staatsziele stimme mit dem Begriff der *Staats-*

---

[5] Zu den im Zeitpunkt des Erscheinens der Habilitationsschrift des Jubilars noch zahlreichen ungeklärten Fragen s. insb. Sommermann (1997), S. 377 ff., 427 ff. Zu den ungeachtet dessen fortbestehenden Problemen einer Staats- bzw. Verwaltungsaufgabenlehre s. statt vieler nur Schmidt-Aßmann (2004), S. 154 ff.

[6] Vgl. aber bereits Sommermann (1997), S. 252 ff. (Internationalisierung der Staatsziele) und insb. 280 ff. (Integration der Staatsziele in die EG), Fazit: ebd., S. 481.

[7] Zur Notwendigkeit begrifflicher, dogmatischer und praxisbezogener Strukturierung der Staats- und Verwaltungsaufgaben Schulz (2018), S. 7 ff.

[8] Zum Verfassungscharakter der EU-Verträge s. EuGH, Urt. v. 23.4.1986, *Les Verts*, C-294/83, Rn. 23; BVerfG, Urt. v. 30.6.2009, BVerfGE 123, 267, Rn. 349.

[9] Zum Begriff: Sommermann (1997), S. 207 ff.

[10] Zu den staats- und verfassungstheoretischen Grundlagen der Staats- und Verwaltungsaufgaben s. auch Schulz (2018), S. 481 ff., insb. S. 502 ff.; s. zum Staatsaufgabenbegriff und dessen Funktionen insb. für das Organisationsrecht dens., ebd., S. 729 ff., 836 ff., 987 ff.

[11] Sommermann (1997), S. 3; näher ebd., S. 116 ff.

[12] Sommermann (2006), Sp. 2352. S. auch dens. (1997), S. 479.

[13] Vgl. dens. (1997), S. 364 f. (365). Dort findet sich eine – an Ossenbühl (1971), S. 153 anschließende – Definition von Staatsaufgaben („Rechtssätze, die den Staat oder eine mehrere seiner Untergliederungen zu einem zielgerichteten Tätigwerden auf einem bestimmten Sachgebiet ermächtigen oder verpflichten") und die Conclusio: „Auch Staatszielbestimmungen sind danach ‚Aufgabennormen'".

zwecke im weiten Sinne überein,[14] die Sommermann definiert als „diejenigen Zwecke und Ziele, an denen ein Staat sein Handeln ausrichtet, gleich ob die Zwecke im positiven Verfassungsrecht [...] niedergelegt sind oder in staatstheoretischen oder politischen [...] Postulaten ihre Grundlage finden".[15] Dagegen seien die *Staatszwecke im engen Sinne*, namentlich Gemeinwohl und Sicherheit,[16] auf höherer Abstraktionsebene angesiedelt als die Staatsziele, da sie die Zwecke bezeichneten, „die jedem Staat als Gemeinwesen zugeschrieben und in diesem Sinne als zeitlos angesehen werden".[17] Trotz der Übereinstimmung mit dem Begriff der Staatszwecke im weiten Sinne sei der Begriff der Staatsziele in einem säkularen Staat mit pluralistischer Gesellschaft vorzugswürdig, da er von naturrechtlichen oder metaphysischen Konnotationen befreit sei.[18] Als Ergebnis umfangreicher rechtsvergleichender Ausführungen benennt Sommermann sodann fünf „Grundstaatsziele": (materielle) Rechtsstaatlichkeit,[19] Sozialstaatlichkeit, Kulturstaatlichkeit, Friedensstaatlichkeit und Umweltstaatlichkeit und fächert jeweils deren Einzelausprägungen auf.[20] Grundlegend sei dabei die materielle Rechtsstaatlichkeit, deren Verwirklichung die „freiheitssichernden Instrumente der Gesetzesbindung, der Gewaltenteilung, des Rechtsschutzes durch unabhängige Gerichte, der Rechtssicherheit und der Verhältnismäßigkeit dienen".[21]

Demgegenüber stellt der Begriff der Staats*zielbestimmungen* bei Sommermann – im Anschluss an Hans-Peter Ipsen[22] – eine *verfassungsnormtheoretische* Kategorie dar.[23] Im Schrifttum ist für sie unter anderem auch – synonym – der Begriff „Staatsziele"[24] gebräuchlich,[25] ein Begriffsgebrauch, den Sommermann aber als „verkürzend" ablehnt.[26] Unter Staatszielbestimmungen versteht der Jubilar „Verfassungsnormen, welche die Staatsgewalt (Legislative, Exekutive und Judikative [...]) auf die Verfolgung bestimmter (inhaltlicher) Ziele rechtsverbindlich verpflichten, ohne dem Bürger subjektive Rechte zu gewähren. Als ‚Leitprinzipien'[27] sind sie von den ebenfalls unter die Kategorie der *Verfassungsprinzipien* fallenden *Staatsstrukturprinzipien* zu unterscheiden, die auf den Staatsaufbau und die Verfahren der

[14] Sommermann (2006), Sp. 2348.

[15] Sommermann (2006), Sp. 2348.

[16] Sommermann (1997), S. 3, 199 ff., 479.

[17] Sommermann (1997), S. 479; ders. (2006), Sp. 2348.

[18] Sommermann (1997), S. 3, 479.

[19] Zu deren Ausprägungen im Einzelnen: Sommermann (1997), S. 215 ff.

[20] Sommermann (1997), S. 4, 198 ff. (211 ff., 223 ff.), 480 f. Vgl. auch bereits Sommermann (1993), S. 430 (433 ff.).

[21] Sommermann (2006), Sp. 2352.

[22] Ipsen (1950); Später ferner grundlegend Scheuner (1972).

[23] Sommermann (1997), S. 3, 326, 482.

[24] Ferner: „Verfassungsauftrag", „Verfassungsdirektive".

[25] Vgl. etwa Schmidt-Aßmann (2004), S. 156 ff.

[26] Sommermann (1997), S. 482; ders. (2006), Sp. 2348, 2353; ders. (2024), Rn. 88.

[27] Sommermann (1997), S. 5, 350, 482, passim.

Willensbildung bezogen sind."[28] Mit anderen Worten: Staatszielbestimmungen im Sinne des Jubilars sind eine *normative* Kategorie des materiellen Verfassungsrechts[29] und bilden einen Unterfall der (rein objektiv-rechtlichen) Verfassungsprinzipien, die wiederum grundsätzlich[30] den Grundrechten als subjektiven Rechten gegenüberstehen.[31] Der zweite Unterfall der Verfassungsprinzipien sind (Staats-)Strukturprinzipien[32] wie (formeller) Rechtsstaat (Art. 20 Abs. 3, Art. 28 Abs. 1 S. 1 GG), Demokratie (Art. 20 Abs. 1 und 2, Art. 28 Abs. 1 GG) oder Bundesstaat (Art. 20 Abs. 1, Art. 28 Abs. 1 S. 1 GG), die sich von den Staatszielbestimmungen dadurch unterscheiden, dass sie den Staatsaufbau und die Verfahren der Willensbildung betreffen.[33] Im Unterschied zu bloßen Programmsätzen sind Staatszielbestimmungen rechtsverbindlich[34] (Rechtsnormen, genauer: Prinzipien,[35] mithin Finalprogramme[36]). Im Gegensatz zu Gesetzgebungsaufträgen binden sie nicht nur die Legislative, sondern die gesamte Staatsgewalt,[37] grundsätzlich auch in auswärtigen und supranationalen Angelegenheiten.[38] Sie wirkten dabei gegenüber der gesetzgebenden Gewalt als Konkretisierungsauftrag, gegenüber der vollziehenden und der rechtsprechenden Gewalt vor allem als Ermessens- und Interpretationskriterien.[39] Als Beispiele für Staatszielbestimmungen im Grundgesetz

[28] Sommermann (2006), Sp. 2348 f. Hervorhebungen nicht im Original. Grundlegend zum Begriff der Staatszielbestimmungen bereits Bundesminister des Innern/Bundesminister der Justiz (Hrsg) (1983), S. 19 f.

[29] Sommermann (2024), Rn. 5. Ausf. zur normativen Dimension der Staatszielbestimmungen Sommermann (1997), S. 377 ff.

[30] Eine Ausnahme gelte für die Grundrechte in ihrer objektiven Dimension, die *insoweit* Staatszielbestimmungen seien, vgl. Sommermann (1997), S. 419 ff., 483 f. („ambivalentes Verhältnis").

[31] Sommermann (2006), Sp. 2353, 2354 macht dort aber auch die begründete Einschränkung, dass, wie nicht zuletzt ein Blick auf die Weimarer Reichsverfassung oder die geltenden deutschen Landesverfassungen zeigt, „soziale Rechte" zum Teil keine Grundrechte sind, da sie keine einklagbaren subjektiven Rechte verleihen, sondern es sich „der Sache nach um Staatszielbestimmungen" handelt. Genauer Sommermann (1997), S. 352 ff., 371 f., 415 ff., 482. Zum Ganzen auch Schneider (2004).

[32] Zu diesen vgl. Sommermann (1997), S. 372 ff.

[33] Sommermann (2024), Rn. 5, 88. Ähnlich Waldhoff (2021), Sp. 679, der zwei Kategorien von Staatszielbestimmungen unterscheidet: Zum einen Staatsaufgaben (z. B. Umweltschutz, Sozialstaat), zum anderen Strukturprinzipien (z. B. Bundesstaat, Demokratie).

[34] Sommermann (2024), Rn. 5. Näher zur Bindungswirkung Sommermann (1997), S. 377 ff., 482 f. mit weiteren Binnendifferenzierungen (perfektible/permanente; einfache/qualifizierte Staatszielbestimmungen).

[35] Sommermann (1997), S. 359 ff.

[36] Sommermann (1997), S. 356 ff., 482.

[37] Sommermann (1997), S. 362 ff., 383 ff. Zur weiteren Abgrenzung der Staatszielbestimmungen von verwandten Normkategorien (Kompetenzbestimmungen, Einrichtungsgarantien) s. Sommermann (1997), 366 ff.

[38] Sommermann (1997), S. 387 ff.

[39] Sommermann (1997), S. 399 ff., 427 ff., 435 ff., 482 f.; ders. (2006), Sp. 2353 f.

nennt der Jubilar das Rechtsstaatsprinzip (Art. 20 Abs. 3, Art. 28 Abs. 1 S. 1 GG), das Sozialstaatsprinzip (Art. 20 Abs. 1, Art. 28 Abs. 1 S. 1 GG), das gesamtwirtschaftliche Gleichgewicht (Art. 109 Abs. 2 GG), den Umweltschutz (Art. 20a GG), den Tierschutz (Art. 20a GG) und die europäische Integration (Art. 23 Abs. 1 GG).[40] Diese seien, wie alle Prinzipien, auf stufenweise Konkretisierung durch normative Ausgestaltung und Interpretation des Zielbereichs angelegt;[41] allfällige Konflikte mit gegenläufigen Prinzipien seien dabei im Wege der Abwägung zu lösen.[42]

3 Unionszwecke, Unionsziele und Unionszielbestimmungen

Richten wir den Blick nun auf die Unionsteleologie, so zeigt sich bei näherer Betrachtung insbesondere[43] eine Gesamtschau der Präambeln zu EUV, AEUV und GRCh, der Art. 1–3 EUV sowie der Art. 1 ff. GRCh folgendes teleologisches System,[44] das Parallelen, aber auch Unterschiede zum staatsteleologischen System Sommermanns aufweist:

Als *allgemeiner Unionszweck* auf höchster Abstraktionsstufe ist das europäische (unionale) Gemeinwohl (öffentliches Interesse) anzusehen.[45] Die Verträge erwähnen diese *unionstheoretische* Kategorie etwa in Art. 17 Abs. 1 S. 1 EUV („die allgemeinen Interessen der Union") im Zusammenhang mit den Aufgaben der aufgrund ihrer Unabhängigkeit als „Hüterin des europäischen Gemeinwohls" betrachteten Europäischen Kommission. Auch an anderen Stellen der Verträge werden die „(grundlegenden) Interessen der Union" erwähnt (vgl. etwa Art. 13 Abs. 1, Art. 20 Abs. 1, Art. 21 Abs. 2 lit. a, Art. 24 Abs. 3 UAbs. 2 S. 2 EUV).[46]

Dieser allgemeine Unionszweck „Europäisches Gemeinwohl" fächert sich auf in vier *einzelne Unionszwecke*, die gleichfalls gemeinwohlorientiert, aber bereits

[40] Sommermann (2006), Sp. 2354.

[41] Sommermann (1997), S. 399 ff. Vgl. zur Implementierung der Staatszielbestimmungen durch den Gesetzgeber und die Gerichte auch ebd., S. 427 ff., zur außergerichtlichen Durchsetzung ebd., S. 452 ff.

[42] Sommermann (1997), S. 411 ff.

[43] Daneben können sich Ziele der Union auch aus sonstigen Normen des Primärrechts ergeben, vgl. etwa noch Art. 7 ff. (insb. 9, 11–14) AEUV.

[44] Zutreffend Ruffert (2022), Rn. 3 im Anschluss an Terhechte (2024), Rn. 18, wonach die EU ein „zielorientiertes Handlungssystem" darstellt. Laut Terhechte (ebd.) drückt sich in den Zielen der Union „die Finalität des Integrationsprozesses" aus. Insofern hätten die unionalen Ziele eine „grundlegend andere Bedeutung als im staatlichen Bereich". Zur Finalität der EU statt aller Haltern (2009).

[45] Zum europäischen Gemeinwohl Calliess (2002), S. 173 (194 ff.); Müller-Graff (2004), S. 191.

[46] Umfassend zum Ganzen: Andrée (2014).

etwas „konkreter“ sind und in Art. 13 Abs. 1 UAbs. 1 EUV explizit als „Zwecke“ bezeichnet werden,[47] namentlich:

- Wertedurchsetzung (bezogen auf die Werte gem. Art. 2 EUV, vgl. auch Art. 7, Art. 21 Abs. 5 S. 1, Art. 49 EUV),
- Zielverfolgung,
- Interessenverwirklichung (Interessen der EU, der Unionsbürger und der Mitgliedstaaten),
- Sicherstellung von Kohärenz, Kontinuität und Effizienz der Politikverfolgung.

Aufgrund ihrer Verankerung im Primärrecht handelt es sich bei den zuletzt genannten Einzelunionszwecken insoweit (auch) bereits um eine, wenngleich sehr allgemein und höchst abstrakt gefasste, (auch) rechtsnormative Kategorie auf der Schnittlinie von Theorie und Recht, wenn man so will, eine hybride („rechtsnormtheoretische“) Figur.

In der Außendimension wird diese ergänzt durch die weitgehenden „Spiegelnormen“ der Art. 3 Abs. 5 S. 1, Art. 8 Abs. 1 EUV.

Auf mittlerer Abstraktionsstufe – unterhalb der Unionszwecke und oberhalb der Unionszielbestimmungen – angesiedelt sind die in zahlreichen anderen Bestimmungen der Verträge,[48] insbesondere im Rahmen der Vertragsabrundungskompetenz gem. Art. 352 AEUV[49] und im Rahmen des o. g. Unionszwecks der Zielverfolgung (Art. 13 Abs. 1 UAbs. 1 EUV), vorausgesetzten *Unionsziele* gem. Art. 1 Abs. 1, Art. 3 EUV.

Unionsziele im Sinne von allgemeinen Grundzielen der Union[50] sind:

- Friedensförderung,
- Werteförderung (bezogen auf die Werte gem. Art. 2 EUV),[51]
- Förderung des (wirtschaftlichen) Wohlergehens (bezogen auf die Völker der EU).[52]

Unterhalb der Unionsziele stehen die Unionsverfassungsprinzipien, die sich – parallel zu den Verfassungsprinzipien des modernen Verfassungsstaates – in *Unionszielbestimmungen im engen Sinne* (*Leitprinzipien*) und Strukturprinzipien aufgliedern und eine rechtsnormative Kategorie darstellen.

---

[47] Calliess (2022), Art. 13 EUV, Rn. 2 spricht zutreffend von einem „Kristallisationskern des europäischen Gemeinwillens“, der die „Verantwortung für das europäische Gemeinwohl“ zum Ausdruck bringe.

[48] Vgl. deren Aufzählung bei Ruffert (2022), Rn. 10.

[49] Dazu Geiger/Kirchmair (2023), Rn. 3.

[50] Ähnlich Terhechte (2024), Rn. 29 („Meta-Ziele“), der dabei auch auf den insoweit noch immer relativ engen Gemeinwohlbezug aufmerksam macht. S. auch Streinz, Ohler, Herrmann (2005), S. 56 („formelhafte Gemeinwohlverpflichtung“).

[51] Zum Verhältnis von Werten und Zielen der EU Terhechte (2024), Rn. 21 m. w. N.

[52] Im Einzelnen zu diesen Zielen Ruffert (2022), Rn. 15 ff., 19 ff., 21; Reimer (2003), S. 1007 bezeichnet die Trias als „Unionszweck“ und die Ausdifferenzierungen in Art. 3 Abs. 2–5 EUV als Unionsziele.

Die *Unionszielbestimmungen im engen Sinne (Leitprinzipien)* ergeben sich zuvörderst aus den Werten bzw. Verfassungsprinzipien[53] gem. Art. 2 EUV:[54]

- Achtung der Menschenwürde (als objektiver Auftrag),
- Freiheit,
- Gleichheit,
- (materielle) Rechtsstaatlichkeit,
- Wahrung der Menschen- einschließlich Minderheitenrechte (als objektiver Auftrag),[55]
- europäische Gesellschaft (die den Qualifikationsmerkmalen des Art. 2 S. 2 EUV entspricht, also pluralistisch, nicht-diskriminierend, tolerant, gerecht, solidarisch und die Gleichheit von Frauen und Männern achtend ist).[56]

Weitere (ungeschriebene) Leitprinzipien können sich im Wege einer wertenden Gesamtbetrachtung aus diversen Einzelbestimmungen ergeben. Dies gilt etwa für:

- Umweltschutz (Umweltprinzip) und [57]
- Soziales (Sozialprinzip), insbesondere Solidarität.[58]

Die Unionszielbestimmungen stehen dabei teilweise bzw. tendenziell in einem Spannungs- oder Kollisionsverhältnis. Dies trifft etwa auf die Ziele wirtschaftliches Wohlergehen (insbesondere in seiner Ausprägung des Wachstumsziels) und Umweltschutz, die Ziele Rechtsstaat und Umweltschutz (Stichwort „Öko-Diktatur"),[59] oder die Ziele Soziales und Freiheit[60] (teilweise) zu. Insoweit auftretende Zielkollisionen sind – wie im nationalen Recht – durch Güterabwägung mit dem Ziel der Herstellung von praktischer Konkordanz (z. B. soziale Marktwirt-

---

[53] Zum (Verfassungs-)Prinzipiencharakter der Werte gem. Art. 2 EUV v Bogdandy (2022), S. 154 ff. (156: „Grundprinzipien"); s. auch dens., ebd., S. 158 ff. mit der Bezeichnung von Art. 2 EUV als „europäischer Verfassungskern"; Calliess (2022), Art. 2 EUV Rn. 8, 12, 17, passim. Explizit („Grundsätze") noch die Vorgängernorm des Art. 6 Abs. 1 EUV a. F., ohne dass sich insoweit durch Neufassung von Art. 2 EUV eine inhaltliche Änderung ergeben sollte.

[54] Diese Werte werden für die Außenbeziehungen der Union weitgehend gespiegelt durch Art. 21 EUV; vgl. Calliess (2022), Art. 2 EUV Rn. 37; Streinz (2008), S. 14.

[55] Zu diesen Prinzipien (Werten) im Einzelnen vgl. die Erläuterungen bei Calliess (2022), Rn. 18, 19 f., 21 ff.; 24 f., 26 ff., 28 f., 30 f. Zur umstrittenen Frage der Gleichrangigkeit der Werte, dabei eine solche selbst ablehnend und stattdessen ein Rangverhältnis vorschlagend, Müller-Graff (2024), Rn. 97 ff.

[56] Calliess (2022), Rn. 7 spricht insoweit vom „Verfassungskern" der EU bzw. von der „Werte-Quadriga von Freiheit, Demokratie, Grundrechten und Rechtsstaatlichkeit" (ebd., Rn. 9). Zum Charakter der Union als Werteunion bzw. Werteverbund ders., ebd., Rn. 3, 14 f.; ders. (2004); Hainthaler (2024), S. 30 ff.; Mandry (2009), S. 49 ff.; Voßkuhle (2018), S. 36 ff.; krit. Franzius (2010), S. 70 ff.; Streinz (2008), S. 13 ff. Zu aktuellen Gefährdungen der Werteunion s. Hainthaler, ebd., S. 84 ff. Zur Durchsetzung der unionalen Werte in Krisenzeiten (insb. Rechtsstaatskrise) Hainthaler, ebd., S. 116 ff. (präventiv), 199 ff. (repressiv).

[57] Vgl. dazu Kahl (1993), S. 10 ff.

[58] Vgl. Calliess (1999).

[59] Zum Ganzen: Calliess (2001).

[60] Kahl (1996).

schaft,[61] sozialer Rechtsstaat, ökologischer Rechtsstaat) aufzulösen, wobei die kollidierenden Ziele bzw. Verfassungsgüter nach herrschender Meinung grundsätzlich gleichrangig in die Abwägung einzustellen sind,[62] soweit sich nicht, wie dies etwa für vitale (lebens- und gesundheitsnotwendige) Fragen des Umweltschutzes (z. B. Klimaschutz, Biodiversität) im Schrifttum von Einzelnen vertreten wird,[63] eine relative Priorität einzelner Belange als Präferenz- bzw. Gewichtungsregel ermitteln lässt.[64] Absolute Vorrangrelationen sind jedoch in jedem Fall schon aufgrund des im Rechtsstaatsprinzip verankerten Abwägungserfordernisses sowie des Grundsatzes der Einheit der Verfassung[65] ausgeschlossen.

Die Unionszielbestimmungen (im engen Sinne) sind abzugrenzen von den *Grundrechten*, insbesondere der Menschenwürde, gem. Art. 6 Abs. 1 EUV i. V. m. Art. 1 ff. GRCh, soweit diese subjektive Rechte, insbesondere Abwehrrechte darstellen, nicht dagegen soweit sie nur (rein objektiv-rechtliche) Grundsätze, wie z. B. Art. 37[66] oder Art. 38 GRCh (vgl. dazu Art. 52 Abs. 5 GRCh[67]), enthalten, sowie von den ergänzend als allgemeine Rechtsgrundsätze gem. Art. 6 Abs. 3 EUV fortgeltenden Unionsgrundrechten in ihrer Funktion als subjektive Rechte. Soweit die EU-Grundrechte jedoch in ihrer objektiv-rechtlichen Dimension, namentlich ihrer Schutzpflichtenfunktion,[68] betroffen sind bzw. soweit sie im Anschluss an Robert Alexy[69] generell als Prinzipien verstanden werden,[70] handelt es sich bei ihnen zugleich um Unionszielbestimmungen und es verschwimmen somit beide Kategorien. Um eine Unionszielbestimmung handelt es sich auch beim dem allgemeinen objektiv-rechtlichen menschenrechtlichen Schutzauftrag bzw. dem objektivrechtlichen Menschenwürdeschutzauftrag gem. Art. 2 S. 1 EUV (s. o.).

Auf unterster Stufe der *allgemeinen* Unionsteleologie stehen die *Unionszielbestimmungen im weiten Sinne (Unionsaufgaben)*, die insbesondere in Art. 3

[61] Dazu Müller-Graff (2011).

[62] Stellv. Ruffert (2022), Rn. 11.

[63] Vgl. etwa Kahl (1993), S. 161 ff. Auch die gegenteilige Ansicht (Vorrang des Binnenmarktziels) findet sich, vgl. Basedow (1995), S. 54, 58 f.; dagegen mit Recht die h. M., vgl. stellv. Terhechte (2024), Rn. 22. Vgl. auch zur tendenziellen Abwertung ökonomischer Ziele (insb. Wettbewerb) und Aufwertung sonstiger Ziele durch den Vertrag von Lissabon Müller-Graff (2009); Terhechte (2024), Rn. 6, 41 f.

[64] Soweit kollidierende Ziele nicht im Wege der praktischen Konkordanz unter Berücksichtigung etwaiger *rechtlicher* Gewichtungsentscheidungen (sofern man solche annimmt) in Einklang gebracht werden können, besteht immer noch die Möglichkeit einer *politischen* Priorisierungsentscheidung durch die zuständigen Unionsorgane im Rahmen von deren Ermessen. Hierzu m. w. N. Müller-Graff (2023), Rn. 3, 48.

[65] Zu Einheit und Kohärenz der Vertragsziele Müller-Graff (1998).

[66] S. Madner (2019), Rn. 1 ff., 10 m. w. N.

[67] Dazu – am Beispiel von Art. 37 GRCh – Madner (2019), Rn. 14 ff.

[68] Hierzu Szczekalla (2002).

[69] Alexy (1986).

[70] Dazu, inwieweit dies bereits heute in der EuGH-Judikatur und den Schlussanträgen der Generalanwältinnen und Generalanwälte der Fall bzw. theoretisch möglich wäre, s. Kahl (2025), im Erscheinen.

Abs. 2–4 EUV[71] aufgelistet werden. Danach fallen unter die Aufgaben der Union im Innern (Binnenpolitik):[72]

- Raum der Freiheit, der Sicherheit und des Rechts,
- Marktwirtschaft (Ausprägungen respektive Unter- bzw. Einzelaufgaben sind insbesondere: Binnenmarkt, ausgewogenes Wirtschaftswachstum, Preisstabilität, funktionierender Wettbewerb, Vollbeschäftigung, Fortschritt, freier und gerechter Handel, wirtschaftlicher Zusammenhalt zwischen den Mitgliedstaaten),
- Wirtschafts- und Währungsunion (insbesondere Preisstabilität),
- Soziales (Ausprägungen respektive Unter- bzw. Einzelaufgaben sind insbesondere: Solidarität [zwischen den Mitgliedstaaten, Menschen und Generationen], sozialer Zusammenhalt zwischen den Mitgliedstaaten, Nichtdiskriminierung, soziale Gerechtigkeit, sozialer Schutz, Gleichstellung von Frauen und Männern, Schutz der Kinderrechte),
- Umweltschutz,[73]
- Nachhaltige Entwicklung,
- Kultur (Ausprägungen respektive Unter- bzw. Einzelziele sind insbesondere: Wahrung kultureller und sprachlicher Vielfalt, Schutz und Entwicklung des kulturellen Erbes Europas).

Die Aufgaben der Union nach außen (Außenpolitik) sind in Art. 3 Abs. 5 EUV normiert. Sie decken sich zum Teil mit den Zielen im Innern (nachhaltige Entwicklung, Solidarität, Markt/freier Handel, Schutz der Kinderrechte), zum Teil treten sie ergänzend hinzu (Sicherheit, Armutsbekämpfung, Schutz der Menschenrechte und Achtung des Völkerrechts).

Mit dem Vertrag von Lissabon wurde – wie zuvor bereits mit dem Entwurf für einen Verfassungsvertrag für Europa – die (frühere, allerdings überflüssige[74]) Unterscheidung zwischen „Zielen“ und „Aufgaben“ aufgegeben und in Art. 3 EUV gebündelt.[75] Aufgaben sind nunmehr ein Spezialfall (Variante) von Zielen im Sinne von „klare(n) Handlungsanweisungen, denen im Vergleich zu den Zielen der offene Charakter fehlt“.[76] Der Aufgabenbegriff ist ein rechtsnormativer, was durch seine zahlreichen Erwähnungen im Primärrecht unterstrichen wird (vgl. nur die Erwähnung – explizit *neben* dem Zielbegriff – in Art. 4 Abs. 3 UAbs. 1 und 3 EUV).

---

[71] Vgl. daneben etwa noch Art. 9 ff. AEUV.

[72] Vgl. auch – mit etwas abweichender Strukturierung der Einzelziele gem. Art. 3 Abs. 2–5 EUV – Müller-Graff (2024), Rn. 114–176; Ruffert (2022), Rn. 22–42; Terhechte (2024), Rn. 33–66.

[73] Einzelne Ziele weisen mithin eine Doppelnatur auf: Im Falle des Umweltschutzes handelt es sich um eine (ungeschriebene) Unionszielbestimmung im engen Sinne (Leitprinzip, Unionsverfassungsprinzip) sowie – eine Konkretisierungsstufe darunter – um eine Unionszielbestimmung im weiten Sinne (Unionsaufgabe). Bei der Wertedurchsetzung bzw. -förderung handelt es sich um einen speziellen Unionszweck sowie – eine Konkretisierungsstufe darunter – um ein Unionsziel.

[74] Ruffert (2022), Rn. 1. Skept. bereits Calliess (2003), S. 88.

[75] Geiger, Kirchmair (2023), Rn. 1; Jacqué (2015), Rn. 1; Pechstein (2018), Rn. 2; ausf. zur historischen Entwicklung der EU-Ziele Terhechte (2024), Rn. 1 ff.

[76] Terhechte (2024), Rn. 20. Vgl. auch Müller-Graff (2023), Rn. 1.

Die Unionsaufgaben sind dabei kraft primärrechtlicher Normierung grundsätzlich statisch und bis zu einer Vertragsänderung oder (Beispiel: Migrationspolitik, Dublin III) einer Obsoleszenz kraft abweichender Faktizität „von Dauer". Zugleich sind sie aber – wie die Staatsaufgaben[77] – dynamisch, flexibel und im Wandel begriffen.[78] Dies hängt schon damit zusammen, dass sich die Finalität der EU[79] aufgrund der von zukünftigen Vertragsreformkonferenzen der Staats- und Regierungschefs beschlossenen Vertragsänderung wandeln kann. Es können aber auch lediglich neue Politiken *de constitutione ferenda* hinzukommen oder bestehende neu ausgerichtet werden. Im Übrigen muss die Union auch *de constitutione lata* immer wieder auf neue politische Herausforderungen im Rahmen vorhandener Kompetenzen angemessen reagieren,[80] zumal in Zeiten der die EU seit 2008 beherrschenden „Polykrise". Aktuell etwa erleben wir, um nur ein Beispiel herauszugreifen, einen erheblichen Bedeutungszuwachs der Unionsaufgabe innere und vor allem äußere Sicherheit und Verteidigung (Stichwort: Angriffskrieg Russlands auf die Ukraine).[81] Ein weiteres Beispiel liefert der erhebliche, im Primärecht nicht widergespiegelte Bedeutungszuwachs, den der Klimaschutz[82] (Stichwort: Green Deal)[83] sowie die Energieversorgungssicherheit[84] und allgemein die wirtschaftliche Versorgungsautarkie in der Union (Stichwort erneut: Angriffskrieg Russlands auf die Ukraine) in den letzten Jahren erfahren haben. Insoweit steht zu erwarten, dass die Union in den nächsten Jahren noch stärker auch klassische Staatszwecke im engen Sinne (s. o.) in Teilen übernimmt. Auch durch die „tagtägliche" Rechtsauslegung und -anwendung insbesondere durch die Gerichte, zuvörderst den Gerichtshof der EU, aber auch durch die europäische Verwaltung, erfahren gerade die Aufgaben – wie das gesamte Primärrecht (abhängig vom Grad seiner Offenheit[85]) – eine fortwährende, auch neu akzentuierende und modifizierende Konkretisierung.

Von den soeben erwähnten (Unions-)Aufgaben der EU als solcher (*Verband*aufgaben) sind die besonderen Aufgaben der einzelnen Organe, Einrichtungen und sonstigen Stellen (*Organ*aufgaben [im weiten, untechnischen Sinne[86]]) zu unterscheiden, wie sie rahmenartig für alle Organe in Art. 13 EUV und für die einzelnen Organe in den Art. 14 ff. EUV sowie konkretisierend in den Art. 223–309 AEUV niedergelegt sind.

Die Unionszielbestimmungen sind – wiederum im Anschluss an Sommermann – zu unterscheiden von dem zweiten Unterfall von *Unionsverfassungsprinzipien*,

---

[77] Vgl. Schulz (2018), S. 52 ff.

[78] Vgl. auch Becker (2019), Rn. 10; Terhechte (2024), Rn. 24.

[79] Dazu Haltern (2009). Krit. zum Begriff der Finalität Müller-Graff (2023), Rn. 1.

[80] Vgl. auch Müller-Graff (2023), Rn. 1.

[81] Wie hier Geiger, Kirchmair (2023), Rn. 4.

[82] Vgl. aber immerhin dessen eigenständige Erwähnung seit dem Vertrag von Lissabon in Art. 191 Abs. 1 Spstr. 4 AEUV.

[83] Statt vieler Terhechte (2024), Rn. 7, 55.

[84] Primärrechtlich in Art. 194 Abs. 2 lit. b AEUV zum Ausdruck kommend.

[85] Auf die besondere Offenheit gerade der Unionsziele hinweisend Terhechte (2024), Rn. 23.

[86] Unter Einschluss der Aufgaben von Einrichtungen und sonstigen Stellen der EU.

nämlich den *Strukturprinzipien*. Beide zusammen bilden den „Verfassungskern“[87] bzw. die „Verfassungsidentität“[88] der Union. Unionsverfassungsprinzipien betreffen auch im Unionsverfassungsrecht als *rechtsnormative* Kategorie die Organisation und das Verfahren der Ausübung von Hoheitsgewalt (der EU), wobei die Prinzipien, wie Demokratie (Art. 2 S. 1, Art. 9–12 EUV) und formeller Rechtsstaat (Art. 2 S. 1 EUV), geschriebener oder – wie Föderalismus – ungeschriebener Natur sein können. Die ungeschriebenen Prinzipien stellen allgemeine Grundsätze des Unions(verfassungs)rechts dar, welche im Wege der Abstraktion deduktiv im Wege einer wertenden Gesamtschau aus diversen Einzelbestimmungen herzuleiten sind. Für das Föderalismusprinzip ist insoweit insbesondere auf Art. 4 und Art. 5 EUV, Art. 2 ff., Art. 305 ff. AEUV zu verweisen.

Die Unionszielbestimmungen sind auch im Unionsrecht von einer Reihe verwandter, aber nicht zu vermengender Kategorien abzugrenzen. Dies gilt ganz besonders für die Kategorie der *Kompetenzen* bzw. in der von den Verträgen bevorzugten Sprache die *„Befugnisse“ oder „Zuständigkeiten“* der Union[89] und ihrer Organe, Einrichtungen und sonstigen Stellen. Hierbei handelt es sich um eine eigenständige, von den Zielen/Aufgaben klar zu trennende Kategorie; insbesondere darf auch im Unionsrecht grundsätzlich nicht vom Ziel/der Aufgabe auf die Befugnis/Zuständigkeit geschlossen werden. Zielnormen (insbesondere Art. 3 EUV) können weder für sich genommen noch zusammen mit anderen Vorschriften kompetenzbegründend wirken (vgl. Art. 1 Abs. 1, Art. 3 Abs. 6 EUV).[90] Freilich wirken die Ziele kompetenzauslegungssteuernd.[91] Im Übrigen eröffnen sie den Anwendungsbereich der Verträge, was etwa mit Blick auf Art. 18 Abs. 1 AEUV oder Art. 51 Abs. 1 S. 1 Hs. 2 GRCh von Bedeutung ist.[92] Die Befugnisse bzw. Zuständigkeiten werden begrifflich an zahlreichen Stellen der Verträge als eigene Kategorie erwähnt (vgl. nur Art. 5 Abs. 1 S. 1 und Abs. 2, Art. 6 Abs. 2 UAbs. 2 und Abs. 2 S. 2 EUV, Art. 2 ff. AEUV). Dabei werden sie normtextlich-terminologisch klar den Zielen bzw. Aufgaben gegenübergestellt (vgl. etwa Art. 5 Abs. 2 S. 1 und Abs. 3 UAbs. 1 EUV, Art. 13 Abs. 2 S. 1 EUV, Art. 352 Abs. 1 S. 1 AEUV).

Von den Unionszwecken, Unionszielen und Unionszielbestimmungen als *generellen* Zielen der EU sind schließlich noch die auf der höchsten Konkretisierungsstufe[93] befindlichen *speziellen* Einzel- bzw. Unterziele für bestimmte Unionspolitiken, z. B. für die Umweltpolitik die Ziele gem. Art. 191 Abs. 1 AEUV oder für

[87] Vgl. dazu auch ähnlich Bast, v Bogdandy (2024).

[88] Vgl. Kotzur (2005).

[89] Vgl. Reimer (2003).

[90] Vgl. Geiger, Kirchmair (2023), Rn. 15; Müller-Graff (2024), Rn. 90; Pechstein (2018), Rn. 13; Ruffert (2022), Rn. 12; Terhechte (2024), Rn. 26.

[91] Terhechte (2024), Rn. 10.

[92] Reimer (2003), S. 1002 („Anknüpfungsfunktion“); Ruffert (2022), Rn. 12.

[93] Von einer sich hieraus ergebenden „spezifisch unionsrechtliche(n) Zielhierarchie“ spricht Ruffert (2022), Rn. 7. Vgl. auch bereits Calliess (2003), S. 90.

die Energiepolitik die Ziele gem. Art. 194 Abs. 1 AEUV (*politikspezifische Ziele*),[94] zu unterscheiden.[95] Über sog. Integrationsprinzipien bzw. Querschnittsklauseln (vgl. Art. 8–13 AEUV) werden besonders wichtige Ziele wie Nichtdiskriminierung, Umweltschutz und Verbraucherschutz mit den sonstigen Politiken final verzahnt und erfahren hierdurch eine zusätzliche, abwägungsrelevante Gewichtserhöhung.[96]

Die Einzelunionszwecke (vgl. insbesondere Art. 13 Abs. 1 UAbs. 1 EUV), Unionsziele und Unionszielbestimmungen verpflichten mit unterschiedlicher Präzision alle Organe, Einrichtungen und sonstigen Stellen der EU, daneben (vgl. auch Art. 4 Abs. 3 UAbs. 3 EUV) die Mitgliedstaaten, nicht aber Private.[97] Die Adressaten, vor allem die Unionsorgane, haben bei ihrer Erfüllung sämtlicher dieser drei Typen von Finalprogrammen einen weiten Ermessensspielraum,[98] der nur begrenzt justiziabel ist (Evidenzkontrolle).[99] Die Finalprogramme wirken ermessenslenkend, die (vor allem teleologische) Auslegung und Rechtsfortbildung steuernd und maßstabsetzend für die (gerichtliche) Kontrolle.[100] Außerrechtlich wirken sie integrierend.[101]

4 Fazit

Karl-Peter Sommermann gelangte in seiner Habilitationsschrift zu einem vergleichsweise frühen Zeitpunkt zu der Erkenntnis, dass die Herausarbeitung einer „allgemeine(n) Theorie und Dogmatik der Staatszielbestimmungen" eine große, zukunftsweisende „Herausforderung für eine transnationale Verfassungsrechtswissenschaft" darstellt.[102] Dem ist uneingeschränkt zuzustimmen und an sich nichts hinzuzufügen, außer der zusätzlichen Betonung gerade der, von Sommermann zwar angesprochenen, bei ihm aber nicht im Mittelpunkt stehenden unionalen Dimension: Die Entwicklung einer allgemeinen Theorie und Dogmatik („Lehre") der Unionszielbestimmungen stellt gleichfalls eine große theoretische und dogmatische

[94] Eine Aufzählung weiterer spezieller Einzel- bzw. Unterzielnormen findet sich etwa in sehr ausf. Form bei Müller-Graff (2023), Rn. 1; knapper Jacqué (2015), Rn. 1.

[95] Ähnliche Unterscheidung begrifflich bei Terhechte (2024), Rn. 15 f.

[96] Vgl. Terhechte (2024), Rn. 17.

[97] Geiger, Kirchmair (2023), Rn. 2; Müller-Graff (2024), Rn. 178; Terhechte (2024), Rn. 27.

[98] Ruffert (2022), Rn. 8, 11.

[99] Terhechte (2024), Rn. 28.

[100] Calliess (2022), Art. 2 EUV Rn. 12; Ruffert (2022), Rn. 8 f.; ausf. Müller-Graff (2024), Rn. 181–191; Terhechte (2024), Rn. 8–12. Nach Becker (2019), Rn. 7 nutzt der EuGH im Rahmen der Auslegung des Sekundärrechts die Unionszielbestimmungen (im weiten Sinne) zumeist nur als „allgemeine Bestätigung".

[101] Dazu Reimer (2003), S. 999 f. Allg. zum integrationstheoretischen Hintergrund der EU-Ziele Terhechte (2024), Rn. 18 f.

[102] Sommermann (1997), S. 6. „Transnational" ist für den Jubilar dabei eine Verfassungsrechtswissenschaft, die „ihr Hauptaugenmerk auf *staatenübergreifende Phänomene* des Verfassungsrechts richtet" (ebd., S. 6 in Fn. 26); Hervorhebung im Original.

Herausforderung für die Rechtswissenschaft dar. Im europäischen Staaten- und Verfassungsverbund ist gerade diese Dimension in den analysierenden und systematisierenden Blick zu nehmen sowie terminologisch und kategorial ordnend zu durchdringen; Sommermanns Kategorienbildungen können hierfür als geeignete Grundlage bzw. Ausgangspunkt dienen. Zu Recht wird die Habilitationsschrift des Jubilars daher nicht nur im nationalen Verfassungsrecht, sondern auch im Unionsrecht von Autorinnen und Autoren häufig in Bezug genommen,[103] und insbesondere die Kategorie der „Staatszielbestimmungen" unionsrechtlich adaptiert („Unionszielbestimmungen"[104]).

Dabei lassen sich für eine – im europarechtlichen Schrifttum bislang regelmäßig[105] wenig beachtete[106] – Unionsteleologie zahlreiche Gemeinsamkeiten, aber auch Unterschiede zur vom Jubilar richtungsweisend herausgearbeiteten Teleologie des modernen Verfassungsstaates feststellen, die noch näherer Betrachtung und Einordnung verdienen. In der Sache wird sich dabei – zumal nach dem Vertrag von Lissabon (vgl. nur Art. 2 EUV) – eine zunehmende Konvergenz der Staatsziele und Staatszielbestimmungen mit den Unionszielen und Unionszielbestimmungen feststellen lassen,[107] an der nicht zuletzt – man denke etwa nur an die „Rechtsstaatskrise" der EU und die Unabhängigkeit der nationalen Justiz – die Judikatur des EuGH einen maßgeblichen Anteil hat.[108] In diesem Sinne hat Karl-Peter Sommermann bereits 1997 vorausschauend „eine weitgehende Homogenität der Gemeinschafts- und Staatsziele" konstatiert, dank derer „bisher gravierende Ziel- bzw. Zielverwirklichungsdivergenzen vermieden" worden seien.[109] Auch dem ist nichts hinzuzufügen. Es lohnt sich also, die Systematik Sommermanns zur staatsrechtlichen Teleologie grundsätzlich auf die Unionsebene zu transferieren und dort mit dem wissenschaftlichen Ziel eines sowohl der Theorie der europäischen Integration als auch dem geltenden Primärrecht (EU-Verfassung) adäquaten Inhalts weiterzudenken. Hierzu können und sollen diese Zeilen – die verbunden sind mit den besten Wünschen für den Jubilar – nur einen kleinen Impuls geben.

[103] Vgl. stellv. Ruffert (2022), Rn. 2 Fn. 5, Rn. 4 Fn. 14, Rn. 15 Fn. 53.

[104] In dem Sinne – vor allem bezogen auf Art. 3 EUV – Ruffert (2022), Rn. 2 („mit den Staatszielbestimmung auf das engste verwandt"); explizit die Differenzierung Sommermanns aufgreifend und von „Unionszwecken", „Unionszielen" und „Unionszielbestimmungen" sprechend Reimer (2003), S. 992 ff., insb. 1007 f.

[105] Positive Ausnahmen insb. etwa Kotzur (2005); Müller-Graff (2023); ders. (2024); Reimer (2003); Terhechte (2024).

[106] Vgl. stellv. für viele das sehr umfangreiche europarechtliche Stichwortlexikon von Schöbener (Hrsg) (2019), das jedoch die Unionsziele ignoriert.

[107] Allg. dazu Plecher-Hochstraßer (2006).

[108] Grdl. zu Art. 2 S. 1, Art. 19 Abs. 1 UAbs. 2 EUV: EuGH, Urt. v. 27.2.2018, *Associação Sindical dos Juízes Portugueses*, C-64/16 und die Folge-Rspr.

[109] Sommermann (1997), S. 481.

Literatur

Alexy, R. (1986). *Theorie der Grundrechte* (9. Aufl.). Suhrkamp.

Andrée, C. (2014). *Zielverpflichtende Gemeinwohlklauseln im AEU-Vertrag*. Duncker & Humblot.

Basedow, J. (1995). Zielkonflikte und Zielhierarchien im Vertrag über die Europäische Gemeinschaft. In O. Due et al. (Hrsg.), *Festschrift für Ulrich Everling* (Bd. I, S. 49–68). Nomos.

Bast, J., & von Bogdandy, A. (2024). Grundlagenteil und Verfassungskern der EU-Verträge. *JuristenZeitung (JZ), 79*, 115–125.

Becker, U. (2019). Erläuterungen zu Art. 3 EUV. In J. Schwarze et al. (Hrsg.), *EU-Kommentar* (4. Aufl.). Nomos.

von Bogdandy, A. (2009). Grundprinzipien. In A. von Bogdandy & J. Bast (Hrsg.), *Europäisches Verfassungsrecht* (2. Aufl., S. 13–71). Springer.

von Bogdandy, A. (2022). *Strukturwandel des öffentlichen Rechts*. Suhrkamp.

Bull, H.-P. (1977). *Die Staatsaufgaben nach dem Grundgesetz* (2. Aufl.). Athenäum.

Bundesminister des Innern/Bundesminister der Justiz (Hrsg.). (1983). *Staatszielbestimmungen, Gesetzgebungsaufträge – Bericht der Sachverständigenkommission*. Konkordia.

Calliess, C. (1999). *Subsidiaritäts- und Solidaritätsprinzip in der Europäischen Union* (2. Aufl.). Nomos.

Calliess, C. (2001). *Rechtsstaat und Umweltstaat*. Mohr Siebeck.

Calliess, C. (2002). Gemeinwohl in der Europäischen Union – Vom Staaten- und Verfassungsverbund zum Gemeinwohlverbund. In W. Brugger (Hrsg.), *Gemeinwohl in Deutschland, Europa und der Welt* (S. 173–213). Nomos.

Calliess, C. (2003). Kollektive Ziele und Prinzipien im Verfassungsrecht der EU – Bestandsaufnahme, Wirkungen und Perspektiven. In C. Hiebaum & P. Koller (Hrsg.), *Politische Ziele und juristische Argumentation* (S. 85–112). Steiner.

Calliess, C. (2004). Europa als Wertegemeinschaft – Integration und Identität durch europäisches Verfassungsrecht. *JZ, 59*, 1033–1045.

Calliess, C. (2022). Erläuterungen zu Art. 2 und Art. 13 EUV. In C. Calliess & M. Ruffert (Hrsg.), *EUV/AEUV* (6. Aufl.). C. H. Beck.

Franzius, C. (2010). *Europäisches Verfassungsrechtsdenken*. Mohr Siebeck.

Geiger, R., & Kirchmair, L. (2023). Erläuterungen zu Art. 3 EUV. In R. Geiger et al. (Hrsg.), *EUV/AEUV, Kommentar* (7. Aufl.). C. H. Beck.

Hainthaler, C. (2024). *Die Sicherung der Werteunion*. Duncker & Humblot.

Haltern, U. (2009). Finalität. In A. von Bogdandy & J. Bast (Hrsg.), *Europäisches Verfassungsrecht* (2. Aufl., S. 279–331). Springer.

Ipsen, H.-P. (1950). *Über das Grundgesetz*. Selbstverlag Universität Hamburg.

Ipsen, H.-P. (1972). *Europäisches Gemeinschaftsrecht*. Mohr Siebeck.

Jacqué, J.-P. (2015). Erläuterungen zu Art. 3 EUV. In H. von der Groeben, J. Schwarze, & A. Hatje (Hrsg.), *Europäisches Unionsrecht* (7. Aufl.). Nomos.

Kahl, W. (1993). *Umweltprinzip und Gemeinschaftsrecht*. C. F. Müller.

Kahl, W. (1996). Freiheitsprinzip und Sozialprinzip in der EU. In H. Bauer et al. (Hrsg.), *Wirtschaft im offenen Verfassungsstaat, Festschrift für Reiner Schmidt zum 70. Geburtstag* (S. 75–110). C. H. Beck.

Kahl, W. (2025). Robert Alexy und EU-Grundrechtstheorie. In C. Bäcker et al. (Hrsg.), *Festschrift für Robert Alexy zum 80. Geburtstag* (S. 653–668). Mohr Siebeck.

Kotzur, M. (2005). Die Ziele der Union. Verfassungsidentität und Gemeinschaftsidee. *Die Öffentliche Verwaltung (DÖV), 58*, 313–322.

Link, H.-C. (1990). Staatszwecke im Verfassungsstaat – Nach 40 Jahren Grundgesetz. *Veröffentlichungen der Vereinigung der Deutschen Staatsrechtslehrer (VVDStRL), 48*, 7–49.

Madner, V. (2019). Erläuterungen zu Art. 37 GRC. In M. Holoubek & G. Lienbacher (Hrsg.), *Charta der Grundrechte der Europäischen Union, GRC-Kommentar*. Manz.

Mandry, C. (2009). *Europa als Wertegemeinschaft*. Nomos.

Müller-Graff, P.-C. (1998). Einheit und Kohärenz der Vertragsziele von EG und EU. In A. von Bogdandy & C.-D. Ehlermann (Hrsg.), *Konsolidierung und Kohärenz des Primärrechts nach Amsterdam, Europarecht (EuR) Beiheft 2* (S. 67–80). Nomos.
Müller-Graff, P.-C. (2004). Strukturmerkmale des neuen Verfassungsvertrages für Europa im Entwicklungsgang des Primärrechts. *Integration, 27*, 186–201.
Müller-Graff, P.-C. (2009). Das verschleierte Antlitz der Lissabonner Wirtschaftsverfassung. *Zeitschrift für das gesamte Handelsrecht und Wirtschaftsrecht (ZHR), 173*, 443–453.
Müller-Graff, P.-C. (2011). Soziale Marktwirtschaft als neuer Primärrechtsbegriff der Europäischen Union. In P.-C. Müller-Graff, S. Schmahl, & V. Skouris (Hrsg.), *Europäisches Recht zwischen Bewährung und Wandel, Festschrift für D. H. Scheuing* (S. 600–623). Nomos.
Müller-Graff, P.-C. (2023). Erläuterungen zu Art. 3 EUV. In M. Pechstein, C. Nowak, & U. Häde (Hrsg.), *Frankfurter Kommentar zu EUV, GRC und AEUV* (2. Aufl.). Mohr Siebeck.
Müller-Graff, P.-C. (2024). Verfassungsziele der Europäischen Union. In M. A. Dauses & M. Ludwigs (Hrsg.), *Handbuch des EU-Wirtschaftsrechts, Bd. 1. Stand des Loseblattwerkes: September 2024*. C. H. Beck. Abschnitt A.I. (Stand der Bearbeitung dieses Abschnitts: November 2019).
Murswiek, D. (1995). *Umweltschutz als Staatszweck: Die ökologischen Legitimitätsgrundlagen des Staates*. Economica.
Ossenbühl, F. (1971). Die Erfüllung von Verwaltungsaufgaben durch Private. *VVDStRL, 29*, 137–202.
Pechstein, M. (2018). Erläuterungen zu Art. 3 EUV. In R. Streinz (Hrsg.), *EUV/AEUV, Kommentar* (3. Aufl.). C. H. Beck.
Plecher-Hochstraßer, B. (2006). *Zielbestimmungen im Mehrebenensystem*. Peter Lang.
Reimer, F. (2001). *Verfassungsprinzipien*. Mohr Siebeck.
Reimer, F. (2003). Ziele und Zuständigkeiten. Die Funktionen der Unionszielbestimmungen. *EuR, 38*, 992–1012.
Ress, G. (1990). Staatszwecke im Verfassungsstaat – nach 40 Jahren Grundgesetz. *VVDStRL, 48*, 56–111.
Ruffert, M. (2022). Erläuterungen zu Art. 3 EUV. In C. Calliess & M. Ruffert (Hrsg.), *EUV/AEUV, Kommentar* (6. Aufl.). C. H. Beck.
Scheuner, U. (1972). Staatszielbestimmungen. In R. Schnur (Hrsg.), *Festschrift für Ernst Forsthoff zum 70. Geburtstag* (S. 325–346). C. H. Beck.
Schmidt-Aßmann, E. (2004). *Das allgemeine Verwaltungsrecht als Ordnungsidee* (2. Aufl.). Springer.
Schneider, H.-P. (2004). Grundrechte und Verfassungsdirektiven. In D. Merten & H.-J. Papier (Hrsg.), *Handbuch der Grundrechte in Deutschland und Europa* (Bd. 1). C. F. Müller. § 18.
Schöbener, B. (Hrsg.). (2019). *Europarecht, Lexikon zentraler Begriffe und Themen*. C. F. Müller.
Schulz, S. E. (2018). *Die Verwaltungsaufgabe, Habilitationsschrift Kiel*. Typoskript/unveröffentlicht.
Sommermann, K.-P. (1993). Die Diskussion über die Normierung von Staatszielen. *Der Staat, 32*, 430–447.
Sommermann, K.-P. (1997). *Staatsziele und Staatszielbestimmungen*. Mohr Siebeck.
Sommermann, K.-P. (2006). Staatszwecke, Staatsziele. In W. Heun et al. (Hrsg.), *Evangelisches Staatslexikon* (S. 2348–2355). Kohlhammer.
Sommermann, K.-P. (2024). Erläuterungen zu Art. 20 GG. In P. M. Huber & A. Voßkuhle (Hrsg.), *Grundgesetz, Kommentar* (8. Aufl., Bd. 2). C. H. Beck.
Streinz, R. (2008). *Der europäische Verfassungsprozess: Grundlagen, Werte und Perspektiven nach dem Scheitern des Verfassungsvertrags*. Hanns-Seidel-Stiftung.
Streinz, R., Ohler, C., & Herrmann, C. (2005). *Der Vertrag von Lissabon*. C. H. Beck.
Szczekalla, P. (2002). *Die sogenannten grundrechtlichen Schutzpflichten im deutschen und europäischen Recht*. Duncker & Humblot.
Terhechte, J. P. (2024). Erläuterungen zu Art. 3 EUV. In E. Grabitz, M. Hilf, & M. Nettesheim (Hrsg.), *Das Recht der Europäischen Union* (Bd. I). C. H. Beck.
Voßkuhle, A. (2018). *Die Idee der europäischen Wertegemeinschaft*. Klaus Bittner.
Waldhoff, C. (2021). Staatszielbestimmungen. In Görres-Gesellschaft & Verlag Herder (Hrsg.), *Staatslexikon. Recht – Wirtschaft – Gesellschaft* (Bd. 5, S. 679–683). Herder.

The Democratic Legitimacy of the Administration Within the Political Process

R. García Macho

1 Overview of the Topic

When we speak of the democratic legitimacy of administration, we are referring to the justification for its exercise of power within its sphere of action and organisation. Administration is among the powers of the State and, as such, requires legitimacy. This leads us to believe that the study of this is a multidisciplinary task. Taking this approach will promote the conceptualisation and development required in a context broad enough to demonstrate its importance for the future development of administrative law within a democratic system in which the political process functions properly in the general interest. This view of the democratic legitimacy of administration goes beyond conceptualising it as a legal principle, although it is essential to take this into account, as the administration must justify its exercise of power in its actions and organisation. Indeed, the administration has its own initiative and

Ricardo Garcia Macho, Emeritus Professor of Administrative Law. Doctor of Law from the University of Salamanca (1981). Professor of Administrative Law (Profesor titular) at the University of Salamanca (1985). Professor of Administrative Law at the Jaume I University of Castellón (1995). Counsel to the Constitutional Court (1997–1999). Substitute Magistrate in the Superior of the Valencian Community (1995–1997 and 2002–2004). President of the Transparency Council of the Valencian Community (2015–present).

R. García Macho (✉)
Castellón, Spanien
E-Mail: rgarcia@dpu.uji.es

C. Fraenkel-Haeberle, B. Peters (Hrsg.), *Öffentliches Recht in transnationaler Perspektive*, https://doi.org/10.1007/978-3-662-72331-9_29

autonomy within the powers of the State, and, as such, is included in the constitutional order.[1]

Of course, it is essential to consider the democratic legitimacy of the administration as a legal concept,[2] but its effectiveness and manifestation in the administration's actions and organisation depends on the proper functioning of the democratic system as a whole. For this reason, a brief overview of the development of the political process within the Spanish democratic system will be given, considering its connection with the European Union.

The functioning of the political process and, ultimately, of the powers of the State depend substantially on political parties, as they "contribute to the formation and expression of the popular will and are a fundamental instrument of political participation", as stated in Art. 6 of the Spanish Constitution (SC). It therefore seems that there is a connection between their fulfilment of the task required by the Constitution and an adequate and effective political and social acceptance of the democratic legitimacy of the administration. In this sense, it should be remembered that, for decades, political parties have been affected by a growing crisis[3] which must be addressed in order to improve the operation of the powers of the State.

2 The Crisis of Political Parties and Its Effects on Legitimate Democratic Administration

The deterioration of political parties and their failure to fulfil their constitutionally mandated duties has had negative consequences for the functioning of State institutions, including the administration. The effectiveness of the political process depends on the actions of the parties, whose role it is to mediate between the State and society. They are organisations that work with the State and are in an intermediate position between what is happening in a plural society and the State itself.[4] Because they cooperate with the state rather than being a part of it, the state is viewed as a separate institution distinct from the parties. Therefore, we cannot speak of a "State of parties"[5] but rather a "democracy of parties".[6] Early on, the German Constitutional

[1] In this sense, see the early work by Hesse, (1978), p. 216 ff.

[2] In depth on this subject, see Schmidt-Assmann, (1991), p. 330 ff.

[3] For an in-depth study that highlights the weaknesses of parties in the operation of the political process, and the crisis affecting them, highlighted decades ago by H.-H. von Arnim, see Bull (2020), p. 1 ff.

[4] Along these lines, Art. 6 of the Spanish Constitution states that "political parties contribute to the formation and expression of the popular will". In other words, they listen to and gather information about what is happening in social and economic life and transmit it to State institutions so that these can respond to public needs and interests. Along these same lines, a ruling, 48/2003, of 12 March, by the Spanish Constitutional Court, determines that the parties "are institutions halfway between individuals and public powers" (legal basis 4).

[5] For an in-depth view, see García Pelayo (1986), *in totum*.

[6] On this subject, see Ipsen (2009), p. 552 ff.

Court[7] established that parties were not supreme bodies of the State (like the Parliament), nor were they bodies of the State. This thesis, however, was modified in the judgement of 24 July 1979,[8] which maintains that the parties are involved in forming the political will of the people through their participation in elections. They act as an intermediate link between the citizens and the bodies of the State.

Political parties are not bodies of the State, as the State is bound to constitutional precepts and values, maintaining a neutrality that cannot be colonised by any party or ideology.[9] Rather, parties serve as mediators between society and the State, expressing the interests of a large majority of the citizens to the state, representing different ideologies.[10] However, they must abide by the political process, as they are constitutionally bound by the mandate of Art. 6 of the Spanish Constitution which determines that they are fundamental instruments for political participation.

Furthermore, Art. 6 of the Constitution also establishes that the internal structure and operation of political parties must be democratic, but this requirement is often disregarded in the political practice. As well as the tremendous Spanish political polarisation that prevents the political process from functioning adequately,[11] it must be emphasised that the Parties are mass-based and led by oligarchies[12] frequently upholding their own interests against those of the community. This creates a difficult situation. Indeed, State institutions must serve the general interest. Once a party or a coalition of parties is in power, they must advocate the interests of the majority of citizens, be open to publicity, encourage participation, among others.[13]

This situation, to which can be added a blurring of the representative mandate,[14] replaced in parliamentary practice by the imperative mandate, restricts the democratic operation of the parties and sees them losing support and becoming more discredited, which hampers the work of State institutions. In this situation, political parties lack the capacity to bring citizens' needs and interests to Parliament and subsequently translate them into laws. This creates discontent among citizens and undermines the legitimacy of the political parties, which are failing to perform the task required of them by the Constitution.

---

[7] BVerfG, Judgement of 4 April 1952, BVerfGE 1, 208, Rn. 224.

[8] BverfG, Judgment of 24. July 1979, BVerfGE 52, 63, and specifically within the legal bases in section C., section I.

[9] On this issue see the reflections of García Pelayo (1986), p. 85 ff.

[10] The various parties with different ideologies in Spain and other countries contribute to the existence of political pluralism, which is a higher value of the legal system recognised in the Constitution (Art. 1.1 SC).

[11] In Spain, polarisation sometimes reaches grotesque levels because of the arrival of far-right – if not outright fascist – parties in public life. But this is also happening in other EU countries, where they have taken power (Hungary, Italy, and so on), and in other places outside Europe, such as the United States.

[12] See R. Michels, a classic author who wrote early on these topics and who has undertaken an in-depth study of them: Michels (1972), p. 153 ff.

[13] On these issues, see, with a broad perspective Bull (2020), pp. 41 ff. and 70 ff.

[14] On the representative mandate and failure to comply with it, see Morodo, Lucas Murillo de la Cueva (1996), p. 364 ff.

The deterioration of the political process has a decisive influence on the operation of State institutions, including the administration. As a result, they operate less effectively. In this respect, it should be remembered that the administration, as a branch of the State, holds democratic legitimacy granted by the Spanish people (Art. 1.2 SC). This legitimacy is blurred when the political process does not work properly and this is being decisively influenced by the crisis of political parties.

3 Constitutional Grounding of the Democratic Legitimacy of the Administration

The recognition of democracy in the Spanish Constitution determines the scope of the administration's legitimacy. In various constitutional provisions in addition to Art. 1.2, the constituent power refers to democracy, as the democratic principle is introduced in Art. 1.1 of the Spanish Constitution and reference is also made to the public democratic participation in Art. 23.1. The decision of the constituent power for democracy has a decisive influence on the construction and organisation of administrative Law, which is determined by its democratic legitimacy and by the requirement for publicity and consensus.[15] But this democratic legitimacy of the administration not only covers the State sphere, it is also recognised for local bodies (*Entes locales*), provincial councils (*Diputaciones*) (Art. 140 ff. SC), and the regional governments (*Comunidades Autónomas*) through their legislative assemblies (Art. 152.1 SC).

The democratic legitimacy of the administration originates in Art. 1.2 SC, which stipulates that the powers of the State derive from the Spanish people. As already stated,[16] the democratic origin and legitimacy of the State's powers can be inferred from this precept. It must be remembered that this legitimacy is achieved through voting to make up the Spanish Parliament (*Cortes Generales*), regional legislative assemblies and local authorities (*Entes locales*), which form the centre of a structure that grants legitimacy to the various administrations. In today's complex society, these require an autonomous field of action to be able to achieve their objectives effectively. The powers in the Spanish Constitution are established as independent powers and, as such, are legitimised. In the case of the administration, the way in which it implements the law can no longer be perceived only in the classic sense of hierarchical structures. Instead, a paradigm shift has occurred within the organisation itself, resulting in various forms of management and cooperative action to solve specific legal problems, as well as the implementation of complex laws that require the administration's autonomy in order to be effectively developed.[17]

---

[15] On this issue, see Schmidt-Assmann (2003), p. 99 ff.

[16] On this subject, see Lucas Verdú (1996), p. 134 ff.

[17] For further details on these issues, see Schmidt-Assmann (2003), p. 189 ff. and Trute (2022), p. 560 ff.

The democratic principle enshrined in the Constitution (Art. 1.1 SC) also applies to the administration and implies a plural understanding of it in legal terms. However, the democratic principle cannot only be perceived from a representative perspective.[18] There is also a participatory perspective, as set out in the Constitution (for example Art. 9.2 and 23.1). This means that a diverse administrative organisation is needed, as opposed to a closed administration. This allows citizens to participate equally in administrative decision-making.

Art. 23.1 and 9.2 of the Spanish Constitution establish a model of participatory democracy that determines the organisation and objectives of the administration, given that both precepts call for direct public participation in political, economic, cultural, and social life to achieve real, effective conditions of equality and freedom. This implies enacting laws that, within the context of participatory democracy, encourage and facilitate public participation.

Art. 23.1 regulates a fundamental right to citizen participation in public affairs, directly or through representatives. It is true that representative democracy prevails,[19] but participatory democracy cannot be limited to citizen participation in referendums.[20] It should go further, for example including procedures to allow their participation either directly or via associations in drafting certain laws.[21] In this context, the administration plays a key role in developing and implementing these laws and has a broad scope of action, allowing it to carry out its tasks of direction and cooperation.

The participation governed by Art. 9.2 of the Constitution has mainly been studied from the perspective of the social state and even the rule of law linked to equality under Art. 14 SC.[22] In this context, however, it will be examined from the perspective of the democratic principle, as this is the basis for achieving the objective of "real and effective equality of citizens and the associations they form part of". Furthermore, this principle is also essential "for the participation of all citizens in political, economic, cultural, and social life". The concept of democratic participa-

[18] The link between the democratic principle and the representative nature of that democracy is particularly emphasised byAragón Reyes (2009), p. 26 ff.

[19] The Constitutional Court has expressed its opinion in this regard, for example, in STC 103/2008, of 11 September (legal basis 2).

[20] This procedure is used in Spain rarely compared to Western countries like Switzerland, the Federal Republic of Germany, France and Italy. On the other hand, there are various types of referendums, for example consultative and binding referendums, whose legal effects are different. Finally, a referendum allows citizens to vote on a text that has already been drafted by other institutions, but for which they do not have the initiative. In other words, the referendum is an act of acclamation rather than of public participation.

[21] In the current parliamentary crisis resulting from the deterioration of the political process, the promotion of participatory democracy is an effective means for the citizen to ensure that their needs and interests are taken into consideration, and, at the same time, it prevents the disaffection that leads them to vote for fascist parties. In this sense, for example, D. Rousseau has proposed the creation of a deliberative social assembly to address problems of common and general citizen interest with the ability to participate in the drafting of laws, Rousseau (2015), p. 139 ff.

[22] In this regard, see Villar Palasí (1996), p. 512 ff. and Fernández Lopéz (2009), p. 139 ff.

tion has been discussed from the perspective of the administration[23] and in different economic sectors from the point of view of trade unions. Nevertheless, it needs to be examined through the lens of the participation principle established in the Constitution (Art. 9.2) and linked to the democratic principle (Art. 1.1).

When Art. 9.2 states that it is the public powers that must promote the conditions to facilitate citizen participation in the highly diverse spheres of political, economic, cultural, and social life, it is also referring to the administration as a public power. In its work, the administration has to deal with many and varied tasks that are difficult to manage. Laws create premises for solving problems; they offer guidelines and determine the limits of administrative intervention. However, it is the administration's responsibility to solve specific and frequently technically complex problems that the law is incapable of solving. These problems are faced by both the administration and the members of the public that these rules are aimed at.[24]

In order to carry out these many and varied tasks, the administration requires a high degree of independence, without which it would be unable to resolve them. This independence has limits, such as the legal reservation and the principle of legality of the administration. Yet, in achieving its aims, the administration has broad discretion, which is justified through its democratic legitimacy. This legitimacy is based on the Constitution, as discussed above, and is essential for the administration to be able to carry out its duties effectively in the public service.

4 Publicity and Transparency: Effects on the Democratic Legitimacy of the Administration

The principle of publicity is essential to the operation of Western democratic systems. In the modern sense, in the cities of Western Europe, it largely concerns the traffic of goods and news. This principle evolved as the *bourgeoisie* established itself as a class, leading to the creation of meeting places for private individuals (salons, circles, among others) as well as newspapers, which generated well-informed opinions (Öffentlichkeit) among citizens, enabling them to participate in political life.[25] This development of publicity, very briefly outlined here, underwent substantial modification throughout the 19th and especially the 20th century, especially with the rise to power of mass parties, resulting from substantial changes in social and economic life that transformed society.

In this context, the meaning of *bourgeois* publicity changes, thereby inverting the original basis of the institutions responsible for it. The appearance of publicity pamphlets, commercial advertising, newspapers and radio stations has given rise to

[23] On participation from an administrative point of view, see Sánchez Morón (1980), p. 93 ff.

[24] On this issue, see extensively Hoffmann-Riem, Pilniok (2022), p. 874 ff.

[25] For an in-depth view of the subject from an observant perspective, see Habermas (2014), p. 53 ff.

mass media, which has transformed the meaning of publicity.[26] And, with the heavy economic concentration of these media, which frequently appear as securities on the stock exchange, they have sufficient capacity to carry out significant manipulation of information.[27] Today, from a functional point of view, publicity occupies a place between civil society and the political system, in such a way that it does a necessary job of preserving informed public opinion, which helps to maintain democracy.[28] Now the field of publicity is polarised and decisively influenced by a concentration of international consortia[29] which control a very important part of the market. Faced with this, governments, and particularly the European Union, are obliged to refute and correct fake news to maintain and promote well-informed public opinion.[30]

Both the European Union and member state administrations play an important role in maintaining openness and transparency, ensuring unmanipulated citizenship access to information. To carry out this task, the administration needs a broad sphere of autonomy. Regulation (EU) 2024/1083 of the European Parliament and of the Council of 11 April governs the internal market for the media (such as audiovisual media, radio, press). It grants media freedom and pluralism – a pillar of democracy based on Art. 2 and 9 ff. of the Treaty on European Union (TEU). The development of this regulation, both within the European Union and in Spain, will be a primary task for both administrations, for which they require the autonomy that guarantees their democratic legitimacy. The authorities or public bodies responsible for ensuring the proper functioning of the internal market for media services will consist of overlapping vertical and horizontal administrative structures for the provision of information, decision-making and control of both administrations.[31]

The principle of transparency has been considered the little sister of publicity (Publizität), understood in the sense of making information accessible.[32] Both principles fall under the umbrella of "Öffentlichkeit", that is, the public sphere/public life and even public opinion.[33] Transparency is essential in the application of current

[26] Concerning the evolution of the concept of publicity, with precise details of its development, see Habermas (2014), p. 209 ff.

[27] This situation leads to what has been termed "fake news", which involves the use of false news items or hoaxes to manipulate public opinion, especially on social media but also in other media outlets.

[28] On these subjects, see Habermas (2022), p. 53 ff.

[29] These are the feudal media lords who, through enormous monopolies (Facebook, YouTube, Instagram or X), decisively influence public opinion, so that on many occasions citizens do not identify "fake news" as such. This makes it easier to manipulate and control them.

[30] In this respect, Art. 10 and 11 of the Treaty on European Union, in addition to competition rules, should contribute to maintaining informed public opinion.

[31] Concerning the independence of the diverse, varied Administration required to carry out the administrative tasks, see Hoffmann-Riem, Pilniok (2022), p. 880 ff.

[32] Publicity, in the sense of "Publizität" or "publicité", can also be understood as political announcements or messages, dissemination and so on. In these cases, to prevent manipulation or falsification, the rules on consumer protection based on European Union law, and even its defence in the Spanish Constitution (Art. 51), play a decisive role.

[33] Concerning these conceptualisations, see Gröschner, Masing (2004), p. 346.

administrative law from both a substantive and procedural point of view. Art. 11 TEU considers transparency as a necessary principle for the operation of the Union's institutions,[34] and, in Spanish law, the main administrative laws, starting with the Public Sector Legal System Act (*Ley de Régimen Jurídico del Sector Público*) 40/2015 of 1 October 2015 (Art. 3), refer to the principle of transparency as a general principle of the actions and relations of public administrations.

The principle of transparency is linked to the right of access to information, and both promote participation and democracy.[35] The democratic legitimacy of the administration has been significantly strengthened by transparency. Indeed, transparency promotes information and the resulting participation of citizens in public affairs, which helps them cooperate with the administration, expanding its democratic legitimacy.

A paradigmatic example of the administration's promotion of its democratic legitimacy from substantive, organisational and procedural points of view is provided by Transparency Councils (*Consejos de Transparencia*), which ensure citizens' access to administrative and political information, including that available to local councillors.[36] Since the establishment of the State Council for Transparency and Good Government (*Consejo de Transparencia y Buen Gobieno*) under the Transparency, Access to Information and Good Government Act 19/2013 of 9 December 2013,[37] Transparency Councils have been set up in many Spanish regions (*Comunidades Autónomas*), ensuring that the public has access to information that is as broad as possible, with maximum transparency. Furthermore, the access procedures are anti-formal, meaning the public does not need to give reasons for requesting information. The Councils broaden and deepen the democratic legitimacy of the administration, because, through public participation, they enjoy considerable capacity to influence it. In some cases, the chairs and members of the Transparency Councils[38] are appointed by the Parliament, which ensures democratic legitimacy for the substantive administration. In addition, the Transparency Councils base their administrative actions on administrative law regulations and are embedded in the administrative organisation. Consequently, they also enjoy democratic legitimacy from the administration with regard to organisational and procedural matters.

---

[34] See a commentary on Art. 11: García Macho (2013), p. 456 ff.

[35] See Sistero Ródenas (2024), p. 66 ff.

[36] In many of its resolutions, the Valencian Transparency Council grants access to information to councillors, most of whom are from the opposition, allowing them to oppose the municipal government with adequate information.

[37] See an extensive commentary on Act 19/2013, of 9 December, Troncoso Reigada (2017), *in totum*.

[38] For example, the Valencian Transparency Council, the Andalusian Transparency and Data Protection Council, and the Commission Guaranteeing the Right of Access to Public Information in Catalonia.

5 Democratic Legitimacy of the Administration of the European Union Shared with Spain

European Union law must be implemented and developed at national level and in most cases this is carried out by member states' administrations.[39] However, if we start from the existence of a dual basic structure in the European Union, two principles of organisation of the European administration emerge: the principle of separation and the principle of cooperation. Separation implies that administrative bodies of the Union implement their own rules. Concerning the principle of cooperation, based on Art. 4.3 TEU and 197.2 of the Treaty on the Functioning of the European Union (TFEU), EU rules are transposed into the domestic law of the States in a cooperative way, taking into account the common interests involved. This task is carried out vertically between the administration of the European Union and the member states, and horizontally between the administrations of the member states.[40]

The European Union includes democracy as one of its principles, established in Art. 2 of the TEU, which is considered an essential component of the Union's legal system. The Court of Justice of the European Union has ruled on this issue and has established that the principle of democracy constitutes a value on which the Union is founded (Art. 2 TEU), and that the operation of the Union is based on representative democracy (Art. 10.1 TEU).[41] It should be noted that the democratic legitimacy of the Union's institutions is based on a dual framework, because, on one hand, citizens will be directly represented in the Union through the Parliament (Art. 10.2, paragraph 1 TEU), and, on the other hand, they will be represented in the Council of Europe and in the Council by their Heads of State or Government, who in turn are accountable to national parliaments or to their citizens (Art. 10.2, paragraph 2). It is a multi-level political system in which the democratic structure of the member states does not exactly coincide with that of the Union. In fact, although citizens are represented in the European Parliament, power does not derive from the European people. This is in contrast to the Spanish Constitution, for example, which states that power emanates from the Spanish people.[42]

The EU Treaties say nothing about the democratic legitimacy of national administrations, and EU law can only require that national executives be democratically configured to help legitimise the power of the Union as a whole. The democratic legitimacy of the administrations of the member states in their relationship with that of the Union raises complex problems because they are intertwined on multiple lev-

---

[39] Typically, EU law is transposed into Spanish law not only by the State Administration, but also by the regional governments and local authorities.

[40] On these topics, see Haratsch (2022), p. 213 ff.

[41] See, inter alia, the judgement of 3 June 2021 (Case C-650/18), para. 94, which establishes that Hungary faces a serious risk of violating the values on which the Union is founded, and that of 19 November 2024 (Case C-808/21), para. 114–116, which makes the same arguments.

[42] On these issues see Schmidt-Assmann (2021), p. 291 ff. and Haratsch (2022), p. 224 ff.

els and because it is a shared administration that acts both vertically and horizontally.[43] This complexity increases if we take into account that the democratic legitimacy of the administration is based on national legal systems, and these are varied.[44]

The democratic legitimacy of the European Union administration is complemented and deepened by the participatory and direct democracy referred to in Art. 10.3 and Art. 11 TEU. Art. 10.3 TFEU references the active citizen who must participate in the democratic life of the European Union. This provision is linked to the principle of transparency and the participation of civil society in regular, open dialogue (Art. 11.1 and 2).[45] The perspective of a broader, deeper and more participatory democratic legitimacy of the European Union administration – especially in relation to that of the member states – is endorsed in Art. 15 TFEU with transparency and access to documents. This commitment is reinforced by Art. 298.1 TFEU, which requires that the institutions and bodies of the Union rely on an open, efficient, and independent European administration.

6 Recapitulation

As the administration is a branch of the State, its democratic legitimacy must be considered in the context of how democratic system operate. However, the crisis of democracy has worsened sharply since the economic crisis of 2007–2008, which is perceived as a turning point in the functioning of the political process. The underlying cause of this democratic deficit is the crisis of political parties, which are either failing to fulfil their constitutional function required or doing so unilaterally.

The administration is a democratically legitimised branch of the State (Art. 1.2 of the Spanish Constitution). Nevertheless, if the political process does not serve the interests of the majority of citizens, the administration's actions and organisation will deteriorate and become less efficient. Currently, the administration has significantly increased its workload in various areas of social and economic life via multiple organisational forms. In addition, the multi-level, vertical and horizontal connection between national administrations and those of the European Union added even more complexity.

Publicity and transparency, linked to the right to information, have enabled greater citizen participation in administrative decision-making, to the point where there is increasing cooperation between citizens and the administration. This has

---

[43] See Trute (2022), p. 628 ff.

[44] In the case of France, the starting point is the democratic legitimacy of the President of the Republic, which allows him to control a significant part of the highly centralised French public administration. The democratic legitimacy of that administration will therefore be presented in different terms than, for example, the democratic legitimacy of the Spanish or even German Administrations.

[45] On these issues see: Sommermann (2014), p. 882 ff.

broadened the democratic legitimacy of the administration, while also adding complexity to the functioning of the State's powers.

References

Aragón Reyes, M. (2009). Comentario al artículo 1. In M. E. Casas Baamonde & M. Rodríguez-Piñero y Bravo-Ferrer (Hrsg.), *Comentarios a la Constitución Española*. Wolters Kluwer Foundation.

Bull, H. P. (2020). *Die Krise der politischen Parteien*. Mohr Siebeck.

Fernández Lopéz, M. F. (2009). Artículo 9.2 (La igualdad real). In M. E. Casas Baamonde & M. Rodríguez-Piñero y Bravo-Ferrer (Hrsg.), *Comentarios a la Constitución Española*. Wolters Kluwer Foundation.

García Macho, R. (2013). Article 11 (Participatory Democracy). In H.-J. Blanke & S. Mangiameli (Hrsg.), *The Treaty on European Union (TEU)*. Springer.

García Pelayo, M. (1986). *El Estado de partidos*. Alianza Editorial.

Gröschner, R., & Masing, J. (2004). Transparente Verwaltung: Konturen eines Informationsverwaltungsrechts. *VVDStRL, 63*, 346–468.

Habermas, J. (2014). *Historia y crítica de la opinión pública*. Gustavo Gili S.L.

Habermas, J. (2022). *Ein neuer Strukturwandel der Öffetlichkeit und die deliberative Politik*. Suhrkamp Verlag.

Haratsch, A. (2022). Demokratische Legitimation der unionalen Eigenverwaltung. In W. Kahl & M. Ludwigs (Hrsg.), *Handbuch des Verwaltungsrechts* (S. 211–254).

Hesse, K. (1978). *Grundzüge des Verfassungsrechts der Bundesrepublik Deutschland* (11. Aufl.). C.F. Müller.

Hoffmann-Riem, W., & Pilniok, A. (2022). Eigenständigkeit der Verwaltung. In A. Voßkuhle, M. Eifert, & C. Möllers (Hrsg.), *Grundlagen des Verwaltungsrechts* (3. Aufl., Bd. I, S. 855–976). C.H. Beck.

Ipsen, J. (2009). Grundgesetz und politische Parteien. *DVBl, 124*(9), 552–560.

Lucas Verdú, P. (1996). Artículo 1° (Estado social y democrático de derecho). In O. Alzaga Villaamil (Hrsg.), *Comentarios a la Constitución Española de 1978* (Bd. I). EDERSA.

Michels, R. (1972). *Los Partidos políticos: un estudio sociológico de las tendencias oligárquicas de la democracia moderna* (Bd. II). Amorrortu Editores.

Morodo, R., & Lucas Murillo de la Cueva, P. (1996). Article 6 (Political parties). In O. Alzaga Villaamil (Hrsg.), *Comentarios a la Constitución Española de 1978* (Bd. I). EDERSA.

Rousseau, D. (2015). *Radicaliser la démocratie (Propositions pour une refondation)*. Editions du Seuil.

Sánchez Morón, M. (1980). *La participación ciudadana en la Administración Pública*. Centro de Estudios Constitucionales.

Schmidt-Assmann, E. (1991). Verwaltungslegitimation als Rechtsbegriff. *AöR, 116*, 330 ff.

Schmidt-Assmann, E. (2003). *La teoría general del Derecho Administrativo como Sistema*. INAP/Marcial Pons.

Schmidt-Assmann, E. (2021). *La dogmática del Derecho Administrativo*. Derecho Global.

Sistero Ródenas, S. (2024). *El Derecho Administrativo en la Sociedad de la Información*. Atelier.

Sommermann, K.-P. (2014). Prinzipien des Verwaltungsrechts. In A. von Bogdandy, S. Cassese, & P. M. Huber (Hrsg.), *Handbuch Ius Publicum Europaeum* (Bd. V, S. 863–892).

Troncoso Reigada, A. (2017). *Comentario a la Ley de Transparencia, Acceso a la Información Pública y Buen Gobierno*. Thomson Reuters.

Trute, H.-H. (2022). Die demokratische Legitimation der Verwaltung. In A. Voßkuhle, M. Eifert, & C. Möllers (Hrsg.), *Grundlagen des Verwaltungsrechts* (3. Aufl., Bd. I, S. 551–654). C.H. Beck.

Villar Palasí, J. L. (1996). Artículo 9° (El Estado de Derecho y la Constitución). In O. Alzaga Villaamil (Hrsg.), *Comentarios a la Constitución Española de 1978* (Bd. I). EDERSA.

Unpacking Abuse: Constitutional Identity as a Legal Argument in Illiberal Regimes

A. Krzywoń

1 Introduction

Constitutional identity has moved from a largely academic notion to a headline argument in the daily practice of European constitutionalism. It has become a "conceptual currency" through which national authorities negotiate – and sometimes contest – the reach of supranational norms. In an era marked by the deep penetration of European Union law, Council of Europe standards, and the European Convention on Human Rights into domestic legal orders, this idea promises to safeguard the distinctive values of each polity while keeping the European legal space coherent. Yet some illiberal governments and politically captured constitutional courts routinely invoke the same idea of constitutional identity to justify derogations from fundamental rule of law guarantees. The relevance of constitutional identity today, therefore, lies not only in its integrative potential but also in its growing instrumentalisation as a hedge against external scrutiny.

Against this backdrop, the contribution pursues three interrelated objectives. First, it clarifies what constitutional identity means in doctrinal and theoretical terms. Second, it delineates the legitimate space the concept occupies in a pluralist Europe: a space where national high courts or constitutional tribunals may, in

Adam Krzywoń is a professor of constitutional law at the University of Warsaw. He holds a Ph.D. (2010) and a habilitation (2018) in constitutional law. He has been a visiting professor at several Spanish and Latin American universities and has previously worked at the Polish Constitutional Tribunal and the Prime Minister's Legislative Council. From 2020 to 2024 he was a Research Fellow at the German Research Institute for Public Administration (FÖV). In January 2025, he was appointed Deputy Commissioner for Human Rights in Poland.

A. Krzywoń (✉)
Warsaw, Poland
E-Mail: a.krzywon@wpia.uw.edu.pl

C. Fraenkel-Haeberle, B. Peters (Hrsg.), *Öffentliches Recht in transnationaler Perspektive*, https://doi.org/10.1007/978-3-662-72331-9_30

exceptional circumstances, insist on protecting the "core" of their constitutional order while remaining open to dialogue and proportionality. Third, it exposes how illiberal or populist regimes abuse the language of identity to consolidate power, disable judicial multi-level dialogue, and erode mutual trust within the EU legal order. The Polish Constitutional Tribunal's shift from cooperative pre-2016 case-law to the absolutist P 7/20, K 3/21, and K 8/21 judgments will be the main illustration, complemented by Hungarian and Romanian examples. The contribution's main argument is that constitutional identity, when properly delimited, can enrich Europe's pluralist legal order – but when weaponised, it threatens the very foundations it is meant to defend.

The discussion unfolds in four parts. Part 2 sets out the genealogy of constitutional identity and surveys its legitimate, non-abusive uses by various apex courts. Part 3 traces judicial shifts in illiberal regimes that transformed identity review into a blunt instrument of politics. Part 4 sketches ways to identify abuse of constitutional identity and to reconcile identity claims with the rule of law, and finally, part 5 concludes by assessing the broader implications for European constitutionalism.

2 Conceptualising Constitutional Identity: Non-abusive Uses

When national and supranational legal orders collide, they need a common idiom for claiming residual authority. Constitutional identity has become that idiom. It functions as a "conceptual currency" through which both sides negotiate who has the last word over matters that strike at the core of a polity's self-understanding. Article 4(2) of the Treaty on European Union (TEU) openly recognises this currency by obliging the European Union to "respect" Member States' "national identities, inherent in their fundamental structures, political and constitutional, inclusive of regional and local self-government." Crucially, legal scholarship treats identity not as a fixed border but as a site of negotiation: in a pluralist Europe, authority is continually bargained, not unilaterally declared.[1]

Under this pluralist reading, constitutional identity operates on three interconnected levels. First, it marks the substantive "hard core" of principles a state may not renounce even under deep integration (e.g., human dignity for Germany, secularism for France). Second, it is a procedural safety valve that allows domestic courts, as an *ultima ratio*, to suspend the application of supranational norms where they produce a structurally significant distortion of constitutional equilibrium. Third, it has the potential to act as a discursive bridge: the claim of identity invites dialogue with the Court of Justice of the European Union (CJEU) or the European Court of Human Rights (ECtHR) rather than an abrupt repudiation of their authority. The bridge only holds, however, if the claim remains reasoned, proportionate, and transparent – features that distinguish legitimate vigilance from abuse.

---

[1] Neo (2024), p. 45.

A short survey of apex court practice shows that identity review, when exercised proportionately and dialogically, can serve the rule of law. Starting with the German Federal Constitutional Court (*BVerfG*), in its 2009 *Lisbon* judgment, *BVerfG* held that EU integration stops at the "constitutional identity protected by Article 79(3) GG," yet insisted that the very idea of identity imposes a duty of cooperation, not confrontation.[2] The subsequent *Honeywell* order from 2010 refined the doctrine: an EU act will be struck down only where the competence transgression is manifest and structurally significant; moreover, the dispute must first be placed before the CJEU under Article 267 of the Treaty on the Functioning of the European Union (TFEU).[3] Even in the highly controversial *PSPP* ruling on the ECB's bond-purchase programme of 2020, the *BVerfG* framed its disagreement with Luxembourg as a proportionality deficit that could still be remedied by the EU institutions, stressing that *ultra vires* and identity review share the same exceptional nature.[4]

Another example of a non-abusive appeal to constitutional identity is the Italian Constitutional Court's handling of the *Taricco saga*. Faced with the CJEU's instruction to disapply domestic limitation period rules that hindered VAT-fraud prosecutions, the Court warned that doing so could breach the "supreme principle of legality" – an element of Italy's constitutional identity – because citizens must be able to foresee criminal liability. Crucially, rather than unilaterally rejecting the EU measure, the Court issued order 24/2017 to re-refer the matter to Luxembourg, asking whether the directive could be interpreted compatibly with that principle.[5] The dialogical move prompted the CJEU's *M.A.S. and M.B.* judgment,[6] which accepted the need to respect national identity, after which the Italian Court confirmed compliance in judgment 115/2018.[7] By transparently identifying the threatened core, engaging the CJEU, and applying proportionality, the Italian Constitutional Court demonstrated how constitutional identity can function as a cooperative safety valve, not a veto.[8]

Other constitutional courts have also flagged their constitutional red lines and stressed that *ultra vires* review is a last resort measure, yet still leaving some room for mutual accommodation, typically by issuing a preliminary reference or adopting an EU-conforming interpretation.[9]

---

[2] BVerfG, Judgment 2 BvE 2/08 (30 June 2009); see also Polzin (2023), p. 57.

[3] BVerfG, Order 2 BvR 2661/06 (6 July 2010).

[4] BVerfG, Judgment 2 BvR 859/15 (5 May 2020).

[5] Italian Constitutional Court, Order of 23 November 2016, available at: https://www.cortecostituzionale.it/documenti/download/doc/recent_judgments/O_24_2017.pdf, last accessed 13.5.2025.

[6] CJ Judgment (5 December 2017) *M.A.S. and M.B*, Case C-42/17.

[7] Italian Constitutional Court, Judgment of 10 April 2018, available at: https://www.cortecostituzionale.it/documenti/download/doc/recent_judgments/S_2018_115_EN.pdf, last accessed 13.5.2025.

[8] Piccirilli (2018), p. 814.

[9] See e.g. Czech Republic Constitutional Court (31 January 2012) "Slovak-pensions ruling", Pl. ÚS 5/12, available at: https://www.usoud.cz/en/decisions/2012-01-31-pl-us-5-12-slovak-pensions?utm, last accessed 13.5.2025; see also Anagnostaras (2013), p. 959 and Madsen et al. (2017), p. 140.

Also, the ECtHR's recent approach is worth mentioning. The Court increasingly recognises protection of constitutional (or national) identity as a legitimate aim under Article 14 of the European Convention on Human Rights (ECHR) – yet only within the confines of the proportionality test. In *Savickis and Others v. Latvia* of 2022, the Court accepted Latvia's wish to preserve the continuity of its pre-Soviet social security model as a legitimate identity-based ground for differentiating between citizens and permanently resident non-citizens; the differential treatment nonetheless failed proportionality because the State had not shown why less restrictive means were unavailable.[10] One year later, in *Valiullina and Others v. Latvia*, the Court upheld amendments increasing Latvian-language instruction in public schools, finding that linguistic protection formed part of Latvia's constitutional identity and that the measure struck a fair balance between cultural preservation and minority rights.[11] These decisions signal that ECtHR will entertain identity justifications, but only if the State articulates a concrete constitutional value, shows that the measure genuinely pursues that value, and proves that the interference remains proportionate. As emphasised in the scholarship, both ECtHR and CJEU have cautiously acknowledged the concept of constitutional identity but stopped short of fully embracing its open-ended use, precisely because of its potential to erode the uniform application of Convention and EU law.[12]

Against this backdrop, legitimate tensions are inherent in Europe's architecture of overlapping legal orders. The supremacy of EU law bumps against national constitutional supremacy, mutual trust presumptions meet domestic due-process guarantees, and the drive for uniformity encounters deeply rooted legal cultures.[13] These frictions are not malfunctions but an expected consequence of pluralism, and Article 267 TFEU is expressly designed to manage them. The preliminary reference procedure channels conflict into judicial dialogue rather than unilateral withdrawal, allowing each legal order to test the limits of integration while retaining a voice in the conversation.

Within that framework, constitutional identity functions as a lens through which States are able to assert long-standing constitutional and administrative values – such as *Rechtsstaatlichkeit*, proportionality, and systematic reasoning[14] – when negotiating their place in Europe's multilevel system. Indeed, as noted in the scholarship, e.g. the German *Rechtsstaat* tradition has progressively merged with the common-law concept of the rule of law under supranational influence, showing that national public law principles can adapt without disappearing.[15] Identity discourse, therefore, belongs to European legal culture rather than standing outside it.

---

[10] ECHR Judgment (9 June 2022), *Savickis and Others v. Latvia*, Application no. 49270/11; see also Nugraha (2023), p. 141.

[11] ECHR Judgment (14 September 2023), *Valiullina and Others v. Latvia*, Application no. 56928/19, 7306/20 and 11937/20.

[12] Fabbrini, Sajó (2019), p. 460.

[13] Cruz Mantilla de los Ríos (2022), p. 22.

[14] Sommermann (2020), p. 65.

[15] Sommermann (2021), p. 20.

Protection of that identity can be both reasonable and proportional. Where an EU or other international norm compels profound structural change – say, abolishing a constitutionally entrenched parliamentary veto or overriding an eternity clause – domestic courts may perform an identity review as a constitutional level proportionality check. The German Federal Constitutional Court captured the point by limiting intervention to cases of "manifest and structurally significant" interference, a threshold that preserves room for accommodation while safeguarding the constitutional core. When properly conducted, an identity review requires courts to clearly indicate the specific constitutional norm at risk, explain why harmonious interpretation will not resolve the clash, and prove that no milder measure could achieve the same national aim.

When these steps are followed, identity arguments could enrich Europe's dialogical pluralism: they promote disciplined thresholds, cooperation with Luxembourg or Strasbourg, and a balancing discourse in which identity is one weight in the scale, never an automatic trump. When constitutional identity is treated as a fixed, historically loaded notion, rather than approached transparently and proportionally, it can quickly shift from a framework for constructive dialogue to a tool for illiberal pushback. The distinction between vigilance and weaponisation lies not in the concept itself, but in how courts deploy it: cooperative uses of identity are grounded in dialogue and mutual accommodation, while individualistic, confrontational approaches instrumentalise identity to assert unilateral resistance and evade supranational obligations.[16]

3 When Vigilance Turns to Weaponisation: Diagnosing Abuse of Constitutional Identity

Illiberal governments have discovered that the language of constitutional identity supplies a uniquely potent political resource. By framing multiple conflicts with the European Union or the Council of Europe as existential clashes over "who we are", they simultaneously re-code ordinary rule of law and human rights obligations as external impositions, mobilise an "us versus them" constituency at home, and legitimise the concentration of power.[17]

In juridical settings, the same strategy translates into an abusive identity discourse: politically captured constitutional courts are prepared to invoke vaguely defined values as absolute claims that override any obligation of loyal cooperation or dialogue.[18] The result is a shift from dialogical pluralism (identity as negotiation) to unilateralism (identity as veto).

---

[16] Drinóczi (2020), p. 105.

[17] Rosenfeld (2024), p. 286 and Coman (2022), p. 276.

[18] Kelemen, Pech (2019), p. 59.

A clear example of constitutional identity being misused comes from Hungary's Constitutional Court decision 22/2016 (XII. 5.) AB, issued in the context of the 2015 refugee crisis. Faced with the EU's refugee relocation scheme, Orbán's government framed compliance as threatening Hungary's constitutional selfhood, launching a referendum, proposing a constitutional amendment, and driving a polarising media campaign. In response, the Constitutional Court declared that Hungary's constitutional identity is rooted in its "historical constitution" and cannot be overridden by international obligations. However, the judgment did not point to any specific provisions of the 2011 Fundamental Law, nor did it attempt a proportionality analysis.[19] Instead, it relied on vague historical references and asserted that the Court alone would safeguard this open-ended notion of identity. Delivered by a bench reshaped by government-friendly reforms and issued without engaging the CJEU in preliminary dialogue, the ruling effectively legitimised Hungary's refusal to implement the EU scheme.

Romania's Constitutional Court decision 390/2021 offers another example of how constitutional identity can be used to resist supranational oversight rather than engage in dialogue. Issued just weeks after the CJEU's *AFJR* judgment,[20] which empowered Romanian judges to disapply domestic laws undermining judicial independence, the Constitutional Court responded with a sweeping assertion: EU law, it claimed, does not take precedence over the Romanian Constitution, and ordinary courts are barred from setting aside legislation previously upheld by the Constitutional Court.[21] Although the judgment mentions "national constitutional identity" in multiple places, it never defines what that identity entails or how it relates to specific constitutional provisions. Instead, the Romanian Constitutional Court accused the CJEU of acting *ultra vires* and dismissed the preliminary reference dialogue initiated by lower courts. The decision came from a bench shaped during a period of contested judicial reforms and effectively blocked national judges from directly applying EU rule of law standards. Rather than serving as a principled safeguard, identity in this case functioned as a blunt instrument to insulate domestic power structures from external accountability.[22]

Turning to Poland, it is worth emphasising that in its previous dialogical phase, the Polish Constitutional Tribunal treated constitutional identity as a narrowly circumscribed safeguard rather than a confrontation tool.[23] In the *Accession Treaty* ruling (K 18/04) and the *European Arrest Warrant* case (P 1/05), the Tribunal accepted the primacy of EU law and held that any clash should first be solved through a "European-friendly interpretation" of national provisions, reserving constitutional amendment or – only as an ultimate resort – withdrawal from the Union. The 2009 judgment on the Lisbon Treaty (K 32/09) introduced the phrase "constitutional

[19] Szentgáli-Tóth (2023), p. 13.

[20] CJ Judgment (18 May 2021) *Asociatia "Forumul Judecătorilor din România"*, Joined Cases C-83/19, C-127/19, C-195/19, C-291/19, C-355/19 and C-397/19.

[21] Moraru, Raluca (2022), p. 82.

[22] Kadlec, Kosar (2022), p. 1823.

[23] Śledzińska-Simon, Ziółkowski (2019), p. 243.

identity" but framed it as a flexible boundary: Poland could transfer competences to the EU provided that the move left core principles and fundamental rights intact. Identity thus functioned as a narrow early-warning device, aimed at preserving dialogue and proportionality.[24]

However, since its political capture in 2016, the Polish Constitutional Tribunal has played an active role in supporting the parliamentary majority in Poland's rule of law breakdown,[25] employing constitutional identity as a key tool to deflect EU oversight. From 2021 onwards, the Tribunal has transformed constitutional identity into a unilateral mechanism aimed explicitly at evading scrutiny from the CJEU and rendering its case law on judicial independence ineffective within the Polish legal order.

The first decisive step in this transformation was the judgment in case P 7/20, concerning CJEU interim measures ordering Poland to suspend aspects of its controversial judicial discipline system.[26] The Polish Tribunal responded by declaring Articles 4(3) TEU and 279 TFEU unconstitutional, affirming its authority to review EU norms against Poland's constitutional identity. In strong terms, it asserted that the EU's special institutional roles could not mean that EU bodies, in particular the CJEU, were immune from national judicial scrutiny regarding core sovereign powers, "especially in the area of Polish constitutional identity". Crucially, the Tribunal offered no proportionality analysis, nor did it attempt any preliminary dialogue, signalling that constitutional identity would henceforth be absolute and self-policed.

Shortly thereafter, in K 3/21, the Tribunal further entrenched this confrontational stance. It invalidated key primary law provisions – Articles 1(1), 4(3), and 19(1), second paragraph TEU – on the grounds that the organisation of the judiciary constituted an "exclusive, non-transferable element" of Poland's constitutional identity.[27] Furthermore, the judgment articulated an expansive, culture-infused notion of "national identity, which is a broader concept than constitutional identity. The expression of the national identity of Poles is the building of the state on spiritual values such as patriotism, solidarity, devotion to the common good, the traditional family, and attachment to tradition. These values are confirmed in the preamble to the Constitution." This reasoning aimed to reject the recent jurisprudence of the CJEU, which had specifically scrutinised Polish legislation on judicial organisation to ensure compliance with EU standards of effective judicial protection and judicial independence. By invoking constitutional identity broadly, the Tribunal pursued two objectives: first, compelling Polish courts to apply domestic rules without any pos-

[24] Sołtys (2023), p. 19.

[25] Sadurski (2019), p. 71.

[26] Polish Constitutional Tribunal Judgment (14 July 2021), available at: https://trybunal.gov.pl/en/news/press-releases/after-the-hearing/art/11588-obowiazek-panstwa-czlonkowskiego-ue--polegajacy-na-wykonywaniu-srodkow-tymczasowych-odnoszacych-sie-do-ksztaltu-ustroju-i-funkcjonowania-konstytucyjnych-organow-wladzy-sadowniczej-tego-panstwa, last accessed 13.5.2025.

[27] Polish Constitutional Tribunal Judgment (7 October 2021); see also Serowaniec, Jachimowicz (2023), p. 65.

sibility of reviewing their content against either EU law or the Polish Constitution; and second, rendering ineffective within the Polish legal order the interpretation of Article 19(1), second paragraph TEU as established by the CJEU in its recent case law.[28]

This assertive trilogy culminated in K 8/21, where the Tribunal openly challenged the competence of the CJEU to impose daily fines on Poland for non-compliance. The ruling contended that through its expansive interpretation of provisional measures, the CJEU was encroaching upon Poland's sovereignty, constitutional system, and national identity.[29]

4 Reconciling Constitutional Identity with the Rule of Law

Identifying abusive constitutional identity claims is essential for reconciling such claims with the core European principle of the rule of law. To distinguish principled vigilance from illiberal misuse, scholarly literature offers various sophisticated frameworks.[30] Without fully engaging those detailed theories here, a practical and accessible approach emerges from existing analyses and judicial practices. This basic framework, useful in assessing national courts' reliance on constitutional identity, involves examining three interconnected elements: the source and content of the identity claim, the actor and procedural context in which it is invoked, and finally, the purpose and effects produced by such claims.

First, the source and content prong interrogates where the asserted constitutional identity originates. Legitimate identity claims are explicitly grounded in clear constitutional texts, which offer defined boundaries that can be judicially interpreted and balanced against EU obligations. In contrast, abusive claims typically rely on vague, extra-constitutional appeals to historical, cultural, or religious traditions[31] or even ethnocultural identity narratives.[32] As exemplified by the decision 22/2016, the Hungarian Constitutional Court invoked a "historical constitution",[33] explicitly described as "not a closed list of values", without providing concrete textual references. Such an approach generates a non-verifiable standard that remains solely under the control of the Court,[34] inherently vulnerable to arbitrariness and selective

[28] Magaldi, Krzywoń (2023), p. 75.

[29] Polish Constitutional Tribunl Judgment (11 December 2023), available at: https://trybunal.gov.pl/en/hearings/judgments/art/12529-okresowa-kara-finansowa-lub-ryczalt-nakladany-przez-tsue-srodki-tymczasowe-odnoszace-sie-do-ksztaltu-ustroju-i-funkcjonowania-konstytucyjnych-organow-rzeczypospolitej-polskiej, last accessed 13.5.2025; see also Ziółkowski (2023), p. 139–147.

[30] Scholtes (2023), *passim*.

[31] Cruz Mantilla de los Ríos (2022), p. 48 and 75.

[32] Kovács (2017), p. 1710.

[33] Scholtes (2021), p. 546.

[34] Drinóczi (2020), p. 109.

interpretation. This indeterminacy is not just doctrinally problematic; it opens the door to manipulation by illiberal actors, allowing national courts to block supranational norms under the guise of protecting undefined "core" values.[35]

Second, the analysis of the actor and procedural dimension focuses on who invokes constitutional identity and the procedural safeguards surrounding its invocation. Constitutional identity claims become particularly suspicious when advanced by courts whose independence has been compromised through politically contested or irregular appointments, as clearly evidenced by the reshaped Polish and Hungarian Tribunals. These courts position themselves as sole arbiters of constitutional identity, consciously bypassing judicial dialogue or proportionality assessments typically required in the pluralist European legal order. By avoiding preliminary references to the CJEU, these tribunals effectively insulate their decisions from external scrutiny, creating conditions suitable for judicial unilateralism and isolation.

Finally, the third criterion – the purpose and effect dimension – examines the practical consequences of invoking constitutional identity. Abusive constitutional identity claims typically serve the purpose of shielding systemic rule of law violations from EU oversight, operating as absolute barriers that exclude any balancing or proportionality assessment. For example, Poland's Tribunal ruling in K 3/21 explicitly targeted the primacy of EU law, sought to neutralise the effectiveness of CJEU judgments, and opened avenues for disciplinary measures against national judges who applied EU legal standards.

Having outlined a framework to identify abusive constitutional identity claims, the question remains whether constitutional identity as a concept should be reclaimed or discarded altogether. It seems that simply discarding constitutional identity would ignore two facts. First, Article 4(2) TEU firmly embeds respect for national identities into EU primary law, making the concept legally unavoidable. Second, constitutional pluralism inherently presupposes the need for an emergency mechanism: even well-intentioned supranational measures may occasionally threaten the democratic or rights-based foundations of Member States. When narrowly defined, transparently reasoned, and embedded in cooperative judicial dialogue, constitutional identity provides precisely this critical safety valve. Hence, the goal should not be to abolish the notion altogether but rather to domesticate and discipline it, preserving its essential function as a legitimate safeguard against structural threats while immunising it from capture by illiberal actors.

Properly defined constitutional identity serves a vital structural role in the European legal order. Eliminating identity from the EU legal vocabulary would neglect the enduring normative significance of national constitutional communities and ignore the Union's explicit obligation under Article 4(2) TEU to safeguard Member States' distinctive constitutional structures.[36] Similarly, recent scholarly analyses highlight the dual nature of constitutional identity as capable of both resistance and convergence, meaning that when interpreted in a dialogical rather than unilateral fashion, identity can reconcile domestic constitutional values with the broader EU

[35] Fabbrini, Sajó (2019), p. 459.

[36] Scholtes (2021), p. 546.

legal framework.[37] Identity claims can thus foster pluralist integration, provided they remain open to structured scrutiny and dialogue.

To preserve this constructive dimension and guard against abuses of constitutional identity, a dialogical proportionality model can be developed around five key principles: (1) textual anchoring, requiring explicit constitutional citations; (2) iterative dialogue, compelling national courts to engage the CJEU or ECtHR before invoking identity; (3) structured proportionality, ensuring identity claims are justified only by structurally significant threats, suitable measures, no softer alternatives, and balanced outcomes; (4) reciprocal respect, urging supranational courts explicitly to acknowledge valid national identity concerns; and (5) transparency and remedial clarity, delimiting the scope and duration of identity-based rulings and clearly indicating pathways for reconciliation via legislative or treaty amendments. Collectively, these principles are able to transform constitutional identity from a unilateral veto into a structured dialogue, revitalising its original purpose as a facilitator of constitutional pluralism rather than a shield for illiberal retreat.

5 Conclusion

In conclusion, constitutional identity remains an important concept within European constitutionalism. Its dual potential – as both a constructive mechanism fostering pluralist dialogue and a potent tool susceptible to illiberal exploitation – requires careful navigation. The Polish experience notably illustrates how constitutional identity can be instrumentalised, demonstrating the urgency of clearly defining identity claims, insisting on textual anchoring, procedural openness, and structured proportionality assessments. By doing so, courts can effectively guard against abuse. Rather than discarding constitutional identity, the aim must be to domesticate and discipline its use, preserving its role as a genuine safeguard against structural threats while immunising it from authoritarian misuse. Future research should further refine this dialogical proportionality framework, investigating practical implementations across diverse jurisdictions and identifying best practices for courts and policymakers committed to upholding both constitutional pluralism and the foundational values of the rule of law.

References

Anagnostaras, G. (2013). Activation of the ultra vires review: The Slovak Pensions judgment of the Czech Constitutional Court. *German Law Journal, 14*(7), 959–973.

Coman, R. (2022). Antagonistic understandings of sovereignty in the 2015 polish constitutional crisis. *Comparative European Politics, 20*, 275–294.

[37] Cruz Mantilla de los Ríos (2022), p. 33.

Cruz Mantilla de los Ríos, P. (2022). *La identidad nacional de los Estados miembros en el Derecho de la Unión Europea*. Aranzadi.
Drinóczi, T. (2020). Constitutional identity in Europe: The identity of the constitution. *German Law Journal, 21*(1), 105–130.
Fabbrini, F., & Sajó, A. (2019). The dangers of constitutional identity. *European Law Journal, 25*(4), 457–473.
Kadlec, O., & Kosar, D. (2022). Romanian version of the rule of law crisis comes to the ECJ: The AFJR case is not just about the cooperation and verification mechanism. *Common Market Law Review, 59*(6), 1823–1852.
Kelemen, D., & Pech, L. (2019). The uses and abuses of constitutional pluralism: Undermining the rule of law in the name of constitutional identity in Hungary and Poland. *Cambridge Yearbook of European Legal Studies, 21*, 59–74.
Kovács, K. (2017). The rise of an ethnocultural constitutional identity in the jurisprudence of the East Central European Courts. *German Law Journal, 18*(7), 1703–1720.
Madsen, M. R., Olsen, H. P., & Šadl, U. (2017). Competing supremacies and clashing institutional rationalities: The Danish Supreme Court's decision in the Ajos case and the national limits of judicial cooperation. *European Law Journal, 23*(1-2), 140–150.
Magaldi, N., & Krzywoń, A. (2023). Poder judicial nacional y primacía del Derecho de la Unión: A propósito de la sentencia del Tribunal constitucional de Polonia K 3/21. *Revista Española De Derecho Europeo, 83*, 75–119.
Moraru, M., & Raluca, B. (2022). The First Episode in the Romanian Rule of Law Saga: Joined Cases C-83/19, C-127/19, C-195/19, C-291/19, C-355/19 and C-397/19, Asociația Forumul Judecătorilor Din România, and Their Follow-up at the National Level. *European Constitutional Law Review, 18*(1), 82–113.
Neo, J. L. (2024). Constitutional identity as discourse: Mis-identity and dis-identity. In R. Hirschl & Y. Roznai (Hrsg.), *Deciphering the genome of constitutionalism: The foundations and future of constitutional identity* (S. 44–55). Cambridge University Press.
Nugraha, I. Y. (2023). Protection of constitutional identity as a legitimate aim for differential treatment: ECtHR 9 June 2022, No. 49270/11, Savickis and Others v Latvia. *European Constitutional Law Review, 19*(1), 141–162.
Piccirilli, G. (2018). The "Taricco Saga": The Italian Constitutional Court Continues Its European Journey: Italian Constitutional Court, Order of 23 November 2016 No. 24/2017; Judgment of 10 April 2018 No. 115/2018 ECJ 8 September 2015, Case C-105/14, Ivo Taricco and Others; 5 December 2017, Case C-42/17, M.A.S. and M.B. *European Constitutional Law Review, 14*(4), 814–833.
Polzin, M. (2023). Identity and eternity: The German concept of constitutional identity. In K. Kovács (Hrsg.), *The jurisprudence of particularism. National identity claims in Central Europe* (S. 57–77). Hart.
Rosenfeld, M. (2024). Deconstructing constitutional identity in light of the turn to populism. In R. Hirschl, & Y. Roznai (Hrsg.), *In deciphering the genome of constitutionalism. The foundations and future of constitutional identity* (S. 286–299). Cambridge University Press.
Sadurski, W. (2019). *Poland's constitutional breakdown*. Oxford University Press.
Scholtes, J. (2021). Abusing constitutional identity. *German Law Journal, 22*(4), 534–556.
Scholtes, J. (2023). *The abuse of constitutional identity in the European Union*. Oxford University Press.
Serowaniec, M., & Jachimowicz, K. (2023). Protection of constitutional identity in light of the jurisprudence of the Constitutional Court of the Republic of Poland – A comparative study. In M. Löhnig, M. Serowaniec, J. Wantoch-Rekowski, & A. Moszyńska (Hrsg.), *Poland in good constitution? Contemporary issues of constitutional law in Poland in the European context* (S. 55–68). Vandenhoeck, & Ruprecht Verlag, Böhlau Verlag.
Śledzińska-Simon, A., & Ziółkowski, M. (2019). Constitutional identity in Poland: Is the Emperor putting on the old clothes of sovereignty? In C. Calliess, & G. van der Schyff (Hrsg.), *Constitutional identity in a Europe of multilevel constitutionalism* (S. 243–267). Cambridge University Press.

Sołtys, A. (2023). The Court of Justice of the European Union in the case law of the Polish Constitutional Court: The current breakdown in view of polish constitutional jurisprudence pre-2016. *Hague Journal of the Rule of Law, 15*, 19–49.

Sommermann, K.-P. (2020). The Germanic tradition of comparative administrative law. In P. Cane, H. C. H. Hofmann, E. C. Ip, & P. L. Lindseth (Hrsg.), *The Oxford handbook of comparative administrative law* (S. 53–77). Oxford University Press.

Sommermann, K.-P. (2021). Constitutional state and public administration. In S. Kuhlmann, I. Proeller, D. Schimanke, & J. Ziekow (Hrsg.), *Public administration in Germany. Governance and public management* (S. 17–33). Palgrave Macmillan.

Szentgáli-Tóth, B. (2023). A concept at the edge of national and European constitutional law: Different understandings within the same region. Constitutional identity in Poland and Hungary. *Contemporary Central & East European Law, 2*(134), 9–31.

Ziółkowski, M. (2023). Constitutional identity in Poland: Transplanted and abused. In K. Kovács (Hrsg.), *The jurisprudence of particularism. National identity claims in Central Europe* (S. 127–148). Hart.

Parteiverbot, Finanzierungsausschluss, Grundrechtsverwirkung u. a. – Eine Besichtigung des Instrumentenkastens der wehrhaften Demokratie und einiger Überlegungen zu seiner Weiterentwicklung

H. Risse

1 Werkzeuge zur Verteidigung der Demokratie

Die wehrhafte Demokratie[1] ist seit der Mitte der 2010er-Jahre zu einem Thema mit Konjunktur geworden. Über die Hälfte der mehreren Hundert Fundstellen in der wissenschaftlichen Literatur, die die Bundestagsbibliothek dazu nachweist, stammen aus der Zeit seit 2017. Offensichtlicher Treiber dieser Konjunktur ist das Erstarken der „neuen Rechten". Das beflügelt bei manchen die Suche nach juristischen Gegenmitteln, ebenjenen Instrumenten der wehrhaften Demokratie, derer sich die zweite deutsche Republik rühmt und die die erste (angeblich) nicht hatte.[2] Viele sehen die wehrhafte Demokratie des Grundgesetzes in ihrer ersten ernsthaften Bewährungsprobe – Grund genug, ihre Instrumente, soweit sie die politische Willensbildung betreffen,[3] zusammenfassend und mit einem Blick auf ihre Taug-

Horst Risse, Staatssekretär a. D., Prof. Dr. Humboldt-Universität zu Berlin, ehemaliger Direktor beim Deutschen Bundestag. Von 1983 bis 1986 war er am Institut für Völkerrecht der Universität Bonn, Lehrstuhl Prof. Dr. C. Tomuschat als Vorgänger von K.-P. Sommermann tätig. 1987 erfolgte seine Promotion. Von 1986 bis 2008 arbeitete er im Sekretariat des Bundesrates, davon von 2003 bis 2009 als Leiter der Sekretariate der Föderalismuskommissionen I und II. Von 2008 bis 2020 war er in der Verwaltung des Deutschen Bundestages tätig, wo der verschiedene Abteilungen leitete und ab 2013 als Direktor fungierte. Seit 2016 ist er Honorarprofessor.

[1] Das Konzept geht zurück auf Karl Loewenstein (1937), S. 417 ff. und seine Analyse der Lage der demokratischen Staaten in Europa in der 1930er-Jahren.

[2] Insbes. zu Letzterem: Di Fabio (2018), S. 137; Lübbe-Wolff (2023).

[3] Das Vereinsverbot und die Regelungen zum Fernhalten von Verfassungsfeinden aus dem öffentlichen Dienst bleiben hier außer Betracht.

H. Risse (✉)
Berlin, Deutschland

C. Fraenkel-Haeberle, B. Peters (Hrsg.), *Öffentliches Recht in transnationaler Perspektive*, https://doi.org/10.1007/978-3-662-72331-9_31

lichkeit zu betrachten. Zwangsläufig begegnet man dabei auch Überlegungen, Lücken mittels neuer Werkzeuge zu schließen.

2 Der Instrumentenkasten

2.1 Parteiverbot

Das in der Öffentlichkeit am meisten diskutierte Instrument der wehrhaften Demokratie ist das Parteiverbot (Art. 21 Abs. 2 GG). In der Ausprägung des Grundgesetzes ist es wohl ein „Unikat",[4] aber fast alle Demokratien kennen repressive, teils auch präventive Maßnahmen gegen als gefährlich angesehene politische Gruppierungen.[5] In Deutschland kam es zweimal in den 1950er-Jahren zur Anwendung: Verboten wurden die SRP[6] und die KPD.[7] Die damals formulierten Maßstäbe bestimmten über Jahrzehnte die wenig lebendige verfassungsrechtliche Diskussion des Themas. Politisch war die Neigung über 40 Jahre ja auch gering, die Möglichkeit von Parteiverboten auch nur ernsthaft zu erwägen. Dabei wäre es nicht fernliegend gewesen, z. B. die DKP als Nachfolgeorganisation der KPD anzugehen. Auch feierten die NPD, die DVU und die Republikaner einige Erfolge.

Aktualität gewannen Parteiverbote erst um die Jahrtausendwende wieder, als der erste Versuch unternommen wurde, die NPD zu verbieten. Das Ergebnis war allerdings ernüchternd: Auch um die nötigen Beweismittel zu erlangen, hatten die Verfassungsschutzämter des Bundes und der Länder etliche V-Leute in der Partei angeworben. Damit war die Staatsfreiheit der innerparteilichen Willensbildung zweifelhaft, worin drei der acht Richter[8] des zuständigen Zweiten Senats des Bundesverfassungsgerichts ein nicht ausräumbares Verfahrenshindernis sahen. Da die für ein Parteiverbot notwendige Zwei-Drittel-Mehrheit im Senat (§ 15 Abs. 4 S. 1 BVerfGG) damit nicht mehr erreichbar war, wurde das Verfahren eingestellt.[9]

Im Ergebnis scheiterte 2017 – ziemlich überraschend – auch der zweite Versuch eines NPD-Verbots.[10] Im 2. NPD-Urteil ging der Senat aber ausführlich auf den Begriff der freiheitlich-demokratischen Grundordnung ein und konzentrierte ihn auf wenige konstitutive Merkmale. Statt eines Katalogs von neun bestimmenden

[4] Streinz (2024), Rn. 250.

[5] Vgl. Tsatsos (1990), S. 826 f. Zu Frankreich instruktiv Vilain (2015), S. 75–79; zu Spanien López Bofill (2004), S. 389–393; s. zum Ganzen auch Klamt (2012), S. 100–127.

[6] Sozialistische Reichspartei, BVerfG, Urt. v. 23.10.1952, *SRP*, BVerfGE 2, 1. Zur Entstehungsgeschichte des Art. 21 Abs. 2 GG und Entwicklung der Rechtsprechung s. instruktiv Ipsen (2023), S. 1 ff.

[7] Kommunistische Partei Deutschlands, BVerfG, Urt. v. 17.08.1956, *KPD*, BVerfGE 5, 85.

[8] Dieser Text ist um seiner Lesbarkeit Willen unter Verwendung des generischen Maskulinums verfasst. Personen aller Geschlechter sind gebeten, sich in gleicher Weise angesprochen zu fühlen.

[9] Zu dem Ganzen BVerfG, Beschl. v. 18.03.2003, *NPD I*, BVerfGE 107, 339, Rn. 356 ff.

[10] BVerfG, Urt. v. 17.01.2017, *NPD II*, BVerfGE 144, 20.

Eigenschaften der freiheitlich-demokratischen Grundordnung[11] hob das Gericht nunmehr auf drei für diese unentbehrliche Merkmale ab: die Menschenwürde,[12] das Demokratieprinzip[13] und die Rechtsstaatlichkeit.[14] Es erkannte auch, dass die Ziele der NPD auf die Beseitigung dieser Merkmale gerichtet waren. Das gilt namentlich für die Menschenwürdegarantie,[15] die der Gründung des Staates auf einer exklusiven, ethnisch-homogen definierten Volksgemeinschaft entgegensteht, und das grundgesetzliche Demokratieprinzip.[16] Auch an der aggressiv-kämpferischen Haltung der NPD bestand kein Zweifel. Der Verbotsantrag scheiterte dann aber daran, dass die NPD aufgrund ihrer minimalen Bedeutung im Parteiengefüge nicht das Potenzial hatte, diese Ziele zu verwirklichen. Das Tatbestandsmerkmal des „Darauf Ausgehens" der Beseitigung der freiheitlich-demokratischen Grundordnung sei nur erfüllt, wenn es konkrete Anhaltspunkte für einen möglichen Erfolg gebe.[17] Und diese „Potentialität" sah das Gericht nicht als gegeben an.[18] Diese Verbotsvoraussetzung – im Schrifttum lebhaft kritisiert –[19] hatte zuvor beim Verständnis des Art. 21 Abs. 2 GG keine Rolle gespielt.

Damit ist das rechtliche Szenario skizziert, das den Hintergrund der gegenwärtigen Diskussion über einen Antrag auf ein Verbot der AfD bildet.[20] Nun haben Befürworter eines solchen Antrags eine durchaus beeindruckende (und damit bedrückende) Sammlung von Zitaten und weiteren Belegen aus Publikationen der AfD und von teils führenden Vertretern der Partei vorgelegt,[21] die dartun sollen, dass auch die AfD einen Staat einer ethnisch-homogenen Volksgemeinschaft anstrebt, in dem Außenstehende, auch solche mit deutscher Staatsangehörigkeit, keinen Platz mehr haben. Dass das BVerfG eine solche Partei verbieten würde, ist wohl wahrscheinlich, zumal wenn an deren Potenzialität bei einem Wählerstimmenanteil von 20 % und mehr wohl kein Zweifel bestehen könnte.[22]

[11] Vgl. BVerfG, Urt. v. 23.10.1952, *SRP*, BVerfGE 2, 1, Rn. 12 f.; BVerfG, Urt. v. 17.08.1956, *KPD*, BVerfGE 5, 85, Rn. 140: Achtung der im GG konkretisierten Menschenrechte (vor allem Leben und Persönlichkeitsentfaltung), Volkssouveränität, Gewaltenteilung, Verantwortlichkeit der Regierung, Gesetzmäßigkeit der Verwaltung, Unabhängigkeit der Gerichte, Mehrheitsprinzip, Chancengleichheit der Parteien, Recht auf Opposition.

[12] BVerfG, Urt. v. 17.01.2017, *NPD II*, BVerfGE 144, 20, 206 ff., Rn. 538 ff.

[13] BVerfG, Urt. v. 17.01.2017, *NPD II*, BVerfGE 144, 20, 208 ff., Rn. 542 ff.

[14] BVerfG, Urt. v. 17.01.2017, *NPD II*, BVerfGE 144, 20, 210 ff., Rn. 547 ff.

[15] BVerfG, Urt. v. 17.01.2017, *NPD II*, BVerfGE 144, 20, 247 ff., Rn. 635 ff.; s. auch Leitsatz 9a.

[16] BVerfG, Urt. v. 17.01.2017, *NPD II*, BVerfGE 144, 20, 282 ff., Rn. 758 ff.; s. auch Leitsatz 9a.

[17] BVerfG, Urt. v. 17.01.2017, *NPD II*, BVerfGE 144, 20, 307 ff., Rn. 845 ff.

[18] BVerfG, Urt. v. 17.01.2017, *NPD II*, BVerfGE 144, 20, 325 ff., Rn. 896 ff.

[19] S. etwa Ipsen (2017), S. 6; Uhle (2017), S. 588; Linke (2017), S. 483 f.

[20] Antrag auf Entscheidung des Deutschen Bundestages über die Einleitung eines Verfahrens zur Feststellung der Verfassungswidrigkeit der „Alternative für Deutschland" gemäß Art. 21 Absatz 2, 3 und 4 des Grundgesetzes i. V. m. § 13 Nummer 2 und 2a, §§ 43 ff. des Bundesverfassungsgerichtsgesetzes von 113 Bundestags-Abgeordneten vom 13.11.2024, BT-Drs. 20/13750.

[21] Z. B. Towfigh, Alberti (2024), S. 601–609; Arnauld et al. (2024). Dagegen das „Gegengutachten" des von der AfD beauftragten Rechtsanwalts Christian Conrad, vgl. Welt Online v. 3.12.2024.

[22] Das BVerfG lässt allerdings offen, wie die Schwelle der Potenzialität zu bemessen ist.

Fraglich ist indessen, ob und in welchem Umfang die dokumentierten Aussagen und Verhaltensweisen der Partei als Ganzer zugerechnet werden können, ob sie auch im jeweiligen Kontext hinreichend eindeutig sind (Ambiguität) und welche Bedeutung entgegenstehenden parteioffiziellen programmatischen Aussagen (Lippenbekenntnisse?) beizumessen ist.[23] Verkürzt gesagt, müsste der Nachweis gelingen, dass die beschriebene völkische Programmatik die die Partei prägende Zielvorstellung ist – eine anspruchsvolle Aufgabe.

Es wäre auch eine Aufgabe, deren Erledigung einen langen Zeitraum in Anspruch nähme. Das zweite NPD-Verbotsverfahren hat – bei eindeutigerem Sachverhalt – vier Jahre gedauert.[24] Als Sofortmaßnahme zum Schutz der Demokratie taugt ein Parteiverbot damit nicht. Denkbar wäre allenfalls der Erlass einer einstweiligen Anordnung des BVerfG (§ 32 BVerfGG), in der der Partei z. B. die politischen Betätigung bis zur Hauptsacheentscheidung untersagt wird.[25] Während des Verfahrens müssten ggf. vorhandene V-Leute der Verfassungsschutzbehörden jedenfalls aus den Leitungsgremien der Partei zurückgezogen oder „abgeschaltet" werden.[26] Denn die Staatsfreiheit der Entscheidungsfindung in der Partei müsste gewährleistet sein.[27] Die Beobachtung der AfD als rechtsextremistischer Verdachtsfall, deren Rechtmäßigkeit kürzlich erst obergerichtlich bestätigt wurde,[28] könnte über lange Zeit ggf. nur eingeschränkt fortgeführt werden.

In der Rückschau zeigt sich, dass das Parteiverbot in der Verfassungspraxis keine strahlende Erfolgsgeschichte darstellt.[29] Es taugt gegen hinreichend bedeutende verfassungswidrige Parteien (mit Potenzial) – zu groß dürfen sie aber auch nicht sein, weil ihr Verbot dann politisch kaum mehr umsetzbar sein dürfte. Vor allem aber sind die materiellen Anforderungen und der Zeitaufwand für deren Erfüllung so groß, dass das Parteiverbot zur Abwehr akuter Gefahren für die freiheitlich-demokratische Grundordnung kaum effektiv einsetzbar ist.

---

[23] Hölscheidt (2024), S. 943.

[24] Der Verbotsantrag des Bundesrates, beschlossen am 14.12.2012 [Antrag auf Entscheidung des Bundesrates über die Einleitung eines Verfahrens zur Feststellung der Verfassungswidrigkeit der „Nationaldemokratischen Partei Deutschlands" (NPD) gemäß Art. 21 Absatz 2 des Grundgesetzes i. V. m. § 13 Nummer 2, §§ 43 ff. des Bundesverfassungsgerichtsgesetzes (BVerfGG), BR-Drs. 770/12 (Beschluss)], wurde am 01.12.2013 gestellt, das Urteil erging am 17.01.2017. Dem Beschluss des Bundesrates ging zudem eine lange Vorbereitungsphase voraus.

[25] So geschehen nach der mündlichen Verhandlung im SRP-Verbotsverfahren, BVerfG, Urt. v. 15.07.1952, *SRP*, BVerfGE 1, 349 ff. Zu den Voraussetzungen s. Kuhn, Lukosek (2024), S. 213 ff.

[26] BVerfG, Urt. v. 17.01.2017, *NPD II*, BVerfGE 144, 20, 161, Rn. 408.

[27] BVerfG, Urt. v. 17.01.2017, *NPD II*, BVerfGE 144, 20, 159 f., Rn. 405.

[28] OVG Münster, Urt. v. 13.5.2024 – 5 A 1217/22 – BeckRS 2024, 15329, Rn. 55 ff. (nicht rechtskräftig).

[29] Anders die Bewertung bspw. von Huber (2024), S. 165 („… Feuertaufe in der Praxis bestanden, …").

2.2 *Finanzierungsausschluss*

Unmittelbare Frucht des 2. NPD-Urteils ist die 2017 in Art. 21 Abs. 3 GG neu geschaffene Möglichkeit des Ausschlusses einer verfassungswidrigen, aber nicht verbotenen Partei aus der staatlichen Parteienfinanzierung.[30] Damit schuf der verfassungsändernde Gesetzgeber ein neues Instrument der wehrhaften Demokratie, das als milderes Mittel unterhalb dem Parteiverbot angesiedelt ist. Die Voraussetzungen für ein solches „Parteiverbot light" sind dabei fast identisch mit denen des eigentlichen Parteiverbots. Es bedarf damit auch hier des Nachweises, dass das aggressiv-kämpferisch verfolgte Ziel der Partei die Beseitigung, wenigstens die Beeinträchtigung der freiheitlich-demokratischen Grundordnung oder des Bestands der Bundesrepublik Deutschland ist. Die Partei muss auf dieses Ziel „ausgerichtet" (Art. 21 Abs. 3 S. 1 GG) sein. Nur die Potenzialität (das „Darauf ausgehen", Art. 21 Abs. 2 GG) muss nicht gegeben sein. Dementsprechend hat das BVerfG 2024 darauf erkannt, dass die NPD (jetzt „Die Heimat") als verfassungswidrige, aber nicht verbotene Partei von der staatlichen Parteienfinanzierung ausgeschlossen ist.[31]

Dieses Verfahren hat fünf Jahre gedauert, obwohl der Sachverhalt im 2. NPD-Urteil schon weitgehend aufgearbeitet war. Konkrete Folgen für die NPD/Die Heimat hat die Entscheidung absehbar kaum, denn sie war schon Jahre vorher aufgrund ihrer mangelnden Wahlerfolge aus der Parteienfinanzierung ausgeschieden.[32]

Praktisch macht der Finanzierungsausschluss den Staat also wehrhaft gegen nicht ganz kleine Parteien, die schon die Finanzierungsschwelle überschritten haben,[33] jedoch zu unbedeutend sind, um das Kriterium der Potenzialität zu erfüllen. Immerhin entfällt mit der Schaffung des Finanzierungsausschlusses die nur schwer erträgliche Rechtspflicht, eine verfassungswidrige, aber nicht verbotene Partei auch noch aus öffentlichen Kassen mitzufinanzieren. Rechtlich möglich wäre es auch, dass die antragsberechtigten Verfassungsorgane (Bundestag, Bundesregierung, Bundesrat) eine in ihrer Wahrnehmung verfassungswidrige Partei mit Potenzialität nicht zu verbieten versuchten und nur den Finanzierungsausschluss beantragten. Ein solches Vorgehen scheint aber politisch schwer vorstellbar.[34] Praktisch denkbar ist aber, dass mit einem Hauptantrag auf ein Parteiverbot ein Hilfsantrag auf Finanzierungsausschluss verbunden wird, für den Fall, dass das BVerfG die Potenzialität der Partei nicht als gegeben ansieht.

---

[30] Gesetz zur Änderung des Grundgesetzes (Artikel 21) BGBl 2017, Teil I, S. 2346. Das Gericht gab dem Gesetzgeber einen deutlichen Hinweis, eine solche Möglichkeit zu schaffen, BVerfG, Urt. v. 17.01.2017, *NPD II*, BVerfGE 144, 20, 241 f., Rn. 624 f.

[31] BVerfG Urt. v. 23.01.2024, *NPD III*, 2 BvB 1/19, NJW 2024, 645 ff. Der Ausschluss gilt für sechs Jahre und kann verlängert werden, § 46a BVerfGG.

[32] Deutscher Bundestag, Festsetzung der staatlichen Mittel für das Jahr 2021, https://www.bundestag.de/resource/blob/896222/115ff46b7bef8801225cd5b1a50edcc1/finanz_21.pdf. Die Partei erhält dementsprechend seit 2021 keine Zuwendungen mehr. Folge des Urteils ist aber, dass Spenden an die NPD/Die Heimat steuerlich nicht mehr geltend gemacht werden können.

[33] § 18 Abs. 4 PartG: Wählerstimmenanteil von 0,5 % bei BT- und EP-Wahlen, 1 % bei LT-Wahlen.

[34] In diese Richtung jedoch Kloepfer, Jessen (2024), S. 1257.

Ein weiteres Problem des Finanzierungsausschlusses liegt darin, dass es nicht leicht zu vermitteln ist, dass eine entsprechende Entscheidung des BVerfG nach dem eindeutigen Wortlaut des Art. 21 Abs. 3 S. 1 GG eben wirklich nur die Finanzierung betrifft.[35] Denn andere öffentliche Leistungen wie die Nutzung kommunaler Räumlichkeiten für Parteitage oder Wahlwerbesendungen im öffentlich-rechtlichen Rundfunk sind unter dem Gesichtspunkt der Chancengleichheit der Parteien auch der von der Finanzierung ausgeschlossenen Partei weiter diskriminierungsfrei zu gewähren.

2.3 *Wahlteilnahmeverbot*

Eine Idee zur Ergänzung des Instrumentenkastens der Wehrhaftigkeit ist der Vorschlag, verfassungsfeindliche Parteien von Wahlen auszuschließen.[36] Vorbilder hierfür finden sich etwa in den Landesverfassungen von Bayern und Nordrhein-Westfalen.[37] Der Ausschluss einer verfassungswidrigen Partei von der Teilnahme an Wahlen wäre – wie der Finanzierungsausschluss – gegenüber dem Parteiverbot ein milderes Mittel, denn die Organisation als solche bliebe unberührt. Das Instrumentarium der wehrhaften Demokratie würde weiter flexibilisiert, was zur Verhältnismäßigkeit seiner Anwendung beitrüge. Ein Wahlteilnahmeverbot hätte auch den rechtspolitischen Vorteil, dass es unmittelbar bei der politischen Betätigung der verfassungswidrigen Partei ansetzte und nicht – wie der Finanzierungsausschluss – nur mittelbar auf diese rückwirkte.[38]

Klar ist, dass ein Wahlteilnahmeverbot nur durch eine Verfassungsänderung eingeführt werden könnte. Wenn man dem Gedanken einer solchen Ergänzung des Instrumentenkastens näher treten wollte, wären einige Einzelfragen zu klären, etwa: Sollen nur verfassungswidrige Parteien mit Potenzialität erfasst werden, oder auch solche, denen diese (noch) fehlt? Was wird aus Mandaten, die die Partei bereits errungen hat? Für welche bevorstehenden Wahlen gilt das Teilnahmeverbot und wie lange?

[35] Klein (2018), Art. 21, Rn. 540d; Streinz (2024), Art. 21, Rn. 252d; Risse, Witt (2025), Art. 21, Rn. 26a.

[36] Schlicksupp (2024), S. 147.

[37] Art. 15 VerfBY; Art. 32 VerfNW. Beide sind wegen Art. 31 GG nicht anwendbar, Klein (2012), Rn. 149.

[38] Schlicksupp (2024), S. 149.

2.4 Grundrechtsverwirkung

Zu den Bestimmungen des Grundgesetzes, die ein wenig beachtetes Schattendasein führen, wurde lange Zeit auch Art. 18 GG – Verwirkung von Grundrechten – gezählt.[39] Im Zuge der aktuellen Debatte erlebt die Vorschrift aber eine Renaissance.[40]

Ziel und Zweck des Art. 18 GG ist die „Entpolitisierung" des Verfassungsfeinds.[41] Schutzgut ist die freiheitliche demokratische Grundordnung, wie sie auch bei Art. 21 GG zu verstehen ist.[42] Adressat ist der individuelle Träger der in Art. 18 GG aufgeführten Grundrechte.[43] Diese sind die Meinungs- und Pressefreiheit, die Lehrfreiheit, die Versammlungsfreiheit, das Brief-, Post- und Fernmeldegeheimnis, das Eigentum und das Asylrecht, mithin im Schwerpunkt die auf die kommunikative Beeinflussung der Gesellschaft ausgerichteten Grundrechte.[44] Da Art. 9 Abs. 2 GG (Vereinsverbot) und Art. 21 Abs. 2 GG (Parteiverbot) *leges speciales* zu Art. 18 GG sind,[45] kommen juristische Personen als Adressaten praktisch kaum in Betracht. Verwirklicht wird der Missbrauchstatbestand ähnlich wie beim Art. 21 Abs. 2 GG durch ein aktiv-kämpferisches Handeln, das auf die Beseitigung der freiheitlichen demokratischen Grundordnung gerichtet ist.[46] Das Entscheidungsmonopol liegt gem. Art. 18 S. 2 GG beim BVerfG, das auch über das Ausmaß der Verwirkung entscheidet. Die Verwirkung kann sich unter Beachtung der Verhältnismäßigkeit auch auf andere als das missbrauchte Grundrecht erstrecken[47] und den Ausschluss vom aktiven und passiven Wahlrecht sowie der Fähigkeit zur Bekleidung öffentlicher Ämter umfassen (§ 39 BVerfGG).[48]

Die Anforderungen für einen Verwirkungsausspruch sind damit zwar ähnlich derer des Parteiverbots, trotzdem im Zweifel aber leichter zu erfüllen, weil ja lediglich das Verhalten eines Individuums zu bewerten ist. Dennoch ist es noch nie zu einem Verwirkungsausspruch gekommen.[49]

Jenseits der Erörterung einzelner rechtlicher Probleme lässt sich zu Art. 18 GG mangels einschlägiger Praxis kaum mehr sagen.

---

[39] Brenner (2024), Rn. 12.

[40] Z. B. Lübbe-Wolff (2023).

[41] Brenner (2024), Rn. 10, 50.

[42] Dürig, Klein (2017), Rn. 56.

[43] Brenner (2024), Rn. 25.

[44] Krebs, Kotzur (2021), Rn. 16.

[45] Brenner (2024), Rn. 27.

[46] Brenner (2024), Rn. 32; Dürig, Klein (2017), Rn. 43.

[47] H.M., im Einzelnen strittig, vgl. Dürig, Klein (2017), Rn. 38 ff. m.w.N.

[48] So ausführlich Dürig, Klein (2017), Rn. 31 ff.; A.A. Antoni (2025), Rn. 5.

[49] S. zu den vier seit 1949 gestellten, jeweils abgelehnten Anträgen Brenner (2024), Rn. 12 Fn. 41. Die Verfahren dauerten zwischen vier und acht Jahren.

2.5 *Resilienz der Parlamente*

Sehr viel alltagsbezogener als die oben erörterten Instrumente der Wehrhaftigkeit sind Überlegungen, die Parlamente gegen Angriffe von innen zu schützen. Sie bewegen sich weit unterhalb der Ebene des Verfassungsrechts und es bleibt abzuwarten, welche Maßnahmen am Ende wie umgesetzt werden. Dennoch ist eine nähere Betrachtung sinnvoll, schon um einen Eindruck davon zu gewinnen, welche Probleme sich bei einer Steigerung der parlamentarischen Wehrhaftigkeit ergeben können.

2.5.1 Extremistische Mitarbeiter

Den Ausgangspunkt bilden Berichte, denen zufolge eine stattliche Anzahl von Mitarbeitern von AfD-Abgeordneten und der AfD-Fraktionen im Bundestag und in Landtagen rechtsextremen Organisationen und Vereinen angehören.[50] Einerseits wird befürchtet, dass von diesen Mitarbeitern Gefahren für die Sicherheit in den Liegenschaften oder der elektronischen Informationssysteme der Parlamente ausgehen können, andererseits besteht allgemeines Unbehagen darüber, dass so staatliche Mittel für die Alimentierung dieses Personenkreises eingesetzt werden.

Die Möglichkeit, persönliche Mitarbeiter zu beschäftigen, gehört zur Amtsausstattung der Abgeordneten. Diese schließen mit ihren Mitarbeitern privatrechtliche Arbeitsverträgen, die dann von den Parlamentsverwaltungen als Serviceleistung arbeits-, sozial- und steuerrechtlich betreut werden. Vertragliche Beziehungen zwischen den Parlamenten und den Mitarbeitern kommen nicht zustande, die Mitarbeiter sind auch keine öffentlichen Bediensteten. Bis zu einer im jeweiligen Haushaltsgesetz festgelegten Höhe tragen die Parlamente die Kosten, soweit die in den jeweiligen Ausführungsbestimmungen niedergelegten Bedingungen erfüllt sind. Diese sind bislang eher technischer Natur (z. B. Beachtung des Vergütungsrahmens).

Auch die Fraktionen beschäftigen natürlich Mitarbeiter. Hier sind die Parlamentsverwaltungen nicht beteiligt. Unter anderem zur Deckung ihrer Personalkosten erhalten die Fraktionen vom Parlament Fraktionszuschüsse.

Regelungen, die sich gezielt mit der Problematik extremistischer Mitarbeiter auseinandersetzen, existieren bislang nicht.[51] Ein erster Anhalt findet sich aber in einer Anlage zur Hausordnung des Bundestages.[52] Woran im Einzelnen gedacht

---

[50] Vgl. etwa https://www.br.de/nachrichten/deutschland-welt/abgeordnetenmitarbeiter-bas-will-auskunft-vom-verfassungsschutz,U7rlDBp; https://www.augsburger-allgemeine.de/bayern/bayerischer-landtag-afd-mitarbeiter-im-bayerischen-landtag-steuergeld-fuer-verfassungsfeinde-id70146596.html. S. auch Bötticher u. a. (2018), S. 719, m.w.N.

[51] Barczak, Renner (2025), S. 24: „juristisches Neuland".

[52] Zugangs- und Verhaltensregeln für den Bereich der Bundestagsliegenschaften vom 2. Januar 2002 in der vom Ältestenrat am 30. Januar 2025 beschlossenen Fassung, Anlage 3, Erklärung zum Datenschutz anlässlich eines Antrags zum Betreten des Deutschen Bundestages, Abschnitt III 2 c), S. 27, https://www.bundestag.de/resource/blob/558026/cd206f75ca696b6e46b59666e700cd0d/zugangs_und_verhaltensregeln_intern.pdf.

wird, lässt sich auch aus Gutachten ersehen, die zur Klärung der vielfältigen auftauchenden Rechtsfragen in Auftrag gegeben worden sind.[53]

2.5.1.1 „Extremistenklausel"

Eine Überlegung geht dahin, gesetzlich eine „Extremistenklausel" einzuführen, die die Kostenerstattung für die Beschäftigung extremistischer Abgeordnetenmitarbeiter ausschließen soll.[54] Bei Fraktionsmitarbeitern könnten die nach den allgemeinen Regeln errechneten Fraktionszuschüsse um den Betrag gekürzt werden, der für die Beschäftigung extremistischer Mitarbeiter anfällt.[55]

Im Kern sieht der hier knapp zusammengefasste Vorschlag vor, dass die Kosten der Beschäftigung von Unterstützern sich unterschiedlich manifestierender verfassungsfeindlicher Bestrebungen nicht erstattungs- bzw. zuschussfähig sind, wenn – kumulativ – nach Abwägung der Umstände des Einzelfalls Gefährdungen der Arbeits- und Funktionsfähigkeit, der Sicherheit oder sonstiger Rechtsgüter des Parlaments zu besorgen sind. Verfassungsfeindliche Bestrebungen lägen insbesondere bei Unterstützung von oder Mitgliedschaft in einer nach Art. 21 Abs. 2 GG verbotenen Partei oder einem nach Art. 9 Abs. 2 GG verbotenen Verein vor. In die erwähnte Abwägung einzubeziehen sei insbesondere die Mitgliedschaft in einer Organisation, die in einem Verfassungsschutzbericht des Bundes oder eines Landes als extremistische Organisation aufgeführt ist. Gleiches gelte für die Unterstützung einer solchen Organisation. Dem Erstattungsantrag sei ein entsprechender Fragebogen beizufügen. Diese Voraussetzungen scheinen sehr eng gefasst: Selbst ein Mitglied der von der Parteienfinanzierung ausgeschlossenen, aber nicht verbotenen NPD fiele nicht ohne weiteres darunter.

2.5.1.2 Erweiterte Zuverlässigkeitsprüfung für die Erteilung von Hausausweisen

Eine andere, hier wiederum knapp zusammengefasste Überlegung geht von der für die Erteilung eines Bundestags-Hausausweises schon *de lege lata* notwendigen Zuverlässigkeit des Antragstellers aus. Das Zuverlässigkeitserfordernis ergibt sich aus der Hausordnung des Bundestages (§ 2 Abs. 6a S. 2 HOBT).[56] Diese wiederum basiert auf dem Hausrecht des Bundestagspräsidenten (Art. 40 Abs. 2 S. 1 GG).[57] Die Zuverlässigkeitsprüfung dient der Abwehr von Risiken für die Sicherheit im

[53] Barczak, Renner (2025); Gärditz (2025).

[54] Vgl. den Formulierungsvorschlag von Barczak, Renner (2025), S. 159 f., zur Einfügung neuer Abs. 8 und 9 in Art. 8 des BYAbgG.

[55] Barczak, Renner (2025), S. 161.

[56] In der Fassung vom 24.2.2025, BGBl. I Nr. 77.

[57] Risse (2023), S. 72–77.

Bundestag und die Funktionsfähigkeit des Parlamentsbetriebs. Damit ist der Regelungszweck nicht auf die Abwehr konkreter Gefahren im polizeirechtlichen Sinne reduziert, zumal das Hausrecht von Verfassungs wegen auch die Abwehr personaler Risiken ermöglicht.[58] Ein Indiz für solche Risiken können auch extremistische Betätigungen eines Mitarbeiters sein. Jedenfalls wohnt der Gewährung des freien Zugangs zum „Maschinenraum" des parlamentarischen Regierungssystems das Risiko des Missbrauchs durch entsprechend gesonnene Akteure inne.[59]

Diese Überlegungen greifen die die Hausordnung ergänzenden Zugangs- und Verhaltensregeln[60] bereits auf: Als Kriterium für die mangelnden Zuverlässigkeit eines Antragstellers gilt auch dessen extremistische Betätigung, für deren Vorliegen die selben Voraussetzungen gelten, die oben im Zusammenhang der „Extremistenklausel"[61] bereits dargestellt worden sind.

Um im Rahmen der Zuverlässigkeitsprüfung beurteilen zu können, ob sich ein Antragsteller extremistisch betätigt, bedürfe es – so das für den Deutschen Bundestag erstattete Gutachten von *Gärditz* – zusätzlich zu den bislang schon vorgenommenen Abfragen des Bundeszentralregisters und des polizeilichen Informationssystems (INPOL) des Zugriffs auf Erkenntnisse der Verfassungsschutzämter.[62] Deren Daten müsste die Bundestagspolizei abfragen dürfen, und die Verfassungsschutzämter müssten sie übermitteln dürfen (sog. Doppeltürmodell). Zulässig sei auch eine Regelabfrage.[63] Hierfür seien jeweils die gesetzlichen Grundlagen zu schaffen.[64]

Wegen der Sensibilität der dort gespeicherten Daten und der besonderen Vulnerabilität der IT-Systeme des Parlaments wäre einem solchen extremistischen Antragsteller auch der Zugang dazu nicht zu gewähren.[65] Da er seine Aufgaben nicht vollumfänglich erledigen könne, könne auf der Grundlage einer zu schaffenden Ausführungsbestimmung des Ältestenrats auch die Erstattung der durch seine Beschäftigung entstehenden Kosten ausgeschlossen werden.[66]

---

[58] Gärditz (2025), S. 39.

[59] Gärditz (2025), S. 54.

[60] In der Fassung vom 30.1.2025, Anlage 3 (Datenschutzerklärung), https://www.bundestag.de/resource/blob/558026/cd206f75ca696b6e46b59666e700cd0d/zugangs_und_verhaltensregeln_intern.pdf, insbes. Abschnitt III 2 c), S. 27.

[61] S. o. sub 2.5.1.1.

[62] Gärditz (2025), S. 59 ff.

[63] Gärditz (2025), S. 71 ff.; a. A. Barczak, Renner (2025), S. 104.

[64] Gärditz (2025), S. 64–71. Der in der 20. Wahlperiode vorgelegte Entwurf eines Bundestagspolizeigesetzes sieht eine entsprechende Abfragemöglichkeit der Bundestagspolizei vor, s. BT-Drs. 20/14247, S. 41, § 71 Abs. 4. Der Begründung des Entwurfs zufolge geht es um Einzelfallabfragen bei Vorliegen tatsächlicher Anhaltspunkte für ein personales Risiko.

[65] Gärditz (2025), S. 88.

[66] Gärditz (2025), S. 86.

2.5.1.3 Rechtliche und tatsächliche Probleme

Beiden Überlegungen ist gemeinsam, dass den Bediensteten von Abgeordneten und Fraktionen in geringerem, aber doch ähnlichem Umfang wie Angehörigen des öffentlichen Dienstes Verfassungstreue abverlangt würde. Obwohl mit der Zuarbeit für einen Abgeordneten oder eine Fraktion keine Hoheitsbefugnisse verbunden sind, könnte für die Angemessenheit einer solchen Regelung angeführt werden, dass Abgeordneten- und Fraktionsmitarbeiter im Bereich der auch dem Verfassungsorgan Bundestag zugewiesenen Staatsleitung unterstützend tätig sind.[67]

Außerdem berühren die Vorschläge die bislang uneingeschränkt gegebene Freiheit der Abgeordneten bzw. der Fraktionen, das Personal ihrer Büros auszuwählen. Fragen stellen sich auch bezüglich der Gleichheit der Abgeordneten. Prüfungsmaßstab ist damit Art. 38 Abs. 1 GG.[68]

Die Freiheit des Mandats bezieht sich im Kern auf die Mandatsausübung durch den Abgeordneten selbst. Seine Statusrechte (Rederecht, Abstimmungsberechtigung, Initiativrecht, Fragerecht etc.) bestehen unabhängig von der Möglichkeit, Hilfspersonal auf Kosten des Parlaments einzustellen, in dessen Liegenschaften zu beschäftigen und ihm Zugang zu den IT-Systemen zu verschaffen. Geht man von diesem sehr engen Verständnis der Mandatsfreiheit aus, sind Beschränkungen der Erstattung von Personalkosten schon nicht als Eingriff in diese zu sehen.[69] Diese Sicht auf die Mandatsfreiheit wird den Realitäten der modernen Parlamentsarbeit aber nicht gerecht. Reden müssen entworfen, Fragen vorrecherchiert, Initiativen formuliert und Bürgerkontakte gepflegt werden. Das geht nicht ohne Unterstützungspersonal, dem der Abgeordnete persönlich und politisch vertrauen kann.[70] Die Freiheit der Personalauswahl wird man deshalb als Element der Freiheit des Mandats verstehen müssen. Diese wird auch von mittelbaren Einschränkungen durch Zugangs- und Erstattungsregelungen berührt.[71]

Die Freiheit des Mandats ist allerdings nicht schrankenlos. Zum Schutz anderer Rechtsgüter von Verfassungsrang kann sie eingeschränkt werden. Dass die Gewährleistung der Sicherheit und Funktionsfähigkeit des Parlaments ein solches ist, ist allgemein anerkannt. Dem Grunde nach ist es deshalb gerechtfertigt, einem extremistischen und deshalb potentiell gefährlichen Mitarbeiter den Zugang zum Parlament einschließlich seiner IT-Infrastruktur zu versagen, auch wenn dieser dann nicht mehr sinnvoll beschäftigt werden kann und damit in die Auswahlfreiheit des betreffenden Abgeordneten eingegriffen wird.[72]

---

[67] Ähnlich Gärditz (2025), S. 33, dort auch Fn. 189.

[68] Die ebenfalls relevanten datenschutzrechtlichen Anforderungen beziehen sich nicht direkt auf die Instrumente der wehrhaften Demokratie und bleiben hier außer Betracht. Dazu konzise Manns, Wessels (2024), S. 960–965. Außer Betracht bleiben hier auch die Eingriffe in die Berufsfreiheit der Mitarbeiter.

[69] Vgl. Ossenbühl (1989).

[70] Gärditz (2025), S. 33.

[71] Barczak, Renner (2025), S. 40 für Erstattungsregelungen.

[72] Barczak, Renner (2025), S. 45 f.

Auch die Gleichheit des Mandats ist berührt. Alle Abgeordneten sind formal gleich zu behandeln. Während der eine seine Amtsausstattung in vollem Umfang nutzen kann, ist dies dem anderen versagt, der zu seiner Unterstützung auf einen potentiell gefährlichen Extremisten zurückgreifen will. Damit wird allerdings sogleich der entscheidende Unterschied zwischen den beiden Sachverhalten offenbar: Er liegt in dem personalen Risiko des einen Mitarbeiters, das bei dem anderen eben nicht gegeben ist. Oder anders gewendet: Die allgemeine Regel, keine gefährlichen Mitarbeiter zu beschäftigen, gilt für alle Abgeordneten gleichermaßen. Dem Grunde nach liegt deshalb keine Gleichheitsverletzung vor.

Beide Vorschläge betonen die Notwendigkeit einer Prüfung des jeweiligen Einzelfalls durch das Parlament. Spätestens dabei zeigt sich, dass sich eine allzu pauschale Anwendung einer „Extremistenklausel" oder einer Zuverlässigkeitsprüfung verbietet. Typischerweise werden Abgeordnetenmitarbeiter entweder im Wahlkreis oder im Abgeordnetenbüro am Parlamentssitz tätig. Nur bei letzteren – und auch nur dann, wenn sie in den Liegenschaften arbeiten sollen – können auf die Sicherheit dort bezogene Bedenken relevant sein. Wahlkreismitarbeiter benötigen dagegen keinen Hausausweis.[73] Ob sie auch ohne einen eigenen Zugang zum IT-System sinnvoll arbeiten können, dürfte im Ermessen des beschäftigenden Abgeordneten liegen, der ja auch die jeweils zu erledigen Aufgaben bestimmt. Das gleiche gilt für Mitarbeiter, die am Parlamentssitz im Home-Office arbeiten sollen.[74] Ein Ausschluss solcher Mitarbeiter von der Kostenerstattung könnte deshalb nur auf das Interesse des Parlaments an der Wahrung seiner Vertrauenswürdigkeit und Integrität begründet werden. Dass diese eher „weichen" Gründe dem Eingriff in die Freiheit und Gleichheit des Mandats die Waage halten können, ist jedenfalls zweifelhaft.

Hinzu tritt ein parlamentspraktisches wie auch grundsätzliches Problem. Bei etwa 5000 Abgeordnetenmitarbeitern und weit über 1000 Fraktionsbediensteten im Bundestag erzeugten Abfragen beim Bundesamt für Verfassungsschutz (BfV) zwangsläufig einen erheblichen Verwaltungsaufwand, insbesondere wenn sie als Regelabfragen bei jedem Einstellungsvorgang vorgenommen werden sollten. Sollten Abfragen dagegen nur im Einzelfall vorgenommen werden, würfe das die Frage auf, nach welchen Kriterien die Parlamentsverwaltung die Auswahl trifft.[75] Hier ergäbe sich zwangsläufig ein zumindest gefühltes Gleichbehandlungsproblem, wenn in der Praxis schwerpunktmäßig bestimmte Fraktionen oder Gruppen betroffen wären.

Schließlich: Auch wenn die Verantwortung für die Anwendung der „Extremistenklausel" oder die erweiterte Zuverlässigkeitsprüfung letztlich beim Parlament (seinem Präsidenten, seiner Verwaltung, dem Präsidium, dem Ältestenrat oder einem sonstigen Organ) läge, käme der Einschätzung des jeweiligen Verfassungsschutz-

[73] Gärditz (2025), S. 86.

[74] Anders Gärditz (2025), S. 86, der in typisierender Betrachtung auf die abstrakte Verfügbarkeit der Mitarbeiter vor Ort abstellt.

[75] Nach der Begründung des Gesetzentwurfs kann die Abfrage erfolgen, wenn „tatsächliche Anhaltspunkte für ein personales Risiko" vorliegen, BT-Drs. 20/14247, S. 105.

amts faktisch ein hohes Gewicht zu. Folge der angedachten Regelungen könnte also sein, dass dem Verfassungsschutz, weisungsgebundener Teil der Exekutive, ein beachtlicher Einfluss auf die Möglichkeiten der Beschäftigung von Fraktions- und Abgeordnetenmitarbeitern zuwüchse.

2.5.2 Geheimnisträger im Parlament

Um seine Kontrollaufgabe gegenüber der Regierung umfassend wahrnehmen zu können, braucht der Bundestag Zugang auch zu geheimen Informationen. In einem öffentlich verhandelnden Parlament ist der Umgang mit Geheimnissen zwar die Ausnahme, aber in außen- und verteidigungspolitischen Fragen, bei der Kontrolle der Nachrichtendienste, deren finanzieller Ausstattung oder auch den Antworten der Bundesregierung auf Fragen, die geheimhaltungsbedürftige Sachverhalte offenlegen, stellt sich das Problem des Geheimschutzes.

Um die Teilhabe des Bundestages an geheimem Wissen zu ermöglichen, muss er in seinem Bereich einen Geheimschutz sicherstellen, wie er von der Bundesregierung für notwendig gehalten wird.[76] Als Institution regelt er das durch seine Geheimschutzordnung,[77] die einschließlich der einschlägigen strafrechtlichen Sanktionen (§ 353b Abs. 2 Nr. 1 StGB) als taugliches Instrument für den Ausgleich zwischen exekutivem Geheimhaltungsinteresse und parlamentarischem Informationsinteresse angesehen wird.[78]

Die Geheimschutzordnung basiert auf der Grundannahme, dass diejenigen, die in ihrem Anwendungsbereich Kenntnis von Verschlusssachen (VS) erhalten, persönlich zuverlässig sind. Wie dies sichergestellt wird, ist im einzelnen im Sicherheitsüberprüfungsgesetzes – SÜG geregelt.[79] Wer mit sicherheitsempfindlichen Gegenständen betraut werden soll, muss sich danach grundsätzlich einer Sicherheitsüberprüfung unterziehen (§ 2 Abs. 1 S. 1 SÜG). Das gilt für Abgeordneten- und Fraktionsmitarbeiter, nicht jedoch für die Abgeordneten selbst.[80] Für diese besteht in § 2 Abs. 3 S. 1 Nr. 1 SÜG eine funktionelle Bereichsausnahme: Sie sind als Mitglieder eines Verfassungsorgans des Bundes „geborene Geheimnisträger".

De lege lata stehen also auch extremistischen Abgeordneten VS offen, ohne dass sie sicherheitsüberprüft sind.[81] Das könnte sich als offene Flanke – und damit als ein Problem der wehrhaften parlamentarischen Demokratie – erweisen, denn die mit dem Zugang extremistischer Abgeordneter zu Geheimnissen verbundenen Risiken

---

[76] Vgl. z. B. BVerfG, Beschl. v. 13.06.2017, *Parlamentarisches Fragerecht*, BVerfGE 146, 1, Rn. 98; BVerfG, Urt. v. 14.12.2022, *Parlamentarisches Fragerecht zum BfV*, BVerfGE 165, 167, Rn. 66 f.

[77] Anlage 3 zur GOBT.

[78] BVerfG, Beschl. v. 13.06.2017, *Parlamentarisches Fragerecht*, BVerfGE 146, 1, Rn. 97.

[79] BGBl. Vom 20.4.1994, Teil I, S. 867, zuletzt geändert durch Gesetz vom 22.12.2023 BGBl. 2023, Teil I, Nr. 413.

[80] Warg (2022), S. 401 Rn. 39; S. auch § 11 Abs. 1 S. 2 PKGrG.

[81] Gärditz (2025), S. 106.

können vielfältig sein: Ein einer ausländischen Macht nahestehender extremistischer Abgeordneter könnte diese an geheimen Informationen teilhaben lassen; ebenso könnte ein extremistischer Abgeordneter seine vom Verfassungsschutz beobachtete Partei über verdeckte Beobachtungsmethoden unterrichten. Das wirft die Frage auf, ob das derzeit praktizierte Geheimschutzregime unter den aktuell gegebenen Bedingungen noch ausreicht.

Um die besagte offene Flanke zu schließen, läge es nahe, die Bereichsausnahme in § 2 Abs. 3 S. 1 Nr. 1 SÜG zu streichen.[82] Dann müssten alle Abgeordneten, die Zugang zu VS erlangen wollen oder in einem einschlägigen Gremium tätig werden wollen, zuvor einer Sicherheitsüberprüfung gem. §§ 8, 9, ggf. auch § 10 SÜG unterzogen werden. Ob eine solche Streichung zulässig wäre, ist umstritten.[83] Der hohe Wert der Schutzgüter – das Staatswohlinteresse an der Wahrung sicherheitsrelevanter Geheimnisse und die fortdauernde Gewährleistung des Zugangs des Parlaments zu geheimen Informationen – streitet für die Zulässigkeit.[84] Die im Zusammenhang mit dem Status der Abgeordneten gem. Art. 38 Abs. 1 S. 2 GG und dem Recht auf effektive Opposition aufzuwerfenden Fragen dürften deshalb dem Grunde nach im Sinne der Zulässigkeit einer Streichung zu beantworten sein.[85] Das Verfahren müsste als Einzelfallprüfung im Parlament angesiedelt sein, wobei das BfV als mitwirkende Behörde (§ 3 Abs. 2 SÜG) zu beteiligen wäre.[86]

Es ist aber offensichtlich, dass die Sicherheitsüberprüfung von Abgeordneten mit einem gravierenden institutionellen Problem verbunden wäre. Ein beträchtlicher Teil der geheimschutzrelevanten Beratungsgegenstände betrifft die Kontrolle der Nachrichtendienste. Wenn das BfV als einer dieser Dienste das maßgebliche Tatsachenmaterial für die Sicherheitsüberprüfung von Abgeordneten lieferte, wäre ihm faktisch die Möglichkeit eröffnet, seine Kontrolleure mit auszusuchen – kein geringer Preis für ein Mehr an Wehrhaftigkeit des Parlaments.

3 Schlussbetrachtung

Das Grundgesetz bekennt sich zur Idee der wehrhaften Demokratie, es enthält damit These (Partei- und Mandatsfreiheit, Grundrechte) und Antithese (Parteiverbot, Grundrechtsverwirkung) zugleich. Also gibt es seinen Akteuren den Umgang mit einem scharfen Spannungsverhältnis auf. Die Instrumente der wehrhaften Demokratie sind gleich einem zweischneidigen Schwert:[87] Die Substanz der Freiheit darf eben nicht durch die Art ihrer Verteidigung fragwürdig werden.[88]

---

[82] Vgl. Gärditz (2025), S. 107 ff.

[83] Dagegen Däubler (2019), § 2 Rn. 34; dafür Warg (2019), § 1 SÜG Rn. 15, § 2 Rn. 12. ff.

[84] Gärditz (2025), S. 109.

[85] Gärditz (2025), S. 108–117.

[86] Gärditz (2025), S. 124.

[87] BVerfG, Urt. v. 17.01.2017, *NPD II*, BVerfGE 144, 20, Leitsatz 1.

[88] Böckenförde (1991), S. 277.

Das erfordert zunächst einen politisch klugen und zurückhaltenden Gebrauch der besagten Instrumente. Erinnert sei daran, dass der geistige Vater des Konzepts der wehrhaften Demokratie, Karl Loewenstein, dessen Anwendungsfall als „virtuellen Belagerungszustand" („virtual state of siege") beschrieb, in dem sich die europäischen Demokratien der 1930er-Jahre aufgrund des faschistischen Angriffs befanden.[89] Bedrohungen minderer Art hatte er also offenbar nicht im Sinn.

Es verlangt zweitens eine Verfahrensgestaltung, die Fairness ebenso gewährleistet wie Effektivität. Wo das BVerfG die entscheidende Instanz ist (Parteiverbot, Finanzierungsausschluss, Grundrechtsverwirkung), ist für Fairness gesorgt, aber an Effektivität fehlt es wegen der durchweg überlangen Verfahrensdauern. Ganz praktisch könnte man daran denken, zur Aufbereitung der regelmäßig umfangreichen Sachverhalte beim BVerfG einen Ermittlungsbeauftragten ähnlich wie im Untersuchungsausschussrecht zu schaffen.[90]

Sehr viel problematischer sind Entscheidungen über Resilienz-Maßnahmen (Mitarbeiterzulassung, Zuverlässigkeit von Geheimnisträgern) im Parlament. Solche in die Hände von Gremien oder Personen zu geben, die im politischen Wettbewerb stehen, verbietet sich. Die Minderheit darf hier nicht vom Good-will der Mehrheit abhängig gemacht werden. Als Lösung käme womöglich eine Art Ethik-Kommission in Betracht, unabhängig und besetzt mit erfahrenen, möglichst allseits angesehenen Ex-Parlamentariern und ehemaligen Richtern.

Literatur

Antoni, M. (2025). Kommentierung zu Art. 18 GG. In D. Hömig, H. A. Wolff, & W. Kluth (Hrsg.), *Grundgesetz für die Bundesrepublik Deutschland.* Nomos.

v Arnauld, A., Fischer-Lescano, A., Goldmann, M., Goos, C., Groh, K., Hanschmann, F., Huster, S., Mangold, A K., Mayer, F., Petersen, N., Rixen, S., Schwarz, K-A., Sydow, G., Thiele, A., Towfigh, E., v Ungern-Sternberg, A., Wittreck, F., & Alberti, S. (2024, November 28). Rechtswissenschaftliche Stellungnahme zu einem Parteiverbotsverfahren gegen die Alternative für Deutschland. *Verfassungsblog*. https://verfassungsblog.de/stellungnahme-parteiverbotsverfahren-afd/. Zugegriffen am 31.10.2025.

Barczak, T., & Renner, T. (2025). *Extremistenklauseln im Parlamentsrecht – Eine vergleichende Untersuchung am Beispiel des Bayerischen Landtags*. Duncker & Humblot. Auch – mit abweichenden Seitenzahlen – unter. https://www.bayern.landtag.de/fileadmin/Internet_Dokumente/Sonstiges_A/Gutachten_Extremistenklausel_2024.pdf. Zugegriffen am 31.10.2025.

Böckenförde, E.-W. (1991). *Staat, Verfassung, Demokratie*. Suhrkamp.

Böttcher, A., Kopke, C., & Lorenz, A. (2018). Die AfD verbieten? Erfüllt die AfD die Kriterien der Verfassungswidrigkeit? *Kriminalistik, 72*(12), 717–720.

Brenner, M. (2024). Kommentierung zu Art. 18 GG. In P. M. Huber & A. Voßkuhle (Hrsg.), *Grundgesetz* (Bd. 1). C.H. Beck.

[89] Loewenstein (1937), S. 432.

[90] Vgl. § 10 PUAG. Die in §§ 38, 47 BVerfGG eröffnete Möglichkeit von Voruntersuchungen durch einen Richter des anderen Senats wird der Belastungssituation des Gerichts nicht gerecht und offenbar auch nicht genutzt.

Däubler, W. (2019). Kommentierung zu § 2 SÜG. In W. Däubler (Hrsg.), *Sicherheitsüberprüfungsgesetz*. C.H. Beck.
Di Fabio, U. (2018). *Die Weimarer Verfassung, Aufbruch und Scheitern*. C.H. Beck.
Dürig, G., & Klein, H. H. (2017). Kommentierung zu Art. 18. In G. Dürig, R. Herzog, & R. Scholz (Hrsg.), *Grundgesetz, Kommentar* (Bd. III). C.H. Beck.
Gärditz, K. F. (2025). *Parlamentssicherheitsrecht zur Extremismusabwehr – Zum Schutz des Deutschen Bundestages vor verfassungsfeindlichen Einflüssen und Aktionen*. Duncker & Humblot. Auch – mit abweichenden Seitenzahlen – unter Rechtsgutachten betreffend den Schutz des Parlaments vor verfassungsfeindlichen Einflüssen und Aktionen, erstattet im Auftrag des Deutschen Bundestages. https://table.media/wp-content/uploads/2024/06/26140055/Gaerditz_Gutachten-Schutz-des-Parlaments.pdf. Zugegriffen am 31.10.2025.
Hölscheidt, S. (2024). Extremismus im Parlamentarismus. *Die Öffentliche Verwaltung, 77*(22), 941–952.
Huber, P. M. (2024). Nach 75 Jahren Grundgesetz – Demokratie in Gefahr? In H. Hofmann (Hrsg.), *Zeiten der Bewährung – Festschrift 75 Jahre Grundgesetz* (S. 161–174). Heymanns.
Ipsen, J. (2017). Verfassungswidrig, aber nicht verboten. *Recht und Politik, 53*(1), 3–8.
Ipsen, J. (2023). Verfassungsschutz durch Parteiverbot. In O. Lepsius, A. Nußberger, C. Schönberger, C. Waldhoff, & C. Walter (Hrsg.), *Jahrbuch des öffentlichen Rechts der Gegenwart. Neue Folge* (Bd. 71, S. 1–19). Mohr Siebeck.
Klamt, M. (2012). *Die Europäische Union als Streitbare Demokratie. Rechtsvergleichende und europarechtliche Dimensionen einer Idee*. Utz.
Klein, H. H. (2012, 2014, 2018). Kommentierung zu Art. 21 GG. In G. Dürig, R. Herzog, & R. Scholz (Hrsg.), *Grundgesetz, Kommentar* (Bd. III). C.H. Beck.
Kloepfer, M., & Jessen, A. (2024). AfD: Verbieten, benachteiligen oder ablehnend hinnehmen? *Deutsches Verwaltungsblatt, 139*(20), 1249–1257.
Krebs, W., & Kotzur, M. (2021). Kommentierung zu Art. 18. In I. v Münch & P. Kunig (Hrsg.), *Grundgesetz-Kommentar* (7. Aufl., Bd. 1). C.H. Beck.
Kuhn, D., & Lukosek, S. (2024). Das Parteiverbotsverfahren also Schlussstein der wehrhaften Demokratie des Grundgesetzes. In H. Hofmann (Hrsg.), *Zeiten der Bewährung – Festschrift 75 Jahre Grundgesetz* (S. 193–216). Heymanns.
Linke, T. (2017). Verbotsunwürdige Verfassungsfeinde, streitbare, aber wertarme Demokratie und problematische Sanktionsalternativen. *Die Öffentliche Verwaltung, 70*(12), 483–493.
Loewenstein, K. (1937). Militant Democracy and Fundamental Rights. *The American Political Science Review, 31*(3), 417–432.
López Bofill, H. (2004). Parteiverbot ohne Grundlage in der Verfassung? In A. Blankenagel, I. Pernice, & H. Schulze-Fielitz (Hrsg.), *Verfassung im Diskurs der Welt* (S. 389–393). Mohr Siebeck.
Lübbe-Wolff, G. (2023, Oktober 13). Wehrhafte Demokratie. *Verfassungsblog*. https://verfassungsblog.de/wehrhafte-demokratie/. Zugegriffen am 31.10.2025.
Manns, L., & Wessels, E. M. (2024). Schutzlose Parlamente? – Leitlinien zum verstärkten Schutz vor extremistischen Abgeordneten- und Fraktionsmitarbeitern. *Die Öffentliche Verwaltung, 77*(22), 952–968.
Ossenbühl, F. (1989). Sicherheitsüberprüfung der Mitarbeiter und Mitarbeiterinnen von Abgeordneten des Deutschen Bundestages. *Zeitschrift für Parlamentsfragen, 20*(4), 592.
Risse, H. (2023). Der Schutz des Parlamentsgebäudes. In O. Lepsius, A. Nußberger, C. Schönberger, C. Waldhoff, & C. Walter (Hrsg.), *Jahrbuch des öffentlichen Rechts der Gegenwart. Neue Folge* (Bd. 71, S. 57–85). Mohr Siebeck.
Risse, H., & Witt, K. (2025). Kommentierung zu Art. 21 GG. In D. Hömig, H. A. Wolff, & W. Kluth (Hrsg.), *Grundgesetz für die Bundesrepublik Deutschland* (14. Aufl.). Nomos.
Schlicksupp, S. (2024). Auszeit für Verfassungsfeinde durch „Parteienquarantäne"? *Zeitschrift für Rechtspolitik, 2024*(5), 147–149.
Streinz, R. (2024). Kommentierung zu Art. 21. In P. M. Huber & A. Voßkuhle (Hrsg.), *Grundgesetz* (8. Aufl., Bd. 2). C.H. Beck.
Towfigh, E., & Alberti, S. (2024). Hätte ein Parteiverbotsverfahren gegen die „Alternative für Deutschland" (AfD) Aussicht auf Erfolg? *Deutsches Verwaltungsblatt, 139*(10), 601–609.

Tsatsos, D. (1990). Die Rechte der politischen Parteien. In D. Tsatsos, D. Schefold, & H.-P. Schneider (Hrsg.), *Parteienrecht im europäischen Vergleich* (S. 824–829). Nomos.

Uhle, A. (2017). Das Parteiverbot gem. Art. 21 GG. *Neue Zeitschrift für Verwaltungsrecht, 36*(9), 583–590.

Vilain, Y. (2015). § 3 Verfassungsprinzipien. In N. Marsch, Y. Vilain, & M. Wendel (Hrsg.), *Französisches und Deutsches Verfassungsrecht. Ein Rechtsvergleich* (S. 45–120). Springer.

Warg, G. (2019). Kommentierung zu § 2 SÜG. In W.-R. Schenke, K. Graulich, & J. Ruthig (Hrsg.), *Sicherheitsrecht des Bundes* (2. Aufl.). C.H. Beck.

Warg, G. (2022). Personeller Geheimschutz. In J.-H. Dietrich, M. Fahrner, N. Gazeas, & B. v Heintschel-Heinegg (Hrsg.), *Handbuch Sicherheits- und Staatsschutzrecht* (S. 381–424). C.H. Beck.

Der öffentlich-rechtliche Rundfunk als stabilisierender Faktor für die Demokratie in Europa

S. Schiedermair

1 Demokratie in der Defensive

Die Gelingensbedingungen von Demokratie in Deutschland, Europa und weltweit bilden ein Lebensthema von *Karl-Peter Sommermann*.[1] Bis heute stellt der von ihm 2005 als nicht nur vorübergehendes Phänomen beschriebene „Vertrauensverlust in die Demokratie"[2] eine Herausforderung dar, der sich demokratische Staaten stellen müssen. Neue Bedrohungen für Demokratien sind seitdem hinzugekommen, wie antiliberale Strömungen weltweit und die zugehörige Diskussion um die so genannten „illiberalen Demokratien" zeigen.[3] In Europa wurde die Idee einer von verfassungsrechtlichen Schranken losgelösten „illiberalen Demokratie" politisch von Viktor Orbán in Ungarn proklamiert, andere Staaten wie Polen unter der PIS-Partei

Stephanie Schiedermair, Prof. Dr., hat den Lehrstuhl für Europarecht, Völkerrecht und Öffentliches Recht an der Universität Leipzig inne und ist dort Direktorin des Instituts für Internationales Recht. Ihre Forschungsschwerpunkte liegen im internationalen Medien- und Datenschutzrecht. Forschungsaufenthalte führten sie unter anderem an die Yale Law School und die Monash University (Melbourne). Seit 2022 ist sie Mitglied der Kommission zur Ermittlung des Finanzbedarfs der Rundfunkanstalten (KEF).

[1] Sommermann (2024); Fraenkel-Haeberle et al. (2015); Sommermann (2015); Sommermann (2006a); Bauer et al. (2005); Sommermann (1997).

[2] Sommermann (2006b), S. 192.

[3] Bereits Carl Schmitt sah einen Gegensatz zwischen Demokratie und Rechtsstaatlichkeit und wollte die Demokratie von der Rechtsstaatlichkeit, die er abwertend als bürgerlichen Liberalismus bezeichnete, befreien, vgl. etwa Schmitt (1928a), 301–303, (1928b), 313f.

S. Schiedermair (✉)
Leipzig, Deutschland
E-Mail: stephanie.schiedermair@uni-leipzig.de

C. Fraenkel-Haeberle, B. Peters (Hrsg.), *Öffentliches Recht in transnationaler Perspektive*, https://doi.org/10.1007/978-3-662-72331-9_32

und die Türkei unter Recep Erdogan folgten diesem Weg. Auf globaler Ebene wird die Verwehrung von Menschenrechtsschutz zunehmend unter Berufung auf „Demokratie“ gerechtfertigt, etwa wenn es um die Umsetzung der Rechtsprechung des Europäischen Gerichtshofes für Menschenrechte geht.[4] Die Bewegung geht insbesondere mit Angriffen auf die Unabhängigkeit der Justiz und der freien Medien einher. Sie erteilt damit nicht nur Verfassungs- und Rechtsstaatlichkeit eine Absage, sondern kündigt auch die Verbindung zwischen freiem öffentlichem Diskurs und Demokratie auf, wie sie für eine Demokratie im Sinne des Grundgesetzes kennzeichnend ist und wie sie auch dem demokratischen Leitbild der Europäischen Union entspricht.[5] Die Bezeichnungen dieser Staatsformen als „beschädigte Demokratie“,[6] „Tyrannei der Mehrheit“[7] oder als autoritäre Systeme treffen daher vollkommen zu. Der Angriff scheint sich dabei zunächst primär gegen die „rule of law“ zu richten und eine Loslösung des Demokratiebegriffes von rechtsstaatlichen Vorstellungen zu propagieren. Bei genauerem Hinsehen zeigt sich jedoch, dass die Bekämpfung unabhängiger Medienberichterstattung, die mit den betreffenden Regimen einhergeht, auch unmittelbar gegen die freie demokratische Willensbildung gerichtet ist und damit den Zentralnerv jeder Demokratie trifft. Die zu beobachtende Entwicklung, dass die Gefahren für Journalisten und Journalistinnen weltweit gestiegen und die freien Medien in vielen Staaten erheblichen, systematischen Angriffen ausgesetzt sind,[8] bestätigt dies. Politische Angriffe auf das System freier Berichterstattung insgesamt treten dabei neben die individuelle Bedrohung von Journalisten und Journalistinnen. Inländische und ausländische Akteure handeln hierbei mit unterschiedlichen Interessen – etwa der Beeinflussung von Wahlen in einem anderen Staat oder der Bekämpfung des politischen Gegners im eigenen Lande –, als gemeinsamer Nenner bleibt aber langfristig die Destabilisierung des politischen Systems.

Neben autoritären Strömungen hat auch die Digitalisierung, die zunächst euphorisch als positiver Beschleuniger demokratischer Entwicklungen weltweit begrüßt wurde,[9] mit *hate speech* und *fake news* Phänomene hervorgebracht, welche die freie demokratische Willensbildung gefährden. Während autoritäre Regime auf diese Entwicklungen mit der Abschottung und gezielten Beeinflussung ihrer Bürgerinnen und Bürger reagieren, sind Demokratien auf den freien öffentlichen Diskurs als Lebenselixier angewiesen. Der freie Diskurs als Dreh- und Angelpunkt jeder Demokratie bildet dabei eine soziale Realität, deren Rahmenbedingungen der Gesetzgeber zwar gewährleisten kann und muss, die er aber als solche nicht selbst garantie-

[4] Hierzu Bielefeldt (2018).

[5] Vgl. zu Demokratie als Leitbild auf europäischer Ebene zuletzt EuGH, Urt. v. 19.11.2024, *Kommission gegen Tschechische Republik*, C-808/21, Rn. 114 ff.

[6] Müller (2018).

[7] So Somek (2017) in Anknüpfung an James Madison und Alexis de Tocqueville.

[8] Hierzu Schiedermair (2022), S. 145.

[9] Insbesondere der ab 2010 in verschiedenen Staaten der arabischen Welt einsetzende „Arabische Frühling“, bei dem die Kommunikation der Protestierenden über social media eine zentrale Rolle spielte, hatte hier Hoffnungen geweckt, vgl. Stryjak (2016).

ren oder gar erzwingen kann.[10] Damit bildet der freie Diskurs die Achillesferse der Demokratie – gezielte Angriffe können schwere Schäden anrichten, und der Gesetzgeber kann nur die Rahmenbedingungen für diesen Diskurs justieren.

2 Demokratie in Europa

Demokratie wird in Europa auf verschiedenen Ebenen vorausgesetzt und geschützt – als Fundamentalgrundsatz in sämtlichen Mitgliedstaaten des Europarates, aber auch auf der unionsrechtlichen Ebene. Die Europäische Menschenrechtskonvention (EMRK) basiert auf der gemeinsamen Annahme der 46 Mitgliedstaaten des Europarates, dass die in der Konvention garantierten Grundrechte als *Grundlage von Gerechtigkeit und Frieden in der Welt am besten durch eine wahrhaft demokratische politische Ordnung* gewährleistet werden.[11] Dementsprechend versteht sich der Europarat als Hüter von Menschenrechten, Demokratie und Rechtsstaatlichkeit.[12] Auch der Europäische Gerichtshof für Menschenrechte richtet die Auslegung der EMRK an dieser Prämisse aus, was sich beispielhaft an der Judikatur zu der in Art. 8–11 EMRK verwendeten Formel „necessary in a democratic society" sowie an der den Medien attestierten besonderen Bedeutung als „public watchdog" zeigt.[13]

Das Verhältnis der Europäischen Union zur Demokratie ist im Vergleich komplexer. Die heutige Präambel des Vertrages über die Europäische Union (EUV) enthält zwar ebenfalls ein Bekenntnis *zu den Grundsätzen der Freiheit, der Demokratie und*

---

[10] Vgl. hierzu auch das ‚Böckenförde-Diktum', wonach der *freiheitliche, säkularisierte Staat (...) von Voraussetzungen lebt, die er selbst nicht garantieren* kann, Böckenförde (1967), S. 75.

[11] So die Präambel der Konvention zum Schutze der Menschenrechte und Grundfreiheiten (EMRK) vom 4.11.1950, BGBl. 2010 II, S. 1199.

[12] Vgl. etwa unter https://www.coe.int/de/web/portal, zuletzt abgerufen am 28.1.2025 oder https://www.auswaertiges-amt.de/de/aussenpolitik/europa/europarat, zuletzt abgerufen am 28.1.2025.

[13] S. EGMR, Urt. v. 26.11.1991, *Observer and Guardian v. Großbritannien*, Nr. 13585/88, Rn. 59; EGMR, Urt. v. 23.5.1991, *Oberschlick gegen Österreich*, Nr. 11662/85, Rn. 58; EGMR, Urt. v. 25.6.1992, *Thorgeir Thorgeirson gegen Island*, Nr. 13778/88, § 63; EGMR, Urt. v. 8.7.1999, *Sürek und Özdemir gegen Türkei*, Nr. 23927/94 und 24277/94, Rn. 58; EGMR, Urt. v. 24.6.2004, *Caroline von Hannover gegen Deutschland*, Nr. 59320/00, Rn. 58; EGMR, Urt. v. 16.11.2004, *Karhuvaara und Iltalehti gegen Finnland*, Nr. 53678/00, Rn. 40; EGMR, Urt. v. 10.8.2006, *Lyashko gegen Ukraine*, Nr. 21040/02, Rn. 41; EGMR, Urt. v. 14.12.2006, *Verlagsgruppe News GmbH gegen Österreich*, Nr. 10520/02, Rn. 35; EGMR, Urt. v. 14.2.2008, *July und SARL Liberation gegen Frankreich*, Nr. 20893/03, Rn. 63; EGMR, Urt. v. 10.2.2009, *Eerikäinen u.a. gegen Finnland*, Nr. 3514/02, Rn. 60; EGMR, Urt. v. 6.10.2009, *Kulis und Rozycki gegen Polen*, Nr. 27209/03, Rn. 30; EGMR, Urt. v. 27.6.2017, *Satakunnan Markkinapörssi Oy und Satamedia Oy gegen Finnland*, Nr. 931/13, Rn. 126. Der EGMR hat das Konzept auch auf NGOs übertragen und spricht in diesem Zusammenhang von *social watchdogs*, s. EGMR, Urt. v. 8.11.2016, *Magyar Helsinki Bizottsag gegen Ungarn*, Nr. 18030/11, Rn. 166; EGMR, Urt. v. 27.6.2017, *Medzlis Islamske Zajednice Brcko u.a. gegen Bosnia and Herzegovina*, Nr. 17224/11, Rn. 108 ff.

der Achtung der Menschenrechte.[14] Allerdings ist das Demokratieprinzip erst mit dem Vertrag von Maastricht 1992 und dem Ausbau der EU von der Wirtschafts- zur wertgebundenen Rechtsgemeinschaft zum tragenden Pfeiler der Union avanciert. Die Achtung und Förderung der in Art. 2 EUV formulierten Werte, zu denen neben Demokratie auch Rechtsstaatlichkeit und die Wahrung der Menschenrechte gehören, macht Art. 49 EUV nunmehr zur materiellen Voraussetzung für den Beitritt zur Europäischen Union. Titel II des EUV ist den Bestimmungen über die demokratischen Grundsätze der Union gewidmet und auch als Reaktion auf das stets beklagte Demokratiedefizit der Union zu betrachten. Der EuGH hat die Bedeutung des demokratischen Prozesses gerade in den letzten Jahren immer wieder hervorgehoben.[15]

Allerdings bleibt die Frage, welche Anforderungen das Demokratieprinzip auf unionaler Ebene konkret enthält und welche demokratischen Mindeststandards die Mitgliedstaaten nach Artikel 2 EUV einhalten müssen. Artikel 10 EUV stellt zunächst normativ klar, dass die Arbeitsweise der EU auf der repräsentativen Demokratie beruht. Die Große Kammer des EuGH hat das Demokratieverständnis der Union zuletzt in einem Urteil vom 19.11.2024 in einem Vertragsverletzungsverfahren der Kommission gegen die Tschechische Republik und Polen konkretisiert.[16] In seinem Urteil erteilt der Gerichtshof der Argumentation Tschechiens, Demokratie als ausschließlich nationale Angelegenheit zu betrachten und damit als Abwehrargument gegenüber einer als intrusiv empfundenen Europäischen Union in Stellung zu bringen, eine klare Absage.[17] Der Gerichtshof erkennt die Bedeutung nationaler demokratischer Prozesse und deren Schutz durch Art. 4 Abs. 2 EUV an, stellt ihnen aber die Demokratie als Fundamentalwert der gemeinsamen europäischen Rechtsordnung nach Art. 2, 10 EUV an die Seite.[18] Diese Sichtweise korreliert mit der doppelten Legitimation der Europäischen Union über die nationalen Parlamente der Mitgliedstaaten einerseits und die Direktwahl der Abgeordneten zum Europäischen Parlament (EP) andererseits, auf deren zentrale Bedeutung auch das Bundesverfassungsgericht in ständiger Rechtsprechung hinweist. Die Verwirklichung und Wahrung von Demokratie auch auf der Ebene der Europäischen Union ist danach eine Bedingung für die Beteiligung der Bundesrepublik Deutschlands an der europäischen Integration – so das Bundesverfassungsgericht zuletzt wieder in seinem Beschluss vom 06. Februar 2024 zur Einführung der Zwei-Prozent-Sperrklausel bei Europawahlen.[19] Die Entscheidung des EuGH offenbart zugleich, dass sich die Diskussion um Demokratie in Europa verschoben hat: Während lange Zeit vor allem

---

[14] Präambel EUV, BGBl. 1992 II, S. 1253.

[15] Hierzu Lenaerts (2024), S. 386.

[16] Vgl. EuGH, Urt. v. 19.11.2024, *Kommission gegen Tschechische Republik*, C-808/21; EuGH, Urt. v. 11.01.2024, *Kommission gegen Polen*, C-814/21, Rn. 114 ff.

[17] S. ebd., Rn. 153 ff.

[18] Ob und wie die Werte des Art. 2 EUV im Konfliktfall einem Mitgliedstaat gegenüber durchgesetzt werden können, hat die EU in der Rechtsstaatskrise mit Ungarn und Polen ausgefochten, vgl. hierzu Mayer (2024).

[19] Vgl. BVerfG, Beschl. v. 6.2.2024, 2 BvE 6/23, 2 BvR 994/23, Rn. 104.

das Demokratiedefizit der EU beklagt wurde – etwa im Hinblick auf die Wahlen zum Europäischen Parlament –,[20] wird Demokratie nunmehr als rein nationale Angelegenheit gegen ein auch europäisch geprägtes Demokratieverständnis ins Spiel gebracht. Die Akzentverschiebung hängt mit der sich wandelnden Sichtweise auf die Europäische Union zusammen; die EU als ein sich stetig erweiterndes und vertiefendes Erfolgsmodell ist nicht mehr das herrschende Grundnarrativ.[21]

Eine konkrete Ausprägung des Demokratieprinzips stellt nach der Großen Kammer Artikel 22 des Vertrages über die Arbeitsweise der Europäischen Union (AEUV) dar, der jedem EU-Bürger und jeder EU-Bürgerin das aktive und passive Wahlrecht für Wahlen zum EP sowie für Kommunalwahlen zuspricht, auch wenn der Wohnsitz in einem anderen Mitgliedstaat als demjenigen der Staatsangehörigkeit liegt. Art. 22 AEUV steht damit in enger Verbindung zu Art. 10 Abs. 2 EUV, der die unmittelbare Vertretung der Unionsbürgerinnen und Unionsbürger im Europäischen Parlament statuiert.[22] Zudem formuliert Artikel 10 Absatz 3 für alle EU-Bürgerinnen und Bürger das Recht auf Teilnahme am demokratischen Leben der Union. Vor diesem Hintergrund sieht der Gerichtshof die Zielsetzung des Artikel 22 darin, EU-Bürgern und Bürgerinnen, die sich in einem Mitgliedstaat aufhalten, dessen Staatsangehörigkeit sie nicht besitzen, ein Recht auf Teilnahme am demokratischen Prozess dieses Staates zu ermöglichen.[23] Damit einher geht die Pflicht des Aufnahmemitgliedstaates, die schrittweise Integration von EU-Bürgern zu fördern, insbesondere durch Gleichbehandlung mit den eigenen Staatsangehörigen. Das im tschechischen und polnischen Recht ausschließlich eigenen Staatsangehörigen vorbehaltene Recht auf Mitgliedschaft in einer politischen Partei oder politischen Bewegung erklärte der Gerichtshof daher für eine mit Art. 22 AEUV unvereinbare Ungleichbehandlung zwischen eigenen Staatsangehörigen und sonstigen EU-Ausländern.[24] In seinen Ausführungen zum Demokratieprinzip auf europäischer Ebene hob der Gerichtshof auch die wichtige Funktion der politischen Parteien hervor, die sich insbesondere in Art. 10 Abs. 4 EUV sowie in Art. 12 Grundrechte-Charta (GRC) widerspiegelt.[25] Das Urteil zeigt, dass der Gerichtshof sich der Idee von Demokratie als ausschließlich nationaler Angelegenheit entgegenstellt und den mitgliedstaatlichen Ausprägungen von Demokratie eine eigene europäische Vorstellung an die Seite stellt.

---

[20] Vgl. etwa Calliess (2005), S. 288 ff.

[21] Rechtlich manifestiert sich dies in dem durch den Vertrag von Lissabon in Artikel 50 EUV erstmals geschaffenen Austrittsrecht aus der Union, das mit dem Brexit schnell seinen ersten, wenn auch bisher einzigen Anwendungsfall gefunden hat.

[22] Vgl. dazu EuGH, Urt. v. 19.11.2024, *Kommission gegen Tschechische Republik*, C-808/21; EuGH, Urt. v. 11.01.2024, *Kommission gegen Polen*, C-814/21, Rn. 115 ff.

[23] Ebd., Rn. 123.

[24] Ebd., Rn. 164.

[25] Ebd., Rn. 120 ff.

3 Medienfreiheit als zentrales Element der Demokratie in Europa

Mit der Perspektive eines eigenständigen europäischen Demokratieprinzips ist zugleich die Frage verbunden, welche mitgliedstaatlichen Strukturen oder Institutionen als so wesentlich zu betrachten sind, dass sie eine Bedingung dafür darstellen, dass die Mitgliedstaaten ihren Verpflichtungen aus Artikel 2, 10 EUV nachkommen. Wie die Judikatur des Europäischen Gerichtshofs für Menschenrechte und des Bundesverfassungsgerichts zeigt, wirken die freien Medien als „Medium und Faktor öffentlicher Meinungsbildung“[26] und damit als zentrales demokratiestabilisierendes Element.[27] Eine unerlässliche Rahmenbedingung für den demokratischen Diskurs bildet daher die Gewährleistung einer freien Medienordnung, wie sie auch der Europäischen Union als Rechts- und Wertegemeinschaft zugrunde liegt.[28] Der Gesetzgeber hat hierbei innerhalb seiner Kompetenzen die Aufgabe, die Rahmenbedingungen zum Schutz eines offenen demokratischen Diskurses zu schaffen und immer wieder anzupassen. Die mit dem Wortlaut von Art. 10 Abs. 1 S. 1 und 2 EMRK identische Formulierung des Art. 11 Abs. 1 GRC enthält zwar kein ausdrückliches Mediengrundrecht; ebenso wie die EMRK[29] garantiert Art. 11 Abs. 1 GRC aber den umfassenden Schutz von Presse und Rundfunk.[30] Der EGMR hat in seiner Rechtsprechung die Bedeutung der Presse als „public watchdog“ und damit unverzichtbares Element für eine demokratische Ordnung stets besonders hervorgehoben.[31] Im Unterschied zu Art. 10 EMRK statuiert der im Konvent zur Grundrechte-Charta kontrovers diskutierte[32] Art. 11 Abs. 2 GRC ein ausdrückliches Gebot zur Achtung der Freiheit und Pluralität der Medien und geht damit zumindest sprachlich über Art. 10 EMRK hinaus. Dieses Gebot wird laut den Erläuterungen zu Art. 11 GRC[33] insbesondere auf die Rechtsprechung des EuGH,[34] auf das Protokoll über den öffentlich-rechtlichen Rundfunk in den Mitgliedstaaten[35] sowie auf die

[26] Das Bundesverfassungsgericht spricht in seinem grundlegenden 1. Rundfunkurteil vom Rundfunk als *Medium und Faktor der individuellen und öffentlichen Meinungsbildung*, BVerfG, Urt. v. 28.2.1961, BVerfGE 12, 205 S. 260.

[27] S. auch EGMR, Urt. v. 7.12.1976, *Handyside gegen Vereinigtes Königreich*, Nr. 5493/72, Rn. 49; BVerfG, Urt. v. 15.1.1958, BVerfGE 7, 198, S. 208.

[28] Rixen, Scharl (2016), Rn. 2 sprechen im Hinblick auf Art. 11, 12 GR-Charta vom *Kernbestand gemeineuropäischer Konstitutionalität.*

[29] Die Medienfreiheiten sind auch in der EMRK umfassend geschützt, s. Schiedermair (2013), Rn. 6, 9, 69, 99, 106.

[30] Vgl. etwa Calliess (2022), Rn. 19.

[31] S. EGMR, Urt. v. 7.12.1976, *Handyside gegen Vereinigtes Königreich*, Nr. 5493/72, Rn. 49; EGMR, Urt. v. 26.4.1979, *Sunday Times gegen Vereinigtes Königreich*, Nr. 6538/74, Rn. 65; EGMR, Urt. v. 7.2.2012, *Axel Springer AG gegen Deutschland*, Nr. 39954/08, Rn. 78.

[32] Vgl. Calliess (2022), Rn. 15.

[33] Erläuterung Nr. 2 zu Art. 11 GRCh, ABl. 2007, Nr. C 303/21.

[34] S. EuGH, Urt. v. 25.7.1991, *Stichting Collectieve Antennevoorziening Gouda u. a. gegen Commissariaat voor de Media*, C-288/89, Rn. 23.

[35] Protokoll über den öffentlich-rechtlichen Rundfunk in den Mitgliedstaaten, BGBl. 1998 II Nr. 12 (16. April 1998), S. 436.

Fernseh-Richtlinie[36] (die Vorgängerin der heutigen AVMD-Richtlinie) gestützt. Es macht deutlich, dass auch die Europäische Union eine plurale Medienlandschaft als unerlässliche Gelingensbedingung für Demokratie voraussetzt. Der Schutz von Art. 11 Abs. 1 GRC umfasst parallel zu Art. 10 Abs. 1 EMRK[37] sowohl die privaten[38] als auch die öffentlich-rechtlichen[39] Rundfunkanbieter. Der rechtliche Schutz dient dabei nicht allein dem subjektiven individuellen Rechtsschutz, sondern auch dem objektiven Ziel eines freien Meinungsaustausches als Basis jeder Demokratie.[40] Der rechtliche Schutz muss entsprechend doppelt ausgestaltet sein:[41] neben dem individuellen Schutz von Journalistinnen und Journalisten muss der systematische Schutz der freien Berichterstattung gewährleistet werden, der die Berichterstattung insbesondere unabhängig von politischer Einflussnahme macht. Die EU hat mit der zum 06.05.2024 in Kraft getretenen Anti-SLAPP-Richtlinie[42] zum individuellen Schutz von Journalistinnen und Journalisten und dem am 07.05.2024 in Kraft getretenen Medienfreiheitsgesetz (European Media Freedom Act) zum Schutz der Unabhängigkeit der Medien[43] auf die Gefährdungen in beiden Bereichen mit Gesetzgebungsakten reagiert.

4 Der öffentlich-rechtliche Rundfunk als stabilisierender Faktor für die Demokratie in Europa

Ebenso wie die Demokratie steht auch der öffentlich-rechtliche Rundfunk in Europa unter enormem Druck. Während in Deutschland und Österreich intensiv über Strukturreformen des öffentlich-rechtlichen Rundfunks debattiert wird,[44] erhöhen

[36] RL (EWG) 89/552 des Rates v. 3. Oktober 1989 zur Koordination bestimmter Rechts- und Verwaltungsvorschriften der Mitgliedstaaten über die Ausübung der Fernsehtätigkeit, ABl. L 298/23.

[37] Nach Art. 52 Abs. 3 GRC haben diejenigen Rechte der GRC, die eine Entsprechung in der EMRK besitzen, grundsätzlich ‚die gleiche Bedeutung und Tragweite' wie die entsprechenden Rechte EMRK. Damit ist es nicht nur legitim, sondern zwingend, die Judikatur des EGMR auch für die Auslegung des Art. 11 GRC heranzuziehen.

[38] S. EGMR, Urt. v. 21.7.2011, *Sigma Radio Television gegen Zypern*, Nr. 32181/04, Rn. 7.

[39] Vgl. EGMR, Urt. v. 29.3.2011, *RTBF gegen Belgien*, Nr. 50084/06, Rn. 5, 94.

[40] Hierzu auch Schiedermair (2013) Rn. 3.

[41] Dazu EGMR, Urt. v. 23.9.1994, *Jersild gegen Dänemark*, Nr. 15890/89, Rn. 35; EGMR, Urt. v. 11.01.2001, *News Verlags GmbH & Co. KG gegen Österreich*, Nr. 31457/96, Rn. 39 f.

[42] RL (EU) 2024/1069 des Europäischen Parlaments und des Rates v. 11. April 2024 über den Schutz von Personen, die sich öffentlich beteiligen, vor offensichtlich unbegründeten Klagen oder missbräuchlichen Gerichtsverfahren („strategische Klagen gegen öffentliche Beteiligung"), ABl. L 2024/1069, 16.4.2024.

[43] VO (EU) 2024/1083 des Europäischen Parlaments und des Rates vom 11. April 2024 zur Schaffung eines gemeinsamen Rahmens für Mediendienste im Binnenmarkt und zur Änderung der Richtlinie 2010/13/EU (Europäisches Medienfreiheitsgesetz), ABl. L 2024/1083, 17.4.2024.

[44] Vgl. hierzu die Informationen zum deutschen Reformstaatsvertrag unter https://rundfunkkommission.rlp.de/rundfunkkommission-der-laender/reformstaatsvertrag, zuletzt abgerufen am 3.2.2025. Auch in der Schweiz hat sich, nachdem die „No Billag" Initiative per Volksentscheid abgelehnt wurde, eine lebhafte politische Debatte um eine Reformierung des öffentlich-rechtlichen Rundfunks entwickelt, vgl. Daum (2018).

andere Staaten in Anlehnung an das Modell Orbán systematisch den politischen Einfluss auf die Anstalten. So wurde in der Slowakei der öffentlich-rechtliche Sender RTVS abgeschafft und durch einen Staatssender ersetzt.[45] Auch in Slowenien tobt der Kampf um den öffentlich-rechtlichen Rundfunk, nachdem die rechtskonservative Regierung unter Premierminister Janša das Rundfunkgesetz geändert hatte, um den Einfluss der politischen Parteien auf die Führung und die Inhalte des öffentlich-rechtlichen Senders RTV Slovenija (RTVS) deutlich zu erhöhen.[46] Die Treibfedern für die Tendenzen zur machtpolitischen Einflussnahme auf den öffentlich-rechtlichen Rundfunk sind identisch mit den Gefahren für die Demokratie: die zunehmende Verbreitung autoritärer Ideen einerseits und die Veränderung der Medienlandschaft im Zuge der Digitalisierung andererseits. Der weltweite Kampf um Narrative, den man beispielhaft am Ukrainekrieg[47] oder am Gazakonflikt[48] beobachten kann,[49] macht die gezielte Manipulation der Medien und damit auch der eigenen Bevölkerung zu einem machtpolitisch höchst wirkungsvollen Instrument. Der politische Griff nach den öffentlich-rechtlichen Medien über die Änderung der gesetzlichen Rahmenbedingungen erscheint verlockend, wobei insbesondere der Einfluss auf Personalentscheidungen, auf die politische Besetzung von Gremien und auf die Finanzen der Rundfunkanstalten eine Rolle spielt.

Betrachtet man die Diskussion in Deutschland, so ist das grundsätzliche Bekenntnis zu einem unabhängigen öffentlich-rechtlichen Rundfunk (noch) vorherrschend.[50] Allerdings schwingt in der Diskussion auch stets die Frage mit, ob und in welcher Form man den öffentlich-rechtlichen Rundfunk im digitalen Zeitalter mit seinen vielfältigen privatwirtschaftlichen Angeboten noch benötigt. Das Bundesverfassungsgericht hat sich hierzu klar positioniert und dem öffentlich-rechtlichen Rundfunk sogar eine gesteigerte Bedeutung im durch Monopolisierungstendenzen gekennzeichneten digitalen Medienmarkt attestiert.[51] Dem öffentlich-rechtlichen Rundfunk kommt dabei die Aufgabe zu, *als Gegengewicht zu den privaten Rundfunkanbietern ein Leistungsangebot hervorzubringen, das einer anderen Entscheidungsrationalität als der der ökonomischen Anreize folgt und damit eigene Möglichkeiten der Programmgestaltung eröffnet*.[52] Der öffentlich-rechtliche Rund-

---

[45] Vgl. James (2024).

[46] S. Nack (2023).

[47] Kuisz, Wigura (2023); Löffelholz et al. (2024).

[48] Helberg (2024).

[49] Zum „Kampf der Narrative" in Afrika vgl. Fox (2023).

[50] Lediglich die Alternative für Deutschland (AfD) plädiert für eine Abschaffung des öffentlich-rechtlichen Rundfunks (Abschaffung der „GEZ-Zwangsgebühren", s. lpb (2025)). Konkret äußerte sich dies etwa in der Ankündigung des Spitzenkandidaten der AfD Thüringen Björn Höcke, im Falle eines Wahlsieges bei der Landtagswahl in Thüringen, den MDR-Staatsvertrag zu kündigen, s. Rausch (2024).

[51] BVerfG, Beschl. v. 20.7.2021, 1 BvR 2756/20, 2775/20 und 2777/20, Rn. 80 f.; Rn. 81: *Dies alles führt dazu, dass es schwieriger wird, zwischen Fakten und Meinung, Inhalt und Werbung zu unterscheiden, sowie zu neuen Unsicherheiten hinsichtlich der Glaubwürdigkeit von Quellen und Wertungen. (…) Dies gilt gerade in Zeiten vermehrten komplexen Informationsaufkommens einerseits und von einseitigen Darstellungen, Filterblasen, Fake News, Deep Fakes andererseits (…).*

[52] Ebd., Rn. 78.

funk wirkt somit auch weiterhin als Garant für ein vielfältiges Angebot, das der freie Markt als solcher nicht gewährleisten kann, und besitzt damit eine besondere Bedeutung für den vielfältigen, freien Diskurs als Gelingensbedingung von Demokratie. Zu einem vielfältigen Medienangebot tragen auch privatwirtschaftliche Akteure wie der private Rundfunk und die Zeitungen bei, was das Bundesverfassungsgericht für den Rundfunkbereich mit dem Konzept der dualen Rundfunkordnung anerkennt.[53] Die Aufgaben der früher häufig als 4. Gewalt bezeichneten Medien sind heute unter den Bedingungen der digitalen Medienwelt vielfältiger, auch wenn die Funktionen der Medien für die Demokratie dem Grunde nach gleichgeblieben sind.[54] Zugleich belegen Studien, dass die vom Bundesverfassungsgericht gebrochene Lanze für den öffentlich-rechtlichen Rundfunk zugleich eine Lanze für die Demokratie ist: Ein starker öffentlich-rechtlicher Rundfunk stärkt auch die Demokratie.[55]

Auf europäischer Ebene war der Blick auf den öffentlich-rechtlichen Rundfunk lange Zeit von der Frage, ob es sich beim Rundfunkbeitrag um eine unionsrechtlich relevante Beihilfe handelt, sowie den hinter dieser Frage stehenden Kompetenzkonflikten geprägt, die aber mit dem Protokoll über den öffentlich-rechtlichen Rundfunk in den Mitgliedstaaten[56] erfolgreich beigelegt sind. Von den grundrechtlichen Regelungen ausgehend verschiebt sich auch hier die Perspektive auf die Erhaltung einer möglichst vielfältigen Medienlandschaft in Europa, wie sie durch Art. 11 Abs. 2 GRC ausdrücklich geschützt wird. Dabei besitzt das europäische Recht hinreichend Elastizität, um die in der EU vorhandenen höchst unterschiedlichen Modelle, die etwa auch im Bereich der Finanzierung bestehen, als grundrechtskonforme Ausprägungen zu akzeptieren.[57]

5 Fazit

Die Angriffe auf den öffentlich-rechtlichen Rundfunk sind zugleich Angriffe auf die Demokratie. Umso wichtiger erscheint eine konstruktive Reform des öffentlich-rechtlichen Rundfunks auf nationaler Ebene im Rahmen des geltenden Rechts, mit der die öffentlich-rechtlichen Rundfunkanstalten für den Wettbewerb in der digita-

[53] Ebd., Rn. 78. Zu den Herausforderungen an dieses duale System durch die neuen Akteure wie Intermediäre und Plattformanbieter s. Schiedermair (2024).

[54] Hierzu Schultz (2021), S. 9 ff.

[55] Vgl. etwa Thomaß (2023); Neff, Pickard (2021), S. 2 ff. Die starke Stellung des öffentlich-rechtlichen Rundfunks wird auch als zentraler Unterschied zu den USA gesehen, vgl. hierzu Herbstreuth, Sickert (2018).

[56] Protokoll über den öffentlich-rechtlichen Rundfunk in den Mitgliedstaaten, BGBl. 1998 II Nr. 12 (16. April 1998), S. 436.

[57] Zu den verschiedenen Modellen s. Grimme-Institut (2018).

len Welt gerüstet und damit zugleich vor Akzeptanzverlust geschützt werden.[58] Auf der Ebene der Europäischen Union hat sich der Blickwinkel auf die Erhaltung pluraler Medienordnungen als unerlässliche Basis von Demokratie in den Mitgliedstaaten verschoben. Das Unionsrecht erweist sich dabei als flexibel genug, um höchst unterschiedliche nationale Systeme der Ausgestaltung der Rahmenbedingungen für den öffentlich-rechtlichen Rundfunk, etwa in Bezug auf Aufsichtsstrukturen und Finanzierung, zu tolerieren. Relevanz kann in Zukunft die Frage entfalten, ob die Sicherung einer vielfältigen, unabhängigen Medienlandschaft in den Mitgliedstaaten als wichtiges Element von Demokratie ausschließlich über die Mitgliedstaaten erfolgt oder ob die Sicherung von Demokratie als gemeinsamem Fundamentalwert nicht auch auf europäischer Ebene stattfinden kann und muss. Die Große Kammer des EuGH hat in ihrer Entscheidung vom 19. November 2024 in einem europäischen Sachverhalt das Demokratieprinzip auf Unionsebene konkretisiert. Welche weiteren Minimalstandards eines europäischen Demokratieprinzips der EuGH entwickelt und wie sich diese auf die mitgliedstaatlichen Ordnungen auswirken werden, bleibt abzuwarten.

Literatur

Bauer, H., Huber, P.-M., & Sommermann, K.-P. (Hrsg.). (2005). *Demokratie in Europa*. Mohr Siebeck.

Bielefeldt, H. (2018). Demokratie versus Menschenrechte? *Zeitschrift für Menschenrechte, 12*(2), 28–45. https://www.zeitschriftfuermenschenrechte.de/blog/demokratie-versus-menschenrechte. Zugegriffen am 18.12.2025.

Böckenförde, E. W. (1967). Die Entstehung des Staates als Vorgang der Säkularisation. In *Säkularisation und Utopie. Ebracher Studien* (S. 75–94). Kohlhammer.

Calliess, C. (2005). Optionen zur Demokratisierung der EU. In H. Bauer, P.-M. Huber, & K.-P. Sommermann (Hrsg.), *Demokratie in Europa* (S. 281–318). Mohr Siebeck.

Calliess, C. (2022). Art. 11. In C. Calliess, & M. Ruffert (Hrsg.), *Europäische Grundrechtecharta* (Bd. 6). C.H. Beck.

Daum, M. (2018, März 04). Ein trügerischer Sieg. https://www.zeit.de/kultur/film/2018-03/no-billag-schweiz-volksabstimmung-rundfunkgebuehren-srg. Zugegriffen am 18.12.2025.

Fox, B. (2023, Juli 12). EU und Russland im „Kampf der Narrative" in Afrika. https://www.euractiv.de/section/eu-aussenpolitik/news/eu-und-russland-im-kampf-der-narrative-in-afrika/. Zugegriffen am 18.12.2025.

Fraenkel-Haeberle, C., Kropp, S., Palermo, F., & Sommermann, K.-P. (Hrsg.). (2015). *Citizen participation in multi-level democracies*. Brill Nijhoff.

Grimme-Institut. (2018). Der öffentlich-rechtliche Rundfunk unserer Nachbarn. https://www.grimme-lab.de/2018/08/27/_der-oeffentlich-rechtliche-rundfunk-unserer-nachbarn/. Zugegriffen am 18.12.2025.

[58] In Deutschland gehört hierzu die Einhaltung der klaren verfassungsrechtlichen Vorgaben, die das Bundesverfassungsgericht aus der Rundfunkfreiheit des Art. 5 Abs. 1 S. 2 GG ableitet: Danach kann der Gesetzgeber den Funktionsauftrag für den öffentlich-rechtlichen Rundfunk ändern, aber nicht unmittelbar auf die Finanzierung des öffentlich-rechtlichen Rundfunks einwirken, so das Bundesverfassungsgericht in ständiger Rechtsprechung, s. zuletzt BVerfG, Beschl. v. 20.7.2021, 1 BvR 2756/20, 2775/20 und 2777/20, Rn. 85 ff.

Helberg, K. (2024, April 29). Gegen den Strich: Nahostkonflikt. https://internationalepolitik.de/de/gegen-den-strich-nahostkonflikt. Zugegriffen am 18.12.2025.

Herbstreuth, M., & Sickert, T. (2018, Juli 07). US-Forscher zur deutschen Medienlandschaft: „Sie sollten Gott danken, dass es hier in Deutschland kein Fox News gibt". https://www.deutschlandfunkkultur.de/us-forscher-zur-deutschen-medienlandschaft-sie-sollten-gott-100.html. Zugegriffen am 18.12.2025.

James, K. (2024, Juli 02). Slowakei ersetzt öffentlich-rechtlichen Sender durch Staatsmedium. https://www.zeit.de/politik/ausland/2024-07/slowakei-robert-fico-medienumbau-aufloesung-oeffentlich-rechtliche-medien-staatsmedium. Zugegriffen am 18.12.2025.

Kuisz, J., & Wigura, K. (2023, April 24). Kampf der Narrative. https://internationalepolitik.de/de/kampf-der-narrative. Zugegriffen am 18.12.2025.

Landeszentrale für politische Bildung Baden-Württemberg (lpb). (2025). Wahlprogramm der AfD zur Bundestagswahl 2025. https://www.bundestagswahl-bw.de/wahlprogramm-afd#c117027. Zugegriffen am 18.12.2025.

Lenaerts, K. (2024). Verfassungsrechtliche Eckpunkte für die weitere Entwicklung der Europäischen Union. *Europarecht, 59*(4), 380–388.

Löffelholz, M., Schleicher, K., & Trippe, C.-F. (Hrsg.). (2024). *Krieg der Narrative: Russland, die Ukraine und der Westen*. De Gruyter.

Mayer, F. (2024). Judikativer Werteschutz in der Europäischen Union: Grundlagen und Chancen. *Europarecht, 59*(3), 219–240.

Müller, J. W. (2018, Oktober 19). Beschädigte Demokratie. https://www.faz.net/aktuell/politik/die-gegenwart/jan-werner-mueller-beschaedigte-demokratie-15802788.html. Zugegriffen am 18.12.2025.

Nack, C. (2023, Juli 13). Slowenien: Stunde Null im öffentlich-rechtlichen Rundfunk. https://www.dw.com/de/slowenien-stunde-null-im-öffentlich-rechtlichen-rundfunk/a-66201114. Zugegriffen am 18.12.2025.

Neff, T., & Pickard, V. (2021). Funding democracy: Public media and democratic health in 33 countries. *The International Journal of Press/Politics, 29*(3), 601–627.

Rausch, H. J. (2024, Juli 24). Könnte Höcke den MDR beschneiden? https://www.tagesschau.de/inland/gesellschaft/mdr-staatsvertrag-hoecke-100.html. Zugegriffen am 18.12.2025.

Rixen, S., & Scharl, A.-I. (2016). Art. 12. In K. Stern & M. Sachs (Hrsg.), *Europäische Grundrechtecharta*. C.H. Beck.

Schiedermair, S. (2013). Art. 10. In K. Pabel & S. Schmahl (Hrsg.), *Internationaler Kommentar zur EMRK*. Carl Heymanns Verlag.

Schiedermair, S. (2022). Journalists in danger and the possibilities of international law. In D.-E. Khan, E. Lagrange, S. Oeter, & C. Walter (Hrsg.), *Democracy and sovereignty: Rethinking the legitimacy of public international law* (S. 145–168). Brill Nijhoff.

Schiedermair, S. (2024). Neue Akteure in der Medienwelt – neue Regulierungstendenzen? *Zeitschrift für Urheber- und Medienrecht, 68*(8/9), 577–582.

Schmitt, C. (1928a). Der bürgerliche Rechtsstaat. Abendland. *Deutsche Monatshefte, 3*(7), 201–203.

Schmitt, C. (1928b). *Verfassungslehre*. Duncker & Humblot.

Schultz, T. (2021). *Medien und Journalismus: Einfluss und Macht der Vierten Gewalt*. Kohlhammer.

Somek, A. (2017, November 28). Ist die „illiberale" Demokratie die „echte" Demokratie? https://medienportal.univie.ac.at/uniview/semesterfrage/demokratie/detailansicht/artikel/ist-die-illiberale-demokratie-die-echte-demokratie/. Zugegriffen am 18.12.2025.

Sommermann, K.-P. (1997). Verordnungsermächtigung und Demokratieprinzip: Verfassungsrechtliche Grenzen parlamentarischer Änderungsvorbehalte. *JZ, 52*(9), 434–441.

Sommermann, K.-P. (2006a). Demokratie als Herausforderung des Völkerrechts. In P.-M. Dupuy, B. Fassbender, M.-N. Shaw, & K.-P. Sommermann (Hrsg.), *Völkerrecht als Wertordnung, Common Values in International Law, Festschrift Christian Tomuschat* (S. 1051–1065). N.P. Engel.

Sommermann, K.-P. (2006b). Demokratiekonzepte im Vergleich. In H. Bauer, P.-M. Huber, & K.-P. Sommermann (Hrsg.), *Demokratie in Europa* (S. 191–221). Mohr Siebeck.

Sommermann, K.-P. (2015). Widerstandsrecht und demokratische Selbstbestimmung. *Der Staat, 54*(4), 575–589.

Sommermann, K.-P. (2024). Erläuterungen zu Art. 20 GG. In P.-M. Huber & A. Voßkuhle (Hrsg.), *Das Bonner Grundgesetz* (8. Aufl., Bd. 2, S. 1–180). C.H. Beck.

Stryjak, J. (2016, September 26). Von der virtuellen zur realen Revolution. https://www.deutschlandfunkkultur.de/arabischer-fruehling-von-der-virtuellen-zur-realen-100.html. Zugegriffen am 18.12.2025.

Thomaß, B. (2023, Juni 16). Zu teuer, zu abhängig, zu irrelevant? Der öffentlich-rechtliche Rundfunk in internationaler Perspektive. *Aus Politik und Zeitgeschichte, 73*(25), 18–24. https://www.bpb.de/shop/zeitschriften/apuz/oeffentlich-rechtlicher-rundfunk-2023/521976/zu-teuer-zu-abhaengig-zu-irrelevant/. Zugegriffen am 18.12.2025.

Gewaltenteilung in Geschichte und Gegenwart

D. Merten

1 Gewaltenteilung in der Historie

Gewaltenteilung (Gewaltentrennung) soll staatliche Allmacht verhüten, die in Unterdrückung und Missbrauch sowie in Despotismus und Absolutismus münden und bürgerliche Freiheit bedrohen, aber auch beseitigen kann.

1.1 Antike[1]

1.1.1 Griechenland In der Jüngeren Tyrannis (4.–3. Jahrhundert) ist Alleinherrschaft negativ konnotiert. Solon[2] distanziert sich von ihr, und Platon betont, der Tyrann müsse sich zur Machterhaltung aller Gegner und selbst seiner Freunde ent-

Detlef Merten, Dr, jur., Dr. rer. pol., ist emeritierter Universitätsprofessor für Öffentliches Recht an der Deutschen Universität für Verwaltungswissenschaften Speyer. Von 1983 bis 2007 war er Mitglied des Verfassungsgerichtshofs Rheinland-Pfalz. Er hat über 350 Bücher und Aufsätze publiziert und zahlreiche Gastvorträge, unter anderem in Österreich, Griechenland, Spanien, Polen, Ungarn und Israel, gehalten. Er ist Träger des Großen Goldenen Ehrenzeichens für Verdienste um die Republik Österreich und des Bundesverdienstkreuzes 1. Klasse.

[1] Demandt (2019).

[2] Metzner (2009); Ruschenbusch (2014), S. 72.

D. Merten (✉)
Speyer, Deutschland
E-Mail: merten@uni-speyer.de

C. Fraenkel-Haeberle, B. Peters (Hrsg.), *Öffentliches Recht in transnationaler Perspektive*, https://doi.org/10.1007/978-3-662-72331-9_33

ledigen.[3] Herodot[4] schildert in seinen Historien die Diskussion dreier Perser über Herrschaftssysteme, in der Dareios eine Mehrheit für das Königtum findet. Vom „pater historiae" übernimmt Platon die Trias der Herrschaftsformen (Monarchie, Aristokratie, Demokratie) und ergänzt sie um entartete Varianten (Tyrannis, Oligarchie, Demokratiekritik).[5] Er leugnet die menschliche Fähigkeit, „in eigener Machtvollkommenheit … Angelegenheiten zu verwalten und dabei nicht von Übermut und Ungerechtigkeit erfüllt zu werden",[6] und lobt ein „gemischtes Königtum" mit „rechtem Maß",[7] worüber nicht „Menge",[8] sondern „Kenntnis der Sache" entscheidet.[9] Für Aristoteles kennzeichnet mit Blick auf Dionysios von Syrakus „das Trachten nach Geld den Tyrannen" mit „schmutziger Gesinnung".[10] Deshalb will er „keine Menschen, sondern Vernunft herrschen (lassen), weil der Mensch sich … zuteilt und ein Tyrann wird".[11] Der Grieche unterscheidet zwischen drei guten und drei schlechten Herrschaftsformen, von denen Tyrannis die übelste sei.[12] In der Aristokratie sollen die „Besten"[13] regieren, während die Demokratie Ämter durch Los[14] vergeben könne. Ideal ist für Aristoteles eine Herrschaft des „Mittelstandes", weil dessen Bürger nicht „nach fremdem Gut wie die Armen" dürsten.[15]

1.1.2 Rom Polybios gliedert die Römische Republik in drei Gewalten – Konsuln, Senat und Volk – und betont, dass wegen deren Verbundenheit keine bessere Form zu finden sei.[16] Nach ihm wechseln Herrschaftsformen in einem Zyklus (anakyklosis), bei dem der Monarch wegen Machtmissbrauchs von der Tyrannis abgelöst wird, die folgende Aristokratie wegen Herrschaftsvergehen zur Oligarchie entartet, die von der Demokratie verdrängt wir, aus der eine Ochlokratie erwächst, womit sich der Kreis schließt.[17] In seiner Schrift „De re publica" (51 v. Chr.) favorisiert Cicero eine Königsherrschaft „aequatum et temperatum",[18] entscheidet sich jedoch für die römische Mischverfassung (permixta constitutio),[19] an deren Spitze eine königgleiche Gestalt steht, gefolgt von führenden Männern (Optimaten). Einige An-

[3] Platon (1990b), VIII, 567 b.
[4] Korioth (2023), 3, 80 ff.
[5] Platon(1990c), 291 e, 302 d; s. auch Szlezák (2021).
[6] Platon (1990a), 713 c.
[7] Platon (1990a), 692 a.
[8] S. Leisner (2014), S. 34 ff.
[9] Laches Platon (1990d), 184 e.
[10] Aristoteles (1995b), V, 10, 1311 a.
[11] Aristoteles (1995a), V, 10, 1134a, 35.
[12] Aristoteles (1995b), III, 8, 1279 b, 16.
[13] Aristoteles (1995b), IV, 7, 1293b.
[14] Aristoteles (1995b), IV, 9, 1294b, 10; hierzu Gebler (2024).
[15] Aristoteles (1995b), IV, 11, 1295b, 30.
[16] Polybios (2012), VI, 15 ff., 18.
[17] Polybios (2012), VI, 9; vgl. Dreyer (2024), S. 66; Zippelius (1991), S. 47.
[18] Cicero (2013), I, 45 (69).
[19] Cicero (2013), I, 45 (69); ebenso später Livius (1860), praefatio.

gelegenheiten soll die Menge („multitudo") entscheiden. Auch nach Ciceros Auffassung ist eine Entartung der Gewalten möglich. So kann ein souveränes Königtum, wie unter Kyros, zur grausamen Tyrannei eines Phalaris werden; eine Oligarchie vermag zur Terrorherrschaft wie die der Dreißig in Athen führen, und die uneingeschränkte Demokratie der Athener in zügellose Massenherrschaft münden.[20] In „De officiis" fordert Cicero unter Ablehnung der Tyrannis „Mäßigung, Beherrschtheit und Abgeklärtheit".[21]

1.2 Neuzeit

1.2.1 Bodin Jean Bodin veröffentlicht 1576 „Les six livres de la République", wegen der Zensur zehn Jahre später in lateinischer Sprache. Im sechsten Buch tritt er nach der Schilderung einzelner Herrschaftsformen für eine souveräne Erbmonarchie[22] als beste Staatsform im Rahmen des Gottes- und Naturrechts ein. Mischformen lehnt er ab und befürwortet eine „absolute power of sovereign kings",[23] die unter einem weisen König auf Harmonie achtet.[24] Sein Souveränitätstheorem prägt eine spätere Epoche: Der Fürst muss absolut souverän sein, um seine Amtsgewalt bestmöglich zu sichern, wobei „Staatsgewalt" „Ordnungsmacht" meint.[25]

1.2.2 England Die Jüngere Neuzeit (1650–1789) bringt England die Glorreiche – weil unblutige – Revolution (1688/1689) sowie die Bill of Rights, die auf dem Fundament der Magna Carta von 1215/1225 eine parlamentarisch-monarchische Staatsform („King-in-Parliament")[26] gründet. Durch den Habeas Corpus Act von 1679 mit Schutz vor willkürlicher Verhaftung und durch den Act of Settlement von 1701 mit Stärkung der Judikative wird das freiheitliche System ergänzt. Englands Parlamentssouveränität bleibt resistent gegen die kontinental-europäischen Revolutionen von 1789 und 1848 sowie gegen spätere Einmischungen (2020).

Den Englischen Bürgerkrieg mit Chaos und Opfern vor Augen, veröffentlicht Thomas Hobbes 1651 seinen mythischen „Leviathan" mit einer Beschreibung kirchlicher und staatlicher Institutionen.[27] „Bellum omnium contra omnes"[28] meint den Zustand „extra societatem civilem", in dem der Mensch des Menschen Wolf ist

[20] Cicero (2013), I, 45 (69).

[21] Cicero (1976), III, 33 (116); s. auch Kunkel (2001), S. 38 ff.

[22] Wahl (1981).

[23] Brooks (2008), S. 70.

[24] Bodin, Mayer-Tasch (1986), Band VI, S. 495.

[25] Zippelius (1991), S. 97 oben.

[26] Dicey (1915); Sydow (2005), S. 7 ff.

[27] Hierzu auch Schmitt (1938).

[28] Hobbes (1642), praefatio.

(„homo homini lupus"). Deshalb müssen Individuen durch einen Gesellschaftsvertrag Bürger werden („homo homini deus"), die jedoch nur unter einer potestas absoluta friedlich zusammenleben können. Diese Macht wird „Souverän genannt" und „jeder andere daneben ist ein Untertan" („subject").[29] Die vertraglich erlangte Herrschaft bedeutet „auctoritas non veritas facit legem",[30] und in England ist es der König, „der Gesetze zu Gesetzen macht",[31] weil sein rechtmäßiges Regiment die Gesetzgebung legitimiert. Den Gesellschaftsvertrag übernehmen später Locke und Rousseau.[32] Hobbes erstrebt ein absolutes Königtum ohne Gewaltenteilung,[33] die Zwietracht befürchten lasse. Später wird William Blackstone[34] den Hobbes'schen Souverän zu einer Staatsperson über eine Vielzahl menschlicher Individuen erheben,[35] wie es das Titelblatt des Leviathans von 1651 zeigt.[36] Gegen Hobbes als „Symbol des staatlichen Absolutismus"[37] wendet sich Feuerbach nachrevolutionär (1798) mit einem „Anti-Hobbes".

John Locke verbindet in „Two Treatises of Government" von 1689 Gesetzesmacht mit Freiheitsgewähr. Nach ihm herrscht „Freedom" durch die von der Legislative als oberster Gewalt erlassenen Gesetze,[38] die eine Exekutive vollstreckt, wobei beide Gewalten „come often to be separated".[39] Für äußere Sicherheit sorgt eine föderative, mit der Exekutive verbundene Gewalt.[40] Zur Machtbalancierung dient „placing several parts of it in different hands".[41] Das Gemeinwesen (commonwealth) soll Leben, Freiheit und Eigentum der Bürger wahren,[42] da diese Güter im Naturzustand unsicher sind.[43] Lockes politische Philosophie beeinflusst Nordamerikas Freiheitsbewegung und Frankreichs Revolution.[44]

---

[29] Hobbes (1984) 17. Kap., a.E.

[30] Hobbes (1966), Bd. 3, S. 202.

[31] Hobbes (1992), S. 49 (P).

[32] Rousseau (1964), Livre I, S. 34.

[33] S. Streim (1993).

[34] Blackstone (1765); zu ihm Skinner (2017), S. 54; Willms (1987).

[35] „A state is a collective body, composed of a multitude of individuals, united for their safety and convenience and intending to act together as one man", Blackstone (1765).

[36] Hierzu vor allem Schmitt (1938), S. 25 ff.; auch Brandt (1982), S. 203 ff.

[37] Schmitt (1938), S. 114.

[38] Locke, Laslett (1988), II, S. 22, 150.

[39] Locke, Laslett (1988), II, S. 144.

[40] Locke, Laslett (1988), II, S. 146 ff.

[41] Locke, Laslett (1988), II, S. 107.

[42] Locke (1957), S. 13; Locke, Laslett (1988), II, S. 85 a.E.

[43] „Full of fears and continual dangers", Locke, Laslett (1988), II, 123; s. auch Specht (1989), S. 178 ff.

[44] Thiel (1997), S. 132 f.

1.2.3 Frankreich Zu Unrecht schwindet der Epochentitel „Absolutismus und Aufklärung".[45] Verfassungshistorisch ist „legibus (ab-)solutus"[46] präziser als das bisher meist künstlerisch verstandene „Barock".[47] In Frankreich wird Ludwig XIV. durch Inkorporierung des Staats Sinnbild des höfischen Absolutismus, was auch für seinen Urenkel Ludwig XV. gilt, der den Staat wegen der Niederlage im Siebenjährigen Krieg in desolate Verschuldung treibt. Montesquieu kritisiert diese Pyramidalmacht, durch die der Fürst „den Staat in seine Hauptstadt, die Hauptstadt an seinen Hof und den Hof in seine Person verlegt".[48]

Der Baron geht „den entscheidenden Schritt"[49] zur Gewaltentrennung. Als Spross eines aquitanischen Adelsgeschlechts und nach juristischen Studien erbt Montesquieu mit 25 Jahren einen Sitz im Parlement von Bordeaux. Damit ist er seiner Herkunft und Bildung nach Gegner des absoluten Monarchen, der die Aristokratie schwächen und regionale Parlements entmachten will. In seinen 1721 anonym veröffentlichten „Lettres persanes" prangert der Autor in orientalischer Verfremdung „Herrscherlaunen" und „Ministerwillkür", „Parlamentsentmachtung" sowie „Justizübel" an.[50] Dabei hält er unbegrenzte Macht („pouvoir sans bornes") für illegitim[51] und lässt den fiktiven Briefschreiber Usbek die ungleiche Machtverteilung zwischen Herrscher und Volk in der Monarchie beklagen.[52]

Sein Hauptwerk, „De l'Esprit des Lois" (1748), wendet sich gegen eine potestas absoluta und macht „séparation" zu einem verbum aeternum, das geteilte Staatsgewalt zu einer der „großen Konstanten in freiheitlich-rechtsstaatlichen Ordnungen der Neuzeit"[53] adelt. Als Vorbild wählt Montesquieu nach zweijährigem Aufenthalt in England[54] die Insel, deren Verfassung er allerdings nicht interpretiert, sondern idealisiert. Freiheit fehlt, so der Autor, wenn sich legislative mit exekutiver Gewalt vereint und richterliche Macht nicht von beiden anderen Gewalten getrennt ist.[55] Alles wäre verloren, so der Aufklärer, wenn derselbe Mensch oder die gleiche Körperschaft legislative, exekutive und judikative Macht ausübten. Zugleich kritisiert er den furchtbaren Despotismus in der Türkei,[56] weil der Sultan dort die drei

[45] Vgl. Roscher (1874), S. 380 f.

[46] Digesten 1,3,31 (Ulpian); Wyduckel (1979); Behrends (2007), S. 3 ff.; auch Cicero (2013), 2, 31.

[47] S. Duchhardt (1994), S. 113 ff.; Duchhardt, Schnettger (2015).

[48] Montesquieu (1951), VIII/6 a.E.

[49] So Jellinek (1960), S. 602.

[50] Montesquieu (1949), XXXVII, XXXVIII (Usbek à Ibben); XXCII (Usbek à Rhedi); LXVIII (Rica à Usbek).

[51] Montesquieu (1949), CIV.

[52] Montesquieu (1949), CII.

[53] Kägi (1961), S. 151.

[54] Montesquieu (1951), XI, 6.

[55] Montesquieu (1751), XI/6.

[56] Montesquieu (1951), XI, 6.

Gewalten in sich vereint. Nach Montesquieus pessimistischer Grundthese wird jeder Mensch mit Macht verleitet, sie zu missbrauchen („est porté à en abuser").[57]

1.2.4 Aufklärung Mit Friedrich II. in Preußen beginnt „Aufgeklärter Absolutismus" oder „Reformabsolutismus".[58] Am Ende dieser einschneidenden Periode wird Kant die Frage beanworten: „Was ist Aufklärung"?[59] Er sieht sie in der „Freiheit des Geistes" in einem „Jahrhundert Friederichs". Hatte dieser noch als Kronprinz in seinem „Antimachiavell" den Fürsten als „le premier juge" gesehen, so weigert er sich später, zivilrechtliche Urteile abzuändern, weil „die Geßetze Regiren müßen". So heißt es auch in seinen Politischen Testamenten: „C'est dans les tribunaux ou les loix doivent parler et ou le souverain doit se taire" (1752).[60] Daher gilt für die Prinzenerziehung in Preußen: „In den despotischen Staaten darf der Fürst richten, nicht so in monarchischen".[61] Montesquieus Ideen beeinflussen nicht nur die Reformelite in Preußen,[62] sondern wirken auch auf Joseph II. und Katharina die Große.[63]

1.2.5 Frankreichs Gewaltzyklus Die Unterstützung der amerikanischen Kolonien stürzt Frankreich in eine Wirtschaftskrise, die zur revolutionären Einnahme der Bastille am 14. Juli 1789 führt. Gleichzeitig kehrt Marquis de La Fayette aus Virginia mit deren Bill nach Paris zurück und legt der Konstituante einen Entwurf für die Menschenrechtserklärung vom August 1789 vor, welche die Verfassung von 1791 einleiten und in deren Artikel 16 verfügen wird, dass eine Konstitution der „séparation des pouvoirs" bedürfe. Nach 1789 erlebt Frankreich einen Zyklus der Gewalt. Das absolute Königtum wird durch ochlokratische Ereignisse[64] erschüttert und muss 1791 konstitutioneller Monarchie weichen. Im Juni 1793 beginnt ein revolutionärer Terror des Wohlfahrtsausschusses, der bis zur Hinrichtung Robespierres und seiner Anhänger ohne Prozess im Juli 1794 dauert. Danach herrscht ein oligarchisches „Direktorium", das Anfang November 1799 mit einer Konsulatsverfassung und dem Staatsstreich Napoleons endet. Dessen Bekriegung Europas wird erst durch eine britisch-preußische „Belle Alliance" im Juni 1815 endgültig beendet.

[57] Montesquieu (1951), XI, 4.

[58] Birtsch (1998), S. 47 ff.

[59] Kant, Weischedel (1994), Bd. VI, S. 53 ff.; s. auch Körber (2006), S. 174 ff.

[60] Dietrich (1986), S. 256 f.

[61] Kircheisen (1914), S. 495.

[62] Vgl. Bornhak (1979), S. 268.

[63] Katharina die Große (1770).

[64] Bastille, Zug der Fischweiber nach Versailles Anfang Oktober 1789.

1.3 *Vom Deutschen Bund zur Bundesrepublik Deutschland*

1.3.1 Deutscher Bund Da der Usurpator das über 1800-jährige Heilige Römische Reich niedergezwungen hatte, müssen die „durch ein Föderativ-Band untereinander" verknüpften deutschen Staaten ihre Beziehungen auf Grund der Bundesakte des Deutschen Bundes (1815/1820)[65] erneuern. Deren Artikel 13 sieht eine „Landständische Verfassung" für alle Bundesstaaten vor, die Artikel 57 der Wiener Schlussakte von 1820 dahin einschränkt, dass souveräne Fürsten nur in „Ausübung bestimmter Rechte an die Mitwirkung der Stände gebunden werden" dürfen.[66] Spätere Verfassungen folgen einem Muster: Der Fürst bleibt Inhaber der Staatsgewalt, die er nur unter Mitwirkung (in der Regel) zweier Kammern ausübt. Charakteristisch statuiert § 2 der kurhessischen Verfassung vom Januar 1831: „Die Regierungsform bleibt, so wie bisher, monarchisch, und es bestehet dabei eine „Landständische Verfassung".

1.3.2 Deutsches Reich Progressiv schließt die monarchisch-parlamentarische Verfassung des (Klein-)Deutschen Reichs vom April 1871 den König von der Legislative aus und räumt der Reichsgesetzgebung wegen der empfindlichen Fürsten nur enumerative Materien ein. Neben dem föderalen Bundesrat steht der aus „allgemeinen und direkten Wahlen" (ohne Steuer-Klassen-Wahlrecht) hervorgegangene Reichstag. Der Reichskanzler ist (nur) vom Vertrauen des Kaisers abhängig, muss aber für Gesetze um Unterstützung beider Kammern buhlen. Wiederum benötigt der Kaiser für seine Anordnungen und Verfügungen den gegenzeichnenden Kanzler (Art. 17 Satz 2 RV). Nach Artikel 4 Nr. 13 RV kommt dem Reich die Legislativkompetenz für das „gerichtliche Verfahren" zu, sodass die „Reichsjustizgesetze" von 1877 judizielle Rechtseinheit und richterliche Unabhängigkeit bringen. Seit Oktober 1879 amtierte ein Reichsgericht in Leipzig.

1.3.3 Weimar Die durch eine „unbewältigte Niederlage" traumatisierte Weimarer Republik[67] schafft sich mit dem (vom Volk gewählten) Reichsoberhaupt und dessen Kompetenzen, insbesondere mit Hindenburg, eine Kaiser-Kopie. Der Präsident vertritt das Reich völkerrechtlich, ernennt Reichsbeamte und Offiziere, ist Oberbefehlshaber der Reichswehr, nominiert und entlässt den – bei Misstrauen des Reichstags gefährdeten – Reichskanzler. Er trifft bei erheblicher Störung oder Gefährdung der öffentlichen Sicherheit und Ordnung die „nötigen Maßnahmen" zu deren Wiederherstellung (Art. 48 Abs. 2 WRV), was problematisch werden wird.

Denn in der Spätphase der Weimarer Republik wandelt sich diese Ermächtigung in einen Verfassungs-Joker. Nach Regierungsverweigerung der SPD im März

---

[65] Hierzu auch Müller (2005), S. 5 ff.

[66] Huber (1957), S. 640 ff.

[67] Krumeich (2021).

1930 – aus geringfügigem Anlass, jedoch mit „furchtbaren Folgen“[68] – müssen nachfolgende Kanzler wegen fehlender Parlamentsmehrheit mit (gesetzesvertretenden) Notverordnungen des Präsidenten regieren, was als „System Brüning“ von Carl Schmitt[69] für zulässig erachtet wird,[70] aber auch dem Reichspräsidenten dauerhaft bedenklich erscheint. Dieser ernennt. Im Juni 1932 nach Brünings Entlassung Franz von Papen zum Kanzler, der nach einem Misstrauensvotum (512 zu 42 Stimmen) untragbar wird und durch seinen Rücktritt Neuwahlen im November 1932 veranlasst, die desaströs enden. KPD und NSDAP erhalten zusammen 50 % der Stimmen, aber die Mehrheit der Reichstagssitze. Die Radikalisierung der Wähler beruht wohl auf der hohen Zahl Arbeitsloser (6 Mio.) und den Folgen der noch nicht überwundenen Weltwirtschaftskrise von 1929/1930. Politisch bemerkenswert ist das Wählerverhalten zu Hitler im Jahre 1932. Beim zweiten Wahlgang für den Reichspräsidenten im April hatten rund 63 % der Bürger nicht für Hitler votiert, und dessen Partei wurde bei den Reichstagswahlen vom November von rund 67 % der Wähler gemieden.

Ungeachtet der Koalitionsverhandlungen von NSDAP und Zentrum ernennt der Reichspräsident Anfang Dezember 1932 Kurt von Schleicher zum Kanzler, der mit einer „Querfront“-Strategie eine nicht radikale Parlamentsmehrheit gewinnen will, was scheitert. Als dieser verfassungswidrig eine Reichstagsauflösung ohne Neuwahlen begehrt, lehnt Hindenburg ab.[71]

Nach dem Rücktritt Schleichers am 28. Januar 1933 gerät der Reichspräsident in Schwierigkeiten. Einerseits regieren die bisherigen Kanzler seit 34 Monaten mit Notverordnungen unter Überstrapazierung der Verfassung, was auch Hindenburg dauerhaft bedenklich erscheint. Nach Artikel 48 Abs. 2 der Weimarer Verfassung darf der Präsident nötige Maßnahmen – „erforderlichenfalls mit Hilfe der bewaffneten Macht“ – nur bei erheblicher Störung oder Gefährdung der öffentlichen „Sicherheit und Ordnung“ treffen, was für Aufruhr oder Rebellion („Matrosenaufstand“), aber nicht für missliebige Wahlergebnisse taugt.

Andererseits hindert die November-Wahl, eine Reichsregierung ohne radikale Parteien zu bilden. Die KPD scheidet ohnehin wegen ihres offenen Bekenntnisses zu Gewalt und Weltrevolution und als nur drittstärkste Fraktion mit 16,9 % der Stimmen (nach NSDAP und SPD) aus. So achtet der Präsident die parlamentarische Regel, den Kandidaten der stärksten Fraktion mit der (schon abgesprochenen) Regierungsbildung zu beauftragen und folgt der auch von Hitler vorgespiegelten[72] „Legalität“.[73] Was Spätere irreführend als „Machtergreifung“ deklarieren, ist am 30. Januar 1933 verfassungsgemäße „Machtübertragung“,[74]

[68] Erdmann (1999), S. 277.

[69] Schmitt (1924), S. 63, 101 ff.

[70] Statt aller Anschütz (1960), Art. 48, S. 284 ff.

[71] Hierzu eingehend Huber (1984), § 83.

[72] Vgl. Winkler (2019), S. 594.

[73] Forsthoff (1967), S. 192.

[74] Vgl. Winkler (2020), S. 549 ff.

weil Hitler akzeptiert, was Hindenburg offeriert. Den Verfassungsgehorsam des Präsidenten als „Verfassungsfetischismus" – so Fraenkel[75] – zu verleumden, ist unangemessen.

Im Oktober 1932 hatte das Preußische Oberverwaltungsgericht beiläufig entschieden, dass die NSDAP ein „Drittes Reich" anstreben dürfe, solange sie sich im Rahmen der „für Verfassungsänderungen gesetztlich festgelegten Bahnen" hält.[76] Daraufhin führt der neue Reichskanzler politische Gespräche, in denen er Hoffnungen weckt und Zusicherungen ohne schriftliche Fixierung macht. Mit einem Gesetz und zwei Verordnungen wandelt Hitler in knapp zwei Monaten die Republik in einen „Führerstaat".[77] Nach dem Reichstagsbrand am 27. Februar 1933 wird folgenden Tag ohne Beweise die Notverordnung „zur Abwehr kommunistischer staatsgefährdender Gewaltakte" erlassen,[78] die wichtige Grundrechte „bis auf weiteres" außer Kraft setzt. Durch die Reichstagswahlen Anfang März 1933 erreicht die NSDAP mit knapp 44 % einen Stimmenzuwachs, verfehlt aber die absolute Majorität. Dennoch erringt das Ermächtigungsgesetz"[79] die für eine Verfassungsänderung erforderliche Mehrheit. Für das Gesetz stimmen neben der NSDAP die Deutschnationale Volkspartei (DNVP), die Bayerische Volkspartei (BVP), die Deutsche Staatspartei (DStP) und ausschlaggebend das Zentrum, wohl mit Blick auf das ausstehende Reichskonkordat. Hitler vereint nun exekutive, legislative, konstitutionelle und ab 1942 formal auch judikative Gewalt[80] als oberster „Gerichtsherr" in seiner Person.

1.3.4 Bundesrepublik Deutschland Nach dem Ende des „Dritten Reichs" ohne Untergang des deutschen Staats[81] geben die westlichen Okkupationsmächte im Juli 1948 den Länderchefs „Empfehlungen" für einen Weststaat und die Erarbeitung einer demokratisch-föderalen Verfassung („Frankfurter Dokumente"). Der „Parlamentarische Rat" legt Anfang Mai 1949 den Entwurf eines Grundgesetzes vor, der unter Berücksichtigung der Erfahrungen mit Weimar insbesondere die Machtfülle des Staatsoberhaupts begrenzt, das nun im Wesentlichen mit Aufgaben der Staatsrepräsentation und des Staatsnotariats betraut wird.[82] Deswegen erscheint das Konstrukt der Bundesversammlung in Artikel 54 GG problematisch, weil diese bei einer Wahl in der 20. Legislaturperiode auf 1466 Wahlleute angewachsen wäre. Da der Präsident den Kanzler nur vorschlagen, nicht aber ernennen darf, ist der Regierungschef besser als früher demokratisch legitimiert und wird durch das konstruktive

---

[75] (1932).

[76] Preußisches Oberverwaltungsgericht v. 18.10.1932, OVGE 89, 391, 394.

[77] Schmitt (1933), S. 46.

[78] Verordnung des Reichspräsidenten zum Schutz von Volk und Staat v. 28.2.1933, (RGBl. I, 83).

[79] Gesetz zur Behebung der Not von Volk und Reich v. 24.3.1933, (RGBl.I S. 141); hierzu auch Schneider (1953), S. 197 ff.; Morsey (1992), S. 236; Korioth (2023), Rn. 821.

[80] Beschluss des Großdeutschen Reichstags v. 26.4.1942.

[81] Vgl. BVerfG v. 26.2.1954, BVerfGE 3, 288, 316.

[82] S. Zippelius (2011), § 31 II 2, S. 174; BVerfG v. 10.6.2014, BVerGE 136, 277, Rn. 91 ff.; BVerfG v. 10.6.2014, BVerfGE 136, 323, Rn. 24 ff.

Misstrauensvotum (Art. 67) gestärkt. Zur Vermeidung der – häufig missbrauchten – Vertrauensfrage (Art. 68) hätte man dem Bundestag eine Selbstauflösung mit qualifizierter Mehrheit gestatten sollen.

2 Verfassungsvorrang und Verfassungsgerichtsbarkeit

Der für die nordamerikanische Verfassungsentwicklung wichtige „Federalist" geht von einem Vorrang der Verfassung vor dem Gesetz aus, was der Supreme Court in dem Fall „Marbury v. Madison" bestätigt. Im Verfassungsgericht sieht Hans Kelsen den „Hüter der Verfassung", der in seinem „Stufenbau der Rechtsordnung" den höchsten Rang einnimmt. Als maßgeblicher „Verfassungsvater" verankert er einen Verfassungsgerichtshof in der österreichischen Bundesverfassung von 1920. Den Vorrang der Verfassung vor innerstaatlichen Normen sieht das Grundgesetz in seinem Artikel 20 Abs. 3 vor und lässt ihn als Grundsatz an der „Ewigkeitsgarantie" des Artikels 79 Abs. 3 teilhaben. Da das mit besonderen Kompetenzen ausgestattete Bundesverfassungsgericht nicht wie andere Judikativorgane gemäß Artikel 20 Abs. 3 an „Gesetz und Recht" gebunden sein kann, sondern im Gegenteil ein Verwerfungsmonopol für Gesetze innehat, ist es als überragende „Vierte Staatsgewalt" anzusehen.

2.1 Verfassungsrechtliche Verbürgung der Gewaltenteilung

Zum Ende der Jüngeren Neuzeit (1650–1789) beginnt für die britischen Kolonien mit der „Amerikanischen Revolution" eine neue Ära. Die Virginia Declaration of Rights von 1776 trennt Legislative und Exekutive von der Judikative[83] und erst die Verfassung von Massachusetts institutionalisiert die Gewaltenteilung klarer. Die für die Verfassungsdebatte bedeutsamen „Federalist Papers" sehen den „celebrated Montesquieu" als „oracle" für Machtteilung und Gewaltenverschränkung, für „legislative balances and checks",[84] weshalb die Verfassung vom Herbst 1787 die drei Staatsgewalten getrennt in den ersten drei Artikeln behandelt.

2.1.1 Verfassungsvorrang Der „Federalist" geht bereits von einem Vorrang der Verfassung aus und formuliert: „the constitution ought to be preferred to the statute.[85] Konsequent entscheidet dann der Supreme Court im Fall „Marbury v.

---

[83] Declaration of rights v. 12.6.1776, Sect. 5; ausführlicher in Sect. 5 der Verfassung von Virginia v. 29.6.1776.

[84] Vgl. Cooke (1961), Nr. 9 Abs. 3, Nr. 47 Abs. 4.

[85] Cooke (1961), Nr. 78; für den Hinweis danke ich dem Jubilar.

Madison",[86] dass verfassungswidrige Gesetze keine Gesetzeskraft entfalten.[87] Mit der Firmierung des Verfassungsvorrangs entsteht zugleich ein Primat der Gerichtsbarkeit.

Weitsichtig leitet Hans Kelsen[88] knapp einhundertunddreißig Jahre später aus der Hierarchie von Gesetzen auf unterer Stufe und der Verfassung auf höchster Stufe eine „Garantie der Verfassungsmäßigkeit des Gesetzes" ab, über die ein von Parlament und Regierung unabhängiges gerichtliches, mit „juristische(n) Fachmänner(n)" besetztes Organ als Verfassungsgericht wachen soll, ohne das „die Verfassung ein totes Gebilde" wäre.[89] Im Verfassungsgericht sieht er zutreffend – gegen Carl Schmitt – den „Hüter der Verfassung".[90] So entsteht ein (innerstaatlicher) „Stufenbau der Rechtsordnung"[91] mit konstitutioneller Richtermacht an oberster Stelle gefolgt von legislativer, exekutiver und judikativer Zuständigkeit. Kelsen, seit 1919 Verfassungsrichter, wird zum maßgeblichen „Verfassungsvater" des mit Verfassungsrang versehenen Bundes-Verfassungsgesetzes vom Oktober 1920,[92] das den Verfassungsgerichtshof in den Artikeln 137 bis 148 regelt.[93] In Kelsens Reiner Rechtslehre entwickelt sich unter Vorgabe einer „Grundnorm" eine hierarchische Rechtsentstehungsordnung: Verfassungsrecht ermächtigt die Gesetzgebung, die ihrerseits die Normierung rangniederer Vorschriften wie Rechtsverordnungen dirigiert.[94]

2.2 *Gewaltenteilung im Grundgesetz*

Mit Vergangenheitserfahrung verwirklicht das Grundgesetz eine Gewaltenteilung, die gemäß Artikel 79 Abs. 3 GG im Grundsatz „unantastbar" ist und eine Trennung der Gesetzgebungs-, Vollzugs- und Rechtsprechungsorgane voneinander umfasst.[95] Damit verbürgt es eine „rechtsstaatliche" und „vor allem eine *gewaltenteilende* Demokratie".[96] Artikel 20 Abs. 3 GG bindet die Legislative an die verfassungsmäßige Ordnung, Exekutive und Judikative an Gesetz und Recht, womit die Staatsgewalten

---

[86] US Supreme Court, Marbury v. Madison, Judgment 5 U.S. 137 (24. Februar 1803); hierzu auch Brugger (2003); Heun (2003).

[87] „A legislative act contrary to the Constitution is not law".

[88] Kelsen (1929), S. 30 ff.

[89] So Tocqueville (1959), S. 170, über den Obersten Gerichtshof der Vereinigten Staaten von Nordamerika.

[90] Kelsen (2019), S. 58 ff.

[91] Kelsen (1960), S. 228 ff.

[92] Gesetz v. 1.10.1920, StGBl. Nr. 450/1920, womit die Republik Österreich als Bundesstaat eingerichtet wird.

[93] Hierzu statt aller Grabenwarter (2016).

[94] Vgl. Zippelius (2012), S. 22 ff.

[95] BVerfG v. 15.12.1970, BVerfGE 30, 1, 27 sub II, 3.

[96] So BVerfG v. 18.12.1984, BVerfGE 68, 1, 87.

an einen „Vorrang der Verfassung“[97] gebunden sind und das Grundgesetz „im Rang über allen innerstaatlichen Normen“ steht.[98] Erstrangigkeit meint Derogation, nicht Suspension.[99]

Art. 20 Abs. 2 Satz 2 GG gebietet horizontale Trennung,[100] mit der Staatsgewalt „durch besondere Organe der Gesetzgebung, der vollziehenden Gewalt und der Rechtsprechung“ ausgeübt wird ohne dass es einer strikten Trennung der Funktionen bedarf.[101] Machtteilung als „fundamentales“[102] und „tragendes Funktions- und Organisationsprinzip“[103] dient infolge „gegenseitige(r) Kontrolle und Begrenzung … der Mäßigung der Staatsgewalt“[104] sowie der Gewaltenbalancierung,[105] die Montesquieu als „gouvernement modéré“ bei Regelung und Milderung der einzelnen Gewalten bezeichnet.[106] Bundesstaatlichkeit (Art. 20 Abs. 1 GG) heißt neben horizontaler auch eine „eindeutige vertikale Gewaltenteilung“[107] in der Föderation.

Zusätzlich stuft das Grundgesetz die Verfassungskraft. Während es übliche Änderungen mit qualifizierter Mehrheit der Gesetzgebungsorgane gestattet, sperrt es sich als „Ewigkeitsgarantie“[108] gegen Umbildungen des Verfassungskerns, der keine Spaltung zulässt. Die Konstitution verweigert „selbst dem verfassungsändernden Gesetzgeber“ jeden Zugriff auf leitende Verfassungsprinzipien, womit Staatssouveränität, Föderation und Gewaltenteilung ewiglich gesichert sein sollen.[109] Damit schützt Artikel 79 Abs. 3 GG als clausula sancta deutsche „Verfassungsidentität“ auch vor der Europäischen Union,[110] weil deren Ultra-Vires-Akte deutsche Staatsorgane nicht binden können

[97] Hierzu BVerfG v. 7.7.2020, BVerfGE 155, 310, Rn. 77; BVerfG v. 25.3.2021, BVerfGE 157, 223, Rn. 101; Wahl (1981); Merten (1975), S. 677 ff.

[98] Sommermann (2024), Rn. 253.

[99] Jarass, Kment (2024), Art. 20, Rn. 46, S. 543.

[100] BVerfG v. 14.7.2022, BVerfGE 162, 358, Rn. 26; BVerfG v. 23.3.2022, BVerfGE 161, 63, Rn. 55; BVerfG v. 10.2.2022, BVerfGE 160, 336, Rn. 11.

[101] BVerfG v. 10.2.2004, BVerfGE 109, 190, 252 sub II a.E.

[102] BVerfG v. 19.11.2021, BVerfGE 159, 223, Rn. 139.

[103] BVerfG v. 10.12.2020, BVerfGE 156, 270, Rn. 82.

[104] BVerfG v. 7.11.2017, BVerfGE 147, 50, Rn. 196; BVerfG Urt. v. 18.12.1984, BVerfGE 68, 1, 86 f.

[105] BVerfG v. 17.7.1996, BVerfGE 95, 1, 15 sub II 1a.

[106] Montesquieu (1951), V 14 a.E.

[107] BVerfG v. 7.12.2021, BVerfGE 160, 1, Rn. 63.

[108] BVerfG v. 23.1.2024, BVerfGE 168, 193, Rn. 204; BVerfG v. 30.6.2009, BVerfGE 123, 267, 343 f.

[109] Vgl. BVerfG v. 30.6.2009, BVerfGE 123, 267, 343; Dreier (2015), Art. 79 III, Rn. 14.

[110] BVerfG v. 6.2.2024, BVerfGE 168, 372, Rn. 86; BVerfG v. 9.2.2022, BVerfGE 160, 208, Rn. 166, 173, 175 ff., 187, 191 f., 196 f.

2.3 *Verfassungsgerichtsbarkeit als „Vierte" Gewalt*

2.3.1 Grundlagen Neu in (klein-)deutscher Verfassungsgeschichte ist die Einführung einer umfassenden Verfassungsgerichtsbarkeit (Art. 92–94, 100 GG) mit ausgedehnter Verfassungsbeschwerde, die gesetzlich erst 1951 und grundgesetzlich 1969 verankert wird. Historisch ist Deutschland – anders als Österreich und die Vereinigten Staaten von Nordamerika – kein Vorreiter supralegaler Justiz. Zwar gab es vor 1806 Untertanen-Appellationen an das Reichskammergericht, das jedoch nur für den Landfrieden, nicht für Zivilrecht zuständig war. Ähnlich verweist das Reichsgericht in den Weimarer Jahren darauf, dass für „öffentlich-rechtliche Ansprüche der Rechtsweg verschlossen ist".[111] Der Staatsgerichtshof der Weimarer Republik[112] war auf staatsorganisationsrechtliche Streitigkeiten beschränkt und daher entgegen seiner Bekundung[113] kein umfassender „Hüter der Reichsverfassung".

Grundsätze der Bundesverfassungsgerichtsbarkeit finden sich unter dem Titel „Rechtsprechung" in Abschnitt IX (Art. 93 f.) des Grundgesetzes.[114] Dort offenbaren Exklusivität und Rang dieser Gerichtsbarkeit zum einen die Überwachungsfunktion, die sichert, dass Gesetze nicht gegen die Verfassung verstoßen und Verfassungsorgane die „nach Art. 79 Abs. 3 GG grundlegenden Verfassungsprinzipien" achten,[115] zum anderen zeigen sie die Kompetenzen und die Organisation des Gerichts. Ein gesondertes Gesetz[116] verlangt für die Richterwahl vom jeweiligen Berufungsorgan eine 2/3 Mehrheit, von der Bundeskanzler nur träumen können. Karlsruher Richtersprüche entfalten in bestimmten Fällen (§ 31 Abs. 2 BVerfGG), insbesondere bei Entscheidungen über legislative Normen, Gesetzeskraft. Galt schon bisher, dass selbst fehlerhafte Urteilskraft Gesetzeskraft überwindet,[117] so steht nunmehr ergänzend fest, dass Verfassungsgerichtskraft stärker ist als Verfassungskraft. Nicht der Berliner Plenarsaal, sondern die (erhöhten) Richter in Karlsruhe haben als „Hüter der Verfassung" das Schlusswort, weil Rechtsstaatlichkeit die deutsche Lieblingsvokabel „Demokratie" überwindet. Da das Gericht über ein Verwerfungsmonopol mit inter-omnes-Wirkung verfügt, dürfen sonstige Richter auch bei Überzeugung von der Verfassungswidrigkeit einer formellen Norm nicht judizieren, sondern müssen gemäß Art. 100 Abs. 1 GG appellieren.

2.3.2 Suprematie Verfassungsgerichtsbarkeit als vierte und oberste Staatsgewalt ist von gesellschaftlicher Macht der Kirchen, Parteien, Gewerkschaften oder Pressemedien streng zu trennen. Daher darf sich die Presse nicht durch Selbst-

[111] RG v. 4.11.1927, RGZ 118, 325, 326 f.

[112] S. Gesetz über den Staatsgerichtshof v. 9.7.1921, RGBl. 1921 I, S. 905.

[113] RG, Entsch. v. 15.10.1927, RGZ 118, Anhang S. 1 (4).

[114] In der Fassung des Gesetzes v. 20.12.2024 (BGBl. I Nr. 439).

[115] BVerfG v. 30.6.2009, BVerfGE 123, 267, 344.

[116] Bundesverfassungsgerichtsgesetz i.d.F.v. 20.12.2024 (BGBl. I Nr. 440).

[117] Hierzu beachtlich Bülow (1885), passim, insbes. S. 7.

krönung eine „vierte Gewalt" anmaßen.[118] Im Gegensatz zum Bundesrechnungshof, der als „oberste Bundesbehörde" und „unabhängiges Organ der Finanzkontrolle" sowie „richterliche(r) Unabhängigkeit" seiner beamteten Mitglieder öffentlich-rechtlich observiert, muss die Presse außerstaatlich sein. Da sie „nicht von der öffentlichen Gewalt gelenkt" werden darf,[119] kann sie nicht als „vierte Gewalt" Teil staatlicher Gewalten sein, sondern muss „institutionelle Eigenständigkeit"[120] bewahren und daher „vom Staat unabhängig"[121] bleiben.

Artikel 20 Abs. 3 GG etabliert keine vorgegebene Gewaltenentrias, sondern bezeugt das Gegenteil. Wenn die Verfassungsgerichtsbarkeit als „Rechtsprechung" im neunten Abschnitt des Grundgesetzes verankert ist, kann sie nicht uneingeschränkt „an Gesetz und Recht gebunden" sein, da sie verfassungswidrige Normen verwerfen (Art. 100) oder verfassungsändernde Gesetze wegen Verstoßes gegen Artikel 79 Abs. 3 GG aufheben darf. Aus dieser verfassungsgerichtlichen Suprematie über die verfassungsändernde Legislative folgt, dass ein hypothetischer Artikel 20 Abs. 3a die Verfassungsgerichtsbarkeit als übergeordnete „Vierte" Gewalt[122] ergänzen müsste. Denn das letzte Wort im Verfassungsstaat ist ein Richterspruch. Nur so bleiben Verfassungsrichter, wozu sie bestimmt sind, metaphorisch „Posaunen des Grundgesetzes".

Literatur

Anschütz, G. (1960). *Die Verfassung des Deutschen Reichs* (14. Aufl.). Gentner.

Aristoteles (1995a). Nikomachische Ethik. In G. Bien (Hrsg.), *Philosophische Schriften in sechs Bänden* (Bd. 3). Meiner.

Aristoteles (1995b). Politiká. In G. Bien (Hrsg.), *Philosophische Schriften in sechs Bänden* (Bd. 4). Meiner.

Behrends, O. (2007). Princeps legibus solutus. In R. Grote, I. Härtel, K.-E. Hain, T. I. Schmidt, T. Schmitz, G. F. Schuppert, & C. Winterhoff (Hrsg.), *Die Ordnung der Freiheit, Festschrift für Christian Starck zum siebzigsten Geburtstag* (S. 3–20). Mohr Siebeck.

Birtsch, G. (1998). Reformabsolutismus und Gesetzesstaat. In G. Birtsch, & D. Willoweit (Hrsg.), *Forschungen zur Brandenburgischen und Preußischen Geschichte, Beiheft 3* (S. 47–62). Duncker & Humblot.

Blackstone, W. (1765). *Commentaries on the Law of England.* Clarendon Press.

Bodin, J., & Mayer-Tasch, P. C. (1986). *Sechs Bücher über den Staat, 2 Bände, Buch I–III.* C.H. Beck.

Bornhak, C. (1979). *Preußische Staats- und Rechtsgeschichte.* Heymanns.

Brandt, R. (1982). Das Titelblatt des Leviathan und Goyas El Gigante. In U. Bermbach, & K.-M. Kodalle (Hrsg.), *Furcht und Freiheit* (S. 203–231). Springer.

---

[118] So aber Löffler (1960), S. 197 ff.; Marcic (1957).

[119] BVerfG v. 5.8.1966, BVerfGE 20, 150, 174 sub C 1; BVerfG v. 6.11.1979, BVerfGE 52, 283, 296 sub B II 1a.

[120] BVerfG v. 28.2.1961, BVerfGE 12, 205, 260.

[121] S. BVerfG v. 6.11.1979, BVerfGE 52, 283, 296; s. auch BVerfG v. 5.2.1991, BVerfGE 83, 238, 322 sub 3.

[122] So schon Roellecke (1980), S. 34 sub III.

Brooks, C. W. (2008). *Law, politics and society in early modern England.* Cambridge University Press.
Brugger, W. (2003). Kampf um die Verfassungsgerichtsbarkeit: 200 Jahre Marbury v. Madison. *Juristische Schulung, 43*(3), 320 ff.
Bülow, O. (1885). *Gesetz und Richteramt.* Duncker & Humblot.
Cicero, M. T. (1976). *De officiis.* Reclam.
Cicero, M. T. (2013). *De re publica.* Reclam.
Cooke, J. (Hrsg.). (1961). *The federalist.* Wesleyan University Press.
Demandt, A. (2019). *Der Idealstaat* (4. Aufl.). Böhlau.
Dicey, A. V. (1915). *Introduction to the study of the law of the constitution* (8. Aufl.). Macmillan.
Dietrich, R. (1986). *Die Politischen Testamente der Hohenzollern.* Böhlau.
Dreier, H. (Hrsg.). (2015). *Grundgesetz, Kommentar* (3. Aufl., Bd. II). C.H. Beck.
Dreyer, B. (2024). *Polybios* (2. Aufl.). Georg Olms Verlagsbuchhandlung.
Duchhardt, H. (1994). Absolutismus – Abschied von einem Epochenbegriff. *Historische Zeitschrift, 258*, 113–122.
Duchhardt, H., & Schnettger, M. (2015). *Barock und Aufklärung* (5. Aufl.). De Gruyter.
Erdmann, K. D. (1999). Die Weimarer Republik. In H. Grundmann (Hrsg.), *Gebhardt: Handbuch der deutschen Geschichte* (13. Aufl., Bd. 19). Deutscher Taschenbuch.
Forsthoff, E. (1967). *Deutsche Verfassungsgeschichte der Neuzeit* (3. Aufl.). Kohlhammer.
Gebler, A. (2024). *Die Verwendung und Bedeutung von Losverfahren in Athen.* Steiner.
Grabenwarter, C. (2016). Der österreichische Verfassungsgerichtshof. In A. von Bogdandy, & M. Huber (Hrsg.), *Handbuch Ius Publicum Europaeum* (Bd. VI, S. 413–470). C.F. Müller.
Heun, W. (2003). Die Geburt der Verfassungsgerichtsbarkeit. *Der Staat, 42*, 267–283.
Hobbes, T. (1642). *De cive.* Verlag Collins.
Hobbes, T., & Molesworth, W. (Hrsg.). (1966). *Malmesburiensis opera, 5 Bände.*
Hobbes, T., & Willms, B. (Hrsg.). (1992). *Dialog zwischen einem Philosophen und einem Juristen über das englische Recht.* Wiley-VCH.
Huber, E.-R. (1957). *Deutsche Verfassungsgeschichte seit 1789* (2. Aufl., Bd. I). Kohlhammer.
Huber, E.-R. (1984). *Deutsche Verfassungsgeschichte seit 1789* (2. Aufl., Bd. VII). Kohlhammer.
Jarass, H. D., & Kment, M. (2024). *Grundgesetz für die Bundesrepublik Deutschland* (18. Aufl.). C.H. Beck.
Jellinek, G. (1960). *Allgemeine Staatslehre* (3. Aufl.). Herrmann Gentner Verlag.
Kägi, W. (1961). Die Verfassung als rechtliche Grundordnung. In Div (Hrsg.), *Verfassungsrecht und Verfassungswirklichkeit, Festschrift für Hans Huber.* Stämpfli.
Kant, I., & Weischedel, W. (Hrsg.). (1994). *Werke in sechs Bänden* (3. Aufl.). Wissenschaftliche Buchgesellschaft.
Katharina die Große. (1770). *Instruction für die zu Verfertigung des Entwurfs zu einem neuen Gesetzbuche.*
Kelsen, H. (1929). Wesen und Entwicklung der Staatsgerichtsbarkeit. *VVDStRL, 5*, 30 ff.
Kelsen, H. (1960). *Reine Rechtslehre* (2. Aufl.). Franz Steiner Verlag.
Kelsen, H., & van Ooyen, R. C. (Hrsg.). (2019). *Wer soll der Hüter der Verfassung sein?* (2. Aufl.). Mohr Siebeck.
Kircheisen (1914). Vortrag vom 6.3.1792. In W. Altmann (Hrsg.), *Ausgewählte Urkunden zur brandenburg-preußischen Geschichte* (2. Aufl., Bd. I). R. Gaertners.
Körber, E.-B. (2006). *Die Zeit der Aufklärung.* Wissenschaftliche Buchgesellschaft.
Korioth, S. (2023). *Deutsche Verfassungsgeschichte.* Mohr Siebeck.
Krumeich, G. (2021). *Die unbewältigte Niederlage.* Herder.
Kunkel, W. (2001). *Die Römischen Juristen* (2. Aufl.). Böhlau.
Leisner, W. (2014). *Platons Idealstaat und das Staatsrecht der Gegenwart.* Duncker & Humblot.
Livius, T., & Wissenborn, W. (Hrsg.). (1860). *Titi Livi Ab urbe condita libri.*
Locke, J., & Ebbinghaus, J. (Hrsg.). (1957). *Ein Brief über Toleranz.* Meiner.
Locke, J., & Laslett, P. (1988). *Two Treatises of Government.* Cambridge University Press.
Löffler, M. (1960). Der Verfassungsauftrag der Publizistik. Festschrift für Emil Dovifat. *Publizistik, 5*, 197–201.

Marcic, R. (1957). *Vom Gesetzesstaat zum Richterstaat*. Springer.

Merten, D. (1975). Die Bindung des Richters an Gesetz und Verfassung. *Deutsches Verwaltungsblatt, 90*(18), 677–684.

Metzner, T. (2009). *Solon als Gegner der Tyrannis*. GRIN.

Montesquieu, C.-L. (1949). Lettres Persanes. In R. Caillois (Hrsg.), *Montesquieu, Œuvres completes* (Bd. 1). Édition Gallimard.

Montesquieu, C.-L. (1951). De l'Esprit des Lois. In R. Caillois (Hrsg.), *Montesquieu, Œuvres complètes* (Bd. 2). Ѐdition Gallimard, Paris.

Morsey, R. (1992). *Das „Ermächtigungsgesetz" vom 24.3.1933*. Droste.

Müller, J. (2005). *Deutscher Bund und deutsche Nation 1848–1866*. Vandenhoeck & Ruprecht.

Platon (1990a). Nomoi. In G. Eigler (Hrsg.), *Platon, Werke in acht Bänden* (2. Aufl., Bd. 8/1). Wissenschaftliche Buchgesellschaft.

Platon (1990b). Politeia. In G. Eigler (Hrsg.), *Platon, Werke in acht Bänden* (2. Aufl., Bd. 4). Wissenschaftliche Buchgesellschaft.

Platon (1990c). Politikos. In G. Eigler (Hrsg.), *Platon, Werke in acht Bänden* (2. Aufl., Bd. 6). Wissenschaftliche Buchgesellschaft.

Platon (1990d). Laches. In G. Eigler (Hrsg.), *Platon, Werke in acht Bänden* (Bd. 1). Wissenschaftliche Buchgesellschaft.

Polybios, B. K. (Hrsg.). (2012). *Die Verfassung der römischen Republik*. Reclam.

Roscher, W. (1874). *Geschichte der National-Oekonomik in Deutschland*. Oldenbourg-Verlag.

Rousseau, J.-J. (1964). *Du contract social*. Éditions Gallimard.

Ruschenbusch, E. (2014). *Solon: Das Gesetzeswerk – Fragmente* (2. Aufl.). Franz Steiner Verlag.

Schäfer, F., & Roellecke, G. (1980). *Verfassungsgerichtsbarkeit, Gesetzgebung und politische Führung*. Grote.

Schmitt, C. (1924). Die Diktatur des Reichspräsidenten. *VVDStRL, 1*, 63–103.

Schmitt, C. (1938). *Der Leviathan in der Staatslehre des Thomas Hobbes*. Klett-Cotta.

Schneider, H. (1953). Das Ermächtigungsgesetz vom 24.3.1933. Vierteljahreshefte für. *Zeitgeschichte, 1*(3), 197–221.

Skinner, Q. (2017). *Thomas Hobbes und die Person des Staates*. Duncker & Humblot.

Sommermann, K.-P. (2024). Art. 20 GG. In M. Huber, & A. Voßkuhle (Hrsg.), *Grundgesetz* (8. Aufl., Bd. 2, S. 1–180). C.H. Beck.

Specht, R. (1989). *John Locke*. C.H. Beck.

Streim, A. (1993). *Thomas Hobbes – Ein Gegner der Gewaltenteilung*. GRIN.

Sydow, G. (2005). *Parlamentssuprematie und Rule of Law*. Mohr Siebeck.

Szlezák, T. A. (2021). *Platon* (2. Aufl.). C.H. Beck.

Thiel, U. (1997). *John Locke: Essay über den menschlichen Verstand*. Akademie.

de Tocqueville, A. (1959). *Über die Demokratie in Amerika* (Bd. 1). Reclam.

Wahl, R. (1981). Der Vorrang der Verfassung. *Der Staat, 20*, 485–516.

Willms, B. (1987). *Thomas Hobbes: Das Reich des Leviathan*. Piper.

Winkler, H. A. (2019). *Weimar 1918–1933* (3. Aufl.). C.H. Beck.

Winkler, H. A. (2020). *Der lange Weg nach Westen, Deutsche Geschichte I* (2. Aufl.). C.H. Beck.

Wyduckel, D. (1979). *Princeps Legibus Solutus*. Duncker & Humblot.

Zippelius, R. (1991). *Geschichte der Staatsideen* (8. Aufl.). C.H. Beck.

Zippelius, R. (2011). *Rechtsphilosophie* (6. Aufl.). C.H. Beck.

Zippelius, R. (2012). *Das Wesen des Rechts* (6. Aufl.). C.H. Beck.

Die schwierige verwaltungsgerichtliche Durchsetzung der Sozial- und Kinderrechte in Spanien

D. Toda Castán

1 Die Erfahrung und die Daten: Sozial- und Kinderrechte in der Praxis

Eine Kollegin aus der Sozialarbeit meldet sich. Eine der von Save the Children Spanien unterstützten Familien in Leganés im Süden von Madrid stehe vor einer Hausräumung. Die Miete hätten sie eine Zeitlang nicht mehr bezahlen können. Im Gerichtsverfahren vor der Zivilgerichtsbarkeit habe der Richter angeordnet, dass die Sozialbehörde der Stadt Leganés ein Gutachten zur vulnerablen Lage der Familie erstellen solle, um zu prüfen, ob die Räumung um zwei bis vier Monate aufgeschoben werden sollte.[1] Die Behörde habe das Gutachten aber nicht rechtzeitig geliefert. Das Gutachten hätte nicht nur die finanzielle und soziale Lage der Familie darstellen, sondern auch Möglichkeiten einer alternativen Unterkunft vorschlagen sollen. Das Gericht habe trotz des fehlenden Gutachtens die Räumung angeordnet. Ohnehin habe sich die Familie bereits einige Wochen vor dem Verfahren vergebens

Daniel Toda Castán ist seit 2022 Rechtsreferent bei der Stiftung Save the Children in Madrid. Zuvor arbeitete er als Referent für Europa und Internationales bei dem Bürgerbeauftragten der Autonomen Gemeinschaft Baskenland. Seine Tätigkeit dort nahm er 2019 auf, nachdem er neun Semester als wissenschaftlicher Mitarbeiter am Lehrstuhl von Prof. Sommermann tätig gewesen war. Im Anschluss erfolgte seine Promotion an der Deutschen Universität für Verwaltungswissenschaften in Speyer.

[1] § 441 Abs. 5 Ley 1/2007, de enjuiciamiento civil (Zivilprozessordung), in der durch das Gesetz 12/2023, del derecho a la vivienda (Gesetz über das Recht auf Wohnung), eingeführten Fassung.

D. Toda Castán (✉)
Madrid, Spanien
E-Mail: daniel.toda@savethechildren.org

C. Fraenkel-Haeberle, B. Peters (Hrsg.), *Öffentliches Recht in transnationaler Perspektive*, https://doi.org/10.1007/978-3-662-72331-9_34

an die Sozialbehörde mit der Bitte gewendet, das Gutachten zu ihrer finanziellen und sozialen Lage zu erstellen. Die Sozialbehörde hingegen brachte vor, nur aufgrund eines richterlichen Ersuchens Gutachten zu erstellen. Was denn für diese Familie mit zwei minderjährigen Kindern noch getan werden könne, will die Kollegin aus der Sozialarbeit wissen.

Für den Rechtsreferenten und Zuständigen für strategische Prozessführung bei der Stiftung *Save the Children Spanien* stellen sich viele Fragen: Sind Sozialbehörden zur Erstellung von Gutachten auf Anfrage der betroffenen Nutzer*innen verpflichtet? Das neue Gesetz der Autonomen Region Madrid über die regionalen Sozialbehörden[2] begründet weder einen Anspruch der Nutzer*innen noch eine Verpflichtung der Behörden bzw. ihrer Angestellten. Auch in der entsprechenden Durchführungsverordnung findet sich keine Bestimmung, die die Geltendmachung irgendeines Anspruchs begründen könnte. Zudem wurde das Gutachten mündlich verweigert. Einen schriftlichen, belastenden Verwaltungsakt gibt es nicht. Obwohl es eine mündliche Äußerung der Behörde gab, wurde diese im vorliegenden Fall nicht dokumentiert.[3] Dass es überhaupt ein Verwaltungsverfahren zur Beantragung eines Sozialgutachtens gibt, erscheint angesichts der gesetzlichen Lage zweifelhaft. Kann man sich hierzu auf das Allgemeine Verwaltungsverfahrensgesetz berufen? Oder käme ein rechtsgrundlageloser Realakt in Frage, der gemäß § 30 des Gesetzes über die Verwaltungsgerichtsbarkeit[4] anfechtbar wäre?

Weitere Fragen ergeben sich. Könnte man möglicherweise das zugrunde liegende gerichtliche Urteil in einer Berufung anfechten? Schließlich hat der der Richter die Räumung ohne das Gutachten der Sozialbehörde und ohne Ansehung des obersten Kindeswohls (Art. 3 Kinderrechtskonvention)[5] angeordnet. Gibt es Sanktionen für eine Sozialbehörde, die ihre richterlich angefragte Mitwirkung im Zivilprozess versäumt hat? Wäre ein Disziplinarverfahren gegen die beteiligten Angestellten denkbar? Außerdem, und entgegen eines Gutachtens des UN Ausschusses für wirtschaftliche, soziale und kulturelle Rechte,[6] entfernt die Sozialwohnungsagentur Bewerbern*innen aus der Warteliste für Sozialwohnungen, wenn sie während der Wartezeit in einer Sozial- oder eine privaten Wohnung ohne Berechtigung gewohnt haben (z. B., weil sie die Rente nicht mehr bezahlt haben). Für die betroffene Familie wird eine Notunterkunft - wahrscheinlich in einem Hotel oder in einer Herberge für Obdachlose - besorgt. Was das für die Familienmitglieder bedeuten kann, ist den Sozialarbeiterinnen bei Save the Children aus früheren, ähnlich gelagerten Fällen, bereits bekannt. Das letzte Mal, dass eine Familie in einer Herberge

---

[2] Ley 12/2022, de servicios sociales de la Comunidad de Madrid.

[3] § 36 Abs. 2 Ley 39/2015, del procedimiento administrativo común de las Administraciones Públicas (Verwaltungsverfahrensgesetz).

[4] § 26 Ley 29/1998, reguladora de la jurisdicción contencioso-administrativa (Gesetz über die Verwaltungsgerichtsbarkeit).

[5] Convention on the Rights of the Child, UN Treaty Series, Nr. 27531, Band 1577, S. 3.

[6] Ausschuss für wirtschaftliche, soziale und kulturelle Rechte, Gutachten vom 11.10.2019, Dok. E/C.12/66/D/37/2018.

landete, sandte sie der Sozialarbeiterin Bilder des ihr zugeteilten Zimmers. Ein Untergeschosszimmer ohne Fenster, Bettgestelle ohne Matratzen (die später geliefert wurden).[7]

Die Familie aus Leganés ist nicht die erste, die eine Hausräumung erlebt. Die Statistik des Allgemeinen Justizrates zeigt, dass im Jahr 2023 in Spanien 26.659 Hausräumungen stattfanden.[8] Die Zahl der betroffenen Kinder wird nicht aufgeschlüsselt, obwohl Hausräumungen für Kinder traumatische Erfahrungen begründen. Save the Children hat geschätzt, dass 70 bis 80 % der Hausräumungen Kinder betreffen.[9] UNICEF hat gezeigt, dass Wohnungspolitik in Spanien ohne Rücksicht auf die besonderen Belange von Kindern betrieben wird.[10]

28,9 % der in Spanien lebenden Kinder waren im Jahr 2023 von Armut betroffen. 13,7 % lebten sogar in schwerer Armut. Die Armutsrate der Bevölkerung unter 18 Jahren liegt 8,7 Prozentpunkte höher als die der allgemeinen Bevölkerung. Diese Kluft besteht seit Jahren.[11] Das zu deren Bekämpfung 2020 eingeführte Bürgergeld erreicht vier Jahre nach seiner Einführung nur einen Teil der bedürftigen Familien und Personen. Dies liegt sowohl an der Ausgestaltung der Leistung, als auch an ihrer Umsetzung. Die NGO *ATD Cuarto Mundo hat bei dem Ausschuss der Europäischen Sozialcharta einen Antrag im Kollektivbeschwerdeverfahren eingereicht, welcher das Bürgergeld auf seine Konformität mit der Charta hin überprüfen soll.*[12]

Die Erfahrung aus der Praxis und die Daten zur sozialen Lage in Spanien belegen, dass die effektive Gewährleistung der Sozial- und Kinderrechte noch in weiter Ferne liegt. Damit Politik und Verwaltung sich entschiedener in diese Richtung bewegen, ist die Mitwirkung der Verwaltungsgerichte unerlässlich, denn die Überzeugungsarbeit bei den politisch Verantwortlichen und die Öffentlichkeitsarbeit reichen dazu nicht immer aus. Dennoch stellt sich die Frage, ob das Verwaltungsrecht und die Verwaltungsgerichtsbarkeit in Spanien dieser ihnen verfassungsrechtlich[13] übertragenen Aufgabe gewachsen sind.

[7] Die hier geschilderten Fälle sind in Anlehnung an reale Fälle konstruiert.

[8] Siehe Consejo General del Poder Judicial (13. März 2024).

[9] Save the Children (2023), S. 59.

[10] UNICEF España (2024), S. 37–44.

[11] Save the Children (26. Februar 2024).

[12] Der Text der vorgelegten Beschwerde ist hier abrufbar: https://www.coe.int/en/web/european-social-charter/-/no.-241/2024-international-movement-atd-fourth-world-v.-spain.

[13] Art. 106 Constitución Española (Spanische Verfassung, SV) ermächtigt die Gerichte zur Kontrolle der Verwaltung. Art. 53 Abs. 3 eröffnet den Rechtsweg im Bereich der sozialen Rechte, die in den Art. 39 bis 52, einsl. der Rechte der Kinder gemäß den von Spanien ratifizierten völkerrechtlichen Verträgen, in Form von Leitprinzipien der Wirtschafts- und Sozialpolitik verbürgt sind. Allerdings sind diese Leitprinzipien nicht unmittelbar justiziabel, sondern erst in ihrer gesetzlichen Ausgestaltung.

2 Die Unzulänglichkeiten der Verwaltungsgerichtsbarkeit im Hinblick auf die Durchsetzung der sozialen Rechte

Im Folgenden sollen einige Schwachstellen der spanischen Verwaltungsgerichtsbarkeit erörtert werden, die bei der Gewährleistung der sozialen Rechte von der Praxis der Kinderrechte aus beobachtet werden können.

2.1 Ein zu enger Fokus auf den Individualrechtsschutz

Bedürftige Menschen haben in der Regel einen geringeren Zugang zum Rechtsweg. Obwohl in Spanien kostenlose Prozesshilfe gewährt wird,[14] wird der Gerichtsgang häufig nicht genutzt und ist mit Hindernissen versehen. Vielfach verstehen die Adressaten nicht, was in einem Bescheid der Sozialbehörde steht. Widerspruchs- oder Klagefristen sind häufig zu kurz, da Personen mit wenigen Ressourcen zunächst herausfinden müssen, wie sie Prozesskostenhilfe erhalten, wo geklagt werden soll, welche Unterlagen sie benötigen, usw. Die Zahl der Klagen im Bereich des Bürgergelds belegt dies. Sucht man in der Rechtsprechungsdatenbank des Allgemeinen Justizrates nach Gerichtsentscheidungen, die den Begriff „Ingreso Mínimo Vital“ (das spanische Bürgergeld) enthalten, so ergibt die Recherche 1.373 Treffer.[15] Das ist eine durchaus geringe Zahl. Im Jahr 2021 hat die Stiftung CIVIO Daten zum Bürgergeld über das Transparenzportal der spanischen Regierung angefragt. Laut diesen Daten, waren bis zum 1. Oktober 2021 über 1,3 Mio. Anträge beim Sozialversicherungsinstitut eingegangen. Von ihnen waren 336.000 positiv und 888.000 negativ beschieden worden. Nur in 10 % der Fälle erhoben Personen Widerspruch (89.000). Und bis dahin waren lediglich 1.486 Klagen bei den Sozialgerichten eingereicht worden. Von diesen wurden 286 entschieden, in 42 % der Fälle zugunsten des Klägers.[16] Diese Zahlen lassen erahnen, dass die betroffenen Menschen keine so schlechten Chancen auf Erfolg hätten, wenn sie häufiger klagen würden; dennoch tun sie das in den allerwenigsten Fällen.

Aufhebungsklagen gegen individuelle Verwaltungsakte, wie belastende Bescheide von Sozial-, Wohnungs-, Migrations- oder Gesundheitsbehörden, können selbstverständlich effektiv vor der Verwaltungs- oder der Sozialgerichtsbarkeit angefochten werden. Die Betroffenen sind allerdings aufgrund ihres mangelndes Rechtsverständnisses oder aufgrund ihrer finanziellen Lage auf den Beistand von NGOs oder freiwilligen Anwält*innen angewiesen. Wenn man aber versucht, die

---

[14] Ley 1/1996, de asistencia jurídica gratuita (Prozesskostenhilfegesetz).

[15] Suchkriterien waren: Urteile und Beschlüsse aus allen Gerichten der (hierzu zuständigen) Sozialgerichtsbarkeit zwischen dem 1. Juni 2020 (Inkrafttreten des Bürgergelds) und dem 14. August 2024, die den Begriff „ingreso mínimo vital“ enthalten.

[16] https://civio.es/el-boe-nuestro-de-cada-dia/2021/12/16/la-administracion-pierde-en-el-42-percent-de-los-juicios-sobre-el-ingreso-minimo-vital/.

strukturellen Fehler in den unterschiedlichen Politikbereichen gerichtlich überprüfen zu lassen, was durchaus sinnvoll wäre, um weiteren Tausenden Individualklagen zuvorzukommen, werden die Lücken in der Verwaltungsgerichtsbarkeit erkennbar.

Eine Möglichkeit, bestimmte Sozialpolitiken auf den gerichtlichen Prüfstand zu stellen, sind die Nichtigkeitsklagen gegen allgemeine Rechtsvorschriften im Rang unterhalb von Gesetzen, die bspw. eine Sozialleistung regeln, oder gegen Verfügungen, die Sachverhalte für eine unbestimmte Adressatengruppe regeln, wie z. B. die Gewährung von Subventionen.[17] Solche Klagen können von juristischen Personen wie Vereinen oder Stiftungen eingelegt werden, diese müssen allerdings ein berechtigtes Interesse an der Vernichtung begründen (§ 19 Abs. 1 Gesetz über die Verwaltungsgerichtsbarkeit, GüVwG). Nicht immer wird dieses Interesse anerkannt, denn die Rechtsprechung verlangt ein qualifiziertes und spezifisches Interesse.[18] Dazu reichen die Satzungsziele allein nicht aus, ein bloßes Interesse an der Einhaltung des Rechts ebensowenig. Vielmehr müssen juristische Personen ein nachweisbares Dauerengagement in dem fraglichen Sachgebiet vorweisen. Nach der ständigen Rechtsprechung müssen sie darlegen, dass sie bei Erfolg ihrer Klage einen bestimmten Vorteil haben, oder einen bestimmten Nachteil abwenden. Diese müssen zwar nicht tatsächlich sein, rein hypothetische oder abstrakte Vor- oder Nachteile reichen aber nicht aus. Die Kriterien sind also in der Rechtsprechung klar festgelegt, jedoch sind ihre Konturen unscharf. Wenn zum Beispiel eine Kinderrechtsorganisation beabsichtigt, einzelne Maßnahmen oder Rechtsakte im Bereich der Klimapolitik gerichtlich anzugreifen, würde ihr die Klagebefugnis zuerkannt werden, wenn sie bisher wenig in dem Bereich gearbeitet hat? Trotzdem scheint die Rechtsprechung sich gerade auf Öffnungskurs zu befinden.[19]

Ein weiteres Problem für den Erfolg des Gerichtsganges ist die „Flucht in das Soft Law". Denn nicht selten bedienen sich die zuständigen Verwaltungen an Instrumenten wie Verwaltungsvorschriften (*Instrucciones, Circulares*) oder Protokollen (*Protocolos*), um Verwaltungshandeln zu regeln, das eine Wirkung auf die Rechte und Interessen Dritter entfaltet. Gerichte sehen dies aber anders mit der Folge, dass solche Rechtsakte nicht anfechtbar sind, weil sie nicht als allgemeine Rechtsvorschriften begriffen werden können und deshalb außerhalb des Anwendungsbereichs des § 26 des Gesetzes über die Verwaltungsgerichtsbarkeit fallen. Die Stiftung Fundación Raíces durfte eine solche schlechte Erfahrung machen. 2014 verkündete das spanische Kanzleramt ein von mehreren Ministerien mit der Generalstaatsanwaltschaft vereinbartes Protokoll, das das Verwaltungshandeln in Bezug auf unbegleitete minderjährige Migranten regelt.[20] Das Protokoll enthält

---

[17] § 26 Ley 29/1998, reguladora de la jurisdicción contencioso-administrativa (Gesetz über die Verwaltungsgerichtsbarkeit).

[18] Jüngstes Beispiel dafür ist das Urteil des Obersten Gerichtshofs: OG, Urt. v. 5.3.2024, Nr. 378/2024.

[19] Speziell zur Klagebefugnis von Stiftungen siehe OG, Urt. v. 2.2.2023, Nr. 120/2023 und OG, Urt. v. 30.11.2023, Nr. 1611/2023.

[20] Resolución de 13 de octubre de 2014, de la Subsecretaría, por la que se publica el Acuerdo para la aprobación del Protocolo Marco sobre determinadas actuaciones en relación con los Menores Extranjeros No Acompañados.

Vorschriften, die eine Wirkung auf die Rechte der betroffenen Kinder entfalten. Beispielsweise wird dort geregelt, wie ihr Alter mangels Personalausweises oder Reisepasses festgestellt werden soll. Dass dies eine Auswirkung auf die Grundrechte der betroffenen Kinder hat, bestätigte das Verfassungsgericht im Jahr 2022,[21] nach mehreren Urteilen der Zivilkammer des Obersten Gerichtshofs in diesem Sinne seit 2014. Dabei ging es um die Verweigerung verschiedener Jugendämter, die Unbegleiteten in ihre Obhut zu nehmen, da sie nach den Ergebnissen eines durch die Staatsanwaltschaft durchgeführten Altersfeststellungsverfahrens bereits volljährig waren. Auch wird im Protokoll geregelt, wann die Ausweispapiere dieser Kinder für nicht verlässlich gehalten werden müssen, sodass ihr Alter durch ein medizinisches Verfahren ermittelt werden muss. Dieses Verfahren bestimmt für die Migranten, ob sie als Kinder behandelt werden und dementsprechend in den Genuss der in der Kinderrechtskonvention verbürgten Rechte kommen, oder nicht. Werden sie als Minderjährige eingeordnet, dürfen sie in Spanien in Obhut der Jugendämter bleiben. Werden sie als Volljährige angesehen, werden sie Papierlose und müssen eine Abschiebung befürchten. Die Stiftung Fundación Raíces war der Meinung, dass dieses Protokoll das Altersfeststellungsverfahren mit nur unzureichenden Garantien ausgestaltete und reichte eine Nichtigkeitsklage beim Obersten Gerichtshof ein. Dieser nahm die Klage nicht zur Entscheidung an mit der Begründung, das Protokoll sei gerichtlich nicht überprüfbar, da es sich dabei um eine rein interne Verwaltungsvorschrift handele, die lediglich die Koordination zwischen den beteiligten Behörden ordne.[22] Seitdem hat der UN-Kinderrechtsausschuss in 13 von unbegleiteten Kindern angestrengten Individualbeschwerdeverfahren Verletzungen der Kinderrechtskonvention festgestellt, die im Laufe verschiedener, gemäß des 2014er Protokolls durchgeführter, Altersfeststellungsverfahren begangen wurden.[23] Auch andere grundrechtssensible Bereiche werden gern über Verwaltungsvorschriften oder Protokolle geregelt, wie beispielsweise das Verwaltungshandeln im Falle von Gewalt an Kindern, die in Aufnahmeeinrichtungen der Jugendämter untergebracht sind.[24]

Kinder, die Beeinträchtigungen in ihrer körperlichen oder geistigen Unversehrtheit aufgrund eines mangelhaften Verwaltungshandelns im Falle von Gewalt in einer Institution erleben, bleibt außerhalb des Strafrechts nur eine Staatshaftungsklage als Rechtsmittel übrig.[25] Es müssten wahrscheinlich sehr viele von diesen

---

[21] Siehe Verfassungsgericht, Urt. v. 24.10.2022, Nr. 130/2022.

[22] Siehe OG, Urt. v. 31.1.2018, Nr. 131/2018.

[23] Ergebnisse nach der Datenbank des OHCHR, juris.ohchr.org. Siehe z. B. die Entscheidungen des Ausschusses in den Sachen Nr. 63/2018 (CRC/C/86/D/63/2018) und 29/2017 (CRC/C/85/D/29/2017).

[24] Siehe dazu Art. 53 Abs. 1 Ley Orgánica 8/2021 de protección integral a la infancia y la adolescencia frente a la violencia (Gesetz zum umfassenden Schutz von Kindern und Jugendlichen vor Gewalt).

[25] Siehe in diesem Sinne Huergo Lora (2012), S. 43: „Wenn man viele der Urteile höchster Interesse für die Rechtslehre liest, merkt man gleich, dass sie, aus der Sicht der Bedürfnisse und der Interessen der Parteien, nutzlos sind, und dass ihre einzige praktische Auswirkung die Eröffnung einer Staatshaftungsklage sein könnte, die ohnehin wenige Aussichten auf Erfolg hätte." (eigene Übersetzung).

Klagen bei den Gerichten eingehen und stattgegeben werden, bevor die zuständige Verwaltung zu der Einsicht kommen würde, dass vielleicht das Gewaltprotokoll nachgebessert werden müsste. Wäre es nicht sinnvoller, wenn ein solches Protokoll von einer zivilgesellschaftlichen Organisation gerichtlich angegriffen werden könnte? Die Wirksamkeit des Rechtsstaates sollte nicht von der Handlungsfähigkeit von Kindern abhängig gemacht werden und umso weniger von Kindern, die sich in einer sehr verletzlichen Situation befinden.

Schwieriger wird es noch für die Zivilgesellschaft, wenn es um Untätigkeitsklagen geht. Die Untätigkeitsklage könnte sehr hilfreich sein, um Verwaltungen zu einem Handeln zwingen zu können, das ihnen gesetzlich vorgeschrieben wird, das aber, sehr oft im Bereich der Sozialpolitik, unterlassen wird. Jedoch sind die Voraussetzungen der Klagebefugnis hierfür strenger als in den sonstigen Verwaltungsklagearten. Laut § 29 Abs. 1 GüVwG darf auf Untätigkeit nur derjenige klagen, der einen Anspruch auf die angeforderte Leistung hat. Ein berechtigtes Interesse reicht nicht aus, denn § 29 Abs. 1 ist spezieller im Verhältnis zu § 19 Abs. 1 und genießt Anwendungsvorrang.[26] Hat eine im Bereich der Kinderrechte tätige NGO etwa einen Anspruch darauf, dass die im § 56 des Gesetzes zum umfassenden Schutz von Kindern und Jugendlichen vor Gewalt vorgesehene Verordnung zur Schaffung eines neuen zentralen Gewaltregisters von der Regierung erlassen wird? Ein berechtigtes Interesse könnte man grundsätzlich bejahen; die jüngste Rechtsprechung gibt hingegen wenig Hoffnung auf die Anerkennung eines etwaigen Anspruchs.[27] Drei Jahre nach Inkrafttreten des Gesetzes existiert dieses zur Bekämpfung der Gewalt an Kindern und Jugendlichen wichtiges Informationsinstrument immer noch nicht. Wäre es nicht im Sinne des Rechtsstaates angezeigt, NGOs diese Untätigkeit gerichtlich rügen zu lassen?

2.2 *Programmatische Gesetzgebung mit wenigen Umsetzungsmaßnahmen*

Ein weiteres Problem, das sich stellt, wenn eine zivilgesellschaftliche Organisation den Zugang zu Gericht im Bereich der Sozialpolitik anstrebt, ist das ungünstige Zusammenspiel der drei Staatsgewalten. In Spanien ist die folgende Konstellation nicht unüblich: der Gesetzgeber verspricht viel, Verwaltungen machen wenig, um die gesetzlichen Vorhaben umzusetzen und die Verwaltungsgerichtsbarkeit sorgt für

[26] So im Ergebnis: OG, Urt. v. 4.3.2022, Nr. 275/2022 und OG, Urt. v. 8.1.2013, Nr. 52/2013.

[27] Siehe hierzu das OG Urteil Nr. 945/2024 vom 29. Mai 2024. Das Urteil verweigert die Klagebefugnis eines Unternehmens, das auf die Untätigkeit der autonomen Regierung von Extremadura klagen wollte. Das Unternehmen argumentierte, die Landesregierung sei verpflichtet, eine Landestraße zu warten, die dieses Unternehmen nutzte, und sich im schlechten Zustand befand. Die Rechtsauffassung des Obersten Gerichtshofs lautete, die Landesregierung war zwar zur Instandhaltung der Straße gesetzlich verpflichtet, das Gesetz verlieh aber den Einzelnen keinen Anspruch auf diese.

keine Rechenschaftslegung, da sie sich weigert, den Spielraum der Verwaltung einzuengen. Auch hier kommt die Untätigkeitsklage in Betracht.

Voraussetzung einer Untätigkeitsklage nach § 29 Abs. 1 GüVwG ist, dass die Verwaltung zu einer bestimmten Leistung gegenüber einer oder mehreren bestimmten Personen unmittelbar verpflichtet ist, und zwar, durch eine allgemeine Rechtsvorschrift, die keiner Umsetzungsakte bedarf. Die Verpflichtung kann sich alternativ aus einem Vertrag oder einem Abkommen ergeben. Allgemeine Rechtsvorschriften zu finden, aus denen sich unmittelbare Verpflichtungen der Verwaltung bestimmten Personen gegenüber ergeben, fällt nicht leicht. Der Gesetzgeber wird in der Regel keine direkten Ansprüche begründen wollen. Und dennoch muss man sich fragen, ob die Versprechungen des Gesetzgebers nicht vor Gericht geltend gemacht werden können müssten, selbst, wenn sie keine so festen Konturen aufweisen. Wenn beispielsweise § 22bis des Organgesetzes zum rechtlichen Schutz der Kinder und Jugendlichen[28] anordnet:

> „Jugendämter bieten Jugendlichen unter ihrer Obhut, insbesondere denjenigen in Aufnahmeeinrichtungen oder in besonders vulnerablen Lagen, Programme zum Übergang in ein selbstständiges Leben an. Diese werden ab zwei Jahren vor Erreichen der Volljährigkeit angeboten, und auch wenn diese erreicht wurde, immer, wenn solche Programme gebraucht werden. Die Jugendlichen verpflichten sich zur aktiven und produktiven Teilnahme. Diese Programme ermöglichen die sozialpädagogische Begleitung, die Unterkunft, die Integration in den Arbeitsmarkt, psychologische Unterstützung und Geldleistungen." (eigene Übersetzung)

Es wäre natürlich hilfreich, auf die tatsächliche Bereitstellung dieser Unterstützung klagen zu können, wenn neun Jahre nach Inkrafttreten des wiedergegebenen Paragrafen einige Autonome Gemeinschaften diese Programme noch nicht im vollen Umfang anbieten. *Save the Children* unterstützt viele ehemalige unbegleitete minderjährige Migranten, die nicht mehr in Obhut der Jugendämter sind, weil sie die Volljährigkeit erreicht haben und mittlerweile obdachlos, arbeitslos und hilflos sind. Selbst, wenn zivilgesellschaftliche Organisationen in Fällen wie diesem die Hürde der Klagebefugnis überwinden könnten: Würden die Verwaltungsgerichte den § 22bis Kinder-und Jugendschutzgesetz so auslegen, dass sich daraus unmittelbar Verpflichtungen für die Kinderschutzbehörden gegenüber bestimmten Personen, in diesem Falle den Kindern, die bald volljährig werden, ergeben? Würden sie auf Grundlage dieses Paragrafen die zuständige Verwaltung zur Bereitstellung der dort vorgesehenen Unterstützung verurteilen? Könnte ein bedürftiger Jugendlicher unter Berufung auf diesen Paragraf die Gewährleistung der unterlassenen Unterstützung erklagen? Nach hier vertretener Auffassung könnte und müsste dies möglich sein. Mit Sicherheit bedürfen solche Programme weiterer Ausführungsbestimmungen um näher zu regeln, wer Anspruch darauf haben kann, wie die dort skizzierten Zugangsvoraussetzungen praktisch auszulegen sind und worin die Leistungen genau bestehen. Dennoch ergibt sich aus § 22bis in hinreichend bestimmter Weise, was der Gesetzgeber von den Jugendämtern erwartet. Erstens, müssen die

---

[28] Ley Orgánica 1/1996, de protección jurídica del menor (Gesetz über den rechtlichen Schutz von Minderjährigen).

fraglichen Programme den Jugendlichen von den Jugendämtern proaktiv angeboten werden. Zweitens ist der Zeitpunkt auch klar: zwei Jahre vor Erreichen der Volljährigkeit. Die Elemente, die besagte Programme umfassen sollen, sind ebenfalls bestimmt: Geldleistungen, Unterkunft, sozialpädagogische Begleitung und psychologische Unterstützung. Da diese vier Leistungen bereits im Rahmen anderer Programme von den autonomen Sozialbehörden angeboten werden, dürften diese nicht mit ihrer angeblichen Unbestimmtheit gegenargumentieren können. Der Paragraf ist im Indikativ verfasst und knüpft das Anbieten der Unterstützung an keine weiteren Bedingungen. Seinem Wortlaut nach muss die Unterstützung allen Jugendlichen in Obhut der Jugendämter angeboten werden. Ohne in den Zuständigkeitsbereich der Verwaltung einzudringen, müssten die Gerichte die Jugendämter zu der Bereitstellung der in § 22bis Jugendschutzgesetz vorgesehenen Leistungen verpflichten können, ggf. mit dem Hinweis auf das Ersuchen der notwendigen Amtshilfe. Die Rechtsprechung des Obersten Gerichtshofs geht aber in eine andere Richtung.[29]

Fehlt es selbst an der ausführenden Gesetzgebung oder entsprechenden Regelungen, gibt es die Möglichkeit, diese „Verordnungsuntätigkeit" einzuklagen. Die Rechtsprechung des Obersten Gerichtshofs hat diese Möglichkeit unter § 29 Abs. 1 GüVwG bejaht. Voraussetzung ist, dass die Untätigkeit einen verfassungswidrigen bzw. gesetzwidrigen Zustand herbeiführt, oder dass die Verpflichtung zum Erlass einer Verordnung sich unmittelbar aus einer materiell-gesetzlichen Bestimmung ergibt.[30] Wirtschaftsverbände und Interessengruppen haben von dieser Klageart Gebrauch gemacht. Wenn sie erfolgreich waren, erfolgte eine Anordnung des zuständigen Gerichts an die unterlassende Behörde zum Erlass der fraglichen Verordnung, sogar mit einer Frist.[31] Es handelt sich um eine vielversprechende Klageart, wenn darauf abgezielt wird, mindestens die normative Ausführung der Sozialgesetzgebung, als Vorstufe zu ihrer effektiven Umsetzung, zu erreichen. Über den Erfolg oder das Scheitern solcher Klagen entscheidet der Wortlaut der Bestimmung, auf die die vom Kläger vertretene Verpflichtung zum Verordnungserlass gestützt wird. Der Oberste Gerichtshof war nicht immer bereit, solche Verpflichtungen zu bejahen, insbesondere, wenn dem Verordnungsgeber gesetzlich keine Frist gesetzt wurde.[32]

---

[29] Siehe Anm. 27. In diesem Urteil argumentierte der Oberste Gerichtshof, dass die gesetzliche Verpflichtung zur Instandhaltung der Landestraßen in Extremadura weiterer Umsetzungsakte bedurfte und erst durch politische und haushaltsbedingte Entscheidungen, die im Ermessen der Verwaltung lagen, durchzuführen sei. Allgemeinerer Natur ist OG, Urt. v. 18.2.2019, Nr. 187/2019.

[30] OG, Urt. v. 14.10.2014, Nr. 4368/2014.

[31] Siehe z. B. OG, Urt. v. 8.3.2023, Nr. 300/2023.

[32] OG, Urt. v. 16.10.2023, Nr. 1252/2023. Zur Frist: OG, Urt. v. 8.3.2023, Nr. 300/2023, Anm. 31; OG, Urt. v. 4.3.2022, Nr. 275/2022, Anm. 26; OG, Urt. v. 18.2.2019, Nr. 187/2019, Anm. 29.

3 Zwischenfazit: Wenig Gelegenheit, Politkfelder überprüfen zu lassen

Als Fazit lässt sich ziehen, dass die Ausgestaltung der spanischen Verwaltungsgerichtsbarkeit wenig taugt, um die Durchführung der Sozial- und Kinderrechte in der Praxis gerichtlich überprüfen zu lassen. Zugegeben, die Verwaltungsgerichtsbarkeit wurde nicht zu diesem Ziel eingerichtet und das aktuelle Gesetz macht sich das auch nicht zur Aufgabe. Die Verwaltungsgerichtsbarkeit als „Prüferin" (*revisora*) des Verwaltungshandelns ist sehr stark auf den Individualrechtsschutz fokussiert. Die Probleme im Bereich der Sozial- und Kinderschutzpolitik sind aber struktureller Natur. Viele der individuellen Rechtsverletzungen wurzeln in strukturellen Ursachen, seien es mangelhafte Gesetzgebung, eine fehlende Ausführung, unzureichende Ressourcen oder ungeschultes Personal. Wer einen effektiven Individualrechtsschutz gewährleisten möchte, muss die strukturellen Ursachen bekämpfen und dabei einer systematischen Vorgehensweise folgen, die nicht auf die unberechenbaren Möglichkeiten der Büger*innen, den Rechtsweg zu bestreiten, angewiesen ist.

Eine historische Betrachtung zeigt, dass der Weg der spanischen Verfassungsgerichtsbarkeit hin zu einem Instrument der Durchsetzung der Rechte der Bürger*innen im weitesten Sinne noch nicht vollendet ist. Frühere Gesetze über die Verwaltungsgerichtsbarkeit waren von dem Bestreben inspiriert „eine strenge Überwachung der Exekutive durch die dritte Gewalt zu erschweren und der Verwaltung systematisch eine möglichst komfortable Situation zu verschaffen."[33] Das 1998 in Kraft getretene GüVwG bedeutete bisher den entschiedensten Schritt in Richtung einer modernen, rechtsstaatlich orientierten Verwaltungsgerichtsbarkeit. Dennoch konnte es sich „nicht von allen Schatten der Vergangenheit befreien"[34] und bedarf noch weiterer Reformen.

4 Lösungsansätze

4.1 Die Öffnung der Klagearten

Aus §§ 25 bis 30 des Gesetzes über die Verwaltungsgerichtsbarkeit lassen sich fünf Klagearten im spanischen Verwaltungsprozessrecht ableiten: Klagen gegen Verwaltungsakte, direkte und indirekte Klagen gegen allgemeine Bestimmungen untergesetzlichen Rangs, Untätigkeitsklagen und Klagen gegen rechtsgrundlageloses Verwaltungshandeln (formelles Handeln oder Realakte). Jede Klageart hat unterschiedliche prozessuale Anforderungen und Voraussetzungen, die, wie oben dargelegt, sich auf die Klagebefugnis beziehen, aber auch bspw. auf die Notwendigkeit

[33] Vgl. García Macho (2019), S. 1468.

[34] Vgl. García Macho (2019), S. 1468, auch S. 1488.

einer vorausgehenden Aufforderung zum Handeln, auf das Begehren und auf Fristen.[35]

In der Rechtslehre wurde angemerkt, dass diese Klagearten, die durch das angegriffene Verwaltungshandeln definiert werden, nicht jede Form des Verwaltungshandelns umfassen,[36] was sich in der Praxis bestätigen lässt. Die restlichen Klagearten seien zudem zu sehr dem Modell der Anfechtungsklage von Verwaltungsakten nachgebildet worden,[37] und sind deshalb nicht auf andere Formen des Verwaltungshandelns zugeschnitten.

Als Lösungsansatz ist vorgeschlagen worden, dass das GüVwG nur zwei Klagearten verwaltungsspezifisch regeln sollte, und zwar, die Klagen gegen Verwaltungsakte und gegen untergesetzliche Normen. Für das restliche Verwaltungshandeln sollte anstatt spezifischer Klagearten ein Generalklauselprinzip, wie in der Zivilgerichtsbarkeit, gelten. Der Klagegegenstand sollte nicht als *numerus clausus* definiert werden, sondern sollte vielmehr jedes vom Verwaltungsrecht geregeltes Verwaltungshandeln umfassen. Auch das zulässige Begehren sollte möglichst offen definiert werden. Es sollte nicht zwangsläufig Anfechtungscharakter haben, sondern durch die Kategorien deklarativ, konstitutiv und verurteilend konstruiert werden. Die Klagefrist sollte von der Verjährungsfrist des geltend gemachten Anspruchs bestimmt werden.[38]

Eine solche Reform wäre aus Sicht der zivilgesellschaftlichen Organisationen sehr hilfreich, denn sie würde den Zugang zur Verwaltungsgerichtsbarkeit deutlich erleichtern und erweitern. Längere Fristen zur Vorbereitung der Klagen sind bei Mandanten in prekären Lagen von großer Hilfe, und Zeit und Ressourcen würden auch gespart, wenn sie nicht in die Überlegung, welche Klageart denn die richtige ist, wenn es überhaupt eine zum Sachverhalt passende gibt, investiert werden müsste.

4.2 Die Rolle der Zivilgesellschaft: inwiefern ist eine prokuratorische Rechtsstellung möglich/denkbar?

Aus den vorausgegangenen Überlegungen ergibt sich eine Frage, die Prof. Sommermann in den Jahren, in denen ich an seinem Lehrstuhl mitarbeiten durfte, sehr oft in seinen Seminaren behandelt hat: die prokuratorische Rechtsstellung. Zwar beschäftigte sich Prof. Sommermann mit dieser Frage vorwiegend im Rahmen des Umweltrechts. Sie könnte aber auch sehr hilfreich sein, damit zivilgesellschaftliche Organisationen die sozialen Rechte von Kindern und ihrer Familien gerichtliche Geltung verschaffen konnten.

---

[35] Huergo Lora (2012), S. 54.

[36] Huergo Lora (2012), S. 51; vergleichende Betrachtung bei Barnés (2021), S. 342 f., 371.

[37] Huergo Lora (2012), S. 56.

[38] Huergo Lora (2012), S. 68–69.

Der Individualrechtsschutz in der Verwaltungsgerichtsbarkeit ist für den Grundrechtsschutz unerlässlich. Aber nichts spricht gegen eine breitere Anerkennung der Klagebefugnis für juristische Personen der Zivilgesellschaft, zumal in einigen Politikfeldern individuell betroffene Menschen geringe Rechtsschutzmöglichkeiten haben.

NGOs können bereits betroffene Personen in Verfahren vor der Verwaltungsgerichtsbarkeit anwaltlich vertreten und ihnen somit zum Rechtsweg verhelfen. Wenn sie dies strategisch tun, wählen sie Fälle aus, die Gelegenheit zur gerichtlichen Auseinandersetzung mit den strukturellen Ursachen der bekämpften Rechtsverletzung geben. Um sicherzustellen, dass der Einzelfall eine breitere Auswirkung entfalten wird, müssen NGOs und Kläger bereit sein, den Rechtsweg bis hin zum Obersten Gerichtshof zu erschöpfen (ggf. bis hin zu internationalen Gerichtshöfen). Denn nur die Judikate des Obersten Gerichtshofs legen die Rechtslehre fest (*fijan doctrina*).[39] Die andere Variante besteht darin, mehrere Verfahren vor den unteren Instanzen durchzuführen in der Erwartung, dass die Gerichte zumindest ähnlich entscheiden werden. Beide Varianten sind kostspielig und umständlich und sie übersteigen oft die Ressourcen von NGOs. Natürlich werden zivilgesellschaftliche Organisationen nicht auf die Vertretung vulnerabler Mandanten verzichten. Die genannten Hürden sind aber unübersehbar und müssen sehr genau geprüft werden, bevor ein Antrag gestellt wird. Dennoch können NGOs, im Namen ihrer Mandanten, auf diese Weise bspw. Verwaltungsakte anfechten (§ 26 GüVwG) und dabei die Prüfung der Rechtmäßigkeit von sowohl den zugrunde liegenden Verordnungsbestimmungen (§ 27 GüVwG) als auch von rechtsgrundlagelosem Verwaltungshandeln beantragen (§ 30 GüVwG).

Die Klagebefugnis aufgrund des berechtigten Interesses nach § 19 GüVwG eröffnet hilfreiche Möglichkeiten. Rechtsvergleichend ist die spanische Verwaltungsgerichtsbarkeit relativ großzügig. Aufgrund eines berechtigten Interesses können zivilgesellschaftliche Organisationen im eigenen Namen Vernichtungsklagen oder Feststellungsklagen gegen Bestimmungen von Normen untergesetzlichen Rangs einlegen (§ 26 i. V. m. § 31 GüVwG). Das berechtigte Interesse wird, wie oben dargelegt, nicht ohne Weiteres anerkannt und hier wäre eine weitere Öffnung der Rechtsprechung wünschenswert.

Das Hauptproblem liegt also bei den Untätigkeitsklagen nach § 29 Abs. 1 GüVwG in ihren beiden Varianten (Klage auf Verwaltungshandeln oder auf Erlass einer Verordnung). Hier müsste der stark ausgeprägte individualrechtliche Fokus durch eine prokuratorische Rechtsstellung ergänzt werden, die Klagen durch zivilgesellschaftliche Organisationen im eigenen Namen, aber im Interesse der betroffenen Personen zuließ. Auch die Anforderungen an die materiell-rechtlichen Grundlage der Klage, also an die Bestimmungen, aus denen sich eine Verpflichtung der Verwaltung mit dem entsprechenden Anspruch der Einzelnen ergeben kann, müssten gesenkt werden mit dem Ziel, rechtswidrig unterlassenes Verwaltungs-

[39] § 96 GüVwG.

handeln umfassender kontrollieren zu können. Hier kann die Rechtsprechung nur begrenzt Abhilfe leisten.[40] Eine mutige Gesetzesreform wäre die bessere Alternative.

5 Fazit

Die effektive Durchsetzung der Sozial- und Kinderrechte in Spanien bedarf der Mitwirkung einer Verwaltungsgerichtsbarkeit, die in der Lage ist, die strukturellen Ursachen der Nichterfüllung dieser Rechte zu überprüfen. Dazu ist ein Umdenken der Verwaltungsgerichtsbarkeit im Sinne ihres verfassungsrechtlichen Auftrags nötig, das sich sodann in zielführenden Reformen niederschlägt. Vorschläge wie die oben genannten, oder die von Prof. Barnés skizzierte Ex-Ante-Kontrolle des Erlasses von allgemein-abstrakten Normen untergesetzlichen Rangs,[41] können den Weg weisen. Wie Barnés anmerkt, muss sich der Verwaltungsrechtsschutz an die verschiedenen und neuen Formen des Verwaltungshandelns und –verfahren anpassen. Die Sozialpolitik ist ein komplexes Feld, in dem unterschiedliche Interessen in Einklang gebracht werden müssen. Je komplexer die Entscheidungsfindung, desto schwieriger die gerichtliche Nachprüfung und desto mehr hat sich diese sich auf das Verfahren zu konzentrieren.[42] Zum Beispiel auf die Frage, ob das Recht des Kindes, angehört zu werden, und die Abwägung des obersten Kindeswohls verfahrensgemäß durchgeführt wurden.

Die Verwaltungsgerichtsbarkeit muss hierzu womöglich über ihren eigenen Schatten springen. Wenn aber heutzutage die Rolle des Verfassungsrechts als entscheidender Richtungsweiser des Verwaltungsrechts allgemein anerkannt wird,[43] muss die Verwaltungsgerichtsbarkeit in Spanien diesen Sprung wagen um den sozialen Verbürgungen (Art. 40 bis 52 SV) und den Kinderrechten (Art. 39 SV) zur vollen Wirksamkeit zu verhelfen.

Literatur

Barnés, J. (2021). § 147: Verwaltungsgerichtliche Kontrolle und die Typologie des Verwaltungsverfahrens. In A. von Bogdandy, P. M. Huber, & L. Marcusson (Hrsg.), *Handbuch Ius Publicum Europaeum Band IX Verwaltungsgerichtsbarkeit in Europa: Gemeineuropäische Perspektiven und supranationaler Rechtsschutz* (S. 339–372). C.F. Müller. (Übersetzung von Michael Guttner).

[40] Zur restriktiven Haltung der Rechtsprechung siehe Huergo Lora (2012), S. 53. Siehe Oberes Gericht von Madrid, Urt. v. 25.11.2021, Nr. 1338/2021.

[41] Barnés (2021), S. 364.

[42] Barnés (2021), S. 366–370.

[43] Sommermann (2022), S. 1019.

Consejo General del Poder Judicial. (2024, März 13). Los concursos presentados ante los órganos judiciales en 2023 aumentaron un 52,9 por ciento respecto del año anterior. https://www.poderjudicial.es/cgpj/es/Poder-Judicial/Consejo-General-del-Poder-Judicial/Oficina-de-Comunicacion/Archivo-de-notas-de-prensa/Los-concursos-presentados-ante-los-organos-judiciales-en-2023-aumentaron-un-52-9-por-ciento-respecto-al-ano-anterior. Zugegriffen am 10.12.2024.

García Macho, R. (2019). § 39: Geschichte der Verwaltungsgerichtsbarkeit in Spanien. In K.-P. Sommermann & B. Schaffarzik (Hrsg.), *Handbuch der Geschichte der Verwaltungsgerichtsbarkeit in Deutschland und Europa* (S. 1465–1488). Springer. (Übersetzung von Achim Pütz).

Huergo Lora, A. (2012). Un contencioso-administrativo sin recursos ni actividad impugnada. *Revista de Administración Pública, 189*, 41–73.

Save the Children. (2023). Aquí no hay quien viva. Un análisis de las dificultades de las familias para pagar la vivienda en España, https://www.savethechildren.es/sites/default/files/2023-03/AquiNoHayQuienViva_Informe_STC.pdf?_gl=1*1ln5t2i*_up*MQ..*_ga*NDI5MDAwNDEyLjE3MzA0NTgyODg.*_ga_7HK32SMG8P*MTczMDQ1ODI4Ni4xLjEuMTczMDQ1ODI5My4wLjAuMTg5OTE5MTY3. Zugegriffen am 10.12.2024.

Save the Children. (2024, Februar 26). Encuesta de condiciones de vida: La pobreza infantil sube en España de la mano del aumento de precios. https://www.savethechildren.es/notasprensa/encuesta-de-condiciones-de-vida-la-pobreza-infantil-sube-en-espana-de-la-mano-del. Zugegriffen am 10.12.2024.

Sommermann, S. (2022). Chapitre I Les bases constitutionnelles du droit administratif européen. In J.-B. Auby & J. Dutheil de la Rochère (Hrsg.), *Traité de droit administratif européen* (S. 1019–1035). Bruylant.

UNICEF España. (2024). Yo también vivo aquí. Vivienda, pobreza y derechos de infancia. https://www.unicef.es/sites/unicef.es/files/comunicacion/Informe_vivienda_Yo_tambien_vivo_aqui.pdf. Zugegriffen am 10.12.2024.

Art. 2 EUV, die Regional- und Kohäsionspolitik der Europäischen Union und mitgliedstaatliche Beeinträchtigungen kommunaler Selbstverwaltungsrechte

U. Stelkens

1 Einführung: Verwaltungsrechtsvergleich als konkretisierter Verfassungsrechtsvergleich

Karl-Peter Sommermann war mehr als 25 Jahre Inhaber des Lehrstuhls für Öffentliches Recht, Staatslehre und Rechtsvergleichung an der Deutschen Universität für Verwaltungswissenschaften Speyer. Die Lehrstuhlbezeichnung könnte den Eindruck erwecken, dass der Forschungsschwerpunkt im deutschen Staatsrecht liegt, wobei die Rechtsvergleichung in Form einer mehr oder weniger abstrakten Verfassungsrechtsvergleichung eher als „Beiwerk" erscheint. Dies würde jedoch schon den vielfältigen Forschungsinteressen Karl-Peter Sommermanns im Völkerrecht, im Unionsrecht und im europäischen und internationalen Menschenrechtsschutz nicht gerecht, die seiner rechtsvergleichenden Forschung einen konkreten Rahmen setzen. Vor allem aber befassen sich seine rechtsvergleichenden Arbeiten eher mit dem Verwaltungsrechtsvergleich (mit einem besonderen Fokus auf den Verwaltungsrechtsschutz auch in seiner historischen Entwicklung),[1] dem Vergleich

Ulrich Stelkens, Prof. Dr., wurde 1997 promoviert und habilitierte sich 2003 an der Universität des Saarlandes. Nach Lehrstuhlvertretungen an der FU Berlin ist er seit 2007 Inhaber des Lehrstuhls für Öffentliches Recht, insbesondere deutsches und europäisches Verwaltungsrecht, und seit 2017 Prorektor der Deutschen Universität für Verwaltungswissenschaften Speyer.

[1] Sein erstes „opus magnum", das 2019 erschienene, von ihm gemeinsam mit Bert Schaffarzik herausgegebene „Handbuch der Verwaltungsgerichtsbarkeit in Deutschland und Europa" verbindet in einzigartiger Weise einen historischen „innerdeutschen" Rechtsvergleich mit einem europäischen Rechtsvergleich des Verwaltungsrechtsschutzes.

U. Stelkens (✉)
Speyer, Deutschland
E-Mail: stelkens@uni-speyer.de

C. Fraenkel-Haeberle, B. Peters (Hrsg.), *Öffentliches Recht in transnationaler Perspektive*, https://doi.org/10.1007/978-3-662-72331-9_35

unterschiedlicher Verwaltungskulturen (einschließlich des öffentlichen Dienstes)[2] und hiermit zusammenhängend mit Fragen der Europäisierung und Internationalisierung des Verwaltungsrechts. Sein Zugang zu diesen Fragen lässt sich gut in Abwandlung von Fritz Werners berühmten Diktum mit „Verwaltungsrechtsvergleich als konkretisierter Verfassungsrechtsvergleich" beschreiben.[3] Das Interesse Karl-Peter Sommermanns gilt dem Vergleich, wie die verschiedenen verfassungsrechtlichen Staatszwecke und Staatsziele sowie der Grund- und Menschenrechtsschutz in den Verwaltungsrechtsordnungen gewährleistet und umgesetzt werden und wie sich die Verwaltungsrechtsordnungen dabei auch wechselseitig beeinflusst haben.

2 Verwaltungsrechtsvergleich zur Konkretisierung der Werte des Art. 2 EUV

Dieser Zugang ist von erheblichem praktischem Interesse für die Weiterentwicklung des Rechts der Europäischen Union und die Umsetzung, Durchführung und Durchsetzung der im Unionsrecht konkretisierten Unionspolitiken durch die EU-Mitgliedstaaten.[4] 2015 bezeichnete Karl-Peter Sommermann eine gemeineuropäische Verwaltungskultur als Gelingensbedingung europäischer Integration: Wie insbesondere Art. 197 AEUV verdeutliche, sei die Union nicht nur eine (formale) Rechtsgemeinschaft, sondern auch und vor allem eine Implementationsgemeinschaft, die gewährleisten müsse, dass die auf der EU-Ebene beschlossenen Rechtsakte und Programme im Rahmen ihrer Zuständigkeit von den Mitgliedstaaten effektiv umgesetzt werden können, und zwar auch wenn und soweit es noch zu keiner Vereinheitlichung des Umsetzungsrechts gekommen ist, sondern das nationale Recht die Grundlage der Verwirklichung der Unionspolitiken bildet.[5]

Damit werden die Grundlagen der Umsetzung, Durchführung und Durchsetzung der Unionspolitiken durch die Mitgliedstaaten angesprochen: Der EuGH sieht sie heute vor allem in den Werten des Art. 2 Satz 1 EUV, die allen EU-Mitgliedstaaten nach Art. 2 Satz 2 EUV „gemeinsam" seien. Hierauf stützt der EuGH eine unionsrechtliche Verpflichtung der Mitgliedstaaten, einen institutionellen Rahmen zu schaffen, der den in Art. 2 EUV zum Ausdruck kommenden unionsrechtlichen Erwartungen Rechnung trägt. Dies sei „Voraussetzung für den Genuss aller Rechte

---

[2] Sein zweites „opus magnum", der 2025 erschienene von ihm gemeinsam mit Adam Krzywoń und Cristina Fraenkel-Haeberle herausgegebene „Research Companion" zu „The Civil Service im Europe" ist von vornherein vergleichend angelegt.

[3] Sehr deutlich bei Sommermann (2002), S. 135.

[4] Siehe zur Verwendung dieser Begriffe anstelle des Begriffs des „indirekten Vollzugs" sowie zu den aus Art. 4 Abs. 3 AEUV folgenden verschiedenen Dimensionen der Umsetzungsverpflichtungen der Mitgliedstaaten: Stelkens (2023), S. 49 ff. und S. 60 ff.

[5] Sommermann (2015), S. 449 ff.

[...], die sich aus der Anwendung der Verträge auf diesen Mitgliedstaat ergeben".[6] Dies wird offenbar als Ausdruck einer wechselseitigen *vertraglichen* Verpflichtung der Mitgliedstaaten verstanden, die – wie Art. 49 EUV zeigt – letztlich „Geschäftsgrundlage"[7] für die Bereitschaft jedes Mitgliedstaates ist, mit jedem anderen Mitgliedstaat „untereinander" (Art. 1 Abs. 1 EUV) die Union zu gründen.[8] Konsequent versteht der EuGH daher die mitgliedstaatliche Verpflichtung zur Achtung der Werte des Art. 2 EUV auch als Ausdruck und Garantie der mitgliedstaatlichen Verpflichtung aus Art. 4 Abs. 3 EUV zur effektiven Umsetzung, Durchführung und Durchsetzung des Unionsrechts.[9]

Aus der Perspektive des deutschen Rechtsstaatsverständnisses, das den „Schutz der Menschenwürde und individuellen Freiheit nahezu einhellig [...] als die entscheidende Zielsetzung des Rechtsstaats"[10] ansieht, kann dies als „befremdliche" Instrumentalisierung der Verpflichtungen aus Art. 2 EUV wirken. Es stellt sich aus deutscher Perspektive ein ähnliches Störgefühl ein, wie bei der „Mobilisierung der Unionsbürger zur Durchsetzung des Unionsrechts" mittels „funktionaler Subjektivierung" unionsrechtlicher mitgliedstaatlicher Pflichten, die Unionsbürger zu „Prokuratoren des Unionsrechts" auch in solchen Fällen macht, wo nach deutscher Tradition kein Individualrechtsschutz gewährt würde. Auch diese funktionale Subjektivierung dient weniger der individuellen Selbstentfaltung des Einzelnen als der im Allgemeininteresse liegenden Rechtsdurchsetzung gegenüber einer ggf. widerstrebenden nationalen Verwaltung.[11] Vergleichbar hiermit verwandelt der EuGH nun auch „die Rechtstaatlichkeit" (und auch die anderen Werte des Art. 2 EUV) von einem primär dem Schutz des Einzelnen dienenden Ideal zu einem Staatsorganisationskonzept zur Gewährleistung effektiver (Unions-)Rechtsdurchsetzung

---

[6] EuGH, Urt. v. 20.4.2021, *Repubblika*, C-896/19, Rn. 63 ff.; EuGH, Urt. v. 16.2.2022, *Ungarn/Parlament und Rat*, C-156/21, Rn. 126; EuGH, Urt. v. 16.2.2022, *Polen/Parlament und Rat*, C-156/21, Rn. 144.

[7] So von Bogdandy, Spieker (2019), S. 408 f.

[8] In diese Richtung EuGH, Urt. v. 11.9.2020, *Kommission/Polen (Unabhängigkeit des Obersten Gerichts)*, C-619/18, Rn. 42 ff.; EuGH, Urt. v. 20.4.2021, *Repubblika*, C-896/19, Rn. 60 ff.; EuGH, Urt. v. 29.4.2025, *Kommission/Malta (Staatsbürgerschaft durch Investition)*, C-181/23, Rn. 94 ff. Mit der Bezugnahme auf den Grundsatz des gegenseitigen Vertrauens wird dies jedoch bereits angedeutet in EuGH, Urt. v. 27.2.2018, *Associação Sindical dos Juízes Portugueses*, C-64/16, Rn. 30. Deutlich auch Hwang (2024), S. 259.

[9] Sehr deutlich insoweit EuGH, Urt. v. 20.4.2021, *Repubblika*, C-896/19, Rn. 36 ff.; EuGH, Urt. v. 16.2.2022, *Ungarn/Parlament und Rat*, C-156/21, Rn. 129; EuGH, Urt. v. 16.2.2022, *Polen/Parlament und Rat*, C-156/21, Rn. 147; EuGH, Urt. v. 29.4.2025, *Kommission/Malta (Staatsbürgerschaft durch Investition)*, C-181/23, Rn. 94; ferner Carpano (2021), S. 101; Bustos Gisbert (2022), S. 598 ff. Ähnlich bezogen auf die Pflicht zur Schaffung unabhängiger Gerichte, um effektiven Rechtsschutz zur Durchsetzung von durch das Unionsrecht gewährten Rechten zu gewähren: EuGH, Urt. v. 27.2.2018, *Associação Sindical dos Juízes Portugueses*, C-64/16, Rn. 34; EuGH, Urt. v. 2.3.2021, *A.B. u. a. (Ernennung von Richtern zum Obersten Gerichtshof – Rechtsbehelf)*, C-824/18, Rn. 107; EuGH, Urt. v. 18.5.2021, *Asociația "Forumul Judecătorilor din România"*, C-83/19, C-127/19, C-195/19, C-291/19, C-355/19, C -397/19, Rn. 176.

[10] Sommermann (2024), Art. 20 Rn. 242.

[11] Siehe zur funktionalen Subjektivierung nur Masing (2022), § 10 Rn. 99.

und damit der Funktionsfähigkeit der Union insgesamt.[12] Bei unbefangener Betrachtung erscheint es aber gar nicht so fernliegend, dass die effektive Durchsetzung des in den hierfür vorgesehenen Verfahren gesetzten Rechts auch gegen den Willen der für die Durchsetzung Verantwortlichen selbst ein Gebot der Werte des Art. 2 EUV und namentlich ein Gebot des aus dem Rechtsstaatsprinzip und dem Demokratieprinzip abgeleiteten Grundsatzes der Gesetzmäßigkeit der Verwaltung ist.[13] Was anderes als Willkür der hierfür Verantwortlichen kann es sein, wenn (gültiges) Recht (unabhängig davon, ob es individualrechtsschützend ist) nicht durchgesetzt wird? Diese Sichtweise kommt jedenfalls deutlich in der „Rule of Law Checklist" der Venedig-Kommission von 2016[14] zum Ausdruck:

> „Although full enforcement of the law is rarely possible, a fundamental requirement of the Rule of Law is that the law must be respected. This means in particular that State bodies must effectively implement laws. The very essence of the Rule of Law would be called in question if law appeared only in the books but were not duly applied and enforced. The duty to implement the law is threefold, since it implies obedience to the law by individuals, the duty reasonably to enforce the law by the State and the duty of public officials to act within the limits of their conferred power."[15]

Dieses Verständnis liegt auch der sog. EU-Konditionalitäts-VO[16] zu Grunde. Schon deren Grundidee, dass der Haushalt der Union bei mitgliedstaatlichen Verstößen gegen die Rechtsstaatlichkeit gefährdet sein kann und deshalb gegenüber solchen Verstößen mittels der Maßnahmen des Art. 5 Konditionalitäts-VO geschützt werden muss, liegt auf dieser Linie: Verstöße gegen die Rechtsstaatlichkeit begründen den ernsthaften Verdacht, dass der betreffende Mitgliedstaat Unionsmittel gesetzeswidrig verausgabt (Art. 4 Abs. 1 Konditionaliäts-VO).[17] Dabei wird nach EU-Haushaltsrecht im Grundsatz jede unionsrechtswidrige Verwendung von Unionsmitteln als Schädigung des Unionshaushalts angesehen, mit der Folge dass die hierdurch entstehenden Aufwendungen nicht vom Unionshaushalt übernommen werden dürfen.[18]

Damit stellt sich sowohl für die Anwendung der Konditionalitäts-VO als auch generell für die Auslegung des Art. 2 EUV die Frage der Bestimmung des Inhalts

---

[12] Ähnlich wie hier Hwang (2024), S. 256 ff., 259; Mayer (2024), S. 233 f.

[13] Deutlich EuGH, Beschl. v. 17.4.2016, *Kommission/Polen (Wald von Białowieża)*, C-441/17 R, Rn. 102: Sicherstellung der „wirksamen Anwendung des Unionsrechts" sei „dem Wert des in Art. 2 EUV verankerten Rechtsstaatsprinzips, auf dem die Union gründet, inhärent".

[14] Zur Bedeutung der Arbeit der Venedig-Kommission zur Bestimmung der Inhalte des Art. 2 EUV sogleich bei Fn. 20.

[15] Venedig-Kommission, Rule of Law Checklist, CDL-AD (2016) 007, 18. März 2016, Rn. 53.

[16] VO (EU, Euratom) 2020/2092 des Europäischen Parlaments und des Rates vom 16. Dezember 2020 über eine allgemeine Konditionalitätsregelung zum Schutz des Haushalts der Union, ABl. LI 433/1.

[17] EuGH, Urt. v. 16.2.2022, *Ungarn/Parlament und Rat*, C-156/21, Rn. 267; EuGH, Urt. v. 16.2.2022, *Polen/Parlament und Rat*, C-156/21, Rn. 299.

[18] EuGH, Urt. v. 16.2.2022, *Ungarn/Parlament und Rat*, C-156/21, Rn. 131; EuGH, Urt. v. 16.2.2022, *Polen/Parlament und Rat*, C-156/21, Rn. 149. S. hierzu bereits EuGH, Urt. v. 7.2.1979, *Niederlande/Kommission*, 11/76, Rn. 8 ff.

der in Art. 2 EUV genannten Werte. Ihnen müssen Konturen gegeben werden, auch damit sie die aus Art. 4 Abs. 3 EUV folgenden Pflichten der Mitgliedstaaten wirksam konkretisieren können. Hierfür scheint sich ein Rückgriff auf die „Verfassungsüberlieferungen der Mitgliedstaaten“ und damit auf einen Verfassungsrechtsvergleich anzubieten.[19] Jedenfalls hinsichtlich der Werte „Demokratie“ und „Rechtsstaatlichkeit“ stößt dies aber an Grenzen, weil der Inhalt dieser Begriffe als verfassungsrechtliche Begriffe auch vom jeweiligen Verfassungskontext (im Lichte der jeweiligen Verfassungstradition) abhängt. Mittlerweile hat sich jedoch in Zusammenwirken von EU-Kommission und EuGH einerseits und den Organen und Einrichtungen des Europarates (insbes. der Venedig-Kommission und der Group of States against Corruption [GRECO]) sowie dem EGMR andererseits ein durchaus eigenständiges „gemeineuropäisches“ Verständnis jedenfalls von „Rechtsstaatlichkeit“ entwickelt, das der Auslegung und Anwendung sowohl des Art. 2 EUV als auch des heute im Wesentlichen inhaltsgleich verstandenen Art. 3 der Satzung des Europarates zu Grunde gelegt wird.[20] Ausdruck dessen ist etwa auch Erwägungsgrund Nr. 16 zur Konditionalitäts-VO, der zur Konkretisierung des von der Konditionalitäts-VO verwendeten Rechtsstaatlichkeitsbegriffs auf die Arbeiten der Venedig-Kommission und von GRECO Bezug nimmt,[21] was der EuGH in seinen Entscheidungen zur Konformitäts-VO aufgegriffen hat.[22] Der Art. 2 EUV zu Grunde liegende Demokratiebegriff ist dagegen (noch) weniger konturiert. Dies gilt jedenfalls, soweit es nicht um Demokratie als Herrschaftsform für die Union geht (dies wird in Art. 10 EUV konkretisiert),[23] sondern um Demokratie als gemeinsamer Wert der Mitgliedstaaten, auch wenn deren demokratische Organisation von Art. 10 Abs. 2 Uabs. 2 EUV vorausgesetzt wird.[24] Insoweit ist jedoch auch ein Rückgriff auf die *Reykjavík Principles for Democracy*[25] möglich, die auf dem 4. Gipfeltreffen der Staats- und Regierungschefs der Mitgliedstaaten des Europarates am 16./17. Mai

[19] Spieker (2023), S. 58 f. (dort auch zu möglicher Kritik an diesem Ansatz).

[20] Auf die Arbeiten der verschiedenen Einrichtungen des Europarates bei der Konkretisierung des Art. 2 EUV zurückzugreifen, entspricht der Praxis der EU-Organe, s. Europäische Kommission, Ein neuer EU-Rahmen zur Stärkung des Rechtsstaatsprinzips, KOM (2014) 158 endgültig, 11. März 2014, Rn. 2; Europäische Kommission, Die Stärkung der Rechtsstaatlichkeit in der Union, KOM (2019) 343 endgültig, 17. Juli 2019, bei Fn. 30. Siehe zur Zusammenarbeit zwischen Union und dem Europarat bei der Konkretisierung der Grundwerte des Art. 2 EUV und des Art. 3 der Europarats-Satzung auch Spano (2021), S. 223 ff.; Spieker (2023), S. 57 f.; Tabani (2024), S. 101 ff.

[21] Siehe zur praktischen Handhabung dieser Bezugnahme: Europäische Kommission, Vorschlag für einen Durchführungsbeschluss des Rates über Maßnahmen zum Schutz des Haushalts der Union vor Verstößen gegen die Grundsätze der Rechtsstaatlichkeit in Ungarn, KOM (2022) 485 endgültig, 18. September 2022, Rn. 34 und 39.

[22] EuGH, Urt. v. 16.2.2022, *Ungarn/Parlament und Rat*, C-156/21, Rn. 230 und Rn. 286; EuGH, Urt. v. 16.2.2022, *Polen/Parlament und Rat*, C-156/21, Rn. 325 und Rn. 342.

[23] Spieker (2023), S. 96 m.w.N.

[24] Sehr deutlich EuGH, Urt. v. 29.4.2025, *Kommission/Malta (Staatsbürgerschaft durch Investition)*, C-181/23, Rn. 88 ff.; Spieker (2023), S. 199 f.; ferner Bakó (2023), S. 123 f.

[25] S. hierzu Soyaltin-Colella (2024).

2023 verabschiedet wurden,[26] die der Vielfalt der Regierungssysteme der EU-Mitgliedstaaten Rechnung tragen und dennoch allgemeine Grenzen dort setzen, wo eine bestimmte Regierungsform tatsächlich nicht mehr als im europäischen Sinne „demokratisch“ angesehen werden kann.[27]

Kennzeichnend für alle diese „gemeineuropäischen“ Konkretisierungen von „Rechtsstaatlichkeit“ und „Demokratie“ ist, dass gar nicht erst versucht wird, diese Begriffe abstrakt zu definieren. Es wird vielmehr nach relativ konkreten Rechts- und Verfassungsinstituten gesucht, die sich als rechtliche Instrumente zur Sicherung eines demokratisch legitimierten, willkürfreien und die Grund- und Menschenrechte achtenden Staatshandelns bewährt haben und die (gerade deshalb) in allen Mitgliedstaaten (wenn auch mit unterschiedlicher Gewichtung und in unterschiedlichen Kombinationen) anerkannt sind. Dann wird hieraus auf die Eigenschaft dieser Institute als Einzelausprägung eines Wertes (oder mehrerer Werte) des Art. 2 EUV geschlossen.[28] Hierzu gehören etwa die Existenz einer auf freien, gleichen und geheimen Wahlen basierenden Volksvertretung (vgl. Art. 3 des 1. ZP zur EMRK), demokratische Teilhabe auch auf regionaler und lokaler Ebene, Gesetzmäßigkeit der Verwaltung, Rechtsschutz durch unabhängige Gerichte, Staatshaftung, Rechtssicherheit, Schutz des berechtigten Vertrauens auf die Stabilität staatlicher Entscheidungen, klare Zuständigkeitsregelungen und faire Verwaltungsverfahren, Transparenz, ein handlungsfähiger und kompetenter öffentlicher Dienst, Korruptionsbekämpfung mit Mitteln des Verwaltungs-, Haftungs- und Strafrechts u. v. m. Diese eher induktive Vorgehensweise unter Vermeidung präziser Definitionen der Begriffe „Rechtsstaatlichkeit“ und „Demokratie“ trägt dem Umstand Rechnung, dass sich nicht alle diese Institute nur einem Wert des Art. 2 EUV zuordnen lassen,[29] und baut letztlich auf der gemeinsamen Erfahrung und/oder den jeweils eigenen aber parallelen historischen Erfahrungen der Mitgliedstaaten der Union und des Europarates auf, dass die Beachtung, Implementierung und Durchsetzung dieser Rechtsinstitute durch die nationalen Gesetzgeber, Gerichte und Behörden staatliche Willkür erschwert und damit weniger wahrscheinlich macht.[30]

Hinsichtlich der konkreten Ausgestaltung dieser Rechtsinstitute bleibt den Mitgliedstaaten auch im Lichte des Art. 2 AEUV erheblicher Spielraum, mit welchem

---

[26] Appendix III zur Reykjavík Declaration „United Around our Values“ vom 16.-17.5.2023.

[27] Siehe hierzu auch die Überlegungen von Spieker (2023), S. 256 f.; ferner zu Negativ-Beispielen der Demokratie-Charade in Ungarn: Bakó (2023), S. 180 ff.

[28] Siehe zu dieser Vorgehensweise Spieker (2023), S. 54 f.; ferner (bezogen auf die sich aus Art. 2 EUV und Art. 3 der Europarats-Satzung ergebenden Erwartungen an eine rechtsstaatliche und demokratische Verwaltung in den Mitgliedstaaten): Stelkens, Andrijauskaitė, Marique (2020), Rn. 31.111 ff.

[29] Art. 2 lit. a) der Konditionalitäts-VO bestätigt dies. Hier wird hervorgehoben, dass die „Rechtsstaatlichkeit“ im Sinne dieser VO als Bezeichnung des in Art. 2 EUV verankerten Werts nicht nur verschiedene Grundsätze umfasst, sondern auch so zu verstehen ist, „dass auch die anderen in Artikel 2 EUV verankerten Werte und Grundsätze der Union berücksichtigt werden.“

[30] Ausführlich hierzu (bezogen auf die sich aus Art. 2 EUV und Art. 3 Europarats-Satzung ergebenden Erwartungen an eine rechtsstaatliche und demokratische Verwaltung in den Mitgliedstaaten): Stelkens, Andrijauskaitė, Marique (2020), Rn. 31.114.

Gewicht, unter welchen Voraussetzungen und in welchen Kombinationen sie zum Bestandteil der nationalen Rechtsordnungen gemacht werden. Dies trägt nicht nur ihrer jeweiligen nationalen Identität Rechnung, die die Union (und damit auch jede Auslegung des Art. 2 EUV) zu achten hat (Art. 4 Abs. 2 EUV), sondern ermöglicht es gerade auch, den unterschiedlichen Rechts- und Verwaltungskulturen der Mitgliedstaaten Rechnung zu tragen, die sich auch in grundsätzlichen Fragen wie denen der Staatsaufgaben, der Intensität der Rechtsbindung von Verwaltung und Gerichten, des Verhältnisses zwischen Verwaltung und Regierung, der Funktion des Rechtsschutzes und der Rolle des Richters nach wie vor erheblich unterscheiden.[31] Auch wenn der Spielraum für die Mitgliedstaaten insoweit sehr groß ist: Grenzenlos ist er nicht, weil diese Rechtsinstitute innerhalb einer Rechtsordnung (und zwar sowohl im *law in the books* wie im *law in practice*) zusammenwirken müssen, damit insgesamt ein den Werten des Art. 2 EUV entsprechendes Gemeinwesen gewährleistet werden kann. Ein vollständiges Herausbrechen oder ein zu weitgehendes Aufweichen einzelner dieser Institute stellt damit in Frage, dass der betreffende Mitgliedstaat (bzw. dessen Regierung) tatsächlich noch seine Pflichten gegenüber der Union und den anderen Mitgliedstaaten erfüllen kann, gemäß Art. 4 Abs. 3 EUV und Art. 197 Abs. 1 AEUV das Unionsrecht effektiv umzusetzen, durchzuführen und durchzusetzen und damit die dahinter stehenden Unionspolitiken effektiv zu verwirklichen. Dies alles zeigt, dass die für eine Operationalisierung notwendige Konkretisierung von Art. 2 EUV zur Gewährleistung eines effektiven Vollzugs des Unionsrechts durch die EU-Mitgliedstaaten auf einem wertenden „Verwaltungsrechtsvergleich als konkretisierten Verfassungsrechtsvergleich" beruhen muss, der nichts mit einer Umdefinition des Art. 2 EUV in eine „föderale Homogenitätsklausel" zu tun hat.[32]

3 Beispiel: Kommunale Selbstverwaltung und lokale Autonomie als Voraussetzung für eine Art.-2-EUV-konforme Bewirtschaftung von Unionsmitteln?

Mit einem Beispiel aus der Regional- und Kohäsionspolitik der Union nach Art. 174 bis 178 AEUV soll dies illustriert werden. Die insoweit vorgesehenen Fonds werden nach Art. 7 der Fonds-Rahmen-VO[33] von den Mitgliedstaaten in Form der sog.

---

[31] Siehe hierzu Stelkens, Andrijauskaitė, Marique (2020), Rn. 31.03 ff., 31.33 ff., 31.43 ff., 31.52 und 31.59 ff.

[32] So die Befürchtung von Nettesheim (2024), S. 269 ff. Siehe aber auch Spieker (2023), S. 174 f.

[33] VO (EU) 2021/1060 des Europäischen Parlaments und des Rates vom 24. Juni 2021 mit gemeinsamen Bestimmungen für den Europäischen Fonds für regionale Entwicklung, den Europäischen Sozialfonds Plus, den Kohäsionsfonds, den Fonds für einen gerechten Übergang und den Europäischen Meeres-, Fischerei- und Aquakulturfonds sowie mit Haushaltsvorschriften für diese Fonds und für den Asyl-, Migrations- und Integrationsfonds, den Fonds für die innere Sicherheit und das Instrument für finanzielle Hilfe im Bereich Grenzverwaltung und Visumpolitik, ABl. L 2021/231/159 (zuletzt geändert durch VO (EU) 2024/795 vom 29. Februar 2024, ABl. L 2024/795).

geteilten Mittelverwaltung[34] nach Art. 62 f. der EU-Haushaltsordnung[35] verwaltet. Sie sehen Fördermittel v. a. auch für kommunale und regionale Projekte vor.[36] Die Fonds-Rahmen-VO unterscheidet zudem zwischen den Begünstigten von Fördermaßnahmen aus den Fonds (Art. 2 Nr. 9 Fonds-Rahmen-VO) und den von den Mitgliedstaaten zu benennenden „Verwaltungs- und Prüfbehörden“ (Art. 72 Fonds-Rahmen-VO), die für die Verwaltung der Programme und damit auch für die Vergabe der Mittel aus den Fonds und deren Kontrolle zuständig sind. Eine solche Trennung zwischen der vergebenden (staatlichen) mitgliedstaatlichen Stelle und den Begünstigten setzen auch die Regelungen über die „Partnerschaftsvereinbarungen“ (Art. 10 ff. Fonds-Rahmen-VO) voraus, die auf Grundlage einer „Partnerschaft“ u. a. mit den „regionalen, städtischen und anderen Behörden“ erarbeitet werden sollen.

Diese Bestimmungen gebieten somit eine strukturelle Trennung der mittelverwaltenden mitgliedstaatlichen Behörden von den Fördermittelempfängern. Dies gilt gerade dann, wenn Projekte lokaler und regionaler Gebietskörperschaften für eine Förderung in Frage kommen. Dabei dürfte die Überlegung eine Rolle spielen, dass die lokalen Gebietskörperschaften näher an der Bevölkerung sind und daher die lokalen Gegebenheiten und Bedürfnisse besser kennen als die Zentralregierung und daher besser als diese in der Lage sind, förderungswürdige Projekte zu entwickeln. Dies ermöglicht dann auch eine bedarfsgerechte Mittelvergabe, sodass die Mittel gezielt zur Förderung benachteiligter Regionen eingesetzt werden können. Zudem erleichtert dies die Sichtbarkeit des „EU-Charakters“ der Finanzierung. Deren Bedeutung für die Wirksamkeit der EU-Förderpolitik zeigen Art. 46 ff. Fonds-Rahmen-VO, die die Mitgliedstaaten verpflichten, auf den Umstand der Unterstützung eines Projekts aus den EU-Fonds besonders (unter Verwendung des Emblems der Union) hinzuweisen. Strategisch soll hiermit sichergestellt werden, dass die Zentralregierung die EU-Herkunft der Mittel für die Projektfinanzierung (und damit auch die aus der EU-Mitgliedschaft des Mitgliedstaats erwachsenden Vorteile für die Region) sichtbar macht und nicht die Förderung gegenüber der eigenen Bevölkerung als „Eigenleistung“ ausgibt. Dies zeigt: Aus Sicht der EU-Förderprogramme ist eine gewisse Autonomie der lokalen und regionale Ebene gegenüber der Zentralregierung und damit eine gewisse „vertikale Gewaltenteilung“ innerhalb der Staats- und Verwaltungsorganisation der Mitgliedstaaten wichtig. Gerade illiberalen mitgliedstaatlichen Regierungen kann dies jedoch ein Dorn im Auge sein, weil es ihre Zugriffsmöglichkeiten auf die EU-Fördermittel ebenso begrenzt wie die Möglichkeiten der „Vermarktung“ der EU-geförderten Projekte als „Eigenleistung“

---

[34] Siehe zur Funktionsweise der geteilten Mittelverwaltung: Fiebelkorn, Petzold (2020), S. 536 ff.

[35] VO (EU, Euratom) 2024/2509 des Europäischen Parlaments und des Rates vom 23. September 2024 über die Haushaltsordnung für den Gesamthaushaltsplan der Union (Neufassung), ABl. L 2024/2509.

[36] S. z. B. VO (EU) 2021/1058 des Europäischen Parlaments und des Rates vom 24. Juni 2021 über den Europäischen Fonds für regionale Entwicklung und den Kohäsionsfonds, ABl. L 2021/231/60, oder VO (EU) 2021/1057 des Europäischen Parlaments und des Rates vom 24. Juni 2021 zur Einrichtung des Europäischen Sozialfonds Plus (ESF+), ABl. L 2021/231/21 (beide zuletzt geändert durch VO (EU) 2024/795 vom 29. Februar 2024, ABl. L 2024/795).

gerade der Zentralregierung. Dies ist wohl jedenfalls auch ein Grund, weshalb die kommunale Selbstverwaltung insbesondere in Ungarn[37] und während der PiS-Regierung auch in Polen[38] zu Gunsten einer Zentralisierung zunehmend geschwächt wurde.

Daher stellt sich die Frage, ob „lokale oder regionale Behörden" als Begünstigte einer Fördermaßnahme im Sinne der Fonds-Rahmen-VO und der einzelnen Förderprogramme bereits vorliegen, wenn es sich um dezentrale Behörden handelt oder ob mit dieser Bezeichnung ein gewisses Maß an Selbstverwaltungsrechten oder Autonomie gegenüber der Zentralregierung als (ungeschriebene) Voraussetzung für die Förderfähigkeit von Projekten solcher Behörden impliziert wird. Dann müsste nicht nur die Union die „regionale und lokale Selbstverwaltung" als Teil der nationalen (verfassungsmäßigen) Identität der Mitgliedstaaten achten (Art. 4 Abs. 2 EUV), sondern entsprechende Garantien im nationalen Recht wären auch „geeignete Maßnahmen allgemeiner Art", die die EU-Mitgliedstaaten nach Art. 4 Abs. 3 EUV zur Erfüllung ihrer Verpflichtungen aus den EU-Finanzierungsprogrammen ergreifen müssten, wenn und soweit sie EU-Fördermittel für lokale und regionale Projekte in Anspruch nehmen. Das geforderte Mindestmaß an kommunaler und regionaler Autonomie ließe sich insoweit unter Rückgriff auf die von allen Mitgliedstaaten des Europarates (und damit auch der Union) ratifizierte *European Charter of Local Self-Government* (Kommunalcharta) von 1985 bestimmen, bezüglich derer der *Congress of Local and Regional Authorities* des Europarates ein sehr intensives Monitoring betreibt, dessen Spruchpraxis die Standards der Kommunalcharta zunehmend konkretisiert.[39] Ein Rückgriff auf die Kommunalcharta wurde bereits in Zusammenhang mit der Auslegung von Art. 4 Abs. 2 EUV (und des Subsidiaritätsprinzips des Art. 5 Abs. 3 EUV) vorgeschlagen[40] und entspräche methodisch den oben dargestellten Praktiken zur Konkretisierung des europäischen Rechtsstaatsprinzips.

Folgt man derartigen Überlegungen, wäre der EU-Haushalt durch die Förderung von Projekten solcher „lokaler oder regionaler Behörden" geschädigt, die nicht über ein Mindestmaß kommunaler Autonomie entsprechend der Kommunalcharta verfügen, da (1.) jede rechtswidrige Förderung aus EU-Mitteln eine solche Schädigung begründet[41] und (2.) jede Förderung von Projekten solcher „lokaler oder regionaler Behörden" rechtswidrig wäre. Die Kommission wäre dann schon nach Art. 104 Abs. 1 Fonds-Rahmen-VO zu Finanzkorrekturen (d. h. zur Kürzung der Unterstüt-

[37] Cf. Congress of Local and Regional Authorities, Recommendation 451 (2021), Monitoring of the European Charter of Local Self-Government in Hungary, Diskussion und Annahme durch das „Statutory Forum" am 12. Februar 2021 (s. Dokument CG-FORUM(2021)01-03 mit Explanatory Memorandum). Siehe auch Bakó (2023), S. 129 ff.

[38] Cf. Congress of Local and Regional Authorities, Recommendation 431 (2019), Local and regional democracy in Poland, Diskussion und Annahme durch den Kongress am 2. April 2019 (s. Dokument CG36(2019)13 mit Explanatory Memorandum).

[39] Hierzu Boggero (2018), S. 1 ff.; Himsworth (2015), S. 1 ff.; Schaffarzik (2017), Rn. 10.53 ff.

[40] Boggero (2018), S. 67 ff.; Schaffarzik (2007), § 14 Rn. 23 ff.

[41] Siehe oben bei Fn. 18.

zung aus dem Fonds) berechtigt.[42] Dies würde jedoch ein Tätigwerden der Kommission bezogen auf jede einzelne Förderung notwendig machen, die zudem erst nachträglich gekürzt werden könnte.

Maßnahmen nach Art. 5 Konditionalitäts-VO würden dagegen auch präventive und projektübergreifende Finanzierungsausschlüsse ermöglichen. Diese Möglichkeiten kommen aber nur in Betracht, wenn die Nichtgewährung eines Mindestmaßes an lokaler Autonomie auch als Verstoß gegen die „Rechtsstaatlichkeit" im Sinne des Art. 2 lit. a Konditionalitäts-VO verstanden werden kann. Diese Bestimmung definiert die „Rechtsstaatlichkeit" als „den [entsprechend bezeichneten] in Artikel 2 verankerten Wert der Union". Dieser soll „die Grundsätze der Rechtmäßigkeit [gemeint ist wohl: Gesetzmäßigkeit],[43] die transparente, rechenschaftspflichtige, demokratische und pluralistische Gesetzgebungsverfahren voraussetzen, der Rechtssicherheit, des Verbots der willkürlichen Ausübung von Hoheitsgewalt, des wirksamen Rechtsschutzes – einschließlich des Zugangs zur Justiz – durch unabhängige und unparteiische Gerichte, auch in Bezug auf Grundrechte, der Gewaltenteilung und der Nichtdiskriminierung und der Gleichheit vor dem Gesetz" umfassen. Kommunale Autonomie wird hier nicht explizit genannt und wird wohl auch nicht als Einzelausprägung der Rechtsstaatlichkeit im Sinne des Art. 2 EUV verstanden. Entsprechend den *Reykjavík Principles for Democracy* wäre allenfalls eine Zuordnung zur „Demokratie" im Sinne des Art. 2 EUV möglich. Insoweit besteht jedoch eine Schwachstelle der Konditionalitäts-VO, die eben nur bei Verstößen gegen die „Rechtstaatlichkeit" jedoch nicht bei Verstößen gegen die sonstigen Werte des Art. 2 EUV greift. Zudem betreffen die in Art. 4 Abs. 2 Konditionalitäts-VO genannten Beispiele für Verstöße gegen die Rechtsstaatlichkeit vor allem das Verhalten der mittelverwaltenden mitgliedstaatlichen Behörden und ihrer gerichtlichen Kontrolle, jedoch nicht die Organisation der Begünstigten von Fördermaßnahmen und ihre Unabhängigkeit von der Zentralregierung.

Die Unanwendbarkeit der Konditionalitäts-VO schließt aber nicht aus, dass die Kommission nach Art. 258 ff. AEUV ein Vertragsverletzungsverfahren wegen einer ständigen Praxis eines Mitgliedstaates einleitet, auch solchen „lokalen und regionalen Behörden" Fördermittel aus dem EU-Haushalt zu gewähren, die nicht über ein Mindestmaß kommunaler Autonomie entsprechend der Kommunalcharta verfügen.[44] Dies würde dem EuGH die Möglichkeit geben, unabhängig vom Einzelfall eines konkreten Förderprojekts zu klären, ob tatsächlich der Begriff der „lokalen und regionalen Behörde" in den genannten Bestimmungen unter Berufung auf die Kommunalcharta dergestalt „aufgeladen" werden kann, dass die (praktische) Gewährleistung eines Mindeststandards kommunaler Autonomie Voraussetzung für die Förderfähigkeit von Projekten solcher „Behörden" aus den EU-Fonds ist. Da es sich vordergründig um eine Frage der Interpretation (nur) des einschlägigen

[42] Zu Finanzkorrekturen bei den EU-Fonds: Stelkens (2015), § 42 Rn. 54 f.

[43] Die englische Fassung spricht von „legality", die französische von „légalité", die spanische von „legalidad".

[44] Zur „ständigen unionsrechtswidrigen Verwaltungspraxis" als Gegenstand eines Vertragsverletzungsverfahrens: Sikora (2009), S. 5 ff.

Sekundärrechts handelt, könnte der EuGH sie wohl auch ohne Bezugnahme auf Art. 2 EUV entscheiden. Der EuGH könnte jedoch auch darauf abstellen, dass (entsprechend den *Reykjavík Principles for Democracy*) ein Mindestmaß an kommunaler Autonomie auch Bestandteil des Wertes „Demokratie" ist. Dies würde klarstellen, dass der EU-Gesetzgeber tatsächlich die Förderung kommunaler Projekte von einer entsprechenden Ausgestaltung des nationalen Kommunalrechts abhängig machen könnte, obwohl die EU über keine allgemeine Zuständigkeit für die Ausgestaltung der Beziehungen zwischen Kommunen und der Zentralregierung verfügt. Die Situation würde sich dann ganz ähnlich darstellen wie im Hinblick auf die richterliche Unabhängigkeit: Zwar fällt die Ausgestaltung des Status der Kommunen in die Zuständigkeit der Mitgliedstaaten. „Unbeschadet dessen müssen die Mitgliedstaaten aber bei der Ausübung dieser Zuständigkeit die Verpflichtungen einhalten, die sich für sie aus dem Unionsrecht ergeben [...]. Darüber hinaus will die Union, wenn sie von den Mitgliedstaaten verlangt, dass diese ihre Verpflichtungen in dieser Weise einhalten, weder in irgendeiner Weise selbst diese Zuständigkeit ausüben noch [...] sich diese Zuständigkeit anmaßen."[45]

Unabhängig davon, wie hier entschieden würde: Der Vergleich lokaler Verwaltungen der EU-Mitgliedstaaten und ihrer Autonomie in Theorie und Praxis hätte mit der Kommunalcharta einen konkreten Bezugsrahmen, den man seinerseits wieder als Konkretisierung des Art. 2 EUV verstehen könnte: Der Verwaltungsrechtsvergleich und die hierbei gewonnenen rechtlichen und tatsächlichen Erkenntnisse hätten unmittelbare Rückwirkungen auf das Verständnis des Art. 2 EUV, würden aber auch die erheblichen Entscheidungsspielräume der Mitgliedstaaten aufzeigen, wie kommunale Autonomie ausgestaltet sein kann, ohne den Werten des Art. 2 EUV zu widersprechen. Dies ist eben das, was hier mit Verwaltungsrechtsvergleich als konkretisiertem Verfassungsrechtsvergleich beschrieben werden sollte.

4 Fazit

Karl-Peter Sommermann hat in seinem bereits erwähnten Artikel von 2015 festgestellt, dass eine im Wesentlichen gleichwertige Implementation des Unionsrechts durch die Mitgliedstaaten Voraussetzung für das Vertrauen der Bürger in die Funktionsfähigkeit der Europäischen Union und damit auch eine „Gelingensbedingung europäischer Integration" ist.[46] Dies setze jedoch Maßnahmen der Union voraus, die auf eine „Entwicklung und Weiterentwicklung gemeinsamer verwaltungskultureller Mindeststandards, die einerseits Raum für verwaltungskulturelle Vielfalt lassen, andererseits verwaltungskulturelle Kohärenz und Interoperabilität vermitteln", zielen. Die jüngere Judikatur des EuGH zur Verbindlichkeit des Art. 2 EUV auch für die Mitgliedstaaten und zur Bedeutung der Werte des Art. 2 EUV für den

[45] So (zur richterlichen Unabhängigkeit) EuGH, Urt. v. 11.9.2020, *Kommission/Polen (Unabhängigkeit des Obersten Gerichts)*, C-619/18, Rn. 52.

[46] Sommermann (2015), S. 455.

effektiven mitgliedstaatlichen Unionsrechtsvollzug lassen sich durchaus als Schritt in diese Richtung verstehen. Während diese sich allerdings bislang im Wesentlichen auf die Frage der richterlichen Unabhängigkeit beschränkt, geht bereits die Konditionalitäts-VO, die gerade auch die Korruptionsbekämpfung als Grundbedingung der Rechtsstaatlichkeit in den Blick nimmt, darüber hinaus. Der Beitrag sollte aber auch zeigen, dass die Rechtsprechung des EuGH zudem die methodischen Grundlagen dafür gelegt hat, wie die Bindungswirkung der (einzelnen Ausprägungen der) anderen Werte des Art. 2 EUV für die Mitgliedstaaten bestimmt werden kann.

Literatur

Bakó, B. (2023). *Challenges to EU Values in Hungary*. Routledge.

von Bogdandy, A., & Spieker, D. S. (2019). Countering the Judicial Silencing of Critics: Article 2 TEU values, Reverse Solange, and the Responsibilities of National Judges. *European Constitional Law Review, 15*(3), 391–426.

Boggero, G. (2018). *Constitutional principles of local self-government in Europe*. Brill.

Bustos Gisbert, R. (2022). Judicial Independence in European Constitutional Law. *European Constitional Law Review, 18*(4), 591–620.

Carpano, E. (2021). L'État de droit intégré. *Revue de l'Union européenne, N° 645*, 98–102.

Fiebelkorn, V., & Petzold, H. A. (2020). EU-Förderung in geteilter Verwaltung – am Beispiel der Europäischen Struktur- und Investitionsfonds. *Europarecht, 55*(5), 536–553.

Himsworth, C. M. G. (2015). *The European Charter of Local Self-Government*. Edinburgh University Press.

Hwang, S. P. (2024). Juristischer Werteschutz in der Europäischen Union: Eine verfassungsvergleichende Perspektive. *Europarecht, 59*(3), 240–268.

Masing, J. (2022). Der Rechtsstatus des Einzelnen im Verwaltungsrecht. In A. Voßkuhle, M. Eifert, & C. Möllers (Hrsg.), *Grundlagen des Verwaltungsrechts* (3. Aufl., Bd. I, S. 655–778). C. H. Beck.

Mayer, F. C. (2024). Judikativer Werteschutz in der Europäischen Union: Grundlagen und Chancen. *Europarecht, 59*(3), 219–239.

Nettesheim, M. (2024). Die föderale Homogenitätsklausel des Art. 2 EUV. *Europarecht, 59*(3), 269–299.

Schaffarzik, B. (2007). Der Schutz der kommunalen Selbstverwaltung im europäischen Mehrebenensystem. In T. Mann & G. Püttner (Hrsg.), *Handbuch der Kommunalen Wissenschaft und Praxis* (3. Aufl., Bd. 1, S. 269–288). Springer.

Schaffarzik, B. (2017). Congress of Local and Regional Authorities. In S. Schmahl & M. Breuer (Hrsg.), *The Council of Europe – Its law and policies* (S. 269–295). Oxford University Press.

Sikora, A. (2009). Administrative practice as a failure of a member state to fulfil its obligations under community law. *Review of European Administrative Law, 2*(1), 5–27.

Sommermann, K.-P. (2002). Konvergenzen im Verwaltungsverfahrens- und Verwaltungsprozeßrecht europäischer Staaten. *Die Öffentliche Verwaltung, 55*(4), 133–143.

Sommermann, K.-P. (2015). Gemeineuropäische Verwaltungskultur als Gelingensbedingung europäischer Integration. *Die Öffentliche Verwaltung, 68*(11), 449–445.

Sommermann, K.-P. (2024). Artikel 20 Grundgesetz. In P. M. Huber, & A. Voßkuhle (Hrsg.), *Grundgesetz – Kommentar* (8. Aufl.). C. H. Beck.

Soyaltin-Colella, D. (2024). The Reykjavík Principles for Democracy: Are They Enough? Revue des droits et libertés fondamentaux – chronique n°210. https://revuedlf.com

Spano, R. (2021). The Rule of Law as a Lodestar of the European Convention of Human Rights: The Strasbourg Court and the Independence of the Judiciary. *European Law Journal, 27*(1–3), 211–227.
Spieker, L. D. (2023). *EU Values before the Court of Justice*. Oxford University Press.
Stelkens, U. (2015). Die Haftung zwischen Bund und Ländern. In I. Härtel (Hrsg.), *Handbuch Föderalismus* (Bd. II, S. 425–461). Springer.
Stelkens, U. (2023). Vollzugstaugliche Umsetzung des Unionsrechts. In V. Beck, G. Färber, A. Pautsch, & U. Stelkens (Hrsg.), *Vollzugstaugliche Rechtsetzung* (S. 47–79). Nomos.
Stelkens, U., Andrijauskaitė, A., & Marique, Y. (2020). Mapping, Explaining and Constructing the Effectiveness of the Pan-European general Principles of Good Administration: Overall assessment. In U. Stelkens & A. Andrijauskaitė (Hrsg.), *Good Administration and the Council of Europe: Law, Principles and Effectiveness* (S. 757–852). Oxford University Press.
Tabani, S. (2024). La Commission pour la démocratie par le droit: boussole de l'action de l'Union européenne en matière d'État de droit. *Revue de l'Union européenne, N° 675*, 101–120.

Rechtstaatliche Kontrolle der Unabhängigkeit der Justiz in der Europäischen Union

A. Weber

1 Einleitung

Die Europäische Union gründet sich auf gemeinsamen Werten, die neben der Achtung der Menschenwürde, Freiheit, Demokratie, Gleichheit auch Rechtsstaatlichkeit sowie die Wahrung der Menschenrechte – einschließlich Minderheitsrechte – umfassen (Art. 2 EUV). Die Rechtsstaatlichkeit im Bereich der Gerichtsbarkeit wird auf Unionsebene durch die Einrichtung des Europäischen Gerichtshofs (EuGH und EuG) institutionell abgesichert, der die Wahrung des Rechts bei der Auslegung und Anwendung des Unionsrechts gewährleistet (Art. 19 Abs. 1 S 1, 2 EUV). Dies umfasst auch die einschlägigen Klagearten (Art. 258–281 AEUV) sowie die Verpflichtung der Mitgliedstaaten, einen effektiven Rechtsbehelf für alle vom Unionsrecht erfassten Bereiche zu gewährleisten (Art. 19 Abs. 1 UAbs. 2 EUV).

Albrecht Weber, Prof. Dr., ist emeritierter Professor am Lehrstuhl für Öffentliches Recht in Osnabrück. Nach seiner Habilitation in Würzburg mit einer Arbeit über „Schutznormen und Wirtschaftsintegration" (1980) war er zwei Jahre lang Mitarbeiter beim Präsidenten des Bundesverfassungsgerichts, Prof Benda. Von 1983 bis 2010 war er Inhaber des Lehrstuhls für Öffentliches Recht an der Universität Osnabrück. Seine Hauptveröffentlichungen liegen in den Bereichen der Europäischen Verfassungsvergleichung, der Menschenrechte, der Verfassungsgerichtsbarkeit in West-, Mittel -und Osteuropa, des europäischen Verfassungs-, Wirtschafts- und Währungsrechts sowie der Verfassungsgebung.

A. Weber (✉)
Osnabrück, Deutschland

C. Fraenkel-Haeberle, B. Peters (Hrsg.), *Öffentliches Recht in transnationaler Perspektive*, https://doi.org/10.1007/978-3-662-72331-9_36

Wie insbesondere die Entwicklung in Polen und Ungarn im letzten Jahrzehnt gezeigt hat, ist die Unabhängigkeit der Justiz auf vielfältige Weise eingeschränkt worden, wodurch ein wesentlicher Pfeiler des Rechtsstaats unter Druck geraten ist.[1]

Das Rechtsstaatsprinzip ist – ungeachtet unterschiedlicher nationaler Traditionen – ein gemeineuropäisches Verfassungsprinzip, das sowohl in den Mitgliedstaaten als auch auf Unionsebene besteht.[2] Dies zeigt sich auch in der Rechtsprechung von EuGH und EGMR, die sowohl die formalen als auch die materiellen Elemente des Rechtsstaatsprinzips zur Wahrung von Demokratie und Menschenrechte betonen.[3] Dabei kann entsprechend der vom Jubilar vorgenommenen Unterscheidung zwischen der Rechtstaatlichkeit als Staatsziel (Schutz der Menschenwürde und individuelle Freiheit) und als Strukturprinzip mit bestimmten formell-verfahrensmäßigen Bindungen differenziert werden. Zu diesen Bindungen gehören neben der Gesetzmäßigkeit der Verwaltung, der Gewaltenteilung, dem Willkürverbot, der Rechtssicherheit und dem Übermaßverbot auch die Unabhängigkeit der Justiz.[4]

Zur Erläuterung des Begriffs der „Rule of law“, mit der der Begriff des Rechtsstaats meist umschrieben wird,[5] hat vor allem die Venedig-Kommission des Europarats wichtige Vorarbeiten für einen Konsens geleistet, die bereits 2011/2016 in einen Bericht bzw. einer Checkliste Eingang fanden.[6] Dort werden als Maßstäbe die Rechtmäßigkeit („legality“); Rechtssicherheit („legal certainty“), Verhinderung von Machtmissbrauch, Gleichheit vor dem Gesetz, Zugang zu Gerichten und faires Verfahren aufgeführt.[7] Unter dem Aspekt der Unabhängigkeit der Justiz als Bestandteil des Zugangs zu Gerichten werden unter den Begriffen der Unabhängigkeit und Unparteilichkeit besonders die Unabhängigkeit der Gerichtsbarkeit, die Unabhängigkeit einzelner Richter, die Unparteilichkeit der Gerichtsbarkeit, die Autonomie der Strafverfolgungsbehörden wie die Unabhängigkeit der Anwaltschaft hervorgehoben. Zur Unabhängigkeit der Justiz hat die Venedig-Kommission einen ausführlichen Fragenkatalog entwickelt, der u. a. die verfassungsrechtliche und gesetzliche Absicherung der Unabhängigkeit, Ernennung, Unabsetzbarkeit, Schutz vor willkürlichen Disziplinarmaßnahmen und vieles mehr umfasst.[8] Für die richterliche

---

[1] Zur Entwicklung des Rückschritts der Rechtsstaatlichkeit („backsliding of the rule of law“) s. die von der EU-Kommission herausgegeben „Rule of Law Reports“ mit den jeweiligen Country Reports im Anhang: Europäische Kommission (2024a); allgemein Sadurski (2019); Halmai (2017); Pech, Scheppele (2017), S. 3.

[2] Calliess (2022), Art. 2 EUV, Rn. 26.

[3] S. a. Venedig-Kommission (2016), Introduction, Rn. 18; EuGH, Urt. v. 25.7.2002, *Union de Pequenos Agricultores gegen Rat*, C-50/00, Rn. 38 f.; EGMR, Urt. v. 28.5.2002, *Stafford gegen United Kingdom*, Application no. 46295/99, Rn. 63.

[4] Sommermann (1997), S. 210 ff., 372 ff.

[5] Zur Begriffsgeschichte und Entwicklung z. B. Weber (2010), S. 144 ff.; zu dem einfachen und anspruchsvolleren Begriff i. S. eines formellen und materiellen Rechtsstaatsbegriffs z. B. Kischel (2015), § 9; Huber (2021), § 6, 390 ff.; Arnold (2025), 137 ff.

[6] Venedig-Kommission (2011).

[7] Zu den Elementen auch Weber (2024), Chapter VII.

[8] S. Venedig-Kommission (2016), S. 20, i.–XIV.

Unparteilichkeit verweist die Kommission auf die Formel des EGMR, *„that justice must not only be done but must also be seen to be done"; „this implies objective as well as subjective impartiality"*.[9] Die EU -Kommission hat sich in ihrer Empfehlung zum Rechtsstaatsmechanismus von 2014 ausdrücklich auf diese Grundsätze berufen.[10]

2 Das Verfahren nach Art. 7 EUV und der Europäische Rechtsstaatsmechanismus (2014)

Art. 7 EUV enthält einen spezifischen Sanktionsmechanismus bei der Gefahr einer schwerwiegenden Verletzung der in Art. 2 EUV verankerten Werte. In einem dreistufigen Verfahren kann auf Vorschlag eines Drittels der Mitgliedstaaten, des Europäischen Parlaments oder der Kommission zunächst eine Feststellung dieser Gefahr durch 4/5 der Ratsmitglieder mit Zustimmung des Parlaments getroffen werden (Art. 7 Abs. 1 EUV); in einer zweiten Phase kann bei einer anhaltenden schwerwiegenden Verletzung der Rat auf Initiative eines Drittels der Mitgliedstaaten oder der Kommission einstimmig über das Vorliegen einer solchen Verletzung nach Stellungnahme des Mitgliedstaats entscheiden (Art. 7 Abs. 2 EUV) und in einer dritten Phase kann der Rat mit qualifizierter Mehrheit bestimmte Rechte des betroffenen Mitgliedstaats aussetzen (Art. 7 Abs. 3 EUV).[11]

Neben diesem erkennbar schwerfälligen Verfahren sind Vertragsverletzungs- oder Vorabentscheidungsverfahren möglich und kompetenzkonform.[12] Abgesehen davon sind Maßnahmen im Vorfeld der Anwendung des Art. 7 EUV in Form eines Dialogs bzw. von Konsultationen vorgesehen, die die Kommission als „EU-Rahmen zur Stärkung der Rechtsstaatlichkeit" im März 2014 verabschiedet hat.[13] Hiermit soll einer systemimmanenten Gefährdung der Rechtsstaatlichkeit („systemische Mängel") vorgebeugt werden, die insbesondere auch die Unabhängigkeit und Unparteilichkeit der Justiz oder das System der richterlichen Kontrolle einschließlich der Verfassungsgerichtsbarkeit betrifft.[14] Da Polen vorangegangenen Empfehlungen nicht gefolgt war, sah sich die Kommission zur Einleitung des Sanktionsverfahrens nach Art. 7 Abs 1 EUV gezwungen.[15] Sie stellte fest, dass die Unabhängigkeit und Legitimität des Verfassungsgerichts als Garant der polnischen Verfassung

---

[9] S. ebda., No. 89.

[10] Europäische Kommission, Mitteilung der Kommission an Europäisches Parlament und Rat, KOM (2014) 158 endgültig (u.2) und Anhang, 11. März 2014.

[11] Zu den dreiphasigen Verfahren s. Ruffert (2022), Art. 7 Rn. 9 ff.

[12] Ruffert (2022), Rn. 36, 37.

[13] Europäische Kommission, Mitteilung der Kommission an Europäisches Parlament und Rat, KOM (2014) 158 endgültig, 11. März 2014.

[14] S. ebd.,4.1., Anwendung des neuen EU- Rahmens, S. 7.

[15] Europäische Kommission, Begründeter Vorschlag nach Art. 7 Abs. 1 des Vertrags über die Europäische Union zur Rechtsstaatlichkeit in Polen, KOM (2017) 835 endgültig, 20. Dezember 2017.

wiederhergestellt werden müsse, und zwar insbesondere durch die Bestellung der rechtmäßig im Oktober 2015 gewählten drei Richter, die Nichtausübung der Ämter der durch den 8. Sejm gewählten Richter, die Veröffentlichung bestimmter Verfassungsgerichtsurteile, die Änderung der Gesetze über das Oberste Gericht und über die ordentlichen Gerichte sowie über den Landesjustizrat im Sinne der Unabhängigkeit der Justiz, Gewaltenteilung und Rechtssicherheit. Im Falle Ungarns hat nicht die Kommission, sondern das Europäische Parlament am 12. September 2018 einen Beschluss dem Rat mit der Feststellung übermittelt, dass eine eindeutige Gefahr einer schwerwiegenden Verletzung der Werte nach Art. 2 EUV bestehe.[16] Der Beschluss umfasste einen weiten Katalog von Beanstandungen, die nicht nur die Funktionsweise des Verfassungs- und Wahlsystems, sondern auch die Unabhängigkeit der Justiz und die Rechte der Richter betrafen.[17] Das Art. 7-Verfahren gegenüber Polen ist nach Vorlage eines Aktionsplans der neuen polnischen Regierung zu den Justizreformen am 26. April 2024 eingestellt worden.[18]

3 Finanzielle Sanktionen im Rahmen von Investitionsprogrammen und Haushaltsplanung

Im Vergleich zu den vertraglich vorgesehenen Sanktionsmöglichkeiten nach Art. 7 EUV hat die Europäische Union andere, effektivere Instrumente entwickelt, die eine mittelbare rechtsstaatliche Kontrolle über die Einbehaltung von Finanzmitteln gegenüber Mitgliedstaaten mit systemischen Rechtsstaatsdefiziten ermöglichen.[19]

3.1 Aufbau- und Resilienzfazilität

Mitgliedstaaten können die Inanspruchnahme von Mitteln aus der „Aufbau- und Resilienzfazilität" („Recovery and Resilience Facility": 723,8 Mrd. € für Zuschüsse und Darlehen) als Kernstück des Programms „NextGenerationEU" für Zukunfts-

[16] Entschließung des Europäischen Parlaments vom 12.9.2018 zu einem Vorschlag, mit dem der Rat aufgefordert wird, im Einklang mit Artikel 7 Absatz 1 des Vertrags über die Europäische Union festzustellen, dass die eindeutige Gefahr einer schwerwiegenden Verletzung der Werte, auf die sich die Union gründet, durch Ungarn besteht, ABl. C 433/66, 23. Dezember 2019.

[17] So Korruption, Privatsphäre und Datenschutz, Recht auf freie Meinungsäußerung, akademische Freiheit, Religionsfreiheit, Vereinigungsfreiheit, Gleichbehandlung, Minderheitenrechte, Rechte von Migranten und Flüchtlingen sowie wirtschaftliche und soziale Rechte.

[18] S. Europäische Kommission, Daily News vom 6. Mai 2024, https://ec.europa.eu/commission/presscorner/detail/en/mex_24_2463, zuletzt abgerufen am 21.4.2025; Europäische Kommission (2024b), S. 5.

[19] Zu den finanziellen Sanktionen s. a. Magiera (2024), III.2.

investitionen im Bereich „grüner und digitaler Transition“ beantragen;[20] hierfür hatte die polnische Regierung ein „Recovery and Resilience Programme“ (RRP) vorgelegt, das von der Kommission zwischen November 2023 und Februar 2024 in Höhe von fast 60 Mrd. € angenommen wurde.[21] Hiermit änderte die Regierung das umstrittene, von der Kommission und vom EuGH beanstandete Disziplinarregime für polnische Richter; insbesondere wurde die Disziplinarkammer abgeschafft und durch eine unabhängige Kammer beim Obersten Gerichtshof ersetzt; das Disziplinarrecht wurde reformiert und allen von Disziplinarverfahren betroffenen Richtern wurde die Möglichkeit eingeräumt, ihre Disziplinarverfahren innerhalb einer Frist neu aufzurollen.[22]

3.2 Rechtsstaatliche Kontrolle im Rahmen der Haushaltsplanung der Union

Ein weiteres wirksames Instrument zur mittelbaren rechtsstaatlichen Kontrolle der Unabhängigkeit der Justiz ist die von der Kommission mit der Verordnung (EU) 2020/2092 „über eine allgemeine Konditionalitätsregelung zum Schutz des Haushalts der Union“ (Konditionalitätsmechanismus)[23] eingeführte Regelung.[24] Sie fußt auf dem Gedanken, dass für eine Ausführung des Haushaltsplans der Union die Achtung der Rechtsstaatlichkeit[25] eine Grundvoraussetzung für die Grundsätze der Haushaltsführung im Sinne des Art. 317 AEUV ist.[26] Die Mitgliedstaaten sind nach Art. 19 EUV verpflichtet, einen wirksamen Rechtsschutz in den Bereichen des Unionsrechts – einschließlich der Ausführung des Haushaltsplans der Union – zu gewährleisten, wobei die Unabhängigkeit der Gerichte von grundlegender Bedeutung ist.[27] Wiederholte einzelne wie „systemische“ Verstöße gegen die Rechtsstaatlichkeit können der Union schweren wirtschaftlichen Schaden zufügen.[28] Verstöße manifestieren sich insbesondere in einer Gefährdung der Unabhängigkeit der Justiz oder einer Einschränkung der Zugänglichkeit von Rechtsbehelfen.[29] Wenn Verstöße

[20] Europäische Union, NextGenerationEU: Recovery and Resilience Facility, https://next-generation-eu.europa.eu/recovery-and-resilience-facility_en, zuletzt abgerufen am 21.4.2025.

[21] Think Tank European Parliament, Poland's National Recovery and Resilience Plan: latest state of play, Briefing vom 22.10.2024, https://www.europarl.europa.eu/thinktank/en/document/EPRS_BRI(2022)733665, zuletzt abgerufen am 21.4.2025.

[22] S. Europäische Kommission (2024b), S. 6.

[23] VO (EU, Euratom) 2020/2092 des Europäischen Parlaments und des Rates v. 16.12.2020, ABl. L 433/1.

[24] Zu den rechtlichen Möglichkeiten des Schutzes der Grundwerte der Union auch in haushaltsrechtlicher Sicht: Magiera (2024), III.3.

[25] Zum Begriff s. Art. 2 a der VO.

[26] S. insbes. Erwägungsgründe 7–10 der VO 2020/2092/EU (Fn. 23).

[27] Erwägungsgrund 12, ib.

[28] Erwägungsgrund 15, ib.

[29] Art. 3 a)–c), ib.

gegen die Rechtsstaatlichkeit eines Mitgliedstaates die wirtschaftliche Haushaltsführung der Union oder „den Schutz ihrer finanziellen Interessen hinreichend unmittelbar beeinträchtigen oder ernsthaft zu beeinträchtigen drohen" (Art. 4 Abs. 1 VO), kann die Kommission dem Rat einen Beschluss zur Durchführung bestimmter finanzrelevanter Maßnahmen – etwa die Aussetzung von Zahlungen – empfehlen (Art. 6 Abs. 9 VO). Die von Polen und Ungarn gegen die Konditionalitätsverordnung erhobenen Nichtigkeitsklagen wurden vom EuGH in beiden Verfahren zurückgewiesen.[30] Der Gerichtshof hat klargestellt, dass der Unionsgesetzgeber den Schutz finanzieller Interessen der Union in einem Sekundärrechtsakt verfolgen könne, der sich hinsichtlich Ziel und Gegenstand von dem in Art. 7 EUV geregelten Verfahren unterscheide.[31] Bei der Wahl der Mittel räumt der Gerichtshof dem Unionsgesetzgeber einen breiten Ermessenspielraum ein, solange es sich nicht um ein offensichtlich ungeeignetes Mittel handelt.[32] Nach dem Erlass entsprechender Richtlinien für die Anwendung der Verordnung[33] sowie den Entscheidungen des EuGH hat die Kommission den Konditionalitätsmechanismus zum ersten Mal gegen Ungarn im September 2022 dem Rat vorgeschlagen. Dieser Vorschlag betraf die Aussetzung von 65 % der Zahlungen aus drei Programmen den Kohäsionsfonds für den Haushaltsplan 2020–2027 (ca. 6,5 Mrd. €).[34] Mit der „Rechtsstaatskonditionalität" wird die Beachtung der Rechtsstaatlichkeit zur Grundbedingung für die Auszahlung von Fördergeldern gemacht,[35] wodurch ein zusätzlicher Hebel geschaffen wird, um auf die innerstaatliche Beseitigung von rechtstaatlichen Defiziten hinsichtlich der Unabhängigkeit der Justiz Einfluss zu nehmen.

4 Die Kontrolle der Unabhängigkeit durch die europäische Gerichtsbarkeit

Die umfangreiche Rechtsprechung sowohl des EuGH als auch des EGMR zu einzelnen Fragen der Verletzung der Unabhängigkeit der Justiz kann hier nicht vollständig dargestellt, sondern nur in Schwerpunkten erläutert werden.[36] Sie bildet einen wesentlichen Pfeiler der Kontrolle der Unabhängigkeit nationaler Gerichte, der

[30] EuGH, Urt. v. 16.2.2022, *Polen gegen Rat*, C-157/21; EuGH, Urt. v. 16.2.2022, *Ungarn gegen Rat*, C-156/21.

[31] EuGH, Urt. v. 16.2.2022, *Polen gegen Rat*, C-157/21, Rn. 207–218.

[32] EuGH, ebd., Rn. 354.

[33] S. Leitlinien für die Anwendung der Verordnung (EuGH, Urt. v. 16.2.2022, *Polen gegen Rat*, C-157/21; EuGH, Urt. v. 16.2.2022, *Ungarn gegen Rat*, C-156/21).
EuGH, Urt. v. 16.2.2022, *Polen gegen Rat*, C-157/21, Rn. 207–218.
EuGH, ib., Rn. 354.

[34] Europäische Kommission, Vorschlag der Kommission für einen Durchführungsbeschluss des Rates über Maßnahmen zum Schutz des Haushalts der Union vor Verstößen gegen die Grundsätze der Rechtsstaatlichkeit in Ungarn, KOM (2022) 485 endgültig, 18. September 2022.

[35] Becker (2022), 3.6, der die verschiedenen Formen von Konditionalität untersucht.

[36] Ausführlich Pech, Kochenow (2021), Report 3.

durch die rechtsaufsichtliche Kontrolle im Rahmen der Rule-of-Law-Berichte, des Art. 7-Verfahrens sowie des Konditionalitätsmechanismus zusätzlich gestützt wird. Diese Rechtsprechung führt zu einem tieferen materiellen Verständnis des Rechtsstaatsprinzips als Grundwert der Union, fördert die Erweiterung und Vertiefung des Prinzips der richterlichen Unabhängigkeit und schärft die Definition des Begriffes des Gerichts („court or tribunal") im Sinne des Art. 19 Abs. 1 UAbs. 2 EUV, Art. 47 GRCh bzw. Art. 6 EMRK.[37]

Als Ausgangspunkt der kohärenten Rechtsprechung zur Unabhängigkeit der Gerichte kann der Fall ASJP („Portugiesische Richter") aus dem Jahr 2018 dienen.[38] Der EuGH hat den Grundsatz des effektiven Rechtsschutzes im Sinne des Art. 19 Abs. 1 UAbs. 2 EUV als ein allgemeines Rechtsprinzip aus den Verfassungstraditionen der Mitgliedstaaten, Art. 6 EMRK und Art. 47 GRCh abgeleitet;[39] die Mitgliedstaaten müssen die Voraussetzungen für einen effektiven Rechtsschutz vor den Gerichten („courts or tribunals") garantieren; die Unabhängigkeit als wesentlicher Bestandteil des effektiven Rechtsschutzes muss nicht nur auf EU-Ebene, sondern auch auf mitgliedstaatlicher Ebene garantiert sein;[40] die Unabhängigkeit setzt die autonome Ausübung der richterlichen Funktionen ohne hierarchische Unterordnung oder äußeren Zwang voraus;[41] dies bedeutet nicht nur eine Verpflichtung zur Achtung, sondern auch zur Beibehaltung der Unabhängigkeit.[42]

4.1 *Legitimation des polnischen Verfassungsgerichts*

Die Frage der *Legitimation* des teilweise neu gewählten *polnischen Verfassungsgerichts* im November 2015 wurde bisher nicht vom EuGH,[43] sondern vom EGMR entschieden.[44] Der Gerichtshof sah in der rechtswidrigen Doppelwahl und der Nichtbeachtung entsprechender Urteile des Verfassungsgerichts eine Verletzung des Rechts auf „rechtliches Gehör" (Art. 6 Abs. 1 EMRK) wie des Rechts auf ein „auf einem Gesetz beruhendes Gericht" („tribunal established by law": Art. 6 Abs. 1 EMRK). Der Gerichtshof wertete das Wahlverfahren, die Nichtbeachtung

[37] Pech, Kochenow (2021), S. 17.

[38] EuGH, Urt. v. 27.2.2018, *Associacâo Sindical dos Juices Portugêses gegen Tribunal de Contas*, C-64/16.

[39] EuGH, ib., Rn. 35.

[40] EuGH, ib., Rn. 41–43.

[41] EuGH, ib., Rn. 44.

[42] Pech, Kochenow (2021), S. 28; das Leiturteil ist ein wichtiger Vorläufer für Vertragsverletzungsverfahren der Kommission gegen Polen, ib., S. 32.

[43] Stand November 2024.

[44] EGMR, Urt. v. 7.5.2021, *Xero Flor w Polsce sp. zo.o. gegen Poland*, Application no. 4907/18; es waren 5 Richter vom 7. Sejm rechtmäßig gewählt worden, wohingegen 3 neue Richter vom neuen, von der PiS Partei dominierten 8. Sejm im November 2015 ernannt wurden; das gesamte Verfahren findet sich im Sachverhalt des Urteils.

entsprechender verfassungsgerichtlicher Urteile und die Nichtvereidigung der vom 7. Sejm rechtmäßig gewählten Richter als offensichtlichen Bruch des nationalen Rechts.[45]

4.2 Legitimation des Landesjustizrats und Mitwirkung bei Richterernennungen

Der Landesjustizrat in Polen (National Council of the Judiciary/NJC; polnisch Krajowa Rada Sądownictwa/KRS) ist ein verfassungsrechtlich vorgesehenes Organ zur Mitwirkung bei der Berufung von Richtern, das aus 25 Personen besteht, deren Amtszeit vier Jahre beträgt.[46] Da der Sejm durch einfaches Gesetz statt der Wahl der 15 aus der Richterschaft zu wählenden Mitglieder die Wahl von Abgeordneten des Sejm und zugleich eine Verkürzung der Amtszeit der gewählten Mitglieder festlegte,[47] ergaben sich Zweifel an der Unabhängigkeit des Organs. Grund dafür war, dass 23 von 25 Mitgliedern durch die von der PiS dominierten Exekutive bzw. Legislative bestimmt werden konnten. Diese Reform war zugleich mit der Umbildung des Obersten Gerichts und der Einrichtung einer Disziplinarkammer verbunden, der eine herausgehobene Stellung eingeräumt wurde. Die veränderte Legitimation des Landesjustizrats wirkte sich somit auch auf die Unabhängigkeit der neu geschaffenen Disziplinarkammer aus.[48] Der EuGH sah hierin einen Verstoß gegen das Rückschrittsverbot der Rechtsstaatlichkeit.[49] Wie der Gerichtshof schon früher ausgeführt hat, umfasst die „Unabhängigkeit" sowohl einen äußeren als auch einen inneren Aspekt. Der äußere Aspekt erfordert, dass die „Einrichtung ihre Funktionen in völliger Unabhängigkeit ausübt, ohne mit einer Stelle hierarchisch verbunden oder ihr untergeordnet zu sein und ohne Anweisungen von ihr zu erhalten, sodass sie von außen vor Interventionen oder Druck geschützt ist, die die Unabhängigkeit des Urteils ihrer Mitglieder gefährden und deren Entscheidungen beeinflussen können". Der innere Aspekt bezieht sich auf die Unparteilichkeit im Sinne der Sachlichkeit; neben der Anwendung der Rechtsnormen darf keinerlei Interesse an einem bestimmten Ausgang des Rechtsstreits bestehen.[50] Aus dem gesamten Kontext und

---

[45] EGMR, Urt. v. 7.5.2021, *Xero Flor w Polsce sp. zo.o. gegen Poland*, Application no. 4907/18, Rn. 55 ff.; zu dieser Entscheidung s. auch Leloup (2021); s. a. Lawson (2021).

[46] Art. 187 PolnV.

[47] Art. 9a des Gesetzes über den Landesjustizrat v. 18.12.2017.

[48] EuGH, Urt. v. 15.7.2021, *Kommission gegen Polen*, C-791/19, Rn. 105–108; vgl. auch bereits die früheren Entscheidungen: EuGH, Urt. v 18.11.2018, *A.K. and others Joined Cases*, C-585/18, C-624, C-625/18.

[49] EuGH, ib., Rn. 50, 110–113.

[50] EuGH, Urt. v. 25.7.2018, *Minister for Justice and Equality*, C-218/18, Rn 63; EuGH Urt. v. 24.6.2019, *Kommission gegen Polen*, C-619/18, Rn. 72; EuGH Urt. v. 19.11.2019, *A.K. u. a.*, verb. RS C-585/18, C6-24/18 und C-625/18, Rn. 121–122.

den objektiven Bedingungen der Ernennung der Mitglieder, unter Berücksichtigung der politisch beeinflussten Mitwirkung des Landesjustizrats, ergeben sich daher Zweifel der Rechtsunterworfenen an der Unempfänglichkeit unmittelbarer und mittelbarer Einflussnahmen sowie der Neutralität der Kammer.[51] Der EuGH hatte zudem in einem Beschluss Polen verpflichtet, bis zur Entscheidung in der Hauptsache die Anwendung bestimmter Änderungen des Gesetzes über das Oberste Gericht und die ordentliche Gerichtsbarkeit auszusetzen und erließ wegen Nichtbefolgung des Beschlusses eine einstweilige Anordnung mit der Verhängung eines Zwangsgeldes in Höhe von einer Million Euro täglich.[52]

Zu einer vergleichbaren Beurteilung der fehlenden Unabhängigkeit des Obersten Gerichtshofs gelangte der EGMR in mehreren gegen Polen gerichteten Verfahren. Das Verfahren der Ernennung der Richter zur Disziplinarkammer unter Mitwirkung des Landesjustizrats bedeutet einen Verstoß gegen das Gebot des gesetzlichen Richters im Sinne des Art. 6 Abs. 1 EMRK.[53] 14 der 17 Richter der „Kammer für außerordentliche Kontrolle und öffentliche Angelegenheiten" und 4 von 11 Richtern der „Kammer für berufliche Verantwortlichkeit" („professional liability chamber" als Nachfolgerin der „disciplinary chamber") sind nach Ansicht des EGMR unter Verletzung des Art. 6 EMRK ernannt worden.[54]

5 Disziplinarordnung

Der EuGH hat mehrfach festgestellt, dass die vom polnischen Gesetzgeber eröffnete Möglichkeit, gegen Richter, die ein Vorabentscheidungsverfahren an den EuGH richten, ein Disziplinarverfahren einzuleiten (sog. „Maulkorbgesetz"), einschüchternde Wirkung erzeugt und die in Art. 19 Abs. 1 i. V. m. Art. 47 GRCh garantierte richterliche Unabhängigkeit beeinträchtigt.[55] Ferner stellte er in einem

---

[51] EuGH, Urt. v. 15.7.2021, ib., Rn. 112.

[52] EuGH, Beschlüsse der Vizepräsidentin v. 14.7.2021, RS C-204/21; EuGH, Beschluss des Vizepräsidenten v. 27.10.2021, Rn. 42–64. Am 21.4.2023 verringerte der Vizepräsident des Gerichtshofs das Zwangsgeld auf 500.000 € täglich, da Polen einige Fortschritte bei der Erfüllung seiner Verpflichtungen gemacht habe; Europäische Kommission, 2023 Rule of Law Report, Country Chapter Poland, SWD (2023) 821 endgültig, S. 4.

[53] EGMR, Urt. v. 22.7.2021, *Rezcowicz v. Poland*, Application No. 43447/19, Erwägungsgründe 277–280: "manifest breach of domestic law"; ferner EGMR, Urt. v. 8.11.2021, *Dolinska Ficek & Ozinek v. Poland*, Application No. 49868/19 und 57511/19 (betr. Chamber for Extraordinary Review and Public Affairs) Erwägungsgrund 366; EGMR, Urt. v. 3.2.2022, *Advance Pharma v. Poland*, Application No. 1469/20 (Civil Chamber of the Supreme Court), Erwägungsgründe 354–355.

[54] S. insbes. die Urteile in RS *Dolinska Ficek* und *Advance Pharma* (Fn. 53). Dies betraf auch die fragwürdige Ernennung des Präsidenten des Ob. Gerichtshofs: S. Europäische Kommission, Rule of Law Report 2023, Country Chapter Poland, SWD (2023) 821 endgültig, S. 7.

[55] EuGH, Urt. v. 15.7.2021, *Kommission gegen Polen*, C-791/19, Rn. 227 ff.; EuGH, Urt. v. 6.3.2020, *Miasto Lowicz u Prokurator Generalny*, C-558/18 und C-563/18, Rn. 58 (es handelt sich um das sog. "Maulkorbgesetz"); EuGH, Urt. v. 23.11.2021, *IS*, C-564/19 (im Fall eines ungarischen Vorlageverfahrens), Rn. 91.

Urteil klar, dass das Verbot für nationale Gerichte, die Voraussetzungen für ein unabhängiges, unparteiisches und gesetzmäßig errichtetes Gericht zu prüfen und die Einstufung dieser Prüfung als Disziplinarvergehen gegen Art. 19 Abs. 1 EUV i. V. m. Art. 47 GRCh verstoßen.[56] Zudem bekräftigte der EuGH erneut den Vorrang des Unionsrechts vor nationalem Recht.[57]

Die Unabhängigkeit des Richters bedeutet, dass Disziplinarmaßnahmen – insbesondere Versetzungen ohne Einvernehmen des Betroffenen – neben der Präzisierung der Tatbestandsmerkmale und Sanktionen auch Regeln über wirksamen Rechtsschutz durch Verfahrensgarantien und richterliche Überprüfbarkeit enthalten müssen.[58] Dies führt im Ergebnis etwa dazu, dass ein nationales Gericht den Beschluss eines Einzelrichters, mit dem ein Widerspruch gegen die Versetzung eines Richters ohne dessen Zustimmung in eine andere Abteilung letztinstanzlich abgelehnt wird, in europarechtskonformer Auslegung als nicht existent zu betrachten hat, wenn es sich um eine offensichtliche Verletzung der Grundregeln über die Ernennung handelt, die Bestandteil der Errichtung und Funktionsfähigkeit des Justizsystems sind.[59]

6 Ausblick

Die rechtsstaatliche Kontrolle der Unabhängigkeit der Gerichte erfolgt gewissermaßen in einem Zwei-Ebenen-System, in dem die europäische Ebene auf vielfältige Weise auf das nationale Justizsystem einwirkt und bei Versagen oder immanenten Defiziten der nationalen Justiz korrigierend eingreift. Dabei verkennt der EuGH nicht, dass es zuvörderst Sache der nationalen Gerichte ist, wie dies in Polen nach der „Inbesitznahme" („capture") des Verfassungsgerichts und des Obersten Gerichtshofs durch Besetzung regierungsnaher Richter der Fall war, die Unabhängigkeit der Gerichtsbarkeit zu gewährleisten.[60] Hierbei spielt die Judikatur des EuGH eine herausragende Rolle, wie sich in den zahlreichen, vor allem gegen Polen ergangenen Entscheidungen ablesen lässt. Dies gelingt zum einen durch eine extensive Auslegung des sachlichen Anwendungsbereichs des Art. 19 Abs. 1 EUV, der alle nationalen Spruchkörper erfasst, die als Gerichte im Sinne des Art. 6 Abs. 1 EMRK („courts and tribunals") gelten können, zum anderen durch direkte Intervention in Vertragsverletzungsverfahren sowie indirekte Intervention mittels Entscheidungen in Vorabentscheidungsverfahren, die vielfach durch polnische und

---

[56] EuGH, Urt. v. 5.6.2023, *Kommission gegen Polen*, C-204/21, Urteilstenor Obiter dicta 1–3.

[57] EuGH, ib., Rn. 75–77.

[58] EuGH, Urt. v. 6.10.2021, *W.Z.*, C-487/19, Rn. 113–117; s. ferner EuGH, Urt. v. 5.11.2019, *Kommission gegen Polen*, C-192/18, Rn. 113–115; s. a. EGMR, Urt. v. 9.3.2021, *Bilgen gegen Türkei*, Application No. 1571/07, Rn. 63, 96.

[59] EuGH, Urt. v. 6.10.2021, *W.Z.*, C-487/19, Rn. 153 ff., 161.

[60] Präs. des EuGH Lenaerts (2019), S. 158.

ungarische Gerichte vor den Gerichtshof gebracht wurden.[61] Die verfassungs- und europarechtswidrige Zusammensetzung des Verfassungsgerichts hat der EGMR in der erwähnten Entscheidung *Xero Flor*[62] beanstandet, indem er das Merkmal des „gesetzlichen Richters“ nicht nur als Organisationsgarantie im Sinne des Gesetzesvorbehalts,[63] sondern als rechtmäßig zusammengesetztes Gericht gewissermaßen materiell-rechtlich ausgelegt hat.[64] In diesem Bereich erscheint der EGMR als prägender Wegbereiter der Diskussionen über die äußere und innere richterliche Unabhängigkeit,[65] wie auch zum Recht auf ein faires Verfahren („fair trial“),[66] auf die der EuGH wiederum in seiner Judikatur Bezug nimmt. In diesem Punkt verbinden sich beim Zugang zu effektivem Rechtsschutz sowohl formelle als auch materielle Aspekte des Rechtsstaatsprinzips. Die wechselseitige Bezugnahme[67] und die teilweise parallel laufenden Verfahren beider europäischer Gerichtshöfe erscheinen wie kommunizierende Röhren in einer horizontalen Jurisdiktionskooperation, die sich gegen die Aushöhlung der „rule of law“ in zunehmend autoritär regierten Staaten zur Wehr setzt.

Als weitere, teilweise effektivere Mittel haben sich in der EU in den letzten Jahren die finanzielle Sanktionierung in Form der Suspendierung von Zahlungen im Rahmen des Wiederaufbau- und Resilienzprogramms sowie der Haushaltskontrolle erwiesen. Die Verknüpfung des unionsrechtlichen Haushaltsrechts und seiner innerstaatlichen Implementierung mit dem Grundsatz der Rechtsstaatlichkeit unter besonderer Wahrung der Unabhängigkeit der Justiz („Rechtstaatskonditionalität“) hat der EuGH in seinen beiden Urteilen gegen Polen und Ungarn eindrucksvoll bestätigt. Nimmt man die Gesamtheit der Instrumente in ihrer wechselseitigen Verschränkung in den Blick, wird man bei der unionsrechtlichen Kontrolle kaum von einem „zahnlosen Tiger“ sprechen können, auch wenn die Gefahren populistischer Strömungen in der Union und eines „autokratischen Legalismus“ nach wie vor nicht zu unterschätzen sind.[68]

Die Schwierigkeiten, welche die Rückkehr zu demokratisch-rechtsstaatlichen Verhältnissen in Polen nach Amtsantritt der neuen Regierung in Warschau im November 2023 aufwarf, zeigen sich im Bemühen, die Rückabwicklung von Maßnahmen der Vorgängerregierung unter den Gesichtspunkten der Wiederherstellung materieller Gerechtigkeit und der Rechtssicherheit rechtsstaatlich und verfassungs-

[61] Pech, Kolchenow (2021), S. 212.

[62] S. o. Fn. 48.

[63] Hierzu s. Grabenwarter, Pabel (2016), § 24, Rn. 32.

[64] EGMR, Urt. v. 7.8.2021, *Xero Flor w Polsce sp. zo.o. gegen Poland*, Application no. 4907/18, Rn. 55 ff.

[65] Grabenwarter, Pabel (2016), Rn. 34 ff.; s. a. Sillen (2019), S. 15.

[66] Grabenwarter, Pabel (2016), Rn. 66 ff.

[67] S. auch Pech, Kolchenow (2017), S. 225: "The two European supranational courts thus adjudicate in concert with mutually reinforcing lines of case law.".

[68] Hierzu statt vieler: Scheppele, Kelemen (2020), S. 413 ff.

legitimatorisch möglichst unbedenklich zu gestalten.[69] Besondere Schwierigkeiten bereitete zunächst nicht nur die Ablösung der unrechtmäßig ins Amt gelangten drei „November-Richter" – ein Problem, das sich mittlerweile durch Zeitablauf erledigt hat (Ende des Mandats) –, sondern auch Fragen nach dem Fortbestand der unter dem Verfassungsgericht in rechtswidriger Besetzung („*persons not entitled to adjudicate*") erlassenen Entscheidungen, die Auflösung des rechtswidrig bestellten Landesjustizrats per Gesetz sowie den Fortbestand oder die Anfechtung von Gerichtsentscheidungen bis hin zum Obersten Gerichtshof („Supreme Court"), die unter Mitwirkung rechtwidrig ernannter Richter ergangen waren. Hinzu kommen der Widerruf der Bestellung von Präsidenten oberster Gerichtshöfe, die Stärkung der Unabhängigkeit der Staatsanwaltschaft und weitere damit verbundene Rechtsfragen. Während der Landesjustizrat gesetzlich nur aus Richtern bestehen soll,[70] wird ein neues Wahlverfahren für das Verfassungsgericht vorgeschlagen, das eine 3/5-Mehrheit des Sejm als bestellendes Organ vorsieht, wodurch ein parteiübergreifender Konsens erforderlich wird, der eine einseitige Besetzung durch die dominierende Regierungsmehrheit (wie früher bei der PiS) verhindern soll.[71] Damit verbunden ist jedoch die Frage nach der Auflösung möglicher Blockaden („Block-Breaking Mechanism"), falls diese Mehrheit nicht erreicht wird. Daher werden alternative Lösungen erwogen, wie etwa die Fortsetzung des Richtermandats nach Ende der Amtszeit oder die Einbindung der zweiten Kammer (Senat).[72] Die rechtsstaatlich schwierige Frage nach der Aufhebbarkeit von Urteilen, die auf vom Verfassungsgericht als rechtswidrig erklärten Normen beruhen, verlangt nicht zwingend eine totale Rückabwicklung, da diese die Rechtssicherheit („res judicata") übermäßig beschränken würde; es genügt vielmehr die Möglichkeit der individuellen Anfechtung von Urteilen durch die betroffenen Personen innerhalb eines zeitlichen Rahmens.[73]

Die entstandene rechtsstaatliche Lücke durch den Missbrauch der Parlamentsmehrheit der PiS in 8 Jahren (2015–2023) bedarf weiterhin einer geduldigen Wiederherstellung der Rechtsstaatlichkeit, ohne grundlegende Prinzipien des Rechtsstaats selbst zu verletzen.[74]

---

[69] Der Aktionsplan des Justizministers besteht aus neun Gesetzesinitiativen, die u. a. die Neujustierung des Landesjustizrats, das Verfassungsgericht wie das Oberste Gericht, die ordentlichen Gerichte und die Doppelfunktion des Generalsstaatsanwalts und Justizminister betreffen: "Polish Minister of Justice presents Action Plan for restoring the rule of law" v. 21.2.2024, www.gov.pl. zuletzt abgerufen am 18.12.2025.

[70] Zu den diffizilen Rechtsfragen der Ersetzung rechtswidrig gewählter Richter in den NCJ(KRS) s. ODIHR (2024), Opinion No. JUD-POL 500/2024, insbes. S. 25 ff.

[71] ODIHR (2024), Opinion NR JUD-POL 502/2024(TN), S. 22 ff.

[72] Vgl. insbes. OSCD/ODIHR (2024), Opinion No. JUD-POL 502/2024(TN), Executive Summary 3 und S. 22 ff.

[73] OSCD/ODIHR, ib., Rn. 102 ff.

[74] Das Ergebnis der Präsidentenwahl im 2. Wahlgang vom 1. Juni 2025, in der der nationalkonservative Kandidat der PiS Nawroczki mit 50,3 % der Stimmen gewann, dürfte die Rücknahme der Reformen wie unter seinem Vorgänger Duda weiter erschweren, da der Präsident jeweils ein Gesetzesvorhaben durch sein Veto blockieren kann bzw. dem Verfassungsgericht zur Normen-

Literatur

Arnold, R. (2025). The rule of law in comparative perspective. In W. Babeck & A. Weber (Hrsg.), *Writing constitutions. Vol III: Constitutional principles* (S. 137–160). Springer.

Becker, P. (2022). Konditionalität als Instrument europäischer Governance. SWP-Studie 2022/S06, Ziff. 3.

Bobek, K., Bodnar, A., von Bodgandy, A., & Sonnevend, P. (2023). *Transition 2.0: Reestablishing Constitutional Democracy in member states*. Nomos.

Bodnar, A. (2024, Juli 25). Restoring the rule of law ('Rule of law as a key value of law integration'). *Humboldt-Rede zu Europa*. https://www.youtube.com/lioGf-EU-s. Zugegriffen am 25.11.2025.

von Bogdandy, A., & Sieker, L. D. (2025, Mai 06). Die Rückkehr zum Rechtsstaat; Projekt der Max- Planck -Gesellschaft. www.mpg.de/21902270/polen-die-rückkehr-zum-rechtsstaat. Zugegriffen am 28.11.2025

Calliess, C. (2022). Art. 2 EUV. In C. Calliess & M. Ruffert (Hrsg.), *Vertrag über die Europäische Union* (6. Aufl.). C.H. Beck.

Europäische Kommission. (2024a). Rule of Law Report. Communication and country chapters. https://commission.europa.eu/strategy-and-policy/policies/justice-and-fundamental-rights/upholding-rule-law/rule-law/annualrule-law-cycle/2024-rule-law-report_en. Zugegriffen am 15.11.2025.

Europäische Kommission. (2024b, Juli 24). Country Chapter on the rule of law situation in Poland, SWD (2024) 821 endgültig. https://commission.europa.eu/document/download/9c081f05-688d-4960-b3bc-ea4fc3b2bafb_en?filename=48_1_58078_coun_chap_poland_en.pdf. Zugegriffen am 20.11.2025.

Grabenwarter, C., & Pabel, K. (2016). *Europäische Menschenrechtskonvention* (6. Aufl.). C.H. Beck.

Grzeszak, R. (2024, Juli 09). Analyse: Polens schwierige Rückkehr zur Rechtsstaatlichkeit -Ergebnisse nach einem halben Jahr Amtszeit der Regierung Tusk. Polen-_Analyse Nr 332. www.bpbde/themen/europa/analysen/Nr 332/550448. Zugegriffen am 28.11.2025.

Halmai, G. (2017). The rise and fall of constitutionalism in Hungary. In P. Blokker (Hrsg.), *Constitutional acceleration within the European Union and beyond* (S. 217–233). Routledge.

Huber, P. M. (2021). Rechtsstaat. In M. Herdegen, J. Masing, R. Poscher, & K.F. Gärditz (Hrsg.), *Handbuch des Verfassungsrechts. Darstellung in transnationaler Perspektive* (§ 6, 383 ff). C. H. Beck.

Kischel, U. (2015). *Rechtsvergleichung*. C.H. Beck.

Lawson, R. (2021, Juni 18). "Non-existent': The Polish Constitutional Tribunal' in a state of denial of the Xero Flor Judgement. *Verfassungsblog*. https://verfassungsblog.de/non-existent/. Zugegriffen am 21.11.2025.

Leloup, M. (2021, Mai 10). The ECtHR steps into the ring. *Verfassungsblog*. https://verfassungsblog.de//the -ecthr-steps into the ring. Zugegriffen am 26.11.2025.

Lenaerts, K. (2019). Our judicial Independence and the Quest for national, supranational and transnational justice. In C. Sevik, L. Lourenco, & K. Schwiesow (Hrsg.), *The Art of Judicial Reasoning: Festschrift in Honour of Karl Baudenbacher* (S. 155–174). Springer.

Magiera, S. (2024). Legal instruments to protect the common values of the European Union. In F. Balaguer Callejón & M. Azpitarte (Hrsg.), *ReDC Especial, The Rule of law, 1/2024*. https://www.ugr.es/~redce/ESPECIAL1/articulos/05_Magiera.htm. Zugegriffen am 21.11.2025.

---

kontrolle vorlegen kann. (Art. 144 Abs. 3 Nr. 6, 9 pol.V)). Nach Abschluss des Beitrags sind zahlreiche Aufsätze über die Wiederherstellung des Rechtsstaats erschienen; s näher Bodnar (2024); von Bogdandy, Spieker (2025); Bobek, Bodnar, von Bogdandy, Sonnevend (2023); Grzeszak (2024); Priebus (2024); Safja (2024) jeweils m.w.N.; ferner z. B. die Rede des polnischen Justizministers Bodnar an der Humboldt-Universität vom 2.7.2024 ‚Restoring the Rule of Law'.

OSCE/Office for Democratic Institutions and Human Rights (ODIHR). (2024). 08.04.2024; Poland: Urgent Opinion on the Bill Amending the Act on the National Council of the Judiciary, Opinion NR:JUD-POL 500/2024 (NR/AC). https://www.osce.org/odihr/566626. Zugegriffen am 20.11.2025.
Pech, L., & Scheppele, K. L. (2017). Illiberalism within: Rule of law backsliding in the EU. *Cambridge Yearbook of European Legal Studies, 19*, 3–47.
Pech, L., & Kochenow, D. (2021). *Respect for the Rule of law in the case law of the European Court of Justice: A casebook overview of Key judgements since the Portuguese Judges Case*; SIEPS, Stockholm21-3. https://www.ssrn.com/abstract=3850308. Zugegriffen am 25.11.2025.
Priebus, S. (2024). Die Wiederherstellung des Rechtsstaats in Polen nach dem Regierungswechsel: Mission Impossible? Essay, erschienen auf „Regierungsforschung.de". https://regierungsforschung.de/diewiederherstellung-der-rechtsstaatlichkeit-in-polen-nach-dem-regierungswechsel. Zugegriffen am 25.11.2025.
Ruffert, M. (2022). Art. 7 EUV. In C. Calliess & M. Ruffert (Hrsg.), *Vertrag über die Europäische Union* (6. Aufl.). C.H. Beck.
Sadurski, P. (2019). *Poland's constitutional breakdown*. Oxford University Press.
Safja, M. (2024). Restoring the rule of law in Poland: A particular or universal challenge? Central European University, DI working paper 2024/25.
Scheppele, K. L., & Kelemen, D. (2020). Defending democracies in times of crisis. In F. Bignami (Hrsg.), *EU Law in populist times* (S. 413–456). Cambridge University Press.
Sillen, J. (2019). The concept of 'internal judicial independence' in the European Court of Human Rights. *European Constitutional Law Review, 15*(1), 104–133.
Sommermann, K.-P. (1997). *Staatsziele und Staatsprinzipien*. Mohr Siebeck.
Venedig-Kommission. (2011). Report on the Rule of law, Study No 512/2009, CDL-AD(2011)003rev. www.coe.int/en/web/venice-commission/-cdl-ad-2016-007.
Venedig-Kommission. (2016). Rule of law checklist, 18.03.2016, Study No. 711/2013. https://www.venice.coe.int/webforms/documents/default.aspx?pdffile=CDL-AD(2016)007-e. Zugegriffen am 21.11.2025.
Weber, A. (2010). *Europäische Verfassungsvergleichung*. C.H. Beck.
Weber, A. (2024). The Independence of the judiciary as a pillar of the rule of law. In F. Balaguer Callejón & M. Azpitarte (Hrsg.), *ReDC Especial, The Rule of law, 1/2024*. https://www.ugr.es/~redce/ESPECIAL1/articulos/07_Weber.htm. Zugegriffen am 21.11.2025.

Prééminence du droit, Rule of law, Herrschaft des Rechts im Europarat

J. Ziller

Seit dem wegweisenden EuGH-Urteil *Les Verts*, in dem die Europäische Wirtschaftsgemeinschaft als „Rechtsgemeinschaft" charakterisiert wurde, beschäftigt sich ein Teil der europäischen Staatsrechtslehre mit der Frage, ob der Begriff des „Rechtsstaats" auf eine internationale Organisation anwendbar sei.[1]

Dies war zwar nicht der Fall in der deutschsprachigen Lehre, da für Einrichtungen, die nicht dem Staatsbegriff entsprechen, das Wort „Rechtsgemeinschaft" schon länger gebräuchlich war. Die deutschsprachige EG-Rechtslehre war sich auch größtenteils dessen bewusst, dass Walter Hallstein seit 1962 die EWG als Rechtsgemeinschaft bezeichnete. Hallstein tat dies aber nicht, um auf den Begriff der Rechtsstaatlichkeit zu deuten, denn er sagte: „Sie ist eine Rechtsgemeinschaft: 1. nach ihrer Entstehung und Struktur, das heißt, sie ist eine Schöpfung des Rechts; 2. nach ihrer Aufgabenstellung und Tätigkeit, das heißt, sie ist eine Quelle des Rechts; 3. nach ihrer ideellen Zielsetzung, das heißt, sie ist eine Verwirklichung der Rechtsidee".[2] Die französische Fassung des *Les Verts*-Urteils lautet: *„Il y a lieu de souligner d'abord, à cet égard, que la Communauté économique européenne est une communauté de droit*", und in der deutschen Fassung „Dazu ist zunächst hervorzu-

Jacques Ziller hat Jura und Politikwissenschaft in Paris sowie Deutsche Literatur studiert. Er ist Doktor des öffentlichen Rechts. Er war Professor für öffentliches Recht an der Universität Paris 1 Panthéon-Sorbonne und für Europarecht an der Universität Pavia sowie Professor für vergleichendes öffentliches Recht und Europarecht am Europäischen Hochschulinstitut Florenz. Er hat zahlreiche Bücher und Aufsätze zum EU-Recht und zur Rechtsvergleichung veröffentlicht.

[1] Für eine besonders raffinierte Fassung dieser Art von Diskussionen s. Gaudin (2023), S. 8.

[2] Hallstein (1979), S. 343.

J. Ziller (✉)
Pavia, Italien
E-Mail: jacques.ziller@jacques-ziller.com

C. Fraenkel-Haeberle, B. Peters (Hrsg.), *Öffentliches Recht in transnationaler Perspektive*, https://doi.org/10.1007/978-3-662-72331-9_37

heben, dass die Europäische Wirtschaftsgemeinschaft eine Rechtsgemeinschaft der Art ist, dass weder die Mitgliedstaaten noch die Gemeinschaftsorgane der Kontrolle darüber entzogen sind, ob ihre Handlungen im Einklang mit der Verfassungsurkunde der Gemeinschaft, dem Vertrag, stehen".[3] Die Verfahrenssprache war zwar Deutsch, aber die Sprache der Beratung beim EuGH ist Französisch, und der Berichterstatter, der den Urteilsentwurf vorlegte, war der Belgier René Joliet. In der englischen Übersetzung heißt es: „*It must first be emphasized in this regard that the European Economic Community is a Community based on the rule of law* […]". Dies erklärt auch, weshalb in der englischsprachigen Rechtslehre die Frage nach der Anwendbarkeit des Rechtsstaatsbegriffs nicht erörtert wird.

Nicht ohne eine gewisse Verärgerung beobachtet der Verfasser, dass heutzutage auf Konferenzen, Tagungen und in Veröffentlichungen, die sich in anderen als der englischen Sprache mit der Krise der Rechtsstaatlichkeit in der EU befassen – insbesondere in Italien und manchmal auch in Frankreich – immer häufiger Formulierungen verwendet werden, die auf Deutsch etwa „Schützt die *rule of law* den EU-Haushalt oder umgekehrt?" lauten würden, als ob der Begriff *rule of law* im EU-Recht nicht gleichbedeutend mit dem des Rechtsstaats, *État de droit* oder *Stato di diritto* wäre.

Die deutschen, französischen oder italienischen Fassungen der Präambel des EUV sowie dessen Artikel 2 und die Präambel der Charta beziehen sich ausdrücklich auf „Rechtsstaat", *État de droit*, *Stato di diritto*, *Estado de derecho* usw. Nur der englische Text verwendet die Worte *rule of law*, die eigentlich besser mit „Herrschaft des Rechts" wiedergegeben würden. Das EU-Recht ist in der Tat ein mehrsprachiges Rechtssystem, in dem alle Sprachfassungen gleichermaßen authentisch sind. Dies bedeutet, dass die Verwendung des deutschen Begriffs „Rechtsstaat" in der deutschsprachigen EU-Rechtsliteratur nicht nur angemessen, sondern auch rechtlich korrekt ist. Es besteht daher kein Grund, den englischen Begriff *rule of law* in nicht-englischsprachigen EU-Rechtsdokumenten zu verwenden. Was die Rechtsprechung betrifft, so haben sich deutsche Kläger zwar seit Ende der 1950er-Jahre häufig auf den *Rechtsstaat* bzw. die *Rechtsstaatlichkeit* berufen, obschon der EuGH erst Anfang der 2000er-Jahre begonnen hat, die Begriffe *Rechtsstaat*, *État de droit* und *rule of law* selbst zu verwenden, nämlich im Urteil *Max.Mobil*.[4] Wenn sich der EuGH auf die EMRK bezieht, verwendet er normalerweise die Formulierung der Konvention, nämlich *prééminence du droit*, was im Deutschen der „Herrschaft des Rechts" entspricht.

In verschiedenen Kontexten, vorwiegend im Rahmen des Europarats oder der Vereinten Nationen, wo die authentischen englischen Fassungen des geschriebenen Rechts oder der Rechtsprechung in der Regel den Ausdruck *rule of law* verwenden, wird der Ausdruck *État de droit* meist nicht gebraucht. Es gibt nämlich Alternativen, die nach Ansicht des Verfassers die Idee der *rule of law* besser wiedergeben,[5] wie etwa die „Herrschaft des Rechts".

---

[3] EuGH, Urt. v. 23.4.1986, *Les Verts/Parlament*, C-294/83, Rn. 23.

[4] EuG, Urt. v. 30/01/2002, *max.mobil/Kommission*, T-54/99, Rn. 48.

[5] Siehe u. a. Heuschling (2002); sowie della Cananea, Mannoni (2021).

Der Beitrag schildert die Übernahme des Begriffs der *rule of law* in das Recht des Europarates. Obwohl der Adressat dieses Bandes mit dem Inhalt vertraut sein dürfte, kann die Darstellung für weniger informierte Leser von Interesse sein.[6] Zunächst wird erläutert, wie das Konzept der Herrschaft des Rechts im Recht des Europarats verankert wurde. Anschließend wird dargelegt, worauf sich dieses Konzept Mitte des 20. Jahrhunderts bezog.

1 Die Verankerung der Herrschaft des Rechts im Rechtssystem des Europarats

Der Europarat wurde 1949 in erster Linie gegründet, um der Allgemeinen Erklärung der Menschenrechte der Vereinten Nationen von 1948 im freien Europa Wirksamkeit zu verleihen. Daher ist die Erklärung die eigentliche Quelle dieses Begriffs, der vorwiegend in Europa seine Wurzeln hatte.

1.1 Die Allgemeine Erklärung der Menschenrechte und das Konzept der Herrschaft des Rechts

Die Herrschaft des Rechts ist ein zentraler Begriff in den Gründungstexten des Europarates, angelehnt an die UN-Erklärung der Menschenrechte, in deren Präambel es heißt (Hervorhebung hinzugefügt):

Whereas it is essential, if man is not to be compelled to have recourse, as a last resort, to rebellion against tyranny and oppression, that human rights should be protected by the ***rule of law****,*

Considérant qu'il est essentiel que les droits de l'homme soient protégés par un ***régime de droit*** *pour que l'homme ne soit pas contraint, en suprême recours, à la révolte contre la tyrannie et l'oppression,*

Considerando esencial que los derechos humanos sean protegidos por un ***régimen de Derecho****, a fin de que el hombre no se vea compelido al supremo recurso de la rebelión contra la tiranía y la opresión;*

Die offiziellen Sprachen der Vereinten Nationen sind Arabisch, Chinesisch, Englisch, Französisch, Russisch und Spanisch. Die von den VN vorgeschlagene deutsche Übersetzung lautet: „da es notwendig ist, die Menschenrechte durch die Herrschaft des Rechtes zu schützen, damit der Mensch nicht gezwungen wird, als letztes Mittel zum Aufstand gegen Tyrannei und Unterdrückung zu greifen".[7]

---

[6] Dieser Vortrag basiert auf einer vom Verfasser für das Europaparlament erstellte Studie: Ziller (2023), S. 3–6 und 72–84.

[7] UN-Generalversammlung, Resolution A/217 A (III) (Allgemeine Erklärung der Menschenrechte), https://www.un.org/depts/german/menschenrechte/aemr.pdf (10. Dezember 1948), zuletzt abgerufen am 21.11.2025.

Damit wird deutlich, dass die Menschenrechte (und die Herrschaft des Rechts) als Reaktion auf die von den im Zweiten Weltkrieg besiegten Regimen begangenen Verbrechen das Gegenteil von Tyrannei und Unterdrückung darstellen, gegen die als letztes Mittel die Rebellion steht.

Am 12. Mai 1948 wurde dem UN-Menschenrechtsausschuss ein vorläufiger Bericht von Professor Hersch Lauterpacht vorgelegt. Lauterpacht hatte bereits 1943 einen Entwurf für eine internationale Menschenrechtserklärung verfasst, der später in Buchform mit einem Kommentar veröffentlicht wurde. Der endgültige Text der Erklärung wurde von einer Gruppe unter dem Vorsitz von Eleanor Roosevelt erarbeitet. Roosevelt vertrat die Vereinigten Staaten in der UN-Generalversammlung. Als Grundlage diente ein Vorentwurf von John Humphrey, dem Direktor der Menschenrechtsabteilung des UN-Sekretariats. Der Text, der der Menschenrechtskommission vorgelegt und von dieser angenommen wurde, stammte von René Cassin.

Dieser war vor dem Krieg Professor für Privatrecht in Lille. 1940 wurde er Leiter des juristischen Dienstes des Freien Frankreichs in London. Bei der Befreiung Frankreichs 1944 übernahm er die Position des Vizepräsidenten des Staatsrats. 1968 erhielt er den Friedensnobelpreis. Neben Cassin gehörten der Gruppe auch zwei Philosophen an: Charles Malik aus dem Libanon und Peng Chun Chang aus China. Der Ausdruck *régime de droit* wurde wahrscheinlich von Cassin geprägt, der kein Englisch sprach. Damit trat er in die Fußstapfen der französischen Rechtslehrer Léon Duguit und Maurice Hauriou. Von 1959 bis 1968 war Cassin auch Richter am Europäischen Gerichtshof für Menschenrechte in Straßburg. Er spielte jedoch keine direkte Rolle bei der Abfassung der Texte des Europarats 1949–1950, in denen andere französische Bezeichnungen verwendet wurden.

Während seit dem Lauterpacht-Projekt bis heute in den englischsprachigen Ländern und auf internationaler Ebene durchgehend der Ausdruck *rule of law* verwendet wird, gab es in anderen Sprachen zahlreiche Variationen, bevor sich in jüngster Zeit Begriffe wie *État de droit*, *Estado de derecho* und *Rechtsstaat* in Lehre, Politik und bis zu einem gewissen Grad auch im positiven geschriebenen Recht sowie in der Rechtswissenschaft etabliert haben. In den Texten der Vereinten Nationen werden jedoch nach wie vor unterschiedliche Begriffe für die Herrschaft des Rechts verwendet. So nutzt die Millenniumserklärung[8] im Englischen den Ausdruck *rule of law*, im Französischen *régime de droit*, *primauté du droit* und *État de droit* sowie im Spanischen *imperio del derecho* und *imperio de la ley*.

Es ist auch anzumerken, dass die englische Sprache in diesem Kontext nicht eindeutig ist: Der Lauterpacht-Entwurf von 1948 verwendet den Begriff *rule of law*, bezieht sich aber in Artikel 15 auch auf „jede Rechtsregel" (*any rule of law*). Es sollte zudem nicht vergessen werden, dass die englische Sprache nur ein Wort – *law* – verwendet, während viele romanische, germanische und slawische Sprachen zwei Begriffe dafür haben: *droit* und *loi* (Französisch), *diritto* und *legge*

[8] UN-Generalversammlung, Resolution A/55/2, https://www.un.org/en/development/desa/population/migration/generalassembly/docs/globalcompact/A_RES_55_2.pdf (8. September 2000), zuletzt abgerufen am 21.11.2025.

(Italienisch), *derecho* und *ley* (Spanisch), Recht und Gesetz (Deutsch), *право* (pravo) und *закон* (zakon) (Russisch) usw.

1.2 Die Herrschaft des Rechts in den Gründungstexten des Europarates

In der Satzung des Europarates wird die Herrschaft des Rechts in der Präambel als eines der Prinzipien genannt, die die „Grundlage jeder wahren Demokratie" bilden, wobei Artikel 3 der Satzung den Grundsatz vom Vorrang des Rechts erwähnt. Die beiden Amtssprachen des Europarates sind Französisch und Englisch; in seinen Dokumenten verwendet er den Begriff „Herrschaft des Rechts" als deutsche Übersetzung für *rule of law*.[9]

Innerhalb der Europäischen Bewegung auf dem Gründungskongress vom 25. bis 28. Februar 1949 in Brüssel wurde bereits zu Beginn der Vorarbeiten für die Satzung das Ziel festgelegt, die UN-Erklärung in ein verbindliches Rechtsinstrument für die freien Länder Europas umzusetzen. Die Sektion für Rechtsstudien der Bewegung, die an der Ausarbeitung des Statuts des Europarats und der EMRK mitwirkte, wurde von dem Belgier Fernand Dehousse geleitet und hatte als Berichterstatter den Briten David Maxwell-Fyfe und den Franzosen Pierre-Henri Teitgen; alle drei waren Rechtsprofessoren bzw. Anwälte (Fyfe) und zugleich prominente politische Persönlichkeiten. Dehousse leitete anschließend die Rechtskommission der Beratenden Versammlung des Europarats, deren Berichterstatter Teitgen war und die sich eingehend mit der Ausarbeitung der EMRK befasste.

Der Text der Satzung des Europarats wurde von Politikern, Juristen und Diplomaten aus den Gründungsstaaten Belgien, Dänemark, Frankreich, Irland, Italien, Luxemburg, den Niederlanden, Norwegen, Schweden und dem Vereinigten Königreich erörtert. Die Ausarbeitung des Textes der EMRK begann noch vor dem Inkrafttreten der Satzung am 3. August 1949, und die EMRK wurde am 4. November 1950 unterzeichnet. Zwischen diesen beiden Terminen traten Griechenland am 9. August 1949, Island am 7. März 1950 und die Türkei am 13. April 1950 dem Europarat bei.

Die wichtigsten Rechtstraditionen, die den ersten beiden Texten des Europarats zugrunde liegen und sich auf das Konzept der Herrschaft des Rechts beziehen, sind die der damals vertretenen Länder. Die deutsche Rechtstradition aus der Zeit vor dem Nationalsozialismus war zwar besonders bedeutsam, aber nicht formell vertreten. Deutschland und das Saarland hatten das Übereinkommen am 4. November 1950 in Rom lediglich als Beobachter unterzeichnet.

Die ersten Entwürfe der beiden Texte wurden von Teitgen verfasst, einem Professor für öffentliches Recht, der in der Résistance eine führende Rolle spielte und Mitglied der provisorischen Regierung unter de Gaulle war – zunächst als

[9] Europarat, Satzung, https://rm.coe.int/1680306051 (5. Mai 1949), zuletzt abgerufen am 21.11.2025.

Informationsminister, dann als Justizminister und schließlich bis 1956 als Mitglied der nachfolgenden Regierungen. 1948 war die Präambel des von der Europäischen Bewegung ausgearbeiteten Entwurfs, der zunächst von Fyfe verfasst und von Teitgen ergänzt wurde, viel kürzer als der Text der Allgemeinen Erklärung und verwendete den Ausdruck *to assure the rule of law / assurer le respect de la loi*. Die endgültige Fassung der Satzung und der EMRK verwendet jedoch *rule of law/prééminence du droit*, wobei die französische Fassung die englische am besten widerspiegelt.

Aus den Protokollen der ersten Sitzung der Beratenden Versammlung des Europarats im Jahr 1949, die der Diskussion über die künftige EMRK gewidmet war, geht nicht hervor, warum Teitgen letztendlich die Worte *prééminence du droit* bevorzugte. Soweit bekannt, sprach Teitgen kein Englisch, aber als Justizminister gehörten zu seinem Kabinett unter anderem Antoine Veil – der Ehemann der späteren Präsidentin des Europäischen Parlaments Simone Veil – und René Ziller – der Vater des Verfassers dieses Beitrags. Beide hatten sowohl Rechts- als auch Politikwissenschaften studiert und sprachen fließend Englisch und Deutsch.

2 Das hergebrachte Konzept der Herrschaft des Rechts in den Mitgliedstaaten des Europarats

In Ermangelung von Debatten über den Text der Präambel der EMRK während der Vorbereitungsarbeiten[10] können wir uns, um die Bedeutung von *rule of law* bzw. *préminence du droit* zu verstehen, auf die Rechtstraditionen stützen, die von den gewählten Mandatsträgern, Experten und Diplomaten innerhalb der verschiedenen Gruppen vertreten wurden, die den künftigen Text der Konvention diskutierten, änderten und verabschiedeten.

Obwohl Deutschland und Österreich nicht zu den Gründungsmitgliedern des Europarats gehörten, hindert uns dies nicht daran, zu berücksichtigen, dass es nach dem Zweiten Weltkrieg ein gemeinsames Erbe gab, das diese Länder einschloss. Dieses Erbe umfasste die Bedeutung einer Auffassung von der Herrschaft des Rechts, die sich nicht auf ihren formalen Aspekt beschränkt und in den Konzepten der Rechtsstaatlichkeit zum Ausdruck kommt.

2.1 Das englische Konzept der rule of law

Die Gestaltung des Konzepts der *rule of law* wird traditionell Albert Venn Dicey (1835–1922) zugeschrieben, einem Juristen und Professor an der Universität Oxford ab 1882 und später an der London School of Economics ab 1882. Im Jahr 1885

[10] Europarat (1975–1985).

veröffentlichte er die „Einführung in das Studium des Verfassungsrechts",[11] das zum bedeutendsten Werk des britischen öffentlichen Rechts wurde und bis heute diesen Status behält. Ein Jahr später las Premierminister William Gladstone es im Parlament vor und zitierte Dicey als Autorität. Dicey verwendete mindestens drei Ausdrücke, die er für gleichwertig hielt: *rule*, *supremacy* und *predominance of law*, wobei er *rule of law* bevorzugte.

Laut Dicey enthält der Begriff der *rule of law* mindestens drei verschiedene, aber miteinander verbundene Konzepte:[12] Erstens wendet er sich gegen jedes Regierungssystem, das auf der Ausübung „weitreichender, willkürlicher oder diskretionärer Zwangsbefugnisse" beruht;[13] zweitens ist „jeder Mensch, ungeachtet seines Ranges oder Standes, dem ordentlichen Gesetz des Reiches und der Gerichtsbarkeit der ordentlichen Gerichte unterworfen";[14] drittens: „Die allgemeinen Grundsätze der Verfassung (wie das Recht auf persönliche Freiheit oder das Recht auf öffentliche Versammlungen) sind in unserem Land das Ergebnis gerichtlicher Entscheidungen, die die Rechte von Privatpersonen in besonderen Fällen, die vor die Gerichte gebracht werden, festlegen". Es ist bemerkenswert, dass Dicey, der oft als scharfer, ja verächtlicher Kritiker des französischen Verwaltungsrechts dargestellt wird, in der 8. Auflage seines Werkes aus dem Jahr 1915 die Entwicklung des französischen öffentlichen Rechts und insbesondere die wachsende Rolle des *Conseil d'État* als unabhängiges Justizorgan verfolgt. Seine Gegenüberstellung von *Common Law* und *Administrative Law* impliziert nicht die Überlegenheit des Gewohnheitsrechts gegenüber dem Verwaltungsrecht, sondern ist das Ergebnis unterschiedlicher Kontexte.

Zum Verhältnis zwischen *rule of law* und Souveränität des Parlaments kommt Dicey zu folgendem Schluss: „Die Souveränität des Parlaments begünstigt im Gegensatz zu anderen Formen souveräner Macht die Vorherrschaft des Rechts, während die Vorherrschaft der strengen Legalität in unseren Institutionen insgesamt auf die Ausübung der parlamentarischen Souveränität zurückgeht und damit deren Autorität stärkt".[15] Dicey deutet darauf hin, dass die englischen Gerichte lediglich prüfen, ob das Handeln der Verwaltung auf einem Parlamentsakt beruht. Bis in die 1970er-Jahre bedeutete dies, dass die britischen Gerichte nur das Fehlen einer solchen förmlichen Befugnis (*ultra vires*) oder die Unangemessenheit ihrer Ausübung rügten. Zudem konnte bis in die 1950er-Jahre, wenn die Haftung eines bestimmten Beamten von den Gerichten festgestellt wurde, die Haftung der Krone durch den Grundsatz „the King can do no wrong" ausgeschlossen werden.

Das englische Konzept der *rule of law* galt auch für das unabhängige Irland, allerdings mit zwei wesentlichen Unterschieden: Die Osterproklamation von 1916 diente als eine Art *Bill of Rights* vor der Verfassung von 1937. Seit 1937 hat die Republik Irland eine schriftliche Verfassung, die nur durch ein Referendum geändert

[11] Dicey (1915).

[12] Ebenso S. 107, Übersetzung des Verfassers.

[13] Ebenso S. 114.

[14] Ebenso S. 115.

[15] Ebenso S. 268.

werden kann. Sie enthält Bestimmungen, die die Grundrechte garantieren und auf deren Grundlage die Gerichte Gesetze, die ihr zuwiderlaufen, für nichtig erklären können. Im Gegensatz dazu gibt es in Großbritannien noch heute keine solche schriftliche Verfassung, trotz der Ankündigung einiger Pläne in dieser Richtung.

2.2 Das Gesetzmäßigkeitsprinzip und die Herrschaft des Rechts in der französischen Tradition

Für die französische Tradition des öffentlichen Rechts stellt die Revolution von 1789 eine wesentliche Zäsur dar, auch wenn eine Reihe von Grundsätzen und Institutionen des *Ancien Régime* dort ihre Fortsetzung finden, wie Alexis de Tocqueville (1805–1859)[16] deutlich zeigte.[8] Die französische Tradition ist stark vom Denken Jean-Jacques Rousseaus (1712–1778) und Emmanuel-Joseph Sieyès' (1748–1836) sowie in der ersten Phase der Revolution von Montesquieu (1689–1755) geprägt, dem wir die Weiterentwicklung der Theorie der Gewaltenteilung nach dem Engländer John Locke (1632–1704) verdanken.

Die Französische Revolution führte zu einer grundlegenden Neuausrichtung der zentralen Begriffe des öffentlichen Rechts. Die Nation und das Gesetz (*loi*) rückten in den Mittelpunkt. Die Souveränität, einst ein Attribut des Königs, wurde nun der Nation zugeschrieben. Diese Verschiebung ermöglichte nicht nur die Absetzung Ludwigs XVI. im Jahr 1792, sondern auch seine anschließende Hinrichtung. Das französische Verfassungsrecht basiert bis heute maßgeblich auf zwei Grundprinzipien: Rousseaus Konzept des Gesetzes als Ausdruck des Gemeinwillens (*la loi, expression de la volonté générale*) und das allgemeine Wahlrecht.

Hinzu kommt auch das seit 1799 vom *Conseil d'État* entwickelte Verwaltungsrecht, wobei er sich insbesondere auf den Grundsatz der Gleichheit vor den öffentlichen Lasten und die allgemeinen Rechtsgrundsätze stützte. Der *Conseil d'État* entwickelte eine Rechtsprechung zum Schutz des Einzelnen, insbesondere im Hinblick auf die öffentlichen Freiheiten, nicht nur gegenüber der Verwaltung und den lokalen Behörden, sondern auch gegenüber der Regierung selbst, die als Organ der öffentlichen Verwaltung angesehen wurde.[17]

In Bezug auf die Rechtslehre dominierten Léon Duguit (1859–1928) und Maurice Hauriou (1856–1929) als die beiden einflussreichsten Autoren die akademische Diskussion für mehr als die Hälfte des 20. Jahrhunderts.

Bei dem Thema, das uns hier interessiert, geht Duguit von dem Gedanken aus, dass „es kein Recht ohne Gesellschaft und keine Gesellschaft ohne Recht gibt. [...] Der moderne Staat lebt sozusagen in einer rechtlichen Umgebung; er kann nur in einer solchen Umgebung existieren.[18] Er ist, um einen deutschen Ausdruck zu ge-

[16] Tocqueville (1856).

[17] S. Ziller (2018).

[18] Duguit (1907), S. 472, Übersetzung des Verfassers.

brauchen, ein Rechtsstaat (*État de droit*), dessen Zweck und einzige Daseinsberechtigung die Verwirklichung des Rechts ist. Er ist durch vorrangiges Recht verpflichtet, das Recht zu verwirklichen, ohne das er nicht mehr Staat wäre."[19] Duguit entwickelt die Unterscheidung zwischen dem *régime de droit*, in dem „die individuelle Aktivität, sei sie physischer, moralischer oder religiöser Natur, sich frei, ohne vorherige Beschränkung oder Genehmigung, entfalten kann", und dem *régime de police*, in dem „das Gesetz den Behörden bestimmte Befugnisse verleiht, die als Polizeibefugnisse bezeichnet werden und aufgrund derer sie im Voraus bestimmte Maßnahmen ergreifen können, um zu verhindern, dass eine bestimmte Handlung oder ein bestimmter Sachverhalt, der gegen das Gesetz verstößt, eintritt". Duguit bezieht sich sowohl auf die deutsche Lehre (Jellinek) als auch auf die englische (Dicey).

Wie Duguit verwendet auch Hauriou den Ausdruck *État de droit*.[20] Teil II seines *Précis de droit constitutionnel* trägt den Titel *Le droit de la constitution, l'État de droit et la place du juge dans l'État*.[21] Unter besonderer Bezugnahme auf Dicey analysiert Hauriou in einem Kapitel mit dem Titel *Le règne de la Loi* die englische *rule of law* und stellt klar: „Das Wesen ihrer Verfassung liegt in der *rule of law*, die durch ein gemeinsames Recht und einen gemeinsamen Richter verwirklicht wird. Dieser äußerst interessante Begriff muss in folgenden Punkten geklärt werden: 1. *Common law* ist im Wesentlichen Gewohnheitsrecht, nicht geschriebenes Recht. Das Wort „law" kann sowohl Gesetz als auch Recht bedeuten; es bedeutet aber eher das Recht; sodass die „rule of law" eher die Herrschaft des Rechts oder l'*État de droit* ist". In anderen Kapiteln, die der Verfassung bzw. dem Staat gewidmet sind, bezieht sich Hauriou auf Jellinek und Kelsen, wobei er Kelsens Lehre des Normativismus teilweise kritisiert.[22]

Hauriou und Duguit waren mit den deutschen Theorien zum Rechtsstaat vertraut, insbesondere, aber nicht nur, durch die Arbeiten von Raymond Carré de Malberg (1861–1935).[23] Dieser schreibt, dass „die Lehre von Montesquieu im Wesentlichen [...] mit dem System des Rechtsstaates verbunden ist"; er fügt hinzu, dass „die Theorie des Rechtsstaates in ihrer wissenschaftlichen Form von deutschen Autoren [Mohl, Stahl und Gneist] entwickelt wurde.[24] Aber erst in Frankreich, mit der Nationalversammlung von 1789, wurden die wichtigsten Ideen und teilweise auch die Institutionen entwickelt, auf denen das System des Rechtsstaats beruht". Duguit, Hauriou und Carré de Malberg vertraten die Auffassung, dass ein Teil der deutschen Lehre in ihrer damaligen Form nicht auf Frankreich übertragen werden könne, da sie die autokratische Periode des Zweiten Kaiserreichs nach dem Staatsstreich vom 2. Dezember 1851 gerechtfertigt hatte.[25] Dies ist zweifellos die Haupt-

[19] Ebenso, S. 498.

[20] Hauriou (1929), S. 215.

[21] Ebenso S. 218 ff.

[22] Vgl. insbesondere S. 98.

[23] Carré de Malberg (1922), Bd. II, S. 8.

[24] Ebenso Bd. I, S. 488–489.

[25] S. u. a. Chevallier (2017).

ursache dafür, dass der Ausdruck *État de droit* in der Rechtslehre lange Zeit kaum verwendet wurde und erst in den 1980er-Jahren im geschriebenen Recht und in der Rechtswissenschaft auftauchte.

2.3 Der Rechtsstaat in der deutschen Tradition

Die Idee des Rechtsstaats entwickelte sich im deutschsprachigen Raum in der Zeit der Französischen Revolution und im anschließenden 19. Jahrhundert. Zu den ersten Autoren, die den Begriff „Rechtsstaat" verwendeten, gehörten Johann Wilhelm Placidus (Pseudonym für Johann Wilhelm Petersen) im Jahr 1798 und Adam H. Müller von Nitterdorf im Jahr 1809. Diese beiden Autoren repräsentieren unterschiedliche Strömungen des deutschen Rechtsstaatskonzepts: Placidus, ein Schüler Immanuel Kants, vertrat eine liberale Auffassung, während Müller von Nitterdorf eine konservative, monarchische Sichtweise einnahm. Obwohl Kant oft als geistiger Urheber der Rechtsstaatslehre angesehen wird, verwendete er selbst den Begriff „Rechtsstaat" nicht direkt. So nutzte Kant in seinen deutschsprachigen Werken eher den lateinischen Ausdruck *status iuridicus*, der im Lateinischen oft mit *civitas* und *imperium* in Verbindung gebracht wurde und die Bedeutung einer Regierungsform annahm.[26]

Die liberale Tendenz der Rechtsstaatslehre wird besonders gut durch Robert von Mohl (1799–1875), unter anderem Justizminister in der kurzlebigen Regierung der Frankfurter Verfassung von 1848, dargestellt. In der von Carl Friedrich Gerber (1823–1891), Paul Laband (1838–1918) und Georg Jellinek (1851–1911) im Gegensatz zu dieser liberalen Auffassung entwickelten formalen Tendenz betrifft die Begrenzung durch das Recht nur die Verwaltung, und der Rechtsschutz sorgt für die Einhaltung des formalen Rechts. Es versteht sich von selbst, dass diese zweite Konzeption des Rechtsstaats, die bis zum Ersten Weltkrieg vorherrschte, nicht mit der Idee der Demokratie verbunden war.

Mit der Weimarer Republik unternahmen deutsche Wissenschaftler den Versuch, die liberale Konzeption wiederzubeleben und ihr eine soziale Dimension hinzuzufügen, die von Lorenz von Stein (1815–1890) vorgezeichnet worden war, der in seiner Studie über das Zweite Französische Kaiserreich den Begriff des Sozialen Rechtsstaats geprägt hatte.[27] Der Erste Weltkrieg, die Revolution von 1918/19 und die Weimarer Verfassung gaben der Entwicklung des deutschen öffentlichen Rechts neue Impulse. Allerdings verhinderten die sozialen Bewegungen sowie die politische und wirtschaftliche Instabilität, die zum Aufstieg des NS-Regimes 1933 führten, die Konsolidierung einer neuen konsensuellen Konzeption des Rechtsstaates. Es fehlte ein tragfähiger Verfassungskonsens, der alle Teile des politischen Spektrums eingebunden hätte. Eine solche Konsolidierung musste bis zum Grundgesetz von 1949 und der EMRK warten.

---

[26] Hruschka (2016), S. 14–15.

[27] von Stein (1921).

Die Lehre vom Rechtsstaat kann nicht erörtert werden, ohne auf Hans Kelsen (1881–1973) zu verweisen, den Hauptverfasser des Entwurfs der österreichischen Verfassung von 1920, die mit der Schaffung des Verfassungsgerichtshofs einherging. Kelsen gilt als Begründer des Rechtspositivismus, dessen Denken oft fälschlicherweise auf die Pyramidentheorie der Rechtsquellen reduziert wird.[28] Der Rechtspositivismus war für die Nationalsozialisten eher ein Hindernis als ein gefälliges Werkzeug. Zur Zeit der Gründung des Europarats und der EMRK gab es in Österreich (seit 1920), in Italien (mit der Verfassung von 1947) und in Deutschland (mit dem Grundgesetz von 1949) Verfassungsgerichte nach dem Kelsen'schen Modell; auch in Spanien hatte es mit dem durch die republikanische Verfassung von 1931 geschaffenen *Tribunal de Garantías Constitucionales* ein solches System gegeben.

2.4 Der Beitrag der anderen europäischen Länder

Erwähnenswert sind auch die italienischen Rechtswissenschaftler, insbesondere Vittorio Emanuele Orlando (1860–1952)[29] und Santi Romano (1875–1947).[30] Beide entwickelten eine sehr ausgeprägte Staatslehre, ohne jedoch den Begriff *Stato di diritto* zu verwenden. Sergio Panunzio (1886–1944), ein enger Mitarbeiter Mussolinis, veröffentlichte 1921 ein Werk mit dem Titel *Lo stato di diritto*.[31] Dieses Werk deutet die Möglichkeit einer faschistischen Konzeption des Rechtsstaats an, die weder von Romano noch von Orlando in Betracht gezogen wurde. Zu Beginn der 1950er-Jahre ist auch Norberto Bobbio (1909–2004)[32] zu erwähnen, dessen Lehre über den Zusammenhang zwischen Rechtsstaatlichkeit, Demokratie und Freiheit derjenigen von Kelsen nahesteht. Es ist nicht bekannt, ob Orlando oder Romano einen besonderen Einfluss auf die Positionen und Erklärungen der Mitglieder der Beratenden Versammlung des Europarates mit juristischem Hintergrund (Lodovico Benvenuti, Antonio Boggiano-Pico, Francesco Maria Dominedò, Giovanni Persico) hatten.

Die Benelux-Staaten standen zur Zeit der Gründung des Europarats und der Europäischen Menschenrechtskonvention im Wesentlichen in der französischen Tradition, was sich in den Vorarbeiten zur EMRK widerspiegelte. Griechenland und die Türkei waren ebenfalls besonders von der französischen Staatsrechtslehre und der deutschen liberalen Lehre beeinflusst.

Die skandinavischen Länder haben bedeutende Erfahrungen mit dem Konzept der Herrschaft des Rechts gemacht. Schweden verabschiedete 1766 das weltweit erste Pressefreiheitsgesetz mit Verfassungsrang, das den Zugang zu Verwaltungsdokumenten garantierte. Von fundamentaler Bedeutung war auch das

---

[28] Kley, Tophinke (2001), S. 169 ff.

[29] S. insbesondere Cozza (2003), S. 179.

[30] Romano (1946) und (1988).

[31] Panunzio (1921).

[32] Bobbio (1985).

schwedische Verfassungsgesetz über die Regierungsform von 1809. Es führte ein besonderes System der Gewaltenteilung ein, das den parlamentarischen Beauftragten, den *Ombudsmann*, einschloss. Dieser sollte die Verwaltung überwachen und die korrekte Anwendung des Rechts auf Zugang zu Verwaltungsdokumenten sicherstellen. In der ersten Debatte der Beratenden Versammlung des Europarates hielt der dänische Jurist und Politiker Hermod Lannung (1895–1996) eine bemerkenswerte Rede. Er betonte darin die Notwendigkeit der Gleichstellung von Männern und Frauen in den Mitgliedstaaten sowie den Schutz von Minderheiten, insbesondere der dänischen Minderheit in Deutschland.

3 Der Inhalt des gemeinsames europäische Erbe im Hinblick auf der Herrschaft des Rechts in 1949 / 1950

Das Konzept der Herrschaft des Rechts des Europarats entspricht also im Wesentlichen der liberalen Version der Lehren und Praktiken, die in Europa vor dem Zweiten Weltkrieg bestanden.

Um das in den Gründungstexten der Europäischen Gemeinschaft erwähnte „gemeinsame Erbe“ zu verstehen, muss man sich auch seiner Schattenseiten bewusst sein. Zwei der Gründungsländer hatten im 20. Jahrhundert diktatorische Regime erlebt: das faschistische Italien von der Ermordung Giacomo Matteottis im Juni 1924 bis zur Absetzung Mussolinis am 24. Juli 1943, und das Vichy-Frankreich von der Abstimmung über die Vollmachten für Marschall Pétain am 10. Juli 1940 bis zum Dekret vom 9. August 1944 über die Wiederherstellung der republikanischen Legalität. Zudem waren Dänemark und Norwegen seit dem 9. April 1940 von deutschen Truppen besetzt, die Niederlande, Luxemburg und Belgien seit dem 10. Mai desselben Jahres. Schweden, das während des Krieges neutral blieb, wandte seit 1937 die deutschen Rassengesetze an.

Viele europäische Länder erlebten im 19. Jahrhundert autoritäre Regime, trotz der Versuche einer liberalen Revolution im Jahr 1848. Nach dem Ersten Weltkrieg kamen weitere autoritäre Systeme hinzu: Dollfuß’ Österreich, Atatürks Türkei und Metaxas’ Griechenland. In Westeuropa sind Francos Spanien und Salazars Portugal zu erwähnen – Länder, die dem Europarat erst nach der Wiederherstellung der Demokratie in den 1970er-Jahren beitraten. In Mitteleuropa etablierte sich Piłsudskis Regime in Polen. Der Prager Putsch im Februar 1948 und die Errichtung der von der Sowjetunion unterstützten kommunistischen Diktaturen in den Ländern Mittel- und Osteuropas verdeutlichten allen gewählten Vertretern, Experten und Diplomaten, die an der Ausarbeitung der Satzung des Europarats und der EMRK beteiligt waren, die besondere Gefährdung des Vorrangs des Rechts.

Das Vereinigte Königreich und Irland waren die einzigen Länder, die seit dem 17. Jahrhundert keine Diktatur mehr auf ihrem Territorium erlebt hatten. Es sei jedoch angemerkt, dass die Vertreter des unabhängigen Irlands bei den Debatten über die zukünftige Europäische Menschenrechtskonvention in der Beratenden Versammlung des Europarats nicht versäumten, auf die *Special Powers Acts* aus der Zeit des Bürgerkriegs hinzuweisen.

Obwohl es keine Debatte über den Inhalt des Begriffs „Herrschaft des Rechts“ gab, lässt sich sagen, dass es den an der Ausarbeitung des Statuts des Europarats und der EMRK Beteiligten darum ging, in den Mitgliedstaaten die in der Allgemeinen Erklärung der Menschenrechte von 1948 garantierten Rechte zu schützen. Dazu gehören, insbesondere die Gleichheit vor dem Gesetz, die persönliche Freiheit und Sicherheit, die Meinungs-, Rede- und Religionsfreiheit sowie das Recht auf einen wirksamen Rechtsschutz vor unabhängigen Gerichten.

Literatur

Bobbio, N. (1985). *Stato, governo e società – Frammenti di un dizionario politico*. Einaudi.

Carré de Malberg, R. (1922). *Contribution à la théorie générale de l'État*. Sirey.

Chevallier, J. (2017). *L'État de droit* (6. Aufl.). LGDJ.

Cozza, E. (2003). L'eredità scientifica di Vittorio Emanuele Orlando a cinquant'anni dalla morte. *L'Ircocervo, 2*(2). https://lircocervo.it/?p=179. Zugegriffen am 21.11.2025.

della Cananea, G., & Mannoni, S. (2021). *Administrative Justice Fin de siècle: Early Judicial Standards of Administrative Conduct in Europe (1890–1910)*. Oxford University Press.

Dicey, A. V. (1915). *Introduction to the study of the law of the constitution* (8. Aufl.). Macmillan.

Duguit, L. (1907). *Traité de droit constitutionnel*. De Boccard.

Europarat. (1975–1985). *Collected edition of the „Travaux préparatoires“ of the European Convention on Human Rights/Recueil des travaux préparatoires de la Convention européenne des droits de l'homme*. Martinus Nijhof.

Gaudin, H. (2023). 1. Communauté de droit – Union de droit. CJCE, 23 avr. 1986, n° 294/83, Parti écologiste Les Verts c/Parlement européen. In H. Gaudin, M. Blanquet, J. Andriantsimbazovina, & F. Fines (Hrsg.), *Les grands arrêts de la Cour de justice de l'Union européenne, Droit constitutionnel et institutionnel de l'Union européenne* (2. Aufl.). Dalloz.

Hallstein, W. (1979). Die EWG – Eine Rechtsgemeinschaft – Ehrenpromotion, Universität Padua 12. März 1962. In T. Oppermann (Hrsg.), *Europäische Reden* (S. 341–348). Deutsche Verlags-Anstalt.

Hauriou, M. (1929). *Précis de droit constitutionnel* (2. Aufl.). Sirey.

Heuschling, L. (2002). *État de droit, Rechtsstaat, Rule of law*. Dalloz.

Hruschka, S. J. (2016). *Kant und der Rechtsstaat und andere Aufsätze zu Kants Rechtslehre und Ethik*. Alber.

Kley, A., & Tophinke, E. (2001). Hans Kelsen und die Reine Rechtslehre. *Juristische Arbeitsblätter, 33*(2), 169–174.

Panunzio, S. (1921). *Lo stato di diritto*. Taddei.

Romano, S. (1946). *L'ordinamento giuridico*. Quodlibet.

Romano, S. (1988). *Diritto pubblico italiano*. Giuffrè.

von Stein, L. (1921). *Geschichte der sozialen Bewegung in Frankreich von 1789 bis auf unsere Tage* (Bd. I–III). Drei Masken Verlag.

de Tocqueville, A. (1856). *L'Ancien Régime et la Révolution*. Calmann-Lévy.

Ziller, J. (2018). Verwaltungsgerichtsbarkeit in Frankreich. In A. von Bogdandy, P. M. Huber, & L. Marcusson (Hrsg.), *Handbuch Ius Publicum Europaeum, Band VIII – Verwaltungsgerichtsbarkeit in Europa: Institutionen und Verfahren* (S. 199–268). V.F. Müller.

Ziller, J. (2023). *L'État de droit, une perspective de droit comparé – Conseil de l'Europe*. European Parliament Research Service.

Schriftenverzeichnis Univ.-Prof. Dr. Dr. h.c. Karl-Peter Sommermann

2026

Le retour en force de l'État comme puissance publique : une perspective allemande, in : Annuaire européen d'administration publique, vol. XLVII (2024), Aix-en-Provence 2026 (im Erscheinen).

Die gemeinsamen Werte der Union und der Mitgliedstaaten, in: M. Niedobitek (Hrsg.), Europarecht. Grundlagen und Politiken der Union, 3. Aufl., Berlin: De Gruyter, 2026, § 3, S. 261–302.

2025

Verfassungsstaat und öffentliche Verwaltung, in: S. Kuhlmann/I. Proeller/D. Schimanke/J. Ziekow (Hrsg.), Öffentliche Verwaltung in Deutschland, Berlin: Springer, 2025 S. 17–35.

Administrative Justice in a Dynamic Multi-Level System: the German Example, in: Vera Parisio (Hrsg.), Administrative Justice, Regional Courts and Legal Certainty. A Comparative Overview, Torino: G. Giappichelli Editore, 2025, S. 59–84.

La lutte contre le terrorisme par les autorités administratives en Allemagne, in: Annuaire européen d'administration publique, vol. XLVI (2023), Aix-en-Provence 2025, S. 15–22.

Erläuterungen zu Art. 20a GG, in: v. Münch/Kunig, Grundgesetz-Kommentar, Bd. 1, 8. Aufl., München: Beck, 2025, S. 1520–1552.

Constitutional Principles: An Introduction, in: Wolfgang Babeck/Albrecht Weber (ed.), Writing Constitutions, vol. III: Constitutional Principles, Cham: Springer, 2025, S. 3–15.

C. Fraenkel-Haeberle, B. Peters (Hrsg.), *Öffentliches Recht in transnationaler Perspektive*, https://doi.org/10.1007/978-3-662-72331-9

Climate Litigation in Germany, in: Liber Amicorum Giorgi Khubua (პროფესორ გიორგი ხუბუას 60 წლისადმი მიძღვნილი საიუბილეო კრებული), Tbilisi: Faculty of Law of Ivane Javakhishvili State University, 2025, S. 59–67.

Als Herausgeber: The Civil Service in Europe: A Research Companion London: Routledge, 2025 (zusammen mit *Adam Krzywon* und *Cristina Fraenkel-Haeberle*) (1.016 Seiten).

The Changing Tasks and Environment of Public Administration: Challenges for the Civil Service, ebd., S. 42–65.

2024

Erläuterungen zu Art. 20 GG, in: Huber/Voßkuhle, Das Bonner Grundgesetz. Kommentar, Bd. 2, 8. Aufl., München: Beck, 2024, S. 1–180.

Droit administratif général droit administratif spécial: une perspective allemande, in: Association Française pour la recherche en Droit Administratif - A.F.D.A. (Hrsg.), Droit administratif général et droit administratif spécial, Paris: Dalloz, 2024, S. 175–188.

Comparative Administrative Law: The Germanic Tradition, in: Armin von Bogdandy/Eberhard Schmidt-Aßmann (Hrsg.), Theorizing Comparative Public Law. A Reader from Germany, Baden-Baden: Nomos, 2024, S. 11–39.

The Normative Dimensions of Fundamental Rights, in: Wolfgang Babeck/Albrecht Weber (ed.), Writing Constitutions, vol. II: Fundamental Rights, Cham: Springer, 2024, S. 3–10.

The Right to an effective remedy before a court, in: Wolfgang Babeck/Albrecht Weber (ed.), Writing Constitutions, vol. II: Fundamental Rights, Cham: Springer, 2024, S. 327–337.

Climate Protection as a Driving Force for Legal Innovation, in: Katarzyna Gromek-Broc/Alessia Monica (Hrsg.), Quo Vadis Ius Publicum Europaeum? Liber Amicorum in onore del Professore Jacques Ziller, Napoli: Editoriale Scientifica, 2024, S. 81–94.

Contraindre l'État à agir face au dérèglement climatique: nouvelles approches en Allemagne, in: Annuaire européen d'administration publique, vol. XLV (2022), Aix-en-Provence: Presses Universitaires d'Aix-Marseille, 2024, S. 13–23.

Chroniques de vie administrative: Allemagne, in: Annuaire européen d'administration publique, vol. XLV (2022), Aix-en-Provence: Presses Universitaires d'Aix-Marseille, 2024 (zusammen mit *Ann-Kathrin Hofmann*), S. 413–430.

Diskussionsbeiträge in: VVDStRL Bd. 83 (2024), S. 115 u. 509.

2023

Die Sicherung von Menschenrechten in transationalen Lieferketten: Ansätze im öffentlichen Wirtschaftsrecht, in: ZVglRWiss 122 (2023), S. 188–199.

L'action publique face au COVID-19 en Allemagne, in: Annuaire européen d'administration publique, vol. XLIII (2020), Aix-en-Provence: Presses Universitaires d'Aix-Marseille, 2023, S. 11–25.

Droit souple: Quelle place pour les normes „molles" en droit administratif? – Une perspective allemande, in: Annuaire européen d'administration publique, vol. XLIV (2021), Aix-en-Provence: Presses Universitaires d'Aix-Marseille, 2023, S. 13–20.

Sammelrezension der drei Werke: Das Verwaltungsrecht der Vereinigten Staaten von Amerika. Grundlagen und Grundzüge aus deutscher Sicht, Baden-Baden 2021, von Eberhard Schmidt-Aßmann; Droit administratif allemand, Paris 2021, von Anne Jacquemet-Gauché; Contemporary French administrative law, Cambridge (England) 2022, von John Bell/François Lichère, in: DÖV 2023, S. 902–904.

Buchbesprechung: La Cour constitutionnelle fédérale allemande. Reconstruire une démocratie par le droit (1945–1961), Paris 2021, von Aurore Gaillet, in: AöR 148 (2023), S. 279–284.

Comment on the book "Contemporary French administrative law" by John Bell and François Lichère, in: BACL blog available at https://wp.me/p80U0W-1sU (30.6.2023).

2022

The Dimensions of the Principle of Solidarity in the European Union, in: M. González Pascual/A. Torres Pérez (Hrsg.), Social Rights in the EMU: Challenges Ahead, Cheltenham (UK)/Northampton Mass. (USA): Edward Elgar, 2022, S. 7–24.

Les bases constitutionnelles du droit administratif européen, in: Jean-Bernard Au-by/Jacqueline Dutheil de la Rochère (Dir.), Traité de droit administratif européen, 3. Aufl., Bruxelles: Bruylant, 2022, S. 1019–1035.

L'administration de l'environnement en Allemagne: un aperçu contextuel, in: Jean-Charles Rotoullié (ed.), 50 ans du ministère de l'environnement, Revue du droit public et de la science politique en France et à l'étranger No 1-2022, S. 53–65.

La administración pública en el Estado democrático y social de Derecho, in: L. Ossio Bustillos (Coord.), Derecho social, inclusión y protección social, La Paz (Bolivia): Universidad Católica Boliviana, 2022, S. 163–179.

Comentario al artículo 1 del Código Modelo, in: P. Aberastury/R. Perlingeiro (dir.), Código Modelo Euroamericano de la Jurisdicción Administrativa – comentado y concordado, Buenos Aires: Rubinzal-Culzoni, 2022, S. 21–36.

Prólogo a P. Aberastury/R. Perlingeiro (dir.), Código Modelo Euroamericano de la Jurisdicción Administrativa – comentado y concordado, Buenos Aires 2022, S. 13–17.

Buchbesprechung: Critique du livre: Schmidt-Aßmann, Eberhard: La dogmática del Derecho administrativo, Global Law Press: Sevilla, 2021, in: Revue française de droit administratif (RFDA) vol. 38 (2022), S. 194 f.

2021

Erläuterungen zu Art. 20a GG, in: v. Münch/Kunig, Grundgesetz-Kommentar, Bd. 1, 7. Aufl., München: Beck, 2021, S. 1513–1539.

Die Bedeutung der Rechtsvergleichung im europäischen Verwaltungsrecht, in: Wolfgang Kahl/Markus Ludwigs (Hrsg.), Handbuch des Verwaltungsrechts (HVwR), Bd. II, § 52, Heidelberg: C. F. Müller, 2021, S. 857–895.

Grundkonzepte verwaltungsgerichtlichen Rechtsschutzes, in: Armin von Bogdandy/Peter M. Huber/Lena Marcusson (Hrsg.), Handbuch Ius Publicum Europaeum (IPE), Bd. IX: Verwaltungsgerichtsbarkeit in Europa: Gemeineuropäische Perspektiven und supranationaler Rechtsschutz, § 144, Heidelberg: C. F. Müller, 2021, S. 157–185.

Die Entwicklung der Grundrechte und der Grundrechtsdogmatik in Deutschland, in: H.-J. Blanke/S. Magiera/C. Pielow/A. Weber (Hrsg.), Verfassungsentwicklungen im Vergleich: Italien 1947 – Deutschland 1949 – Spanien 1978, Berlin: Duncker & Humblot, 2021, S. 62–77.

Comparative Administrative Law: The Germanic Tradition, in: P. Cane/H. Hofmann/E. Ip/P. Lindseth (Hrsg.), Oxford Handbook of Comparative Administrative Law, Oxford: Oxford University Press, 2021, Chapter 3 (S. 53–77).

Constitutional State and Public Administration, in: S. Kuhlmann/I. Proeller/D. Schimanke/J. Ziekow (Hrsg.), Public Administration in Germany, London: Palgrave Macmillan, 2021, S. 17–33.

Article 9 TFEU (Social Aims), in: H.-J. Blanke/S. Mangiameli (eds.), Treaty on the Functioning of the European Union, Vol. 1, Heidelberg/New York/Dordrecht/London: Springer, 2021, S. 275–280.

L'Unione Europea come comunità di implementazione – Strategie nazionali di recepimento delle direttive europee, in: CERIDAP (Rivista del Centro di Ricerca Inter-disciplinare sul Diritto delle Amministrazioni Pubbliche) Fascicolo 2/2021, S. 109–137 (zusammen mit *Cristina Fraenkel-Haeberle*).

Vorwort in: Layla Kristina Jaber/Stefanie Lüer/Anne.Marie Thévenot-Werner (Hrsg.), Rechtsweggarantie im vergleichenden Verwaltungsrecht, Heidelberg: Springer, 2021, S. V-VII (zusammen mit *David Capitant* u. *Carlo Santulli*).

Diskussionsbeitrag in: VVDStRL Bd. 80 (2021), S. 159 f.

2020

Als Herausgeber: Praxis der Richtlinienumsetzung im Europäischen Verwaltungsverbund: die Reichweite der Umgestaltung der nationalen Umwelt- und Energieverwaltung (= Schriften zum Europäischen Recht, Bd. 198), Berlin: Duncker & Humblot, 2020 (zusammen mit *Cristina Fraenkel-Haeberle* und *Johannes Socher*) (332 Seiten).

Einleitung, ebd., S. 25–29.

Die Umsetzung von Richtlinien im Umwelt- und Energiebereich durch die EU-Mitgliedstaaten: vergleichende Schlussfolgerungen, ebd., S. 321–331.

Die gemeinsamen Werte der Union und der Mitgliedstaaten, in: M. Niedobitek (Hrsg.), Europarecht. Grundlagen und Politiken der Union, 2. Aufl., Berlin: De Gruyter, 2020, § 3, S. 257–292.

Die südeuropäischen Transformationsverfassungen der 1970er-Jahre im Vergleich – Griechenland, Portugal, Spanien, in: B. Aschmann/C. Waldhoff (Hrsg.), Die spanische Verfassung von 1978. Entstehung – Praxis – Krise?, Münster: Aschendorff Verlag, 2020, S. 71–89.

Artikel „Rechtsvergleichung“, in: Staatslexikon (hrsg. der Görres-Gesellschaft und dem Verlag Herder), 8. Aufl., Bd. 4, Freiburg i.Br.: Herder Verlag, 2020, Sp. 1251–1254.

Presentación del libro “Los derechos fundamentales y sus restricciones: constitucionalismo comparado y jurisprudencia interamericana” (Bogotá 2020) von Jesús María Casal Hernández, ebd., S. XV–XVII.

Vorwort: Jahrestagung 2019 (der Vereinigung der Deutschen Staatsrechtslehrer), in: VVDStRL Bd. 79, Berlin/Boston 2020, S. 5 f.

Interview zum Widerstandsrecht anlässlich des Films „Und morgen die ganze Welt“, in: cinema 11/2020, S. 37.

2019

Als Herausgeber: Handbuch der Geschichte der Verwaltungsgerichtsbarkeit in Deutschland und Europa, 3 Bände, Heidelberg: Springer, 2019 (zusammen mit *Bert Schaffarzik*) (2.538 Seiten).

Entwicklungspfade europäischer Verwaltungsgerichtsbarkeit, ebd., Bd. 2, S. 1735–1770.

Entwicklungsperspektiven der Verwaltungsgerichtsbarkeit, ebd. Bd. 2, S. 1991–2014; leicht überarbeitet veröffentlicht auch in: DÖV 2019, S. 293–305.

Das Verhältnis von Rechtswissenschaft und Rechtspraxis im Verwaltungsrecht. Vergleichende Betrachtungen zu Deutschland und Frankreich, in: J. Masing/M. Jestaedt/O. Jouanjan/D. Capitant (Hrsg.), Rechtswissenschaft und Rechtspraxis, Tübingen: Mohr Siebeck, 2019, S. 83–101.

Les modes alternatifs de règlement des litiges en Allemagne, in: Annuaire européen d'administration publique, vol. XLII (2019), Aix-en-Provence: Presses Universitaires d'Aix-Marseille, 2020, S. 15–27.

Chroniques de vie administrative: Allemagne, in: Annuaire européen d'administration publique, vol. XLII (2019), Aix-en-Provence: Presses Universitaires d'Aix-Marseille, 2020, S. 331–341 (zusammen mit *Carsten Willing*).

Vorwort: Jahrestagung 2018 (der Vereinigung der Deutschen Staatsrechtslehrer), in: VVDStRL Bd. 78, Berlin/Boston: De Gruyter, 2019, S. 5 f.

Interview zu Klimaschutz im Grundgesetz, in: Mannheimer Morgen v. 30.7.2019, S. 4.

2018

Erläuterungen zu Art. 20 GG, in: v. Mangoldt/Klein/Starck, Das Bonner Grundgesetz. Kommentar, Bd. 2, 7. Aufl., München: Beck, 2018, S. 1–171.

Intereses epistémicos y prácticos de la comparación jurídica en el Derecho Administrativo, in: L. Míguez Macho/M. Almeida Cerreda (coord.), Los retos actuales del derecho administrativo en el Estado autonómico. Estudios en homenaje al profesor José Luis Carro Fernández-Valmayor, Bd. 1, Madrid: Marcial Pons, 2018, S. 137–149.

La Constitución española vista desde Alemania: el alcance innovador de la parte dogmática, in: P. Pérez Tremps/A. Saiz Arnaiz (dir.), Comentario a la Constitución Española -40 Aniversario (1978–2018). Libro homenaje a Luis López Guerra, Bd. 2, Valencia: Tirant lo Blanch, 2018, S. 2427–2434.

40 ans d'évolution des relations entre les citoyens et l'administration en Allemagne, in: Annuaire européen d'administration publique, vol. XL (2017), Aix-en-Provence: Presses Universitaires d'Aix-Marseille, 2018, S. 31–40.

2017

Als Herausgeber: Europäisierung und Internationalisierung der nationalen Verwaltungen im Vergleich - Deutsch-italienische Analysen (= Schriften zum Europäischen Recht, Bd. 178), Berlin: Duncker & Humblot, 2017 (zusammen mit *Cristina Fraenkel-Haeberle* und *Diana-Urania Galetta*) (179 Seiten).

Begrüßung, ebd., S. 13 f.

Europäisierung und Internationalisierung der öffentlichen Verwaltung im Vergleich: Schlussfolgerungen aus einem deutsch-italienischen Dialog, ebd., S. 173–178.

Das Verhältnis von Rechtswissenschaft und Rechtspraxis im Verwaltungsrecht. Vergleichende Betrachtungen zu Deutschland und Frankreich, in: Die Verwaltung Bd. 50 (2017), S. 77–95;

Objective and Subjective Profiles of the Administrative Jurisdiction: The Experience of the German System, in: Fabio Francario/Maria Alessandra Sandulli (Hrsg.), Profili oggettivi e soggettivi della giurisdizione amministrativa, Napoli 2017, S. 351–358; auch abrufbar unter: https://www.giustizia-amministrativa.it

Transformative Effects of the Aarhus Convention in Europe, in: ZaöRV Bd. 77 (2017), S. 321–337.

Dématérialisation de l'Administration et téléprocédures administratives en Allemagne, in: Annuaire européen d'administration publique, vol. XXXIX (2016), Aix-en-Provence: Presses Universitaires d'Aix-Marseille, 2017, S. 13–21.

Quelle comparaison des régions françaises avec les Länder allemands? in: R. Wakote (Hrsg.), Les nouvelles compétences régionales, Paris: L'Harmattan, 2017, S. 149–163.

Réponses à un questionnaire sur le droit administratif, in: Journal du Droit Administratif (JDA), 2017, Dossier 04: „50 nuances de Droit Administratif" (dir. Touzeil-Divina), Art. 150; verfügbar im Internet unter http://www.journal-du-droit-administratif.fr

2016

Als Herausgeber: Öffentliche Angelegenheiten – interdisziplinär betrachtet. Forschungs-symposium zu Ehren von Klaus König (= Schriftenreihe der Universität Speyer, Bd. 230), Berlin: Duncker & Humblot, 2016 (142 S.).

Ziele und Methoden einer transnationalen Verwaltungsrechtswissenschaft, ebd., S. 71–87.

Als Herausgeber: Soziale Rechte in Europa/Derechos sociales en Europa (= Speyerer Forschungsberichte, Bd. 286), Speyer 2016 (zusammen mit *María Jesús Montoro*) (180 Seiten).

Die Subjektivierung sozialer Verfassungsverbürgungen, ebd., S. 141–154.

Als Herausgeber: საჯარო მმართველობის სამართლებრივი საფუძვლები სახელმძღვანელო (Handbuch der rechtlichen Grundlagen der Öffentlichen Verwaltung), Tbilisi 2016 (zusammen mit Giorgi Khubua) (623 Seiten; in georgischer Sprache, teils in deutscher Sprache).

Die öffentliche Verwaltung im demokratischen und sozialen Rechtsstaat, ebd., S. 16–40 (georgische Übersetzung des deutschen Beitrags im selben Band).

Gemeineuropäische Verwaltungskultur als Gelingensbedingung europäischer Integration?, in: DÖV 2015, S. 449–455; auch in: G. Dimitropoulos/A. Gromitsaris/M. Schulte (Hrsg.), Staatsreform für ein besseres Europa/State Reform for a Better Europe, Berlin: Duncker & Humblot, 2016, S. 63–74.

Die Europäisierung der nationalen Verwaltungsgerichtsbarkeit in rechtsvergleichender Perspektive, in: R. P. Schenke/J. Suerbaum (Hrsg.), Verwaltungsgerichtsbarkeit in der Europäischen Union (= Ius Europaeum, Bd. 64), Baden-Baden: Nomos, 2016, S. 189–211.

Objectives and Methods of a Transnational Science of Administrative Law, in: H.-J. Blanke/P. Cruz Villalón/T. Klein/J. Ziller (ed.), Common European Legal Thinking. Essays in Honour of Albrecht Weber, Heidelberg/New York/Dordrecht /London: Springer, 2016, S. 543–561.

La déontologie des fonctionnaires en Allemagne, in: Annuaire européen d'administration publique, vol. XXXVIII (2015), Aix-en-Provence: Presses Universitaires d'Aix-Marseille, 2016, S. 13–23.

La thèse en droit administratif en Allemagne, in: Revue française de droit administratif (RFDA), vol. 32 (2016), S. 1090–1094.

Contributions à la table ronde sur les enjeux scientifiques et méthodologiques de la thèse en droit administratif, in: Revue française de droit administratif (RFDA), vol. 32 (2016), S. 1099–1105.

Contributions à la table ronde sur les enjeux scientifiques et méthodologiques de la thèse en droit administratif, in: Revue française de droit administratif (RFDA), vol. 32 (2016), S. 1099–1105.

2015

Als Herausgeber: Citizen Participation in Multi-level Democracies, Leiden/Boston: Brill Nijhoff, 2015 (zusammen mit *Cristina Fraenkel-Haeberle*, *Sabine Kropp*, *Francesco Palermo*) (376 S.).

Citizen Participation in Multi-Level Democracies: An Introduction, ebd., S. 1–12.

Als Herausgeber: Sachverständige Politikberatung: Funktionsbedingung oder Gefährdung der Demokratie?, Baden-Baden: Nomos, 2015 (215 S.).

Begrüßung, ebd., S. 9–11.

Sachverständige Politikberatung: Funktionsbedingung oder Gefährdung der Demokratie? – Eine Skizze, ebd., S. 14–21.

Als Herausgeber: Transformation der öffentlichen Verwaltung im Südkaukasus: Bilanz und Perspektiven, Tbilisi 2015 (zusammen mit Giorgi Khubua) (275 Seiten, in georgischer und deutscher Sprache).

Die Europäisierung der nationalen Verwaltungskulturen, ebd., S. 218–232.

Als Herausgeber: Theorie und Praxis der Deutsch-Französischen Zusammenarbeit in Verwaltung und Wissenschaft seit dem Élysée-Vertrag / Théorie et pratique de la coopération franco-allemande dans l'administration et le domaine de la recherche depuis le Traité de l'Élysée (= Speyerer Arbeitsheft, Nr. 217), Speyer 2015 (zusammen mit *Laure Ognois* und *Fabrice Larat*) (204 S.).

Als Herausgeber: Gute Rechtsetzung/La buena legislación, (= Speyerer Forschungsberichte, Bd. 281), Speyer 2015 (zusammen mit María Jesús Montoro) (191 S.).

Gemeineuropäische Verwaltungskultur als Gelingensbedingung europäischer Integration?, in: DÖV 2015, S. 449–455; auch in: G. Dimitropoulos/A. Gromitsaris/M. Schulte (Hrsg.), Staatsreform für ein besseres Europa/State Reform for a Better Europe, Berlin 2016, S. 63–74.

Widerstandsrecht und demokratische Selbstbestimmung, in: Der Staat Bd. 54 (2015), S. 575–589.

The Right of Resistance: Approaches in Legal Philosophy, in: P. Weibel (ed.), Global Activism: Art and Conflict in the 21st Century, Cambridge, MA: MIT Press, 2015, S. 119–128.

Von der Europäisierung des Verwaltungsrechts zur Europäisierung der Verwaltungskultur, in: J. Beck/F. Larat (Hrsg.), Transnationale Verwaltungskulturen in Europa: Bestandsaufnahme und Perspektiven, Baden-Baden: Nomos, 2015, S. 253–267.

Les collectivités publiques et la musique en Allemagne, in: Annuaire européen d'administration publique, vol. XXXVII (2014), Aix-en-Provence: Presses Universitaires d'Aix-Marseille, 2015, S. 31–38.

Speech on the occasion of the graduation of the participants of the Master's Program "Public Administration" 2011 to 2014 of the Tbilisi State University in cooperation with the German University of Administrative Sciences Speyer, in: Institute of Administrative Sciences (ed.), Master's Program "Public Administration" - Graduation 2014 (= Perspectives of Administrative Sciences, No. 1), Tbilisi 2015, S. 8–10.

Die Europäisierung der nationalen Verwaltungskulturen, in: K.-P. Sommermann/G. Khubua (Hrsg.), Transformation der öffentlichen Verwaltung im Südkaukasus: Bilanz und Perspektiven, Tbilisi 2015, S. 200–217 (georgische Übersetzung des deutschen Beitrags im selben Band).

Право на сопротивление и демократическое самоопределение, in: Дайджест Публичного Права (ДПП ИМП = Digest für öffentliches Recht, hrsg. vom Max-Planck-Institut für ausländisches öffentliches Recht und Völkerrecht, Hei-del-berg), Выпуск 7 (2018) 1, 78–99, im Internet abrufbar unter http://dpp.mpil.de (= russische Übersetzung von Karl-Peter Sommermann, Widerstandsrecht und demo-kratische Selbstbestimmung, in: Der Staat Bd. 54 (2015), 575–589).

2014

Grundmuster der Verwaltungskultur. Interdisziplinäre Diskurse über kulturelle Grundformen der öffentlichen Verwaltung, Baden-Baden: Nomos, 2014 (zusammen mit *Klaus König*, *Sabine Kropp*, *Sabine Kuhlmann*, *Christoph Reichard*, *Jan Ziekow*) (630 S.).

Brauchen wir eine neue Verfassung? Zur Zukunftsfähigkeit des Grundgesetzes (= Schriften-reihe der Universität Speyer, Bd. 222), Berlin: Duncker & Humblot, 2014 (zusammen mit *Hermann Hill*, *Joachim Wieland* und *Jan Ziekow*) (255 S.).

Prinzipien des Verwaltungsrechts, in: Armin von Bogdandy/Sabino Cassese/Peter M. Huber (Hrsg.), Handbuch Ius Publicum Europaeum, Bd. V: Verwaltungsrecht in Europa: Grundzüge, § 86, Heidelberg: C. F. Müller, 2014, S. 863–892.

Die gemeinsamen Werte der Union und der Mitgliedstaaten, in: M. Niedobitek (Hrsg.), Europäisches Unionsrecht, Bd. 1: Grundlagen der Union, Berlin: De Gruyter, 2014, § 3, S. 287–320.

Integrationsgrenzen des Grundgesetzes und europäischer Verfassungsverbund: Brauchen wir eine neue Verfassung?, in: DÖV 2013, S. 708–714; auch in: H. Hill/K.-P. Sommermann/J. Wieland/J. Ziekow (Hrsg.), Brauchen wir eine neue Verfassung? – Zur Zukunftsfähigkeit des Grundgesetzes, Berlin: Duncker & Humblot, 2014, S. 201–214.

Deutsch-georgische wissenschaftliche Zusammenarbeit. Ein Erfahrungsbericht am Beispiel der Einrichtung eines Master-Studiengangs „Public Administration" an der Staatlichen Universität Tiflis, in: L. Ognois (Hrsg.), Grenzüberschreitende Entwicklungszusammenarbeit (= Speyerer Arbeitsheft Nr. 212), Speyer 2014, S. 7–23.

Stellungnahme zur Rolle der Gemeinden im europäischen Mehrebenensystem, in: E. Alber/C. Zwilling (Hrsg.), Gemeinden im Europäischen Mehrebenensystem: Herausforderungen im 21. Jahrhundert, Baden-Baden 2014, S. 379–387 (zusammen mit *Franziska Kruse*).

Soziale Rechte in Stufen: Überwindung einer alten Debatte?, in: C. Calliess/W. Kahl/K. Schmalenbach (Hrsg.), Rechtsstaatlichkeit, Freiheit und soziale Rechte in der Europäischen Union. Deidesheimer Kolloquium zu Ehren von Detlef Merten anlässlich seines 75. Geburtstags, Berlin: Duncker & Humblot, 2014, S. 107–127.

Universität und Forschung – Carl Böhret zum 80. Geburtstag, in: H. J. Spengler (Hrsg.), Begegnungen mit Carl Böhret – Reden zum 80. Geburtstag am 30. Juli 2013 (= Schriftenreihe der Johann Joachim Becher-Gesellschaft, Heft 33), Speyer 2014, S. 21–25.

Euro-American Model Code of Administrative Jurisdiction, vol. 1, Niterói (Brasilien): Editora da Universidade Federal Fluminense, 2014 (zusammen mit Ricardo Perlingeiro) (138 S.).

Towards a Common European Administrative Culture?, in: K. König/S. Kropp/S. Kuhlmann/Reichard/K.-P. Sommermann/J. Ziekow (Hrsg.), Grundmuster der Ver-waltungskultur. Interdisziplinäre Diskurse über kulturelle Grundformen der öffentlichen Verwaltung, Baden-Baden 2014, S. 605–628.

The Theory of "Essential National Policies" in the Lisbon Judgment of the German Federal Constitutional Court, in: T. Giegerich/O. J. Gstrein/S. Zeitzmann (eds.): The EU Between 'an Ever Closer Union' and Inalienable Policy Domains of Member States, Baden-Baden: Nomos, 2014, S. 43–58.

Some Reflections on the Concept of Solidarity and its Transformation into a Legal Principle, in: Archiv des Völkerrechts Bd. 52 (2014), S. 10–24.

Secret et transparence des administrations en Allemagne, in: Annuaire européen d'administration publique, vol. XXXVI (2013), Aix-en-Provence: Presses Universitaires d'Aix-Marseille, 2014, S. 23–31.

Принципы административного права, in: Дайджест Публичного Права (ДПП ИМП = Digest für öffentliches Recht, hrsg. vom Max-Planck-Institut für ausländisches öffentliches Recht und Völkerrecht, Heidelberg), Выпуск 5 (2016) Номер 1, c. 41–86 (Ausgabe 2016, Nummer 1), im Internet abrufbar unter http://dpp.mpil.de (= russische Übersetzung von: Karl-Peter Sommermann, Prinzipien des Verwaltungsrechts, in: A. v. Bogdandy/S. Cassese/P. M. Huber [Hrsg.], Handbuch Ius Publicum Europaeum [IPE], Band V, Heidelberg 2014, S. 863–892).

2013

Als Herausgeber: Die Europäische Union als Wertegemeinschaft. Forschungssymposium zu Ehren von Siegfried Magiera (= Schriften zum Europäischen Recht, Bd. 162), Berlin: Duncker & Humblot, 2013 (zusammen mit *Matthias Niedobitek*) (120 S.).

Begrüßung und Einführung, ebd., S. 9–13.

Als Herausgeber: Gewaltenteilung im Verfassungsstaat – Grenzüberschreitungen und Konfliktlösungen. Symposium zu Ehren von Klaus-Eckart Gebauer (= Schriftenreihe der Universität Speyer, Bd. 220), Berlin: Duncker & Humblot, 2013 (zusammen mit *Siegfried Magiera*) (82 S.).

Begrüßung und Einführung, ebd., S. 9–12.

Integrationsgrenzen des Grundgesetzes und europäischer Verfassungsverbund: Brauchen wir eine neue Verfassung?, in: DÖV 2013, S. 708–714; auch in: H. Hill/K.-P. Sommermann/J. Wieland/J. Ziekow (Hrsg.), Brauchen wir eine neue Verfassung? – Zur Zukunftsfähigkeit des Grundgesetzes, Berlin 2014, S. 201–214.

Erkenntnisinteressen der Rechtsvergleichung im Verwaltungsrecht, in: A. Gamper/B. Verschraegen (Hrsg.), Rechtsvergleichung als juristische Auslegungsmethode, Wien 2013, S. 195–210.

Rechtsstaatliche Verwaltung und effektiver Rechtsschutz, in: Jurij Starilov (Hrsg.), Административное Судопроизводство в Российской Федерации: Развитие теории и формирование административно-процессуального законодательства (Gerichtlicher Verwaltungsrechtsschutz in der Russischen Föderation: Entwicklung der theoretischen Grundlagen und Regelungskonzepte für das Verwaltungsprozess-recht) (= Serie Jubiläen, Konferenzen und Foren, Bd. 7), Voronezh 2013, S. 390–409 (nur Vorbemerkung auch in russischer Übersetzung).

Towards a Common European Administrative Culture? (= Jean Monnet Working Paper Series, JMWP 28/13), New York 2013.

Article 3 EUT (The Objectives of the European Union), in: H.-J. Blanke/S. Mangiameli (eds.), Treaty on European Union (TEU). A Commentary, Heidelberg/New York/Dordrecht/London: Springer, 2013, S. 157–183.

The Right to Access to the Administrative Jurisdiction, in: M. Spitzkatz (ed.) The Rule of Law: Perspectives from Asia, Singapore 2013, S. 81–100; Erstfassung veröffentlicht in: Konrad-Adenauer-Stiftung/Oberster Verwaltungsgerichtshof Thailands (Hrsg.), Guarantee of the Right to Access to the Administrative Jurisdiction, Bangkok 2011, S. 37–62 (in Thailändisch), S. 63–90 (in Englisch).

L'armée et le partage des pouvoirs, in: Annuaire européen d'administration publique, vol. XXXV (2012), Aix-en-Provence: Presses Universitaires d'Aix-Marseille, 2013, S. 39–52.

La transposición de la Directiva de servicios en Alemania: cambio en el régimen de intervención de actividades, in: L. Casado Casado/J. R. Fuentes i Gasó/J. Gifreu i Font (Hrsg.), Prestación de servicios, Administraciones públicas y Derecho administrativo. Especial referencia al Derecho ambiental, Valencia: Tirant lo Blanch, 2013. S. 71–84.

2012

Erläuterungen zu Art. 20a GG, in: v. Münch/Kunig, Grundgesetz-Kommentar, Bd. 1, 6. Aufl., München 2012, S. 1455–1481.

Die Zukunft der Verwaltungswissenschaft aus deutscher Perspektive, in: Österreichische Verwaltungswissenschaftliche Gesellschaft (Hrsg.), Verwaltungswissenschaften auf neuen Wegen (= Schriftenreihe der Österreichischen Verwaltungswissenschaftlichen Gesellschaft, Bd. 6), Wien/Graz 2012, S. 55–64.

Die Entwicklung einer europäischen Verwaltungskultur, in: M. J. Montoro Chiner u. a., Les administracions en perspectiva europea (= Materials, 26), Barcelona 2012, S. 55–74.

Villes et agglomérations en Allemagne, in: Annuaire européen d'administration publique, vol. XXXIV (2011), Aix-en-Provence: Presses Universitaires d'Aix-Marseille, 2012, S. 51–61.

El desarrollo de una cultura administrativa europea, en: M. J. Montoro Chiner u. a., Les administracions en perspectiva europea, spanische Übersetzung des Beitrags „Die Entwicklung einer europäischen Verwaltungskultur" (= Materials, 26), Barcelona 2012, S. 55–74, im Internet abrufbar unter („www.gencat.cat/eapc/speyer").

2011

Als Herausgeber: 35 Jahre Verwaltungsverfahrensgesetz – Bilanz und Perspektiven (= Schriftenreihe der Hochschule Speyer, Bd. 212), Berlin: Duncker & Humblot, 2011 (zusammen mit *Hermann Hill, Ulrich Stelkens* und *Jan Ziekow*) (360 S.).

Das Verwaltungsverfahrensgesetz im europäischen Kontext: eine rechtsvergleichende Bilanz, ebd., S. 191–212.

The Right to Access to the Administrative Jurisdiction, in: M. Spitzkatz (ed.) The Rule of Law: Perspectives from Asia, Singapore 2013, S. 81–100; Erstfassung veröffentlicht in: Konrad-Adenauer-Stiftung/Oberster Verwaltungsgerichtshof Thailands (Hrsg.), Guarantee of the Right to Access to the Administrative Jurisdiction, Bangkok 2011, S. 37–62 (in Thailändisch), S. 63–90 (in Englisch).

2010

Erläuterungen zu Art. 20 GG, in: v. Mangoldt/Klein/Starck, Das Bonner Grundgesetz. Kommentar, Bd. 2, 6. Aufl., München: Vahlen, 2010, S. 1–166.

Veränderungen des nationalen Verwaltungsrechts unter europäischem Einfluss – Analyse aus deutscher Sicht, in: J. Schwarze (Hrsg.), Bestand und Perspektiven des Europäischen Verwaltungsrechts – Rechtsvergleichende Analysen, Baden-Baden: Nomos, 2008, S. 181–199; auch in: J. Schwarze (Hrsg.), L'État actuel et les perspectives du droit administratif européen, Bruxelles: Bruylant, 2010, S. 191–211.

Les transformations du contentieux administratif en Allemagne, in: Annuaire européen d'administration publique, vol. XXXII (2009), Aix-en-Provence: Presses Universitaires d'Aix-Marseille, 2010, p. 23–38.

La admisibilidad del recurso de amparo en Alemania, in: Asociación de Letrados del Tribunal Constitucional (ed.), La defensa de los derechos fundamentales: Tribunal Constitucional y Poder Judicial. Actas de las XV Jornadas de la Asociación de Letrados del Tribunal Constitucional, Madrid: Centro de Estudios Politicos y Constitucionales, 2010, S. 43–55.

Diskussionsbeiträge, ebd., S. 86 f., 97, 99 f., 102 f., 104.

La exigencia de una Administración transparente en la perspectiva de los principios de democracia y del Estado de Derecho, in: R. García Macho (ed.), Derecho administrativo de la información y administración transparente, Madrid u. a.: Marcial Pons, 2010, S. 11–25.

Presentación del libro "Los derechos fundamentales y sus restricciones" (Caracas 2010) von Jesús María Casal Hernández, ebd., S. XXV–XXVII.

Übersetzung des Bonner Grundgesetzes ins Spanische: „Ley Fundamental para la República Federal de Alemania", hrsg. vom Deutschen Bundestag, aktualisierte und überarbeitete Ausgabe Berlin 2010 (zusammen mit *Ricardo García Macho*).

2009

Als Herausgeber: Daseinsvorsorge und Infrastrukturgewährleistung. Symposium zu Ehren von Willi Blümel zum 80. Geburtstag (= Schriftenreihe der Hochschule Speyer, Band 200), Berlin: Duncker & Humblot, 2009 (zusammen mit *Siegfried Magiera*) (122 S.).

Begrüßung und Würdigung, ebd., S. 9–14.

Código de Jurisdição Administrativa – O modelo alemão/Verwaltungsgerichtsordung (VwGO): Introdução e tradução, Rio de Janeiro: Renovar, 2009 (zusammen mit *R. Perlingeiro Mendes da Silva* und *H.-J. Blanke*).

O desenvolmento da jurisdição administrativa alemã no contexto europeu, ebd., S. 13–21.

A importância na práctica e perspectivas da jurisdição administrativa alemã, ebd., S. 55–59.

Verfassungswandel im Prozess der europäischen Integration und der Globalisierung, in: G. Manssen/M. Jachmann/C. Gröpl (Hrsg.), Nach geltendem Verfassungsrecht. Festschrift für Udo Steiner zum 70. Geburtstag, Stuttgart u. a. 2009, S. 796–806.

Actualité du droit public comparé en France et en Allemagne: actes des séminaires franco-allemands de droit public comparé (2006–2007), Paris 2009 (zusammen mit *David Capitant*) (221 Seiten).

Interventions à la Table Ronde „L'instution du Tribunal des conflits", in: P. Gonod/L. Cadiet (dir.), Le Tribunal des conflits. Bilan et perspectives, Paris 2009, S. 44, 46, 47, 49 f.

El papel de la Ley alemana de la justicia administrativa para la realización del Estado de Derecho, in: P. Aberastury (Coord.), Ley de la Justicia Administrativa Alemana. Análisis comparado y traducción, Buenos Aires/Bogotá/México/Santiago 2009, S. 1–20.

Übersetzung des Bonner Grundgesetzes ins Spanische: „Ley Fundamental para la República Federal de Alemania", hrsg. vom Deutschen Bundestag, aktualisierte und überarbeitete Ausgabe Berlin 2009 (zusammen mit *Ricardo García Macho*).

Übersetzung der deutschen Verwaltungsgerichtsordnung ins Portugiesische, in: R. Perlingeiro Mendes da Silva/H.-J. Blanke/K.-P. Sommermann (Hrsg.), Código de Jurisdição Administrativa – O modelo alemão/Verwaltungsgerichtsordung (VwGO): Introdução e tradução, Rio de Janeiro 2009, S. 81–172 (mit *Ricardo Perlingeiro*, *Hermann-Josef Blanke* und *Szimon Mazur*).

Übersetzung der deutschen Verwaltungsgerichtsordnung ins Spanische, in: P. Aberastury (Coord.), Ley de la Justicia Administrativa Alemana. Análisis comparado y traducción, Buenos Aires/Bogotá/México/Santiago 2009, S. 123–206 (mit *Pedro Aberastury*, *Hermann-Josef Blanke* und *Evelyn Patrizia Gottschau*).

2008

Als Herausgeber: Verwaltungswissenschaft und Verwaltungspraxis in nationaler und transnationaler Perspektive. Festschrift für Heinrich Siedentopf zum 70. Geburtstag (= Schriftenreihe der Hochschule Speyer, Bd. 191), Berlin: Duncker & Humblot, 2008 (zusammen mit *Siegfried Magiera* u. *Jacques Ziller*) (909 S.).

Vorwort, ebd., S. V–IX.

Verwaltungskontrolle im Europäischen Verwaltungsraum: zur Synchronisierung der Entwicklung von Verwaltungsrecht und Verwaltungskontrolle, ebd., S. 3–35.

Herkunft und Funktionen von Verfassungsprinzipien in der Europäischen Union, in: H. Bauer/C. Calliess (Hrsg.), Verfassungsprinzipien in Europa/Constitutional Principles in Europe/Principes constitutionnels en Europe (= Societas Iuris Publici Europaei, Bd. 4), Athen/Berlin/Bruxelles 2008, S. 15–44.

Veränderungen des nationalen Verwaltungsrechts unter europäischem Einfluss – Analyse aus deutscher Sicht, in: J. Schwarze (Hrsg.), Bestand und Perspektiven des Europäischen Verwaltungsrechts – Rechtsvergleichende Analysen, Baden-Baden: Nomos, 2008, S. 181–199. auch in: J. Schwarze (Hrsg.), L'État actuel et les perspectives du droit administratif européen, Bruxelles: Bruylant, 2010, S. 191–211.

2007

Als Herausgeber: Freiheit, Rechtsstaat und Sozialstaat in Europa. Forschungssymposium anlässlich der Emeritierung von Universitätsprofessor Dr. iur. Dr. rer. pol. Detlef Merten (= Schriften zum Europäischen Recht, Bd. 131), Berlin: Duncker & Humblot, 2007 (zusammen mit *Siegfried Magiera*) (183 S.).

Entwicklungsperspektiven des Rechtsstaates: Europäisierung und Internationalisierung eines staatsrechtlichen Leitbegriffs, ebd., S. 75–90.

Als Herausgeber: Europäisierung und Internationalisierung der öffentlichen Verwaltung. Symposium aus Anlass der Emeritierung von Univ.-Prof. Dr. Dr. h.c. Heinrich Siedentopf (= Speyerer Forschungsberichte, Bd. 252), Speyer 2007 (zusammen mit *Siegfried Magiera*) (269 Seiten).

Der Dialog mit dem Staatsrat und dem Obersten Verwaltungsgerichtshof Thailands – Modernisierung des Verwaltungsverfahrens und Errichtung einer Verwaltungsgerichtsbarkeit in Thailand, ebd., S. 209–212, 231–239.

Europäisches Verwaltungsrecht als „die großartigste Rechtsbildung der Weltgeschichte"? Die Vision von Lorenz von Stein aus heutiger Perspektive. Rektoratsrede anlässlich der Eröffnung des Sommersemesters 2007 (= Speyerer Vorträge, Heft 86), Speyer 2007 (26 S.).

Propädeutische Überlegungen zur Grundrechtsvergleichung, in: D. Merten/H.-J. Papier (Hrsg.), Grundsatzfragen der Grundrechtsdogmatik, Heidelberg: C. F. Müller, 2007, S. 149–172.

Europäisches Verwaltungsrecht als „die großartigste Rechtsbildung der Weltgeschichte"? Die Vision von Lorenz v. Stein aus heutiger Perspektive, in: DÖV 2007, S. 859–867.

Das Recht auf effektiven Rechtsschutz als Kristallisationspunkt eines gemeineuropäischen Rechtsstaatsverständnisses, in: F. Kirchhof/H.-J. Papier/H. Schäffer (Hrsg.), Rechtsstaat und Grundrechte. Festschrift für Detlef Merten, Heidelberg 2007, S. 443–461.

Vorläufiger Verwaltungsrechtsschutz in Griechenland, Berlin 2006, von Eleni Dimitropoulou, in: DÖV 2007, S. 312.

Begrüßung zur 8. Speyerer Demokratietagung vom 27. bis 28. Oktober 2005, in: Hans Herbert von Arnim (Hrsg.), Korruption und Korruptionsbekämpfung (= Schriftenreihe der Hochschule Speyer, Bd. 185), Berlin 2007, S. 19–21.

2006

Als Herausgeber: Völkerrecht als Wertordnung – Common Values in International Law. Festschrift für Christian Tomuschat – Essays in Honour of Christian Tomuschat, Kehl/Strasbourg/Arlington: N. P. Engel, 2006 (zusammen mit Pierre-Marie Dupuy, Bardo Fassbender u. Malcolm N. Shaw) (1.184 S.).

Vorwort, ebd., S. XI–XV.

Demokratie als Herausforderung des Völkerrechts, ebd., S. 1051–1065.

Kultur im Verfassungsstaat, in: VVDStRL 65 (2006), S. 7–50.

Kommunen und Föderalismusreform, in: Bitburger Gespräche Jahrbuch 2005/I, München 2006, S. 59–76.

Artikel „Staatszwecke/Staatsziele", in: W. Heun/M. Honecker/J. Haustein/ M. Mor-lok/J. Wieland (Hrsg.), Evangelisches Staatslexikon, Stuttgart: Kohlhammer, 2006, Sp. 2348–2355.

Artikel „Volk (J)", ebd., Sp. 2655–2658.

Artikel „Volksabstimmung (Plebiszit/ Referendum)", ebd., Sp. 2661–2665.

Diskussionsbeitrag in: VVDStRL Bd. 65 (2006), S. 107–109.

La importancia de la comparación jurídica para la evolución del Derecho Público en Europa, in: investigaciones XI. Jg. (2005), Nr. 3 (Buenos Aires 2006), S. 525–547 (spanische Fassung einer deutschen Veröffentlichung).

2005

Als Herausgeber: Demokratie in Europa (= Verfassungsentwicklung in Europa, Bd. 1), Tübingen: Mohr Siebeck, 2005 (zusammen mit *Hartmut Bauer* und *Peter M. Huber*) (514 S.).

Demokratiekonzepte im Vergleich, ebd., S. 191–221.

Als Herausgeber: Die Reform des Verwaltungsprozessrechts in Spanien / La reforma del proceso contencioso-administrativo en España (= Speyerer Forschungsberichte, Bd. 240), Speyer 2005 (238 S.).

Vorwort, ebd., S. V–VIII.

Erläuterungen zu Art. 20 GG, in: v. Mangoldt/Klein/Starck, Das Bonner Grundgesetz. Kommentar, Bd. 2, 5. Aufl., München: Vahlen, 2005, S. 1–162.

Européanisation et transformation de la justice administrative en Europe, in: J. Ziller (dir.), What's New in European Administrative Law?/Quoi de Neuf en Droit Administratif européen ? (= EUI Working Paper Law No. 2005/10), San Domenico 2005, S. 19–23.

2004

Als Herausgeber: Institutionenwandel in Regierung und Verwaltung. Festschrift für Klaus König zum 70. Geburtstag (= Schriften zum Öffentlichen Recht, Bd. 950), Berlin: Duncker & Humblot, 2004 (zusammen mit *Arthur Benz* und *Heinrich Siedentopf*) (753 S.).

Institutionengeschichte und Institutionenvergleich, ebd., S. 61–74.

Als Herausgeber: Gemeinwohlgefährdung und Gemeinwohlsicherung (= Schriftenreihe der Hochschule Speyer, Bd. 167), Berlin: Duncker & Humblot, 2004 (zusammen mit *Hans Herbert von Arnim*) (334 S.).

Einführung in die 71. Staatswissenschaftliche Fortbildungstagung „Gemeinwohlgefährdung und Gemeinwohlsicherung", ebd., S. 13–20.

Nationales und europäisches Gemeinwohl, ebd., S. 201–222.

Funktionen und Methoden der Grundrechtsvergleichung, in: Detlef Merten/Hans-Jürgen Papier (Hrsg.), Handbuch der Grundrechte, Bd. 1, Heidelberg: C. F. Müller, 2004, S. 631–678.

Europäische Rechtsetzung und mitgliedstaatliche Beteiligung, in: Heinrich Siedentopf (Hrsg.), Der europäische Verwaltungsraum, Baden-Baden: Nomos, 2004, S. 69–78; auch in: Karl-Peter Sommermann (Hrsg.), Aktuelle Fragen zu Staat und Verwaltung im europäischen Mehrebenensystem (= Speyerer Forschungsberichte, Bd. 230), Speyer 2003, S. 87–100.

Verfassungsperspektiven für die Demokratie in der erweiterten Europäischen Union – Gefahr der Entdemokratisierung oder Fortentwicklung im Rahmen europäischer Supranationalität?, in: Thomas von Danwitz/Jean Rossetto (Hrsg.), Eine Verfassung für die Europäische Union, Sankt Augustin 2004, S. 217–243.

A importância da comparação jurídica para a evolução do direito público na Europa, in: SCIENTIA IVRIDICA – Revista de Direito Comparado Portugués e Brasileiro (Braga) Bd. 53 (2004), S. 455–488 (portugiesische Fassung einer deutschen Veröffentlichung).

2003

Als Herausgeber: Aktuelle Fragen zu Staat und Verwaltung im europäischen Mehrebenensystem (= Speyerer Forschungsberichte, Bd. 230), Speyer 2003 (101 S.).

Europäische Rechtsetzung und mitgliedstaatliche Beteiligung, ebd., S. 87–100; auch in: Heinrich Siedentopf (Hrsg.), Der europäische Verwaltungsraum, Baden-Baden: Nomos, 2004, S. 69–78.

Unabhängigkeit der Atomaufsicht des Bundes. Studie im Auftrag des Bundesministeriums für Umwelt, Naturschutz und Reaktorsicherheit, 2003 (Typoskript, 87 S.).

Nachtrag zu Artikel 20a GG: das neue „Staatsziel Tierschutz", ebd., Beilage zu Bd. 3, 5. Aufl., München: Beck, 2003, S. 17–21.

Ethisierung des öffentlichen Diskurses und Verstaatlichung der Ethik, in: ARSP Bd. 89 (2003), S. 75–86.

Verfassungsperspektiven für die Demokratie in der erweiterten Europäischen Union – Gefahr der Entdemokratisierung oder Fortentwicklung im Rahmen europäischer Supranationalität?, in: DÖV 2003, S. 1009–1017; auch in: Thomas von Danwitz/Jean Rossetto (Hrsg.), Eine Verfassung für die Europäische Union, Sankt Augustin 2004, S. 217–243.

Lutte contre le terrorisme et protection des droits fondamentaux, in: Annuaire international de justice constitutionnelle, vol. XVIII (2002), Aix-en-Provence: Economica/Presses Universitaires d'Aix-Marseille, 2003, p. 71–90 (zusammen mit *Constance Grewe*).

El federalismo cooperativo, in: Francisco Fernández Segado (Hrsg.), The Spanish Constitution in the European Constitutional Context/La Constitución Española en el contexto constitucional europeo, Madrid 2003, S. 2279–2294.

A execução forçada por quantia certa contra a fazenda pública no direito alemão, in: Série Cadernos do CEJ (Brasilia) Bd. 23 (2003), S. 105–118.

2002

Als Herausgeber: Perspektiven der Verwaltungsforschung (= Schriftenreihe der Hochschule Speyer, Bd. 154), Berlin: Duncker & Humblot, 2002 (zusammen mit Jan Ziekow) (334 S.).

Begrüßung zur Wissenschaftlichen Arbeitstagung aus Anlaß des 25jährigen Bestehens des Forschungsinstituts für öffentliche Vewaltung, ebd., S. 9–12.

Laudatio auf Herrn Universitätsprofessor Dr. Gerd Roellecke anläßlich der Verleihung der Ehrenmitgliedschaft des Forschungsinstituts für öffentliche Verwaltung, ebd., S. 55–58.

Konvergenzen im Verwaltungsverfahrens- und Verwaltungsprozessrecht europäischer Staaten, ebd., S. 163–188.; auch in: DÖV 2002, S. 133–143

Als Herausgeber: Folgen von Folgenforschung. Forschungssymposium anlässlich der Emeritierung von Universitätsprofessor Dr. Carl Böhret (= Speyerer Forschungsberichte, Bd. 225), Speyer 2002 (111 S.).

Vorwort und Begrüßung, ebd., S. V, 1–4.

Folgenforschung und Recht, ebd., S. 39–53.

Verwaltung und Governance im Mehrebenensystem der Europäischen Union (= Schriften zum Europäischen Recht, Bd. 85), Berlin: Duncker & Humblot, 2002 (zusammen mit *Siegfried Magiera*) (197 S.).

Verwaltung und Governance im Mehrebenensystem der Europäischen Union – Resümee und Perspektiven, ebd., S. 193–196.

Grundfragen der Bundesauftragsverwaltung, in: DVBl. 2001, S. 1549–1556; auch in: Klaus Grupp (Hrsg.), Rechtsfragen der Bundesauftragsverwaltung bei Bundes-fernstraßen (= Berichte der Bundesanstalt für Straßenwesen, Heft 28), Bergisch-Gladbach 2002, S. 9–17.

Verwaltung im Rechtsstaat, in: Klaus König (Hrsg.), Deutsche Verwaltung an der Wende zum 21. Jahrhundert, Baden-Baden: Nomos, 2002, S. 97–118.

The Rule of Law and Public Administration in a Global Setting, in: International Institute of Administrative Sciences (ed.), Governance and Public Administration in the 21st Century: New Trends and New Techniques, Brussels 2002, S. 67–81.

Standards and Extent of the Control of Public Administration by Administrative Courts, in: Administrative Courts Journal (Thailand) Bd. 2 (2545 = 2002), Heft 3.

Arbitration and Mediation in Administrative Case or Dispute, in: Administrative Courts Journal (Thailand) Bd. 2 (2545 = 2002), Heft 3.

Interprétation de la Constitution par le juge constitutionnel – Normativité, in: Annuaire international de justice constitutionnelle, vol. XVII (2001), Aix-en-Provence: Economica/Presses Universitaires d'Aix-Marseille, 2002, p. 371–388.

Chroniques de vie administrative: Allemagne, in: Annuaire européen d'administration publique, vol. XXIV (2001), Aix-en-Provence: Presses Universitaires d'Aix-Marseille, 2002, p. 369–385 (zusammen mit *David Capitant*).

La question de la réforme de la Cour constitutionnelle de Karlsruhe, in: Revue universelle des droits de l'homme vol. 14 (2002), p. 281–285.

Intervention au débat „Quelle réforme pour la Cour européenne des droits de l'homme?", ibidem, p. 321–322.

Diskussionsbeiträge in: VVDStRL Bd. 61 (2002), S. 201 f. u. 452 f.

Buchbesprechung: Comentarios a la Ley Orgánica del Tribunal Constitucional, Madrid 2001, hrsg. von Juan Luis Requejo Pagés, in: DÖV 2002, S. 1010 f.

Beitrag in: „Brücken bauen". Verabschiedung des Kanzlers der Universität Trier Ignaz Bender, (Redaktion Wolfgang H. Lorig, Universität Trier), März 2002, S. 51.

2001

Als Herausgeber: Gremienwesen und staatliche Gemeinwohlverantwortung (= Schriftenreihe der Hochschule Speyer, Bd. 145), Berlin: Duncker & Humblot, 2001 (192 S.).

Gremienwesen und staatliche Gemeinwohlverantwortung – Eine Einführung, ebd., S. 9–15.

Fragenkatalog zur Errichtung von Gremien, welche der Einbeziehung Privater in staatliche Entscheidungen dienen (Gremien-Checkliste), ebd., S. 187–190 (zusammen mit Alexandra Unkelbach).

Als Herausgeber: Verwaltung in Europa (= Schriften zum Europäischen Recht, Bd. 76), Berlin: Duncker & Humblot, 2001 (zusammen mit *Siegfried Magiera*) (247 S.).

Verwaltung in der Europäischen Union – Resümee und Perspektiven, ebd., S. 241–245.

Erläuterungen zu Art. 20a GG, in: v. Münch/Kunig, Grundgesetz-Kommentar, Bd. 2, 5. Aufl., München: Beck, 2001, S. 35–52.

Brauchen wir eine Ethik des öffentlichen Dienstes?, in: Verwaltungsarchiv Bd. 89 (1998), S. 290–305; auch in: Winfried Kluth (Hrsg.), Verwaltungskultur, Baden-Baden: Nomos, 2001, S. 39–56.

Menschenwürde und Menschenrechte, in: „Menschenwürde“, Schriftenreihe der Johann Joachim Becher-Gesellschaft zu Speyer e.V., H. 13, Speyer 2001, S. 3–26.

Grundfragen der Bundesauftragsverwaltung, in: DVBl. 2001, S. 1549–1556; auch in: Klaus Grupp (Hrsg.), Rechtsfragen der Bundesauftragsverwaltung bei Bundes-fernstraßen (= Berichte der Bundesanstalt für Straßenwesen, Heft 28), Bergisch-Gladbach 2002, S. 9–17.

Diskussionsbeitrag in: VVDStRL Bd. 60 (2001), S. 633 f.

Administrative Decision-Making Procedures in Germany, in: Klaus König/Heinrich Siedentopf (Eds.), Public Administration in Germany, Baden-Baden: Nomos, 2001, S. 391–405.

The Evolution of Fundamental Rights and its Influence on the Drafting of Fundamental Rights Instruments, in: Albrecht Weber (Hrsg.), Fundamental Rights in Europe and North America, Part A, The Hague 2001 (Loseblattsammlung), S. GER 7–12.

The Sources of Fundamental Rights, ebd., S. GER 13–18.

Chroniques de vie administrative: Allemagne, in: Annuaire européen d'administration publique, vol. XXIII (2000), Aix-en-Provence: Presses Universitaires d'Aix-Marseille, 2001, p. 375–387 (zusammen mit *David Capitant*).

La regla de ley y la administración pública en un escenario global, in: Revista – iapem (Instituto de Administración Pública del Estado de México) 2001, Nr. 49, S. 147–154; spanische Übersetzung von: The Rule of Law and Public Administration in a Global Setting, in: International Institute of Administrative Sciences (ed.), Governance and Public Administration in the 21st Century: New Trends and New Techniques, Brussels 2002, S. 67–81.

Vorwort als Projektleiter zu: Alexandra Unkelbach, Vorbereitung und Übernahme staatlicher Entscheidungen durch plural zusammengesetzte Gremien. Empirische und rechtliche Eckdaten des deutschen Gremienwesens auf Bundesebene, Speyer 2001, S. V f.

2000

Erläuterungen zu Art. 20 GG, in: v. Mangoldt/Klein/Starck, Das Bonner Grundgesetz. Kommentar, Bd. 2, 4. Aufl., München: Vahlen, 2000, S. 1–183.

Le régime administratif des cultes en Allemagne, in: Annuaire européen d'administration publique, vol. XXII (1999), Aix-en-Provence: Presses Universitaires d'Aix-Marseille, 2000, p. 19–27.

Droits fondamentaux constitutionnels et droits fondamentaux européens, in: Annuaire international de justice constitutionnelle, vol. XV (1999), Aix-en-Provence: Economica/Presses Universitaires d'Aix-Marseille, 2000, p. 350–367.

Chroniques de vie administrative: Allemagne, in: Annuaire européen d'administration publique, vol. XXII (1999), Aix-en-Provence: Presses Universitaires d'Aix-Marseille, 2000, p. 343–355 (zusammen mit *David Capitant*).

Accountability Management of Intergovernmental Partnerships in a Legal Perspective, in: Klaus König/Elke Löffler (Eds.), Accountability Management in Intergovernmental Partnerships (= Speyerer Forschungsberichte, Bd. 207), Speyer 2000, S. 39–47; veröffentlicht auch in OECD Doc. PUMA/RD(99)4 (Accountability Management in Intergovernmental Partnerships, 19th Session of the Committee, Château de la Muette, Paris), S. 20–26; im Internet abrufbar unter: http://www.oecd.org/puma/malg/Legal.pdf

Begrüßung anlässlich der Forschungstagung „Die deutsche Verwaltung unter 50 Jahren Grundgesetz", 13.–15. Oktober 2001 in Speyer und Bericht über die Ergebnisse der 2. Arbeitsgruppe, in: Klaus König/Klaus Dieter Schnapauff (Hrsg.), Die deutsche Verwaltung unter 50 Jahren Grundgesetz. Europa – Bund – Länder – Kommunen (= Schriften der Deutschen Sektion des Internationalen Instituts für Verwaltungswissenschaften, Bd. 26), Baden-Baden: Nomos, 2000, S. 11–14, 159–162.

Interview über „Derecho administrativo comparado" in der bolvianischen Fachzeitschrift „La Gaceta Jurídica" vom 20.10.2000, S. a8.

Übersetzung des Bonner Grundgesetzes ins Spanische: „Ley Fundamental para la República Federal de Alemania", hrsg. vom Presse- und Informationsamt der Bundesregierung, Bonn 1997; aktualisierte und überarbeitete Neuauflage Bonn 2000 (zusammen mit *Ernesto Garzón Valdés* und *Ricardo García Macho*).

1999

Die Bedeutung der Rechtsvergleichung für die Fortentwicklung des Staats- und Verwaltungsrechts in Europa. Antrittsvorlesung im Sommersemester 1999 (= Speyerer Vorträge, Heft 52), Speyer 1999 (39 S.); auch in: DÖV 1999, S. 1017–1029.

Der vorläufige Rechtsschutz zwischen europäischer Anpassung und staatlicher Verschlankung. Zur Zukunft des Grundsatzes der aufschiebenden Wirkung, in: Planung – Recht – Rechtsschutz. Festschrift für Willi Blümel zum 70. Geburtstag, Berlin: Duncker & Humblot, 1999, S. 523–548.

Taugt die Gerechtigkeit als Maßstab der Rechtsstaatlichkeit?, in: JURA 1999, S. 337–342.

Administration et Police en Allemagne, in: Annuaire européen d'administration publique, vol. XXI (1998), Aix-en-Provence: Presses Universitaires d'Aix-Marseille, 1999, p. 21–36.

Droits fondamentaux constitutionnels et droits fondamentaux européens, in: Annuaire international de justice constitutionnelle, vol. XV (1999), Aix-en-Provence: Economica/Presses Universitaires d'Aix-Marseille, 2000, p. 350–367.

Verwaltungsgerichtsbarkeit in Deutschland: Entwicklung und Hauptmerkmale, in: Staat und Recht, Nr. 7, Moskau 1999, S. 70–77 (zusammen mit *Jurij N. Starilow*).

Stichworte „Bürgerrechte", „Charte Constitutionnelle", „Grundpflichten", „Staatsziele/Staatszielbestimmungen", „Staatszwecke", „Staatszwecktheorien", und „Um-weltverfassungsrecht" in: Raban Graf von Westphalen/Gerlinde Sommer (Hrsg.), Staatsbürger- und Parlamentslexikon, München 1999 (S. 112–114; 204; 423–425; 867–868; 868–869; 869–870; 922–923).

Der Inhalt der Verwaltungskontrolle durch die Verwaltungsgerichte, in: Les transformations de la Juridiction administrative en France et en Allemagne. Journées d'Études Internaionales des 19 et 20 octobre 1999 à Strasbourg – IIe centenaire du Conseil d'État, Numéro Spécial 7/1999 de La Revue Administrative Bd. 52 (1999), S. 60–68.

Buchbesprechung: Handbuch des Bau- und Fachplanungsrechts. Planung – Genehmigung – Rechtsschutz, 2. Aufl., München 1998, von Bernhard Stüer, in: DVBl. 1999, S. 727 f.

1998

Brauchen wir eine Ethik des öffentlichen Dienstes?, in: Verwaltungsarchiv Bd. 89 (1998), S. 290–305; auch in: Winfried Kluth (Hrsg.), Verwaltungskultur, Baden-Baden: Nomos, 2001, S. 39–56.

Staatszielbestimmungen zur Förderung von Arbeitnehmerinteressen, in: Klaus Grupp/Stephan Weth (Hrsg.), Arbeitnehmerinteressen und Verfassung, Berlin: Duncker & Humblot, 1998, S. 95–116.

Der entgrenzte Verfassungsstaat, in: Kritische Vierteljahresschrift für Gesetzgebung und Rechtswissenschaft Bd. 81 (1998), S. 404–422. auch in: Detlef Merten (Hrsg.), Der Staat am Ende des 20. Jahrhunderts (= Speyerer Forschungsberichte, Bd. 191), Speyer 1998, S. 19–42.

Diskussionsbeitrag in: Detlef Merten (Hrsg.), Der Staat am Ende des 20. Jahrhunderts (= Speyerer Forschungsberichte, Bd. 191), Speyer 1998, S. 78–81.

Zusammen mit H. Siedentopf und C. Hauschild: Implementation of Administrative Law and Judicial Control by Administrative Courts (= Speyerer Forschungsberichte, Bd. 180), Speyer 1998 (217 Seiten).

Execution and Enforcement of Administrative Acts, in: Implementation of Administrative Law and Judicial Control by Administrative Courts (= Speyerer Forschungsberichte, Bd. 180), Speyer 1998, S. 31–39.

Procedures of Administrative Courts in Germany, in: Implementation of Administrative Law and Judicial Control by Administrative Courts (= Speyerer Forschungsberichte, Bd. 180), Speyer 1998, S. 55–71.

Autorité et contrat dans l'administration moderne en Allemagne, in: Annuaire européen d'administration publique, vol. XX (1997), Aix-en-Provence: Presses Universitaires d'Aix-Marseille, 1998, p. 20–33.

Chroniques de vie administrative: Allemagne, in: Annuaire européen d'administration publique, vol. XX (1997), Aix-en-Provence: Presses Universitaires d'Aix-Marseille, 1998, p. 227–238.

Buchbesprechung: Introduction au droit public allemand, Paris 1997, von Christian Autexier, in: JZ 1998, S. 785.

1997

Staatsziele und Staatszielbestimmungen (= Jus Publicum, Bd. 25), Tübingen: Mohr Siebeck, 1997 (592 Seiten).

Verfahren der Verwaltungsentscheidung, in: Klaus König/Heinrich Siedentopf (Hrsg.), Öffentliche Verwaltung in Deutschland, Baden-Baden: Nomos, 1996/1997, S. 459–476.

Verordnungsermächtigung und Demokratieprinzip. Verfassungsrechtliche Grenzen parlamentarischer Änderungsvorbehalte, in: JZ 1997, S. 434–441.

Die Amerikanische Deklaration der Rechte und Pflichten des Menschen. Zum Prozeß der Rechtserzeugung durch Resolutionen internationaler Organisationen, Berlin u. a. 1997, von Grace Nacimiento, in: Verfassung und Recht in Übersee Bd. 30 (1997), S. 599–601.

La jurisprudencia constitucional alemana en materia de federalismo desde 1990, in: Informe Pi i Sunyer sobre Comunidades Autónomas 1995/1996, Bd. 2, Barcelona: Fundació Carles Pi i Sunyer d'Estudis Autonòmics i Locals, 1997, S. 1097–1111.

Buchbesprechung: Grundgesetz-Kommentar, Bd. 3 (Art. 70 bis 146), 3. Aufl., München 1996, begründet von Ingo von Münch und herausgegeben von Philip Kunig, in: LKV 1997, S. 283.

Übersetzung des Bonner Grundgesetzes ins Spanische: „Ley Fundamental para la República Federal de Alemania", hrsg. vom Presse- und Informationsamt der Bun-desregierung, Bonn 1997; aktualisierte und überarbeitete Neuauflage Bonn 2000 (zusammen mit *Ernesto Garzón Valdés* und *Ricardo García Macho*).

1996

Verfahren der Verwaltungsentscheidung, in: Klaus König/Heinrich Siedentopf (Hrsg.), Öffentliche Verwaltung in Deutschland, Baden-Baden: Nomos, 1996/1997, S. 459–476.

Europäisches Verwaltungsrecht oder Europäisierung des Verwaltungsrechts? – Inkonsistenzen in der Rechtsprechung des Europäischen Gerichtshofes, in: DVBl. 1996, S. 889–898.

El desarrollo de los derechos humanos desde la Declaración Universal de 1948, in: A.-E. Pérez Luño (Hrsg.), Derechos humanos y constitucionalismo ante el tercer mileno, Madrid: Marcial Pons, 1996, S. 97–112 (spanische Fassung einer deutschen Veröffentlichung).

Deutsche Rechtstexte in Fremdsprachen: ein Desiderat. Zugleich eine Besprechung des letzten Bandes des Handbuchs der internationalen Rechts- und Verwaltungssprache, in: NVwZ 1996, S. 463 f.

Buchbesprechung: Propiedad, expropiación y responsabilidad. La garantía indemnizatoria en el Derecho europeo y comparado, Madrid 1995, hrsg. von Javier Barnés, in: DVBl. 1996, S. 1386 f.

Buchbesprechung: Grundgesetz-Kommentar, Bd. 2 (Art. 21 bis 69), 3. Aufl., München 1995, begründet von Ingo von Münch und herausgegeben von Philip Kunig, in: LKV 1996, S. 63 f.

Informe sobre la misión en la República del Paraguay del 19 al 29 de octubre de 1996 para analizar la Administración Pública, especialmente su organización, su base normativa y el control de su acción (Gutachten im Rahmen der Entwicklung eines Programms der Europäischen Union zur institutionellen Modernisierung und Konsolidierung der Demokratie in Paraguay), Speyer 1996 (24 Seiten).

1995

Die Stärkung der Gesetzgebungskompetenzen der Länder durch die Grundgesetzreform von 1994, in: JURA 1995, S. 393–399.

Le système des actions et la protection d'urgence dans le contentieux administratif allemand, in: Revue française de droit administratif (RFDA), vol. 11 (1995), S. 1145–1171.

El refuerzo de las competencias legislativas de los Länder en la reforma constitucional de 1994, in: Informe Pi i Sunyer sobre Comunidades Autónomas 1994, Barcelona: Fundació Carles Pi i Sunyer d'Estudis Autonòmics i Locals, 1995, S. 911–935.

Diskussionsbeiträge in: M. Rodríguez-Piñero y Bravo-Ferrer u. a., La jurisdicción constitucional en España. La Ley Orgánica del Tribunal Constitucional: 1979–1994 (Colquio Internacional, Madrid, 13 y 14 de octubre de 1994), Madrid 1995, S. 115 f., 177.

Diskussionsbeitrag in: K. Grupp/M. Ronellenfitsch (Hrsg.), Kommunale Selbstverwaltung in Deutschland und Europa, Berlin: Duncker & Humblot, 1995, S. 60 f.

1994

Die deutsche Verwaltungsgerichtsbarkeit (= Speyerer Forschungsberichte, Bd. 106), 1. Aufl., Speyer 1991; 2., durchgesehene Aufl., Speyer 1991; 3., unveränderte Aufl., Speyer 1994 (92 Seiten).

Die Stärkung der Mitsprache der Länder in Angelegenheiten der Europäischen Union durch die Grundgesetzänderung von 1992, in: LKV 1994, S. 382–387.

Staatsziel „Europäische Union". Zur normativen Reichweite des Art. 23 Abs. 1 Satz 1 GG n.F., in: DÖV 1994, S. 596–604.

Zusammen mit H. Siedentopf und C. Hauschild: Law Reform and Law Drafting (= Speyerer Forschungsberichte, Bd. 129), 1. Aufl., Speyer 1993; 2., unveränderte Aufl., Speyer 1994 (107 Seiten).

Zusammen mit H. Siedentopf und C. Hauschild: Modernization of Legislation and Implementation of Laws (= Speyerer Forschungsberichte, Bd. 142), Speyer 1994; 2., unveränderte Aufl., Speyer 1994 (231 Seiten).

Codification: The Conception of a Code of Environmental Protection, in: H. Siedentopf/C. Hauschild/K.-P. Sommermann, Modernization of Legislation and Implementation of Laws, Speyer 1994, S. 3–15.

Implementation of Laws and the Role of Administrative Courts, in: H. Siedentopf/C. Hauschild/K.-P. Sommermann, Modernization of Legislation and Implementation of Laws, Speyer 1994, S. 93–107.

Als Herausgeber: Problemes constitucionals a l'Alemanya unificada, Barcelona 1994, zusammen mit W. Blümel, S. Magiera und D. Merten (katalanische Fassung einer deutschen Veröffentlichung).

La discussió sobre la normació dels fins de l'Estat, ebd., S. 63–83.

1993

Als Herausgeber: Verfassungsprobleme im vereinten Deutschland (= Speyerer Forschungsberichte, Bd. 117), zusammen mit *W. Blümel, S. Magiera* und *D. Merten*, 1. Aufl., Speyer 1993; 2., durchgesehene Aufl., Speyer 1993; 3., unveränderte Aufl., Speyer 1993 (89 Seiten).

Die Diskussion über die Normierung von Staatszielen, ebd., S. 63–88; auch in: Der Staat 32 (1993), S. 430–447.

200 Jahre französische Verfassung von 1793: die Verfassungstradition des Jahres I, in: Der Staat 32 (1993), S. 611–631.

La justicia administrativa alemana, in: J. Barnés Vázquez (Hrsg.), La justicia administrativa en el Derecho comparado, Madrid: Civitas, 1993, S. 33–133 (spanische Fassung einer deutschen Veröffentlichung).

La reforma de la Ley Fundamental de 21 de diciembre de 1992. Federalización del procedimiento de formación de la voluntad en asuntos de la Unión Europea, in: Informe Pi i Sunyer sobre Comunidades Autónomas 1992, Barcelona: Fundació Carles Pi i Sunyer d'Estudis Autonòmics i Locals, 1993, S. 434–455.

Zusammen mit H. Siedentopf und C. Hauschild: The Rule of Law in Public Administration: The German Approach (= Speyerer Forschungsberichte, Bd. 122), 1. Aufl., Speyer 1993; 2., unveränderte Aufl., Speyer 1993; 3., unveränderte Aufl., Speyer 1993 (169 Seiten).

Legislative Process and Rationality, in: Administrative Law Journal (Thailand) Bd. 12 (2536 = 1993), S. 1–33; *auch in:* H. Siedentopf/C. Hauschild/ K.-P. Sommermann, Law Reform and Law Drafting, Speyer 1993, S. 35–45.

Codification: Examples and Limits, in: Administrative Law Journal (Thailand) Bd. 12 (2536 = 1993), S. 34–47; *auch in:* H. Siedentopf/C. Hauschild/ K.-P. Sommermann, Law Reform and Law Drafting, Speyer 1993, S. 47–57.

Buchbesprechung: Las relaciones de especial sujeción en la Constitución española (Die besonderen Gewaltverhältnisse im spanischen Verfassungsrecht), Madrid 1992, von Ricardo García Macho, in: Der Staat 32 (1993), S. 478–480.

Buchbesprechung: Grundgesetz-Kommentar, Bd. 1 (Präambel bis Art. 20), 4. Aufl., München 1992, begründet von Ingo von Münch und herausgegeben von Philip Kunig, in: LKV 1993, S. 270.

1992

Basic Elements of German Administrative Law, in: Administrative Law Journal (Thailand) Bd. 11 (2535 = 1992), S. 267–280; *auch in:* H. Siedentopf/ K.-P. Sommermann/C. Hauschild, The Rule of Law in Public Administration, Speyer 1993, S. 25–36.

Basic Elements of Administrative Procedure, in: Administrative Law Journal (Thailand) Bd. 11 (2535 = 1992), S. 281–293; *auch in:* H. Siedentopf/ K.-P. Sommermann/C. Hauschild, The Rule of Law in Public Administration, Speyer 1993, S. 37–47.

The Codification of the Administrative Procedure, in: Administrative Law Journal (Thailand) Bd. 11 (2535 = 1992), S. 294–301; *auch in:* H. Siedentopf/ K.-P. Sommermann/C. Hauschild, The Rule of Law in Public Administration, Speyer 1993, S. 49–55.

Buchbesprechung: Rechtsfragen der Rücknahme von Verwaltungsakten. Zur Dogmatik und Kritik der Rücknahmebestimmungen der Verwaltungsverfahrensgesetze, Berlin 1989, von Ulrich Knoke, in: AöR 117 (1992), S. 142 f.

Buchbesprechung: Las relaciones de especial sujeción en la Constitución española (Die besonderen Gewaltverhältnisse im spanischen Verfassungsrecht), Madrid 1992, von Ricardo García Macho, in: Der Staat 32 (1993), S. 478–480.

1991

Die deutsche Verwaltungsgerichtsbarkeit (= Speyerer Forschungsberichte, Bd. 106), 1. Aufl., Speyer 1991; 2., durchgesehene Aufl., Speyer 1991; 3., unveränderte Aufl., Speyer 1994 (92 Seiten).

Staatsziel „Umweltschutz“ mit Gesetzesvorbehalt?, in: DVBl. 1991, S. 34–36.

Übersetzung, Bearbeitung und Kommentierung des Urteils 20/1990 des spanischen Verfassungsgerichts (Tribunal Constitucional) vom 15.2.1990 (Verletzung der Mei-nungsfreiheit durch strafrechtliche Verurteilung eines Journalisten wegen Beleidigung des Staatsoberhaupts), in: EuGRZ 1991, S. 173–179.

1990

Der Schutz der Menschenrechte im Rahmen des Europarates (= Speyerer Forschungsberichte, Bd. 86), 1. Aufl., Speyer 1990; 2., unveränderte Aufl., Speyer 1990 (78 Seiten).

Asylrecht in Europa: Der deutsche und der spanische Weg, in: DÖV 1990, S. 41–51 (zusammen mit *R. García Macho*).

Die Fortentwicklung der Menschenrechte seit der Allgemeinen Erklärung von 1948, in: ZfP 37 (1990), S. 37–51.

Das System des europäischen Menschenrechtsschutzes, in: O. Schmuck (Hrsg.), Vierzig Jahre Europarat. Renaissance in gesamteuropäischer Perspektive?, Bonn: Europa-Union-Verlag, 1990, S. 221–242.

La Filosofía del Derecho y la teoría de los derechos fundamentales en España, in: G. Oestreich/K.-P. Sommermann, Pasado y presente de los derechos humanos (hrsg. von E. Mikunda), Madrid: Tecnos, 1990, S. 77–111 (spanische Fassung einer deutschen Veröffentlichung).

Buchbesprechung: Reserva de ley y potestad reglamentaria (Vorbehalt des Gesetzes und Verordnungsgewalt), Barcelona 1988, von Ricardo García Macho, in: AöR 115 (1990), S. 163–167.

Buchbesprechung: Europäisches Verwaltungsrecht. Entstehung und Entwicklung im Rahmen der Europäischen Gemeinschaft, 2 Bände, Baden-Baden 1988, von Jürgen Schwarze, in: VOP 1990, S. 350.

1989

Völkerrechtlich garantierte Menschenrechte als Maßstab der Verfassungskonkretisierung. Die Menschenrechtsfreundlichkeit des Grundgesetzes, in: AöR 114 (1989), S. 391–422.

Rechtsphilosophie und Grundrechtstheorie in Spanien, in: Der Staat 28 (1989), S. 105–128.

Der richterliche Schutz der Grundrechte in Spanien, in: Hans-Rudolf Horn/Albrecht Weber (Hrsg.), Richterliche Verfassungskontrolle in Lateinamerika, Spanien und Portugal, Baden-Baden: Nomos, 1989, S. 23–52.

Die Europäische Menschenrechtskonvention, in: Jahrbuch der Europäischen Integration 1988/1989, S. 380–388.

40 aniversario de la Ley Fundamental de la República Federal de Alemania, in: Revista Uruguaya de Derecho Constitucional y Político Bd. 6, Nr. 33-34 (Oktober 1989–Januar 1990), S. 125–174 (zusammen mit *F.-B. Marré* und *H. J. Blanke*).

Buchbesprechung: Lecciones de Teoría Constitucional, 2. Aufl., Madrid 1987, von Antonio Carlos Pereira Menaut, in: Der Staat 28 (1989), S. 137 f.

1988

Die Europäische Menschenrechtskonvention, in: Jahrbuch der Europäischen Integration 1988/1989, S. 380–388.

Buchbesprechung: Convenios entre Federación y Estados Miembros en la República Federal Alemana. Solidaridad y lealtad constitucional en los sistemas alemán y español, Madrid 1987, von María Jesús Montoro Chiner, in: „informaciones“ (hrsg. von der Deutsch-spanischen Juristenvereinigung) 1988, S. 16.

1987

Verfassungsrecht und Verfassungskontrolle in Peru, in: JöR N.F. 36 (1987), S. 597–678.

Die Europäische Menschenrechtskonvention, in: Jahrbuch der Europäischen Integration 1986/1987, S. 270–276.

Rechtsprobleme nach dem Eintritt Spaniens und Portugals in die Europäischen Gemeinschaften, in: DVBl. 1987, S. 936–941.

1985

Der Defensor del Pueblo: ein spanischer Ombudsman, in: AöR 110 (1985), S. 267–287.

1984

Der Schutz der Grundrechte in Spanien nach der Verfassung von 1978. Ursprünge, Dogmatik, Praxis (= Schriften zum Öffentlichen Recht, Bd. 472), Berlin: Duncker & Humblot, 1984 (419 Seiten).

Kolibri 360 GmbH
Ferdinand-Jühlke-Straße 7
99095 Erfurt, Deutschland
produktsicherheit@kolibri360.de